KB238264

약소국의 제2차 세계 대전사

약소국의 제2차 세계 대전사

권성욱 지음

승자의 전쟁 뒤에 가려진 또 하나의 세계사

그린비

서문

……저 멀리 떨어진 나라에서 전혀 알지도 못하는 사람들의 다툼 때문에 우리가 이곳에서 방독면을 쓰고 참호를 파야 한다니 얼마나 끔찍하고 해괴하며 터무니없는 일일까요. 비록 우리가 크고 힘 있는 이웃에 맞서는 약소국의 처지를 동정할 수는 있어도 단순히 그 나라를 위해서 대영 제국 전체가 전쟁에 뛰어들 수는 없는 법입니다. 만약 우리가 싸워야 한다면 적어도 그보다는 더 중요한 이유가 있어야 합니다.*

우크라이나 전쟁과 서방의 민낯

코로나의 여파 속에서 개막한 베이징 동계 올림픽이 인류의 평화와 화합을 기원하며 막을 내린 지 불과 한 달여 뒤, 전 세계를 충격에 빠뜨리는 사건이 벌어졌다. 2022년 2월 24일 새벽 4시, 20만 명의 러시아군이 우크라이나를 전격적으로 침공했다. 푸틴은 자신의 행위가 침략이 아니라 돈바스의 친러시아 주민들을 우크라이나의 위협에서 보호하기 위한 〈특별 군사 작전〉에 불과하다고 선언했지만, 그 말이 무색하게도 개전과 함께 우크라이나의 주요 도시를 무차별 폭격하여 수많은 민간인

---

* 1938년 9월 28일 영국 총리 네빌 체임벌린의 라디오 연설 중. 그는 이틀 뒤 뮌헨에서 히틀러와 야합하여 사실상 체코슬로바키아의 숨통을 끊어 놓는 협정문에 서명했다.

의 피해를 초래했을 뿐 아니라, 돈바스 주변에서 우크라이나군을 밀어내는 것을 넘어 심장부인 키이우를 노렸다. 그의 진짜 속셈은 이참에 우크라이나를 정복하고 자신에게 충실히 복종하는 괴뢰 정권을 세워 러시아의 속국으로 삼는 데 있다는 얘기였다.

미국과 서방은 허를 찔린 꼴이었다. 우크라이나 국경에 대규모 러시아군이 집결했다는 사실은 알고 있었지만, 어디까지나 우크라이나를 압박하려는 협상 카드일 뿐 설마하니 푸틴이 정말로 우크라이나를 먹겠답시고 행동에 나서리라곤 예상하지 못했기 때문이었다. 설령 예상했다 한들 어차피 알 바는 아니었을 것이었다. 바이든 행정부는 반년 전 아프간에서 탈레반의 공세에 밀려 불명예스럽게 떠나야 했던 처지인데다, 1950년 6월 25일 김일성이 기습 남침했을 때와 달리 우크라이나는 미국의 세력권이 아니기 때문이었다. 따라서 푸틴의 행동에 당혹스러워하면서도 자신들이 뭔가를 해야 할 의무는 없다고 여겼다. 이들이 보기에는 어차피 우크라이나가 질 것이 뻔한 싸움이었다. 하물며 그동안 러시아가 유럽에 값싸게 공급했던 석유와 식량, 천연가스에 맛 들인 서방 사람들로서는 굳이 약자인 우크라이나를 편들겠답시고 그를 적으로 돌림으로써 자신들의 평화로운 일상을 깨뜨릴 이유가 없었다. 이들이 보기에, 잘못은 전쟁을 일으킨 푸틴이 아니라 푸틴의 침략을 막아 낼 힘도 없는 주제에 눈치껏 비위를 맞추지 못하여 화근을 자초한 우크라이나인들의 어리석음에 있었다.

그때만 해도 단 사흘이면 푸틴의 승리로 끝나리라는 것이 러시아는 물론이고 서방 전문가들의 공통된 예측이었다. 실제로 러시아군은 압도적인 전력으로 연전연승을 거두면서 개전한 지 불과 아홉 시간 만에 키이우 근처까지 쇄도했다. 우크라이나군은 모래성처럼 무너지는 판국이었다. 바이든 행정부는 우크라이나 지도자인 젤렌스키에게 망명을 권고하는 것이 전부였다. 만약 젤렌스키가 남베트남의 응우옌

반티에우나 아프간의 아슈라프 가니 대통령처럼 자기만 살겠다며 가족과 비자금을 챙겨 국가와 국민을 버리고 달아나는 무책임한 인간이었다면 우크라이나인들의 저항 의지도 그 순간 끝났을 것이 분명하다. 푸틴도 전쟁을 결정했을 때 그렇게 기대했을 것이었다. 그동안 알려졌던 우크라이나의 부패하고 나약한 지도자들이라면 당연한 선택이었다.

그러나 젤렌스키는 가족들과 함께 수도에 끝까지 남았고, 마지막까지 싸우겠다고 선언했다. 적군이 당장이라도 들이닥칠 상황에서 놀라운 결단이었다. 안전한 곳으로의 피신을 거부하고 포화가 쏟아지는 수도 한복판에서 SNS에 직접 올린 〈나는 키이우에 남을 것입니다I'll remain in Kyiv〉라는 영상은 전 세계에 깊은 감동을 남겼다. 남북 전쟁 초반에 워싱턴을 향해 파죽지세로 북상하는 리의 군대를 앞에 두고 백악관을 굳건히 지켰던 링컨이나 영국 본토 항공전 당시의 처칠에 비견될 만한 용기이자 그때까지 코미디언 출신의 아마추어 지도자로만 여겼던 젤렌스키를 온 세상이 다시 보게 만드는 순간이었다. 사기가 올라간 우크라이나군은 러시아군을 막아 내는 기적을 일으켰다. 2014년 크림반도를 무기력하게 빼앗겼을 때와는 대조적이었다. 게다가 러시아군은 병참선의 한계에 직면하면서 물러나야 했다. 속전속결로 끝내려고 병참 준비를 게을리한 탓이었다. 전쟁의 첫 번째 전환점이자 푸틴의 계획이 틀어지는 순간이었다.

눈치만 보던 미국과 서방은 그제야 우크라이나의 승리에 판돈을 걸기 시작했다. 러시아가 자초한 일이기도 했다. 부차를 비롯하여 러시아군이 철수한 자리에는 전쟁 범죄의 증거가 남아 있었다. 젤렌스키를 비롯한 우크라이나 지도자들을 〈나치〉라고 매도했던 푸틴의 비난이 무색하게도 실제로 점령지에서 나치의 만행을 재현한 쪽은 러시아군이었다. 20여 년 전 무자비한 체첸 정복으로 권좌에 오른 푸틴은 가차 없는 응징만이 상대의 저항 의지를 꺾을 수 있다고 믿었고 우크라이나에서도 똑같이 행동했다. 하지만 우크라이나인들의 증오심에 불을 붙인 것은 물론, 국제 사회의 분노를 초래하여 침략자이자 야만스러운 국가라는 낙인만 찍힌 꼴이었다.

그런데도 푸틴은 뒤늦게라도 잘못을 인정하고 바로잡으려고 노력하기는커녕, 아집과 독선에 사로잡힌 독재자들이 그렇듯 모든 게 아무 잘못도 없는 자신을 천하의 악당으로 날조하는 서방의 음모라면서 귀를 틀어막고 러시아의 빗장을 단단히 걸어 잠갔다. 젤렌스키가 신변의 위험을 무릅쓰고 전 세계를 돌아다니며 국론을 결집하고 국제 사회의 도움을 호소할 때 푸틴은 크렘린 궁전 깊숙한 곳에서 거의 나오지 않은 채 제 나라 국민과의 접촉조차 제한적이었다. 그리고 우크라이나에 대한 무차별 공격을 한층 강화하면서 서방을 향해서는 자신이 벌이는 사업을 방해하지 말라며 핵무기 공갈을 서슴지 않는다. 바꾸어 말하여 푸틴 스스로 설득력 있는 전쟁 명분이 없음을 인정하는 셈이다. 그러면서도 국제 사회의 고립을 탈피하기 위해 반미 국가나 러시아의 자원을 필요로 하는 나라에는 선심 쓰듯 아낌없이 베푼다. 물론 그로 인한 막대한 재정 부담과 경제적 손실은 푸틴 자신이 아니라 오롯이 러시아 국민의 몫이다.

우리가 분명히 짚고 넘어가야 할 점은 러시아-우크라이나 전쟁이 지난 네 번의 중동 전쟁이나 1980년대의 이란-이라크 전쟁과는 달리 두 나라가 지역 패권을 놓고 벌이는 전쟁이 아니라는 사실이다. 아르헨티나 군부 정권이 극심한 경제난과 장기 집권에 따른 국민의 불만을 외부로 돌릴 속셈에 의도적으로 영국을 도발했다가 여지없이 박살 났던 포틀랜드 전쟁과도 다르다. 이번 전쟁은 우크라이나가 먼저 러시아에 총을 쏘았기 때문이 아니라 푸틴이 자신의 압도적인 힘을 믿고 약자인 우크라이나를 일방적으로 두들겨 패는 침략 전쟁이라는 점에서 1937년 일본의 군부 모험주의자들이 저지른 불장난에서 비롯된 중일 전쟁과 1939년 스탈린의 핀란드 침공, 1940년 무솔리니의 충동적인 그리스 침공을 연상케 한다. 푸틴에게는 한낱 자신의 체면치레와 서방과의 밥그릇 다툼에 불과할지 몰라도 우크라이나인들에겐 독립과 생존이 걸린 전쟁이다.

게다가 푸틴은 전쟁을 시작했을 때만 해도 우크라이나 영토에 한 치의 욕심도 없다고 호언장담했던 것과 달리 우크라이나의 강력한 반격으로 전세가 역전되자 2022년 9월 30일 형식적인 국민 투표를 거친 후 점령 지역의 병합을 선언했다. 만약 우크라이나가 이 선을 넘어온다면 핵무기 사용도 불사하겠다는 협박과 함께 말이다. 제2차 세계 대전 이후 무력에 의한 영토 변경을 허용하지 않는 국제 사회의 중요한 원칙을 깨뜨린 것이자 스스로 퇴로를 막은 격이었다. 이 때문에 전쟁은 어느 한쪽이 굴복하지 않는 한, 끝날 수 없게 되었다. 국제 사회가 러시아를 비난하고 우크라이나를 편드는 것은 전적으로 푸틴의 아집이 불러온 결과다.

푸틴의 뻔뻔함은 새삼스럽지도 않지만, 진짜 문제는 언제나 주판 두들기기에만 여념이 없는 서방의 계산속이다. 심지어 일부 지식인들은 마치 푸틴의 대변인이라도 되는 양 그의 입장도 고려해야 한다고 주장한다. 러시아가 전쟁을 일으킨 것은 잘못이지만(부정할 수 없는 사실이므로) 따지고 보면 우크라이나도 잘한 것이 없다는 둥, 전쟁의 책임은 푸틴의 탐욕이 아니라 우크라이나가 돈바스의 친러 분리주의자들을 탄압하고 러시아를 포위할 요량으로 우크라이나를 무책임하게 선동했던 미국, 공공연히 나토 가입을 떠들어 푸틴을 자극한 젤렌스키의 분별없음이 더 크다는 것이 이들의 주장이다. 그러면서 우크라이나에 대한 무기 지원은 물론이고 러시아를 고통스럽게 만드는 어떤 제재도 실효성이 없다는 핑계를 대며 강력하게 반대한다. 반전주의자로 유명한 노엄 촘스키는 핵무기를 가진 푸틴을 상대로 인류 공멸의 위기를 막기 위해서는 우크라이나의 양보가 불가피하다며 노골적으로 속내를 드러냈다. 지금이라도 젤렌스키 한 사람만 눈 딱 감고 영토 일부를 푸틴에게 떼어 주면 모든 문제가 해결될 것이므로 서방은 그에게 지원 대신 협상을 압박해야 한다는 것이다. 미국의 대표적인 원로 정치인이자 냉전 시절 미국식 실리주의 외교의 실체를 보여 주었던 헨리 키신저 역시 힘의 논리를 내세워 푸틴의 손을 들어 줌으로써 자신이 미국에만 실리적인 인간이라는 사실을 새삼스레 입증했다.

제아무리 자기네 일이 아니라고 하지만 이런 소리를 술술 하는 걸 보자니 서방 지식인들의 오만함이 한껏 느껴진다. 그동안 이들은 푸틴을 가리켜 유혈 혁명이나 총칼에 의한 권력 찬탈이 아니라 합법적인 선거를 거쳐 그 자리에 올랐고(비록 과정은 대단히 불공정했지만), 강한 러시아를 추구하지만 필요하다면 타협할 줄도 아는 합리적이고 말이 통하는 상대라고 믿었다. 적어도 냉전 시절 철의 장막을 치고 군비 증강에만 열을 올렸던 구소련이나, 대놓고 반미 기치를 올리는 이란, 베네수엘라의 〈해충들〉보다는 인류에 덜 위험하므로 자기네 동네에서 골목대장 노릇을 하는 것쯤은 넓은 마음으로 봐줄 수 있다는 것이다. 하지만 80년 전에도 똑같은 인간이 있었다는 사실을 망각한 모양이다. 바로 히틀러다. 국민의 불만을 선동하는 방법으로 정권을 잡은 그는 만만한 주변 약소국들을 흡수하여 덩치를 키웠다. 처음에는 눈치를 보았지만, 서방의 유약한 모습에 점점 간이 커져 결국에는 전 세계를 향해 칼을 뽑았다. 그리고 그 시절에도 평화를 들먹이는 자들이 똑같은 소리를 늘어놓으면서 히틀러에 대한 무력 제재를 가로막고 약자들의 희생을 강요했던 것 또한 지금과 판박이다. 결과적으로 연합국이 승리한 덕분에 역사 속에 묻히기는 했지만 분명하게 말하면 그들 역시 엄연한 히틀러의 공범이었다.

심지어 러시아와 그리 좋은 인연이 없는 국내에서조차 일부 언론과 친러 학자들이 함부로 푸틴에 부화뇌동하는 모습을 종종 보게 된다. 우매한 대중이 서방 언론의 편파적인 보도에 속고 있으며 자신들만이 전쟁의 참모습을 알고 있다는 것이 이들의 오만한 주장이다. 국내외 노동 운동가들이 기고한 칼럼을 엮은 시중의 어느 책에서는 반인륜적인 전쟁을 멈출 방법이랍시고 이렇게 주장한다. 자신들이 보기에 미국과 서방의 개입이 오히려 전쟁을 장기화하고 애꿎은 우크라이나인들의 희생을 초래하고 있으니 당장 손을 떼야 한다. 그래야만 러시아인들 스스로 전쟁의 부당함을 깨닫고 평화적인 시위로 푸틴을 끌어내림으로써 전쟁을 끝낼 수 있다는 것이다. 나로서는 침략당한 나라의 운명을 침략한 사람들의 양심에 맡겨야 한다는 이들의 발상이 실로 놀라울 따름이다. 가령 한국 전쟁 때 미국이 개입하지 않았다면 지금의 우리가 있을 것이며, 북한 주민들이 반전 시위로 스탈린과 김일성을 압박하여 북한군을 철수시키는 모습을 상상할 수 있는가. 전쟁에서 총성이 멈추는 순간은 양심이나 도의가 아니라 어느 한쪽이 먼저 지쳐서 나가떨어지거나 싸울 의지가 완전히 꺾였을 때 비로소 가능하다.

원래 자신이 믿고 싶은 것만 믿고, 보고 싶은 것만 보는 것이 인간의 본능이다. 만약 자신의 이해 범위를 벗어나면 혼란스러워하고, 순순히 받아들이기보다 어떻게든 부정하려고 애쓴다. 그러나 이번 전쟁이 서방이 나토를 동진하지 않겠다는 약속을 깨뜨리고 우크라이나 민족주의자들을 부추겨 러시아 안보를 위협했기 때문이라는 푸틴의 주장은 아전인수일뿐더러, 80년 전 김일성의 남침을 지원했다가 파멸에 내몰리자 〈항미 원조〉를 내걸어 한국 전쟁에 직접 끼어들었던 마오쩌둥의 논리와 판박이다. 원래 세상에 핑계 없는 무덤이 없다지만 자신이 후원하는 친러 정권이 타도되자 크림반도를 전격 점거하여 우크라이나가 나토에 접근하도록 내몬 쪽은 푸틴이었다. 푸틴 집권 이후 서방과 러시아의 관계 악화가 전적으로 러시아 때문이라고는 할 수 없겠지만, 그렇다고 죄다 남 탓으로 돌리면서 러시아에 아무 책임이 없다고 하는 것도 어불성설이다. 냉전 종식 후 평화에 젖어 사실상 무장을 해제한 나토의 위협을 들먹이는 것은 어떻게 보더라도 푸틴의 억지일뿐더러, 정말로 미국 하는 방식이 마음에 들지 않으면 미국을 직접 붙잡고 따지면 될 일이다. 강자에는 말 한마디 못 하고 만만한 약자를 상대로 분풀이하는 것은 비겁하기 짝이 없다. 심지어 그는 수십만 명의 우크라이나 아동을 러시아로 강제로 끌고 가서 〈러시아화〉하고 있다는 혐의로 국제형사재판소에 기소당한 처지이다. 이것도 미국과 서방 탓인가.

서방이 러시아의 힘을 빼기 위해 일부러 전쟁을 질질 끌고 있다는 친러 지식인들의 근거 없는 망상과 달리, 우크라이나에 원조하는 내내 푸틴의 심기를 살피면서 자칫 자기들에게 불똥이 튈까 전전긍긍하는 서방 지도자들은 발 뺄 기회만 노리는 게 한결같은 모습이다. 이만큼 퍼주었으니 체면치레는 충분하다는 얘기다. 굼뜨고 우유부단했던 바이든의 뒤를 이은 트럼프가 특유의 장사꾼 기질을 숨기지 않고 푸틴과 젤렌스키 사이에서 제 잇속 챙기기에 여념이 없다면, 유럽은 노골적으로 푸틴 편을 들면서 자신들을 〈패싱〉하는 그의 행태에 분노하면서도 막상 총대 메는 일에는 난색을 드러낸다. 그동안 군비 지출을 등한시했던 덕분에 서방의 무기고는 일찌감치 바닥을 드러낸 반면, 푸틴은 서방의 맹탕 같은 경제 제재를 비웃으며 이란, 북한과 같은 반미 국가에서 대량의 무기를 사들이고 국내 군수 공장을 부지런히 돌리며 무기를 찍어 내고 있다. 전쟁이 길어지고 전 세계에 고통이 확산하면서 비난의 목소리는 강자인 러시아가 아니라 약자인 우크라이나로 향하고 있다. 러시아 덕분에 값싼 에너지를 누렸던 유럽 사람들은 물가가 급등하자 너희 우크라이나 때문에 언제까지 우리가 피해를 봐야 하느냐고 따진다. 세상 인심이 얼마나 야박한지 보여 주는 셈이다. 하지만 이들은 1936년 무솔리니에게 나라를 빼앗기고 망명했던 에티오피아 황제 하일레 셀라시에

Haile Selassie가 국제 연맹 회의 연설에서 던졌던 촌철살인 같은 경고를 기억해야 한다. 〈이것이 우리의 오늘이고 당신들의 내일입니다.〉

전쟁 초반 젤렌스키의 놀라운 용기를 격찬했던 서방 세계는 이제 그를 푸틴과의 대화를 가로막는 훼방꾼으로 취급한다. 인터넷에는 젤렌스키가 전쟁을 이용해 독재를 강화하고 부정 축재하고 있다는 출처 불명의 얘기도 떠돈다. 원래 가짜 뉴스와 흑색선전을 퍼뜨리는 것은 러시아의 오랜 수법이지만 이것만은 분명하다. 젤렌스키보다 푸틴이 훨씬 오랫동안 권좌를 차지하고 있고 부자이며, 인간으로서의 모든 쾌락을 누리고 있다는 점이다. 무엇보다도 젤렌스키는 자유롭고 공정한 선거를 통해 그 자리에 올랐다. 우크라이나 전쟁은 마치 진작에 이혼한 전 배우자에게 미련을 버리지 못한 남편이 폭력까지 행사하는 꼴이지만, 정작 푸틴 자신은 이 여자 저 여자 갈아 치우며 인생을 만끽하고 있다. 제아무리 러시아의 조종을 받는 친러 매체들이 우크라이나의 이미지를 깎아내리려 한들, 젤렌스키가 푸틴보다 더 비난받을 이유는 없다. 〈러빠〉들의 믿음처럼 그가 삼류 모리배에 불과했다면 여기까지 전쟁을 끌고 오지도 못했을 것이다.

우크라이나가 2014년 러시아와 맺은 민스크 협정을 위반하고 돈바스의 친러 반군을 탄압하여 침공을 자초했다는 주장 역시 그 조약이 러시아의 무력에 의해 강요된 것이었고 우크라이나인들에겐 심각한 주권 침해였다는 사실을 간과한 것이다. 한때 수천 발의 핵무기를 가졌던 우크라이나는 1994년 부다페스트 안전보장각서를 체결하고 영토와 주권을 보장받는 조건으로 모든 핵무기를 러시아에 넘김으로써 비핵 국가가 되는 쪽을 선택했다. 그것도 눈앞의 욕심에 눈이 먼 몇몇 정치인들의 이기심과 밀실 야합이 아니라 국민적 합의를 거친 결과였다. 물론 미국의 막대한 경제 원조를 약속받은 덕분도 있지만 그보다 히로시마 원폭 이후 최악의 핵 사고였던 체르노빌에 대한 악몽을 여전히 기억하면서 핵 없는 세상에 일조하기를 원했던 대다수 우크라이나인의 염원 때문이었다. 하지만 핵을 넘겨받은 푸틴은 언제 그랬냐는 듯 각서에 자신의 사인이 없다는 핑계로 무시해 버렸다. 협정을 먼저 깨뜨린 쪽은 우크라이나가 아니라 푸틴이다.

보다 근본적으로는 푸틴이 구소련의 형제 나라들을 동등한 주권국이자 파트너로 존중하지 않기 때문이다. 상전 노릇을 하면서 내정 간섭을 일삼고, 그 나라의 러시아계 주민들을 배후에서 선동하여 갈등을 초래하며, 사이버 공격으로 경제와 산업 시설에 타격을 가하고 그래도 고분고분 순종하지 않는다 싶으면 최후의 수단으로 무력행사를 서슴지 않는 것이 지금까지 푸틴이 보여 준 방식이 아니었던가. 그러면서도 벨라루스나 〈중앙아시아의 북한〉이라는 별명을 가진 투르크메니스탄처럼 자신과 코드가 맞는 독재자들에게는 한없이 너그럽고 아낌없이 퍼주는 것이 그의 이중적인 모습이다. 푸틴은 더 이상 공산주의자가 아니지만, KGB 시절에 배운 낡은 습성을 버리지 못했기 때문이다. 2004년에 발트 국가들이 구소련 국가로서는 제일 먼저 나토에 합류한 것이나 조지아, 우크라이나가 나토 가입을 그토록 원하는 것도 미국의 강요나 친서방 정치인들을 매수해서가 아니라 전적으로 푸틴의 횡포 탓이다. 핵무기가 없는 이들로서는 핵무기를 보유한 푸틴에게 맞서기 위해서는 나토에 가입하는 것 이외에 방법이 없기 때문이다. 그런데도 푸틴은 전후 독일이 그랬던 것처럼 구소련 시절의 잘못을 솔직하게 사과하고 역사적인 화해로 주변국의 마음을 얻으려는 노력 대신 자신의 방식에 무조건 맞추라고 윽박지른다. 문제는 푸틴의 시대착오적인 사고에 있지 다른 나라들에 있는 것이 아니다. 우리는 이런 푸틴을 오로지 강대국이라는 이유만으로 이해하고 특별 대우를 해줘야 한다는 말인가.

독재자의 막가파식 협박 앞에서 서방 민주주의 국가들의 우유부단함과 그 사이에서 지성을 자처하는 사람들의 철없는 주장을 보면 90여 년 전 뮌헨 회담이 떠오른다. 1938년 9월 30일 독일 남부의 뮌헨에서 4자 정상 회담이 열렸다. 히틀러가 체코슬로바키아의 압제로 주데텐란트의 독일계 주민들이 부당한 대접을 받고 있으니 그 땅을 독일에 내놓으라고 위협하면서 제1차 세계 대전이 끝난 지 20년 만에 유럽에서 전쟁의 먹구름이 드리웠기 때문이었다.

스스로 중재자 노릇을 자처한 영국의 총리인 네빌 체임벌린Neville Chamberlain은 히틀러가 과연 그 땅을 요구할 자격이 있는지를 따지기보다 체코슬로바키아를 향해 당장 주데텐란트를 넘겨주라고 강요했다. 그가 보기에 유럽 평화를 위협하는 쪽은 히틀러가 아니라 애초에 쓸데없는 분쟁거리를 만들어 자신을 성가시게 만든 체코슬로바키아였다. 나중에 체임벌린은 뮌헨 회담에서 양보한 것이 히틀러를 막을 시간을 벌기 위함이었다고 뻔뻔한 소리를 늘어놓았지만, 유럽 무대에서 산전수전을 다 겪은 자신이 스무 살이나 어린 히틀러에게 농락당했다는 사실을 인정하지 않으려고 지어낸 궁색한 변명이었다. 그는 단지 불똥이 영국에 튀기를 원치 않았을 뿐이었다. 제1차 세계 대전 때의 지옥 같은 전쟁을 다시 시작할 자신이 없었던 체임벌린은 체코슬로바키아만 눈 딱 감고 희생하면 모두가 평안할 것이라고 믿었다. 그러나 엄청난 오산이었다. 중부 유럽을 통틀어 히틀러에 맞설 힘을 가진 유일한 나라였던 체코슬로바키아는 공중 분해되었고 서방을 더욱 얕보게 된 히틀러는 더 큰 모험을 벌이면서 평화는커녕 인류 역사상 최악의 전쟁으로 이어졌다.

오늘날 뮌헨 회담은 20세기 최악의 외교적 실패이자 유화 정책의 대명사로 손꼽힌다. 유권자들 앞에서 〈내가 이 시대의 평화를 실현했습니다〉라면서 의기양양하던 체임벌린은 존경받는 지도자에서 영국 역사상 가장 무능한 정치인으로 낙인찍혀 불명예스럽게 자리에서 물러나야 했고, 지금까지도 전쟁이 두려워 히틀러의 위협에 굴복한 비겁자로서 두고두고 욕을 먹고 있다. 하지만 그 순간 체임벌린이 반대로 히틀러에게 맞서 싸우는 쪽을 선택했다면 어떻게 되었을까. 그에 대한 평가는 어떻게 달라졌을까. 1938년의 히틀러에게는 유럽 전체를 정복할 힘이 없었다. 그는 체코슬로바키아 한 나라를 상대로도 승리를 장담할 수 없는 처지였다. 체코슬로바키아는 중부 유럽 최강의 군대를 보유한 나라였다. 전쟁이 시작되었다면 재앙을 맞이했을 쪽은 연합군이 아니라 독일군이었다. 막 재무장을 시작한 독일군은 지금의 러시아군 이상으로 고전을 면치 못했을 것이고 푸틴보다 권력이 훨씬 취약했던 히틀러는 제2차 세계 대전을 일으키지도 못한 채 패망하거나 쿠데타로 쫓겨났을지도 모른다. 만약 그렇다면 체임벌린은 뛰어난 결단력으로 악의 위협에서 인류와 세상을 구한 영웅으로 남아야 마땅하다. 하지만 과연 그럴까.

오늘날 우크라이나를 놓고 서방이 떠벌리는 염치없는 소리를 보면 전쟁광이라는 소리를 들었을 쪽은 히틀러가 아니라 오히려 체임벌린이었을 것이 분명하다. 〈역사가 되풀이되는 것이 아니라 인간의 실수가 되풀이될 뿐〉이라고 했던 프랑스의 위대한 철학자 볼테르의 말마따나 지난 일을 반면교사로 삼지 못하고 매번 똑같은 상황에서 똑같이 행동하는 것이 우리 인간의 어리석음이고 한계인지도 모르겠다. 다만 그때와 차이가 있다면 체코슬로바키아 대통령 에드바르트 베네시Edvard Benes는 나라를 버리고 달아났지만 젤렌스키는 맞서 싸우는 쪽을 선택했다. 그러나 친구를 응원하기보다 이럴 때는 어떻게 처신해야 이득인지 따지느라 계산기를 두들기면서 내 발등에 불이 떨어지지만 않으면 그만이라는 서방 지도자들의 소인배적인 모습은 그때나 지금이나 한결같다.

지구는 태양이 아니라 미국을 중심으로 돌아야 한다는 키신저를 비롯하여 서방 지도자들이 88년 전 뮌헨의 현장으로 돌아갔을 때 체임벌린보다 더 나은 선택을 할 것 같지 않다. 역사 수정주의자로 유명한 테일러 교수의 『준비되지 않은 전쟁, 제2차 세계 대전의 기원』에서는 누가 그 순간에 있었어도 마찬가지였을 거라고 단언한다. 맞는 말이다. 하지만 그의 말처럼 그게 정말로 최선이라서가 아니라 변덕스러운 대중의 입맛에 맞추어 나중에야 어떻게 되든 당장 표만 얻으면 그만이고 굳이 내가 책임질 일을 만들지 않겠다는 것이 정치하는 사람들의 본성이기 때문이다. 그런 점에서 체임벌린은 저승에서 누가 나한테 돌을 던질 자격이 있느냐고 따질지도 모르겠다.

든든한 한미 동맹, 하지만 재조지은의 마인드는 버려야

다행스럽게도 우리는 우크라이나가 아니다. 훨씬 강할뿐더러, 한미 동맹의 보호막이 든든히 지키고 있으니 말이다. 근래 미국의 위세가 1990년대 전성기에 비해 힘이 빠졌고 중국의 도전에 직면했다고 하지만 여전히 독보적인 세계 최강대국이다. 제1차 세계 대전에서 허울뿐인 승전국이자 히틀러의 도전 앞에서 종이호랑이였던 영국이나 프랑스에 감히 비할 바가 아니다. 알렉스 갈런드 감독의 2024년 블록버스터 영화 「시빌 워」에 나오는 것처럼, 미국이 여러 개로 쪼개져서 내전이라도 벌이지 않는 한 적어도 이번 세기에 그 아성이 무너지는 일은 없을 듯싶다. 이 디스토피아적인 영화는 도널드 트럼프를 연상케 하는 대통령의 무능함과 권력 남용으로 미국이 내전에 빠진 상황을 그리고 있다. 결국에는 백악관마저 전쟁터가 되어 살려 달라고 애걸하는 대통령을 증오심에 불타는 반란군 병사들이 그 자리에서 즉결 처형하는 극단적인 내용이 나온다. 제아무리 요근래 미국 내부가 좀 시끄럽다지만 독재 국가인 중국과 러시아를 제쳐 놓고 먼저 막장이 되는 일이 있을까 싶지만 말이다.

　그러나 한편으로 이런 의문도 든다. 과연 우리는 한미 동맹의 의미를 제대로 이해하고 있을까. 우리는 우리 편의대로 미국이라는 나라를 바라보고 있는 것은 아닌가. 당연한 얘기지만 우리가 사는 지구촌 세상은 극도로 냉엄하고, 국가 간의 동맹이란 해외 봉사 단원들이 아프리카의 불쌍한 아이들을 인도적으로 돕는 것과는 전혀 다른 얘기다. 기업이 미래 가치를 보고 투자하듯 상대와 손을 잡는 것이 내 나라에 충분한 이익이 된다고 판단할 때 동맹도 의미가 있다. 바꿔 말하여 우리가 제아무리 미국을 향해 혈맹을 강조하고 바짓가랑이를 붙잡고 늘어져도 미국이 보기에 자신들의 발목을 붙잡는다고 여긴다면 가차 없이 내버린다는 점이다. 하물며 자국의 이익과 동맹국의 이익이 상충한다면 대화와 타협으로 양쪽이 함께 만족할 방법을 찾기보다 우월적인 지위를 앞세워 동맹국의 일방적인 희생을 강요하는 게 미국이다. 실제로 남베트남과 아프간이 더는 이용 가치가 없다는 이유로 하루아침에 매몰차게 발을 빼버림으로써 이들 국가의 몰락을 초래했다. 미국이 타산적이라기보다 원래 국제 관계란 이런 것이다.

　그런데도 아직도 선거철만 되면 누가 미국에 충성할 자격이 있는지를 놓고 서로 편 가르기를 하면서 피 터지게 싸우는 것이 우리 정치인들의 현주소다. 심지어 미국을 상대로 조금이라도 우리의 목소리를 내는 것조차 한미 동맹을 흔든다면서 호들갑을 떠는 사람들도 있다. 근래에는 북한 핵 위협에 맞서기 위해 우리도 핵무장을 해야 한다는 얘기가 일각에서 〈떡밥〉처럼 흘러나오고 있다. 미국이 핵무기 확산 금지 원칙을 깨뜨리고 우리만 핵무장을 예외적으로 허용해 줄지는 한미 동맹을 앞세워 미국을 설득하면 된다고 말한다. 즉 우리의 핵무장은 오로지 미국의 심기에 달려 있으며 여태껏 미국이 허락하지 않은 이유는 우리의 정성이 충분하지 못했기 때문이니 앞으로 더욱 정성을 다해야 한다는 논리이다. 물정 모르는 소리이다. 정말로 우리가 미국의 핵우산을 더는 믿을 수 없다는 이유로 독자적 핵무장을 하겠다면 국제 사회의 제재를 받더라도 파키스탄처럼 〈풀을 뜯어 먹는 한이 있어도 핵무기를 만들겠다〉라는 결사의 각오로 밀어붙여야 마땅하다. 경제가 안보보다 더 중요할 수는 없기 때문이다.

반대로 미국의 핵우산은 물론 믿음직하지만, 기왕이면 우리도 핵무기 몇 발 정도는 가져야 하지 않겠느냐는 안이한 발상이라면 씨알도 먹히지 않을 얘기다. 왜냐하면 미국의 대외 전략에서 첫 번째 원칙은 현상 유지이기 때문이다. 중국이나 북한처럼 미국에서 멀리 떨어진 나라보다 오히려 우리나 타이완과 같이 자국 세력권 아래 있는 동맹국들의 핵 개발에 더 예민하게 반응했던 것이 지금까지 그들이 보여 준 일관된 모습이었음을 기억해야 한다. 2016년 미 대선 당시 처음으로 한국의 핵무장을 거론한 트럼프만 해도 우리에게 더 많은 주둔 비용을 뜯어내려는 협상 카드일 뿐, 진심은 아니라고 실토하여 선동 정치인다운 표리부동을 보여 주었다. 하물며 우리가 아무것도 잃지 않고 미국만 잘 구워삶으면 핵보유국이 될 수 있다는 일부 정치인의 주장은 국민을 기만하는 것이자 여론 호도일 뿐, 핵무장의 진지한 고민은 없다는 얘기이다.

그런데도 이런 믿음이 사람들에게 먹히는 것을 보면 우리가 여전히 수백 년 전 우물 안 개구리로 살던 조선 시대 케케묵은 외교 관념에서 벗어나지 못하기 때문은 아닐까. 그 시절 동아시아에서 국제 외교란 별거 없었다. 종주국 행세하던 중국은 주변국들에 기미 정책(羈縻政策)이라는 특유의 회유책을 썼기 때문이었다. 자신들을 정성껏 섬길수록 그 이상의 물질적 보상으로 되돌려준다는 것이었다. 이런저런 부침은 있었지만 조선의 사대주의는 약소국으로서 안보를 지키고 경제적 이익도 취한다는 점에서 나름대로 현실적인 선택이었음은 틀림없다. 문제는 사대주의가 아니라 그로 인해 나태와 타성에 젖어 온 나라가 만성적인 무기력증에 빠졌다는 사실이었다. 여차하면 중국에 손 벌리면 그만인데 뭐가 걱정이냐는 식이었다.

그러면서도 우리는 중국을 알려고 하지 않았고 중국어를 배우지도, 중국에 유학생을 보내지도 않았으며 중국이 우리를 이해하도록 소통에 노력하지도 않았다. 때때로 사신을 보내는 것 이외에 조정의 허락 없이 중국과 교역하거나 함부로 접촉하는 것조차 엄격히 금지했다. 막상 자신들이 필요할 때만 재조지은(再造之恩)을 강조하며 편리하게 도움을 받으려 했던 것이 조선의 사대부들이었다. 따지고 보면 중국이 우리를 그렇게 길들인 책임도 있겠지만, 중국 주변의 국가들이 죄다 조선처럼 행동하지는 않았다는 점에서 무작정 남 탓으로만 돌릴 수도 없을 듯하다.

평소에는 몰라도 가장 절박한 순간에는 인간관계의 실체가 적나라하게 드러나는 법이다. 도요토미 히데요시의 사전 경고와 1년이라는 귀중한 시간이 주어졌음에도 거의 아무것도 하지 않고 태평스레 흘려버린 선조는 일본군이 부산포에 상륙했다는 보고를 받자 말 그대로 〈멘붕〉이었다. 그가 한양을 버리고 의주로 달아나면서 제일 먼저 한 일은 명나라를 향한 원군 요청이었다. 남쪽에서 이순신의 활약과 이여송이 이끄는 명군의 참전 덕분에 어쨌거나 급한 불은 끌 수 있었다. 그다음은 우리가 알아서 할 일이었다. 그러나 남의 도움을 받는 데 한번 재미가 들린 선조는 민심을 수습하고 병력을 모아 반격을 준비하는 대신 명나라에 더욱 매달리며 사실상 대신 싸워 주기를 요구했다. 상대의 사정을 고려하지 않은 선조의 몰염치한 요구는 주권 국가로서 우리의 위신을 땅에 떨어뜨렸을뿐더러 명나라의 입장을 난처하게 만들었고 200년 동안 쌓아 올린 양국의 우정은 하루아침에 경멸로 바뀌었다. 명나라 장수들은 조선을 향해 노골적인 멸시감을 드러냈다. 갈수록 골칫거리가 되는 선조를 갈아 치우고 광해군으로 바꾸거나 이럴 바에는 아예 조선을 병탄하여 중국이 직접 통치해야 한다는 주장까지 나왔다. 말년의 선조와 광해군 사이에 벌어진 첨예한 부자 갈등과 광해군의 폭정, 인조반정 그리고 두 번의 호란에 이르는 비극은 따지고 보면 선조의 무책임한 의타심이 남겨 놓은 후유증이었다.

조선의 〈양심 불량〉 행태는 구한말에 또 한 번 반복되었다. 아버지 흥선대원군과 권력 투쟁을 벌이던 고종은 군부 내에서 대원군의 세력을 제거하겠다는 아집에 눈먼 나머지 군대를 무력화함으로써 조선을 군사적 공백 상태로 만들었다. 외세의 위협에 맞서 나라를 지키기는커녕 지방 민란마저 진압할 능력이 없었던 그는 이이제이랍시며 여기저기서 외세를 끌어들였다. 다 같이 침을 발라 놓으면 아무도 못 먹을 거라는 안이한 발상은 한반도를 놓고 열강들의 피 터지는 쟁탈전을 초래했다. 그 결말은 국권 상실이었다. 중국 입장에서 본다면 명나라가 임진왜란에서 조선을 도우러 왔다가 국력을 엄청나게 소모하는 바람에 내란이 일어나 망국을 앞당겼고, 청나라 역시 고종의 요청으로 출병했지만, 청일 전쟁에서 완전히 〈아작〉 난 뒤 그 충격을 극복하지 못한 채 결국 몰락했으니 어떤 의미에서는 〈조선의 저주〉에 걸렸다고 할지도 모르겠다.

하물며 미국은 명나라가 아니고, 우리는 15세기가 아닌 21세기에 살고 있다. 세상이 바뀌었다는 사실을 머리로는 알고 있지만, 몸이 변화를 뒤따르지 못한다는 점에서 수백 년의 타성에 익숙해진 우리의 한계라고 해야 할까. 정치인들은 너도나도 한미 동맹을 맹목적으로 강조하면서도 미국이 무슨 생각을 하고 있으며 미국의 전략이 어떠한지 우리를 어떻게 바라보고 있는지는 무관심하다. 시중에는 미국 유학 가이드나 토익 수험서는 하늘의 별만큼 많지만 정작 미국 역사를 다룬 책은 손에 꼽을 정도다. 특히 지금의 미국을 만드는 데 가장 중요한 전환점으로 손꼽히는 남북 전쟁사는 거의 찾아볼 수 없다. 즉 우리의 관심사는 우리가 필요할 때 어떻게 미국의 도움을 받을 수 있을까이지, 미국이라는 나라가 아니라는 얘기다. 국가는 물론이고 친구끼리라도 이렇게 자신밖에 모르는 인간을 곁에 두고 싶지는 않을 것인데 말이다.

그러나 한미 동맹은 아무 때나 품에서 꺼내 소원을 외치면 〈짠!〉 하고 나타나 뭐든 들어주는 램프의 요정이 아니다. 제아무리 양국의 끈끈한 우정을 강조해도 여차할 때 미국이 도울지 말지는 우리가 아니라 그들이 정할 몫이기 때문이다. 더욱이 강대국들이 짜놓은 게임판 위에서 약소국이 살아남기 위해 벌이는 서바이벌 게임은 넷플릭스 드라마 「오징어 게임」에 나오는 것 이상으로 잔혹하고 살벌하다. 우리는 동화가 아닌 현실 속에 살고 있다. 〈인생은 각자도생〉이라는 말도 있지만, 자신의 두 다리로 서는 것이 먼저이고 남에게 기대는 것은 그다음이다.

우리 말고 다른 나라들의 모습은 어떨까. 동서고금 강대국들의 틈바구니에서 필사적으로 발버둥 치는 것은 약소국의 공통된 숙명이다. 중국 춘추 전국 시대 국가 간의 온갖 모략과 암투를 보여 주는 사마천의 『사기』에는 전국 시대 말기 강대국 진나라에 대항하여 나머지 여섯 나라가 합종연횡(合從連橫)으로 뭉치지만 그들끼리의 모순과 불신을 극복하지 못하여 하나씩 멸망한다는 고사가 있다. 그로부터 2,000년이 지난 지금도 국제 외교의 본질은 달라지지 않았다. 특히 80여 년 전에 일어난 인류 최악의 전쟁이라는 제2차 세계 대전은 기존 판을 뒤엎으려는 히틀러의 거센 도전 앞에서 서구 열강과 약소국들의 민낯을 그 어느 때보다 적나라하게 드러낸 전쟁이었다.

하지만 우리가 아는 제2차 세계 대전은 강대국을 위한 역사다. 할리우드 블록버스터 영화만 하더라도 「패튼 대전차 군단」이나 「라이언 일병 구하기」 같은 고전 명작은 물론이고 비교적 최근에 나온 마이클 베이의 「진주만」, 롤랜드 에머리히의 「미드웨이」, 스티븐 스필버그와 톰 행크스가 제작을 맡은 「더 퍼시픽」, 「마스터스 오브 디 에어」 등은 하나같이 미국 영웅 만들기다. 제2차 세계 대전의 바이블로 손꼽히는 존 키건 교수의『2차 세계 대전사』, 앨런 테일러 교수의『준비되지 않은 전쟁, 제2차 세계 대전의 기원』, 예전에 내가 감수를 맡은 바 있는 앤터니 비버의『아르덴 대공세 1944』와『베를린 함락 1945』을 비롯하여 시중의 도서들 역시 미국을 비롯한 주요 강대국들이 히틀러의 세계 지배 야욕을 깨뜨리고 오늘날의 세상을 만들어 가는 과정을 서사적으로 묘사한다.

역사는 힘 있는 자들을 위한 기록이라는 말도 있지만 그동안 우리가 미국 이외의 세상에 얼마나 무관심했는지를 보여 주는 것이기도 하다. 솔직히 미국에 대해서도 제대로 알고 있는지 의문이지만 말이다. 분명한 사실은 이것이 반쪽 역사라는 점이다. 우리가 주목해야 할 쪽은 그동안 망각했던 나머지 반쪽의 역사다. 왜냐하면 우리 역시 약소국이기 때문이다. 제2차 세계 대전에서는 미국, 영국, 소련, 독일 같은〈메이저〉이외에 많은〈마이너〉국가도 전쟁의 한 축을 맡았다. 약소국이라고 해서 무조건 강대국에 매달리거나 시대의 풍파에 억지로 휘말려 연합군이 구원해 줄 날만 손꼽아 기다리는 무력한 존재도 아니었고, 강대국들이 쓰다 버리는 장기판의 졸도 아니었다. 전쟁 내내 강대국과 약소국은 끊임없이 상대를 이용하면서 자신들은 이용당하지 않으려고 부단히 애썼다. 때로는 강대국의 운명이 약소국에 의해 좌지우지되기도 했다. 스탈린이나 히틀러처럼 대화보다 주먹을 더 선호하는 악당들조차 순종적이지 않은 약소국들을 다루기란 쉬운 일이 아니었다. 약소국들이 전쟁의 한복판에서 어떤 선택을 했고 왜 그런 선택을 해야 했는지, 또한 그들의 군대가 어떻게 싸웠으며 그 결과와 함께 어떤 교훈을 얻었는지가 이 책의 주된 내용이다. 그동안 우리가 간과했지만, 이제는 짚어 봐야 할 역사다.

이 책에는 제2차 세계 대전에서 연합과 추축에 섰던 많은 약소국이 등장한다. 물론 이들이 모두 영웅적이거나 썩 현명했던 것은 아니었다. 에티오피아나 핀란드처럼 어떤 강대국의 위협에도 기죽지 않고 기개를 보여 준 나라가 있는가 하면 덴마크, 노르웨이, 네덜란드처럼 지도자들이 평화에 젖어서 전쟁을 잊은 대가로 제대로 싸워 보지도 못한 채 노예로 전락한 나라도 있었다. 제1차 세계 대전에서 강대국들의 싸움터가 되었던 벨기에는 두 번 다시 그런 경험을 원치 않았지만, 이들의 선택은 오히려 최악의 결과를 초래했다. 무솔리니의 침략에 맞서 위대한 투쟁을 보여 준 그리스는 막상 침략자를 격퇴하자 자신들도 영토 욕심을 부렸고 그것이 화근이 되어 히틀러의 개입을 자초했다. 루마니아가 히틀러의 동방 원정에 가세한 것은 핀란드와 마찬가지로 스탈린에 대한 원한과 영토 회복을 위해서였지만 핀란드와는 달리 적당한 선에서 멈추지 못하고 갈 데까지 달렸다. 결국 마지막에는 공산화라는 혹독한 대가를 치러야 했다.

이들의 엇갈린 운명은 오늘날 우리에게 반면교사의 교훈을 준다. 탐욕스러운 두 강대국 사이에서 한때 우리 정치권에서도 유행했던 〈중립 외교〉니 〈균형 외교〉니 하는 허울 좋은 말이 얼마나 세상 물정 모르는 소리이며, 그렇다고 힘 있는 어느 한쪽에 영혼 없이 빌붙었다가는 도리어 써먹기 좋은 희생양이 되어 혹독한 대가를 치를 수 있음을 깨닫게 한다. 중요한 것은 로마 제국의 위대한 군사 사상가 플라비우스 베게티우스 레나투스의 말마따나 평화로울 때 전쟁에 대비하는 것이며, 국난을 앞에 두고 지도자가 얼마나 단호하게 국민을 하나로 뭉칠 수 있는가에 달려 있다. 내가 스스로 맞서 싸울 의지가 있을 때 비로소 남들도 돕는 법이다. 우리는 세계 2위의 군사 대국인 러시아를 상대로 4년이나 싸우는 우크라이나의 모습에 주목해야 한다.

이 책을 쓰면서 존 키건이나 리처드 오버리와 같은 세계적으로 저명한 연구가들조차 그동안 빠뜨렸던 거대한 빈 공간을 내가 채워 넣는다는 사실에 무한한 자부심을 느낀다. 다만 모든 나라를 욕심껏 담을 수 없었다는 점이 아쉽다. 본문에서는 언급하지 못했지만 제2차 세계 대전의 한 부분을 차지해야 마땅한 나라들은 얼마든지 있다. 동부 전선에서 히틀러로부터 〈독일군 최정예 부대와 맞먹는다〉고 격찬받았던 스페인 청색 사단의 활약, 무장 중립의 탈을 쓴 나치의 부도덕한 금고였던 스위스, 처칠의 탐욕에 희생된 이란, 연합과 추축 사이에서 줄타기 외교를 하면서 실리를 챙긴 튀르키예, 남미 국가 중 유일하게 유럽 대륙에서 싸운 참전국으로 온갖 조롱과 인종 편견에도 불구하고 독일군을 상대로 승리한 〈담배 피우는 코브라〉 브라질 원정군에 대해서는 언젠가 따로 다룰 기회가 있을 것이며, 중국과 타이Thailand가 겪은 제2차 세계 대전에 대해서는 나의 전작인 『중일 전쟁』이 독자들의 궁금증 해결에 도움이 되리라 기대한다.

어제는 우크라이나, 오늘은 타이완 그리고 내일은?

러시아의 우크라이나 침공과 푸틴이 핵무기로 세상을 위협하면서 인류는 냉전 종식 이후 그 어느 때보다도 전쟁의 위험에 직면해 있다. 우리가 누리는 평화로운 일상이 언제라도 깨질 수 있다는 얘기다. 비록 우크라이나는 지구 반대편에 있는 나라이지만 그들의 비극은 결코 강 너머 불구경할 일이 아니다. 우리 옆에는 러시아 못지않게 호전적이고 탐욕스러우며 억압적인 이웃이 버티고 있기 때문이다. 중국이다. 그리고 당장 불똥이 튀고 있는 쪽은 타이완이다. 1992년 타이완은 개혁 개방을 내세운 중국과 이른바 〈92 공식〉에 합의하여 명목상 하나의 중국 원칙을 깨지 않는 선에서 서로 간섭하지 않고 각자의 길을 가면서 경제적으로는 협력하기로 했다.

그때만 해도 〈아시아의 네 마리 용〉이라 불릴 정도로 발전한 나라였던 타이완 사람들은 마오쩌둥의 국가적 자살이나 다름없는 무모한 정책 덕분에 빈털터리로 전락한 대륙의 동포들을 열성적으로 도왔고, 중국의 폭발적인 경제 성장에 중요한 역할을 했다. 이들은 순진하게도 중국이 먹고살 만하게 되면 양안의 갈등 또한 자연스레 해결될 것이라 믿고 안보를 등한시한 반면, 중국은 서방과 타이완 덕분에 벌어들인 돈을 군사력 현대화에 아낌없이 투자했다. 2024년 중국의 국방비는 타이완의 10배가 넘는다. 〈92 공식〉 이전만 해도 타이완 해협에서는 우위를 차지했던 타이완 해공군은 중국이 항공 모함과 핵 잠수함, 최신 전투기를 배치하면서 수세에 내몰렸다. 타이완의 〈햇볕 정책〉은 중국이 아니라 어리석게도 자신들의 코트만 벗긴 꼴이었다.

시진핑 집권 이후 더는 남들 눈치를 볼 필요가 없다고 여긴 중국이 대번에 본색을 드러내며 전방위에서 압박하자 타이완은 속수무책이다. 2024년 5월 타이완 독립 지지파인 라이칭더가 새로운 총통이 되자 중국은 보복으로 타이완 주변을 포위하고 대규모 무력시위로 실력 행사에 나섬으로써 극동 전체를 전쟁의 공포에 몰아넣었다. 미국의 신속한 개입이 없으면 타이완의 허약한 군사력으로는 잠시도 버티지 못할 판국이며, 심지어 미국 내 일부 싱크 탱크에서는 중국이 압도적인 해군력을 앞세워 타이완을 봉쇄하는 것만으로도 쉽게 굴복시킬 수 있다고 주장한다.

그러나 정작 위기감이 없는 쪽은 타이완 사람들이다. 자신들이 나서서 중국을 자극하지 않는 이상 중국이 국제 사회의 비난과 경제적 손실을 무릅쓰면서까지 타이완을 치겠으며, 타이완이 패망하도록 미국이 내버려두겠느냐는 것이다. 처지가 비슷한 이스라엘과 비교해도 2023년 기준으로 타이완은 GDP에서 1.4배이지만 국방비는 80퍼센트 정도에 지나지 않는다. 날로 도를 더하는 중국의 위협을 생각하면 이스라엘보다 더 많이 투자해도 부족할 판국인데 말이다. 의무 복무를 4개월에서 1년으로 연장하자 대번에 자신들에게 부담을 떠넘긴다는 젊은 세대의 거센 저항에 부딪히는 판국이다. 오랜 평화와 경제적 번영에 젖은 이들의 안이한 모습은 제2차 세계 대전 초반, 나치 군대의 기습에 저항 한번 해보지 못하고 백기를 든 덴마크를 연상케 한다.

물론 타이완은 중국의 태평양 진출을 막기 위한 해상 방벽이라는 점에서 미국이 쉽게 내주리라고 생각하기는 어렵다. 미국 역시 중국과 긴장이 고조될 때마다 결단코 타이완을 버리지 않을 것이라고 강조한다. 그러나 평상시에 말로 떠드는 것과 막상 현실로 닥쳤을 때 행동으로 나서는 것은 전혀 다른 얘기다. 워싱턴의 지도자들이 신경 써야 하는 것은 타이완만이 아닐뿐더러, 1979년 카터 행정부가 중국과 거래하여 타이완에서 모든 미군을 일방적으로 철수시킨 후 미국은 타이완에 어떠한 의무도 없기 때문이다. 실제로 베트남 전쟁 당시 남베트남에서 미군을 철수시킬 때만 해도 미국은 언제라도 돌아오겠노라 단단히 약속했지만 막상 월맹군이 밀고 내려오자 닉슨 게이트를 수습하는 데 여념이 없던 포드 행정부는 아무것도 하지 않았다.

하물며 아들 부시가 9·11 테러를 핑계 삼아 다국적 기업들과 결탁하여 아프간과 이라크에서 벌인 불장난은 〈제2의 베트남 전쟁〉이 되어 거의 20여 년 동안 미국의 힘을 완전히 거덜 냈다. 미국은 자신들의 문제를 해결하기에도 급급한 형편이다. 게다가 대선 때만 해도 반중의 기치를 기세등등하게 내걸었던 트럼프는 백악관의 주인이 되자 언제 그랬냐는 듯 중국 대신 만만한 동맹국들의 주머니 털기에만 몰두하고 있다. 만약 중국이 기습적으로 타이완을 치고 들어가면 미국은 1975년 베트남에서 그랬던 것처럼 개입과 방관을 놓고 이해타산을 따지며 저울질하느라 어영부영할 게 틀림없다. 그사이 속전속결로 끝날 수도 있고, 최악의 경우 뒤늦게 괌이나 오키나와에서 출동한 미군이 중국의 덫에 걸려 참패할 수도 있다.

　더 심각한 문제는 중국이 양안 통일에만 만족한다는 보장이 없다는 사실이다. 러시아가 우크라이나를 침공했을 때 폴란드와 발트 3국 등 동유럽 국가들이 가장 먼저 우크라이나 지원에 앞장서고 핀란드, 스웨덴 등 전통적인 중립국들이 앞다투어 나토 가입에 나서는 것도 푸틴의 목적이 유럽 전체의 지배이며, 우크라이나 침공은 서막에 불과함을 알기 때문이다. 타이완의 다음 차례는 우리가 될 수도 있다. 『월스트리트 저널』에 따르면, 2017년 6월 초에 열린 미중 정상 회담에서 시진핑은 트럼프를 향해 수백 년 전의 왕조 시절 책봉과 조공의 역사를 자기네 유리한 대로 갖다 붙이면서 〈한국은 중국의 일부였다〉라고 주장했다고 한다. 중국 지도자들의 사고는 푸틴이 구소련 시절의 다른 공화국들을 러시아의 속국으로 여기는 것과 똑같다.

　아직은 미국의 눈치를 보지만 사정이 달라지면 태도가 어떻게 바뀔지 모른다. 가령 중국의 거센 도전 앞에서 힘에 부친 미국이 필리핀과 일본으로 물러나고 중국이 수십만 명에 달하는 국내 중국인들을 막후에서 선동하여 우리 사회를 혼란에 빠뜨린 다음, 지난 1,000여 년 동안 너희의 진짜 주인이 누구였는지 확실히 알게 해주겠다면서 덤빈다면 우리는 어떻게 할 것인가. 결코 소설이 아니다. 이것이 다름 아닌 우크라이나에서 푸틴이 보여 준 방식이다. 오늘 우크라이나가 당하는 모습은 내일 또는 모레의 우리 일이 될 수 있다. 위기의식을 가져야 할 때다.

　내 나라를 지키는 것은 남이 아니라 우리 자신의 의지에 달려 있으며, 그런 뒤에야 한미 동맹도 비로소 제 역할을 할 수 있을 것이다. 19세기 영국 총리를 지내면서 대영 제국을 번영시킨 헨리 존 템플 파머스턴 Henry Temple, 3rd Viscount Palmerston 경이 남겼던 유명한 격언을 우리는 기억해야 한다. 〈우리에게는 영원한 동맹도, 항구적인 적도 없다. 영원하고 항구적인 것은 오직 우리의 이익이며, 그 이익만이 충실히 따라야 할 우리의 의무이다We have no eternal allies, and we have no perpetual enemies. Our interests are eternal and perpetual, and those interests it is our duty to follow.〉나의 글이 대한민국의 앞날을 책임진 수많은 정책 수립자에게 소소하나마 길잡이가 되었으면 하는 바람이다.

마지막으로, 출간을 흔쾌히 허락해 주신 열린책들 출판사 홍예빈 대표님, 기획부터 출간까지 물심양면 애써 주시고 꼼꼼한 손길로 책을 만들어 주신 편집자분들, 블로그에서 연재하는 동안 의견과 조언을 남겨 주셨던 이웃분들, 그리고 옆에서 항상 응원해 주는 아내와 딸 나은이에게 이 자리를 빌려 감사의 말을 올린다.

울산에서

권성욱

차례

1장

아프리카의 자존심

- 에티오피아

빈털터리의 제국주의

1934년 5월 24일 무솔리니는 자신의 집무실이 있는 로마 베네치아 궁전 발코니에 서서 광장을 가득 메운 이탈리아인들을 향해 기세등등하게 외쳤다.

> 한 세기 동안 양으로 사는 것보다 사자로 사는 것이 낫다. 이탈리아는 평화를 원하지만 만약의 사태에 대비하는 중이다. 그대들도 모두 준비되었는가!

군중은 그의 말에 열광했다. 자신을 카이사르나 아우구스투스 같은 로마의 위대한 정복자에 비견했던 그는 이전부터 위대한 로마 제국의 부활을 공공연히 떠들었다. 하지만 자신의 야심을 이루기에는 영토가 작고 자원이 너무 부족하다는 것이 무솔리니의 불만이었다. 오랫동안 여러 개의 나라로 분열된 채 외세의 지배를 받으며 서로 싸우던 이탈리아는 70여 년 전 통일을 실현했다. 하지만 그 통일은 이탈리아인들이 자신의 힘으로 이룬 것이 아니라 프랑스와 오스트리아의 싸움에 운 좋게 편승한 덕분이었다. 현실은 장밋빛과 거리가 멀었다. 북부 도시들은 부유한 반면, 남부 농촌은 지독한 가난에 허덕였다. 매년 수십만 명이 먹고 살기 위해 일자리를 찾아 유럽과 신대륙으로 향했다. 유럽을 호령하던 로마 제국은 고사하고, 상업 도시 베네치아가 유럽의 돈줄을 쥐고 찬란한 르네상스 문화를 꽃피웠을 때가 무색할 정도였다. 경제적으로는 낙후하고 정치적 갈등은 극심했다. 그 덕분에 권력을 쥔 사람이 무솔리니였다.

언제나 독재자가 불만 가득한 국민의 관심을 돌리기에 가장 만만한 방법은 전쟁이었다. 내세울 것 없는 이류 국가인 이탈리아가 옛 영광을 재현하려면 영토 확장, 즉 독일의 레벤스라움Lebensraum과 일본 대동아 공영권의 이탈리아 버전인 〈스파치오 비탈레Spazio vitale〉*에 나서야 한다는 것이 무솔리니의 오랜 야망이었다. 로마가 멸망한 후 지난 1,500여 년 동안 볼테르의 유명한 말대로 〈신성하지도 로마답지도 심지어 제국도 아니었던〉 신성 로마 제국을 비롯하여 유럽의 많은 나라가 로마 제국을 계승했다고 떠들었지만, 무솔리니는 자신이 통치하는 파시스트 이탈리아야말로 로마 제국의 정당한 상속자라고 굳게 믿었다. 따라서 로마 제국의 강역이었던 지중해와 발칸반도, 대서양에서 인도양에 이르는 북아프리카의 광대한 땅 역시 마땅히 자신들의 몫이라는 논리였다. 그는 자신의 투쟁을 가리켜 〈지상 모든 부와 황금을 독점한 민족에 맞서는 가난하고 인구 많은 민족의 도전〉이라고 주장했다.

하지만 그동안 무솔리니는 자신의 야심을 당장 행동에 옮길 수 없었다. 오랜 골칫거리인 리비아 식민지의 반란을 진압하는 데 급급했기 때문이었다. 1911년 유럽의 병자로 불리던 오스만 제국으로부터 강제로 뜯어낸 리비아는 이탈리아인들이 발을 들인 순간부터 현지 아랍인들의 격렬한 저항에 직면하면서 수렁에 빠졌다. 리비아는 이탈리아의 인도차이나이자 아프가니스탄이었다. 저항군 지도자는 코란을 가르치는 교사였던 오마르 알무크타르Omar al-Mukhtar였다. 그는 40년 뒤에 리비아의 철권 통치자가 되는 무아마르 알 카다피Muammar al Qaddafil 같은 자아

* 이탈리아어로 생존권을 말한다.

도취병 환자와는 전혀 달랐다. 정식으로 군사 교육을 받은 적은 없었지만 제1차 세계 대전 당시 전설적인 사막 게릴라전의 전문가로 〈아라비아의 로런스〉라고 불렸던 토머스 로런스T. E. Lawrence나 북베트남의 국민 영웅 보응우옌잡에 비견될 만한 걸출한 인물이었다. 그는 빈약한 무기와 훈련받지 못한 전사들을 이끌고 거의 20년 동안 이탈리아에 저항하면서 명성을 떨쳤다.

무솔리니는 잔혹하기로 이름난 로돌포 그라치아니Rodolfo Graziani 장군을 토벌군 사령관으로 임명하면서 수단과 방법을 가리지 않고 반란을 진압하라고 명령했다. 그라치아니는 10만 명에 달하는 토착민들을 강제 수용소에 가두어 서서히 굶겨 죽이는 한편, 독가스를 사용하여 반란에 가담한 사람들을 무차별 학살했다. 그의 탄압이 얼마나 지독했는지 리비아인들은 〈페잔의 도살자Butcher of Fezzan〉라는 별명을 붙였다. 결국 1931년 9월 알무크타르가 붙들려 처형되면서 무솔리니의 오랜 골칫거리 하나가 해결되었다. 덧붙여, 두 사람의 대결은 할리우드 명배우인 앤서니 퀸 주연의 1981년 영화 「사막의 라이언Lion Of The Desert」에서 재현하고 있다. 1932년 1월 24일 이탈리아 삼군 총참모장이자 리비아 총독 피에트로 바돌리오Pietro Badoglio 원수는 리비아의 반란이 완전히 진압되었음을 선언했다. 드디어 무솔리니는 위대한 정복자로서 첫발을 내디뎠다. 그는 한 가지 사실을 배웠다. 자기 앞을 가로막는 걸림돌은 무자비하게 분쇄하는 것만이 승리의 비결이라는 것을. 또 다른 만만한 먹잇감을 찾아 나선 무솔리니가 다음 정복의 대상으로 눈을 돌린 쪽은 아프리카 유일의 독립 국가인 에티오피아였다.

이른바 〈아프리카의 뿔〉에 위치한 에티오피아는 우리에게는 커피의 원산지로 알려진 정도가 전부이지만, 이집트와 더불어 아프리카에서 가장 오랜 역사를 자랑하는 나라 중 하나다. 전성기였던 악숨 왕국Kingdom of Aksum 시절에는 동아프리카 대부분은 물론, 아라비아반도까지 진출하여 광대한 제국을 건설하고 홍해 무역을 지배하면서 큰 번영을 누린 적도 있었다. 면적은 프랑스의 두 배 크기에 달하고, 적도 근처에 위치하면서도 국토 대부분이 해발 1,500m에서 3,000m에 달하는 고산 지대이기에 지형은 험준하고 기후는 비교적 온난하다. 또한 다민족 국가로서 80여 개의 민족과 언어가 있다고 한다. 최대 민족은 전체 인구의 1/3을 차지하는 오모로족이지만 에티오피아의 지배 계층은 전체의 1/4 정도인 암하라족이다. 과거 군부 독재 시절 실세 노릇을 했던 티그라이족은 전체 인구의 5퍼센트 정도에 불과하지만, 여전히 북부 지방을 지배하면서 중앙 정부에 맞서 에티오피아를 내전의 혼란에 빠뜨리고 있다.

에티오피아의 또 한 가지 특이한 점은 사방이 무슬림 국가들로 둘러싸여 있으면서 국교가 기독교라는 사실이다. 그것도 케냐처럼 근대에 와서 백인 식민지가 남긴 유산이 아니라 4세기 때 세계에서 가장 먼저 기독교를 받아들인 나라 중 하나였다. 수백 년 뒤 이슬람에 맞서 십자군 원정을 벌였던 중세 유럽인들은 동방에 있다는 전설의 기독교 왕국을 찾아 나섰고, 대항해 시대의 개막에 중요한 역할을 했다는 얘기도 있다. 일설에 따르면, 그 전설의 왕국이 에티오피아였다. 오늘날에도 인구의 2/3가 기독교도이고 나머지 1/3은 이슬람교도다. 역대 황제들은 자신을 〈유다의 사자Lion of Judah〉라 불렀고 사자 문양을 황실 휘장으로 사용했다.

하지만 부족 국가의 티를 벗지 못한 에티오피아는 강력한 중앙 정부 대신 봉건 영주들이 할거하면서 치열한 패권 싸움을 벌였다. 언제나 옥좌의 주인은 혈연이 아니라 가장 강한 자의 차지였다. 거친 자연환경과 오랫동안 군웅할거의 시대를 겪다 보니 에티오피아인들은 무를 숭상하고 전사로서 항상 무기를 지니고 다니면서 용맹함을 드러내는 것을 당연한 미덕으로 여겼다. 그중에서도 가장 큰 자부심은 2,000여 년 동안 단 한 번도 외세의 지배를 받지 않았다는 사실이었다. 19세기에 와서는 근대화와 함께 서양식 무기를 적극적으로 받아들여 아프리카 최강의 군대를 양성했다. 에티오피아는 결코 누구도 쉽게 정복할 수 있는 나라가 아니었다.

에티오피아를 만만히 보았다가 호되게 물린 백인 국가가 다름 아닌 이탈리아였다. 남들보다 한발 늦게 식민지 쟁탈전에 뛰어든 이탈리아는 동아프리카의 해안가에 교두보를 마련한 다음, 아프리카에서 마지막 남은 파이 조각이었던 에티오피아를 노렸다. 하지만 1896년 에티오피아 북부 티그라이 지방의 요충지인 아두와Aduwa에서 오레스테 바라티에리Oreste Baratieri 장군의 이탈리아군 1만 4,000여 명은 10만 명에 달하는 에티오피아군에 포위되어 괴멸했다. 두 명의 장군을 포함하여 6,000여 명이 죽거나 행방불명되었고 3,000여 명 이상이 포로가 되었다. 심지어 일부 포로들은 거세당하는 치욕을 겪었다. 상대를 유색 인종이라며 지나치게 얕보고 준비를 게을리한 결과였다. 이탈리아군은 수적으로 월등히 열세했을뿐더러, 기술이나 무기에서도 우세하지 못했다. 이탈리아인들이 로마 제국으로부터 물려받은 유산은 끝없는 탐욕이지 군사적 재능이 아니었다. 소련의 혁명가 레닌은 1915년에 쓴 글에서 이탈리아를 가리켜 열강의 꿈은 야무진 주제에 그럴 능력은 없다며 〈빈털터리들의 제국주의poor people's imperialism〉라고 조롱했다.

아두와 전투는 근대 이탈리아 역사상 최악의 참패이자 전략적 패배였다. 또한 유럽인들이 아시아와 아프리카로 본격적으로 진출하기 시작한 19세기를 통틀어 가장 큰 패배이자 아프리카판 〈디엔비엔푸 전투〉였다. 그 충격은 1879년 영국군 1,800명이 2만 명의 줄루 전사들에게 포위 섬멸당했던 이산들와나 전투Battle of Isandlwana조차 무색했다. 아마도 50여 년 전 제1차 영국-아프가니스탄 전쟁 당시 영국군 4,500여 명과 민간인 1만 2,000여 명이 카불에서 잘랄라바드Jalalabad로 철수하던 중 아프간군의 기습을 받아 문자 그대로 전멸했던 역사만이 여기에 비할 만했다. 그러나 영국은 와신상담한 후 반격하여 끝내 줄루 왕국을 정복하고 아프가니스탄을 보호국으로 삼았지만, 이탈리아는 복수전에 나설 능력조차 없었다. 오히려 에티오피아가 승리의 여세를 몰아 이탈리아령 에리트레아로 진격하지 않을까 겁에 질렸을 정도였다. 대표적인 팽창주의자로서 여론의 반대를 무릅쓰고 무리한 원정을 강행했던 프란체스코 크리스피Francesco Crispi 총리는 패전의 책임을 지고 물러났다. 국왕 움베르토 1세는 애도의 날을 선포했다. 이탈리아 정부는 에티오피아와 평화 조약을 맺어 다시는 분별없이 넘보지 않겠다고 약속해야 했다. 유럽 국가들은 에티오피아를 아프리카의 신흥 강국으로 인정했다. 서구 열강들이 아프리카 대륙을 한 쪽씩 나눠 먹을 때에도 에티오피아는 마지막까지 독립을 지켰다.

지난 40여 년 동안 아두와는 이탈리아인들에게 악몽처럼 따라다녔다. 제1차 세계 대전 당시 이탈리아군 총사령관이었던 루이지 카도르나Luigi Cadorna 장군은 카포레토 전투에서 파멸적인 패배를 당하자 〈나는 쿠스토자와 아두와에서 싸웠던 군대의 우두머리였다〉라는 유명한 말을 남기기도 했다. 자신의 군대는 싸우기만 하면 패주하는 오합지졸이라는 얘기다. 그러나 시간이 흐르고 허세 가득한 무솔리니가 집권하면서 사정은 조금씩 달라졌다. 1925년에는 제1차 세계 대전 참전의 보상으로 영국령 케냐에서 남부 소말리아를 할양받아 이탈리아령 소말리아를 건설했다. 이탈리아로서는 세 번째 식민지였고 에티오피아를 남북으로 포위하게 되었다.

무솔리니는 그 정도로 성에 차지 않았다. 그는 12월 14일 영국과 비밀 협정을 맺어 에티오피아를 이탈리아의 세력권으로 인정받았다. 하지만 프랑스가 두 나라의 거래를 폭로하고 에티오피아 정부가 국제 연맹에 강력하게 항의하자 재빨리 꼬리를 내렸다. 무솔리니는 에티오피아를 달랠 요량으로 국왕 비토리오 에마누엘레 3세Vittorio Emanuele III 의 사촌 아브루치 공작Duke of Abruzzi을 아디스아바바에 보내 해명하게 했다. 또한 에티오피아의 섭정이자 몇 년 뒤 하일레 셀라시에 황제가 되는 리즈 타파리 마코넨Lij Tafari Makonnen에게 호화로운 이탈리아제 리무진을 선물했다. 1928년 8월 2일에는 20년 기한의 이탈리아-에티오피아 우호 조약을 체결했다. 이탈리아는 에티오피아에 홍해로 나가는 통로를 보장했고, 에리트레아와 에티오피아를 연결하는 도로를 건설하기로 약속했다. 오만한 무솔리니조차 한동안 에티오피아의 눈치를 봤다는 얘기였다.

비록 국제적인 망신을 당했지만, 무솔리니가 순순히 야심을 포기한 것은 아니었다. 아직 때가 되지 않았다고 생각해 한 발짝 물러섰을 뿐이었다. 리비아 정복이 어느 정도 마무리되었다고 여긴 그는 드디어 본색을 드러냈다. 1930년 4월 검은 셔츠단의 간부이자 훗날 무솔리니에게 패전의 책임을 모조리 뒤집어씌워 탄핵에 앞장서는 외무 장관 디노 그란디Dino Grandi는 이탈리아가 언제까지고 에리트레아와 소말리아의 좁은 땅에만 만족할 수 없다고 외쳤다. 〈이 나라는 검은 대륙에서 수행해야 할 문명화의 사명과 더불어《식민지 문제》라는 현세대가 해결해야 할 과제를 안고 있습니다.〉식민 장관 알레산드로 레소나Alessandro Lessona 또한 〈손에 피를 묻히지 않고 세상에서 위대한 일을 할 수는 없다〉고 떠들었다. 심복들의 부추김을 받은 무솔리니는 드디어 결심을 굳혔다. 1932년 8월 그는 군부의 원로이자 정치적 동맹자인 에밀리오 데 보노Emilio De Bono 장군에게 에티오피아 정복을 준비하라고 지시했다.

10여 년 뒤 프랑스와 그리스 침공을 무턱대고 강행했다가 재앙을 초래한 것과 달리, 무솔리니는 이때만 해도 나름대로 신중했다. 그는 아두와의 패배를 반면교사 삼아 동아프리카의 식민지 주둔군을 대대적으로 증강하는 한편, 영국과 프랑스를 상대로 에티오피아를 고립시키기 위한 물밑 작업에 나섰다. 에티오피아 내부에도 손을 뻗쳐 황제와 반목하는 부족장들을 회유했다. 1934년이 되자 무솔리니는 이탈리아군이 어느 나라 군대와도 싸울 수 있을 만큼 강력해졌다고 자신만만하게 외쳤다. 이탈리아인들은 열광했다. 하지만 그의 인내심은 그리 길지 못했다. 그는 장군들에게 행동에 나설 시간으로 1년을 주었다. 만약 이보다 더 늦어진다면 자기만큼이나 예측 불허인 히틀러 때문에 갈수록 긴장이 고조되는 유럽 정세에 발목이 잡힐지 모른다고 여겼기 때문이었다. 이때만 해도 히틀러는 무솔리니의 또 다른 골칫거리였다.

그러나 삼군 총참모장으로서 이탈리아군의 수장인 피에트로 바돌리오 원수는 무솔리니처럼 낙관하지 않았다. 그는 무솔리니에게 침공을 준비하려면 적어도 3년은 필요하다고 주장했다. 무솔리니의 허장성세와 달리, 이탈리아군의 실상은 30여 년 전과 크게 다를 바 없을 만큼 허약했다. 파시즘에 충성한 대가로 출세한 장군들은 부패하고 무능했으며 보신주의에만 능했다. 무기 개량과 교리의 발전에는 아무 관심도 없었다. 이들은 병사들에게 전쟁의 본질은 물질이 아니라 정신과 의지의 투쟁이라고 강조했다. 제1차 세계 대전에서 얻었던 교훈들은 죄다 무시되었고, 현대적인 훈련 대신 거창한 열병식에만 열을 올렸다. 이탈리아군은 1918년의 기동성과 중화기를 갖춘 효율적인 군대에서 머릿수만 많은 19세기식 보병 중심 군대로 되돌아간 셈이었다. 무솔리니에 의해 군대가 정치화된 결과였다.

보다 근본적으로 이탈리아는 제2의 카이사르가 되겠다고 떠드는 무솔리니의 야심을 감당하기에는 허약한 나라였다. 지독한 가난과 기근, 말라리아를 비롯한 전염병이 만연하는 이탈리아 남부 농촌의 실상은 에티오피아보다 그리 나을 것도 없었다. 게다가 무솔리니 정권이 예산을 방만하고 비효율적으로 낭비하면서 이탈리아의 경제 성장은 사실상 정체 상태였다. 참모본부는 에티오피아에서 4개 사단이 6개월 동안

아두와 전투에서 붙잡힌 에리트레아 출신의 이탈리아 아프리카인 병사들. 이들은 전쟁
포로가 아닌 에티오피아 황제에 대한 반역자로 규정되어 오른손과 왼발이 잘리고 거세당한
뒤에야 풀려날 수 있었다. 백인 병사들은 신체가 훼손당하는 치욕은 겪지 않았지만,
아디스아바바까지 고난의 행군을 해야 했고 그 과정에서 상당수가 사망했다. 잔인했지만
효과는 확실했다. 이탈리아는 무솔리니 이전까지 다시는 에티오피아를 넘보지 못했다.

제1차 세계 대전 당시 알프스에서 활약했던 이탈리아군의 정예 부대인 아르디티Arditi
대원들. 막대한 희생에도 불구하고 오스트리아-헝가리군의 전선을 돌파할 수 없었던
이탈리아군은 독일군의 스톰 트루퍼를 모방한 특수 부대를 만들었다. 이들은 단검과
수류탄으로 무장하여 적진으로 돌격했고, 1918년 11월 오스트리아군의 전선을 돌파하여
전쟁에서 승리하는 데 중요한 역할을 했다. 이때만 해도 이탈리아군은 적군의 장점을 배우는
유연성과 효율성을 갖추고 있었지만, 무솔리니는 이탈리아군을 도리어 퇴보시켰다.

작전을 하는 데 35억 리라, 1년이면 50억 리라 이상 필요하다고 계산했다. 1930년부터 1935년까지 이탈리아의 연간 예산은 200억 리라를 넘긴 적이 없었고 그나마도 거액의 적자에 허덕였다. 이탈리아는 전쟁을 벌일 처지가 아니었다.

1934년 7월 25일에는 온 유럽을 충격에 빠뜨리는 사건이 일어났다. 오스트리아 총리 엥겔베르트 돌푸스Engelbert Dollfuss가 자신의 관저에서 회의 도중에 난입한 나치 추종자들에 의해 살해당했다. 돌푸스는 오스트리아 민족주의자이자 철권 독재자였지만 무솔리니와 가까운 관계였다. 무솔리니는 자신의 세력권으로 여겼던 오스트리아를 히틀러가 넘보고 있다면서 분개했다. 수만 명의 이탈리아군이 오스트리아 국경의 브렌네르 고개Brenner Pass로 출동했다. 겁에 질린 쪽은 히틀러였다. 독일군은 싸울 준비가 되어 있지 않았다. 너무 빨리 야심을 드러냈음을 깨달은 그는 제2의 사라예보 사건이 되기 전에 한발 물러섰다. 독일군과 이탈리아군이 맞붙는 일은 없었다. 영국, 프랑스가 히틀러를 자극하지 않으려고 눈치만 보고 있을 때 과감한 행동으로 그의 야망을 무산시킨 장본인은 아이러니하게도 몇 년 뒤 한패가 될 무솔리니였다. 무솔리니는 히틀러에게 작은 승리를 거두었지만 이대로 모든 문제가 해결되었다고 말할 수는 없었다. 당장 발밑의 오스트리아 대신 멀리 떨어진 에티오피아에서 새로운 모험을 벌일 때가 아님은 분명했다. 하지만 그는 에티오피아를 향한 욕심을 버리지 못했다.

오히려 조급증에 불이 붙은 무솔리니는 더 늦기 전에 일을 서두르기로 결심했다. 10개월 뒤인 1935년 5월 25일 하원 연설에서 이제는 오스트리아 문제에서 동아프리카로 눈을 돌릴 때임을 강조했다. 그는 더 이상 자신의 계획을 감추지 않았다. 파시스트 선전 매체들은 에티오피아의 위협을 제거하지 않는다면 이탈리아령 소말리아와 에리트레아는 안전할 수 없다고 떠들었다. 가난과 단조로운 일상에 지쳐 있던 이탈리아인들은 무솔리니의 정복 전쟁에 열광했다. 바티칸의 추기경들 역시 무솔리니가 에티오피아를 가톨릭 신앙과 로마 문명으로 이끌기 위해 투쟁하고 있다며 찬양했다. 에티오피아가 아프리카에서 보기 드문 기독교 국가임에도 말이다.

무솔리니는 데 보노에게 열 개 사단을 보내 주겠다고 약속했다. 그러면서 자신은 아두와 전투를 치를 때의 총리였던 크리스피처럼 고작 〈수천 명의 병사가 없어서〉 패배를 자초하는 실수는 저지르지 않을 거라고 장담했다. 장군들은 늦어도 10월까지는 공격해야 한다는 엄명을 받았다. 에티오피아 침공의 교두보가 될 에리트레아의 마사와항은 대대적인 공사로 일일 하역 규모가 4,000톤까지 늘어났고 본국에서 연일 군대와 물자, 수송용 차량이 도착했다. 이탈리아 수송선들이 수에즈 운하를 통과하기 위해 영국에 지불한 돈만 9억 5,000만 리라에 달했다. 침공 준비는 착착 진행되었다. 무솔리니는 에티오피아인들을 도발하여 침공의 명분을 만들 참이었다.

풍운의 에티오피아

에티오피아 솔로몬 왕조의 제64대 황제이자 마지막 황제가 되는 하일레 셀라시에는 무솔리니가 생각하는 것보다 훨씬 만만찮은 인물이었다. 비록 말년에는 장기 집권의 불만과 경제난, 미소 냉전의 파고 속에서 군부 내 공산주의자들의 쿠데타로 비참한 말로를 맞이하는 비운의 군주가 되지만, 그는 자기만 살겠다고 국민을 히틀러의 손에 내동댕이치고 달아났던 이탈리아의 비토리오 에마누엘레 3세나 알바니아의 조구 1세Zogu I 같은 비열하고 탐욕스러운 암군과는 거리가 멀었다. 하물며 오늘날 아프리카와 아시아, 남미 등지에서 나라를 막장으로 몰아가며 부귀영화와 개인 우상화에만 열을 올리는 여느 철권 통치자들과도 감히 비할 바가 아니었다. 카리브해의 일부 흑인들이 하일레 셀라시에를 〈메시아〉라고 부르며 숭배하자 독실한 기독교도였던 그는 자신은 신이나 구세주가 아닌 평범한 인간이라고 단호하게 잘라 말했다. 그는 아두와 전투의 전설적인 영웅인 메넬리크 2세Menelik II의 뒤를 잇는 걸출한 개혁 군주이자 진정한 〈유다의 사자〉라고 할 만한 인물이었다.

암하라어로 〈삼위일체의 힘Power of the Trinity〉이라는 뜻의 하일레 셀라시에 황제는 원래 아디스아바바 동남쪽에 있는 하라르Harar 지방을 통치하는 토착 호족이었다. 본명은 타파리 마코넨이었다. 할머니는 선대 황제 메넬리크 2세의 숙모였다. 아버지인 라스* 마코넨 월데 미카엘Ras Makonnen Wolde Mikael은 메넬리크의 사촌이자 아두와 전투에서 메넬리크와 함께 군대를 지휘하여 위대한 승리를 이끈 명장이었다. 훗날 한국 전쟁에서 유엔군의 일원으로 파병된 에티오피아군의 별칭인 〈칵뉴 대대Kagnew Battalion〉는 황제의 아버지가 아두와 전투에서 탔던 군마의 이름에서 따온 것이었다.

1913년 메넬리크 2세가 죽자 황태자이며 외손자였던 리즈 이야수Lij Iyasu가 불과 열여덟 살의 나이로 왕위를 계승했다. 하지만 정치적 역량이 부족한 데다 변덕스럽고 난폭하다는 이유로 귀족들의 지지를 얻지 못했다. 게다가 이야수는 친이슬람이었다. 주류인 기독교파 귀족들은 그가 에티오피아를 이슬람 국가로 바꾸려고 한다면서 반발했다. 영국과 프랑스 또한 이야수가 독일과 튀르키예 편에 서서 제1차 세계 대전에 참전할 속셈이라고 의심했고 이야수와 대립하는 귀족들의 반란을 뒤에서 부추겼다. 결국 3년 만에 쿠데타가 일어나 쫓겨났다. 1917년 2월 메넬리크의 딸이자 이야수의 고모인 제우디투Zewditu가 〈왕들의 여왕Negiste Negest〉으로서 에티오피아 최초의 여황제가 되었다. 하지만 실

* 귀족을 뜻한다.

권은 스물다섯 살의 젊은이였던 타파리에게 있었다.

타파리는 섭정이자 황태자가 되어 차기 황제로서의 입지를 다졌다. 사막으로 달아났던 이야수는 반격했다. 그는 친아버지이자 아두와 전투에서 기병을 이끌고 이탈리아군을 학살했으며 에티오피아 북부에서 강력한 세력을 가지고 있던 네구스* 미카엘 알리Negus Mikael Ali와 함께 8만 명의 병력을 이끌고 아디스아바바로 진군했다. 그러나 세갈레 전투Battle of Segale에서 제우디투와 타파리의 연합군에 대패했다. 포로가 된 이야수는 오랜 구금 생활을 보내다가 1935년에 사망했다. 하지만 타파리는 이후에도 끊임없는 반란과 암살 음모에 시달렸고, 귀족들은 그의 권위를 무시하기 일쑤였다.

1930년에는 제우디투의 남편 라스 구그사 벨레Ras Gugsa Welle가 아내의 만류에도 불구하고 반란을 일으켜 타파리에게 도전했다가 패배하면서 전사했다. 충격을 받은 여왕도 얼마 후 서거했다. 타파리는 옥좌의 새로운 주인이 되었다. 권력을 차지하기 위한 그의 피비린내 나는 투쟁은 군웅할거의 에티오피아 정세가 얼마나 불안정한지 보여 주는 셈이었다. 황제가 된 타파리는 서구화 정책을 밀어붙이는 한편, 에티오피아를 은둔의 나라에서 국제 사회의 일원으로 끌어내는 데 앞장섰다. 1923년에는 국제 연맹에 가입했다. 열강 중에서도 가장 인종 차별적이었던 영국이 에티오피아처럼 미개한 나라는 국제 연맹에 가입할 자격이 없다며 반대했지만, 뜻밖에도 무솔리니가 열성적으로 지지한 덕분이었다. 황제는 비유럽권의 여느 군주들처럼 암투와 모략이 난무하는 궁정 깊숙한 곳에서 쾌락을 즐기는 대신 17세기에 낙후한 러시아를 강대국으로 만든 표트르 대제가 그랬던 것처럼 직접 에티오피아 바깥으로 나가서 유럽 각국을 시찰하고 외국 정상들을 만났으며 서구 문물을 배웠다. 1931년 7월에는 일본 메이지 헌법을 모델로 삼은 에티오피

* 암하라어로 〈통치자〉라는 뜻으로 에티오피아 지방 군주에 붙는 칭호이다.

아 최초의 근대 헌법을 제정하여 입헌 군주제와 의회 민주주의를 추진했다.

아디스아바바에는 국립 은행이 설립되었으며 주요 도시가 도로와 철도로 연결되었다. 자동차와 비행기, 전화, 무선 서비스와 같은 근대 문물이 들어오고 서구식 병원과 학교가 세워졌다. 에티오피아는 근대화의 길로 향했다. 그의 개혁은 파격적이었지만 그때마다 에티오피아를 지배하는 보수파들의 완강한 저항에 부딪혔다. 특히 에티오피아의 오랜 악습이자 국제 사회에서 지탄받았던 노예제를 폐지하기 위해 섭정 시절부터 온갖 노력을 기울였음에도 극심한 반발 탓에 포기해야 했다. 1930년대 중반까지도 에티오피아에는 1500만 명의 인구 중 10퍼센트가 넘는 200만 명의 노예가 있었다. 심지어 무솔리니조차 나중에 에티오피아를 정복한 뒤 제일 먼저 시대착오적인 노예제부터 폐지하려고 그토록 노력했음에도 뿌리 뽑는 데 실패했다. 이탈리아군을 쫓아내고 왕국을 되찾은 황제는 1942년 8월 26일 또 한 번 노예제 폐지를 선언하기도 했다.

무솔리니의 허황된 야심은 모처럼 안정을 누리는 에티오피아의 운명에 그림자를 드리웠다. 이탈리아가 제아무리 열강들 기준에서는 신통치 않다고 해도 에티오피아에 비할 바는 아니었다. 에티오피아군은 50만 명에 달했고 최대 100만 명을 동원할 수 있었다. 하지만 그중에서 현대화된 군대는 극히 일부에 불과했다. 황제는 내부 반란과 이탈리아의 위협에 맞서기 위해 유럽에서 최신 무기를 일부 구매했지만, 대다수는 여전히 40여 년 전 아두와 전투 때와 다를 바 없었다. 에티오피아군의 주력 소총은 등장한 지 60여 년이나 지난 초기 볼트 액션 식 소총인 프랑스제 퓌질 그라 M1874Fusil Gras mle 1874 단발 소총과 보불 전쟁 때 사용된 샤스포Chassepot 단발 소총이었다. 심지어 지방 군대의 태반은 창과 활, 칼로 무장했다. 중화기라고 해봐야 230여 문의 낡은 대포와 800문의 경기관총, 250문의 중기관총이 전부였다.

　　에티오피아군이 보유한 현대적인 무기는 프랑스제 75mm 슈나이더 야포 몇 문과 명품으로 이름난 스위스제 20mm 오리콘 대공 기관포 Oerlikon S anti-aircraft guns 48문, 독일제 37mm Pak 35/36 대전차포 12문 정도였다. 에티오피아가 독일제 최신 무기를 손에 넣을 수 있었던 것은 당시만 해도 무솔리니와 경쟁 관계에 있던 히틀러가 이탈리아를 견제할 요량으로 에티오피아에 판매한 덕분이었다. 히틀러는 그 밖에도 1만 6,000여 정의 독일제 Kar98k 연발 소총과 600정의 MP35 기관 단총을 제공했다. 에티오피아군의 기계화 장비는 트럭 300대와 장갑차 7대, 1930년에 이탈리아에서 구입한 피아트 3000 경전차 3대가 전부였다. 내륙 국가이다 보니 해군력은 아예 없었고, 육군 항공대는 프랑스제 포테즈 25Potez 25 복엽 전투 폭격기 3대를 포함해 낡은 복엽기 13대를 보유했다. 그나마도 비행기 조종은 외국인 용병들이 맡았다.

　　무기도 구식이었지만 군대의 자질 또한 시대에 뒤떨어져 있었다. 대부분 가난하고 무지한 하층민들로 구성된 병사들은 어느 나라 군대 못지않게 강인하고 끈기가 있으며 전투에서 악귀처럼 싸울 준비가 되어 있었다. 하지만 근대전에서는 개인의 용기만이 아니라 근대화된 조직과 교리에 대한 이해, 무엇보다 근대 무기를 갖추었을 때 비로소 제대로 싸울 수 있었다. 그런 능력이 없다면 구시대의 전사 집단이지 군인이 아니었다. 50만 명에 달하는 에티오피아군을 통틀어 초보적인 군사 훈련이라도 받은 경우는 1/4에 불과했고 상당수가 늙고 병들어 쓸모없는 이들이었다. 지휘관들은 전문 직업 장교들이 아니라 근대 전술에 대해 아무것도 모르는 귀족과 성직자들이었다. 지위는 능력이 아니라 출신과 배경에 의해 결정되었다. 근대적인 참모 제도도 없었고 편제는 수백 년 전과 다를 바 없었으며 규모와 인원수, 장비는 주먹구구식이었다. 근대적인 병참 제도가 전혀 없었기에 병사들은 행군 도중에 먹을 것을 찾아 약탈자로 변하기 일쑤였다. 현대적인 장거리 원정이나 체계적인 지휘는 어림없는 얘기였다.

에티오피아군은 19세기 무기를 사용하는 15세기 군대였고 외침에 대항하기보다 내부 반란의 진압에나 적합했다. 유일한 예외는 〈케부르 자바그나Kebur Zabagna〉*라고 불리는 황제 직속 친위대였다. 중앙군인 〈메할 세파리Mehal Sefari〉에서 선발한 정예 병사들로 구성된 케부르 자바그나는 1917년에 창설되어 프랑스와 벨기에인 군사 고문들에 의해 훈련되었으며 체코슬로바키아제 만리허 소총Mannlicher M1895과 기관총, 박격포 등으로 무장했다. 지휘관들은 프랑스 생시르 육군 사관 학교를 졸업한 젊은 에티오피아인 엘리트 장교들이었다. 에티오피아 제1보병사단이라고도 불렸지만 실제로는 6개 대대 4,000여 명 정도였다. 이 부대만이 에티오피아군을 통틀어 서구식으로 편성된 최정예 부대였다.

에티오피아군의 현대화가 늦어진 이유는 자체적인 군수 산업이 없는 데다 자금이 부족한 탓도 있었지만, 근본적으로는 중앙 집권화된 통일 국가가 아니라 수많은 반독립적인 부족의 연합 왕국이었기 때문이었다. 황제는 명목상 군대의 총사령관이지만 권위가 매우 취약했다. 케부르 자바그나와 황제의 심복인 라스 물루게타 예가주Ras Mulugeta Yeggazu 장군이 지휘하는 7만 명의 중앙군을 제외하고 에티오피아군 대부분은 토착 호족들의 사병들이었다. 이들의 충성심은 조건부였으므로 언제라도 황제에게 총부리를 겨눌 수 있었다. 장군들 사이의 파벌과 암투는 일상적이었다. 황제로서는 군대의 현대화가 정적들을 강화하여 오히려 자신에게 부메랑으로 돌아올 수도 있다는 점이 딜레마였다. 결국 군대의 개혁이란 정치와 사회 개혁이 선행되어야 가능한 일이었다. 청과 조선을 비롯한 많은 나라가 실패한 것도 이 때문이었다. 더욱 치명적인 사실은 1935년 4월 14일 이탈리아 스트레사Stresa에서 열린 회담에서 영국

* 암하라어로 명예로운 근위병이라는 뜻이다.

1934년의 아디스아바바 전경. 암하라어로 〈새로운 꽃〉이라는 이 도시는 원래 고산 지대에 있는 작은 마을이었지만 1889년 메넬리크 2세가 엔토토Entoto 대신 제국의 새로운 수도로 삼았다. 그리고 하일레 셀라시에 황제에 의해 근대 도시로 빠르게 탈바꿈했다. 인구는 1935년에 8만 명 정도였다. 오늘날에는 인구 300만 명으로 아프리카 최대 도시 중 하나로 손꼽힌다.

에티오피아 정규군 병사들. 아두와 전투 때에 비하면 그나마 전통 복장을 버리고 서구식 군복을 입었지만, 군화 없이 맨발이었고 소총은 40년 전에 쓰던 골동품이었다.

과 프랑스가 히틀러를 견제하기 위해 무솔리니와 손을 잡았다는 것이었다. 내륙 국가인 에티오피아로서는 영국과 프랑스, 이탈리아의 협조없이는 단 한 정의 소총도 손에 넣을 수 없는 처지였다. 반대로 무솔리니는 가장 큰 걸림돌을 제거함으로써 에티오피아 침공을 결심할 수 있었다.

에티오피아에도 유리한 점은 있었다. 110만km²에 달하는 광대한 영토와 험준한 지형 그리고 흑인 국가로서 유일하게 백인을 꺾었다는 민족적 자부심이었다. 어릴 때부터 자신의 아버지와 할아버지들이 거두었던 아두와 전투의 승리를 듣고 자란 에티오피아인들은 이탈리아인들에게 순순히 굴복할 생각이 없었다. 특히 에티오피아군은 기습과 근접 전투에 능했고 현지 지형에 익숙했다. 하일레 셀라시에 황제는 리비아에서 오마르 알무크타르가 보여 준 것처럼 공간을 이용한 게릴라 전쟁으로 이탈리아군을 장기전의 수렁에 빠뜨려야 한다고 믿었지만, 장군들은 정면 대결을 고집했다. 에티오피아군의 오랜 전통에 따라 대군을 동원하여 한 차례의 결전으로 아두와 전투의 승리를 재현하겠다는 것이었다. 무솔리니가 에티오피아인들의 전의를 과소평가했다면, 에티오피아인들은 이탈리아군의 근대 무기를 과소평가한 셈이었다.

왈왈 사건

무솔리니가 아두와의 패배를 설복하겠다고 공공연히 떠들면서 양국의 긴장이 급격히 고조되는 가운데, 1934년 11월 22일 에티오피아 남동부에서 이탈리아군과 에티오피아군 사이에서 국경 분쟁이 벌어졌다. 〈왈왈 사건Walwal Incident〉이었다. 왈왈은 에티오피아–소말리아 국경에서 약 130km 떨어진 작은 오아시스 마을이었다. 주민이라고는 움막에서 살면서 가축을 키우는 한 무리의 가난한 농민이 전부였다. 경제적 가치는 전혀 없었다. 1928년 이탈리아-에티오피아 우호 조약에 따르면, 이곳은 엄연히 에티오피아의 영토였다. 하지만 소말리아 주둔 이탈리아군이 언제부턴가 슬그머니 국경을 넘어와 이곳을 차지한 뒤 60여 명의 수비대를 배치했다. 뒤늦게 이 사실을 안 에티오피아는 1,000명의 병력을 보내 이탈리아군을 포위하고 철수를 요구했지만 거부당하면서 양측의 대치가 시작되었다. 영국의 중재 아래 현지에서 협상이 진행되는 가운데, 이탈리아군은 증원 부대를 보냈다. 대치 보름 만인 12월 5일 양측의 무력 충돌이 벌어졌다. 100여 명의 에티오피아인과 50여 명의 이탈리아-소말리아인이 죽었다.

양측은 서로 상대가 먼저 발포했다고 주장했지만, 중요한 사실은 아두와 전투 이후 40여 년 동안 유지되던 동아프리카의 평화가 하루아침에 깨졌다는 점이었다. 무솔리니는 전쟁을 일으킬 구실을 얻었다. 그는 분쟁의 책임이 전적으로 에티오피아에 있으며, 왈왈 사건은 자신과 이탈리아를 모욕한 것이라고 비난을 퍼부었다. 하일레 셀라시에 황제는 적당한 선에서 타협하기에는 이탈리아가 이미 선을 넘었으며 침략의 빌미를 찾기 위한 음모라고 판단했다. 대응책은 국제 연맹에 제소하고 열강들의 도움을 호소하는 것이었다. 약자가 할 수 있는 유일한 선택이었다. 양국 모두 국제 연맹의 회원국이었다. 또한 1928년 켈로그-브리앙 부전 조약Kellogg–Briand Pact은 모든 분쟁에 대해 무력 해결을 금지했다. 이 조약은 훗날 모든 침략 전쟁을 부정하는 유엔 헌장의 기초이자 뉘른베르크와 도쿄 전범 재판에서 추축국 지도자들을 A급 전범으로 단죄하는 근거가 된다. 제2차 세계 대전 이후 오늘날 각국의 분쟁이 적어도 이전보다는 훨씬 줄어들고 평화로운 세상이 유지될 수 있는 것도 이 덕분이다. 그러나 1930년대에는 이상은 좋았지만, 시대를 너무 앞서간 것이었다. 당시에는 오늘날의 미국처럼 세계 경찰을 자처하며 부전 조약을 강제할 수 있는 강력한 힘을 가진 나라가 없었기 때문이었다. 제1차 세계 대전과 세계 대공황으로 만신창이가 된 유럽 열강들은 제 앞가림 하기에도 급급한 처지였다. 자국의 이익과 직접 관련되는 일이 아니면 남의 일에 총대 메고 나서려 하지 않았다.

실제로 부전 조약이 체결된 지 불과 3년 만에 심각한 도전에 직면했다. 1931년 9월 18일 극동에서 벌어진 만주 사변이었다. 일본 관동군은 만주를 기습적으로 점령했다. 광둥 군벌들의 반란으로 내전 중이던 난징 정부는 군사적 대응을 자제하면서 부전 조약을 내세워 국제 연맹에 중재를 요청했다. 그러나 국제 연맹은 그동안 큰소리쳤던 것과 달리 무력하기 짝이 없었다. 오히려 일본은 중국을 굴복시키기 위해 상하이를 침공하는 등 분쟁을 더욱 확대했다. 3개월에 걸친 상하이 전투는 중국의 패배로 끝났다. 만주는 중국에서 분리되었고 친일 괴뢰국인 만주국이 세워졌다. 그런데도 국제 연맹과 서구 열강들은 진상 조사를 핑계로 어영부영 시간만 보냈고, 정치 논리를 앞세워 일본의 침략에 면죄부를 부여함으로써 자신들의 위선과 무능함을 증명했다. 국제 연맹이 보호막이 될 수 없음을 비로소 절감한 장제스는 만주 사변 이후 본격화된 일본의 침략에 대해 〈일면저항 일면교섭(一面抵抗一面交涉)〉을 내세워 시간을 끄는 한편, 장기 항전을 준비한다. 이제 하일레 셀라시에가 장제스와 똑같은 처지에 놓인 셈이었다.

왈왈 사건에서도 국제 연맹은 만주 사변 때와 다를 바 없이 시늉만 할 뿐이었다. 평화의 수호자 역할을 해야 할 영국과 프랑스가 무솔리니의 눈치 보기에 급급했기 때문이었다. 지중해에서 영국과 프랑스 함대는 이탈리아 함대를 압도했다. 영국은 마음만 먹으면 수에즈 운하를 봉쇄하여 무솔리니의 계획에 치명타를 가할 수 있었다. 하지만 이들에게는 멀리 떨어진 에티오피아를 탐내는 무솔리니보다 당장 눈앞에 닥친 히틀러의 야심이 제 발등에 떨어진 불이었다. 따라서 무솔리니의 에티오피아 정복을 나서서 돕지는 않더라도 애써 방해할 생각도 없었다.

바다 건너에는 또 다른 열강인 미국이 있었다. 하지만 미국 역시 100년도 더 지난 케케묵은 먼로주의를 내세워 대륙 바깥의 일에는 무조건 끼어들지 않는 것만이 최선책이라는 식이었다. 뉴욕에서는 수십만 명에 달하는 흑인들이 〈아프리카인들과 전 세계 검둥이들에게 남은 마지막 영혼의 자부심〉이었던 에티오피아를 지지하는 대규모 시위에 나섰지만, 루스벨트 행정부는 하일레 셀라시에 황제의 미국 방문을 거절했다. 오히려 1935년 8월 31일 미 의회는 분쟁 중인 나라에 무기 판매를 금지하는 중립법Neutrality Act을 제정했다. 그러나 말이 중립이지, 침략국과 피침략국을 가리지 않고 획일적으로 적용했기에 자체적으로 무기를 생산하는 이탈리아보다 변변한 공장 하나 없는 에티오피아에 일방적으로 불이익을 주는 꼴이었다. 정작 이탈리아군에 직접적인 타격을 줄 수 있는 석유는 경제 논리를 핑계로 금수 물품에서 제외되었다.

결국 중립법은 허울에 지나지 않았다. 미국 사회를 지배하는 인종 차별주의자들에게 흑인 국가가 백인 국가에 짓밟히는 일 따위는 알 바 아니었다. 게다가 미국 사회에는 수많은 이탈리아인 이민자가 있었고 이탈리아와 경제적으로 가까웠지만, 에티오피아에 대해서는 아무런 이해관계도 없었다. 영국과 프랑스 역시 중립을 핑계로 에티오피아에 무기를 팔지 않겠다고 선언했다. 소련도 마찬가지였다. 레닌 시절 소위 세계 혁명 수출에 나섰던 것과 달리, 특유의 편집광에 사로잡힌 스탈린은 대숙청으로 정적들을 제거하고 권력을 강화하는 데 여념이 없을 뿐, 에티오피아에 아무런 도움도 주지 않았다. 에티오피아는 40년 전보다 불리했다.

이탈리아의 침공이 초읽기에 닥치고 아무것도 하지 않는 국제 연맹을 향한 여론의 비난이 쏟아지자 뒤늦게 영국과 프랑스는 마지못해 이탈리아에 대한 제재에 찬성했다. 하지만 실질적인 행동은 없었다. 무

에티오피아 침공을 앞두고 수에즈 운하를 통과하는 이탈리아군 수송선. 영국은 히틀러를
견제하는 데 무솔리니의 협조가 필요하다는 이유로 이탈리아군의 수에즈 운하 통과를
순순히 허락하여 침략 전쟁의 공범이 되었다. 물론 사용료도 두둑이 챙겼다. 이탈리아는
1935년 2월부터 에티오피아 정복이 마무리되는 1936년 7월까지 수에즈 운하를 통해 59만
5,000명의 병력과 63만 4,900톤의 보급품, 1만 대의 차량 등을 동아프리카로 보냈다.

기 금수를 해제하라는 에티오피아의 요구도 거부했다. 8월 초 영국이 지중해로 함대를 증파한다는 소식은 무솔리니를 잠시 당황하게 만들었지만 그뿐이었다. 영국과 프랑스 지도자들은 무솔리니를 방해할 생각이 없었다. 이탈리아인들이 제1차 세계 대전에서 함께 싸운 동맹국이라는 사실만 기억할 뿐, 무솔리니가 얼마나 변덕스럽고 히틀러 못지않게 정복욕에 가득하다는 사실을 간과한 탓이었다. 서방의 우유부단하고 오락가락하는 행태는 결과적으로 에티오피아에 별 도움은 되지 못하면서 무솔리니를 불쾌하게 만들기에는 충분했다.

국제 연맹이 수수방관하는 동안, 국경에는 이탈리아군이 집결하고 있었다. 그제야 국제 사회가 얼마나 냉혹하며 어느 나라도 에티오피아를 도울 생각이 없음을 깨달은 하일레 셀라시에 황제는 9월 28일 총동원령을 선언했다. 하지만 그 내용은 에티오피아군이 전근대적이며 낙후된 군대임을 명확하게 보여 주는 것이었다. 〈이 포고문을 받은 모든 성인 남자와 창을 멜 수 있는 소년은 아디스아바바에 집결하라. 모든 기혼 남성은 요리와 빨래를 위해 아내를 데려오라. 모든 미혼 남성은 자신을 위해 요리와 빨래를 맡을 미혼 여성을 데려오라. 아기가 있는 부녀자, 앞을 보지 못하는 자, 창을 들기에 너무 늙거나 허약한 자만이 제외될 수 있다. 포고문을 받은 뒤에도 집에 남아 있다가 발각된 자는 교수형에 처할 것이다.〉

황제의 동원령은 너무 늦은 조치였다. 에티오피아는 싸울 준비가 되어 있지 못했다. 사기충천한 전사들이 전국에서 아디스아바바로 모여들었지만 손에 쥔 무기는 낡은 총과 창, 칼이었다. 젊은 시절 아두와 전투에서 싸웠던 한 노인은 골동품이나 다름없는 구식 소총을 부러뜨리면서 〈이런 무기로 누구를 죽일 수 있겠느냐?〉라고 불만스럽게 소리쳤다. 폭우 속에서 열린 출정식은 마치 수백 년 전의 광경 같았다. 북이 울리는 가운데, 전통적인 복장을 한 젊은 병사들은 긴 창과 칼을 들고 있었다. 장군들은 공작 깃털로 만든 화려한 관을 쓰고 날이 은으로 된 창을 들고 황제 앞에 사열했다. 현대전을 치르는 군대와는 한참 거리가 멀었다. 그리고 불과 닷새 뒤인 10월 3일 새벽 5시, 이탈리아군의 전면 침공이 시작되었다. 사전 경고나 선전 포고는 없었다. 앞으로 무솔리니 와 히틀러, 일본이 전쟁 내내 써먹을 수법이었다.

양군 출정하다

무솔리니는 선전 포고 따위의 구차한 절차에 매달리지도 않았지만 그렇다고 자신의 계획을 굳이 숨길 생각도 없었다. 으스대기 좋아하는 그에게 정복 전쟁이란 이탈리아를 위해서가 아니라 자기 과시를 위한 방편에 지나지 않았다. 침공 바로 전날인 10월 2일 오후, 그는 언제나 그렇듯 로마 베네치아 궁전 발코니에 서서 환호하는 군중을 향해 외쳤다. 〈혁명의 검은 셔츠단이여! 이탈리아의 남녀들이여! 산맥 너머, 바다 너머 전 세계 모든 이탈리아인이여! 이 나라의 역사에 충격을 줄 엄숙한 시간이 다가왔도다. 2,000만 명의 이탈리아인들이 지금 이탈리아 전역의 광장에 모여 있다. 이것은 인류 역사에 기록된 가장 거대한 집회다. 2,000만 명! 하나의 심장! 하나의 의지! 하나의 결단!〉 그는 국제 연맹의 허울뿐인 제재를 비웃으며 영국이 에티오피아라는 야만국을 위해 유럽을 재앙으로 몰아넣는 일은 없을 거라고 장담했다.

그리고 다음 날 새벽, 에티오피아인들에게 영광의 상징인 아두와 상공에 이탈리아 공군의 카프로니 Ca.101 폭격기들이 모습을 드러냈다. 에티오피아 병사들이 비행기를 향해 정신없이 총을 쏘았지만, 폭격기들은 여유롭게 날아와 폭탄의 비를 떨어뜨렸다. 검은 연기에 휩싸인 도시는 아수라장이 되었다. 40년 전과는 완전히 달라진, 에티오피아인

1935년 10월 2일 로마 베네치아 궁전 2층의 집무실 발코니 앞에서 에티오피아 침공을
알리는 무솔리니. 원래 민간인 출신인 그는 집권 초기에만 해도 공식 석상에서 평범한 정장을
입었지만 1930년대부터 화려하게 치장한 다양한 제복으로 등장했고 연설 때마다 과장된
몸짓으로 사람들의 눈길을 끌었다. 그에게 깊은 인상을 받은 사람 중에는 히틀러도 있었다.

들이 처음 겪는 현대전이었다. 이와 함께 12만 명의 이탈리아군이 에티오피아-에리트레아 국경을 흐르는 마레브Mareb강을 넘어 진군을 시작했다. 선두에는 이탈리아 주력 전차인 CV.33 탱켓이 섰고 보병들과 에리트레아인 기병, 공병, 보급품을 실은 수백 마리의 노새와 트럭이 느릿느릿 뒤따랐다. 소말리아 쪽에서도 그라치아니 장군의 이탈리아군이 에티오피아 남부를 침공했다.

에티오피아 침공을 알리는 무솔리니의 연설이 라디오를 통해 이탈리아 전역으로 전파되자 이탈리아인들은 열렬한 박수와 환호성을 보냈다. 물론 모든 사람이 동조한 것은 아니었다. 어떤 남자는 어째서 무솔리니가 전쟁할 돈으로 다리를 고치고 댐을 만들거나 밭에 씨앗을 뿌리는 데 쓰지 않느냐면서 불만을 토로했다. 이탈리아 북부 크레모나Cremona의 한 상점 주인은 무솔리니의 정복이 실패할 거라고 단언했다. 불만분자들은 즉각 체포되어 형식적인 재판을 받은 후 유형지로 보내졌다. 그러나 반대의 목소리는 미미했고 저항은 없었다. 감히 수령을 거역할 용기가 없었던 이탈리아인들은 속내가 어떻건 침묵하거나 겉으로는 열광했다.

원정군 총사령관은 69세의 데 보노였다. 삼군 참모총장 바돌리오 원수와 함께 군부의 최고 원로이자 백작 작위를 가진 명문 귀족 출신으로, 1911년 오스만과의 전쟁과 제1차 세계 대전에서 활약했다. 제1차 세계 대전이 끝난 뒤 군에서 물러난 그는 파시스트 운동에 앞장섰다. 1922년 무솔리니와 함께 로마로 진군한 네 명의 파시스트 지도자(데 보노, 이탈로 발보, 미카엘 비앙키, 체사레 마리아 데 베치) 중 한 사람이었다. 무솔리니가 에티오피아 정복에 나서도록 옆에서 부추긴 사람 중에는 데 보노도 있었다. 권력욕이 강하고 탐욕스러웠던 그는 무솔리니 앞에서 2개 사단 3만 5,000명과 현지 식민지 군대 5만 명, 비행기 100대만 있으면 에티오피아를 한 달 안에 정복할 것이며 그 역할은 오직 자신이 맡아야 할 몫이라고 큰소리쳤다.

무솔리니가 데 보노에게 내준 군대는 훨씬 많았다. 에리트레아에는 10개 사단 40만 명이 있었고 소말리아에는 3개 사단 28만 5,000명이 배치되어 있었다. 도합 13개 사단 및 현지 식민지 병사들까지 합하여 68만 5,000명에 달하는 병력과 기관총 3,300정, 대포 275문, 탱켓 200여 대, 항공기 200여 대에 달하는 전력이었다. 이탈리아로서는 사실상 총력을 기울인 셈이었다. 초반의 진격은 제법 성공적으로 보였다. 이탈리아군은 세 갈래로 나뉘어 내륙으로 전진했고 비행기들이 아두와를 비롯한 국경 도시들을 폭격했다. 무솔리니는 자신의 두 아들인 비토리오 무솔리니Vittorio Mussolini와 브루노 무솔리니Bruno Mussolini도 폭격기 조종사로 참전시켰다. 침공 이틀째인 10월 5일 국경에서 20km 떨어진 산악 도시 아디그랏Adigrat이 점령되었다. 다음 날에는 아두와가 이탈리아군의 손에 들어왔다. 무솔리니는 40년 전 패전의 설복을 한 데 보노에게 승전을 치하하는 전보를 보냈다. 에티오피아군의 저항은 거의 없었다.

10월 11일에는 황제의 부마이자 북부 방어를 맡은 주요 장군 중 한 사람인 하일레 셀라시에 구그사Haile Selassie Gugsa가 1,200여 명의 병력을 거느리고 데 보노에게 투항한 뒤 황제에게 총부리를 돌렸다. 그는 메넬리크 황제의 선왕인 요하네스 4세의 증손자이기도 했다. 하지만 그동안 장인에게 합당한 대우를 받지 못한다며 불만을 품고 있던 그는 1년 전 아내가 죽은 뒤 더욱 냉랭해졌고 이탈리아와 공공연히 내통했다. 이탈리아군이 침공하자 구그사는 황제의 퇴각 명령을 거부하고 항복했다. 기고만장해진 이탈리아 언론들은 황제의 사위가 백기를 들었다는 사실을 대서특필하면서 에티오피아군의 사기가 무너지고 있으며 위대한 승리가 임박했다고 떠들었다. 하지만 지나친 과장이었다. 구그사 휘하의 군대 중 그와 함께 이탈리아군에 투항한 병사들은 전체의 1/10도 되지

이탈리아 원정군의 전투 편제(1935. 10)

• **총사령관: 에밀리오 데 보노**Emilio De Bono **원수**

• **에리트레아 방면(북부 전선): 에밀리오 데 보노 원수**
 - 제1군단: 군단장 루지에로 산티니Ruggiero Santini 중장
  · 예하 부대: 제26보병사단, 제30보병사단, 제5산악사단, 제4검은셔츠사단
 - 제2군단: 군단장 피에트로 마라비냐Pietro Maravigna 중장
  · 예하 부대: 제19보병사단, 제24보병사단, 제3검은셔츠사단
 - 에리트레아 군단: 군단장 알레산드로 피르치오 비롤리Alessandro Pirzio Biroli 중장
  · 예하 부대: 제1에리트레아사단, 제2에리트레아사단, 제1검은셔츠사단
 - 제3항공여단: 여단장 페루초 란차Ferruccio Ranza 준장
  · 정찰대대: Ro.1 복엽 정찰기 69대, Ro.37 복엽 정찰기 9대
  · 제4폭격대대: Ca.101 3발 단엽 중형 폭격기 20대
  · 제27폭격대대: Ca.111 단엽 경폭격기 10대

• **소말리아 방면(남부 전선) 총사령관: 로돌포 그라치아니**Rodolfo Graziani **대장**
  · 예하 부대: 제29보병사단, 리비아사단, 제6검은셔츠사단
  · 제7폭격전대: Ca.101 3발 단엽 중 폭격기 20대, Ro.1 정찰기 10대, Cr.20 단엽 전투기 8대

않았다. 나머지는 여전히 황제에게 충성을 맹세했다.

　이탈리아군의 침공 사실이 알려지자 아디스아바바는 좌절과 공포 대신 분노와 흥분으로 들끓었다. 침공 당일 오후, 황제는 왕궁 앞을 가득 메운 수만 명의 군중을 향해 조국을 위해 무기를 들어 싸울 것을 호소하면서 이참에 침략자를 아프리카 밖으로 완전히 쫓아내어 에리트레아와 소말리아를 손에 넣어야 한다고 목소리 높였다. 격앙된 에티오피아인들은 총과 칼을 흔들면서 〈이탈리아인들에게 죽음을!〉이라고 외쳤다. 이들은 또 한 번 아두와의 승리를 거둘 것이라고 자신만만하게 확신했다. 10월 17일 역전의 노장 라스 물루게타 예가주의 지휘 아래 중앙군인 메할 세파리가 전쟁 북소리를 요란하게 울리면서 수도를 출발

하여 북쪽으로 진군했다. 병력은 7만 명에 달했다. 황제의 동원령에 호응하여 전국의 봉건 귀족들도 자신의 군대를 소집했다. 황제의 사촌이자 제국 동부 고잠Gojjam의 군주인 라스 임루 하일레 셀라시에Ras Imru Haile Selassie가 3만 5,000명으로 좌익을 맡았고, 같은 사촌이면서 제국 중부 세와Shewa의 군주인 라스 카사 하일레 다르제Ras Kassa Haile Darge가 우익을 맡아 16만 명의 병력을 모았다. 그러나 고색창연한 이들은 과거의 영광에만 젖은 나머지, 현대화된 이탈리아군에 맞서기 위해서는 정면 승부가 아니라 게릴라전으로 수렁에 빠뜨려야 한다는 황제의 조언을 한 귀로 흘렸다.

무솔리니가 결국 행동에 나섰다는 소식은 국제 사회를 충격에 빠뜨렸다. 주식 시장은 폭락했다. 언론들은 무솔리니의 에티오피아 침공을 1914년의 사라예보 사건에 비유하면서 새로운 세계 대전을 불러올지 모른다고 비관했다. 이집트와 아일랜드를 비롯한 약소국들은 즉각 이탈리아를 비난하고 에티오피아를 지지했다. 수백 명의 퇴역 군인이 의용군으로 이탈리아군과 싸우기 위해 에티오피아로 향했다. 그러나 열강들은 수수방관했다. 이들은 무솔리니를 함부로 자극했다가 자칫 전쟁의 방아쇠가 될까 두려웠기 때문이었다. 무솔리니는 이에 안도했다.

하지만 위험이 사라진 것은 아니었다. 영국은 수에즈 운하를 열어두었지만 앞으로 전쟁이 길어진다면 언제라도 태도가 돌변할 수 있었다. 게다가 전쟁이 시작된 지 불과 보름도 되지 않아 이탈리아는 심각한 재정적 압박에 직면했다. 무솔리니는 에티오피아 원정이 이탈리아를 파산으로 내몰 수 있음을 절감했다. 그는 신속한 승리를 원했다. 하지만 이탈리아군의 진격은 기대만큼 신통치 않았다. 병사들은 대낮에 50도까지 올라가는 뜨거운 태양 아래 무더위와 갈증과 싸우며 흙먼지 날리는 메마른 산길을 터벅터벅 걸어야 했다. 말이 전차이지 트랙터에 기관총을 올려놓은 탱켓은 엄청난 열기로 인해 차체 내부가 오븐으로 바뀌면서 졸도하는 승무원이 속출했다. 아디그랏과 아두와의 손쉬운 점령은 이들을 잠시 기쁘게 했지만 아무런 가치도 없는 하찮은 마을에 지나지 않음을 금방 깨달았다. 이탈리아 남부 농촌에서 징집된 어린 병사들은 전투보다도 밭에서 에티오피아인 농민들과 함께 완두콩 따는 일에 더 관심을 가졌다.

데 보노는 정치적 야심과 오랜 군 경력이 무색하게도 군사적인 능력은 형편없었다. 그는 침공이 시작된 지 거의 2주가 지난 10월 15일에야 아두와 서쪽 15km 떨어진 악숨 왕국의 옛 수도 악숨을 점령했다. 무솔리니는 데 보노에게 수시로 전보를 보내 에티오피아 북부의 요충지이자 국경에서 110km 떨어진 메켈레Mekele를 점령하라고 닦달했다. 데 보노는 에티오피아군의 저항을 거의 받지 않았음에도 예상했던 것 이상으로 험준한 지형과 병참의 어려움에 부딪히자 금방 열의를 잃었다. 투항한 구그사가 메켈레의 방어 상태가 형편없으며 즉각 공격해야 한다고 주장했음에도 무시했다. 때마침 폭우가 쏟아지면서 이탈리아군의 속도는 더욱 느려졌다. 무솔리니의 끝없는 닦달에 못 이긴 데 보노는 11월 8일에야 메켈레에 입성했다.

이탈리아는 1896년에 잃은 영토를 모두 되찾았지만, 칼을 뽑은 무솔리니가 여기서 끝낼 리 없었다. 그는 더욱 깊숙이 진격하라고 명령했다. 하지만 군대는 길게 늘어섰고 포병은 뒤처졌다. 마사와항에서 메켈레까지 병참선은 500km에 달했다. 데 보노는 에티오피아군이 싸우지 않고 물러서는 것에 우려하면서 무솔리니에게 더 이상 깊숙이 전진하면 포위될 수 있다고 경고했지만, 쇠귀에 경 읽기였다. 결국 인내심이 폭발한 쪽은 무솔리니였다. 11월 16일 데 보노는 무솔리니의 소환장을 받았다. 로마로 돌아간 그는 원수로 승진했지만, 무솔리니의 신임을 잃었기에 다시는 요직을 맡거나 일선에 나올 수 없었다. 에티오피아 정복

에티오피아의 고산 지대를 행군하는 이탈리아 에리트레아 병사들. 이탈리아군과 달리 이슬람 전통의 모자인 페즈fes를 군모 대용으로 사용했다. 나중에 이탈리아군이 모집한 에티오피아 출신 병사들 역시 페즈를 썼다. 이탈리아 동아프리카 식민지 군대의 핵심 전력이었던 이들은 많은 차별에도 불구하고 이탈리아에 충성했으며 본토 출신보다 훨씬 용맹스럽게 싸웠다는 점에서 무솔리니가 꿈꾼 로마 제국의 진정한 수호자들인 셈이었다.

의 지휘봉은 데 보노의 오랜 경쟁자였던 바돌리오 원수에게 넘어갔다. 남쪽에서는 라스 물루게타 예가주가 지휘하는 에티오피아의 정예 부대가 부지런히 올라오는 중이었다. 진짜 싸움은 이제부터였다.

에티오피아군 반격하다

데 보노는 무솔리니의 조급증을 못 이기고 한 달 보름 만에 쫓겨났다. 그때까지 이탈리아군은 에리트레아 국경에서 불과 100여 킬로미터를 전진했을 뿐이었다. 장기전을 결심한 하일레 셀라시에 황제의 명령에 따라 에티오피아군이 국경 방어를 포기하고 내륙으로 후퇴한 덕분에 변변한 싸움조차 없었음에도 말이다. 게다가 에티오피아군은 철수하면서 모든 식량과 가축을 쓸어 가는 초토화 전술을 썼다. 현지 주민들이 해방자를 자처하는 침략자들에게 먹을 것을 호소하면서 이탈리아군의 병참 부담은 한층 커졌다. 무솔리니와 데 보노가 전혀 예상치 못한 상황이었다.

　남쪽의 상황도 크게 나을 것이 없었다. 리비아 반란을 잔혹하게 진압하여 〈도살자〉라는 악명으로 불렸던 소말리아 주둔군 사령관 그라치아니 장군은 조공 작전을 맡았다. 그의 역할은 전면 침공이 아니라 방어를 유지하되 국경에서 제한적인 공세로 에티오피아군을 교란하는 일이었다. 옹졸하고 시기심 많은 데 보노는 열여섯 살 어린 그라치아니가 자신보다 더 많은 공을 세워 승리의 월계관을 쓰기를 원치 않았기 때문이었다. 그라치아니는 불과 1개 사단(제29보병사단)으로 10월 3일 소말리아 국경을 넘어 에티오피아 남동부의 오가덴Ogaden 지방을 침공했다. 병력은 데 보노에 비해 훨씬 적었지만, 케냐의 영국인들로부터 수백 대의 미국산 차량을 구입한 덕분에 기동력에서는 유리했다. 또한 무턱대고 전진하기보다 충분한 식수와 연료, 식량을 준비했고 진군에 앞서 에티오피아군의 사기를 떨어뜨리기 위해 Ca.101 폭격기들로 에티오피아 남부의 마을들을 무차별 폭격했다. 에티오피아 남부 요충지인 고라하이Gorahai의 방어를 맡은 아파와르크 왈다 사마야트Afawarq Walda Samayat는 이탈리아군의 폭격으로 중상을 입었지만, 부하들의 사기를 생각하여 후송을 거부했다가 출혈 과다로 죽었다.

그라치아니는 루이지 프루시Luigi Frusci 대령이 지휘하는 기계화 분견대를 선봉으로 한 달여 동안 약 200km를 진격했다. 데 보노보다 두 배나 더 전진한 셈이었다. 11월 7일 고라하이에 입성했다. 하지만 여기서 처음으로 에티오피아군의 강력한 저항을 만났다. 그는 피에트로 말레티Pietro Maletti 대령에게 고라하이를 버리고 후퇴하는 에티오피아군의 추격을 명령했다. 그러나 6대의 CV.33 탱켓과 11대의 장갑차, 트럭을 나누어 타고 전진하던 이탈리아군은 나흘 뒤인 11일 고라하이 북쪽에서 도강하던 중 에티오피아군의 기습을 당했다.

에티오피아군은 변변한 대전차 무기도 없었지만 탱켓에 가까이 다가간 뒤 장갑 틈새와 관측 창 안쪽으로 사격을 퍼부어 내부의 승무원들을 살상했다. 화력이 매우 빈약한 데다 포탑이 없는 탱켓들은 차체에 달라붙은 적병들에게는 속수무책이었다. 트럭을 타고 뒤따라오던 소말리아인 병사들 역시 허둥지둥 트럭에서 뛰어내리다가 에티오피아군의 사격에 줄줄이 쓰러졌다. 이탈리아군은 많은 사상자를 내고 후퇴했다. 통렬한 일격에 깜짝 놀란 그라치아니는 더 이상의 전진을 중지시켰다. 게다가 그 역시 병참선의 한계에 직면했다. 이탈리아군이 멈추자 에티오피아 남부 전선의 총지휘를 맡은 라스 데스타 담투Ras Desta Damtew는 반격을 준비했다. 그는 그라치아니의 군대를 국경 밖으로 쫓아내는 것만이 아니라 이참에 소말리아로 진격하여 모가디슈를 점령하겠다는 원대한 야심까지 품고 있었다. 병력은 8만 명에 달했다.

11월 14일에는 에티오피아 동부 깊숙이 다나킬Danakil 사막으로 진군하던 오레스테 마리오티Oreste Mariotti 준장의 분견대 2,000여 명이 뜨거운 사막을 피해 좁은 협곡을 따라 고지로 올라가던 중 카사 세브핫Kassa Sebhat이 이끄는 에티오피아군 5,000명의 매복 공격을 받았다. 에리트레아 식민지 병사들과 이탈리아군에 회유된 현지 부족 전사들로 구성된 마리오티의 군대는 포위망을 돌파하려고 애썼지만, 사방에서 날아오는 총탄에 줄줄이 쓰러졌다. 마리오티의 부지휘관도 중상을 입었다. 전투는 일곱 시간이나 이어졌고 밤이 되어서야 총성이 멎었다. 하지만 날이 새어 에티오피아군의 공격이 재개되면 전멸을 면치 못할 판이었다. 후방과의 통신이 끊어지면서 항공 지원이나 증원 부대가 올 가능성도 없었다. 절망한 이탈리아 병사들은 에티오피아군의 포로가 되면 1896년에 그랬듯이 자신들도 거세될까 봐 겁에 질렸다.

마리오티가 할 수 있는 일은 신이 자신들을 버리지 않기를 바라며 기도하는 것뿐이었다. 그들로서는 다행스럽게도 공격은 없었다. 오마르 알무크타르의 베두인족 게릴라들과 달리 에티오피아 전사들에게는 야습의 전통이 없었다. 낮 동안 충분히 싸웠다고 여긴 이들은 그대로 물러났다. 또한 지휘관이 죽거나 다치면 이기고 있다가도 즉각 전투를 멈추고 후퇴하는 것이 그들의 전통이었다. 에티오피아군의 용기는 여느 군대 못지않았지만, 싸움 방식은 수백 년 전에 머물러 있었다.

무솔리니의 에티오피아 침공은 국제 연맹을 이끄는 영국과 프랑스 지도자로서도 골칫거리였다. 그동안 전쟁을 막기 위해 아무것도 하지 않은 채 뒷짐만 지고 있던 이들은 자신들과 아무 상관 없는 이 사건에 애써 휘말릴 생각이 조금도 없었다. 그렇다고 부전 조약을 비웃으며 제멋대로 구는 이탈리아를 내버려둘 수도 없는 처지였다. 국제 연맹과 집단 안보 체제는 허수아비가 될 것이고 독일을 비롯한 다른 나라들 역시 이탈리아와 마찬가지로 행동하여 분쟁이 격화될 것은 불 보듯 뻔했다. 제1차 세계 대전 이후 지난 15년 동안 베르사유 체제 아래에서 유지되어 온 유럽의 평화가 무솔리니 한 사람 때문에 송두리째 위협받는 판국이었다.

11월 14일 보수당의 스탠리 볼드윈Stanley Baldwin이 두 번째로 총리 자리에 앉았다. 평화주의자로 이름난 전임자 램지 맥도널드James Ramsay MacDonald보다는 좀 더 단호했던 볼드윈은 그동안 방치했던 군비 증강에 착수하는 한편, 어떤 식으로든 에티오피아 문제를 해결해야 한다고 생각했다. 하지만 그 역시 전쟁을 불사하면서 무솔리니의 야욕에 맞설 만한 배짱은 없었다. 프랑스와 협의하되 손해 보지 않는 선에서 대책을 찾을 참이었다. 그는 프랑스 총리이자 외무 장관인 피에르 라발Pierre Laval을 만나기 위해 파리로 향하는 외무 장관 새뮤얼 호어Samuel Hoare에게 강조했다. 〈이 나라가 전쟁에 휘말리는 일이 없도록 해야 하오.〉

12월 7일 오후 호어는 프랑스인들과 회의를 시작했다. 어느 쪽도 과감한 행동에 나설 생각은 없었다. 라발은 무력 개입은 고사하고 무솔리니에게 치명타가 될 것이 뻔한 석유 수출 금지에도 반대했다. 무솔리니를 벼랑 끝으로 몰아붙인다면 〈미친개〉로 돌변하여 자신들에게 이빨을 들이댈지 모른다는 이유에서였다. 외무 차관이자 국제 연맹 장관으로 현실주의자였던 앤서니 이든Anthony Eden은 이탈리아에 그만한 힘이 없으며 무솔리니가 국가적 자살이 될 도박을 벌이지는 않을 것이라고 반박했지만 소심한 패배주의자들에게는 씨알도 먹히지 않았다. 제1차 세계 대전의 파괴적인 전쟁을 생생하게 기억하는 정치인들은 무슨 수를 쓰든 간에 두 번 다시 그런 전쟁이 반복되지 않아야 한다는 강박 관념에 사로잡혀 있었다. 정작 유화 정책이 상대에게 약점으로 악용되어 도리어 더 큰 전쟁을 불러오리라는 생각은 간과했다. 또한 영국과 프랑스는 이탈리아에 막대한 이권이 있었고 히틀러를 막는 데 무솔리니의 협력이 필요한 처지였다. 하물며 나중에 뮌헨 회담에서 보여 주듯 히틀러라는 더 미친 개에 맞설 용기가 있을 리 없었다.

　　이들이 보기에 골칫거리는 무솔리니가 아니라 분수도 모르고 그에게 맞서려는 에티오피아인들이었다. 따라서 그 대가도 마땅히 에티오피아인들이 치러야 할 몫이라는 게 열강들의 결론이었다. 호어와 라발이 찾은 대안은 이탈리아군이 이미 점령한 땅은 물론, 오가덴을 비롯한 남부 대부분을 이탈리아에 할양하는 것이었다. 그 제안대로라면 하일레 셀라시에 황제는 영토 절반 이상을 빼앗기고 아디스아바바를 포함한 에티오피아 중부 지역만 남게 될뿐더러, 이탈리아의 반식민지나 다름없는 신세로 전락할 참이었다. 그 대신 이탈리아는 에티오피아에 에리트레아 남부 아사브Assab항을 이용할 권리를 부여하되 에티오피아는 철도를 연결할 수 없으며, 무솔리니가 거부한다면 영국이나 프랑스가 자신들의 항구를 개방하겠다고 약속했다. 하지만 그곳의 비포장도로는 『타임스』가 〈낙타들을 위한 통로〉라고 비꼬았을 만큼 상태가 열악했다.

　　〈호어-라발 조약Hoare-Laval Pact〉은 당사자인 에티오피아와는 아무런 사전 조율도 없는 일방적인 내용이었다. 또한 에티오피아의 뿌리 깊은 반(反)이탈리아 감정을 무시했다. 이들의 핑계는 이제 와서 국제 연맹이 무솔리니를 압박하여 이탈리아군을 에티오피아에서 억지로 철수시켜도 하일레 셀라시에 황제의 지배에 저항하는 친이탈리아계 부족들이 반발할 것이므로 서로 좋을 게 없다는 논리였다. 하지만 현지 부족 중에서 실제로 이탈리아군에 붙은 세력은 극소수에 불과했다. 무솔리니를 자극하기 싫었던 이들로서는 엄연한 침략 전쟁을 에티오피아의 집안싸움으로 왜곡하여 적당히 마무리할 속셈이었지만 누가 봐도 설득력이 없었다. 최소한의 정보도 없이 편협한 선입견과 자국의 이익만 내세워 자신들은 아무것도 손해 보지 않으면서 약소국만 제물로 삼아 밀실에서 흥정하는 열강들의 이기적인 행태는 2년 뒤 뮌헨 회담에서 그대로 반복되었다. 하지만 엉터리 유화 정책은 그들 자신에게 부메랑으로 돌아올 것이었다.

수도 아디스아바바에 있는 하일레 셀라시에 황제의 영국인 외교 고문인 시드니 바턴Sidney Barton을 통해 서방의 제안이 전달되었을 때 황제는 수도에 없었다. 그는 안전한 황궁에 남아 있어야 한다는 주변의 만류에도 불구하고 백성들과 함께 직접 전장에 나서야 한다고 고집했다. 〈내가 직접 싸워야 할 때가 올 것이오.〉 20세기에 와서 서구 군주들이 나폴레옹 시절처럼 장군들과 함께 포화가 쏟아지고 유혈이 흐르는 전장에 서는 일은 없었지만 하일레 셀라시에는 황제이기 이전에 용맹한 전사였다. 11월 30일 황제는 아내와 가족을 남겨 둔 채 수도를 떠나 북쪽으로 약 260km 떨어진 데시Desse에 도착했다. 그는 이탈리아인들이 버리고 간 허름한 영사관 건물에 자리 잡았다. 이곳이 그의 전시 총사령부였다. 황제는 건물 주변에 배치된 20mm 오리콘 대공포의 조작을 배우기도 했다.

12월 6일, 18대의 이탈리아 폭격기들이 데시 상공에 모습을 드러내고 폭격했을 때 황제는 철모를 쓰고 직접 대공포의 방아쇠를 당겼다. 신하들이 황제를 보호하겠답시고 주변을 에워싸자 하일레 셀라시에는 자신을 적의 목표물로 만들려는 것이냐면서 죄다 쫓아 버렸다. 이날 이탈리아군의 폭격으로 50여 명이 죽고 200여 명이 다쳤다. 대부분 민간인이었다. 황제는 망토를 걸치고 지팡이를 들고 폐허가 된 거리로 나와 백성들이 당하는 고통을 목격했고 그들을 위로했다. 그리고 유럽 기자들이 보는 앞에서 불발탄에 한쪽 다리를 걸치고 당당하게 포즈를 취하여 자신을 결코 굴복시킬 수 없음을 보여 주었다. 다음 날 이탈리아 폭격기들이 다시 날아왔지만, 이번에도 황제가 달아나는 일은 없었다. 그런 그에게 유럽의 평화를 위해 무솔리니한테 적당히 양보하라는 서방 지도자들의 어설픈 회유가 통할 리 없었다.

12월 16일 시드니 바턴을 통해 영국과 프랑스의 협상안을 통보받

남부 전선에서 에티오피아군이 노획한 이탈리아군 CV.33 탱켓. 1930년대 초반까지도 제1차 세계 대전 당시 프랑스제 르노-17 경전차를 라이선스한 피아트-3000 경전차가 전부였던 이탈리아군은 영국제 카든 로이드 탱켓Carden Loyd tankette를 라이선스한 CV.33 탱켓을 생산했다. 그러나 소형 트랙터에 얇은 장갑과 기관총을 달았을 뿐인 이 미니 전차는 실전에서 아무 쓸모가 없었고 대전차 무기가 없는 에티오피아군에도 쉽게 격파되기 일쑤였다. 전쟁 동안 에티오피아군은 20여 대의 탱켓을 노획했다. 하지만 에티오피아군도 탱켓을 운용할 능력이 부족했기에 자신들이 써먹는 일은 거의 없었다.

이탈리아군의 폭격이 끝난 뒤 불발탄 위에 한쪽 다리를 올리고 사진을 찍는 하일레 셀라시에 황제. 폭탄이 갑자기 터질 수도 있다는 점에서 위험천만한 행동이지만 이 정도의 폭격에 기죽지 않겠다는 자신의 단호한 의지를 온 세상에 보여 준 셈이었다.

은 황제는 분노했고 즉각 기자들을 불러들여 비난의 목소리를 높였다. 〈에티오피아더러 자국을 공격한 침략자에게 영토를 내놓고 독립을 바치라는 것은 국제 연맹의 창설 원칙을 부정하고 포기하는 것입니다.〉 기자들 또한 그의 호소에 공감했다. 한 프랑스인 기자는 라발을 가리켜 〈그는 돼지다〉라고 욕설을 퍼부었다. 여론이 불리하게 돌아가고 있음을 직감한 볼드윈은 재빨리 호어에게 죄다 떠넘겼다. 2주의 휴가를 즐길 요량으로 스위스에서 체류 중이던 호어는 변명을 늘어놓으며 언젠가 자신이 옳았음이 증명되리라고 우겼지만, 이틀 뒤 불명예스럽게 외무 장관에서 물러나야 했다.

재무 장관이었던 네빌 체임벌린은 그 꼴을 보면서 자신이 총리였다면 무솔리니에게 양보하는 일은 없었을 것이라고 일기에 썼다. 그는 의회 연설에서 〈신사는 그렇게 행동하지 않는 법입니다〉라면서 호어를 향해 비난을 퍼부었다. 하지만 3년 뒤 체임벌린은 뮌헨 회담에서 똑같은 도전에 직면했을 때 아직 싸울 준비가 되지 않았다는 이유로 동맹국인 체코슬로바키아를 제물로 바침으로써 히틀러의 야심에 날개를 달아 주는 아이러니를 저지른다.

평화에 안주하여 현실 감각이 없기는 볼드윈과 체임벌린, 호어만이 아니었다. 좌파 노동당 당수였던 클레멘트 애틀리Clement Attlee는 여전히 영국의 재무장에 강력한 제동을 걸면서 국제 연맹과 집단 안보 체제가 침략자를 억제하고 세계 평화를 지켜 줄 것이라고 주장했다. 그는 스페인 내전이 발발하고 무솔리니와 히틀러의 야심 앞에서 국제 연맹이 아무것도 할 수 없음이 분명해지자 입장을 180도 바꾸어 군비 증강에 동의함으로써 책임을 회피했다. 제2차 세계 대전 종전 직후 처칠을 꺾어 총리가 되었고 이번에는 소련을 상대로 유화 정책을 펼쳤다. 동유럽에 철의 장막이 드리우고 스탈린의 위협이 본격화된 뒤에야 반공으로 돌아서게 된다.

　　서방 지도자들의 가장 큰 오류는 단순히 상대의 군사력을 과대평가했다거나 세계 평화를 지키기 위함이 아니었다. 에티오피아 같은 약소국은 스스로 자국의 이익을 지킬 권리가 없으며, 침략자에게 적당한 보상으로 만족시켜 그 이상의 욕심을 내지 않도록 하는 것이 자신들의 신성한 책무라는 위선이었다. 영국과 프랑스가 유럽의 평화를 명목으로 에티오피아를 무솔리니에게 팔아먹으려 했다면, 국제 연맹은 그냥 아무것도 하지 않는 쪽을 택했다. 연맹 의장국인 아르헨티나 대표는 무기 금수 조치를 해제해 달라는 에티오피아 대표의 요구에 일언반구 대꾸하지 않았다. 그 대신 양측 입장을 더 들어 봐야 한다는 핑계를 대면서 이 문제의 논의를 다음 회기로 넘기기로 선언하여 국제 여론을 격분시켰다. 명목뿐인 중립법을 선언한 미국은 이탈리아의 목줄을 쥘 수 있는 고철과 구리, 차량, 석유를 금수 품목으로 지정하는 대신 오히려 수출을 더욱 늘림으로써 톡톡히 재미를 보았다. 열강 중에 전쟁으로 피해를 본 나라는 없었다.

　　무솔리니는 호어-라발 조약을 받아들이지도, 반대하지도 않았다. 아디스아바바에서 4,500km나 떨어진 로마에서 안락한 시간을 보내고 있던 그는 에티오피아에서 이탈리아군이 겪는 어려움이나 에티오피아군이 생각보다 쉽지 않다는 사실 따위에는 아무런 관심도 없었다. 하물며 에티오피아의 절반만 먹고 떨어지라는 제안을 받아들인다는 것은 어림없는 얘기였다. 그는 전부를 원했다. 하지만 자신의 속셈을 너무 빨리 드러낼 필요가 없다고 여긴 무솔리니는 일부러 답변을 늦추었다. 그 사이 이탈리아군이 에티오피아군을 격파하고 아디스아바바에 입성한다면 더는 누구도 입을 대지 못하리라는 계산이었다. 몇 년 뒤 무솔리니는 히틀러를 만난 자리에서 만약 국제 연맹이 이든의 조언에 따라 석유 수출을 금지했다면 자신은 일주일도 안 되어 에티오피아에서 손을 떼야 했을 거라고 솔직하게 털어놓았다. 전쟁에서의 승자는 더 강한 쪽이 아니라 허세를 잘 부리는 쪽이라는 것이 이들이 배운 교훈이었다.

국제 연맹의 허울뿐인 경제 제재는 무솔리니에게 타격을 주기는커녕, 이탈리아인들의 반감을 불러오면서 그의 인기는 오히려 높아졌다. 파시스트 언론에 세뇌당한 이탈리아인은 어이없게도 자신들이 무고한 에티오피아인을 괴롭히는 것이 아니라 국제 연맹이 무고한 자신들을 괴롭힌다고 믿었다. 너도나도 무솔리니의 침략 전쟁에 보태기 위해 집안의 금붙이를 내놓았다. 기혼 부부는 금으로 된 결혼반지를 바치는 대가로 아무런 가치도 없는 쇠 반지를 받았다. 조각가들은 무솔리니의 청동 흉상을 만들었다. 무솔리니의 인기는 그 어느 때보다도 절정이었다.

영국 옥스퍼드 대학교 역사학자인 앨런 존 테일러 교수는 『준비되지 않은 전쟁, 제2차 세계 대전의 기원』에서 〈국제 연맹은 1939년이나 1945년이 아니라 1935년 12월에 사실상 끝장났다〉라고 언급한다. 그의 말마따나, 국제 연맹은 무솔리니의 침략을 묵인함으로써 스스로 사망 선고를 내린 셈이었다. 누구도 감히 무솔리니의 앞길을 막겠다고 나서지 않았다. 하지만 그런 현실이 결코 에티오피아인들의 저항 의지를 꺾지는 못했다. 이들은 기죽기는커녕, 이참에 이탈리아군에 또 한 번 패배의 굴욕을 안겨 주고 그 여세를 몰아 에리트레아로 진격하여 오랜 염원인 대(大)에티오피아를 실현하겠다면서 기염을 토했다. 북상 중인 에티오피아군은 20만 명에 달했다. 데 보노를 대신하여 신임 총사령관이 된 바돌리오는 부임하자마자 에티오피아군의 맹공에 직면했다.

독가스를 쓰다

무솔리니는 영국과 프랑스가 침묵하고 국제 연맹이 주제넘게 끼어들지만 않는다면 에티오피아 따위는 주먹만 쳐들어도 끝이라고 믿었지만,

상황은 그리 호락호락하지 않았다. 에티오피아군이 강했다기보다 이탈리아군이 총체적인 난맥상이었기 때문이었다. 가장 큰 원흉은 무솔리니 자신이었다. 대표적인 사례가 〈검은 셔츠단Blackshirts〉이라는 이름으로 유명한 국가 보안 민병대Voluntary Militia for National Security였다. 제2차 세계 대전에서 악명을 떨친 히틀러 친위대의 무솔리니 버전이었다. 국왕 휘하의 정규군과는 별도로 자신에게 충성하는 사병 집단이 필요하다고 여긴 그는 수십만 명에 달하는 지지자를 모아서 준군사 조직을 편성했다.

이들은 단순히 무솔리니의 전위대 노릇을 하는 정치 깡패들이 아니라 이탈리아 왕립 육해공군과 어깨를 나란히 하는 제4의 병종이자 전투 부대로 에티오피아 침공에도 투입되었다. 그러나 히틀러의 무장 친위대가 그랬듯 속 빈 강정이었다. 능력보다 충성심으로 자리를 차지한 파시스트 간부들은 수령의 총애만 믿고 거드름을 부리면서 보급품 착복에 혈안이 되었다. 병사들 역시 훈련을 게을리했고 규율은 엉망이었다. 겉으로는 엘리트 부대이지만 실전에서는 아무 쓸모도 없는 밥벌레들이었다. 그런데도 보급과 급여에서는 훨씬 좋은 대우를 받다 보니 정규군 병사들의 불만이 생기지 않을 리 없었다. 정규군 병사들과 검은 셔츠단원들은 서로에게 경쟁심과 원한을 품었고 심지어 주먹다짐을 벌이기도 했다. 우군이라는 의식도 없었고 서로 협력하지도 않았다.

현지 식민지 병사들과의 불화 역시 만만치 않았다. 동아프리카에 주둔한 이탈리아군 대부분은 본토 출신이 아니라 〈아스카리askari〉*라고 부르는 현지 용병들이었다. 이들은 매우 용맹스럽고 강인했으며 경험이 풍부하여 백인 징집병보다 훨씬 쓸 만했다. 하지만 인종 차별에 사로잡힌 이탈리아인들은 이들 위에 군림하면서 함부로 대하여 사기를 떨어뜨렸다. 이탈리아군 전사자는 매장되었지만 아스카리 병사의 시체는

* 스와힐리어로 〈병사〉라는 뜻으로, 아프리카 식민지 시절 유럽인들에게 고용된 흑인 보조병들을 가리키는 말이다.

로마에서 열병식을 하는 검은 셔츠단원들. 군대에 지지 기반이 없었던 무솔리니는 자신의 사병으로 검은 셔츠단을 조직했다. 주로 전직 군인이면서 무솔리니의 광신적인 추종자들로 구성된 검은 셔츠단은 보급과 장비에서 우선권을 얻었다. 하지만 간부들은 전투 경험이 없고 무능해 전투에서는 거의 쓸모가 없었다. 게다가 무솔리니의 차별적인 대우는 군내의 파벌 갈등과 불화만 조장했고, 막상 그가 쫓겨났을 때에는 침묵을 지켰다.

전장에 그대로 내버려졌다. 지급되는 무기와 장비 또한 구식이어서 에티오피아군보다 나을 것이 없었다. 오랫동안 이탈리아에 충성했지만 보잘것없는 보상에 인내심이 바닥난 아스카리 병사들은 탈영하거나 에티오피아군에 투항하여 이탈리아군에 총부리를 돌리기도 했다. 장군들은 전투보다 무솔리니에 대한 충성 경쟁과 파벌 싸움에 여념이 없었고 서로 모함하고 비난하는 데 열을 올렸다. 본국으로 쫓겨난 데 보노를 대신하여 지휘봉을 든 바돌리오 원수는 현지 상황을 돌아본 후 에티오피아인들의 원시적인 무기 앞에서 자신들이 패배할 수도 있다는 사실에 경악했다.

개전 이후 두 달 동안은 이렇다 할 전투가 없었다. 에티오피아군이 싸우지 않고 전략적으로 후퇴한 덕분이었다. 그러나 메켈레 함락 후 이탈리아군의 전진은 정체되었다. 무솔리니는 처음에는 데 보노에게, 그다음에는 바돌리오에게 메켈레 남쪽 40km 떨어진 고원 지대인 암바 알라기Amba Alagi로 진군하라고 끝없이 독촉했다. 이곳은 1895년에 2,000여 명의 이탈리아군이 3만 명의 에티오피아군에 포위되어 전멸한 곳이었다. 하지만 병참의 한계에 직면한 이탈리아군은 더 이상 한 발짝도 움직이지 못했다. 남쪽에서는 에티오피아군의 거대한 무리가 느린 속도로 부지런히 올라오는 중이었다. 에티오피아군의 사정도 이탈리아군만큼이나 나쁘기는 마찬가지였다. 병참이 대단히 빈약했던 에티오피아군 병사들은 농민들을 약탈하지 말라는 황제의 엄명에도 불구하고 지나가는 곳마다 메뚜기 떼처럼 곡식과 가축을 쓸어 갔다. 야전 무전기가 없어서 각 부대의 연락은 수백 년 전처럼 전령을 보내야 했다. 에티오피아군은 이탈리아군 비행기들이 나타날 때마다 재빨리 흩어졌고 폭격이 끝난 뒤에는 수많은 병사가 달아났다.

황제 직속의 중앙군 총사령관이자, 40년 전 제1차 아두와 전투에서도 싸웠던 라스 물루게타 예가주를 비롯한 에티오피아군의 지휘관들은 현대전에 대한 이해가 없는 구식 장군들이었다. 그 대신 용맹하면서 전쟁 경험이 풍부했다. 또한 외국인 군사 고문들이 이들을 보좌했다. 데시를 출발한 물루게타 예가주의 주력 부대는 한 달 동안 약 340km를 행군하여 메켈레 남쪽 20km 떨어진 암바 아라담Amba Aradam의 험준한 산악 지대에 당도했다. 왼쪽으로는 라스 임루 하일레 셀라시에의 고잠 세파리Gojjam Sefari* 4만 명과 라스 세윰 멩게샤Ras Seyum Mengesha의 티그라이 세파리Tigray Sefari 3만 명, 라스 카사 하일레 다르제의 베겜데르 세파리Begemder Sefari 5만 명이 제각기 에리트레아를 향해 진군하면서 메켈레의 이탈리아군 측면을 위협했다. 20만 명에 달하는 에티오피아군이 10만 명의 이탈리아군과 대치했다.

12월 15일 에티오피아군의 첫 공격이 있었다. 라스 임루의 선봉 2,000여 명은 테케제Takazze강을 넘어, 뎀베구이나 협곡Dembeguina Pass에서 1,000여 명의 에리트레아 병사들이 지키고 있는 이탈리아군 전초 기지를 급습했다. 이탈리아군은 포위되었고 항공 지원조차 받을 수 없었다. 상황이 불리하다고 여긴 이탈리아군은 CV.33 탱켓 10대를 앞세워 후퇴에 나섰다. 선봉에 선 탱켓들이 브레다 중기관총을 마구 난사하자 대전차 무기가 없는 에티오피아군은 속수무책이었다. 그 와중에 한 에티오피아 병사가 용감하게 탱크 위로 올라가 포탑을 두들기면서 이탈리아어로 해치를 열라고 소리쳤다. 우군으로 여긴 승무원은 무심코 해치를 열고 머리를 내밀었다가 그대로 목이 잘렸다. 그 참혹한 모습은 에티오피아군의 사기를 올리고 에리트레아 병사들에게서 싸울 의지를 빼앗았다. 게다가 험준한 산길은 〈콩알 전차〉라고 불릴 만큼 덩치가 아담한 탱켓이 움직이기에도 너무 좁았다.

용기를 되찾은 에티오피아군 병사들은 이탈리아군의 머리 위로 큰 바위를 굴리고 사방에서 총을 쏘았다. 꼼짝달싹하지 못하는 탱켓에 휘

* 세파리는 서구의 군단에 해당한다.

발유를 붓고 불을 질러 승무원들을 태워 죽이거나 그들이 기어 나오면 사살했다. 이탈리아군은 간신히 포위망을 뚫고 탈출했지만, 절반이 죽거나 포로가 되었으며 모든 전차가 파괴되었다. 무솔리니가 자랑하던 이탈리아군 기계화 병기는 에티오피아군에 더 이상 두려운 존재가 아니었다. 승전을 보고받은 황제는 〈실로 믿기 어려운 광경이다. 조잡한 면 옷을 걸친 병사들이 맨손으로 강철 괴물을 공격하다니〉라고 경탄하면서 북부 전선의 다른 장군들에게도 이렇게 싸워야 한다고 강조했다. 이탈리아군으로서는 아두와 전투 이래 40년 만에 겪은 최악의 패배였다. 무솔리니의 체면은 땅에 떨어졌다. 더 큰 문제는 이탈리아군의 측면이 노출되면서 원정군 전체가 포위될 판이라는 사실이었다.

뎀베구이나 전투는 전세를 일거에 바꾸어 놓았다. 에티오피아군은 자신감을 얻었다. 12월 22일에는 라스 세윰과 라스 카사가 메켈레 서쪽 50km 떨어진 아비 아디Abbi Addi를 탈환하는 데 성공했다. 에티오피아군은 아홉 시간에 걸친 전투 끝에 무솔리니가 자랑하는 제2검은셔츠사단을 격파했다. 마을로 후퇴한 일부 이탈리아 패잔병들은 적개심에 불타는 농민들의 습격을 받았다. 에티오피아군은 탱켓 18대와 대포 33문, 기관총 175정, 소총 2,600정을 노획했다고 발표했다. 물론 이탈리아군은 터무니없이 과장된 주장이라며 일축했지만 분명한 사실은 이제 수세에 몰린 쪽이 이탈리아군이라는 점이었다. 같은 시간 우익에서는 물루게타 예가주의 중앙군이 메켈레로 진격했다. 남쪽에서도 라스 데스타 담투가 이끄는 시다모 세파리Sidamo Sefari 2만 명이 소말리아로 밀고 들어갈 태세였다. 에티오피아군은 총반격에 나섰다.

노발대발한 무솔리니는 바돌리오를 질책하면서 당장 에티오피아군을 격파하지 못하면 자리에서 쫓아내고 남부 전선을 맡은 그라치아니에게 넘기겠다고 윽박질렀다. 절체절명의 위기에 처한 바돌리오가 내놓은 대안은 독가스였다. 제1차 세계 대전의 지옥을 상징하는 대명사이기도 한 독가스는 1915년 4월 22일 벨기에 이프르 전선에서 독일군이 처음 사용한 후 전쟁 내내 양측 진영에서 경쟁적으로 사용되었다. 흔히 알려진 것과 달리 실제로 독가스 때문에 죽은 사람은 전체 사망자에 비하면 한 줌에 불과했다. 그러나 독가스의 진정한 위력은 살상력이 아니라 공포심이었다. 가스에 중독된 동료들의 고통스러워하는 모습은 집단 공황으로 이어지기 일쑤였다. 특히 이탈리아는 1917년 카포레토 전투에서 독가스 공격으로 군대 전체가 무너지는 위기에 처하기도 했다. 전쟁이 끝난 뒤인 1925년 6월 17일 제네바 의정서에 따라 국가 간의 분쟁에서 독가스 사용은 엄격히 금지되었다. 이탈리아와 에티오피아는 가장 먼저 서명한 나라 중 하나였다. 그러나 독가스 무기의 생산 자체가 금지된 것은 아니었다. 무솔리니는 개전 직후인 1935년 10월 27일 만약 적의 압도적인 반격에 직면한다면 독가스 사용을 허락한다고 은밀하게 지시했다. 물론 국제 여론을 우려하여 개전 초반부터 이탈리아군이 독가스를 쓰지는 않았지만, 바돌리오는 이탈리아군이 전차와 대포, 항공기만으로 승리를 거둘 수 없다는 사실이 분명한 이상 이제 이 봉인된 무기를 창고에서 꺼낼 때가 왔다고 생각했다.

12월 23일 악숨 서쪽 30km 떨어진 셀레클레카Selekleka로 진군하기 위해 테케제강을 도하 중이던 라스 임루는 머리 위에서 이탈리아 폭격기를 발견했다. 에티오피아군 병사들은 이미 여러 번 폭격을 당한 경험이 있었기에 허둥지둥 흩어지는 대신 대열을 유지한 채 신중하게 경계하면서 대공 사격을 할 준비를 했다. 그러나 폭격기가 떨어뜨린 폭탄은 땅에 부딪히자 폭발 대신 대량의 액체를 쏟아 내어 웅덩이를 만들었다. 처음에는 어리둥절하던 에티오피아군 병사들은 곧 경악과 공포에 휩싸였다. 그 장면을 직접 목격했던 임루는 이렇게 회고했다. 〈나는 무슨 일이 일어났는지 자신에게 물어볼 틈도 없었다. 그 불가사의한 액체를 뒤집어쓴 부하들은 손과 발, 얼굴에 물집이 부풀어 터지면서 고통스럽게

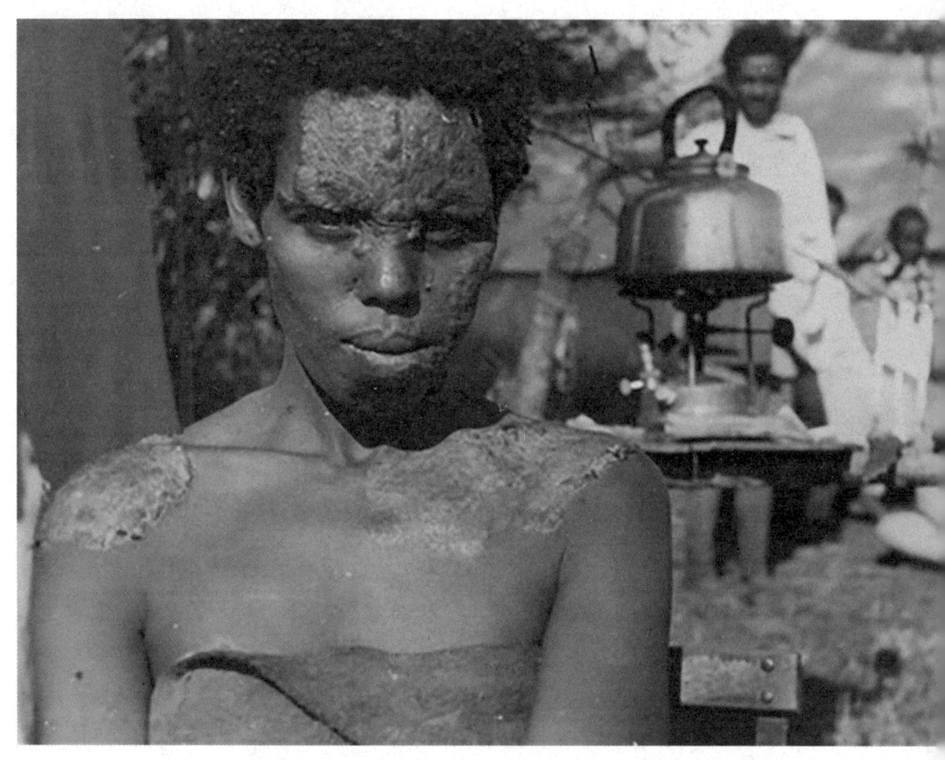

머스터드 가스 공격으로 온몸에 물집이 잡힌 에티오피아 여성. 제1차 세계 대전 당시 악명을 떨친 독가스 중에서도 가장 잔인하고 독성이 강한 무기 중 하나인 머스터드 가스는 1917년 이프르 전투에서 독일군에 의해 처음 사용되었으며 액체형으로 피부에 닿으면 물집이 생기고 폐로 흡입하면 엄청난 고통과 함께 죽음에 이르게 했다. 설사 운 좋게 죽지 않고 회복되더라도 후유증이 심해 완치는 거의 불가능했다. 이탈리아군은 포탄과 공중 폭격은 물론이고, 아예 비행기에 분무기를 달아서 농약을 뿌리듯 살포했다.

비명을 지르기 시작했다.〉 병사들은 몸을 씻기 위해 강으로 뛰어갔지만, 이미 강도 오염되어 있었다. 강 주변은 참혹하게 죽은 수백 명의 에티오피아 병사들로 뒤덮였다. 강에 물을 마시러 나왔던 인근 마을의 주민들과 가축들 역시 희생되었다. 이탈리아군이 이번 전쟁에서 처음으로 독가스를 사용한 순간이었다.

난생처음 경험하는 끔찍한 지옥 속에서 임루는 너무나 큰 충격에 빠진 나머지, 자신을 에워싼 채 무엇을 어떻게 해야 하는지 묻는 부하들에게 아무 말도 할 수 없었다. 에티오피아인들에게는 악몽의 시작일 뿐이었다. 이탈리아군은 전쟁 내내 궁지에 몰릴 때마다 독가스를 쓸 참이었다. 영국의 명망 있는 군사 전문가이자 열렬한 무솔리니의 지지자이기도 했던 존 프레더릭 풀러John Frederick Charles Fuller 장군조차 이탈리아군의 종군 기자를 맡아 에티오피아 침공을 취재한 뒤 이탈리아군이 이길 수 있었던 결정적인 비결은 머스터드 가스였다고 실토했다.

황제 나서다

국제 연맹! 국제 연맹이 입으로 떠들 때 우리는 싸우다 죽는다. 우리가 사나이답게 싸울 수만 있다면! 그러나 우리는 우리 집과 땅을 지키기 위해 싸운다는 것이 참을 수 없다는 이유로 전쟁에서 가장 사악한 수단을 쓰는 침략자와 마주하고 있다. 우리의 땅은 독가스로 메마르고 우리의 노새와 양과 소는 들판에서 죽어 가고 있다.*

* 에티오피아 남부 사령관 중 한 사람인 나시부 지마누엘Nasibu Zeamanuel이 이탈리아군의 독가스 사용과 이를 묵인한 국제 연맹을 비난하면서 남긴 말이다. 그는 독가스 공격을 직접 당했고 나중에 황제와 함께 스위스로 망명했지만 몇 달 뒤 후유증으로 사망했다.

테케제강에서 라스 임루의 군대가 이탈리아군의 독가스를 뒤집어쓴 다음 날인 12월 24일 에티오피아 남부 데게하부르Degehabur에서 〈민니티 사건〉이 일어났다. 이탈리아 조종사 티토 민니티Tito Minniti 중위가 몰던 Ro.1 정찰기는 사막 위를 날던 중 엔진 고장으로 추락했다. 함께 타고 있던 승무원은 죽었고 민니티는 포로가 되었다. 그를 붙잡은 현지인들은 족쇄를 채워 나무에 묶은 다음, 손가락을 차례로 자르고 거세했으며 나중에는 시체를 토막 낸 다음 머리를 잘라 전시했다는 것이 이탈리아 언론들의 주장이었다.

주장을 뒷받침할 아무런 근거가 없었음에도 이탈리아 전체가 발칵 뒤집혔다. 무솔리니는 죽은 민니티에게 무공 훈장을 수여했다. 전국에서 추모와 함께 고향인 레조칼라브리아Reggio Calabria 비행장에는 그의 이름이 붙었다.* 파시스트 매체들은 그를 영웅으로 포장하는 한편, 에티오피아인들의 야만성을 비난했다. 과연 어디까지 진실이며 이탈리아군의 잔혹성이나 애초에 모든 문제가 무솔리니가 에티오피아를 침공했기 때문이라는 사실 따위는 중요하지 않았다. 침략자들이 흔히 쓰는 전형적인 물타기 수법이었다. 전쟁이 끝난 뒤에야 민니티와 동료의 시신은 추락한 비행기 근처에서 부패한 채 발견되어 죄다 이탈리아인들이 만들어 낸 억지 날조였음이 밝혀졌다. 그러나 무솔리니에게는 상관없는 얘기였다. 심지어 당시 이탈리아 최고의 조각가 중 한 사람으로 일컫던 아르투로 마르티니Arturo Martini가 민니티의 죽음을 기린답시고 만든 조각상은 지금도 로마 국제 현대 미술관에 전시되어 있다. 이탈리아인들이 일본 이상으로 과거사 문제에 얼마나 무관심한지 보여 주는 셈이다.

모처럼 좋은 구실을 찾은 그는 눈에는 눈이라면서 야만인들을 철저히 응징하라고 명령했다. 게다가 뻔뻔하게도 에티오피아에서 독가스

* 지금도 그대로 쓰이고 있다.

사용을 정당화할 명분으로 써먹기로 했다. 12월 30일 소말리아 국경에서 60km 떨어진 멜카 디다Melka Dida가 폭격당했다. 그라치아니가 보낸 이탈리아 폭격기들은 스웨덴인이 운영하는 에티오피아군 야전 병원에 폭탄과 함께 머스터드 가스가 가득 담긴 액체 용기를 떨어뜨렸다. 적십자 깃발도 소용없었다. 무차별 폭격으로 수십여 명이 죽거나 다쳤다. 그 중에는 스웨덴인들도 있었다. 대번에 입장이 곤란해진 쪽은 무솔리니였다. 무솔리니는 바돌리오에게 독가스 사용을 잠시 중단하라고 명령해야 했다.

하지만 바뀐 것은 없었다. 국제 연맹이 무솔리니더러 국제법을 어기고 금단의 무기를 썼다고 해서 문제 삼거나 더 강력한 제재에 나선 것도 아니었다. 오히려 에티오피아 현지에서 외국인 자원봉사자들이 참상을 경고하기 위해 국제 연맹에 보낸 보고서들은 중립적이고 객관적인 판단이 필요하다는 이유로 공개가 거부되었다. 상투적인 핑계일 뿐, 열강들 입장에서는 자기네와 상관없는 골치 아픈 일에 연루되기를 원치 않았기 때문이었다. 심지어 방독면을 보내 달라는 요구도 거부했다. 이 때문에 에티오피아인들은 자신들을 최소한이나마 보호하기 위해 목면으로 원시적인 방독면을 만들어야 했다. 국제 연맹 스위스 대표이자 국제 적십자 위원장으로 저명한 국제법 전문가이기도 했던 막스 후버 Max Huber는 〈결코 무관심이나 용기가 부족해서가 아니라 어느 한쪽에 정치적으로 치우친 결정을 내리지 않으려는 의무감 때문〉이라며 공정함을 유지하기 위한 부득이한 결정처럼 변명했지만 뻔뻔한 소리였다. 고무줄 잣대로 스스로 신뢰를 떨어뜨린 쪽은 그들 자신이었다. 그는 나중에 〈우리는 진실을 몰랐기에 침묵했다〉라는 말을 남겼다.

에티오피아 남쪽에서는 황제의 사위인 라스 데스타 담투가 2만 명의 병력을 이끌고 소말리아 국경을 향해 진군 중이었다. 그의 군대는 빈약한 병참 때문에 극심한 갈증과 굶주림에 허덕였고 장기간의 행군으로 체력은 완전히 바닥나 있었다. 1936년 1월 12일, 이탈리아 폭격기들이 이들의 머리 위로 무려 2톤에 달하는 독가스를 떨어뜨려 막대한 손실을 입혔다. 야심만만한 라스 데스타는 고집스럽게 진군을 멈추지 않았지만 그라치아니의 매서운 반격에 직면했다.

12일부터 18일까지 에티오피아-소말리아 국경의 돌로Dolo에서 벌어진 가날레 도리아 전투Battle of Ganale Doria에서 이탈리아군은 전차와 장갑차, 대포를 앞세워 이미 만신창이가 된 라스 데스타 담투의 군대를 말 그대로 쓸어버렸다. 이탈리아군의 손실은 경미한 반면, 에티오피아군은 절반이 죽거나 다쳤다. 사기가 무너진 에티오피아군은 괴멸하여 사방으로 흩어졌다. 라스 데스타 담투는 벨기에인 군사 고문과 소수의 경호원만 데리고 간신히 탈출했다. 그라치아니는 즉각 추격에 나섰다. 그는 에티오피아군이 두 번 다시 덤비지 못하도록 철저히 파괴할 요량으로 폭격기로 쉴 새 없이 두들기고 마을들을 불바다로 만들었으며 우물들을 죄다 파괴했다. 1월 20일 이탈리아군은 국경에서 300km 떨어진 요충지인 네겔레 보란Negele Boran에 입성했다. 에티오피아군은 공세의 한 축이 무너진 셈이었다.

북쪽의 전황도 점점 에티오피아군에 불리해졌다. 바돌리오 역시 겁 많고 유약한 보신주의자였지만 데 보노보다는 나았다. 에티오피아군을 얕볼 생각이 없었던 그는 무솔리니의 닦달에도 불구하고 성급하게 진격하여 수렁에 빠지는 대신, 2개 사단을 더 증파하여 병력을 보강하고 보급 물자를 확보하는 데 열을 올렸다. 그는 무솔리니에게 〈행동에 나설 때 신속하게 움직일 수 있도록 사전에 꼼꼼히 준비하는 것이 언제나 나의 원칙입니다〉라고 주장했다. 하지만 엄밀히 말하여 바돌리오는 신중하다기보다는 우유부단에 더 가까운 인간이었다. 이탈리아군 전면에 20만 명에 달하는 에티오피아군이 모여드는 동안 그는 폭격 이외에 사실상 아무것도 하지 않았다. 게다가 지형이 험준하고 동굴이 많

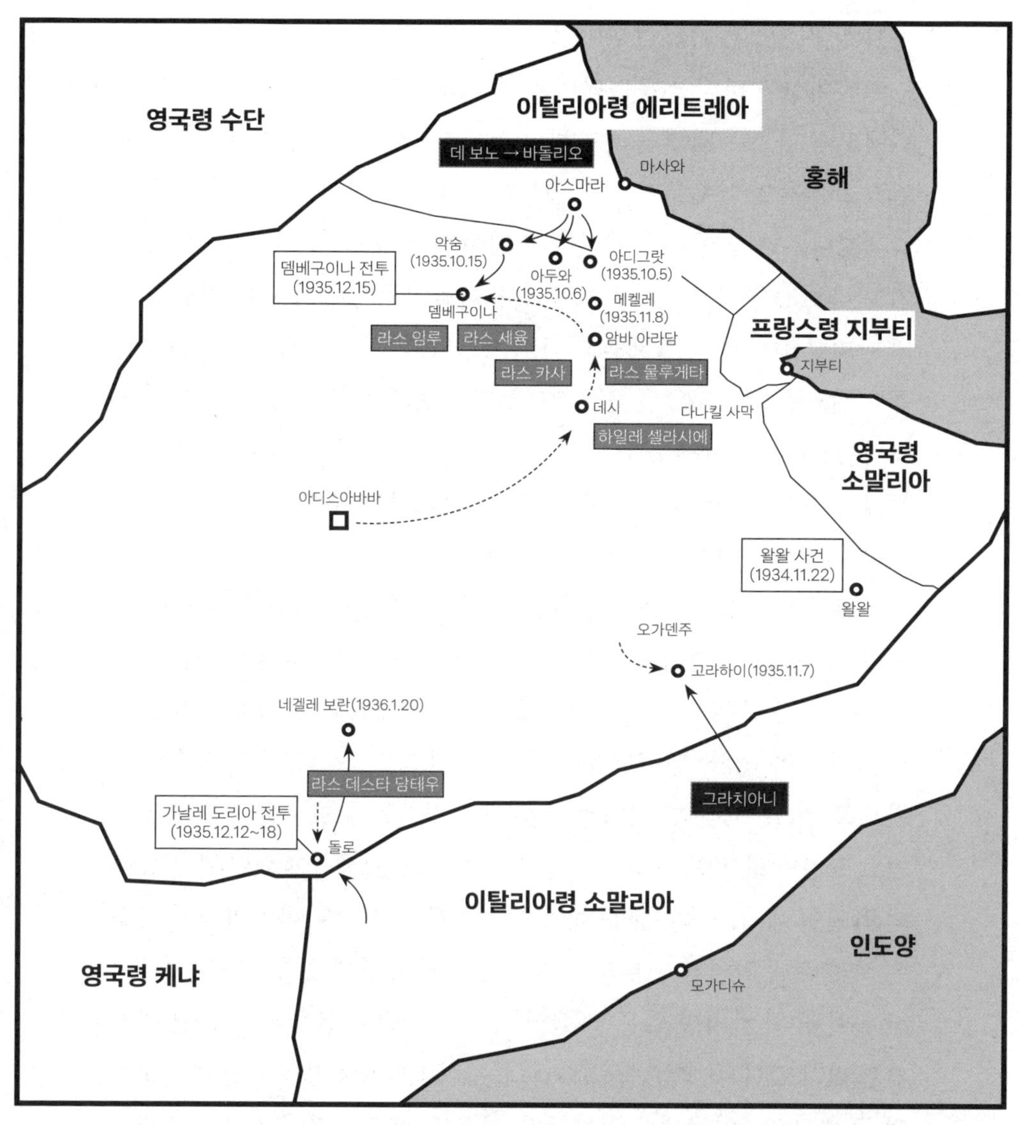

1935년 10~12월까지 에티오피아 전선에서 양군의 대치 상황 및 주요 전투.
실선 화살표는 이탈리아군의 공세, 점선 화살표는 에티오피아군의 반격,
도시 아래의 날짜는 이탈리아군 점령 일자이다.

아서 항공 폭격은 거의 효과가 없었다.

인내심이 바닥난 무솔리니는 독가스를 다시 쓰라고 명령했다. 이번에도 독가스는 위력을 톡톡히 발휘했다. 에티오피아 병사들은 겁에 질렸고 가축들 대부분이 가스 중독으로 죽어 나가면서 식량난 또한 심각해졌다. 이탈리아군을 앞에 두고 대치한 채 눈치만 보며 꼼짝하지 않기는 라스 물루게타도 마찬가지였다. 바돌리오에게 가장 큰 위협은 아비 아디를 점령한 라스 세윰과 라스 카사였다. 이들은 괴팍하고 고집불통에 알코올 중독자였던 물루게타보다 젊고 훨씬 유능했다. 만약 에티오피아군이 메켈레를 포위하고 서쪽의 라스 임루가 에리트레아에 발을 들이는 것을 바돌리오가 허용한다면 이탈리아는 국제적인 웃음거리로 전락할 판국이었다.

바돌리오가 무거운 엉덩이를 든 것은 1월 19일이었다. 에토레 바스티코Ettore Bastico 중장의 제3군단이 물루게타를 견제하여 원군을 보내지 못하도록 하는 한편, 제2검은셔츠사단과 제2에리트레아사단이 아비 아디 서쪽 10km 떨어진 템비엔Tembien의 라스 카사 부대를 공격했다. 거드름 부리는 것에만 익숙한 검은 셔츠 병사들이 안전한 곳에서 뒷짐지고 구경만 하는 사이, 피비린내 나는 싸움에 앞장서야 했던 쪽은 그들의 하인인 에리트레아 출신 아스카리 병사들이었다. 아스카리 병사들은 하루 내내 치열한 전투 끝에 총검 돌격하여 에티오피아군을 고지에서 몰아냈다. 하지만 다음 날 아비 아디 북쪽에서 검은 셔츠 군단의 지휘관 필리포 디아만티Filippo Diamanti 준장이 1,500여 명을 이끌고 진군하던 중 에티오피아군에 포위되었다. 창을 든 에티오피아 병사들이 괴성을 지르며 사방에서 달려들자 겁에 질린 검은 셔츠 병사들은 변변히 싸우지도 않고 달아났다. 바돌리오가 급히 원군을 보냈지만 전황은 불리했다. 자신이 아두와의 악몽을 재현한 장군으로 역사에 기록될 수도 있음을 깨달은 그는 비관주의에 빠진 나머지 메켈레를 포기하고 후방으로 퇴각할 준비를 하라고 명령했을 정도였다.

이번에도 이탈리아군의 구세주는 독가스였다. 라스 카사는 이탈리아 폭격기들이 떨어뜨린 독가스에 참혹하게 고통받는 부하들의 비명소리를 무력하게 지켜볼 수밖에 없었다. 디아만티의 구원에 나선 제2에리트레아사단은 에티오피아군의 포위망을 돌파하는 데 성공했다. 1월 24일 라스 카사는 잔여 병력을 수습하여 뒤로 물러났고, 이탈리아군은 아비 아디에 입성했다. 이탈리아군의 손실은 1,000여 명인 반면, 에티오피아군은 8,000여 명을 잃었다. 가축들도 죄다 죽었다. 라스 카사의 군대가 아직 완전히 파괴된 것은 아니지만 어쨌거나 최악의 위기는 지나갔다. 십년감수한 셈인 바돌리오는 한숨을 돌렸다. 다음 목표는 황제의 중앙군을 이끌고 암바 아라담의 험준한 산속에 포진한 채 메켈레를 위협하는 라스 물루게타였다.

북부 전선의 전황이 빠르게 나빠지고 있음을 깨달은 황제는 자신이 직접 전선에 나가야 할 때라고 깨달았다. 그는 수천 킬로미터 떨어진 로마에서 큰소리나 치고 장군들을 닦달하면 그만인 무솔리니처럼 행동할 수 없었다. 통신망이 워낙 열악했기에 북부 전선의 장군들과 연락을 주고받기는 매우 어려웠고, 총사령관으로서 광범위한 공간에 흩어져 있는 군대를 체계적으로 지휘하기란 불가능에 가까웠다. 게다가 소왕국의 군주들이기도 한 장군들은 황제의 충성스러운 부하라기보다는 동맹자였다. 이들의 충성심은 조건부였고 장군들이 서로 힘을 모으게 하는 것은 황제의 명령이 아니라 개인적인 친분에 달려 있었다.

아비 아디에서 치명타를 입은 라스 카사가 증원 병력을 급히 요구하자 황제는 라스 물루게타 휘하의 지휘관 중 한 사람인 데자즈마흐 모세샤 월데Dejazmach Moshesha Wolde의 1만 5,000명을 빼내 템비엔으로 보냈다. 라스 물루게타는 대번에 황제에게 불만을 터뜨리며 암바 아라담에서 한 발짝도 전진하지 않았다. 그렇다고 게릴라전으로 이탈리아군의

군대를 이끌고 북부 전선으로 향하는 하일레 셀라시에 황제. 제2차 세계 대전을 통틀어 직접
전장으로 나와 싸움을 지휘한 유일한 군주였다.

보급선을 기습하거나 후방으로 물러서지도 않은 채 그저 산속에 들어앉아 귀중한 식량과 시간만 낭비하면서 병사들을 지치게 할 뿐이었다. 물루게타의 나태함을 보면서 스스로 위험을 무릅쓰고라도 최전선에서 장군들을 독려하지 않으면 안 된다고 판단한 황제는 직접 군대를 이끌고 데시를 출발했다. 새로운 사령부는 메켈레 남쪽으로 불과 100km 떨어진 코렘Korem이었다.

황제의 행렬이 코렘을 향해 느릿느릿 진군하는 사이, 2월 10일 새벽 이탈리아군의 공세가 재개되었다. 바돌리오는 제1군단과 제3군단 산하 7개 사단 10만 명과 기관총 5,000정, 야포 280문, 항공기 170대를 투입하여 황제의 중앙군이 포진한 암바 아라담을 향해 진격했다. 이번에는 이탈리아인들이 직접 선봉에 섰다. 물루게타의 군대는 에티오피아군 중에서는 그나마 가장 잘 무장되어 있었고 서구식 군복을 입은 정예 부대였지만, 중화기는 고색창연한 청동 대포 18문과 구식 기관총 400정, 몇 문의 대공포가 전부였다. 게다가 폭격과 굶주림으로 사기가 땅에 떨어져 있었다. 한때 7만 명이 넘었던 병력은 탈영자가 계속 늘어나면서 점점 줄어들었다.

바돌리오가 직접 지켜보는 가운데 제1군단이 서쪽에서, 제3군단이 동쪽에서 암바 아라담에 대한 포위망을 압축해 나갔다. 이탈리아군의 모습은 이전처럼 물렁하지 않았다. 280문에 달하는 대포가 일제히 포문을 열어 에티오피아군의 진지를 쑥대밭으로 만들었고 하늘에서는 폭격기들이 쉴 새 없이 산허리를 날아다니면서 폭격을 퍼부었다. 하루 동안 이탈리아군이 발사한 포탄은 2만 3,000발에 달했고 하늘에서는 400톤의 폭탄을 떨어뜨렸다. 그는 함께 있던 기자들을 향해 자랑스럽게 너스레를 떨었다. 〈우리 군대는 놀라운 진보를 해냈소.〉

물루게타는 암바 아라담에 거의 3개월이나 주둔했음에도 방어선은 허술했고 정찰도 게을리했다. 에티오피아 병사들은 제1차 세계 대전 당시 참호전에서 유럽 군대가 그랬던 것처럼 용감하게 구식 소총을 휘두르며 집단 돌격에 나섰지만, 이탈리아군 기관총 앞에서 수수 다발처럼 쓰러졌다. 그 모습을 본 한 이탈리아 기자는 그들이 차라리 자신들의 전통적인 방식을 따랐다면 훨씬 잘 싸웠을 것이라고 말했다. 이탈리아군은 에티오피아군을 제압해 나갔다. 물루게타는 칼을 휘두르며 포위망 돌파에 나섰다. 이번에도 구멍은 검은 셔츠단이었다. 죽음을 각오하고 악귀처럼 달려드는 에티오피아군 앞에서 제3검은셔츠사단은 무너졌다. 에티오피아군은 많은 손실을 입었지만 물루게타를 포함한 대부분은 포위망이 닫히기 직전에 빠져나왔다.

2월 15일 암바 아라담은 바돌리오의 손에 떨어졌다. 바돌리오는 무솔리니의 체면을 살려 줄 요량으로 제1검은셔츠사단이 가장 먼저 시가지에 입성하여 이탈리아 국기를 내걸도록 배려했다. 이탈리아군은 800여 명을 잃은 반면, 에티오피아군의 사상자는 6,000명이 죽고 1만 2,000여 명이 다쳤다. 드디어 바돌리오는 전쟁에서 승기를 잡았다. 그는 마치 묵은 체증이 내려간 듯 행복한 표정으로 자신의 사령부로 향했다. 이탈리아 기자 체스코 토마셀리Cesco Tomaselli는 〈그가 20년은 젊어진 것 같았다〉라고 말했다.

물루게타는 잔존 부대를 모아서 남쪽으로 후퇴했다. 그에게는 여전히 수만 명의 병력이 있었고 암바 아라담 남쪽 30km 떨어진 암바 알라기에서 새로운 방어선을 구축할 생각이었다. 그러나 바돌리오는 이대로 놓아줄 생각이 없었다. 이탈리아 폭격기들이 비참한 몰골로 후퇴하는 에티오피아군의 행렬을 따라다니며 끊임없이 폭탄을 떨어뜨리고 독가스를 살포했다. 게다가 이탈리아군에 매수된 현지 부족들도 이빨을 드러내고 물루게타의 패잔병 무리를 괴롭혔다. 물루게타의 아들도 살해되었다. 뒤늦게 그 사실을 안 물루게타는 슬픔과 분노를 이기지 못한 채 주변의 만류에도 불구하고 싸우다 죽겠다면서 방향을 다시 북쪽으로 돌리도록 했지만 2월 27일 이탈리아군의 폭격을 받아 전사했다. 그의 죽음과 함께 중앙군 전체가 소멸했다. 황제는 자신의 한쪽 팔을 잃은 셈이었다.

물루게타가 무너졌다는 소식을 들은 라스 카사와 라스 세윰은 정확한 정보를 알지 못했지만, 전세가 심상치 않음을 깨닫고 황제에게 퇴각을 요청했다. 그러나 이들이 보낸 무선은 이탈리아군에 감청되었다. 바돌리오는 에티오피아군이 후퇴하기 전에 먼저 움직이기로 했다. 이탈리아 제3군단과 에리트레아 군단이 템비엔으로 진격했다. 2월 27일 새벽 1시, 티토 폴로Tito Polo 중위는 60여 명의 특공대를 이끌고 에티오피아군 진지를 급습하여 점령했다. 에티오피아군 수비대는 500여 명에 달했지만 방심하고 있었기에 사방으로 흩어졌다.

뒤늦게 이 사실을 안 라스 세윰이 반격에 나섰다. 물루게타의 군대보다 훨씬 무장이 빈약한 이들의 군대는 마치 수백 년 전 싸움을 연상케 하듯 북을 울리면서 창과 검으로 돌격했다. 검은 셔츠 병사들은 겁을 먹고 뒷걸음질 쳤으며, 아스카리 병사들은 총검 돌격하여 에티오피아군을 밀어냈다. 이탈리아군의 기관총이 불을 뿜자 에티오피아 병사들은 줄줄이 쓰러졌다. 하루 내내 격전이 벌어졌다. 이번에도 싸움의 종지부를 찍은 쪽은 이탈리아 폭격기가 떨어뜨린 폭탄과 독가스였다. 200톤에 달하는 폭탄이 쏟아졌다. 라스 세윰은 후퇴를 명령했다. 그러나 좁은 길을 따라 퇴각하는 라스 세윰의 군대를 향해 폭격이 계속되자 대열은 결국 무너졌다.

라스 카사의 군대는 그때까지 건재했지만, 대세가 결정 났다고 생각했다. 그는 진영을 버리고 이탈리아군의 추격을 피해 남쪽으로 후퇴를 시작했다. 하지만 이들도 하늘에서 쏟아지는 폭격과 독가스 공격 앞에서 변변히 싸우지도 못하고 무너질 수밖에 없었다. 라스 카사와 라스 세윰은 겨우 목숨을 부지한 채 홀몸으로 빠져나왔지만 모든 것을 잃었

다. 이들은 2주 후 거지꼴이 되어 코렘에서 황제를 만났다. 이제 남은 것
은 황제와 라스 임루의 군대였다.

강철 의지의 행진

에티오피아는 6개 주력 부대 중 4개 부대(라스 카사, 라스 세윰, 라스 물
루게타, 라스 데스타)를 잃었으며 중앙군 사령관인 라스 물루게타가 전
사했다. 게다가 철수 과정에서 이탈리아군의 무차별적인 폭격과 독가
스 공격으로 군대 자체가 와해되었다. 생존자들은 겁에 질린 채 무기를
버리고 고향으로 달아났다. 반격의 가능성은 사라졌다. 남은 병력은 북
쪽의 라스 임루와 황제가 지휘하는 친위대인 케부르 자바그나였다. 그
밖에도 수십만 명에 달하는 지방군과 비정규군이 전국에 흩어져 있었
지만, 무장과 훈련이 매우 빈약한 오합지졸이었다.

　에티오피아를 구성하는 여러 왕국 중 하나인 서북부의 고잠을 통
치하는 군주이자 황제의 사촌인 라스 임루 하일레 셀라시에는 황제와
동갑이었다. 그는 에티오피아군에서 가장 유능한 장군으로, 사촌이 옥
좌에 앉기 전부터 함께 성장기를 보내며 서구식으로 교육받았고, 유연
하면서 진보적인 사고를 갖추었으며 행정과 외교에서도 탁월한 능력을
발휘했다. 비록 정식으로 근대 군사 교육을 받은 적이 한 번도 없음에도
타고난 전사였던 그는 뎀베구이나 전투에서 첫 승리를 거두어 이탈리
아군 총사령관 데 보노가 실각하는 데 일조했다. 훗날 라스 임루는 미국
과 소련 대사를 지내고 황제를 보좌하여 중도 좌파 정치인으로서 에티
오피아의 개혁에 앞장선다. 사회주의 사상에 동조했던 그는 자신의 광
대한 영지를 소작농들에게 배분하여 〈붉은 라스the Red Ras〉라는 별명을
얻기도 했다. 국민적인 존경을 받았던 그는 1974년 공산주의자들의 쿠

데타에서도 다른 황족들과 달리 끝까지 살아남을 수 있었다.

에티오피아 북부의 산악 지대에 은신하면서 에리트레아 국경에 가장 가까이 진군했던 라스 임루는 북부의 다른 장군들이 이미 패퇴했다는 소식을 듣지 못했다. 그에게는 후방과 통신할 수 있는 무전기가 없었기 때문이었다. 하지만 라스 임루는 직감적으로 전황이 빠르게 불리해지고 있음을 깨달았다. 그가 에리트레아에 심어 놓은 정보원들은 이탈리아군의 공세가 임박했음을 경고했다. 그동안 라스 임루는 다른 장군들처럼 정면 공격 대신 황제의 조언에 충실히 따라 게릴라전으로 이탈리아군을 끊임없이 괴롭히면서 놀라운 성과를 거두었다. 하지만 더 이상 무리한 진격을 고집하기보다는 이제 남쪽으로 물러나야 할 때라고 생각했다. 4만 명에 달했던 그의 군대는 절반으로 줄어들었지만 싸울 여력은 남아 있었다. 그는 두 달 전 건넜던 테케제강으로 방향을 되돌렸다. 물론 바돌리오는 이들을 놓아줄 생각이 없었다. 2월 27일, 라스 임루를 포위 섬멸할 요량으로 피에트로 마라비냐 중장의 제2군단(제19사단, 제24사단, 제3검은셔츠사단)과 에치오 바비니Ezio Babbini 중장의 제4군단(제5사단, 제2검은셔츠사단, 제5검은셔츠사단)이 출동하여 추격에 나섰다. 그러나 이대로 순순히 물러날 생각이 없기는 라스 임루도 마찬가지였다. 그는 함정을 파놓고 기다렸다.

악숨을 출발한 마라비냐는 에티오피아군을 지나치게 얕본 나머지, 정찰도 없이 진군하다가 이틀 뒤인 29일 대낮에 악숨 서쪽 50km 떨어진 시레Shire에서 매복 중이던 에티오피아군의 급습을 받았다. 좁은 산길을 따라 길게 늘어선 이탈리아군과 보급 차량 행렬을 향해 사방에서 집중 사격이 쏟아졌다. 무방비나 다름없던 이탈리아군은 대혼란에 빠졌다. 열두 시간에 걸친 치열한 전투 끝에 탄약이 바닥난 에티오피아군은 어둠 속으로 물러났다. 하지만 겁에 질린 마라비냐는 바돌리오에게 더 이상 전진할 수 없다고 주장했다. 바돌리오로서는 어이없는 소리였다.

이탈리아 제2군단만 해도 3개 사단 4만 7,000명에 달하여 2만 명 정도에 불과한 라스 임루보다 두 배 이상 많았다. 게다가 라스 임루가 가지지 못한 중포와 항공기의 엄호도 있었다. 바돌리오는 마라비냐에게 질책을 쏟아 냈고 이틀의 시간을 허비한 끝에 3월 2일에야 진군이 재개되었다. 하지만 라스 임루는 또 한 번 기습에 나섰다. 이탈리아군의 전진은 멈추었다.

라스 임루의 군대는 많은 손실에도 불구하고 대오를 유지하며 다음 날 테케제강에 도달했다. 이탈리아군은 1,000여 명을 잃은 반면, 라스 임루의 손실은 4,000여 명에 달했다. 결코 적은 희생이 아니지만, 이탈리아군과 에티오피아군의 평균 손실 비율이 1:10이 넘는다는 점에서 그나마 양호한 편이었다. 바돌리오는 라스 임루를 양쪽에서 협공할 생각이었다. 하지만 북쪽에서 이동 중이던 이탈리아 제4군단은 예상 밖으로 험준한 지형 탓에 제대로 움직일 수 없었기에 라스 임루를 추격하는 데 실패했다. 하지만 신출귀몰하면서 바돌리오를 괴롭혔던 라스 임루도 독가스 앞에서는 무력했다. 뒤늦게 출동한 이탈리아군 폭격기들이 테케제강을 도하 중인 에티오피아군의 머리 위에 80톤에 달하는 소이탄과 독가스탄을 떨어뜨렸다. 폭격이 끝났을 때 강 주변에는 수천 명의 시체가 쌓여 있었다. 라스 임루도 덤불 속에 숨어서 겨우 목숨을 건졌다. 그의 군대는 여기서 괴멸했다. 라스 임루는 간신히 수백 명을 수습하여 황제가 있는 코렘으로 향했지만 이탈리아군의 끈질긴 폭격에 시달려야 했다. 에티오피아의 북부 전선은 붕괴되었다. 바돌리오는 측면의 위협을 완전히 제거했다. 이제는 아디스아바바로 향할 때였다.

황제가 코렘에 당도한 때는 3월 1일이었다. 보름 전 물루게타의 중앙군이 전멸한 암바 아라담에서 90km 떨어진 코렘은 해발 2,500m에 달하는 고지대에 있는 작은 마을이었다. 하지만 아디스아바바로 향하는 교통의 요충지여서 이곳마저 돌파된다면 더 이상 이탈리아군의 전진을 막을 길이 없었다. 전황은 급격히 악화하고 있었다. 북부의 비참한 패전 소식이 전달되자 수도에서 쿠데타 시도가 있었다. 일부 고위 귀족들이 황제를 몰아내고 자신들이 그 자리를 차지하려고 했다. 반란은 금방 진압되었지만 희망은 점점 꺼져 가고 있었다. 그러나 국제 연맹과 서구 열강들은 에티오피아의 운명 따위에는 아무런 관심도 없었다. 유럽에서 더 큰 사건이 터졌기 때문이었다. 3월 7일 새벽에 3,000여 명의 독일군이 비무장 지대인 라인란트에 전격적으로 진입했다. 히틀러의 명분은 프랑스가 소련과 상호 원조 조약을 체결하여 로카르노 조약을 위반했다는 이유였다. 그러나 진짜 속셈은 무솔리니에게 배운 허세를 자신이 써먹기 위함이었다. 독일군은 싸울 준비가 전혀 되어 있지 않았다. 프랑스군은 라인강 서안에 집결 중이었다. 만약 프랑스군이 행동에 나선다면 훈련과 무장이 빈약한 독일군은 간단히 분쇄될 판이었다.

히틀러의 속셈이 어떠했건, 국가적 자살이나 다름없는 도박에 겁을 먹은 쪽은 독일 장군들이었다. 프랑스군은 강을 건너 당장이라도 공격할 태세였다. 국방 장관 베르너 폰 블롬베르크Werner Eduard Fritz von Blomberg 장군은 즉각 후퇴해야 한다고 주장했다. 이 도박에 자신의 정치 생명을 걸었던 히틀러조차 잠시 흔들렸을 정도였다. 하지만 외무 장관 콘스탄틴 폰 노이라트Konstantin von Neurath 남작이 단호하게 반대했다. 노이라트는 프랑스 지도자들이 전쟁을 불사할 용기가 없다는 사실을 잘 알고 있었기 때문이다. 치킨 게임의 승자는 히틀러였다. 독일군은 압도적인 프랑스군을 눈앞에 두고 진땀을 흘리면서도 포커페이스를 유지한 채 끝까지 물러서지 않았다. 판세가 불리하다고 여긴 프랑스군은 자신의 패를 내던졌다.

히틀러의 도박이 성공할 수 있었던 가장 큰 비결은 그의 공작이 그만큼 교묘했거나 독일군이 잘해서가 아니라 프랑스인들이 지레 오판한 덕분이었다. 프랑스군 총사령관 모리스 가믈랭Maurice Gamelin 원수는 독일군의 전력을 터무니없이 과장했다. 그는 제대로 알아보지도 않고 자신의 선입관만으로 라인란트에 들어온 독일군이 30만 명이 넘는다고 주장하여 정치인들을 겁주었다. 무려 100배나 과장한 것이었다. 훗날 뉘른베르크 수용소에서 독일의 전설적인 기갑 부대 총감 하인츠 구데리안Heinz Guderian 장군은 자신의 조사를 맡은 프랑스인 심문관을 향해 〈당신네가 1936년에 라인란트에서 개입했다면 우리는 패배하고 히틀러는 몰락했을 것이오〉라고 털어놓았다. 히틀러에게 최고의 공신은 다른 누구도 아닌 적장 가믈랭이었다.

더욱이 이 단막극은 히틀러가 라인란트라는 한 뼘의 땅을 되찾았다는 사실만이 전부가 아니었다. 지난 15년 동안 베르사유 체제가 지탱해 오던 평화의 시대가 끝나고 새로운 전쟁으로 향하는 신호탄이기도 했다. 독일군을 앞에 두고 총 한 발 쏘지 못했던 프랑스의 위신은 완전히 실추되었다. 유럽 약소국들은 그동안 유럽 질서의 수호자라며 으스대던 프랑스가 실속 없는 쭉정이였다면서 줄줄이 떨어져 나갔다. 벨기에는 중립으로 돌아섰고, 폴란드와 발칸 국가들은 독일에 접근했다. 무솔리니 또한 프랑스인들은 믿을 만한 상대가 못 된다고 여기고 히틀러를 새로운 파트너로 삼기로 했다. 심지어 스탈린조차 소련이 살아남을 길은 프랑스가 아니라 독일과 손잡는 거라고 결론 내렸다. 수백만 명의 희생으로 얻어 낸 평화가 하루아침에 무의미해졌다.

한편, 황제가 직접 전선에 나왔다는 소식이 알려지면서 에티오피아군의 사기가 올랐다. 각지에 흩어졌던 패잔병들이 속속 황제 주변에 모여들었다. 그중에는 라스 카사와 라스 세윰도 있었다. 라스 임루 역시 몇 안 되는 부하들과 함께 이탈리아군의 추격을 피해 코렘으로 오는 중이었다. 또한 전 내무 장관이자 에티오피아 남서부 카파Kaffa의 군주인 라스 게타체우 아바테Ras Getachew Abate가 자신의 군대를 이끌고 합류했다. 에티오피아군 최정예를 자랑하는 황제 친위대도 건재했다. 코렘에 집결한 에티오피아군은 3만 명이 넘었다. 황제에게 남은 마지막 전력이었다. 그동안 황제에 맞서 이탈리아인들에게 부역했던 오모로족 기병들도 가세했다. 황제가 이들에게 많은 뇌물을 준 덕분이었다. 아직 전쟁에서 진 것은 아니었다. 한두 달만 더 버티면 장마가 시작될 것이고, 빈약한 도로는 홍수와 진흙으로 뒤덮여 이탈리아군의 전진을 가로막게 될 것이었다. 무솔리니는 급변하는 유럽 정세에 눈을 돌리기 위해 에티오피아에서 손을 떼야 할지도 몰랐다. 시간은 무솔리니가 아니라 황제의 편이었다.

하지만 자신감을 회복한 황제는 그동안 장군들에게 강조했던 충고를 스스로 무시함으로써 치명적인 실수를 저질렀다. 게릴라전에 의한 장기 항전 대신 정면 공격에 나서겠다는 것이었다. 이탈리아군이 본격적인 진군에 나서기 전에 기습에 나선다면 승리를 거둘 수 있다는 것이 그의 판단이었다. 목표는 코렘 북쪽 30km 떨어진 마이체우Maychew에 주둔한 이탈리아 제1군단이었다. 전직 제정 러시아군 대령이자 라스 카사의 고문이었던 페오도르 코노발로프Feodor Konovalov는 이탈리아군 진지를 정찰한 뒤 방어 태세가 형편없다고 보고했다. 황제는 선제공격을 결심했지만, 승산이 있다고 말하기는 어려웠다. 물루게타가 이끌던 중앙군에 비해 절반도 되지 않는 데다 친위대를 제외한 나머지는 신병과 패잔병 무리였다. 중화기는 75mm 대포 20문과 81mm 박격포 6문이 전부였고 공중을 엄호할 항공 전력도 없었다.

하물며 수적으로 훨씬 우세하고 중포와 폭격기의 엄호를 받으며 독가스 무기까지 사용하는 이탈리아군을 정면에서 공격한다는 것은 어떻게 보더라도 집단 자살이었다. 하지만 그에게는 다른 선택지가 없었다. 군대의 사기는 땅에 떨어져 있었고 병참 문제에 허덕였다. 게다가 황제가 수도를 비워 둔 사이, 언제 귀족들의 반란이 일어날지 모르는 판국이었다. 이탈리아군의 잔혹한 파괴에 지치고 좌절한 에티오피아인들은 한계에 직면해 있었다. 바돌리오는 참모들에게 의기양양하게 말했다. 〈황제는 세 가지 선택을 할 수 있다. 선제공격하여 패배하든가, 아니면 우리의 공격을 기다리다가 역시 패배하는 것이다. 또는 후퇴하는 방법이다. 물론 식량과 군수품을 위한 적절한 수송 수단과 병참 조직이 없는 군대로서는 비참한 말로가 되겠지만 말이다.〉

황제는 아디스아바바의 황후에게 보내는 무선에 신이 자신들을 구원할 것이라고 말했다. 하지만 그 무선은 이탈리아군에 감청되어 바돌리오의 손에 넘어갔다. 게다가 황제는 처음에 3월 24일에 공격에 나서기로 했지만, 준비가 부족하다는 이유로 일주일을 늦추었고 연회와 기도로 귀중한 시간을 허비했다. 최악의 실수였다. 바돌리오는 일단 진군을 중지하고 방어 태세를 강화했다. 황제가 공격하기를 기다렸다가 한꺼번에 쓸어버릴 참이었다. 3월 31일 새벽 5시, 에티오피아군 최후의 반격이 될 전투가 시작되었다. 아직 짙은 어둠이 깔려 있는 하늘 저 너머로 어스름하게 밝아 오는 와중에 이탈리아군 진지에 에티오피아군의 포격이 쏟아졌다.

황제가 직접 지켜보는 가운데, 라스 세윰이 이끄는 9,000여 명의 에티오피아군은 3로로 나뉘어 이탈리아 제5산악사단을 공격했다. 이탈리아군으로서는 충분히 예상했던 일이기에 맹렬하게 사격을 퍼부으며 저지에 나섰지만, 에티오피아군의 기세는 만만치 않았다. 에티오피아 병사들은 〈메켈레!〉, 〈알라기!〉라고 함성을 지르며 죽음을 각오하고 덤벼들었다. 둘 다 40년 전 에티오피아군이 이탈리아군에 영웅적인 승리를 거둔 곳이었다. 그러나 에티오피아군은 이탈리아군의 방어선을 돌파하기에는 역부족이었다. 지난 일주일 동안 이탈리아군이 진지를 보강하고 강력한 화력을 배치했기 때문이었다. 에티오피아군은 무수한 시체를 남기고 물러나야 했다.

이탈리아군 좌익을 맡은 에리트레아 제2사단은 라스 카사가 지휘하는 1만 5,000명의 맹공을 받았다. 많은 희생에도 불구하고 쓰나미처럼 밀고 들어오는 에티오피아군의 공격에 에리트레아 병사들은 조금씩 밀려나기 시작했다. 하지만 아침 8시, 이들의 머리 위로 요란한 엔진 소리가 빠르게 다가오고 있다는 사실을 깨달았다. 날이 새면서 출격한 이탈리아 폭격기 편대였다. 황제는 급히 대공포를 배치했지만, 이탈리아 폭격기들이 떨어뜨리는 소이탄과 독가스 폭탄의 공격을 막을 수는 없었다. 이탈리아군의 폭격은 에티오피아군에 엄청난 손실을 입혔다.

이제 황제는 최후의 수단을 쓰기로 했다. 자신이 자랑하는 친위대였다. 라스 게타체우 아바테의 지휘 아래 친위대가 에리트레아 제2사단을 향해 진군을 시작했다. 이들은 확실히 여느 에티오피아 전사들과는 달랐다. 서구식 군사 전문가들에 의해 고도로 훈련받았으며 뛰어난 규율과 현대적인 무기로 무장했다. 친위대는 에리트레아군 1개 대대를 단숨에 괴멸시키고 이탈리아군 측면을 위협했다. 그러나 이들 역시 이탈리아군의 압도적인 화력과 폭격 앞에서는 무력했다. 오후 4시, 가랑비가 쏟아지는 가운데 최후의 공격이 시도되었지만 무의미한 발버둥이었다. 에티오피아군은 만신창이였다. 지휘관 태반이 죽거나 다쳤다. 너무 많은 희생을 치른 데다 살아남은 자들도 완전히 지쳐 있었다. 황제는 패배를 인정하지 않을 수 없었다.

이날 만 하루에 걸쳐 벌어진 싸움에서 이탈리아군은 1,300여 명을 잃었고 에티오피아군은 1만 1,000여 명을 잃었다. 황제는 황후에게 보내는 전보에 이렇게 썼다. 〈아침 5시부터 저녁 7시까지 우리 군대는 쉬지 않고 적의 견고한 진지를 공격했소. (중략) 비록 우리는 크나큰 손실을 입었지만, 적군도 마찬가지로 다쳤소. 친위대는 용맹스럽게 싸웠고 모든 면에서 찬사를 받을 만했소. 암하라 병사들 역시 최선을 다했소. 비록 아군은 서구식 싸움에 충분히 적응하지 못했지만 이날 하루 동안은 이탈리아군에 견줄 만했소.〉 어둠이 오자 퇴각 명령이 내려졌다. 이

프랑스제 호치키스 M1914 기관총으로 대공 사격하는 에티오피아 병사들. 에티오피아에서 이탈리아 공군이 정확히 몇 대의 비행기를 잃었는지는 알려져 있지 않다.

탈리아군은 즉각 추격에 나서지 않았다. 이탈리아군 역시 지친 데다 탄약이 바닥났기 때문이었다.

양쪽 모두 전에 없는 혈전이었다. 황제는 2만 명의 잔존 병력을 이끌고 후퇴에 나섰다. 처음에는 황제의 독려 아래 질서 정연하게 행군했지만 얼마 지나지 않아 사방으로 흩어지기 시작했다. 이탈리아군의 폭격과 더불어 오모로족이 배신했기 때문이었다. 함께 싸우는 대가로 황제로부터 많은 은과 무기를 받았던 오모로족은 전투 내내 뒷줄에 서서 소리만 지를 뿐 아무것도 하지 않았다. 하지만 승패가 결정 나자 본색을 드러내어 패잔병 사냥에 나섰다. 에티오피아군의 머리 위로는 이탈리아군 폭격기들이 쉴 새 없이 날아왔다. 폭격에 시달린 패잔병 무리는 겁에 질린 오합지졸로 전락하여 각자 살길을 찾아 나섰다. 식량도 바닥났다.

그 와중에도 황제는 병사들을 버리고 먼저 아디스아바바로 향하는 대신 끝까지 고난을 함께했다. 하지만 그런 용기와 의지조차 독가스 앞에서는 무용지물이었다. 지치고 갈증과 굶주림에 시달리던 병사들은 4월 4일 코렘에서 멀지 않은 아샹기Ashangi 호수에 도착하자 환호성을 지르면서 물에 뛰어들었다. 하지만 호수는 이미 독가스로 오염되어 있었다. 수천 명이 고통스럽게 죽었다. 황제는 무력하고 절망적인 표정으로 호수 주변을 뒤덮은 시신들을 바라볼 수밖에 없었다. 그는 나중에 국제연맹 회의 연설에서 당시 광경을 이렇게 묘사했다.

……특수 분무기가 비행기에 달리면서 그들은 광대한 땅에 죽음의 비를 내릴 수 있게 되었습니다. 그로 인해 1936년 1월 말부터 병사들, 여성, 어린이, 소, 강, 호수와 목초지는 이 죽음의 비에 줄곧 오염되었습니다. 살아 있는 모든 생명을 조직적으로 살해하기 위하여, 식수와 목초지에 더욱 확실하게 독이

스며들 수 있도록 이탈리아 지휘부는 그들의 비행기들을 계속해서 보냈습니다. 그것이 그들의 주된 전쟁 방식이었습니다. (중략) 이 가공할 전술은 성공적이었습니다. 사람과 동물은 굴복했습니다. 비행기에서 뿌려진 죽음의 비는 그것에 접촉한 모든 것을 고통으로 비명 지르게 했습니다. 수만 명이 이탈리아인의 머스터드 가스에 의해 희생자가 되었습니다. 제가 제네바에 오기로 결심한 이유는 에티오피아인들이 강요당한 괴로움을 문명 세계에 고발하기 위함입니다.

바돌리오는 아디스아바바로 향하는 마지막 걸림돌을 제거했다. 이미 다 이겼다고 여긴 그는 최후의 승리에 앞서 무솔리니에게 아첨할 요량으로 새로운 아이디어를 짜냈다. 이른바 〈강철 의지의 행진March of the Iron Will〉이었다. 자신이 직접 전차와 차량화 부대로 구성된 현대적인 기계화 부대를 이끌고 아디스아바바까지 단숨에 진격하는 모습을 전 세계에 보여 주어 이탈리아군의 위상을 선전하겠다는 것이었다. 그는 병참 책임자였던 피덴치오 달로라Fidenzio Dall'Ora 장군에게 명령하여 임시 기계화 종대를 편성했다. 1만 6,000여 명의 병력을 수송하기 위해 1,800여 대에 이르는 차량이 동원되었고 수십 대의 탱켓과 포병이 뒤따랐다. 공중에서는 항공기의 엄호를 받았다. 소련을 제외하고 다른 열강들이 기껏해야 대대나 연대 규모의 기계화 부대를 실험적으로 운용하던 시절에 이탈리아군이 기계화 사단을 편성하여 실전에 투입했다는 사실은 사람들에게 놀라운 인상을 남겼다.

그러나 겉보기만 웅장할 뿐 실속 없는 바돌리오의 자기 과시였다. 어디까지나 수령에게 아첨하기 위해 즉흥적으로 조직했기에 몇 년 뒤 독일군이 보여 준 것과 같은 전격전과는 거리가 멀었다. 그렇다고 미래 전쟁에 대비하여 실험 부대로서의 귀중한 경험을 쌓기 위함도 아니었다. 기계화 부대라고 하지만 단순히 보병들을 트럭에 태운 것에 지나지 않았다. 차량은 에티오피아의 비포장된 산길에서는 오히려 방해꾼에 가까웠다. 극심한 교통 체증과 연료 보급의 어려움 때문에 행렬은 수시로 멈추었고 현대적인 기동전을 선보이는 일도 없었다. 더 이상 에티오피아군의 조직적인 저항이 거의 없었음에도 일일 진격 속도는 도보와 별 차이가 없는 20km 남짓에 지나지 않았다. 실제로 아디스아바바에 제일 먼저 도착한 쪽은 차량에 올라탄 이탈리아군 병사들이 아니라 〈뚜벅이〉 아스카리 병사들이었다. 심지어 트럭에는 사람만 타고 있는 것이 아니라 200마리에 달하는 말도 있었다. 아디스아바바에 입성할 때 바돌리오는 자신과 장군들이 차 대신 말로 입성하는 쪽이 영상에서 더 폼 날 거라고 여겼기 때문이었다. 결국 강철 의지의 행진이란 파시스트 선전 영상에만 존재하는 허상이었다. 열강 중에서 가장 먼저 전쟁에 뛰어든 이탈리아군이 어떻게 그토록 형편없는 삼류 군대로 전락했는지 보여 주는 셈이었다.

황제는 더 이상 이탈리아군의 전진을 막을 방법이 없음을 솔직히 인정했다. 독가스 앞에서 군대는 무너졌다. 국제 연맹은 무기력했고 영국과 프랑스는 무솔리니의 눈치만 보았다. 그렇다고 다른 나라들이 대신 나서 주지도 않았다. 그는 어쩌면 오스트리아를 놓고 무솔리니와 대립각을 세우고 있는 히틀러가 구원의 손길을 내밀지도 모른다고 예상했지만 헛된 기대였다. 지난 수천 년 동안 단 한 번도 외세에 지배당한 적이 없는 위대한 제국의 운명도 이제는 초읽기였다. 그렇다고 굴복할 생각은 없었다. 황제는 장군들에게 각자의 영지로 돌아가서 부족들을 규합하고 게릴라전을 벌일 것을 지시했다. 에티오피아 역사상 처음으로 봉건 군주와 귀족만의 싸움이 아니라 민중 전체가 참여하는 애국적 저항 운동의 시작이었다. 바돌리오는 새로운 전쟁에 직면했다. 그는 곳곳에서 매복 공격에 나서는 저항 세력을 소탕하기 위해 많은 병력을 후

방으로 빼내야 했고 아디스아바바를 점령한 후에도 끊임없이 괴롭힘을
당했다.

아디스아바바 함락

마이체우 전투에서 황제의 친위대마저 분쇄되면서 이제 아디스아바바
도 풍전등화였다. 이탈리아 폭격기들은 아디스아바바 상공으로 정기적
으로 날아와서 기관총 사격과 폭탄을 떨어뜨렸다. 북부의 주요 도시들
이 줄줄이 이탈리아군의 손에 넘어가는 동안, 남쪽에서도 이탈리아의
총공세가 시작되었다. 3개월 전 라스 데스타 담투가 이탈리아령 소말리
아로 진군하던 중 그라치아니의 반격으로 괴멸했지만, 그는 여세를 몰
아 전과를 확대하는 대신 전진을 중단하고 한동안 북부 전선의 상황을
지켜보았다. 병참 부담도 있지만 그보다 상관인 바돌리오의 견제 때문
이었다. 질투심 많은 바돌리오는 그라치아니를 공공연히 자신의 경쟁
자로 여기고 발목을 잡았다. 그동안 하릴없이 시간을 보내던 그라치아
니도 북부에서 승리 소식이 전해지자 더 늦기 전에 움직여야 할 때라고
판단했다. 그는 승리의 월계관을 바돌리오 혼자 차지하도록 내버려둘
생각이 없었다. 장군들의 파벌 싸움은 이탈리아군의 고질적인 문제이
기도 했다. 두 사람이 힘을 모아 남북에서 협공했다면 에티오피아군은
훨씬 빨리 궁지에 몰렸을 것이다.

　4월 30일, 황제는 소수의 수행원만 데리고 비참한 몰골로 아디스
아바바로 귀환했다. 수도는 이미 아수라장이었다. 상공에서는 이탈리
아 비행기들이 뿌리는 전단지가 쏟아졌다. 에티오피아인들의 항복을
권유하는 바돌리오의 서슬 퍼런 협박이 적혀 있었다. 〈우리는 평화와
문명을 가져왔다. (중략) 하지만 너희들이 우리가 가는 길을 파괴하거

나 우리 군대의 전진에 저항한다면 이탈리아군은 자비 없이 파괴하고 살해할 것이다. 비행기들은 하늘로부터 학살하고 살아 있는 모든 것을 쓸어버릴 것이다.〉 에티오피아인들이 제아무리 분노해도 아디스아바바를 지킬 수 있는 방법은 더 이상 남아 있지 않았다. 아디스아바바 북쪽 150km 떨어진 테르마베르Termaber에서는 민간인과 패잔병이 뒤섞인 소부대가 이탈리아군에 도전했다가 분쇄되었다.

황제는 아디스아바바를 버리고 남서쪽 350km 떨어진 산악 도시 고레Gore로 수도를 옮기기로 했다. 그는 잔여 병력을 수습하여 내륙 깊숙한 곳에서 최후의 항전을 벌일 참이었다. 하지만 이미 전의를 잃은 측근들은 해외로 탈출할 것을 권유했다. 황제가 시드니 바턴에게 영국령 수단을 통해 무기와 보급품을 수입하거나 최악의 경우 수단으로 탈출할 수 있는지를 물었을 때 돌아온 대답은 불가능이었다. 영국은 무솔리니의 비위를 거스르면서 에티오피아에 어떤 도움도 줄 생각이 없었다. 진퇴양난에 몰린 그는 고민 끝에 망명을 결심했다. 하지만 모든 사람이 황제에 동정적이지는 않았다. 젊은 공화주의 정치인이었던 테클레 월데 하와리앗Tekle Wolde Hawaryat은 황제더러 불명예스러운 항복이나 포로가 되는 대신 권총으로 자살하여 순교자가 되어야 한다고 주장했다. 일부 과격파 귀족들은 황제가 나라를 버리고 국외로 달아난다면 배신자로 간주하여 암살하겠다는 계획을 세우기도 했다.

5월 2일 새벽 4시, 그는 황실 가족들과 귀족들, 장군들과 함께 프랑스령 지부티로 향하는 기차에 올랐다. 은행 금고에 보관된 금괴도 함께 실렸다. 망명 정부의 자금으로 쓰기 위함이었다. 아디스아바바는 비무장 도시로 선언되었다. 황제는 시장에게 이탈리아군이 올 때까지 도시의 치안을 유지하라고 명령했지만 소용없었다. 기차가 떠나자마자 도시 전역에서 폭동이 일어났다. 궁전은 폭도들에게 짓밟혔다. 황제 일행이 기차를 타고 지부티로 탈출하고 있다는 사실은 이탈리아군에 포착되었다. 무솔리니는 마음만 먹으면 비행기를 보내 기차를 폭격할 수도 있었다. 하지만 싸움에 지고 달아나는 에티오피아 황제 따위는 더 이상 알 바가 아니었다. 무솔리니의 유일한 관심사는 이탈리아 국민에게 전쟁에서 승리했음을 선언하는 것이었다.

덕분에 황제는 지부티에 무사히 도착했지만 그렇다고 위험이 사라졌다고 할 수는 없었다. 황제 일행이 수에즈를 건너 유럽에 오기를 원치 않았던 영국은 이들을 지부티에 묶어 두도록 프랑스에 압박을 가했지만 거절당했다. 물론 프랑스인들 역시 정치적 골칫거리가 될 것이 뻔한 에티오피아인들을 자신들이 굳이 떠안을 생각은 조금도 없었다. 비록 80여 명에 달하는 수행원 중 절반은 배에 오르는 것을 거부당해 그대로 남아야 했지만, 황제는 가족들과 함께 영국 해군이 제공한 경순양함 엔터프라이즈HMS Enterprise에 올랐다. 그는 팔레스타인으로 향했다. 제네바에서 열리는 국제 연맹 회의에 참석하기 전 예루살렘을 방문하기 위함이었다.

그때까지 에티오피아 남부 오가덴 지방에는 에티오피아의 마지막 군단이 버티고 있었다. 라스 나시부 지마누엘이 이끄는 하라르 세파리Harar Sefari 3만 명이었다. 황제보다 한 살 아래인 그는 서구식으로 교육받은 젊은 개혁파 귀족 중 한 사람이며 프랑스어와 이탈리아어에 능통했다. 수년 전에는 아디스아바바 시장을 지내면서 도시 근대화에 노력했다. 전쟁에 패배한 뒤 황제와 함께 망명하여 스위스 제네바에서 국제 연맹 에티오피아 대표단장으로 활동하면서 조국의 해방에 앞장섰지만 얼마 지나지 않아 독가스 중독의 후유증으로 사망한다. 그는 용맹스러운 전사였고 한 발짝도 물러설 생각이 없었다.

하지만 병사들은 사기가 땅에 떨어진 데다 무기와 탄약이 매우 부족했고 수적으로도 열세였다. 그 대신 아디스아바바와 소말리아를 연결하는 교통의 요충지인 데게하부르에는 에티오피아 유일의 현대적인 요새 지대가 있었다. 건설자는 오스만 제국군에서 제3군 사령관을 지낸 메흐메드 웨히브 파샤Mehmed Wehib Pasha 중장이었다. 그는 제1차 세계 대전 때 갈리폴리와 캅카스 전선에서 명성을 떨쳤지만 무스타파 케말과 사이가 나쁘다는 이유로 튀르키예 독립 전쟁에서 싸우는 대신 에티오피아로 망명하여 라스 나시부의 군사 고문이 되었다.

웨히브 파샤는 이탈리아군에 대비하여 남부 국경의 방어선을 정비했고 제1차 세계 대전 당시 독일군 서부 방어선의 이름을 따서 〈힌덴부르크 장벽Hindenburg Wall〉이라고 이름 붙였다. 라스 나시부는 이곳에서 최후의 싸움을 벌일 참이었다. 그러나 에티오피아판 마지노 라인이라기에는 빈약했다. 도시 외곽을 따라 참호 선이 20km에 걸쳐 지그재그로 펼쳐져 있을 뿐, 적을 막기 위한 중화기는 전혀 없었고 후방과 연결하는 무전기나 전화선도 없었으며 병사들을 위한 급수 시설도 없었다. 또 참호의 깊이가 얕아서 이탈리아군의 포격을 피하기 어려웠다. 아예 없는 것보다는 나을지 몰라도 〈페잔의 도살자〉의 무차별적인 폭격을 막기에는 역부족이었다.

4월 14일, 진군을 재개하라는 그라치아니의 명령이 떨어졌다. 리비아사단을 선봉으로 3만 8,000명에 달하는 이탈리아군이 3로로 나뉘어 진격을 시작했다. 장애물은 에티오피아군의 저항보다 폭우로 인해 진창길로 변한 빈약한 도로와 강물의 범람이었다. 이탈리아군이 진흙에 갇혀 허둥대자 나시부는 과감하게 반격에 나섰다. 에티오피아군은 동굴 속에 숨어서 지나가는 이탈리아군의 행렬을 기습하기를 반복했다. 그라치아니는 한동안 고전을 면치 못했다.

하지만 그것도 잠깐이었다. 이탈리아군은 경전차와 항공 부대의 엄호를 받으며 에티오피아군의 기습을 격퇴했고 화염 방사기와 수류탄으로 동굴을 제압해 나갔다. 열흘에 걸친 치열한 싸움 끝에 4월 25일 힌덴부르크 장벽은 돌파되었다. 닷새 후에는 데게하부르가 함락되었다.

라스 나시부는 괴멸을 면한 채 하라르로 후퇴했다. 에티오피아군의 사상자는 5,000여 명에 달했다. 하지만 그라치아니도 2,000여 명을 잃었다. 이탈리아군은 적지 않은 대가를 치렀지만, 에티오피아군의 마지막 방어선을 무너뜨렸다. 8개월에 걸친 전쟁도 이제는 막바지였다. 바돌리오와 그라치아니 두 사람의 관심사는 에티오피아군의 저항이 아니라 누가 먼저 아디스아바바를 차지하는가였다.

바돌리오와 그라치아니는 아디스아바바를 향해 경쟁적으로 내달렸다. 그러나 5월 4일 저녁, 폭동으로 반쯤 폐허가 된 수도의 교외에 가장 먼저 도착한 부대는 이들이 그토록 자랑하는 기계화 부대가 아니라 제1에리트레아여단의 아스카리 병사들이었다. 차량들은 연료가 바닥나면서 며칠 동안 발이 묶인 데다, 아디스아바바 북쪽 120km 떨어진 데브레 베르한Debre Berhan으로 이동하던 중 에티오피아군의 매복 공격으로 적지 않은 손실을 입었기 때문이었다. 다음 날 오후 4시에야 바돌리오가 지휘하는 이탈리아군은 아디스아바바에 입성했다. 탱킷 부대가 앞장섰고 그 뒤로 트럭들의 물결이 끝없이 이어졌다. 이탈리아군이 지나갈 때마다 에티오피아인들은 손을 들어 파시스트식으로 경례해야 했다. 바돌리오는 차에서 내려 준비한 말에 오른 후 위풍당당하게 시가지를 가로질렀다. 그리고 이탈리아 공사관에 입성하여 군악대의 연주와 함께 삼색기가 게양되는 모습을 지켜보았다. 병사들은 〈비바 두체!〉라고 외쳤다.

같은 시간 로마도 환희에 빠져 있었다. 무솔리니는 베네치아 궁전의 발코니에서 서서 열광하는 군중을 향해 〈나는 이탈리아 국민과 전 세계를 향해 전쟁이 끝났음을 선언한다〉라고 외쳤다. 사흘 뒤 그라치아니가 하라르에 입성했다. 에티오피아는 이탈리아령 동아프리카의 일부가 되었다. 무솔리니에게 승리를 안겨다 준 바돌리오는 에티오피아를 포함하여 광대한 동아프리카 전체의 총독으로 임명되었다. 면적은

172만 5,000km²에 달했다. 무솔리니가 〈이탈리아의 위대한 운명을 짊어지기에는 너무나 왜소하다〉라면서 공공연히 비웃었던 늙은 국왕 비토리오 에마누엘레 3세는 이제 이탈리아만이 아니라 에티오피아의 황제라는 새로운 칭호를 얻었다. 그는 앞으로도 실속 없는 칭호를 몇 개 더 얻게 될 것이었다. 무솔리니는 원하는 대로 정복자가 되었다. 그는 이때부터 자신을 로마 시절의 고귀한 의미가 담긴 〈두체Duce〉*라고 칭하기 시작했다. 하지만 승리는 카이사르처럼 뛰어난 전략과 유능한 장군, 우수한 군대 덕분이 아니라 국제법에서 금지한 독가스의 무차별적인 살포라는 훨씬 불명예스러운 수단 덕분이었다.

이탈리아군은 에티오피아군이 가지지 못한 전차와 중포, 폭격기라는 현대적인 무기를 가지고도 전쟁 내내 고전을 면치 못했을뿐더러, 에티오피아군의 거센 반격에 직면하기도 했다. 공식적으로 이탈리아군은 3,000여 명의 사상자를 냈다고 발표했지만 이탈리아 역사학자 알베르토 스바키Alberto Sbacchi는 이 수치가 터무니없이 축소되었으며 적어도 1만 명이 죽고 4만 4,000명이 다쳤다고 주장했다. 물론 정확한 숫자는 누구도 알 수 없다. 오늘날 우크라이나에서 푸틴이 그렇듯, 무솔리니 또한 국민에게 진실을 알리기를 원치 않았기 때문이었다. 사상자와 관련된 많은 자료가 파기되었고 전사자의 시신들은 이탈리아로 송환되지 않았다.

게다가 막대한 전비는 가뜩이나 빈약한 이탈리아 경제를 한층 압박했으며, 원래라면 군대의 현대화를 위해 쓰였을 돈을 낭비했다. 재무장관인 파올로 타온 디 레벨Paolo Ignazio Maria Thaon di Revel은 1935년 10월부터 1936년 5월까지 121억 리라에 달하는 전비를 썼다고 보고했다. 처음 예상을 한참 뛰어넘었을뿐더러 연간 총예산의 60퍼센트에 달하는 액수였다. 그 대가로 얻은 것이라고는 넓기만 할 뿐 대부분 쓸모없는

* 이탈리아어로 〈지도자〉 또는 〈수령〉이라는 뜻이다.

1936년 5월 5일 아디스아바바에 입성하는 이탈리아군 행렬. 실전에서 기계화 부대를 활용한 역사상 최초의 사단급 기동전이었지만, 선전 영상에 담기 위해 보병들을 트럭에 잠시 태웠을 뿐 진정한 이탈리아판 전격전과는 거리가 멀었다. 이탈리아군 최초의 기갑 사단인 제131기갑사단 〈켄타우로Centauro〉가 편성된 것은 3년이나 지난 뒤였다.

황무지와 1,000만 명이 넘는 세상에서 가장 가난한 농부, 그리고 커피를 자급할 수 있게 되었다는 사실이 전부였다. 게다가 이것은 단지 시작이었다. 앞으로 에티오피아인들의 저항을 억누르고 새로이 얻은 식민지를 유지하는 비용은 갈수록 눈덩이처럼 불어나면서 이탈리아를 완전히 거덜 내게 될 것이었다. 이탈리아인들은 에티오피아를 부지런히 뒤지면서 석유와 돈이 될 만한 천연 광물을 찾아내려고 애썼지만 아무런 소득도 없었다. 무솔리니는 로마 제국에 한 발짝 가까이 갔다고 우쭐했을지 몰라도 처음부터 시작하지 않았으면 차라리 좋았을 실익 없는 짓에 쓸데없이 힘을 뺀 셈이었다.

하지만 그의 야심이 국제 사회에 일으킨 파장은 작지 않았다. 에티오피아의 패망은 단순히 한 나라가 다른 나라에 정복당한 것이 전부가 아니었다. 〈모든 전쟁을 끝내기 위한 전쟁〉이라고 불렸던 제1차 세계 대전 이후 세계 평화를 유지해 왔던 베르사유 체제의 모순이 드러나면서 새로운 전쟁으로 향하는 길을 연 셈이었다. 마음만 먹으면 수에즈 운하를 봉쇄하여 무솔리니의 야심에 제동을 걸 수 있었던 영국 지도부는 에티오피아가 얻어맞는 내내 아무것도 하지 않다가 뒤늦게야 책임 소재를 놓고 자기들끼리 입씨름을 벌였다. 야당 정치인들은 볼드윈 내각을 향해 포문을 열었다. 애틀리의 뒤를 이어 노동당 당수가 된 휴 돌턴 Hugh Dalton은 아프리카에서 벌어진 일은 유럽에서 벌어질 것이며, 영국은 큰 대가를 치르게 될 것이라고 경고했다.

그러나 언쟁만 있고 행동은 없었다. 6월 3일, 황제가 영국에 도착했을 때 그를 맞이하러 나온 영국 관료들은 한 사람도 없었다. 몇 달 후 〈세기의 로맨스〉로 스스로 왕위를 포기하는 에드워드 8세는 버킹엄 궁전에서 그를 영접하라는 이든의 조언을 무시했다. 영국인들이 보기에 나라를 잃고 도망쳐 온 에티오피아인들은 동정할 가치가 없었다. 강 건너 불구경하기는 프랑스나 미국도 마찬가지였다. 프랑스는 라인란트 점령 이후 눈앞의 위협으로 닥친 히틀러에 맞서느라 급급한 판국이었다. 루스벨트와 코델 헐Cordell Hull 국무 장관은 중립을 고수했고 무솔리니의 에티오피아 정복을 인정할 것이냐는 기자들의 질문에 대답하기를 거부했다. 미국 내 흑인들은 좌절한 반면, 이탈리아계 이민자들은 기쁨을 감추지 않았다. 뉴욕에서는 수천 명이 거리로 나와서 축제를 벌이고 〈로마의 독수리가 유다의 사자를 잡아먹었다〉라는 깃발을 흔들었다.

우리의 오늘, 여러분의 내일입니다

5월 2일 아디스아바바를 탈출하여 망명길에 나선 지 한 달 만인 6월 3일 황제가 탄 배는 영국에 당도했다. 그는 기독교의 성지인 예루살렘을 찾아 조국을 위한 기도를 올린 다음, 영국령 지브롤터를 거쳐 영국에 도착해서 망명했다. 하지만 무솔리니의 심기를 건드리고 싶지 않았던 영국인들에게는 반갑지 않은 불청객일 뿐이었다. 황제 일행은 지부티를 떠날 때는 영국 해군이 제공한 군함을 탈 수 있었지만 영국에 올 때는 일반 여객선을 이용해야 했다. 그가 탄 배가 영국 남부의 항구 도시 사우샘프턴Southampton에 입항하자 국제 연맹 관계자와 지지자가 마중을 나왔다. 하지만 영국 정부 관료는 한 사람도 없었다. 일국의 국가원수가 아니라 일개 망명자로 취급하겠다는 의미였다. 나중에 히틀러의 열렬한 숭배자였음이 밝혀지면서 영국의 위신을 실추시키는 국왕 에드워드 8세는 에티오피아 군주를 만나기를 끝까지 거부하고 그 역할을 존재감 없는 동생 요크 공Duke of York에게 억지로 떠넘겼다. 에티오피아인들로서는 나라 잃은 설움을 톡톡히 당하는 셈이지만, 불과 몇 달 뒤 그 동생이 조지 6세로 영국의 새로운 국왕이 된다는 점에서 아이러니였다. 두 살 아래의 미국인 이혼녀 월리스 심프슨Wallis Simpson 부인과 사랑에 빠진 에드워드 8세가 평민과의 결혼을 금지한 왕실 규정을 깨고 그녀와 결혼하기 위해 왕위를 포기했기 때문이었다. 즉위한 지 11개월 만이었다.

　망명 정부의 수장으로서 황제의 첫 번째 역할은 스위스 제네바에서 열리는 국제 연맹 회의에 참석하는 일이었다. 국제 연맹이 그의 연설을 허락했다는 사실을 안 무솔리니는 즉각 이탈리아 대표단을 국제 연맹에서 철수시켜 자신의 불편한 심기를 드러냈다. 무솔리니의 압박을 받은 스위스 정부 역시 황제가 회의에 참석하지 못하도록 온갖 훼방을 놓았다. 망국의 황제가 회의에서 연설할 자격이 있는지를 놓고 오랜 논란 끝에 회의가 열리기 직전에야 국제 연맹의 체면을 고려하여 입국이 허용되었다. 하지만 제네바에서 멀지 않은 브베Vevey에 황제의 개인 별장이 있었음에도 스위스 정부의 압박으로 황제는 제네바의 호텔에서 머물러야 했다.

　6월 30일 회의가 열렸을 때 황제는 또 한 번 굴욕을 당해야 했다. 그의 연설에 앞서 이탈리아의 에티오피아 정복을 축하하는 무솔리니의 성명문이 낭독되었다. 에티오피아 정복이 문명화를 위한 신성한 사명이며, 에티오피아인들은 자신들의 권리를 보장받을 것이라는 내용이었다. 〈이탈리아는 자신이 무거운 책무를 맡은 에티오피아의 문명화에서 이룩한 업적을 국제 연맹에 알리는 일을 영광으로 여길 것입니다.〉 물론 이탈리아군의 전쟁 범죄에 대해서는 입도 뻥끗하지 않았다.

　뻔뻔하고 기만적인 성명문을 끝까지 들은 뒤에야 황제는 연설대로 나올 수 있었다. 준비한 원고를 읽으려는 순간, 방청객에서 휘파람과 욕설이 쏟아졌다. 무솔리니의 사위이자 이탈리아 외무 장관인 갈레아초 치아노Galeazzo Ciano에게 사주받은 이탈리아 기자들이었다. 그중에는 빈 주재 이탈리아 대사관 직원도 있었다. 참다못한 루마니아 대표 니콜라에 티툴레스쿠Nicolae Titulescu가 벌떡 일어나 소리쳤다. 〈저 야만인들을 문밖으로 쫓아내시오!〉 경찰이 끌어내는 동안 황제는 냉정을 잃지 않고 연설대 앞에서 침착하게 서 있었다.

소동이 진정되자 비로소 연설이 시작되었다. 당시 유럽 외교에서 공용어는 프랑스어였다. 몇 년 후 무솔리니에게 굴복을 강요받았던 그리스 지도자 이오아니스 메탁사스Ioánnis Metaxas가 흔히 알려진 것처럼 그리스어로 〈싫소Ochi!〉가 아니라 프랑스어로 〈그럼 전쟁이오Alors, c'est la guerre〉라고 대꾸한 것도 이 때문이었다. 황제 역시 많은 에티오피아 고위 귀족과 마찬가지로 서양식으로 교육받았고 프랑스어에도 능숙했다. 그러나 프랑스어 대신 자신들의 언어인 암하라어로 원고를 읽어 나갔다. 참석자들은 헤드셋을 통해 영어나 프랑스어로 통역된 말을 들었다. 황제는 이탈리아군이 에티오피아에서 어떤 일을 저질렀으며 국제 연맹이 약소국을 지켜 주기로 했던 약속을 헌신짝처럼 저버린 것에 대하여 호되게 질타했다. 연설을 마치고 마이크가 꺼지기 직전 그가 남긴 마지막 한마디는 듣고 있던 모든 참석자의 양심을 후벼 팠다. 〈이것이 오늘의 우리이며 내일의 여러분이 될 것입니다It is us today. It will be you tomorrow.〉

훗날 20세기 최고의 명연설 중 하나로 손꼽히게 되지만, 당시 회의에 참석한 각국 외교관 중에서 그의 경고에 진지하게 귀 기울이는 사람은 한 명도 없었다. 인간적인 동정심은 몰라도 이들에게는 어차피 남의 일에 지나지 않았다. 하지만 비극이 결코 에티오피아만의 것이 아님을 절감한 사람도 있었다. 며칠 뒤 스페인 대표가 연설하는 동안* 오스트리아 출신 유대인이었던 슈테판 룩스Štefan Lux라는 체코슬로바키아 기자가 벌떡 일어나 사람들이 보는 앞에서 권총으로 자살했다. 그가 이런 극단적인 일을 벌인 것은 나치의 유대인 추방에 항의하기 위함이었다. 물론 이 사건 역시 누구의 관심도 얻지 못한 채 묻혔다. 2년 뒤 체코슬로바

---

* 이들 역시 히틀러와 무솔리니의 원조를 받는 파시스트 반란군에 의한 파괴적인 내전을 앞두고 있었다.

1936년 6월 30일 제네바의 국제 연맹 총회에서 연설하는 하일레 셀라시에 황제.
아프리카에서 유일한 국제 연맹 회원국이었던 에티오피아의 비참한 패망은 국제 연맹 그
자체의 몰락을 알리는 순간이었다. 이날 참석자들은 나중에 뼈저리게 깨닫게 될 것이었다.

키아는 영국과 프랑스의 묵인 아래 히틀러의 희생양이 되었다. 서구 열강의 지도자들은 제 발등에 불이 떨어진 뒤에야 이날 황제의 예언을 떠올리면서 드디어 자신들의 차례가 되었음을 깨닫게 되었다.

몇 년 전 만주 사변을 일으킨 일본은 서구 열강의 눈치를 보느라 만주국이라는 꼭두각시 정권이라도 세웠지만, 국제 연맹을 비웃고 있던 무솔리니는 그런 시늉조차 할 생각이 없었다. 그는 에티오피아인들을 완전히 굴복시키기를 원했다. 바돌리오는 아디스아바바의 모든 외교관에게 당장 떠날 것을 요구했다. 황제와 에티오피아 정부를 위해 일했거나 이탈리아에 비판적이었던 외국인들 역시 모조리 추방되었다. 아디스아바바를 점령한 이탈리아군은 온갖 행패를 부렸고 마음에 드는 에티오피아인 저택을 강제로 빼앗아 자신들이 차지했다. 로마에서는 에티오피아인들의 권리를 말살하는 새로운 인종법이 통과했다. 한 달 후에는 바돌리오를 대신하여 그라치아니가 새로운 총독이 되었다. 그라치아니는 리비아에서 그랬듯 여기서도 자비나 관용은 조금도 찾아볼 수 없었다. 조금만 혐의만 있어도 모조리 체포하고 처형했기에 〈에티오피아의 도살자Butcher of Ethiopia〉라는 새로운 별명을 얻었다. 그러나 무솔리니는 에티오피아인들의 투쟁 의지를 지나치게 과소평가했다. 아디스아바바 함락이 곧 전쟁의 끝을 의미하지는 않았다. 강경 일변도의 무단 통치는 저항의 불길을 더욱 타오르게 만들었다.

황제가 망명한 뒤에도 에티오피아에서는 총성이 멈추지 않았다. 이탈리아군은 에티오피아 일부를 점령했을 뿐이고 내륙의 산악 지대에는 수많은 에티오피아 병사가 항복을 거부한 채 끝까지 싸울 준비 중이었다. 비록 황제는 망명길에 나섰지만 자기만 살자며 나라와 국민을 버리고 달아나는 것과는 달랐다. 그는 언젠가 돌아올 날을 기약하면서 저항의 불씨를 남겨 두었다. 뎀베구이나 전투의 영웅이자 황제의 사촌인 라스 임루는 고레에서 임시 정부를 세우고 군대를 수습하여 아디스아바바 탈환을 준비하는 역할을 맡았다. 황제에게 명예로운 자살을 요구했던 테클레 월데 하와리앗도 에티오피아에 남아 저항군을 이끌었다. 황제의 사위인 라스 담투와 데자즈마흐 베예네 메리드Dejazmach Beyene Merid를 비롯하여 많은 황족과 귀족들 역시 도망치거나 새로운 지배자에게 굴복하여 부귀영화를 누리는 대신 목숨을 건 저항에 나섰다.

미국의 유명한 흑인 비행사이자 에티오피아 정부의 요청으로 의용 비행사로 복무했던 존 찰스 로빈슨John Charles Robinson은 아디스아바바를 탈출하여 미국으로 귀환한 후 기자들을 향해 이렇게 단언했다. 〈무솔리니의 골칫거리는 이제부터입니다. 에티오피아 서부, 특히 이탈리아군이 침입하는 데 몇 년은 걸릴 산악 지대에서는 게릴라전이 시작될 것입니다.〉 그의 말대로 에티오피아인들의 기나긴 투쟁은 이제 시작일 뿐이었다.

6월 26일, 아디스아바바 서쪽 250km 떨어진 네켐테Nekemte를 접수하기 위해 비행기에서 내리는 이탈리아 장교들이 에티오피아군의 기습을 받아 12명이 죽었다. 그중에는 그라치아니의 공군 부사령관으로서 무차별적인 독가스 폭격으로 악명을 떨쳤던 빈첸초 말리오코Vincenzo Magliocco 준장도 있었다. 그라치아니는 즉각 보복하여 네켐테를 폐허로 만들었다. 7월 2일에는 아디스아바바 남동쪽 30km 떨어진 비쇼프투Bishoftu에서 3,000여 명에 달하는 에티오피아군이 이탈리아군 전초 기지를 급습하여 이탈리아군을 몰살시켰다. 이들은 다음 날 아디스아바바에서 지부티로 향하던 이탈리아군 열차를 공격했다. 이탈리아군은 에티오피아군을 간신히 격퇴했지만 싸움을 목격한 한 영국 장교는 겁에 질린 이탈리아 병사들이 구석에 숨어 눈물을 흘리고 있었다고 술회했다. 철도와 전신, 교량은 에티오피아인들에 의해 수시로 파괴되었다. 이탈리아인들에게 기차 여행은 매우 위험한 일이었다. 에티오피아 저항군 병사들은 자신들을 〈아르베그노흐Arbegnoch〉, 즉 애국자라고 불렀

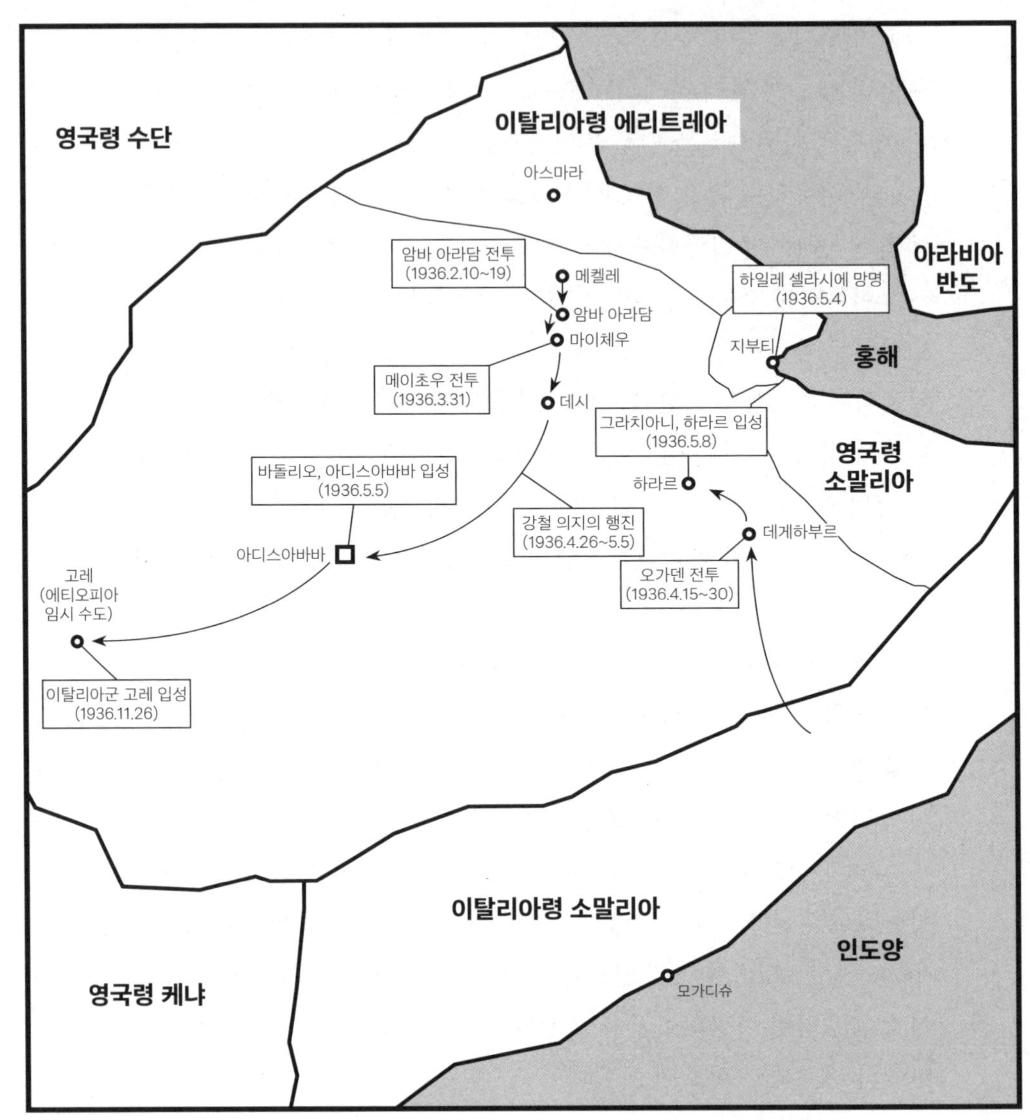

1936년 1월부터 12월까지 이탈리아군의 진격과 주요 전투.

다. 사회적으로 천대받았던 여성들도 식량과 물자를 수송하거나 정보를 제공하고 직접 총을 들어 이탈리아군에 맞서 싸웠다.

7월 27일 새벽, 라스 카사의 세 아들은 1만여 명의 병력으로 아디스아바바 탈환에 나섰다. 이들은 한때 그라치아니의 사령부 근처까지 진격하여 그라치아니를 당혹시켰지만 이탈리아군의 증원 부대가 도착하자 많은 손실을 입은 채 물러나야 했다. 포로가 되거나 항복한 에티오피아인들은 그 자리에서 처형되었다. 한 달 뒤 일흔세 살의 노장 발차 사포Balcha Safo가 이끄는 에티오피아군이 또다시 수도 탈환에 나섰다. 40년 전 아두와 전투에서 용맹스럽게 싸웠던 그였지만 이번에는 이탈리아군을 이길 수 없었다. 그의 군대는 괴멸했다. 패잔병과 함께 후퇴하던 중 이탈리아군의 추격을 당했고 항복을 권고받았지만 거부한 채 끝까지 싸우다가 전사했다.

9월이 되고 장마가 끝나자 이탈리아군의 진격이 재개되었다. 기독교 국가인 에티오피아에서 오랫동안 탄압받았던 무슬림 부족들도 이탈리아인들과 함께 에티오피아군 잔당 사냥에 나섰다. 10월 24일 네켐테가 함락되었다. 11월 26일 에리트레아 제1여단이 에티오피아의 임시 수도였던 고레에 입성했다. 라스 임루는 수단 국경으로 후퇴했지만 휘하 군대는 대부분 피란민 무리였고 싸울 수 있는 병사는 극소수였다. 게다가 무기와 탄약도 바닥났으며 굶주림과 말라리아가 만연했다. 이탈리아군은 당장 항복하지 않으면 독가스로 몰살시키겠다고 그를 협박했다. 12월 17일, 라스 임루는 항복했다. 그는 이탈리아가 패망하는 1943년까지 이탈리아 남부 폰차Ponza섬의 수용소에 수감되어 기나긴 포로 생활을 보내야 했다.

라스 데스타 담투와 베예네 메리드는 카를로 겔로소Carlo Geloso 장군이 이끄는 이탈리아군의 추격을 피해 남쪽으로 후퇴하다가 1937년 2월 19일 고게티Gogetti에서 이탈리아군에 포위되었다. 두 사람은 탈출하던 중 이탈리아군에 발각되어 처형되었다. 황제에게 저항 운동은 개인적인 비극이기도 했다. 에티오피아에 남은 황실 가족들은 모조리 이탈리아로 끌려갔고 장녀인 로마네워크Romanework 공주는 포로 생활 중 폐렴으로 사망했다. 고게티 전투를 끝으로 에티오피아 저항군 지도자들은 대부분 이탈리아군에 붙들리거나 투항하자마자 즉결 처형되면서 에티오피아군의 잔여 세력들은 거의 진압된 것처럼 보였다.

하지만 그라치아니가 안심하기에는 아직 일렀다. 이날 아디스아바바에서는 그의 암살 음모가 있었다. 움베르토 왕세자의 장남 나폴리 왕자의 탄생을 기념하는 행사가 열리고, 그라치아니가 연설할 때 여러 발의 수류탄이 폭발했다. 그라치아니를 비롯하여 주변에 있던 다수의 이탈리아인 고관이 부상을 입었다. 이탈리아 동아프리카 공군 사령관이었던 아우렐리오 리오타Aurelio Liotta 장군은 한쪽 다리를 잃었다. 범인은 이탈리아인들의 차별에 분노한 에리트레아 출신 청년 두 사람이었다. 이들은 재빨리 빠져나갔지만 거의 죽다 살아난 그라치아니의 분노는 애꿎은 아디스아바바 주민들에게 고스란히 향했다. 특히 현지 파시스트당 서기였던 귀도 코르테세Guido Cortese는 총독에 대한 충성심을 보여 줄 때라며 부하들에게 원하는 대로 살육을 저지르라고 부추겼다. 피에 굶주린 이탈리아인들에 의해 에티오피아 역사상 최악의 테러가 사흘에 걸쳐 자행되었다. 에티오피아 고위 귀족과 성직자, 지식인을 포함하여 3만 명에 달하는 사람들이 살육되었다. 아디스아바바만이 아니라 에티오피아 전역에서 수천 명이 처형되거나 추방되었다. 심지어 조국을 배신하고 그라치아니에게 협력을 아끼지 않았던 에티오피아인 귀족들조차 예외가 아니었다. 단순한 감정적인 보복이라기보다 이참에 이탈리아의 지배에 걸림돌이 될 수 있는 에티오피아 지배 계층을 완전히 뿌리 뽑겠다는 의도였다.

이탈리아의 압제는 1937년 12월 그라치아니를 대신하여 국왕의 사촌이자 개방적이고 온화한 성격의 아오스타 공작Duke of Aosta이 새로운 총독이 된 뒤에야 어느 정도 완화되었다. 그는 에티오피아의 민심을 수습하는 데 노력했다. 하지만 반란은 쉽사리 잦아들지 않았다. 에티오피아군은 사실상 괴멸했지만, 에티오피아 전역에서 저항의 불길이 끊임없이 치솟았다. 에티오피아인들은 게릴라전으로 이탈리아군과 이탈리아인 정착촌을 습격했다. 피해가 날로 늘어나는 데 당황한 무솔리니는 자신의 선전 매체에 에티오피아의 상황을 보도하지 말라고 명령했을 정도였다. 그 와중에 자신의 욕심을 주체하지 못한 나머지, 그는 더 큰 모험을 벌이기로 했다. 독일 전격전 앞에서 영불 연합군이 궁지에 내몰리자 히틀러의 승리에 숟가락을 얹을 요량으로 영국과 프랑스에 선전 포고한 것이었다. 스스로 파멸의 문을 연 셈이다.

두체, 영국령 동아프리카를 넘보다

국제 연맹 대표들을 향해 〈오늘은 우리이고 내일은 당신들 차례〉라고 했던 황제의 촌철살인 같은 경고는 오래지 않아 현실이 되었다. 제1차 세계 대전 이후 무기력증과 패배주의에 빠져 있던 영국과 프랑스는 탐욕스러운 침략자들을 달랠 요량으로 약소국들을 연달아 먹잇감으로 던져 주었다. 이들은 세계 평화를 지키기 위한 불가피한 희생이라고 변명했지만, 그 평화는 어디까지나 자신들을 위해 남을 희생시키는 것일 뿐이었다. 하지만 서구 지도자들의 오산은 굶주린 맹수의 탐욕에 끝이 없으며 제아무리 그 입에 먹이를 넣어 준들 배를 채우기는커녕 위장만 더 커진다는 사실이었다. 그리고 먹잇감이 다 떨어지면 사육사까지 잡아 먹게 될 것이었다.

에티오피아가 무솔리니에게 정복당한 지 한 달 후 스페인에서 좌파 정부와 우파 반군 사이에서 내전이 폭발했다. 오스트리아를 놓고 한동안 껄끄러웠던 히틀러와 무솔리니는 스페인 내전을 계기로 급격히 가까워졌다. 두 사람은 우호를 다지면서 잔혹한 프랑코 장군이 이끄는 우파 군대의 승리를 위해 아낌없이 도왔다. 1936년 10월 23일 베를린에서 이탈리아-독일 의정서Italo-German protocol가 체결되었다. 추축 동맹Axis powers의 결성이었다. 무솔리니의 양해를 얻는 데 성공한 히틀러는 더 이상 아무런 방해도 받지 않고 오스트리아를 손쉽게 집어삼켰다. 어떻게든 이탈리아를 반독 포위망의 한 축으로 잡아 둘 요량으로 에티오피아 정복을 묵인했던 서구 열강들로서는 위신은 위신대로 실추되고 무솔리니도 놓친 격이었다.

1937년 7월 7일에는 지구 반대편 극동에서 새로운 전쟁이 시작되었다. 중일 전쟁의 발발이었다. 국제 연맹으로서는 에티오피아 이후 또 한 번의 시험대였다. 일본 지도부는 중국을 거침없이 침략하면서도 혹시라도 서방이 끼어들지 않을까 눈치를 보았지만 종이호랑이라는 사실을 깨닫자 더는 야심을 숨기지 않기로 했다. 독일, 이탈리아와 손잡고 아시아 전체를 집어삼킬 속셈이었다. 반면, 서방으로서는 실패와 굴욕의 연속이었다. 뮌헨 회담에서 히틀러를 달래어 〈우리 시대의 평화〉를 지켰다고 믿었던 서방은 히틀러가 약속을 깨고 체코슬로바키아를 차지하자 비로소 자신들이 실수했음을 절감했다. 평화란 양보와 타협이 아니라 탐욕스러운 독재자가 전쟁으로 얻을 수 있는 것이 없다는 사실을 뼈저리게 깨닫게 했을 때 비로소 가능한 일이었다. 꼭 1년 뒤 독일군이 폴란드를 침공하자 이번에는 칼을 뽑아 들었다. 뮌헨 회담의 주인공이었던 체임벌린은 〈나는 여전히 히틀러가 1938년 9월에 버스를 놓쳤다는 생각에 변함이 없습니다〉라고 허세를 부렸다.

서방 지도자들은 큰소리쳤지만, 여전히 행동에 나설 용기는 없었다. 마지노 라인 뒤에 숨어 충분히 배를 채운 히틀러가 스스로 전쟁을 멈추고 협상장에 나오기만을 기다렸다. 그러나 기적은 없었다. 히틀러는 이들의 헛된 기대를 비웃기라도 하듯, 이번에는 칼끝을 돌려 프랑스를 침공했다. 싸움이 시작되기 전만 해도 그토록 자신만만하던 프랑스군 총사령관 모리스 가믈랭 원수는 독일군의 주력 부대가 아르덴을 넘어 무방비나 다름없는 프랑스군 후방으로 쇄도하자 싸울 의지를 잃었다. 프랑스는 6주 만에 항복했다. 그러면서도 패배의 책임을 마지막 순간에 자기들만 살자고 됭케르크에서 달아난 영국인들 탓으로 떠넘겼다. 중요한 사실은 이제 프랑스인들이 나치의 압제 아래에서 강제 수용소와 추방, 즉결 처형, 수탈, 굶주림에 이르기까지 그동안 에티오피아인들이 당했던 고통을 고스란히 경험할 차례였다는 점이었다.

히틀러가 서방을 그토록 쉽게 꺾을 것이라고 믿지 못한 사람 중에는 무솔리니도 있었다. 1년 전 독일과 이탈리아 사이에서 체결된 강철조약Pact of Steel 제3조에는 양국이 공동의 적과 함께 싸우기로 약속했지만, 막상 전쟁이 시작되자 그는 지레 겁을 먹고 강 건너 불구경했다. 기회를 보아 어부지리를 얻을 속셈이었다. 하지만 프랑스의 패망이 초읽기에 닥치자 뒤늦게 끼어들기로 결심했다. 무솔리니의 기습적인 선전포고에 기겁한 쪽은 프랑스군이 아니라 이탈리아군이었다. 바돌리오는 프랑스 침공을 명령받자 〈이건 자살행위입니다!〉라고 소리쳤다. 그는 공격에 나서려면 적어도 한 달이 필요하다고 주장했지만, 무솔리니는 막무가내였다. 육군 참모총장이었던 그라치아니 역시 겁에 질렸다. 이들은 저항할 수 없는 약자를 상대할 때만 흉폭했다. 무솔리니는 다 끝난 싸움이라 여겼기에 일단 발만 들여놓으면 다음은 자신의 세 치 혀와 특유의 허세를 이용하여 왕창 뜯어낼 속셈이었지만 일은 그렇게 돌아가지 않았다. 이탈리아군은 눈 덮인 알프스산맥에서 한 발짝도 전진할 수 없었다. 히틀러 역시 무솔리니가 분수 넘치는 과욕을 부리도록 허용하지 않았다. 무솔리니는 수천 명을 희생시킨 대가로 한 뼘의 땅을 얻는 데 만족해야 했다.

허세가 통하던 시절은 끝났다. 체임벌린을 대신하여 영국의 전시 지도자가 된 처칠은 타고난 싸움꾼이었다. 그는 볼드윈이나 체임벌린처럼 물렁하지 않았다. 무솔리니는 히틀러에 대한 분별없는 질투심에 사로잡혀 이탈리아를 국가적 자살이나 다름없는 새로운 전쟁에 몰아넣었다. 1940년 8월 사사건건 자신에게 반대하다가 사고로 죽은 이탈로 발보Italo Balbo 원수를 대신하여 그라치아니를 리비아 총독에 임명하고 영국령 이집트를 침공하라고 명령했다. 대경실색한 그라치아니가 영국군과 싸우는 일은 베두인족 게릴라들을 상대하는 것과는 차원이 다르다고 항변했지만 소용없었다. 그라치아니가 발보의 참모장이었던 주세페 텔레라Giuseppe Tellera 장군에게 전임자가 이집트 침공을 위해 어떤 계획을 수립했는지를 물었을 때 돌아온 대답은 〈아무 계획도 없습니다〉였다. 발보가 태만해서가 아니라 나름대로 여러 방안을 구상했음에도 이탈리아군에는 그것을 행동에 옮길 수 있는 현실적인 수단이 없었기 때문이었다.

무솔리니가 억지를 부리는 진짜 이유는 이탈리아군에 정말로 영국군을 이길 힘이 있다고 믿어서가 아니었다. 독일이 영국을 정복하기 전에 이집트에 발을 들여놓은 다음 영국과 담판을 벌여 한몫 뜯어내겠다는 속셈이었다. 그러나 독일 공군은 영국 본토 항공전에서 패배했다. 독일 해군은 영불 해협을 넘어 육군을 보낼 능력이 없었다. 그렇다고 히틀러가 영국을 기필코 정복하겠다고 전력으로 매달리는 것도 아니었다. 장기 집권과 정치적 무능함, 경제 불황으로 인기가 떨어지고 있던 무솔리니는 남의 승리에 편승하여 떡고물을 얻을 기회만 엿볼 뿐, 히틀러와 전략적 협의를 하거나 독일군의 사정이 어떠한지, 영국이 협상 테이블에 나올 가능성이 있는지, 하물며 이탈리아군이 싸울 준비가 되었는지 따위에는 아무런 관심도 없었다.

위대한 정복자가 되기를 꿈꾸면서도 카이사르, 나폴레옹과 같은 뛰어난 군사적 재능은커녕, 히틀러처럼 모든 사람의 허를 찌르는 직관력도, 스탈린처럼 목적을 위해서 수단과 방법을 가리지 않는 냉혹함도, 그렇다고 프랑코처럼 망상과 현실을 구분할 줄 아는 분별력도 없다는 점이 무솔리니의 한계였다. 경쟁자의 성공을 시기하면서도 비결을 알려 하지도 않았고 적의 약점을 연구하지도 않았으며 자신의 실패를 반성하지도 않았다. 전형적인 삼류 선동꾼일 뿐이었다. 헛된 욕심과 허영심이 자신의 보잘것없는 왕국마저 제 손으로 무너뜨리는 판국이었다.

그라치아니는 어떻게든 공격을 취소하려고 안간힘을 썼지만, 무솔리니의 끝없는 닦달 앞에서는 무용지물이었다. 9월 9일 이집트 침공 작전인 〈E 작전Operazione E〉이 발동했다. 하지만 준비 부족으로 이탈리아군이 실제로 움직인 것은 그로부터 나흘이나 지난 뒤였다. 침공 부대는 리비아 동부를 맡은 마리오 베르티Mario Berti 대장의 이탈리아 제10군 3개 군단 9개 사단 12만 명이었다. 안니발레 베르곤촐리Annibale Bergonzoli 중장의 제23군단을 선봉으로 이탈리아군은 해안선을 따라 이집트로 진군을 시작했다. 초기 공세는 꽤 성공적이었다. 이집트의 영국군은 3개 사단 3만 6,000명에 불과했다. 국경에 배치된 제7기갑사단은 후퇴했고 저항은 거의 없었다. 이탈리아 국민은 열광했다. 그라치아니조차 예상외의 전과에 고무된 나머지 본국에 〈영국인들은 자신들이 세상에서 가장 강한 식민지 군대를 상대하고 있으며, 이탈리아 병사들의 가치를 깨닫게 될 것〉이라고 허세가 잔뜩 들어간 보고서를 보냈을 정도였다.

그러나 불과 침공 사흘 만인 9월 16일, 보급 문제에 부딪히면서 전진은 멈추었다. 이탈리아군은 국경에서 겨우 95km 떨어진 시디바라니Sidi Barrani와 소파피Sofafi를 점령한 뒤 그대로 주저앉았다. 영국군은 수적으로는 훨씬 열세했지만 2개 기갑 여단을 비롯하여 모든 부대가 기계화되어 있었다. 반면, 발보가 신형 전차와 트럭을 최대한 확보하려고 그토록 노력했음에도 여전히 이탈리아군 대부분은 기동성이 결여한 데다 사막 적응 훈련도 받지 못했다. 심지어 현지 지도조차 부족하여 많은 부대가 이동 중에 길을 잃었다. 기계화 부대는 빠르게 진격했던 반면, 그렇지 못한 대다수 부대는 도보로 이동하면서 병력이 여기저기 흩어져 전선은 길게 늘어졌다. 이렇다 할 전투가 거의 없었음에도 그라치아니는 영국군이 측면을 습격할지 모른다며 잔뜩 겁을 먹은 나머지, 시디바라니에서 방어선을 구축하고 더는 한 발짝도 나가려고 하지 않았다. 그렇다고 후퇴를 고려하거나 영국군의 반격에 대비하지도 않았고, 병사들의 전의를 높이려는 노력도 없었다. 한마디로 그는 사막에 눌러앉아 아무것도 하지 않았다.

수령의 충동적인 결정으로 날벼락이 떨어진 쪽은 그라치아니만이 아니었다. 무솔리니가 영국에 선전 포고했다는 것은 이탈리아의 병참선 역할을 하던 수에즈 운하를 더는 사용할 수 없다는 얘기였다. 홍해가 봉쇄되면서 이탈리아령 동아프리카는 하루아침에 본토와 단절되었다. 게다가 프랑스령 지부티를 제외하고 사방이 영국의 세력권이었다. 무솔리니가 그토록 자랑하던 이탈리아 해군은 싸우기도 전에 영국에 대한 패배주의에 사로잡혔다. 영국 해군의 봉쇄를 뚫고 동아프리카에 병력을 보충하거나 물자를 보급할 의지도, 방법도 없었다.

수십 년 뒤의 베트남과 아프가니스탄에서처럼 에티오피아의 변경에서는 침략자의 지배에 맞서는 에티오피아인들의 끊임없는 도전이 이탈리아군을 수렁에 빠뜨렸다. 무솔리니의 권위는 수도 아디스아바바를 비롯한 에티오피아 일부에만 미쳤다. 동아프리카 총독으로서 198cm에 달하는 훤칠한 키와 수려한 외모, 영국식 예의를 자랑하는 아오스타 공작은 부유한 금수저 도련님들이 흔히 그러하듯 안락한 삶과 사치스러운 취미 활동에 관심이 있을 뿐, 위대한 정복자가 될 인물과는 거리가 멀었다. 에티오피아인들의 반란을 진압하기에도 급급한 판국에 영국을

1940년 9월, 이집트로 진군 중인 이탈리아군의 M-11/39 중형 전차. 이탈리아가 본격적인 기갑전을 상정하여 1939년에 개발한 첫 번째 전차였다. 그러나 1920년대에 나온 영국제 비커스 6T 경전차를 개량한 것이기에 등장 시점에서 이미 구식이었다. 전면 장갑은 30mm에 불과했고 37mm 주포는 차체에 고정되었다. 경쟁 국가들의 전차에 비하면 보잘것없었다. 따라서 반년 만에 생산 중지되고 좀 더 신형인 M-13/40 중형 전차로 대체되었다. 그사이 총 96대가 생산되어 그중 72대가 리비아에, 24대가 동아프리카에 보내졌다.

상대로 싸운다는 것은 감히 상상도 할 수 없는 얘기였다. 게다가 어린 시절 영국에서 교육 받고 수많은 영국인 지인이 있는 친영파였다.

동아프리카에 배치된 이탈리아군은 적어도 수적으로는 만만치 않았다. 주둔 병력은 37만 명에 달했고 중기관총 3,300여 문, 경기관총 5,300여 정, 야포 800여 문, M11/39 중형 전차 24대와 탱켓 39대, 장갑차 126대를 보유했다. 그러나 대부분 현지에서 모집한 식민지 군대였다. 정규 사단은 2개 사단에 불과했다. 무기는 구식이었으며 특히 대전차 무기가 매우 빈약했다. 치안 유지와 에티오피아인들의 반란 진압을 위한 군대였다. 탄약도 부족했다. 그러나 싸울 준비가 되어 있지 않기는 영국군도 마찬가지였다. 수단에 배치된 영국군은 8,500명에 불과했으며, 영국령 소말리아에는 1,700명이 전부였다. 게다가 히틀러의 본토 침공을 눈앞에 둔 영국으로서는 병력을 증원하기도 어려웠다. 아오스타에게 승산이 없다고만 할 수는 없었다.

무솔리니의 명령에 따라 아오스타가 움직인 것은 그라치아니보다 한발 앞선 7월 4일이었다. 이탈리아군 6,500여 명이 수단-에티오피아 국경의 작은 마을 갈라바트Gallabat에서 320여 명의 영국군 수비대를 몰아내고 마을을 점령했다. 같은 날 에리트레아에서도 이탈리아군 2개 여단이 M11/39 중형 전차 1개 중대를 앞세우고 서쪽으로 진격하여 국경에서 20km 떨어진 인구 2만 5,000명의 소도시이자 교통의 요충지인 카살라Kassala를 점령했다. 8월 4일에는 영국령 소말리아를 침공하여 8월 19일 베르베라Berbera에 입성했다. 중동군 사령관 아치볼드 퍼시벌 웨이벌Archibald Percival Wavell 장군은 처칠의 질책에도 불구하고 소말리아를 포기하고 모든 수비대를 홍해 너머의 아덴만으로 철수시켰다. 이탈리아로서는 개전 이래 가장 큰 승리를 거둔 셈이었지만 힘의 격차는 분명했다. 그 짧은 싸움에서 영국군의 손실은 300여 명에 불과했던 반면, 이탈리아군은 압도적인 수적 우위에도 불구하고 2,000여 명을 잃었다.

1940년 8월 동아프리카 이탈리아군 전투 서열

- **동아프리카 주둔 이탈리아군 총사령관: 아메데오 움베르토 디 사보이아 아오스타**Amedeo Umberto di Savoia-Aosta

- **북부 구역: 사령관 루이지 프루시**Luigi Frusci **중장**
  - 에리트레아 사령부: 제5식민지여단, 제8식민지여단, 제12식민지여단, 제2검은셔츠군단(4개 대대)
  - 암하라 사령부: 제3식민지여단, 제4식민지여단, 제19식민지여단, 제21식민지여단, 제22식민지여단, 제3검은셔츠군단(4개 대대), 제7검은셔츠군단(4개 대대)

- **남부 구역: 사령관 피에트로 가체라**Pietro Gazzera **대장**
  - 갈라 및 시다마 사령부(에티오피아 남서부): 제1식민지여단, 제9식민지여단, 제10식민지여단, 제18식민지여단, 제25식민지여단, 제6검은셔츠군단(2개 대대)

- **동부 구역: 사령관 굴리엘모 나시**Guglielmo Nasi **중장**
  - 하라르 사령부: 제13식민지여단, 제14식민지여단, 제15식민지여단, 제17식민지여단, 제4검은셔츠군단(4개 대대)
  - 세와 사령부: 제20식민지여단, 제23식민지여단, 제1검은셔츠군단(4개 대대)

- **주바 자치 구역**Autonomous Giuba Sector: **사령관 구스타보 페센티**Gustavo Pesenti **소장**
  - 제91식민지여단, 제92식민지여단, 제5검은셔츠군단(4개 대대)

- **예비대(아디스아바바)**
  - 제40보병사단, 제65보병사단, 제2식민지여단, 제6식민지여단, 제7식민지여단, 제11식민지여단, 제16식민지여단, 제41식민지여단, 제85식민지여단

아오스타는 그라치아니와 마찬가지로 승리의 여세를 몰아 영국군을 끝까지 추격하는 대신, 병참과 연료 부족을 핑계로 더는 전진하지 않았다. 처음부터 영국인들과 죽기로 싸울 의지도 없었을뿐더러, 자신의 군대가 어떤 처지인지 뻔히 아는 그로서는 무리한 싸움을 벌이느니 이쯤에서 멈추기로 했다. 무솔리니가 뭐라고 하건 자신은 일단 시늉은 했으니 할 만큼은 했다는 식이었다. 그러나 아오스타가 제아무리 싸울 의

지가 없다고 한들, 일단 칼을 휘두른 이상 영국인들이 가만히 있을 리는 없었다. 가을이 되자 히틀러는 지지부진한 영국 본토 항공전에서 흥미를 잃고 동쪽으로 눈을 돌렸다. 영국의 위기는 지나갔다. 다음은 무솔리니가 혼날 차례였다. 이집트와 수단에서 병력이 빠르게 증강되기 시작했다. 이제 반격을 시작할 때였다.

돌아온 유다의 사자

오늘은 우리 손으로 우리의 적을 패배시킨 날입니다. 따라서 우리는 마음으로 기쁨을 말하되, 그리스도의 정신 이외의 방법으로 기쁨을 드러내서는 안 됩니다. 악을 악으로 갚지 마십시오. 적이 늘 했던 대로, 심지어 마지막 순간까지 저질렀던 만행을 우리가 자행해서는 안 됩니다. 우리는 적에게 앙갚음하여 에티오피아의 명예를 훼손하지 않도록 조심해야 합니다. 우리는 적이 무장 해제되어 그들이 왔던 길로 송환되는 모습을 보게 될 것입니다.*

영국이 본토 항공전에 매달리는 동안 양면에서 이집트로 진격하여 아프리카의 노른자위인 수에즈 운하를 차지하겠다는 무솔리니의 헛된 야심은 시작하자마자 벽에 부딪힌 셈이었다. 처음부터 싸울 의욕이 없었던 그라치아니와 아오스타 공작은 국경의 작은 마을 몇 개를 점령한 후

* 1941년 5월 5일, 아디스아바바에서 행한 하일레 셀라시에 황제의 승리 연설. 오랜 망명을 끝내고 돌아온 그는 국민을 향해 패배자들에게 관용을 호소했다. 그렇다고 과거를 죄다 없었던 일인 양 덮겠다는 뜻이 아니라 전쟁 범죄를 저지른 책임자들에게 법에 따라 죄과를 정당하게 묻겠다는 것이었다. 전쟁을 핑계 삼아 무분별한 복수와 증오를 부추기고 추축국 이상으로 야만적인 만행을 저질렀던 스탈린이나 발칸의 공산주의자들과는 다른 모습이었다.

그대로 주저앉았다. 그나마 가장 큰 승리는 영국령 소말리아를 손에 넣은 것 정도였다. 그것도 웨이벌이 끝까지 싸우기보다 태세 정비를 위해 모든 병력을 재빨리 아덴만 너머로 철수시킨 덕분이었다. 무솔리니가 장군들의 반대를 무릅쓰고 공격을 명령한 이유는 웨이벌 장군 휘하의 영국군이 팔레스타인에서 훈련 중인 2만 7,500명의 신병을 포함하여 8만 6,000명에 불과했던 반면, 리비아와 동아프리카에 배치된 이탈리아군은 무려 60만 명에 달했기 때문이었다.

하지만 영국군 이상으로 싸울 준비가 되지 않은 쪽은 이탈리아군이었다. 수적 우세는 허상이었다. 이탈리아군은 병참 한계에 직면했고 영국군의 폭격에 밤낮으로 시달렸다. 동아프리카에 배치된 이탈리아 공군은 325대에 달하는 항공기를 보유했다. 조종사들 또한 경험이 훨씬 풍부했다. 하지만 비행기 태반이 연료와 부품 부족으로 가동 불능이었기에 한 줌에 불과한 영국 공군에도 밀리는 형국이었다. 에티오피아군과 싸울 때는 위기 때마다 독가스를 꺼냈던 무솔리니와 이탈리아 장군들도 감히 영국군을 상대로 그럴 배짱은 없었다.

이탈리아군은 공격에 나선 지 며칠 되지도 않아 방어로 전환했다. 하지만 공격하다가 도중에 멈추었으니 적진 한가운데에 돌출된 형국이었다. 영국군의 반격에 그대로 노출되었고 지킬 능력도 없었다. 그렇다면 차라리 점령지를 미련 없이 버리고 원래 위치로 돌아가는 쪽이 현명했을 것이다. 하지만 그동안 큰소리쳤던 체면 때문에 그럴 수도 없는 것이 무솔리니의 처지였다. 여차하면 히틀러가 어떻게든 해줄 거라는 식이었다. 게다가 해결책을 찾기는커녕 또다시 충동적인 사고를 쳤다. 그리스 침공이었다. 히틀러가 루마니아를 점령하자 자신을 무시했다고 여긴 무솔리니는 분노를 터뜨리면서 그리스를 침공할 것을 명령했다. 원래라면 이집트 침공에 투입될 예정이었던 병력과 물자가 알바니아로 향했다. 그러나 아무 준비도 없이 졸속으로 시작된 무솔리니의 모험은 그리스군의 매서운 반격에 직면하면서 더 큰 재앙을 초래했다.

무솔리니가 아프리카의 싸움을 내버려둔 채 엉뚱한 곳에서 힘을 빼는 동안, 영국군은 반격을 준비했다. 수단-에리트레아 방면에는 인도에서 출동한 제5인도사단이 배치되었다. 접경 지역에서는 〈기드온 부대Gideon Force〉라는 이름의 소규모 혼성 특수 부대가 이탈리아군을 상대로 게릴라전을 수행 중이었다. 그리고 이 부대를 지휘하는 사람이 서른일곱 살의 괴짜 소령이자 〈아라비아의 로런스〉와 더불어 영국 특수전 역사상 전설로 손꼽히는 오드 윈게이트Orde Wingate였다. 처칠만큼이나 고집불통에 비타협적이고 규율을 우습게 여기며 무례하면서 벌거벗고 다니기를 좋아한다는 이유로 상관들에게는 기피 대상이었지만 게릴라전에 있어서는 천재적인 재능을 가지고 있었다. 그는 팔레스타인에서 유대인 부대를 창설하고 유대인들에게 싸우는 방법을 가르쳤다. 나중에 유대인들은 월등히 우세한 아랍 군대를 격파하고 독립 전쟁에서 승리하여 이스라엘을 건국하게 된다. 이때 그에게 배운 제자 중에는 훗날 이스라엘군 총사령관이자 6일 전쟁의 전설적인 영웅이 되는 모세 다얀Moshe Dayan도 있었다.

한편 오랫동안 영국에서 기약 없는 망명 생활을 보내던 황제에게 무솔리니가 영국의 적이 된 것은 천재일우와 같은 소식이었다. 비로소 하일레 셀라시에 황제는 영국인들에게 유용한 존재가 되었다. 그렇게 되기까지는 숱한 좌절과 우여곡절이 있었다. 춥고 습하면서 하루 내내 해를 보기 어려운 영국의 기후는 에티오피아와는 전혀 달랐다. 전쟁터에서 이탈리아군의 폭격을 견뎌 낸 황제에게도 만만치 않았다. 영국에 적응할 수 없었던 황후는 팔레스타인으로 떠났다. 황제는 병과 기침에 시달리면서도 영국 정부와 끊임없이 접촉하며 도움을 호소했다.

1938년 5월 12일에는 국제 연맹 회의에 또 한 번 참석하기 위해 제네바를 방문했다. 그러나 영국의 새로운 외무 장관이자 체임벌린과 더

불어 뮌헨 회담의 또 다른 주역으로 이름을 남기는 에드워드 우드 핼리팩스 경Edward Frederick Lindley Wood, 1st Earl of Halifax은 황제에게 에티오피아는 이미 독립 국가로서 존재하지 않으며 이탈리아가 정복했다는 사실을 인정해야 한다고 매몰차게 말했다. 에티오피아인들이 여전히 저항하고 있다는 사실 따위는 중요하지 않았다. 이탈리아 선전 매체들은 황제가 아디스아바바를 탈출하면서 거액의 비자금을 빼돌렸다는 가짜 뉴스를 퍼뜨려 영국인들의 편견에 일조했다. 하지만 분수를 모르는 무솔리니의 욕심과 제2차 세계 대전의 발발은 황제와 에티오피아의 운명을 바꾸어 놓았다. 그는 더 이상 성가신 불청객이 아니라 영국군과 함께 무솔리니에게 맞서 싸우는 동맹국의 지도자가 되었다.

황제는 안전한 런던에 가만히 앉아서 다른 사람들의 손으로 에티오피아를 해방하는 모습을 수수방관할 생각이 없었다. 그는 즉시 영국을 떠나 수단으로 향했다. 하지만 여전히 모멸과 차별을 감수해야 했다. 영국은 에티오피아인들을 위해 이탈리아군과 싸우는 것도 아닐뿐더러, 에티오피아에서 이탈리아군을 쫓아낸다고 해서 반드시 에티오피아인들의 해방을 의미하지는 않았다. 이탈리아인들은 만약 하일레 셀라시에 황제가 아디스아바바로 복귀한다면 이탈리아를 위해 봉사했던 배신자들에게 피의 보복을 할 것이며, 그라치아니가 저지른 살육을 능가할 것이라고 악선전을 했다. 그러한 야만스러운 행위를 막기 위해서라도 이탈리아군을 몰아낸 뒤 에티오피아를 서둘러 황제에게 돌려주기보다는 적어도 한동안 자신들이 지배해야 한다는 것이 인종 차별적인 편견에 사로잡힌 영국인들의 사고방식이었다.

물론 진짜 이유는 따로 있었다. 이참에 이탈리아 대신 자신들이 에티오피아까지 포함하여 광대한 동아프리카 전체를 집어삼키겠다는 끝없는 탐욕이었다. 제1차 세계 대전 당시 팔레스타인 아랍인과 유대인에게 독립을 약속하고도 막상 전쟁에서 승리하자 그 약속을 헌신짝처럼 내버리고 자신들이 집어삼켰던 행태를 반복하겠다는 것이었다. 영국군은 에티오피아인들을 동맹군으로 인정하고 무장시키거나 군대로 조직하려고 애쓰지 않았다. 나중에 부메랑으로 돌아올 것이 뻔했기 때문이었다. 이런 방침에 강력하게 반발한 사람이 윈게이트였다. 광신적인 시오니스트였던 그는 수단의 수도 하르툼Khartoum에 도착하여 황제를 처음으로 만난 자리에서 정중히 인사하며 이렇게 말했다.

〈1935년에 국제 연맹의 52개국이 폐하와 폐하의 나라를 실망시킨 적이 있습니다. 그때의 침략이 이 전쟁을 초래했습니다. 그것을 제일 먼저 되갚겠습니다. 저는 폐하를 폐하의 조국과 옥좌에 되돌려 놓기 위한 군대의 조언자가 되기 위해 왔습니다. 우리는 폐하께 자유와 주권국의 동등한 지위를 제공할 것이며, 폐하께서 조국의 해방에 아무런 역할도 맡지 못하는 경우는 없을 것입니다. 폐하께서는 앞으로의 일을 이끌게 될 것입니다.〉

두 사람은 의기투합했고 윈게이트가 에티오피아를 떠나는 순간까지 깊은 우정을 나누었다. 물론 상관들은 에티오피아인들을 편들면서 사사건건 말을 듣지 않는 그를 탐탁잖게 여겼다. 덕분에 미운털이 단단히 박힌 윈게이트는 에티오피아에서의 싸움이 끝나자마자 진급이나 아무런 보상도 받지 못한 채 머나먼 영국령 버마*로 쫓겨나야 했다. 그곳에서도 일본군을 상대로 맹활약하여 공포의 대상이 되지만 극심한 우울증에 시달리다가 비행기 사고로 사망했다.

윈게이트의 기드온 부대는 1,700여 명 정도였다. 영국군 장교와 부사관이 70명, 현지에서 모집한 수단 식민지 병사가 800여 명, 에티오피아 의용병이 800여 명이었다. 그중에는 윈게이트가 팔레스타인에서 훈련한 하가나Haganah 소속 유대인 대원들도 있었다. 무기는 매우 빈약했고 중화기는 몇 문의 박격포가 전부였다. 에티오피아인 상당수는 군

* 지금의 미얀마이다.

1941년 4월 15일, 에티오피아 담바차 요새Dambacha Fort에서 대니얼 샌퍼드Daniel
Arthur Sandford 준장(왼쪽)과 하일레 셀라시에 황제(가운데), 오드 윈게이트 소령(오른쪽).
저 먼 곳에서 다른 꿍꿍이를 품고 있던 상관들은 황제의 존재를 눈엣가시로 여겼던 반면,
동고동락했던 영국군 지휘관들은 그의 인품과 매력을 높이 평가했다.

사 훈련을 받지 못했다. 열악한 조건이었지만 8월 초 윈게이트 부대는 국경을 넘어 에티오피아 북부로 침투했다.

황제는 국경에서 150km 떨어진 수단 동부의 작은 마을 엘가다리프El-Gadarif에 자리 잡고 에티오피아 국기를 내걸었다. 그 소식을 들은 수많은 에티오피아 난민이 주변으로 모여들었고 에티오피아에서는 반란의 불길이 한층 거세졌다. 11월 6일, 동아프리카에서 영국군의 첫 번째 반격이 있었다. 미래의 영국 원수이자 나중에 윈게이트와 더불어 버마 전선에서 명성을 떨치게 되는 윌리엄 슬림William Bill Slim 준장이 지휘하는 제10인도여단이 갈라바트 요새 탈환에 나섰다. 사흘에 걸친 일진일퇴의 전투 끝에 이탈리아군은 후퇴했다. 11월 10일, 영국군은 요새에 입성했다. 영국군의 손실은 전사자 42명, 부상자 125명에 불과했던 반면, 이탈리아군의 사상자는 세 배가 넘는 600여 명에 달했다. 영국군의 첫 승리였다. 시간이 갈수록 영국군은 빠르게 강해지는 반면, 아무것도 받을 수 없던 이탈리아군은 점점 피폐해졌다.

12월 9일, 이집트에서 컴퍼스 작전Operation Compass이 발동했다. 북아프리카에서 이탈리아군을 몰아내기 위한 웨이벌의 일대 반격이었다. 그라치아니는 무솔리니의 끝없는 닦달에 못 이겨 12월 6일부터 진격을 재개하기로 했다. 하지만 여전히 준비 부족을 핑계로 어영부영하는 사이 먼저 움직인 쪽은 영국군이었다. 하지만 이탈리아군이 반드시 불리하다고 할 수는 없었다. 이탈리아 제10군은 4개 군단 10개 사단 및 1개 기갑 여단 15만 명에 달한 반면, 영국군은 2개 사단(제7기갑사단, 제4인도사단) 3만 6,000명에 불과했다. 웨이벌조차 마치 무모한 도박을 벌이는 양 이집트 주둔 영국군 사령관 헨리 윌슨Henry Maitland Wilson 중장에게 〈나는 이번 작전에 큰 기대를 하지 않소〉라고 말했을 정도였다. 그는 이탈리아군을 서쪽으로 조금 밀어내도 큰 성공이라 여겼지만, 이탈리아군에 대한 터무니없는 과대평가였음이 드러났다.

제법 견고하게 보였던 이탈리아군의 방어선은 영국 공군의 폭격과 포격, 전차 부대 앞에서 모래성처럼 허물어졌다. 특히 대전차 무기가 빈약했던 이탈리아군 병사들은 전차 앞에서 속수무책이었다. 이탈리아군의 주력인 47mm 대전차포는 100m 거리에서도 관통력이 57mm에 불과했다. 장갑이 빈약한 장갑차나 구식 경전차라면 몰라도 전면 장갑이 78mm에 달하는 영국군의 신형 마틸다 II 중전차에는 흠집도 나지 않았다. 그라치아니의 유일한 여단급 기갑 부대인 말레티 분견대Maletti Group의 전차들이 영국군을 저지하기 위해 용감하게 앞으로 나아갔지만, 줄줄이 두들겨 맞으면서 전멸했다. 피에트로 말레티 준장도 전사했다.

1941년 1월 5일에는 국경 요새인 바르디아Bardia가 함락되고 베르곤촐리 중장을 비롯한 3만 6,000여 명이 포로가 되었다. 2월 7일에는 리비아 동부의 베다 폼Beda Fomm에서 정신없이 후퇴 중이던 이탈리아 제10군의 잔여 부대가 한발 먼저 온 영국군에 의해 퇴로가 차단되면서 포위 섬멸되었다. 제10군 사령관 주세페 텔레라 중장은 퇴로를 열기 위해 직접 M13/40 전차에 올라 진두에 나섰지만, 전차는 파괴되고 자신도 전사했다. 두 달 동안 영국군은 2개 사단 3만 명만으로 800km를 진격했으며 500여 명의 전사자를 포함해 불과 1,800여 명만을 잃었다. 반면, 이탈리아군은 제10군 전체가 괴멸하고 5,000명 이상이 전사하고, 13만 명이 포로가 되었으며 600대의 항공기, 400여 대의 전차를 잃었다. 영국군의 포위망에서 탈출한 병력은 1만 명도 채 되지 않았다. 트리폴리도 풍전등화였다. 비록 리비아 서부를 맡은 이탈리아 제5군은 건재했지만, 전력이 빈약한 이들이 영국군을 막을 가능성은 없었다.

완전히 쪽박을 찰 판이었던 그라치아니를 구한 것은 이탈리아군이 아니라 독일군이었다. 서부 전선에서 〈유령 사단〉을 지휘하여 명성을 떨쳤던 에르빈 로멜 중장이 독일 기갑 군단을 이끌고 트리폴리에 상륙했다. 그라치아니는 쫓겨났고 제5군 사령관 이탈로 가리볼디Italo Gariboldi 원수로 교체되었다. 하지만 북아프리카의 주인은 이미 이탈리아가 아니었다. 이제부터 영국군을 상대할 주역은 로멜이 이끄는 독일군이었다. 그라치아니와는 정반대로 역동적이고 자신감 넘치는 젊은 장군 로멜은 영국군을 겁내지 않았다. 그는 병력이 불충분하여 수비에 전념할 것이라는 영국군의 예상을 깨고 과감하게 반격했다. 로멜의 날카로운 공세는 그라치아니가 보여 준 모습과는 달랐다. 전세는 단숨에 역전되었다. 정신없이 얻어맞고 이집트를 향해 도주한 쪽은 영국군이었다. 앞으로 2년에 걸쳐 진행될 로멜 신화의 시작이었다.

아오스타의 운명은 훨씬 암울했다. 그에게는 구세주가 없었다. 제아무리 독일군이라도 수에즈 운하를 넘어 머나먼 동아프리카까지 군대를 보낼 수는 없기 때문이었다. 1941년 1월 말, 동아프리카에서 영국군의 반격이 시작되었다. 웨이벌은 먼저 아오스타를 속이기 위하여 기만정보를 퍼뜨렸다. 카밀라 작전Operation Camilla의 주된 내용은 영국군이 아라비아반도 남단의 아덴을 반격의 발판으로 삼아 영국령 소말리아부터 탈환한 다음 에티오피아 동쪽에서 진격한다는 것이었다. 실제로 영국령 소말리아의 상실은 웨이벌에게 가장 큰 오점으로 여겨졌고 처칠의 신뢰를 잃어 자리에서 쫓겨날 뻔했다. 웨이벌은 기만전술에 넘어간 이탈리아군이 영국령 소말리아 방어에 병력을 집중하는 동안 수단과 케냐 방면에서 남북으로 협공할 참이었다. 이집트에서 승리한 제4인도사단이 수단으로 증파되었고 케냐의 병력도 강화되었다.

아오스타도 영국군의 반격이 임박했다는 사실을 모를 리 없었다. 그의 군대는 본국과의 연결이 끊어지면서 고립된 신세였다. 게다가 북아프리카에서 들려오는 소식은 절망적이었다. 자부심 넘치는 이탈리아 왕실의 일원이자 우유부단하면서 사치스러운 취미를 즐기는 그로서는 여태껏 경험해 보지 못한 가혹한 시련이었다. 겁먹고 위축된 그는 영국군의 상륙에 대비하는 대신 그동안 차지한 모든 점령지를 포기할 것을 결정했다. 남부의 이탈리아령 소말리아 역시 소수의 수비대만 남기고 사실상 버려졌다. 에리트레아와 에티오피아 중북부 산악 지대에 병력 대부분을 집중하여 어떻게든 시간을 끌어 보겠다는 속셈이었다.

웨이벌은 원래 3월에 움직일 생각이었지만 뜻밖에도 이탈리아군이 싸우지도 않고 후퇴하자 공세를 앞당겼다. 1월 19일, 플랫 장군 휘하의 2개 인도사단이 마틸다 II 중전차를 앞세우고 에리트레아로 진격했다. 이탈리아군의 모습은 북아프리카에서와 다를 바 없었다. 이탈리아군 제41식민지여단은 무너졌고 여단장 우고 폰골리Ugo Fongoli 준장은 포로가 되었다. 아메데오 기예Amedeo Guillet 중위의 지휘 아래 식민지 병사들로 구성된 암하라 기병대가 영국군의 후방을 급습하여 잠시 시간을 벌기는 했지만, 이탈리아군은 곳곳에서 연전연패했다.

2월 1일, 제4인도사단은 이탈리아군 방어선을 무너뜨리고 아스마라 서쪽 110km 떨어진 교통의 요충지인 아고르다트Akordat를 점령했다. 남쪽에서는 제5인도사단이 이탈리아 제2식민지여단을 격파하고 2월 8일 바렌투Barentu를 점령했다. 아고르다트와 바렌투에서 영국군은 6,000여 명의 이탈리아군을 포로로 잡았고 대포 80문, 전차 26대, 차량 600대를 노획했다. 영국군의 진격이 워낙 빠르다 보니 이탈리아군은 밥을 먹다가 허둥지둥 달아나기도 했다. 이탈리아 제65보병사단은 아고르다트와 아스마라 사이에 있는 케렌Keren에서 강력한 방어선을 구축했다. 아오스타의 최정예 부대였던 이 사단은 험준한 지형을 이용해 격렬하게 저항했고 영국군의 공격을 잠시 격퇴하기도 했다. 하지만 이들로서도 전차와 항공기를 앞세운 영국군을 저지하기에는 역부족이었다. 3월 27일, 케렌이 함락되었다. 영국군의 손실은 500여 명의 전사자를 포함하여 4,000여 명 정도였지만 이탈리아군은 2만여 명을 잃었다. 그나마 두 달 가까이 영국군을 저지했다는 점에서 아프리카 전역을 통틀

동아프리카 영국군 전투 서열(1941. 1)

- **북부 전선(수단 방면): 사령관 윌리엄 플랫William Platt 중장**
  - 제4인도사단(3개 보병 여단): 사단장 노엘 베레스포드피어스Noel Beresford-Peirse 소장
  - 제5인도사단(3개 보병 여단): 사단장 루이스 히스Lewis Heath 소장
  - 브리그스 부대Briggs Force(영국군 2개 대대, 자유 프랑스군 2개 대대): 해럴드 로던 브리그스Harold Rawdon Briggs 준장
  - 기드온 부대(수단 국경대대, 2개 에티오피아대대): 오드 윈게이트 소령
  - 제68왕립포병연대, 제23인도산악야전포병연대, 1개 전차 소대(마틸다 II 전차 6대) 등
- **남부 전선(케냐 방면): 사령관 앨런 커닝엄Alan Cunningham 중장**
  - 제1남아공사단(3개 보병 여단): 사단장 조지 브링크George Brink 소장
  - 제11아프리카사단(3개 보병 여단): 사단장 해리 웨더럴Harry Wetherall 소장
  - 제12아프리카사단(3개 보병 여단): 사단장 리드 고드윈오스틴Reade Godwin-Austen 소장
- **영국령 소말리아 침공 부대(아덴): 사령관 아서 레지널드 차터Arthur Reginald Chater 준장**
  - 제2펀자브연대 제1대대, 제15펀자브연대 제3대대, 소말리아 낙타 군단(1,200명)

어 이탈리아군이 가장 잘 싸운 싸움이었다.

이제 아스마라와 마사와로 향하는 길이 열렸다. 아스마라는 무저항 도시로 버려졌고, 4월 1일 영국군이 무혈입성했다. 마사와에는 이탈리아군 패잔병들로 가득했다. 세 척의 구축함이 수에즈 운하를 공격하기 위해 자살이나 다름없는 출격에 나섰지만 한 척이 도중에 좌초되면서 작전은 시작해 보지도 못하고 취소되었다. 마사와의 방어를 맡은 이탈리아 홍해 함대 사령관 마리오 보네티Mario Bonetti 제독은 영국군의 항복 요구를 거부하고 결사 항전에 나섰다. 하지만 영국 공군의 맹폭격과 영국-자유 프랑스군의 포위 공격을 받자 결국 4월 8일 백기를 들었다.

같은 시간, 남쪽에서도 영국군은 이탈리아군을 쉴 새 없이 밀어붙이고 있었다. 1월 24일, 앨런 커닝엄 장군은 캔버스 작전을 발동했다.

2개 아프리카사단이 소말리아로 진격했다. 아오스타가 소말리아를 포기했기에 이탈리아군의 저항은 거의 없었다. 2월 11일, 케냐-소말리아 국경에서 150km 떨어진 아프마도우Afmadow가 함락되었다. 2월 22일, 모가디슈 남서쪽 330km 떨어진 젤리브Jelib에서 이탈리아군의 짧은 저항이 있었지만, 영국군은 이탈리아군을 포위한 뒤 손쉽게 괴멸시켰다. 이탈리아군은 3만 명이 죽거나 포로가 되었다. 더 이상 영국군을 막을 길은 없었다. 제11아프리카사단은 해안을 따라 사흘 만에 무려 340km를 주파하여 2월 25일에는 소말리아 수도 모가디슈를 무혈점령했다. 5년 전 바돌리오가 그토록 떠들었던 자칭 〈강철 의지의 행진〉은 고사하고, 독소 전쟁 초반 구데리안 기갑 부대에 비견할 만한 속도였다. 영국군은 에티오피아로 후퇴하는 이탈리아군 잔존 부대를 추격하여 3월 1일에는 에티오피아-소말리아 경계를 넘어 오가덴으로 진격했다. 3월 26일에는 에티오피아 동부의 중심지이자 제2의 도시 하라르를 점령한 후 아디스아바바로 진격했다.

한편 에티오피아 남부를 맡은 제1남아공사단은 때마침 우기를 만났다. 온난한 기후에서 온 남아공 병사들은 여태껏 경험해 본 적 없는 폭우와 추위와 싸우면서 2월 22일 에티오피아-케냐 국경의 모얄레Moyale를 점령했다. 날씨가 개자 아디스아바바를 향한 본격적인 경주가 시작되었다. 3월 16일에는 영국령 소말리아 탈환전이 시작되었다. 2개 대대 3,000여 명은 8척의 군함에 탑승하여 아덴항을 출발한 후 홍해를 건너 베르베라 북쪽 해안가에 상륙했다. 영국 해군의 포격은 이탈리아 해안 포대를 간단히 침묵시켰다. 인근의 이탈리아군 수비대는 일찌감치 철수했기에 이렇다 할 저항은 없었다. 상륙이 시작된 지 몇 시간 만에 베르베라는 영국군의 손에 넘어갔고 에티오피아 침공의 교두보이자 보급 항이 되었다. 수비를 맡은 이탈리아 제70식민지여단은 도시를 버리고 하라르로 탈출을 시도했다. 그러나 한발 빨랐던 영국군에 의해 퇴각로가 막히면서 부대는 와해되고 여단장 아르투로 베르텔로Arturo Bertello 준장은 포로가 되었다. 영국군은 영국령 소말리아에서 이탈리아군을 소탕하는 한편, 남쪽에서 진군한 제11아프리카사단과 함께 서진하여 하라르에 입성했다.

에티오피아 북서쪽에서는 윈게이트가 이끄는 수단-에티오피아 소규모 혼성 특수 부대가 지치고 사기가 땅에 떨어진 이탈리아군의 후방을 교란하고 있었다. 그의 부대는 영국군을 통틀어 에티오피아인들이 참여한 유일한 연합군이었다. 병력은 2,000여 명도 채 되지 않았지만 풍부한 상상력과 지략의 소유자였던 윈게이트는 이탈리아군의 진지를 여러 차례 야습하여 막대한 타격을 입혔다. 그는 매번 자신이 직접 부하들의 선두에 서서 공격을 지휘했다. 윈게이트 부대가 한 줌에 불과하다고는 생각지 못한 이탈리아군은 적어도 사단급 부대라고 지레짐작하여 겁을 먹고는 싸우지도 않고 달아나거나 항복했다. 에티오피아인들은 윈게이트를 통해 현대전에서 어떻게 싸워야 하는지 배울 수 있었다. 하지만 윈게이트는 승리에도 불구하고 상관들의 호된 질책을 받았다. 지휘관이란 후방에서 지도 한 장으로 지휘할 수 있어야 한다고 굳게 믿었던 고루한 영국군 고위 장교들은 직접 전선에 뛰어들어 진두지휘하는 윈게이트의 솔선수범하는 모습이 조직의 관행을 깨뜨리는 일이었고 공명심에 눈이 먼 경솔한 행동이라고 비판했다. 이런 경직된 사고가 북아프리카에서 영국군이 로멜에게 연전연패한 가장 큰 이유이기도 했다.

1월 20일, 황제는 소수의 수행원과 함께 국경 마을인 움 이들라Um Idla에 당도했다. 비참한 망명길을 오른 지 4년 8개월 만에 조국의 땅을 밟는 순간이었다. 윈게이트는 거창한 환영 행사로 황제의 귀환을 에티오피아인들에게 알렸다. 에티오피아 땅에서 에티오피아 국기가 머리 위로 나부끼는 모습은 황제를 감개무량하게 만들었다. 황제는 수단으로 돌아가는 대신 윈게이트와 함께 직접 전장을 누비며 자기 손으로 조국을 해방하는 쪽을 택했다. 2월 초에는 에티오피아 북부 고잠 지방의 작은 산악 마을인 벨라야Belaya에 도착했다.

황제는 병사들과 함께 험준한 산길을 따라 내륙 깊숙이 진군했다. 모든 위험을 감수할 용기 없이는 불가능한 일이었지만 그야말로 고난의 행군이었다. 식량은 부족했고 날은 추웠으며 데리고 갔던 가축의 태반이 쓰러졌다. 황제는 그중 한 마리를 가리키며 〈그는 에티오피아를 위해 죽었다〉라고 말했다. 하지만 황제의 귀환은 에티오피아인들의 사기를 높였다. 윈게이트는 가는 곳마다 확성기와 전단지로 그들의 황제가 돌아왔음을 선전했다. 이탈리아군에서 복무하던 에티오피아인 병사들의 탈영이 줄을 잇고, 이탈리아의 지배에 협력하던 많은 귀족과 지방 유력자가 황제에게 달려왔다. 일부는 절망하여 자살을 선택하기도 했다.

상황이 갈수록 악화하는 가운데, 2월 27일 아오스타는 에티오피아 황실의 한 사람이자 하일레 셀라시에 황제의 장군이었던 라스 세윰 멩게샤를 북부 왕국의 하나인 티그레이의 군주로 임명했다. 5년 전 싸움에서 이탈리아군에 패배하여 포로가 된 그는 가족들과 함께 이탈리아로 끌려가 2년여 동안 포로 생활을 해야 했다. 그는 아오스타와 개인적인 우정을 쌓았고 아오스타를 설득하여 소말리아의 강제 수용소에 수감된 에티오피아 포로 3,000여 명을 석방하기도 했다. 윈게이트의 게릴라 부대가 활동하는 고잠은 원래 라스 세윰의 고향이었다. 아오스타는 그를 보내면 에티오피아인들의 민심을 수습하리라 기대했다. 그러나 라스 세윰은 결코 이탈리아인들을 위하여 황제와 조국을 배신할 생각이 없었다. 그는 이탈리아인들 몰래 무기를 빼돌려 저항 세력에 전달했고 얼마 후에는 직접 반란을 일으켜 아오스타에게 총부리를 돌렸다.

3월 4일, 뎀바차Dembacha에서 6,000여 명에 달하는 이탈리아군이 윈게이트 휘하의 제2에티오피아대대를 기습했다. 에티오피아군은 수적으로 훨씬 열세했고 화력도 빈약했지만 한 발짝도 물러서지 않고 이탈리아군을 격퇴했다. 에티오피아군은 100여 명을 잃은 반면, 이탈리아군은 400여 명의 사상자를 내고 2,000여 명이 포로가 되었다. 3월 14일, 황제는 아디스아바바 북서쪽 250km 떨어진 부레Bure에 입성했다. 4월 3일, 윈게이트는 에티오피아 북부에서 이탈리아군의 주요 거점 중 하나이자 고잠의 중심지인 데브레 마르코스Debre Marqos를 수십 명의 병력으로 기습하여 점령했다. 이탈리아군은 1만 2,000명에 달했지만 이미 전의를 잃은 나머지, 제대로 싸우지도 않고 달아났다. 고잠의 지배자이자 반역자 중 한 사람이었던 하일루 테클레 하이마노트Hailu Tekle Haymanot는 돌아가는 상황을 재빨리 깨닫고 황제에게 충성을 맹세하여 목숨과 지위를 부지할 수 있었다. 이제 아디스아바바까지는 200km도 남지 않았다.

이날 아오스타 공작은 아디스아바바를 버리고 제40보병사단과 함께 북부의 암바 알라기로 철수했다. 험준한 산악 지대에서 최후의 항전을 하겠다는 속셈이었다. 그는 아디스아바바를 끝까지 사수할 생각도, 전쟁 말기의 히틀러처럼 광기에 사로잡혀 적에게 넘겨주느니 차라리 폐허로 만들겠다는 생각도 없었다. 그의 걱정은 오히려 영국군이 오기 전에 도시가 에티오피아 저항 세력의 손에 넘어가는 일이었다. 심지어 성난 에티오피아인들의 분노가 두려운 나머지 아디스아바바 동쪽 150km까지 진군한 영국군에 제발 더 빨리 오라면서 연료를 보내 주었을 정도였다. 1944년 파리 봉기를 일으킨 프랑스 레지스탕스처럼 에티오피아인들 역시 마음만 먹으면 자신들의 손으로 겁에 질린 이탈리아인들을 쫓아내고 아디스아바바를 해방할 수 있었다. 그러나 대세가 결정 난 상황에서 굳이 피를 흘리고 자신들의 수도를 파괴하기보다는 해방군을 기다리면서 황제의 귀환을 맞이할 준비에 나섰다. 아오스타를 대신하여 영국군에 도시를 넘겨주는 불명예스러운 역할을 맡은 사람은 아디스아바바 시장이었던 아게노레 프란지파니Agenore Frangipani 장군이었다. 그는 자신의 마지막 임무를 수행한 후 자살했다.

사흘 뒤인 4월 6일, 제11아프리카사단과 제1남아공여단이 장갑차를 앞세우고 아디스아바바에 입성했다. 에티오피아인들은 영국군을 성대하게 환영했지만, 이들은 새로운 정복자이지 자신들을 해방하러 온 사람들이 아니라는 사실을 이내 깨달았다. 인종적 편견에 사로잡힌 영국인들은 에티오피아인들보다 같은 백인인 이탈리아인들에게 더 우호적이었고 에티오피아인들을 야만인으로 취급하며 혐오감을 감추지 않았다. 커닝엄 장군은 윈게이트의 직속상관인 스탠포드 준장에게 황제가 아디스아바바에 들어오는 것을 허락할 수 없다고 엄포를 놓았다. 황제가 윈게이트와 함께 자신의 수도에 발을 들인 것은 한 달이나 지난 후인 5월 5일이었다. 전 아디스아바바 경찰청장이었던 아베베 아레가이Abebe Aregai가 이끄는 1만 5,000명에 달하는 저항군 게릴라들도 황제와 함께 시가지를 행진하면서 승리를 만끽했다. 이탈리아인들은 황제가 에티오피아인들을 부추겨 피의 보복을 저지를 것이라고 주장했지만 황제는 오히려 보복을 금지하고 관용을 호소했다. 이탈리아인 밑에서 일한 부역자들에 대해서도 사면령을 선언했다.

이제 이탈리아군은 암바 알라기와 몇몇 지역에 포위된 신세였다. 그 와중에도 아오스타는 실낱같은 희망을 버리지 않았다. 로멜의 등장이 북아프리카의 전황을 일거에 바꾸어 놓았기 때문이었다. 이쪽의 상황은 정반대였다. 영국군은 연전연패를 거듭했고 리비아에서 쫓겨나 이집트마저 풍전등화였다. 그리스에서도 영국군은 독일군에 참패하여 크레타섬으로 탈출했다. 영국군이 이기고 있는 곳은 독일군이 없는 에티오피아뿐이었다. 아오스타는 어쩌면 영국군이 이집트에 병력을 증파하기 위해 에티오피아에서 철수할지 모른다고 여겼다. 헛된 기대였다.

윈게이트 산하 제2에티오피아대대를 사열하는 하일레 셀라시에 황제(왼쪽 두 번째). 제2차 세계 대전에서는 유럽의 많은 군주가 전쟁에 휘말렸지만, 위험을 무릅쓰고 직접 야전에 나와서 총을 들고 병사들과 고난을 함께했던 사람은 그가 유일했다.

1941년 5월 5일, 자신의 황궁인 〈게네테 르울 궁전Guenete Leul Palace〉* 계단을 오르는 하일레 셀라시에 황제. 1930년 황제에 의해 건설된 이 궁전은 이탈리아 점령 시절에는 동아프리카 총독 관저로 사용되었다. 하지만 1960년 쿠데타 당시 이곳에서 반란군에 의해 대학살이 벌어졌다. 황제는 쿠데타를 진압한 뒤 아디스아바바 대학교에 기증하고 거처를 주빌레 궁전Jubilee Palace으로 옮겼다.

* 암하라어로 〈왕자들의 천국〉이라는 뜻이다.

영국군과 에티오피아 저항군은 이탈리아군의 남은 거점을 하나씩 소탕해 나갔다.

아오스타가 자리 잡은 암바 알라기는 3,400m의 험준한 고지로, 완전히 요새화된 난공불락의 거점이었다. 그는 적어도 수개월은 버틸 수 있으리라 기대했지만, 장기 농성하기에는 비축된 물과 식량이 얼마 되지 않는다는 사실을 알지 못했다. 5월 4일, 4만 명에 달하는 영국-에티오피아 연합군의 포위 공격이 시작되었다. 아오스타는 항복을 거부하고 결사 항전에 나섰지만 남은 병력은 7,000여 명에 불과한 데다 갈증과 굶주림에 허덕이는 이상, 패배는 시간문제였다. 보름에 걸친 치열한 전투 끝에 결국 5월 19일 항복했다. 아오스타는 포로가 되어 케냐 나이로비의 수용소에 수감되었다. 하지만 열 달 뒤인 1942년 3월 3일 결핵으로 사망했다.

영웅의 말로

1885년 800여 명의 이탈리아군이 에리트레아 마사와 항구에 처음 상륙한 이래 56년에 걸친 이탈리아의 동아프리카 지배는 끝장났다. 무솔리니에게는 또 한 번의 뼈저린 패배이자 몰락을 알리는 신호탄이었다. 그는 비로소 자신이 지난 20년 동안 그토록 자랑스럽게 여겼던 파시스트 제국의 실상이 형편없는 속 빈 강정이었음을 깨달았지만, 너무 늦은 후회였다. 더는 추축 진영의 한 축으로서 당당한 히틀러의 동맹자가 아니라 하수인으로 전락한 채 그의 도움을 받으며 근근이 정권을 연명하는 처지로 전락했다. 무솔리니 제국은 모래성처럼 무너져 내렸다.

한때 무솔리니의 열렬한 추종자였지만 에티오피아 침공에 실패한 뒤 한직으로 쫓겨난 데 보노는 증오심을 품고 만나는 사람마다 로마에

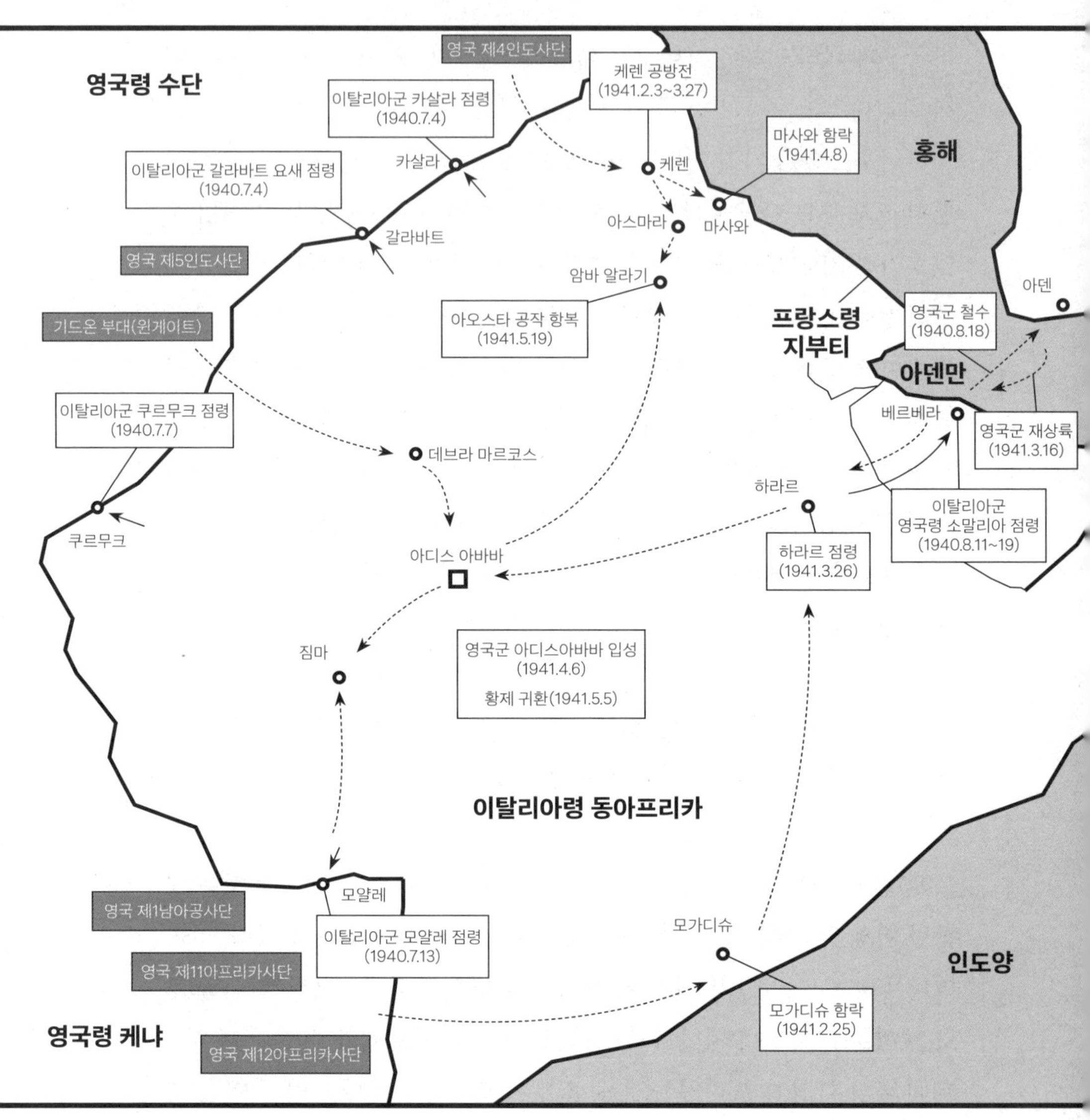

1940년 7월부터 1941년 5월까지 이탈리아령 동아프리카의 전황과 주요 전투. 실선은 이탈리아군의 공세, 점선은 영국군의 반격이다.

이런 농담이 떠돌고 있다면서 무솔리니를 공공연히 비웃었다. 내용은 이랬다. 브렌네르 고개에서 히틀러를 만난 무솔리니는 히틀러가 잠시 자리를 비운 사이 샴페인을 따려다가 코르크 마개가 얼굴을 때리는 바람에 멍이 들었다. 방에 다시 들어온 히틀러가 그 꼴을 보고 말했다. 〈두체! 두체! 내가 1분만 혼자 내버려두어도 당신은 그새 얻어맞는구려!〉 그러나 자신의 운명이 무솔리니만큼이나 암울한 줄 알았다면 남의 일인 양 웃지 못했을 것이다. 그는 전쟁 말기 무솔리니 축출에 가담했다가 이탈리아를 점령한 독일군에 의해 반역죄로 체포되었고 1944년 1월 다른 가담자들과 함께 총살당했다.

이탈리아의 지배는 끝났다. 하지만 그것이 에티오피아의 해방을 의미하지는 않았다. 오만하고 탐욕스러운 영국인들은 〈적의 영토를 점령한 것〉이라고 얼버무렸다. 에티오피아가 동맹국이 아니라 적성국의 식민지라는 얘기였다. 이탈리아인들로부터 접수한 모든 물자와 자원, 공장 설비, 인프라는 죄다 영국인들 차지였다. 에티오피아인들은 영국의 군정을 받아야 했다. 5월 14일, 자유당 하원 의원 제프리 맨더Geoffrey Mander가 에티오피아 망명 정부의 복귀를 인정할지 물었을 때 이든은 대답을 회피하며 에티오피아 일부 지역에서 싸움이 끝나지 않았다는 핑계를 대며 〈한시적으로〉 군사적인 지도와 통제가 필요하다고 주장했다. 이 말은 모처럼 손에 넣은 에티오피아에서 쉽게 물러날 생각이 없다는 얘기였다. 황제는 고국으로 돌아왔지만, 영국이 배신했으며 이제는 그들에 맞서 싸워야 한다는 것을 깨달았다. 영국의 횡포에 분노한 그는 윈게이트에게 편지를 보내 호소했지만 소용없었다. 오히려 윈게이트는 자신을 눈엣가시로 여기는 상관들에 의해 쫓겨났다. 중령 승진도 취소되었다. 기드온 부대는 6월 1일 해체되었다.

이전부터 유럽의 식민 지배를 시대착오적이라며 탐탁잖게 여기던 루스벨트가 압력을 가한 뒤에야 영국인들은 한 발짝 물러섰다. 1942년

1월 31일, 영국-에티오피아 임시 협정이 체결되었다. 에티오피아를 이탈리아의 식민지가 아니라 독립국으로 인정한다는 것이 주 내용이었다. 그러나 이는 반쪽짜리 양보였다. 에티오피아 유일의 철도 노선인 아디스아바바-지부티 노선을 비롯하여 에티오피아의 많은 부분이 여전히 영국의 손아귀에 있었다. 이탈리아령 소말리아와 에리트레아 역시 독립 대신 영국의 지배를 받아야 했고 에리트레아 일부는 영국령 수단에 편입되었다.

게다가 영국은 한반도의 1.5배에 달하는 에티오피아 동부의 오가덴 지방을 떼어 내고 영국령 소말리아와 이탈리아령 소말리아를 합한 광대한 영국령 대(大)소말리아의 일부로 삼아 자신들이 직접 통치했다. 영국은 1955년에야 오가덴을 에티오피아에 돌려주지만, 이것은 22년 뒤 에티오피아와 소말리아 사이에 벌어지는 참혹한 〈오가덴 전쟁Ogaden War〉의 불씨가 된다. 영국군이 에티오피아에서 완전히 물러나려면 유럽에서 총성이 멈출 때까지 기다려야 했다. 전후에도 영국인들은 어떻게든 해가 지지 않는 나라라는 대영 제국의 위엄을 붙잡고 있으려고 안간힘을 썼지만, 헛수고였다. 식민지들은 차례로 독립했다. 에리트레아는 1951년 에티오피아 일부가 되었다가 오랜 투쟁 끝에 1993년 독립을 선포했다. 소말리아는 1960년에 독립했다.

하일레 셀라시에 황제는 에티오피아인들을 향해 패배자들에게 복수하지 말 것을 호소했지만 그렇다고 지난 일을 덮을 생각은 없었다. 그는 이탈리아의 전쟁 범죄를 고발하고 1억 8400만 파운드(2억 3100만 달러)의 배상금을 요구했다. 그러나 연합국은 백인이 흑인에게 무슨 짓을 했는지 따위는 알 바 아니었다. 뉘른베르크와 도쿄에서 열린 전범 재판은 이탈리아와는 무관했다. 이탈리아인이 국제 법정에 기소되는 일도 없었다. 에티오피아 정부는 독가스와 집단 학살을 자행한 바돌리오와 그라치아니를 고발했지만, 이들 역시 아무런 처벌도 받지 않았다.

1947년 2월 10일, 이탈리아는 연합국과 강화 협정을 맺고 피해국에 배상금을 약속했다. 하지만 3억 6000만 달러에 달하는 배상금에서 에티오피아의 몫은 7퍼센트도 안 되는 2500만 달러에 불과했다. 악숨 왕국 시절의 거대한 오벨리스크는 무솔리니에 의해 약탈당해 로마 중심가의 포르타 카페나Porta Capena 광장을 장식한 뒤 에티오피아 정부의 거듭된 반환 요청에도 불구하고 모르쇠로 일관하다가 70여 년 만인 2005년에야 비로소 원래의 자리로 돌아올 수 있었다.

기나긴 전란 내내 온갖 시련을 견뎌 내고 승리를 얻어 낸 황제는 에티오피아인들의 국민적 영웅이 되었고 국제 사회의 존경을 받았다. 1950년 한국 전쟁이 발발하고 공산군에 맞서기 위해 유엔군이 결성되자 어려운 형편에도 참전을 결정했다. 칵뉴 대대는 에티오피아군에서도 최정예 부대인 황제 친위대로 구성되었다. 또 다른 아프리카 참전국인 남아공이 실제로는 백인 군대였다는 점에서 순수 아프리카 흑인 군대로서는 유일했다. 1951년 4월 16일, 케베데 게브레Kebbede Guebre 대령이 이끄는 제1진 1,153명은 미국이 제공한 수송선에 올라 지부티를 출발하여 홍해와 인도양을 지나 20일의 항해 끝에 5월 6일 부산에 도착했다. 이후 칵뉴 대대는 미 제7사단 제32연대에 배속되어 중부 전선에서 싸웠다. 철의 삼각고지 전투를 비롯하여 전쟁이 끝나는 순간까지 253회의 전투에서 단 한 번의 패배도, 단 한 명의 포로도 내지 않은 것으로 명성을 떨쳤다. 미군은 이들을 가리켜 〈과감하고 용맹했으며 적의 공격 앞에서 물러서는 법이 없었고, 한번 차지한 땅을 도로 빼앗기는 일이 없었다〉라고 극찬했다. 전쟁 동안 연인원 3,518명이 참전하여 그중 121명이 죽고 536명이 다쳤다.

황제는 서방과의 협력 관계를 강화하면서도 여전히 아프리카를 지배하려는 유럽의 식민주의를 강력하게 비판하여 아프리카 국가들이 독립을 쟁취하는 데 도움을 주었다. 또한 아프리카에서 유엔의 평화 유지

활동에 적극적으로 참여하는 등 에티오피아는 더 이상 은둔의 나라가 아니라 아프리카를 이끄는 당당한 주도국이었다. 1963년 10월 4일에는 유엔 총회에서 세계 평화를 위해 연설했다. 27년 전 망국의 임금으로 국제 연맹의 단상에 서서 에티오피아에 대한 도움을 호소했지만, 철저히 외면당해야 했던 그는 당시의 설움을 새삼 떠올리며 감개무량했다. 한국 전쟁으로 얻은 우리와의 인연도 이어졌다. 1963년 12월 23일, 우리는 북한보다 한발 빨리 에티오피아와 수교를 맺었으며 1968년 5월 18일에는 황제가 직접 한국을 찾기도 했다.

그는 에티오피아 역사상 가장 위대한 군주였다. 하지만 냉전의 파고 속에서 러시아 차르 니콜라이 2세만큼이나 비운의 주인공이 되어야 했다. 봉건 잔재가 지배하는 에티오피아에서 근대화 노력은 매번 귀족과 성직자들의 거센 저항에 부딪혔다. 1960년에는 황제가 브라질을 방문하는 동안 친위대가 쿠데타를 일으켰다가 진압되는 일도 있었다. 제3세계에서 서구화 정책의 딜레마는 그로 인해 정말로 삶이 더 어려워지거나 원래는 없었던 부조리함이 생겨나서가 아니라 국민이 각성하여 부조리함을 깨닫기 시작한다는 데 있었다. 국내외의 절대적인 인기에도 불구하고 마르크스주의에 물든 젊은 학생들을 중심으로 여전히 가난하고 후진적인 에티오피아의 현실과 부패, 장기 집권의 불만은 점점 고조되었다. 게다가 미-소의 첨예한 이념 대립 속에서 소련은 아시아와 아프리카, 남미에서 혼란을 부추기고 친미 정부의 타도를 선동했다.

1972년에는 에티오피아 북부에서 혹독한 기근으로 수만 명이 사망했다. 가십거리를 찾는 서방 언론들은 제대로 확인하지 않은 채 20만 명이 죽었다고 과장하여 황제의 위신을 실추시키고 대중의 분노를 자극했다. 결정타는 1973년의 석유 파동이었다. 에티오피아 경제는 침체했고 물가와 실업률이 폭등했다. 시위와 폭동이 전국으로 확산했다. 황제는 하루아침에 존경의 대상에서 타도의 대상이 되었다. 불만분자

들은 이 기회를 놓치지 않았다. 1974년 9월 12일 크렘린의 지원을 받는 젊은 장교들이 쿠데타를 일으켰다. 군주제는 폐지되었고 공산주의 이념을 추구하는 에티오피아 인민민주공화국이 세워졌다. 황제와 가족, 고위 관료, 장군, 지방 총독은 모조리 체포되어 연금되었다. 그리고 11월 23일 〈피의 토요일〉에 60여 명의 황족과 관료들이 총살당했다. 황태자인 암하 셀라시에Amha Selassie만이 스위스를 방문 중이었기에 화를 면했고 영국으로 망명했다. 황제는 1975년 8월 27일 침대에서 자던 중 목이 졸려 살해당했다. 공식적으로는 전립선 수술의 합병증에 의한 사망이었다. 그의 나이 83세. 서구에서는 불굴의 의지를 보여 주고, 흑인들에게는 메시아의 재림으로 추앙받았던 영웅의 비참한 말로였다.

에티오피아인들에게는 더 나은 세상은커녕 기나긴 악몽의 시작이었다. 총칼로 나라를 장악한 군인들은 통치자에 걸맞은 소양과 훈련을 전혀 받지 못한 자들이었기에 최소한의 책임감조차 찾아볼 수 없었다. 마치 횡재하듯 권력이 넝쿨째 굴러 들어왔다고 여긴 이들은 서로 자기가 독차지하겠답시고 싸우면서 피비린내 나는 투쟁이 벌어졌다. 승자가 된 멩기스투 하일레 마리암Mengistu Haile Mariam 소령은 철권 독재자가 되어 반대파들을 무자비하게 숙청했고 소련식 경제 체제를 도입하여 모든 토지와 기업을 강제로 국유화했다. 외국인들은 추방당했다.

왕정 시절의 에티오피아는 가난해도 느리게나마 건실하게 성장하면서 변화와 발전의 가능성이라도 있었지만 멩기스투는 아예 그 가능성마저 사정없이 짓밟아 버렸다. 그는 오직 착취와 반대파 숙청에만 관심이 있었다. 에티오피아를 방문한 동독 대표단이 커피와 농기계를 바꾸자고 제안하자 자신에게 필요한 쪽은 기계가 아니라 무기라고 대꾸했다. 그의 통치는 그라치아니보다도 지독하고 무능했으며, 에티오피아에 쉽게 지울 수 없는 상처를 남겼다. 소말리아와는 오가덴을 놓고 전쟁이 폭발했다. 에티오피아는 세계에서 가장 가난한 은둔의 나라로 되돌아갔고 소련의 원조로 근근이 유지했다. 국민 전체가 혹독한 기근에 허덕였다. 그나마도 1990년 소련의 원조가 끊김과 함께 멩기스투 정권 또한 끝장났다. 1년 뒤 반군 세력이 아디스아바바로 진격하자 멩기스투 는 가족들을 데리고 짐바브웨로 달아났다. 하지만 그를 타도한 자들 역시 다를 것이 없었다. 에티오피아는 오랜 내전과 혼란 끝에 최근에 와서야 민주 정부가 들어서면서 조금씩 안정을 찾아가는 중이다. 군부 독재로 잃어버린 시간을 메우려면 쉽지 않겠지만 말이다.

2장

두 거인 사이에서

- 핀란드, 발트 3국

세르프 이 몰로트와 하켄크로이츠

1939년 8월 21일, 독일 대표단이 모스크바를 방문했다. 이들이 첫 번째 방문객은 아니었다. 아이러니하게도 불과 열흘 전 독일의 주적인 영불 대표단이 모스크바를 방문했다. 스탈린을 한편으로 끌어들이기 위함이었다. 러시아가 공산화된 이래 지난 20여 년 동안 그토록 소련을 맹비난했던 히틀러와 서방이 경쟁적으로 스탈린에게 손을 내밀어야 할 만큼 유럽에서는 전운이 감돌고 있었다. 이들이 보기에 승부의 향방을 쥔 쪽은 스탈린이라는 얘기였다.

1년여 전 히틀러와 서방 지도자들 사이에서 화기애애하게 체결된 뮌헨 협정은 평화는커녕 히틀러의 야심에 기름을 부은 꼴이었다. 뮌헨 협정이 체결된 다음 날 독일군은 주데텐란트로 진군했다. 히틀러는 만약 체코슬로바키아가 조금이라도 저항하는 기미가 있으면 무력으로 응징하겠다고 겁을 주었다. 그의 엄포는 확실하게 먹혔다. 체코슬로바키아군은 총 한 발 쏘지 않고 물러났다. 체코슬로바키아는 전 국토의 1/5에 해당하는 2만 9,140km²의 면적과 독일계 주민 280만 명, 체코계 주민 80만 명이 살고 있으며 산업의 3/4을 차지하는 알짜배기 땅을 하루아침에 잃었다. 체코슬로바키아가 독일의 침공에 대비하여 국경 지대에 건설한 대규모 요새들 역시 모두 독일군의 손에 넘어갔다. 체코슬로바키아는 완전히 발가벗겨진 셈이었다. 절망한 에드바르트 베네시

대통령은 자리에서 물러난 뒤 영국으로 달아났다.

뮌헨 회담을 끝내고 런던으로 돌아와 지지자들을 향해 〈이것이 우리 시대를 위한 평화라고 믿습니다I believe it is peace for our time〉라는 유명한 말을 남겼던 영국 총리 네빌 체임벌린은 여전히 자신의 세 치 혀로 유럽의 평화는 물론이고 체코인들을 더 큰 파국에서 구했다고 굳게 믿었다. 그는 이렇게 말했다. 〈나는 언젠가 체코인들이 우리가 그들을 더 행복한 미래로 구했다는 사실을 깨닫게 되는 날이 오리라고 생각한다.〉 마치 자신이 한 민족을 파멸의 구렁텅이에서 건져 낸 양, 으스대던 그의 태도가 무너지기까지는 그리 오래 걸리지 않았다.

반년 뒤인 1939년 3월 14일, 히틀러는 베네시의 후임자인 에밀 하하Emil Hácha를 베를린으로 불러들여 남은 영토를 독일의 보호령으로 바칠 것인지 아니면 무력으로 점령당할지 양자택일하라고 윽박질렀다. 예순일곱 살의 하하는 겁에 질린 나머지 그 자리에서 졸도했다. 잠시 후 정신을 차린 그는 무조건 항복에 동의했다. 다음 날 독일군은 체코 전역을 장악했다. 히틀러는 체코의 옛 이름인 보헤미아-모라비아Bohemia and Moravia가 처음부터 독일의 옛 땅이었다고 주장하면서 정복을 정당화했다. 무엇보다 그를 기쁘게 한 것은 중부 유럽 최강을 자랑하는 체코의 막대한 부와 군수 산업, 대량의 최신 군사 장비를 손에 넣었다는 사실이었다. 이제 그는 온 유럽을 상대로 싸울 힘을 가지게 되었다. 반면, 영국은 중요한 동맹국 하나를 잃었다.

뮌헨 협정이 조인되었을 때 승리감에 도취한 체임벌린은 외무 장관 핼리팩스 경을 향해 〈3개월이면 모든 문제가 해결될 것입니다〉라며 의기양양하게 말했지만, 그로부터 반년이 지난 뒤 상황은 더욱 나빠졌다. 불과 몇 달 전만 해도 평화의 공로자로서 노벨 평화상 후보에 지명되었던 그는 이제 온 유럽의 조롱거리로 전락했다. 심지어 핼리팩스 경조차 체임벌린에게 현실을 직시하라고 경고할 정도였다. 그제야 정신이 번쩍 든 체임벌린은 체코가 독일령이 된 지 이틀 뒤의 의회 연설에서 히틀러가 무력으로 세계를 지배하려 한다고 경고했다. 그가 뮌헨 회담 내내 수많은 경고에도 불구하고 그토록 무시했던 사실을 비로소 인정하는 순간이었다.

중부 유럽에서 유일한 민주주의 국가이자 서방이 가장 신뢰할 수 있는 동맹국을 제 손으로 끝장낸 체임벌린은 뒤늦게 함께 독일에 맞설 새로운 동맹국을 찾아 나섰다. 소련이었다. 그리고 그 상대는 히틀러 못지않게 교활하고 탐욕스러운 스탈린이었다. 히틀러의 팽창은 스탈린에게도 강 건너 불구경할 일이 아니었다. 나치즘과 공산주의는 철천지 원수나 다름없었다. 스페인에서는 스탈린과 히틀러가 좌파 공화 정부와 우파의 프랑코 군대를 서로 원조하여 대리전쟁을 치렀다. 승자는 프랑코였다. 스탈린은 3,000여 명에 달하는 소련 군인들을 용병으로 파견하고 막대한 무기를 친소 공화주의자들에게 비싸게 팔아먹어 그럭저럭 재미를 보기는 했지만 어쨌든 소련의 위신은 실추되었다. 뮌헨의 위기에서도 스탈린을 위한 자리는 없었다. 소련은 고립된 신세였다. 끝없는 변덕과 특유의 편집광적인 의심증에 사로잡혀 있던 그는 어쩌면 서방과 화해한 히틀러가 다음으로 소련을 향해 칼을 겨눌지 모른다고 전전긍긍했다.

스탈린의 방식은 실패의 책임을 죄다 남에게 떠넘기는 것이었다. 그동안 서방과의 관계 개선을 외쳤던 유대인 출신의 외무인민위원장* 막심 리트비노프Maxim Litvinov가 희생양이 되었다. 그나마 그는 운이 좋았다. 대숙청의 광풍이 소련 전역을 휩쓰는 와중에 그는 다른 동료들처럼 비밀경찰에 의해 처형되거나 시베리아로 갈 수도 있었다. 하지만 자리만 내놓고 주미 대사가 되어 미국으로 갔다. 그는 제2차 세계 대전이 끝날 때까지 살아남았다. 후임자는 열네 살 아래이면서 오랫동안 스탈린

* 외무 장관에 해당하는 직위를 말한다.

의 충복 노릇을 했던 뱌체슬라프 몰로토프Vyacheslav Molotov였다. 철저한 보신주의자였던 몰로토프는 성실하지만, 창의성과는 거리가 먼 인간이었다. 레닌은 그를 가리켜 〈강철 벽창호Iron Arse〉라고 모욕하기도 했다. 1930년대 초반에는 스탈린의 지시에 따라 농업 집단화 정책을 강압적으로 밀어붙였다가 대기근이 닥치면서 1,000만 명 이상이 굶어 죽는 최악의 참사를 초래했다. 하지만 몰로토프에게도 뛰어난 재주가 있었다. 스탈린에 대한 맹목적인 충성심과 권력 앞에서의 남다른 기민함이었다. 여러 차례 숙청 위기를 겪으면서도 스탈린이 죽는 순간까지도 목숨을 부지할 수 있었던 비결이었다.

스탈린은 서방이 체코슬로바키아를 희생시키는 대가로 히틀러와 소련이 싸우도록 부추기고 있다면서 비난을 퍼부었지만 정작 체임벌린이 소련에 손을 내밀자 대번에 표정을 바꾸었다. 체임벌린은 영국, 프랑스, 소련이 힘을 모아 거대한 독일 포위망을 만들자고 제안했다. 히틀러가 다음 먹잇감으로 폴란드를 정하고 단치히 반환을 요구하면서 유럽에서 긴장이 고조되는 가운데 1939년 8월 12일 영국-프랑스 대표단이 모스크바를 찾았다. 적백 내전 이래 처음이었다. 그러나 협상은 당장 벽에 부딪혔다. 두 가지 걸림돌 때문이었다.

첫 번째는 나치 이상으로 소련을 불구대천의 원수로 여기던 폴란드가 소련군이 자국 영토에 들어오는 일을 용납할 수 없다고 못 박았기 때문이었다. 독일과 소련 사이에 폴란드가 자리 잡고 있다는 점에서 폴란드의 협력 없이 소련이 할 수 있는 일은 없었다. 지난 세기 내내 제정 러시아의 압제에 시달렸고, 20년 전에는 러시아인들을 상대로 사생결단으로 싸웠던 폴란드인들로서는 소련에 대한 거부감이 감정적으로는 당연할지 몰라도 현명하지는 않았다. 이들의 고집스럽고 비타협적인 태도는 당장 한 달도 되지 않아 최악의 재앙으로 돌아오게 되었다.

하지만 협상이 결렬된 진짜 이유는 스탈린이 서방과 협력하는 조건으로 발트 3국을 욕심냈기 때문이었다. 뮌헨 회담에서 히틀러가 했던 짓을 고스란히 되풀이하는 꼴이었다. 히틀러에게는 양보했던 서방도 스탈린의 요구에는 단호하게 거절했다. 베르사유 체제의 부산물에 불과했던 주데텐란트와 달리, 발트 3국의 독립 전쟁 당시 영국과 프랑스도 직접 군대를 보내 볼셰비키와 싸웠기 때문이었다. 또한 발트 3국은 독일, 소련과 인접해 있지만 친서방 국가들이었고 군대의 무기와 장비 또한 대부분 영국제를 사용했다. 서방이 스탈린을 달랠 요량으로 발트 3국을 희생시킨다면 여론의 역풍은 뮌헨 회담에 비할 바가 아닐 것이 분명했다.

그러나 영토 확장에 혈안이 된 스탈린은 자신의 탐욕이 처음부터 잘못되었다고 여기기보다 서방과 손을 잡아 본들 자신에게 득이 될 것이 없다고 결론 내렸다. 서방은 스탈린과의 부도덕한 거래를 거부했지만 그렇다고 그가 다른 술책을 부리지 못하도록 막는 일에는 게을리했다. 체임벌린의 둔감함이자 어째서 히틀러에게 매번 그토록 쉽게 휘둘렸는지를 보여 주는 셈이었다. 스탈린은 서방과 타협점을 찾으려고 애쓰는 대신 깨끗이 단념하고 몰로토프에게 다른 대안을 찾을 것을 지시했다. 영불 대표단이 빈손으로 모스크바를 떠나고 이틀 뒤 모스크바를 찾은 쪽은 독일 대표단이었다. 히틀러는 군말 없이 스탈린이 바라는 바를 모두 들어주기로 약속했다. 협상은 일사천리였다. 8월 24일 새벽 2시, 스탈린이 지켜보는 가운데 독소 불가침 조약이 체결되었다. 하늘이 두 쪽 나도 한편이 될 리 없다고 여겼던 두 숙적이 손을 잡는 순간이었다. 동유럽의 운명은 결정되었다. 제정 러시아 일부였던 폴란드 동부와 발트 3국, 핀란드, 루마니아 동부는 소련의 몫이었다. 두 악마가 야합하자 서방으로서는 허를 찔린 꼴이었다.

일주일도 되지 않아 100만 명이 넘는 독일군이 폴란드 국경을 넘어 전면 침공했다. 몇 달 전 체임벌린은 체코슬로바키아에서의 실수를

1939년 8월 24일, 독소 불가침 조약에 서명하는 몰로토프와 뒤에서 흐뭇하게 지켜보는
스탈린, 소련군 총참모장 보리스 샤포시니코프 장군(뒷줄 왼쪽 두 번째), 독일 외무 장관
요하임 폰 리벤트로프(뒷줄 왼쪽 세 번째). 세르프 이 몰로트(망치와 낫, 소련 국기)와
하켄크로이츠(갈고리십자, 독일 국기)의 결합이었다. 불구대천의 원수라고 여겼던 두 깡패
국가의 야합은 서방에 큰 충격을 주었다. 하지만 이 사건은 스탈린의 변덕이 아니라 히틀러가
수개월 전부터 정성을 들인 일이었고, 정보에 어두웠던 서방 지도자들이 무시했을 뿐이었다.

되풀이하지 않겠다면서 만약 폴란드가 독일의 침략을 받는다면 즉각 무력 개입하겠다고 약속했다. 그동안 그의 우유부단함을 비판했던 데이비드 로이드 조지David Lloyd George를 비롯한 정적들조차 모처럼 단호함을 보여 주었다며 칭찬했다. 하지만 막상 시험대에 오르자 여전히 우물쭈물했다. 체임벌린은 동료들의 재촉에 이틀이나 지난 뒤인 9월 3일에야 선전 포고에 동의했지만, 정말로 행동에 나설 의지는 없었다.

영국이 주저하자 프랑스도 발을 뺐다. 일부 프랑스군이 라인란트로 진격하여 한때 히틀러를 긴장시키기도 했지만 그게 전부였다. 그때까지 서방이 어떻게 나올지 신중하게 지켜보던 스탈린은 비로소 움직였다. 9월 17일, 이번에는 소련군이 폴란드의 등 뒤에 칼을 꽂았다. 독일군을 막기에도 급급하던 폴란드에는 결정타였다. 어디에도 도움의 손길은 없었다. 심지어 이웃 나라 리투아니아는 20여 년 전 폴란드에 빼앗긴 옛 수도 빌뉴스Vilnius를 이참에 되찾을 기회를 노리기도 했지만, 서방이 대번에 제동을 걸어서 포기해야 했다. 빌뉴스는 소련군의 차지가 되었다. 보름 뒤 폴란드는 패망했다. 서방의 반격은 없었다. 독일을 공격하는 시늉만 했던 프랑스군은 마치 이 순간이 오기만을 기다렸다는 듯 냉큼 뒤돌아서 마지노 라인 뒤쪽에 다시 몸을 숨겼다.

스탈린은 그동안 자신이 서방을 지나치게 과대평가했음을 깨달았다. 그에게 더욱 다행스러운 사실은 폴란드를 정복한 히틀러가 더 이상 동쪽에 욕심내는 대신 서쪽으로 눈을 돌렸다는 점이었다. 서부 전선은 수백만 명의 독일군과 영불 연합군이 대치한 채 긴장감이 감돌았다. 언론들은 총성이 울리지 않았다는 이유로 〈가짜 전쟁Phoney War〉이라고 불렀다. 그렇다고 누군가의 이목을 숨기기 위한 엉터리 연극은 아니었다. 진짜 전쟁이 언제 시작되느냐의 문제일 뿐이었다. 전 세계의 시선은 언제 폭발할지 모르는 서쪽에 몰렸다. 그 판에 애써 낄 생각이 없었던 스탈린에게는 절호의 기회였다. 처음부터 히틀러와의 동맹이 시한부라고 여겼던 그는 앞으로 벌어질 전쟁에 대비하기 위해 서쪽의 적들이 자기들끼리 피 터지게 싸우는 동안 조금이라도 더 많은 영토를 확보할 속셈이었다. 당장 발등에 불이 떨어진 쪽은 발트 3국이었다.

발트 3국의 비극

1917년 10월 혁명으로 제정 러시아가 무너졌을 때 제정 러시아의 지배 아래 있던 많은 민족의 운명이 엇갈렸다. 폴란드와 핀란드는 독립을 얻었다. 그것은 말만 번드르르한 윌슨의 민족 자결주의 덕분에 가만히 앉아서 굴러 들어온 것이 아니라 전적으로 그들이 흘린 피의 대가였다. 독립 전쟁을 일으킨 폴란드와 핀란드의 민족주의자들은 처절한 전투 끝에 소련 볼셰비키 군대의 침공을 물리쳤다. 바꾸어 말하면 볼셰비키에 진다면 독립도 없다는 얘기였다. 우크라이나가 그랬다. 이들에게는 불행히도 폴란드의 피우수트스키Józef Klemens Piłsudski나 핀란드의 만네르헤임Carl Gustaf Emil Mannerheim과 같은 걸출한 지도자가 없었다.

차르 체제를 타도했지만 그 차르가 남겨 놓은 유산을 포기할 생각은 없었던 레닌은 독립을 원하는 소수 민족들을 향해 소련의 테두리에 남는다면 자치권을 보장할 것과 원하면 나중에라도 독립할 수 있다는 달콤한 말로 유혹했다. 물론 그래도 순순히 복종하지 않으면 다음은 주먹이었다. 애초에 선택권은 없었다. 우크라이나 민족주의자들은 그들 역사상 최초의 민족 국가인 우크라이나 인민공화국을 세웠다. 하지만 지도층의 분열과 독일과 폴란드, 소련의 침략, 무엇보다도 독립에 대한 의지가 아직은 부족했기에 불과 4년 만에 멸망했다. 나라는 둘로 쪼개져 서부는 폴란드에, 동부는 소련에 흡수되었다. 조지아, 아르메니아, 아제르바이잔 등 중앙아시아의 민족들 역시 소련군에 의해 진압되거나 레닌의 약속만 믿고 스스로 독립을 포기했다.

이들이 볼셰비키의 거짓말에 속았음을 깨닫고 땅을 치며 후회하기까지는 그리 오래 걸리지 않았다. 소련 체제의 일원이 되는 것은 독립을 위해 무수한 피를 흘리는 것보다 훨씬 고통스러운 악몽이었다. 레닌의 뒤를 이어 스탈린이 집권하자 약속했던 자치권은 온데간데없이 사라졌다. 자신은 조지아 출신이면서도 누구보다 러시아인이기를 원했던 스탈린은 조지아인을 포함한 모든 소수 민족에게 러시아인들의 방식에 따르고 러시아인들을 위해 무한 봉사할 것을 강요했다. 소수 민족들은 하루아침에 노예로 전락했다. 사소한 저항조차 민족 전체가 연좌되어 무자비한 벌을 받아야 했다. 스탈린의 마구잡이식 경제 정책과 무리한 농업 집단화가 초래한 재앙적인 대가 또한 이들의 몫이었다. 세계에서 가장 비옥한 토지를 가지고 있던 우크라이나는 1932년부터 1933년까지 역사상 전례 없는 대기근으로 300만 명 이상이 아사했다. 그것도 천재지변이 아니라 스탈린 체제가 인위적으로 만들어 낸 대량 학살이었고 〈홀로도모르Holodomor〉*라고 불리며 20세기 최악의 만행 중 하나로 손꼽힌다.

심지어 스탈린은 소수 민족들이 뭉쳐서 자신에게 대항하지 못하도록 원래 살던 곳에서 수천 킬로미터 떨어진 곳으로 강제 이주시키고 뿔뿔이 흩어 놓았다. 그 빈자리에는 러시아인이나 다른 민족을 집어넣었다. 여러 민족을 교묘하게 한자리에 뒤섞어 놓아 독립운동을 억제하려는 고도의 술책이었다. 우크라이나를 비롯하여 많은 구소련 국가가 지금까지도 친러와 반러를 놓고 극심한 내부 분열과 갈등을 겪는 것도 스탈린의 광기가 남겨 놓은 후유증이다. 게다가 선조 대대로 경작했던 농토와 농기구, 재산 대부분을 아무런 보상도 없이 빼앗긴 채 빈털터리로 쫓겨나야 했고 이주 과정에서 수십만 명이 기아와 전염병 등으로 희생

* 우크라이나어로 〈대기근의 살육〉이라는 뜻이다.

1933년 대기근 당시 우크라이나 수도였던 하리코프* 거리에 너부러져 있는 아사자들의
시신. 피해 당사자인 우크라이나는 스탈린이 우크라이나 민족주의 운동을 탄압할 요량으로
일부러 대기근을 일으켰다고 주장하는 반면, 러시아 학자들은 우크라이나만이 아니라 소련
전체에 광범위한 기근이 초래되었다는 점에서 스탈린이 의도했다기보다 잘못된 경제 정책의
결과라고 일축한다. 그러나 분명한 사실은 세상에서 가장 비옥한 땅에서 최악의 대기근이
벌어졌다는 점이었다. 게다가 스탈린은 뒤늦게라도 기근 구제는커녕 오히려 외화를 벌기
위해 우크라이나에서 막대한 식량을 강제 공출하여 상황을 더욱 악화시켰다는 점에서 책임을
면할 수 없을 것이다.

* Kharkov. 지금의 우크라이나 하르키우Kharkiv이다.

되었다. 히틀러가 유대인 하나만 탄압했다면 스탈린은 러시아인을 제외한 나머지 민족 전체가 탄압 대상이었다.

한 번의 오판으로 천재일우의 기회를 놓치고 스탈린의 철권통치에서 수십 년 동안 지옥을 보냈던 이들과는 달리, 뜻밖에도 한 줌에 불과한 약소 민족이면서 용케 볼셰비키를 물리치고 독립을 쟁취한 나라도 있었다. 제정 러시아의 속령 중에서도 가장 작은 발트 3국이었다. 발트해 연안의 안쪽에 붙어 있는 이 올망졸망한 세 나라는 모두 합해도 한반도보다 작은 17만 km²에 불과하다. 가장 큰 리투아니아가 독립 당시 인구 230만 명, 라트비아가 170만 명, 에스토니아가 110만 명 남짓이었다. 게다가 지리적으로는 붙어 있음에도 이웃사촌이라기에는 인종과 언어, 문화, 종교에 이르기까지 도무지 닮은 꼴을 찾을 수 없는 것이 발트 3국의 특징이다.

남한의 2/3에 불과한 약소국인 리투아니아는 중세 말기였던 15세기에만 해도 동유럽의 당당한 패권 국가였다. 당시 러시아가 모스크바 대공국이라 불리며 킵차크한국의 속국에 불과했을 때 리투아니아는 모스크바 서쪽에서 폴란드 동부와 벨라루스, 우크라이나 북부에 이르는 광대한 영토를 통치했으며 러시아 전체의 지배를 꿈꾸기도 했다. 1569년에는 서쪽의 대국인 폴란드와 루블린 조약을 맺고 거대한 폴란드-리투아니아 연방Polish–Lithuanian Commonwealth을 세웠다. 영토는 한때 약 100만 km²에 달했다. 하지만 수적으로 우세한 폴란드인들에게 점차 주도권을 빼앗기면서 폴란드 일부로 전락했다. 게다가 폴란드 역시 북쪽에서는 스웨덴, 동쪽에서는 러시아, 남쪽에서는 오스만 제국이 침공하고 내부에서는 국왕과 귀족들이 서로 끝없는 항쟁을 벌이며 쇠락의 길을 걷다가 결국 1795년 러시아, 프로이센, 오스트리아에 의해 분할되면서 멸망했다. 리투아니아 또한 폴란드와 함께 러시아에 흡수되었다.

리투아니아가 이웃 나라 폴란드의 영향을 받았다면, 북쪽의 라트비아와 에스토니아는 오히려 발트해 너머에 있는 스웨덴과 덴마크, 독일에 가깝다. 13세기에 와서 기독교 개종을 앞세운 독일 튜턴 기사단의 침공 이래 수백 년 동안 이들의 각축장이었기 때문이다. 라트비아의 수도 리가는 독일인들이, 에스토니아의 수도 탈린은 덴마크인들이 건설했다. 서로 뿌리부터 다르고 역사적으로도 다른 길을 걸은 까닭에 리투아니아는 종교적으로 인구의 90퍼센트가 가톨릭을 믿는 반면, 라트비아와 에스토니아는 개신교도가 많다. 그러면서도 언어에서는 리투아니아와 라트비아가 같은 인도-유럽 어족이라면 에스토니아는 핀란드와 마찬가지로 우랄 어족의 하나인 핀우그리아어에 속한다. 어느 쪽이건 상호 소통은 거의 불가능하다. 즉 남들이 〈발트 3국〉이라며 싸잡아 한 지붕 3형제 취급하기에는 지나치게 먼 사이인 셈이다. 하지만 어느 쪽이건 맞이한 운명은 같았다. 오랫동안 발트해를 지배했던 스웨덴은 18세기 초 대북방 전쟁에서 표트르 대제에 의해 새로운 강자로 등장한 러시아에 패배했다. 에스토니아와 라트비아 북부는 1721년 러시아에 편입되었고, 1772년에는 라트비아 남부도 러시아 일부가 되었다. 부동항을 손에 넣어 발트해 진출을 꿈꾸었던 역대 차르들의 오랜 염원이 실현되는 순간이었다.

　수백 년 동안 외세의 지배를 받아야 했던 발트 3국의 운명은 제1차 세계 대전 중 벌어진 볼셰비키 혁명과 함께 뒤집혔다. 레닌이 국민을 규합하여 침략자에 맞서기보다 오히려 혁명을 따르지 않는 동포들을 타도할 요량으로 침략자와 야합한 덕분이었다. 그는 독일과 브레스트리토프스크 조약Treaty of Brest-Litovsk을 맺고 거액의 배상금은 물론, 동유럽 영토 대부분을 포기하기로 했다. 일찌감치 독일군에 점령당한 리투아니아를 비롯하여 발트주(州)는 통째로 독일에 양도되었다. 하지만 하늘은 레닌의 편이었다. 몇 달 뒤 독일이 서부 전선에서 참패하여 연합군에 무조건 항복했기 때문이었다. 제1차 세계 대전은 끝났다. 러시아, 독일,

오스트리아의 붕괴로 권력의 공백 지대가 된 동유럽에서는 여기저기서 독립 전쟁의 불길이 치솟았다.

1917년 12월 6일 핀란드가 독립을 선언했고, 다음 해 2월 16일에는 리투아니아가, 24일에는 에스토니아가 독립했다. 1918년 11월 18일에는 마지막으로 라트비아가 독립을 선언했다. 리투아니아는 120여 년 만에, 라트비아와 에스토니아는 역사상 처음으로 자신들의 나라를 세웠다. 그러나 그 앞은 여전히 가시밭길이었다. 이들은 독일과 볼셰비키 사이에서 때로는 손을 잡기도 하고 때로는 처절한 항쟁을 펼치면서 외세를 몰아내기 위해 무수한 피를 흘려야 했다. 독일은 라트비아와 에스토니아를 묶어 괴뢰국인 발트 공국을 세우려다 패전하면서 포기해야 했다. 게다가 독일과 비굴한 평화 협정을 맺을 때만 해도 레닌은 민족 자결주의를 내세워 동유럽의 소수 민족들이 스스로 운명을 찾아야 한다고 강조했지만, 막상 독일이 항복하자 손바닥 뒤집듯 태도를 바꾸어 영토 회복에 나섰다. 서쪽에서는 제정 러시아군 출신의 피우수트스키가 이끄는 신생 폴란드 군대가 대폴란드의 실현을 외치며 동진에 나섰다. 간섭 전쟁에 나선 서방 또한 볼셰비키에 맞서는 발트인들에게 무기와 군수품을 지원했다.

폴란드와 볼셰비키의 전쟁터가 된 리투아니아는 처음에는 폴란드와 손을 잡고 볼셰비키를 몰아냈다. 하지만 이번에는 폴란드가 리투아니아를 넘보았다. 리투아니아인들은 어제의 우군인 폴란드와 싸워야 했다. 결국 폴란드에 승리하여 독립을 얻었지만, 그 직후인 1920년 10월 8일 수도 빌뉴스에서 폴란드 출신이자 피우수트스키의 친구이기도 했던 루찬 젤리고프스키Lucjan Żeligowski 장군의 제1리투아니아-벨라루스사단이 쿠데타를 일으켜 중앙 리투아니아 공화국을 세운 다음 2년 뒤 폴란드와 합병했다. 리투아니아인들은 자신들의 수도를 어이없게 폴란드인들에게 빼앗기고 제2의 도시인 카우나스를 새로운 수도로 삼아야 했다. 그나마 리투아니아 전체가 폴란드 일부가 되는 일만은 피했다. 리투아니아가 빌뉴스를 되찾는 것은 20여 년 뒤 스탈린이 히틀러와 손을 잡고 폴란드 동부를 점령하면서였다. 하지만 이때에 오면 리투아니아 역시 소련의 지배를 받는 신세였다는 점에서 빌뉴스를 놓고 벌어진 양국의 첨예했던 갈등은 아이러니하게도 스탈린에 의해 양쪽 모두 정복당하고서야 비로소 해결된 셈이다.

적백 내전 초반 레닌의 볼셰비키는 러시아 백군과 폴란드군, 서방 간섭군의 삼면 포위 공격에 한때 모스크바마저 풍전등화에 내몰렸지만 군사혁명위원회 위원장인 트로츠키와 〈붉은 나폴레옹〉이라 불리는 탁월한 전략가 미하일 투하쳅스키Mikhail Tukhachevsky 장군의 활약으로 전세를 뒤엎고 반격에 나섰다. 하지만 볼셰비키 역시 바르샤바 공략에 실패하면서 물러나야 했다. 결국 영국, 프랑스의 중재 아래 폴란드와 평화 협정을 맺었다. 훨씬 큰 우크라이나조차 실패한 독립을 발트 3국이 쟁취할 수 있었던 비결은 단순히 이들이 더 많은 피를 흘려서가 아니라 소련과 폴란드 사이에 위치한 덕분에 얻은 어부지리이기도 했다. 그렇다고 운 좋게 외세에 편승한 덕분이라고 할 수는 없었다. 오히려 도움을 핑계로 접근한 외세가 하나같이 호시탐탐 집어삼킬 기회를 노렸다는 점에서 가장 중요한 것은 이들 스스로 독립을 얻겠다는 강한 열망이었다.

국제 사회는 새로이 탄생한 발트 3국을 당당한 독립 국가로 승인했다. 1921년 9월에는 국제 연맹의 회원국이 되었다. 발트 3국은 비록 뿌리는 다르지만 비슷한 시기에 비슷한 과정을 거쳐 독립을 얻었다. 또한 오늘날 아시아, 아프리카 신생 국가들에서 흔히 보는 독재 체제나 케케묵은 왕정의 부활이 아니라 서구식의 입헌 민주 공화국으로 첫발을 디뎠다. 삼국 모두 당시 가장 근대적이고 진보적으로 일컬어졌던 독일 바이마르 헌법과 스위스의 직접 민주주의 등을 모델로 삼아 헌법은 매우 진보적이고 자유로웠다. 여성들에게도 투표권이 부여되었다. 봉건 잔재와 군국주의가 지배하던 동유럽에서는 보기 드문 모습이었다.

하지만 좋은 시절은 오래가지 않았다. 이상과 현실은 달랐다. 헌법을 만든 사람들은 독재자가 등장하지 못하도록 의회에 권력을 부여했고 대통령은 거의 상징적인 존재였다. 하지만 도리어 군소 정당이 난립하면서 정치적 혼란이 계속되었다. 정권은 대개 1년 이상 지탱하지 못한 채 교체되기 일쑤였고 부패가 판을 쳤다. 국민은 정치인들을 불신했다. 오래지 않아 민주주의 실험은 끝장났다. 그것도 한때 위대한 독립 지도자로 존경받던 이들이 마치 약속이라도 한 듯 차례로 독재자로 둔갑하여 풀뿌리 민주주의를 끝장내고 철권통치를 시작했다.

1926년 리투아니아에서 젊은 장교들이 쿠데타를 일으켜 초대 대통령이자 존경받는 언론인이면서 리투아니아 대학교 교수였던 안타나스 스메토나Antanas Smetona를 지도자로 옹립했다. 몇 년 만에 권좌에 복귀한 그는 이전의 모습과는 달리 의회를 해산하고 독재자가 되어 가족과 심복들을 요직에 앉히는 등 시곗바늘을 거꾸로 돌렸다. 1934년에는 라트비아와 에스토니아도 마치 유행인 양 카를리스 울마니스Kārlis Ulmanis와 콘스탄틴 패츠Konstantin Päts가 각각 철권 독재자로 등극했다. 세 사람 모두 예전에는 민족 계몽과 조국의 독립을 위해 앞장섰으며, 독립을 얻은 뒤 초대 대통령이 되어 문민정부 수립에 기여했다. 임기가 끝난 뒤에는 미련 없이 후임자에게 권력을 넘기는 훈훈한 모습을 보여 주었다. 그때만 해도 발트해의 조지 워싱턴이라 할 만했지만, 뒤늦게 내가 아니면 안 되더라는 권력욕이 도진 셈이었다.

하지만 적어도 스탈린이나 여느 독재자들처럼 빗장을 단단히 걸어 잠그고 나라 전체를 거대한 감옥으로 만들거나 무모한 실험으로 국민을 도탄에 빠뜨리지는 않았다. 서구에서 교육받은 최고의 지식인들이었던 이들은 사치 향락과 자기 우상화에 열을 올리는 대신 조국의 발전에 노력을 기울였다. 발트 3국은 경제적으로 비약적인 성장을 하면서 세상에서 가장 부유한 축에 속했다. 외교적으로는 독일, 소련, 폴란드 사이에 끼인 신세임에도 어느 쪽에도 붙지 않고 중립을 유지했다. 3국을 다 합해 봐야 인구 600만 명도 되지 않는 약소국인 이들로서는 섣불리 외세의 힘을 빌렸다간 대번에 꼭두각시로 전락하여 주권을 잃게 될 게 뻔했기 때문이었다.

그렇다고 이들끼리 뭉치는 일도 없었다. 국경을 맞대고 있다는 것 이외에 아무런 동질감이나 유대 의식이 없었기 때문이었다. 강대국들이 서로를 견제하는 세력 균형이 유지되는 한, 자신들은 완충 지대로 남을 것이므로 걱정할 일은 없다는 것이 그들의 맹목에 가까운 믿음이었다. 발트 3국만이 아니라 역사적으로 협력보다는 투쟁과 대립으로 일관했던 동유럽 국가들의 공통된 모습이기도 했다. 하지만 독소 불가침 조약은 상황을 하루아침에 바꾸어 놓았다. 그토록 서로를 적대하던 두 나라가 손을 잡는 것은 누구도 상상할 수 없던 일이었다. 자신의 목적을 위해서라면 어떤 상식과 규칙에도 얽매이지 않는 히틀러와 스탈린이라는 새로운 유형의 독재자들이었기에 가능한 일이었다. 어쨌거나 20년 동안 유럽 평화를 지탱한 세력 균형은 깨졌다.

독일군이 폴란드 서부를 휩쓸고 있던 1939년 9월 14일 〈오르제우 ORP Orzel〉라는 이름의 폴란드 잠수함이 독일군을 피해 에스토니아로 망명했다. 오르제우는 나흘 뒤 에스토니아를 빠져나와 영국으로 달아났지만, 스탈린은 이를 시빗거리로 써먹었다. 몰로토프는 에스토니아가 중립을 위반했다고 주장하면서 소련군의 주둔을 받아들이라고 요구했다. 그는 국경에 16만 명에 달하는 소련군이 배치되어 있다는 사실 또한 빼놓지 않았다. 만약 에스토니아가 거부한다면 무력으로 정복하겠다는 의미였다. 에스토니아는 사면초가였다. 폴란드가 무너지는 꼴을 강 건너 불구경하는 서방이 도움의 손길을 내밀 가능성은 전혀 없었다.

9월 27일, 에스토니아 정부는 백기를 들었다. 다음 날 2만 5,000명의 소련군이 에스토니아에 진입했다. 다음은 라트비아 차례였다. 똑같은 협박이 있었고 10월 4일 라트비아는 굴복했다. 3만 명의 소련군이 라트비아를 점령했다. 리투아니아의 사정은 좀 더 복잡했다. 히틀러 역시 이전부터 리투아니아를 탐내고 있었기 때문이었다. 몇 달 전 그는 전 세계의 모든 시선이 체코슬로바키아에 쏠려 있는 것을 기회 삼아 리투아니아를 협박하여 옛 프로이센의 땅인 항구 도시 클라이페다Klaipeda를 뜯어냈다. 히틀러는 리투아니아 전체를 스탈린에게 넘기느니, 기회를 봐서 동프로이센과 인접한 리투아니아 남서부라도 차지하겠다는 속셈이었지만 한발 먼저 움직인 쪽은 스탈린이었다.

폴란드가 패망한 직후인 10월 3일, 그는 리투아니아 외무 장관 유오자스 우르브시스Juozas Urbšys를 모스크바로 불러 최후통첩을 보냈다. 빌뉴스를 리투아니아에 돌려주되 소련에 붙을지, 아니면 나치에 점령당할지 양자택일하라는 것이었다. 리투아니아는 소련과 군사 동맹을 맺는 것 자체는 반대하지 않지만 소련군이 들어오는 것은 받아들일 수 없다고 버텼다. 물론 칼을 빼든 스탈린 앞에서는 무의미한 저항에 지나지 않았다. 10월 10일, 2만 명의 소련군이 리투아니아를 점령했다. 리투아니아인들은 오랜 염원인 빌뉴스를 되찾는 대신 주권을 잃었다.

발트 3국은 싸움 한번 해보지 못한 채 차례로 스탈린에게 굴복했다. 이들은 결코 소련의 지배를 환영하지 않았지만, 그동안 군비를 너무나 소홀히 한 데다 이제야 대응책을 마련하거나 저항을 준비하기에는 너무 늦었기 때문이었다. 발트 3국의 군대를 모두 합해도 7만 명 남짓에 불과했다. 그중 에스토니아군이 1만 7,000여 명, 라트비아군이 2만 8,000여 명, 리투아니아군이 2만 4,000여 명 정도였다. 무기와 장비도 구식이었다. 그렇다고 운명을 체념한 채 아예 손을 놓고 아무것도 하지 않은 것은 아니었다. 발트 3국은 중앙은행에 보관된 금 일부를 미국과 영국으로 수송했고 본국이 점령당할 때를 대비하여 서방에 체류 중인 대사에게 유사시 국가 원수로서의 역할을 대신하도록 권한을 부여했다. 여차하면 망명 정부를 수립하기 위함이었다. 하지만 한 수 위였던 소련이 모든 외교관들을 귀국시키라고 집요하게 종용하면서 포기해야 했다.

스탈린은 당장 발트 3국을 소련에 병합하지는 않았다. 소련의 보호 아래 놓되 독립국의 지위만은 보장하겠다는 것이었다. 물론 파국을 반년쯤 늦춘 것에 지나지 않았다. 어차피 이들의 목줄을 쥔 쪽은 스탈린이었다. 프랑스가 독일의 침공으로 파멸에 몰리자 더 이상 거리낄 필요가 없는 그는 본색을 드러냈다. 1940년 6월 15일 43만 5,000명의 병력과 8,000문의 대포, 전차 3,000대, 장갑차 500대가 발트 3국으로 밀고 들어가 단숨에 정복했다. 소련 해군은 아무도 빠져나가지 못하도록 발트해를 봉쇄했기에 폴란드처럼 탈출할 수도 없었다. 그러면서도 강요

발트 3국의 전투 편제(1939. 10)

- **에스토니아군: 총사령관 요한 라이도네르Johan Laidoner 중장**
  - 예하 부대: 제1사단(나르바Narva), 제2사단(타르투Tartu), 제3사단(탈린Tallinn), 제4사단(발가Valga)

- **라트비아군: 총사령관 휴고 로젠스테인Hugo Rozenšteins 소장**
  - 예하 부대: 제1사단(쿠르즈메Kurzeme). 제2사단(비드제메Vidzemes), 제3사단(라트갈레Latgale), 제4사단(젬갈레Zemgale)

- **리투아니아군: 총사령관 빈카스 비트카우사스Vincas Vitkausas 중장**
  - 예하 부대: 제1사단(우크메르게Ukmergė), 제2사단(카우나스Kaunas), 제3사단(플룽게Plungė)

  ※ 괄호는 주둔 지역, 소련 병합 후 에스토니아군은 소련 제22지방소총군단(제180, 제182소총군단)으로, 라트비아군은 소련 제24지방소총군단(제181, 제183소총사단)으로, 리투아니아군은 소련 제29지방소총군단(제179, 제184소총사단)으로 각각 개편되었다.

가 아니라 어디까지나 발트인들 스스로 원한다는 명목으로 형식적인 절차를 거친 다음, 8월 초 〈우호적이고 평화적인 소련의 새로운 식구〉로 승인되었다. 발트 3국의 군대는 명목상 소련군에 편입되었지만, 스탈린에게 끝까지 복종을 거부한 고위 지휘관들을 포함하여 태반이 반혁명 분자로 몰려 처형되거나 시베리아로 끌려갔다. 리투아니아군 총사령관 비트카우사스 장군은 재빨리 매국노로 둔갑한 덕분에 목숨을 건지고 부귀영화를 누렸던 반면, 에스토니아군 총사령관 라이도네르 장군은 수용소에서 죽었고 라트비아군 총사령관 로젠스테인 장군은 수감된 후 독소전쟁이 발발하자 총살당했다.

발트 3국을 철권통치하던 독재자들의 운명도 함께 끝났다. 안타나스 스메토나는 소련군이 수도로 밀고 들어오자 뒤늦게야 〈나는 내 손으로 리투아니아를 볼셰비키의 나라로 만들고 싶지 않다〉라면서 항전을 외쳤다. 하지만 너무 늦은 결단이었고 각료들과 장군들의 비협조로 포기해야 했다. 소련의 꼭두각시가 되기를 거부한 그는 후일을 기약하며 독일로 달아났다. 나중에는 미국으로 건너갔지만, 미국과 소련의 전시 밀월 속에서 나라를 되찾을 방법은 없었다. 루스벨트 행정부는 이 불청객이 소련을 자극할까 봐 푸대접했고 가난에 시달리다 제2차 세계 대전 막바지였던 1944년에 사망했다. 스메토나는 그나마 운이 좋은 편이었다. 다른 두 지도자의 운명은 더욱 비참했다. 울마니스는 권좌를 보장받는 조건으로 스탈린에게 협력하는 쪽을 선택했지만 한 달 만에 쫓겨났다. 러시아의 한 집단 농장에서 일하던 그는 독소 전쟁이 발발하자 체포되었고 1942년 수용소에서 영양실조로 병사했다. 독립만은 용인한다는 스탈린의 약속을 믿었던 패츠 역시 소련군이 에스토니아를 병합하는 순간에야 거짓말임을 깨달았다. 그는 스메토나처럼 미국으로 망명하려다 실패하여 악명 높은 소련 비밀경찰인 NKVD*에 의해 체포되었

* 내무인민위원회를 말한다.

1940년 6월 17일, BT-7 경전차를 앞세우고 ZIS-5 트럭을 타고 라트비아 수도 리가에
진입하는 소련군 행렬. 히틀러와 야합한 스탈린은 자신의 몫으로 인정받은 발트 3국을
집어삼키면서도 서방의 눈치를 보느라 일단 명맥만은 남겨 놓은 다음, 프랑스 패망이 분명한
뒤에야 기다렸다는 듯 행동에 나섬으로써 특유의 신중함과 교활함을 보여 주었다.

다. 패츠와 아들은 모스크바의 정치범 수용소에 수감되었다. 가족들은 시베리아 굴라크로 보내졌다. 전쟁이 끝난 뒤에는 자신이 전직 에스토니아 대통령이라는 〈미친 소리〉를 한다는 이유로 정신 병원에 강제 입원하여 지내다가 1956년 사망했다.

발트 3국을 집어삼킨 스탈린의 다음 목표는 레닌그라드* 북쪽에 있는 동토의 나라 핀란드였다. 위대한 러시아의 부활을 향한 마지막 관문이었다. 하지만 이번에는 호락호락한 싸움이 되지 않을 것이었다. 핀란드 역시 인구 300만 명에 불과한 약소국이지만 발트 3국과는 달리 민주주의를 끝까지 유지했고 스탈린의 야망에 맞서 싸울 준비가 되어 있었기 때문이었다. 무엇보다도 핀란드에는 위대한 지도자가 있었다. 제정 러시아군의 명장이자 독립 전쟁의 영웅이며 핀란드의 〈조지 워싱턴〉인 칼 구스타프 만네르헤임 원수였다.

스탈린, 핀란드를 넘보다

수백 년 동안 스웨덴과 러시아의 틈바구니에 끼인 신세였던 핀란드가 자신들의 나라를 세울 수 있었던 것은 1917년 10월 볼셰비키 혁명의 폭발과 뒤이은 적백 내전 덕분이었다. 차르 체제가 무너진 지 두 달 뒤인 1917년 12월 6일, 핀란드는 독립을 선언했다. 아이러니하게도 의회 표결에서 200명의 의원 중 꼭 절반인 100명만 찬성하고 88명이 반대했다는 점에서 어쩌면 핀란드라는 나라는 탄생하지 못했을지도 모른다. 하지만 신생 핀란드의 앞날은 장밋빛이 아니었다. 영광스러워야 할 독립은 권력을 놓고 우파와 좌파의 피비린내 나는 내전으로 이어졌다. 수도 헬싱키에서 볼셰비키에 호응하는 공산주의자들이 우파 정부에 반대

* 지금의 상트페테르부르크를 말한다.

하여 반란을 일으켰기 때문이었다. 우파 민족주의자들 역시 반란군을 진압하기 위해 군대를 조직했다. 그리고 우파 군대의 지휘를 맡은 사람이 바로 만네르헤임 남작이었다.

만네르헤임은 스웨덴이 핀란드를 통치하던 시절부터 명문을 자랑하던 백작 가문의 셋째 아들로 태어났다. 경제적으로도 매우 부유한 금수저 도련님이었던 그는 상트페테르부르크의 세인트 니콜라스 기병 학교를 졸업한 뒤 제정 러시아군 기병 장교가 되었다. 잘생긴 얼굴과 190cm가 넘는 훤칠한 키 덕분에 니콜라이 2세의 대관식에서는 근위대 장교로 차르의 경호를 맡기도 했다. 러시아어만이 아니라 독일어와 프랑스어, 스웨덴어 등 여러 언어에 능통했고 중국어도 어느 정도 할 수 있었다. 러일 전쟁 당시 만주와 몽골에서 여러 차례 전공을 세웠으며 제1차 세계 대전에서는 근위여단장과 제12기병사단장, 제6기병군단장 등을 역임했다. 10월 혁명 이후 제정 출신의 많은 장교가 볼셰비키로 갈아타거나 반대로 볼셰비키 타도를 외치며 백군에서 싸웠다. 하지만 만네르헤임은 혁명에 동참하기를 거부하고 군대에서 물러나 고향인 핀란드로 돌아왔다. 신생 핀란드의 대통령이었던 페르 에빈드 스빈후부드 Pehr Evind Svinhufvud는 좌파의 위협에 맞서기 위해 유능한 군인인 그를 핀란드 백군 근위대의 총사령관에 임명했다.

내전이 폭발했을 때 절대적으로 불리한 쪽은 우파 진영이었다. 만네르헤임의 백군 근위대는 2만 4,000명에 불과했고 대부분 신병이었다. 무기도 거의 없었다. 반면, 쿨레르보 만네르 Kullervo Manner가 이끄는 핀란드 적위대 Red Guard는 7만 명에 달했다. 또한 핀란드에는 7만 5,000명에 달하는 옛 제정 러시아군이 주둔했다. 이들은 중립을 이유로 핀란드 내전에 직접 끼어들지는 않았지만, 적위대를 은밀히 도와 우파 정권을 타도하라는 레닌의 비밀 지령에 따라 훈련 교관 등으로 활동했다. 수도 헬싱키를 비롯한 알짜배기라 할 수 있는 핀란드 남부는 적위대가, 핀란드 중북부는 만네르헤임의 백군 근위대가 장악한 채 대치했다.

그러나 전세는 빠르게 우파 쪽으로 기울었다. 핀란드에서 공산주의자들의 승리보다 국내의 적을 분쇄하는 쪽이 더 급박했던 레닌은 독일과 재빨리 평화 조약을 맺고 손을 떼버렸다. 만네르헤임에게는 기회였다. 그는 독일과 손을 잡고 대량의 무기를 수입했으며 스웨덴에서 수백여 명의 베테랑 장교들을 모집했다. 특히 제1차 세계 대전 당시 핀란드 출신으로 독일군에서 복무하며 풍부한 전투 경험을 쌓은 〈예거 대대Jäger Battalion〉의 합류는 그의 군대를 크게 강화했다. 4월 12일, 만네르헤임은 독일 발트 사단과 함께 헬싱키 탈환에 나섰다. 연합군은 1만 5,000여 명에 달한 반면, 헬싱키를 지키는 적위대는 7,000여 명에 불과했다. 치열한 전투 끝에 다음 날 수비대 전체가 항복하면서 헬싱키는 만네르헤임의 손에 들어왔다.

일주일 뒤에는 헬싱키 북쪽 약 95km 떨어진 라티Lahti에서 800여 명의 독일군과 3,000여 명의 핀란드군으로 구성된 연합군이 사기가 땅에 떨어진 4만 명의 적위대를 섬멸했다. 연합군의 손실은 수십 명에 불과했던 반면, 3만 명에 달하는 적위대가 포로가 되었다. 대부분은 금방 풀려났지만 수백여 명의 여성 적위대원을 포함한 1만 3,000여 명이 수용소에 수감되었다. 그중 1,000여 명 이상이 고문과 학대를 받고 처형되거나 영양실조로 사망했다. 핀란드 공산당 수장이자 총사령관인 만네르는 언론인 출신으로 혁명가이지 군인이 아니었다. 책상 위에서 펜으로 사람들을 선동하는 일이라면 몰라도 총칼로 싸우는 싸움에서 백전노장의 만네르헤임에게 상대가 될 리 없었다. 4월 29일, 헬싱키 동쪽 200km 떨어진 비푸리*에서 적위대의 마지막 저항이 있었고 1만 5,000여 명이 붙잡혔다. 5월 15일 카렐리야 지협Kareliya Isthmus 남쪽의 이노 요새Fort Ino가 함락되면서 내전은 반년 만에 끝났다. 소련으로 달

* Viipuri. 지금의 러시아 비보르크Vyborg이다.

아난 만네르는 여전히 핀란드 공산당을 이끌면서 후일을 기약했지만 1935년 스탈린에게 숙청되었다. 그는 시베리아의 수용소로 끌려가 중노동에 혹사당하다 4년 뒤 결핵으로 사망했다.

　내전은 짧지만 강렬했고 핀란드에 쉽게 지울 수 없는 상처를 남겼다. 양측은 엄청난 보복과 학살이 자행하여 전체 인구의 1퍼센트가 넘는 3만 6,000여 명이 살해되었다. 시작부터 혹독한 대가를 치러야 했던 핀란드는 처음에는 노르웨이나 스웨덴처럼 입헌 군주제를 선택하려고 했다. 국왕 후보는 독일 호엔촐레른 왕가에서 초빙할 참이었다. 만약 제1차 세계 대전에서 독일의 패배가 좀 더 늦었다면 그렇게 되었겠지만, 그전에 혁명이 폭발하여 독일 제국은 해체되었다. 카이저 빌헬름 2세는 네덜란드로 망명했다. 핀란드인들은 새로운 군주를 찾는 대신, 서구식 의회 민주주의 공화정을 선택했다. 핀란드군 총사령관이자 임시 정부의 수반이었던 만네르헤임도 대통령 선거에 출마했다. 하지만 법률가 출신의 카를로 스톨베리Kaarlo Juho Ståhlberg에 패배하여 낙선했다. 그는 마음만 먹으면 군대의 지지를 등에 업고 쿠데타를 일으켜 정권을 장악할 수도 있었다. 만약 그랬다면 핀란드의 민주 정치는 시작부터 엉망이 되었을 것이다.

　하지만 만네르헤임은 자신의 야심 대신 조국의 안정을 선택했다. 스스로 모든 공직에서 물러난 뒤 일반 시민이 된 그는 핀란드 적십자사 회장과 은행 임원 등 권력과는 무관한 민간 분야에서 활동했고 핀란드의 국부이자 〈핀란드의 조지 워싱턴〉으로 사람들의 존경을 받았다. 민주주의로 시작하여 군부 독재로 변질된 발트 3국이나 여느 동유럽 국가들과 다른 점이었다. 심지어 극우 세력들은 여전히 군부 내에 강력한 영향력을 가지고 있던 만네르헤임에게 쿠데타를 일으켜 독재자가 될 것을 부추기기도 했지만 그는 단호하게 거절했다. 오랫동안 야인으로 지내던 그는 1931년 국방위원회 의장을 맡으면서 10년 만에 군대로 돌아

1918년 5월 18일, 헬싱키에서 승전 퍼레이드를 하는 만네르헤임. 우파가 초반의 수적 열세를 뒤엎고 소련을 등에 업은 좌파 적위대를 단숨에 격파하여 승리를 거둔 것은 독일의 원조도 있었지만 만네르헤임의 조직력과 지도력 덕분이었다. 그는 마음만 먹으면 폴란드의 피우수트스키 장군처럼 철권 독재자가 될 수 있었지만 야심을 내려놓음으로써 핀란드는 제정 러시아에서 떨어져 나온 나라 중에서 가장 먼저 민주주의 정착에 성공했다.

왔다. 2년 후에는 핀란드군 최초의 원수가 되었다. 하지만 명목상의 지위일 뿐 실제로 군권을 쥐고 있었던 것은 아니었다. 위대한 전쟁 영웅인데다 명문 귀족 출신이면서 골수 왕정주의자인 그는 공화주의자들이 보기에 언제 조지 워싱턴에서 나폴레옹으로 둔갑할지 모르는 위험 분자였기 때문이었다.

원래 핀란드가 독립을 위해 투쟁한 상대는 엄밀히 말하여 소련이 아니라 제정 러시아였다. 레닌은 핀란드가 독립을 선언하자마자 승인했고 서구 열강들도 차례로 핀란드와 수교했으며 국제 연맹에도 가입했다. 1920년 10월 14일에는 소련과 타르투 조약Treaty of Tartu을 맺어 국경을 정했다. 조약은 소련이 핀란드에 일방적으로 양보하는 쪽에 가까웠다. 핀란드는 내전 중에 잠시 점령했던 동부 카렐리야의 황무지나 다름없는 레폴라Repola와 포라예르비Porajärvi*를 소련에 반환하는 조건으로 북극해의 얼지 않는 부동항이 있는 페차모Petsamo를 넘겨받았다. 레닌이 핀란드에 관대했던 이유는 그때만 해도 적백 내전의 승패가 결정 나지 않은 상황에서 소련 내 소수 민족들의 환심을 사기 위함도 있었지만, 젊은 시절 망명 생활을 보낸 핀란드에 대한 개인적인 호감 때문이기도 했다. 하지만 소련 강경파들은 제정 러시아의 수도이자 소련 제2의 도시인 상트페테르부르크에서 불과 30여 킬로미터 떨어진 곳에 핀란드가 있다는 데 불만을 드러냈다. 정작 핀란드 극우주의자들은 자국 지도자들이 소련과 야합하여 신성한 영토를 내주었다면서 분노했다. 심지어 이참에 동부 카렐리야 전체를 병합하여 대(大)핀란드를 실현해야 한다는 헛된 구호를 외치기도 했다.

갈등의 여지는 있었지만, 한동안 양국은 평화를 누렸다. 1932년 1월 21일에는 소련과 핀란드 사이에 10년 기한의 불가침 조약이 체결되었다. 레닌의 뒤를 이은 스탈린이 소련의 사회주의화와 자신의 권력

* 지금의 포로소제로Porosozero를 말한다.

강화에만 집중하는 동안에는 핀란드가 걱정할 일은 없었다. 전 세계의 적화를 꿈꾸었던 레닌, 트로츠키와 달리 스탈린은 소련에 철의 장막을 두르고 외부 세상과 단절시켰기 때문이었다. 게다가 1930년대 초반에는 농업 집단화를 강행했다가 소련을 최악의 기근에 몰아넣기도 했다. 자연재해나 서구가 훼방을 놓아서가 아니라 스탈린과 공산당 간부들이 경제에 대해 손톱만큼도 몰랐기 때문이다. 특히 스탈린이 총애하는 엉터리 과학자이자 농업 총책임자였던 트로핌 리센코Trofim Lysenko는 식물들도 마르크스 이념에 따라 계급 투쟁을 한다는 억지를 부리면서 비료와 살충제를 쓰지 못하게 하여 농사를 완전히 망치는 데 일조했다. 그들의 무능함은 자신들이 타도한 니콜라이 2세를 훨씬 능가했고 소련 경제에 끼친 악영향은 국가적 자살행위나 다름없었다. 소련 전역에서 굶어 죽은 사람만 1,000만 명이 넘었다. 그중에서도 가장 큰 고통을 겪어야 했던 쪽은 핀란드와 달리 어영부영하다가 독립 쟁취에 실패한 우크라이나였다. 만약 핀란드가 1919년에 독립하지 못했다면 똑같은 운명을 맞이했을 것이다.

소련을 거의 결딴낼 뻔했던 스탈린은 뒤늦게 자신이 저지른 무모한 실험에 두려움을 느꼈다. 하지만 그렇다고 해서 달라지는 것은 없었다. 그가 내린 선택이 반성과 개혁이 아니었기 때문이다. 자기는 옳았지만, 남들이 지시에 제대로 따르지 않았기 때문이라는 것이었다. 따라서 경제적으로는 조금 완화하되 통제와 억압은 한층 강화했다. 그러면서도 불만 가득한 인민들의 분노를 억누르기에는 여전히 충분하지 않다고 여긴 나머지 더욱 편집광적인 공포와 광기에 사로잡혔다. 그 결과는 〈대숙청Great Purge〉이었다.

스탈린의 눈에는 2억 명에 달하는 소련 인민 전체가 자신을 타도하겠다며 언제 들고일어날지 모르는 잠재적인 위협이었다. 내무인민위원장이자 스탈린의 충복인 니콜라이 예조프Nikolai Yezhov가 이끄는 사냥개들이 움직였다. 그의 이름을 따서 〈예좁시나Yezhovshchina〉*라고도 하는 역사상 전례 없는 정치적 광풍이 소련 전역을 수년에 걸쳐 휩쓸었고 체포와 처형이 남발되었다. 일자무식에 가학주의자였던 예조프는 스탈린을 흡족하게 만들 요량으로 심지어 할당량까지 정해 마구잡이로 사람들을 잡아들였다. 그의 과잉 충성은 소련을 한동안 마비시켰다. 나중에는 스탈린조차 부담스러울 정도였는데, 결국 그 자신도 처형당하게 된다.

스탈린의 칼날이 마지막으로 향한 곳은 군부였다. 군부는 스탈린 체제를 지키는 방패로서 한동안 숙청의 성역으로 취급받았지만 더 이상 예외가 아니었다. 다섯 명의 원수 중 세 명이 총살된 것을 비롯하여 15명의 군사령관 중 13명이, 아홉 명의 제독 중 여덟 명이, 57명의 군단장 중 50명이, 186명의 사단장 중 154명이 처형되거나 유배지로 끌려갔다. 최근 연구에 따르면, 실제로 피해를 본 장교는 전체의 10퍼센트 미만에 불과했고 그나마도 상당수는 나중에 복권되었다고 한다. 그러나 중요한 사실은 소련군 전체에 스탈린을 향한 지울 수 없는 공포심을 뼛속 깊이 박아 넣었다는 점이었다. 특히 소련군 지휘부는 수년 동안 회복하기 어려울 만큼 풍비박산되었다. 스탈린에게 가장 위협적인 존재였기 때문이었다. 빈자리는 운 좋게 칼날을 피한 후임자들로 채워졌지만 대부분 그 직위를 떠맡기에 경험과 훈련이 부족했다. 더욱이 이들은 불운한 동료들이 끌려가는 모습을 보면서 겁에 질렸다. 군기는 땅에 떨어지고 보신주의와 눈치 보기가 만연했으며 소련군의 고질병인 규율 위반과 음주 문제는 한층 도를 더했다.

평생 스탈린을 따라다녔던 병적인 의심증은 소련 내부에만 국한되지 않았다. 스탈린은 권력을 잡은 순간부터 제정 러시아 시절의 영광에 매달렸다. 1930년 6월 29일, 제16차 소련 공산당 중앙정치국 회의에서

* 러시아어로 〈예조프의 시대〉라는 뜻이다.

스탈린은 〈우리는 남의 영토를 한 치도 원치 않는다. 하지만 우리 영토를 단 한 치도 남에게 양보하지 않을 것이다〉라고 선언했다. 액면 그대로만 본다면 당연한 얘기지만 문제는 그가 말하는 〈우리 영토〉가 정확히 무엇을 의미하느냐였다. 역사적으로 단 한 번이라도 제정 러시아의 일부였고 10월 혁명 이후에 떨어져 나갔다면 이유 여하를 막론하고 무조건 소련 땅으로 간주하겠다는 것이었다. 핀란드만 해도 제정 러시아보다 스웨덴의 지배를 받은 시간이 훨씬 길었음에도 말이다. 한마디로 어디까지가 소련의 영토이고 어디는 그렇지 않은지 자신이 정한다는 얘기였다. 이들이 언제 어떻게 제정 러시아에 들어왔으며, 다시 소련에 편입되기를 원하든 원치 않든 그건 알 바 아니었다. 스탈린이 보기에 발트 3국과 핀란드는 차르 시대의 찌꺼기들이 모여 만든 나라였고, 레닌이 막지 않고 내버려둔 것 자체가 잘못이었다.

게다가 히틀러가 오스트리아, 체코슬로바키아를 차례로 집어삼키고 동쪽으로 점점 세력을 확대하자 스탈린의 강박증은 더욱 심해졌다. 언젠가 독일의 총부리가 소련으로 향할 것이므로 이에 대비해야 한다는 것이었다. 그가 보기에 특히 핀란드가 문제였다. 핀란드는 탄생할 때부터 독일과 밀접한 관계를 유지한 나라였고 지도부에는 친독 인사들이 많았다. 스탈린은 핀란드가 독일과 손을 잡고 레닌그라드를 넘볼지 모른다고 의심했다. 그는 이미 1935년부터 만약에 대비한다는 핑계로 핀란드로 향하는 군용 철도를 건설하고 있었다. 여차하면 군대와 물자를 보내 핀란드를 침공하기 위함이었다. 실제로 평화를 깨뜨리는 쪽은 핀란드가 아니라 스탈린이었지만 언제나 그렇듯 그는 자신의 의심이 항상 합리적이며 소련의 안전을 위협할 수 있다는 사실만으로도 용서받지 못할 〈죄악〉이었다. 그게 사실이냐 아니냐 따위는 중요하지 않았다.

1938년 4월, 스탈린은 드디어 본색을 드러냈다. 그는 핀란드에 레닌그라드 방위를 명목으로 카렐리야 지협 남부에서 서쪽으로 30km 물러날 것과 국경 요새를 모두 파괴할 것, 핀란드만의 섬 네 곳을 내놓으라고 협박했다. 그 대신 레폴라와 포라예르비를 돌려주겠다는 것이었다. 핀란드는 단호히 거절했다. 6년 전 맺은 불가침 조약 위반일뿐더러, 아무런 증거도 없이 편집광적인 의심만으로 자신들을 독일의 끄나풀로 취급하는 스탈린의 위협은 날강도나 다름없는 소리였다. 핀란드인들이 보기에 자국민을 상대로 테러를 저지르는 소련은 제정 러시아 이상으로 야만적이고 믿을 수 없었다. 더욱이 스탈린의 진짜 목적은 약소국을 상대로 한 뼘의 땅을 뜯어내는 게 전부가 아니었다. 그는 역사상 최대 판도를 자랑했던 제정 러시아 시절의 제국을 회복할 속셈이었다. 하지만 스탈린은 어리석게도 대숙청에 혈안이 되어 만네르를 비롯한 소련에 망명한 핀란드 공산주의자들까지 반역자로 몰아 모조리 숙청했다. 핀란드에서 친소 여론을 선동하고 혼란을 조장할 수 있는 비장의 수단을 자기 손으로 폐기 처분한 셈이었다.

의외로 소련에 양보해야 한다고 생각한 쪽은 만네르헤임이었다. 어차피 핀란드의 빈약한 군사력으로는 소련군의 침공을 막아 낼 수 없는 이상 차라리 스탈린과 타협하는 쪽이 군사적인 측면이나 핀란드의 장래를 위해 불가피하다는 판단이었다. 하지만 강경파들의 입장은 단호했다. 소련과의 거래는 없다는 것이었다. 핀란드 정부는 스웨덴에 접근하여 도움을 호소했지만 제 나라에 불똥이 튀기를 원치 않았던 스웨덴 정부는 냉랭하게 거절했다. 시간이 흐르면서 상황은 점점 핀란드에 불리해졌다. 1939년 8월, 독일과 소련이 불가침 조약을 선언하고 폴란드를 협공하여 나누어 먹었다. 이때만 해도 핀란드인들은 태평했다. 그동안 스탈린이 독일의 위협을 핑계로 내세웠다는 점에서 독일과 소련의 화해가 자신들에게 나쁠 게 없다고 여겼기 때문이었다. 하지만 이들은 설마하니 두 악마가 추악한 뒷거래를 한 줄은 생각지도 못했다. 히틀러가 발트해 전체를 소련의 세력권으로 인정한 것이었다. 히틀러의 양해를 얻어 낸 스탈린은 어영부영하지 않았다. 발트 3국을 보호국으로 만든 그는 다음으로 핀란드에 칼을 겨누었다.

폴란드가 패망하기 하루 전날인 1939년 10월 5일, 핀란드에 모스크바로 협상단을 보내라는 통첩이 떨어졌다. 그제야 핀란드인들은 발등에 불이 떨어진 격이었다. 협상이 시작되었다. 스탈린의 논리는 핀란드가 제아무리 중립을 운운한들, 어차피 약소국은 선택의 여지가 없으며 결국에는 소련의 적과 손을 잡을 것이 뻔하므로 그전에 예방 조치를 취할 수밖에 없다는 것이었다. 핀란드로서는 억지나 다름없는 소리였지만 스탈린의 입장이 워낙 완강하여 히틀러조차 소련과 타협할 것을 종용했을 정도였다. 그 와중에도 핀란드 지도부는 은근히 낙관하고 있었다. 예전에 소련과 맺은 불가침 조약의 유효 기간이 아직 남아 있기에 설마하니 당장 전쟁까지 가지는 않을 것이라는 생각이었다. 스탈린에 대한 몰이해였다. 스탈린은 자기가 필요할 때만 조약을 존중했다. 그렇지 않으면 종이 한 장 이상의 가치조차 없다고 여기는 인간이었다.

상황이 일촉즉발로 흐르는 와중에도 핀란드인들의 관심사는 어이없게도 전쟁 준비가 아니라 다음 해 헬싱키에서 열릴 하계 올림픽 준비였다. 독립 이후 20여 년에 걸친 평화를 누린 탓이었다. 군사력은 형편없었고 빈약한 재정으로는 당장 재무장에 나설 수도 없는 처지였다. 국경의 방어 태세도 미흡했다. 1,340km에 달하는 핀란드-소련 국경을 통틀어 유일하게 요새화된 곳은 레닌그라드 맞은편 카렐리야 지협 안쪽에 건설된 150km 길이의 〈만네르헤임 라인Mannerheim Line〉이었다. 물론 공식적인 명칭은 아니고 서방 언론에서 핀란드군의 상징인 만네르헤임의 이름을 따서 임의로 붙인 것이었다.

그러나 만네르헤임 라인은 프랑스의 마지노 라인처럼 적의 어떤 공격도 막아 내기 위한 난공불락의 요새와는 거리가 멀었다. 철근과 콘크리트 대신 참호와 목재로 장애물을 형성한 것이 전부였고 화력도 매우 빈약했다. 북극권 날씨와 특유의 지형지물을 이용하여 적군의 진격을 늦추겠다는 일종의 종심 방어선이었다. 핀란드는 프랑스보다 훨씬 가난한 나라였기 때문이었다. 지금이야 북유럽의 복지 대국이며 세계에서 가장 행복한 나라로 손꼽히지만, 당시만 해도 인구의 대부분은 어업과 농업에 종사했고 울창한 삼림 이외에 변변한 자원도 없는 빈국이었다. 그러나 막상 실전에서 제 역할을 한 것은 값비싼 마지노 라인이 아니라 훨씬 저렴했던 만네르헤임 라인이었다. 만네르헤임 라인이 마지노 라인을 능가하는 철벽의 방어선이라서가 아니라 총사령관 만네르헤임의 유연한 전술과 핀란드인들의 애국심 덕분이었다.

핀란드 정부는 스탈린의 요구를 끝까지 거부하고 만약을 위해 부분 동원령을 선포하는 한편, 스칸디나비아반도 국가들과 접촉하여 상호 방위 조약을 제안했지만 실패했다. 어느 나라이건 무익한 싸움에 휘말리기를 원치 않았다. 중립을 지키면서 날벼락이 자신들을 알아서 피해 가기를 바랄 뿐이었다. 하지만 스웨덴을 제외하고 모조리 독일, 소련 양편에 의해 짓밟히게 될 줄 알았다면 전쟁을 남의 일처럼 태평스럽게 여기지 못했을 것이다. 스탈린은 고분고분했던 발트 3국과는 대조적인 핀란드인들의 〈깡〉에 놀랐지만 그렇다고 봐줄 생각은 없었다. 11월 3일, 몰로토프는 순순히 말을 듣지 않는 핀란드인들을 향해 이렇게 말했다. 〈민간 관료들이 문제를 해결하려 했지만 실패했소. 이제는 무력으로 해결할 차례요.〉 최후통첩이었다. 열흘 후 핀란드 대표단은 모스크바에서 철수했다. 협상은 실패했다. 이제는 소련군이 나설 차례였다.

만네르헤임, 지휘봉을 잡다

10월 5일부터 모스크바에서 시작된 협상은 한 달 내내 절충점을 찾지 못한 채 11월 13일 결렬되었다. 소련은 핀란드가 카렐리야 남부의 국경을 30km 북쪽으로 옮길 것과 헬싱키 서남쪽 110km 떨어진 핀란드 최남단의 항코Hanko 항구를 30년 동안 임차할 것 등 전략적으로 중요한 영토의 할양과 대여를 요구했다. 그리고 대가로 동부 카렐리야에서 5,527km²의 땅을 넘겨주겠다고 제안했다. 단순히 땅의 크기만 비교한다면 핀란드에 반드시 손해라고만 할 수는 없었다. 그러나 군사적으로나 경제적 가치로 본다면 얘기가 달랐다. 게다가 소련이 제시하는 영토에는 많은 러시아계 주민이 살고 있어 핀란드인들과의 분쟁을 초래할 것이 뻔했다는 점에서 스탈린이 내미는 독배를 무턱대고 받아들일 수는 없었다. 실제로 체코슬로바키아에서는 자치를 요구하는 독일계 주민들 때문에 히틀러의 개입을 불러오지 않았던가.

무엇보다도 핀란드인들은 소련의 목적이 단순한 영토 거래가 아니라 핀란드의 독립 자체를 위협하는 것이라고 의심했다. 나중에 소련에 우호적인 일부 학자들은 스탈린 입장에서 충분히 합리적인 제안이었음에도 핀란드인들이 자존심을 내세워 고집을 부리는 바람에 불필요한 전쟁으로 이어졌다고 주장했다. 하지만 주변국들 입장에서 스탈린은 도무지 믿을 만한 인간이 아니었다. 스탈린의 요구를 순순히 받아들였던 발트 3국이 결국 어떤 운명에 처했는지를 생각한다면 핀란드인들의 경계심은 당연했다. 문제는 히틀러만큼이나 난폭하고 탐욕스러워 온 세상의 신뢰를 잃은 스탈린의 평소 소행에 있지, 그를 못 믿은 핀란드인들에게 있는 것이 아니었다.

자신이 제법 관대하다고 여겼던 스탈린은 뜻밖에도 핀란드가 거부하자 깜짝 놀랐지만, 어차피 상관없었다. 말로 안 되면 몽둥이였다. 그의 참모들은 진작부터 핀란드 침공을 위한 계획을 짜고 있었다. 협상이 아직 진행 중이던 11월 초에 크렘린에서 레닌그라드 군구 사령관 키릴 메레츠코프Kirill Meretskov 장군의 주최로 〈핀란드 해방〉을 위한 회의가

열렸다. 국방정치위원회 부위원장* 그리고리 쿨리크Gregory I. Kulik는 소
련군 포병 총사령관인 니콜라이 보로노프Nikolay Voronov 장군에게 핀란
드를 점령하는 데 어느 정도 시간이 걸리겠느냐고 물었다. 스페인 내전
과 할힌골 전투, 폴란드 침공 등 굵직굵직한 전투에서 수없이 전공을 쌓
아 두 번이나 최고 훈장인 적기 훈장을 받은 베테랑 지휘관인 그는 〈저
로서는 두세 달 안에 해결될 수 있으면 만족스러울 겁니다〉라고 솔직
히 대꾸했다. 참석자들은 너무 신중하다면서 비웃었다. 쿨리크는 잘라
서 말했다. 〈보로노프 장군, 당신은 길어도 12일 안에 작전을 끝내야 할
거요.〉 신중론자 중에는 메레츠코프도 있었다. 소련군에서 가장 유능한
장군 중 한 사람이자 독소 전쟁에서 명성을 떨치게 되는 그는 핀란드의
지형이 울창한 숲과 늪, 호수로 되어 있어 소련군이 자랑하는 기계화 부
대를 운용하기 어렵다고 우려했다. 총참모장 보리스 샤포시니코프Boris
Shaposhnikov 장군 역시 충분한 화력과 병참 준비가 필요하다고 주장했다.

하지만 소련에서 작전의 결정권은 장군들에게 없었다. 대숙청 이
후 장군들은 스탈린의 눈치를 보며 목숨을 부지하기에도 급급한 처지
였다. 한 달 뒤인 12월 21일은 스탈린의 60세 생일이었다. 스탈린을 기
쁘게 하려면 그전에 승리해야 했다. 준비 시간이 촉박하다는 사실은 알
바 아니었다. 선전선동부 위원장 안드레이 즈다노프Andrei Zhdanov는 스
탈린에게 아첨할 요량으로 소련 최고의 작곡가로 알려진 드미트리 쇼
스타코비치Dmitrii Shostakovich에게 헬싱키 점령 후 개선식 때 사용할 붉은
군대의 행진곡을 만들라고 지시했다.

10월 말부터 양국 국경에는 전운이 감돌았다. 레닌그라드 전역에
서 청년들이 강제 징집되었다. 거리 여기저기에는 입대를 부추기는 선
전 문구가 걸려 있었다. 〈핀란드가 너희를 방문하기 전에 너희가 핀란
드를 방문하라.〉 핀란드 역시 부분 동원령을 선포하고 예비군을 소집하

* 국방 차관에 해당한다.

196

여 군사 훈련을 시작하는 한편, 만네르헤임 라인의 정비에 나섰다. 하지만 독기가 가득 오른 핀란드인들이 용맹스러운 바이킹의 후예답게 만반의 대비를 한 채 소련군이 오기만 기다리고 있었을 것이라고 여긴다면 엄청난 착각이다. 오랜 평화에 익숙해진 그들은 스탈린이 무리한 욕심을 부리기는 하지만 설마하니 진짜로 전쟁까지 가지는 않을 것이라고 여겼기 때문이었다. 협상이 결렬되고 대표단이 빈손으로 돌아온 뒤에도 긴장이 고조되기는커녕 오히려 분위기는 한층 해이해졌다. 국경 마을들은 일상으로 돌아왔고 학교가 다시 문을 열었다. 11월 26일, 국경 마을인 마이닐라Mainila 인근에서 소련군이 침공의 빌미를 위한 자작극을 벌이기 직전만 해도 핀란드는 그동안의 동원령을 해제하고 예비군을 집으로 돌려보낼 참이었다.

　평화가 깨진 것은 한순간이었다. 이날 소련 매체들은 국경수비대가 정체불명의 포격을 받아 네 명이 죽고 아홉 명이 다쳤으며, 핀란드군의 도발이 분명하다고 주장했다. 핀란드는 그 주변에는 자국 포병 부대가 없다면서 억지라고 일축했다. 나중의 연구 결과에 따르면, 스탈린의 비밀경찰인 NKVD의 지시에 따라 제221포병연대에서 의도적으로 인근의 아군에게 포격을 퍼부은 것이었다. 전쟁의 빌미를 만들기 위해 자작극을 벌이는 행태는 상투적인 방식이지만 목적을 위해 아군을 공격하는 것은 그야말로 상식 밖이자 스탈린이 아니고서는 감히 생각할 수 없는 만행이었다. 히틀러만 해도 폴란드 침공을 위해 〈글라이비츠 사건Gleiwitz incident〉을 조작하면서 강제 수용소의 폴란드인 정치범들을 써먹었으니 말이다.

　어쨌거나 소련은 기다렸다는 듯 핀란드를 향해 최후통첩을 보냈다. 핀란드의 공식 사과와 함께 국경 지대에 배치된 병력을 25km 후퇴시키라는 것이었다. 핀란드 정부는 억울함을 토로하면서 합동 조사단을 구성하여 조사할 것을 제안했다. 물론 스탈린에게는 씨알도 먹히지 않을 소리였다. 11월 28일, 몰로토프는 소련-핀란드 불가침 조약의 파기와 국교 단절을 선언했다. 겨울 전쟁의 시작이었다. 다음 날 아침 국경 전 지역을 따라 대규모 포격이 쏟아졌다. 같은 시간 레닌그라드 남쪽 시베르스카야Siverskaya 비행장에서 출격한 제35쾌속폭격기연대 소속 SB-2폭격기 6대가 헬싱키로 향했다. 그중 3대는 기상 불량으로 되돌아갔지만, 나머지 3대가 헬싱키 상공에 나타나 도심지에 폭탄을 떨어뜨렸다. 민간인 세 명이 죽고 아홉 명이 다쳤다. 스페인 게르니카와 폴란드 바르샤바, 그리고 앞으로 서유럽에서 독일 공군이 보여 주게 될 전략 폭격을 고스란히 모방한 것이었다. 수도만이 아니라 핀란드군의 비행장과 군사 시설들도 폭격당했다. 핀란드군은 지상에서 대공포 사격을 퍼부었지만 한 대도 격추하지 못했다.

소련군의 전면 침공은 핀란드인들에게는 날벼락이나 다름없었다. 침공군은 레닌그라드 군구 산하 4개 군 21개 사단 45만 명, 전차 3,200대, 항공기 2,500대에 달했다. 소련군의 침공은 세 방향이었다. 주공인 제7군이 카렐리야 지협의 제압을 맡았고 야포 1,500문, 전차 1,400대, 항공기 1,000대에 달하는 전력을 지원받았다. 이들에 맞설 핀란드군은 제2군단 산하 4개 사단 및 1개 여단 2만 6,000명, 대포 71문, 대전차포 29문이 전부였다. 또한 소련 제8군과 제9군이 핀란드 중부의 침공을 맡았고, 제14군이 최북단에서 페차모를 장악하여 스웨덴, 노르웨이와의 통로를 차단할 참이었다. 소련군 병사들은 사기충천했다. 장비는 현대적이었으며 최신 대포와 전차, 항공기로 기계화되어 있었다. 소총조차 부족한 핀란드군은 안중에도 없었다. 소련군 지휘부는 폴란드에서 독일군이 보여 준 것처럼 속전속결로 승리를 거두겠다며 자신만만했다.

12월 1일에는 레닌그라드 북쪽 50km 떨어진 국경 마을인 테리조키Terijoki*에 오토 빌레 쿠시넨Otto Wille Kuusinen을 수장으로 하는 핀란드

* 지금의 젤레노고르스크Zelenogorsk를 말한다.

198

민주공화국이 수립되었다. 핀란드 내전 당시 핀란드 적위대 간부였던 쿠시넨은 소련으로 망명한 핀란드인들 중에서 스탈린의 숙청을 피했던 몇 안 되는 사람 중 하나였다. 비록 마지막까지 조국으로 돌아와 그토록 원하던 권력을 되찾을 수는 없었지만, 전쟁이 끝난 뒤에도 소련에서 부귀영화를 누리며 스탈린 사후까지 목숨을 부지한 행운아였다.

스탈린과 심복들은 싸움을 시작하기도 전에 이겼다면서 샴페인부터 터뜨렸다. 하지만 너무나 안이한 생각이었다. 수령의 생일에 맞추어 화려한 개선식을 치르겠다는 데 급급한 나머지, 작전은 졸속이었고 병력 배치는 완료되지 않았다. 병참 준비도 불충분했다. 가장 큰 실수는 핀란드의 겨울을 너무 과소평가했다는 사실이었다. 소련군 병사들은 지난 수년을 통틀어 최악의 동장군을 만나게 될 참이었다. 한 세기 전 나폴레옹 병사들이, 2년 뒤에는 독일군이 모스크바 교외에서 겪는 것보다 훨씬 지독한 겨울이었다. 게다가 침공 부대 상당수는 추위에 이골 난 시베리아 출신이 아니라 머릿수를 맞추기 위해 따뜻한 남쪽에서 끌려

소련 핀란드 침공군 전투 서열(1939. 11)

• **총사령관: 국방인민위원장 클리멘트 보로실로프Kliment Voroshilov 원수**

• **레닌그라드 군구: 사령관 키릴 메레츠코프Kirill Meretskov 상장**

- 제7군(카렐리야 남부 방면): 사령관 브세볼로드 야코블레프Vsevolod Yakovlev 중장
  · 제19소총군단(4개 사단), 제50소총군단(4개 사단), 제10기갑군단(3개 여단), 제138소총사단

- 제8군(라도가 호수 북부 방면): 사령관 이반 하바로프Ivan Khabarov 중장
  · 제1소총군단(2개 사단), 제56소총군단(4개 사단), 제34기갑여단

- 제9군(핀란드 중부): 사령관 미하일 두하노프Mikhail Dukhanov 중장
  · 제47소총군단(제44소총사단, 제163소총사단, 제54산악사단)

- 제14군(핀란드 북부): 사령관 발레리안 프롤로프Valerian Frolov 중장
  · 제14소총사단, 제52소총사단, 제104산악사단

온 우크라이나 출신들이었고 동계 훈련을 전혀 받지 않았다. 그 대가는 오래지 않아 호되게 치르게 된다.

핀란드인들로서는 독립 이래 처음으로 겪는 국난이었고 전혀 예상치 못한 일이었다. 뮌헨 회담 이후 중부 유럽에서 전운이 감도는 와중에도 전쟁은 자신들과 무관하다고 여겼기 때문이었다. 급히 소집된 병사들은 군복과 소총조차 받지 못한 채 집에서 입고 온 민간인 복장 그대로 최전선으로 향했다. 이들이 대규모 중포와 항공기의 지원을 받으며 전차 부대를 앞세운 소련군의 공세를 막을 수 있을 것으로는 보이지 않았다. 소련과의 전쟁은 없을 것이라고 장담했던 카얀데르 내각은 총사퇴했다. 새로운 총리는 쉰 살의 리스토 뤼티Risto Ryti였다. 법률가이자 사업가 출신인 그는 맹목적인 낙관이나 패배주의에 사로잡히기보다 핀란드가 살아남기 위한 현실적인 대안을 찾아야 한다고 주장했다. 퀴외스티 칼리오Kyösti Kallio 대통령은 소련군의 전면 침공이 시작된 11월 30일, 만네르헤임 원수에게 핀란드군의 총지휘봉을 맡겼다.

이미 일흔두 살의 고령이었던 그는 야전에 나서기에는 너무 늦은 나이였지만 풍전등화의 조국을 구하기 위해 자신의 의무를 받아들이기로 했다. 그는 딸에게 보내는 편지에 이렇게 썼다. 〈나는 내 나이와 건강을 고려하여 총사령관이라는 책임을 원치 않았지만, 공화국 대통령과 정부의 요청에 굴복할 수밖에 없었다. 이제 나는 내 인생에서 네 번째 전쟁을 치러야 한다.〉

만네르헤임이 제일 먼저 병사들을 향해 호소한 말은 죽음으로써 나라를 지키라는 것이었다. 전황은 매우 불리했다. 기갑 전력이라고는 제1차 세계 대전에서 사용했던 프랑스제 르노 FT-17 경전차와 탱켓, 영국제 비커스 6T 경전차 등 퇴물이나 다름없는 경전차 30여 대가 전부였고 항공기 역시 낡은 복엽기 150여 대를 보유했을 뿐이었다. 그중 최신형 전투기는 네덜란드제 포커 D.XXI 단엽 전투기 40대였다. 하지

개전 직후 소집된 핀란드 병사들의 모습. 병사의 1/3이 군복조차 받지 못한 채 민간인 복장에
집에서 가져온 외투를 입고 사냥용 총으로 무장했다. 정부의 허술한 군비에 분노한 병사들은
자신들의 복장에 총리였던 아이모 카얀데르Aimo Kaarlo Cajander의 이름을 따서 〈카얀데르
제식model Cajander〉이라는 별명을 붙였다. 국민과 병사들은 다른 나라들이 경쟁적으로
군비 증강에 나서는 와중에도 농업 교수 출신의 유약한 총리가 국방 투자를 게을리한
탓이라고 생각했지만 실제로는 전임자들의 잘못이 더 컸다.

만 1936년에 개발된 이 전투기는 830마력 엔진을 탑재하고 최고 속력이 460km/h에 불과한 한 세대 이전의 기체였다. 반면, 소련 공군의 주력 기체인 I-16 단엽 전투기는 1,100마력 엔진을 탑재하고 490km/h의 속도로 비행할 수 있었다. 영국의 스피트파이어나 독일의 Bf-109와 같은 무시무시한 서방제 최신 전투기에 비할 수는 없어도 핀란드의 구닥다리 전투기들을 제압하기에는 충분할 것으로 보였다.

핀란드 해군은 1920년대 말에 자국에서 건조한 배수량 3,900톤급 해방함 2척과 500톤급 소형 잠수함 5척, 300톤급 포함 5척, 어뢰정 7척 등 전형적인 연안 해군이었다. 소련 발트 함대가 마음만 먹으면 단숨에 쓸어버릴 판국이었지만 다행스럽게도 발트해가 얼어붙는 겨울이었기에 양측 해군의 손발이 공평하게 묶였다. 최일선에는 소규모 국경수비대와 급히 소집된 장년의 예비역, 신병들이 전차를 앞세우고 밀고 들어오는 소련군을 맨주먹으로 막아야 했다. 하지만 강점도 있었다. 만네르헤임에게는 30만 명의 예비군이 있었다. 핀란드인들은 현지 지형에 익숙했고 강인한 끈기를 갖추었다. 또한 대부분 별다른 훈련 없이도 일급 사냥꾼일 만큼 총기를 잘 다루었다. 추위에도 소련군보다 훨씬 잘 단련되어 있었으며 스키에 능숙했다. 무엇보다 최고의 우군은 핀란드의 겨울이었다. 소련군은 최악의 조건을 선택했다.

소련군은 핀란드군을 얕본 나머지 무턱대고 병력을 밀어 넣는 데 급급하여 겨울 준비와 현지 정찰을 게을리했다. 포장된 도로가 거의 없는 핀란드의 험준한 지형은 메레츠코프가 경고했던 대로 소련군이 기계화 부대를 운용하는 데 심각한 장애물이었다. 게다가 혹독한 추위가 시작되면서 일부 부대는 국경을 넘기도 전에 10퍼센트가 동상에 걸렸다. 이 와중에도 소련 수뇌부의 관심사는 핀란드군의 저항이 아니라 너무 빨리 진격하여 스웨덴 국경을 넘을까 하는 일이었다.

11월 30일, 진격이 시작되었을 때 소련군의 방식은 1939년 폴란

겨울 전쟁 발발 당시 핀란드군 전투 서열(1939. 11)

- **총사령관: 칼 구스타프 에밀 만네르헤임Carl Gustaf Emil Mannerheim 원수**

- **지협 야전군Army of the Isthmus: 사령관 휴고 외스터만Hugo Österman 중장**
  - 제2군단(카렐리야 지협 서부): 군단장 하랄드 외흐퀴스트Harald Öhquist 중장
    - · 예하 부대: 제1사단, 제4사단, 제5사단, 제11사단
  - 제3군단(카렐리야 지협 동부): 군단장 에리크 하인리히Erik Heinrichs 소장
    - · 예하 부대: 제8사단, 제10사독립

- **독립 제4군단(라도가 호수 방면): 군단장 유호 헤이스카넨Juho Heiskanen 소장 →
  볼데마르 헤글룬드Woldemar Hägglund**
  - 예하 부대: 제12사단, 제13사단

- **북부 핀란드 집단: 사령관 빌요 투옴포Wiljo Tuompo 소장**
  - 라플란드 집단(핀란드 북부): 사령관 쿠르트 마르티 발레니우스Kurt Martti Wallenius 소장
    - · 예하 부대: 4개 독립 대대, 3개 독립 중대
  - 북부 카렐리야 집단(핀란드 중부): 사령관 에르키 라파나Erkki Raappana 중령
    - · 예하 부대: 3개 독립 대대 및 1개 독립 중대

- **총사령부 예비**
  - · 제6사단, 제9사단, 야전보충여단

드 침공 당시 독일군의 전격전을 그대로 흉내 낸 것이었다. 국경 전역에 걸쳐 야포들이 일제히 불을 뿜고, 하늘에는 항공기의 엄호 아래 수백 대의 전차들을 앞세운 보병들이 전진했다. 핀란드를 단숨에 집어삼킬 기세였다. 카렐리야 지협에서 20만 명에 달하는 소련군이 공격에 나섰다. 최일선에 배치된 핀란드군은 2만 3,000명에 불과했다. 제대로 된 대공 무기나 대전차 무기도 없었고 탄약과 연료는 두 달분도 되지 않았다. 그러나 핀란드군은 소련군의 생각보다 훨씬 만만찮은 적수였다. 이들은 침략자들에게 순순히 굴복할 생각이 없었다. 한 핀란드 병사는 이렇게 말했다. 〈우리는 너무 적고 저들은 아주 많다. 우리는 어디에다 저놈들

을 모조리 묻어 버릴 수 있을까?〉

핀란드군은 국경에서 결전을 벌이는 대신 지연전을 펼치면서 조금씩 물러났다. 이들은 소련군이 자랑하는 경전차들이 생각보다 그리 강하지 않다는 사실을 금방 깨달았다. 대전차 무기가 거의 없었고 대전차 훈련 또한 받지 못했지만, 소련 전차 앞에서 우왕좌왕하는 대신 술병에 휘발유와 알코올, 네이팜 같은 가연성 액체를 담고 천으로 만든 심지에 불을 붙여 소련군 전차에 던졌다. 이 원시적인 화염병에는 소련 외무인민위원장인 몰로토프의 이름을 따서 〈몰로토프 칵테일Molotov cocktail〉이라는 조롱 섞인 별명이 붙었다. 소련군 전차들은 화력과 장갑이 빈약했다. 특히 소련제 가솔린 엔진은 화염병 공격에 취약하여 쉽게 불덩어리가 되었다. 또한 핀란드제 20mm Lahti L-39 대전차 소총은 T-26 경전차와 BT 경전차의 얇은 장갑을 간단히 관통했다. 소련군은 일주일만에 80여 대의 전차를 잃었다. 여기에 영하 40도를 넘나드는 추위는 소련군을 얼어붙도록 만들었다. 이제 핀란드군이 반격할 차례였다.

카렐리야의 혈전

스탈린이 전쟁을 벌이기에 좋은 날을 놔두고 하필 겨울이라는 최악의 시기를 고른 이유는 히틀러의 마음이 바뀌기 전에 최대한 많은 영토를 집어삼켜야 한다는 강박증 때문이었다. 또한 자신이 육성한 소련군이 오합지졸의 대명사였던 제정 러시아군과는 전혀 다르다는 자신감이기도 했다. 실제로 반년 전 소련군은 극동에서 일본군을 대파하여 세계를 놀라게 했다. 중포와 전차, 항공기를 앞세운 소련군의 입체적인 공세 앞에서 일본 관동군 제6군은 괴멸적인 타격을 입었다. 병사들은 곳곳에서 포위된 채 옥쇄를 강요당했다. 특히 주력이었던 제23사단은 전 병력의

70퍼센트를 잃었다. 사단장 고마쓰바라 미치타로(小松原道太郎) 중장은 자기만 살자고 부하들을 버리고 달아났을 정도였다. 얼마나 호되게 당했는지 일본은 두 번 다시는 시베리아를 넘보지 않았고 소련과 중립 조약을 맺은 후 동쪽으로 눈을 돌리게 된다. 진주만 기습이었다. 소련은 비로소 러일 전쟁의 악몽에서 벗어날 수 있었다. 하지만 스탈린은 중요한 사실 하나를 망각했다. 그 승리는 일본군의 자만심, 그리고 소련군의 지휘관이 게오르기 주코프Georgy Zhukov라는 젊고 걸출한 장군 덕분이라는 점이었다. 주코프는 성급하게 공격하는 대신 수개월에 걸쳐 철저히 준비했고 일본군을 압도하기에 충분한 병력과 물자를 모은 뒤 단숨에 몰아쳐 승리했다.

핀란드에서는 정반대였다. 자만심에 빠진 쪽은 소련군이었다. 몇 년 뒤 만주에서 일본 관동군을 끝장내고 북한까지 진격하게 되는 메레츠코프는 분명 소련 제일의 명장 중 한 사람이었지만 문제는 무능한 상관들에 의해 손발이 묶인 신세라는 점이었다. 특히 국방위원장인 클리멘트 보로실로프Kliment Voroshilov는 스탈린의 오랜 친구라는 이유로 그 자리에 앉은 자였다. 군사적으로는 거의 문외한이나 다름없었음에도 전선에서 멀리 떨어진 곳에서 온갖 간섭을 일삼았다. 게다가 대숙청의 여파는 소련군을 완전히 겁에 질리게 만들었다. 벼락치기로 그 자리에 앉은 일선 지휘관들은 경험이 매우 부족했고 윗선의 지시에 맹목적으로 복종하기에 급급했다. 이들에게 승리보다 더 중요한 것은 당의 비위를 건드리지 않는 일이었다. 그래야만 자신의 목숨을 부지할 수 있기 때문이었다. 그래서 애꿎은 병사들만 마구잡이로 죽어 나갔다. 그렇다고 전황이 반드시 소련군에 불리하다고 할 수만은 없었다. 어쨌거나 우세한 쪽은 소련군이었다. 소련군 이상으로 준비가 부족했던 핀란드군은 모든 전선에서 밀리고 있었다. 일부 부대가 용맹스럽게 저항했지만 만네르헤임은 자신의 군대가 소련군의 압도적인 화력과 물량 공세 앞에서 공황 상태에 빠져 후퇴하는 모습에 좌절했다. 소련군의 승리는 시간문제였다.

개전 일주일째인 12월 6일, 남부 전선에서 핀란드 제2군단과 제3군단은 국경에서 30~70km 떨어진 주 방어선인 만네르헤임 라인으로 후퇴했다. 하지만 만네르헤임 라인은 북방의 마지노 요새라고 부르기에는 난공불락과는 거리가 멀었다. 핀란드 정부는 1930년대 초반부터 만네르헤임 라인의 현대화에 노력했지만 빈약한 예산 탓에 철근과 콘크리트로 건설된 벙커는 손에 꼽을 정도였고 중포도 없었다. 소련군은 첩보를 통해 만네르헤임 라인의 허술한 실상을 모두 알고 있었다. 스탈린이 그토록 자신만만했던 것도 나름대로 믿는 구석이 있었기 때문이었다.

만네르헤임 라인에서 본격적인 전투가 시작되었다. 카렐리야 지협 동쪽에서는 소련 제49소총사단과 제150소총사단이 맹렬한 포격과 함께 라도가Ladoga 호수의 지류 중 하나인 타이팔레Taipale강의 도하에 나섰다. 그러나 핀란드 제10사단의 완강한 저항에 부딪혔다. 핀란드군 포병들은 소련군에 맹포격을 퍼부었다. 일부 소련군은 강을 건너던 중 핀란드군의 매복에 걸려 모조리 사살당하거나 세찬 강물에 떠내려갔다. 소련군은 일주일 내내 공격을 반복하고 제39기갑여단을 증원한 뒤에야 12월 12일 겨우 타이팔레강을 넘어 손바닥만 한 교두보를 마련할 수 있었다. 소련군의 손실은 전사자 1,000명과 전차 27대에 달했다.

만네르헤임 라인에서 가장 취약한 쪽은 라도가 호수 북쪽 방어선을 맡은 핀란드 제4군단이었다. 만약 제4군단이 돌파되면 핀란드 남부 전체가 포위될 것이며 한 달도 되지 않아 핀란드는 패망하여 제2의 폴란드가 될 판이었다. 하지만 만네르헤임은 포기하지 않았다. 그는 파보 탈벨라Paavo Talvela 대령에게 예비대의 지휘를 맡기고 제4군단의 지원을 명령했다. 탈벨라는 젊은 시절 독일에서 훈련받은 핀란드 독립군 출신

핀란드군의 주력 대전차 무기 중 하나였던 L-39 대전차 반자동 소총. 핀란드군의 무기 개발자였던 아이모 라티Aimo Lahti가 1939년에 제작했다. 20mm 대구경 탄두를 사용했기 때문에 발사 때마다 반동이 매우 커서 핀란드군 병사들은 〈코끼리 총Norsupyssy〉이라고 불렀다. 무게가 50kg에 달해 말에 매달아 끌고 다녔고 총신 아래에는 스키 보드가 달려 있었다. T-34와 같은 장갑이 두꺼운 중전차의 전면 장갑을 관통할 수는 없었지만, 경전차와 장갑 차량, 대공 사격, 장거리 저격 등 다목적으로 활용되었다

겨울 전쟁 당시 만네르헤임 라인. 만네르헤임 라인은 마지노 라인처럼 수백 개의 콘크리트 벙커와 중화기로 무장한 현대적이고 웅장한 요새와는 거리가 멀었다. 그 대신 소련 전차들의 전진을 막기 위해 지형지물을 이용한 많은 대전차 장애물과 철조망이 있었다.

으로, 제1차 세계 대전 당시 동부 전선에서 러시아군과 싸웠고 핀란드
군 총사령부 작전부장을 지낸 다음 1930년에 퇴역하여 민간 회사를 운
영하다 전쟁과 함께 복귀한 유능한 군인이었다. 패배주의에 사로잡힌
병사들의 사기를 회복하려면 승리가 필요하다고 생각한 그는 소련군의
후방을 과감히 습격하기로 결심했다.

12월 9일 밤, 탈벨라는 직접 1개 연대를 이끌고 라도가 호수 북쪽
80km 떨어진 톨바예르비Tolvajärvi에서 소련 제139소총사단을 기습했
다. 방심하고 있던 소련군은 뜻밖의 공격에 패닉 상태에 빠졌다. 처음에
는 소규모로 시작된 기습 작전이었지만 탈벨라가 내친김에 공세를 확
대하면서 사흘 만에 소련 제139소총사단은 괴멸적인 타격을 입고 패
주했다. 핀란드군은 전사자 100명 미만에 부상자 250여 명이 전부였
지만 소련군은 5,000명 이상이 죽거나 부상, 행방불명되었다. 또한 전
차 20대, 기관총 60정을 비롯한 대량의 무기가 핀란드군에 노획되었다.
개전 이래 핀란드군의 첫 승리였다. 핀란드군의 영웅이 된 파보 탈벨라
대령은 장군으로 진급한 반면, 제139사단장 콤브리그 벨라예프Kombrig
Nikolai Belyaev 소장은 모든 책임을 뒤집어쓰고 자리에서 쫓겨났다. 이 전
투의 승리로 핀란드군은 자신감을 얻었고 소련군을 두려워할 필요가
없음을 깨달았다. 만네르헤임조차 기대를 뛰어넘는 승리에 경탄을 금
치 못하면서 〈나는 내 군대가 이렇게 뛰어나거나 소련군이 그렇게 형편
없는 줄 몰랐소〉라고 말했다.

게다가 소련군 일선 지휘관들은 전선에서 한참 떨어진 모스크바의
안락한 곳에서 승리만을 요구하는 수령의 끝없는 닦달에 시달려야 했
다. 스탈린의 압력을 받은 총참모장 샤포시니코프 장군은 제7군 사령관
야코블레프 중장을 향해 〈장군의 태만함을 봐주는 것은 이번 한 번뿐이
오〉라면서 당장 만네르헤임 라인을 돌파하라고 요구했다. 소련군은 정
찰이나 충분한 병참 준비도 없이 무작정 공격에 나설 수밖에 없었고, 핀

란드군을 밀어내기는커녕 매복에 걸려 막대한 사상자만 낸 채 패퇴했
다. 무리한 전쟁을 억지로 시작한 쪽은 스탈린과 그의 아첨꾼들이지만
책임은 일선 장군들의 몫이었다. 메레츠코프는 전선 총사령관에서 제
7군 사령관으로 강등되었다. 야코블레프는 자리에서 쫓겨난 뒤 모스크
바로 소환되었다. 하지만 소련군에 진짜 재앙은 따로 있었다. 메레츠코
프의 실적이 신통치 않다는 이유로 보로실로프가 직접 작전을 챙기기
로 했다는 사실이었다. 승리의 월계관이 탐났던 그는 억지로 지휘권을
가로챘지만 정작 전선 시찰이나 승리를 위한 노력에는 아무 관심도 없
었다. 그 대신 모스크바의 사무실에 눌러앉아 명망 있는 예술가 알렉산
드르 미하일로비치 게라시모프Aleksandr Mikhailovich Gerasimov를 시켜 선전
용 초상화를 그리는 데 열중했다. 스탈린 생일에 바칠 선물이었다.

그의 방식은 단순했다. 소련군을 괴롭히는 문제점을 찾기보다는
더 많은 병력을 투입하여 핀란드군을 머릿수에서 압도하겠다는 것이었
다. 카렐리야 지협에서 소련군의 병력은 25만 명 이상으로 늘어났고 대
포와 항공기, 전차도 증원되었다. 하지만 그는 소련군의 상대가 핀란드
군만이 아니라 자연 그 자체임을 깨달아야 했다. 12월 말이 되자 기온은
영하 40도 이하로 내려갔다. 그러나 소련군은 동계 준비가 거의 되어 있
지 않았다. 보로실로프가 무작정 병력을 쏟아 넣기에 급급할 뿐, 병참에
는 신경 쓰지 않았기 때문이었다. 혼란은 한층 도를 더했다.

12월 13일, 메레츠코프의 지휘 아래 제49소총사단과 제150소총
사단, 제39기갑여단 등 3만 명이 100여 대의 전차를 앞세워 공격에 나
섰다. 그중에는 화염 방사용으로 개조한 T-26 경전차도 있었다. 중포
가 세 시간에 걸쳐 핀란드군 진지를 향해 불을 뿜었다. 소련군 병사들은
엄청난 포격에 핀란드군이 한 사람도 살아남지 못하리라 생각했다. 그
러나 핀란드군의 진지는 교묘하게 위장되어 있었다. 정찰을 게을리했
던 소련군은 엉뚱한 곳에 포탄을 퍼부은 꼴이었다. 소련군의 전진이 시

작되자마자 핀란드군의 사격이 쏟아졌다. 핀란드군 사수들은 대전차 소총으로 일발필중이라고 해도 좋을 만큼 소련 전차들을 정확히 겨냥했고 한 발 쏜 후 위치를 옮겨 다시 사격했다. 소련 전차들은 줄줄이 불덩어리로 변했다. 소련군은 거의 전진할 수 없었다. 열흘 뒤인 크리스마스에 한 번 더 공격에 나섰지만, 이번에도 여지없이 격퇴되었다.

한편 카렐리야 지협 서쪽에서는 12월 17일, 소련 제7군 제19소총군단 산하 제24소총사단과 제90소총사단이 혹독한 추위를 뚫고 공세에 나섰다. 하지만 핀란드군의 방어선을 돌파하는 데 실패한 것은 마찬가지였다. 소련군은 핀란드군의 좋은 표적으로 전락하거나 눈 속에서 얼어 죽었다. 매번 어마어마한 손실을 내고 격퇴당했지만, 소련군 상층부는 덮어놓고 새로운 공격에 나서라는 명령만 반복했다. 12월 23일, 이번에는 핀란드 제2군단의 예비대였던 제6사단이 수마Summa에서 반격했다. 그러나 폭설과 추위 속에서는 공세에 나서는 쪽이 지는 것이었다. 소련군만큼이나 준비가 불충분했던 핀란드군의 첫 반격은 1,000여명이 넘는 사상자와 행방불명자를 내고 실패했다. 하지만 소련군을 깜짝 놀라게 만들기에는 충분했다. 제90소총사단은 일단 물러난 후 재차 공격에 나섰지만, 핀란드군의 저항에 부딪혀 3,000여 명의 손실과 수백명의 동상자를 냈다. 수마 동쪽 무나수오Munasuo에서는 소련 제123소총사단 1개 연대가 핀란드군의 방어선을 기습 침투하여 후방으로 진출하는 데 성공했다. 그러나 보병과 전차들의 연계가 제대로 되지 않아 소련군은 모처럼의 기회를 살릴 수 없었다. 곧 핀란드군의 반격에 직면하여 전차 35대 중 23대가 격파되었다. 수마로 진격했던 제138소총사단도 격퇴되었다.

핀란드 중부와 북부의 사정도 마찬가지였다. 12월 말이 되자 소련군의 공세는 소강상태가 되었다. 핀란드 정복에 12일이면 충분하다던 큰소리가 무색하게 소련군은 한 달 내내 만네르헤임 라인에서 발목이 잡힌 채 거의 한 발짝도 전진하지 못했다. 스탈린이 기대했던 소련식 전격전 따위와는 거리가 멀었다. 눈부신 승리는커녕 망신만 당한 꼴이었고 소련군의 허약함을 스스로 드러낸 셈이었다. 소련의 실력을 궁금해하는 외부 세계, 특히 서방과 히틀러에게 그 모습이 어떻게 비쳤는지는 말할 것도 없었다. 분통이 터진 스탈린은 실패한 장군들에게 불벼락을 내렸지만 그런다고 전세가 달라질 리 없었다. 혹한 속에서 수세에 내몰린 소련군은 서서히 얼어 죽어가기 시작했고 핀란드군의 반격은 점점 거세졌다.

당신이 우리 최고 장군들을 죽였잖소!

그동안 히틀러와 무솔리니의 야욕 앞에서 한없이 무력했던 국제 연맹도 이번만큼은 발 빠르게 움직였다. 1939년 12월 14일, 국제 연맹은 소련을 회원국에서 제명했다. 불과 반년 뒤에 독일의 프랑스 침공으로 국제 연맹 자체가 와해된다는 점에서 마지막으로 존재감을 보여 주는 순간이기도 했다. 소련은 국제 연맹에 가입한 지 5년 만에 쫓겨났다. 물론 스탈린이 그런 일에 신경 쓸 위인은 아니겠지만 국제 사회에서 욕이란 욕을 다 먹은 것치고는 성과가 신통치 않았다.

　라도가 호수 북쪽에서 이반 하바로프 중장이 지휘하는 소련 제8군의 공세는 남쪽보다는 좀 더 성공적으로 보였다. 소련군의 병력은 2개 군단(제1군단, 제56군단) 6개 사단 7만 5,000명 이외에 전차 100대, 대포 500문, 항공기 100대에 달했다. 여기에 맞서는 핀란드군은 제4군단 산하 제12사단과 제13사단 3만 명 정도였다. 수적으로도 불리했지만, 화력에서 1:5의 격차가 있었으며 소련군 전차의 돌격을 막기 위한 제대로 된 방어 시설도 없었다. 핀란드 병사들은 호수와 지형지물을 이용해 방어전을 펼쳐야 했다. 하지만 소련군의 맹포격 앞에서 핀란드군은 혼란에 빠졌다. 소련군은 12월 2일 국경 마을이자 교통의 요충지인 수오예르비Suojärvi를 점령했다. 소련군의 전진을 막지 못한다면 핀란드군 후방으로 진출하여 만네르헤임 라인 전체가 포위당할 판이었다. 다음 날 핀란드 제12사단이 반격에 나섰지만 격퇴되었다. 일부 핀란드 병사들은 겁에 질려 달아나기도 했다. 만네르헤임은 제4군단장 유호 헤이스카넨Juho Heiskanen 소장을 파면하고 볼데마르 헤글룬드Woldemar Hägglund 소장으로 교체했다.

핀란드군으로서는 위기였다. 핀란드군은 국경에서 70km 떨어진 콜라Kollaa로 물러나 새로운 방어선을 구축했다. 12월 8일, 전차를 앞세운 소련군의 공세가 재개되었다. 그러나 초반의 충격에서 벗어나 사기를 회복한 핀란드군은 본격적인 실력 발휘에 나섰다. 핀란드 저격수들은 추위와 굶주림에 떨고 있는 소련군 병사들을 저격하여 발목을 잡았다. 특히 소련군에 공포의 대상은 〈하얀 사신White Death〉이라는 별명으로 불렸던 시모 헤이헤Simo Häyhä 중사였다. 겨울 전쟁 동안 무려 542명의 소련군을 사살하여 역사상 최고의 저격수로 명성을 떨친 그는 전쟁 이전에는 평범한 농부이자 사냥꾼에 지나지 않았고 전문적인 저격수 훈련을 받은 적도 없었다. 하지만 여러 민간 대회에서 몇 번이나 우승한 명사수였다. 한 증언에 따르면, 민방위 훈련 중 그는 1분 동안 150m 떨어진 표적을 16번이나 명중했다. 매번 손으로 장전해야 하는 낡은 볼트 액션 식 소총으로는 놀라운 실력이었다. 게다가 그는 조준경 없이 원거리에서 저격했다. 위장복을 입지 않은 소련군은 그야말로 훌륭한 표적이었다. 헤이헤 중사는 겨울 전쟁 당시 핀란드군의 투지를 보여 주는 상징이었다.

그리고 콜라 전선에는 또 한 사람의 영웅이 있었다. 헤이헤의 중대장이자 〈모로코의 공포Terror of Morocco〉라고 불렸던 아르네 유틸라이넨

Aarne Juutilainen 대위였다. 프랑스 외인부대 출신으로 모로코에서 용맹을 떨쳤던 그는 콜라를 지켜 낼 수 있을지를 묻는 헤글룬드 장군의 질문에 지켜 낼 수 있다고 장담했다. 유틸라이넨은 외인부대에서 배운 게릴라 전술을 부하들에게 가르쳤다. 전투 중 포탄 파편에 손가락 하나를 잃었 지만 한 발짝도 물러서지 않았다. 연대장으로부터 후퇴해도 좋다는 말 을 듣고도 거부한 채 소련군의 공격을 끝까지 막아 냈다.

12월 20일, 영하 25도까지 내려가자 핀란드 제12사단이 반격에 나섰다. 그러나 혹독한 추위는 핀란드 병사들에게도 만만찮은 장애물 이었다. 핀란드군은 소련군을 밀어내지 못하고 사흘 뒤 원래 위치로 돌 아왔다. 이번에는 소련군 차례였다. 소련군 제56군단 산하 최정예 부대 인 제56소총사단이 전차를 앞세우고 공격을 시도했지만, 이들 역시 핀 란드군의 방어선을 돌파할 수 없었다. 한 달 동안 제56소총사단은 1만 6,000명 중 678명이 죽고 2,086명이 다쳤으며 1,417명이 동상을 입는 등 4,000여 명을 잃었다. 양측은 일진일퇴를 거듭했고 12월 말이 되자 소련군은 더 이상 전진하지 못한 채 교착 상태가 되었다. 제아무리 우수 한 무기와 용맹함이 있어도 자연을 상대로 이길 수 있는 인간은 없다는 사실을 보여 준 셈이었다.

핀란드군 제12사단의 좌익을 맡은 제13사단은 소련군 제18소총 사단과 제168소총사단의 맹공을 받았다. 핀란드군이 물러나면서 소련 군은 국경 마을 몇 개를 점령했다. 하지만 대가는 작지 않았다. 핀란드 군의 게릴라전에 휘말리면서 소련군의 선두를 맡은 연대들은 대대 규 모로 줄어들었다. 게다가 소련군은 우오마Uomaa에서 철조망과 대전차 지뢰, 감시 초소로 구성된 강력한 방어 진지에 맞닥뜨렸다. 소련군의 전 진은 멈추었고 병참선은 길게 늘어났다. 소련군은 취약한 병참선을 보 호하기 위해 도로에 많은 병력과 전차를 배치했지만, 핀란드군에 의해 수시로 습격당했다. 동상자는 날로 늘어났고 보충 병력 부족으로 후방에 있어야 할 보급 부대까지 빼내 전선을 메꾸는 판국이었다. 소련군은 전진은 고사하고 수세에 내몰렸다.

12월 20일, 라도가 호수 북쪽으로 100km 떨어진 에글레예르비 Ägläjärvi 인근에서 소련군 제139소총사단이 전차를 앞세우고 공격에 나섰다. 그러나 핀란드군의 37mm 대전차포 공격에 장갑이 빈약한 소련 전차들은 줄줄이 파괴되었다. 소련군의 전진이 멈추자 곧바로 핀란드군의 매서운 반격이 시작되었다. 당황한 소련 제8군은 후퇴 명령을 내렸다. 핀란드군은 사방에서 소련군의 철수 행렬을 습격했다. 소련군 제75소총사단이 급히 투입되었지만, 이들 역시 격퇴되었다. 12월 27일에는 핀란드 제13사단이 공격에 나섰다. 소련 제18소총사단은 포위되었고 병참선이 차단되었다. 소부대 단위로 흩어진 채 눈 속에서 고립된 소련군을 가리켜 핀란드 병사들은 〈모티motti〉*라고 불렀다. 여기저기서 나타나 총을 쏘고 사라지는 핀란드군은 소련군 입장에서 볼 때 마치 유령이나 다름없는 존재였다. 언제 습격당할지 모르다 보니 소련군 병사들은 제대로 휴식을 취할 수도 없었다. 보급품 부족으로 따뜻한 식사도 할 수 없었기에 사기는 땅에 떨어지고 체력은 바닥났다. 소련군 지휘관들은 창의성을 발휘하기보다 당의 명령에 마지못해 움직였고 맹목적인 정면 공격만 반복했다. 군부 숙청으로 경험 많은 지휘관들 태반이 쫓겨나고 아무것도 모르는 신출내기 장교들이 그 자리를 차지했기 때문이었다.

12월 한 달 동안 라도가 호수 북쪽에서 벌어진 전투에서 소련 제8군은 6,500여 명을 잃고 국경까지 도로 밀려났다. 핀란드군의 손실은 700여 명에 불과했다. 또한 60대의 전차와 야포 30문, 중기관총 330정, 소총 3,000여 정을 노획했다. 소련군의 완패였다. 핀란드 중북부에서는 소련 제9군과 제14군 6개 사단이 국경을 넘어 침공했다. 여기에 맞서는

* 핀란드어로 장작이라는 뜻이다.

빌요 투옴포Wiljo Tuompo 소장이 지휘하는 북부 핀란드 집단은 불과 8개 대대에 불과했다. 만네르헤임은 이곳에 도로가 매우 빈약하고 광대한 원시림이 펼쳐져 있어 소련군이 대부대를 투입할 리 없다고 여겨 최소한의 수비대만 남겨 두었다. 따라서 소련군의 대규모 공격이 시작되자 허를 찔린 셈이었다. 소련 제9군 제47군단 3개 사단은 한 줌에 불과한 핀란드군 따위는 단숨에 분쇄하고 핀란드 중부를 가로지르겠다며 기염을 토했다.

소련군 제163소총사단은 전차와 중포의 엄호 아래 핀란드 제15독립대대를 밀어내고, 12월 7일 국경의 작은 마을인 수오무살미Suomussalmi를 점령했다. 그러나 현지 지형에 익숙한 핀란드군은 교묘하게 빠져나갔다. 뒤늦게 핀란드군의 추격에 나섰던 소련군은 여기저기 흩어졌다. 또한 혹독한 추위로 동상자가 늘어났고 전차와 차량은 얼어붙어 꼼짝도 할 수 없었다. 이제 핀란드군이 반격할 차례였다. 핀란드군은 수오무살미를 포위하고 소련군의 보급로를 차단했다. 만네르헤임은 햘마르 실라스부오Hjalmar Siilasvuo 대령에게 1개 연대로 마을의 탈환을 명령했다. 제아무리 소련군이 궁지에 몰렸다고는 하지만 1개 사단에 달했고 중화기로 무장했다. 정면 공격은 승산이 없었다. 핀란드군의 유일한 이점은 스키로 무장했다는 사실이었다.

12월 12일, 핀란드군의 공격이 시작되었다. 울창한 삼림 지대에서 소부대로 분산 고립된 소련군은 사방에서 습격당했다. 하지만 전차와 중화기의 엄호를 받는 소련군의 저항도 만만치 않았다. 소총과 경기관총만으로 무장한 핀란드군은 소련군을 쉽사리 섬멸할 수 없었다. 실라스부오 대령은 일단 물러섰다. 핀란드군의 사상자는 216명에 불과했던 반면, 소련군은 1,500여 명을 잃었다. 만네르헤임은 2개 연대를 증파했고 제9사단을 편성하여 실라스부오의 지휘에 맡겼다. 소련군 역시 위기는 넘겼지만 핀란드군의 포위망을 돌파하고 보급선을 확보하는 데에는 실패했다. 이대로라면 굶어 죽거나 눈 속에서 얼어 죽을 판국이었다. 소련 제163소총사단은 제9군 사령부에 철수를 요청했지만 거부당했다. 스탈린의 불호령이 무서웠기 때문이었다. 그 대신 이들을 구하기 위해 제44소총사단이 증파되었다. 제9군 사령관 미하일 두하노프 중장은 이 2개 사단으로 반격에 나설 참이었지만 스탈린의 분노를 피하지 못하고 쫓겨났다.

핀란드군의 새로운 상대는 몇 년 후 스탈린그라드와 베를린 전투에서 명성을 떨치게 되는 바실리 추이코프Vasily Chuikov였다. 하지만 소련 최고의 장군 중 한 사람인 그 역시 상황을 바꾸어 놓을 수는 없었다. 그가 무능해서가 아니라 손발을 철저히 묶어 놓는 소련의 경직된 지휘 체계 때문이었다. 일선 지휘관들에게는 수많은 참견꾼이 있었다. 당에서 파견된 정치 장교, 상급 부대에서 내려온 참모들, 군 언론인 등 수십 명이 일거수일투족을 감시하면서 작전에 사사건건 끼어들었다. 스탈린이 대숙청에도 불구하고 여전히 군대의 충성심을 믿지 못했기 때문이었다. 이들의 〈시어머니〉 노릇에 참다못한 어느 대대장은 〈내가 뭘 할 수 있을지 모르겠다. 나는 입 닥치고 저 작자들에게 알아서 하라고 할까?〉라고 푸념을 늘어놓기도 했다. 따뜻한 우크라이나에서 동원된 제44소총사단은 평생 처음 겪어 보는 지독한 추위에 떨면서 제대로 경계도 하지 않고 수오무살미를 향해 전진하다가 핀란드 스키 부대의 기습을 받아 보급 부대가 큰 타격을 입었다. 사단 전체가 겁에 질렸다. 사단의 고위 장교들은 큰소리만 칠 뿐, 핀란드군이 무서워 전선 가까이 오려고도 하지 않았다. 제대로 지휘가 될 리 없었다.

실라스부오는 12월 28일 수오무살미에 대한 재탈환에 나섰다. 추위와 굶주림에 지친 소련군은 핀란드군의 맹공 앞에서 밀려나기 시작했다. 사상자는 전체 1/3이 넘는 5,000여 명에 달했다. 추이코프는 제163소총사단이 전멸할 판임을 깨닫고 퇴각을 명령했다. 다음 날 마을은 핀란드군의 손에 넘어왔다. 실라스부오는 소련군의 탈출을 막지 못했지만, 재빨리 추격에 나섰다. 1940년 1월 6일, 수오무살미 동쪽 12km에서 격전이 벌어졌다. 소련군의 유일한 퇴각로인 라테Raate 도로에는 제163소총사단의 철수 행렬과 이곳에서 발이 묶여 있던 제44소총사단이 뒤엉켰다. 핀란드군이 도로를 차단하고 급습하자 대혼란이 벌어졌다. 전차들은 핀란드군의 사격을 받아 줄줄이 불덩어리가 되었고 소련군 병사들은 무기를 버리고 사방으로 흩어졌다. 태반이 포로가 되거나 얼어 죽었다. 극소수만 소련 국경까지 달아났다.

핀란드군은 다음 날 소련군을 소탕했다. 40여 대의 전차, 소총 5,000정, 기관총 300정, 야포 70문, 대전차포 30문, 트럭 260여 대 등 대량의 무기와 군수품을 노획했다. 핀란드군의 손실은 전사자 300명을 포함해 1,000여 명에 불과했던 반면, 소련군은 2개 사단이 괴멸하고 9,000여 명이 죽었으며 1,300명이 포로가 되었다. 겨울 전쟁 최대의 승리였다. 소련 장군들은 실패의 대가를 톡톡히 치러야 했다. 제47군단장 이반 다시체프Ivan Dashichev는 해임되고 제44소총사단장 알렉세이 비노그라도프Alexei Vinogradov는 부하들이 보는 앞에서 총살당했다.

북극권인 핀란드 최북단의 부동항 페차모 공격은 소련 제14군 산하 제104산악사단이 맡았다. 스웨덴과 인접한 이곳은 외국에서 원조 물자와 구원군을 들여올 수 있는 주요 통로였기에 소련군의 첫 번째 목표 중 하나이기도 했다. 핀란드 수비대는 1개 중대에 불과했고 소련군의 공격을 받자 후퇴했다. 그러나 기온이 영하 40도 밑으로 곤두박질치면서 소련군은 더 이상 한 발짝도 전진할 수 없었다. 여기서도 핀란드군은 스키를 타고 곳곳에서 소련군의 보급 부대를 습격했다. 스탈린의 불호령도, 사회주의 이념도 자연이 만들어 낸 극한의 추위 앞에서는 소용이 없었다. 모든 전선에서 소련군은 멈추어 선 채 핀란드군의 게릴라전에 시달렸다.

스탈린으로서는 압도적인 전력을 가지고도 낡은 소총이 전부인 핀란드군을 제압하지 못하는 이유를 이해할 수 없었다. 그는 모든 책임을 나태한 장군들 탓으로 돌리면서 분노를 터뜨렸다. 한 장군이 회의에서 진격이 지지부진한 책임을 핀란드의 울창한 숲 때문으로 돌렸다. 스탈린은 이렇게 호통쳤다. 〈이제는 그곳에 숲이 있다는 사실을 우리 군대가 깨달아야 할 때요. 표트르 대제 때에도 그곳에는 숲이 있었소. 엘리자베타, 예카테리나, 알렉산드르도 그 숲을 발견했소! 그리고 이제! 네 번째요!〉 국방 부위원장으로 군부 대숙청에 앞장섰으며 이전부터 보로실로프를 끌어내고 그 자리를 차지할 기회만 노리고 있던 레프 메흘리스Lev Mekhlis는 핀란드군의 기습은 주로 소련군 병사들이 낮잠을 잘 때 노렸다고 폭로했다. 〈낮잠?〉 어이없어하는 스탈린을 향해 그리고리 쿨리크 장군은 〈한 시간씩 오침 시간이 있습니다〉라고 털어놓았다. 스탈린은 〈사람들은 요양원에서나 낮잠을 자는 법이지〉라며 으르렁댔다.

인간의 추악한 민낯은 궁지에 몰렸을 때 드러나는 법이었다. 스탈린은 모스크바 교외에 있는 자신의 별장에서 심복들과의 점심 식사 중에 벌떡 일어나 보로실로프를 마구 질책했다. 일이 이 지경이 된 게 군의 수장인 그의 무능 탓이라는 얘기였다. 오랫동안 스탈린의 충견 노릇을 하던 보로실로프도 이번만은 눈이 뒤집혔다. 그는 벌게진 얼굴로 스탈린이 퍼부은 비난을 그대로 되돌려주었다. 〈이 모든 것의 책임은 동지 자신에게 있소! 우리 군대의 정예를 쓸어버린 장본인은 바로 당신이오. 당신이 우리의 최고 장군들을 죽였잖소!〉 그의 반응은 냉혹하기로 이름난 스탈린에게도 뜻밖이었다. 스탈린은 못 들은 척했고 분을 못 이긴 보로실로프는 구운 새끼 돼지가 놓인 쟁반을 집어 바닥에 난폭하게 내동댕이쳤다. 그 모습을 옆에서 지켜보았던 흐루쇼프는 훗날 〈내 평생 그런 폭발은 처음 보았다〉라고 술회했을 정도였다. 보로실로프로서는 평생의 용기를 한꺼번에 터뜨린 셈이지만 스탈린에게 반항했다는 사실만으로 여태껏 쌓아 온 것을 모두 잃을 수도 있는 일이었다. 1940년 1월 7일, 그는 핀란드 침공에서 손을 떼기로 했다. 후임자는 우크라이나 출신으로 보로실로프의 경쟁자이자 몇 달 전 폴란드에서 승리를 안겨다 주었던 세묜 티모셴코Semyon Timoshenko 장군이었다. 스탈린도 굳이 더 이상의 질책이나 추궁을 하지 않았고 보로실로프 또한 다시는 스탈린의 심기를 건드리는 일이 없었다.

핀란드의 용맹스러운 항전은 스탈린과 히틀러는 물론이고 전 세계를 놀라게 했다. 국제 연맹은 소련을 회원국에서 쫓아낸 것 이외에 아무것도 하지 않았지만 부당하게 침략당한 핀란드를 돕기 위해 많은 나라에서 막대한 원조 물자와 함께 소련군에 맞서 싸우려는 자원자들이 밀려왔다. 그 수는 1만 2,000명에 달했다. 가장 많은 숫자는 8,700명에 달하는 스웨덴인들이었다. 그 밖에도 1,000여 명의 덴마크인, 700여 명의 노르웨이인, 소련의 보호국으로 들어갔지만 반공을 위해 목숨을 걸기로 한 1,000여 명의 에스토니아인, 그리고 영국, 헝가리, 폴란드, 우크라이나 등 다양한 국적으로 구성되었다. 그중에는 영국 출신으로 훗날 세계적인 배우이자 판타지 영화 「반지의 제왕」에서 사루만 역을 맡게 되는 젊은 시절의 크리스토퍼 리Christopher Lee도 있었다.

심지어 무솔리니까지도 핀란드를 돕겠다고 결정하여 동맹자이자 얼마 전 스탈린과 손을 잡았던 히틀러의 입장을 난처하게 만들었다. 이탈리아는 최신형 G.50 단엽 전투기 35대와 9만 5,000정에 달하는 신형 M1938 카르카노 소총을 비롯한 대량의 무기를 보냈다. 미국에서는 허버트 후버 전 대통령이 핀란드를 돕기 위한 구호 모금에 나서기도 했다. 영국은 글로스터 글래디에이터Gloster Gladiator 복엽 전투기와 브리스틀 블렌하임 쌍발 폭격기Bristol Blenheim bombers 각각 30대와 허리케인 단엽 전투기 12대를 판매했으며, 프랑스 역시 모랑 소니어The M.S.406 단엽 전투기 30대를 핀란드 공군에 전달했다. 핀란드는 미국제 F2A 단엽 전

1940년 1월 8일, 라테 도로에서 소련군이 버리고 간 T-26 전차들을 확인하는 핀란드 병사들. 핀란드군은 많은 전차를 노획하여 그중 일부를 수리한 후 철십자 문양을 달고 재활용했다. 하지만 실제로 써먹을 수 있는 전차는 소수였다. 온전하게 버려졌어도 막상 핀란드군에는 후방으로 견인할 수단이 없어 대부분 그 자리에서 파괴할 수밖에 없었기 때문이었다. 어쨌거나 그때까지 기갑 전력이래야 훈련용으로 구매한 구닥다리 FT-17 경전차와 탱켓 몇 대가 전부였던 핀란드군에는 스탈린이 선사한 푸짐한 선물인 셈이었다.

겨울 전쟁에 참전한 헝가리 의용군 병사들. 그러나 스탈린의 편을 든 히틀러가 폴란드를 통하는 육로를 봉쇄했기에 헝가리인들은 지중해와 대서양, 북해를 거치는 먼 여행을 해야 했다. 핀란드로 향하는 원조 물자 역시 독일에 의해 태반이 압류되었다. 히틀러조차 핀란드가 이렇게 잘 싸우고 소련군이 그렇게 형편없을 줄 몰랐기 때문이었다.

투기 44대를 구입했지만 너무 늦게 도착하여 겨울 전쟁 중에는 단 한 대도 써먹지 못했다.

소련은 핀란드만이 아니라 국제 사회의 공적이 된 셈이었다. 체면이 땅에 떨어진 스탈린은 패전의 원인을 처음부터 졸속으로 전쟁을 시작한 자신의 고집 때문이 아니라 나쁜 날씨와 서구의 원조 탓으로 돌렸다. 심지어 만네르헤임 라인을 가리켜 마지노 라인보다도 강력한 세계 최강의 요새라고 과장하기도 했다. 소련 비행기들은 소련군이 이미 핀란드군의 방어선을 돌파했으며 〈지금이라도 붉은 군대에 항복하면 목숨을 살려 주겠다〉라는 전단을 핀란드군 머리 위에 수시로 떨어뜨렸지만, 호응하는 사람은 거의 없었다. 소련인이 핀란드의 방송을 몰래 듣다가 걸리면 시베리아 수용소행이었지만 핀란드인들은 허세 가득한 소련 라디오를 오락거리처럼 즐겼다.

스탈린에게 더욱 우려스러운 일은 서방이 무력 개입을 준비하고 있다는 사실이었다. 1940년 1월 20일, 영국 해군 장관이자 넉 달 뒤 체임벌린을 대신하여 전시 총리가 되는 윈스턴 처칠은 라디오 연설에서 핀란드인들의 용맹함을 칭송하며 그들이 공산주의의 노예로 전락하지 않도록 막아야 한다고 호소했다. 영국, 프랑스의 여론 역시 폴란드 때와 달리 핀란드를 무력으로 도와야 한다는 데 찬성했다. 그러나 처칠의 진짜 속셈은 따로 있었다. 핀란드를 돕는다는 핑계로 그 길목인 스웨덴과 노르웨이를 장악하여 독일로 들어가는 철광석 수송을 차단하겠다는 것이었다. 하지만 당사국들의 반발과 연합군 수뇌부의 우유부단으로 시간만 질질 끌었다.

3월 7일에야 영국 삼군 참모총장 에드먼드 아이언사이드Edmund Ironside 원수는 1개 사단이 3월 말까지 핀란드로 출동할 거라고 장담했다. 하지만 바로 일주일 후 겨울 전쟁이 끝나면서 뒷북만 친 꼴이 되었다. 그사이 처칠의 꿍꿍이를 모를 리 없는 히틀러가 한발 먼저 노르웨이를 침공했다. 선수를 빼앗긴 원정군은 독일군을 막기 위해 허둥지둥 노르웨이로 출동해야 했다. 프랑스는 소련이 독일에 석유를 팔지 못하도록 석유 생산의 80퍼센트 이상을 차지하는 캅카스의 바쿠 유전 시설을 폭격하는 파이크 작전Operation Pike을 계획하기도 했다. 하지만 그 직전에 독일군의 저지대 국가 침공으로 서부 전선이 열리면서 무산되었다.

핀란드 역시 전쟁이 길어질수록 불리해지는 쪽은 자신들이라는 사실을 잘 알고 있었다. 핀란드군이 예상 밖의 선전을 할 수 있었던 비결은 겨울이라는 강력한 우군 덕분이었다. 만약 봄이 오고 해빙기가 시작되면 소련군의 본격적인 공세가 시작될 것은 불 보듯 뻔했다. 그러면 더는 막을 수 없었다. 이들은 현명하게도 자신들의 힘을 과대평가하지 않았다. 리스토 뤼티 총리가 만네르헤임 원수에게 핀란드군이 앞으로 얼마나 더 버틸 수 있는지 묻자 만네르헤임은 이렇게 대답했다. 〈전쟁의 결말이 어떻게 될지 아무도 모르지만, 우리에게는 지금이 가장 좋은 순간입니다.〉 이제는 협상에 나설 때라는 얘기였다. 핀란드는 여전히 고립무원이었다. 서구 열강들은 개입을 주저했고 주변국들은 자신에게 불똥이 튈까 봐 전전긍긍했다.

스탈린도 핀란드 정복이 만만치 않다는 사실을 깨닫고 있었다. 그렇다고 순순히 빈손으로 물러날 그가 아니었다. 이제 핀란드는 양보할 각오가 되었지만, 스탈린은 처음 요구했던 것은 물론이고 그 이상을 내놓아야 한다는 식이었다. 게다가 핀란드를 더욱 압박할 요량으로 다른 공세를 준비했다. 새로이 지휘봉을 잡은 티모셴코는 제1차 세계 대전과 적백 내전 때 싸웠다는 것 이외에 군사 교육을 거의 받지 못한 구식 장군이었지만 보로실로프보다는 나았다. 그는 핀란드군을 압도할 요량으로 병력과 물자를 크게 늘렸다. 소련군의 병력은 60만 명으로 증강되었고 6,000대의 전차와 4,000대의 항공기가 투입되었다. 2월 11일, 총공세가 시작되었다.

만네르헤임 라인 무너지다

소련만큼이나 준비 없이 전쟁을 맞이하게 된 핀란드는 만네르헤임을 중심으로 똘똘 뭉쳐 영웅적인 항전에 나섰지만 370만 명의 소국이 언제까지고 버틸 수 없다는 사실을 잘 알고 있었다. 따라서 한편으로 저항하면서 다른 한편으로는 외교 교섭을 시도했다. 레닌그라드 주변의 영토를 포기하는 것을 비롯해 소련이 처음 제시한 요구를 받아들이겠다고 제안했다. 그러나 그 정도로는 스탈린의 눈에 차지 않았다. 그는 소련군이 얼마나 죽어 나가건 상관없었다. 기왕 전쟁을 시작한 이상, 체면치레를 할 만큼의 대가는 받아 내겠다는 것이었다. 그나마 유일한 성과가 있다면 스탈린이 핀란드의 친소 위성화를 포기했다는 사실이었다. 핀란드를 힘으로 정복할 수 없음을 깨달았다는 얘기였다. 전쟁이 끝나기만 기다리고 있던 괴뢰 정부의 수장 쿠시넨은 속절없이 소련으로 돌아가야 했다. 소위 〈핀란드 민주공화국〉은 없던 일이 되었다.

전쟁의 장기화로 애가 타는 쪽은 핀란드였다. 히틀러와 스웨덴도 핀란드에 전쟁을 끝내라고 강요했다. 히틀러는 영국, 프랑스가 핀란드를 돕는다는 핑계로 스웨덴에 군대를 보내 독일에 필수적인 철광석 광산을 점령할까 봐 우려했다. 그는 만약 스웨덴이 서방에 붙는다면 즉각 공격하겠다고 엄포를 놓았다. 스웨덴 역시 옆 동네 싸움에 휘말리기를 원치 않았다. 핀란드는 스웨덴이 함께 싸워 주기를 원했지만, 스웨덴 국왕 구스타브 5세Gustav V는 끝까지 중립을 지키겠다고 선언했다. 약자는 강자에게 굴복해야 한다는 것이 세상의 야박한 인심이었다.

지휘부가 교체되면서 소련군의 분위기도 달라졌다. 당장 소련군이 환골탈태했다고 할 수는 없어도 더 이상 핀란드군의 치고 빠지기 식 게릴라전에 속수무책으로 당하지 않았다. 전술은 나아졌고 사기는 향상되었다. 혹한과 눈 속에서 여러 개의 〈모티〉로 쪼개진 부대들은 이전처럼 지레 겁을 먹고 흩어지는 대신 자리를 굳건히 지키면서 완강한 저항에 나서 핀란드군을 당황하게 만들었다. 핀란드군은 무기가 빈약하고 화력이 열세한 데다 기동성이 결여되어 적을 추격하기 어려울 뿐 아니라, 포위된 〈모티〉가 포위한 핀란드군보다 더 강하다 보니 애써 포위하고도 소련군이 강력한 방어선을 구축하고 버티기에 들어가면 방법이 없었다.

　티모셴코가 부임한 직후인 1월 9일, 핀란드군 제13사단은 라도가 호수 북쪽에서 소련 제18소총사단과 제168소총사단을 포위하고 보급로를 차단했다. 하지만 소련군은 전차와 중화기로 무장했고 충분한 식량이 있었기에 쉽게 무너지지 않았다. 한 달 뒤인 2월 9일, 핀란드군은 재차 공격에 나서 제18소총사단을 격파했다. 제18소총사단은 사단 병력의 절반이 넘는 9,000여 명을 잃었다. 사단장 게오르기 콘드라쇼프George Kondrashov는 국경으로 달아났다가 야전 병원에서 발각되어 즉결 처형당했다. 하지만 제168소총사단은 끝까지 버텼다. 핀란드군은 소련군 전차 앞에서 많은 사상자를 냈다.

　티모셴코는 카렐리야 지협에 30개 사단 46만 명, 3,350문의 대포, 3,000대의 탱크, 1,300대의 항공기를 집결했다. 메레츠코프의 제7군 14개 사단이 좌익을, 새로 편성된 블라디미르 그렌달Vladimir Grendahl의 제13군 9개 사단이 우익을, 나머지 7개 사단은 예비대로서 티모셴코가 직접 지휘했다. 두 달 전에 비하면 두 배에 달하는 전력이었다. 여기에 맞서는 핀란드군은 2개 군단 8개 사단 15만 명에 불과했다. 라도가 호수 북쪽 피트케란타Pitkäranta에는 소련군 제15군(제119소총사단, 제144소총사단)이 배치되어 제168소총사단의 구원과 함께 핀란드군 제13사단의 돌파를 맡았다. 소련군은 모든 전선에서 보강되어 핀란드군을 압도했다. 핀란드 상공에는 소련 비행기들이 날아다니며 주요 도시와 마을, 핀란드군의 병참선을 연일 폭격했다. 반면, 핀란드군의 탄약은 바닥나고 예비 병력 또한 고갈되었다. 병사들은 완전히 지쳤다.

소련군은 국지적인 공격을 반복하여 핀란드의 방어선 여기저기에 구멍을 냈다. 핀란드군은 필사적으로 소련군을 밀어냈지만 만네르헤임은 한계에 직면했음을 절감했다. 무엇보다도 티모셴코는 보로실로프와 달리 끈기와 인내심, 어떤 희생에도 눈 하나 깜짝하지 않는 냉혹함을 갖춘 역전의 장군이었다. 그는 이렇게 단언했다. 〈정면 공격에서는 적이 어떤 수를 쓰더라도 우리의 상대가 되지 않는다. 우리는 직접적인 공격을 반복하여 적에게 피를 흘리게 할 것이다. 적은 우리보다 숫자가 적다. 물론 우리도 많은 손실을 입겠지만 전쟁은 우군의 손실보다 적의 손실을 계산해야 한다. 설령 우리 편이 더 많은 사상자를 내더라도 냉정하게 받아들여야 한다.〉 한마디로 머릿수로 밀어붙이겠다는 뜻이었다. 핀란드군으로서는 최악의 상대였다.

2월 11일 일요일, 모든 전선에서 소련군의 총공세가 시작되었다. 카렐리야 지협에서는 소련 제7군 제19소총군단과 제50소총군단이 공격에 나섰다. 공격이 시작되기 전, 소련군 병사들은 보드카 0.1리터씩 지급받았다. 핀란드군은 물밀듯이 밀려오는 소련군의 공격을 막으려고 애썼지만 이날 저녁 7시 만네르헤임 라인이 처음으로 돌파되었다. 핀란드군의 반격은 병력 부족으로 실패했다. 다음 날 핀란드 협상단은 스톡홀름에서 스웨덴 주재 소련 대사인 알렉산드라 콜론타이Alexandra Kollontai와 접촉했다. 철의 여인이라고 할 만한 그녀는 냉혹하게 대답했다. 〈당장 항복하시오. 그렇지 않으면 쿠시넨을 보내 당신네들의 내장을 꺼내 줄 테니.〉

핀란드군은 밀리기 시작했다. 소련군은 돌파구를 확대하기 위해 전차 부대를 비롯한 증원군을 끝없이 투입했다. 공세 사흘째인 2월 13일, 메레츠코프는 만네르헤임 라인의 주요 거점을 제압했다고 보고했다. 만네르헤임은 카렐리야 지협의 서쪽 방어를 맡은 제2군단의 후퇴를 명령했다. 동쪽을 맡은 제3군단도 간신히 버티고 있었다. 핀란드군은 포탄과 대전차 탄약도 바닥났다. 반격의 가능성은 사라졌다. 그나마 소련군은 전차와 보병의 연계가 여전히 서툴렀기에 재빨리 추격에 나서지 못하면서 핀란드군은 포위 섬멸만은 간신히 면할 수 있었다.

카렐리야 지협 중앙의 제1군단과 서쪽의 제2군단이 밀려나는 와중에 동쪽을 맡은 핀란드군 제3군단 역시 소련군 제13군 제3소총군단 2개 사단(제49소총사단, 제150소총사단)의 집중 공격을 받았다. 소련군은 중포 6개 대대와 스키 대대, 전차 대대의 지원을 받아 핀란드군을 압도했다. 쏟아지는 맹포격에도 핀란드군은 쉽게 물러서지 않았다. 소련군이 핀란드군의 진지 일부를 점령하자 핀란드군은 야습을 시도하여 소련군을 도로 밀어냈다. 일진일퇴의 전투가 반복되었다. 양측 모두 많은 사상자를 냈다. 소련 제13군은 2월 17일 손실이 너무 크다는 이유로 공세를 일시 중단하라는 지시를 내렸다. 하지만 시간이 지날수록 불리한 쪽은 수적으로 열세한 핀란드군이었다. 다음 날 공격이 재개되었다. 핀란드군은 만네르헤임 라인에서 500m 후퇴하여 새로운 방어선을 구축했다. 이로써 카렐리야 지협의 태반은 소련군의 손에 넘어갔다.

소련군의 목표는 카렐리야 지협 서쪽 끝에 있는 인구 8만 명의 항구 도시 비푸리였다. 만약 이곳마저 돌파된다면 카렐리야 지협의 방어선은 완전히 무너져 핀란드 본토로 소련군이 물밀듯이 들어올 것이며 200km 떨어진 수도 헬싱키마저 풍전등화가 될 판이었다. 메레츠코프의 제7군 대부분이 도시 포위에 투입되었다. 핀란드 제2군단의 필사적인 항전에도 불구하고 3월 2일 비푸리 동쪽 50km 떨어진 에이레페Äyräpää가 돌파되었다. 하지만 핀란드군의 저항은 여전히 만만찮았고 지형지물을 이용해 소련군의 발목을 붙잡았다. 부오살미Vuosalmi에서는 불과 100여 명의 핀란드 병사들이 수천 명의 소련군을 저지한 뒤 하자 훨씬 많은 적군과 싸우고 있었다고 여겼던 소련군 병사들은 〈나머지 핀란드군은 어디 있는가?〉라고 물었을 정도였다. 소련군은 피를 피로 씻으며 한 발짝씩 나아갔다.

크렘린은 전선의 상황에는 아랑곳하지 않은 채 성과가 신통치 않다며 장군들을 질책했지만 제13군 사령관 블라디미르 그렌달 장군은 스탈린을 향해 〈붉은 군대의 병사들은 매우 훌륭했으며 영웅적인 성과를 거두었습니다. 하지만 그들이 제대로 훈련받지 못했다는 사실을 인정해야 합니다. 또한 핀란드군의 기술적, 전술적 훈련 상태가 우리보다 한 수 위였음을 알아야 합니다〉라면서 조금도 기죽지 않고 반박했다. 2월 26일에는 비푸리 교외 남쪽 혼카니에미 전투Battle of Honkaniemi에서 핀란드군과 소련군 사이에서 최초의 기갑전이 벌어졌다.

핀란드군은 1개 기갑 대대를 보유했지만 제1차 세계 대전 때 사용된 프랑스제 르노 FT-17 경전차 34대와 영국제 비커스 6T 경전차 14대, 탱켓 3대가 전부였다. 핀란드 제2군단장 하랄드 외흐퀴스트Harald Öhquist 장군은 비푸리에서 소련군을 밀어내기 위해 제23사단에 반격을 명령했다. 또한 제3저격대대와 오이바 헤이노넨Oiva Heinonen 중위가 지휘하는 제4기갑중대를 증원했다. 제4기갑중대는 비커스 6T 경전차 14대를 장비했다. 이 전차들은 유베스퀼레Jyväskylä의 대포 공장에서 생산한 핀란드제 보포스 37mm Psv.K/36 대전차포를 탑재하여 소련제 T-26이나 BT 경전차를 격파할 수 있었다. 그러나 독일에서 구매하기로 했던 광학 조준기가 히틀러의 금수 조치로 탑재되지 않았고 무전기가 없었으며 훈련도 부족했다.

일부 르노 경전차가 참호에서 토치카로 활용된 것 이외에 핀란드군 기갑 부대로서는 첫 실전이었다. 하지만 혹독한 날씨는 소련 전차와 마찬가지로 핀란드 전차들에도 같은 어려움을 안겨 주었다. 14대 중 3대는 엔진 고장으로 움직일 수 없었고, 50km를 행군하는 동안 5대가 퍼져 버렸다. 게다가 이날 새벽 5시에 시작될 공격은 포병 대대와의 소통 실패로 지연되었다. 한 시간 뒤 예비 포격이 시작되었다. 하지만 일부 포탄이 핀란드군에 떨어져 수십 명의 사상자를 내기도 했다. 공격에 참여한 전차는 6대에 불과했고 보병들이 제대로 따라오지 못하면서 전차들은 보병과 분리되었다. 상대는 소련 제35경전차여단이었다. 6대의 핀란드 전차들은 소련군 대전차포의 집중 사격을 받으면서도 꾸역꾸역 앞으로 나아가 소련군 T-26 3대를 격파했지만 1대는 도랑에 처박혔고 나머지 5대 역시 파괴되었다. 20여 명의 승무원이 죽거나 다쳤다. 파괴된 전차들은 버려졌다. 공격은 실패했다. 밤 10시, 핀란드군에 퇴각 명령이 떨어졌다. 겨울 전쟁을 통틀어 유일한 기갑 전투였고 다시는 핀란드 전차들이 실전에 나서는 일은 없었다.

때로는 추위가 소련군에 유리하게 작용하기도 했다. 소련군 전차들은 얼어붙은 강을 건너 핀란드군 방어선을 돌파했다. 3월 6일, 비푸리는 모든 육로가 차단되면서 함락이 초읽기였다. 전황은 급격히 기울었다. 그동안 핀란드를 최대한 압박할 속셈으로 휴전을 거부했던 스탈린은 비로소 핀란드 협상단이 모스크바를 방문해도 좋다고 허락했다. 이제는 핀란드인들이 고분고분해질 때라는 것이었다. 뤼티 총리는 즉각 수락한 뒤 협상단을 이끌고 모스크바로 향했다.

그렇다고 숨 돌릴 여유는 없었다. 적어도 협상이 마무리될 때까지 핀란드군은 무슨 수를 써서라도 방어선을 지켜야 했다. 그렇지 않으면 스탈린은 더욱 불리한 조건을 내세울 참이었다. 시간은 스탈린 편이었다. 전선에서는 소련군이 핀란드군을 쉴 새 없이 밀어붙였다. 카렐리야 지협 동쪽에서는 핀란드군이 소련군의 공세를 막아 냈지만, 서쪽은 붕괴가 시간문제였다. 승부는 비푸리였다. 3월 9일, 메레츠코프는 비푸리를 향한 총공세에 나섰다. 7개 사단이 투입되어 만신창이가 된 핀란드군을 단숨에 제압할 것처럼 보였다. 하지만 핀란드군은 끝까지 버텼다. 메레츠코프는 목표를 달성하지 못했다. 3월 12일, 모스크바에서 평화

혼카니에미에서 노획한 핀란드군의 영국제 비커스 6T 경전차를 살펴보는 소련군. 1928년에 개발된 구식 전차였지만 핀란드는 1938년에 33대를 구매하여 1개 기갑 대대를 편성했다. 그나마도 최대한 가격을 낮추기 위해 주포와 통신 장비, 광학 장비는 제거한 모델이어서 겨울 전쟁에서 노획한 소련제 45mm 대전차포를 탑재하기도 했다.

협정이 체결되었다.

　다음 날 오전 11시(모스크바 시간 오전 12시), 핀란드 전역에서 모든 총성이 멈추었다. 105일에 걸친 싸움은 끝났다. 하지만 핀란드인들에게는 쓰라린 대가를 치러야 할 차례였다. 최종 협정문은 처음 요구보다 훨씬 가혹했다. 핀란드는 카렐리야 지협 전체와 라도가 호수 북쪽, 핀란드 중부의 살라Salla 일부, 북쪽 끝의 리바치Rybachy 반도, 핀란드만의 4개 섬을 내놓아야 했다. 또한 소련은 헬싱키 남쪽의 항구 도시 항코를 30년간 임차하여 핀란드 해협을 통제했다. 핀란드인들에게는 목에 겨눈 비수나 다름없었다. 그나마 소련군이 점령했던 페차모는 되찾았다. 핀란드는 전체 영토의 약 9퍼센트에 달하는 3만 4,750km²를 빼앗겼다. 핀란드의 주요 산업 시설과 인구 밀집 지대 대부분이 포함된 알짜배기 영토였다. 마지막까지 영웅적인 투쟁을 벌였던 비푸리 역시 소련의 차지가 되었다. 40만 명이 넘는 주민들이 빈털터리로 쫓겨나 난민이 되었다. 이들에게 주어진 시간은 불과 열흘이었고 자신들의 재산을 제대로 챙길 시간조차 없었다. 또한 배상금 대신으로 몇 안 되는 군함을 포함해 대량의 상선과 차량, 열차를 넘겨야 했다. 핀란드 대통령 퀴외스티 칼리오는 스탈린의 횡포나 다름없는 협정문에 서명한 뒤 분통을 터뜨렸다. 〈이 괴물 같은 조약에 서명한 이 손이 못 쓰게 되기를!〉

　스탈린은 이제야 한숨 돌리고 승리를 거두었다며 득의만면했을지 몰라도 핀란드인들이 이대로 무릎 꿇고 굴복하리라 여겼다면 엄청난 오산이었다. 핀란드는 2만 5,000명이 죽고 4만 3,600명이 다쳤다. 소련군의 손실은 분명하지 않았지만 적어도 20만 명이 죽거나 다친 것으로 추정되었다. 나중에 흐루쇼프는 겨울 전쟁에서 100만 명 이상의 사상자를 냈으며 항공기 1,000대와 전차 2,300대를 잃었다고 토로했다. 누구의 눈으로 보더라도 싸움에 진 쪽은 소련이었다. 스탈린에게 더 큰 문제는 그토록 두려운 상대인 히틀러에게 소련군의 민낯을 그대로 드러

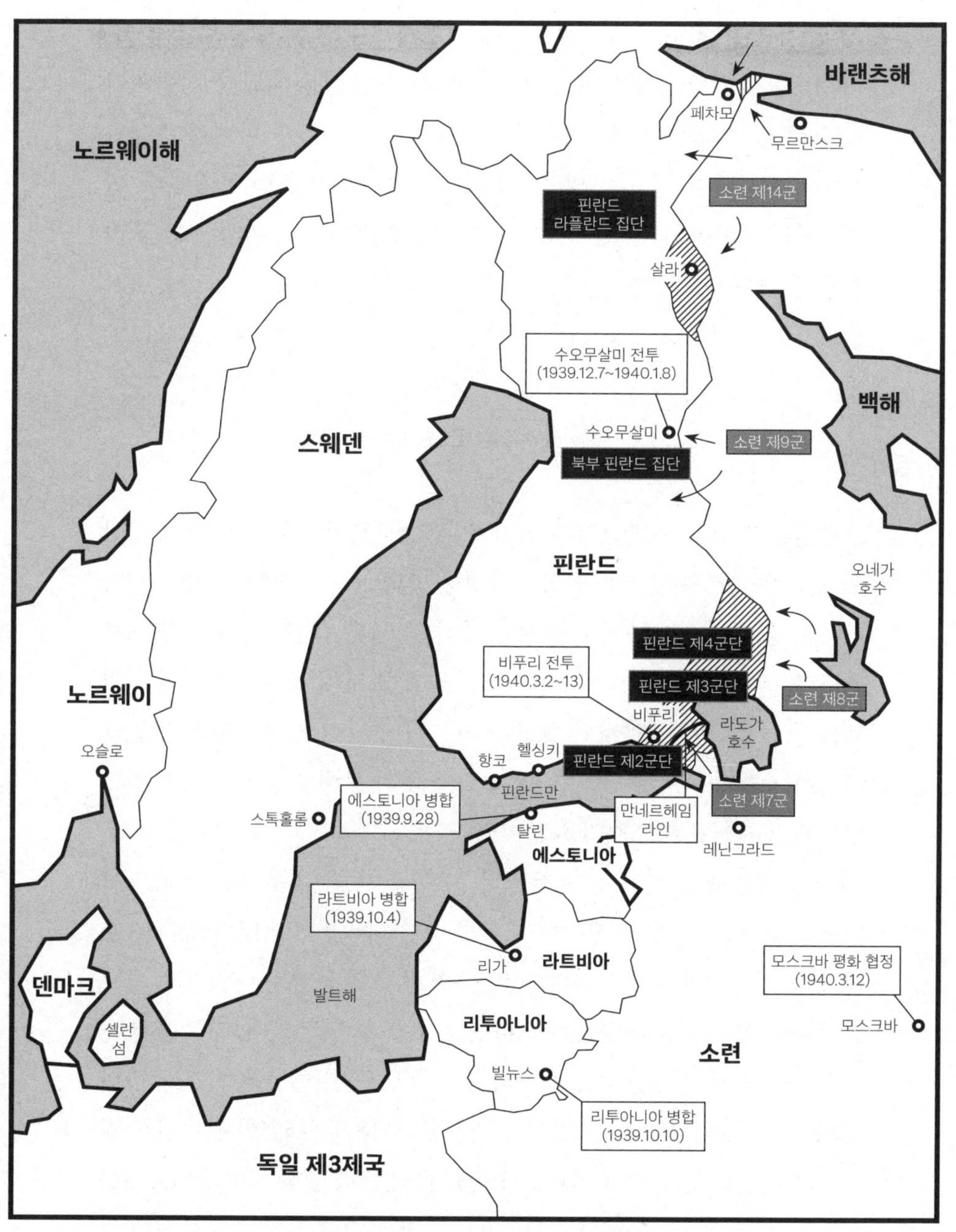

발트 3국 병합과 겨울 전쟁 상황도(1939. 10~1940. 3). 빗금 친 부분은 겨울 전쟁으로 핀란드가 상실한 영토이다.

냈다는 사실이었다. 독일 참모본부는 〈러시아군은 현대화되고 뛰어난 지휘력을 갖춘 군대의 상대가 되지 못한다〉라고 결론 내렸다. 히틀러가 보기에 독일의 진정한 동맹이 될 자격은 러시아인들이 아니라 핀란드 인들에게 있었다. 우선 서방을 손봐 준 뒤 그다음은 소련 차례였다. 핀란드인들 역시 치욕을 잊지 않고 복수전을 준비했다. 그 방법은 히틀러를 등에 업는 것이었다.

히틀러와 손잡다

스탈린은 핀란드를 만만히 여기다가 호되게 물린 꼴이었지만 그 이상으로 망신당한 쪽은 영불 연합군이었다. 연합군 수뇌부는 핀란드가 항복하는 순간까지 아무것도 하지 못했다. 처칠은 음흉하게도 핀란드를 돕는다는 핑계로 스칸디나비아반도에 군대를 보내 독일의 철광석 수입로를 차단할 생각이었지만 그조차 의견이 엇갈리면서 끝까지 행동에 옮기지 못했다. 영국과 프랑스 양쪽 모두 누가 총대 메고 나설지를 놓고 서로에게 책임을 떠넘겼기 때문이었다.

그 와중에도 허세는 여전했다. 프랑스 총리 에두아르 달라디에 Édouard Daladier는 핀란드 정부에 조금만 더 기다리면 5만 명의 병력을 보내겠다고 약속하면서도 만약 소련과 평화 조약을 맺는다면 배신자로 간주하여 모든 원조를 중단하겠다는 엄포 또한 덧붙였다. 영국군 총참모장 아이언사이드 원수는 자신의 일기에 〈프랑스인들은 하는 일마다 양심이 없다〉라고 썼다. 그렇다고 영국도 나을 것은 없었다. 핀란드 정부가 소련군의 총공세에 직면한 3월 1일, 영국에 당장 폭격기 100대를 보내 줄 수 있는지 문의하자 영국 외무 장관 핼리팩스는 그럴 능력이 없다고 털어놓았다. 서방 연합군은 핀란드에 군대를 보내 반공성전(反共

聖戰)을 함께하겠다고 큰소리치면서도 구체적인 계획은 없었다. 만약 스웨덴과 노르웨이가 길을 빌려주지 않으면 어떻게 하겠느냐는 질문에 외교적인 노력에 최선을 다할 것이며 설령 협력을 얻지 못해도 포기하지 않겠다는 원론적인 대답이 전부였다. 핀란드인들로서는 실망하지 않을 수 없었다. 아무런 도움이 되지 않는 연합군에 매달리느니 차라리 소련과 타협하는 쪽이 낫다는 결론이었다.

영불 연합군이 갑론을박만 하는 동안 핀란드는 백기를 들었다. 서방의 체면은 또 한 번 땅에 떨어졌다. 체임벌린과 달라디에는 평화로울 때라면 몰라도 국난의 순간에 전시 지도자가 되어 나라를 이끌기에는 너무나 소심하면서 결단력이 부족했다. 하지만 더욱 분명한 사실은 설령 연합군이 1~2개 사단과 약간의 비행기를 보냈다고 한들 100만 명에 가까운 소련군을 상대로 전세를 뒤엎거나 핀란드인들을 구하기에는 어림도 없다는 점이었다. 연합군의 목적은 어디까지나 독일의 견제이지 소련과 정말로 한판 붙어 볼 생각이 없었던 탓도 있었지만, 그보다도 서구 열강들이 더 이상 열강이 아니었기 때문이었다. 핀란드인들은 그 사실을 확실히 절감했다.

핀란드에서 총성은 멈추었다. 하지만 스칸디나비아반도에 평화가 온 것은 아니었다. 한 달 후인 4월 9일, 이번에는 독일군이 덴마크와 노르웨이를 침공했다. 두 나라 입장에서는 자신들이 뭘 잘못했다기보다 연합군의 헛된 욕심이 히틀러를 자극하여 엉뚱한 불똥이 튄 꼴이었다. 연합군이 뭘 꾸미는지 모를 리 없는 히틀러는 영불 지도자들처럼 어영부영하다가 선수를 빼앗기고 후회할 인간이 아니었다. 덴마크는 새벽에 침공당해 아침을 채 먹기도 전에 항복했다. 1864년 이후 거의 80년 만에 전쟁이라는 것을 겪어 본 덴마크인들은 집 앞으로 행진하는 독일군의 대열을 어리둥절하게 쳐다보면서 그제야 조국이 남의 손에 넘어갔음을 깨달았다. 손쉽게 덴마크에 교두보를 마련한 독일군은 공군력을 앞세워 노르웨이를 속전속결로 장악해 나갔다. 노르웨이군은 독일 해군의 최신 중순양함 블뤼허Blücher를 격침하여 세상을 놀라게 하기도 했지만, 핀란드군과 같은 영웅적인 투쟁은 없었다. 노르웨이군의 용기가 핀란드군보다 부족해서가 아니라 상대가 훨씬 나빴기 때문이었다. 독일군은 소련군과는 차원이 달랐다. 수도 오슬로를 비롯한 노르웨이 남부와 중부의 도시들이 저항할 틈도 없이 함락되었다.

이번에는 연합군도 모처럼 무거운 엉덩이를 들었다. 3만 8,000명의 원정군이 조직되어 노르웨이로 출동했다. 하지만 너무 늦은 결단이었다. 현지에 도착하자마자 한발 먼저 와서 유리한 고지를 차지한 독일군의 맹공 앞에서 궁지에 내몰렸다. 연합군은 잔존 노르웨이군과 함께 노르웨이 북부의 부동항 나르비크Narvik 인근에서 방어선을 구축하고 반격을 준비했지만 허사였다. 5월 10일, 독일군이 저지대 국가들을 침공하면서 서부 전역이 시작되었기 때문이었다. 1년 반 전만 해도 구세주라며 영국인들의 칭송을 받았던 체임벌린은 이제 실패자로 낙인찍혔고 욕이란 욕은 다 먹으면서 쫓겨나듯 자리에서 물러났다. 새로운 총리는 처칠이었다. 하지만 뚝심 있는 정치인이자 제2차 세계 대전을 승리로 이끌게 되는 처칠도 당장 기적을 일으킬 수는 없었다. 연합군 주력 부대가 북부 벨기에로 신나게 진격하는 동안 독일군은 허를 찔러 아르덴을 돌파하고 연합군 등 뒤로 진출했기 때문이었다. 이번만큼은 확실히 이길 수 있다며 기세등등했던 프랑스 지도부는 대번에 자신감을 잃고 항복을 논의했다. 됭케르크에서 30만 명의 연합군이 필사적으로 탈출하는 동안 노르웨이에서도 탈출이 이어졌다. 6월 10일, 노르웨이는 항복했다.

핀란드가 소련군에 정신없이 얻어맞는 동안 스칸디나비아반도의 형제국들이 약간의 무기를 보내 준 것 이외에 강 건너 불구경했던 것처럼, 핀란드 역시 중립을 내세워 노르웨이를 돕지 않았다. 게다가 체임벌린과 달라디에는 뒤늦게라도 핀란드를 서방의 편에 남겨 두기 위해 외교적으로 달래기는커녕, 소련과의 평화 조약을 독일 편에 선 것으로 간주하여 보복 조치랍시고 모든 무역을 일방적으로 중단했다. 영국 해군은 핀란드 국적의 선박들을 나포하고 물품을 압수했다. 핀란드가 전통적으로 친독 국가라 해도 파시즘과는 거리가 먼 민주주의 국가였으며 그 이상으로 서방에 가까웠다는 점에서 이들이 얼마나 어리석고 근시안적이었는지 보여 주는 셈이었다. 뤼티 총리만 해도 열렬한 친영파였다. 더욱이 히틀러는 겨울 전쟁 내내 도움은커녕 소련을 도와 핀란드를 봉쇄하여 핀란드인들의 분노를 샀다. 서방에 총 한 발 쏘지 않은 핀란드를 독일의 한패거리로 취급한 영국과 프랑스의 성급한 조치는 친구의 얼굴에 침을 뱉은 꼴이었다.

서방에 배신당한 핀란드는 살아남기 위해 새로운 동맹국을 찾았다. 독일이었다. 어차피 핀란드로서는 독일과 손을 잡는 것 이외에 다른 선택의 여지가 없었다. 노르웨이가 독일의 손에 넘어가면서 핀란드는 서방과의 연결이 완전히 끊어졌기 때문이었다. 만약 소련이 고립무원의 핀란드를 재침공한다면 이번에는 무슨 수를 써도 막지 못할 판국이었다. 실제로 프랑스가 패망하자마자 스탈린은 본색을 드러냈다. 루마니아에 최후통첩을 보내 베사라비아Bessarabia와 북부 부코비나Northern Bukovina를 빼앗아 몰다비아 소비에트 사회주의 공화국*을 세웠다. 6월 15일과 16일에는 소련의 보호국으로 겨우 숨만 쉬고 있던 발트 3국을 병합했다. 몰로토프는 리투아니아 총리 빈차스 크레베미케비치우스 Vincas Krėvė-Mickevičius를 향해 이렇게 말했다. 〈당신네 리투아니아는 핀란드를 포함한 다른 발트해 국가들과 함께 소련의 영광스러운 가족의 일원이 될 것이오.〉 다음은 핀란드 차례라는 얘기였다. 소련의 조종을 받는 핀란드 좌파 단체들은 소련을 지지하는 선전 선동 운동을 벌이면서

* 지금의 몰도바이다.

핀란드를 한층 혼란에 빠뜨렸다. 몰로토프는 핀란드 정부를 향해 이들에 대한 박해를 중단할 것과 우파 정권의 퇴진을 요구하면서 만약 받아들이지 않으면 뒷일은 감당할 수 없을 거라고 노골적으로 협박했다. 이제 핀란드로서는 믿을 구석이 독일밖에 없었다.

히틀러 역시 핀란드 지원 요청을 거절할 이유가 없었다. 독소 불가침 조약을 맺을 때와는 사정이 달라졌기 때문이었다. 가장 큰 위협이었던 프랑스를 끝장낸 이상 다음은 동쪽이었다. 프랑스 전역에서 승리를 거둔 지 한 달 뒤인 1940년 7월 31일, 히틀러는 독일 남부의 오버잘츠베르크Obersalzberg에 있는 자신의 별장인 베르크호프Berghof에서 장군들을 불러 모아 중대 결정을 발표했다. 영국 상륙을 연기하되 공군력으로 무력화시키고, 육군은 새로운 전쟁을 준비한다는 것이었다. 소련 침공이었다. 히틀러는 영국의 유일한 희망이 소련이며, 소련만 정복하면 영국은 고립되어 손을 들 수밖에 없다고 주장했다. 침공 시기는 1941년 5월이 될 것이었다. 물론 스탈린이 자기 몰래 영국과 손을 잡으려 했다거나 그럴 생각이 조금이라도 있는지 따위는 중요하지 않았다. 히틀러로서는 소련이 존재한다는 사실 자체가 신의 실수이자, 용납할 수 없는 불구대천의 나라였다. 그보다 독일인들의 새로운 생활권을 확보하기 위해서는 소련의 광활한 영토와 무한한 자원이 필요하다는 것이 히틀러의 고집스러운 믿음이었다.

그동안 히틀러의 무모한 도박에 발작을 일으켰던 장군들은 이번에는 자신감이 가득했다. 프랑스조차 꺾은 그들이 보기에 소련은 훨씬 만만한 상대였기 때문이었다. 제1차 세계 대전에서 제정 러시아군과 싸워 본 경험이 있던 장군들은 소련군을 〈군복 걸친 농민들〉이라며 깔보았다. 게다가 핀란드에서 보여 준 소련군의 한심한 모습은 독일인들의 편견에 일조했고 제1차 세계 대전 시절과 거의 달라지지 않았다고 여기게 했다. 프랑스나 영국과 싸우는 것에 비하면 소련 침공은 훨씬 쉬운 일처럼 보였다. 그렇게 만든 장본인은 스탈린이었다. 핀란드에서 쓸데없는 모험을 벌이지 않았다면 히틀러는 소련을 공격하는 데 좀 더 신중했을 것이었다.

6월 말부터 시작된 영국 본토 항공전은 독일 공군이 총력을 기울였음에도 영국 공군의 완강한 저항에 부딪혔다. 9월 15일 〈영국 전투의 날Battle of Britain Day〉에 독일 공군은 1,000대가 넘는 항공기를 투입했지만, 영국 공군을 제압하지 못했다. 히틀러는 영국 침공을 포기했다. 하지만 동쪽에서는 여전히 성공을 거두고 있었다. 10월 7일 발칸의 대표적 친영 국가인 루마니아를 총 한 발 쏘지 않고 굴복시켰고, 한 달여 뒤인 11월 20일에는 호르티 미클로시Horthy Miklós 제독이 통치하는 헝가리가 추축국에 가입했다. 히틀러가 보기에 소련을 상대로 영웅적인 투쟁을 벌인 핀란드 역시 자신의 반공 성전에 참여할 자격이 있었다. 독일은 8월부터 핀란드에 금수 조치를 해제하여 무기 판매를 허용했고 9월 12일에는 정식으로 군사 협정을 맺었다. 핀란드는 그 대가로 독일군의 자국 내 통과를 허용했다. 또한 독일과의 무역 협정을 개정하여 새로운 경제 파트너가 되는 데 동의했다. 핀란드 경제는 사실상 독일에 종속되었다.

11월 12일 몰로토프가 베를린을 방문했다. 히틀러의 꿍꿍이를 알지 못했던 그는 독소 불가침 조약을 내세워 동유럽에서 자기네 몫을 내놓을 것을 요구했다. 핀란드와 발트해, 발칸 동부, 튀르키예를 소련의 세력권으로 인정하고 소련이 페르시아만으로 진출할 권리를 보장하며 독일은 핀란드에서 즉각 손을 떼야 한다고 요구했다. 히틀러가 몰로토프에게 핀란드를 어떻게 처리할 생각인지를 묻자 그는 몰도바와 발트 3국의 사례를 따르게 될 것이라고 숨기지 않고 대꾸했다. 히틀러는 받아들일 수 없다고 잘라 말했다. 핀란드를 소련에 내줄 생각이 없다는 얘기였다. 이전과 전혀 달라진 반응에 몰로토프는 몹시 당황했고 빈손으로 돌아가야 했다.

12월 18일, 총통 명령 21호Directive No. 21가 하달되었다. 〈독일 국방군은 영국과의 전쟁을 끝내기 전에 소련을 신속하게 격파할 준비를 해야 한다.〉 작전명은 〈바르바로사Barbarossa〉였다. 신성 로마 제국의 황제이자 십자군 전쟁을 이끌었던 프리드리히 1세의 별명이었다. 히틀러에게 소련 침공은 20세기 십자군 원정이라는 얘기였다. 야만스러운 동방의 위협을 제거하기 위한 위대한 성전에는 독일군만이 아니라 동맹군도 마땅히 함께해야 했다. 루마니아와 핀란드였다. 두 나라 모두 소련에 깊은 증오심을 품고 있었다. 하지만 그전에 정리할 일이 있었다. 히틀러의 성공을 시기한 무솔리니가 그리스를 침공했다가 벌집을 건드린 꼴이 되어 도리어 궁지에 내몰렸기 때문이었다. 분별없는 동맹자의 뒤치다꺼리도 히틀러의 몫이었다.

히틀러는 그리스 침공을 준비하는 한편, 그 길목에 있는 유고슬라비아와 불가리아도 한편으로 끌어들이려고 안간힘을 썼다. 불가리아는 고분고분 받아들였지만, 유고슬라비아에서는 뜻밖에도 추축 가입 직후 쿠데타가 일어나 정권이 뒤집혔다. 인내심이 바닥난 히틀러의 방식은 유고슬라비아와 그리스 둘 다 쓸어버리는 것이었다. 4월 6일, 유고슬라비아 침공이 시작되었다. 유고슬라비아는 열흘 만에 백기를 들었다. 그리스는 조금 더 버텼다. 4월 27일, 아테네가 무너지면서 그리스군 전체가 항복했다. 6월 1일, 최후의 보루였던 크레타섬도 함락되었다. 이제 바르바로사 작전을 방해할 어떤 걸림돌도 없었다. 대가가 없지는 않았다. 히틀러는 소련 침공을 한 달 늦추어야 했다. 나중에 치명적인 실수였음을 깨닫고 두고두고 후회하게 될 것이었다.

스탈린은 히틀러가 소련 침공을 준비 중이라는 최악의 시나리오를 어떻게든 외면하려고 애썼지만 그렇다고 그 가능성마저 무시한 것은 아니었다. 그는 히틀러가 얼마나 변덕스럽고 믿을 수 없는지 누구보다 잘 알고 있었다. 더욱이 독일이 프랑스를 굴복시키고 유럽 전체를 제 발밑에 두면서 스탈린의 두려움은 한층 커졌다. 그가 보기에 핀란드 자체는 위협이 아니지만, 독일이 핀란드를 발판으로 삼는다면 레닌그라드에 심각한 위협이 될 것은 불 보듯 뻔했다. 그전에 핀란드를 정복해야 했다. 스탈린은 핀란드에 더 많은 것을 내놓으라고 압박하면서 재침공의 명분을 찾았다. 그런 행동이 오히려 핀란드를 더욱 몰아붙여 독일과 결탁하게 만든다는 사실은 생각하지 못하는 것이 스탈린의 한계였다. 1941년 1월 18일에는 핀란드 주재 소련 대사가 소환되었다. 국경에는 대규모 소련군이 집결했다. 상황은 겨울 전쟁 이상으로 위태로웠다. 전쟁이 재개되면 이번에는 기적이 일어날 가능성은 없었다. 사면초가 신세인 핀란드는 심지어 스웨덴 정부를 향해 스웨덴의 한 주(州)로 병합되는 것을 제안했다가 거절당했다.

벼랑 끝에 내몰린 핀란드의 보호자 노릇을 자처하고 나선 쪽은 히틀러였다. 스탈린은 이미 핀란드를 정복할 기회를 놓쳤고, 히틀러는 그것을 두 번 용납할 생각이 없었다. 게다가 독일은 군수품 생산에 필수적인 핀란드의 니켈에 의존하고 있었다. 핀란드는 니켈 생산의 60퍼센트를 독일에 제공키로 약속했다. 히틀러에게는 스웨덴의 철광석만큼이나 중요한 자원이었다. 에두아르트 디틀Eduard Dietl 장군의 노르웨이산악군단 2개 사단은 노르웨이 최북단의 시르케네스Kirkenes에 주둔하면서 소련군이 핀란드를 재침공하면 즉각 개입할 태세였다. 또한 노르웨이 북부로 병력과 물자를 수송한다는 핑계로 핀란드에 군대를 진입시키는 등 영향력을 확대했다. 핀란드도 히틀러가 내미는 구원의 손을 마다하지 않았다. 이들로서는 소련 공산주의자들보다는 파시스트들이 낫다는 것이었다. 핀란드와 독일의 군사 협력은 점점 강화되었다.

1941년 1월 30일, 핀란드군 참모총장 악셀 에리크 하인리히스Axel Erik Heinrichs 중장은 독일 육군 참모총장 프란츠 할더Franz Halder 장군의 요청을 받아 베를린을 방문하여 독일 장교들에게 겨울 전쟁의 경험을 강의했다. 히틀러가 핀란드의 든든한 뒷배 노릇을 하는 이상, 탐욕스러운 스탈린도 핀란드 침공을 접어야 했다. 그는 뒤늦게야 핀란드에 화해의 손을 내밀었다. 하지만 핀란드와 독일의 밀월 관계를 뒤집기에는 너무 늦었다. 핀란드가 독일에 접근하자 불쾌함을 드러낸 쪽은 소련만이 아니었다. 뻔뻔하게도 영국 외무 장관 핼리팩스는 겨울 전쟁에서 영국이 핀란드인들에게 은혜를 베풀었음에도 감사하는 마음이 부족하다고 비난하면서 〈핀란드 정부는 자신들의 영혼을 악마에게 팔았고, 심지어 그 대가조차 제대로 받지 못했다〉라고 비꼬았다.

핀란드가 바르바로사 작전의 전모를 정확히 언제부터 알았는지는 확실하지 않다. 하지만 1941년 초부터 구체적인 시기와 내막까지는 아니라도 독소 양국의 관계가 심상치 않으며 독일이 소련 침공을 준비하고 있다는 사실을 어느 정도 짐작하고 있었음은 분명했다. 만약 전쟁이 시작된다면 독일군은 핀란드를 통해 레닌그라드와 북극해의 부동항이자 교통의 요지인 무르만스크Murmansk 항구를 노릴 가능성이 높았다. 핀란드가 중립을 내세워 여기에 휘말리지 않을 방법은 없었다. 히틀러는 핀란드가 협조하지 않으면 당장이라도 무력을 쓸 것이 뻔했다. 반대로 소련군이 먼저 핀란드로 치고 들어올 수도 있었다. 헬싱키에서 불과 110km 떨어진 소련 조차지인 항코에는 3만 명에 달하는 소련군이 주둔하면서 핀란드의 목젖을 겨누고 있었다. 강대국들의 틈바구니에서 자신의 운명을 스스로 결정할 수 없는 것이 약소국의 비애였다.

겨울 전쟁에서 만신창이가 된 핀란드는 새로운 전쟁에 신중하지 않을 수 없었다. 독일의 힘을 빌려 빼앗긴 영토를 되찾을 기회로 삼기에는 핀란드는 너무 약했다. 핀란드로서는 복수보다 소련의 새로운 침략을 피하는 일이 더 시급할뿐더러, 어설프게 히틀러의 전쟁에 편승했다가 일이 생각처럼 돌아가지 않는다면 이번에는 국가 존망마저 위협받을 판국이었다. 하인리히스는 할더에게 독일이 소련과 전쟁을 하더라도 핀란드는 중립을 원하며 레닌그라드 공격에 참여하지 않을 것이라고 못 박았다. 독일 장군들 역시 핀란드의 군사력에 대한 어떤 환상도 없었다. 할더는 3월 30일 일기에 〈핀란드는 용맹스럽게 싸우겠지만 수적으로 부족하고 최근 패배에서 회복되지 못했다〉라고 썼다. 그러나 어차피 칼자루를 쥔 쪽은 이들이 아니라 히틀러였다. 그는 핀란드가 뭐라고 하건, 자신의 십자군 원정에 끌어들일 참이었다.

히틀러가 핀란드 장군들을 베를린으로 불러다 바르바로사 작전을 통보한 것은 침공을 불과 한 달 앞둔 5월 20일이었다. 핀란드는 굴복했다. 독일군이 레닌그라드와 무르만스크를 공격하는 데 길을 빌려주는 것은 물론, 항코의 소련군을 제압하는 일과 겨울 전쟁 때 빼앗긴 라도가호수 동부에서 제한적인 공세에 참여하기로 약속했다. 무르만스크에 대한 독일-핀란드 연합 작전을 위해 시르케네스에는 노르웨이산악군단이, 핀란드 중부의 로바니에미Rovaniemi에는 독일 제36군단이 각각 배치되었다. 독일군은 4개 사단 6만 7,000명에 달했다. 그 대신 핀란드는 추축에 가입하지 않을 것이라고 못 박았다. 핀란드의 적은 어디까지나 소련이지, 연합국 전체가 아니라는 논리였다. 핀란드군은 무르만스크 공략에 참여하는 제3군단을 제외하고 독자적인 지휘권을 유지했고 독일군의 명령을 받기를 거부했다. 이 점에서 독일 북부집단군에 편입되어 레닌그라드 전선에 투입된 스페인의 〈청색 사단〉이나 여느 추축 동맹국들과는 달랐다.

전쟁을 향한 기계가 돌아가기 시작했다. 6월 9일, 핀란드는 부분 동원령을 선언했다. 17일에는 총동원령이 선포되었다. 63만 명이 동원되었다. 전체 인구의 20퍼센트에 달하는 숫자였다. 겨울 전쟁 당시 전시 총리였으며 4개월 전 핀란드의 신임 대통령을 맡은 뤼티는 개전 전날인 6월 21일 의회 연설에서 〈이번 전쟁은 우리 핀란드를 구할 수 있는 유일한 길이다. 소련은 핀란드 정복을 포기하지 않을 것이기 때문이다〉라고 선언했다. 그리고 다음 날 새벽 4시, 전 국경에 걸쳐 380만 명에 달하는 거대한 추축군이 소련 국경을 일제히 넘었다. 스탈린이 수많은 경고에도 그토록 눈과 귀를 닫고 외면했던 일이자 핀란드에는 제2라운드의 시작을 알리는 순간이었다. 겨울 전쟁에 뒤이은〈계속 전쟁Continuation War〉의 폭발이었다.

레닌그라드로 가는 길

1941년 6월 22일 새벽 3시, 1,000여 대가 넘는 독일 폭격기들이 소련 서부의 비행장들을 기습했다. 활주로에 무방비로 방치되어 있던 소련 비행기들은 제대로 떠보지도 못하고 태반이 파괴되었다. 이날 오전에만 소련군은 1,200대에 달하는 비행기를 잃었다. 국경 전역에 걸쳐 대대적인 포격과 함께 독일군의 침공이 시작되었다. 총병력은 3개 집단군 152개 사단 310만 명, 전차 3,350대, 야포 7,200문, 항공기 2,770대에 달했다. 이와 별도로 루마니아군 2개 군 14개 사단 32만 명이 독일 남부 집단군의 일원이 되어 전해에 빼앗긴 영토를 되찾기 위해 프루트Prut강을 넘어 동쪽으로 진격했다. 이탈리아와 슬로바키아, 헝가리 또한 소련과 이렇다 할 원한은 없었지만, 이참에 히틀러로부터 떡고물을 얻어먹을 요량으로 가세했다.

　히틀러의 소련 침공은 스탈린에게는 그야말로 날벼락이나 다름없었다. 스탈린만이 아니라 일선 지휘관들 역시 태만하고 방심했다. 이들은 막연히 독일의 위협을 우려하면서도 아무런 대비를 하지 않았다. 단순히 무능해서라기보다 대숙청의 여파 때문이었다. 스탈린의 편집광이 초래한 대숙청은 소련 군부를 쑥대밭으로 만들었다. 유능한 사람일수록 의심받을 가능성이 높다는 점에서 살아남는 유일한 방법은 그냥 눈에 띄지 않는 것이었다. 소련군 전체에 복지부동이 만연했다. 너 나 할 것 없이 시키는 일 이외에 어떤 것도 하지 않았다. 상급자들이 줄줄이 숙청되면서 벼락출세한 간부들은 그 자리를 맡을 만한 경험이 없다 보니 무엇을 해야 할지조차 알지 못했다. 심지어 소련 서부전선군 총사령관 드미트리 파블로프Dmitry Grigoryevich Pavlov 대장은 침공 전날 밤 사령부를 비운 채 키예프에서 태평스럽게 코미디 연극을 즐기고 있었을 정도였다. 하지만 소련 체제에서 수령의 잘못은 언제나 아랫사람들의 몫이었다. 스페인 내전에서 뛰어난 군인으로 명성을 떨쳤던 파블로프는 연전연패를 거듭한 끝에 꼭 한 달 만인 7월 22일, 모든 책임을 뒤집어쓰고 반역자로 몰려 불운한 참모들과 함께 총살당했다.

바르바로사 작전에서 발트해 방면을 맡은 부대는 빌헬름 폰 리브Wilhelm Ritter von Leeb 원수의 북부집단군이었다. 병력은 3개 군(제16군, 제18군, 제4기갑집단) 10개 군단 30개 사단(25개 보병 사단, 2개 차량화 사단, 3개 기갑 사단) 및 제1항공함대 65만 명, 전차 1,400여 대, 야포 7,600문, 항공기 1,070여 대에 달했다. 여기에 맞서는 소련군은 표도르 쿠즈네초프Fyodor Isodorovich Kuznetsov 상장이 지휘하는 서북전선군 산하 3개 군(제8군, 제11군, 제27군) 10개 군단 28개 사단(22개 소총 사단, 4개 기갑 사단, 2개 기계화 사단, 3개 공수 여단 등) 및 5개 혼성 항공 사단 50만 명, 전차 1,400여 대, 야포 5,600문, 항공기 1,200여 대였다.

양측의 병력은 거의 대등했지만 스탈린의 아집 탓에 소련군은 무방비 상태에서 허를 찔렸고 지휘 계통의 마비로 대혼란에 빠졌다. 게다가 에스토니아, 라트비아의 방어를 맡은 소련 제27군 산하 제22군단과 제24군단, 리투아니아 남부에 배치된 제11군 산하 제29군단은 원래 1년 전 소련에 의해 강제 편입된 발트 3국의 군대였다. 점령 과정에서 소련군의 온갖 만행과 동료들이 NKVD에 체포되어 처형되거나 시베리아의 굴라크 수용소로 끌려가는 모습을 목격한 이들로서는 소련 체제에 대한 어떤 충성심도 없었다. 따라서 독일군과 맞닥뜨리자 싸우는 대신 태반이 집단 탈영하거나 반란을 일으켜 어제의 상전이었던 소련군에 총부리를 돌렸다.

리투아니아 저항군은 독일 침공과 함께 수도 빌뉴스를 비롯한 주요 도시에서 봉기했다. 리투아니아 병사들 역시 탈영하여 저항군에 합류했다. 곳곳에서 전투가 벌어지고 극심한 혼란 속에서 많은 소련군 병사가 리투아니아인들의 포로가 되었다. 소련군은 전차 부대를 투입하여 진압에 나섰지만, 독일 공군의 폭격으로 큰 손실을 입고 물러나야 했다. 다음 날 아침 리투아니아가 독립을 선언했다. 소련에 병합당한 지 1년하고 8일 만이었다. 6월 24일, 빌뉴스에 독일군 선두 부대가 시민들의 열렬한 환영을 받으면서 입성했다.

리투아니아인들에게는 감격에 겨운 순간이었겠지만, 기쁨은 오래가지 않았다. 스탈린만큼이나 탐욕스러운 히틀러는 발트 3국을 해방할 생각이 없었기 때문이었다. 그가 보기에 소련의 발밑에 굴복한 발트 3국은 슬라브족만큼이나 열등하므로 독일에 의해 재교육받을 필요가 있다는 것이었다. 8월 5일, 리투아니아 정부는 해산되었다. 리투아니아 저항군 역시 독일군에 의해 모조리 무장 해제되거나 일부는 독일 보조 부대와 의용군으로 편입되었다. 독일에 고분고분하지 않은 민족주의 지도자들은 체포되어 강제 수용소로 끌려갔다. 상전이 소련에서 독일로 바뀌었다는 사실 이외에 달라진 것은 없었다. 가장 큰 피해는 유대인들의 몫이었다. 유대인들이 소련 밑에서 부역했다고 여겼던 리투아니아인들은 봉기와 함께 제일 먼저 이들을 향한 분풀이에 나섰다. 뒤이어 조직적인 인종 청소에 나선 쪽은 독일군이었다. 독일 점령 동안 20만 명 이상이 죽음의 수용소로 끌려가 살해되었다. 종전까지 목숨을 부지할 수 있었던 사람은 고작 3,000여 명에 불과했다. 리투아니아에서 유대인

바르바로사 작전 당시 발트해 방면 양군의 전투 서열

□ **독일 북부집단군:**
총사령관 빌헬름 폰 리브Wilhelm von Leeb 원수, 참모장 쿠르트 브레네케Kurt Brennecke 중장

• **독일 제16군: 에른스트 부슈Ernst Busch 상급대장**

 - 제2군단: 제12보병사단, 제32보병사단, 제121보병사단

 - 제10군단: 제30보병사단, 제126보병사단

 - 제28군단: 제122보병사단, 제123보병사단

• **독일 제18군: 게오르크 폰 퀴흘러Georg von Küchler 상급대장**

 - 제1군단: 제1보병사단, 제11보병사단, 제21보병사단

 - 제26군단: 제61보병사단, 제217보병사단, 제291보병사단

 - 제38군단: 제58보병사단, 제254보병사단

• **독일 제4기갑집단: 에리히 회프너Erich Hoepner 상급대장**

 - 제41차량화군단: 제1기갑사단, 제6기갑사단, 제36차량화보병사단

 - 제56차량화군단: 제8기갑사단, 제3차량화보병사단, 제290보병사단, 제3SS기갑사단 <토텐코프>

• **직할 부대**

 - 제23군단: 제206보병사단, 제251보병사단

 - 제50군단: 제86보병사단, 제4SS질서경찰 기갑척탄병사단

 - 제207보안사단, 제281보안사단, 제285보안사단

□ **소련 서북전선군: 총사령관 표도르 쿠즈네초프Fyodor Kuznetsov 상장**

• **소련 제8군: 표트르 소베니코브Pyotr Sobennikov 중장**

 - 제10소총군단: 제10소총사단, 제48소총사단, 제90소총사단

 - 제11소총군단: 제11소총사단, 제125소총사단

 - 제12기계화군단: 제23기갑사단, 제202차량화소총사단

• **소련 제11군: 바실리 모로조프Vasili Morozov 중장**

 - 제16소총군단: 제5소총사단, 제33소총사단, 제188소총사단

- 제29소총군단(전 리투아니아군): 제179소총사단, 제184소총사단
- 제3기계화군단: 제2기갑사단, 제5기갑사단, 제84차량화소총사단
- 직속 부대: 제23소총사단, 제126소총사단, 제128소총사단
• 소련 제27군: 니콜라이 베르자린Nikolai Berzarin 중장
- 제22소총군단(전 에스토니아군): 제180소총사단, 제182소총사단
- 제24소총군단(전 라트비아군): 제181소총사단, 제183소총사단
- 직속 부대: 제16소총사단, 제67소총사단, 제3독립소총여단
• 직할 부대
- 제65소총군단: 제11소총사단, 제16소총사단
- 제5공수군단: 제2공수여단, 제10공수여단, 제201공수여단
- 북서전선 항공군: 제4, 제6, 제7, 제8, 제57혼성항공사단
- 제10대전차포병여단, 3개 대공포 여단, 3개 중포 연대 등

97퍼센트가 학살되었다고 하니 씨를 말린 셈이었다.

라트비아와 에스토니아의 운명도 마찬가지였다. 두 나라 사람들은 독일군이 도착하기 전에 스스로 총을 들고 일어나 소련군과의 싸움을 시작했다. 7월 10일, 라트비아 전역이 독일군의 수중에 넘어갔다. 8월 28일에는 에스토니아의 수도 탈린에 입성했다. 발트 3국만이 아니라 우크라이나인을 비롯하여 스탈린 체제에 억압받았던 여러 소수 민족이 바르바로사 작전에 호응하여 독립운동에 나섰고 독일군을 해방자로 맞이했다. 덕분에 독일군은 훨씬 수월한 싸움을 하면서 모스크바를 향해 파죽지세로 진격할 수 있었다.

히틀러로서는 동쪽에 우호적인 나라를 세우고 소련인들이 제 손으로 스탈린 체제 타도에 나서도록 만들 수도 있었다. 하지만 편협한 인종주의와 독일 민족의 생존권 건설이라는 강박증에 사로잡혔던 그는 참을성을 발휘하지 못했다. 7월 17일, 동부 지역의 점령지를 통치하는 식

1941년 6월 23일, 빌뉴스에서 봉기한 리투아니아 저항군의 포로가 되어 끌려가는 소련군 병사들. 그러나 반소 봉기는 소련군만이 아니라 엉뚱하게도 유대인들에게도 불똥이 튀었다. 아무런 근거도 없이 유대인들을 소련의 끄나풀이라고 믿었던 사람들이 그동안 쌓인 분풀이에 나서면서 곳곳에서 홀로코스트가 자행되었다. 유럽 사회에서 유대인에 대한 편견과 증오심이 얼마나 뿌리 깊이 박혀 있는지 보여 주는 셈이었다.

민지 총독부로 오스트미니스테리움Ostministerium*이 수립되었다. 총독은 에스토니아 출신의 나치 지도자이자 그의 충복인 알프레트 로젠베르크Alfred Rosenberg가 임명되었다. 그는 발트 3국을 포함한 광대한 동부 점령지 전체를 식민화하는 사업에 착수했다. 유대인은 물론이고 소련의 지배에 협조했거나 독일에 복종하기를 거부하는 사람들은 모조리 강제 수용소로 끌려갔고 나머지는 노예 노동자로 독일을 위해 봉사해야 했다. 게르만족의 일원으로 존중받을 자격이 있는 소수만이 예외였다. 환상은 깨졌다. 소수 민족들은 소련과 독일 양쪽을 상대로 길고 고통스러운 독립 투쟁을 시작했지만, 누구도 성공할 수 없었다. 3,500여 명의 에스토니아 출신 병사들은 핀란드로 달아나 핀란드군에 입대하기도 했다.

히틀러의 가공할 군대가 소련 서부를 휩쓸면서 파죽지세로 동진하는 동안 핀란드 전선은 조용했다. 비록 핀란드는 독일과 부득이 손을 잡았지만 오랜 우호국인 미국, 영국과의 관계 또한 고려해야 했다. 게다가 히틀러가 비밀주의를 고수한 탓에 독일은 거의 마지막 순간에야 계획을 통보하여 만네르헤임을 당황하게 만들었다. 핀란드군은 소련과 싸울 준비가 충분하지 않았다. 무엇보다도 핀란드의 목표는 겨울 전쟁에서 빼앗긴 영토를 되찾는 것이지 소련의 정복이 아니었다. 따라서 스탈린은 이제라도 강탈한 땅을 되돌려주고 핀란드가 중립으로 남도록 외교적으로 달래는 방법도 있었다. 물론 그런 나약한 모습은 스탈린의 방식과는 거리가 멀었다.

개전 직후인 6월 22일 새벽 6시, 7대의 소련 폭격기가 헬싱키를 습격했다. 피해는 거의 없었지만 소련의 의도는 분명했다. 핀란드를 독일과 한패거리로 간주한다는 뜻이었다. 본격적인 보복은 사흘 뒤였다.

* 나치 정권의 산하 기관으로 〈동방 총독부〉라는 뜻. 본부는 베를린에 있었으며 발트 3국과 벨라루스, 우크라이나, 서부 러시아를 아우르는 광대한 지역을 관할했다.

6월 25일, 480여 대에 달하는 소련 공군의 대(大)편대가 핀란드 전역의 비행장과 주요 도시, 마을을 공습했다. 그중 23대가 핀란드 공군의 요격으로 격추되었고 핀란드 공군의 손실은 없었다. 핀란드가 정말로 싸울 생각이 없었는지, 아니면 참전의 명분을 얻을 요량으로 공격을 준비하고 소련이 선제공격하기만 기다렸는지는 불분명했다. 그러나 중요한 사실은 먼저 총을 쏜 쪽이 소련이라는 점이었다. 핀란드는 〈자위 전쟁〉을 결의했다.

핀란드군은 2년 전에 비해 적어도 외형적으로는 비약적으로 강화되었다. 겨울 전쟁 당시 4개 군단 10개 사단 30만 명 정도였던 핀란드군은 개전 직전 총동원령으로 병력이 두 배로 늘어났다. 6개 군단 16개 사단 및 2개 저격 여단, 1개 기병 여단, 1개 전차 대대 등 63만 명에 달했다. 전체 인구 370만 명의 17퍼센트에 달하는 숫자였다. 그중 제1군단이 수도 방어를 맡았다. 제2군단과 제4군단 산하 7개 사단이 카렐리야 지협 서부에, 카렐리야 야전군(제6군단, 제7군단) 7개 사단 및 3개 여단이 카렐리야 지협 동부에 배치되어 레닌그라드를 위협했다.

핀란드 중부에는 제3군단(제3사단, 제6사단)과 독립 제14사단이 니콜라우스 폰 팔켄호르스트Nikolaus von Falkenhorst 상급대장의 노르웨이 주둔 독일군에 편입되었다. 독일군의 지휘를 받는 유일한 핀란드군이었다. 이들의 임무는 독일 제36군단(제169사단, SS노르트사단)과 함께 〈은여우 작전Operation Silver Fox〉에 참여하여 핀란드 국경에서 100km 떨어진 북극권의 부동항인 무르만스크를 봉쇄하고 무르만스크 철도를 공격하는 것이었다. 〈라플란드Lapland〉라고 불리는 핀란드 북부에는 독일 노르웨이산악군단(제2산악사단, 제3산악사단)이 무르만스크를 직접 공략할 태세였다. 대소 전선에 배치된 병력은 독일군 4개 사단 6만 7,000명과 핀란드군 15개 사단 50만 명에 달했다. 또한 개전 직후에는 독일 제163사단이 노르웨이에서 카렐리야 동부로 이동하여 핀란드군에 가세했다. 핀란드 공군은 235대의 비행기를 보유했으며 추가로 독일 제5항공함대 소속 60대의 항공기가 핀란드에 배치되었다.

소련군은 마르키안 포포프Markian Popov 상장의 레닌그라드 군구 산하 제7군과 제14군, 제23군 18개 사단 및 40개 독립 여단 45만 명에 달했고 8개 항공 사단 산하 700여 대의 비행기가 배치되어 있었다. 또한 레닌그라드에는 발틱 함대 소속 드레드노트급 구식 전함 마라트Marat와 옥탸브라스카야 레볼우치야Oktyabrskaya Revolutsiya를 비롯하여 경순양함 2척, 구축함 45척, 잠수함 75척 등 강력한 해군 전력도 주둔했다. 히틀러는 바르바로사 작전에 협조하는 대가로 핀란드에 항공기 53대와 야포 185문, 대공포 112문, 대전차포 300문, 대전차 지뢰 15만 발을 제공했다. 물론 최대 무기 공급처는 소련이었다. 많은 핀란드군 병사가 겨울 전쟁에서 노획한 소련제 모신나강 소총으로 무장하고 소련군의 제식 군모인 M1935 필로트카 야전모pilotka cap를 썼다. 핀란드군이 보유한 대포 또한 태반은 소련제였다. 모스크바 평화 회담에서 스탈린은 영토의 할양을 요구하면서도 핀란드가 노획한 소련제 무기의 반환에는 관심이 없었기 때문이었다. 자존심 강한 그로서는 그런 사실 자체를 인정하기 싫었을 것이다. 하지만 핀란드군은 여전히 소련군의 맞상대가 되기엔 장비가 빈약했다. 특히 기동력과 대전차 무기에서 열세했다.

6월 28일, 만네르헤임은 라디오 방송에서 핀란드 병사들을 향해 〈성전〉에 나설 것을 선언했다. 〈나는 여러분에게 우리 민족의 적에 맞선 성스러운 싸움에 동참할 것을 호소한다. 우리의 죽어 간 영웅들은 핀란드의 미래를 지키기 위해 우리의 적에 맞선 십자군 원정에서 막강한 독일과 함께하기 위해 무덤에서 일어서고 있다. 형제들, 이제 카렐리야가 일어서고 오로라가 핀란드의 새로운 여명을 밝힐 것이니 마지막까지 나를 따르라.〉

다음 날, 독일-핀란드군의 공세가 시작되었다. 핀란드 최북단에서는 독일 노르웨이산악군단이 〈은여우 작전〉에 따라 핀란드군과 함께 국경을 넘었다. 처음에는 순조로워 보였다. 이들은 리바치반도의 길목을 장악하고 무르만스크를 위협했다. 7월 1일에는 남쪽에서 독일 제36군단과 핀란드 제6사단이 공세에 나섰다. 그러나 독일군은 북극권에서 싸울 준비가 되어 있지 못했다. 특히 히틀러의 친위대인 SS노르트사단은 전투에 걸맞지 않았다. 독일군이 소련 제14군의 강력한 저항에 부딪히자 핀란드군이 대신 나서서 소련군을 돌파했다.

7월 8일, 핀란드 중북부의 작은 마을 살라가 핀란드군에 의해 해방되었다. 이곳은 겨울 전쟁 이후 소련에 강탈당했던 땅이었다. 독일-핀란드군은 후퇴하는 소련군을 추격하면서 옛 국경을 넘어 소련 영토를 침공했다. 다음 날 살라에서 동쪽으로 40km 떨어진 카이랄Kayral이 함락되었다. 독일군이 고전을 면치 못하는 동안, 핀란드군은 20일 동안 국경에서 60km를 전진하여 독일군을 놀라게 했다. 8월 7일에는 국경에서 80km 떨어진 케스텐가Kestenga에 도착했다. 무르만스크 철도까지는 60km였다. 그러나 핀란드군 역시 여기까지가 한계였다. 독일군과 핀란드군 모두 험준한 지형과 병참 문제로 무르만스크 근처까지 가보지도 못한 채 기진맥진하여 멈추었고 전쟁 내내 더 이상 깊숙이 전진하지 못했다.

하지만 핀란드가 멈춘 더 중요한 이유는 미국의 압력 때문이었다. 미국은 핀란드를 향해 무르만스크 점령을 묵과하지 않겠다고 엄포를 놓았다. 그때까지도 미국은 유럽 전쟁에 끼어들지 않았지만, 무르만스크는 미국의 원조 물자가 소련으로 전달되는 주요 항구 중 하나였기 때문이었다. 미국이 대소 원조에 나선 것은 히틀러의 침공이 시작된 직후부터였다. 그것도 소련이 서방에 도움을 요청한 것이 아니라 미국이 먼저 소련에 손을 내밀었다. 1941년 7월 30일, 모스크바를 전격 방문한 루스벨트의 외교 고문이자 특사인 해리 홉킨스Harry Hopkins는 스탈린에게 모든 지원을 아끼지 않겠다고 약속했다. 당장 비용을 내놓을 필요도 없었고 스탈린이 그동안 나치의 맹방으로 행세하면서 서방을 적대한 것에 대한 사과를 요구하지도 않았다. 거의 아무 조건 없는 수혜였다. 고립무원이었던 스탈린에게는 천군만마나 다름없었다.

물론 미국으로서도 쉬운 선택은 아니었다. 그때만 해도 소련의 패망은 초읽기였고, 소련에 제공한 물자는 히틀러를 위한 선물이 될 수도 있었기 때문이었다. 또한 공산주의에 대한 미국 사회의 뿌리 깊은 반감도 무시할 수 없었다. 하지만 이전부터 소련에 개인적인 호감을 품고 있던 루스벨트는 소련이 쉽사리 나치에 멸망하지 않는 쪽에 베팅하기로 했다. 그의 판단은 빗나가지 않았다. 두 달 뒤인 10월 1일, 원조 물자를 잔뜩 실은 미국의 첫 번째 수송 선단이 무르만스크에 입항한 것을 시작으로 독일이 항복할 때까지 미국은 3년 반 동안 1,750만 톤, 금액으로는 113억 달러*에 달하는 물자를 제공했다. 그중 1/4이 무르만스크를 통해 전달되어 소련의 숨통을 트이는 데 중요한 역할을 했다. 대량의 원자재와 전차 5,000대, 항공기 7,400대, 대전차포 4,900문, 각종 탄약 4억 7300만 발에 달하는 양이었다. 영국 또한 미국만큼은 아니지만 어려운 형편에도 불구하고 3억 달러에 달하는 물자를 원조했다.

정작 히틀러는 이곳을 통해 제공되는 서방의 막대한 물자가 소련을 먹여 살리고 모스크바 방어를 강화하고 있다는 사실에 아무런 관심도 없었다. 오히려 영국이 노르웨이에 상륙할지 모른다는 막연한 두려움에 사로잡힌 그는 제3산악사단을 핀란드 전선에서 빼내 노르웨이로 이동시켜 독일군의 전력을 한층 약화시켰다. 당시 영국은 유럽 침공은 커녕, 북아프리카에서 한 줌에 불과한 로멜의 북아프리카 군단을 막기에도 급급했다는 점에서 불필요한 결정이자 원칙 없는 행태였다. 지중해와 대서양에서 영국 봉쇄에 그토록 애를 썼던 독일 유보트들도 소련

* 2024년 가치로 1,960억 달러에 해당한다.

으로 향하는 물자를 차단하려고 애쓰지 않았다. 덕분에 대소 원조 물자에서 운송 중에 소실된 양은 전체의 3퍼센트 정도에 불과했다. 히틀러가 전투에서는 이겨도 어째서 전쟁에서 이길 수 없었는지 보여 주는 셈이었다. 물론 핀란드도 독일을 위해 굳이 미국을 적으로 돌릴 생각이 없었다핀란드군에게 진짜 싸움이라고 할 수 있는 카렐리야 지협에서의 공세는 7월 10일 시작되었다. 핀란드 제6군단은 소련 제7군을 밀어내고 7월 16일 라도가 호수 북쪽에 도착했다. 7월 31일에는 핀란드 제2군단이, 8월 22일에는 핀란드 제4군단이 각각 진격에 나섰다. 8월 31일에는 카렐리야 지협의 입구이자 겨울 전쟁 당시 소련군을 끝까지 막아 냈음에도 결국 스탈린에게 넘겨주어야 했던 비푸르를 되찾았다. 소련 제7군과 제23군은 막대한 손실을 입고 후퇴했다. 9월 2일, 핀란드군은 겨울 전쟁 이전의 국경에 도착했다. 그들로서는 감개무량한 순간이었다. 레닌그라드까지는 불과 30km 남았다. 하지만 만네르헤임은 전진을 중지시켰다. 병참 문제와 소련군의 저항이 만만찮기 때문이기도 했지만, 그보다도 이제는 독일의 전쟁이라는 이유였다.

남쪽에서는 독일 북부집단군이 소련군을 마구 밀어붙이며 발트 3국을 일사천리로 돌파한 뒤 개전 20여 일 만인 7월 10일, 독일 제18군은 에스토니아 동쪽 국경 도시인 나르바에 당도했다. 같은 날 나르바 동쪽 40km 떨어진 킹기셉Kingisepp도 함락되었다. 레닌그라드까지는 불과 100km였다. 8월 16일에는 독일 제4기갑집단이 레닌그라드 남쪽 145km 떨어진 노브고로드Novgorod에 도착했다. 9월 8일, 레닌그라드는 남북으로 포위되었다. 북쪽에서는 독일-핀란드군이 카렐리야 지협을 넘어 레닌그라드로 접근 중이었다. 남쪽에서는 독일 제18군과 제4기갑집단이 레닌그라드로 향하는 모든 통로를 차단했다. 스탈린은 겨울 전쟁의 졸장 보로실로프 원수를 레닌그라드 수비 사령관으로 임명했다. 하지만 이번에도 그는 자신의 무능함을 입증했다. 이유 여하를 막론하고 모든 후퇴를 금지하고 집단 자살이나 다름없는 공격을 반복함으로 써 귀중한 병사들을 독일군의 밥으로 만들어 상황만 더욱 악화시켰다.

사기가 무너지고 집단 공황이 퍼져 나가는 와중에 레닌그라드 함락은 초읽기처럼 보였다. 무능한 아첨꾼인 보로실로프를 대신하여 레닌그라드의 구원을 위해 나선 사람은 스타프카STAVK*의 젊은 총참모장이었던 게오르기 주코프였다. 2년 전 극동에서 일본군을 상대로 놀라운 승리를 거두어 소련군도 현대적인 싸움을 할 수 있음을 보여 준 그는 여느 소련 장군들에게서는 볼 수 없는 특유의 결단력과 행동력으로 레닌그라드의 방비를 빠르게 강화했다. 독일군의 진격은 급격히 느려졌다. 히틀러의 심복이자 독일군 작전국장인 알프레트 요들Alfred Josef Ferdinand Jodl 장군이 헬싱키를 방문하여 핀란드군이 좀 더 적극적으로 나서 주기를 요청했다. 하지만 만네르헤임은 레닌그라드를 점령하기 위해 핀란드 청년들의 피를 흘리기를 원치 않았다. 그는 요들에게 〈핀란드의 목표는 겨울 전쟁에서 잃은 영토의 회복이지, 레닌그라드 점령이 아닙니다〉라면서 확실히 선을 그었다.

한편 라도가 호수 북쪽에서는 핀란드 카렐리야 야전군이 국경을 넘어 동부 카렐리야로 전진했다. 이제부터는 소련 땅이었다. 핀란드 제7군단은 소련군의 방어선을 돌파한 뒤 9월 18일 국경에서 동쪽 150km 떨어진 소련 카렐리야 자치 공화국의 수도 페트로자보츠크Petrozavodsk를 공격했다. 9월 30일, 핀란드 제11사단은 도시를 철통같이 포위했다. 수비대인 소련군 제313사단은 오네가Onega 호수를 통해 철수했다. 다음 날 도시는 핀란드군의 손에 넘어갔다. 핀란드 제6군단은 10월 7일 라도가 호수와 오네가 호수를 연결하는 스비르Svir강을 도하하여 교두보를 마련했다. 그러나 소련군의 강력한 저항으로 더는 남하할 수 없었다. 소련군 또한 핀란드군을 밀어내기에 역부족이었다. 전선은 소강상태가

---

* 소련군 최고 사령부를 말한다.

되었고 동부 카렐리야의 남부 지역이 핀란드의 새로운 영토가 되었다. 비록 인구 밀도가 매우 낮고 쓸모없는 땅이라고는 해도 스탈린은 자신의 체면이 실추되었다는 사실을 잊지 않았다.

핀란드만의 입구인 항코는 겨울 전쟁 이후 소련군의 주둔지였다. 핀란드군 제17사단이 항코 탈환에 나설 참이었지만 소련군은 발트해 전역이 독일군에 넘어가자 항코를 지킬 수 없다고 여기고 발틱 함대를 동원하여 모든 수비대를 레닌그라드로 해상 철수시켰다. 12월 4일, 핀란드군은 항코에 무혈입성했다. 이로써 핀란드는 전해에 빼앗긴 영토를 모두 되찾았음은 물론이고 소련 영토 일부까지 점령했다. 목적을 달성했다고 여긴 핀란드군은 이틀 뒤 모든 전진을 멈추고 방어 태세에 들어갔다. 대가는 적지 않았다. 1941년 6월 28일부터 12월 6일까지 5개월 동안 핀란드군은 2만 6,000명의 전사자를 포함하여 7만 5,000명에 달하는 사상자를 냈다. 겨울 전쟁을 능가하는 손실이었다. 소련군은 23만 명의 사상자와 5만 명이 포로가 되었다.

히틀러는 바르바로사 초반에만 해도 소련 제2의 도시이자 러시아 혁명을 상징하는 이름이 붙은 레닌그라드를 반드시 손에 넣어야 한다고 강조했지만, 소련군의 거센 저항으로 북부집단군의 전진이 기대에 미치지 못하자 금방 흥미를 잃었다. 반면, 남쪽에서는 훨씬 눈부신 승리를 연달아 거두어 그를 기쁘게 했다. 소련 서부전선군의 지휘를 맡은 티모셴코는 무슨 수를 써서라도 독일군을 밀어내라는 스탈린의 압박에 못 이겨 반격에 나섰다가 괴멸적인 타격을 입었다. 8월 5일, 독일 중부집단군은 스몰렌스크Smolensk에서 35만 명의 소련군을 포로로 잡았다. 소련군의 손실은 50만 명에 달했다. 모스크바로 향하는 관문이 열렸다. 9월 26일, 우크라이나의 수도 키예프에서 사상 최대의 포위전이 벌어졌다. 70만 명의 소련군이 괴멸했다. 이제는 소련의 심장부인 모스크바로 향할 때였다. 히틀러는 겨울이 오기 전에 모스크바를 손에 넣겠다면

북해의 거친 풍랑과 싸우며 무르만스크로 향하는 미국 수송선. 서방의 주요 원조 루트는 무르만스크와 블라디보스토크 그리고 중앙아시아였다. 그중에서도 무르만스크 루트는 소련으로서는 거리상 모스크바와 가까워 가장 선호했지만, 그것을 직접 배달하는 미국 선원들에게는 가장 위험한 임무였다. 혹독한 날씨와 바다를 떠다니는 기뢰, 독일 잠수함, 노르웨이에서 출격하는 독일 비행기의 공격에 끊임없이 시달려야 했기 때문이다.

1941년 8월 8일 겨울 전쟁 때 빼앗긴 카렐리아 지협의 작은 마을 야키마Jaakkima*를 되찾고 노획한 축음기를 들여다보는 핀란드 병사들. 핀란드군의 복장은 제1차 세계 대전 당시 독일 군복을 본땄으며 야전모 또한 독일 산악 부대의 것이었다. 핀란드군의 군복 디자인을 맡은 사람이 제1차 세계 대전 당시 프로이센 저격 의용 대대 출신 아르네 하이킨헤이모Aarne Heikinheimo 대령이었기 때문이었다. 〈계속 전쟁〉을 다룬 핀란드 영화「언노운 솔저Unknown Soldier」에서 함께 행군하는 독일군과 비교하면 아무래도 촌스럽다. 철모는 독일제 구형 M1917이나 헝가리제 M38, 스웨덴제 M38 철모, 소련군으로부터 노획한 SSh 40를 쓰기도 했다. 그 밖에도 각국에서 구입한 잡다한 장비를 사용하는 등 당시 핀란드군의 열악한 여건을 보여 준다.

* 지금의 러시아 야키마Yakkima를 말한다.

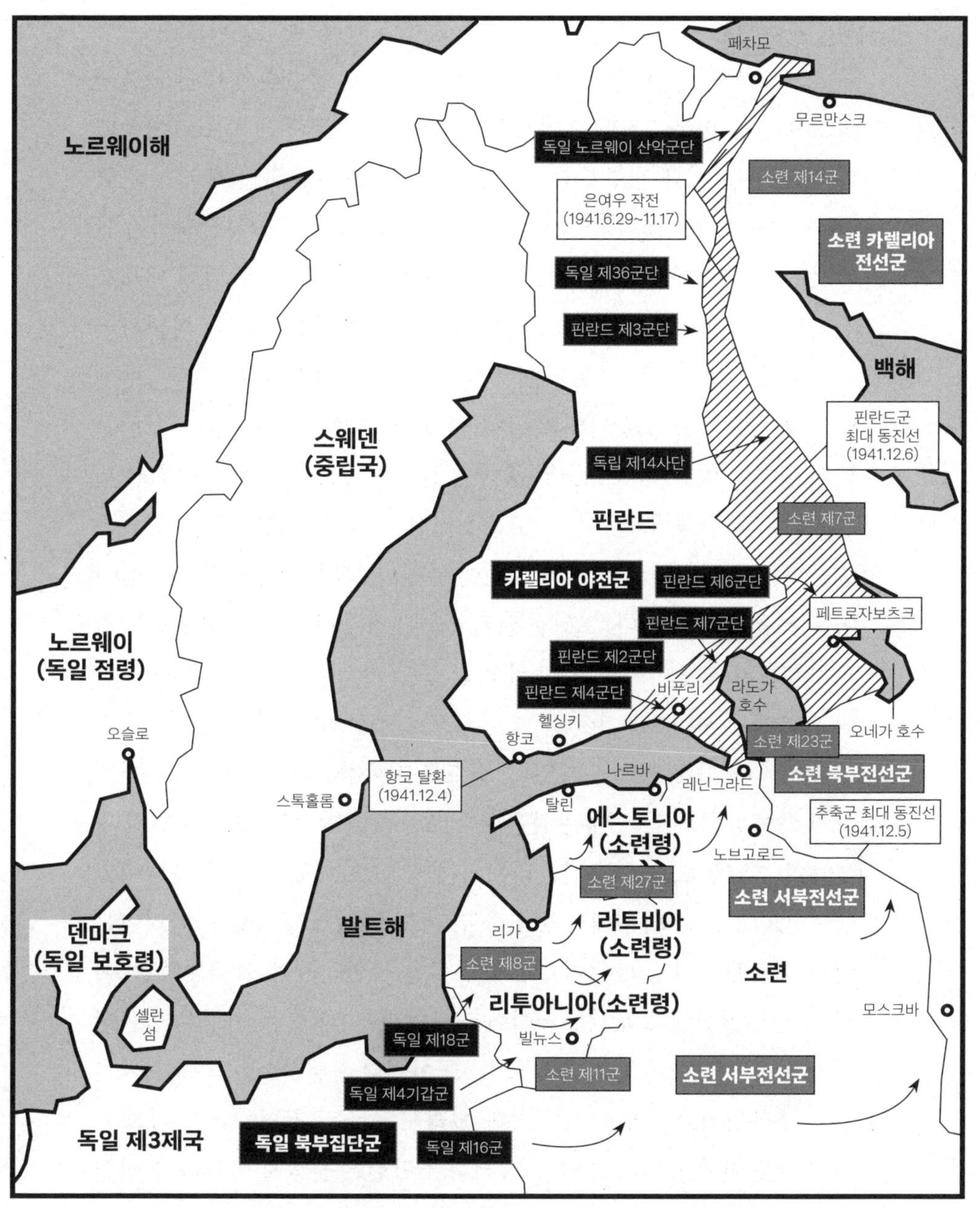

계속 전쟁 초반(1941.6~12)까지 추축군의 공세. 빗금은 핀란드가 회복한 영토

서 〈태풍 작전Operation Typhoon〉의 발동을 명령했다. 독일군의 모든 역량
이 모스크바를 향한 레이스에 집중되었다. 리브 원수의 반대에도 불구
하고 9월 24일 북부집단군 최강 전력인 제4기갑군이 남쪽으로 이동했
다. 히틀러는 그 대신 북부집단군에 레닌그라드를 포위한 채 서서히 굶
어 죽도록 버려둘 것을 명령했다. 그는 도시의 항복조차 허락해서는 안
된다고 강조했다. 레닌그라드 점령은 모스크바를 차지한 뒤에 재개될
것이며 그때쯤이면 아사한 시체들로 가득한 도시를 철저히 파괴하여
지구상에 존재했다는 사실 자체를 지우겠다는 것이었다.

　　그러나 히틀러의 기대와 달리, 독일군이 레닌그라드를 차지하는
일은 끝까지 없었다. 모스크바 공략이 실패했기 때문이었다. 하지만 레
닌그라드 주민들에게는 훨씬 고통스러운 시간이 닥쳤다. 식량 공급은
중단되었고 독일군의 포격과 폭격이 연일 반복되었다. 사람들은 심지
어 인육을 먹기도 했다. 포위전은 독일군이 철수하는 1944년 1월 27일
까지 872일이나 이어졌다. 포위 기간 동안 아사한 사람만 100만 명이
넘었고 전체 사상자는 300만 명 이상으로 추산되었다. 전쟁 이전의 도
시 전체 인구와 맞먹는 숫자였다. 길고도 지독한 시간을 견디고 마지막
까지 살아남은 사람 중에는 블라디미르와 마리야라는 부부가 있었다.
그들이 겪었던 고통은 레닌그라드의 참상 그 자체였다. 해군 수병이었
던 블라디미르는 전투에서 중상을 입었고, 공장 노동자였던 마리야는
아사할 뻔했으며 블라디미르의 어머니는 독일군에게 살해되었다. 어
린 아들은 영양실조와 디프테리아로 죽었다. 그래도 두 사람은 살아남
았고 전쟁이 끝난 후 아들을 낳았다. 그 아기가 훗날 러시아의 독재자가
되는 블라디미르 푸틴이었다. 레닌그라드는 소련 전역에서 벌어진 재
앙의 한 단면에 지나지 않았다. 그러나 스탈린은 끝까지 버텼다. 독일군
의 공세는 한계에 직면했다. 시간이 지나면서 전세는 점차 소련에 기울
었다. 히틀러에 줄을 섰던 동맹국들은 그제야 오판했음을 절감했다. 그

대가는 톡톡히 치를 참이었다.

서방과 핀란드

핀란드군이 공세를 중단한 1941년 12월 6일, 공교롭게도 영국이 핀란드에 선전 포고했다. 이날은 때마침 핀란드 독립 기념일이었다. 명분은 영국이 소련의 편에 섰는데, 핀란드가 독일과 손을 잡고 소련 침공에 가담했기 때문에 영국의 적이라는 이유였다. 한마디로 적의 적은 우군이요, 적의 친구는 적이라는 지극히 정치적인 논리였다.

여태껏 나 몰라라 한 주제에 마치 뒷북을 치듯 선전 포고한 이유는 분명했다. 핀란드가 영국을 적대해서가 아니라 영국이 스탈린의 눈치를 보지 않을 수 없었기 때문이었다. 핀란드는 반공 협정에는 서명했으나, 삼국 동맹엔 가입하지 않았으므로 엄밀히 말해서 추축 진영의 일원이 아니었다. 하지만 스탈린은 처칠을 향해 소련 침공에 가담한 핀란드, 헝가리, 루마니아에 선전 포고하라고 끊임없이 압박했다. 겨울 전쟁 때부터 연합군 수뇌부의 일원으로 돌아가는 사정을 누구보다 잘 알고 있던 처칠은 개인적으로 스탈린의 야욕 앞에서 선택의 여지가 없었던 핀란드의 처지를 동정하면서도 그렇다고 감히 스탈린에게 욕심을 버리라고 할 수 없었다. 결론은 약소국들이 소련에 굴복해야 한다는 것이었다. 그는 핀란드가 소련 침공을 당장 중지하고 물러나지 않으면 〈추축국의 일원으로 취급할 수밖에 없다〉라고 엄포를 놓았다. 핀란드는 분노를 드러내면서 소련이 겨울 전쟁에서 강탈한 영토의 반환과 앞으로 핀란드를 넘보지 않겠다고 보장하는 것이 우선이라고 못 박았다. 〈우리의 목표는 모스크바나 우랄로 진군하는 것이 아니라 우리에 대한 위협을 제거하는 것이다. 그런 다음 우리는 평화가 오기만 기다릴 것이다.〉

그러나 독일을 향한 분노에 사로잡혀 있던 영국의 여론은 핀란드에 불리했다. 영국인들이 보기에 친구는 함께 독일에 맞서 싸우는 소련이지 핀란드가 아니었다. 불과 몇 달 전만 해도 소련이 독일과 한편이었으며 막대한 석유와 철광석, 원자재를 보내 히틀러의 정복 전쟁을 도왔다는 사실은 완전히 잊혔다. 노동당 의원인 시드니 실버먼Sydney Silverman은 〈독일의 한패거리를 이 나라의 적으로 간주하는 것을 주저해서 무슨 이득이 있는가?〉라고 말했고, 보수당 의원인 헨리 스트라우스Henry George Strauss 역시 〈어쨌든 소련의 적은 영국의 적〉이라고 못 박았다. 3년 전 뮌헨에서 히틀러에게 양보했던 핼리팩스는 이번에는 친소 유화주의자로 변신하여 조속히 크렘린의 의심을 불식시켜야 한다고 주장했다. 사방에서 쏟아지는 여론의 압박에 처칠도 굴복했다. 11월 28일, 헬싱키에 최후통첩을 전달한 그는 다음 날 만네르헤임에게 영국은 소련과의 동맹 때문에 핀란드에 선전 포고할 수밖에 없는 현실에 〈깊은 유감〉을 느낀다는 개인 편지를 보냈다. 만네르헤임은 핀란드군에서 복무 중이던 영국인 의용병들을 스웨덴을 통해 돌려보내라고 지시했다. 영국인들이 그토록 소련에 저자세였던 이유는 혹시라도 스탈린이 히틀러에게 굴복하거나 평화 조약을 맺어 히틀러의 칼끝이 다시 자신들에게 향할까 잔뜩 겁을 먹고 있었기 때문이었다. 핀란드의 사정 따위는 알 바가 아니었다.

반면, 미국은 오히려 〈작고 용감한〉 핀란드에 동경 어린 시선을 보내는 쪽이었다. 단순히 스탈린의 희생자여서가 아니라 〈정직하고 자유를 사랑하는 민주주의 국가〉라는 미국식 이상에 걸맞은 나라였기 때문이었다. 핀란드가 바르바로사 작전에 뛰어든 직후인 7월 4일, 핀란드 외무 장관인 할마르 프로코페Hjalmar Procopé가 미 국무부에 핀란드의 참전은 소련에 대한 방어전일 뿐이며 미국과는 여전히 우호적인 관계를 원한다고 전달하자 미 국무 차관 섬너 웰스Sumner Welles는 〈우리 정부는 핀란드 국민의 독립과 자유를 위한 투쟁에 깊은 관심과 동정을 품고 있다〉라고 답변했다. 미국은 핀란드를 적으로 볼 생각이 없다는 얘기였다. 『뉴욕 타임스』, 『워싱턴 포스트』를 비롯한 주요 언론들 역시 〈붉은 침략자에 맞서 싸우는 핀란드인들〉이라는 이미지로 핀란드를 옹호했다. 루스벨트의 친소 유화주의에도 불구하고 영국과 달리 독일의 직접 공격을 받지 않은 미국 사회에서는 여전히 반나치보다 반공적인 분위기가 강했다.

민주주의 수호를 위해 나치와 싸운다는 명분을 내건 루스벨트 행정부에 핀란드는 딜레마였다. 미국의 적은 나치였고 핀란드는 나치와 손을 잡고 있었다. 하지만 핀란드는 유럽에 몇 안 남은 민주 국가이기도 했다. 전체주의 국가인 소련을 위하여 민주주의 국가인 핀란드를 적대하는 것은 스스로 미국의 이상을 무너뜨리는 꼴이었다. 이 때문에 9월 8일 코델 헐 국무 장관은 프로코페를 만난 자리에서 미국의 복잡한 처지를 토로했다. 그는 핀란드가 겨울 전쟁에서 빼앗긴 영토의 회복을 축하하면서도 나치와 함께 싸우는 것에 우려감을 드러냈다. 프로코페는 레닌그라드 포위전에 끼어들지 않을 것과 미국의 이익을 침해하는 일은 없을 것이라고 장담했다. 핀란드가 공세를 멈춘 다음 날, 진주만 기습이 벌어졌다. 미국은 독일과 일본을 비롯한 추축 진영 전체에 정식으로 선전 포고했다. 하지만 핀란드만큼은 예외였다.

전쟁이 시작되었음에도 미국의 여론은 여전히 핀란드에 동정적이었다. 1942년 5월 미국의 권위 있는 여론 조사 업체인 갤럽Gallu의 설문 조사에 따르면, 84퍼센트의 미국인들이 핀란드에 관대해야 한다는 데 찬성했다. 이런 분위기는 전쟁 말기까지도 변함이 없었다. 소련의 강력한 요구에도 불구하고 루스벨트 행정부는 핀란드와의 외교 관계를 유지하면서 핀란드 스스로 전쟁에서 져나오도록 회유하려고 애썼다. 1943년 11월 28일, 테헤란에서 열린 연합국 정상 회담에서 루스벨트

1942년 6월 4일, 만네르헤임의 75번째 생일을 축하하기 위해 핀란드를 깜짝 방문한 히틀러와 만네르헤임(오른쪽 끝). 만네르헤임은 히틀러가 튀르키예의 국부 무스타파 케말과 함께 진정으로 경의를 드러낸 몇 안 되는 지도자였다. 히틀러는 핀란드인들의 정신적 지주인 만네르헤임을 자기편으로 끌어들이려 애를 썼고, 만네르헤임이 히틀러가 담배를 몹시 싫어한다는 사실을 알면서도 그의 앞에서 일부러 담배를 꺼내 물었지만 모르는 척했을 정도였다. 그러나 만네르헤임은 끝까지 히틀러와 거리를 두고 한편이 되기를 거절했다.

와 처칠은 핀란드의 독립을 보장할 것을 요구했고 스탈린도 받아들였다. 덕분에 발트 3국이나 여느 동유럽 국가들과 달리 핀란드는 나치의 패전에도 불구하고 소련의 위성국으로 전락하는 일만큼은 피할 수 있었다. 1944년 6월 30일, 루스벨트 행정부는 스탈린의 체면을 살려 주기 위해 뒤늦게 핀란드와 단교를 선언했지만 요식 행위에 지나지 않았다. 전쟁 내내 핀란드와 서방이 정말로 적대하거나 서방의 폭격기가 핀란드로 날아가 폭탄을 떨어뜨리는 일은 없었다.

원치 않는 싸움에 끌려 들어간 핀란드는 전쟁 내내 서방과 나치 독일, 소련 사이에서 살아남기 위해 아슬아슬한 줄타기를 해야 했다. 하지만 추축 진영을 통틀어 마지막까지 히틀러에게 굴복하지 않고 주권을 지켰던 유일한 민주 국가였다. 핀란드는 유대인을 내놓으라는 나치 친위대 수장 하인리히 힘러의 위협을 단호하게 거부하고 자국 내 유대인을 보호했다. 핀란드로 망명한 외국계 유대인 난민들은 스웨덴으로 안전하게 이송되었다. 핀란드군에는 300여 명이 넘는 유대인들이 복무하며 독일군과 함께 싸웠다. 몇몇 유대인은 소련군의 공격에서 독일 병사들을 구해 낸 공으로 독일 철십자 훈장의 수여를 제안받았지만 스스로 거절했다. 유대인 사냥이 벌어졌던 여느 추축국이나 나치 점령 지역과 달리 핀란드에서 홀로코스트는 없었다.

한동안 핀란드는 연합국과 추축국 양쪽 모두로부터 잊힌 존재였다. 독소 전쟁의 격렬함에도 불구하고 핀란드 전선만큼은 사소한 충돌 이외에 사실상 소강상태를 유지했다. 그러나 1943년이 되자 상황은 달라졌다. 스탈린그라드에서 독일군이 패배하면서 전세가 뒤집혔기 때문이었다. 히틀러는 쿠르스크에서 야심 찬 반격에 나섰지만 실패했다. 남쪽에서는 북아프리카에서 승리한 서방 연합군이 이탈리아에 상륙했다. 무솔리니 정권이 붕괴하고 이탈리아는 항복했다. 추축의 한 축이 무너졌다. 독일이 승리할 가능성은 사라졌고 사정없이 밀어붙이는 소련군을 막아 내기에도 급급했다. 1944년 1월 14일, 레닌그라드-노브고로드 공세가 시작되었다. 독일 북부집단군은 에스토니아 국경까지 단숨에 밀려났다. 1월 27일, 레닌그라드 포위망이 해제되었다. 872일에 걸친 길고도 처절했던 포위전의 끝이었다.

그동안 히틀러에게 빌붙어 떡고물을 얻어먹던 추축 동맹국들은 그의 운명이 기운다고 판단하자 대번에 〈손절〉할 기회를 노렸다. 물론 히틀러는 이들이 침몰하는 배에서 자기들만 살자고 뛰어내리는 꼴을 순순히 지켜볼 생각이 없었다. 1944년 3월에는 히틀러의 충실한 동맹자 중 한 사람이었던 헝가리 섭정 호르티 제독이 히틀러 몰래 연합군과 접촉을 시도하려다 발각되었다. 히틀러는 당장 호르티 제독을 잡아들이지는 않았지만, 경고의 뜻에서 독일군을 헝가리로 출동시켜 수도 부다페스트를 점령하고 헝가리군의 지휘권을 장악했다. 호르티는 일단 굴복했다. 하지만 이미 파국에 내몰린 독일군은 헝가리를 지킬 힘이 없음을 알고 있었다. 결국 7개월 뒤인 10월 15일, 그는 소련과의 단독 강화에 서명했다. 하지만 히틀러의 마수에서 벗어날 수는 없었다. 히틀러는 〈유럽에서 가장 위험한 사나이〉라고 불리던 특수 부대 지휘관 오토 스코르체니Otto Skorzeny 소령을 보내 부더성Buda Castle을 점령하고 호르티를 체포했다. 어영부영하다가 배신에 실패한 헝가리는 마지막까지 히틀러와 운명을 같이한 유일한 나라로 남아야 했다. 반면, 루마니아와 불가리아는 소련군이 코앞까지 밀고 들어오자 재빨리 백기를 들고 총부리를 독일군에 돌림으로써 히틀러의 등 뒤에 칼을 꽂는 데 성공했다.

무시무시한 소모전이 벌어지던 동부 전선과 달리, 핀란드 전선은 지난 3년 동안 비교적 조용했다. 히틀러와 스탈린의 관심에서 멀리 떨어져 있는 데다, 워낙 극한의 자연 조건 덕분에 어느 쪽도 대규모 공세에 나서기가 쉽지 않았기 때문이었다. 그렇다고 싸움이 없는 것은 아니었다. 핀란드군이 점령한 동부 카렐리야에서는 소련군 파르티잔이 종종 민가와 핀란드군 병참선을 습격하는 등 국지적인 전투가 계속되었다. 1942년 9월에는 핀란드 북쪽 끝의 항구 도시 페차모에서 소련군 2개 대대가 상륙을 시도했다가 독일-핀란드군의 반격으로 괴멸했다.

하지만 전쟁이 길어지면서 핀란드군의 손실도 나날이 늘어났다. 1942년 말까지 핀란드군의 손실은 3만 2,000명의 전사자를 포함하여 11만 8,000명에 달했다. 히틀러는 동맹국들을 써먹기 좋은 소모품으로 취급하면서 독일의 승리를 위한 일방적인 희생만 요구할 뿐, 상대방의 처지를 고려하거나 절실히 원하는 무기와 물자 지원에는 한없이 인색했다. 게다가 스탈린그라드와 쿠르스크 전역에서 독일군의 패배는 나치가 승리할 가능성이 사라졌음을 보여 주었다. 핀란드인들은 자신들이 줄을 잘못 섰음을 깨달았다. 1943년 10월 14일, 히틀러를 대신하여 요들 장군이 만네르헤임을 방문했지만 이미 흔들리기 시작한 핀란드인들을 안심시킬 수는 없었다.

1944년 새해가 시작되자마자 핀란드인에게 비상이 걸렸다. 압도적인 소련군의 공세로 독일군은 서쪽으로 밀려났고 레닌그라드 포위망이 풀렸다. 카렐리야 지협과 동부 카렐리야의 핀란드군 전선을 향해 소련군이 밀고 들어오는 것은 시간문제였다. 2월 6일에는 소련 공군의 대규모 편대가 헬싱키를 습격했다. 피해는 크지 않았지만, 핀란드인들은 큰 충격을 받았다. 핀란드 국내의 여론은 점점 악화했고 전쟁에서 조속히 빠져나와야 한다는 목소리가 정부를 압박했다. 히틀러가 제아무리 뭐라고 한들 핀란드를 지킬 능력이 없는 이상 선택할 길은 한 가지뿐이었다. 핀란드는 진작부터 중립국인 스웨덴과 포르투갈 등을 통해 연합국과의 은밀한 접촉을 시도하는 중이었다. 문제는 스탈린이었다. 1943년 12월 테헤란 회담에서 스탈린은 루스벨트에게 핀란드를 집어삼키지 않겠다고 약속했지만 그렇다고 아무런 대가를 받지 않는다는 뜻은 아니었다. 1944년 3월 26일, 핀란드 대표단이 평화 협상을 위해

4년 만에 모스크바를 방문했다. 탐욕스럽기 짝이 없는 스탈린의 요구는 이번에도 관대함과는 거리가 멀었다.

- 소련군과 협력하여 핀란드 내 주둔 중인 모든 독일군을 제
  거하거나 무장 해제할 것
- 핀란드군은 1940년 평화 협정 당시의 국경으로 물러날 것
- 모든 소련 전쟁 포로를 즉각 석방할 것
- 핀란드군의 동원을 해제할 것
- 5년 동안 6억 달러의 배상금을 지불할 것
- 항코를 할양할 것

4년 전의 협정에서는 영토를 할양하되 배상금이 없었다면 이번에는 거액의 배상금까지 추가로 내놓으라는 것이었다. 핀란드는 거부했다. 게다가 독일 최고의 장군 중 한 사람인 발터 모델Otto Moritz Walter Model이 독일 북부집단군 사령관을 맡아 소련군에 막대한 피해를 입히고 전선을 안정시켰다. 독일군이 아직 죽지 않았다는 얘기였다. 위기는 일단 지나간 것처럼 보였다. 하지만 히틀러는 어떤 이유이건 동맹국들이 제멋대로 전쟁에서 빠지는 것을 내버려두지 않았다. 그는 이탈리아와 헝가리의 배신을 가혹하게 응징함으로써 다른 동맹국들에 대한 본보기로 삼았다. 핀란드 역시 예외가 아니었다. 핀란드가 소련의 요구를 거부했음에도 소련과 접촉했다는 사실만으로도 배신자 취급하면서 분노를 터뜨렸다. 그리고 보복 조치로 모든 무기와 식량의 원조를 중지할 것과 소련군이 핀란드 전선을 공격해도 돕지 말라고 명령했다.

4월 28일, 독일군 최고 사령부의 초청으로 잘츠부르크를 방문했던 핀란드군 참모총장 하인리히스 장군은 카이텔Wilhelm Keitel 원수로부터 호된 비난을 받았다. 요들은 핀란드인들이 독일군을 함부로 비방하는

것을 금지하라고 요구했다. 하인리히스는 이전과는 완전히 달라진 독일 장군들의 고압적인 태도에 당황하지 않을 수 없었다. 히틀러는 6월 1일 만네르헤임에게 친서를 보냈다. 명목은 77번째 생일을 축하한다면서도 자신이 그동안 핀란드를 열심히 도왔으며 공동의 전쟁에서 핀란드 혼자 빠져나가도록 내버려두지 않겠다고 경고하는 내용이었다. 그동안 핀란드인들에게 한없이 친절하면서 달콤한 말을 늘어놓았던 히틀러는 사정이 불리해지자 대번에 악당의 본색을 드러냈다.

소련군, 총공세에 나서다

핀란드가 히틀러와 스탈린 사이에서 우물쭈물하는 동안, 스탈린은 테헤란에서 했던 말을 까먹은 듯 핀란드인들에게 자신의 요구를 거부한 대가를 알게 해주기로 결심했다. 이것은 전적으로 스탈린 개인의 아집이었다. 독소 전쟁 최대의 공세가 될 바그라티온 작전Operation Bagration 준비에 총력을 기울이던 소련으로서는 굳이 핀란드로 힘을 분산할 필요가 없었다. 핀란드에 주둔한 독일군은 한 줌에 불과하여 별 위협이 되지 않았지만, 그렇다고 소련군이 돌파하기에는 상당한 희생이 뒤따를 것이 분명했다. 따라서 내버려두는 것이 상책이었지만 스탈린은 이참에 핀란드 문제를 마무리 지으려는 속셈이었다. 또한 핀란드에서의 공세는 바그라티온 작전의 예행연습이자 히틀러의 시선을 끌 수 있다는 것이 그의 판단이었다.

스탈린은 그저 시늉만 하는 것이 아니라 핀란드가 백기를 들 때까지 철저히 박살 낼 참이었다. 레닌그라드 전선군 사령관 레오니드 고보로프Leonid Govorov 장군과 카렐리야 전선군 사령관 키릴 메레츠코프 장군에게는 맹렬하면서 신속하게 행동하라는 엄명이 떨어졌다. 병력은 2개

전선군 5개 군 45만 명, 야포 1만 500문, 전차 800대, 항공기 1,600대에 달하는 가공할 전력이었다. 특히 야포는 1km당 100~200문에 달했다. 여기에 맞서는 핀란드군의 전력은 26만 8,000명, 야포 1,930문, 전차 110문, 항공기 248대가 전부였고 대부분 구식 무기였다. 게다가 소련군은 단순 무식하게 인해전술로 밀어붙이던 겨울 전쟁 때에 비하면 환골탈태했다. 이들은 지난 3년 동안 독일군을 상대로 싸웠고 무시무시한 화력을 갖추었으며 대량의 서방제 차량으로 무장한 백전노장의 강병들이었다. 무엇보다도 가장 중요한 차이점은 스탈린 자신이었다. 그는 수령과 당에 대한 맹목적인 복종이 승리를 보장하지는 않는다는 당연한 사실을 뼈아픈 대가를 통해 깨달았다. 장군들은 완전히 자유롭지는 않더라도 적어도 이전보다는 훨씬 폭넓은 재량권을 보장받았고 성가신 간섭은 줄어들었다. 핀란드군으로서는 반갑잖은 소식이었다.

서방 연합군이 노르망디에 상륙한 지 사흘 뒤인 6월 9일 새벽 6시, 카렐리야 지협 전역에 걸쳐 불벼락이 떨어졌다. 소련군의 총공세가 시작되었음을 알리는 신호탄이었다. 레닌그라드 전선군만 해도 야포가 3,000여 문에 달했다. 1km당 100문에서 많게는 400문의 대포가 수 미터 간격으로 빽빽하게 배치되었다. 6월 9일부터 10일까지 이틀 동안 발사한 포탄은 35만 4,000발에 달했다. 반면, 카렐리야 지협에 배치된 핀란드군의 야포는 268문에 불과했고 겨우 3,700발만 발사할 수 있었다. 하늘에서는 1,000여 대의 소련군 폭격기들이 폭탄의 비를 퍼부었다. 핀란드군 전선은 쑥대밭이 되었다. 지뢰밭은 박살 났으며 통신선이 끊어지고 병참선이 파괴되었다.

소련군 공세의 주력은 드미트리 세르게예비치 구세프Dmitrii Sergeyevich Gusev 상장이 지휘하는 제21군 산하 3개 군단(제108소총군단, 제109소총군단, 제30근위소총군단)이었다. 1942년 이후 한가로운 시간을 보냈던 핀란드군 병사들은 지금까지 경험해 본 적 없는 무시무시한 포격이 머리 위로 쏟아지자 공황 상태에 빠져 무기를 버리고 달아났다. 그 와중에도 핀란드군은 최초 공격을 간신히 격퇴했지만, 소련군이 수백 대의 전차를 앞세우고 재공세에 나서자 완전히 무너졌다. 단 이틀 만에 소련군은 핀란드군의 첫 번째 방어선을 돌파했다.

소련군은 이전보다 훨씬 능숙하게 제병 협동 전술을 구사했고, 핀란드군의 완강한 저항에 부딪히면 신호탄으로 포병의 사격을 정확히 유도하여 분쇄했다. 게다가 핀란드군에는 소련군의 중전차를 막을 수단이 없었다. 핀란드군의 라티Lahti L-39 대전차 소총은 장갑이 얇은 구식 경전차라면 몰라도 T-34 전차 앞에서 무용지물이었다. 정작 후방 창고에는 독일제 휴대용 대전차 무기인 판처슈렉Panzerschreck과 판처파우스트Panzerfaust가 쌓여 있었다. 이 신무기는 휴대하기 쉽고 명중시키기만 한다면 거의 모든 종류의 연합군 전차를 격파할 수 있었다. 문제는 독일이 너무 늦게 제공한 데다, 핀란드군에 이 무기의 용도와 성능을 제대로 알리지 않아 병사들은 제대로 훈련할 시간이 없었다. 독일군 특유의 소통 부재와 비협조 탓이었다.

소련 제30근위군단은 레닌그라드 북쪽 30km 떨어진 카렐리야 지협 남서부의 발케사리Valkeasaari*에서 핀란드 제10사단을 단숨에 휩쓴 다음 돌파구를 빠르게 확대했다. 제21군의 우익에서는 제23군이 핀란드군 제2사단을 마구 밀어붙였다. 핀란드군은 지난 수년 동안 심혈을 기울여 건설한 방어선이 적어도 몇 주는 버틸 것이라고 장담했지만 터무니없는 환상이었음을 깨달아야 했다. 사흘째인 6월 11일 오후 2시, 만네르헤임은 제4군단에 두 번째 방어선인 VT 라인**으로 후퇴 명령을 내렸다. 하지만 여기서도 소련군의 가공할 공세를 막기에는 역부족이었다.

핀란드군 제일선이 순식간에 무너진 데다 소련군의 진격이 너무 빠르다 보니 핀란드군 지휘부는 전선 상황을 제대로 파악조차 할 수 없었다. 심지어 제4군단장 타베티 라티카이넨Taavetti Laatikainen 장군은 공군에 자신의 군단이 어디 있는지 확인해 달라고 요청할 정도였다. 정예를 자랑하는 핀란드군 제1저격여단이 투입되었지만, 소련군 중전차들 앞에서 800여 명의 사상자를 내고 철수했다. 그나마 제4군단이 철수할 시간을 잠시 벌었다. 만네르헤임은 제4군단이 무너지자 그때까지 공격받지 않은 동쪽의 제3군단에도 퇴각 명령을 내렸다.

* 지금의 벨로스트로프Beloostrov를 말한다.
** 바멜수-타이팔레 라인Vammelsuu – Taipale line을 말한다.

6월 13일, 소련군은 후퇴하는 핀란드군을 추격하면서 VT 라인으로 진격했다. VT 라인은 공사가 완료되지 않아 방어가 허술했다. 핀란드 제3사단은 소련군 2개 군단의 공격 앞에서 몇 시간 만에 밀려났다. 소련군을 밀어내려는 핀란드군의 시도는 실패했다. 겨울 전쟁 때 활약했던 만네르헤임 라인도 무용지물이었다. 6월 15일, 핀란드군 잔존 부대들은 최후 방어선인 VKT 라인*으로 물러나라고 명령받았다. 만약 이곳이 돌파된다면 카렐리야 지협 전체가 소련군의 손에 넘어가는 것은 물론이고, 수도 헬싱키마저 풍전등화가 될 판국이었다. 하지만 VKT 라인은 이름뿐이었다. 소련군을 막을 유일한 장애물은 주변에 산재한 작은 호수들과 동쪽으로 흐르는 부옥시Vuoksi강이었다.

스탈린은 6월 20일까지 비푸리를 반드시 점령하라고 엄명했다. 6월 19일 만네르헤임은 핀란드군 병사들을 향해 조국이 처한 위기를 강조하면서 죽음으로써 VKT 라인을 사수해야 한다고 연설했지만, 그 말이 무색하게도 바로 다음 날 오후 4시 비푸리가 변변한 전투도 없이 소련군 제109군단 제90소총사단의 손에 넘어가면서 VKT 라인의 한 축이 무너졌다. 겨울 전쟁 때에는 소련군이 끝까지 점령하지 못했던 도시였다. 도시 방어를 맡은 핀란드군 제20여단은 완전히 지친 데다 탄약도 부족했다. 무엇보다도 이들에게는 대전차 무기가 없었다. 뒤늦게야 약간의 판처슈렉과 판처파우스트를 지급받았지만 사용 방법을 몰랐다. 따라서 전차를 앞세운 소련군이 예상보다 훨씬 빨리 모습을 드러내자 겁에 질린 병사들은 너도나도 무기를 버리고 달아났다.

비푸리에는 BT-42 돌격포 15대로 무장한 독립 전차 중대도 있었다. 그러나 제20여단장 아르마스 켐피Armas Kemppi 대령은 역전의 지휘관이었지만 전차에 대해서는 아무것도 몰랐다. 독립 전차 중대장 스티그 시펠Stig Sippel 중위가 BT-42는 장갑이 빈약하고 단포신 곡사포를 탑

* 비푸리-쿠파르사리-타이팔레 라인Viipuri - Kuparsaari - Taipale line을 말한다.

재했기 때문에 적 전차와의 정면 대결은 자살행위이며 후방에서 보병의 화력 지원용으로 써야 한다고 조언했지만 무시당했다. BT-42 돌격포들은 제20여단 산하 3개 대대에 분산되어 비푸리 교외의 참호 여기저기에 보병과 함께 배치되었다. 이들은 소련 전차들을 향해 필사적으로 포격을 퍼부었지만, 중장갑 앞에서는 아무 소용이 없었다. 결국 변변한 전과 없이 5대가 격파당한 채 퇴각해야 했다. 나머지는 창고행이었다. 여단장 아르마스 켐피 대령은 도시를 빼앗긴 죄로 지휘권을 빼앗기고 투옥된 반면, 레닌그라드 전선군 사령관 레오니트 고보로프Leonid Aleksandrovich Govorov는 스탈린에게 치하받고 원수로 승진했다. 겨울 전쟁과는 입장이 완전히 바뀐 셈이었다.

이틀 뒤에는 레닌그라드 남쪽에서 훨씬 거대한 공세가 시작되었다. 총병력 250만 명, 전차 6,000대, 야포 4만 5,000문, 항공기 8,000대에 달하는 가공할 전력이었다. 스탈린은 소련 땅에서 독일군을 몰아낸 다음 동유럽으로 진군할 참이었다. 더욱 놀라운 사실은 소련군이 이 작전을 위해 핀란드에서의 공세를 멈추거나 병력을 빼낼 필요가 없었다는 점이었다. 그동안 엄청난 희생에도 불구하고 여전히 끝을 모르는 소련군의 역량은 히틀러와 독일 장군들을 경악시켰다.

비푸리의 함락은 핀란드군에 큰 충격이었다. 만네르헤임은 이 도시를 탈환할 방법이 없음을 깨달았다. 공세 열흘 만에 핀란드군은 거의 100km를 후퇴하여 카렐리야 지협 끝단으로 밀려났다. 동쪽에서도 소련 제7군과 제32군이 오네가 호수와 라도가 호수 서쪽으로 핀란드군을 사정없이 밀어붙였고, 6월 28일 페트로자보츠크에 입성함으로써 소련령 동부 카렐리야 대부분을 되찾았다. 승기를 잡은 소련군은 휴식을 취하는 대신 여세를 몰아 헬싱키로 진군할 준비 중이었다. 궁지에 몰린 핀란드 정부는 다음 날 스웨덴을 통해 평화를 제안했지만 거절당했다.

스탈린의 속셈은 핀란드군의 마지막 저항을 분쇄한 후 7월 중순까

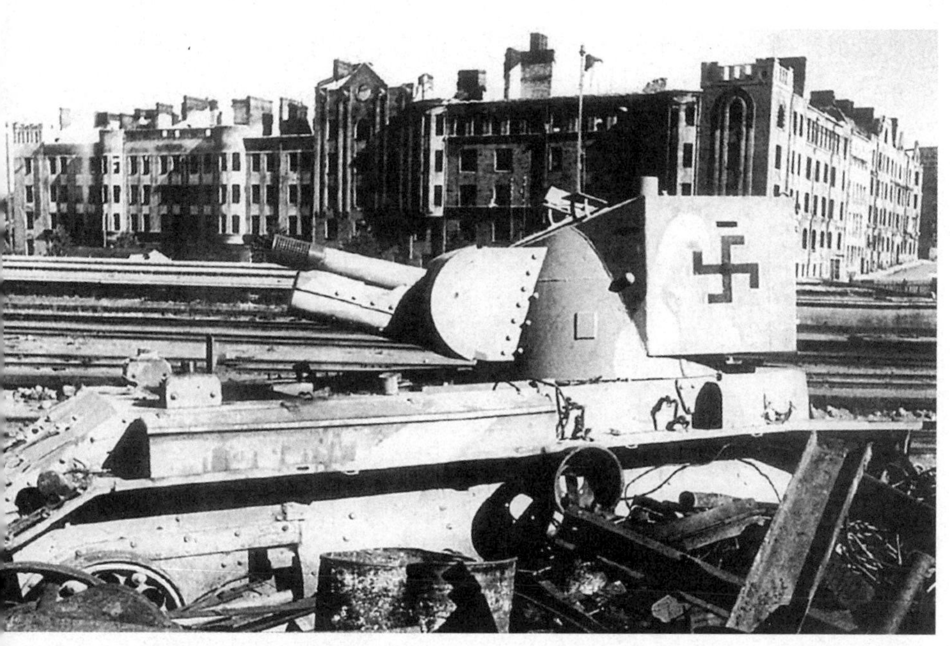

비푸리 전투에서 파괴된 핀란드군의 BT-42 돌격포 크리스티에Christie. 겨울 전쟁에서 노획한 BT-7 경전차의 차체에 영국에서 수입한 4.5인치(114mm) QF 곡사포 M1908을 달았다. 중량이 12톤에서 15톤으로 늘어나면서 속도는 다소 떨어졌지만, 여전히 최대 속도 53km/h라는 기동력을 자랑했다. 하지만 전면 장갑이 40mm에 불과한 데다 단포신 곡사포는 적의 벙커를 격파하는 데에는 유용했지만, 적 전차와의 싸움은 자살행위였다. 1942년부터 1943년까지 1년여 동안 18대가 제작되었지만 독일에서 수입된 3호 돌격포에 자리를 내주어야 했다. 1944년 6월 20일 비푸리 전투에서 8대를 잃은 후 훈련용으로 사용되다가 1957년에 전량 폐기 처분되었다. 현재 1대가 파롤라 전차 박물관에 전시되어 있다.

지 헬싱키를 점령하고 무조건 항복을 요구한다는 것이었다. 핀란드로서는 건국 이래 공전의 위기였다. 하지만 소련군의 사정도 유리하지만은 않았다. 비푸리 북쪽은 지형이 험준하여 방어에 적합했던 반면, 소련군은 기계화 부대를 운용하기 어려웠다. 소련군은 동부 전선에서의 대공세를 위해 핀란드에서 병력을 빼내지는 않았지만 반대로 새로운 증원 병력을 보낼 여유 또한 없었다. 레닌그라드 전선군은 당장 가진 것만으로 핀란드를 정복해야 했다. 핀란드군은 지치고 만신창이가 되었지만 여전히 강적이었다. 후퇴하면서도 소련군을 끊임없이 괴롭혔다. 적어도 1940년의 프랑스군이나 1941년의 소련군처럼 겁에 질려서 무질서하게 무너지거나 집단 항복하는 일은 없었다. 여기서 밀리면 조국도, 가족도 없다는 절박감에 사로잡힌 이들은 투지를 다시 불태웠다.

만네르헤임은 히틀러에게 원조를 호소하는 편지를 썼다. 히틀러는 핀란드가 자기 몰래 소련과 평화 협상을 시도했다는 사실을 뒤늦게 알고 분노하여 핀란드로 향하는 모든 무기와 식량 원조를 일방적으로 끊어 상황이 더욱 악화하는 데 일조했다. 충동적인 감정만 있을 뿐 상대의 입장을 고려하지 않는 그의 옹졸함이었고 외교에 대한 무지였다. 궁지에 내몰린 만네르헤임이 용서를 빌자 히틀러는 충분히 벌을 주었다고 여기면서도 성급하게 아량을 베푸는 대신 이참에 핀란드를 독일에 완전히 예속시켜 다시는 딴생각을 하지 못하게 만들기로 결심했다. 6월 22일, 독일 외무 장관 리벤트로프가 헬싱키를 방문했다. 리벤트로프는 핀란드가 독일의 도움을 받기를 원한다면 정식으로 추축국의 일원이 되어 독일과 함께 끝까지 싸우겠다고 공개적으로 약속할 것을 요구했다.

핀란드는 양자택일의 갈림길에 섰다. 소련에 무조건 항복할 것인가, 아니면 끝까지 독일 편에 남아서 소련을 상대로 절망적인 싸움을 계속할 것인가. 어느 쪽이든 핀란드의 미래가 없는 것은 분명했다. 핀란드

지도부는 둘로 분열되어 격론이 벌어졌지만 쉽게 결론이 나지 않았다. 이틀 뒤 뤼티 대통령과 헨리크 람사이Henrik Ramsay 외무 장관은 만네르헤임을 만나 핀란드군의 상황을 물었다. 만네르헤임은 독일의 무기 원조 없이는 버틸 수 없다고 말했다. 뤼티는 고민 끝에 어려운 결단을 내렸다. 조국을 위해 자신이 모든 책임을 감수한다는 것이었다. 6월 26일, 뤼티-리벤트로프 협정Ryti–Ribbentrop Agreement이 체결되었다. 뤼티는 히틀러에게 독일군 파병과 무기 원조의 대가로 소련과 끝까지 싸울 것을 맹세하는 편지를 썼다.

비로소 흡족해진 히틀러는 핀란드로 향하는 원조 재개를 승인했다. 독일 북부집단군에서 1개 보병 사단과 1개 돌격포 여단, 1개 항공 여단, 3호 돌격포 30문, 4호 전차 72대, 대전차포 40문, 판처슈렉 1만 정, 포탄 8만 5,000발 등을 보내기로 했다. 하지만 핀란드인들로서는 진심이 아니라 남의 어려운 처지를 악용한 독일의 협박에 마지못해 굴복한 것에 지나지 않았다. 뤼티는 협정문에 서명하면서 한 가지 꼼수를 부렸다. 일부러 의회의 승인을 생략하여 절차상 하자를 만든 것이었다. 나중에 핀란드가 빠져나갈 구멍을 만들기 위함이었다. 무엇보다 중요한 사실은 만약 핀란드가 배신을 선택했을 때 히틀러가 1년 전 이탈리아에서 그랬던 것처럼 무력으로 응징할 수 있느냐였다. 핀란드 지도부의 결론은 독일이 더 이상 그만한 힘이 없다는 것이었다. 독일군 1개 사단으로 소련군을 막는 것은 어림없을뿐더러 핀란드를 제압하기에도 역부족이었다. 핀란드는 소련군을 저지하면서 스탈린과의 협상을 계속할 속셈이었다. 6월 25일 비푸리 동쪽 10km 떨어진 탈리Tali*에서 탈리-이한탈라 전투Battle of Tali–Ihantala가 막을 열었다. 핀란드의 운명을 건 최대 최후의 격전이었다.

* 지금의 러시아 레닌그라드주 팔체보Paltsevo를 말한다.

탈리-이한탈라 전투

히틀러는 핀란드를 돕는다는 명목으로 제122보병사단과 제303돌격포 여단, 1개 항공 혼성 분견대를 카렐리야 지협에 배치하기로 약속했다. 그중 쿠르트 쿨마이Kurt Kuhlmey 대령이 지휘하는 쿨마이 분견대는 포케 불프 FW 190 전투기 78대, 메서슈미트 Bf 109 전투기 8대, Ju 87 급강 하 폭격기 33대, 이탈리아제 SM.78 수송기 35대를 보유하여 만만찮은 전력이었다. 쿨마이 대령은 서른한 살의 젊은 장교였지만 북아프리카 와 동부 전선에서 수많은 활약으로 독일군 최고 훈장인 기사십자 철십 자상을 수여받은 유능한 지휘관이었다. 그는 패전 후에도 서독 공군에 서 제5공군사단장과 항공수송사령관을 지냈고 소장으로 퇴역했다.

그러나 그토록 허세를 부린 것치고 막상 내놓은 것은 대단치 않았 다. 제303돌격포여단은 말이 여단이지 실제 전력은 대대 규모인 3호 돌 격포 31대가 전부였고 약속한 무기 역시 태반이 제때 도착하지 못했다. 만네르헤임은 40만 명이 넘는 소련군의 가공할 공세를 막으려면 적어 도 독일군 6개 사단이 필요하다고 호소했지만, 독일도 발등에 불이 떨 어진 처지였다. 그 밖에 핀란드 북부에는 제163보병사단을 비롯하여 독일 제20산악군이 주둔했지만, 이들 역시 노르웨이와의 통로를 지켜 야 한다는 명목으로 움직일 수 없었다. 더욱이 노르웨이에는 20개가 넘 는 독일 사단이 배치되어 있었음에도 있지도 않을 연합군의 상륙에 대 비한답시고 전쟁이 끝날 때까지 그곳에서 붙박이 노릇을 했다. 자신의 〈직감력〉에 매달려 가뜩이나 부족한 병력과 자원을 여기저기 낭비하면 서 일을 망치는 히틀러의 고집이 추축의 가장 큰 구멍인 셈이었다.

핀란드는 지난 3년 동안 수많은 희생을 치르며 어렵사리 지켜 냈 던 카렐리야 지협 대부분을 불과 2주 만에 빼앗기고 원래의 출발지로 밀려났다. 이제 마지막 방어선인 VKT 라인에 집결하여 최후의 항전을 준비했다. 6월 25일이 되자 VKT 라인에 배치된 핀란드군은 전체 22개 사단 중 1개 기갑 사단을 포함하여 15개 사단 및 5개 여단, 기타 부대를 합하여 병력 23만 명, 전차 110대, 항공기 250대에 달했다. 핀란드로서는 총력을 쏟은 셈이었지만 소련군과의 격차는 하늘과 땅만큼 컸다. 병력에서 1.7:1, 야포에서 5.2:1, 전차와 항공기에는 6~7:1에 달했다. 전차의 상당수는 아무짝에도 쓸모없는 비커스 6T 경전차나 겨울 전쟁에서 소련군으로부터 노획한 T-26, T-28 경전차였다. 소련 중전차에 맞서 싸울 수 있는 전력은 T-34/76 중형 전차 4대와 KV-1 중전차 2대, 독일에서 구매한 3호 돌격포 30대 정도였다. 핀란드 공군의 파일럿들은 대단히 뛰어났지만, 구식 기체들을 제외하고 현대적인 비행기는 독일제 Bf 109 전투기와 Ju 88 폭격기 등 60여 대에 불과했다. 전체적인 전력을 고려했을 때 양측의 차이는 20:1에 달했다.

벼랑 끝에 내몰린 핀란드 정부는 필사적으로 소련에 평화를 제안했다. 하지만 스탈린의 대답은 단호했다. 무조건 항복이었다. 핀란드군이 모든 전선에 걸쳐 밀려나면서 스탈린은 다 이겼다고 믿었지만 성급한 판단임을 깨달아야 했다. 더 이상 물러설 곳이 없음을 깨달은 핀란드 병사들은 뒤늦게 결사의 각오를 다졌다. 이들은 독일군으로부터 넘겨받은 판처파우스트와 판처슈렉의 사용법을 재빨리 배웠고 소련 전차를 상대로 위력을 발휘하기 시작했다. 6월 22일, 핀란드 제17보병사단 스웨덴 의용병으로 편성된 제61보병연대는 비푸리에서 핀란드 내륙으로 들어가는 입구인 티엔하라Tienhaara*에서 소련군 제108군단 산하 2개 사단(제90소총사단, 제372소총사단)을 상대로 하루 동안의 격렬한 방어전 끝에 격퇴했다. 이로써 해안가를 통해 단숨에 헬싱키로 진격하겠다는 소련군의 계획은 물 건너갔다.

비푸리 동쪽은 부옥시강이 가로막고 있고 하천과 호수가 산재한

---

* 지금의 셀레스뇨보Seleznyovo를 말한다.

데다 지형지물이 험준하여 기계화 부대를 운용하기에 한층 불리했다. 그곳은 핀란드 제3군단이 단단히 지키고 있었다. 무슨 수를 써서라도 핀란드군을 돌파해야 하는 고보르프의 눈은 비푸리 동북쪽 10km 떨어진 작은 마을 탈리로 향했다. 이곳은 카렐리야 지협의 출구이자 지형이 평탄하여 돌파하기에 쉬웠다. 핀란드군 역시 자신들의 운명을 결정할 곳임을 알고 있었기에 한 발짝도 물러설 생각이 없었다. 쌍방 모두 사활을 건 셈이었다. VKT 라인 전역에 걸쳐 소련군의 파상 공세가 반복되는 가운데, 같은 날 소련 제109군단은 탈리에서 남동쪽으로 불과 3km 떨어진 만니칼라Mannikkala*에서 공군의 강력한 엄호 아래 공세에 나섰고 핀란드군 제18보병사단 제48연대를 격파했다. 방어선의 일각이 무너졌다. 소련 전차들은 탈리로 진격했다. 제18보병사단은 제3여단과 스웨덴 의용 부대인 제13연대 1개 대대의 지원을 받아 재빨리 반격했고 전선을 간신히 틀어막았다. 또한 독일제 3호 돌격포로 무장한 핀란드 제1기갑사단이 급히 투입되어 소련군 제152전차여단에 큰 피해를 입혔다. 소련군은 물러났다.

뜻밖의 호된 일격을 먹은 소련군은 재정비에 나섰다. 사흘 뒤인 6월 25일 새벽 6시 30분, 한 시간에 걸친 대대적인 포격과 폭격이 탈리를 휩쓸었다. 소련군의 본격적인 공세가 시작되었다. 병력은 제21군 산하 5개 군단 16개 사단 및 4개 전차 여단 15만 명에 달했다. 공세의 주력은 정예로 이름난 제30근위군단이었고 한동안 휴식과 보충을 취한 덕분에 전력도 팔팔했다. 고보르프는 총력을 기울여 사흘 안에 VKT 라인을 돌파하고 비푸리 북쪽 50km 떨어진 이마트라Imatra로 진격할 참이었다. 그렇게 되면 핀란드 내륙으로 향하는 길이 열리는 셈이었다.

폭풍 같은 포격이 지나간 뒤 연막 속에서 소련군이 물밀듯이 밀려왔다. 제97소총군단은 비푸리와 탈리 사이의 탐미수오Tammisuo에서 핀

---

* 지금의 스미르노보Smirnovo를 말한다.

란드군 방어선을 돌파했다. 소련 제314소총사단의 공격 앞에 핀란드 제3여단은 서쪽으로 밀려났다. 더 큰 위기는 따로 있었다. 니콜라이 시모니아크 중장Nikolai Simoniak의 소련 제30근위군단은 탈리 동쪽의 레이티모야르비Leitimojarvi 호수를 사이에 두고 양쪽으로 물밀듯이 밀고 들어왔다. 제27전차연대는 포르티노이카Portinhoikka 교차로까지 진출했고 제64근위소총사단은 북쪽의 이한탈라Ihantala*로 진격했다. 막강한 중전차들을 창끝으로 삼아 돌진하는 소련군의 맹공 앞에서 핀란드 제18사단은 단숨에 붕괴 직전 위기에 내몰렸다.

상황은 급박했다. VKT 라인 돌파는 초읽기였다. 핀란드군의 증원 부대가 급파되었다. 제4보병사단, 제17보병사단, 핀란드 유일의 기갑 전력인 제1기갑사단과 독일 제303돌격포여단이 차례로 도착하여 핀란드 제18사단 제6연대와 함께 반격에 나섰다. 대부분 구식 경전차였던 핀란드 기갑 부대는 보병들에게 충분한 화력을 지원하거나 소련군을 포위 섬멸하기에는 역부족이었지만 그 대신 소련군의 전진을 막을 수는 있었다. 또한 핀란드 보병들은 판처파우스트와 판처슈렉을 지급받고 짧은 훈련을 거친 뒤 소련 전차 사냥에 나섰다. 비록 사거리가 짧고 명중률 또한 그리 좋지 않았지만, 조작이 간편하고 일단 맞히기만 한다면 거의 모든 전차를 고철로 만들 수 있었다. 연합군에는 공포의 대상으로 통했다. 소련 제27전차연대는 정신없이 두들겨 맞고 문자 그대로 괴멸했다. 전차 38대가 격파되고 7대가 노획당했으며 1,000여 명 이상이 죽거나 다쳤다. 반면, 핀란드군은 한 대의 3호 돌격포만 잃었다. 그중에서도 독일 무장 친위대 출신의 뵈르예 브로텔Börje ⊠Bubi⊠ Brotell 병장은 이날 하루 동안 5대를 격파했다. 그는 탈리-이한탈라 전투에서 11대의 소련 전차를 격파하여 핀란드 최고의 전차 사냥꾼이 되었다.

소련군은 무수한 시체와 전차 잔해를 남긴 채 원래 위치로 밀려나

* 지금의 페트로브카Petrovka를 말한다.

면서 전투는 잠시 소강상태가 되었다. 시모니아크 중장은 예비대인 제
63근위소총사단을 투입했다. 제110소총군단 역시 공세에 가세할 준비
를 했다. 핀란드군도 병력을 재배치했다. 많은 손실을 입은 제18보병사
단은 동부 카렐리야에서 철수한 제11보병사단으로 교체되었고 핀란드
에 막 도착한 독일 제303돌격포여단이 핀란드군과 함께 최전선으로 출
동했다. 소련 제63소총사단과 제64소총사단은 돌출된 채 핀란드군 사
이에 끼인 형국이었다. 핀란드군은 서쪽에서 제11보병사단과 제1기갑
사단, 제303돌격포여단이, 북쪽에서 제6보병사단과 제20여단이, 동쪽
에서 제4보병사단이 세 방향에서 일제히 돌출부를 협공하고 소련군을
〈모티〉로 만들어 괴멸시킬 계획이었다.

핀란드군의 반격은 과감했지만, 상황을 뒤집기에는 역부족이었
다. 소련군은 원형 방어선을 구축하고 핀란드군의 공세를 격퇴했다.
6월 27일 하루 동안 핀란드군은 거의 1km까지 포위망을 압축했음에도
소련군을 포위 섬멸하는 데 실패했다. 게다가 독일군은 상전 행세하면
서 거들먹거릴 뿐, 어차피 자기들의 싸움이 아니라는 이유로 마구잡이
로 사격을 퍼부어 포탄만 낭비한 뒤 탄약이 바닥나자 재보급을 핑계로
그대로 철수했다. 다음 날 쿨마이 분견대의 슈투카들과 핀란드 공군이
소련군 진지를 두들기는 사이 핀란드군이 재차 공격에 나섰고 소련군
역시 제276폭격기사단의 엄호 아래 반격에 나서면서 일진일퇴의 처절
한 격전이 벌어졌다.

그러나 핀란드군은 끝까지 소련군의 방어선을 돌파할 수 없었다.
결국 6월 29일 만네르헤임은 탈리를 포기하고 이한탈라로 퇴각할 것을
명령했다. 다음 날 탈리는 소련군의 손에 넘어갔다. 그렇게 많은 희생을
치르며 싸웠던 핀란드군으로서는 가장 암울한 하루였다. 절망적인 파
국이 눈앞에 닥치는 것처럼 보였다. 하지만 전선을 축소하면서 그만큼
핀란드군의 방어선 또한 강화되었다. 6월 30일, 소련군 제63근위소총

사단이 이한탈라 공격에 나섰다. 하지만 핀란드 포병이 집중 사격을 퍼부었고 하늘에서는 슈투카 급강하 폭격기들이 소련군 전차들을 사냥했다. 24대의 소련군 전차가 판처파우스트와 판처슈렉에 의해 파괴되었다. 쿨마이 분견대는 20대를 파괴했다. 소련군은 또 한 번 쓴맛을 보고 물러나야 했다.

고보로프는 제21군이 실패했음을 깨닫고 제21군 우익의 제23군과 좌익의 제59군에 공세를 명령했다. 그러나 이들은 당장 공격에 나설 처지가 아닌 데다, 핀란드군은 소련군의 공세가 주춤한 사이에 방어를 한층 굳혔다. 특히 핀란드 포병들은 대단히 효율적으로 집중 포격을 퍼부어 소련군을 분쇄했다. 〈포병은 전장의 신〉이라고 했던 스탈린의 유명한 격언은 적어도 핀란드 전선에서는 소련군이 아니라 핀란드군이 입증한 셈이었다. 그 비결은 핀란드의 전임 국방 장관이자 포병 사령관을 지낸 빌호 페테르 네노넨Vilho Petter Nenonen 장군이 1943년에 발명한 기계식 사격 보정 장치 덕분이었다. 이 놀라운 발명품은 구조가 매우 단순하면서 다수의 포대가 동시에 단일 목표를 향해 포격을 퍼부을 수 있어 집중 포격과 신속한 표적 전환을 가능케 했다. 핀란드군만이 아니라 80여 년이 지난 오늘날에도 세계 각국 포병이 활용할 정도다.

소련군은 국지적인 공격을 반복했지만 모조리 격퇴되었고 많은 전차를 잃었다. 게다가 7월 2일 핀란드군은 다음 날 새벽 4시를 기하여 소련군 제63소총사단과 제30기갑여단이 이한탈라를 향한 공세를 시작할 것이라는 통신문을 우연히 감청했다. 공격 2분을 앞두고 80여 대의 독일-핀란드 폭격기들이 돌격을 준비하던 소련군 대열을 덮쳤다. 핀란드군은 250문의 대포를 집결하고 소련군의 머리 위에 4,000발의 포탄을 퍼부었다. 소련군 제63소총사단은 이한탈라에서 1km 떨어진 곳까지 진격했지만, 핀란드군의 방어선을 뚫지 못하고 7월 9일 물러나야 했다.

6월 25일부터 7월 9일까지 약 보름 동안 벌어진 탈리-이한탈라 전투에서 소련군 15만 명과 핀란드군 10만 명, 독일군 4,000여 명이 투입되었다. 그중 핀란드군은 1,350명의 전사자를 포함하여 8,561명을 잃었다. 소련군의 사상자는 불분명하지만 제30근위군단만 해도 전사자 1,666명, 부상자 7,204명, 실종자 174명 등 도합 9,044명에 달했다. 전체적으로 6,000여 명 이상이 전사하고 2만 2,000여 명이 다친 것으로 추산되었다. 또한 소련군은 200여 대 이상의 전차를 잃었고 300여 대 이상의 항공기가 격추되었다. 핀란드군의 손실은 전차 3대와 항공기 12대에 불과했고 7대의 T-34/85를 노획했다. 쿨마이 분견대는 33대의 항공기를 잃었다. 양측의 압도적인 전력 차이는 물론이고, 소련군이 1939년의 오합지졸이 아니었으며 핀란드군은 겨울 전쟁 때보다 훨씬 불리한 전투를 강요당했다는 점에서 실로 경이로운 승리였다. 비록 독일군이 가세했다고 하지만 쿨마이 분견대만 활약했을 뿐, 별다른 도움이 되지 못했다. 제303돌격포여단은 불과 3~4대의 소련 전차를 격파했다. 승리는 전적으로 핀란드인들의 몫이었다.

7월 11일, 소련 제115소총군단이 다시 한번 부옥시강을 건너 마지막 돌파구 마련을 시도했다. 하지만 핀란드 제1기갑사단이 급히 증원되면서 더 이상 전진할 수 없었고 일주일 만에 철수했다. 동부 카렐리야 방면에서도 소련 제32군이 핀란드 국경을 넘어 내륙으로 진격했지만 8월 13일 일로만치 전투Battle of Ilomantsi에서 격퇴되었다. 에르키 라파나Erkki Raappana 장군의 핀란드 R집단군(제14보병사단 및 3개 여단)은 소련군 2개 사단(제176소총사단, 제289소총사단)을 깊숙이 끌어들인 다음 보급선을 차단한 후 〈모티〉로 만들어 각개 격파하는 대승을 거두었다. 소련군의 손실은 3,000여 명에 달했고 94문의 대포를 비롯하여 많은 무기와 차량이 노획되었다. 같은 시간, 서쪽의 비푸리만에서도 소련 제59군이 상륙 작전을 시도했다. 하지만 이들 역시 핀란드군과 독일 제

1944년 6월 30일, 이한탈라 전선에서 판처파우스트로 소련군 전차를 노리고 있는 핀란드군 병사들. 판처파우스트는 일회성 무기로 사거리가 짧은 반면, 성형 작약탄을 사용하여 최대 200mm의 철판을 관통할 수 있어 어떤 전차도 일격에 격파할 수 있었다. 또한 무게가 3kg에 불과하고 휴대와 조작이 간단하여 연합군에는 공포의 무기였다. 그 대신 발사 시 튜브 뒤로 2m에 달하는 화염과 후폭풍이 발생하기 때문에 사수에게는 매우 위험한 무기이기도 했다. 핀란드에는 1944년 4월 11일에 1,700발의 판처파우스트와 판처슈렉 300문이 처음 제공되었고 〈판사리니르키Panssarinyrkki〉라고 불렸다.

판처파우스트와 판처슈렉을 들고 웃고 있는 〈탈리의 두 호랑이〉 파울 렌발Paul Renvall 하사(왼쪽)와 쿠르트 엥만Kurt Engman 상사(오른쪽). 두 탈리–이한탈라 전투에서람은 사용법을 익히는 훈련을 10분도 채 받지 못했지만 탈리이한탈라에서 각기 1대와 4대의 소련 중전차를 격파했다.

122사단에 의해 격퇴되었다. 이로써 소련군의 마지막 공세는 실패로 끝났다. 핀란드는 카렐리야 지협과 동부 카렐리야 대부분을 빼앗기고 많은 희생을 치러야 했지만, 소련군의 전진을 막아 내는 데 성공했다. 양측 모두 만신창이가 되면서 전선은 소강상태가 되었다. 소련군 병사들은 참호를 파고 방어에 들어갔다.

그러나 위기가 지나갔다고 해서 전쟁이 끝난 것은 아니었다. 남쪽에서는 거대한 소련군의 물결이 벨라루스와 우크라이나를 휩쓸고 동유럽으로 밀어닥치고 있었다. 독일군은 곳곳에서 괴멸하거나 고립되었다. 서쪽에서도 노르망디에 상륙한 서방 연합군이 교두보를 단단히 굳힌 다음 본격적인 동진을 시작했다. 7월 20일에는 반나치 장교들에 의한 히틀러 암살 미수와 쿠데타 시도가 벌어졌다. 파국이 닥치고 있었다. 이대로 독일이 파멸한다면 핀란드도 무사할 리 없었다. 핀란드가 살 길은 당장 독일과 손을 끊는 것뿐이었다. 7월 27일 뤼티 대통령이 전격 사임했다. 신임 대통령은 만네르헤임이었다. 그는 제일 먼저 절차상의 하자를 이유로 독일과의 동맹이 처음부터 무효였다고 선언했다. 히틀러로서는 그야말로 뒤통수를 맞은 셈이었다. 그렇다고 다른 동맹국들에 그랬던 것처럼 분기탱천하여 핀란드를 벌줄 수도 없었다. 당장 제 발등에 불이 떨어진 처지가 된 그로서는 더 이상 핀란드 따위에 신경 쓸 때가 아니었다.

다시 굴욕을 당하다

이번만큼은 무슨 수를 써서라도 핀란드를 정복하겠다며 기염을 토하던 스탈린도 핀란드인들의 끈기 앞에서는 두 손을 들었다. 그는 병사들이 얼마나 죽어 나가건 눈 하나 깜짝하지 않을 준비가 되어 있었지만, 핀란

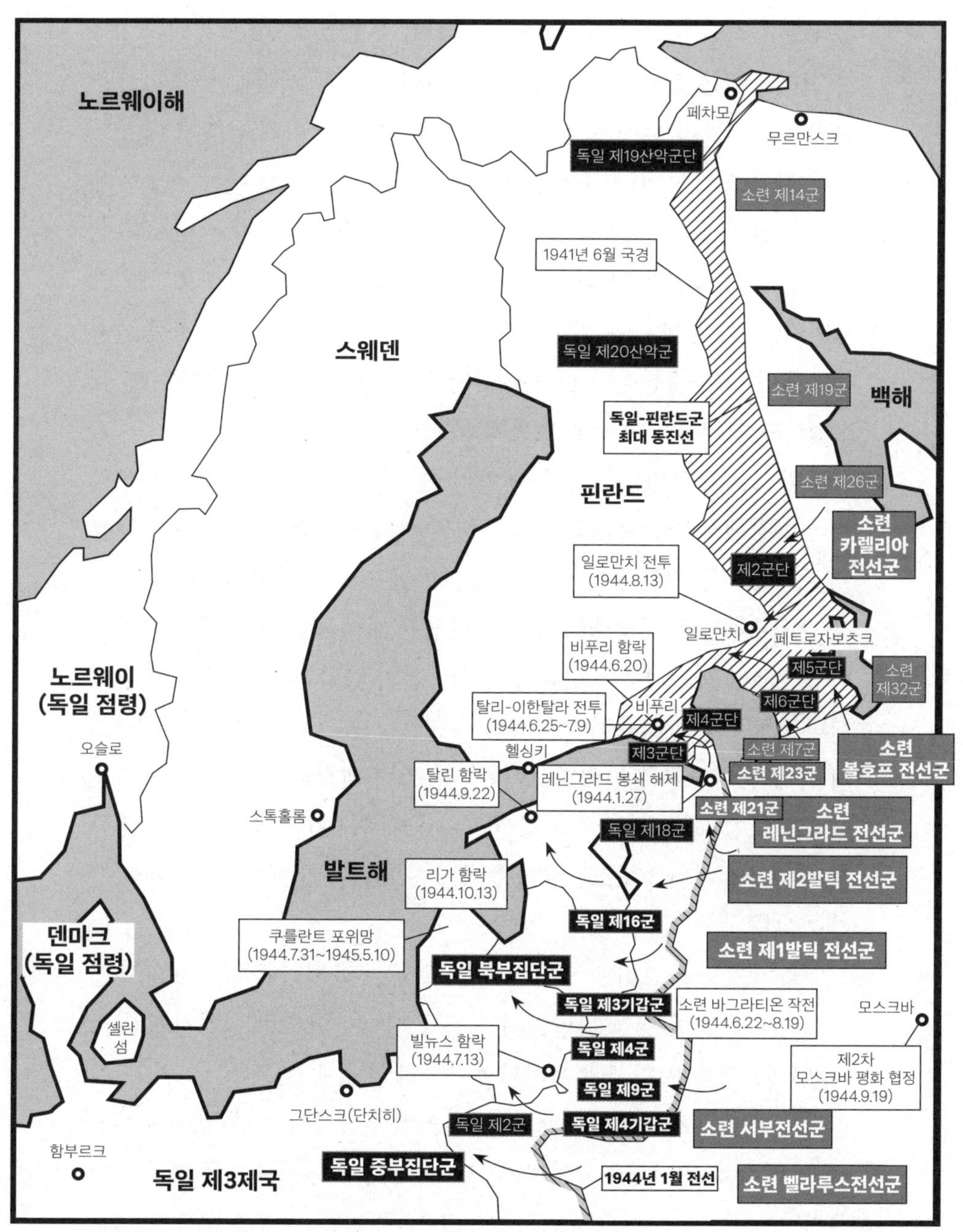

계속 전쟁 말기 핀란드와 발트해에서 소련군의 공세(1944. 1~10)

드에 동정적인 서방의 눈치만은 보지 않을 수 없는 처지였다. 레닌그라드 전선군에는 방어로 전환하라는 명령이 떨어졌고 증원은커녕, 상당수의 부대가 차출되어 독일 북부집단군과 싸우기 위해 남쪽의 에스토니아 전선으로 향했다. 연전연승을 거듭하는 동부 전선에서 스탈린이 남긴 유일한 오점이었다. 7월 27일, 소련은 스웨덴을 통해 핀란드와 평화 조약을 맺을 준비가 되어 있다고 제안했다. 대신 한 가지 조건을 내걸었다. 겨울 전쟁 이래 지난 5년 동안 핀란드의 지도자로서 전쟁을 총지휘했던 뤼티 대통령이 자리에서 물러날 것과 소련을 적대하는 데 앞장섰다는 책임을 지고 전범 재판에 세워야 한다는 것이었다.

뤼티는 사회민주당 당수 베이뇌 탄네르Väinö Tanner와 함께 자신의 시골 별장에서 만네르헤임을 불러 비밀 회담을 가졌다. 그는 나치 독일에 부역했다는 모든 불명예를 혼자 짊어질 것이라고 말하면서 후임자로 만네르헤임을 지명했다. 만네르헤임은 받아들였다. 핀란드 의회는 비상시국임을 고려하여 만네르헤임이 선거 없이 대권을 쥐는 데 동의했다. 8월 4일, 만네르헤임은 핀란드 총사령관 겸 대통령이 되었다. 그의 나이 일흔일곱 살이었다. 총리는 전 소련 대사와 외무 장관을 지낸 안티 하크첼Antti Hackzell, 외무 장관은 핀란드에서 가장 유능한 외교관 중 한 사람이자 지난 3월 소련과의 협상에 참여했던 칼 엔켈Carl Enckell이 각각 맡았다.

뤼티의 급작스러운 사임과 정권 교체는 히틀러에게는 허를 찔린 격이지만 그것이 당장 핀란드의 배신을 의미한다고는 생각하지 않았다. 만네르헤임은 평생 볼셰비키와 투쟁했던 골수 반공주의자였다. 게다가 핀란드는 추축 진영을 통틀어 유일하게 제 몫을 하는 동맹군이었다. 그는 냉혹한 나치주의자이자 신임 북부집단군 사령관에 임명된 페르디난트 쇠르너Ferdinand Schörner 장군을 만네르헤임의 취임 축하를 명목으로 보냈다. 핀란드에서 제19산악군단장을 지내 이전부터 만네르헤임을 비롯한 핀란드 장군들과 친분이 있던 쇠르너는 자신만만하게 발트해에서 소련군을 몰아내고 전세를 역전시킬 것이라고 호언장담했다.

8월 17일에는 독일 국방군의 수장인 카이텔 원수가 헬싱키를 방문하여 만네르헤임에게 백엽 철십자 훈장을 수여하며 원조를 아끼지 않겠다고 약속했지만 만네르헤임의 마음을 돌리지는 못했다. 그는 그 자리에서 카이텔에게 뤼티-리벤트로프 협정이 무효가 되었다고 퉁명스럽게 통보하여 깜짝 놀라게 했다. 하지만 독일과 손을 끊는 것은 간단한 일이 아니었다. 핀란드 경제는 독일에 종속되었고 독일이 공급하는 식량에 의존했다. 핀란드가 전쟁에서 손을 뗐을 때 히틀러가 어떻게 나올지 알 수 없을뿐더러, 그동안의 싸움으로 많은 피를 흘린 병사들과 국민역시 어제의 전우인 독일을 버리고 철천지원수인 소련과 손잡기를 거부할 수 있었다.

가장 고통스러운 선택을 해야 하는 쪽은 만네르헤임 자신이었다. 그는 평생 소련과 세 번 싸웠고 그때마다 승리를 거두었다. 하지만 끝까지 싸우겠다며 오기를 부리기에는 핀란드군이 더 이상 소련군을 막아낼 수 없다는 사실은 분명했다. 6월 9일부터 7월 18일까지 잃은 병력만해도 4만 4,000여 명에 달했다. 보충된 병력은 3만 명에 불과했고 후방에는 더 이상 징집할 남자가 남아 있지 않았다. 하루에만 수만 명씩 죽어 나가는 동부 전선에 비하면 아무것도 아닐지 몰라도 인구 370만 명의 약소국이 감당하기에는 역부족이었다. 인내심이 바닥난 스탈린이본때를 보여 주겠다며 한 번 더 대대적인 공세에 나선다면 그때는 정말로 파국이었다.

히틀러는 큰소리만 쳤을 뿐 약간의 무기와 한 줌의 병력을 보낸 것이외에 사실상 아무런 도움도 주지 않았다. 남을 도울 처지가 아니었기때문이었다. 소련군은 발트해를 휩쓸고 독일 북부집단군을 거의 결딴냈다. 라트비아 북단의 쿠를란트Courland에는 26개 사단 20만 명에 달하는 독일군이 소련군에 포위되었다. 7월 21일, 핀란드 전선이 어느 정도 안정되었다는 이유로 쿨마이 분견대가 북부집단군을 지원하기 위해 핀란드를 떠났다. 7월 말에는 독일 제122보병사단 또한 철수했다. 핀란드는 핀란드인들 스스로 지키라는 얘기였다. 따라서 핀란드가 지난 4년 동안 협력 관계를 유지한 독일을 버리는 것을 변덕스럽고 지조 없는 약소국들이 흔히 그러하듯 힘 있는 편에 서야 살아남을 수 있다는 생존 본능으로만 치부할 수는 없었다.

8월 24일에는 루마니아가 추축 동맹에서 이탈하여 총부리를 독일군에 돌렸다. 불가리아의 이탈도 초읽기였다. 핀란드인들에게는 큰 충격이었다. 더 이상 머뭇거리면서 독일과 소련을 저울질할 시간은 지나갔다. 8월 29일, 소련은 전쟁을 끝내기 위한 요구 사항을 통보했다. 핀란드군이 승리했다고 해서 스탈린의 조건이 결코 관대해진 것은 아니었다.

첫째로, 핀란드는 독일과의 관계가 끝났음을 즉각 공표할 것, 둘째로, 9월 15일까지 핀란드 내 모든 독일군은 철수해야 하며 그 이후까지 남아 있는 독일군을 무장 해제하여 소련군에 넘길 것, 셋째로, 핀란드군 대부분을 해산할 것, 넷째로, 핀란드 공산당을 합법화하고 반공적인 정당을 해산해야 한다는 것이었다. 전쟁 배상금은 처음의 6억 달러에서 절반인 3억 달러*로 줄어들되 겨울 전쟁 때 할양한 땅을 소련에 도로 내놓을 것은 물론, 핀란드 최북단의 페차모 지역 8,662km²를 추가 할양해야 했다. 또한 항코를 대신하여 헬싱키에서 20km 떨어진 핀란드만의 요충지 포르칼란니에미Porkkalanniemi를 50년 동안 소련에 임대할 것과 독일과의 전쟁이 끝날 때까지 소련군이 핀란드의 비행장과 항구, 상선을 마음대로 이용할 권리도 포함되었다. 핀란드가 내놓을 땅은 도합 4만 4,000km²에 달했다.

* 2024년 가치로 46억 달러 상당의 돈이다.

핀란드인들로서는 굴욕이었지만 소련의 위성 국가로 전락하지 않았다는 것만으로도 안도해야 했다. 9월 2일, 핀란드 의회는 찬성 113 대 반대 43으로 통과시켰다. 이날 저녁 엔켈 외무 장관은 핀란드 주재 독일 대사인 비페르트 폰 블뤼허Wipert von Blücher를 불러 소련과 평화 협정을 체결했으며 독일군은 9월 15일까지 철수해야 한다는 사실을 통보했다. 만네르헤임은 히틀러에게 양해를 요청하는 친서를 보내면서 핀란드 국민을 전쟁에서 벗어나게 이끄는 일이 자신의 의무이며 상황을 더 악화시키지 않고 양국 관계를 깨끗이 끝내기를 원한다고 썼다.

9월 5일 아침 7시, 모든 포성이 멈추었다. 하지만 핀란드군은 경계를 멈추지 않았다. 소련은 루마니아와 휴전 협정을 맺었음에도 이 약속을 깨뜨리고 루마니아군을 공격한 선례가 있었기 때문이었다. 방심하고 있던 루마니아군은 10만 명 이상이 포로가 되었다. 소련군은 핀란드군을 상대로도 시험했지만 격퇴당했다. 이틀 뒤 핀란드 협상단이 모스크바에 도착했다. 그리고 9월 19일 정오, 제2차 모스크바 평화 협정이 체결되었다. 기나긴 투쟁은 막을 내렸다. 대가는 컸지만, 핀란드인들은 끝까지 살아남았다. 히틀러의 동방 원정에 가담한 나라 중 유일했다. 이제 마지막으로 해결할 문제는 독일이었다. 소련은 독일군의 즉각적인 철수를 요구했다. 최종 기한이 지난 뒤에는 핀란드가 직접 힘으로 이들을 쫓아내야 했다. 독일군이 철수 준비가 되지 않았다는 점에서 스탈린이 원하는 대로 두 나라의 싸움으로 번질 수밖에 없었다.

히틀러로서는 핀란드가 소련과 평화 협정을 체결한 것이 전혀 예상치 못한 일은 아니어도 뜻밖이었다. 여느 추축 동맹국들과 달리 핀란드는 카렐리야 지협에서 승리했고 소련의 고압적인 요구를 당연히 거부하리라 여겼기 때문이었다. 더욱이 핀란드가 소련에 붙는 것은 이유가 어떠하건 쉽사리 눈감아 줄 수 있는 일이 아니었다. 그동안 묶여 있던 레닌그라드의 소련 발틱 함대는 자유를 되찾아 발트해에서 독일의 해상권을 위협할 것이 분명했다. 특히 수르사리Suursaari섬*과 올란드 제도Åland Islands를 비롯한 핀란드만 입구의 여러 섬이 소련군의 손에 넘어간다면 스웨덴의 철광석 수입에 타격을 입을 것이며 핀란드-노르웨이 주둔 독일군의 해상 보급로가 차단될 수 있었다. 독일에는 치명타였다. 게다가 핀란드 중부와 북부에는 제20산악군 산하 3개 군단 9개 사단 21만 4,000여 명에 달하는 독일군이 주둔 중이었다. 그중 4개 사단은 정예로 이름난 산악 부대였다. 만약 보급로가 차단된다면 이들 부대는 몇 달을 버티지 못하고 눈 속에서 모두 얼어 죽을 판국이었다.

히틀러는 1944년 2월 16일, 핀란드가 배신할 때를 대비하여 유사시 수르사리섬과 올란드 제도를 점령할 것과 제20산악군을 방어에 유리한 지점으로 철수할 것을 지시했다. 제18군단은 노르웨이로, 제19군단은 남아서 무르만스크 방면의 소련군을 저지할 것이며, 제36군단은 핀란드 북부의 이발로Ivalo에서 새로운 방어선을 구축할 예정이었다. 작전명은 비르케Operation Birke였다. 1944년 여름 내내 노르웨이로 향하는 통로에 도로와 교량이 건설되었다. 그러나 8월 말까지도 핀란드가 정말로 전쟁에서 이탈할지는 알 수 없었기에 계획은 잠정적이었고 준비는 불충분했다. 히틀러는 핀란드에 배신하지 말라고 협박했을 뿐, 핀란드의 처지가 어떠한지 고려하거나 소련과의 휴전을 놓고 핀란드와 조율하는 노력은 없었기 때문이었다.

게다가 독일군 최고 사령부가 세운 철수 계획은 현실을 도외시한 탁상공론에 지나지 않았다. 독일군은 압도적으로 우세한 적의 추격을 받으면서 변변한 보급도 없이 600km를 철수해야 했다. 제20산악군은 기동성이 부족했고 핀란드 북부의 도로망과 철도망은 매우 빈약했다. 겨울이 온다면 상황은 더욱 심각해질 수 있었다. 핀란드는 독일 측에 소련군이 협정에 따라 1940년의 국경을 넘지 않을 거라고 통보했지만 그

* 지금의 고글란트Gogland다.

종전 후 전범으로 기소되어 재판 중인 리스토 뤼티 전 대통령(오른쪽). 대통령 자리를
만네르헤임에게 넘긴 뤼티는 핀란드 중앙은행 총재로 복귀하여 핀란드 경제 안정에
노력했지만, 소련의 강력한 요구에 못 이겨 1945년 11월 그를 비롯하여 7명의 지도자가
전범으로 기소되었다. 재판 결과, 뤼티는 10년 형을 받고 수감 생활 중 극도로 건강이
나빠졌다. 하지만 핀란드인들 입장에서 이들의 처벌은 비시 프랑스의 지도자들처럼 정말로
반인륜적인 범죄를 저질렀거나 조국을 나치에 팔아먹어서가 아니라 약소국의 설움이었고
연합국의 부당한 횡포였다. 이후 냉전의 격화로 연합국의 관심이 줄어들자 주유 쿠스티
파시키비Juho Kusti Paasikivi 대통령은 기다렸다는 듯 이들을 재빨리 사면했다.

1944년 9월 19일, 모스크바
평화 협정 소식과 함께
전선에 설치된 장애물들을
제거 중인 핀란드 병사들.
이로써 소련과의 기나긴
항쟁은 끝났다. 하지만
핀란드에서 총성이 멈추려면
좀 더 있어야 했다. 이들에게는
최종 라운드가 남아 있었기
때문이었다.

약속이 지켜진다는 보장은 없었다. 핀란드군 대부분은 남쪽에 있었고 중부와 북부는 독일군이 맡고 있었다. 만약 핀란드군이 남쪽에서 소련군을 무주공산으로 통과시킨다면 제20산악군 전체가 포위될 것은 불 보듯 뻔했다. 최악의 경우는 핀란드군이 소련군과 함께 독일군을 공격하는 상황이었다. 실제로 루마니아는 소련에 항복한 후 자국 내에서 철수 중인 독일군을 공격하고 무장 해제하여 큰 타격을 입혔다.

위기는 현실로 닥쳤다. 9월 2일, 핀란드가 소련의 요구를 받아들였다는 소식이 전해지자 독일군은 즉각 비르케 작전을 발동했다. 독일군의 철수를 방해하는 어떤 저항도 가차 없이 분쇄하겠다는 기세였다. 물론 핀란드인들로서는 사정이 어떠하건 소련을 위해 어제의 전우였던 독일과 싸우기를 원치 않았다. 독일군 역시 말썽을 원치 않기는 마찬가지였다. 독일군은 핀란드에 철수 시간표를 알려 주었고 핀란드는 독일군이 조금이라도 빨리 철수하도록 적극 협조하기로 약속했다. 핀란드 선박들이 독일군 철수에 동원되었다. 제303돌격포여단을 비롯하여 그때까지 핀란드 남부에 남아 있던 모든 독일군은 9월 13일까지 바다를 통해 핀란드를 신속하게 빠져나갔다.

스웨덴과 인접한 핀란드 중부의 여러 항구에서도 독일군의 철수가 한창이었다. 하지만 제20산악군은 핀란드 남부에 주둔한 독일군보다 훨씬 규모가 컸고 선박이 부족했다. 많은 물자가 소련군의 손에 넘어가지 않도록 파괴되었다. 핀란드 중부와 북부의 광대한 지역에 흩어져 있는 20만 명이 넘는 독일군과 3만 2,000마리의 말, 2만여 대의 차량, 20만 톤의 보급 물자를 옮긴다는 것은 말처럼 간단한 문제가 아니었다. 이 와중에 9월 15일에는 독일과 핀란드 사이의 첫 번째 전투가 벌어졌다. 핀란드의 배신을 도저히 넘길 수 없었던 히틀러는 충동적으로 수르사리섬 공략을 명령했고 2,500여 명의 독일군이 섬을 침공했다. 독일군은 섬을 지키고 있는 핀란드군이 400여 명 정도라고 여겼지만 실제로는 제16해안포병연대 1,600여 명에 달했로. 독일군이 항복을 요구하자 핀란드군은 사격으로 대답했다. 침공은 대실패였다. 독일군은 한때 섬의 절반을 점령했지만, 핀란드군의 거센 저항으로 더 이상 전진할 수 없었다. 게다가 핀란드군을 지원하기 위해 소련 폭격기들이 출격했다. 결국 독일군은 하루 만에 물러났다. 핀란드군의 손실은 36명의 전사자를 포함하여 100여 명 정도에 불과한 반면, 독일군은 153명이 죽고 1,200여 명이 포로가 되었다. 또한 여러 척의 군함이 파손되고 1척의 기뢰 부설함이 침몰했다. 독일군의 완패였다.

이 사건이 당장 독일과의 전면전으로 이어진 것은 아니지만 긴장은 빠르게 고조되었다. 핀란드와 독일 모두 여차하면 옛 전우에게 무력을 사용할 준비가 되어 있음을 보여 준 셈이었다. 만네르헤임은 핀란드군을 북쪽으로 이동시키는 한편, 독일 제20산악군에 즉각 핀란드에서 물러나라고 엄포를 놓았다. 독일군도 수락했다. 그러나 스탈린은 그 정도에 만족하지 않았다. 핀란드가 독일군을 추방하거나 무장 해제하는 데 게을리한다면 소련군이 직접 나서겠다는 것이었다. 핀란드로서는 더 이상 소련의 인내심을 시험할 수 없었다. 게다가 독일군은 소련군의 추격을 막는다는 핑계로 지나가는 곳마다 파괴를 일삼아 현지 주민들에게 막대한 손실을 입혔다. 독일군의 초토화 전술은 핀란드인들의 감정을 더욱 악화시켰다. 결국 양측의 충돌은 필연적이었다. 겨울 전쟁과 계속 전쟁에 이어서 세 번째 라운드인 〈라플란드 전쟁Lapland War〉의 시작이었다.

라플란드 전쟁

라플란드는 핀란드 북부 지방을 통칭하는 말로, 〈라프족의 땅〉이라는

의미다. 서쪽으로는 스웨덴, 북쪽으로는 노르웨이, 동쪽으로는 러시아
와 접하며 면적은 약 10만 km²에 달한다. 유럽 최북단 지역으로서 울창
한 침엽수 삼림과 빙하 호수, 툰드라가 대부분을 차지한다. 자원은 많지
만, 땅은 척박하며 인구는 희박하다. 북극권에 속하다 보니 겨울이 연중
의 절반 이상을 차지하고 9월이면 눈이 내리기 시작한다. 중심지는 로
바니에미Rovaniemi다. 핀란드인들이 산타클로스의 고향이라고 주장하면
서 세계적인 테마파크를 운영하는 곳이기도 하다.

비록 수르사리섬에서 망신당하기는 했지만, 히틀러는 이전처럼
무자비한 보복보다 순순히 핀란드에서 손을 떼기로 했다. 추축 동맹국
들이 줄줄이 이탈하고 소련군이 동부 전선 전체를 휩쓸고 있었기 때문
이었다. 이제 독일 본토가 전쟁터가 될 판이었다. 그렇다고 핀란드를 응
징하기 위해 노르웨이에서 병력을 빼냈다가는 서방 연합군이 치고 들
어올 가능성도 있었다. 남은 선택은 적지가 된 핀란드에서 포위되기 전
에 빠져나오는 것이었다. 그러나 상황은 녹록지 않았다. 독일군은 아
무런 준비가 되어 있지 못했고 변변한 도로와 철도도 없는 북극권에서
25만여 명에 달하는 병력을 추위와 싸우면서 1,000km에 걸쳐 철수시
킨다는 것은 한 세기 전 나폴레옹의 모스크바 후퇴 이상으로 무모한 짓
이었다. 핀란드군이 어떻게 나올지도 장담할 수 없었다. 남쪽에서는 루
마니아군과 불가리아군이 소련으로 편을 갈아타자마자 독일군의 뒤통
수를 쳤지만, 핀란드는 지난 3년 동안 함께 싸운 정을 생각하여 일단 의
리를 지키는 쪽을 선택했다. 양측은 비밀 협정을 맺었다. 독일군은 자신
들의 이동 경로와 시간을 미리 알려 주었고 핀란드의 동의 아래 도로와
다리를 폭파했다. 핀란드군은 독일군이 물러난 뒤에야 진격했다.

그러나 훈훈한 우정으로 끝날 것처럼 보였던 두 나라의 결별은 마
지막 순간에 어그러졌다. 독일군의 파괴 작업은 핀란드 정부의 동의를
받은 것이었지만, 그런 사실을 알 리 없는 현지 주민들과 병사들 눈에는

294

독일군 또한 소련군과 다를 바 없는 침략자라고 여겼다. 게다가 스탈린은 독일군이 이대로 무탈하게 물러나는 꼴을 지켜볼 생각이 없었다. 핀란드가 제대로 약속을 지키는지 확인한다는 핑계로 9월 23일 대부분 소련 대표로 구성된 연합국 조정 위원회가 헬싱키에 입성했다. 소련군은 핀란드가 제대로 성의를 보이지 않는다면 자신들이 직접 핀란드로 들어가 그 일을 하겠다고 엄포를 놓았다. 이제는 연극을 끝낼 때였다. 국가 존망이 걸린 이상 더는 시간을 끌 수 없다고 판단한 만네르헤임은 독일군과 진짜 싸우기로 결심했다. 독일군 철수 시한이 끝난 지 2주 만인 1944년 9월 27일, 핀란드 제3군단장 할마르 실라스부오 중장은 도로를 차단하고 독일군 철수 행렬을 공격하라고 명령했다.

다음 날 오울루Oulu 북쪽 50km 떨어진 작은 해안 마을 올하바Olhava에서 핀란드 제15여단과 독일 제6SS정보대대가 충돌했다. 북쪽으로 철수 중이던 독일군이 다리에 폭탄을 설치하자 핀란드군이 저지했다. 쌍방은 짧은 총격전을 벌였고 독일군 2명과 핀란드군 5명이 죽었다. 사흘 뒤인 10월 1일에는 스웨덴 국경 인근의 토르니오Tornio에서 더 큰 전투가 벌어졌다. 산악 부대와 무장 친위대, 기갑 중대로 구성된 독일군 7,000여 명은 1만 2,000여 명에 달하는 핀란드군에 포위되었다. 일주일 동안 일진일퇴의 치열한 격전이 벌어졌다. 독일군은 우세한 화력과 공군의 지원에도 불구하고 전사 500명, 부상 1,600명, 포로 400명에 달했고 핀란드군 또한 375명이 전사하고 1,400명이 다쳤다. 포로가 된 독일군은 소련군에 넘겨졌다. 독일군은 핀란드가 진정한 적으로 돌아섰음을 깨달았다. 게다가 그 적은 아무 의욕 없이 마지못해 끌려 나온 오합지졸 농민 군대가 아니라 추위와 전투로 단련된 정예들이었다.

독일군이 이토록 궁지에 몰리게 된 것은 전적으로 히틀러 탓이었다. 수많은 경고에도 불구하고 우유부단하게 굴다가 너무 늦게 핀란드에서의 철수 명령을 내렸기 때문이었다. 그렇다고 최악의 상황이라고 할 정도는 아니었다. 독일군과 핀란드군이 충돌했다고 하지만 핀란드군은 독일군과 싸울 준비가 되어 있지 않았을뿐더러 어디까지나 소련의 압박에 못 이긴 탓이었기에 실제로 공격에 참여한 부대는 소수에 불과했다. 만약 핀란드가 진심으로 독일군을 괴멸시킬 생각으로 소련군을 끌어들였다면 상황은 더욱 심각했을 것이었다.

핀란드로서는 최대한 인내심을 발휘한 셈이었지만 독일군을 감히 공격했다는 사실만으로 광분한 히틀러에게는 알 바가 아니었다. 언제나 그렇듯 그의 해결법은 대화가 아닌 응징이었다. 10월 13일, 독일 제20산악군에 적에게 이용될 만한 것들을 죄다 파괴하라는 명령이 떨어졌다. 핀란드 〈배신자〉들에게 폐허를 넘겨주라는 얘기였다. 러시아에서와 마찬가지로 독일군은 철수하면서 마을에 불을 지르고 광산과 산업 시설들을 폭파했다. 독일군이 파괴한 건물은 라플란드 전역에서 전체 1/3에 달하는 4만여 채에 달했고 주민의 75퍼센트가 난민으로 전락했다. 핀란드군도 보복에 나섰다. 소련군에 그랬던 것처럼 낙오된 독일군을 〈모티〉로 만들어 괴멸시켰다.

그러나 스탈린은 여전히 만족스럽지 못했다. 드디어 소련군이 움직였다. 키릴 메레츠코프 원수가 지휘하는 소련 카렐리야 전선군은 10월 7일 오전 8시, 두 시간 반에 걸친 맹포격을 퍼부은 뒤 국경을 넘어 페차모의 독일 제19산악군단을 공격했다. 최전선을 맡은 독일 제2산악사단은 단숨에 괴멸적인 타격을 입고 서쪽으로 밀려났다. 이제는 핀란드군만이 아니라 소련군까지 상대해야 하는 처지였다. 소련군은 11월 초까지 50km를 전진한 뒤 이발로를 점령했다. 소련 제14군은 독일군의 퇴로를 차단하는 한편 노르웨이 국경을 넘어 북극권의 항구 마을인 시르케네스까지 진격했다. 독일군은 간신히 포위망에서 벗어났지만, 물자 대부분을 파괴해야 했다. 그나마 소련군이 병참 한계에 직면하면서 더는 깊숙이 들어가지 않았다.

〈전우애를 보여 주지 않은 데 감사하면서.〉 핀란드-스웨덴 국경의 무오니오Muonio에서
철수 중인 독일군이 써놓은 팻말. 핀란드인들에게는 뻔뻔한 말이었다. 독일군의 초토화
전술은 소련군의 추격을 피하기 위한 불가피한 선택이라고 하지만 그 피해는 전적으로
핀란드인들의 몫이었고 어떤 보상도 없었다. 일이 이 지경까지 몰리게 된 것은 동맹국들과의
소통을 거부하고 복종만을 강요했던 히틀러의 아집이 초래한 결과였다.

11월 말이 되자 독일군 대부분은 핀란드에서 무사히 철수했다. 소수의 독일군이 핀란드 국경 지역에 남아 있었지만, 충분히 할 만큼 했다고 여긴 핀란드군은 굳이 독일군을 국경에서 몰아내려고 애쓰지 않았다. 1945년 4월 27일, 실라스부오 중장은 만네르헤임에게 마지막 독일군이 핀란드 땅에서 물러났다고 보고했다. 전쟁은 끝났다. 1944년 9월 15일부터 총성이 완전히 멈추는 1945년 4월 27일까지 약 8개월에 걸쳐 벌어진 라플란드 전쟁에서 핀란드군은 774명의 전사자를 포함하여 4,000여 명을 잃었다. 독일군의 손실은 좀 더 컸다. 1,000여 명이 죽고 3,000여 명 이상이 실종되거나 다쳤다. 또한 1,300여 명이 포로가 되어 소련군에 넘겨졌다.

핀란드는 제2차 세계 대전을 통틀어 소련과 독일 두 나라를 상대로 싸워 양쪽에 승리를 거둔 유일한 나라였다. 그것은 야욕이 아니라 생존을 위한 투쟁이었다. 핀란드인들은 어떤 외세도 자신들을 정복할 수 없음을 보여 주었다. 더욱이 누구의 도움도 받지 않고 자신들의 힘만으로 이룬 성과였다. 반면, 발트해 너머의 3국은 그다지 운이 좋지 못했다. 쿠를란트반도에 포위된 20만 명의 독일군은 소련군의 맹렬한 공격에도 불구하고 끝까지 버텼지만, 1945년 4월 30일 히틀러가 자살하고 열흘 뒤 독일이 항복하자 이들 역시 백기를 들었다. 발트 3국은 다시 소련의 지배에 들어갔고 수만 명이 나치의 부역자로 몰려 머나먼 시베리아로 끌려가야 했다. 서방도 외면했다. 얄타와 포츠담에서 서방 지도자들은 발트 3국을 놓고 스탈린과 기싸움을 벌이는 대신 모르는 척 묵인하기로 했다. 구원의 손길은 없었다. 이들은 냉전이 끝나고 소련이 무너질 때까지 반세기 동안 기나긴 어둠의 시간을 보내야 했다. 핀란드만이 예외였다.

핀란드인들로서는 자부심을 품기에 충분했지만, 현실은 여전히 약소국에 부조리했다. 연합군은 핀란드의 주권만은 인정하되 패전국의 일원으로 취급했다. 1947년 2월 10일, 파리 강화 조약에서 핀란드는 베르사유 체제에서의 독일만큼이나 가혹한 군비 억제를 강요당해야 했다. 총병력은 4만 1,900명을 넘길 수 없으며 군함은 1만 톤 이내, 비행기는 60대 이내, 핵무기와 잠수함, 유도탄, 폭격기의 보유 금지, 정규군 이외에 예비군의 동원과 훈련을 금지당했다. 게다가 미-소 냉전이 격화되면서 소련은 언제라도 핀란드를 향해 이빨을 드러낼 수 있었다.

핀란드는 새로운 생존 전략을 선택했다. 정치, 경제적으로는 서방 체제를 선택하고 안보에서는 소련 쪽에 기울었다. 이른바 〈파시키비-케코넨 원칙Paasikivi–Kekkonen doctrine〉이라 불리는 핀란드식 중립 외교였다. 어떤 강대국에도 붙지 않고 철저한 비동맹을 고수하는 스위스나 이웃 나라 스웨덴은 물론, 여느 중립국들과도 다른 핀란드만의 방식이었다. 1948년 4월 6일에는 소련과 상호 협력 원조 조약을 체결했다. 핀란드는 나토와 손을 잡지 않을 것이며, 만약 나토가 핀란드의 중립을 침범한다면 핀란드는 소련의 도움을 요청할 수 있다는 내용이었다. 미국이 핀란드를 회유할 요량으로 마셜 플랜에 따른 거액의 원조를 제안했지만, 노르웨이나 스웨덴과 달리 중립 위반이라는 이유로 거절했다. 소련은 냉전 내내 핀란드 정계에 강력한 영향력을 행사했고 핀란드 공산당은 소련의 지원을 받으면서 활동했다. 핀란드는 언론의 자유를 보장하는 민주 국가이면서도 소련을 자극할 수 있는 표현만은 엄중히 금지되었다.

어떤 의미에서는 그 많은 희생을 치르고도 소련의 그늘에서 벗어나지 못했다고 할 수도 있지만 지정학적으로 동쪽에 치우친 핀란드에 있어 소련은 가깝고 서방은 멀리 있기 때문이었다. 더욱이 겨울 전쟁에서 서방 국가들이 보여 준 이중적인 행태는 핀란드인들에게 그들 역시 소련만큼이나 믿을 수 없는 존재임을 절감토록 했다. 냉전의 틈바구니에서 살아남기 위해서는 좋든 싫든 소련의 눈치를 보지 않을 수 없는 것이 핀란드의 처지였다. 핀란드군은 동유럽 국가들처럼 소련제 무기로 무장했다. 또한 소련과 관계를 개선하여 1956년 1월에는 포르칼란니에미를 되찾았다. 그러면서도 서방 측 첩자들에게 소련에 대한 정보를 넘겼고 서방 정찰기들이 핀란드 영공을 침범하여 소련 레이더망을 정찰하는 것을 묵인하는 등 어느 쪽도 적으로 돌리지 않으려고 애썼다. 이런 신중함이 히틀러를 편들었다가 소련의 위성국으로 전락한 동유럽 패전국들과 달리, 전후 부흥에 성공하여 오늘날 북유럽의 강소국이 될 수 있었던 비결이었다.

그러나 냉전이 무너진 지금에 와서 오히려 핀란드의 중립 정책은 새로운 도전에 직면했다. 2022년, 푸틴이 우크라이나를 전면 침공했기 때문이다. 스탈린 이상으로 탐욕스럽고 예측 불허인 푸틴은 80여 년 전 스탈린이 그랬듯 러시아 제국의 부활을 외치고 있다. 더 이상 냉전 시절의 구태의연한 줄타기 외교로는 푸틴의 야심에 맞설 수 없다고 판단한 핀란드는 러시아의 반발에도 불구하고 2023년 4월 4일 나토에 가입하여 31번째 회원국이 되었다. 약소국은 언제나 변화에 민감해야 살아남을 수 있다는 점에서 우리에게도 여러모로 주는 교훈이 크다.

3장
처칠의 도박

— 노르웨이, 덴마크, 스웨덴

처칠이 돌아왔다!

오늘은 우리 모두에게 슬픈 날이지만 저보다 더 슬픈 사람은 없을 것입니다. 지금까지 제가 추구해 온 모든 것, 저의 공직 생활 동안 믿어 왔던 모든 것이 허사가 되었습니다.

1939년 9월 3일 정오, 런던 BBC 라디오에서는 영국 총리 네빌 체임벌린의 하원 연설이 흘러나오고 있었다. 그는 비통함을 감추지 못하면서 영국이 독일과 전쟁 중임을 선언했다. 콩피에뉴 숲에서 독일이 휴전 협정에 서명하면서 제1차 세계 대전의 총성이 멈춘 지 19년 3개월, 영국은 다시 전쟁에 뛰어들었다. 이틀 전 히틀러가 폴란드를 침공했기 때문이었다.

뮌헨 회담에서 잘 알지도 못하는 사람들을 위해 영국인들이 피를 흘릴 이유는 없다는 이유로 히틀러에게 체코슬로바키아를 먹잇감으로 던져 주었던 체임벌린은 다음 차례인 폴란드가 나치 군대의 군홧발에 짓밟히는 꼴을 보면서도 마지막까지 히틀러를 달래려는 헛된 노력에 매달렸다. 그러나 히틀러는 폴란드에서 군대를 즉각 철수시키라는 체임벌린의 최후통첩을 무시했다. 그동안 영국과 독일 사이에서 매번 갈팡질팡하던 프랑스도 동원령을 선포하고 국경에 군대를 배치하는 중이었다. 일이 이 지경까지 온 이상, 체임벌린도 이제는 싸울 때임을 인정하지 않을 수 없었다. 영국과 프랑스가 정말로 선전 포고하리라고는 생각지 못했던 히틀러는 한때 큰 충격을 받았지만 그렇다고 군대를 폴란드에서 빼내 서부 전선으로 보내지는 않았다. 겁 많고 우유부단한 서구 지도자들이 이번에도 쉽사리 칼을 뽑지 못하리라 여겼기 때문이었다.

히틀러의 예상대로 체임벌린은 여전히 싸울 생각이 없었다. 뮌헨 회담 직후에만 해도 그는 영국 국민을 향해 히틀러가 믿을 만한 사람이라고 장담했지만 불과 반년 뒤 약속을 깨고 체코슬로바키아의 나머지를 집어삼키자 당황하면서도 여전히 실수를 인정하지 않았다. 오히려 그때 싸웠다면 연합군은 반드시 패배했을 것이었기에 불가피한 선택이었으며 그 덕분에 히틀러에 맞설 준비를 할 시간을 벌었다고 뻔뻔하게 말을 바꾸었다. 일부 정치인 중에는 그의 주장에 동조하는 사람도 없지 않았지만 누가 봐도 궁색한 변명이었다. 체코슬로바키아는 중부 유럽을 통틀어 진정한 서구식 민주 국가이자 히틀러에 맞설 힘을 가진 유일한 나라였다는 점에서 체임벌린의 말마따나 시간 벌이를 위한 버림말로 쓰기에는 너무 큰 대가였기 때문이었다. 게다가 체임벌린 이상으로 싸우기를 원치 않았던 독일군 수뇌부가 함께 히틀러를 끝장내자고 은밀히 제안했음에도 이를 무시하고 뮌헨에서 히틀러의 요구를 모조리 들어준 것도 그 자신이었다.

일이 이 지경에 이르렀음에도 체임벌린은 여전히 때가 되지 않았다면서 이번에는 폴란드를 시간 벌이용으로 써먹을 참이었다. 영국이 우물쭈물하자 혼자 싸울 자신이 없었던 프랑스도 결국 주저앉았다. 이들은 히틀러가 사실상 서부 국경을 비워 놓았다는 사실을 전혀 깨닫지 못했고 어설프게 공격했다가 자칫 독일 폭격기들이 프랑스 북부의 산업 도시들을 무자비하게 폭격할까 봐 지레 겁먹었다. 9월 7일, 프랑스 제2집단군 산하 11개 사단이 독일 서부 국경의 자르Saar 지방을 침공하여 몇몇 마을을 점령했지만 그게 전부였다. 프랑스군은 8km를 진격한 뒤 사흘 만에 멈추었다. 그리고 개전 5주 만인 10월 6일, 폴란드가 백기를 들자 마치 기다렸다는 듯 냉큼 마지노 라인 뒤쪽으로 물러났다. 〈가짜 전쟁Phoney War〉의 시작이었다.

히틀러의 도박은 또 한 번 성공했고, 자신의 허세에 속아 넘어간 서방 지도자들의 어리석음을 비웃었다. 하지만 승리에 도취한 히틀러는 자기도 모르는 사이 진정한 호적수를 불러들였음을 깨닫지 못했다. 윈스턴 처칠의 등장이었다. 훗날 영국의 구세주이자 제2차 세계 대전을 승리로 이끈 위대한 정치인으로 이름을 남기지만, 이때만 해도 처칠은 워낙 괴팍하고 독선적인 성격 탓에 주변을 모두 적으로 돌리며 정계에서 따돌림당하는 실패한 정치인이었다.

특히 제1차 세계 대전 발발 당시 해군 장관이었던 그는 오스만 제국이 영국에서 구매하기로 한 드레드노트급 전함 2척을 국제법까지 무시하고 강제로 몰수하여 영국의 위신을 실추시키고 오스만 제국을 적으로 돌렸으며, 주변 반대를 무릅쓰고 오스만 심장부를 직접 침공하려다 갈리폴리 전투에서 파멸적인 패배를 자초했다. 연합군의 사상자는 50만 명에 달했다. 이 사건은 처칠의 흑역사로, 두고두고 발목을 잡았다. 제2차 세계 대전 초반 처칠을 다룬 게리 올드먼 주연의 2017년 영화 「다키스트 아워Darkest Hour」에서도 갈리폴리 얘기가 나오자 대번에 발끈하는 모습이 나온다. 히틀러가 아니었다면 대중에 잊힌 존재로 정계에서 은퇴했을 것이다.

영국 최고의 명문가인 말버러 공작Duke of Marlborough 가문 출신으로 안하무인에 타협을 모르는 성격의 처칠은 체임벌린의 유화 정책에 대해서도 사정없이 비판하여 곤혹스럽게 만들었다. 1년 전 뮌헨 협정에서 체임벌린이 히틀러에게 양보했을 때, 그가 전쟁을 막았다며 기뻐하는 국민을 향해 처칠은 9월 29일 하원 연설에서 〈우리 정부는 전쟁과 치욕 중에서 골라야 했습니다. 그들은 치욕을 선택했고 이제는 전쟁도 선택하게 될 것입니다〉라고 신랄하게 꼬집었다. 이제 처칠이 옳았음이 증명되었고 여론이 지지하면서 체임벌린도 마지못해 자신의 내각에 기용할 것을 결정했다. 바로 히틀러에게 선전 포고한 날이었다. 처칠은 해군 장관으로 복귀했다.

이미 예순다섯 살의 고령이었지만 여전히 누구보다 활기 왕성하고 지치는 법이 없는 처칠은 금방 사람들에게 〈윈스턴이 돌아왔다Winston is back〉라는 사실을 인식시켰다. 히틀러 못지않은 승부사인 그는 마지노 라인 뒤에 눌러앉아 하릴없이 시간이나 보내며 독일군이 쳐들어오기만 기다릴 생각이 없었다. 히틀러를 끌어내기 위해 눈을 돌린 곳은 독일 북쪽의 스칸디나비아반도였다. 질 좋은 철광석 광산을 가지고 있던 스웨덴은 독일 철광석 수입의 거의 절반을 맡고 있었다. 1939년 당시 독일이 해외에서 들여온 철광석 2,200만 톤 중 900만 톤이 스웨덴산이었다. 그리고 광석 대부분은 철도에 실려 노르웨이 북쪽의 부동항인 나르비크를 통해 독일로 보내졌고 전차와 대포, 군함을 만드는 데 사용되었다. 만약 나르비크 주변 해역에 기뢰를 살포하고 군함을 배치하여 수송로를 엄격히 차단하면 히틀러에게 치명타가 될 것이 분명했다. 물론 스웨덴, 노르웨이도 상당한 경제적 손실을 입겠지만 그만한 보상을 해주면 해결될 일이었다. 영국이 무력에서 독일을 확실히 압도하는 부분이 있다면 지난 수 세기 동안 전 세계 바다를 주름잡았던 해군력이었다. 그리고 그것은 이제 처칠의 수중에 있었다.

그러나 처칠은 아직 연합국을 이끄는 위치가 아니었다. 전시 총리로서 여전히 대권을 쥔 쪽은 그를 골칫거리로 여기는 체임벌린이었다. 취임 보름여 만인 9월 19일, 처칠이 전시 내각에 자신의 구상을 전달하자 돌아온 반응은 시큰둥했다. 독일의 전쟁 수행에 스웨덴의 철광석이 차지하는 중요성을 인정하면서도 스웨덴, 노르웨이의 중립을 침해할 수 있다는 이유였다. 그렇다고 이들 국가의 입장을 무시하고 강제로 함

체임벌린(첫 번째 줄 왼쪽 세 번째) 내각에서의 처칠(두 번째 줄 왼쪽 두 번째). 체임벌린은
처칠의 수다스러운 입을 다물게 할 속셈으로 적당한 감투를 씌워 자신의 전시 내각에
끌어들인 것이었지만 그 덕분에 처칠의 시대를 열게 될 줄은 몰랐을 것이다.

대를 진입시켰다가는 무력 충돌로 이어져 여론에 악영향을 줄 것이 불 보듯 뻔했다. 또 다른 방법은 연합국이 스웨덴의 철광석을 모조리 사들 이고 독일로 물자를 실어 나르는 노르웨이 상선들을 죄다 임대하는 것 이었다. 그러나 스웨덴과 노르웨이는 독일을 자극하여 화근을 불러오 지 않을까 지레 겁먹은 데다 연합국 또한 굳이 이들을 설득하여 중립을 버리고 한편이 되라며 애쓰지 않기는 마찬가지였다. 영국은 프랑스에 서부 전선에서 전투가 시작되면 독일 루르 공업 지대를 폭격하자고 제 안했지만 거절당했다. 그들 역시 소련이 독일에 석유를 보내지 못하도 록 흑해를 봉쇄하고 바쿠의 유전 시설을 폭격하겠다는 프랑스의 제안 을 거부했다. 이미 국가 존망이 걸린 전쟁이 시작되었음에도 결단을 내 리지 못한 채 서로에게 책임을 떠넘길 궁리만 하는 것이 연합국 수뇌부 의 모습이었다.

그나마 처칠이 얻은 것이 있다면 어쨌든 동료들의 관심을 끄는 데 성공했다는 사실이었다. 그때까지 매번 히틀러에게 휘둘리며 목표 없 이 우왕좌왕하던 연합국 수뇌부는 처음으로 자신들이 무엇을 해야 할 지를 깨닫게 되었다. 처칠의 제안 자체는 분명 매력적이었다. 영국 전쟁 경제부는 스웨덴의 철광석 수출을 차단할 수만 있다면 경제력에서 우 세한 연합국이 무기 생산에서 독일을 압도하여 몇 달 안에 전쟁을 끝낼 수 있다고 확신했다. 제국 총참모장인 에드먼드 아이언사이드 장군은 기뢰를 뿌리는 것만으로는 수송로를 철통같이 차단한다는 보장이 없으 므로 이참에 스칸디나비아반도로 출병하여 연합군이 스웨덴 철광석을 직접 통제해야 한다고 주장했다. 물론 히틀러는 가만있지 않겠지만 대 응하려면 수개월은 걸릴 것이고 그사이 연합군의 방어 태세를 강화하 여 훨씬 유리한 입장에 설 수 있다는 것이 그의 생각이었다. 그는 〈이런 외지고 궁벽한 나라에서는 작은 힘으로도 큰 힘을 붙잡아 둘 수 있다〉 며 지리의 이점을 적극적으로 활용해야 한다고 강조했다. 하지만 연합군에 없는 것이 있다면 말뿐이 아니라 행동으로 옮길 수 있는 결단력과 추진력을 갖춘 강력한 지도자였다.

연합국 수뇌부가 어영부영하며 귀중한 시간을 허비하는 동안 스칸디나비아반도에서 뜻밖의 사건이 벌어졌다. 1939년 11월 30일, 소련이 핀란드를 침공한 것이었다. 3개월 전에 스탈린은 히틀러와 불가침조약을 맺어 온 세상을 충격에 빠뜨렸다. 스탈린을 히틀러 포위망에 끌어들일 요량으로 영불 대표단이 모스크바를 방문했다가 빈손으로 돌아간 지 불과 며칠 뒤의 일이었다. 서방 연합국은 다른 건 몰라도 이념적으로 물과 기름이나 다름없는 독일과 소련이 손을 잡는 일만큼은 결단코 없을 거라고 확신했지만 히틀러와 스탈린의 유일한 공통점은 자기 욕망 앞에서 어물거리지 않는다는 사실이었다. 이로써 히틀러는 동쪽의 위협에서 벗어나 모든 역량을 서쪽으로 돌릴 수 있게 되었다. 게다가 두 악마는 온 유럽을 사이좋게 나눠 먹기로 밀약까지 맺었다. 옛 제정 러시아 일부였던 발트 3국과 폴란드 동부, 핀란드는 소련의 몫이었다. 폴란드는 독일과 소련 양쪽의 공격을 받아 변변한 저항도 해보지 못하고 5주 만에 패망했다. 스탈린은 뒤이어 발트 3국을 위협하여 총 한 발 쏘지 않고 보호국으로 만들었다.

그다음으로 노린 것이 핀란드였다. 하지만 이번에는 달랐다. 자신이 주먹만 치켜들어도 간단히 끝나리라 여겼던 스탈린의 기대와 달리 핀란드는 순순히 굴복하지 않았다. 지구상에서 가장 추운 동토의 땅을 하필이면 최악의 계절을 골라서 변변한 준비도 없이 침공했던 소련군은 시작부터 재앙을 맞이했다. 핀란드군은 추위와 울창한 삼림을 이용해 소련군을 기습하고 유령처럼 사라졌다. 소련군 전차들은 핀란드군의 화염병 공격에 불탔고 보병들은 여기저기 고립된 채 얼어 죽었다. 핀란드군이 예상외의 선전을 하자 전 세계가 핀란드를 응원하고 소련의 침략을 규탄했다. 각국에서 의용군과 물자가 핀란드로 향했다. 그동안 허수아비 취급당하던 국제 연맹도 모처럼 존재감을 드러냈다. 침공 보름 만인 12월 14일, 소련을 회원국에서 제명했다.

닷새 뒤에는 프랑스가 연합국 최고 전쟁위원회Allied Supreme War Council에 소련에 맞서 싸우는 핀란드를 돕기 위해 1개 군단의 파병을 정식으로 건의했다. 소련이 직접 서방에 총부리를 겨눈 것은 아니지만 독일과 한패거리가 된 이상, 연합국의 적으로 여긴다는 의미였다. 프랑스 달라디에 총리는 체임벌린만큼이나 전쟁에 끌려 들어가기를 원치 않았지만, 수백만 명의 병력이 서부 전선에서 죽치고 앉아 하는 일 없이 허송세월한다는 여론의 압박에 시달리고 있었다. 그로서는 국민과 병사들의 사기를 위해 뭐라도 해야 할 처지였다. 게다가 프랑스 바깥에서 싸운다면 히틀러의 눈을 다른 곳으로 돌리고 서부 전선의 부담을 줄일 수 있을뿐더러, 스칸디나비아반도는 바다 너머에 있으므로 주된 역할을 맡을 쪽도 프랑스가 아닌 영국이 될 거라는 얄팍한 계산속도 있었다. 물론 파병에 가장 열성적인 사람은 처칠이었다. 그에게는 천재일우의 기회였다. 핀란드로 군대를 보내려면 스웨덴, 노르웨이를 반드시 거쳐야 했기 때문이었다. 게다가 때마침 노르웨이 해안가에서 영국 화물선이 침몰하는 사건이 벌어졌다. 영국 해군은 독일 유보트의 소행으로 결론 내렸다. 독일이 노르웨이의 중립을 어겼다는 얘기였다.

그동안 갑론을박만 벌이던 나르비크 봉쇄 계획은 비로소 본격화되었다. 이제는 히틀러로부터 주도권을 되찾고 이쪽이 치고 나갈 차례였다. 12월 27일, 영국 정부는 런던의 스웨덴, 노르웨이 대사들과 접촉했다. 물론 진짜 속내는 감추었다. 어디까지나 핀란드를 돕기 위해 항구와 길을 빌려달라는 것이었다. 그사이 영국 총참모부는 스웨덴, 노르웨이가 협력한다는 전제하에 원정 계획을 수립했다. 3월 말까지 동계 훈련을 받은 2개 여단을 파견하고 노르웨이 해역에 2개 구축함 전단을 배치할 것, 스칸디나비아반도 북부에 1개 전투 비행단 및 1개 혼성 비행단을 배치할 것, 만약 독일이 스웨덴, 노르웨이를 침공한다면 4~6개 사단과 최대 12개 비행 대대를 추가로 증파한다는 것이었다. 하지만 아무리 서둘러도 3월 이전에는 움직일 수 없었다.

1940년 1월 2일 아침부터 저녁까지 벌어진 회의에서 언제나 몸이 먼저 움직이는 처칠은 앞뒤 잴 것 없이 일단 저지르고 보자면서 안달 난 반면, 빅토리아 시절의 타성에 익숙한 다른 지도자들은 여전히 천하태평이었다. 조급하게 서두르기보다 정당한 절차와 명분을 갖추는 것이 우선이라는 논리였다. 정작 두 나라가 협조를 거부했을 때 어떻게 할 것인가에 대한 고민은 없었다. 며칠 뒤 그것은 현실이 되었다. 노르웨이 외무 장관 에리크 콜반Erik Colban은 독일 잠수함이 자국 영해를 침범했다는 사실에 큰 충격을 받았고 자기네 발밑까지 전쟁이 닥쳤음을 깨달았다. 하지만 섣불리 서방 연합군을 받아들였다가 독일이나 소련이 침공한다면 더 큰 화를 불러올까 주저했다. 스웨덴은 더욱 단호하게 거절했다. 자국의 중립이 핀란드를 위하는 길이라는 논리였다. 처칠은 〈우리가 중립국의 자유를 위해 싸우는 이상 그들의 중립 때문에 우리 손발이 묶여서는 안 됩니다〉라며 현실론을 내세웠지만, 연합국 수뇌부는 요지부동이었다.

그렇다고 작전 자체가 최소된 것은 아니었다. 1월 29일에는 보다 구체적인 계획이 세워졌다. 영국 해군이 노르웨이 해안을 통제하고 3~4개 사단 규모의 영불 연합군이 나르비크와 중부 노르웨이의 항구 도시인 트론헤임Trondheim, 베르겐Bergen, 스타방에르Stavanger에 상륙하여 점령한 다음, 핀란드로 간다는 핑계로 스웨덴에 진입하여 철광석 광산을 파괴할 참이었다. 원정군은 해공군까지 포함하여 영국군 10만 명과 프랑스군 5만 명에 달했고 망명 폴란드군도 함께할 예정이었다. 영국 해군의 에드워드 에번스Edward Evans 제독이 총지휘를 맡았다. 출동 날짜는 3월 20일이었다. 물론 프랑스 해군의 가브리엘 오팡Gabriel Auphan 제독이 〈누구도 진심으로 소련군을 막고 핀란드를 구할 생각은 없었다〉라고 토로했던 것처럼 핀란드 구원은 처음부터 관심 밖이었다. 그쪽에는 2~3개 여단만 생색내기로 보낼 참이었다.

그러나 연합군 수뇌부는 여전히 주저했다. 병력과 장비도 불충분했다. 본토에 남은 예비대가 없는 영국은 프랑스에 배치할 병력에서 2개 사단을 빼내야 했다. 서부 전선에 총력을 기울여야 한다고 믿었던 장군들은 정부가 처칠의 선동에 넘어가 귀중한 병력과 물자를 엉뚱한 곳에서 무모한 모험에 낭비하려 한다며 불만을 토로했다. 영국 대륙원정군 참모장 헨리 파우널Henry Pownall 중장은 〈모든 무모한 작전 중에서도 가장 멍청한 짓이다〉라고 분노했다.

반면, 처음부터 적당히 숟가락만 얹을 속셈이었던 프랑스는 영국인들이 그토록 노르웨이에 집착하는 것을 이해할 수 없었다. 프랑스 총사령관 모리스 가믈랭 원수는 체임벌린에게 노르웨이 대신 핀란드 북부의 부동항 페차모에 상륙할 것을 제안했다. 처칠에게는 어림없는 소리였다. 그가 노리는 쪽은 독일이지 소련이 아니었기 때문이었다. 하지만 연합군의 속내가 어떠하건 군대를 스칸디나비아반도로 보내는 것은 소련과의 전면전으로 이어질 수 있는 일이었다. 스탈린은 그에 대한 보복으로 스웨덴과 노르웨이를 침공할 수 있었다. 최악의 경우 히틀러가 스탈린에게 가세한다면 연합군은 양쪽을 동시에 상대해야 할 판국이었다.

2월 19일, 친독주의자인 스웨덴 국왕 구스타브 5세는 어떤 경우에도 강대국들의 전쟁에 휘말리지 않도록 하는 것이 자신의 의무라고 선을 그었다. 연합군의 진입을 허용할 수 없다는 말이었다. 핀란드에서는 소련군이 총공세에 나서면서 그때까지 버텼던 만네르헤임 라인의 붕괴가 초읽기였다. 그때까지 연합국이 한 일이라곤 몇몇 정치인이 핀란드를 방문하여 지원을 약속한 것이 전부였다. 3월 2일, 영국은 또 한 번 스웨덴과 노르웨이를 독촉했고 광범위한 군사 지원을 약속했다. 하지만 이번에도 대답은 같았다. 오랜 평화에 젖어 군사력이 형편없는 이들로서는 그저 자신들에게 불똥이 튀지 않기만 바랄 뿐이었다. 이쯤 되자 연합국 수뇌부도 더 이상 망설이지 않기로 했다. 일단 밀고 들어가면 뭘 어쩌겠느냐는 심보였다. 3월 12일에야 원정군의 출동이 결정되었다. 처칠이 처음 제안한 이래 7개월 만의 일이었다. 연합군으로서는 겨우 칼을 뽑을 준비가 되었지만 공교롭게도 바로 이날 핀란드는 소련과 평화 협정을 체결했다.

다음 날 아침 핀란드가 굴복했다는 사실이 알려지면서 연합국 수뇌부는 큰 충격에 빠졌다. 이제는 핀란드를 돕는다는 핑계를 댈 수 없게 된 셈이었다. 처음부터 썩 내키지 않았던 체임벌린은 홀가분한 기분으로 즉각 원정 중단을 명령했다. 수송선에 올랐던 병사들은 도로 하선했다. 처칠로서는 몇 달 동안 노심초사한 끝에 겨우 일을 시작하려는 찰나에 원점으로 되돌아간 셈이었다. 의기소침해진 그는 핼리팩스에게 〈모든 것이 허사가 되었습니다. 우리가 늦은 이유는 우리 방식이 너무 번거롭기 때문입니다. 독일이 우리에 대한 어떤 계획이 있을지 저로서는 알 수 없습니다. 그들이 그렇게 하지 않는 것이 더 놀라울 겁니다〉라면서 불만을 토로했다.

프랑스에서는 여파가 더욱 컸다. 뮌헨 회담 때만 해도 평화에 열광했던 여론은 히틀러 앞에서 헛발질만 거듭하는 정부를 향해 분노를 터뜨렸다. 달라디에는 자리에서 물러났다. 신임 총리는 재무 장관이었던 폴 레노Paul Reynaud였다. 달라디에보다 여섯 살 위인 그는 유화주의를 반대하고 재무장을 열성적으로 찬성하여 주목받았다. 하지만 그 역시 히틀러를 상대로 프랑스의 구세주가 되기에는 역부족이었다. 게다가 전임자를 자신의 내각으로 다시 불러들여 국방부 장관에 임명했다. 체임벌린은 당장 쫓겨나지는 않았지만, 정적들의 비난이 쏟아지면서 위신에 치명타를 입었다. 훗날 영국 총리이자 겨울 전쟁 때 직접 핀란드를 찾았던 해럴드 맥밀런Harold Macmillan은 핀란드를 돕기 위해 최선을 다했다는 체임벌린의 말을 반박하며 〈처음에는 한 귀로 흘렸고 매번 너무 적게 보냈으며, 언제나 너무 늦게 도착했소〉라고 질타했다. 지난 3년 동안 영국을 이끌었던 체임벌린의 시대가 저물면서 목소리가 커진 쪽은 처칠이었다.

연합국 수뇌부로서는 허풍만 떤 꼴이 되었지만 치명적인 실수는 따로 있었다. 눈앞의 일만 신경 쓴 나머지 중요한 사실을 망각했다는 사실이었다. 히틀러였다. 스웨덴, 노르웨이는 스파이 천국이었고 허술한 보안 탓에 연합국 수뇌부의 꿍꿍이는 모두 히틀러의 귀에 들어갔다. 그는 적어도 우물쭈물하다가 남에게 제 밥그릇을 빼앗기고 후회할 부류는 아니었다.

기는 연합군 위에 나는 히틀러

처칠이 히틀러에게 한 방 먹일 요량으로 나르비크에 군대를 보낼 궁리를 하고 있을 때 히틀러 역시 스칸디나비아반도의 중요성을 잘 알고 있었다. 만약 영국 해군이 북해를 봉쇄하고 나르비크 항구를 점령하여 철광석 수입을 차단한다면 독일로서는 치명적이었다. 반대로 히틀러가 먼저 스칸디나비아반도를 손에 넣는다면 영국 해군의 봉쇄를 넘어 그토록 꿈꾸었던 대서양으로 나가는 통로를 얻게 될 것이었다. 이 사실을 처음 주장한 사람은 전 제국 해군의 예비역 중장이었던 볼프강 베게너Wolfgang Wegener 제독이었다. 베게너의 주장에 깊은 감명을 받은 독일 해군 수장 에리히 레더Erich Raeder 제독은 1939년 10월 10일 히틀러에게 노르웨이 해안의 점령을 건의했다. 그러나 히틀러는 일언지하에 거절했다. 그의 관심사는 온통 서부 전선에 쏠려 있었기 때문이었다. 원래 히틀러의 계획은 늦어도 1940년 1월에 프랑스를 공격할 참이었다. 그러나 침공은 준비 불충분과 이런저런 악재가 겹치면서 계속 연기되었다.

체코슬로바키아나 폴란드와 달리, 노르웨이와 스웨덴은 히틀러의 사냥감이 아니었다. 스칸디나비아반도로 출병하려면 북해를 넘어야 했다. 히틀러가 자랑하는 기계화 부대가 아니라 영국 해군의 봉쇄를 돌파할 수 있는 강력한 해군이 필요하다는 얘기였다. 하지만 제1차 세계 대전 당시에도 〈카이저의 값비싼 장난감〉이라는 소리를 들었던 독일 해군은 전쟁 내내 돈값을 제대로 한 적이 단 한 번도 없었다. 베르사유 조약 이후에는 주력함들을 죄다 연합군에 빼앗기고 사실상 해체된 신세였다. 히틀러는 재무장을 선언한 뒤에도 카이저처럼 영국의 해상 패권에 도전하겠답시며 거대한 함대를 만드는 데 귀중한 자원을 낭비할 생각이 없다고 못 박았다.

1939년 1월 27일에야 레더 제독은 〈Z 계획Plan Z〉을 수립하여 독일 해군의 본격적인 부활에 나섰다. 하지만 시기적으로 너무 늦었을뿐더러, 야심만만한 계획을 뒷받침하기에는 돈과 자원은 물론 인력도 턱없이 부족했다. 그나마도 유럽 전쟁의 폭발은 해군에 투입할 자원과 인력을 빼앗아 육군과 공군으로 넘겼다. 게다가 카를 되니츠Karl Dönitz 제독이 지휘하는 독일 잠수함 부대는 제1차 세계 대전에서 보여 준 놀라운 활약상에도 불구하고 여전히 찬밥 대우였다. 전차나 항공기와 달리 잠수함은 한물간 무기라고 여겼기 때문이었다. 제1차 세계 대전 말에 영국이 개발한 〈애스딕ASDIC〉은 적어도 이론적으로는 음파를 이용하여 수 킬로미터 떨어진 거리에 있는 잠수함을 찾아내 파괴할 수 있었다. 더는 물속에 있다고 안전하지 않다는 얘기였다. 무엇보다도 레더를 비롯한 보수적인 제독들이 보기에 진정한 해군력이란 당당한 수상 함대이지 물속에 숨어서 어뢰를 쏜 다음 등 돌리고 잽싸게 달아나는 겁쟁이들이 아니었다. 히틀러의 후원에도 불구하고 유보트는 생산의 우선순위에서 한참 밀렸고 대부분 항구 주변을 초계하는 데 적합한 소형 잠수함인 데다, 집단 작전을 위해 동시 출격할 수 있는 전력은 몇 척에 불과했다. 막강한 영국 해군을 상대로 몰락한 독일 해군이 할 수 있는 일은 거의 없었다.

사정이 이렇다 보니 굳이 무모한 모험을 시도하기보다 이들 국가가 독일을 노골적으로 적대하지 않는 한, 자신이 먼저 손댈 이유는 없다는 것이 히틀러의 입장이었다. 그렇다고 해서 연합국에 선수를 빼앗길 때까지 멀뚱히 지켜볼 그도 아니었다. 1939년 12월 14일, 노르웨이 극우 정치인인 비드쿤 크비슬링Vidkun Quisling이 히틀러를 방문했다. 수년 전 국방부 장관을 지낸 그는 나치즘의 추종자이면서 권력을 위해서라면 조국도 팔 준비가 되어 있는 매국노였다. 그는 영국, 프랑스가 핀란드를 돕는다는 핑계로 스칸디나비아반도를 장악할 음모를 꾸미고 있으며 노르웨이 친영파 지도자들이 서방과 공모하고 있다고 폭로했다. 그러면서 자신이 쿠데타를 일으켜 정권을 잡을 수 있도록 도와준다면 독일을 위해 무엇이든 하겠다고 맹세했다.

히틀러는 노르웨이 내정에 개입할 생각이 없다고 선을 그으면서도 그의 제안을 한 귀로 흘리지는 않았다. 크비슬링이 돌아가자마자 국방군 총사령관 빌헬름 카이텔 원수에게 비상 상황을 대비한 침공 계획을 세울 것을 은밀히 지시했다. 작전명은 독일 서부의 강 이름을 딴 〈베저 위붕 작전Operation Weserübung〉, 즉 베저강 훈련 작전이라고 붙였다. 산악 사단과 공수 사단, 차량화 보병 사단으로 구성된 1개 군단으로 노르웨이를 기습하여 수도 오슬로와 나르비크를 비롯한 주요 항구를 속전속결로 점령한다는 것이었다. 하지만 이때만 해도 여차하면 행동에 옮길 수도 있다는 것이지, 정말로 침공하겠다는 의도는 아니었다. 이 와중에 히틀러의 분노를 자아낸 사건이 벌어졌다. 〈알트마르크호 사건Altmark incident〉이었다.

아직 핀란드가 항복하기 전인 1940년 2월 16일, 노르웨이 남쪽 해역에서 2만 톤급 독일 유조선 알트마르크가 만 하루 동안 영국 해군과의 추격전 끝에 나포되는 일이 벌어졌다. 배에 가득 실린 것은 기름이 아니라 299명에 달하는 영국인 포로였다. 두 달 전 남미에서 자침을 선택한 독일 포켓 전함 아드미랄 그라프 슈페Admiral Graf Spee의 지원함이었던 알트마르크는 그라프 슈페가 수개월에 걸쳐 대서양을 누비고 다니면서 포로로 붙잡은 300여 명의 영국 승무원들을 싣고 영국 해군의 추적을 피해 독일로 오던 중이었다.

영국 정부는 노르웨이 측에 이 사실을 전달하고 알트마르크의 수색을 요구했다. 영국의 입장에서는 당연한 조치일지 몰라도 노르웨이 정부는 포로를 실은 선박이 중립국 해역을 통과하는 것은 국제법상 위반이 아니었기에 이러지도 저러지도 못하는 난처한 처지가 되었다. 히틀러의 심기를 건드리고 싶지 않았던 노르웨이인들은 마지못해 시늉만 할 참이었다. 알트마르크에 승선한 노르웨이 장교는 선내를 대충 둘러본 후 아무 일 없는 양 돌아갔다. 갑판 아래에서 포로들이 있는 힘껏 선체를 두들기고 영국 말로 도와달라며 아우성쳤지만 소용없었다. 오히려 알트마르크는 노르웨이 해군의 호위까지 받으면서 그대로 항진했다.

얼마 후 필립 비안Philip Vian 대령이 지휘하는 영국 해군 구축함 코사크Cossack가 현장에 나타나 노르웨이 해군과 대치했다. 알트마르크를 나포하려면 노르웨이 해군과 일전을 벌여야 할 판이었다. 비안 대령이 본국에 지시를 요청하자 처칠이 직접 나섰다. 격앙된 처칠은 수단과 방법을 가리지 말고 알트마르크를 나포할 것과 만약 노르웨이 해군이 발포한다면 반격하여 격퇴하라고 명령했다. 노르웨이의 중립을 무시하는 것이자 영국 스스로 국제법을 깨뜨리겠다는 의미였다. 영국 해군이 행동으로 나오는 이상 노르웨이 해군도 물러서지 않을 수 없었다. 노르웨이 해군이 지켜보는 가운데, 영국 수병들은 알트마르크에 승선한 뒤 짧은 백병전 끝에 독일 승무원들을 제압했다. 일부 독일 승무원들은 포로가 되지 않으려고 차가운 바다에 뛰어들었다가 빠져 죽었다. 영국군 1명이 다치고, 독일군은 8명이 죽고 10명이 부상당했다.

풀려난 영국 포로들은 영웅이 되어 성대한 환영을 받으며 귀국했다. 그동안 가짜 전쟁에 신물이 난 영국 국민은 모처럼의 성과에 열광했고 처칠의 주가는 크게 올라갔다. 그러나 영국인들에게는 기뻐할 일이지만 노르웨이인들에게는 아니었다. 당장 자국 앞바다가 싸움터가 될 판이 된 노르웨이 정부는 강력하게 항의했지만, 어차피 쇠귀에 경 읽기였다. 제아무리 중립을 내세워도 강대국의 이익 앞에서 약소국의 주권 따위는 간단히 짓밟히는 것이 냉엄한 국제 현실이었다. 중립을 보장하는 것은 강대국들의 선의가 아니라 자국의 힘이었다. 그리고 노르웨이는 그만한 힘이 없다는 사실이 그들의 불행이었다. 히틀러는 격노했고 영국의 행동은 〈해적 짓〉이라며 비난을 퍼부었다. 그가 보기에 영국의 행동을 방관한 노르웨이 역시 공범이었다. 노르웨이 정부는 현실적으로 훨씬 강한 상대에게 저항을 포기하는 것은 국제법에서도 허용하고 있다고 변명을 늘어놓았다. 하지만 히틀러에게는 핑계일 뿐이었다. 나치당의 이인자인 알프레트 로젠베르크는 자신의 일기에 〈순전히 처칠의 멍청함이다. 크비슬링이 옳았다. 스칸디나비아의 중립을 존중하려는 총통의 결심은 더 이상 남아 있지 않다〉라고 썼다.

3월 1일, 히틀러의 총통 훈령이 은밀하게 하달되었다. 프랑스 침공에 앞서 노르웨이부터 응징하겠다는 것이었다. 히틀러는 스칸디나비아반도를 제압함으로써 영국의 개입을 차단하고 스웨덴의 철광석 공급을 안정시키며 북해에서 해공군의 활동 기반을 확보하는 것이 목표라고 강조했다. 처칠 때문에 엉뚱한 불똥이 튄 노르웨이로서는 억울한 일

1940년 2월 17일, 알트마르크에서 풀려나 구축함 코사크를 타고 영국 에든버러 항구에
입항하는 영국인 포로들. 영국 해군은 알트마르크를 영국까지 끌고 오려 했지만 선체가
파손되었기에 포기했고 독일에 반환되었다. 알트마르크는 우커마르크Uckermark로 이름을
바꾼 다음, 인도양과 태평양에서 일본 해군과 협력하기 위해 일본으로 향했다. 하지만
1942년 11월 30일, 일본 요코하마에서 정박 중 원인 불명의 폭발 사고로 침몰했다.

이었지만, 이들보다 더 억울한 나라는 따로 있었다. 덴마크였다. 히틀러는 덴마크를 노르웨이 침공의 발판으로 삼기로 했다. 해군력의 열세로 대부대를 보낼 수 없는 그로서는 덴마크의 비행장을 이용해 공수 부대를 출동시켜 기습에 나설 참이었다. 작전의 총지휘는 제21군단장 니콜라우스 폰 팔켄호르스트 장군이 맡았다. 그는 제1차 세계 대전 당시 핀란드 전선에서 제정 러시아군을 상대로 싸운 적이 있었다. 하지만 노르웨이에 대해서는 아무것도 몰랐기에 히틀러가 갑자기 면담을 요구하자 서점에서 노르웨이 관광 가이드 책을 사서 훑어본 후 즉흥적으로 작전을 브리핑해야 했다. 준비는 불충분했고 현지에 대한 정보도 거의 없었다.

　병력을 엉뚱한 곳으로 분산하기를 원치 않았던 장군들은 거세게 반발했다. 육군 총사령관 발터 폰 브라우히치Walther von Brauchitsch 장군은 팔켄호르스트한테 스칸디나비아 출병이 쓸데없는 짓이라고 잘라 말했고 육군 참모총장 프란츠 할더 역시 히틀러가 독일 최고 사령부OKW를 통해 작전에 직접 관여한다는 사실에 불평했다. 공군의 거만한 수장인 괴링은 작전의 효율성을 위해 공군이 육군의 지휘를 받아야 한다는 것에 분노를 터뜨렸다. 팔켄호르스트는 괴링의 별장을 직접 찾아가 공군의 독립성을 인정키로 타협하여 간신히 달랠 수 있었다. 하지만 히틀러가 연합국 수뇌부와 결정적으로 다른 점은 이것저것 따지겠답시고 귀중한 시간을 낭비할 필요가 없다는 사실이었다. 어쨌든 결정은 내려졌고 폴란드 승리 이후 몇 달 동안 서부 전선에서 시늉뿐인 싸움을 벌이고 있던 독일의 전쟁 기계가 다시 돌아가기 시작했다.

　한편 연합국을 통틀어 유일하게 히틀러의 맞수라고 할 만한 처칠은 이대로 꼬리를 내리고 손가락이나 빨고 있을 인간이 아니었다. 달라디에를 대신하여 프랑스의 새로운 전시 총리가 된 폴 레노 또한 전임자와 달리 히틀러와 싸우기를 원했다. 3월 28일, 런던에서 열린 연합국 최고 전쟁위원회에서 그는 히틀러를 막기 위해 당장 뭐라도 해야 한다고 주장했다. 군대를 노르웨이로 보내지 않더라도 최소한 히틀러의 철광석 수입을 막을 필요는 있다는 것이었다.

처칠의 제안에 따라 두 가지 작전이 수립되었다. 하나는 〈윌프레드 작전Operation Wilfred〉이었다. 당시 인기 만화 캐릭터의 이름을 딴 이 작전은 함대를 보내 노르웨이 해안가에 대량의 기뢰를 살포한다는 것이었다. 대상 지점은 두 곳이었다. 첫 번째는 나르비크 항구로 들어가는 입구인 베스트피오르덴Vestfjorden 해역이었다. 두 번째는 노르웨이 남단 스타드반도Stadtlandet 주변 해역이었다. 물론 노르웨이와 스웨덴의 중립은 짓밟히고 선박 항해에 심각한 지장을 초래하여 경제적 손실과 물자 부족에 허덕이겠지만 어차피 처칠이나 연합국이 신경 쓸 일은 아니었다. 그렇다고 해군력이 빈약한 노르웨이와 스웨덴이 중립을 지키기 위해 영국 해군과 일전을 벌일 수도 없는 노릇이었다. 연합국은 이들의 반발이나 저항 가능성을 아예 무시했고 영국 해군은 가능한 한 마찰을 피하라는 원칙적인 명령을 받았을 뿐이었다.

또 하나는 〈R4 계획Plan R4〉이었다. 만약 연합군의 기뢰 살포에 반발한 히틀러가 스칸디나비아반도로 군대를 보낸다면 연합군이 출동하여 노르웨이 서부 연안의 항구 도시들을 점령한 후 독일군에 맞서 싸운다는 것이었다. 처칠은 아예 이참에 라인강까지 봉쇄하기를 원했지만, 프랑스가 강력히 반대했다. 히틀러를 지나치게 자극했다가 바르샤바를 불태운 독일 공군이 날아와 프랑스의 도시들을 파괴할지 모른다고 겁먹었기 때문이었다. 실제로는 공군력에서 우세한 쪽은 연합군이었음에도 말이다. 미래 전쟁이 전략 폭격만으로 결판날 거라던 이탈리아 항공사상가 줄리오 두에Giulio Douhet의 예언은 몇 달 뒤에 벌어지는 영국 본토 항공전에서는 영국인들을 끝까지 굴복시킬 수 없었지만 적어도 프랑스인들에게는 확실히 먹혀든 셈이었다.

그러나 연합국의 노르웨이 침공은 독일군이 먼저 움직여야 한다는 전제가 깔려 있었다. 그러니 히틀러보다 한발 뒤처질 수밖에 없었다. 게다가 1년의 대부분이 얼어붙은 북극권 국가에서 싸울 준비가 전혀 되어 있지 않기는 연합군도 마찬가지였다. 현지 사정을 잘 아는 지휘관도, 스키 전문 부대도, 독일 공군을 막을 대공포 부대도 없었다. 노르웨이인들의 저항 또한 고려되지 않았다. 가장 큰 오판은 히틀러를 물 먹일 궁리만 했을 뿐 그가 자신들을 앞질러 움직일 줄은 몰랐다는 사실이었다. 그만큼 연합국은 독일군의 움직임에 깜깜했다. 연합군은 원래 4월 5일부터 첫 번째 단계인 윌프레드 작전을 개시할 참이었다. 하지만 처칠이 제안한 라인강 봉쇄를 놓고 프랑스와 격론을 벌이느라 또 한 번 늦추어졌다. 최종적으로 4월 8일이 작전 개시일로 정해졌다. 히틀러에게는 간발의 차이였다. 만약 연합군이 며칠만 더 빨랐다면 영국 해군은 노르웨이 해역을 철통같이 봉쇄했을 것이고 재앙을 맞이한 쪽은 틀림없이 독일군이 되었을 것이다.

4월 2일, 히틀러는 베저위붕 작전의 발동을 지시했다. 동원 병력은 1개 산악 사단 및 6개 보병 사단, 1개 차량화 보병 여단, 1개 공수 대대 등 10만 명에 달했으며 독일 공군은 제10항공함대 산하 1,120대에 달하는 항공기를 투입할 참이었다. 특히 독일 해군에는 유틀란트 해전 이래 최대 규모의 작전이자 그야말로 자신들의 사활을 건 싸움이었다. 침공 부대의 수송과 엄호를 위해 수상 함대가 총동원됨은 물론이고, 독일 잠수함대 사령관 카를 되니츠 제독은 〈하르트무트 작전Operation Hartmut〉을 발동하여 대서양과 북해에서 이리 떼 작전을 펼치며 연합국 상선들을 무자비하게 사냥하고 있던 유보트들에 모두 노르웨이 해안으로 향할 것을 지시했다. 하지만 카이저 시절의 위풍당당했던 함대는 사라졌고 베르사유 조약으로 20여 년 동안 손발이 묶여 있던 독일 해군이 영국 해군을 상대로 정면 대결하는 것은 자살행위나 다름없었다. 이들로서는 눈에 불을 켜고 기다리는 영국 해군의 눈을 피하기만 기도할 수밖에 없었다.

　작전의 성공 여부는 공수 부대와 지상군으로 구성된 선발대가 연합군보다 한발 먼저 수도 오슬로와 노르웨이의 주요 항구를 신속히 제압하고 교두보를 마련하는 데 달려 있었다. 그런 다음 주력 부대가 오슬

독일 덴마크-노르웨이 원정군 전투 서열(1940. 4)

- **총사령관: 니콜라우스 폰 팔켄호르스트Nikolaus von Falkenhorst 보병 대장**

- **제21군단: 니콜라우스 폰 팔켄호르스트 보병 대장(겸임)**
  - 제3산악사단: 에두아르트 디틀Eduard Dietl 중장
  - 제69보병사단: 헤르만 티텔Hermann Tittel 소장
  - 제163보병사단: 에르빈 엥겔브레히트Erwin Engelbrecht 소장
  - 제181보병사단: 쿠르트 보이타슈Kurt Woytasch 소장
  - 제196보병사단: 리하르트 펠렌가르Richard Pellengahr 소장

- **제31특수임무군단(덴마크 침공 부대): 쿠르트 갈렌캄프Curt Gallenkamp 포병 대장**
  - 제170보병사단: 발터 비트케Walter Wittke 소장
  - 제198보병사단: 오토 뢰티히Otto Röttig 소장
  - 제11차량화보병여단: 귄터 앙게른Günther Angern 대령

- **제11항공함대: 한스 페르디난트 가이슬러Hans Ferdinand Geisler 중장**
  - 항공기 1,121대(전투기 102, 폭격기 233, 급강하 폭격기 39, 정찰기 165, 수송기 582)
  - 제1공수연대 제1대대: 에리히 발터Erich Walther 소령

- **독일 해군 서부해역사령부: 알프레트 잘베히터Alfred Saalwächter 대장**
  - 나르비크 침공 함대: 구축함 10척, 수송함 5척
  - 트론헤임 침공 함대: 중순양함 1척, 구축함 4척, 수송함 5척
  - 베르겐 침공 함대: 경순양함 2척, 어뢰정 2척, 고속 공격정S-Boat 7척, 수송함 2척
  - 크리스티안산, 아렌달 침공 함대: 경순양함 1척, 어뢰정 3척, 공격정 7척
  - 오슬로 침공 함대: 중순양함 2척, 경순양함 1척, 소해정 3척
  - 덴마크 침공 함대: 전 드레드노트급 전함 슐레스비히홀슈타인Schleswig-Holstein, 대형 어뢰정 1척, 소해정 4척, 수송함 2척, 쇄빙선 1척
  - 지원 함대: 전 드레드노트급 전함 슐레지엔Schlesien, 순양전함 그나이제나우Gneisenau, 샤른호르스트Scharnhorst, 소해정 34척, 기뢰 부설함 4척, 잠수함 35척

로를 통해 상륙할 예정이었다. 군사력이 변변찮은 노르웨이의 저항은 애초에 문제 될 것이 없었고 독일군의 기동전 앞에서 행동이 굼뜨기 짝이 없는 연합군 역시 대항하기는 어려울 것이었다. 무엇보다도 오슬로를 마주 보는 덴마크의 장악이 필수적이었다. 유틀란트반도에서 오슬로까지는 250km에 불과했다. 제아무리 막강한 영국 해군이라도 덴마크의 비행장에서 출격하는 독일 공군의 엄호가 있는 한, 수송 선단을 위협하지는 못할 것이었다.

유일한 걸림돌은 히틀러가 1년 전인 1939년 5월 31일 베를린에서 노르웨이, 스웨덴, 덴마크 등 북방 국가들과 불가침 조약을 체결했다는 사실이었다. 하지만 국가적 신의를 서방 세계의 위선주의자들이 만들어 낸 허깨비쯤으로 여기는 히틀러에게 조약이란 상대를 방심시키려는 방편이자 휴지 조각에 지나지 않았다. 이미 그는 불가침 조약을 맺었던 폴란드를 짓밟은 전례가 있었다. 이런 냉혹함은 원칙과 명분을 중시하는 연합국 지도자들로서는 감히 생각할 수 없는 일이었다. 장군들은 덴마크와의 오랜 우호를 생각하여 기왕이면 무력보다 외교적인 압박으로 협력을 얻을 것을 건의했지만 히틀러는 단호하게 거부했다. 시간이 많이 걸릴뿐더러 연합국에 정보가 새어 나갈 수 있다는 이유에서였다. 무엇보다도 그런 미적지근한 방식은 히틀러의 입맛에 맞지 않았다. 상대가 눈치껏 기지 못한다면 주먹으로 가르쳐야 한다는 것이 그의 방식이었다. 워낙 졸속으로 진행되었기에 여전히 준비는 불충분했고 위험이 매우 컸지만, 히틀러는 언제나 그렇듯 또 한 번 자신의 운명을 하늘에 걸고 도박을 벌이기로 결심했다.

한편 연합군은 히틀러가 덴마크와 노르웨이를 침공하리라고는 꿈에도 생각지 않았다. 물론 경고가 아예 없었던 것은 아니었다. 영국 비밀 첩보국인 MI6를 비롯하여 정보기관들은 발트해의 독일 항구에서 독일군이 집결 중이라는 정보를 보고했고, 2월 초 스톡홀름 주재 루마니아의 한 외교관은 독일군이 노르웨이 남부의 비행장과 항구, 스웨덴 광산을 점령할 준비 중이라고 말했다. 그러나 연합국 수뇌부는 일축했다. 자신들의 판단으로는 독일군이 스칸디나비아반도를 점령하려면 적어도 20~30개 사단이 필요함에도 발트해 방면에 배치된 독일군은 불과 6개 사단에 지나지 않는다는 이유였다. 이들의 실수는 히틀러가 치밀한 계산이나 상식에 기대기보다 되건 안 되건 일단 저지르고 보는 도박사라는 사실을 망각했다는 점이었다.

연합국 수뇌부의 관심사는 히틀러가 아니라 노르웨이 정부의 거센 항의였다. 작전을 주도한 처칠 역시 히틀러가 행동에 나서는 게 자신이 바라는 바라고 큰소리치면서도 막상 그에 대한 대비에는 소홀했다. 영국 해군의 우세함만 믿고 있는 형국이었다. 태평스럽기는 노르웨이인들도 마찬가지였다. 침공이 임박한 4월 5일, 베를린 주재 노르웨이 대사관은 독일군이 노르웨이 남부를 침공한다는 소문이 있음을 본국에 급히 전달했지만, 한 귀로 흘렸을 뿐이었다.

4월 7일 새벽 2시, 짙은 안개 속에서 귄터 뤼첸스Günther Lütjens 제독이 지휘하는 두 척의 순양전함 그나이제나우와 샤른호르스트가 독일 북부의 빌헬름스하펜Wilhelmshaven 항구를 조용히 빠져나왔다. 배수량 3만 8,000톤급의 두 전함은 패전 이후 전함 건조가 금지되었던 독일 해군이 1930년대 말에 처음으로 획득한 최신형 전함이었다. 하지만 영국의 주력 전함인 4만 5,000톤급의 킹 조지 5세에 비하면 속도를 제외하고는 체급이나 화력, 장갑 모든 면에서 열세였다. 더 강력한 비스마르크와 티르피츠가 건조되려면 몇 달은 더 기다려야 했다.

얼마 후 중순양함 아드미랄 히퍼Admiral Hipper와 14척의 구축함들도 합류했다. 이들의 역할은 나르비크와 트론헤임으로 향하는 독일군 수송 선단을 호위하고 기뢰를 제거하여 길을 여는 일이었다. 날이 밝자 영국 허드슨 정찰기가 북상 중인 독일 함대를 발견했지만, 런던의 해군 총사령부까지 보고가 올라간 것은 오후 5시가 되어서였다. 처칠과 본국 함대 사령관 찰스 포브스Charles Forbes 제독, 해군성은 독일 해군의 목적이 북쪽의 페로 제도와 아이슬란드 사이의 항로를 통해 대서양으로 나가기 위함이라고 추측했다. 노르웨이를 침공할지도 모른다는 보고는 그럴 리 없다면서 무시당했다.

영국 함대가 스코틀랜드 북단의 모항인 스캐파플로Scapa Flow를 떠나 북쪽으로 출격한 것은 저녁 8시가 넘은 후였다. 배수량 3만 5,000톤급 전함 로드니Rodney와 유틀란트 해전에서 활약했던 3만 3,000톤급 슈퍼 드레드노트 전함 밸리언트Valiant, 중순양함 1척, 경순양함 2척, 구축함 10척에 달했다. 또한 경순양함 2척과 구축함 11척으로 구성된 제2순양 함대가 노르웨이로 향했다. 이와는 별도로 윌리엄 휘트워스William Whitworth 제독이 지휘하는 기뢰 부설 함대가 노르웨이 해역에서 항진 중이었다. 3만 3,000톤급 순양전함 리나운Renown을 비롯하여 경순양함 1척, 구축함 17척에 달하는 전력이었다. 이들이 처음부터 한곳에서 합류하여 독일 함대의 저지에 나섰다면 히틀러의 음모를 초장에 끝장냈을 것이다. 하지만 독일의 의도를 파악하지 못했던 포브스는 수백 킬로미터 떨어진 엉뚱한 곳에서 헤매는 판국이었다.

다음 날 아침 영국과 독일 해군의 첫 번째 충돌이 벌어졌다. 노르웨이 북부의 베스트피오르Vestfjord 해역으로 향하던 휘트워스 제독의 함대 소속 구축함 글로웜Glowworm은 도중에 2척의 독일 구축함을 발견했다. 트론헤임 침공 함대의 일부였다. 자신들이 압도적인 영국 해군과 맞닥뜨렸다며 겁을 먹은 독일 구축함들은 트론헤임 해역으로 달아났다. 이들을 구하기 위해 중순양함 아드미랄 히퍼가 나섰다. 짧은 전투 끝에 글로웜은 침몰했지만 아드미랄 히퍼 역시 반파했다. 그제야 포브스는 독일 함대가 노르웨이 해역에 있음을 깨달았다. 그는 휘트워스 제독에게 기뢰 설치를 중단하고 즉각 남쪽으로 방향을 바꾸어 독일 함대를 저지하라고 명령했다. 하지만 이 때문에 봉쇄망에 잠시 구멍이 뚫리면서 독일군 수송 함대의 나르비크 진입을 허용했다. 그때까지도 영국은 히틀러의 진정한 의도가 무엇인지 깨닫지 못했기 때문이었다.

같은 시간, 폴란드 해군 잠수함 오르제우가 노르웨이 남단의 릴레산Lillesand 인근 해역에서 5,000톤급 독일 수송함 리오 데 야네이로Rio de Janeiro를 발견했다. 오르제우는 제네바 협약에 따라 독일 수송함에 경고한 후 승무원들이 모두 하선하자 어뢰를 쏘아 배를 침몰시켰다. 이 배에는 베르겐과 오슬로 침공 선발대로 독일 제69보병사단 일부가 타고 있었다. 주변을 지나던 노르웨이인들에게 구조된 독일군 생존자들은 자신들이 연합군의 침공에 맞서 베르겐을 방어하는 역할을 맡았다고 주장했다. 바꾸어 말해 히틀러가 노르웨이로 출병했다는 의미였다. 하지만 노르웨이 정부는 영국 해군의 기뢰 살포에 항의하고 즉각 철수를 요구하는 데만 신경 쓴 나머지, 이들의 증언을 한 귀로 흘려버렸다. 오르제우는 영국 해군성에 보고했지만, 처칠과 포브스 역시 글로웜을 침몰시킨 독일 함대의 추적에만 온 정신이 팔려 있었다.

하루 내내 귀중한 시간을 허비했던 영국과 노르웨이가 상황의 급박함을 깨달은 것은 자정이 되어서였다. 노르웨이군 총사령관 크리스티안 라케Kristian Laake 장군의 요청으로 긴급 소집된 노르웨이 정부는 독일군의 침공에 대비해 부분 동원령을 선포했다. 총참모장 라스무스 하틀레달Rasmus Hatledal 대령은 국방 장관 비르게르 융베르그Birger Ljungberg에게 당장 총동원령을 내려야 한다고 주장했으나 무시당했다. 일단 6개 사단 중 4개 사단이 동원될 예정이었지만 그나마도 소집 명령은 라디오가 아니라 예비군에 소속된 당사자들에게 일일이 우편으로 전달할 예정이었다. 독일군의 침공이 초읽기였음에도 구태의연한 제1차 세계 대전의 방식에 익숙한 고루한 정치인들에게는 여전히 위기의식이 없었던 것이다. 따라서 불과 몇 시간도 되지 않아 하늘과 바다에서 독일군이 모습을 드러내자 이들은 혼비백산했다.

오랜 평화에 젖어 전쟁을 잊고 있다가 날벼락을 당해야 했던 많은 약소국처럼 노르웨이 역시 싸울 준비가 되어 있지 못했다. 지난 수백 년 동안 스웨덴과 덴마크의 각축장이었던 노르웨이는 1905년 스웨덴에서 독립한 뒤 제1차 세계 대전에서는 중립을 유지했다. 이들이 전쟁을 경험한 것은 한 세기도 더 전인 나폴레옹 전쟁 때 스웨덴을 상대로 벌인 독립 전쟁이었다. 그나마도 20일 만에 노르웨이의 패배로 끝났고 사상자는 양측 합하여 400명 미만이었다. 핀란드처럼 독립 과정에서 이념을 이유로 동포들끼리 피비린내 나는 싸움을 벌이는 비극도 없었다.

개전 당시 노르웨이군은 6개 보병 사단(16개 보병 연대, 3개 기병 연대, 3개 포병 연대, 1개 공병 연대) 5만 5,000명을 보유했다. 하지만 대부분 서류 위의 존재였고 실제 병력은 2만 5,000명에 불과했다. 총동원 시 최대 11만 8,500명까지 늘어날 수 있었지만, 낡아빠진 동원 체계와 전광석화 같은 독일군 앞에서는 무의미한 수치였다. 실제로 전쟁

노르웨이 전역 당시 노르웨이군 전투 서열(1940. 4)

- **총사령관: 크리스티안 라케Kristian Laake 소장**

- **총참모장: 라스무스 하틀레달Rasmus Hatledal 대령**

- **제1보병사단(오슬로 남부): 사단장 칼 요한 에리크센Carl Johan Erichsen 소장**

- **제2보병사단(오슬로): 사단장 야코브 흐빈덴 하우그Jacob Hvinden Haug 소장**

- **제3보병사단(크리스티안산): 사단장 에이나르 릴예달Einar Liljedahl 소장**

- **제4보병사단(베르겐): 사단장 빌리암 스테펜스William Steffens 소장**

- **제5보병사단(트론헤임): 사단장 야코브 아게르 레우란손Jacob Ager Laurantzon 소장**

- **제6보병사단(하르스타드): 사단장 칼 구스타브 플라이셔Carl Gustav Fleischer 소장**

이 발발했을 때 때 제6보병사단만 동원을 완료했고 나머지 사단은 겨우 2~3개 대대만 전투태세를 갖추고 있었다. 또한 명목상 최상위 편제는 사단이었지만 행정 조직에 불과했다. 실질적인 전투 부대로서의 역할은 연대였다. 각 보병 연대는 3개 대대로 구성되었으나 그중 1개 대대는 전시에만 편성된다는 점에서 사실상 2개 대대인 셈이었다. 신병의 2/3만 실제로 입대했으며 현역 복무라고 해봐야 두 달 반의 기초 교육과 한 달의 부대 훈련을 받는 게 전부였다. 그나마 국왕 근위 대대와 북극권에 배치된 알타 대대Alta battalion 등 몇몇 부대만이 잘 훈련된 정예 부대였다.

무기와 장비 또한 제1차 세계 대전의 구식이었다. 야포는 독일 라인메탈사에서 구매한 에르하르트Ehrhardt M1901 75mm 곡사포 130여 문 이외에 라인메탈 M1908 120mm 곡사포, 자체 제작한 M1932 120mm 곡사포 각 8문을 보유했다. 가장 큰 문제는 독일 공군과 전차를 상대할 무기가 없다는 사실이었다. 대공포는 75mm M16과 75mm M32 20여 문을 보유했다. 베저위붕 작전 동안 오슬로와 돔보스Dombås에서 독일 공수 부대를 태운 수송기 몇 대를 파손하고 그중 1대를 격추했다. 심지어 대전차포는 단 1문도 없었다. 기갑 차량이라고는 스웨덴제 란스베르크Landsverk L-120 경전차 1대와 장갑차 3대가 전부였다.

노르웨이 해군은 각종 함정 120여 척과 병력 7,000여 명을 보유했다. 그중 가장 큰 군함은 건조한 지 무려 40여 년이 지난 4,300톤급의 해방함 2척(에이드스볼Eidsvold, 노르게Norge)이었다. 주력함인 7척의 구축함 중에서 1930년대 중반에 자체 건조한 700톤급 슬레이프니르급Sleipnier-class 3척만이 그나마 현대적인 군함이었다. 나머지는 노후화된 구형 함이었다. 공군은 항공기 97대와 병력 940명을 보유했지만 대부분 훈련용으로나 쓸 수 있는 낡은 복엽기였고 그나마 쓸 만한 기체는 영국제 글로스터 글래디에이터 복엽 전투기 11대와 미제 커티스 P-36

도로를 순찰 중인 노르웨이 병사들. 맨 앞에 있는 소대장은 장교용 M1934 케피kepi 모자를 쓰고 있고 그 뒤의 병사들은 M1914 스키용 야전모를 쓰고 M1896 크라그-에르겐센Krag-Jørgensen 소총을 들고 있다. 노르웨이군은 스웨덴제 M21 철모를 국산화한 M31 철모를 채택했으나 예산 부족으로 일부 부대에만 보급되었다.

호크 단엽 전투기 6대, 이탈리아제 카파로니 Ca.310 쌍발 폭격기 4대
가 전부였다. 이와 별도로 해군 항공대는 독일제 하인켈 He 115 수상
기 6대와 융커스 Ju 52 수송기 1대를 포함하여 46대의 항공기를 보유
했다. 그중 하인켈 He 115 수상기들은 나중에 영국으로 탈출한 뒤 독일
제 항공기로는 보기 드물게 연합군에서 복무하는 진풍경이 벌어지기도
했다.

　노르웨이 정부가 동원령 선포를 놓고 한창 논쟁을 벌이던 4월 9일
새벽 3시 30분경, 영국 전함 리나운과 독일 전함 그나이제나우, 샤른호
르스트가 맞닥뜨렸다. 남쪽으로 내려갔던 휘트워스는 독일 함대를 찾
는 데 실패하자 다시 방향을 바꾸어 베스트피오르 해역으로 향하던 중
로포텐 제도Lofoten Islands 인근에서 그토록 찾고 있던 독일 전함을 우연히
발견한 것이었다. 양쪽 모두 거친 풍랑 탓에 호위 함대와 떨어져 있었
다. 전력상 월등한 쪽은 독일이었다. 리나운은 제1차 세계 대전 당시 건
조한 구식 전함인 반면, 독일은 건조된 지 얼마 되지 않은 최신형 전함
두 척이었다. 그러나 실력에서 한 수 위임을 증명한 쪽은 영국 해군이었
다. 리나운은 그나이제나우를 명중시켜 사격 통제 시스템을 망가뜨리
고 전방 포탑을 파괴했다.

　여전히 우세한 쪽은 독일이었지만 뤼첸스 제독은 싸움을 회피하기
로 했다. 리나운을 침몰시키는 데 매달리기보다 영국 해군을 대서양으
로 유인하여 나르비크에서 멀리 떨어뜨리는 것이 우선이었기 때문이었
다. 그사이 독일군이 나르비크를 점령할 것이었다. 결국 영국 해군은 독
일 전함들을 놓쳤다. 더욱 치명적인 점은 압도적인 전력을 가지고 있었
음에도 한 줌에 불과한 독일 해군이 북해로 나오는 것을 저지하지 못했
다는 사실이었다. 정보 무시, 소통 부재, 느려 터진 보고 체계, 경직된 관
료주의, 무엇보다도 독일 해군의 추격에만 신경 쓴 처칠과 포브스의 과
도한 간섭이 노르웨이 해역을 무방비로 내버려둔 가장 큰 이유였다. 처

칠은 며칠 뒤 열린 하원에서 자신의 실책을 인정하면서도 원래 전쟁이란 불확실한 법이라며 책임을 회피했다.

어쨌거나 이번에도 행운이 따라 준 쪽은 히틀러였다. 4월 9일 새벽 5시, 독일군의 전면 침공이 시작되었다. 노르웨이만이 아니라 덴마크에서도 전차 부대를 앞세운 독일군이 일제히 국경을 넘었다. 하늘에서는 공군의 엄호 아래 공수 부대가 낙하했다. 연합군은 완전히 허를 찔렸다.

덴마크 항복

유틀란트반도의 작은 나라 덴마크는 그야말로 무책임하리만큼 무방비 상태나 다름없었다. 만약 전쟁이 일어난다면 이 나라가 살아남기는커녕 잠시도 버티지 못할 판국이었다. 면적은 4만 3,000km²에 인구는 384만 명에 불과했다. 강대국들 사이에 끼여 있다는 점에서 비슷한 신세인 벨기에와 비교한다면 영토는 조금 더 크면서 인구는 절반도 되지 않았다. 그렇다고 스위스나 핀란드처럼 자연이라는 막강한 우군이 있는 것도 아니었다. 국토 대부분은 평야이고 기후는 온난했다. 유틀란트반도와 수도 코펜하겐이 있는 셸란섬 사이에는 스토레벨트Storebalt 해협이 가로막고 있지만 폭은 20km에 불과했다. 특히 독일과의 국경 지대에는 자연 방벽이라고 할 만한 것이 없었다. 사람이 살기에는 그런대로 적합할지 몰라도 적의 침공을 막기에는 최악의 조건이었다. 하지만 가장 큰 이유는 오랜 평화에 젖어 전쟁을 남의 일로만 여겼기 때문이었다.

17세기에만 해도 독일 30년 전쟁에 개입하고 스웨덴과 북방의 패권을 놓고 싸웠던 덴마크는 국운이 점차 기울면서 프랑스 대혁명 때에 오면 별 볼 일 없는 약소국으로 전락했다. 나폴레옹 전쟁이 한창이던

1807년 중립을 선언했음에도 영국 함대의 포격으로 수도 코펜하겐이 불바다가 되고 모든 함선이 파괴되는 치욕을 겪어야 했다. 1864년 제2차 슐레스비히 전쟁에서는 프로이센과 오스트리아 연합군의 침공으로 유틀란트 남부의 비옥한 땅을 통째로 빼앗겼다.

이것이 덴마크가 겪은 마지막 싸움이었다. 그 후로 한 세기에 가까운 기간 동안 이들에게 전쟁은 딴 세상 얘기였다. 제1차 세계 대전의 불길이 온 유럽을 휩쓸 때 덴마크는 중립을 선언하고 싸울 의지가 없음을 보여 주기 위해 군대를 동원하지 않았다. 독일의 무제한 잠수함 작전과 영국 해군의 봉쇄로 경제적 어려움은 겪었어도 덴마크 영토에 포탄이 떨어지는 일은 없었다. 이번에도 덴마크인들은 26년 전처럼 자신들이 남의 위협이 되지 않는 한, 남들이 위협하는 일 또한 없을 것이며, 전쟁을 대비하지 않는 것이 곧 전쟁을 피하는 일이라고 믿었다.

개전 당시 덴마크군의 병력은 2개 정규 사단 및 보른홀름Bornholm 섬 수비대, 육군 항공대, 해군 등을 합하여 1만 4,500명에 불과했다. 독일군의 기준에서 본다면 1개 정규 사단에도 미치지 못했다. 그중 제1사단이 수도 코펜하겐을 비롯한 셀란섬의 방어를 맡았고 제2사단이 독일과 국경을 마주하는 유틀란트반도에 주둔했다. 덴마크가 제아무리 약소국이라고 하지만 인구가 300만 명이 되지 않는 노르웨이와 370만 명의 핀란드, 420만 명의 스위스와 비교해서도 턱없이 빈약한 군사력이었다. 그나마도 절반이 넘는 7,840명은 개전 직전에야 부분 동원령에 따라 징집되었기에 훈련을 거의 받지 못했다. 한 줌에 불과한 병력은 국경을 따라 분대, 소대 단위로 흩어져 있으며 전쟁 발발 당시 상당수가 휴가로 자리를 비우고 있었다. 국경 지대에는 변변한 방어 시설도 없었다. 핀란드가 소련의 위협에 맞서 재빨리 남성들을 총동원하여 침략자들에게 악몽을 선사했던 것에 비하면 덴마크인들은 지나치리만큼 천하태평이었다.

독일 덴마크 침공 당시 덴마크군 전투 서열(1940. 5)

- **덴마크군 총사령관: 발터 바인 프리오르Walter Wein Prior 중장**

- **제1보병사단 <질란트Zealand>: 한스 아게 롤스테드Hans Aage Rolsted 소장**

 - 국왕 근위 연대, 3개 보병 연대, 근위 후사르 연대, 2개 차량화 포병 연대

- **제2보병사단 <유틀란트Jutland>: 프레데리크 크리스티안 에세만Frederik Christian Essemann 소장**

 - 4개 보병 연대, 유틀란트 드라군 연대, 1개 야전 포병 연대, 1개 공병 연대

덴마크군은 병력도 부족했지만, 무기는 더욱 형편없었다. 기갑 전력으로는 제1차 세계 대전 시절 구닥다리 경전차인 프랑스제 구식 르노 FT-17 경전차 1대와 스웨덴에서 수입한 장갑차 몇 대가 있었지만 모두 훈련용이었다. 대포는 제1차 세계 대전 이전에 생산된 고색창연한 독일제 크루프 M1903 75mm 속사포가 주축이었다. 그 밖에는 한 줌에 불과한 오스트리아제 슈나이더 M1930 105mm 곡사포와 M1929 149mm 곡사포를 보유했다. 덴마크 무기 중에서 그나마 독일군 기갑 차량을 상대할 수 있는 무기는 보포스 37mm 대전차포와 마드센Madsen 20mm 자주 대공 기관포였다. 두 개의 작은 바퀴가 달린 이 기관포는 성능이 매우 우수했으며 대공과 대전차, 군함 공격 등 다목적으로 활용할 수 있었다. 또한 분당 400발의 속도로 100m 거리에서 42mm, 500m 거리에서 32mm의 강철판을 관통할 수 있어서 당시에만 해도 마분지 장갑이나 다름없던 독일군의 경전차와 장갑차에는 치명적이었다. 덴마크 이외에도 세계 각국에 수출되었으며, 중국이 20문을 수입하여 중일 전쟁 동안 사용했다. 일본군 기갑 차량에는 독일제 37mm 대전차포와 더불어 가장 위협적인 대전차 무기로 손꼽히기도 했다.

수도 코펜하겐에 사령부를 둔 해군은 제1차 세계 대전 이전에만

해도 무시할 수 없는 전력이었지만 점차 축소되어 1940년에 오면 시대에 뒤떨어진 연안 해군에 지나지 않았다. 1,500명의 승무원과 58척의 소형 군함을 보유했지만 하나같이 제1차 세계 대전 이전에 건조된 구식함이었다. 그중에서 3,800톤급 해방함 페데르 스크람Peder Skram과 닐스 유엘Niels Juel이 가장 큰 군함이었다. 그나마 현대적인 군함은 1930년대에 건조한 3척의 어뢰정과 배수량 400톤의 하브만덴Havmanden급 잠수함 3척이 전부였다.

공군은 따로 없었고 육군과 해군에 각기 항공대가 있었다. 육군 항공대는 1개 전투기 중대와 1개 수송-폭격기 중대, 2개 정찰기 중대로 구성되었으며 74대의 항공기를 보유했다. 대부분 구식 복엽기였고 현대적인 단엽기는 1936년에 등장한 네덜란드제 포커Fokker D.XXI 13대*가 전부였지만 최고 속도가 460km/h에 불과하여 독일 공군이 자랑하는 최신 Bf 109 전투기 앞에서는 날아다니는 표적에 지나지 않았다. 해군 항공대가 보유한 50여 대의 항공기 역시 하나같이 노후화된 복엽 수상기였다. 덴마크의 군사력은 유럽에서 최약체였고 인구 100만 명의 알바니아보다도 열악했다. 덴마크 같은 약소국이 애써 군사력을 늘려 봐야 주변국을 자극하여 불필요한 우환만 불러올 뿐이라는 이유였다.

경고의 목소리도 덴마크인들을 꿈에서 깨어나게 하지 못했다. 침공 닷새 전인 4월 4일, 독일 정보부 수장이자 반히틀러 인사로 몇 년 뒤 히틀러 암살 음모에 가담하게 되는 빌헬름 카나리스Wilhelm Canaris 제독은 독일군의 덴마크 침공이 임박했다는 정보를 슬쩍 흘렸다. 베를린 주재 덴마크 대사관의 한 해군 장교 역시 독일 정보부 내 반나치 장교로부터 〈덴마크는 다음 주에 점령당할 것입니다〉라는 얘기에 깜짝 놀라 재빨리 본국에 전보를 보냈다. 하지만 덴마크 정부는 여전히 전쟁이 임박했음을 믿으려고 하지 않았다. 외무 장관 페테르 문크Peter Munch는 히틀

---

* 이 중 10대는 덴마크에서 라이선스 생산했다.

덴마크군 오토바이 부대의 마드센 M1938 20mm 기관포. 덴마크 전쟁부 장관을 지낸 빌헬름 마드센Vilhelm Madsen 대령의 이름을 땄다. 독일군 침공 당시 그 짧은 싸움에서도 1호 전차 2대와 장갑차 11대를 격파했다. 덴마크를 점령한 독일군도 이 무기를 눈여겨보았을 정도였으나 훨씬 강력한 전차들이 속속 등장하면서 금방 구식으로 전락했다.

러가 아무 힘도 없는 덴마크를 침공할 이유가 없다고 주장했다. 그는 코펜하겐 주재 독일 대사 렌테핑크Cécil von Renthe-Fink가 〈히틀러는 덴마크에 어떤 전쟁 의도도 없습니다〉라며 자신을 믿으라고 호언장담하자 더욱 마음을 놓았다. 심지어 덴마크군은 독일군을 자극할 수 있다는 이유로 방어 진지의 구축과 전투 준비를 하는 것조차 금지했다.

그렇다고 침공을 막기 위한 외교적인 해결책을 찾거나 연합군의 도움을 청한 것도, 독일군이 오면 백기를 들고 길을 열어 줄 준비를 했던 것도 아니었다. 그저 히틀러가 1년 전에 맺은 불가침 조약을 성실히 존중하리라 굳게 믿고 있었다. 아무 일도 없을 것이라고 굳게 믿은 나머지 그냥 아무것도 하지 않았다. 일어나서 안 되는 일은 굳이 생각할 필요도 없다는 식이었다. 몇 달 전 폴란드가 무자비하게 짓밟히고 발트 3국이 스탈린의 위협 앞에서 저항 한번 해보지 못한 채 점령당했음에도 덴마크인들에게는 아무런 교훈이 되지 못했다. 히틀러와 스탈린에게 조약 따위는 휴지 조각에 불과했음에도 오랜 평화로 현실 감각을 잃은 덴마크 지도자들은 위기의식이 없었다. 자신들이 보고 싶은 것만 보려고 했다. 이제 대가를 치를 차례였다.

덴마크 침공 부대는 쿠르트 갈렌캄프 대장이 지휘하는 제30군단 산하 2개 사단(제170사단, 제198사단) 및 1개 차량화 여단이었다. 제170사단과 제11차량화보병여단은 육로로, 제198사단은 바다로 각기 침공할 예정이었다. 그 밖에 군단 직할 부대로 3개 기갑 대대와 1개 SS 연대가 있었으며, 주요 교량과 비행장의 신속한 점령을 위해 공수 부대도 동원되었다. 병력은 4만 명에 달했다. 작전의 핵심은 유틀란트반도와 셀란섬을 연결하는 스토르스트룀 다리Storstrøm Bridge를 덴마크군이 폭파하기 전에 재빨리 장악하여 수도로 향하는 길을 확보하는 일이었다.

노르웨이 침공 선발대를 실은 수송 선단이 한발 먼저 빠져나간 4월 7일, 제170사단과 제11차량화보병여단은 유틀란트 남부로 진입하여 덴마크로 향하는 길목에 배치되었다. 제198사단은 킬 군항에서 1만 4,000톤급 전 드레드노트급 전함인 슐레스비치홀슈타인Schleswig-Holstein과 두 척의 수송선에 올랐다. 몇몇 독일군은 미리 코펜하겐으로 들어온 뒤 관광객으로 행세하면서 방어 태세를 염탐했다. 심지어 이들은 아무것도 모르는 덴마크 병사의 안내까지 받으면서 코펜하겐 방어의 핵심인 카스텔레Kastellet 요새와 덴마크군 사령부, 감시 초소, 옛 성문 등을 마음껏 둘러본 다음 함부르크 사령부에 전화로 보고했다. 그중에는 갈렌캄프의 참모장이자 독일 외교관으로 위장한 쿠르트 히머Kurt Himer 소장도 있었다.

일요일인 다음 날 13시 30분에야 국경의 덴마크군 부대에 경계령이 하달되었지만 지나치게 때늦은 조치였다. 독일 함부르크에 물건을 하역하고 집으로 돌아가던 덴마크 트럭 운전사들은 도로 옆쪽으로 행군하는 독일군의 모습을 목격했다. 국경 인근의 언론 기자는 코펜하겐의 본사에 전화하여 창문 바깥 저 멀리서 전차들이 굴러가는 소리가 들린다고 외쳤다. 침공은 초읽기였지만 여전히 덴마크 지도부는 독일군이 정말로 행동에 나서지는 않을 것이라고 믿었다. 그날 밤 왕궁에서는 태평스럽게 연회가 열렸다. 일흔 살의 늙은 국왕 크리스티안 10세 Christian X는 전쟁 가능성을 우려하는 목소리들을 일축하고 왕실 극장에서 셰익스피어 원작의 영화「윈저의 즐거운 아낙네들」을 감상하며 웃음을 터뜨렸다. 앞으로 5년에 걸친 독일군의 점령이라는 길고 우울한 시간을 보내게 될 이 노인에게는 마지막으로 즐거웠던 시간이기도 했다.

그리고 4월 9일 오전 4시, 단잠에 빠져 있던 문크는 갑작스러운 전화벨 소리에 잠에서 깼다. 렌테핑크의 다급한 면담 요청 때문이었다. 나치 깡패들이 좌지우지하는 베를린의 정세에 둔감한 구식 외교관이자 덴마크인들의 영원한 친구라고 자부했던 렌테핑크는 몇 시간 전 덴마크 정부에 전달하라는 본국의 극비 문서를 건네받았다. 내용은 덴마크 인들은 물론 렌테핑크 자신에게도 충격적이었다. 그는 문크를 향해 눈물이 그렁그렁한 눈으로 말했다. 사실상 선전 포고이자 항복을 요구하는 최후통첩이었다. 〈제국 정부는 오늘 덴마크 영토 내 전략적 요충지를 점령하는 군사 작전을 개시했습니다.〉 그리고 이렇게 덧붙였다. 〈제국 정부는 지금이나 앞으로도 덴마크 왕국의 영토적 통합과 정치적 독립성을 침해할 의사가 결코 없음을 선언합니다.〉

무력을 쓰면서 상대의 주권을 침해하지 않겠다는 말은 술 마시고 운전하면서 음주운전은 아니라고 우기는 것이나 다름없는 셈이니 제 입으로 그 말을 직접 전달해야 하는 렌테핑크조차 당혹스러워했다. 그는 히틀러를 가리켜 〈명예라고는 모르는 인간〉이라고 분노를 토로하면서 자리를 떠났다. 어쨌거나 중요한 점은 독일이 불가침 조약을 깨뜨렸으며, 덴마크는 풍전등화의 신세가 되었다는 사실이었다. 문크가 이 사실을 국왕에게 알리기 위해 부랴부랴 옷을 갈아입고 택시에 오르는 동안, 국경에서는 독일군의 본격적인 침공이 시작되었다.

새벽 4시 50분, 국경에서 첫 충돌이 발발했다. 국경에서 15km 떨어진 작은 마을 룬드토프트Lundtoft 인근의 도로를 지키고 있던 덴마크군 대전차포 소대는 독일군 행렬이 나타나자 독일군 장갑차를 향해 20mm 기관포와 기관총을 발사한 다음, 연기 속에 숨어서 재빨리 후퇴했다. 독일군으로서는 별다른 피해 없이 전진이 잠시 중단되었을 뿐이지만 북쪽으로 조금 떨어진 철교에서는 진짜 전투가 있었다. 덴마크군 자전거 소대는 독일군 행렬을 향해 20mm 기관포를 발사했다. 독일군도 응사했다. 독일군은 2대의 장갑차가 파손되었고 덴마크군은 병사 1명이 전사했다. 나머지 덴마크 병사들은 포로가 되었다. 5시 30분, 동쪽으로 약 4km 떨어진 호케루프Hokkerup에서도 전투가 벌어졌다. 덴마크군 소대원 34명은 독일군 1개 중대를 상대로 싸웠고 독일군 장갑차

3대를 격파했다. 하지만 뒤이어 독일군 전투기들이 날아와 폭격을 퍼부었다. 덴마크 병사들은 1명이 죽고 3명이 다쳤다. 나머지는 항복했다.

국경 곳곳에서 덴마크군과 독일군 사이에 충돌이 반복되었다. 덴마크군의 20mm 기관포와 37mm 대전차포는 장갑이 빈약한 독일 기갑 차량에는 천적이었다. 여러 대의 경전차와 장갑차들이 파괴되었다. 7시 50분 국경에서 50km 떨어진 소도시 하데르슬레우Haderslev 외곽에서는 덴마크 제2사단 〈유틀란트〉 소속의 수비대원 225명과 독일군 사이에서 제법 큰 전투가 있었다. 덴마크 병사들은 20mm 기관포와 37mm 대전차포로 독일 전차들을 향해 집중 사격을 퍼부었다. 독일군도 맹렬하게 응사했지만, 덴마크군을 쉽사리 제압할 수 없었다. 이곳에서의 전투는 덴마크 정부가 백기를 들고 전투 중지 명령이 떨어진 뒤에야 비로소 끝났다. 덧붙여, 이 전투를 다룬 영화가 덴마크에서 2015년에 제작한 「4월 9일April 9th」이다.

독일군은 전력에서 압도적이었지만 그렇다고 만만한 싸움은 아니었다. 덴마크 병사들에게 부족한 것은 병력과 무기이지 적어도 용기는 아니었다. 이들은 독일군을 보자마자 무기를 버리고 투항하거나 달아나는 대신, 대부분은 끝까지 자신의 자리를 지키며 완강하게 저항했다. 이들과 직접 맞싸웠던 한 독일 대령은 〈겉모습은 썩 영리해 보이지 않지만, 거칠고 뛰어난 명사수였다〉라고 인정했다. 만약 덴마크가 처음부터 결사 항전을 각오하고 연합국이나 스칸디나비아의 형제국들과 협력 체계를 구축했더라면 제아무리 우세한 독일군도 상당한 희생이 뒤따랐을 것이다. 싸울 각오가 되지 않은 쪽은 병사들이 아니라 덴마크 지도부였고 마지막까지도 독일군이 정말로 쳐들어올지 미심쩍어 하면서 전쟁 준비를 게을리한 탓이었다. 병사들은 소부대로 흩어져 있는 데다 방어 진지조차 제대로 구축되지 않았기에 조직적인 저항을 할 수 없었다.

지상에서 전차와 장갑차를 앞세운 독일군이 진군하는 동안, 하늘에서도 침공이 시작되었다. 전쟁 역사상 최초의 공수 작전이었다. 새벽 5시 35분, 발터 기르케Walter Giercke 소령이 지휘하는 96명의 공수대원들이 Ju 52 수송기 9대를 타고 덴마크 상공에 도착했다. 이들은 어둠 속에서 낙하한 후 스토르스트룀 다리로 접근했다. 이 다리는 유틀란트반도와 코펜하겐을 연결하는 유일한 다리였기에 덴마크군이 폭파한다면 독일군의 작전은 시작부터 심각한 차질을 빚을 판이었다. 따라서 기르케 소령은 경계가 매우 삼엄할 것으로 예상했지만 막상 도착하고 보니 1명의 민간인 관리인과 2명의 신병이 지키고 있었다. 심지어 손에 들고 있는 낡은 총에는 총알조차 없었다. 이들은 독일군을 보자마자 그 자리에서 무기를 버리고 항복했다. 뒤이어 제198보병사단 1개 대대가 상륙하여 다리를 확보했다. 코펜하겐으로 향하는 길이 열렸다.

두 시간 뒤 1개 공수 소대가 유틀란트반도 북단의 올보르Aalborg 비행장에 낙하하여 비행장을 점령했다. 이곳 또한 노르웨이 침공을 위해 반드시 확보해야 하는 곳이었다. 덴마크군의 저항은 없었다. 한 시간도 되지 않아 수백여 대의 독일 비행기들이 비행장에 착륙하여 병력과 물자를 내려놓았다. 덴마크 전투기들은 대부분 이륙조차 해보지 못한 채 독일군의 공습을 받아 지상에서 파괴되었다. 그 와중에 포커 복엽 정찰기 1대가 간신히 날아올랐지만 Bf 110 전투기에 격추당했다. 독일 공군의 손실은 덴마크 남부의 항구 도시 에스비에르Esbjerg 상공에서 75mm 대공포에 Me 110 전투기 1대가 피격된 것이 전부였다. 2명의 조종사는 탈출했고 덴마크군의 포로가 되었다. 덴마크군에 붙잡힌 경험을 한 유일한 독일 군인이었다.

같은 시간 코펜하겐에서도 독일군의 상륙이 시작되었다. 새벽 5시 20분, 독일군 제198보병사단 1개 대대가 코펜하겐 항구에 상륙했다. 아무런 저항도 받지 않은 독일군 병사들은 얼떨떨한 표정으로 바라보는 부두 노동자들을 그대로 지나쳐 시내로 향했다. 항구를 방어하는 미

델그룬 요새Fort Middelgrund 사령관이 수송선을 향해 포격을 명령했지만, 정작 신병들은 포를 조작할 줄 몰랐다. 70여 명에 불과한 수비대원들은 허둥거리다가 전차와 장갑차를 앞세운 850명의 독일군이 공격하자 무기를 버리고 그대로 백기를 들었다.

다음은 카스텔레 요새와 국왕이 있는 아말리엔보르Amalienborg 궁전이었다. 카스텔레 요새에서는 성문을 폭파하다가 독일군 1명이 폭발에 휘말려 사망하기도 했다. 궁전에 도착한 독일군은 국왕 근위대와 교도 중대의 저항에 부딪혔다. 한쪽은 현대적인 회색 야전 군복을 입은 독일군이었고, 또 다른 한쪽은 한 세기 전에나 볼 고색창연한 군복을 입은 국왕 근위대의 대결이었다. 하지만 덴마크 병사들은 쉽게 물러서지 않았다. 한바탕 총성이 오갔다. 국왕 근위대 6명이 죽고 12명이 다친 반면, 독일군의 손실은 부상자 3명이 전부였다. 독일군은 일단 전열을 정비하기 위해 물러났지만, 궁전 내부는 겁에 질렸다. 덴마크 지도부가 보기에 전광석화 같은 독일군의 움직임은 자신들이 여태껏 알고 있는 전쟁과 전혀 다른 싸움이었다.

국왕과 내각, 덴마크군 총사령관 발터 바인 프리오르 장군의 긴급 회의가 열렸다. 전날 밤에만 해도 흥겨운 연회를 보냈던 국왕은 완전히 사색이 된 채 프리오르 장군을 향해 〈우리 군대는 충분히 오랫동안 싸웠나요?〉라고 물었다. 프리오르는 분노에 찬 표정으로 〈군대는 전혀 싸우지 않았습니다〉라고 대꾸했다. 그리고 지금이라도 수도를 옮기고 연합군의 도움을 기다리며 결사 항전해야 한다고 주장했다. 그 와중에 독일 공군의 하인켈 He 111 폭격기와 도르니에 Do 17 폭격기들이 코펜하겐 상공에 모습을 드러냈다. 폭격기들은 폭탄 대신 〈OPROP〉*라고 커다랗게 적힌 대량의 선전용 전단을 뿌렸다. 처칠을 전쟁광이라고 비난하면서 자신들의 침공은 덴마크의 중립을 침해하기 위함이 아니라

* 덴마크어로 〈포고문〉이라는 뜻이다.

어디까지나 영국에 대항하기 위한 불가피한 조치이니 저항하지 말라는 얘기였다.

　궁전을 포위하고 공격하는 독일군보다도, 하늘을 뒤덮은 독일 공군의 무력시위야말로 덴마크 지도자들을 충격에 빠뜨렸다. 수개월 전 바르샤바가 독일 공군에 의해 얼마나 참혹하게 파괴되었는지 잘 알고 있던 이들은 그 순간 저항의 의지 자체가 꺾여 버렸다. 렌테핑크는 덴마크인들이 조금이라도 저항한다면 전단은 대번에 폭탄으로 바뀌어 코펜하겐을 불바다로 만들 것이라며 항복을 권유했다. 그렇다고 싸울 방법이 전혀 없는 것은 아니었다. 덴마크 최대의 섬인 셀란섬은 바다로 보호받고 있었다. 무방비나 다름없는 유틀란트반도는 어쩔 수 없다 해도 독일 전차들은 그때까지도 본토와 셀란섬을 연결하는 스토르스트룀 다리를 아직 통과하지 못했기에 셀란섬을 근거지로 삼아 항전하면서 영국 해군을 끌어들인다면 해군력이 약한 독일군의 침공을 저지할 수도 있었다. 또 다른 방법은 체코슬로바키아와 폴란드가 그랬듯, 국왕과 지도부가 재빨리 나라를 버리고 해외로 달아나 망명 정부를 수립하는 것이었다. 그러나 이들은 어느 쪽도 선택하지 않았다. 완전히 얼이 빠져 싸우기를 포기했다. 총사령관 프리오르 장군만이 항전을 외쳤지만 공허한 소리일 뿐이었고 결국 대세에 따라야 했다.

　오전 8시 34분, 덴마크 정부는 항복에 동의했다. 히틀러가 내민 조건은 체코슬로바키아나 폴란드에 비하면 훨씬 관대했다. 덴마크는 적어도 명목상 여전히 독립국이었고 독일은 덴마크의 내정에 간섭하지 않을 것을 약속했다. 어디까지나 노르웨이 침공을 위한 길을 빌릴 뿐이라는 것이었다. 그때까지 독일군에 저항하고 있던 덴마크 병사들에게는 전투 중지와 무기를 버리라는 명령이 내려졌다. 이른바 〈6시간 전쟁 Six Hour War〉이라고도 불리는, 제2차 세계 대전을 통틀어 가장 짧은 전쟁은 이렇게 막을 내렸다. 새벽에 시작하여 아침에 끝난 싸움이지만 그렇다고 한낱 해프닝이라기에는 양측이 흘린 피가 적었다고 할 수 없었다. 독일군의 손실은 2~3명이 전사하고 30명이 다쳤으며 덴마크군의 사격으로 16대의 경전차와 장갑차가 파손되었다. 또한 독일 해군의 예인선 1척이 충돌로 침몰했다. 스토르스트룀 다리의 양쪽 끝인 뉘보르Nyborg와 코르쇠르Korsør에 상륙하는 과정에서 상륙 부대의 엄호를 맡은 슐레스비히홀슈타인이 모래사장에 잠시 좌초되는 일도 있었다. 덴마크군의 손실은 50여 명 정도였다.

이날 오후 2시, 아말리엔보르 궁전에서 독일군의 덴마크 진주를 허락하는 문서가 조인되었다. 난생처음 전쟁이라는 것을 경험한 국왕은 독일 대사와 쿠르트 히머 장군 앞에서 어떻게든 위엄을 유지하려고 애썼지만, 얼굴은 창백했고 몸은 여전히 떨고 있었다. 그는 독일 점령군과 덴마크 사이에서 갈등이 없도록 최선을 다하겠다고 선언했다. 히머는 〈70세의 국왕은 완전히 지친 모습이었다〉라고 회고했다. 그 와중에도 국왕은 마지막 자존심을 지키려는 양 허세를 부렸다. 〈장군, 나 또한 한 사람의 노병으로서 당신에게 군인 대 군인으로 한마디 해도 될까요? 독일인들은 또 한 번 엄청난 일을 해냈습니다. 정말 대단하다고 인정하지 않을 수 없습니다.〉

전날 저녁에만 해도 당당한 독립국에서 아침 먹는 사이 반식민지로 전락한 덴마크인들의 모습은 분노도 당혹감도 아니었다. 어리둥절함이었다. 덴마크인들은 호기심 어린 눈으로 난데없이 나타난 불청객들을 바라보았다. 한 독일 장교는 〈프라하에서 그들은 우리에게 침을 뱉었다. 바르샤바에서는 우리에게 총을 쏘았지. 이곳에서는 우리를 마치 떠돌이 서커스단처럼 쳐다보고 있다〉라고 썼다. 그렇다고 모든 덴마크인이 이 상황을 무덤덤하게 넘긴 것만은 아니었다. 하지만 이들이 분노하고 침을 뱉은 쪽은 자신들을 침략한 독일군이 아니라 엉뚱하게도 정부의 명령에 따라 마지못해 무기를 버리고 항복할 수밖에 없었던 애꽃은 자기네 병사들이었다.

덴마크는 독일군의 침공이 시작된 지 불과 네 시간 만에 굴복함으로써 제2차 세계 대전에서 가장 빨리 패망한 나라라는 불명예스러운 역사를 기록하게 되었다. 물론 그 덕분에 벨기에나 네덜란드, 폴란드처럼 파괴되는 운명을 피하고 무고한 국민의 희생을 최소화할 수 있었다는 점에서 그들의 선택을 단순히 비겁했다고 비난할 수만은 없을지 모른다. 독일군에 붙들린 포로들은 재빨리 해방되었다. 또한 독일에 점령된 다른 나라들처럼 괴뢰 정권이 세워지는 대신, 덴마크 정부는 유지되었고 국왕과 지도자들 역시 체포되지 않았다. 덴마크가 고립무원이며 연합군의 지원을 거의 기대할 수 없었다는 점에서 끝까지 항전을 선택했다고 한들 돌아온 것은 독일군의 무자비한 보복과 기껏해야 항복을 며칠 늦추는 것이 전부였음이 틀림없다.

그렇다고 해서 덴마크인들이 남들보다 현명했다고 할 수 있을까. 어차피 맞설 용기가 없었다면 차라리 처음부터 저항을 포기하고 순순히 독일군에 길을 열어 주는 쪽이 나았을 것이다. 그랬다면 적어도 애꿎은 병사들이 무익하게 희생되는 일은 없었을 테니 말이다. 덴마크는 지난 한 세기 동안 그랬듯 이번에도 중립이 자신들을 지켜 줄 거라며 지나치게 태평했고 현실에 둔감했다. 스위스나 스웨덴처럼 온 국민이 똘똘 뭉쳐서 죽기 살기로 싸우겠다는 항전의 의지를 보여 주지도 못하고 협상을 시도해 보지도 못한 채 히틀러의 선처에 맡긴 꼴이 되었다. 앞으로 덴마크의 운명이 어떻게 될지 또한 전적으로 히틀러가 어떻게 마음먹는가에 달린 일이었다. 이제 독일군은 엄연히 덴마크의 점령군이었고 이제부터 상전 노릇을 하게 될 것이었다.

나태함의 대가는 톡톡히 치러야 했다. 덴마크의 해외 영토인 페로 제도Faeroe Islands와 아이슬란드, 그린란드는 신속하게 연합군의 손에 넘어갔다. 연합군이 독일을 해상 봉쇄하자 덴마크 역시 그 여파를 고스란히 감수해야 했다. 석탄과 석유를 비롯한, 서방에서 들여오던 원자재 수입은 차단되었다. 여기에 독일이 대량의 식량과 물자를 수탈하면서 물가는 나날이 치솟고 덴마크인들의 생활은 궁핍해졌다. 히틀러가 소련을 침공한 직후인 1941년 11월 20일에는 반공 조약에 참여하라고 강요받았다. 덴마크에 중립을 포기하고 추축국의 일원이 되라는 얘기나 다름없었다. 덴마크는 끝까지 버텼다. 결국 히틀러도 한발 물러섰다. 그대신 친나치 의용군의 결성을 받아들여야 했다. 〈덴마크 자유 군단Free Corps Denmark〉이라는 이름으로 6,000명의 덴마크인들이 참가했다. 그중에는 덴마크 장교와 병사들도 있었다. 이들은 무장 친위대 일원이 되어 머나먼 동부 전선으로 향했지만 2,000여 명이 집으로 돌아오지 못했다. 전쟁이 끝난 뒤 살아 돌아온 사람들도 나치 부역자로 낙인찍혀 동포들의 경멸과 증오에 시달려야 했다.

처음에는 덴마크를 존중하는 것처럼 보였던 히틀러는 시간이 지나면서 점점 본색을 드러내어 온갖 내정 간섭을 일삼았다. 국왕은 독일군의 침략 앞에서 한없이 무력했지만, 이탈리아의 비토리오 에마누엘레 3세나 알바니아의 조그 국왕처럼 국민을 적의 손에 내버리고 혼자 달아나거나 앞장서서 히틀러의 충견 노릇을 할 만큼 용렬하지는 않았다. 그는 게슈타포를 피해 자국 내 유대인을 스웨덴으로 몰래 탈출시키도록 도왔다. 덴마크 국민은 옷깃에 덴마크 국기가 새겨진 단추를 착용하여 독일에 굴복하지 않겠다는 의지를 보여 주었다. 〈침묵의 저항〉은 대놓고 히틀러와 나치 군대에 맞설 용기가 없었던 이들로서는 소극적이나마 저항의 시늉이었다.

하지만 히틀러는 이조차 용납하지 않았다. 덴마크인들이 자신을 우습게 여긴다고 발끈한 그는 단단히 버릇을 고치기로 했다. 〈사파리 작전Operation Safari〉이 발동했다. 1943년 8월 29일 새벽 4시, 헤르만 폰 하네켄Hermann von Hanneken 보병대장이 지휘하는 덴마크 주둔 독일군

9,000여 명이 덴마크군 무장 해제에 나섰다. 3,000여 명으로 축소된 덴마크군은 대부분 저항을 포기했지만, 짧은 전투가 벌어지기도 했다. 양측은 각기 수십 명의 사상자를 냈다. 나머지 덴마크군은 포로가 되었다. 항구에 정박 중인 군함들은 대부분 자침했고 4척만 탈출하여 중립국인 스웨덴으로 달아났다. 무늬만 주권국이었던 덴마크는 이제 독일의 노예로 전락했다. 유대인은 모조리 체포되어 그중 600여 명이 홀로코스트의 희생자가 되었다. 전쟁 말기에는 소련군의 폭격에 시달려야 했고 보른홀름섬이 소련군에 잠시 점령된 적도 있었다.

덴마크의 악몽은 전쟁이 끝나기 사흘 전인 1945년 5월 5일, 몽고메리 장군이 이끄는 영국군에 의해 해방되면서 비로소 깨어날 수 있었다. 하지만 마지막 순간까지도 덴마크인들이 직접 무기를 들고 일어나 독일군과 싸우는 일은 없었다. 덴마크의 해방은 자신들의 손이 아니라 가만히 앉아 연합군의 승리에 무임승차했을 뿐이었다. 그렇다고 해서 이들을 딱히 비폭력주의자라고 할 수도 없었다. 독일이 항복하자 덴마크인들은 독일군과 사귀었던 여성들을 거리로 끌어내어 조리돌림을 하고 머리카락을 자르는 것으로 그간의 분풀이를 했다. 적어도 자신들에게 만만한 상대에게는 가차 없었던 셈이다. 제아무리 덴마크인들이 원치 않은 싸움에 휘말렸다지만 그 옛날 유럽 전체를 두려움에 떨게 했고 스칸디나비아반도에 거대한 왕국을 세웠던 바이킹의 후예답지 않은 나약하고 한심한 모습은 온 세상의 웃음거리가 되었다. 미국의 한 권투 경기에서는 선수가 1회전에서 KO패 당하자 해설자가 〈마치 덴마크인들 같네요〉라고 비아냥거리기도 했다. 행복한 바이킹의 나라 덴마크로서는 떠올리고 싶지 않은 흑역사일 것이다.

그 대신 한 가지 교훈만은 분명했다. 힘없는 중립이 평화를 보장하지 않는다는 사실이었다. 전쟁이 끝난 지 얼마 되지 않아 유럽에서 다시 전운이 감돌았다. 미-소 대립이 격화되면서 동유럽에는 철의 장막이

1940년 4월 9일, 인어 공주 동상으로 유명한 코펜하겐 랑겔리니Langelinie 부두에 정박한 독일 2,200톤급 기뢰 제거함 단치히 한자 자유시Hansestadt Danzig에서 하선하는 독일군 병사들. 그리고 아침 댓바람에 느닷없이 등장한 이 불청객들의 모습을 어리둥절한 표정으로 바라보는 코펜하겐 시민들. 독일 병사들로서는 구경거리가 된 기분이었겠지만, 덴마크인들은 이들이 단체 관광객이 아니라 점령군이라는 사실을 금방 절감해야 했다.

1943년 8월 29일, 코펜하겐 서쪽 50km 떨어진 홀베크Holbæk 병영에서 독일군에 항복하기 앞서 마지막 사열식을 하는 덴마크 병사들. 이들이 쓴 M23/38 철모는 제2차 세계 대전 당시 사용되었던 철모 중에서도 가장 독특한 형상으로 유명하다.

드리우고 스탈린은 베를린을 봉쇄했다. 당장이라도 제3차 세계 대전이 폭발할 것처럼 보이자 1949년 4월 4일, 서유럽 국가들은 소련의 팽창에 맞서기 위해 미국을 중심으로 하는 새로운 집단 안보 기구를 만들었다. 나토North Atlantic Treaty Organization, NATO였다. 창설 가맹국은 12개국에 달했고 여태껏 등장한 어떤 집단 안보 기구보다 강력했다. 그중에는 덴마크도 있었다. 덴마크는 여야를 가리지 않고 초당적으로 협력하여 나토 창설에 앞장섰다. 이들의 구호는 〈4월 9일을 되풀이하지 말라NEVER AGAIN A NINTH OF APRIL〉였다. 두 번 다시 태평스럽게 중립만 믿었다가 치욕을 반복하지 않겠다는 덴마크인들의 결의를 보여 주는 셈이다. 냉전 시절 덴마크군은 나토의 일원으로 발트해 방어의 한 축을 맡았고, 한국전쟁이 발발하자 유엔의 일원으로 병원선을 파견했다. 오늘날에도 평화 유지군으로 세계 각지에서 적극적으로 활동하고 있다.

독일 해군은 멋지게 죽을 일만 남았다

전쟁의 불똥이 적어도 제 발등에 떨어지는 일은 없을 것이라고 마음 놓고 있던 덴마크가 독일군의 군홧발에 사정없이 짓밟히고 있을 때, 노르웨이 침공도 시작되었다. 무방비라는 점은 덴마크와 다를 것이 없었지만 적어도 노르웨이인들은 호락호락하게 당하지는 않았다. 양측의 첫 충돌은 4월 9일 자정이 조금 지난 뒤였다. 오슬로 앞바다를 순찰 중이던 노르웨이 해군의 경비정 폴 3Pol III은 정체불명의 함대와 마주쳤다. 오슬로 침공 부대를 실은 독일 함대였다. 폴 3이 경고 사격을 하자 돌아온 것은 집중 포격이었고 단숨에 격침당했다. 이어 독일군의 상륙이 시작되어 이렇다 할 저항 없이 오슬로 외곽의 해안 포대를 하나씩 손쉽게 제압해 나갔다.

작전은 순조로운 것처럼 보였지만 날이 새자 상황이 달라졌다. 오슬로 남쪽 30km 떨어진 작은 섬인 카홀름Kaholm에는 오스카스보르그 요새Fort Oscarsborg가 있었다. 여기에는 아이러니하게도 오래전에 독일에서 구매한 크루프제 280mm 해안포 3문이 있었다. 구식 대포이기는 했지만, 위협이 되기에는 충분했다. 오슬로로 접근 중인 독일 함대를 발견한 요새 포가 불을 뿜었다. 조작 요원들은 신병들이었지만 독일 해군이 자랑하는 1만 8,500톤급 최신 중순양함 블뤼허를 정확히 강타했다. 뒤이어 두 발의 어뢰가 발사되었다. 40년도 더 된 오스트리아-헝가리 왕국 시절의 낡은 어뢰였고 제대로 작동할지조차 의심스러웠다. 하지만 뜻밖에도 그중 한 발이 블뤼허의 숨통을 확실하게 끊어 놓았다. 불덩어리가 된 블뤼허는 옆으로 뒤집혔다가 수면 속으로 모습을 감추었다. 승무원과 침공 부대 2,000여 명 중 600여 명이 죽었다. 오슬로 상륙의 지휘를 맡은 제163사단장 에르빈 엥겔브레히트 소장과 오스카어 쿠메츠 Oskar Kummetz 해군 소장을 비롯한 500여 명 이상이 노르웨이군에 의해 구조된 후 포로가 되었다. 이들은 인근 농장에 감금되었지만 몇 시간 뒤 노르웨이군이 자신들을 버리고 철수하면서 짧은 포로 생활을 끝내고 오슬로 침공 부대에 합류할 수 있었다.

블뤼허만이 아니라 중순양함 뤼초프 역시 세 발의 포탄을 맞고 전사자 6명, 부상자 10명의 손실을 냈다. 예상외의 저항에 직면한 독일 함대는 일단 물러섰다. 하지만 이대로 꼬리를 말고 달아나지는 않았다. 독일군은 오슬로에 직접 상륙하는 것은 포기했지만, 그 대신 남쪽으로 약 20km 떨어진 곳에 상륙한 다음 내륙으로 진격했다. 블뤼허를 침몰시킨 오스카스보르그 요새는 하루 내내 독일 공군의 무서운 보복을 받아야 했고 독일군이 접근하자 다음 날 오전 9시에 항복했다. 게다가 독일군의 침공은 바다만이 아니었다. 공수 부대가 안개를 뚫고 낙하한 후 오슬로 서쪽 교외의 포르네부 공항Fornebu Airport을 재빨리 점령하고 오슬로를 포위했다.

　　나르비크에서는 처칠과 포브스 제독이 구축함 글로웜을 침몰시킨 독일 함대를 찾아내라고 엄명을 내리면서 영국 해군이 죄다 자리를 비운 덕분에 독일 침공 부대는 어이없을 만큼 손쉽게 상륙할 수 있었다. 그나마 용감하게 도전했던 두 척의 노르웨이 해방함은 용기가 무색하게 독일 구축함의 포격을 맞고 침몰했다. 그 광경을 본 나르비크의 노르웨이 수비대는 싸우지도 않고 백기를 들어 항복했다. 크리스티안산Kristiansand에서는 노르웨이군이 독일군의 상륙을 잠시 저지했지만, 독일군이 허위 암호로 노르웨이군을 혼란에 빠뜨리고 점령했다. 독일군은 어렵지 않게 트론헤임과 베르겐, 아렌달Arendal 등 노르웨이 서해안의 주요 항구들을 손에 넣었다. 각지의 비행장에는 독일군 공수 대원들이 낙하하여 당혹스러워하는 노르웨이군을 무장 해제했다. 뒤이어 하늘을 뒤덮은 독일 수송기들이 날아와 병력과 물자를 속속 내려놓았다. 바다와 하늘의 전격전은 노르웨이인들의 혼을 빼놓았다. 유일한 오점은 재수 없게 얻어맞은 블뤼허의 침몰이었다.

　　하지만 속전속결로 끝낼 참이었던 히틀러의 작전은 뜻밖의 차질에 직면했다. 4월 9일 새벽 1시 30분, 노르웨이 국왕 호콘 7세Haakon VII는 급하게 깨우는 목소리에 일어나야 했다. 〈전하, 우리는 전쟁 중입니다.〉 예순여덟 살의 국왕이 얼떨떨한 표정으로 무심코 내뱉은 말은 노르웨이 또한 덴마크만큼이나 바깥세상에 무지했음을 보여 주는 셈이었다. 〈누구와 말이오?〉 내각이 급히 소집되었고 동원령이 선포되었다. 새벽 4시 30분, 오슬로 주재 독일 대사인 쿠르트 브라우어Kurt Brauer 박사가 히틀러의 요구 사항을 들고 노르웨이 외무부를 방문했다. 독일의 침공 목적은 노르웨이가 영국, 프랑스군에 점령되지 않도록 보호하기 위함이라는 것이었다. 만약 노르웨이가 조금이라도 저항을 시늉한다면 무자비하게 분쇄되리라는 협박도 붙어 있었다.

노르웨이 외무 장관 할베단 크호트Halvedan Khot는 훗날 이렇게 회고했다. 〈나치의 요구가 노르웨이에서 먹혀들기를 바라기에는 그들의 수법을 너무나 잘 알고 있었다. (중략) 내 머릿속에는 히틀러가 오스트리아에서, 체코슬로바키아에서, 그리고 폴란드에서 약속을 깨뜨렸던 기억이 생생하게 떠올랐다.〉 노르웨이 지도부는 히틀러의 요구를 단호하게 거부했다. 국왕 호콘 7세 역시 자기 형인 덴마크의 크리스티안 10세와 달리 끝까지 싸우기로 결심했다.

19시 30분, 국왕 가족과 각료들은 대기 중이던 특별 열차에 올랐다. 이들은 오슬로를 떠나 북쪽으로 120km 떨어진 작은 시골 마을인 엘베룸Elverum으로 향했다. 중앙은행에 보관 중이던 금괴도 수송되었다. 독일군의 오슬로 침공이 일시적으로 좌절되어 시간을 번 덕분이었다. 그 대신 오슬로는 무저항 도시로 선포되었고 공황에 빠진 주민들의 탈출이 이어졌다. 노르웨이 지도부가 달아났음을 뒤늦게 알아차린 독일 공수 부대 100여 명이 노획한 트럭과 버스를 나누어 타고 급히 추격에 나섰지만, 국왕 근위대와 현지 민간인 의용대의 저지로 격퇴되었다.

다음 날 독일군은 오슬로에 위풍당당하게 입성했다. 제일 먼저 히틀러를 부추겨 조국에 전란을 불러온 원흉인 크비슬링은 기회를 놓칠세라 재빨리 자신이 노르웨이의 새로운 총리라고 선언했다. 하지만 국민의 지지는 고사하고 히틀러의 신임조차 얻지 못했다. 그 자리는 오슬로 시장과 국방 장관을 지낸 잉골프 엘스테르 크리스텐센Ingolf Elster Christensen에게 돌아갔다. 그는 히틀러에 의해 낙점된 꼭두각시가 아니라 노르웨이인들이 직접 추대한 사람이었다. 1942년 2월에야 크비슬링은 그토록 원하던 자리를 차지했고 전쟁 내내 나치를 위해 부역하다가 나치의 패망과 함께 반역자로 체포되어 1945년 10월 24일 총살당함으로써 죗값을 치른다.

노르웨이, 덴마크가 침공당했다는 소식은 연합군에는 그야말로 한 방 먹은 격이었다. 압도적인 해군력을 가지고도 어영부영하다가 한 발 늦었을뿐더러, 엉뚱한 곳을 찾아 헤매느라 그토록 원하던 독일 함대를 섬멸할 기회를 놓쳐 버렸다. 준비에만 몇 달씩 걸리는 낡은 전쟁 방식에 익숙한 이들로서는 히틀러의 전광석화 같은 움직임은 기존 관념을 뛰어넘었기 때문이었다. 연합군이 대응에 나선 것은 독일군의 상륙이 한창이던 4월 9일 오후였다. 나르비크 인근에서 우연히 마주친 독일 전함 그나이제나우와 샤른호르스트를 뒤쫓고 있던 휘트워스 제독은 뒤늦게야 독일군의 목표가 대서양 진출이 아니라 노르웨이였음을 알고 급히 방향을 바꾸었다. 하지만 극심한 풍랑과 지독한 날씨 탓에 함선들은 흩어졌고 제대로 항해조차 할 수 없었다.

상황이 이렇다 보니 휘트워스를 대신하여 독일군을 급습하는 역할은 제2구축함대 지휘관 버나드 워버턴리Bernard Warburton-Lee 대령이 맡았다. 그는 나르비크로 급행하여 적 함대의 괴멸과 가능하다면 나르비크까지 탈환하라고 명령받았다. 하지만 전력은 구축함 5척에 불과했다. 4월 10일 새벽 4시 30분, 워버턴리의 함대는 나르비크에 도착했다. 항구에는 독일 수송 선단과 구축함 5척이 정박한 채 병력과 물자를 하역 중이었다. 전력은 대등했지만, 날씨는 영국군 편이었다. 한 치 앞을 내다볼 수 없는 안개와 눈 때문에 독일군은 이들을 발견하지 못했다. 영국 구축함들의 포문이 일제히 불을 뿜고 어뢰가 발사되었다. 무방비로 급습당한 독일 구축함 2척이 침몰하고 1척이 대파했다. 나르비크 침공 함대의 지휘를 맡은 프리드리히 본테Friedrich Bonte 제독은 기함과 함께 전사했다. 여러 척의 수송선과 상선이 침몰했다.

1916년 유틀란트 해전 이후 처음으로 벌어진 영국 해군과 독일 해군의 수상함 대결은 영국의 완승으로 끝나는 것처럼 보였다. 영국 함대는 항구를 완전히 쑥대밭으로 만든 다음, 탄약이 떨어지자 철수를 시작했다. 그런데 싸움은 여기서 끝나지 않았다. 인근에 있던 5척의 독일 구

독일-노르웨이 전쟁에서 첫 발을 날린 노르웨이 해군의 200톤급 소형 경비정 폴 3. 원래 민간 상선이었지만 1939년에 징발되어 경비정으로 운용되었다. 속도 11노트에 승무원 15명, 무기는 75mm 주포 1문과 기관총 2정이 전부였다. 그러나 오슬로를 향해 접근 중인 독일 함대를 발견하자 물러서는 대신 경고 사격 후 전투를 벌였고 독일 어뢰정의 공격을 받아 대파되어 선장이 사망했다. 첫 노르웨이인 희생자였다. 폴 3은 독일 해군에 노획되어 해안 순찰용으로 사용되었고, 전쟁이 끝날 때까지 살아남아 후에 노르웨이에 반환되었다.

1940년 4월 10일, 오슬로 시내를 행진 중인 독일군. 코펜하겐을 거의 무혈점령한 동료들에 비하면 이들은 노르웨이인들에게 제법 험한 꼴을 당한 셈이었다.

축함이 반격했다. 이번에는 영국 함대가 정신없이 얻어맞았다. 기함 하디Hardy를 비롯한 구축함 2척이 침몰하고 1척이 대파했다. 지휘관인 워버틴리 대령도 전사했다. 영국 해군으로서는 예상치 못한 손실이었다. 해군성이 고작 구축함 5척만으로 나르비크의 독일 함대를 공격하라고 명령한 것은 정보가 부족하고 상황이 다급하다고 판단한 탓도 있었지만 지난 20여 년 동안 베르사유 조약으로 꽁꽁 묶여 있던 독일 해군을 지나치게 만만하게 봤다는 얘기였다. 영국 해군은 독일 해군이 여전히 무시할 수 없는 존재임을 비로소 절감했다.

물론 영국 해군이 본격적으로 나선다면 얘기는 달랐다. 노르웨이 남부 크리스티안산에 병력과 물자를 하역하고 빠져나오던 7,700톤급 독일 경순양함 카를스루에Karlsruhe는 영국 잠수함 트루언트HMS Truant가 발사한 어뢰를 맞고 침몰했다. 동급 경순양함인 쾨니히스베르크Königsberg는 베르겐을 침공하던 중 해안포의 사격으로 3발을 맞고 대파되어 독일로 회항에 나섰지만 10일 아침 7시, 스코틀랜드 오크니 제도Orkney Islands에서 출격한 영국 해군 항공대 소속 블랙번 스쿠아Blackburn Skua dive bombers 급강하 폭격기 16대의 집중 공격을 받고 침몰했다. 블뤼허와 함께 오슬로 침공에 참여했다가 노르웨이군의 포탄을 얻어맞은 중순양함 뤼초프 역시 수리를 위해 독일로 돌아가던 중 영국 잠수함 스피어피시HMS Spearfish의 어뢰 공격으로 반신불수가 되었다. 뤼초프는 겨우 침몰을 면한 채 다른 군함에 의해 예인되어 돌아왔지만, 수리가 끝날 때까지 거의 1년 동안 항구에 갇혀 있어야 했다.

노르웨이 해역에서 영국 잠수함이 독일 중순양함 1척을 대파하고 경순양함 1척을 격침했으며 그 밖에도 여러 척의 독일 수송선과 보급함을 격침하는 전과를 올린 반면, 제2차 세계 대전 내내 〈바다의 늑대 떼〉라고 불리며 연합군에 가장 무서운 적이었던 독일 유보트의 활약은 의외로 조용했다. 그렇다고 이들의 명성이 과장되거나 아무짝에도 쓸모없는 존재였기 때문은 결코 아니었다. 실제로 독일 잠수함들은 시대에 뒤떨어졌다는 그동안의 편견을 비웃으며 북해와 대서양에서 연합군 수송 선단을 무차별적으로 사냥하여 막대한 손실을 입히고 있었다.

되니츠 제독의 회고에 따르면, 영국이 선전 포고하는 1939년 9월 3일부터 1940년 2월 28일까지 유보트 부대는 총 199척, 70만 톤에 달하는 선박을 격침했다. 1939년 9월 17일에는 영국 해군의 주력 항모 중 한 척인 커레이저스HMS Courageous가 아일랜드 해안을 순찰하던 중 U-29에 의해 격침당했다. 개전 이후 영국 해군이 처음으로 잃은 군함이었다. 10월 13일 밤에는 귄터 프린Günther Prien 대위의 U-47 잠수함이 영국 해군의 모항인 스캐파플로에 과감하게 침투한 뒤 배수량 3만 톤의 슈퍼 드레드노트급 전함 로열 오크HMS Royal Oak를 격침시키는 대전과를 올렸다. 심지어 로열 오크의 승무원들은 침몰하는 순간까지도 잠수함에 공격받고 있다는 사실조차 깨닫지 못한 채, 함 내에서 폭발 사고가 났다고 여겼을 정도였다. 영국 해군이 그토록 자랑하던 음파 탐지기는 막상 실전에서 수많은 기술적 허점을 드러냈기 때문이었다. 연합군이 본격적으로 유보트 공격에 맞서기까지는 좀 더 기다려야 했다.

하지만 이러한 전과에도 불구하고 독일 해군에서 잠수함 부대는 여전히 찬밥 대우였다. 되니츠 제독은 노르웨이 침공 작전을 거의 마지막 순간에야 전달받았기에 잠수함들은 충분한 준비 없이 현장에 투입되었다. 게다가 독일이 사용하는 자기 어뢰는 신뢰성이 부족하고 고장이 잦았다. 자기 어뢰는 단 한 발로 적함에 치명타를 가하기 위해 철의 자기장을 추적하여 배 바로 아래에서 터지도록 세팅되어 있었지만 실제로는 조금만 빗나가도 폭발하지 않는 경우가 많았다. 특히 노르웨이와 같은 북극권일수록 어뢰가 불발할 확률이 높았다. 지구 또한 자기장을 발생하기 때문이었다. 하지만 독일 해군은 자금 부족으로 어뢰를 충분히 실험하지 못한 채 실전에 투입하면서 이런 결함을 미처 깨닫지 못했다. 영국 전함 워스파이트HMS Warspite는 네 번이나 독일 잠수함의 공격을 받았지만 모두 빗나가거나 불발로 끝났다. 그중에는 로열 오크를 침몰시킨 U-47도 있었다. 되니츠는 노르웨이 전역에서 35척에 달하는 잠수함을 투입하여 공격에 나섰다. 하지만 전과는 수송선 1척과 U-4 잠수함이 영국 잠수함 시슬HMS Thistle을 몇 시간의 사투 끝에 격침한 것이 전부였다. 그 대가로 5척의 잠수함을 잃었다. 형편없는 결과에 실망한 되니츠는 노르웨이에서 잠수함들을 재빨리 철수시키고 실패의 원인이 무엇인지 찾아낸 다음, 더욱 강력한 신형 어뢰를 개발한 뒤에야 연합군의 진정한 공포로 등장하게 된다.

영국 해군은 독일 해군에 확실하게 실력 차이를 깨닫게 했다. 하지만 이들도 승리자가 될 수는 없었다. 독일 해군을 바다에서 격멸시킬 천재일우의 기회를 놓쳤기 때문이었다. 배수량 3만 3,000톤급 퀸 엘리자베스급 슈퍼 드레드노트 전함 워스파이트와 2만 2,000톤급 정규 항모 퓨리어스HMS Furious가 휘트워스 제독의 함대와 합류한 것은 4월 12일이었다. 그나이제나우와 샤른호르스트를 비롯하여 독일 주력 함선들은 이미 영국 해군을 피해 독일로 돌아간 뒤였다. 노르웨이 해역에 남은 독일 해군은 몇 척의 구축함과 유보트들이었다.

휘트워스는 그나이제나우와의 싸움에서 손상을 입은 리나운을 돌려보내는 한편, 워스파이트를 새로운 기함으로 삼은 다음 나르비크로 향했다. 항모 1척과 전함 1척, 구축함 9척이라는 막강한 전력이었다. 다음 날 아침 7시, 나르비크를 정찰하기 위해 워스파이트에서 소드피시Swordfish 뇌격기 1대가 출격했다. 몇 달 뒤 이탈리아 해군의 모항인 타란토를 습격하여 이탈리아 해군을 반신불수로 만들고 독일이 자랑하는 최신예 전함인 비스마르크를 침몰시켜 세계적인 명성을 얻게 되는 이 구식 복엽 뇌격기는 대잠용으로는 썩 쓸 만한 성능이 아니었다. 하지만 나르비크로 비행하던 중 우연히 독일 잠수함 U-64를 발견하고 격침하여 이날의 첫 번째 제물로 삼았다. 해전 역사상 공습으로 침몰한 최초의 잠수함이었다.

사흘 전 영국 해군과 한바탕 싸움이 벌어진 나르비크에는 8척의 독일 구축함이 남아 있었다. 하지만 이들은 이미 상당한 손상에 연료와 탄약마저 바닥나 옴짝달싹할 수 없었다. 영국 해군에는 훌륭한 먹잇감이었다. 독일 구축함 에리히 쾰너Erich Koellner만이 얼어붙은 피오르의 구불구불한 협곡 속에 숨어 영국 해군이 오기만 기다리고 있었지만, 정찰기의 보고로 이 사실을 알고 있던 영국 구축함들과 워스파이트의 포격으로 단숨에 무력화되었다. 퓨리어스에서 출격한 소드피시 복엽기 10대가 독일 구축함들을 덮침과 동시에 영국 해군의 포격이 시작되었다. 소드피시의 공격은 별다른 전과 없이 2대가 격추당했지만, 탄약이 떨어진 독일 구축함들은 제대로 저항할 수 없었다. 8척 중 3척이 침몰하고 나머지 5척도 탈출로가 차단되자 모두 자침했다. 영국 해군의 손실은 구축함 1척이 대파, 2척이 소파했을 뿐이었다.

제2차 나르비크 해전은 영국 해군의 완승이었다. 독일 해군은 두 번의 해전에서 전체 구축함 전력의 절반을 잃었다. 그 밖에도 중순양함 블뤼허를 잃고 또 다른 1척이 대파되었으며 경순양함 2척이 침몰했다. 가뜩이나 수상함 전력이 부족한 독일 해군에는 돌이킬 수 없는 손실이었다. 그나마 육군과 함께 수장당하는 일을 피한 것만도 기적이었다. 베르사유 조약 이후 20여 년 만에 겨우 부활을 시도한 독일 해군은 싹을 제대로 틔우기도 전에 짓밟힌 격이었고 몇 달 뒤 히틀러의 영국 침공을 앞두고 영불 해협에서 독일 공군이 영국 공군을 상대로 치열한 공중전을 벌이는 동안 독일 해군은 사실상 아무것도 할 수 없었던 것도 이 때문이었다.

영국과 싸울 일은 없을 거라던 히틀러의 호언장담이 무색하게 폴란드 전역이 폭발하고 영국이 선전 포고하자 〈이제 독일 해군은 멋지게

제2차 나르비크 해전에서 대파되어 침몰하는 독일 구축 함대. 영국 해군은 싸움에서는 이겼지만, 월등한 전력에도 불구하고 독일 해군의 출격을 봉쇄하지 못했다는 점에서 전략적인 패배였다. 독일과 싸울지 말지를 놓고 갈팡질팡하는 연합군 수뇌부의 우유부단함 때문이었다.

죽는 일만 할 수 있을 뿐이다〉라고 한탄했던 레더 제독의 불길한 말은 트로이가 멸망할 거라던 카산드라의 유명한 예언처럼 현실로 닥쳤다. 하지만 영국 해군도 반쪽짜리 승리였다. 독일 구축함들을 쓸어버리고 나르비크 해역을 장악했지만, 육군 없이 이들만으로 앞서 상륙한 독일군을 몰아내고 나르비크를 탈환할 수는 없었기 때문이었다. 독일 승무원들은 군함을 좌초시킨 뒤 대포와 기관총을 떼어 내어 지상으로 올라왔다. 그리고 우군과 합류하여 강력한 방어선을 구축하고 영국군의 공격에 대비했다. 영국 해군은 나르비크를 향해 한바탕 포격을 퍼붓고 저녁 6시 30분 철수했다. 포브스 제독의 주력 함대 역시 가장 중요한 목표물인 그나이제나우와 샤른호르스트를 놓쳤다. 헛걸음만 한 셈이었다.

히틀러로서도 승리를 자축하기에는 일렀다. 기습에는 성공했지만, 덴마크에서와 달리 노르웨이 지도부를 놓치는 바람에 속전속결로 끝낼 기회가 사라졌다. 엘베룸으로 피신한 노르웨이 지도부는 항복 요구를 거부하고 끝까지 싸울 것을 결의했다. 또한 나이만 많을 뿐 패배주의에 빠진 라케 장군을 해임하고 쉰여덟 살의 보병 총감이었던 오토 루게Otto Ruge 대령을 소장 승진과 함께 새로운 총사령관으로 임명하여 결의를 다졌다. 분노한 히틀러는 폭격기들을 보내 엘베룸을 쑥대밭으로 만들었지만, 노르웨이인들을 굴복시킬 수는 없었다. 노르웨이 지도부는 군대를 수습하고 장기 항전을 준비하는 한편, 연합군에 구원을 요청했다. 영국 해군의 봉쇄와 노르웨이군만으로는 독일군을 막을 수 없으며 지상군의 개입이 필요하다는 것이었다.

진짜 싸움은 이제부터였다. 독일군의 노르웨이 침공 소식이 전해진 4월 9일 오전, 연합군 군사조정위원회Military Coordinating Committee에서 긴급회의가 열렸다. 지난 수개월 동안 스웨덴 철광석 수송로의 차단을 놓고 지루한 논쟁만 벌이며 결정을 내리지 못하던 연합국 지도부는 그제야 정신이 번쩍 들었다. 상황은 180도 달라졌다. 아이러니하게도

베저위붕 작전 당시 독일군의 침공과 주요 전투(1940. 4. 7~13)

며칠 전만 해도 독일보다 한발 먼저 노르웨이를 점령할 것을 궁리하던 연합군 지도부가 거꾸로 그들과 함께 싸우기 위해 군대를 보내게 되었다. 처칠은 즉각 반격해야 한다고 주장했다. 그는 자신만만하게 말했다. 〈이제 우리 손은 자유로워졌고, 노르웨이 해안에서 우리의 압도적인 해상 전력을 써먹을 수 있게 되었습니다. 우리는 1~2주면 독일군의 상륙을 끝장낼 것입니다.〉 처칠은 자신이 너무 경솔하게 얘기했음을 절감하기까지 그리 오래 걸리지 않을 것이었다.

다음 날 아침 연합군 지도부는 R4 계획의 발동과 노르웨이 출병을 결정했다. 체임벌린은 노르웨이 정부를 향해 이렇게 말했다. 〈우리는 최대한 빨리, 그리고 온 힘을 다해서 갈 것입니다.〉 연합군과 독일군의 첫 번째 싸움은 서부 전선이 아니라 북쪽의 스칸디나비아반도에서 벌어질 참이었다. 앞으로 5년 동안 숙명의 라이벌이 될 히틀러와 처칠의 첫 대결이기도 했다.

갈리폴리 이래 최악의 상륙 작전

히틀러의 스칸디나비아 침공은 덴마크, 노르웨이로서는 아닌 밤중에 날벼락이지만 연합군에는 오히려 바라던 바였다. 원래 이런 상황을 대비하여 세운 계획이 두 번째 단계인 R4 계획이었다. 문제는 계획만 있을 뿐, 준비가 뒤따르지 않았다는 점이었다. 연합군 수뇌부로서는 히틀러가 이렇게 빨리 움직일 줄 몰랐기 때문이었다. 그렇다고 해서 대세가 이미 결정 났다거나 상황이 불리하다고만 할 수는 없었다.

출동 부대는 영국군 4개 보병 여단(제15보병여단, 제24보병여단, 제146보병여단, 제148보병여단), 프랑스군 2개 산악 여단(제5산악여단, 제27산악여단)과 1개 외인 여단 그리고 프랑스로 망명한 폴란드인들로 구성된 폴란드군 1개 여단이 가세했다. 총병력은 3만 2,000여 명 정도였다. 7개 사단 10만 명에 달하는 독일군의 1/3에 불과하지만 6개 사단 5만 명 정도의 노르웨이군까지 합하면 수적으로 크게 밀린다고 할 수는 없었다. 연합군 병사의 태반은 실전 경험은커녕 징집된 지 얼마 되지 않은 신병이었고 극지 훈련을 거의 받지 못했다. 하지만 독일군 역시 사정이 그리 나을 것은 없었다. 게다가 영국 해군이 노르웨이 해역을 장악함으로써 노르웨이 중북부에 상륙한 독일군은 고립된 신세였고 증원 병력을 받기 어려웠다. 초반에 큰 피해를 입은 노르웨이군은 완전히 무너지지 않은 채 연합군의 지원을 기다리며 독일군의 북상을 지연시키고 있었다. 노르웨이의 험준한 지형과 만년설 때문에 독일 기갑 부대들은 이전에 폴란드를 휩쓸었던 전광석화와 같은 기동전을 구사할 수 없었다. 전쟁의 승패는 아직 나지 않았다.

문제는 공군력의 열세였다. 히틀러는 제10항공함대 산하 1,000여 대에 달하는 항공기를 투입하여 덴마크와 노르웨이의 제공권을 확실히 장악했다. 공수 부대가 전광석화처럼 오슬로를 점령하고 노르웨이를

연합군 노르웨이 원정군의 전투 서열(1940. 4)

- **남소스Namsos 상륙 부대: 사령관 카턴 드 위아트Carton de Wiart 소장**

  - 영국군 제146보병여단, 프랑스군 제5산악여단

- **온달스네스Åndalsnes 상륙 부대: 사령관 버나드 패짓Bernard Charles Tolver Paget 소장**

  - 영국군 제15보병여단, 영국군 제148보병여단

- **나르비크 상륙 부대: 사령관 피어스 매키시Pierse Joseph Mackesy 소장**

  - 영국군 제24보병여단, 프랑스군 제27산악여단, 제13외인여단, 폴란드 독립 하이랜드 여단, 영국군 제3왕립후사르기병연대, 프랑스군 제342독립전차중대,제2식민지 독립포병대 등

혼란에 빠뜨릴 수 있었던 것도 막강한 공군력 덕분이었다. 게다가 독일 공군은 덴마크와 노르웨이 남부의 비행장들을 신속하게 접수한 뒤 자신들의 중요한 거점으로 활용하기까지 불과 며칠이 걸리지 않았다. Ju 52 수송기들은 쉴 새 없이 노르웨이로 병력과 물자를 실어 옮겼다. 반면, 연합군은 항모에서 출격하는 약간의 함재기 이외에 공군력의 엄호를 거의 받을 수 없었다. 노르웨이의 주요 비행장이 독일군의 손에 재빨리 넘어가면서 연합군으로서는 비행장을 확보할 수 없었던 탓도 있었지만, 명목으로만 독립된 병종이었을 뿐 여전히 육군에 종속된 채 공군의 가치를 제대로 이해하지 못하는 장군들이 좌지우지한 탓이었다.

영국 해군은 아직 5척에 달하는 항공 모함이 남아 있었지만, 광활한 바다에 여기저기 흩어져 있었다. 노르웨이로 출동했을 때 당장 이들을 공중 엄호할 항공 모함은 단 한 척도 없었다. 뒤늦게 퓨리어스가 가세했지만, 함재기는 구식 소드피시 복엽기 18대에 불과했고 그나마 전투기는 한 대도 없었다. 이 때문에 노르웨이에서 영국 해군은 독일 공군의 공습에서 아무런 보호도 받을 수 없었다. 스코틀랜드 동부에서 출격하여 노르웨이로 날아갔던 영국 폭격기들은 속도가 느리고 전투기의 엄호를 받을 수 없었기에 독일 전투기들과 마주치자 추풍낙엽처럼 격추되었다. 처칠이 공군의 중요성을 깨닫고 항공기 생산에 총력을 기울여 영국 본토 항공전에서 승리하기까지는 노르웨이와 됭케르크의 혹된 교훈이 뒤따른 뒤였다. 영국 잠수함들 역시 독일 정찰기들을 피해 노르웨이 남부 해역에서 물러나야 했고 오슬로로 향하는 독일 수송 선단을 위협할 수 없었다. 노르웨이는 100여 대의 항공기를 가지고 있었지만 하나같이 시대에 뒤떨어진 낡은 복엽기였고 개전과 더불어 독일 공군의 폭격으로 대부분 지상에서 파괴되었다.

더욱이 연합군은 정보 부족으로 독일군의 규모가 어느 정도인지 현지 지형이나 사정이 어떠한지도 거의 알지 못했다. 수송 수단이나 통신선은 매우 빈약했다. 기관총과 대포, 기갑 장비 역시 독일군보다 열세했다. 병사들은 방한 장비도 제대로 받지 못했고 그나마도 대부분 쓸모가 없었다. 탄약과 식량도 부족했다. 독일군처럼 육해공에서 입체적인 작전을 벌이거나 공수 부대를 이용해 요충지를 신속히 선점하려고 노력하기는커녕, 원정군을 총괄할 총사령관조차 없었다. 작전은 주먹구구식이었고 노르웨이군과 협력할 준비가 되어 있지 않았다. 연합군은 수개월의 시간을 허비했음에도 히틀러보다도 졸속으로 노르웨이 전역에 뛰어든 셈이었다.

심지어 연합군은 어디에 상륙할지를 놓고도 또다시 갑론을박을 벌였다. 노르웨이 정부는 연합군이 노르웨이 제3의 도시이자 중부의 전략적 요충지인 트론헤임에 상륙하여 남부에서 싸우고 있는 노르웨이군을 지원해 달라고 요청했다. 체임벌린을 비롯한 연합국 지도부는 노르웨이의 요구에 따라 트론헤임 상륙을 지지했다. 그러나 스웨덴 철광석 수송로 차단에 혈안이 된 처칠은 나르비크에 집중해야 한다고 주장했다. 아이언사이드 원수 또한 처칠과 같은 입장이었다. 지루한 논쟁 끝에 상륙 지점은 세 곳으로 절충되었다. 제1진을 맡은 영국군 3개 여단 중 제24보병여단만 나르비크 탈환에 투입하고 나머지 2개 여단은 제각기 노르웨이 중부의 남소스Namsos와 안달스네스Åndalsnes에 상륙한 다음 트론헤임을 양쪽에서 협공하여 탈환하기로 했다.

처칠은 그럴 바에는 차라리 트론헤임에 직접 상륙해야 한다는 쪽이었지만 포브스 제독을 비롯한 해군은 해안포 사격과 독일 공군의 위협을 내세워 반대했다. 하지만 이들이 간과한 사실은 세 곳의 상륙 지점이 서로 너무 멀리 떨어져 있다는 점이었다. 부대들은 현지 지도 한 장 없이 눈과 얼음으로 뒤덮인 노르웨이의 좁은 산길을 해치면서 수백 킬로미터를 행군해야 할 판이었다. 병사들은 오합지졸이었고 병력과 장비도 부족했으며 공군의 엄호도 받을 수 없었다. 한 곳에 집중해도 이길

지 모를 판국에 병력을 셋으로 나눈 것은 독일군을 과소평가했다는 얘기였다.

상륙 작전 역사상 최악의 실패로 일컬어지는 갈리폴리 전투 이후 25년 만의 대규모 해외 원정은 그때 이상으로 대혼란이었다. 경험이 부족한 보급 장교들이 필사적으로 뛰어다녔음에도 워낙 촉박한 일정과 극심한 북새통 속에서 많은 무기와 보급 물자가 항구에 내팽개치거나 엉뚱한 배에 실렸다. 이 와중에 영국 육군과 해군의 뿌리 깊은 비협조 또한 사정을 더욱 악화시키는 데 일조했다. 일부 부대는 배에 남은 공간이 없다는 이유로 승선하지도 못한 채 되돌아가기도 했다. 4월 12일, 순양함대가 제1진을 태우고 출발했다. 거친 풍랑으로 병사들은 항해 내내 심한 멀미에 시달렸다. 상륙 지점의 해안선이 좁고 굴곡이 많아 대형 군함은 들어갈 수 없었기에 도중에 구축함과 현지에서 급히 징발한 어선으로 병력과 물자를 옮겨야 했다.

이틀 뒤 연합군의 첫 번째 상륙이 시작되었다. 제146보병여단 선발대가 트론헤임 북쪽 130km 떨어진 작은 어촌 마을인 남소스에 상륙하여 그곳을 지키고 있던 노르웨이군의 환영을 받았다. 하지만 영국군을 환영한 것은 노르웨이인들만이 아니었다. 다음 날 비행기를 타고 남소스에 도착한 드 위아트 장군은 독일 공군의 공습을 받았고 같이 있던 참모가 중상을 입었다. 독일 전투기에 대항할 연합군 전투기는 한 대도 없었다. 독일군이 본격적인 공습을 시작하기 전에 어둠을 이용해 허둥지둥 병력과 물자를 하역해야 했다. 하지만 워낙 작은 어촌인지라 부두가 하나밖에 없는 데다 날이 새자 독일 비행기들이 날아올까 봐 겁먹은 함선들이 냉큼 해안에서 물러나면서 많은 장비와 보급품이 그대로 배에 남겨지거나 바다에 빠졌다. 같은 시간, 제24보병사단은 나르비크 북쪽 50km 떨어진 하르스타드Harstad에, 제148보병여단은 트론헤임 남쪽 170km 떨어진 온달스네스에 제각기 상륙하여 교두보를 마련했다. 도중에 독일군을 만나는 일은 없었기에 상륙은 순조로웠다. 문제는 이제부터였다. 연합군의 움직임은 여전히 느린 반면, 독일군은 남쪽에서 파죽지세로 북상 중이었다.

노르웨이군 총사령관 루게 장군은 방어선을 보강하고 지연전을 펼치면서 연합군이 합류할 때까지 어떻게든 시간을 벌 생각이었다. 하지만 독일군은 호락호락하지 않았다. 영국 해군은 독일군의 해상 보급을 차단했지만 그렇다고 이미 상륙한 독일군의 발목을 잡을 수 없을뿐더러 독일군은 막강한 공군력을 이용하여 병력과 물자를 북쪽으로 실어 나르면서 전력을 빠르게 보강했다. 현지에서 징발한 트럭과 마차에 올라탄 독일군은 공군의 엄호 아래 기갑 부대를 앞세워 내륙으로 진격했다. 대전차 무기와 대공 무기가 빈약한 노르웨이군은 속수무책이었다. 특히 요란한 소리를 내면서 쏜살같이 날아오는 Ju 87 급강하 폭격기는 공포의 대상이었다.

4월 13일 오슬로 동남부를 맡은 노르웨이 제1사단은 수도 함락으로 고립된 데다 독일 공군의 맹폭격을 받자 사기가 완전히 땅에 떨어졌다. 사단장 칼 에리크센 소장은 3,000여 명의 잔여 병력을 거느리고 전선을 이탈하여 스웨덴으로 망명했다. 나머지는 독일군에 항복했다. 다음 날 오슬로 북쪽 40km 떨어진 회네포스Hønefoss가 함락되어 독일군의 북상을 저지하는 노르웨이군 남부 방어선이 무너졌다. 4월 16일에는 노르웨이 서남부의 방어를 맡은 노르웨이 제3사단이 독일 제163사단에 항복했다. 그 와중에 베르겐 방면에 배치된 노르웨이 제4사단만이 유일하게 부대 건재를 유지하며 독일군의 공세를 막아 내고 있었다. 제4사단은 베르겐 탈환을 계획했지만 루게 장군이 방어를 지시하면서 취소해야 했다.

노르웨이인들이 이웃 형제인 핀란드인들에 비해 결코 용기가 부족하다고 말할 수는 없었다. 또한 핀란드인처럼 스키와 사격술에 능했다.

부족한 것은 전의와 국난을 극복할 지도력이었다. 비록 노르웨이 국왕 호콘 7세가 형인 덴마크 국왕과 달리 결사 항전을 선택했지만, 막상 대다수 국민은 침략자에 맞서 영웅적으로 싸울 준비가 되어 있지 못했다. 세계 대공황의 여파로 군비가 최소한으로 억제되면서 노르웨이군은 현대 무기의 도입은커녕 체계적인 동계 훈련이나 기동 훈련조차 거의 하지 못했다. 여론 역시 시큰둥했다. 지난 20여 년 동안 자국 군대가 외적의 침입에 대비하는 일보다 국내 노동자들의 파업을 진압하는 데 활용되었던 사실을 기억하고 있던 국민들은 무기를 들어 침략자에 맞서야 한다는 정부의 호소를 냉담하게 받아들였다. 한 노르웨이인은 이렇게 비꼬았다. 〈싸우는 것은 좋아. 그런데 어느 쪽을 상대로?〉

무엇보다도 노르웨이에는 핀란드의 만네르헤임과 같은 강철 같은 의지를 가진 지도자가 없었다. 이미 수개월 전부터 연합국과 독일이 자신들을 놓고 불장난하고 있음에도 노르웨이 지도자들은 전쟁에 대비하기를 거부했다. 자칫 제 손으로 화근을 불러올까 두려웠기 때문이었다. 독일의 침공이 초읽기에 들어가자 마지못해 부분 동원령을 내렸다. 하지만 너무 늦은 데다, 그나마도 일일이 우편으로 소집 영장을 보내는 식이었다. 케케묵은 방식을 고집한 덕분에 예비군을 제대로 동원하려면 적어도 몇 달은 걸릴 판이었다. 독일군이 노르웨이를 침공했을 때 소집 명령문을 담은 수많은 우편물은 그제야 오슬로의 중앙 우체국으로 넘겨지는 중이었다.

인구에서 그리 차이가 나지 않는 핀란드가 겨울전쟁에서 30만 명에 달하는 남성을 재빨리 일선에 배치하여 소련군에 맞섰던 반면, 노르웨이는 불과 5만 명 남짓 동원했다. 행정의 극심한 혼란과 관료주의 속에서 나라를 지키겠다며 모병소를 방문한 청년들은 소집 영장이 없다는 이유로 눈물을 머금고 집으로 돌아가야 했다. 예비 무기와 탄약이 보관된 군용 창고 대부분이 초반에 독일군의 손에 넘어가면서 이들에게 지급할 무기도 없었다. 제아무리 노르웨이가 약소국이라 해도 핀란드처럼 침략자에 맞서 각오를 다지고 죽기 살기로 싸웠더라면 히틀러는 스탈린 이상으로 수렁에 빠졌을 것이고, 병력 대부분이 서부 전선에 묶인 그로서는 손을 떼고 물러나야 했을 것이다.

연합군도 노르웨이의 구세주가 되기에는 역부족이었다. 남소스 침공의 지휘를 맡은 드 위아트 소장은 자타가 공인하는 영국군 최고의 장군 중 한 사람이었다. 이스라엘의 영웅 모세 다얀 장군처럼 왼쪽 눈에 검은 안대를 찬 인상적인 모습의 그는 보어 전쟁과 제1차 세계 대전에서 명성을 떨쳤으며 여러 번 다친 대가로 최고 훈장인 빅토리아 훈장을 받았다. 드 위아트는 트론헤임 탈환을 명령받자 독일군이 반격하기 전에 재빨리 병력을 남쪽으로 출동시켜 노르웨이 제5사단 일부와 합류했다. 그러나 제146여단은 2선급의 지역 향토 부대였고 병사들은 대부분 급히 징집된 예비군이었다. 대포와 중화기는 거의 없었으며 식량과 탄약도 부족했다.

4월 19일에는 프랑스군 제5산악여단 2개 대대가 남소스에 증원되었지만, 상륙하자마자 독일 공군의 맹폭격을 받았다. 겁을 먹은 수송선들은 제대로 병력과 물자를 내려놓지도 않고 바다로 달아났다. 이 때문에 프랑스군은 물자 부족으로 남소스에서 꼼짝할 수 없었다. 영국군만 남소스 남쪽 50km 떨어진 스테인셰르Steinkjer로 진격했다가 북상 중이던 독일 제181사단과 마주쳤다. 영국군은 현지 노르웨이군과 함께 독일군의 저지에 나섰지만, 독일군은 스키 장비와 박격포, 경포를 갖추고 있었고 공군의 엄호를 받았기에 훨씬 유리했다. 4월 21일 하루 동안 벌어진 전투에서 영국군은 패퇴한 채 왔던 길을 따라 남소스로 되돌아가야 했다.

남쪽의 온달스네스에 상륙한 영국군 제148여단 역시 사정은 마찬가지였다. 제148여단은 북상하여 제146여단과 함께 트론헤임을 남북으로 협공할 예정이었다. 이 사실을 안 독일군은 1개 공수 중대 200여 명을 온달스네스와 트론헤임을 연결하는 교차점인 돔보스에 낙하시키고 철도를 차단했다. 하지만 닷새 동안의 전투 끝에 4월 19일 노르웨이군에 항복했다. 연합군은 처음으로 작은 승리를 거두었지만, 전황은 빠르게 불리해지고 있었다. 루게 장군은 직접 제148여단을 방문한 뒤 영국군의 전력이 예상보다 훨씬 형편없다는 데 실망감을 감추지 않으면서도 당장 남쪽으로 내려오지 않으면 노르웨이군이 무너질 것이라고 주장했다. 아이언사이드 원수는 제148여단장 해럴드 모건Harold Morgan 준장에게 트론헤임 탈환 작전이 취소되었으며 남쪽으로 내려와 노르웨이군을 도울 것을 지시했다. 트론헤임의 독일군이 예상했던 것 이상으로 강력하여 2개 여단만으로 공격을 시도할 수 없다고 판단했기 때문이었다.

제148여단 1,500명은 철도를 통해 오슬로 북쪽 130km 떨어진 릴레함메르Lillehammer로 향하던 중 4월 21일 수적으로 훨씬 우세한 독일군에 포위되어 말 그대로 괴멸했다. 독일 전차 앞에서 영국군은 보이스 대전차 소총Boys anti-tank gun으로 맞섰지만, 이 구식 무기는 실전에서 거의 쓸모가 없었다. 극소수만 독일군을 피해 간신히 스웨덴 국경을 넘어 영국으로 돌아왔고 대부분 죽거나 포로가 되었다. 모건 준장도 포로가 되었다. 온달스네스로 돌아온 병력은 300여 명에 불과했다. 다음 날에는 제15여단이 온달스네스에 상륙했다.

며칠 전만 해도 프랑스 북부 릴Lille에 주둔 중이었던 이 부대는 앞서 두 여단과 달리 영국군의 정예 부대 중 하나였다. 그러나 느닷없이 노르웨이로 떠나라는 명령을 받았고 촉박한 일정 탓에 차량과 장비 대부분은 프랑스에 그대로 남겨 두어야 했다. 게다가 여단장이 뇌졸중으로 갑자기 쓰러지면서 허버트 스미스Herbert Edward Fitzroy Smyth 준장으로 교체되었다. 총지휘를 맡은 패짓 소장은 제1차 세계 대전에서 다섯 번이나 다친 역전의 장군이었다. 하지만 그 역시 워낙 급히 명령받은 탓에 거의 아무런 준비 없이 4월 25일에야 부랴부랴 온달스네스에 당도했다. 연합군의 작전이 얼마나 무계획적이었는지 보여 주는 셈이었다.

패짓 소장은 공군력의 확보가 가장 시급하다고 여겨 전투기를 보내 달라고 요청했다. 그러나 도착한 것은 글로스터 글래디에이터 전투기 18대로 구성된 1개 전투 비행대가 전부였다. 수적으로도 한 줌에 불과했지만, 최고 속력이 400km/h에 불과한 이 구식 복엽 전투기는 독일 공군의 최신 Bf 109 단엽 전투기 앞에서는 날아다니는 표적에 지나지 않았다. 영국 본토와 프랑스에 모든 전력을 배치한 영국 공군은 노르웨이에 귀중한 전력을 할애할 수 없다고 여겼기 때문이었다. 그 대신 조종사들은 하나같이 숙련된 베테랑들이었다. 이들은 돔보스 북쪽의 얼어붙은 호수에 임시로 만들어진 비행장에 착륙했다. 그러나 독일 공군의 응징이 시작되자 며칠 되지 않아 대부분 파괴되었고 살아남은 4대는 온달스네스로 후퇴했다.

제148여단의 잔여 병력을 흡수한 제15여단은 돔보스 남동쪽 65km 떨어진 크밤Kvam으로 진군했다. 4월 25일 오전 11시 30분, 크밤에서 제15여단은 전차를 앞세운 독일군과 마주쳤다. 영국군은 6문의 25mm 대전차포로 독일군을 잠시 격퇴했지만, 독일군의 병력이 늘어나고 공중 폭격과 포격이 쏟아지자 다음 날 오후 돔보스로 퇴각했다. 일부 중대는 퇴로가 차단되어 후퇴하지 못하고 포로가 되었다. 한 대위는 몇몇 부하들과 함께 노르웨이 해안가까지 달아난 후 노르웨이 어선을 타고 북해를 넘어 영국으로 돌아오는, 한 편의 모험에 성공하기도 했다. 그제야 패짓 소장은 연합군의 신속한 남하를 요구하는 루게 장군의 거듭된 요청에도 불구하고 추가 증원이 없는 한, 독일군을 이길 수 없음을 깨달았다.

그러나 이미 전세를 바꾸기 어렵다고 여긴 아이언사이드 원수는

4월 28일 남소스와 온달스네스에서 전면 철수를 지시했다. 체코슬로바키아와 폴란드에서 그랬듯, 이번에는 노르웨이를 버리겠다는 얘기였다. 사실상 국가적 사형 선고를 받은 셈인 루게 장군은 잠시 침묵했다가 패짓 장군을 향해 이렇게 말했다. 〈그러면 노르웨이는 체코슬로바키아와 폴란드의 길을 걷게 되겠군요.〉 그리고 하소연하듯 다시 말했다. 〈하지만 왜 그래야 합니까? 당신네 군대는 아직 진 것도 아닌데 어째서 후퇴합니까?〉 물론 공허한 외침일 뿐, 결정을 바꾸기에 너무 늦었음을 알고 있던 그는 비통해하면서도 연합군의 철수를 위해 최선을 다하겠다고 약속했다.

제1차 세계 대전 승리 이후 거의 22년 만에 독일군과 재대결한 연합군은 상륙한 지 보름 만에 망신만 당한 채 끝나는 셈이었다. 베르사유 조약으로 독일의 재무장을 10년 이상 묶어 두었던 것이 무색할 정도였다. 하지만 집으로 돌아가는 길도 만만치 않았다. 연합군 병사들은 곳곳에서 독일군의 추격과 독일 공군의 맹폭격에 쉴 새 없이 시달렸다. 5월 2일에는 남소스에서 철수 병력을 태운 프랑스군 구축함 비종Bison과 영국 구축함 아프리디Afridi가 독일 Ju 87 급강하 폭격기의 공습으로 침몰하고 수백 명이 몰살하는 참사가 벌어졌다. 공중 엄호를 받을 수 없었던 연합군 병사들은 발을 동동 구르며 이 광경을 지켜봐야 했다. 철수는 5월 4일까지 이어졌다. 연합군 군함들은 철수 직전 항구에 쌓여 있던 물자와 장비가 독일군의 손에 넘어가지 않도록 함포 사격으로 파괴해야 했다. 갈리폴리 이후 최악의 실패였다.

4월 30일, 루게 장군은 노르웨이군에 전면 후퇴를 명령했다. 국왕과 노르웨이 정부, 각국 외교관들은 북극권의 작은 마을인 트롬쇠Tromsø로 피신했다. 정부 소유의 금괴 23톤도 옮겨졌다. 앞으로 망명 정부의 귀중한 자금이 될 참이었다. 그때까지 남부에서 버티고 있던 노르웨이 제4사단장 빌리암 스테펜스 소장은 퇴로가 막히자 병사들을 해산시킨

1940년 5월 2일, 영국으로의 철수를 위해 남소스로 퇴각하는 영국군 제146여단 병사들. 불과 보름 전 의기양양하게 노르웨이에 상륙했던 이들은 독일군에 연전연패하여 쫓겨나는 신세가 되었다. 제1차 세계 대전 이후 20년 만의 재대결은 연합군의 완패였다.

후 몇몇 참모들과 함께 비행기를 타고 트롬쇠로 향했다. 이제 남은 것은 나르비크였다.

처칠의 시대 열리다

처칠이 야심만만하게 밀어붙인 나르비크 상륙 또한 유리하게 돌아가지 않기는 마찬가지였다. 노르웨이 북단의 항구 도시 나르비크는 한발 앞서 상륙한 에두아르트 디틀 중장이 지휘하는 독일군 4,600여 명이 차지하고 있었다. 그중 2,000여 명은 정예로 이름난 독일 제3산악사단 병사들이었다. 나머지는 나르비크 해전에서 침몰한 구축함과 수송선에서 탈출한 수병과 선원들이었다. 영국 해군은 독일 구축함들을 몰살시키고 해상 보급로를 봉쇄한 데다, 독일군의 수중에 있는 트론헤임과의 거리는 630km에 달했기에 공중 수송으로 병력과 물자를 실어 나르기도 쉽지 않았다. 이들은 적진 한가운데에 갇힌 채 절망적인 처지처럼 보였다.

그러나 디틀 장군은 노르웨이 전역 총사령관 팔켄호르스트와 더불어 독일에서 가장 유능한 산악전 전문가 중 한 사람이었다. 그는 제일 먼저 나르비크 동쪽 30km 떨어진 스웨덴 국경의 작은 마을 비에른펠 Bjørnfjell을 기습하여 점령했다. 이곳은 스웨덴 철도와 연결되는 지점이었다. 독일은 즉각 스웨덴을 압박했다. 스웨덴은 중립을 내세워 무기와 탄약의 수송은 거부했지만, 그 대신 인도주의를 내세워 스키 장비와 의약품, 식량 등을 허용했다. 수백 명의 독일군도 의료 요원이라는 핑계로 수송되었다. 연합군은 이런 사실을 전혀 알지 못했을뿐더러, 디틀로서는 운 좋게도 그의 상대는 썩 신통치 않은 인물이었다. 심지어 영국군은 그때까지도 육해군의 구태의연한 경쟁심과 주도권 싸움 탓에 지휘권조차 일원화하지 못했다.

　나르비크 탈환에서 육군의 지휘는 매키시 소장이, 해군은 아일랜드 귀족 출신의 노장 윌리엄 보일 코크 경William Boyle, 12th Earl of Cork and Orrery이 각각 맡았다. 두 사람은 완전히 대조적인 성격이었다. 예순일곱 살의 코크 제독은 처칠의 총애를 받는 인물답게 에너지 넘치고 불같은 성미로 자자한 맹장인 반면, 매키시 소장은 적백 내전 당시 핀란드에서 복무한 경험이 있다는 이유만으로 원정군의 지휘를 맡았지만 우유부단하리만큼 신중한 것이 흠이었다. 게다가 항해 내내 단 한 번도 얼굴을 마주치지 않았던 두 사람은 상륙 직후인 4월 15일에야 경순양함 사우샘프턴HMS Southampton에서 대면했다. 하지만 자신들이 전혀 다른 명령을 받았다는 것을 깨달았다. 코크가 휘트워스 제독에게서 받은 명령은 최대한 빨리 나르비크를 공략하라는 것이었다. 나르비크 주변을 정찰한 결과 현지 독일군이 1,500여 명에서 2,000여 명 정도에 불과해 해군의 함포 지원만 있다면 충분히 공략 가능할 거라는 이유였다.

　반면, 매키시는 독일군과의 무리한 전투를 피할 것과 나르비크 공략에 앞서 로포텐 제도의 하르스타드에 교두보를 마련하라는 명령을 받았다. 그는 불충분한 준비로 상륙을 시도했다가는 엄청난 손실을 입을 수 있다면서 나르비크 상륙을 끝까지 거부했다. 심지어 해군이 나르비크를 포격하려 하자 무고한 현지 주민들에게 피해를 주어 영국에 대한 감정을 악화시킬 수 있다는 이유로 반대했다. 논쟁 끝에 직접 배를 타고 해안선을 둘러본 코크는 매키시의 말마따나 지형이 매우 험준하여 지키기는 쉽고 공격이 매우 어려운 데다, 해안가에 눈이 잔뜩 쌓여 있어 극지 장비 없이는 도저히 상륙이 불가능하다는 사실에 마지못해 동의했다.

　두 사람은 눈이 녹기 전까지 나르비크 침공을 늦추되, 우선 독일군에 항복을 권유하기로 했다. 이러한 지나친 신중함은 대포 몇 발 쏘는 것으로 노르웨이군의 전의를 단숨에 꺾어 버린 디틀과는 천양지차였다. 이들만이 아니라 젊은 시절 갈리폴리 전역에서 호된 경험을 고스란히 기억하고 있던 대다수 영국군 지휘관들은 상륙 작전을 극도로 두려워했다. 하지만 결과적으로 독일군이 방어를 보강할 귀중한 시간만 준 셈이었다. 물론 가장 큰 책임은 독일군의 전력을 과소평가하고 고작 1개 여단만으로 나르비크를 탈환하라는 명령을 내린 처칠과 군 수뇌부의 오판에 있었다. 제1차 세계 대전에서 승리했다는 자만심에서 깨어나지 못했기 때문이었다.

이날 영국 제24근위여단은 일단 하르스타드에 상륙했다. 힌뇌위아섬의 작은 항구 도시인 이곳에는 노르웨이 제6사단 본부가 있었다. 노르웨이 북부를 맡은 제6사단은 겨울 전쟁 당시 소련군의 침공에 대비하여 일찌감치 동원한 덕분에 노르웨이군 6개 사단 중에서는 전력이 가장 충실했다. 병력은 1만 1,000여 명에 달했다. 그중 상당수가 동부 국경에 분산되어 있었기에 노르웨이군만으로는 나르비크를 탈환하기에 역부족이었지만 영국군이 가세한다면 승산이 있었다. 하지만 처음부터 전의가 없었던 매키시는 나르비크를 탈환하라는 처칠의 독촉이 빗발쳤음에도 폭설을 핑계로 공격을 늦추었다. 남쪽의 사정을 거의 알지 못했던 그는 고립된 독일군이 스스로 항복할지도 모른다고 기대했지만, 디틀에게는 어림도 없는 소리였다.

상륙 다음 날부터 독일 비행기들이 하르스타드로 쉴 새 없이 날아와 폭격을 퍼부었다. 독일 공군의 폭격은 워낙 정확하여 영국군은 현지 주민 중에 첩자가 있다고 의심할 정도였다. 게다가 영국군은 라디오를 통해 나르비크 주민들에게 전투에 휘말리지 않도록 떠날 것을 촉구했다. 민간인을 보호하기 위한 인도적 조치라고는 하지만 독일군에 공격을 사전 통보해 준 꼴이었다. 상륙한 지 아흐레 만인 4월 24일에야 눈보라가 몰아치는 가운데 연합군의 첫 공격이 시작되었다. 하지만 해군의 함포 사격은 세 시간 만에 중지되었다. 선봉을 맡은 노르웨이군 역시 혹한 때문에 거의 전진할 수 없었고 나르비크 남동쪽 교외의 라파우겐 Lapphaugen산에서는 독일군의 반격으로 격퇴당했다. 100여 명이 죽거나 다치고 150여 명이 포로가 되었다.

4월 28일에는 프랑스군이, 5월 9일에는 폴란드군이 나르비크에 도착했다. 일부는 남소스에서 철수한 프랑스군이었다. 연합군은 2만 5,000여 명으로 늘어나면서 독일군을 압도했다. 그중 프랑스 외인 여단은 북아프리카 사막에서는 최강을 자랑하는 정예 부대였지만 동토의 땅은 생소한 장소였다. 보후시시슈코Zygmunt Bohusz-Szyszko 장군이 지휘하는 폴란드인들 역시 제아무리 나라를 되찾겠다는 일념으로 가득해도 극지 훈련을 전혀 받지 못했고 노르웨이의 험준한 산악 지대에 생소했다. 스키 장비도 매우 부족했다. 그나마 믿을 만한 부대는 프랑스 제27산악여단이었다. 오스트리아 산악 부대를 개편한 독일 제3산악사단과 마찬가지로 알프스에서 훈련받았고 제1차 세계 대전에서는 〈푸른 악마〉라고 불릴 만큼 명성을 떨친 정예 부대라는 점에서 서로 맞수인 셈이었다. 하지만 실제로는 대원의 상당수가 머릿수를 맞추기 위해 타 부대에서 급히 차출되었기에 자질이 천차만별이었다. 의지만으로 자연과 싸울 수는 없는 노릇이지만, 연합군은 수적 우세만 믿고 5월 1일 공격을 재개했다. 프랑스 산악여단과 노르웨이군은 혹독한 눈보라와 싸우면서 조금씩 독일군을 밀어붙였다. 독일군은 험준한 산속에 자리 잡고 기관총으로 완강하게 저항했다. 열흘 동안 연합군은 불과 8km를 전진했을 뿐이었다.

비록 나르비크에서 연합군이 버티고 있다지만 어차피 시간문제였다. 노르웨이에서의 승패는 이미 결정 난 셈이었다. 체코슬로바키아에서는 지레 꼬리를 내렸고 폴란드에서는 허세만 부렸던 연합군은 이번에는 제대로 한판 붙겠다면서 칼을 뽑았다. 하지만 히틀러에게 또 한 번의 승리를 안겨다 주었을 뿐이었다. 비록 영국 해군이 독일 해군에 크게 한 방 먹였다고는 하지만 완승이라고 말할 수도 없었다. 무엇보다도 히틀러는 노르웨이를 차지하여 북해를 통해 대서양으로 나갈 수 있는 통로를 손에 넣었으며, 가장 중요한 스웨덴의 철광석도 안정적으로 확보할 수 있었다. 하지만 그 비결은 독일군이 더 강해서라거나 우수한 무기를 가져서가 아니었다. 승리를 향한 히틀러의 집착을 과소평가했기 때문이었다. 그는 이기기 위해서라면 수단과 방법을 가리지 않았고 반대파를 설득하는 데 귀중한 시간을 허비할 필요가 없었다.

반면, 타성에 젖어 있던 연합국 지도자들은 사사건건 절차와 명분을 따지고 지루한 회의를 통해 의견을 모아야 했다. 겨우 결정을 내렸을 때는 이미 승리의 기회가 지나간 뒤였다. 어쨌든 누군가는 실패의 책임을 져야 할 때였다. 그 역할은 체임벌린에게 돌아갔다. 정적이었던 노동당의 강경파 하원 의원 레오 에머리Leo Amery는 노르웨이 원정을 이렇게 비꼬았다.

> ……저는 예전에 젊은 제 친구가 동아프리카에 사자 사냥을 위해 떠났던 것이 떠오릅니다. 그는 철로에서 침대차를 찾아내고 기차에서 분리했습니다. 그리고 자신이 식인 사자를 찾을 것으로 기대하는 장소 근처에 두었습니다. 그는 휴식을 취하면서 아침에 사자를 찾을 것이라는 달콤한 꿈을 꾸었습니다. 불운하게도 사자는 그날 밤 사람 사냥을 나왔습니다. 사자는 차로 올라가서 미닫이문을 비틀어 열고는 제 친구를 잡아먹었습니다. 이것이 요컨대 노르웨이에서 우리가 했던 일의 전모입니다.

에머리는 노르웨이 원정에서 보여 준 연합군의 수많은 오판과 어리석은 실책을 비판하면서 트론헤임에 모든 병력을 집중하지 않고 나르비크로 분산함으로써 패배를 자초했다고 호되게 질타했다. 또한 체임벌린이 뮌헨 회담 이후 지난 8개월 동안 자신이 영국의 군사력을 증강했다면서 〈히틀러는 버스를 놓쳤다〉라고 자화자찬한 것에 대해서도 일축했다. 오히려 시간을 번 쪽은 히틀러이며 전차와 대포, 항공기 모든 면에서 독일과의 격차만 더 벌어졌을 뿐이라는 것이었다. 그는 체임벌린을 향해 이렇게 소리쳤다. 〈당신은 당신의 업적에 비해 그 자리에 너무 오래 있었소. 떠나시오. 내 감히 말하노니 당신이 하던 일을 그만 끝내시오. 신의 이름으로 나가시오!〉 300여 년 전 영국의 위대한 장군이자 철권 독재자였던 올리버 크롬웰이 사사건건 자기 발목만 잡았던 의회를 강제 해산할 때 남긴 명언을 그대로 써먹은 것이었다.

에머리의 비난은 혹독하기 이를 데 없었다. 야당만이 아니라 보수당 내에서도 비판이 쏟아졌다. 단순히 실패의 책임을 떠넘기려는 상투적인 정치 공세가 아니라 체임벌린에게 더는 영국의 운명을 맡길 수 없다는 불신감 때문이었다. 그토록 자신만만하게 큰소리쳤음에도 결과는 참담했다. 오스트리아와 체코슬로바키아, 폴란드를 갖다 바쳤고 스탈린이 히틀러와 결탁하는 것을 막지 못했으며 노르웨이에서도 실패했다. 이제 체임벌린은 대영 제국 역사상 가장 무능한 지도자로 낙인찍힌 셈이었다. 5월 9일, 의회에서 투표가 열렸다. 체임벌린은 재신임을 묻는 표결에서 간신히 과반수를 얻었지만, 지도력에 치명타를 입었다. 전쟁을 앞두고 국민을 하나로 뭉쳐야 할 판국에 권좌에 미련을 못 버리고 고집을 부려 봐야 나라를 위하는 길이 아니라고 생각한 그는 다음 날 깨끗이 퇴진했다. 그 대신 마찬가지로 유화주의자였던 외무 장관 핼리팩스를 후임으로 삼으려 했지만 거절당했다. 자신은 이 국난을 이끌 적임자가 아니라는 이유였다.

덕분에 꿈에도 그리던 대권을 받게 된 쪽은 뜻밖에도 처칠이었다.

처칠 자신은 물론이고 누구도 예상하지 못했던 일이었다. 국왕을 비롯하여 보수당과 노동당 모두 온화하고 원만한 성격의 핼리팩스를 선호했다. 반면, 고집불통에 독불장군으로 유명했던 처칠은 기피 대상이었다. 노르웨이 원정 실패에 처칠의 책임 또한 없다고 말할 수는 없었다. 하지만 이들로서도 히틀러라는 새로운 유형의 강적을 상대로 싸우려면 체임벌린처럼 품위는 있지만 입으로만 떠드는 구식 정치인이 아니라 썩 마음에 들지는 않더라도 말이 아니라 행동으로 보여 주는 처칠에게 맡길 수밖에 없다는 사실을 인정해야 했다. 처칠은 신임 총리로 취임했다. 노르웨이 원정은 처칠에게 〈제2의 갈리폴리〉가 될 수도 있었지만 아이러니하게도 그의 시대를 열어 준 셈이었다.

처칠로서는 기쁨에 젖어 있을 여유는 없었다. 그가 총리로 취임한 날, 충격적인 사건이 벌어졌다. 8개월에 걸친 가짜 전쟁이 끝나고 서부 전선이 막을 연 것이다. 독일의 방식은 폴란드와 덴마크, 노르웨이에서 보여 준 것과 같았다. 공군이 네덜란드와 벨기에의 주요 도시를 두들기고 하늘에서는 공수 부대가 낙하했다. 또한 전차 부대를 앞세운 지상군이 일제히 국경을 넘어 북부 벨기에를 침공했다. 독일군이 움직이자 연합군도 기다렸다는 듯 주력 부대를 투입했다. 양군은 1914년과 마찬가지로 북부 벨기에의 평야를 전장으로 삼아 결전을 벌일 참이었다. 그러나 히틀러는 또 한 번 연합군의 허를 찔렀다. 연합군이 북부 벨기에만 신경 쓰는 동안 진짜 공세는 남부 벨기에의 아르덴 삼림 지대에서 시작되었다. 워낙 삼림이 울창하고 지형이 험준하여 대규모 부대의 기동이 불가능하다고 믿었던 곳이었다. 구데리안이 이끄는 기갑 부대는 사흘 만에 돌파하여 뫼즈강으로 돌진함으로써 연합군의 후방으로 진출하는 데 성공했다. 연합군의 계획은 뿌리부터 흔들리게 되었다. 전쟁이 시작되자마자 연합군은 궁지에 몰렸다.

그 와중에도 노르웨이의 싸움은 계속되고 있었다. 그동안 나르비크에서 연합군의 공세가 지지부진했던 이유는 혹독한 기후 외에도 지휘권이 통일되지 못한 탓이었다. 5월 13일, 클라우드 오친렉Claude Auchinleck 중장이 노르웨이 원정군의 총지휘를 맡았다. 나르비크 탈환을 시도한 지 20일이나 지난 뒤였다. 나중에 북아프리카에서 중동군 총사령관을 맡아 로멜의 맞수가 되는 그는 전임자보다 훨씬 유능한 인물이었고 즉각 나르비크에 대한 총공세에 나섰다.

연합군의 모습은 여태까지와는 달랐다. 나르비크 북쪽 10km의 비에르크비크Bjerkvik에서 슈퍼 드레드노트급 전함 레졸루션HMS Resolution을 비롯한 연합군 함대의 함포 사격이 쏟아졌다. 뒤이어 프랑스 외인 여단 산하 2개 대대 1,600여 명이 10여 대의 프랑스제 호치키스 H39 경전차를 앞세우고 상륙했다. 사전 경고가 있었음에도 미처 피하지 못한 노르웨이 민간인들이 포격에 휘말려 10여 명 이상이 사망했다. 이번에는 전차 앞에서 속수무책인 쪽은 독일군이었다. 호치키스 경전차들은 독일 기관총 진지를 분쇄했다. 독일군은 격렬하게 저항했지만 두 시간에 걸친 시가전 끝에 패주했다. 같은 시간 나르비크 북서쪽 20km 떨어진 보겐Bogen에서는 폴란드군이 상륙했다. 독일군은 산속으로 달아났다. 프랑스 외인 여단은 〈군단은 결코 진격을 멈추는 법이 없다〉라는 자신들의 오랜 구호에 따라 맹추격에 나섰다.

5월 17일 독일군이 반격을 시도했지만, 영국군 포병의 지원을 받은 프랑스군에 격퇴되었다. 드디어 얼어붙은 노르웨이 북쪽에 늦은 봄이 오면서 전세는 점차 연합군 쪽으로 기울었다. 5월 27일에는 나르비크 맞은편의 앙케네스Ankenes가 폴란드군에 의해 점령되었다. 나르비크 탈환도 초읽기였다. 항공 모함 글로리어스HMS Glorious에서 출격한 허리케인과 글래디에이터 전투기들이 엄호했다. 이날 밤 11시, 나르비크에 대한 총공세가 시작되었다. 항구와 철도, 시가지에 무시무시한 함포 사격이 쏟아졌고 프랑스군과 노르웨이군, 폴란드군이 포위 공격에 나섰다. 트론헤임에서 날아온 독일 슈투카 급강하 폭격기의 폭격으로 연합군 함대는 바다로 피신해야 했지만, 다음 날 오전 7시가 되자 독일군은 나르비크를 버리고 비에른펠로 후퇴했다.

노르웨이 제6사단장 칼 구스타브 플라이셔 장군의 노르웨이군이 나르비크에 입성했다. 개전 이래 연합군이 지상에서 처음으로 거둔 승리였다. 독일군의 불패 신화는 깨졌다. 모처럼 노르웨이에 희망이 보이기 시작하는 것 같았다. 8주 동안 압도적인 연합군을 상대로 용전했던 디틀 장군도 궁지에 몰렸다. 그는 스웨덴에 억류되는 것을 각오하고 잔여 병력과 함께 후퇴할 방안을 고민했다. 베를린의 히틀러조차 이들을 전멸시키느니 스웨덴으로 철수시킬 수밖에 없다고 생각했다. 적어도 이때의 히틀러는 전쟁 말기에 맹목적으로 철퇴 불가를 외치면서 독일군의 옥쇄를 강요하던 광기 어린 모습과는 달랐던 셈이다.

하지만 디틀은 운 좋게도 불명예스러운 선택을 할 필요가 없었다. 이미 런던에서는 나르비크 공략을 시작하기도 전인 5월 24일 철수를 결정했기 때문이었다. 노르웨이의 운명은 다른 곳에서 결정되었다. 아르덴을 돌파한 독일군이 프랑스군 주력 부대를 포위하면서 프랑스 전체가 무너지는 판국이었다. 노르웨이에서도 7개 사단 10만 명 이상으로 늘어난 독일군이 파죽지세로 밀고 올라오는 중이었지만 연합군은 4개 여단에 불과했고 당장 증원할 수 있는 병력도 없었다. 공군력에서는 아예 비교되지 않았다. 패배는 시간문제였다. 처칠로서는 노르웨이보다 벨기에와 북부 프랑스에서 독일군에 포위되어 오도 가도 못하는 30만 명의 영국군을 구출하는 쪽이 더 시급했다. 고집 센 그도 이제는 노르웨이에서 손을 떼야 한다는 데 동의해야 했다.

코크 제독에게 철수 명령이 떨어진 것은 됭케르크에서 다이너모 작전Operation Dynamo이 발동하기 하루 전날인 5월 25일이었다. 오친렉이 나르비크 공략을 강행한 것도 잠시 독일군의 눈을 돌리고 연합군의 철

1940년 5월 28일, 나르비크에서 폴란드군의 포로가 된 독일 산악 부대원들. 나르비크
전투는 제2차 세계 대전에서 연합군이 처음으로 거둔 승리였다. 하지만 그사이 서부 전선이
무너지고 프랑스가 궁지에 몰리면서 모처럼의 승리 또한 빛이 바래고 말았다.

수를 은폐하려는 방편이었다. 나르비크 점령의 기쁨은 잠시였고 연합군에는 개전 이후 최악의 한 주가 될 참이었다. 노르웨이인들에게 철수 사실이 전달된 것은 6월 1일이었다. 모처럼 사기가 올라갔던 노르웨이인들은 청천벽력 같은 소식에 충격에 빠졌다. 이들은 혼자서라도 끝까지 싸우겠다고 주장했지만, 연합군의 도움 없이는 불가능했다. 늙은 국왕과 왕세자는 국민을 버리고 달아나느니 노르웨이에 남겠다고 말했다. 하지만 노르웨이 주재 영국 대사 세실 도머Cecil Dormer의 설득으로 영국으로 탈출한다는 고통스러운 선택을 내려야 했다. 스테펜스 장군과 플라이셔 장군은 망명 정부와 함께 영국에서 자유 노르웨이군을 조직하는 일을 맡았다. 총사령관 루게 장군은 망명을 거부했다. 그는 부하들을 또 한 번 버릴 수 없으며 차라리 그들과 함께 독일군 포로 수용소에 들어가겠다고 단호하게 말했다.

〈알파벳 작전Operation Alphabet〉이 발동했다. 6월 4일부터 철수가 시작되었다. 탈출은 결코 쉬운 일이 아니었다. 영국의 거의 모든 해공군력은 됭케르크에서 포위된 영국 원정군의 구출에 투입되었다. 노르웨이 철수는 부차적이었기에 코크 제독은 충분한 전력을 받을 수 없었다. 선단 호위를 위해 항공 모함 아크 로열과 글로리어스, 중순양함 1척, 경순양함 2척, 구축함 11척이 투입되었다. 그 밖에도 폴란드 해군이 지원에 나섰다. 철수는 됭케르크의 축소판이었다. 독일군은 한동안 연합군의 철수 사실을 알지 못했지만, 독일 공군은 매일같이 하르스타드와 나르비크로 날아와 폭탄을 퍼부었고 연합군 수송 선단을 습격했다. 영국 공군의 필사적인 저지에도 불구하고 한 줌에 불과한 이들로서는 압도적인 독일 공군을 막을 수 없었다. 병사들은 몸만 빠져나가기에도 급급했다. 항구에서는 중화기와 막대한 보급품이 파괴되었다.

6월 7일 밤, 영국 중순양함 데번셔MS Devonshire는 국왕 일행과 각료들, 노르웨이 정부의 금을 싣고 트롬쇠를 출발했다. 그나마 6월 8일까

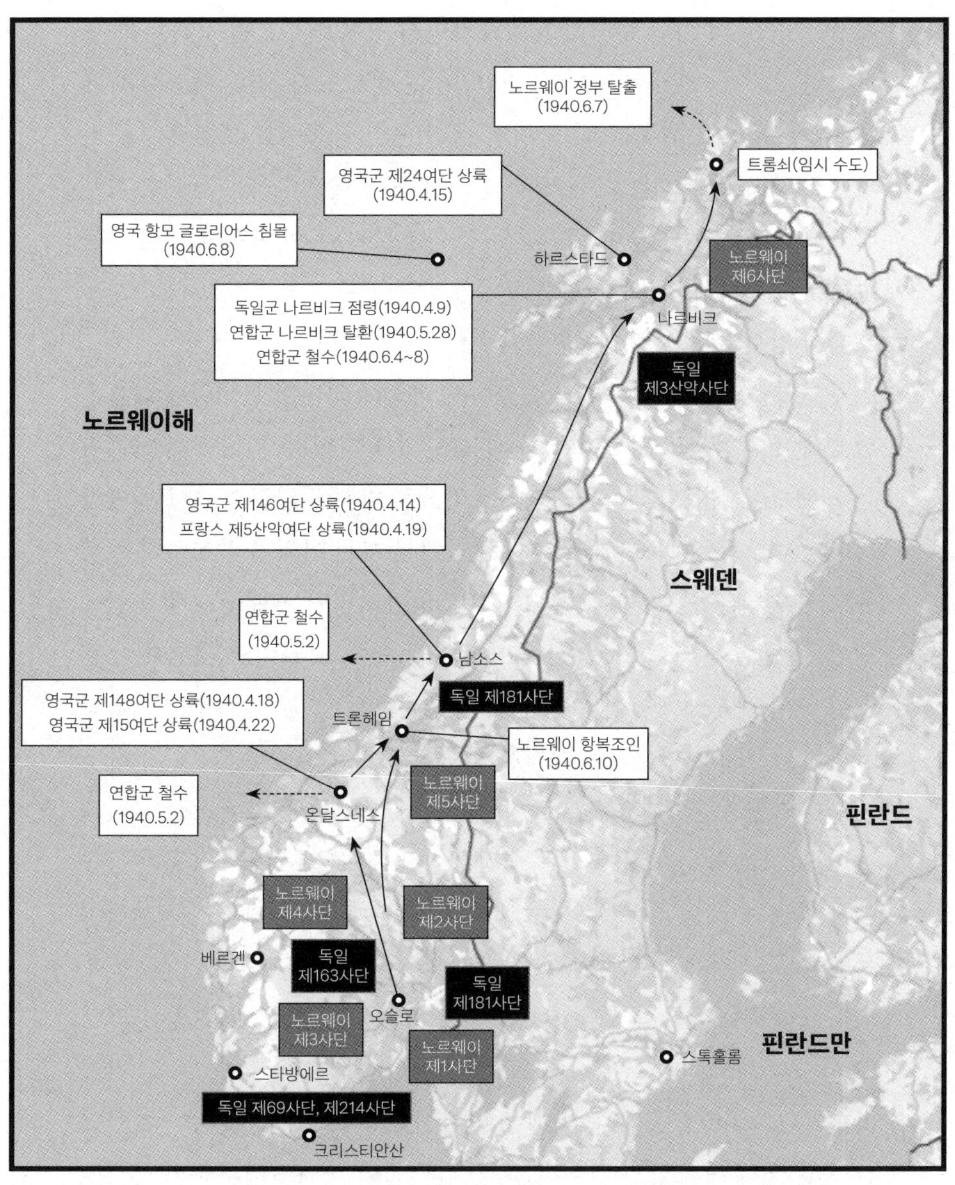

연합군의 노르웨이 상륙과 주요 전투(1940. 4. 14~6. 8)

지 2만 5,000여 명이 무사히 빠져나가면서 병력 대부분을 구하는 데 성공했다. 그중 노르웨이군이 약 4,000여 명 정도였다. 또한 구축함 슬레이프니르를 비롯해 13척의 군함과 여러 대의 항공기도 노르웨이를 빠져나와 영국으로 향했다. 한 영국 장교는 즉각 탈출하라는 명령을 거부하고 인근 어선들을 모아 주민들의 철수를 도왔다. 이 때문에 명령 불복종으로 군법 재판에 회부될 수도 있었지만 불문에 부쳐졌고 나중에 노르웨이 정부로부터 훈장을 받았다.

연합군의 철수가 며칠만 늦었어도 파국에 직면할 판이었던 디틀은 뒤늦게야 연합군의 탈출 사실을 알고 반격에 나섰다. 연합군의 마지막 철수 행렬이 빠져나간 6월 8일, 나르비크는 다시 독일군의 손에 넘어갔다. 만약 되니츠 제독이 노르웨이 해역에서 자기 어뢰가 쓸모없다는 이유로 잠수함들을 성급하게 철수시키지 않았더라면 연합군 수송 선단에 훨씬 큰 손실을 입혔을 것이다. 그러나 두 번의 나르비크 해전에서 큰 손실을 입고 북해에서 철수한 독일 해군은 한동안 항구에 처박힌 채 꼼짝하지 않았고 연합군의 수송로를 위협하는 일은 없었다.

하지만 독일 해군은 결코 이탈리아 해군처럼 불명예스럽게 패배한 채 이대로 죽은 척하고 있을 생각은 없었다. 프랑스에서 육군과 공군이 놀라운 승리를 거두는 와중에 레더 제독은 남은 함대를 총동원하여 독일 해군의 자존심을 지키기로 했다. 영국 해군이 다이너모 작전에 투입되어 북해에서의 봉쇄망이 약해진 것을 이용해 하르스타드를 포격하고 디틀의 나르비크 탈환을 지원하기 위함이었다. 6월 4일 〈주노 작전 Operation Juno〉이 발동했다. 빌헬름 마르샬Wilhelm Marschall 제독이 지휘하는 독일 함대가 모항인 킬에서 출격했다. 전함 그나이제나우와 샤른호르스트, 중순양함 아드미랄 히퍼, 구축함 4척이라는 만만찮은 전력이었다.

독일 함대의 출격을 안 포브스 제독은 즉각 휘트워스 제독에게 요격을 명령했다. 전함 리나운과 레펄스, 순양함 2척, 구축함 4척이 독일 함대를 찾아 나섰다. 하지만 이번에도 포브스 제독은 취약한 수송 선단을 보호하려고 노력하는 대신, 자신의 고정 관념을 고집하면서 함대를 엉뚱한 쪽으로 보내 헛수고하는 실수를 저질렀다. 반면, 마르샬 제독은 그때까지 연합군의 철수 사실을 몰랐지만, 정찰기로부터 하르스타드에서 연합군 함대가 보이지 않으며 바다에서 정체불명의 수송 선단을 발견했다는 보고를 받고 연합군이 빠져나가고 있음을 직감했다. 이런 유연한 사고가 독일군의 가장 큰 장점이었다. 그는 당장 방향을 바꾸어 추격에 나섰다.

6월 8일 새벽 6시, 노르웨이 유조선 오일 파이어니어Oil Pioneer가 그나이제나우의 포격을 받아 격침당했다. 이어 영국 병력 수송함 오라마Orama가 아드미랄 히퍼에 의해 침몰했다. 독일군이 무선을 봉쇄하면서 독일 군함의 기습은 연합군 수송 선단에 전달되지 않았다. 항공 모함 글로리어스에는 10대의 허리케인 전투기를 비롯하여 34대의 함재기가 있었지만, 초계를 위해 출격한 비행기는 한 대도 없었다. 함장 가이 도일리휴스Guy D'Oyly-Hughes 대령은 원래 잠수함 전문가였고 항모 운용에는 거의 문외한이나 다름없었기 때문이었다. 게다가 오만하고 고집 센 그는 항공대 지휘관과 부지휘관이 자신의 명령에 불복했다는 이유로 돌아오는 대로 군법 회의에 회부하겠다며 으름장을 놓으면서 스캐파플로에 내버려두고 왔다. 제 손으로 자신의 수족을 잘라 낸 셈이었다. 코크 제독의 수송 선단과 떨어져 구축함 2척만 대동한 채 태평스럽게 영국으로 향하는 발걸음을 재촉하던 글로리어스는 오후 4시 30분 하르스타드 서쪽 300km 떨어진 지점에서 독일 함대와 정면으로 마주쳤다.

당연히 항공 모함이 전함의 상대가 될 리 없을뿐더러, 함재기들은 출격할 아무런 준비조차 되어 있지 않았다. 샤른호르스트의 280mm 주포가 불을 뿜었고 글로리어스를 직격하여 침몰시켰다. 2척의 구축함 역시 격침당했다. 도일리휴스 대령을 비롯해 1,600여 명이 몰살당했다. 샤른호르스트도 한 발의 어뢰를 맞고 50여 명이 죽었지만, 그동안 북해를 제 앞마당으로 여기면서 독일 해군을 얕보았던 영국 해군에는 방심하다가 허를 찔린 격이자 유틀란트 해전 이래 최악의 손실이었다. 게다가 마르샬 제독은 승리감에 도취하여 어영부영하다가 영국 해군의 반격을 부르는 대신, 재빨리 트론헤임으로 물러났다. 영국 해군은 다음 날 아침에야 독일 해군의 발표를 라디오로 듣고 이 사실을 알았을 정도였다. 비록 작은 승리지만 독일 해군은 체면을 회복했다. 6월 10일, 노르웨이군 전체가 항복했다. 4월 9일부터 62일에 걸쳐 북방에서 벌어진 전쟁은 연합군의 참패로 끝났다. 그나마 노르웨이는 폴란드와 프랑스보다 오래 버팀으로써 소련을 제외하고 독일의 침공에 맞서 가장 오랫동안 버틴 나라로서 명예를 지켰다.

영국으로 탈출하여 망명 정부를 수립한 국왕 호콘 7세는 퇴위하라는 노르웨이 괴뢰 정부의 압박을 끝까지 거부했다. 연합군과 함께 탈출한 노르웨이군은 자유 노르웨이군으로 재편되었다. 노르웨이 해공군 역시 영국군에 편입되어 싸웠다. 연합군은 로포텐 제도를 비롯하여 노르웨이 주변의 군도에서 소규모 상륙 작전을 시도하여 끊임없이 독일군을 위협했으며 노르웨이 국내에서는 4만 명의 레지스탕스들이 저항 운동을 펼치면서 독일의 압제에 맞서 싸웠다. 1943년 2월, 영국군에서 훈련받은 노르웨이 특수 부대가 노르웨이 남부 베모르크Vemork의 중수 공장을 습격하여 중수 500kg을 비롯한 중수 생산 시설을 파괴한 거너사이드 작전Operation Gunnerside은 연합군의 대표적인 특수 작전이자 독일의 핵 개발에 치명타를 가했다.

시종일관 유럽 대륙 복귀를 꿈꾸었던 처칠은 노르웨이 북부에 상륙하는 계획을 궁리했다. 〈주피터 작전Operation Jupiter〉이라 부르는 이 작전은 위험이 너무 크고 전략적 가치가 적다는 이유로 군부의 반대에 부

영국 철수선 함상에서 연합군으로서 우애와 결속을 과시하는 삼국 병사들. 가장 왼쪽부터 노르웨이 장교, 영국군 보병, 프랑스 산악 부대원. 어차피 연출된 사진이지만 노르웨이로서는 처칠의 막무가내에 휘말린 죄로 겪지 않아도 될 재난을 당한 셈이었다.

덮혀 포기해야 했다. 연합군의 최종 선택은 북부 프랑스의 노르망디였다. 히틀러 역시 연합군의 노르웨이 상륙에 대비하여 40만 명에 달하는 독일군을 묶어 두었지만 전쟁 내내 노르웨이는 연합군의 주요 작전 지역에서 벗어나 있었다. 하지만 노르웨이인들은 덴마크처럼 하릴없이 시간을 보내며 남들이 알아서 해방해 주기만을 기다리지 않았다.

전쟁 말기 독일이 수세에 몰리자 소련군은 핀란드를 넘어 노르웨이 국경으로 진격했다. 노르웨이 망명 정부는 1944년 10월 25일 〈크로프터 작전Operation Crofter〉을 발동하여 스스로 국토 탈환에 나섰다. 아르네 다그핀 달Arne Dagfin Dahl 대령이 지휘하는 자유 노르웨이군 산악 중대 256명은 소련 무르만스크에 상륙한 뒤 핀란드를 거쳐 노르웨이로 향했다. 그리고 11월 10일 노르웨이 최북단의 핀마르크Finnmark에 상륙했다. 4년 5개월 만에 조국 땅을 다시 밟는 순간이었다. 뒤이어 이날을 위해 스웨덴에서 훈련받던 노르웨이 경찰들과 현지 저항군이 속속 합류하면서 총병력은 3,000여 명 이상으로 늘어났다. 독일군은 이미 남쪽으로 철수 중이었기에 큰 전투는 없었으나 자유 노르웨이군은 소련군과 함께 독일군을 추격하여 곳곳에서 소규모 접전을 벌이고 몇 개의 마을을 해방했다. 비록 국토 일부에 지나지 않았다고 해도 어쨌거나 외세가 아닌 자신들의 손으로 직접 되찾았다는 점에서 의미가 컸다.

1945년 5월 8일, 독일이 항복하자 노르웨이인들은 즉각 봉기했다. 이들은 오슬로의 왕궁을 비롯하여 주요 행정 청사를 장악하고 독일군을 무장 해제했다. 다음 날에는 〈둠스데이 작전Operation Doomsday〉이 발동하여 영국 제1공수사단이 노르웨이로 출동했다. 그중에는 영국에서 훈련받은 노르웨이 공수 중대도 있었다. 또한 스웨덴에서 훈련된 노르웨이 경찰 1만 2,000여 명이 국경을 넘어 노르웨이 해방에 나섰다. 5월 11일, 아케르스후스 요새Akershus Fortress에 주둔한 독일군 수비대가 마지막으로 노르웨이 저항군에 항복했다. 이로써 5년에 걸친 나치 통치는

노르웨이가 항복한 다음 날인 1940년 6월 11일, 트론헤임 앞바다에서 독일 순양 전함 그나이제나우(맨앞)와 샤른호르스트(뒤쪽), 중순양함 아드미랄 히퍼(맨 위 왼쪽). 유틀란트 해전 이후 거의 25년 만에 북극해에서 벌인 해전에서 독일 해군은 콧대 높은 영국 해군을 상대로 판정승을 거두었다. 영국 해군은 금쪽같은 2만 톤급 항공 모함 글로리어스를 포함하여 중순양함 1척, 경순양함 1척, 구축함 7척을 잃었다. 하지만 독일이 치른 대가도 컸다. 독일 해군은 최신 중순양함 블뤼허와 경순양함 2척, 구축함 10척을 잃었으며 다른 군함들 역시 크고 작은 손상을 입었다. 이 때문에 히틀러가 영국 본토 상륙을 포기해야 했다는 점에서 영국 해군에게 제2의 트라팔가르 해전까지는 아니라도 전략적 승리를 거둔 셈이었다.

1944년 11월 10일, 핀마르크주의 국경 마을인 비에르네바튼Bjørnevatn에서 행진 중인 자유 노르웨이군 병사들. 자유 노르웨이군은 기껏해야 2~3개 중대에 불과하여 폴란드나 다른 망명 군대에 비해서도 소규모였고 가장 큰 작전이 핀마르크 해방 작전이었다.

막을 내렸다. 노르웨이인들의 기나긴 악몽이 끝나는 순간이었다.

중립국이었던 덴마크인들과 노르웨이인들로서는 처칠의 불장난 덕분에 겪지 않아도 될 재난에 휘말리게 된 셈이지만 그렇다고 이란인들보다 더 억울하지는 않았을 것이다. 스탈린, 히틀러만큼이나 탐욕스럽고 자신의 목적을 위해서라면 어떤 비겁한 수도 마다하지 않는 처칠의 진면목을 보여 준 것이 이란 침공 작전이었던 〈동의 작전Operation Coutenance〉이었다.

고대에 유럽 전체를 위협하는 세계 제국이었던 이란은 근세에 와서 몰락하여 영국과 러시아가 벌이는 〈그레이트 게임〉의 각축장으로 전락한 신세였다. 제1차 세계 대전에서는 중립을 선언했음에도 오스만과 러시아, 영국군에 의해 싸움터가 되었고 대기근으로 200만 명 이상이 아사하기도 했다. 전쟁이 끝난 뒤 쿠데타로 정권을 잡은 레자 샤Reza Shar는 개혁 군주로서 근대화에 나섰다. 이란인들에게 더 중요한 일은 중동의 종주국으로 행세하면서 이란의 석유 이권을 좌지우지하는 영국의 간섭에서 벗어나는 일이었다. 레자 샤는 영국을 견제하기 위해 친독 정책을 펼쳤다. 그로서는 균형 외교이지만 영국인들에게는 눈엣가시였다. 처칠은 그가 나치와 손을 잡으려 한다는 억지를 부리면서 중동군 총사령관 웨이벌 장군에게 이란에 본때를 보여 줄 것을 지시했다. 당장 히틀러의 침공을 막기에도 급급했던 스탈린조차 전시 동맹의 결속을 보여 줄 기회라는 처칠의 부추김에 트랜스캅카스 전선군 산하 3개 군을 투입했다.

우선 명분을 위해 몇 차례의 형식적인 항의를 전달한 뒤 1941년 8월 25일, 영국군과 소련군이 이란을 기습 침공했다. 완전히 날벼락을 받은 꼴이었던 이란군은 변변히 싸우지도 못한 채 무너졌고 일주일 만에 백기를 들었다. 엄연히 국제법 위반이자 히틀러에 비견되는 횡포였지만 루스벨트는 이란의 호소에도 불구하고 끝까지 침묵함으로써 특유의 이중 잣대를 보여 주었다. 레자 샤는 강제 퇴위당한 뒤 아프리카의 영국 식민지인 모리셔스로 끌려갔고 3년 뒤 남아공에서 죽었다. 영국군은 페르시아만의 유전 지대를 장악하여 연합국의 전쟁 수행에 써먹었다. 북부 곡창 지대를 손에 넣은 소련군은 식량을 마구 수탈했고 철도를 서방의 원조 물자를 실어 나르는 데 활용했다. 그로 인한 고통은 모두 이란인들의 몫이었다. 제2차 세계 대전이 끝난 뒤에야 점령군은 이란에서 모두 물러났지만, 서방은 여전히 팔레비 왕조를 꼭두각시로 삼아 자신들의 이익을 챙겼다. 그리고 40여 년 뒤 이란에서 호메이니 혁명이 폭발하는 데 일조하게 된다.

스웨덴식 무장 중립

전 유럽이 나치의 군홧발에 짓밟히던 제2차 세계 대전에서 약소국들은 괜히 강대국들의 싸움에 휘말려 험한 꼴을 당하기보다는 저만치 떨어져 남의 싸움 구경하고 싶은 마음은 마찬가지였지만 당시 상황에서는 결코 쉬운 일이 아니었다. 그렇게 운이 좋았던 나라는 스위스를 비롯하여 몇몇 국가에 지나지 않았다. 히틀러가 보기에 애써 집어삼키려고 애쓰기보다 그냥 내버려두는 쪽이 낫다고 여긴 이유도 있었지만 어쨌거나 충분한 군사력이 없는 약소국들로서는 그의 비위를 거스르지 않는 선에서 자국의 주권을 지키기 위해 노심초사했다. 그중에서도 덴마크부터 노르웨이, 핀란드에 이르는 스칸디나비아반도의 국가들이 죄다 원하건 원치 않건 독일 편에 서서 싸우거나 아니면 독일의 노예가 되거나 양자택일을 강요당하는 와중에 유일하게 끝까지 중립국으로 남아 전쟁의 불길을 피한 나라가 있었다. 스웨덴이었다. 하지만 그런 스웨덴도 제2차 세계 대전 내내 몇 번이나 중립을 위협받는 우여곡절을 겪어야 했다.

17세기의 위대한 군사 전략가 구스타부스 아돌푸스Gustavus Adolphus를 배출했고 두 세기 전만 해도 러시아와 어깨를 나란히 하는 북방의 강자로서 스칸디나비아반도 전체를 석권하고 발트해와 독일 북부에 이르는 광대한 제국을 건설했던 스웨덴은 20세기에 오면 평범한 이류 국가로 전락한 신세였다. 1939년 당시 스웨덴 인구는 634만 명으로 370만 명의 핀란드나 294만 명의 노르웨이보다는 훨씬 많다고 해도 독일에 비하면 1/10에 불과한 약소국이었다.

게다가 유럽 대륙에서 끊임없는 전란이 벌어지는 와중에도 지정학적으로 변경에 치우친 덕분에 나폴레옹 전쟁 이후 단 한 번도 싸움다운 싸움을 경험하지 않았다. 비록 유럽 정세가 악화하는 1930년대 말부터 나름대로 군비 증강에 노력을 기울이면서 1936년 3,700만 달러에 불과했던 국방비가 1939년에 오면 약 10배에 달하는 3억 220만 달러로 급격히 늘어났음에도 나치나 소련의 위협에 맞서기에는 여전히 역부족이었고 주변국들과 크게 다를 바 없었다.

스웨덴 육군은 5개 보병 사단 및 1개 기병 여단 10만 명이었고 전시에 40만 명을 동원할 예정이었다. 전차는 체코제 AH-IV 탱켓을 라이선스 생산한 M/37 48대와 스웨덴에서 독자적으로 생산한 L-60 경전차 20대가 전부였다. 1930년대 초반에 생산된 이 전차들은 하나같이 시대에 뒤떨어지고 장갑과 화력이 매우 빈약했다. 공군력으로는 5개 비행대(전투 비행대, 경폭격대, 중폭격대, 수상기대, 정찰 비행대)가 있었고 전투기 158대, 폭격기 116대, 정찰기 100대 등 374대의 항공기를 보유했다. 주력 기체는 영국제 글로스터 글래디에이터 복엽 전투기와 호커 하트Hawker Hart 복엽 경폭격기, 독일제 융커스 Ju 86 쌍발 폭격기 등이었다. 그중 Ju 86 폭격기 36대를 제외하고는 모두 1920년대와 1930년대 초반에 제작된 구식 복엽기였다. 스웨덴 정부는 미국에서

300대에 달하는 신형 항공기를 주문했지만 1939년 11월 4일 고립주의를 고수하던 미 의회에서 해외 무기 수출을 금지하는 중립법을 통과시키면서 1940년까지 인도된 기체는 세버스키Seversky P-35 단엽 전투기 60대에 불과했다. 나중에 이탈리아에서 피아트 CR.42 복엽 전투기를 비롯해 200여 대의 항공기를 수입하기도 했다.

빈약한 육군과 공군에 비하면 해군력만은 무시할 수 없는 수준이었다. 7,200톤급 해방함 3척, 3,600톤급 해방함 4척, 4,600톤급 장갑 순양함 2척, 구축함 19척, 어뢰정 34척, 잠수함 16척, 기뢰 부설함 9척, 소해정 14척 등 100여 척에 달하는 대소 군함을 보유했다. 대부분 제1차 세계 대전 이전에 건조된 구식 함들이었고 현대적인 군함은 거의 없었다. 전형적인 연안 해군이었다.

스웨덴은 스위스와 마찬가지로 자급자족할 수 없다 보니 해외에서 식량과 원자재, 석유, 석탄을 수입해야만 먹고살 수 있었다. 따라서 제2차 세계 대전 발발과 함께 대번에 심각한 곤란에 직면했다. 영국과 독일이 북해를 봉쇄했기 때문이었다. 북해는 영국 해군이 살포한 기뢰와 독일 잠수함이 우글거리는 세계에서 가장 위험한 바다가 되었다. 스웨덴 깃발만 내건다고 해서 안전을 보장받을 수는 없었다. 스웨덴 정부는 영국, 독일 양쪽을 상대로 필사적인 협상에 나섰지만, 영국과의 교역량은 70퍼센트 이상 격감했고 식량과 연료의 배급제를 실시해야 했다.

1939년 11월에는 소련이 핀란드를 침공하면서 겨울 전쟁이 발발했다. 스웨덴은 중립을 선언하면서도 핀란드를 돕기 위해 8,260명의 의용군과 함께 13만 5,000정의 소총, 기관총 800여 정, 탄환 5,000만 발, 야포 144문, 대공포 100문, 대전차포 92문, 포탄 30만 발, 항공기 26대 등을 원조했다. 더 큰 위기는 히틀러가 노르웨이를 침공하면서 닥쳤다. 자칫하면 스웨덴도 노르웨이와 함께 나치 군대에 도매금으로 쓸려 나갈 판국이었다. 더욱이 스웨덴은 병력 대부분을 소련군에 대비하여 핀란드 방면에 배치했을 뿐, 노르웨이를 통한 공격에는 어떤 대비도 되어 있지 않았다. 국경선 또한 노르웨이와의 협정에 따라 요새화가 전혀 이루어지지 않았다.

비록 지난 수백 년 동안 단 한 번도 외부의 침략을 받은 적이 없다고 하지만 이제는 스웨덴이 제아무리 용을 쓴다고 해도 히틀러가 마음만 먹으면 점령하는 것은 식은 죽 먹기였다. 뜻밖에도 히틀러는 스웨덴을 건드리지 않기로 했다. 스웨덴이 먼저 독일을 적대하거나 연합군의 편에 서서 동원령을 선언하지 않는 한 중립을 존중하겠다는 것이었다. 하지만 실제로는 노르웨이로 병력과 무기, 물자를 실어 나르기 위해 스웨덴 정부의 묵인 아래 비밀리에 스웨덴의 철도를 이용하기도 했다. 연합군 역시 당장 스웨덴까지 전선을 확대할 처지가 아니었다. 서부 전선이 시작되었기 때문이었다. 연합군은 노르웨이에서 손을 떼고 잔여 병력을 모두 철수시켰다. 다른 스칸디나비아반도의 이웃 형제들에 비하면 그야말로 천운이 따른 셈이었다. 하지만 주변국들이 모두 독일의 손에 떨어지면서 스웨덴은 사방이 나치 제국에 포위당한 처지였다.

1941년 6월에는 바르바로사 작전이 발동하여 300만 명이 넘는 추축 군대가 소련을 전면 침공했다. 핀란드 역시 독일과 손을 잡고 겨울 전쟁에서 잃은 영토를 되찾기 위해 전쟁에 참여했다. 히틀러는 스웨덴의 참전을 강요하지는 않았지만, 그 대신 독일군 제163사단을 스웨덴을 통해 노르웨이를 거쳐서 핀란드로 수송할 수 있도록 협조할 것을 요구했다. 이른바 〈한여름의 위기Midsummer crisis〉라고 불린 이 통첩은 스웨덴의 중립을 심각하게 위협했을뿐더러, 만약 받아들인다면 연합국이 스웨덴을 독일과 한편으로 여기도록 만들 수 있는 일이었다. 그렇다고 거절했다가는 그 핑계로 독일군이 스웨덴을 침공할 판국이었다. 진퇴양난의 위기 속에서 국왕 구스타브 5세가 직접 나서서 정부를 향해 자신이 모든 책임을 질 것이니 히틀러의 요구를 수락하라고 지시했다. 독일군은 순조롭게 스웨덴을 통과하여 핀란드로 수송되었다.

전쟁 내내 스웨덴의 처지는 스위스 이상으로 위태로웠다. 스웨덴은 독일에 철광석을 비롯해 막대한 원자재를 수출하여 독일의 전쟁 수행을 도왔다. 연합국으로서는 독일에 타격을 가하기 위해 노르웨이와 스웨덴에 상륙할 수 있었다. 반대로 히틀러가 연합군의 상륙을 예방한다는 명목으로 스웨덴을 침공할 수도 있었다. 게다가 자급자족이 불가능한 스웨덴은 영국과의 교역이 끊어지면서 경제적으로 독일에 더욱 의존할 수밖에 없었다. 언론들은 독일이나 연합국을 자극할 만한 어떤 기사도 쓸 수 없도록 엄중한 통제를 받았다. 이 때문에 많은 신문이 폐간 조치나 발행을 금지당했다. 그러면서도 스웨덴은 발트해 외곽에서 활동 중이던 상선들을 영국 정부에 임대했다. 선원 수는 8,000여 명에 달했다. 소형 보트를 이용해 영국이 절실히 필요로 하는 항공기용 볼 베어링 같은 중요 군수 물자를 싣고 독일군의 번뜩이는 감시의 눈을 피해 온갖 위협을 무릅쓰면서 노르웨이와 덴마크 사이의 스카게라크 해협을 뚫고 영국으로 수송하기도 했다. 나치와 연합국 사이에서 아슬아슬한 외줄타기를 벌이는 것이 어느 쪽도 자극하지 않으려는 스웨덴 나름의 눈물겨운 생존 전략이었다. 중립을 지킬 힘이 없었기 때문이었다.

노르웨이가 독일에 점령된 후 5만 명에 달하는 난민이 스웨덴으로 탈출하자 영국으로 망명한 노르웨이 정부는 스웨덴과 비밀리에 접촉했다. 전쟁이 끝난 뒤 노르웨이 치안 유지를 위해 경찰을 조직할 수 있도록 협조해 달라는 것이었다. 1943년 12월 3일, 스웨덴 정부는 노르웨이 난민 중에서 자원자를 뽑아 8,000여 명의 예비군과 1,500명의 경찰을 조직했다. 실제로는 연합군과 함께 싸우기 위한 저항군이었다. 이들은 스웨덴의 전폭적인 협력 아래 노르웨이 국경에서 훈련받았고 전쟁 말기 소련군이 독일군을 추격하여 노르웨이로 진격하자 자유 노르웨이군과 함께 출동하여 핀마르크 해방에 일조했다. 1944년 6월에는 독일이 시험 중이던 신무기인 V-2 로켓이 스웨덴 영토에 떨어지자 잔해를 회수하여 영국 측에 몰래 넘겼다. 또한 덴마크와 노르웨이, 헝가리 유대인 수천 명이 나치의 사냥을 피하여 스웨덴으로 탈출했다.

독일은 제2차 세계 대전 중에 나치에 동조하는 외국인들을 모아서 의용 부대를 편성했다. 대표적인 사례가 노르웨이, 핀란드, 에스토니아 등 인종적으로 독일과 가장 가까운 북유럽 출신으로 구성된 제5무장 친위대 기갑사단 〈비킹Wiking〉, 제11무장친위대 기갑척탄병사단 〈노르트란트Nordland〉였다. 그러나 스웨덴 출신으로 무장 친위대에서 복무한 사람은 200여 명 정도에 불과했다. 그중 100여 명이 동부 전선에 참전하여 28명이 죽었다. 6,000여 명의 덴마크인과 6,000여 명의 노르웨이인, 1만 1,000여 명의 프랑스인, 1,500여 명의 핀란드인이 무장 친위대에 복무한 것과는 대조적이었다. 반면, 노르웨이 전역에서 300여 명의 스웨덴인이 노르웨이군에 입대하여 독일군에 맞서 싸웠으며 전쟁 내내 연합군에서 복무한 스웨덴 의용병은 적어도 수천 명에 달했다. 처칠은 스웨덴이 독일과 연합국 사이에서 지조 없이 양다리를 걸치고 있다며 비난을 퍼부었지만, 스웨덴이 적어도 마음만은 연합군의 편에 있었음이 틀림없었다.

전쟁 말기에는 연합군이 덴마크와 노르웨이 해방 작전을 준비하자 스웨덴도 참여하려고 했다. 물론 실행에 옮겨지지는 않았지만, 스웨덴 정보부는 전쟁 내내 연합국 정보부와 비밀리에 협력 관계를 유지했고 수많은 연합군 첩보 요원들이 스웨덴 내에서 활동하며 독일군에 대한 정보를 수집했다. 그렇다고 스웨덴이 강대국들 사이에서 줄타기 외교를 하면서 국운을 하늘에만 맡긴 것은 아니었다. 군사력 증강을 위한 노력 또한 아끼지 않았다. 전쟁 말기 스웨덴군은 100만 명까지 늘어났다. 또한 국산 전차와 항공기를 개발하고 여러 척의 신형 군함을 건조하여 해군력을 강화했다. 제2차 세계 대전이 끝난 뒤에도 긴장을 풀지

스웨덴 해군의 배수량 4,750톤급 항공 순양함 고틀란드HSwMS Gotland. 1920년대에
와서 열강들을 중심으로 항공 모함 건조 경쟁이 시작되자 스웨덴 역시 최소한의 함대
항공력이라도 확보하기 위해 항공 모함과 경순양함을 결합한 항공 순양함을 건조키로 했다.
1934년에 취역했으며 함체 앞부분에는 152mm 주포 4문을 탑재하고 뒷부분에는 영국제
호커 오스프리Hawker Osprey 수상 정찰기 6대를 탑재할 수 있었다.

스웨덴의 캠프에서 사격 훈련을 받는 자유 노르웨이 병사들. 스웨덴은 반세기 전만 해도
왕국의 일부였던 노르웨이가 히틀러의 제물이 되는 동안 중립을 유지하면서도 수만 명의
노르웨이 난민들을 받아들였다. 노르웨이 망명 정부는 스웨덴에 은밀히 접촉하여 저항군
양성을 제안했고 스웨덴의 허락을 받아 1943년 7월 1일부터 스톡홀름 교외에서 첫 번째로
20명이 훈련을 시작했다. 전쟁이 끝날 때까지 최대 1만 5,000여 명이 훈련받았다.

않았다. 대규모 징집 군대를 유지하면서 독자적인 핵무장을 시도하여 1950년대 말에는 핵 개발 직전까지 갔다. 비록 의회의 반대로 포기했지만 말이다. 군사력을 등한시하다가 제2차 세계 대전 내내 히틀러의 눈칫밥을 먹었던 경험을 타산지석으로 삼은 셈이다. 덧붙여 스웨덴 국민 작가 요나스 요나손의 『셈을 할 줄 아는 까막눈이 여자』에는 실제로는 존재하지 않았던 남아공의 〈일곱 번째 핵무기〉 덕분에 스웨덴이 자기도 모르는 사이 핵 보유국이 된 해프닝을 재미있게 묘사한다.

하지만 온갖 우여곡절 속에서도 두 세기 가까이 어렵게 고수해 왔던 스웨덴의 무장 중립 정책은 최근에 와서 흔들리고 있다. 2022년 러시아의 우크라이나 침공은 신냉전의 시작이자 유럽에서 언제라도 전쟁이 폭발할 수 있음을 보여 주었기 때문이었다. 더욱이 우크라이나를 지원하는 유럽 국가들을 향해 여차하면 핵무기를 쓸 수 있다고 큰소리치는 푸틴의 위협 앞에서 비핵 국가의 한계를 절감한 스웨덴은 핀란드와 함께 나토의 일원으로 합류하는 쪽을 선택했다. 2023년 4월 4일 핀란드가 31번째로, 다음 해 3월 7일 스웨덴이 32번째로 나토 회원국이 되었다.

영세 중립국 스위스를 가리켜 나치의 위협에 맞서 주권을 지키기 위해 국토를 요새화하고 남녀노소를 가리지 않고 전 국민이 혼연일치로 결사 항전 태세를 갖추어 히틀러조차 침공을 포기할 수밖에 없었다는 역사는 국난 극복의 대표적인 모범 사례로 거론되곤 한다. 실제로 이전부터 이 나라를 탐탁잖게 여겼던 히틀러는 〈타넨바움 작전Operation Tannenbaum〉을 수립하고 몇 번이나 정복하려다가 매번 군부의 반대로 포기해야 했다. 그러나 스위스가 독일의 침공을 피할 수 있었던 진짜 이유는 따로 있었다. 다름 아닌 나치 지도자들의 비밀 금고 노릇을 했기 때문이었다. 스웨덴이 독일과의 마찰을 무릅쓰고 나치의 사냥으로부터 유대인의 안전한 피난처 역할을 하는 데 노력을 아끼지 않았던 반면, 스

1944년 4월 29일, 스톡홀름 중심가의 외스테르말름Östermalm 거리에서 시가전 훈련
중인 스웨덴군의 스트리스방Stridsvagn M/42 중형 전차와 보병들. 스웨덴이 기갑 전력
강화를 위해 자체 제작한 첫 번째 중형 전차로 중량 25톤, 전면 장갑 55mm, 380마력 엔진,
75mm/L31 주포를 탑재하고 최대 속도 45km/h에 달하여 M4 셔먼과 4호 전차, T-34 등
열강들의 중형 전차와 맞먹는 성능이었다. 종전까지 282대가 제작되었다.

위스는 유대인 난민들을 철저히 외면하고 나치에 돌려보냈다. 나치가 점령지와 유대인 희생자들로부터 빼앗은 수많은 약탈품은 스위스로 들어와 막대한 부를 축적하기도 했다. 이런 스위스의 이중성은 많은 비판을 받고 있다. 그런 점에서 스웨덴이야말로 진정한 중립국으로 높이 평가받아야 마땅하지 않을까.

4장

중립의 딜레마

-벨기에, 네덜란드, 룩셈부르크

동맹에서 중립으로

로카르노 조약 종식과 독일군의 라인란트 재점령은 우리의
국제적 위치를 사실상 전쟁 이전으로 되돌려 놓았습니다. 우
리는 전적으로 외세에 의존하지 않는 벨기에를 위한 정책을
세워야 합니다. 그 정책은 우리가 주변 분쟁의 바깥에 남아 있
는 것을 목표로 해야 합니다.

1936년 10월 14일에 열린 내각 회의에서 서른다섯 살의 벨기에 국왕이
자 명목상 벨기에군 총사령관인 레오폴드 3세는 이렇게 연설했다. 그는
독일과 이탈리아, 소련의 군비 증강이 유럽의 평화를 위협하고 있으며
서방의 집단 안보 체제에만 의존할 수 없다고 강조했다. 게다가 이전의
전쟁과는 달리 공군과 기동력의 발전으로 공격의 이점이 방어를 능가
하면서 특히 벨기에 같은 약소국은 뒤늦게 대비하거나 외부의 원조를
얻을 틈도 없이 초장에 쓸려 나갈 수 있음을 지적했다. 〈외국에 의존하
거나 방어적인 동맹은 국론을 분열시킬뿐더러, 벨기에가 침공받아 폐
허가 된 뒤에나 개입할 것이기에 아무 소용도 없을 것입니다. 벨기에는
자력으로 침략자의 공격에 저항할 수 있어야 합니다. 벨기에의 목표는
전쟁에서 승리하는 것이 아니라 어떤 잠재적인 침략자도 막아 낼 만큼
강력한 군대를 만들어 전쟁 자체에 휘말리지 않는 것입니다.〉

의미는 분명했다. 앞으로는 외세에 의지하지 않고 제힘으로 홀로 서겠다는 얘기였다. 벨기에 국방 정책의 일대 전환점이자 제1차 세계 대전 이후 20여 년 동안 고수했던 영국, 프랑스와의 협력 관계를 버리고 한 세기 이전의 비동맹 중립 시대로 되돌아가기로 선택하는 순간이었다. 그것은 덴마크나 네덜란드, 스칸디나비아 국가들처럼 오랜 평화와 타성에 젖은 탓이 아니라 1914년의 쓰라린 경험을 두 번 다시 되풀이하지 않겠다는 생존을 위한 나름의 결단이었다. 하지만 결과적으로 자신들은 물론, 연합국의 운명조차 바꾸어 놓은 최악의 실수로 끝나게 된다.

7개월 전 독일군은 비무장 지대인 라인란트를 전격적으로 점령했다. 제1차 세계 대전 이후 독일을 억제하고 있던 베르사유 조약과 로카르노 조약에 대한 정면 도전이자 위대한 독일 제국의 부활을 꿈꾸는 히틀러의 첫 번째 도박이었다. 하지만 영국은 침묵했고, 프랑스는 물러섰다. 마음만 먹으면 한 줌에 불과한 독일군을 간단히 짓밟고 히틀러를 끝장낼 수 있었음에도 말이다. 나치 특유의 허장성세에 넘어가 독일의 군사력을 과대평가하여 지레 겁을 먹은 탓이기도 했지만, 그보다 같은 편이어야 할 영국과 프랑스의 엇박자 때문이었다. 영국은 나쁜 쪽은 독일이 아니라 쓸데없는 탐욕을 부려 일을 복잡하게 만든 프랑스라고 여겼다. 심지어 이전부터 베르사유 조약에 비판적이었던 램지 맥도널드James Ramsay MacDonald 전 영국 총리는 히틀러의 라인란트 점령을 환영하면서 독일에 가혹한 굴욕을 강요했던 프랑스인들에게 좋은 교훈이 될 것이라고 비아냥거렸을 정도였다.

영불 지도자들은 어차피 독일의 것을 독일이 되찾는 것에 지나지 않는다며 대수롭지 않게 치부했지만, 그럴 바에는 차라리 진작에 넘겨주는 쪽이 모양새는 나았을 것이다. 정치적 여파는 예상보다 훨씬 컸다. 폴란드를 비롯해 독일 주변의 친서방 국가들은 제1차 세계 대전의 승자

1936년 3월 7일 토요일 오전, 라인강 서안의 마인츠Mainz에 진입하는 독일군 부대. 히틀러는 1년 전 프랑스가 소련과 우호 조약을 맺고 독일을 적대했다는 핑계로 라인란트 진주를 명령하여 서방에 대한 시험에 나섰다. 비록 서방이 무솔리니의 에티오피아 침공을 수수방관했다고는 하지만 라인란트는 프랑스의 앞마당이라는 점에서 히틀러도 정치적 생명을 건 일생일대의 도박이었다. 그는 도박이 실패하면 뒤도 돌아보지 않고 달아날 속셈이었다. 하지만 일이 복잡해질 것을 우려한 서방은 적당히 못 본 척하는 실수를 저질렀다. 도박꾼이 절대로 도박을 한 번만 하지 않는다는 사실을 간과했기 때문이었다.

이자 그동안 유럽 평화의 수호자를 자처하던 영국과 프랑스가 막상 도전에 직면하자 겁쟁이로 전락했다며 불신감을 드러냈다. 더는 서방을 믿을 수 없다고 여긴 이들은 줄줄이 독일과 불가침 조약을 맺거나, 어느 쪽이건 거리를 두고 고래들의 싸움에 휘말리지 않는 것만이 살길이라고 결론 내렸다. 벨기에는 후자였다. 영국, 프랑스는 라인란트만이 아니라 잠재적인 동맹국들까지 함께 잃은 셈이었다. 무엇보다도 벨기에의 이탈은 독일과의 완충 지대이며, 프랑스 침공의 발판이라는 점에서 연합국에 치명타였다. 수년 뒤 이 사실을 뼈저리게 깨닫게 될 참이었다.

네덜란드, 룩셈부르크와 함께 〈저지대 국가〉의 일원인 벨기에는 면적이 3만 688km²로 타이완보다도 작고 경상남북도를 합한 크기와 비슷하다. 인구는 1940년 기준으로 830만 명으로 손바닥 크기만 한 영토에 비해 유럽에서도 인구 밀도가 가장 조밀한 축에 속했다. 여기에 네덜란드가 880만 명, 룩셈부르크가 30만 명 정도였다. 하지만 세 나라를 합한들 4,100만 명의 프랑스나 4,800만 명의 영국, 7,000만 명의 독일에 비할 바는 아니었다. 하물며 이들 국가가 그때까지 연대 의식을 가지거나 공동의 안보를 위해 힘을 모은 적은 한 번도 없었다. 원래 같은 뿌리인 스칸디나비아 국가들과 달리, 말이 이웃사촌이지 역사적으로나 언어, 종교, 문화 등 어느 면에서도 서로 차이가 크다 보니 동질감을 갖기가 어려웠기 때문이다.

벨기에, 네덜란드, 룩셈부르크를 묶은 〈베네룩스Benelux〉라는 이름이 등장한 것도 그리 오래된 일은 아니다. 제2차 세계 대전 때에 와서 독일에 나라를 잃고 영국에서 함께 더부살이하는 신세였던 세 나라 망명 정부가 뒤늦게 동병상련을 느끼고 1944년 9월 5일 관세 동맹을 맺은 데에서 비롯되었다. 심지어 벨기에는 프랑스어권인 남쪽의 왈롱Wallonia과 네덜란드어권인 북쪽의 플란데런Vlaanderen 사이의 극심한 지역 갈등으로 지금도 분리 독립 이야기가 꾸준히 나올 정도로 국민 통합조차 쉽지 않다. 〈우리의 소원은 통일〉이라면서 남북통일을 민족 최대 과업으로 여기는 우리로서는 그 작은 나라에 더 쪼갤 것이 뭐가 있나 싶지만 말이다.

하지만 벨기에의 가장 큰 불행은 하필이면 프랑스와 독일이라는 서로 으르렁대는 강대국 사이에 끼여 있다는 사실이다. 이 때문에 어느 한쪽이 유럽 패권의 야심을 품을 때마다 제일 먼저 이들의 싸움터가 될 수밖에 없다는 것이 벨기에의 숙명이다. 게다가 비슷한 처지의 스위스가 그나마 산악 국가로서 알프스의 험준한 지형이라는 천연의 장벽이 보호해 주는 덕분에 주변에서 건드리기 쉽지 않다면, 바다에 인접한 벨기에는 국토 대부분이 대부대를 기동하기에 적합한 평야 지대다. 가장 만만한 먹잇감인 셈이다. 실제로 유럽 패권을 노렸던 나폴레옹과 반나폴레옹 연합군 사이에서 최후의 싸움이 벌어진 워털루 또한 벨기에의 수도인 브뤼셀 인근이었다.

기원전 1세기경, 갈리아 정복에 나선 카이사르가 〈갈리아족 중에서도 가장 용맹스러운 부족〉이라고 일컬었던 벨기에인들은 그 찬사가 무색하게도 로마 제국에 정복된 이후 거의 2,000여 년 동안 프랑스와 스페인, 오스트리아 등 주변 강대국들의 지배를 받아야 했다. 이웃 네덜란드는 스페인을 상대로 80여 년에 걸친 피비린내 나는 투쟁 끝에 1648년 독립을 쟁취한 반면, 벨기에는 여전히 스페인의 지배에서 벗어나지 못했기 때문이다. 프랑스 대혁명 때에는 프랑스군에 점령되었다가 나폴레옹이 몰락하자 빈 회의의 결과에 따라 네덜란드 연합 왕국의 일부가 되었다. 하지만 가톨릭을 신봉하는 벨기에는 칼뱅교를 믿는 네덜란드와 도저히 섞일 수가 없었다. 이 때문에 벨기에 혁명이 폭발하고 영국, 프랑스가 개입하면서 1831년 연합 왕국은 해체되었다. 네덜란드는 벨기에에서 손을 떼야 했고 벨기에인들은 처음으로 자신들의 나라를 가지게 되었다.

1839년에는 런던 조약이 체결되었다. 영국, 독일, 프랑스, 오스트리아 등 유럽 열강들은 지정학적으로 중요한 벨기에를 영세 중립국으로 인정하는 협약을 맺었다. 벨기에는 평시와 전시를 막론하고 다른 나라와 군사 동맹을 맺거나 특정 국가를 가상의 적으로 삼지 말아야 하며, 강대국들 또한 벨기에의 영토와 주권을 보장하고 중립을 침해하지 않겠다는 약속이었다. 이를 어기는 나라가 있으면 협약국들은 무력으로 개입하여 벨기에를 지킬 의무가 있었다. 그럼으로써 유럽의 평화와 강대국들의 세력 균형을 유지하기 위함이었다. 벨기에는 유럽에서 패권 국가가 등장하지 못하도록 막는 일종의 완충 지대이자 평화의 상징으로 여겨졌다.

덕분에 벨기에인들은 한 세기 동안 평화를 누렸다. 1870년 보불 전쟁이 발발했을 때에도 전란에 휘말리는 일은 없었다. 프랑스와 독일은 벨기에의 중립을 존중했다. 양군이 맞붙은 장소는 남쪽의 알자스-로렌이었다. 로렌의 주도인 메스Metz에서 프랑스군 20만 명이 포위되고 나폴레옹 3세가 벨기에 남부 국경에서 10km 떨어진 스당Sedan에서 항복할 때까지 벨기에 땅에는 포탄 한 발 떨어지지 않았다. 열강들의 침탈에 시달리던 약소국들 입장에서 벨기에는 부러움의 대상이었다. 구한말의 외교관이자『서유견문』의 저자인 유길준은 1885년『중립론』에서 조선이 살아남으려면 벨기에처럼 영세 중립국이 되어야 한다고 주장하기도 했다.

그러나 20세기에 오면서 벨기에의 운명에 먹구름이 드리워졌다. 1905년 퇴임을 앞두고 있던 독일 육군 참모총장 알프레트 폰 슐리펜 Alfred Graf von Schlieffen 원수는 숙적인 프랑스와의 싸움에 대비한 전쟁 계획을 세웠다. 나중에 〈슐리펜 계획Schlieffen plan〉이라고 불리는 이 작전은 프랑스와 러시아를 상대로 양면 전쟁을 한다는 데 있었다. 독일군이 제아무리 강해도 두 나라와 동시에 싸워서는 승리를 장담할 수 없었다. 그의 계획은 동원 능력이 느린 러시아에 대해서는 최소한의 병력으로 묶어 두고, 병력 대부분을 프랑스에 집중시켜 단숨에 분쇄한다는 것이었다. 그런 다음 방향을 동쪽으로 돌려 러시아를 격파한다는 전형적인 각개 격파 전략이었다. 프랑스만 없다면 러시아 따위는 식은 죽 먹기였다. 문제는 프랑스를 그리 쉽게 이길 수 있느냐는 것이었다. 보불 전쟁 때처럼 프랑스 중부 국경을 통해 침공한다면 철벽이나 다름없는 프랑스군 방어선 앞에서 어마어마한 희생을 치를 것이 불 보듯 뻔했다.

그는 대안을 찾았다. 저지대 국가였다. 독일군의 주력을 벨기에와 네덜란드 남부, 룩셈부르크로 투입하여 프랑스의 허를 찌르고 회전문처럼 돌아서 단숨에 파리로 진격한 다음 6주 만에 프랑스의 항복을 받아 내고 전쟁을 끝내겠다는 것이었다. 작전의 성공 여부는 전적으로 얼마나 빨리 저지대 국가들을 통과하여 프랑스군 후방으로 진출하는가에 달려 있었다. 슐리펜은 유명한 말을 남겼다. 〈기억하라! 우익을 최대한 강화해야 한다Remember! keep the right wing very strong.〉 바꿔 말하면 이들 국가의 중립을 더는 인정하지 않겠다는 의미였다. 슐리펜의 후임자이자 보불 전쟁의 전설적인 영웅 대몰트케Moltke the Elder의 조카이기도 한 소몰트케Moltke the Younger 원수는 1914년 8월 제1차 세계 대전이 발발하자 슐리펜 계획을 일부 변형시켜 써먹기로 했다. 우익에 집중하라는 슐리펜의 격언을 따르는 대신, 좌익을 보강하고 네덜란드를 놔두었다. 하지만 벨기에와 룩셈부르크는 운이 좋지 못했다.

벨기에 역시 유럽에 전운이 감도는 가운데, 수년 전부터 독일의 침공에 대비하여 징병제를 채택하고 군사력 강화에 나섰지만 실제로는 전쟁이 발발할 때까지 거의 실행되지 못했다. 오랜 평화로 타성에 젖어 위기의식이 부족했기 때문이었다. 특히 오래전부터 남부에 비해 심한 차별을 받고 있다고 불만 가득했던 북부의 플란데런인들은 군비 강화가 국방을 핑계로 자신들을 억압하려는 것이라며 격렬하게 반발했다.

벨기에군은 서류상 15만 명의 일선 부대를 포함하여 34만 명을 보유해야 했지만, 개전 당시 동원 병력은 20만 명 정도였고 일선 부대는 그중 5만 명에 불과했다. 무기는 구식이었고 탄약도 부족했다. 8월 4일 새벽, 100만 명에 달하는 독일군 최정예 부대들이 국경을 넘어 물밀듯이 밀고 들어오자 벨기에는 속수무책이었다. 룩셈부르크는 한발 먼저 짓밟혔다. 이틀 전 독일 제4군이 진입하자 병력이 400여 명에 불과했던 룩셈부르크는 저항을 포기하고 백기를 들어 항복했다.

슐리펜과 몰트케가 미처 놓친 사실이 있다면 영국의 반응이었다. 독일 지도부는 벨기에 중립을 보장한 런던 조약이 어느 시절 애기냐면서 대수롭지 않게 여겼지만, 안 그래도 이전부터 분수도 모르고 자신들의 제해권을 넘보는 튜턴족을 손봐 주겠다고 벼르던 영국은 기다렸다는 듯 독일을 향해 선전 포고했다. 뜻밖의 상황에 충격을 받은 테오발트 폰 베트만홀베크Theobald von Bethmann-Hollweg 독일 총리는 〈영국과 독일이 겨우 종이 쪼가리 하나 때문에 전쟁을 벌이게 될 줄은 몰랐다〉라며 탄식했다.

하지만 영국의 개입도 벨기에를 구하기에는 역부족이었다. 8월 한 달 동안 벌어진 국경 전투Battle of the Frontiers에서 독일군의 압도적인 공세 앞에서 영불 연합군은 패주하여 남쪽으로 밀려났다. 프랑스군 총사령관 조제프 조프르Joseph Joffre 장군은 〈제17계획〉에 따라 벨기에 남부의 아르덴으로 프랑스 제3군과 제4군을 밀어 넣어 공세에 나섰다. 그러나 26년 뒤에 똑같은 길을 통과하는 구데리안의 독일 기계화 부대와 달리 프랑스군은 기적을 일으키는 데 실패했다. 준비가 불충분하고 지형에 어두웠으며 부대 간의 협력도 제대로 되지 않았고 화력에서 열세했다. 게다가 매우 험준한 산악 지대와 광대한 삼림이 펼쳐져 있는 이곳은 벨기에를 통틀어 공격군에는 가장 불리하고 방어군에는 유리한 천연의 자연 방벽이었다.

벨기에가 국경 방어를 포기하면서 한발 먼저 아르덴에 진입한 독일군은 기다렸다는 듯, 폭풍 같은 포격으로 프랑스군을 쓸어버렸다. 프랑스군은 4만여 명을 잃고 사흘 만에 후퇴했다. 연합군의 전면 붕괴로 이른바 〈대후퇴Great Retreat〉가 시작되었다. 벨기에군은 독일군의 전진을 잠시나마 지연시키기도 했지만, 압도적인 독일군 앞에서 국토 대부분을 빼앗겼다. 8월 16일 동부 요새 도시 리에주가 무너지고 나흘 뒤 수도 브뤼셀이 함락되었다. 10월 9일에는 북부의 항구 도시 안트베르펜이 12일의 포위전 끝에 백기를 들었다. 3만 명의 벨기에군이 포로가 되었고 또 다른 3만 명은 네덜란드로 후퇴했다가 그곳에서 억류되었다. 1914년 말이 되자 해안가 일부 지역을 제외하고 벨기에 영토의 95퍼센트가 독일군의 수중에 넘어갔다.

게다가 독일군은 벨기에 민간인들이 저항했다는 이유로 나치에 비견될 무차별적인 학살극을 저질렀다. 〈벨기에의 강간Rape of Belgium〉이라고 불린 이 만행으로 1,000여 명 이상이 희생된 것으로 추정되었다. 그러나 벨기에는 버텼다. 벨기에 정부는 프랑스 북서부의 항구 도시 르아브르Le Havre에서 망명 정부를 수립했다. 국왕 알베르 1세Albert I는 벨기에-프랑스 국경에 있는 작은 도시 뵈르너Veurne에 사령부를 두고 벨기에군의 잔존 부대를 지휘하며 전쟁이 끝날 때까지 4년 동안 병사들과 함께 동고동락하면서 이제르 전선Yser Front의 한 축을 맡았다. 나중에 〈병사 왕Soldier King〉이라는 별명을 얻은 그는 세르비아의 페타르 1세Petar I와 함께 제1차 세계 대전 당시 가장 위대한 군주 중 한 사람으로 이름을 남겼다.

몰트케는 승리의 기회를 놓쳤다. 파죽지세로 내려가던 독일군은 파리를 코앞에 두고 좌절당했다. 그가 그토록 심혈을 기울였음에도 보불 전쟁 때와는 비교도 되지 않는 거대한 군대의 병참을 뒷받침하지 못하면서 전진은 눈에 띄게 느려졌고 부대들 사이에 간격이 벌어지자 연합군이 기회를 놓치지 않고 파고들었기 때문이었다. 여기에는 벨기에 군이 고립무원에도 불구하고 예상외의 선전으로 독일군의 발목을 잡은 덕분도 있었다. 독일군은 벨기에의 관문에 해당하는 리에주 요새를 이틀 만에 점령할 예정이었지만 벨기에군의 거센 저항으로 거의 2주가 걸렸다. 또한 벨기에군은 뫼즈강의 다리와 철도를 파괴하여 독일군의 병참을 더욱 어렵게 만들었다.

하지만 근본적인 이유는 따로 있었다. 슐리펜 계획 자체가 허점투성이였고 시대에 뒤떨어졌을뿐더러, 독일의 역량을 과대평가하고 연합군의 전의를 과소평가한 탓이었다. 마른 전투에서 제9군 사령관이자 프랑스 제일의 맹장이었던 페르디낭 포슈Ferdinand Foch 장군이 남긴 〈내 중앙은 무너지고 우익은 후퇴 중이다. 최고의 상황이다. 나는 진격할 것이다〉라는 유명한 선언은 근래에 와서 진의가 의심스럽다는 지적도 있지만, 어쨌거나 프랑스군의 꺾이지 않는 투지를 보여 주는 것이었다. 1914년의 프랑스군은 1870년이나 1940년과는 확실히 달랐다.

프랑스군만이 아니었다. 러시아군도 달랐다. 슐리펜과 몰트케는 1905년 러일 전쟁 당시의 무기력하고 한없이 느려 터진 러시아군을 예상했지만 러시아군은 훨씬 빨리 공세에 나섰다. 당황한 독일군 수뇌부는 서부 전선에서 급히 병력을 빼내 동프로이센으로 보내야 했다. 비록 타넨베르크 전투에서 러시아군을 대파하여 차르 정권을 뿌리부터 흔들어 놓았지만, 그 대가로 서부의 승리를 잃었다. 슐리펜 계획이 실패로 끝난 뒤 자신감을 완전히 잃은 몰트케는 카이저 앞에서 전쟁에 졌다며 절망했다. 카이저는 그를 해임했다. 그런다고 전세를 바꿀 수는 없었다. 독일에는 슐리펜 계획 이외에 다른 대안이 존재하지 않았기 때문이었다. 몇 달 되지 않아 기동전은 참호전으로 바뀌었고 벨기에 해안가에서 스위스 국경까지 400여 킬로미터에 걸쳐 이중 삼중의 참호를 파고 대치했다. 양측은 상대의 방어선을 돌파하려고 온갖 애를 썼음에도 매번 엄청난 사상자만 냈다. 4년의 소모전 끝에 결국 먼저 나가떨어진 쪽은 독일이었다.

벨기에는 승전국이 되었다. 덕분에 독일 서부의 오이펜-말메디 Eupen-Malmedy 730km²를 병합하여 영토를 늘렸고 독일령 동아프리카 일부를 넘겨받았으며 프랑스군과 함께 독일 서부의 라인란트 점령에도 관여했다. 그러나 상처투성이 영광이었다. 벨기에군은 3만 8,000여 명을 잃고 7만 7,000여 명이 다쳤다. 수백만 명씩 죽어 나간 강대국들에 비하면 별거 아닐지 몰라도 벨기에 같은 소국에는 결코 적은 희생이 아니었다. 벨기에는 세르비아처럼 아예 바다로 밀려나지 않는 대신 손바닥만 한 땅이라도 지켜 냈다고 하지만, 다섯 번에 걸친 이프르 전투를 비롯하여 전쟁 내내 격전이 벌어지면서 국토 대부분이 폐허가 되었다. 또한 100만 명 이상이 난민이 되었으며 연합국의 봉쇄와 독일의 수탈로 경제는 마비되고 혹독한 기근을 겪었다.

전쟁 동안 벨기에는 전체 국부의 1/5을 잃은 것으로 추산되었다. 영세 중립만 믿었다가 혹독한 꼴을 당한 셈이었다. 평화로울 때라면 몰라도 서로 먹고 먹히는 시대에서 중립 조약이란 종이 한 장의 가치도 없었다. 두 강대국 사이에 끼여 있는 벨기에가 살아남으려면 어느 한쪽에 붙어야 했다. 그것도 벨기에를 속국이 아닌 대등한 동맹국으로 인정하면서 전쟁이 일어났을 때 총알받이로 내몰지 않을 나라여야 했다. 이들로서는 침략자인 독일보다 전우였던 영국, 프랑스 쪽에 친근감을 가지는 것은 당연했다. 1914년에 벨기에의 중립을 먼저 깨뜨리고 〈벨기에의 강간〉을 저지른 쪽은 독일이었다. 게다가 프랑스 침공의 길을 잠시 빌릴 뿐이라던 독일은 벨기에를 점령하자 대번에 욕심을 드러내며 자국의 일부로 삼으려 했다. 벨기에의 해묵은 지역 갈등인 플란데런과 왈롱을 의도적으로 자극하여 분열을 조장하기도 했다. 그나마 벨기에를 존중한 쪽은 영국, 프랑스였다. 비록 전쟁 중에 상전 노릇을 하는 프랑스군 장교들의 거만한 태도가 때때로 벨기에인들의 속을 뒤집어 놓았다고는 해도 적어도 독일보다는 나았다.

프랑스로서도 벨기에와 손을 잡는 것은 원하는 바였다. 만약 독일과 다시 싸운다면 벨기에는 독일 본토 침공을 위한 발판이자 반대로 독일군의 북부 프랑스 침공을 막을 수 있는 완충 지대가 되어 줄 것이었다. 그로 인한 피해는 전적으로 벨기에의 몫이겠지만 말이다. 그 대신 벨기에군은 훨씬 잘 무장할 기회를 얻을 것이며 1914년처럼 무방비로 독일군에 짓밟히지 않을 것이었다. 프랑스는 벨기에를 보호할 의무를 짊어지되, 충분한 시간적 여유를 가지고 벨기에 영내로 진입하여 벨기에군과 함께 방어선을 구축하고 독일군의 공격에 대비할 수 있었다.

1920년 9월 7일, 프랑스와 벨기에는 군사 협정Franco-Belgian Military Accord of 1920을 체결했다. 제1차 세계 대전에서 혈맹으로 함께 싸웠던 관계를 지속하면서 만약 독일이 베르사유 조약을 어기고 재무장을 시도한다면 공동 대응한다는 내용이었다. 바꾸어 벨기에가 더는 영세 중립국이 아니라는 의미이기도 했다. 하지만 두 나라 사이에는 쉽사리 좁히기 어려운 모순이 있었다. 벨기에의 속내가 중립 자체를 포기한다기보다 언젠가 독일의 위협이 되살아났을 때 여차하면 프랑스의 힘을 빌릴 수도 있다는 정도라면, 독일과 화해할 생각이 없는 프랑스는 벨기에를 독일 포위망의 일각이자 영국을 한편으로 붙들기 위한 볼모로 써먹을 속셈이었다. 따라서 서로 협력한다는 원칙에만 합의했을 뿐, 구체적으로 뭘 어떻게 하겠다는 알맹이가 없었다. 정작 영국은 협정에 참여하기를 거부했다. 언제나 그렇듯 유럽에 대한 어떤 의무에도 얽매이지 않겠다는 이유였다. 하지만 영국의 구태의연한 태도는 독일의 야심을 과소평가한 것이었다.

1923년 1월에는 독일이 전쟁 배상금을 제대로 지불하지 않는다는 이유로 프랑스는 장 드구트Jean Degoutte 장군의 지휘 아래 5개 사단 6만 명에 달하는 병력을 출동시켰다. 그리고 비무장 지대이자 독일 서부 최대의 산업 지대인 루르Ruhr를 강제 점령했다. 벨기에도 1920년의 군사 협정에 따라 1개 사단 9,000명을 보냈고 이탈리아는 소규모 공병대를 파견했다. 베르사유 조약으로 사실상 무장 해제된 독일은 저항을 포기한 반면, 현지 주민들은 불복종과 파업으로 맞섰다. 프랑스와 벨기에군은 사정없이 탄압했다. 벨기에인들이야 이전에 독일에 당했던 짓을 고스란히 돌려주는 셈이라 해도 독일인들은 자기네에게 불리한 기억은 죄다 잊어버린 채 승자의 횡포라면서 피해자 행세를 했다. 국제 사회는 독일이 아니라 프랑스와 벨기에를 비난했다.

심지어 같은 편이어야 할 영국마저 등을 돌리고 독일을 동정하면서 점령군은 2년 7개월 만인 1925년 8월 25일, 루르에서 손 떼고 물러나야 했다. 결과적으로 루르 점령은 연합국의 결속만 깨뜨린 셈이었다. 이미 파리 강화 회의에서 룩셈부르크를 집어삼키려다 실패했던 벨기에는 약소국 주제에 강대국 못지않게 부도덕하고 탐욕스러운 나라라는 불명예스러운 낙인을 또 한 번 찍어야 했다. 미국 예산국장이자 얼마 후 부통령이 되는 찰스 도스Charles G. Dawes는 〈도스안Dawes Plan〉을 제안하여 배상금 탕감과 독일의 경제 부흥을 돕기로 약속했다. 위기는 지나갔고 도스는 노벨 평화상을 수상했다. 하지만 독일인들은 서방의 자비에 감사하는 대신 자신들의 고통을 모조리 남 탓으로 돌리면서 언젠가 몇 배로 되갚아 줄 것을 다짐했다.

두 달 뒤인 10월 16일, 스위스 로카르노에서 영국, 프랑스, 독일, 벨기에, 이탈리아의 집단 안보 체제인 로카르노 조약Locarno Pact이 체결되었다. 서로의 영토와 국경을 인정하고 무력에 의한 분쟁 해결을 거부하며 만약 이를 위반하는 나라가 있다면 공동으로 대처한다는 내용이었다. 1928년 8월 27일에는 미국과 프랑스의 주도로 로카르노 조약을 전세계로 확대하는 켈로그-브리앙 부전(不戰) 조약이 체결되었다. 전쟁

1914년 8월, 국경 전투 당시 벨기에군 행렬과 기관총을 운송하는 개 수레. 위다의 동화
『플랜더스의 개』에 나오는 것처럼 운송 수단으로 개를 활용하는 것은 벨기에 사회에서는
흔한 일이었으나 벨기에군의 군사적 낙후함을 보여 주는 것이기도 했다. 군복과 장비는 50년
전에 머물러 있었고 기관총은 전군을 통틀어 120정에 불과했으며 대포는 75mm M1905
산포 몇 문 이외에 현대적인 곡사포와 중포는 단 1문도 없었다.

1923년 1월 11일, 독일 루르 지방의 대표적인 공업 도시 중 하나인 에센Essen에 입성하는
프랑스군 기병대. 프랑스는 승전국으로서의 위세를 보여 주어 독일인들을 철저히 굴복시킬
속셈이었지만 거친 행동이 국제 사회의 반감을 사면서 오히려 자신들의 이미지만 깎아 먹은
꼴이 되었다. 히틀러가 독일인들의 반프랑스 감정을 자극하여 권력을 잡고, 13년 뒤 라인란트
진주에서 영국이 독일 편을 드는 것도 이 사건이 남긴 후유증이었다.

이 아닌 평화적으로 분쟁을 해결하여 더는 전쟁의 비극이 벌어지지 않도록 하겠다는 것이었다. 영국, 독일, 이탈리아, 일본 등 주요 열강들은 물론이고 1년 만에 57개국이 가입했을 정도로 호응을 얻었다. 심지어 그중에는 스탈린이 통치하던 소련도 있었다. 처음으로 인류 역사에 진정한 평화가 실현되는 것 같았다. 그러나 부전 조약은 어디까지나 침략 전쟁을 거부한다는 상징적인 의미만 있을 뿐, 이를 어기는 나라가 있다고 해서 강제로 제재할 방법은 없었다. 어차피 전쟁 명분은 붙이기 나름이기 때문이었다. 당장 3년 뒤 만주 사변의 폭발이 그 한계를 보여 주었다. 일본 과격파들이 만주를 기습적으로 점령하자 중국을 통치하던 장제스 정권은 부전 조약을 들어 국제 사회의 개입을 호소했지만 아무 도움도 받을 수 없었다. 히틀러와 무솔리니 같은 야심 넘치는 모험주의자들에게는 훌륭한 본보기이자 서방이 말뿐인 존재임을 깨닫게 해준 꼴이었다.

제1차 세계 대전에서 호된 경험을 한 벨기에로서는 전쟁의 위협에서 벗어나 지난 세기의 평화를 다시 누릴 때가 되었다고 생각했다. 하지만 강대국이 얼마나 변덕스러운 존재이며, 자신을 지켜 주는 것은 입에 발린 약속이 아니라 오직 자기 힘에 달려 있다는 사실을 까맣게 잊었다는 점이 벨기에의 실수였다. 시간이 지나면서 프랑스와의 동맹은 흐지부지되었다. 그렇다고 벨기에 스스로 힘을 키우려는 노력도 하지 않았다. 게다가 프랑스는 벨기에의 기대만큼 든든한 우군이 아니었다. 제1차 세계 대전의 승리와 벨기에와의 동맹에도 불구하고 독일에 대한 두려움을 극복하기는커녕 오히려 더욱 위축되면서 영국이 함께 나서지 않으면 아무것도 못 하는 절름발이 국가로 전락했다. 정작 영국은 프랑스를 독일 이상으로 유럽 평화를 흩뜨리는 사고뭉치로 여기고 있었다. 벨기에가 그 사실을 절감하기까지는 오래 걸리지 않았다.

1929년 미국에서 시작되어 온 세상을 강타한 대공황은 베르사유 체제를 뿌리부터 흔들어 놓았다. 제1차 세계 대전 이전 벨 에포크Belle Époque*의 번영이 언제였던가 싶을 만큼 혹독한 경기 침체는 프랑스인들을 한층 의기소침하게 만들었다. 이들에게 무엇보다도 두려운 상대는 독일이었다. 프랑스는 제1차 세계 대전에서 한 세대가 거의 파멸할 만큼 희생을 치른 데다 재정마저 궁핍해졌다. 더는 분수에 맞지 않는 유럽 패권국 행세를 하면서 말 안 듣는 독일을 혼내 줄 궁리를 할 때가 아니었다. 거꾸로 독일이 힘을 되찾을까 봐 두려움에 떨면서 단단한 껍질 속에 움츠려 숨는 쪽을 선택하기로 했다. 마지노 라인의 건설이었다.

떠오르는 독일, 위축된 프랑스

프랑스인들은 제1차 세계 대전에서 승리하여 할아버지 세대가 그토록 절치부심했던 보불 전쟁의 치욕을 갚아 주었다. 독일은 굴복했다. 하지만 막상 이기고 나자 남은 것은 기쁨이 아니라 어마어마한 빚과 더불어 허탈과 좌절, 상처뿐이었다. 보불 전쟁에서 독일처럼 순전히 자신들의 힘만으로 이긴 것도 아닐뿐더러, 너무 많은 피를 흘려야 했기 때문이었다. 프랑스는 780만 명의 남성을 동원하여 그중 140만 명이 죽고 430만 명이 다쳤다. 무려 73퍼센트가 죽거나 다친 셈이었으니 전쟁이 끝날 때까지 사지 멀쩡하게 살아남았다는 게 기적일 정도였다. 물론 독일도 그에 못지않게 죽었지만, 프랑스보다는 유리한 점이 있었다. 인구가 훨씬 많다는 사실이었다.

더 큰 문제는 프랑스가 시대에 걸맞지 않은 심각한 저출산 문제에 시달리고 있었다는 점이었다. 프랑스는 18세기에만 해도 유럽의 인구 대국이었지만 출산율이 급격히 줄어들면서 다음 세기가 되자 독일, 러

* 프랑스어로 〈아름다운 시절〉이란 뜻이다.

시아는 물론이고 영국에도 밀렸다. 1800년에 이미 인구 1,000명당 출생아 수가 3명 미만에 불과했던 프랑스의 출산율은 시간이 지날수록 더 줄어들어 1910년에는 2명 미만, 1920년에는 1.3명까지 떨어졌다. 인구 폭발이 인류를 멸망시킬 것이라고 경고하던 토머스 맬서스Thomas Malthus의 예언이 무색했다. 프랑스의 때 이른 저출산은 이유가 어떻든 그 시절로서는 분명 기형적인 현상이었다. 반면, 독일은 1800년 5.4명, 1910년 5명, 1920년에도 2.45명에 달했다. 대공황에 와서 2명 이하로 떨어졌지만, 프랑스보다는 높았다.

게다가 상황을 더욱 악화시킨 것은 보불 전쟁의 설욕에 눈먼 프랑스 지도자들이 젊은 병사들을 마치 마르지 않는 화수분이 되는 양 마구잡이로 희생했다는 점이었다. 〈엘랑 비탈élan vital〉*이라는 구호 아래 인간의 의지가 기술을 압도할 수 있다는 극단적인 공격 만능주의는 한 세기 전 나폴레옹 전쟁 때라면 몰라도 산업 혁명으로 화력이 엄청나게 발전한 20세기에는 집단 자살이나 다름없었다. 전쟁 말기에 오면 참다못한 병사들이 반란을 일으키고 집단 항명으로 맞서면서 프랑스군은 거의 무너질 뻔했다. 전쟁이 끝나고 뒤늦게야 정신이 번쩍 든 지도자들은 자신들의 행위에 양심의 가책과 함께 엄청난 압박감에 짓눌렸다. 이런 싸움은 이겨도 이긴 것이 아니었다. 그런 전쟁이 또 한 번 폭발한다면 승패와 상관없이 프랑스 남자의 씨가 말라 버릴 것이고 프랑스라는 나라는 통째로 사라질 판국이었다.

이제 사정은 보불 전쟁 때와는 완전히 뒤바뀌었다. 패전국인 독일은 전쟁에서 졌다고는 해도 프랑스인한테 진 것은 아니라며 기세등등한 반면, 승전국인 프랑스는 패배주의에 사로잡혔다. 인류 전쟁사를 통

* 프랑스어로 〈삶의 생동감〉이라는 뜻으로, 원래는 유대인 출신 프랑스 철학자 앙리 베르그송이 만들어낸 철학적 용어이지만 프랑스군은 〈정신력〉을 강조하기 위한 구호로 써먹었다.

틀어도 싸움에 진 쪽이 자신감에 충만하고 오히려 이긴 쪽이 겁을 먹는 모습은 결단코 흔치 않을 것이다. 베르사유 조약은 독일군을 10만 명으로 묶어 두었지만, 프랑스인들은 그 정도로는 안심하지 못했다. 언젠가 독일은 힘을 되찾아 프랑스에 붙잡힌 멱살을 뿌리치고 이빨을 들이 댈 것이 분명했다. 그러기 전에 프랑스가 독일을 응징하려 해도 영국이 도와주지 않을 것이었다. 동쪽에서는 제1차 세계 대전에서 함께 싸웠던 제정 러시아 대신 서방 전체를 적대하는 공산주의 소련이 들어섰고 미국은 고립주의로 돌아갔으며 유럽의 균형을 명목으로 프랑스와 독일 사이에서 오락가락하는 영국이 다음 전쟁에서도 프랑스와 같은 편이 되리라는 보장은 전혀 없었다. 프랑스의 전략적 상황은 1914년보다 불리했다.

프랑스 지도부의 고민은 다음 전쟁에서 어떻게 승리할 것인지가 아니라 어떻게 해야 그런 재난을 반복하지 않을지였다. 물론 가장 좋은 방법은 지난 원한을 잊고 독일과 화해하는 것이었다. 그런 시도가 없지는 않았다. 프랑스 총리이자 외무 장관이었던 아리스티드 브리앙 Aristide Briand이었다. 이상주의자였던 그는 제1차 세계 대전과 같은 비극이 다시 반복되어선 안 되며, 그러기 위해서는 독일을 더욱 압박하기 보다는 화해와 용서를 통해 증오의 고리를 완전히 끊어야 한다고 믿었다. 1925년에 국제 사회에서 프랑스를 침략자로 낙인찍은 루르 점령을 끝내고, 로카르노 조약을 맺어 다음 해 노벨 평화상을 수상했으며, 1928년에는 앞서 언급한 부전 조약을 실현한 것도 그의 공이었다. 브리앙은 1929년 9월 5일 국제 연맹 연설에서 유럽 연방European federation의 건설을 제창했다. 프랑스와 독일을 비롯한 국제 연맹의 모든 유럽 회원국을 하나로 묶되 개별 주권은 인정하면서 정치, 경제적으로 협력하는 국가 연합이었다. 그의 구상은 거의 실현될 뻔했지만, 때마침 불어닥친 대공황으로 흐지부지되었다. 무엇보다도 프랑스와 독일 어느 쪽도 그리 쉽게 응어리를 내려놓을 생각이 없었기 때문이었다.

프랑스인들이 제1차 세계 대전에서 어마어마한 희생을 대가로 얻은 딱 하나의 교훈은 있었다. 방어가 공격보다는 덜 죽는다는 사실이었다(반드시 그렇지도 않았다). 여기에 앞장선 사람은 아이러니하게도 이전에는 누구보다 열렬한 공격 만능주의자였던 전 프랑스군 총사령관 조제프 조프르 원수였다. 그는 1916년 말, 정치인들이 반강제로 은퇴시키기 전까지 2년 동안 무모한 작전을 펼쳤고 프랑스군을 결딴내는 데 일조했다. 전쟁이 끝나자 이번에는 방어 만능주의자로 둔갑했다. 조프르만이 아니라 프랑스 육군 참모총장이자 포슈와 함께 전쟁 영웅이었던 필리프 페탱Philippe Pétain 원수 역시 미래 전쟁은 방어에 집중해야 한다고 목소리를 높였다. 프랑스 지도부는 이들의 건의를 받아들여 독일군이 다시는 프랑스를 침공하지 못하도록 아예 독일-프랑스 국경 전체를 봉쇄하는 거대한 장벽을 건설할 것을 결정했다. 조프르의 열렬한 지지자였던 국방부 장관 앙드레 마지노André Magino의 이름을 딴 프랑스판 만리장성인 〈마지노 라인Maginot Line〉이었다. 결과적으로 또 한 번 프랑스에 재앙을 안겨 줄 결정이었다.

1920년대와 1930년대 초반까지 세 번이나 국방부 장관을 역임한 앙드레 마지노는 제1차 세계 대전이 발발했을 때 육군 차관이라는 고위 관료였고, 이미 중년의 나이였음에도 〈노블레스 오블리주〉를 실천하겠다는 일념으로 졸병으로 자원입대했다. 비록 1916년 베르됭 전투에서 중상을 입어 불구의 몸이 되었지만, 그는 한 가지 중요한 교훈을 배웠다. 공격보다 방어가 훨씬 유리하다는 사실이었다. 수개월 동안의 전투에서 독일군은 엄청난 희생을 치르면서도 결국 프랑스군이 자랑하는 베르됭 요새를 손에 넣는 데 실패했다. 중포와 기관총으로 보호받는 적의 요새를 향해 보병이 돌격하는 것이 얼마나 무모한지 두 눈으로 목격한 마지노는 자신의 열정을 모두 방어에 쏟을 것을 결심하고 동료 의원들을 열성적으로 설득했다. 그는 전쟁 영웅이었고 참전 군인들에게 열렬한 지지를 얻고 있었다. 1926년 프랑스 의회는 찬성 274, 반대 26이라는 압도적인 표차로 마지노 라인 건설에 33억 프랑의 예산을 할당할 것을 결정했다.

마지노 라인이 가장 먼저 건설된 곳은 의외로 독일 국경이 아니라 이탈리아와 마주한 알프스산맥이었다. 이탈리아는 제1차 세계 대전에서 독일을 상대로 함께 싸운 동맹국이었지만 매우 변덕스럽고 탐욕스러웠다. 이 요새 선은 실제로 1940년 이탈리아군이 프랑스를 침공했을 때 호된 맛을 보여 줌으로써 확실히 제 역할을 했다. 히틀러의 승리에 기회주의적으로 편승하여 떡고물이나 얻어먹을 참이었던 무솔리니는 톡톡히 망신을 당했다. 뒤이어 1929년부터 독일 국경을 따라 본격적으로 마지노 라인의 건설이 시작했다. 방어의 핵심은 프랑스 중동부의 알자스-로렌이었다. 보불 전쟁 때 빼앗긴 이 땅은 제1차 세계 대전이 발발하게 된 주요 원인이었고 결국 프랑스의 품으로 돌아왔다. 경제적인 가치도 컸지만, 프랑스인들에게는 수백만 명의 피로 되찾은 영토였기에 국가적 자존심이자 무슨 수를 써서라도 지켜야 할 곳이었다.

1932년 1월 마지노가 장티푸스로 사망하면서 후임자인 폴 팽르베 Paul Painlevé가 그의 유지를 이어받았다. 1935년에 스위스 국경에서 룩셈부르크 남쪽에 이르는 주 요새 선이 완공되었다. 마지노 라인은 만리장성처럼 하나의 기다란 선으로 이어진 거대한 성벽이라기보다 수 킬로미터 간격으로 듬성듬성 세워진 현대적인 요새의 집합이었다. 142개의 요새, 352개의 포대, 78곳의 대피소, 17개의 전망대, 5,000개에 달하는 토치카가 있었으며 총연장 100km의 지하 터널로 연결되었다. 마지노 라인 건설에는 1,200만m³의 흙과 150만m³의 콘크리트, 15만 톤의 강철이 소요되었다. 건설 비용 또한 눈덩이처럼 불어나 원래 계획의 두 배가 넘는 70억 프랑으로 늘었다. 1935년 75억 프랑 정도였던 연간 국방

마지노 라인의 위용. 미로처럼 연결된 내부 터널, 무수한 포좌, 자동화되고 현대적인 시설,
병력과 물자를 실어 나르는 열차는 요새가 아니라 거대한 지하 도시였다. 그러나 재정적
어려움으로 실제로는 개전까지도 미완공 부분이 태반이었다. 무엇보다도 프랑스군 수뇌부는
막대한 혈세를 쏟아 넣고도 독일군의 공격을 이곳에 유인하여 결전장으로 쓸 생각이 없었다.
무능한 장군들 탓에 도대체 무엇을 위한 요새였는지 목적 자체가 불분명해지면서 결과적으로
프랑스를 지킬 난공불락의 요새에서 역사상 최악의 대국민 사기극으로 전락한 셈이었다.
프랑스 국민들의 목숨을 지키기 위해서 요새 건설을 처음 제안했던 마지노의 이름까지
먹칠한 꼴이 되었다.

예산에 버금갈 정도였다.

당대 축성술의 정수를 총동원한 마지노 라인은 문자 그대로 철벽이었다. 그러나 약점이 없지 않았다. 독일을 직접 마주 보는 국경 지대에는 철통같은 방어 시설이 빽빽하게 들어선 반면, 마지노 라인의 건설이 스당 동쪽으로 약 40km 떨어진 몽메디Montmédy에서 멈추면서 300여 킬로미터에 달하는 프랑스-벨기에 국경은 마치 거대한 구멍처럼 활짝 열려 있었다는 사실이었다. 프랑스의 핑곗거리는 자신들의 보호 아래 들어온 벨기에인들의 불안감을 자극하지 않으려는 거라고 주장했지만 그보다는 기술적인 난점과 자금 때문이었다. 바다를 끼고 있는 저지대 국가들은 침수되기 쉽고 지반이 약하여 대규모 축성에 적합하지 않았다. 마지노 라인을 북해 연해까지 연장한다면 건설 비용은 천문학적으로 늘어날 판국이었다. 하지만 프랑스인들로서는 굳이 그럴 필요도 없었다. 왜냐하면 마지노 라인의 존재 자체가 독일군의 공세 방향을 한정시킬 것이기 때문이었다. 전쟁이 시작되면 독일군은 마지노 라인을 향해 자살행위나 다름없는 정면 돌격보다 당연히 마지노 라인이 없는 쪽으로 우회하여 공격에 나설 것이었다.

가장 매력적인 장소는 벨기에 중북부였다. 이렇다 할 장애물이 없는 확 트인 개활지였기에 대부대 운용이 쉬웠다. 실제로 제1차 세계 대전에서 독일군은 이곳을 통해 북부 프랑스로 진격했다. 따라서 다음 전쟁에서도 일부러 벨기에 방면의 방어를 허술하게 만들어 독일군을 마지노 라인이 아니라 이쪽으로 유인하여 결전장으로 삼겠다는 것이 프랑스군 수뇌부의 속셈이었다. 기왕 싸운다면 자기 집이 아니라 이웃집을 전쟁터로 만들겠다는 것이 마지노 라인의 진정한 목적이었다. 물론 벨기에가 프랑스 대신 날벼락을 맞게 되겠지만 말이다. 영국이 벨기에 국경에도 마지노 라인을 건설해야 한다고 권고했음에도 프랑스는 끝까지 요지부동이었다.

문제는 유인 전술치고는 속셈이 너무 뻔히 보인다는 점이었다. 그 사실을 가믈랭을 비롯한 프랑스 장군들만 고집스레 인정하지 않았다. 무엇보다도 프랑스는 수백 킬로미터에 달하는 국경을 요새화하면서 동시에 군대를 현대화할 만큼 부유한 나라가 아니었다. 그건 미국이나 소련 정도 되어야 가능한 일이었다. 마지노 라인에 너무 많은 물자와 자원을 쏟아 넣는 동안 프랑스군은 뒷걸음질 쳤다. 병사들은 훈련 대신 축성 작업에 투입되었고 장비의 태반은 아버지 세대가 사용했던 구식이었으며 전술의 발전을 등한시했다. 샤를 드골이나 폴 레노처럼 방어 만능주의를 비판하고 현대 기동전을 위한 기계화 부대를 양성해야 한다는 목소리는 철저히 외면당했다. 결전을 원하면서도 결전을 준비하지 않은 것이 프랑스 장군들의 모순이었다. 자신들의 발상이 얼마나 무책임하고 안이했는지는 전쟁이 폭발한 뒤에 혹독한 대가로 깨닫게 될 것이었다.

철옹성이나 다름없는 마지노 라인의 웅장한 위용은 그것을 올려다보는 사람들에게 경이로움과 더불어 위압감을 안겨다 주었음은 분명했다. 그러나 한 가지만은 끝까지 숨기지 못했다. 마지노 라인조차 프랑스인들이 독일에 대한 두려움을 극복하고 자신감을 되찾기에는 여전히 충분하지 못하다는 점이었다. 그 사실은 히틀러가 로카르노 조약을 어기고 라인란트에 병력을 진입시킴으로써 프랑스를 시험대에 놓았을 때 대번에 드러났다.

프랑스를 손절하다

라인강 서안의 땅을 가리키는 라인란트는 독일, 프랑스, 네덜란드, 벨기에 사이에 있으면서 땅이 비옥하고 기후가 온난하며 교통이 편리하여 독일과 프랑스의 오랜 각축장이었다. 나중에 서독의 수도가 되는 본, 독일에서 가장 오래된 도시 중 하나이자 문화와 예술의 중심지인 쾰른 등 주요 도시들과 루르 공업 지대가 있었다. 전체 인구는 700만 명에 달했다. 제1차 세계 대전이 끝나자 라인란트는 연합군의 지배에 들어갔다. 파리 강화 회의에서 강경파인 프랑스 총리 조르주 클레망소Georges Clemenceau와 연합군 총사령관 포슈 원수는 이참에 독일이 다시는 위협하지 못하게 만들겠다는 명목으로 오스트리아처럼 독일 제국을 수십 개의 나라로 해체할 것과 알자스-로렌을 포함한 라인란트 전체를 프랑스에 편입하기를 원했다. 그러나 프랑스의 야심은 영국과 미국의 결사반대에 부딪혔다. 우드로 윌슨 대통령은 독일인들의 민족 자결권을 존중해야 한다고 주장했고, 로이드 조지 영국 총리는 지난 세기에서 독일이 알자스-로렌을 욕심내는 바람에 결국 제1차 세계 대전이 폭발하게 된 과오를 재탕하는 꼴이라고 비판했다.

타협안이 제시되었다. 프랑스는 알자스-로렌을 되찾는 것으로 만족해야 했다. 라인란트는 명목상으로는 여전히 독일의 영토였지만 그 대신 라인란트와 라인강 동안 50km 이내의 지역은 연합군 통제 구역으로 독일군이 주둔할 수 없는 비무장 지대가 되었다. 복수심에 불타는 프랑스인들은 동맹국들이 독일에 너무 관대하다고 여겼다. 특히 연합군 총사령관이었던 포슈 원수는 〈이 조약은 평화가 아니라 20년의 휴전일 뿐〉이라며 질타했다. 라인란트를 쉽게 포기할 수 없었던 프랑스는 그 후에도 라인란트 내 분리주의자들을 선동하여 독립 국가를 세우려고 애썼지만 뜻을 접어야 했다. 독일 주민들의 격렬한 저항으로 유혈 충돌이 반복되었기 때문이었다.

1923년 1월 30일에는 라인강 동안의 호흐펠트Hochfeld 인근 철도 교량에서 벨기에 병사들이 습격받아 11명이 살해되기도 했다. 1925년 로카르노 조약 체결로 연합군의 철수가 시작되었다. 1930년 6월 30일,

마지막 프랑스군이 라인란트를 떠났다. 원래 베르사유 조약에서 정한 철수 시한보다 5년이 빨랐다. 벨기에군은 프랑스보다 1년 먼저 철수했다. 이로써 연합군의 독일 점령은 끝났다. 하지만 독일인들은 평화의 기회로 삼을 생각이 없었다. 라인란트가 비무장 지대로 남아 있다는 사실 자체가 패전을 상징하는 치욕이었고, 언젠가는 되찾아야 할 땅이었다. 그리고 그것을 이용한 사람이 위대한 독일 민족의 부활을 내세워 권력을 잡은 히틀러였다.

히틀러가 집권하기 이전부터 독일 군부가 연합국의 눈을 피해 재무장의 기회를 노리고 있다는 것은 이미 공공연히 알려진 사실이었다. 1929년 3월 12일, 독일의 저명한 언론인이자 반전주의자였던 카를 폰 오시에츠키Carl von Ossietzky는 수년 전부터 독일이 소련과 야합하여 은밀하게 신무기를 개발하고 공군을 양성하여 베르사유 조약을 위반하고 있음을 폭로했다. 그는 반역죄로 체포되어 18개월 형을 받았다. 하지만 연합국의 제재는 없었다. 독일과 소련의 군사 협력도 한동안 계속되었다. 이때 소련을 방문한 젊은 독일 장교 중에는 나중에 독일군 최고의 두뇌라고 일컫는 에리히 폰 만슈타인Erich von Manstein도 있었다. 오시에츠키는 노벨 평화상을 수상했지만, 나치의 핍박으로 1938년에 강제 수용소에서 사망했다.

대공황의 폭발과 히틀러의 등장은 지난 십수 년에 걸친 평화 노력을 한순간에 물거품으로 만들었다. 1933년 1월 30일 극우주의자인 히틀러가 독일의 새로운 지도자가 되고 10월 19일에는 독일 국민의 열렬한 지지 아래 국제 연맹에서 탈퇴를 선언하자 주변국들은 긴장했다. 히틀러는 바이마르 정부의 사교적이지만 우유부단한 문민 지도자들과는 전혀 달랐다. 그는 불만 가득한 사람들을 선동하여 지지를 얻은 것 이외에 이렇다 할 정치적 업적이나 경력, 기반도 없었고 심지어 독일인도 아니었지만 적어도 입으로만 떠드는 허풍선이와는 거리가 멀었다. 여차하면 자신이 내뱉은 말을 행동으로 옮길 수 있는 인물이었다. 그런 히틀러를 가장 열성적으로 뒷받침하는 세력이 화려한 부활을 꿈꾸는 독일 군부였다. 스탈린은 히틀러의 저서인 『나의 투쟁Mein Kampf』을 열심히 탐독한 뒤 그의 야심이 얼마나 위험한지 간파하고 10년에 걸친 독일과의 비밀 관계를 청산할 것을 결심했다. 가장 민감하게 반응한 쪽은 프랑스였다. 프랑스는 독일을 포위하기 위한 동맹국으로 소련, 이탈리아에 접근했다.

히틀러는 권력을 얻자마자 연합국을 적으로 돌리지는 않았지만 오래지 않아 본색을 드러냈다. 1934년 7월 25일, 오스트리아의 독재자인 엥겔베르트 돌푸스가 히틀러의 사주를 받은 오스트리아 나치당원들에게 암살당했다. 히틀러는 자신의 옛 조국인 오스트리아를 내전의 혼란에 빠뜨려 점령할 속셈이었다. 영국과 프랑스가 우물쭈물하는 사이, 히틀러의 야망을 억누른 쪽은 아이러니하게도 몇 년 뒤 그의 충실한 동맹자가 되는 이탈리아의 파시스트 지도자 무솔리니였다. 무솔리니는 자신의 앞마당으로 여겼던 오스트리아를 히틀러가 탐낸 것에 발끈했다. 4개 사단 5만 명에 달하는 이탈리아군이 오스트리아 국경으로 출동하면서 일촉즉발의 상황이 벌어졌다. 자신이 성급했음을 깨달은 히틀러가 재빨리 물러서면서 전쟁이 폭발하는 일은 없었지만 한번 고조된 위기감이 사라진 것은 아니었다. 유럽의 평화가 깨지고 있음은 분명했다.

1935년 3월 16일, 히틀러는 드디어 가면을 벗어던졌다. 독일을 무장 해제시킨 베르사유 조약을 더 이상 준수하지 않을 것이며 독일의 재무장과 상비군을 10만 명에서 36개 사단 50만 명으로 늘리겠다고 선언했다. 연합국은 즉각 반응했다. 한 달 뒤 영국과 프랑스, 이탈리아 정상들은 이탈리아 북부의 작은 마을 스트레사에서 만나 히틀러의 재무장 선언을 비난하고 반독일 전선을 구축하기로 합의했다. 5월 2일에는 프랑스 총리 피에르 라발Pierre Laval이 모스크바를 방문하여 프랑스-소련 상호 원조 조약에 서명했다. 그동안 베르사유 조약을 비난하고 독일과 거래하면서 서방을 배척했던 스탈린은 이제 손바닥 뒤집듯 서방의 친구가 되었다. 물론 서방은 그가 얼마나 변덕스럽고 히틀러만큼이나 신의가 없는 인간이라는 사실을 수년 뒤에 뼈저리게 절감할 것이었다. 5월 16일에는 체코슬로바키아가 소련과 손을 잡았다.

히틀러로서는 야심을 펼쳐 보기도 전에 사방이 적으로 둘러싸인 꼴이었다. 하지만 이대로 순순히 꼬리를 내리지 않았다. 그는 모든 책임을 프랑스에 떠넘기기로 결심했다. 프랑스가 소련과 동맹을 맺음으로써 독일을 위협하고 유럽 평화를 깨뜨렸다는 것이었다. 또한 자신은 재무장과 별개로 로카르노 조약을 충실히 지킬 것과 라인란트를 점령하지 않겠다고 약속했다. 그러면서도 뒤로는 군부에 라인란트 침공을 은밀히 준비하라고 지시했다. 강경한 프랑스와 달리 영국은 미지근했다. 독일의 부활은 영국에도 위협이었지만 프랑스가 독일을 견제한다는 핑계로 유럽 대륙에서 영향력을 확대하는 것 또한 경계할 일이었기 때문이었다. 또한 영국 지도자들은 프랑스의 주장처럼 히틀러가 정말로 유럽을 지배할 속셈인지 의심스러워했고 무조건 적대하기보다 용납할 수 있는 선에서 독일의 불만을 어느 정도 들어주어야 한다는 쪽이었다.

게다가 연합국 진영의 한 축을 맡은 사람이 히틀러 못지않게 탐욕스러운 독재자라는 사실은 불협화음을 한층 고조시켰다. 무솔리니였다. 위대한 로마 제국의 부활을 내건 무솔리니는 1936년 10월 3일, 아프리카 유일의 독립 국가인 에티오피아를 침공했다. 영국은 국제 연맹 회원국 간 무력 분쟁의 금지를 위반한 이탈리아를 제재하는 데 찬성한 반면, 히틀러가 우선이었던 프랑스로서는 무솔리니의 협조가 절실한 처지였고 에티오피아의 사정 따위는 알 바가 아니었다. 무솔리니는 무솔리니대로 영국에 대한 불쾌감을 감추지 않았다. 영국이 자신의 야심에 방해가 되었다고 여긴 그는 히틀러에게 추파를 던지면서 오스트리아 병합과 라인란트 점령을 허락했다. 히틀러의 도전에 맞서 영국, 프랑스, 이탈리아 삼국이 공동 대처한다는 스트레사 전선Stresa Front은 불과 반년도 안 되어 스스로 와해했다. 무솔리니가 든든한 뒷배를 약속하자 히틀러는 도박을 결심했다. 당황한 쪽은 나치 지도자들과 군부였다. 하나같이 시기상조이며 준비가 부족하다고 결사반대했지만, 히틀러는 천재일우의 기회를 놓칠 생각이 없었다.

1936년 3월 7일 토요일 새벽, 19개 대대 2만 명에 달하는 독일군이 라인강 동안의 비무장 지대에 진입했다. 그중 3개 대대 3,000여 명이 라인강을 건너 서안의 라인란트를 점령했다. 라인란트의 비무장과 독일군의 동원을 금지한 베르사유 조약 제46조, 제47조와 로카르노 조약 제1조, 제2조 위반이었다. 독일 외무 장관 콘스탄틴 폰 노이라트 남작은 베를린 주재 영국, 프랑스, 이탈리아 대사를 불러 모아 라인란트를 회복했음을 선언했다. 겉으로는 전쟁조차 불사할 것처럼 허세를 부렸지만, 등줄기에 식은땀을 흘리며 초조하게 서방의 반응을 살폈다.

연합국 입장에서는 완전히 허를 찔린 격이었다. 히틀러가 재무장을 선언한 지 1년이 지났다 해도 설마하니 이렇게 빨리 행동에 나설 줄 몰랐기 때문이었다. 실제로 라인란트에 진입한 독일군은 말이 군대이지 경무장한 경찰에 가까웠다. 프랑스군은 마음만 먹으면 전차를 앞세워 이들을 간단히 쫓아 버리고 베를린까지 단숨에 밀고 들어가 경거망동하는 히틀러를 권좌에서 끌어내릴 수도 있었다. 프랑스가 국경에 13개 사단을 집결시키자 국방부 장관 베르너 폰 블롬베르크를 비롯한 장군들은 겁에 질린 나머지 히틀러를 향해 당장이라도 군대를 물려야 한다고 애원했다. 히틀러는 한때 흔들렸지만, 끝까지 포커페이스를 지켰다. 그는 나중에 〈라인란트 진군 48시간은 내 인생에서 가장 조마조마한 시간이었다. 프랑스군이 반격했다면 우리는 꽁무니를 빼고 달아나야 했을 것〉이라고 회고했다. 도박은 성공했다.

물론 연합군도 베르사유 체제를 뒤흔들고 있는 히틀러의 도발을 그저 별일 아닌 양 넘겼던 것은 아니었다. 주말이 지나고 월요일에야 프랑스 전 총리이자 외무 장관인 피에르에티엔 플랑댕Pierre-Étienne Flandin은 뒤늦게 동맹국들을 소집했다. 다음 날 파리에서 회의가 열렸으나 서로의 모순만 확인했다. 가장 강경해야 할 프랑스는 말로만 큰소리칠 뿐, 주변의 눈치를 보면서 행동에 나서기를 주저했다. 영국과 벨기에는 프랑스 때문에 전쟁에 휘말리기를 원치 않았다. 언제나 프랑스를 독일 이상의 골칫거리로 여기는 영국은 애초에 독일로부터 라인란트를 억지로 빼앗아 이 사달을 초래한 것부터 실수였다는 쪽이었다. 벨기에 총리 폴 반 제일란트Paul van Zeeland는 전쟁으로 이어질 무력 사용 대신 국제 연맹에 의한 경제 제재를 제안했다. 그러나 갑론을박만 있었을 뿐 행동은 없었다. 결국 아무것도 하지 않은 채 흐지부지되었다.

연합국의 무기력함은 히틀러의 허세에 넘어가 독일군을 터무니없이 과대평가한 탓도 있지만, 그보다는 싸울 의지가 없었기 때문이었다. 분수 모르는 독일을 혼쭐내겠다며 프랑스-벨기에 연합군이 기세등등하게 루르를 향해 진군하던 1923년과는 달랐다. 이들은 1914년의 정신 나간 싸움을 피할 수 있다면 라인란트를 내주는 것이 차라리 싸게 먹히는 일이라고 믿었다. 그러면서도 다음 대책을 찾기보다 같은 편끼리 비난하고 서로를 탓하는 데만 열을 올렸다. 이것이 영국, 프랑스, 벨기에의 한심한 작태였고 앞으로도 몇 번이고 되풀이될 모습이었다. 가믈랭 장군은 자기네는 싸울 생각이 있는데 동맹국들이 협조하지 않기 때문이라며 불평했다. 하지만 히틀러의 야심이 어디까지 향할지 알았더라면 연합국도 그렇게 경솔하지는 않았을 것이다.

반면, 히틀러는 1918년 이후 독일인들에게 처음으로 승리를 안겨다 주었다. 프랑스의 횡포에 맞서 라인강이라는 자연 방벽을 되찾았을 뿐더러, 더 중요한 사실은 그동안 짓밟혔던 독일의 자존심을 회복했다는 점이었다. 히틀러를 향한 모든 의구심은 하루아침에 사라졌고 비스마르크 이후 가장 결단력 있는 지도자이자 구세주라며 칭송했다. 반대로 연합국은 보기만 번드레한 종이호랑이였음이 까발려진 꼴이었다. 한발 앞서 에티오피아 침략을 놓고 국제 연맹의 허울뿐인 제재를 비웃던 무솔리니 또한 재빨리 히틀러와 손을 잡고 영국, 프랑스의 뒤통수를 쳤다. 앞으로 대세는 독일이라는 것이었다. 라인란트 사건 7개월 뒤인 1936년 10월 23일, 독일과 이탈리아는 상호 협력을 약속하는 의정서에 서명했다. 이른바 〈추축Axis〉의 탄생이었다. 얼마 후 폭발한 스페인 내전에는 공동 개입하여 프란시스코 프랑코Francisco Franco가 이끄는 파시스트 반란군의 승리에 일조했다. 프랑스는 삼면이 적으로 둘러싸인 신세였다.

바다 건너 영국이나 마지노 라인이라는 든든한 방패막이가 버티고 있는 프랑스야 믿는 구석이 있을지 몰라도 그렇지 못한 유럽의 약소국들은 너도나도 주판을 두들기면서 미덥지 못한 연합국에 언제까지 기대느니 살아남기 위한 새로운 대안을 찾을 때임을 깨달았다. 독일이 마지노 라인에 맞서 네덜란드에서 스위스 국경에 이르는 〈서부 방벽Westwall〉 또는 〈지크프리트 라인Siegfried Line〉을 건설하면서 불안감은 더욱 커졌다. 여전히 더 강한 쪽은 독일보다 프랑스였지만 프랑스가 어영부영하는 사이 힘의 균형은 빠르게 독일 쪽으로 기울고 있었다.

그중에서도 당장 발등에 불이 떨어진 쪽은 프랑스와 독일 사이에 끼여 있는 벨기에였다. 제아무리 프랑스가 말로는 벨기에를 지켜 주겠다며 든든한 약속을 해도 1914년의 상황이 되풀이되었을 때 제 발로 마지노 라인을 나와서 독일과 일전을 벌일 거라고는 도저히 기대할 수 없었다. 기껏해야 자기네 땅을 지킬 요량으로 벨기에를 쑥대밭으로 만들 것은 불 보듯 뻔했다. 그렇다고 영국도 썩 믿음직하지 않기는 마찬가지였다. 영국, 프랑스에 대한 불신이 한층 커지면서 벨기에의 국론은 분열되었다. 플란데런인들은 이참에 프랑스의 영향력에서 벗어나 중립 시절로 돌아가야 한다고 주장했다. 나치즘 추종자들은 프랑스를 버리고 히틀러의 독일과 손잡아야 한다고 떠들었다. 심지어 됭케르크, 캉브레, 릴 등 수백 년 전 스페인령 네덜란드였다가 프랑스가 뜯어 갔던 벨기에의 옛 땅을 되찾아야 한다고 선동하는 자들도 있었다. 벨기에군 수뇌부조차 두 쪽으로 쪼개져 국경 방어와 연합군과의 협력을 놓고 친프랑스파와 프랑스 혐오주의자들 사이에서 극한 대립이 벌어지는 판국이었다. 벨기에는 총체적인 난맥상이었다.

1년 전 제1차 세계 대전에서 연합군의 일원으로 마지막까지 뚝심을 보여 주었던 국왕 알베르 1세가 죽고 옥좌를 물려받은 레오폴드 3세의 선택은 더는 프랑스의 앞뜰을 망보는 〈번견(番犬)〉 노릇을 하지 않겠다는 것이었다. 제1차 세계 대전 당시 벨기에가 침공당했을 때 열두 살에 불과했던 그는 런던에서 망명 생활을 보냈고 전쟁을 겪지 않았다. 이제 친독일파들 사이에 둘러싸인 젊은 국왕은 1936년 10월 13일 내각 회의에서 히틀러의 라인란트 점령으로 로카르노 조약이 무용지물이 되었으며 앞으로는 중립을 엄중히 지키겠다고 선언했다. 프랑스와의 모든 군사 협력과 정보 공유를 중지하되, 독일이 중립을 깨고 침공할 때만 영불 연합군의 영내 진입을 허용하겠다는 것이었다. 왈롱 출신으로 친프랑스파인 국방부 장관 알베르 드베즈Albert Devèze는 해임되었다. 1937년 10월 13일에는 독일과 중립 조약을 맺었다. 히틀러는 뻔뻔하게 자신은 어떤 일이 있어도 벨기에의 영토를 침범하는 일은 없을 것이라고 호언장담했다.

온 유럽에 전운이 감도는 상황에서 벨기에가 프랑스와 힘을 합치기는커녕 도리어 거리 두기를 선택한 것을 단순히 히틀러의 감언이설에 넘어갔기 때문이라고만 할 수는 없었다. 근본적으로는 프랑스에 대한 불신감이었다. 벨기에는 프랑스와의 동맹이 자국의 안보에 도움이 되기보다 도리어 프랑스의 이기심 때문에 원하지 않는 싸움에 끌려 들어가지 않을까 우려했다. 벨기에의 오랜 후견국인 영국은 매번 독일을 핑계 삼아 불장난을 벌이는 프랑스를 히틀러 이상으로 위험한 존재라고 낙인찍었다. 여기에 프랑스의 마지노 라인 건설은 독일과 충돌했을 때 벨기에를 싸움터로 만들겠다는 의미였다. 그렇게 되면 영국도 휘말릴 수밖에 없었다. 1914년에 영국이 프랑스의 편에 서서 독일과 싸운 것도 벨기에 때문이었다. 처음부터 프랑스와 벨기에의 결탁을 탐탁잖게 여겼던 영국은 이제라도 프랑스를 억누르기 위해서는 두 나라를 떼어 내야 한다고 여겼다. 따라서 벨기에가 중립으로 돌아가자 이에 환호하면서 영토와 주권을 보장하겠다고 약속했다. 유럽의 세력 균형만이 전부라고 여기는 영국의 근시안적인 태도와 프랑스의 무리한 탐욕이 연합국 전체의 균열을 초래하여 결국 히틀러 앞에서 다 같이 자멸하게 만든 셈이었다.

어쨌든 프랑스로서는 벨기에의 〈배신〉은 뼈아픈 타격이었다. 독일군의 공격에 맞서 충분한 시간을 가지고 벨기에의 준비된 방어선에 연합군을 배치할 수 없다는 얘기였다. 물론 독일도 똑같은 조건이었지만 말이다. 프랑스 지도자들은 레오폴드 3세를 〈독일 앞잡이〉라면서 분통을 터뜨렸다. 하지만 프랑스인들에게 벨기에는 여전히 자신들의 앞마당이자 자연 방벽이었다. 1937년 4월 24일에는 독일이 벨기에에 발을 들이면 즉각 개입하겠다고 선언했다. 벨기에가 동의하건 말건 상관없었다. 이런 프랑스의 오만함이 벨기에인들의 자존심을 자극한 탓이지만 그렇다고 프랑스를 〈손절〉한 것이 그리 현명한 선택은 아니었다. 더 나은 대안을 찾지 못했기 때문이었다. 제아무리 프랑스의 태도가 불쾌하다 해도 여차하면 벨기에가 기댈 쪽은 프랑스이지 독일이 아니었다. 만약 독일군이 국경을 넘는다면 벨기에로서는 어쨌건 영불 연합군에 손을 벌릴 수밖에 없는 처지였다. 이것이 벨기에의 전략적 딜레마였다.

그렇다고 벨기에가 남의 도움 없이 자기 힘으로 침략을 막아 낼 수 있을 만큼 강하지도 않았다. 힘을 키워야 한다는 레오폴드 3세의 말이 무색하게도 벨기에군의 실상은 제1차 세계 대전 때와 그리 다를 것이 없었다.

벨기에군은 총동원 시 22개 사단[18개 보병 사단, 2개 반(半)차량화 보병 사단, 2개 차량화 기병 사단] 60만 명에 달했다. 인구 800만 명이 조금 넘는 약소국치고는 놀라운 숫자였다. 비슷한 인구의 네덜란드는 10개 사단 28만 명에 불과했다. 그러나 병사들 대부분은 영국군처럼 전문화되고 장기 복무하는 직업 군인이 아니라 1년 미만의 짧은 복무를 하는 징집병이었기에 훈련과 경험이 부족했다. 형편없는 급여 탓에 간부의 확보 또한 매우 어려웠다. 벨기에에서 군인은 가장 인기 없는 직업이었다. 여기에 대공황의 여파는 빈약한 재정을 더욱 어렵게 만들었다.

기갑 차량은 250여 대에 불과했다. 대부분 탱켓과 47mm 대전차포를 탑재한 T-13 구축전차, 기관총으로 무장한 T-15 경전차였다. 하나같이 화력이 빈약하여 실전에서 거의 쓸모가 없었다. 현대적인 전차는 프랑스제 AMC 35 기병 전차 10대가 전부였다. 중량 14.5톤에 전면 장갑 25mm, 47mm 대전차포를 탑재한 이 전차는 독일제 3호 전차와 비슷한 성능을 가졌다. 하지만 장갑이 너무 빈약하고 고장이 잦아 신뢰성이 부족했다. 그중 2대는 상태가 너무 나빠 후방으로 보내야 했다. 그나마 독일 전차에 맞설 유일한 전력이었다. 벨기에군 전차들은 프랑스군과 마찬가지로 보병 지원용으로서 각 사단에 중대, 소대로 분산 배치되었다. 현대 기동전에서 필수적인 기갑 전력이 그토록 형편없었던 이유는 의회 내 중립주의자들이 전차를 가리켜 벨기에의 중립을 해칠 수 있는 공격 무기라면서 강력하게 반대했기 때문이었다.

대포는 1,338문에 달했지만 하나같이 위력과 사거리가 짧은 75mm 야포였고 대부분 구식이었다. 무엇보다도 대구경 중포가 1문

벨기에군의 주력 전차인 T-13 구축전차. 영국제 비커스 카든 로이드 탱켓에 47mm 대전차포를 탑재했다. 하지만 발사 때의 반동을 감당하지 못했고 포신이 고정되어 있어 사격이 어려웠으며 무게 중심이 앞에 있어 주행도 불안정했다. 비커스사 기술자들은 벨기에인들의 발상을 〈모기에 코끼리를 실어 놓은 격〉이라고 비꼬았다. 하지만 덩치가 작고 발견하기 어려워 저격용으로는 쓸 만했다. 독일군은 몇 대 노획하여 훈련용으로 써먹었다.

도 없었다. 벨기에군은 독일 영토를 공격할 능력이 없다는 얘기였다. 중기관총은 패전 당시 독일군으로부터 넘겨받은 맥심 MG08 수랭식 기관총이었으며, 보병도 제1차 세계 대전 때 그들의 아버지가 썼던 구식 소총을 고스란히 물려받았다. 벨기에군 무기 중 그나마 쓸모 있는 것은 BAR라는 이름으로 유명한 미제 M1918 브라우닝 경기관총을 국산화한 퓌질-미트레일러Fusil-mitrailleur M1930 경기관총과 벨기에가 개발한 47mm/L40 M1931 대전차포였다. 47mm 대전차포는 독일제 37mm Pak 36 대전차포보다 성능이 우수했으며 500m 거리에서 모든 독일 전차를 격파할 수 있어 독일군의 가장 위협적인 천적이었다. 벨기에군은 750문에 달하는 47mm 대전차포를 보유했고 각 연대에 12문씩 배치했다.

　　벨기에 공군은 3개 연대 380여 대의 항공기를 보유했다. 하지만 대부분 노후화가 심해 실제로 운용할 수 있는 숫자는 118대에 불과했다. 그중 영국제 호커 허리케인 단엽 전투기 13대를 포함해 50여 대만 현대전에서 그런대로 쓸모가 있었다. 주력 기체는 영국이 1920년대 초반에 설계한 페어리 폭스Fairey Fox 복엽 전투기였다. 벨기에는 영국에서 라이선스를 구매하고 직접 생산했지만 최고 속도가 360km/h에 불과한 구닥다리였다. 독일 공군의 신형 전투기인 메서슈미트 Bf 109 단엽 전투기 앞에서는 절망적인 성능이었다. 그 대신 벨기에에도 자체적인 항공 산업이 있었다. 항공 기술자인 알프레드 르나르Alfred Renard가 제작한 르나르 R36 단엽 전투기는 최고 속도가 500km/h에 달했고 전체적인 성능에서 호커 허리케인 전투기와 맞먹었다. 하지만 테스트 비행에서 사고가 일어나 양산은 취소되었다. 전쟁 직전 미국에서 브루스터 버펄로Brewster Buffalo F2A 단엽 전투기 40대를 도입했지만, 첫 번째 생산분이 프랑스 항구에 막 도착했을 때 독일의 침공이 시작되었다. 그 밖에도 독일의 동맹국인 이탈리아로부터 구매한 CR.42 복엽 전투기 30대 역시 독일 공군의 상대가 되기에는 역부족이었다. 더욱이 잡다한 비행기의 운용은 정비와 보급 체계를 한층 복잡하게 만들었다.

삼군 중에서도 가장 찬밥 신세는 해군이었다. 대항해 시대부터 영국과 어깨를 나란히 하는 해군 강국이자 바다에 국운을 걸었던 이웃의 네덜란드와 달리 벨기에는 콩고에 식민지가 있었음에도 해군에 거의 투자하지 않았다. 해군 군단은 몇 척의 노후화된 소형 경비정이 전부였고 병력 대부분은 육상에서 해안포를 운용하는 지상 요원들이었다. 그중 제1해군사단이 오스탕드Ostend에, 제2해군사단이 제브뤼주Zeebrugge에, 제3해군사단이 안트베르펜에 주둔했다.

물론 약소국인 벨기에가 제아무리 애를 쓴들 프랑스, 독일 같은 강대국에 비견될 군사력을 갖출 수는 없는 노릇이었다. 영국의 저명한 경제 사학자인 마크 해리슨Mark Harrison 교수의『제2차 세계 대전의 경제*The Economics of World War II*』에 따르면, 1938년 당시 독일은 인구에서 벨기에의 8.2배, GDP에서 8.9배에 달했다. 하지만 벨기에의 형편없는 군사력은 단순히 재정적인 문제만이 아니라 전략적 딜레마 때문이기도 했다. 독일의 침공에 대비하되, 주변을 위협할 정도로 강해져서도 곤란했다. 예방 전쟁이라는 명목으로 더 큰 화를 불러올 수 있기 때문이었다. 군사력의 증강은 오직 방어적인 수준에 머물러야 했다. 막상 전쟁이 일어나면 연합군의 도움을 청할 수밖에 없는 처지였지만 그러기 위해서는 독일의 침공이 임박했다는 명확한 증거가 있어야 했다. 그런 어정쩡한 태도가 결과적으로 벨기에에 독이 된 셈이었다.

전운이 감돌다

벨기에인들은 그저 폭풍에 휘말리지 않으면 그만이라고 여길지 몰라도 돌아가는 정세는 정반대였다. 라인란트를 점령했을 때 더 이상의 욕심을 내지 않겠다고 장담했던 히틀러는 그 약속을 지킬 생각이 없음이 분명했다. 오히려 연합국이 어디까지 허용할지 시험하면서 진군을 멈추지 않았다. 1938년 3월 13일, 히틀러는 위협 한마디로 오스트리아의 항복을 받아 냈다. 오스트리아는 저항 한번 해보지 못한 채 형식적인 국민 투표를 거친 뒤 독일의 한 지역으로 전락했다. 4년 전과 달리 방해꾼은 없었다. 영국과 프랑스는 형식적인 항의를 했고, 방심할 수 없는 호적수에서 든든한 동맹자가 된 무솔리니는 히틀러 뜻대로 하라고 기분 좋게 허락했다.

다음은 체코슬로바키아 차례였다. 오스트리아가 무너질 때 〈독일인들끼리의 집안일〉이라는 히틀러의 말만 믿고 남의 집 불구경했던 체코슬로바키아는 금방 자신들이 속았음을 깨달았다. 오스트리아에서 손쉬운 승리에 기고만장해진 히틀러는 정복이 끝나자마자 장군들에게 체코슬로바키아 침공을 준비하라고 지시했다. 녹색 작전Case Green이었다. 명목은 체코슬로바키아의 핍박을 받는 주데텐란트의 독일계 주민들을 보호한다는 것이었다. 하지만 체코슬로바키아는 오스트리아처럼 순순히 굴복하는 대신 즉각 반발했고 군대를 동원하여 싸울 준비를 했다.

합스부르크 제국의 알짜배기 영토와 근대 산업을 물려받은 체코슬로바키아는 영토에서 독일의 1/4, 인구에서는 1/5에 불과했지만, 오스트리아나 벨기에와는 비교할 수 없는 강적이었다. 체코슬로바키아군은 33개 보병 사단과 4개 기계화 사단을 보유했고 총동원 시 100만 명 이상을 동원할 수 있었다. 또한 야포 2,700문, 대전차포 1,500문, 경전차 350대, 트럭 3,100대, 항공기 1,500대를 보유했다. 병사들은 잘 훈련되어 있었으며 현대적인 무기로 무장했다. 게다가 국경 지대에는 유럽에서 마지노 라인 다음으로 강력한 요새 지대가 버티고 있었다. 1935년에는 프랑스, 소련과 삼자 동맹을 맺었다. 히틀러는 또 한 번 포커페이스를 유지했지만 정말로 전쟁을 시작한다면 세 나라를 적으로 돌려야 할 판국이었다. 그렇게 되면 독일의 빈약한 밑천은 대번에 들통날 것이었다. 안절부절못하는 쪽은 독일 장군들이었다. 심지어 히틀러가 독일을 돌이킬 수 없는 파멸로 내몰기 전에 여차하면 쿠데타를 일으켜 끌어내릴 음모를 꾸몄을 정도였다.

이번에도 히틀러의 구세주는 영국이었다. 영국 총리 체임벌린이 중재자로 자청하고 나선 것이다. 원래라면 그는 이 게임에 참가할 필요가 없었다. 영국은 체코슬로바키아에 대한 어떤 의무도 없었기 때문이었다. 하지만 프랑스가 유럽 전쟁에 끌려들어 간다면 결국 영국도 무관할 수 없는 처지였다. 체임벌린은 불똥이 튀기를 원치 않았고 프랑스가 벌여 놓은 일을 자신이 뒤치다꺼리하기로 결심했다. 하지만 그 방법은 히틀러가 아니라 한편이어야 할 체코슬로바키아에 양보하라며 윽박지르는 것이었다. 주데텐란트에서 체코슬로바키아 정부와 독일계 주민들 사이에 갈등이 있다고 해서 히틀러가 그 땅을 요구할 권리가 있는지 따위는 알 바 아니었다. 그가 보기에 말썽의 소지는 히틀러가 아니라 그 땅을 쥐고 있는 체코슬로바키아에 있었다.

9월 30일에 체결된 뮌헨 협정은 히틀러가 각본을 쓰고 체임벌린이 주연을 맡았으며 나머지 두 사람이 협찬한 한 편의 사기극이었다. 화기애애한 분위기에서 체임벌린과 프랑스 총리 달라디에, 이탈리아 총리 무솔리니는 히틀러가 원하는 대로 주데텐란트를 넘기기로 합의했다. 체코슬로바키아의 항의는 소용없었다. 히틀러는 체임벌린에게 자신이 더 이상 영토를 요구하는 일은 없을 거라고 철석같이 약속했고 체임벌린은 그 말을 믿기로 했다. 그가 라인란트를 되찾았을 때도 똑같은 말을 하고 약속을 지키지 않았던 전적이 있었음에도 말이다. 체임벌린만큼 순진하지는 않았지만, 영국 없이 히틀러에게 맞설 용기도 없었던 달라디에는 자신들의 결정이 불러올 결과를 걱정하면서도 두 나라 사이에서 존재감 없는 들러리에 만족하기로 했다.

체코슬로바키아판 마지노 라인이라고 불렸던 〈베네시 장벽〉. 히틀러가 재무장을 선언하자
독일의 위협에 대비해 1935년부터 건설에 착수했으며 마지노 라인 건설에 참여했던
프랑스인 축성 전문가들이 설계했다. 독일과 오스트리아, 헝가리 국경을 따라 264개의
대형 보루와 1만 14개의 소형 토치카로 구성되었다. 뮌헨 회담으로 건설이 중단되었지만,
히틀러는 직접 둘러본 후 정면 공격하지 않기를 잘했다고 인정했을 정도였다. 독일군은
이곳에서 마지노 라인 돌파를 훈련했고 전쟁 말기에는 연합군의 침공에 대비하여 대서양
방벽 건설에 활용하기도 했다.

　체코슬로바키아 역시 죽기로 싸울 각오가 없기는 마찬가지였다. 영국, 프랑스가 등을 돌리고 폴란드, 헝가리가 독일 편에 서면서 사면초가에 내몰린 체코슬로바키아는 백기를 들고 항복했다. 독일군이 주데텐란트에 들어오자 300여만 명의 독일계 주민은 열광했지만, 나머지는 보상은커녕 땅과 재산을 모조리 빼앗긴 채 빈털터리로 쫓겨나야 했다. 체코슬로바키아 대통령 베네시는 히틀러의 압박에 못 이겨 엿새 뒤 사임했고 영국으로 달아나 망명 정부를 수립했다. 그나마 베네시는 젊은 시절 합스부르크 제국을 상대로 투쟁했던 독립 지도자로서 체코슬로바키아 정부를 통틀어 강단과 배짱을 갖춘 인물이었다. 하지만 후임자인 하하는 변호사 출신으로 나이도 훨씬 많았을뿐더러 히틀러에게 맞서 침몰하는 조국을 구하기엔 너무나 버거운 책무였다.

　위기가 지나갔을 때 이번에도 가슴을 쓸어내린 쪽은 서방 지도자들이 아니라 히틀러였다. 그는 뮌헨 회담이 끝난 직후 주변 사람들을 향해 이렇게 떠들었다. 자신이 칼을 뽑기만 했으면 우스꽝스러운 체코슬로바키아 군대 따위는 손쉽게 쓸어버리고 원하는 것을 죄다 얻을 수 있었는데 체임벌린 탓에 천재일우의 기회를 놓쳤다면서 두 번 다시 그따위 바보 같은 국제회의를 하는 일은 없을 것이라고 맹세했다. 〈만약 그 멍청한 늙은이가 오지랖을 부리겠답시고 자신의 우산을 들고 또 한 번 이곳에 나타난다면 나는 그를 아래층으로 걷어차고 기자들이 보는 앞에서 그의 배 위에 뛰어내릴 것이다.〉 하지만 괴벨스의 일기에 따르면 그의 속내는 달랐다. 새로운 독일 영토가 된 체코슬로바키아의 요새 선을 직접 시찰한 후 〈우리가 여기를 돌파하려 했으면 엄청난 피를 흘려야 했을 것〉이라면서 연합군과 싸우지 않아 다행이었다고 토로했다. 반면, 히틀러를 타도할 기회만 엿보고 있던 장군들은 뜻밖에도 무력하게 꼬리를 내리는 서방의 모습에 당혹스러워했다. 반히틀러파가 실제로 행동에 나서기까지는 6년을 더 기다려야 했다.

　　만약 체임벌린이 체코슬로바키아 국토의 1/5에 불과한 주데텐란트 때문에 유럽 전체의 판세가 뒤바뀌지는 않을 거라고 여겼다면 엄청난 착오였다. 주데텐란트는 그저 체코슬로바키아의 일부가 아니라 경제와 교통, 통신, 방어의 핵심이었다. 철강과 전력의 70퍼센트, 석탄 생산의 2/3, 섬유의 80퍼센트, 목재의 40퍼센트를 차지했다. 더 큰 문제는 다민족 국가로 근근이 유지되던 국가적 결속이 일거에 무너졌다는 사실이었다. 자치권을 요구하고 있던 여러 민족이 분리 독립을 선언했다. 한때 중부 유럽 최강을 자랑했던 체코슬로바키아는 내부에서부터 무너져 내리기 시작했다. 게다가 주변 국가들은 이참에 히틀러에게 붙어 한 조각 얻어먹을 요량으로 서방에 버림받고 다 죽어 가는 체코슬로바키아에 하이에나처럼 달려들어 시체 뜯기에 나섰다. 뮌헨 협정 한 달여 뒤인 11월 2일, 오스트리아 빈의 벨베데레 궁전Belbedere Palace에서 제1차 빈 협정이 체결되었다. 헝가리는 체코슬로바키아 남부의 1만 1,882km²의 땅을 얻었고 폴란드 또한 폴란드인들이 많이 산다는 이유로 체스키테신Český Těšín 지방의 906km²를 빼앗았다. 이제 체코슬로바키아는 사방이 적대국으로 포위되었으며 유일한 우방인 루마니아와의 통로도 끊어졌다.

　　산소 호흡기로 간신히 연명하던 체코슬로바키아에 최후의 일격을 먹여 숨통을 끊어 놓은 것은 히틀러였다. 뮌헨 회담에서 자신이 영토를 요구하는 일은 더는 없을 거라고 굳게 약속했던 히틀러는 반년 만에 손바닥 뒤집듯 남은 체코슬로바키아를 집어삼켰다. 그렇게 하지 않으면 당장 독일 경제가 붕괴할 판국이었기 때문이었다. 가장 큰 이유는 히틀러의 무리한 재무장 계획 때문이었다. 경제부 장관을 맡고 있던 괴링은 히틀러에게 외화가 바닥났다면서 파산을 경고했다. 히틀러는 독일이 살려면 뮌헨 협정을 무시하는 수밖에 없다고 판단했다. 하하가 소수 민족 분리 운동을 탄압하는 것을 핑계 삼아 베를린으로 소환한 후 최후통첩을 날렸다. 한 나라의 운명을 감당하기에는 너무나 심약했던 하하는 겁에 질린 나머지 〈탁〉 치니 〈억〉 하더라는 말마따나 졸도하여 히틀러조차 당황했을 정도였다. 잠시 후 깨어난 그는 두말없이 굴복했다.

1939년 3월 15일 아침, 독일군은 국경을 넘어 아무런 저항도 받지 않고 수도 프라하를 비롯한 체코 전역을 점령했다. 다음 날 히틀러는 체코가 독일령이 되었음을 선포했다. 나머지 반쪽인 슬로바키아는 분리 독립한 후 독일의 위성국이 되었다. 히틀러에게 체코슬로바키아는 그야말로 노다지이자 거대한 무기 창고였다. 체코슬로바키아의 중앙은행에 보관된 수백 톤의 금괴는 독일의 숨통을 열어 주었다. 또한 1,200여 대의 항공기와 2,250문의 각종 야포, 500문의 대공포, 2,000문의 대전차포, 800대의 기갑 차량, 소총 100만 정과 기관총 5만 7,000정 등을 노획했다. 100만 명 이상을 무장시킬 수 있는 규모였다. 체코군의 상당수는 독일군에 편입되었으며 체코인들이 건설한 국경 요새들은 독일군이 마지노 라인을 돌파하기 위한 절호의 연습장이 되었다. 체임벌린 덕분에 히틀러는 비로소 영불에 맞설 힘을 가지게 되었다. 만약 체코제 전차가 없었다면 폴란드와 서부 전역에서 독일군이 보여 준 전격전의 신화는 결단코 불가능했다.

과연 체임벌린은 이런 결과를 전혀 예상하지 못했을까. 나중에 일부 수정주의 학자들은 인간적인 동정심을 섞어 비록 그가 독일의 군사력을 지나치게 과대평가한 실수는 있지만, 그 덕분에 영국이 싸울 준비를 할 수 있었다고 옹호했다. 특히 1930년대 말 영국 남부에 건설된 대규모 방공 레이더망인 이른바 〈체인 홈Chain Home〉이 본토 항공전에서 영국을 구했다는 것이었다. 하지만 궁색한 변명일 뿐이다. 체인 홈은 체임벌린이 어느 날 뚝딱 만들어 낸 것이 아니라 전임자들에 의해 오랜 기간에 걸쳐서 준비된 것이었기 때문이었다. 오히려 독일과 프랑스를 비롯한 열강들 사이에서 본격적인 군비 경쟁이 벌어지는 와중에 유독 영국의 재무장이 늦어진 데에는 1931년부터 1937년까지 재무 장관을 지 낸 체임벌린에게도 책임이 있었다. 그의 유화 정책은 히틀러의 과도한 군비 투자와 물자 수입으로 파산에 내몰린 독일을 기사회생시키고 날 개를 달아 주었다. 심지어 뮌헨 협정을 깨뜨리고 체코슬로바키아를 점 령한 히틀러가 런던의 영국 중앙은행에 비치된 체코의 금을 내놓으라 고 했을 때 군말 없이 송금하기도 했다.

만약 체임벌린이 뮌헨에서 끝까지 물러서지 않았다면 재정난에 몰 려 있던 히틀러는 세계 대전을 일으키기는커녕 그 자리에서 백기를 들 었어야 했을 처지였다. 그렇다고 체임벌린 자신은 싸우기를 원했는데 반전 여론에 본의 아니게 밀린 탓이라고 할 수도 없었다. 오히려 히틀러 와 일전을 벌이려는 프랑스를 억눌렀고, 신의를 저버린다는 비판의 목 소리를 향해 〈전쟁은 무서운 것이며, 우리가 잘 알지도 못하는 사람들 을 위해 싸울 이유가 없다〉라면서 일축했다.

체임벌린의 실수는 히틀러의 위협이나 감언이설에 넘어가서도, 하물며 겁쟁이였기 때문도 아니었다. 문제는 특유의 오만함과 독선이 었다. 뮌헨으로 가면서 히틀러가 어떤 인간인지 알려고 노력하지도 않 았을뿐더러 주변 참모들의 조언도 듣지 않았다. 평생 유럽 외교 무대에 서 잔뼈가 굵은 그는 자신의 안목이 누구보다 완벽하다고 자만했기 때 문이었다. 또한 체임벌린은 골수 반공주의자였고 히틀러를 볼셰비즘 에 대항하는 서구의 방파제로 써먹기를 기대했다. 그가 보기에 히틀러 의 소망은 독일을 1914년 이전으로 되돌리는 것이지 그때 끝내지 못한 승부를 결판내자는 게 아니었다. 부활한 독일의 힘은 서쪽이 아니라 동 쪽으로 향할 것이며 자신이 구상하는 반소 포위망은 한층 든든해질 것 이었다. 물론 다른 나라가 영국을 대신해 다소의 희생을 치러야겠지만 말이다. 어쨌든 히틀러는 영국의 적이 아니라는 게 체임벌린의 믿음이 었다.

1939년 3월 15일, 체코 프라하 궁전에서 독일 의장대를 사열하는 히틀러. 뮌헨 회담에서
체임벌린은 영국과 아무 상관도 없는 사람들을 위해 죽기로 싸울 이유가 없다고 주장했지만,
히틀러를 제외한 독일인들 역시 단 한 번도 독일 영토가 아니었던 주데텐란트를 위해
자신들의 목숨을 걸 이유를 찾지 못하기는 마찬가지라는 점을 간과했다.

영국에서 히틀러를 경계하지 않은 것은 체임벌린만이 아니었다. 특히 영국 외무부는 동방의 새로운 강자로 등장한 히틀러와 타협해야 한다는 분위기가 대세였다. 베를린 주재 영국 대사였던 네빌 헨더슨 Nevile Henderson은 체임벌린이 총리에 임명되기 직전 외무부에 이렇게 보고했다. 〈동쪽에서 독일의 우세는 필연적이다. 독일은 슬라브인들보다 더 문명화되었으며 영국의 이익에 덜 위험하다. 독일이 영국을 적대하지 않는 이상, 독일의 통일을 방해하거나 슬라브인들의 위협에 대항하여 군사적 준비를 하는 것을 방해해선 안 된다.〉 주데텐란트 위기 몇 달 전인 1937년 11월 19일, 추밀원 의장이자 얼마 후 영국 외무 장관이 되는 핼리팩스는 베를린을 방문하여 히틀러에게 〈독일은 볼셰비즘에 대항하는 서구의 보루〉라면서 추켜세웠다. 히틀러 또한 〈유럽의 평화를 위협하는 유일한 존재는 소련〉이라며 맞장구를 쳤다. 이런 안이함이 뮌헨의 오판을 자초한 가장 큰 이유였다. 처칠만이 예외였다. 그는 동료들과 영국 국민을 향해 스탈린보다 히틀러가 더 위험한 인간이라고 경고했다. 그러나 돌아온 것은 배척이었다.

하지만 히틀러는 체임벌린이 여태껏 상대했던 자들과는 전혀 다른 부류였다. 교양을 갖추고 명예를 아는 문명국가의 지도자가 아니라 탐욕과 거짓말로 가득한 갱스터 두목이었다. 이제는 체임벌린도 자신이 히틀러에게 농락당했음을 인정해야 했다. 사방에서 체임벌린의 무능함을 성토했고 당장 정치생명이 끝장날 판국이었다. 매번 〈이번이 마지막〉이라는 말이 무색하게 히틀러는 여전히 멈추지 않았다. 그가 서구와 붙기 전 마지막 연습 상대로 고른 것은 폴란드였다. 시빗거리는 독일 본토와 동프로이센 사이에 있는 폴란드령 그단스크Gdańsk, 독일이 단치히라고 부르는 오래된 항구 도시였다. 지난 1,000년 동안 독일과 폴란드가 각축을 벌였던 단치히는 18세기 말 폴란드의 분할과 함께 프로이센에 병합되었다. 하지만 제1차 세계 대전에서 독일이 패망하자 단치히는 명목상 폴란드에 복속하되 고도의 자치권을 누리는 자유시이자 국가 속의 국가였다. 40만 명에 달하는 주민 90퍼센트 이상이 독일계였다. 히틀러가 집권하자 단치히는 나치 추종자들이 장악했고 유대인들을 탄압하면서 폴란드 정부와 갈등을 빚고 있었다.

히틀러는 그 기회를 놓치지 않았다. 그는 폴란드를 향해 단치히는 물론이고, 그 도시와 독일 본토를 연결하는 〈폴란드 회랑〉까지 내놓을 것을 요구했다. 이번이야말로 마지막 영토 요구라는 상투적인 문구 또한 빼놓지 않고 덧붙였다. 체코슬로바키아에서 써먹은 방식을 고스란히 되풀이하는 격이었다. 5년 전 히틀러와 10년 기한의 불가침 조약을 맺은 뒤 독일을 새로운 우방이라며 마음 놓고 있던 폴란드인들로서는 그야말로 날벼락 같은 통첩에 깜짝 놀라면서도 순순히 물러서지는 않았다. 한때 동유럽의 절반을 지배했고 1919년에는 독일, 소련과의 피비린내 나는 투쟁을 통해 자신들의 힘으로 독립을 쟁취했던 폴란드인들은 이제 와서 누구에게도 굴복할 생각이 없었다. 하물며 싸우지도 않고 히틀러에게 주데텐란트를 넘겨주었던 체코슬로바키아가 결국 어떤 운명을 맞이했는지 똑똑히 보았던 그들로서는 말이다.

하지만 폴란드는 고립무원이었다. 체코슬로바키아가 멸망하면서 삼면이 포위당한 신세였다. 그것도 위기에 처한 이웃을 돕기는커녕, 한 뼘의 땅을 차지할 욕심에 눈이 멀어 히틀러의 야욕에 어리석게 부화뇌동했던 폴란드인들이 자초한 일이었다. 이제는 자신들이 똑같이 당할 차례였다. 영국과 프랑스가 폴란드의 독립을 보장한다고 약속했지만, 막상 일이 터졌을 때 행동에 나설지는 의문이었다. 더 충격적인 소식은 동쪽에서 들려왔다. 1939년 8월 23일, 소련이 독일과 불가침 조약을 맺었다는 사실이었다. 게다가 스탈린은 히틀러와 이면 계약을 맺었다. 폴란드를 비롯한 동유럽을 사이좋게 나눠 먹기로 말이다. 그동안 서방과 히틀러를 저울질하던 스탈린은 주데텐란트 위기를 보면서 서방에 붙어 봐야 재미없다고 결론 내렸기 때문이었다.

마지막 걸림돌이 사라지면서 최후통첩이 전달되었고 폴란드가 물러서지 않자 일주일 뒤인 9월 1일 새벽 4시, 전면 침공이 시작되었다. 히틀러는 단치히만이 아니라 폴란드를 통째로 지도에서 지울 참이었다. 서방도 더는 묵과하지 않았다. 뮌헨 회담과 같은 〈쇼〉는 없었다. 이틀 뒤 영국과 프랑스가 선전 포고했다. 히틀러의 통역관이었던 파울 슈미트Paul Schmidt의 회고에 따르면, 그 순간 히틀러를 비롯한 나치 수뇌부는 말 그대로 공황 상태에 빠졌다. 오스트리아와 체코슬로바키아를 손에 넣었음에도 독일의 힘은 연합군과 폴란드를 동시에 상대하기에는 역부족이었기 때문이었다. 독일이 마지노 라인에 대항하여 건설한 지크프리트 라인은 겉으로만 그럴싸할 뿐이었다. 독일 역시 프랑스와 마찬가지로 강력한 군대와 요새를 동시에 세울 능력이 없었다. 차이가 있다면 프랑스가 후자를, 독일은 전자를 골랐다는 사실이었다. 히틀러는 충격에 잠시 할 말을 잃었지만, 서방 지도자들이 자신에게 도전할 각오가 없음을 금방 깨달았다.

예상대로 체임벌린과 달라디에는 들끓는 여론에 마지못해 전쟁을 결정하면서도 어떻게든 빠져나갈 궁리만 했다. 제1차 세계 대전의 악몽에 사로잡혀 있던 프랑스군은 영국군 없이 독일군과 싸울 자신이 없다면서 주저했고 영국군은 대륙으로 군대를 보내려면 수개월이 더 필요하다고 강변했다. 독일의 등 뒤는 무방비나 다름없었음에도 말이다. 서방 언론들이 이른바 〈전격전Blitzkrieg〉이라는 거창한 이름을 붙인 독일군의 새로운 기동전 앞에서 폴란드군이 쓸려 나가는 동안 연합군은 자르에서 잠시 공격하는 시늉을 한 것이 전부였다. 훨씬 손쉬운 승리를 거둘 수 있을 때조차 우물쭈물했던 그들이 뒤늦게 싸우려고 할 리 없는 것은 당연했다. 자신들의 목젖에 직접 비수가 들어오기 전까지는 말이다. 하지만 연합군 수뇌부가 가믈랭처럼 신중하다 못해 우유부단한 소심쟁이들이 아니라 제1차 세계 대전 당시의 무모하기 짝이 없는 공격 지상주의자들이었다면 히틀러의 전쟁은 여기서 끝났을 것이었다. 역사의 아이러니였다.

결정타는 스탈린이 날렸다. 9월 17일, 80만 명에 달하는 소련군이 폴란드 동부 국경을 넘었다. 히틀러와 싸우려는 것이 아니라 그와 맺은 밀약에 따라 자신의 몫을 챙기기 위함이었다. 개전 5주 만인 10월 6일, 폴란드는 항복했다. 서부 전선은 여전히 조용했지만, 히틀러는 서방이 먼저 자신에게 선전 포고했다는 사실을 잊지 않았다. 이제는 20년 전 패배의 굴욕을 갚아 줄 때였다.

폭풍 전야

히틀러는 동쪽에서 승리를 거두었지만 당장 칼끝을 서쪽으로 돌리지는 않았다. 그의 힘은 라인란트에서 한 줌의 밑천으로 도박을 벌이던 3년 반 전에 비하면 비약적으로 강해졌지만, 여전히 승리를 장담할 수 없었다. 영불 연합군은 결코 만만하게 볼 수 없는 강적이었다. 게다가 프랑스가 자랑하는 마지노 라인의 정면을 향해 집단 자살에 가까운 공격에 나서지 않으려면 중립국인 저지대 국가들을 통과해야 했다. 바꿔 말해 이들과도 싸워야 한다는 얘기였다. 더 많은 준비와 시간이 필요했다. 그 점에서는 연합군도 마찬가지였다. 런던과 파리의 암울한 분위기는 열광적으로 지원병들이 쇄도하면서 군가를 부르며 자신만만하게 전선으로 향하던 1914년과는 전혀 달랐다. 심지어 평화가 깨진 책임이 엉뚱하게도 히틀러가 아니라 융통성 없는 폴란드 탓이며, 폴란드인들이 한 발짝만 물러섰더라면 일이 이렇게 되지 않았을 거라며 원망하는 사람들도 많았다. 뮌헨에서 이미 한 번 속았음에도 말이다. 약자보다 강자를 편들고 이유가 어찌 되건 나한테만 피해를 주지 않으면 알 바 아니라는 것이 야박한 세상 민심이었다.

연합국 수뇌부는 제1차 세계 대전 때처럼 우세한 해군력으로 독일을 봉쇄하면 굶주림에 지친 독일인들이 들고일어나 내부에서 무너뜨릴 수 있을 거라고 기대했지만 오산이었다. 소련이 보내 주는 막대한 물자가 독일의 숨통을 트여 준 덕분이었다. 그렇다고 스탈린을 히틀러와 이간질하여 연합군 쪽으로 끌어들이거나 독일의 등 뒤를 위협할 새로운 동맹을 찾아내지도 못했다. 전쟁이 시작되고 긴장은 감돌았지만, 총성은 울리지 않았다. 양쪽 모두 요새 선에 웅크린 채 병력과 물자를 끝없이 집결시키면서 상대가 어떤 수로 나올지 기다리며 하릴없이 시간만 보내고 있었다. 마치 폭풍 전야의 고요함과 같았다. 총알과 포탄 대신 서로 눈치나 보면서 기싸움만 벌이는 이 기묘한 상황을 가리켜 서구 언론들은 미국 상원 의원이었던 윌리엄 보라William Borah의 말을 빌려 〈가짜 전쟁Phoney War〉이라고 부르기 시작했다.

그 와중에도 히틀러는 9월 26일 상투적인 평화 공세에 나섰다. 자신은 서방과 싸울 생각이 없으며 그들이 원한다면 협상 테이블에 앉을 의향이 있다는 것이었다. 체임벌린도 더는 속아 넘어가지 않았다. 그는 히틀러의 제안에 진정성이 없다면서 10월 10일 평화 협상을 거부했고 이틀 뒤 프랑스도 똑같은 답변을 보냈다. 어차피 히틀러에게는 상관없었다. 그는 이들의 대답이 오기도 전에 총통 명령 6호를 하달하고 서부 침공을 지시했다. 개전 일자는 11월 12일이었다. 공격 방향은 마지노 라인이 아니라 벨기에를 비롯한 저지대 국가들이었다. 프랑스인들의 예상대로였다. 상황이 이쯤 되자 벨기에도 전쟁을 남의 집 불구경할 수 없는 처지였다. 폴란드 전역이 시작되기 직전인 1939년 8월 25일 동원령을 선포했다. 불과 일주일 뒤 영국, 프랑스가 독일에 선전 포고하면서 서부 전역이 시작되었다. 벨기에로서는 그나마 다행스러운 일은

가짜 전쟁 중에 마지노 라인에서 동료들과 포커 게임을 하면서 한가로운 시간을 보내는
프랑스 병사들. 몇 달 뒤 닥칠 운명을 생각한다면 이들로서는 그나마 이 순간이 가장 행복한
한때였을 것이다. 체임벌린을 비롯한 연합군 지도자들은 서부 전선에 결집한 거대한 군대를
보면서 의기양양했지만, 실제로는 머릿수만 많을 뿐 실속 없는 오합지졸이었다. 독일군이
연합군과의 격차를 조금이라도 줄이기 위해 수개월의 시간을 금쪽같이 활용하는 동안,
프랑스군 병사들은 야전에서 기동 훈련을 받는 대신 땅을 파고 방어 진지를 구축하는 데
허비했다. 그 차이는 진짜 전쟁이 시작되자마자 분명하게 드러났다.

1914년 여름처럼 대비할 틈도 없이 독일군이 무방비한 국경을 넘어 물밀듯이 쇄도하지는 않았다는 사실이었다. 가짜 전쟁은 벨기에인들에게도 귀중한 시간을 벌어 주었다.

프랑스와 마찬가지로 자금과 자원이 열악했던 벨기에는 독일에 맞서기 위해 공격과 방어 둘 중 하나를 골라야 했다. 이들 역시 방어를 선택했다. 동쪽 국경에는 왈롱 지방의 중심지이자 벨기에 최대의 공업 도시인 리에주를 지키기 위해 새로이 4개의 현대적인 요새가 세워졌다. 그중에서도 리에주 동북쪽 20km에 있는 에벤-에마엘 요새Fort Eben-Emale는 〈작은 마지노 라인Little Maginot Line〉이라고 불렸다. 국방부 장관이었던 알베르 드베즈가 프랑스 마지노 라인을 참고하여 1932년부터 1935년까지 건설한 이 요새는 위에서 보면 삼각형 모양이고, 길이 950m, 폭 750m에 총면적은 0.75km²에 달하여 단일 요새로는 당대 최대 규모였다. 요새 주변에는 높이 6m, 1.5m 두께의 철근 콘크리트로 된 거대한 장벽이 사방을 둘러쌌다. 4개의 포대와 64개의 방어 거점이 있었고 120mm 대포 6문, 75mm 대포 16문, 60mm 대전차포 12문, 기관총 25정으로 무장했다. 요새 한쪽은 운하와 접했고 나머지 삼면은 지뢰밭과 철조망, 대전차 장애물이 포진하여 전차와 보병의 접근을 가로막았다. 요새 아래에는 각각의 거점을 연결하는 지하 터널을 통해 병력과 물자를 안전하고 신속하게 실어 나를 수 있었다.

또한 자체 발전소와 독가스 공격에 대비한 최신 공기 여과 장치, 무선 설비, 병원 등을 갖추어 그야말로 현대 축성 기술의 집대성이라 할 만했다. 탄약고는 지하 깊숙이 매설되어 적의 포격에서 안전했다. 수비대는 벨기에 제7사단 산하 1,200여 명에 달했다. 만약 정면에서 공략하려면 역사상 최강의 대포라고 일컫는 800mm 구스타프 열차포를 끌고 와야 할 판국이었다. 제1차 세계 대전 때라면 독일군을 완전히 막지는 못해도 적지 않은 출혈을 강요했을 것이었다.

물론 에벤-에마엘 요새가 제아무리 견고한들 거대한 독일군 전체를 언제까지고 저지할 수는 없는 노릇이었다. 벨기에 중부를 관통하는 딜Dyle강을 따라 북부의 안트베르펜에서 브뤼셀 동쪽의 루뱅Louvain, 와브르Wavre, 나무르Namur 그리고 프랑스 국경 도시 지베Givet에 이르는 새로운 방어선이 구축되었다. 이른바 〈딜 라인Dyle Line〉이었다. 벨기에군은 알베르 운하Albert Canal*를 이용해 최대한 시간을 끌면서 수도 브뤼셀이 함락되기 전에 영국, 프랑스군이 도착할 시간을 벌 속셈이었다. 개전 사흘째이면 영국 원정군과 프랑스군이 벨기에에 진입하여 전선을 보강할 것으로 예상했다.

그 대신 리에주를 비롯하여 산업이 집중된 동부 지역의 함락을 피할 수 없다는 점이 벨기에로서는 뼈저린 손실이었다. 게다가 독일을 주적으로 삼음으로써 히틀러에게 중립을 위반했다는 명분을 제공하여 침공을 자초할 수 있다는 점도 있었다. 현실적으로 독일의 위협에 대비하지 않을 수 없음에도 도리어 독일에 빌미를 주지 않을까 전전긍긍하는 것이 벨기에의 딜레마였다. 이 때문에 딜 라인은 1939년 9월 독일이 폴란드를 침공하고 영국, 프랑스가 독일에 선전 포고하면서 전쟁이 코앞까지 닥친 뒤에야 건설이 시작됐다. 그것도 연합군의 강력한 압박에 마지못해서였다. 하지만 시간이 워낙 촉박하여 벨기에의 운명을 걸기에는 너무나 빈약했다. 대전차 장애물과 400여 개의 기관총 토치카 이외에 철조망이나 지뢰밭은 건설되지 않았고 방어선은 연결되지 못한 채 중간중간 끊어져 있었다. 독일군은 손쉽게 빈틈을 찾아서 우회할 수 있었다. 수비대는 고정 배치하는 대신 후퇴하는 부대를 투입할 예정이었다. 허점투성이였다.

가장 큰 문제는 벨기에가 여전히 중립의 미련을 버리지 못하고 있다는 점이었다. 독일군의 침공은 이미 공공연한 사실이었음에도 정말

* 북쪽의 안트베르펜과 동쪽의 리에주를 연결하는 수로다.

로 국경을 넘기 전까지는 원칙적으로 단 한 명의 연합군도 들어올 수 없다는 것이 벨기에의 우직스러운 고집이자 자존심이었다. 막상 일이 닥쳤을 때 자력으로 독일군을 저지할 수 없음은 명백했지만, 과연 연합군이 제때 올 수 있을지, 벨기에군이 그때까지 버틸 수 있을지는 누구도 장담할 수 없었다. 이 점은 벨기에만큼이나 연합군도 고민이었다. 히틀러는 마음만 먹으면 국제법 따위는 얼마든지 무시하고 벨기에로 밀고 들어갈 수 있지만, 연합군은 벨기에가 요청하기 전까지는 한 발짝도 발을 들일 수 없었다. 연합군의 진입은 독일군이 침공한 뒤에야 시작될 것이었고 기동 중에 벨기에군 패잔병과 독일군 사이에 뒤섞여 난전이 벌어질 것은 불 보듯 뻔했다. 1914년의 상황이 되풀이될 것이었다.

벨기에가 여전히 국경을 열어 주지 않는 이상, 연합군은 세 가지 선택지가 있었다. 첫 번째는 벨기에를 내주고 프랑스 국경에서 독일군의 침공을 막는 것이었다. 두 번째는 프랑스 북부에 배치된 연합군 대부분은 그대로 남되, 영국 원정군과 프랑스 제7군 산하 제16군단만 벨기에 국경을 넘어 에스코Escaut강에서 벨기에 잔존 부대와 함께 방어선을 구축하는 것이었다. 세 번째는 연합군 주력을 벨기에 깊숙이 들여보낸 다음 딜강에서 결전을 벌이는 것이었다. 프랑스군 총사령관 모리스 가믈랭 원수는 처음에는 두 번째 안을 선택했다. 에스코강의 머리글자를 딴 〈E-계획E-Plan〉은 연합군이 국경 방어에 주력하되, 콩데Condé, 투르네Tournai, 겐트Ghent, 안트베르펜을 연결하는 북해 연안의 벨기에 서부 지역을 확보하는 데 만족하겠다는 것이었다. 프랑스와의 거리는 짧지만, 수도 브뤼셀을 비롯한 벨기에 영토 대부분을 포기해야 했다. 또한 지켜야 할 전선이 너무 길어진다는 것도 단점이었다.

가믈랭은 금방 생각을 바꾸었다. 그는 제1차 세계 대전 때 벨기에인들이 얼마나 용맹스러웠는지 기억하고 있었다. 벨기에가 독일군의 발목을 잡아 준 덕분에 연합군은 마른 전투에서 이길 수 있었다. 벨기에 지도부가 제아무리 독일과의 싸움을 앞두고 갈팡질팡하고 있어도 일단 전쟁이 시작되면 독일에 순순히 굴복하기보다는 끝까지 싸울 것이 분명했다. 게다가 개전이 늦어지면서 벨기에군 또한 빠르게 강화되고 있었다. 만약 연합군이 딜 라인까지 진출한다면 E-계획에 비해 방어선을 80km나 단축할 수 있었다. 특히 영국 남부와 북부 프랑스 산업 지대에 대한 독일 공군의 위협 또한 제거할 수 있을 것이었다. 연합군이 가장 우려하는 일이었다.

11월 9일, 가믈랭의 주도로 〈D-계획D-Plan〉이 채택되었다. 앙리 지로Henri Giraud 장군의 프랑스 제7군이 북해 해안선을 따라 벨기에 북부로 진격하고, 존 베레커John Vereker 고트 경의 영국 원정군이 브뤼셀 동쪽을, 모리스 장 블랑샤르Georges Maurice Jean Blanchard 장군의 프랑스 제1군이 브뤼셀 남쪽을, 앙드레 코라프André Corap 장군의 프랑스 제9군이 벨기에 남부를 각각 맡을 참이었다. 모두 연합군 최정예 부대였다. 가믈랭의 속셈은 뻔했다. 벨기에를 결전장으로 삼아 연합군의 모든 역량을 쏟아 넣어 독일군과 건곤일척의 싸움을 벌이겠다는 것이었다. 문제는 이들과 마지노 라인 사이의 연결을 맡은 프랑스 제2군이었다. 주로 예비대로 구성된 프랑스 제2군은 장비와 훈련 상태가 빈약하여 연합군의 아킬레스건이었다. 하지만 가믈랭은 제2군을 보강해야 한다는 건의를 한 귀로 흘렸다.

프랑스 북동부 전선군 총사령관이자 가믈랭의 부사령관이었던 알퐁스 조제프 조르주Alphonse Joseph Georges 장군은 연합군이 독일군보다 먼저 딜강에 도착할 수 있을지 의문스러우며 그전에 벨기에군이 무너질 거라고 주장했다. 영국은 위험이 크다는 이유로 벨기에로 진격하는 것 자체에 회의적이었다. 폴란드 전역에서 보여 준 독일군의 기동성은 경이로울 정도였다. 만약 연합군이 그보다 빠르지 못하다면 오히려 함정에 빠지는 쪽은 그들 자신이었다. 게다가 일선 지휘관들의 주도적인 역할을 강조하고 권한을 분산한 독일군과 달리, 연합군은 총사령부가 모든 작전을 철저히 통제하고 어떠한 유연성과 임기응변도 허용하지 않았다. 적군과 갑자기 난전이 벌어지는 긴급한 상황에서는 신속히 대응하기 어려웠다. 연합군의 역량은 전쟁이 사전에 정해진 시간표대로 돌아갈 때만 제대로 발휘할 수 있었다.

하지만 누구도 가믈랭의 고집을 꺾을 수는 없었다. 조르주가 제7군을 예비대로 남겨 둘 것을 건의했지만 이 또한 무시되었다. 오히려 가믈랭은 더욱 무리수를 두었다. 네덜란드를 연합군의 일원으로 끌어들이기 위해 제7군이 벨기에를 넘어 네덜란드 남부의 브레다까지 진격한다는 〈브레다 수정안Breda variant〉을 내놓았다. 그로서는 어쨌든 아군이 하나라도 더 있는 쪽이 좋다는 단순한 논리였지만 연합군은 스위스부터 네덜란드 남부의 북해에 이르는 광대한 전선에 분산되었고 후방에는 쓸 만한 예비대가 없었다. 그만큼 독일군의 공격에 취약했다. 만약 한 곳이라도 돌파되면 속수무책이었다. 막상 마지노 라인에서 치고 나갈 계획은 없었다. 그곳은 오직 방어를 위해서만 존재한다는 것이 가믈랭의 고집스러운 생각이었다.

가믈랭은 독일군이 1914년과 마찬가지로 슐리펜 계획을 답습하여 벨기에 북부를 통해 쳐들어올 것이 분명하다고 결론 내렸다. 따라서 결단코 여기서 어긋나는 일이 있어서는 안 되므로 다른 가능성은 아예 생각할 필요조차 없다는 식이었다. 80여 년 전 보불 전쟁의 영웅 대몰트케 원수가 〈아무리 훌륭한 계획도 첫 번째 총성이 울린 뒤에는 무용지물이 된다〉라는 유명한 격언으로 임기응변과 창의성의 중요성을 강조했던 것이 무색할 정도였다. 평소 신중하기로 이름난 그로서는 비정상적인 집착이었고 프랑스를 패망으로 몰아넣는 결정적인 이유가 되었다.

하지만 가믈랭이 미처 놓친 사실이 있었다. 벨기에가 핵심 지역인 브뤼셀과 안트베르펜, 리에주의 방어에만 집중한 나머지, 왈롱 남부 지

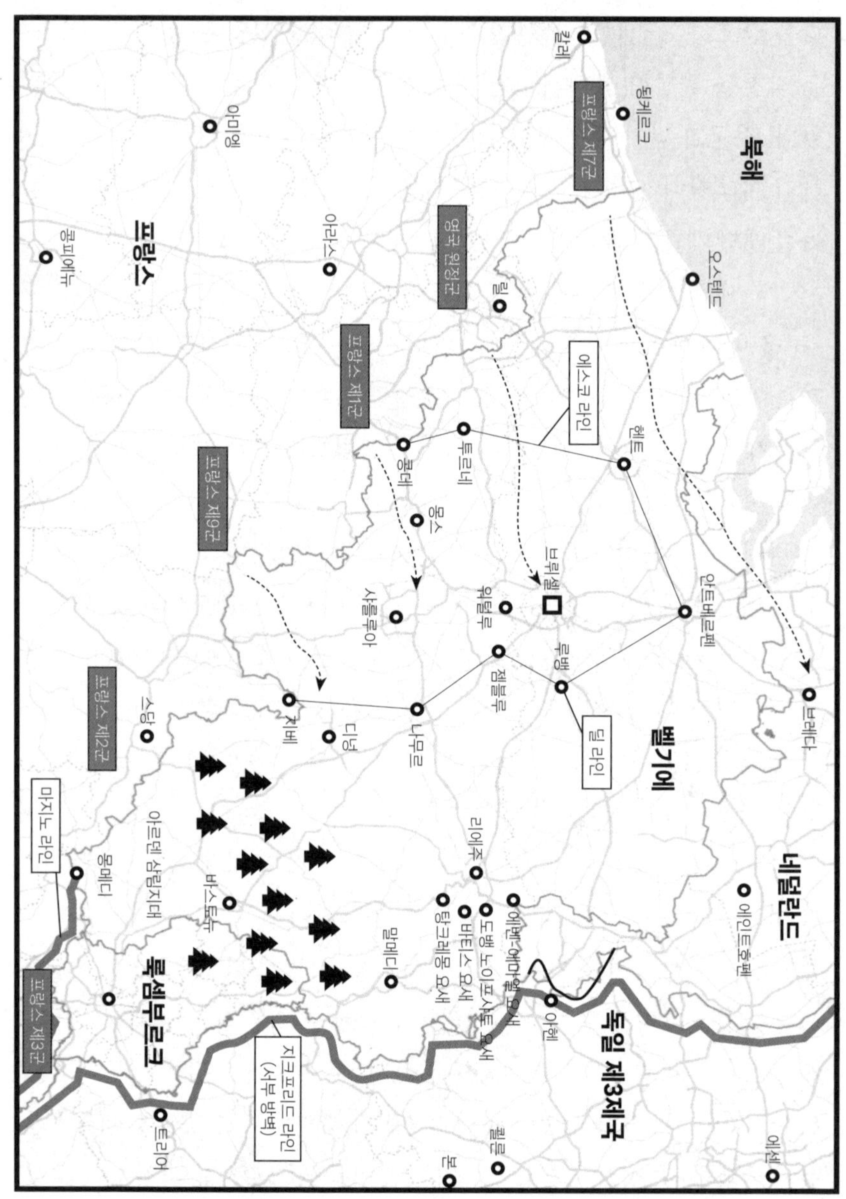

가믈랭의 전쟁 계획이었던 E-계획과 D-계획. 그는 독일군이 슐리펜 계획을 반복할 거라는 전제 아래에서 작전을 세웠지만 예상치 못한 돌발 상황에 신중하게 대비하기는커녕 아예 그런 일이 일어날 수 있다는 가능성 자체를 무시했다. 나중에 〈낫질 작전〉이라 불리는 만슈타인의 작전도 가믈랭만큼이나 위험한 도박이었지만 두 사람의 결정적인 차이가 있다면 가믈랭은 상대의 패를 전혀 읽지 못한 반면, 그의 패는 독일군 입장에서 뻔히 보였다는 점이었다.

역은 사실상 무방비였다는 점이었다. 특히 취약한 쪽은 프랑스와 최단 거리인 아르덴이었다. 가믈랭의 작전은 전적으로 벨기에, 네덜란드와의 협력에 성공 여부가 달려 있었음에도 정작 상호 소통과 정보 공유를 등한시했기 때문이었다. 그런데도 연합군은 마음 푹 놓고 있었다. 아르덴은 지형이 험준하고 삼림이 울창하여 독일군의 발목을 잡을 천연 방벽이 될 것이라는 이유였다.

벨기에 남부와 룩셈부르크 서부, 프랑스 북동부 일부를 포함하는 아르덴은 면적이 경상남도보다 조금 큰 1만 1,200km²에 달하며 남쪽으로는 뫼즈강과 인접해 있다. 울창한 숲과 300~400m 높이의 언덕, 그리고 가파른 협곡이 연달아 펼쳐져 있으며 가장 높은 곳은 700m에 달한다. 인구와 산업이 밀집한 벨기에 북부와 달리 인구도 비교적 적었다. 실제로 이곳은 프랑스군에는 악몽의 장소이기도 했다. 제1차 세계대전 초반 아르덴으로 기세등등하게 진격했던 프랑스군은 울창한 삼림과 안개 속에 숨어 만반의 대비를 하고 있던 독일군을 만나 여지없이 박살 났다. 이 때문에 연합군 전체가 무너지면서 한때 절체절명의 위기에 처했을 정도였다.

실패의 원인은 정치인들의 압박 속에서 당장 승리가 필요했던 조프르의 조급한 작전과 불충분한 준비가 초래한 결과였다. 하지만 프랑스 장군들은 장소가 나빴던 탓으로 돌렸다. 따라서 독일군이 병력 기동이 훨씬 쉽고 싸우기 편한 다른 곳을 죄다 놔두고 하필이면 아무런 이점도 없는 아르덴으로 주력 부대를 밀어 넣을 리 없으며, 설령 그렇다 한들 이곳을 돌파하려면 적어도 8일에서 10일은 걸릴 것이기에 그사이 충분히 대비할 수 있다는 것이 이들의 완고하리만큼 굳건한 믿음이었다. 가믈랭은 1936년 2월 16일에 자신만만하게 썼다. 〈아르덴은 알자스-로렌만큼 위협적이라고 할 수 없다. 적의 갑작스러운 기습이 있어도 프랑스군은 모든 조치를 통해 국경을 효과적으로 지켜 낼 것이다.〉

연합군만 그렇게 생각한 것은 아니었다. 독일 육군 참모총장 프란츠 할더를 비롯한 독일군 수뇌부 역시 프랑스와 똑같은 결론을 내리고 있었다. 구데리안을 비롯한 몇몇 야심만만한 장교들만 예외였다.

아이러니하게도 아르덴이 생각만큼 걸림돌이 아니라는 사실을 증명한 쪽은 프랑스군 자신이었다. 프랑스 제2군 사령관이었던 앙드레가스통 프레텔라André-Gaston Prételat 장군은 1938년 5월 야지 훈련에서 60시간 만에 아르덴을 돌파했다. 꼭 2년 뒤 구데리안의 기갑 부대가 돌파한 시간과 겨우 세 시간밖에 차이 나지 않았다. 그때까지의 고정 관념을 한방에 뒤집은 셈이었다. 반응은 충격보다 불쾌감이었다. 그는 비관주의자라며 배척당했다. 취약점은 보강되기는커녕 적들 귀에만 들어가지 않으면 그만이라며 철저히 함구하고 덮어졌다. 가믈랭으로 대표되는 프랑스군 수뇌부의 사고가 얼마나 경직되고 체면에 얽매여 있었는지 보여 주는 셈이었다.

여기서 의문은 프랑스야 그렇다 쳐도 벨기에는 엄연히 자국령인 아르덴을 지키기 위해 무엇을 했느냐는 점이다. 물론 벨기에 참모본부는 아르덴이 대부대가 통과하기 어려운 곳이라는 프랑스인들의 발상에 순순히 동의하지는 않았다. 하지만 이곳을 애써 지킬 필요가 없다고 여기기는 마찬가지였다. 아르덴 방어를 맡은 부대는 〈K-전투단Group K〉이었다. 지휘관인 모리스 케야에르츠Maurice Keyaerts 중장의 머리글자를 딴 이 부대는 1개 기병 사단과 2개 샤쇠르 아르덴Chasseurs ardennais 사단으로 구성되었다. 샤쇠르 아르덴 사단은 1933년 2월 알베르 드베즈 국방부 장관이 독일의 침입에 대비하여 아르덴 방위를 강화하기 위해 프랑스의 샤쇠르 알팽Chasseurs Alpins과 이탈리아 알피니Alpini 같은 정예 산악 부대를 모델 삼아 편성한 벨기에 최고의 정예 부대였다. 처음에는 1개 혼성 연대에 불과했지만 1937년 사단으로 확장되었고 1939년 말에 오면 2개 사단으로 늘어났다. 사령부는 나무르에 있었다.

벨기에 샤쇠르 아르덴 산악 부대원들. 비록 벨기에군 수뇌부의 잘못된 운영 탓에 큰 활약을 하지 못했지만 그나마 벨기에군을 통틀어 독일군을 애먹인 유일한 부대였다. 제2차 세계 대전 종전 후 부활했으며 오늘날까지 평화 유지군으로 세계 각지에서 활동 중이다.

병사들은 주로 현지에서 모집한 지원병들이었고 엘리트 부대를 상징하는 녹색 베레모를 쓰고 독일제 Kar98k 소총을 라이선스한 마우저 M1935 소총과 퓌질-미트레일러 M1930 경기관총, 벨기에제 DBT 50mm 유탄 발사기 같은 비교적 최신 화기로 무장했다. 연대마다 1개 오토바이 중대 및 T-13 구축전차 16대와 T-15 경전차 3대로 구성된 1개 기갑 중대가 배속되었다. 그러나 이들의 역할은 독일군을 끝까지 물고 늘어지면서 자살에 가까운 방어전을 펼치기보다는 지형지물을 이용하여 짧은 지연전을 펼친 다음 주력 부대와 함께 재빨리 리에주 서쪽의 딜 라인까지 후퇴한다는 것이었다. 금쪽같은 정예 부대를 개죽음시킬 수 없다는 이유였다. K-전투단은 아르덴 전역에 소부대 단위로 흩어져 있었고 방어선은 엉성했다. 무엇보다도 이들과 함께 싸우기 위해 북상할 프랑스군과는 아무런 협력 계획도 없었다. 그건 자신들이 알 바 아니라는 식이었다. 나중에 두 나라는 아르덴이 그토록 어이없이 뚫린 책임을 서로에게 떠넘겼다.

게다가 벨기에는 중립국이라는 이유로 도저히 이해하기 어려울 만큼 보안이 허술하기 짝이 없었다. 독일과 영국, 프랑스 첩자들은 아무런 제재 없이 벨기에 곳곳을 돌아다니면서 중요한 군사 시설에 접근하여 마음대로 사진을 찍을 수 있었다. 나중에 에벤-에마엘 요새가 너무 쉽게 함락되자 요새 건설에 독일 기업이 참여했기 때문이라는 루머가 돌기도 했지만 독일로서는 그럴 필요조차 없었다. 굳이 애쓰지 않아도 벨기에군의 방어 태세를 손바닥처럼 들여다볼 수 있었기 때문이었다. 그런가 하면 연합군은 안트베르펜 항구의 거대한 연료 탱크를 비롯하여 중요 물자가 독일군의 손에 들어가지 않도록 여차하면 파괴할 계획을 수립했다. 물론 벨기에의 동의 따위는 알 바가 아니었다. 하늘에서는 연합군과 독일 정찰기들이 수시로 벨기에 영공을 침입했다. 독일 대사관의 무관들은 벨기에 장군들과 친분을 유지하면서 온갖 정보를 손쉽게 빼낸 반면, 정작 연합군은 벨기에의 비협조 탓에 거의 아무 정보도 얻을 수 없었다.

침공이 임박했음을 알리는 베를린 정보원들의 거듭된 경고는 무시되었다. 독일 국방군 첩보 조직 아프베어Abwehr 수장 빌헬름 카나리스 제독의 심복이자 반히틀러파의 일원이었던 한스 오스터Hans Oster 대령은 1939년 9월부터 독일의 침공이 시작되는 1940년 5월까지 무려 26번을 경고했지만, 벨기에 수뇌부는 대비는커녕 한 귀로 흘려버렸다. 벨기에를 전쟁으로 끌어들이려는 히틀러의 함정일 수 있다는 이유였다. 어쨌든 공격은 없었고 독일군은 움직이지 않았다. 시간이 흐르면서 벨기에인들의 긴장은 점점 풀어졌다.

벨기에인들이 제아무리 독일과 싸우기를 원치 않아도 그것을 결정하는 쪽은 그들이 아니라 히틀러였다. 마치 폭풍의 전야 같은 서부 전선의 고요함은 그가 유럽 정복을 포기해서가 아니라 연합군을 이길 방법을 찾지 못했기 때문이었다. 히틀러는 동쪽을 정벌한 여세를 몰아 단숨에 서쪽으로 방향을 바꾸어 제1차 세계 대전을 설욕할 생각이었지만, 매번 명령을 내렸다가 취소하기를 반복했다. 그가 보기에 독일군은 아직 승리를 거둘 준비가 되어 있지 않았다.

연합군만큼이나 고리타분하고 보수적이며 상상력이 빈곤했던 독일군 수뇌부는 히틀러의 재촉에 마지못해 〈황색 작전Case Yellow〉이라는 이름의 프랑스 침공 계획을 내놓았다. 하지만 1914년에 실패로 끝났던 슐리펜 계획의 재탕이었다. 주력 부대를 저지대 국가에 투입하여 연합군을 남쪽으로 밀어내고 파리를 향해 진격한다는 것이었다. 가믈랭이 예상했던 대로였다. 이들로서는 이렇게 빨리 프랑스와 또 한 번 붙게 될 거라고는 생각하지 못했기 때문이었다. 게다가 1914년에는 독일군이 더 강했음에도 승리를 거두지 못했지만, 이번에는 연합군이 더 강했다. 독일군의 공세는 손쉽게 저지당할 것이 뻔했다. 히틀러는 아무 의욕 없는 장군들이 만들어 낸 케케묵은 방식에 〈사관생도들이나 내놓을 만한 저급한 수준〉이라고 혹평했다. 제아무리 성미 급하고 인내심과는 거리가 먼 그도 더 나은 대안이 나올 때까지는 기다려야 했다.

그 와중에 뜻밖의 사건이 있었다. 1940년 1월 10일 정체불명의 비행기가 독일 국경에서 불과 15km 떨어진 벨기에 북부의 메헬렌 Mechelenaan de Mas에 불시착했다. 독일제 Me 108 연락기였다. 비행기에서 내린 사람은 독일 공군의 군복을 입고 있었다. 헬무트 라인버거Helmut Reinberger라는 이름의 소령이었다. 독일 제2항공함대 소속 정보 장교였던 그는 쾰른에서 열릴 아침 회의에 서둘러 참석할 요량으로 비행기에 올랐지만, 조종사의 서툰 실력 때문에 도중에 길을 잃고 엉뚱한 곳에 내렸다. 그는 뒤늦게야 자신이 벨기에 땅에 도착했음을 깨달았다. 문제는 그가 황색 작전의 전모가 담긴 작전 계획서를 쥐고 있었다는 사실이었다. 라인버거는 재빨리 서류를 불태우려 했지만 실패했고 벨기에군의 손에 고스란히 넘어갔다.

벨기에군은 처음에는 거짓 정보가 아닌지 의심했지만 제1차 세계대전의 영웅이자 국왕의 군사 고문이었던 라울 반 오버스트라텐Raoul Van Overstraeten 장군은 믿을 만하다고 결론 내렸다. 정보는 다음 날 신속하게 영국, 프랑스 측에 전달되었다. 어이없는 촌극이었던 이 사건은 결과적으로 본다면 독일보다는 연합군에 해가 되었다. 가믈랭은 독일군이 1914년과 똑같은 방법으로 쳐들어올 것이라는 자신의 신념을 더욱 확신하게 되었다. 히틀러가 바보가 아니고서야 완전히 들통난 계획을 고집할 리 없음에도 말이다. 또한 독일의 속셈을 안 벨기에가 드디어 연합군 쪽으로 돌아서리라 기대한 그는 프랑스군을 벨기에 국경으로 재빨리 집결시켰다.

그러나 벨기에는 여전히 전쟁에 끼어들기를 주저했다. 친프랑스파의 벨기에군 참모총장 에두아르마리 반 덴 베르겐Edouard-Marie Van den

Bergen 장군은 연합군이 들어올 수 있도록 프랑스 국경에 설치된 장애물을 제거하라고 지시했다가 성급했다는 이유로 해임되었다. 오버스트라텐은 누구라도 허락 없이 벨기에 땅에 들어오면 격퇴해야 한다고 엄명을 내렸다. 만약 연합군이 억지로 진입한다면 독일군보다 벨기에군과 먼저 일전을 치러야 할 판국이었다. 벨기에가 끝까지 국경을 열어 주지 않자 1월 14일 오후 6시 프랑스 총리 달라디에는 가믈랭에게 철수를 명령했다. 이 때문에 연합군과 벨기에 사이의 불신감은 더욱 커졌던 반면, 독일 첩자들에게는 유용한 정보를 제공했다. 독일은 어느 부대가 어떤 경로를 통해 얼마만큼 걸려서 벨기에로 진입하는지 모조리 파악하여 나중에 포위 섬멸에서 톡톡히 써먹는다.

한편 뉴스를 보고 사건을 알게 된 히틀러는 장군들을 향해 미친 듯이 격분했다. 불벼락은 라인버거의 상관인 제2항공함대 사령관 헬무트 펠미Hellmuth Felmy 장군에게 떨어졌다. 그는 쫓겨났고 더 유능한 알베르트 케셀링Albert Kesselring으로 교체되었다. 처음부터 이 계획을 탐탁찮게 여겼던 히틀러는 홧김에 서부 침공을 강행하려 했다. 하지만 이미 연합군의 경계가 강화되고 폭설까지 쏟아지면서 도저히 군대를 움직일 수 없다는 보고를 받자 마지못해 작전을 연기하기로 했다. 현명한 선택이었다. 위기는 금방 지나갔다. 독일군이 움직이지 않자 연합군의 긴장도 풀어졌다. 그사이 히틀러에게는 운 좋게도 황색 작전을 대신하는 새로운 계획이 제시되었다. A집단군의 참모장이었던 에리히 폰 만슈타인 중장이 입안한 작전이었다. 만슈타인은 연합군에 드러나 버린 황색 작전을 역이용하여 거대한 함정에 빠뜨릴 참이었다. 훗날 영국인들에 의해 〈낫질 작전Operation Sickle cut〉이라고 불리게 될 계획이었다.

가짜 전쟁 끝나다

로멜, 구데리안 등과 더불어 제2차 세계 대전에서 독일 국방군이 배출한 가장 뛰어난 장군 중 한 사람으로 손꼽히는 만슈타인은 독일군의 수장인 할더와는 세 살밖에 차이 나지 않았지만, 두 사람은 여러모로 대조적이었다. 할더가 신중하고 꼼꼼하면서 독창성이 부족한 보수적인 장군의 표본이라면, 만슈타인은 훨씬 대담하고 상식에 얽매이기를 거부했으며 사고가 유연했다. 즉 할더는 수재이고 만슈타인은 천재였다. 게다가 육군 참모총장 자리를 놓고 경쟁을 벌이면서 두 사람의 관계는 몹시 껄끄러웠다. 프로이센 명문 귀족 출신으로 명석한 두뇌만큼이나 오만한 성격이었던 만슈타인은 할더의 작전이 구태의연하다면서 신랄하게 비판했다.

만슈타인이 내놓은 대안은 이랬다. 우익을 맡은 B집단군은 원래 계획대로 네덜란드와 벨기에 중부로 진격하되 실제로는 연합군의 주력 부대를 유인하기 위한 조공이었다. 좌익을 맡은 A집단군이 진짜 주력이었다. 연합군의 모든 신경이 저지대 국가로 쏠린 사이 연합군 전선의 정중앙인 스당을 단숨에 돌파한 후 서쪽으로 방향을 바꾸어 대서양을 향해 진격함으로써 연합군 전체를 포위하겠다는 것이었다. 말하자면 슐리펜 계획의 역이용이었다. 이와 함께 남쪽에서는 C집단군이 마지노 라인에 배치된 프랑스군이 움직이지 못하도록 견제하는 역할을 맡았다. 죽는 날까지 우익을 강조했던 슐리펜과는 반대로 만슈타인은 좌익이 승부처라고 여긴 것이었다. 그런 다음 다시 남쪽으로 방향을 돌려 마지노 라인의 등 뒤를 침으로써 프랑스의 숨통을 끊어 놓을 참이었다. 그의 대담한 제안은 슐리펜 계획이 전부라고만 여겼던 독일군 수뇌부를 발칵 뒤집어 놓았고 격렬한 반대에 부딪혔다. 지나치게 모험적이고 도박성이 짙었기 때문이었다.

만슈타인 작전의 성공 여부는 전적으로 아르덴을 얼마나 빨리 돌파하여 뫼즈강을 넘어 스당에 도착하는가에 달려 있었다. 제한 시간은 사흘이었다. 만약 이보다 조금이라도 늦어진다면 연합군은 그사이 뫼즈강의 방어를 보강할 것이고, 그러면 돌파는커녕 파멸에 직면하는 쪽은 독일군이 될 것이었다. 하지만 대규모 기갑 부대가 아르덴의 좁은 산길을 제시간에 돌파하기란 거의 불가능해 보였다. 현지 벨기에군은 곳곳에 장애물을 설치하여 발목을 잡을 것이며, 수많은 차량으로 정체된 가운데 연합군에 발각되어 무차별 폭격당한다면 제대로 싸워 보지도 못하고 대참사가 벌어질 수 있었다. 설령 아르덴을 무사히 통과하더라도 그 앞에서 기다리고 있을 프랑스군을 신속히 분쇄해야 했다. 그런 뒤에도 대서양으로 진격하는 과정에서 길게 늘어진 독일군은 측면이 고스란히 노출된 채 사방에서 협공당할 것이 뻔했다. 그야말로 난관의 연속이었다. 무엇보다도 독일군에는 연합군을 압도할 만큼 충분한 병력과 물자가 없었다. 애초에 약한 쪽이 공세로 나간다는 것부터 어불성설이었다. 만슈타인 덕분에 느닷없이 주공에서 조공 역할로 밀려날 처지가 된 B집단군 사령관 페도어 폰 보크Fedor von Bock 장군은 독일군의 우회 기동을 연합군이 눈 뜨고 가만히 당하겠냐면서 격렬하게 반대했다.

이들이 보기에 만슈타인의 계획은 10년 뒤 〈성공 확률 5,000:1〉이라고 했던 맥아더의 크로마이트 작전Operation Chromite*만큼이나 무모했다. 보병과 포병이 한없이 굼뜬 속도로 움직이던 1914년의 상식에서는 당연한 결론이었다. 그러나 만슈타인은 슐리펜 시절에는 없던 무기에 주목했다. 항공기와 전차였다. 그는 이 신무기가 1914년에 실패했던 기동전을 성공시킬 수단이 될 것이라고 확신했다. 만슈타인에게 찬성하는 사람은 극소수였다. 그중 한 사람이 〈독일 기갑 부대의 아버지〉라고 불리게 되는 하인츠 구데리안이었다. 젊은 시절 아르덴 숲에서 직접 싸

* 인천 상륙 작전을 말한다.

운 경험이 있었고 현지 지형을 누구보다 잘 알고 있었기 때문이었다. 구데리안은 자신의 기갑 부대가 아르덴을 제한 시간 내에 충분히 돌파할 자신이 있다고 장담했다.

처음에 할더는 다른 동료들과 마찬가지로 터무니없다며 일축했다. 그리고 이전부터 탐탁잖게 여겼던 경쟁자가 다시는 주제넘게 끼어들지 못하도록 멀리 떨어진 폴란드의 한직으로 쫓아 버렸다. 그러나 할더가 자신보다 열두 살이나 많은 가믈랭과 결정적인 차이가 있다면 아직은 뇌가 덜 굳었다는 점이었다. 그는 곧 생각을 바꾸어 희박하나마 성공 가능성이 있음을 인정했다. 위험은 대단히 컸지만, 제대로만 된다면 한 방에 판세를 결정짓고 1914년에 놓친 승리를 거머 쥘 수 있었다. 어쨌든 이보다 더 나은 방법은 없다는 것이 그의 결론이었다. 비록 나중에 〈낫질 작전〉이 만슈타인이 아니라 자신이 생각해 낸 아이디어였다고 뻔뻔하게 주장하지만 말이다.

만슈타인은 폴란드로 쫓겨 가는 와중에도 운 좋게 히틀러의 관심을 끄는 데 성공했다. 2월 17일, 히틀러는 만슈타인을 자신의 관저로 불러들여 면담했다. 안 그래도 연합군을 이길 수 있는 기발한 방법을 궁리하고 있던 그는 만슈타인의 설명을 듣자 귀가 번쩍 열리는 격이었다. 무엇보다도 히틀러의 눈길을 끈 부분은 스당을 돌파구로 삼는다는 점이었다. 70년 전 보불 전쟁에서 독일군은 그곳에서 프랑스군을 포위 섬멸하고 나폴레옹 3세를 포로로 붙잡았다. 미신과 징크스를 중시하는 히틀러에게는 행운의 장소였다. 그는 드디어 승리의 해결책을 찾았다면서 만슈타인을 치켜세웠다. 새로운 계획이 히틀러와 할더의 마음을 사로잡자 기회주의자로 이름난 육군 총사령관 발터 폰 브라우히치Walther von Brauchitsch 또한 반대자에서 열렬한 지지자로 재빨리 둔갑했다. 2월 24일, 독일군 총사령부는 만슈타인 작전을 정식 채택했다. 여전히 장군들 대부분은 불만을 토로하면서 연합군이 제 발로 함정에 뛰어들 정도로 어리석을지 의심스러워했지만, 히틀러의 마음을 바꿀 수는 없었다. 히틀러는 병력을 재배치하는 한편, 그사이 연합군의 허를 찌르기 위한 막간극을 벌이기로 결심했다. 노르웨이, 덴마크 침공 작전인 베저위붕 작전이었다.

수개월 전 스탈린은 히틀러에게 약속받은 자기 몫을 챙기기 위해 발트 3국을 집어삼킨 다음 핀란드에 칼끝을 돌렸다. 인구가 벨기에의 절반도 채 되지 않는 핀란드는 뜻밖에도 스탈린의 위협에 순순히 굴복하지 않았다. 핀란드 수뇌부는 총사령관 만네르헤임 원수를 중심으로 결사 항전을 결의했다. 말로 듣지 않으면 주먹맛을 보여 주는 것이 스탈린의 방식이었다. 1939년 11월 30일, 소련군 21개 사단 45만 명이 국경을 넘어 물밀듯이 밀고 들어갔다. 하지만 하필이면 가장 추운 계절을 골라서 동토의 땅을 침공한 대가는 컸다. 지형지물을 이용해 치고 빠지는 핀란드군의 저항 앞에서 소련군은 태반이 얼어 죽거나 포로가 되었다. 소련군의 한심스러운 모습은 폴란드에서 보여 준 독일군의 전광석화 같은 기동전과는 거리가 멀었다.

스탈린이 뜻밖에도 핀란드인들을 상대로 쩔쩔매는 모습을 본 연합군 수뇌부는 히틀러에게 한 방 먹일 방법을 찾았다. 핀란드를 돕는다는 핑계로 원정군을 파견하여 스칸디나비아반도를 제압하고 독일 전쟁 수행에 필수적인 스웨덴의 철광산을 점령할 속셈이었다. 그러나 이들 국가의 중립을 침해한다는 정치적인 부담과 얼마나 많은 병력을 어디서 어떻게 보낼지를 놓고 몇 달째 지지부진한 논쟁을 벌이는 동안 오히려 먼저 움직인 쪽은 히틀러였다. 그가 연합군 수뇌부와 다른 점은 중립이나 불가침 조약 따위에 연연하지 않는다는 사실이었다.

4월 9일 새벽, 수백 대의 독일 항공기가 덴마크와 노르웨이 하늘을 가득 메우며 공수 부대를 내려보냈고, 땅 위에서는 전차를 앞세운 기갑 부대가 국경을 넘었으며, 바다에서는 독일 해군이 덴마크와 노르웨이 남부의 주요 항구를 제압했다. 덴마크는 여섯 시간 만에 항복했다. 노르웨이 정부는 간신히 포로가 되는 것을 면한 채 재빨리 북쪽으로 피신했다. 연합군이 뒤늦게 노르웨이에 상륙했지만, 독일군의 맹공 앞에서 노르웨이군과 함께 추풍낙엽처럼 쓸려 나갔다. 제1차 세계 대전 이후 20년 만의 재대결은 독일이 다시 일어설 수 없도록 베르사유 조약으로 꽁꽁 묶어 두었던 것이 무색할 정도로 연합군의 완패였다. 연합군 수뇌부로서는 스탈린 이상으로 망신을 당한 셈이었다. 모든 비난의 화살이 체임벌린에게 향했다. 그는 큰소리만 쳤을 뿐 매번 히틀러에게 휘둘리면서 국민에게 실망만 안겨 주었다. 전대미문의 위기 속에서 도저히 국난을 헤쳐 나갈 능력이 없다고 낙인찍힌 체임벌린은 불명예스럽게 자리에서 물러나야 했다. 후임자는 평생 그토록 그 자리를 원했던 처칠이었다. 하지만 기뻐할 여유는 없었다. 총리에 취임한 날 새벽, 마침내 히틀러의 서부 침공이 막을 열었기 때문이었다. 가짜 전쟁은 끝났다.

북방에서의 승리는 히틀러에게 한층 자신감을 심어 주었다. 이제는 연합군과 맞붙을 때였다. 그보다도 지금 싸우지 않으면 한계에 직면한 독일 경제가 먼저 무너질 판국이었다. 1940년 5월 9일, 런던에서 체임벌린이 정적들의 혹독한 비난을 받으면서 불신임 투표라는 치욕을 겪고 있을 때, 히틀러는 자신의 관저를 은밀하게 벗어나 특별 열차에 올랐다. 측근들은 연합군과 싸우고 있는 덴마크와 노르웨이의 독일군 부대를 격려차 방문하기 위함이라고 여겼지만, 진짜 목적지는 따로 있었다. 히틀러가 탄 열차는 서쪽으로 향했고 한참을 달린 끝에 자정을 지나 벨기에 국경에서 30km 떨어진 에우스키르첸Euskirchen이라는 마을에 도착했다. 그리고 방탄 리무진에 올라 깊은 숲속으로 들어간 뒤 낡은 무기 창고를 개조한 벙커 입구에 도착했다.

지난 수개월 동안 명령이 떨어지기만 학수고대하던 서부 전선의 지휘관들이 총통을 기다리고 있었다. 이미 전날 밤 9시에 병사들에게는 황색 작전의 발동을 알리는 암호명 〈단치히Danzig〉가 하달되었다. 히틀러는 선언했다. 〈여러분, 서방 강대국들을 향한 공세가 시작되었습니다.〉 어둠 속에서 고요하게 흐르던 정적은 서쪽 너머에서 들리는 강렬한 포격 소리와 함께 깨졌다. 히틀러의 부관 중 한 사람이 시간을 기록했다. 5월 10일 새벽 5시 35분이었다. 마지노 라인 서쪽 끝에서 북해에 이르는 280km의 전선에서 독일군의 전면 공세가 시작되는 순간이었다.

히틀러의 철저한 보안에도 불구하고 독일군의 침공이 임박했음을 알리는 정보는 지난 수개월 내내 이제나저제나 하면서 촉각을 곤두세우고 있던 연합군의 귀에도 들어갔다. 1년 전의 폴란드 침공이나 1년 뒤의 바르바로사 작전과 달리 전략적 기습과는 거리가 멀었다. 히틀러가 준비 불충분과 악천후를 명목으로 마지막 순간까지도 몇 번이나 공격 일자를 늦추면서 정보가 새어 나갔기 때문이었다. 프랑스가 그토록 기다렸고 네덜란드, 벨기에, 룩셈부르크로서는 결단코 피하고 싶었던 소식이었다. 물론 알고 있다는 것과 얼마나 대비하고 있는가는 전혀 별개의 얘기였다. 그 사실을 이제부터 절감할 참이었다. 9일 오후 베를린 주재 벨기에 대사관은 독일군이 몇 시간 내에 침공할 것이라고 긴급 보고했다. 네덜란드와 룩셈부르크 역시 똑같은 경고를 받았다. 밤이 되자 독일군의 움직임이 포착되었다. 자정을 기해 이들 나라는 경계령을 선언했다. 국경 곳곳에서는 순찰 중인 병사들과 독일군 사이에서 소규모 총격전이 벌어졌다.

유럽에서 가장 작은 나라 중 하나인 룩셈부르크의 침공을 맡은 것은 구데리안이 지휘하는 제19군단 산하 3개 기갑 사단(제1기갑사단, 제2기갑사단, 제10기갑사단)이었다. 룩셈부르크군은 재빨리 국경을 봉쇄하고 싸울 준비를 했다. 하지만 예순다섯 살의 에밀 스펠러Émile Speller 소령이 지휘하는 룩셈부르크 의용 헌병군단Corps des Gendarmes et Voluntaries

은 2개 중대 700여 명에 불과했고 중화기가 전혀 없었다. 하물며 수백 대의 전차를 막는 것은 어림없는 얘기였다. 국왕인 샤를로트 대공녀 Charlotte, Grand Duchess of Luxembourg는 남편과 가족, 정부 수반들과 함께 수도가 포위되기 직전에 간신히 빠져나와 프랑스로 탈출했다.

룩셈부르크군은 짧은 저항 끝에 7명이 다치고 76명이 포로가 되었다. 이날 저녁 룩셈부르크는 항복했다. 벨기에 남부에 거의 100km에 달하는 거대한 구멍이 뚫렸다. 게다가 건너편은 장대하게 늘어선 연합군 전선의 중앙부였다. 연합군에는 치명적일 수 있었지만, 가믈랭은 마지노 라인만 믿고 아무런 조치도 하지 않았다. 원래는 프랑스 제3군이 독일군의 침공과 함께 룩셈부르크로 진격할 예정이었다. 하지만 제3경기병사단만 짧은 조우전을 벌인 뒤 원래 지점으로 물러난 것이 전부였다. 프랑스 공군의 출동도 없었다. 비행기가 없어서가 아니라 독일 공군의 보복을 지레 겁낸 가믈랭이 폭격을 금지했기 때문이었다. 가믈랭의 소극적인 태도는 프랑스군 전반에 의욕을 떨어뜨리고 적극성을 빼앗았다. 참다못한 영국 공군이 페어리Fairey 경폭격기 편대를 출격시켰다가 독일군의 무서운 대공포 사격에 허둥지둥 쫓겨와야 했다. 구데리안은 첫 승리를 장식했지만, 그의 목적은 룩셈부르크 따위가 아니었다. 아르덴이었다.

같은 시간, 네덜란드 또한 같은 운명에 직면했다. 17세기에만 해도 전 세계의 바다를 누비며 대항해 시대를 열었고 영국과 경쟁했던 해양 대국 네덜란드는 20세기에 오면 나약하기 짝이 없는 약소국에 지나지 않았다. 네덜란드가 마지막으로 경험한 전쟁은 19세기 말 인도네시아 수마트라섬을 놓고 현지 토호국과 벌인 아체 전쟁Aceh War이었다. 하물며 열강 간의 싸움은 나폴레옹 전쟁 이후 거의 한 세기 반 만의 일이었다. 제1차 세계 대전에서는 재빨리 중립을 선언하여 불운한 이웃사촌 벨기에와 달리 전쟁의 화마를 비켜 갔다. 독일 황제 빌헬름 2세에게도 네덜란드를 내버려둔 것이 자신을 위해 현명한 결정이었다. 독일이 패전했을 때 성난 국민과 연합군의 처벌을 피해 중립국 네덜란드를 망명 장소로 선택했기 때문이었다. 그는 나치가 권력을 잡자 은근히 복위를 기대했지만, 히틀러에게는 어림없는 얘기였다. 빌헬름 2세는 끝까지 돌아가지 못한 채 1941년 6월 4일 사망하여 네덜란드 도른Doorn에 묻혔다.

앞으로도 네덜란드가 싸움에 휘말리는 일은 없을 거라고 굳게 믿었던 지도자들은 1930년대 내내 국방비를 최소한도로 억제하여 네덜란드군을 싸울 수 없는 군대로 만들었다. 네덜란드의 인구는 벨기에와 거의 비슷했음에도 잘 훈련된 간부와 예비군의 부족으로 병력을 확충할 수 없어 개전 당시 동원된 병력은 벨기에의 절반 정도에 불과했다. 병사들은 4개월만 복무했다. 기초 훈련을 받기에도 부족한 시간이었다. 무기는 대부분 19세기 때 사용했던 구식이었고 숫자도 충분치 않았다. 특히 빈약한 쪽은 기갑 전력이었다. 네덜란드군이 보유한 기갑 차량은 영국제 카든 로이드 탱켓 5대와 장갑차 32대가 전부였다. 심지어 통신 강국임에도 군대는 무전기 대신 낡은 유선 전화기를 쓰고 있을 정도였다. 다른 나라들처럼 독립 공군은 없었고 육군 산하의 항공대가 155대의 항공기를 보유했지만 죄다 1920년대에 제작된 낡은 복엽기였다. 네덜란드군은 식민지의 치안 유지나 국경 경비라면 몰라도 현대전에서는 아무짝에 쓸모가 없었다. 그렇다고 해서 벨기에의 에벤-에마엘 요새와 같은 현대화된 요새에 힘을 쏟은 것도 아니었고 연합군과 협력하기 위한 준비도 없었다. 한마디로 아무것도 하지 않았다. 중립만 믿은 결과였다.

네덜란드군의 방어 전략은 단순했다. 유사시 국토 여기저기에 산재한 강과 운하를 연결하는 다리를 폭파하고 둑을 열어 홍수를 일으켜 네덜란드 전체를 난공불락의 섬으로 만듦으로써 침략자가 지쳐 물러나

서부 전역이 시작되기 직전 국경 지대의 바리케이드 앞에서 자전거와 함께 포즈를 취하는
룩셈부르크 헌병들. 이들은 군대라기보다 국경 순찰을 맡은 경찰에 가까웠다.

오스트리아제 47mm/32 M1935 대전차포 사격 훈련 중인 네덜란드 병사들. 500m 거리에서
50mm 강철판을 관통할 수 있어 개전 초반에만 해도 경전차와 장갑차들의 천적이었다. 그
대신 포 방패가 없어 적의 사격에 취약했다. 당시에는 걸작이었기에 네덜란드를 비롯해 중국,
스위스, 루마니아 등 많은 나라에 수출되었다. 이탈리아는 라이선스를 구매한 뒤 전쟁 내내
주력 대전차포이자 M13/40 중형 전차의 주포로도 활용했다.

거나 외부에서 구원군이 올 때까지 어떻게든 버틴다는 것이었다. 국토의 1/3이 해수면보다 낮은 네덜란드이기에 가능한 전략이었다. 17세기 네덜란드의 위대한 군주이자 장군이었던 오라녜 공작 마우리츠Maurice of Nassau, Prince of Orange가 생각해 낸 이른바 〈수상 방어〉는 지난 수백 년 동안 네덜란드의 독립을 든든히 지켜 주었다. 그러나 독일군에는 마우리츠 시절에는 감히 상상할 수 없었던 수단이 있었다. 전차와 항공기, 공수 부대였다.

날이 새자마자 수백 대의 독일 항공기가 날아와 암스테르담을 비롯한 주요 도시와 비행장을 폭풍처럼 휩쓸었다. 한 줌의 구식 비행기가 전부였던 네덜란드 공군은 대부분 떠보지도 못하고 활주로에서 파괴되었다. 제7강하엽병(降下獵兵)사단과 제22공중강습사단이 주요 철도와 도로, 다리가 파괴되기 전에 재빨리 확보하고 독일군 기갑 부대의 길을 열기 위해 네덜란드군 후방에 낙하했다. 역사상 최초의 대규모 공수 작전이었다. 여왕과 각료들을 재빨리 체포하여 단숨에 항복을 받아 낸다는 계획은 실패했지만, 여태껏 이런 공격을 겪어 본 적이 없는 네덜란드를 충격과 혼란에 빠뜨리기에는 충분했다. 그사이 동쪽에서는 B집단군 산하 독일 제18군이 마스강을 넘어서 네덜란드군의 방어선으로 쇄도했다.

네덜란드군은 대공포와 대전차포가 매우 부족했다. 철근 콘크리트 대신 흙과 벽돌로 만들어진 요새들은 한 세기 전에 건설된 것이었으며 차량 부족으로 현대적인 기동전은 꿈도 꿀 수 없었다. 따라서 여태껏 경험하지 못한 독일군의 전광석화 같은 공격 앞에서 속수무책으로 밀려났다. 비록 절망적인 상황이었지만, 네덜란드군 병사들은 용감하게 싸웠다. 이들에게 부족한 것은 현대적인 무기이지 적어도 용기는 아니었다. 독일 공군은 네덜란드군의 대공포 사격에 많은 항공기를 잃어야 했다. 이날 투입한 융커스 Ju 52 수송기 430대 중 224대가 격추되거나 손상을 입었다. 만약 네덜란드 지도자들이 좀 더 선견지명이 있었더라면 독일군은 훨씬 어려운 싸움을 치러야 했을 것이었다.

독일 공군이 저지대 국가 전역에 불의 비를 쏟아붓고 있던 10일 아침, 브뤼셀 주재 독일 대사인 비코 폰 뷜로슈반테Vicco von Bülow-Schwante가 벨기에 외무 장관 폴앙리 스파크Paul-Henri Spaak에게 면담을 요청했다. 이유는 뻔했다. 뻔한 핑계를 내세워 선전 포고를 통보하겠다는 것이었다. 창밖으로 브뤼셀 상공을 쉴 새 없이 날아다니는 독일 항공기들의 굉음과 폭격 소리가 요란하게 귓가를 때리는 가운데, 스파크는 그의 말을 끝까지 들을 것도 없이 자신의 감정을 폭발시켰다. 그동안 히틀러가 몇 번이나 벨기에의 중립을 존중하겠다고 약속했음에도 뒤통수를 친 것에 분노했고 더욱이 아무런 사전 경고나 최후통첩도 없이 침략을 시작했다는 점에서 1914년보다 더 혐오스럽다고 질타했다. 물론 히틀러의 하수인에 불과한 사람을 붙잡고 뒤늦게 도리를 따져 봐야 소용없는 짓이었다. 중요한 사실은 그토록 쏟아지는 경고에도 불구하고 현실을 끝까지 외면했다는 점이었다. 그리고 이제 그 대가를 치를 차례였다.

독일군의 방식은 압도적인 공군력으로 도시와 철도, 비행장, 항만, 군사 시설 등을 맹폭하여 초토화하는 한편, 전차를 앞세워 파죽지세로 밀고 들어가는 것이었다. 폴란드와 덴마크, 노르웨이에서 보여 준 것과 같았다. 차이가 있다면 그때보다 규모는 훨씬 커졌고 한층 정교해졌다는 점이었다. 단 하루 만에 벨기에 공군은 네덜란드와 마찬가지로 괴멸했다. 벨기에 침공의 선봉은 B집단군 제6군 산하의 독일 제16군단이었다. 에리히 회프너Erich Hoepner 장군이 지휘하는 이 부대는 2개 보병 사단과 2개 기갑 사단으로 구성되었고 B집단군 중에서 가장 강력한 군단이었다. 이들은 제2항공함대의 지원 아래 벨기에 국경을 일제히 넘었다.

그 앞에는 벨기에가 자랑하는 에벤-에마엘 요새가 버티고 있었다. 또한 알베르 운하의 방어를 맡은 벨기에 제7사단은 독일군이 건너기 전에 운하에 걸려 있는 세 개의 다리를 재빨리 폭파할 참이었다. 독일군은 그전에 어떻게든 다리를 확보해야 했다. 그 역할은 네덜란드에서와 마찬가지로 공수 부대가 맡았다. 지휘관 발터 코흐Walter Koch 대위의 이름을 딴 코흐 돌격 분견대 소속 공수 부대원 363명은 4개 그룹으로 나뉘어 각각 에벤-에마엘 요새의 점령과 알베르 운하의 다리 세 개를 확보하는 임무에 나섰다. 공수 부대의 성공 여부는 전적으로 기습에 있었고 적에게 발각되기 전에 은밀하게 침투할 수 있어야 했다. 이들은 수송기와 낙하산 대신 소음이 거의 없는 DFS 230 수송 글라이더를 이용하기로 했다.

5월 10일 새벽 4시 30분, 쾰른의 비행장을 출발한 공수 대원들은 한 시간 뒤 알베르 운하에 강하했다. 오직 이날을 위해 오랫동안 훈련받은 이들은 벨기에군의 거센 저항으로 많은 사상자를 내면서도 세 개의 다리 중 두 개를 확보했다. 이로써 독일군 기갑 부대가 벨기에 내륙으로 진격할 수 있는 길이 열린 셈이었다. 독일군을 격퇴하려는 벨기에군의 반격은 실패했다.

한편 루돌프 비트치히Rudolf Witzig 중위를 비롯한 85명의 공수 부대원을 태운 글라이더들이 에벤-에마엘 요새 지붕에 강하했다. 이들은 지붕 위를 뛰어다니며 재빨리 요새 포와 관측용 큐폴라마다 폭탄을 설치하여 파괴했다. 수비대의 저항은 화염 방사기로 격퇴했고 벨기에군의 대공 기관총이 불을 뿜자 슈투카 폭격기들이 날아와 침묵시켰다. 비록 기습당했다고는 해도 독일 공수 부대원들은 한 줌에 불과했고 중화기도 없었다. 반면 벨기에군 수비대는 10배가 넘는 1,200명에 달했다는 점에서 마음만 먹으면 주변의 우군과 연계하여 이 무모한 불청객들을 간단히 제압할 수 있었을 것이다. 하지만 독일군에 의해 외부 출입문이 파괴되자 수비대 전체가 거대한 굴속에 갇힌 꼴이 되었다. 요새의 목적은 어디까지나 전선 부대의 요청을 받아 원거리에서 적 진지를 향해

1940년 5월 벨기에군 전투 서열

- 육해공군 총사령관: 국왕 레오폴드 3세Leopold III

- 군사 고문: 라울 반 오버스트라텐Raoul Van Overstraeten 중장

- 총참모장: 오스카 미힐스Oscar Michiels 소장

- 제1군단: 알렉시스 반 더 베켄Alexis van der Veken 중장

  - 예하 부대: 제4보병사단, 제7예비보병사단

- 제2군단: 빅터 미쳄Victor Michem 중장

  - 예하 부대: 제6보병사단, 제14예비보병사단

- 제3군단: 조제프 데 크라헤Joseph de Krahe 중장

  - 예하 부대: 제2보병사단, 제3보병사단

- 제4군단: 앙드레 보가에르츠André Bogaerts 중장

  - 예하 부대: 제12예비보병사단, 제15예비보병사단, 제18예비보병사단

- 제5군단: 에두아르드 반 덴 베르겐Edouard Van den Bergen 중장

  - 예하 부대: 제13예비보병사단, 제17예비보병사단

- 제6군단: 페르낭 베르스트레테Fernand Verstraete 중장

  - 예하 부대: 제5보병사단, 제10예비보병사단

- 제7군단: 조르주 데폰텐Georges Deffontaine 중장

  - 예하 부대: 제8예비보병사단

- 기병군단: 막시밀리앙 드 네브 드 로덴Maximilien de Neve de Roden 중장

  - 예하 부대: 제1보병사단, 제14예비보병사단, 제2기병사단

- K-전투단: 모리스 카이에르츠Maurice Keyaerts 중장

  - 예하 부대: 제1기병사단, 제1 샤쇠르 아르덴 사단, 제2 샤쇠르 아르덴 사단

- 예비대

  - 제11예비보병사단, 제16예비보병사단

1940년 5월 11일, 독일 공수 부대에 투항하는 에벤-에마엘 수비대원들. 대부분 급히 소집된 신병들이었던 이들은 멀리 떨어진 적을 포격하는 일이라면 몰라도 근접 전투의 훈련을 거의 받지 못했기에 한 줌에 불과한 독일 공수 부대원조차 제압할 수 없었다.

최대한의 화력을 퍼붓기 위함이지 적군과 직접 싸우는 일은 상정하지 않았기 때문이었다. 심지어 수비대원 대부분은 개인 화기조차 지급받지 못했다. 인근에서 급히 출동한 벨기에군 부대들 역시 지휘 계통의 극심한 혼란으로 허둥댈 뿐이었다.

5월 11일 오전 7시, 독일 증원 부대가 도착하면서 본격적인 공격이 시작되었다. 12시 30분, 에벤-에마엘 요새는 항복했다. 〈작은 마지노 라인〉이라며 벨기에가 자랑하던 난공불락의 요새는 제대로 싸워 보지도 못한 채 하루도 되지 않아 무너졌다. 벨기에군은 60여 명이 죽고 40여 명이 다쳤으며 1,000여 명 이상이 포로가 되었다. 반면 독일 공수대원은 85명 중 6명이 죽고 19명이 다친 게 전부였다. 게다가 그사이 회프너 휘하 2개 기갑 사단은 알베르 운하를 넘어 빠르게 내달리며 이미 에벤-에마엘 요새 서쪽 15km 떨어진 통게렌Tongeren까지 진출하고 있었다. 벨기에 제7사단은 사단장을 비롯하여 태반이 죽거나 포로가 되어 괴멸했다. 벨기에군 사령부는 모든 부대에 딜 라인으로의 철수를 명령했다. 원래 독일령이었지만 베르사유 조약으로 벨기에에 할양된 동부 국경의 오이펜-말메디에서는 독일계 시민들이 독일군을 해방군이라며 열렬하게 환영하기도 했다. 벨기에 심장부로 가는 길은 열렸지만 기뻐하기에는 아직 일렀다. 남쪽에서 연합군 최정예 부대가 부지런히 올라오고 있었다. 진짜 싸움은 이제부터였다.

대혼돈의 아르덴

만일 5월 13일 저녁, 뫼즈강 도하에 성공하지 못했다면 틀림없이 우리는 전쟁에서 패배했을 것이다. 그때라면 프랑스군 지휘부가 북부 전선, 즉 에벤-에마엘 지역이 사실은 양동 작

전이며 아군의 주력이 스당에 있음을 알아차렸을 것이기 때
문이다. 우리가 조금만 늦었으면 적은 분명 제때 작전술 차원
에서 대응했을 것이다.*

연합군 총사령관 가믈랭 원수는 독일군의 저지대 국가 침공이 시작되
었다는 보고를 받자마자 드디어 때가 되었다는 듯 D-계획의 발동을 지
시했다. 그는 지금까지의 우유부단한 모습이 무색할 정도로 자신감이
넘쳤다. 1939년 9월 가짜 전쟁이 시작된 이래 가믈랭은 이날만을 위해
인내하면서 마지노 라인 뒤쪽에서 숨죽인 채 싸움을 준비해 왔기 때문
이었다. 그가 보기에 앞으로의 전쟁은 공격보다 방어가 훨씬 유리하므
로 성급하게 움직이는 쪽이 진다는 것이었다. 〈이번 전쟁은 먼저 자신
의 달팽이 집 껍데기를 깨뜨리고 나오는 쪽이 반드시 패배할 것이다.〉
지난 수개월 동안 가믈랭은 부지런히 뛰어다니며 정치인들을 설득하여
프랑스의 역량을 총동원하는 데 성공했다. 연합군의 전력은 독일군을
훨씬 능가했다. 적어도 겉보기에는 그랬다.

　프랑스군만 해도 117개 사단 550만 명에 달했다. 그중 104개 사단
224만 명이 서부 전선에 배치되었다. 영국 원정군 13개 사단 40만 명,
벨기에군 22개 사단 60만 명, 네덜란드군 10개 사단 28만 명, 망명 폴란
드군 2개 사단 8만 5,000여 명까지 합하면 거의 700만 명에 달했다. 반
면, 독일군은 157개 사단 420만 명 정도였고 그중 서부 전선에 배치된
병력은 135개 사단 300만 명 정도였다. 전차에서는 연합군이 3,500여
대, 독일군이 2,500여 대, 야포에서 연합군이 1만 4,000문, 독일군이
7,400여 문, 차량에서도 연합군이 30만 대에 달한 반면 독일군은 12만
대에 불과했다. 특히 샤르 B1 Char B1 중전차는 프랑스의 〈티거〉라고 할

　* 훗날 나토 중부 유럽군 사령관이자 1940년 서부 전역 당시 독일 제19군단 제1기갑
사단 군수 참모였던 그라프 폰 킬만제크 Graf von Kielmansegg 대위의 회고.

만한 전차였다. 강력한 화력과 육중한 장갑은 독일군의 모든 전차를 능가했다. 실제로 이 괴물 전차를 맞닥뜨린 독일군은 훗날 티거를 만난 연합군이 그랬듯 충격에 빠졌다.

해군력은 아예 비교되지 않았고 공군력은 연합군이 4,360대, 독일군은 3,270대였다. 가믈랭의 전임자인 막심 베강Maxime Weygand 원수는 자신만만하게 선언했다. 〈프랑스 육군은 어느 때보다도 강합니다. 최고의 장비, 일류 요새, 왕성한 사기, 뛰어난 지휘관을 가지고 있습니다. 전쟁을 원하는 자는 없지만, 우리가 새로운 승리를 거두어야 한다면 분명 이길 것입니다.〉프랑스군의 위용에 깊은 인상을 받은 것은 서방 언론인들도 마찬가지였다. 『뉴욕 타임스』의 편집자인 핸슨 볼드윈Hanson W. Baldwin은 〈오랫동안 전문가들은 프랑스군을 세계 최강이라고 불렀다. 프랑스군 최정예 사단이 무적이라는 데는 의심의 여지가 없다〉라고 썼다.

가믈랭은 자신의 사무실을 방문한 지인에게 이렇게 너스레를 떨기도 했다. 〈만약 독일군이 먼저 우리를 공격하는 호의를 베푼다면 나는 그들에게 기꺼이 10억 프랑을 줄 것이오.〉자신만만함을 넘어 교만하기까지 한 그의 모습은 8개월 전 폴란드가 짓밟히는 모습을 무기력하게 바라볼 때와는 대조적이었다. 가믈랭만이 아니라 프랑스군 총사령부에 만연한 분위기였다. 이들은 이번만큼은 독일을 이길 준비가 되었다고 우쭐거렸다. 그러나 엄청난 오산이었다.

가짜 전쟁의 금쪽같은 시간을 실속 있게 써먹은 쪽은 독일군이지 연합군이 아니었다. 폴란드 전역 때만 해도 독일군은 서툴기 짝이 없었고 수많은 실수를 저질렀다. 히틀러가 재무장을 선언한 이래, 짧은 기간에 양적으로 급격하게 팽창한 데다 20년 만에 겪는 싸움이었기에 당연했다. 독일군의 전격전은 완전히 거짓은 아니라 해도 상당 부분 파시스트 선전 매체들이 만들어 낸 허장성세였다. 히틀러의 승리는 폴란드군이 독일군보다 더 형편없었기 때문이기도 했지만, 제때 스탈린이 개입하여 폴란드의 숨통을 끊어 놓은 덕분이었다. 그렇지 않았다면 수렁에 빠진 쪽은 독일군이었다. 이제 독일군은 그때보다 훨씬 더 잘 훈련되고 보다 준비되었다.

반면, 가믈랭은 그저 머릿수를 늘리는 데에만 열을 올렸을 뿐이었다. 프랑스군 병사들은 훈련 대신 노역과 방어 진지를 구축하는 일에 시간을 보냈다. 영국 원정군 역시 절반 가까이가 훈련받지 못했다. 가믈랭이 한편으로 끌어들이려고 그토록 애를 썼던 저지대 국가들의 군대가 체코슬로바키아군이나 폴란드군보다 쓸모가 있다고 장담할 수는 없었다. 실제로 훈련이 부족하고 무기가 매우 빈약했던 이들은 독일군 앞에서 추풍낙엽처럼 쓸려 나가는 판국이었다. 연합군은 총체적인 난맥상이었다. 그렇다고 해서 연합군의 패배가 정해졌다고 말할 수는 없었다. 격차가 꽤 좁혀졌다고는 해도 카를하인츠 프리저Karl-Heinz Frieser의 명저인 『전격전의 전설Blitzkreig-Legende』에서 지적하는 것처럼 여전히 더 강한 쪽은 연합군이었다. 문제는 가믈랭이었다.

히틀러가 움직였다는 보고를 받은 가믈랭은 기쁨을 감추지 못한 나머지 얼굴에 화색이 가득했다. 심지어 프랑스군 총사령부 참모 장교였던 앙드레 보프르Andre Beaufre 장군은 그가 행복한 표정으로 콧노래를 부르며 의기양양하게 자신의 사무실로 걸어가더라고 회고했다. 가믈랭은 자신의 예상이 적중한 것에 기고만장하여 앞뒤 살피지 않고 연합군 최정예 부대들을 벨기에와 네덜란드로 출동시켰다. 그는 무슨 수를 써서라도 연합군 주력 부대가 독일군보다 먼저 딜강의 방어선에 도착해야 한다면서 안달복달했다. 물론 위기에 처한 동맹국을 구하기 위해서가 아니라 그래야만 1914년처럼 북부 프랑스를 싸움터로 만들지 않을 것이기 때문이었다. 신중하게 독일군의 의중을 확인하겠다고 우물쭈물할 시간 따위는 없었다.

비록 룩셈부르크가 항복하고 네덜란드, 벨기에가 쑥대밭이 되었지만, 아직 승부가 난 것은 아니었다. 벨기에군 병사들은 지연전을 펼치면서 독일군의 진격을 늦추었다. 에벤-에마엘이 허망하게 함락되었다고는 해도 나머지 국경 요새들은 여전히 저항하면서 독일군의 발목을 잡았다. 일부 요새는 벨기에가 항복하는 순간까지 싸웠다. 그사이 영불 연합군 부대들도 속속 당도했다. 개전 이틀째인 11일 밤, 버나드 몽고메리 장군이 지휘하는 영국군 제3보병사단을 비롯한 영국 원정군이 브뤼셀 동쪽 20km 떨어진 루뱅에 도착한 뒤 딜 라인의 한쪽을 맡았다. 다음 날 아침 프랑스 제1군이 브뤼셀 남쪽 40km 떨어진 젬블루Gembloux에 도착했다. 그 남쪽의 디낭Dinan에는 프랑스 제9군이 포진했다. 네덜란드로 향하던 프랑스 제7군은 독일 공수 부대에 의해 디에프Hollands Diep 강에 놓인 교량이 점령되면서 로테르담으로 향하는 길이 차단되자 남쪽으로 내려와 안트베르펜에 포진했다. 연합군의 속도 또한 독일군 못지 않게 빨랐다. 여기에는 독일 공군이 일부러 연합군의 진격을 방해하지 않은 덕분도 있었다.

12일 아침에는 벨기에 남부의 카스토Casteau에서 벨기에 국왕 레오폴드 3세를 비롯한 벨기에, 영국, 프랑스 대표들이 모여 회의를 열고 연합군의 지휘권을 일원화하는 데 합의했다. 북부 프랑스와 벨기에 방면의 총사령관은 프랑스 제1집단군 사령관 가스통 빌로트Gaston Billotte 장군이 임명되었다. 하지만 예순다섯 살의 노장인 그는 자신이 너무 막중한 책무를 떠맡았다면서 울음을 터뜨렸고 정신적 부담을 못 이겨 극심한 우울증에 시달리다가 2주 뒤인 23일 자동차 사고로 사망했다. 한심하기 짝이 없는 그의 비관주의와 유약함은 프랑스가 제대로 싸우지도 못하고 패망하는 주요 원인 중 하나가 되었다.

하지만 그만이 아니라 총사령관 가믈랭 원수를 비롯해 프랑스군 피라미드 꼭대기에 포진한 늙고 고루한 장군들의 흔한 모습이었다. 평화로운 시절, 연공서열과 정계의 연줄로 출세한 이들은 전형적인 관료형 군인으로 책상 위 업무를 처리하거나 식민지의 원주민 반란군을 토벌하는 일이라면 몰라도 국가의 운명이 걸린 싸움을 감당할 그릇이 아니었다. 군사 전문가라기보다 군복 입은 공무원들이었다. 회의에 참석했던 레오폴드 3세조차 연합군 지휘관들 사이에서 승리의 자신감이 보이지 않는다고 한탄했다. 게다가 벨기에로서는 연합군의 도착이 반드시 반길 일만은 아니었다. 자신들이 벨기에의 종주국이라고 여기는 프랑스군 장교들은 벨기에군을 고압적으로 대하기 일쑤였다. 프랑스 제3군단장 브누아레옹 로랑시Benoît-Léon de Fornel de La Laurencie 장군은 제멋대로 벨기에 병사들의 무기를 빼앗고 프랑스군의 참호를 파는 데 강제 동원하기도 했다. 정보 공유나 협력이 제대로 될 리 없었다.

5월 12일, 브뤼셀 동쪽 50km 떨어진 아뉘Hannut에서 프랑스 제1군의 선봉이자 최정예 부대인 프리우 기병 군단과 독일 제16기갑군단이 대결했다. 르네 프리우René Prioux 장군이 지휘하는 프리우 기병 군단은 2개 경기계화 사단으로 편성된 프랑스군 유일의 군단급 기동 부대였다. 독일 전차가 623대, 프랑스 전차가 415대로 양측 합하여 1,000대가 넘었다. 양군의 첫 정면 대결이자 역사상 최초의 대규모 기갑 전투였으며 2년 뒤 북아프리카에서 제2차 엘 알라메인 전투가 벌어지기 전까지 가장 큰 기갑전이기도 했다.

수적으로는 독일 전차가 우세했지만 대부분 전차전에서 거의 쓸모없는 경전차였다. 가장 강력한 4호 전차조차 아주 가까운 거리에서만 프랑스군 전차를 격파할 수 있었다. 반면, 프랑스군 전차는 화력과 장갑에서 월등히 우세했지만, 그 대신 무전기가 없어서 협동 작전이 어려웠다. 이틀에 걸친 격렬한 전투에서 프랑스군은 121대의 전차를 잃었고 독일군은 163대가 파괴되거나 손상을 입었다. 독일군은 프랑스군의 방어선을 돌파하는 데 실패했다. 하지만 프랑스군도 반격으로 전환하기에는 역부족이었다. 전술적으로는 프랑스군의 승리였지만 사실상 무승부였다. 바꾸어 말하면 독일군에 프랑스군은 여전히 만만찮은 상대라는 얘기였다. 만약 할더가 슐리펜 계획을 강행했다면 독일군은 연합군의 방어선에 가로막혀 금방 수렁에 빠졌을 것이다.

확실한 우위를 차지한 쪽은 독일 공군이었다. 독일 공군은 벨기에의 하늘을 장악하고 연합군 진지를 쉴 새 없이 강타했다. 연합군의 폭격기들도 출격했지만, 독일 전투기들의 요격을 받아 태반이 격추되었다. 연합군 전투기가 수적으로나 성능에서 밀려서가 아니라 최전선에서 멀리 떨어진 후방에 있어 제공권을 빼앗겼기 때문이었다. 연합군 수뇌부가 제1차 세계 대전 때처럼 전쟁이 길어질 것에 대비하여 전력을 최대한 아껴 두어야 한다고 여긴 것도 있지만 근본적으로 전략 자체가 없었던 탓이었다. 독일군에 질질 끌려다니며 주먹구구식으로 운영하는 식이었다. 패전 뒤 열린 의회 청문회에서 도대체 아군 비행기가 어디에 있었느냐는 질문에 가믈랭의 답변은 어이없게도 〈나도 모르겠소〉였다. 반면, 독일 공군은 명확한 전략과 원칙이 있었다. 이들은 초반 승부가 전쟁 전체의 승패를 결정지을 것으로 판단했고 처음부터 모든 역량을 쏟아 넣었다. 이 때문에 서부 전역 내내 하늘에서 보이는 것은 죄다 독일 비행기였다.

어쨌든 연합군이 아직 불리한 것은 아니었다. 벨기에군이 필사적으로 시간을 벌어 준 덕분에 연합군은 독일군보다 먼저 딜 라인에 도착하여 강력한 방어선을 구축하는 데 성공했다. 시간과의 싸움에서 승리한 쪽은 연합군이었다. 모든 것이 가믈랭의 계획대로 돌아가고 있었다. 그는 승기를 잡은 것처럼 보였다. 그러나 미처 놓친 사실이 있었다. 가믈랭은 자신이 독일군의 패를 읽고 있다고 굳게 믿었지만 정작 가믈랭의 패를 읽고 있는 쪽은 독일군이라는 사실이었다. 가믈랭의 모든 신경이 저지대 국가로 쏠려 있는 동안 아르덴에서 진짜 공세가 시작되었다.

히틀러는 4개 군(프랑스 제1군, 제7군, 제9군, 영국 원정군) 44개 사단 100만 명에 달하는 연합군의 최정예 부대가 북상 중이라는 말을 듣자 〈적은 우리가 아직도 케케묵은 슐리펜 계획을 되풀이한다고 믿고 있다〉라면서 기뻐 어쩔 줄 몰라 했다. 연합군은 독일군이 파놓은 함정에 걸렸다. 하지만 안심하기에는 일렀다. 작전의 성공 여부는 얼마나 빨리 아르덴을 돌파하여 연합군 등 뒤로 진출하는가에 달려 있었다. 공세의 선봉을 맡은 부대는 A집단군 산하 클라이스트 장갑 집단이었다. 독일군이 보유한 전체 10개 기갑 사단 중 절반과 3개 차량화 보병 사단이 할당되었고 병력 14만 명, 전차 1,200여 대, 차량 4만여 대로 구성된 최강의 기동 부대였다. 이들은 그 옛날 두꺼운 성벽을 부수던 충차의 역할을 하게 될 것이었다.

사령관인 파울 루트비히 에발트 폰 클라이스트Paul Ludwig Ewald von Kleist 대장은 원래 기병 장교 출신으로 매우 용감하고 유능했다. 폴란드 전역에서는 제22차량화군단을 지휘하여 폴란드군의 한쪽 날개를 격파함으로써 승리에 중요한 역할을 했다. 하지만 기갑 부대 지휘관으로서 충분히 검증된 인물은 아니었다. 원래 그 역할을 맡아야 할 쪽은 자타가 공인하는 최고의 기갑 전문가인 구데리안이었다. 하지만 그는 휘하 군단 하나를 지휘하는 데 만족해야 했다. 게다가 클라이스트 장갑 집단은 정식 편제가 아니라 여러 군단을 잠시 긁어모은 임시 편제였고 참모진도 군단 규모에 불과해 독일의 운명을 걸기에는 너무나 엉성했다. 할더는 히틀러의 등쌀에 못 이겨 만슈타인 계획을 마지못해 받아들이기는 했지만, 과연 기갑 부대가 큰소리치는 것처럼 제 역할을 할지 여전히 의구심을 품고 있었기 때문이었다. 만약 그렇지 못하면 당장 주역 자리를 보병에 넘기고 장갑 집단은 해체하여 보병들을 도와야 마땅했다.

클라이스트 장갑 집단이 맡은 임무는 독일 국경에서 뫼즈강까지 170km의 거리를 사흘 만에 주파하여 나흘째에는 무슨 수를 써서라도 뫼즈강을 건너 연합군 방어선의 중핵인 스당을 점령하는 것이었다. 가장 중요한 것은 시간이었다. 만약 조금이라도 늦는다면 그사이 연합군의 방어선은 보강될 것이고 독일군 전체가 궁지에 내몰리게 될 것이었다. 작전의 어려움은 폴란드 전역이나 1년 뒤 바르바로사 작전과는 비할 바 아니었다. 작전을 승인한 히틀러를 포함하여 모든 사람이 기대와 함께 의심스러운 눈초리로 기갑 부대를 바라보고 있었다. 독일 기갑 부대의 부담은 어마어마했다. 하지만 그 임무를 반드시 해낼 수 있다며 자신만만한 두 사람이 있었다. 클라이스트 장갑 집단의 선봉을 맡은 제19군단장 프란츠 구데리안 그리고 그 북쪽에서 제4군의 선봉을 맡은 제7기갑사단장 에르빈 로멜이었다. 역사상 보기 드문 왕성한 에너지와 추진력 그리고 야심만만한 공명심을 갖춘 두 사람은 승리를 위해 어떤 난관도 극복할 준비가 되었으며 자신의 앞길을 방해하는 자는 설령 직속상관이라도 용납하지 않을 참이었다.

구데리안은 출발 전 병사들에게 이렇게 말했다. 〈나는 귀관들에게 적어도 사흘 동안 어떤 휴식도 허락하지 않을 것이다.〉 그는 말뿐만 아니라 비책도 끄집어냈다. 페르비틴Pervitin이라는 이름의 각성제였다. 독일 화학자 프리츠 하우실트Fritz Kurt Hauschild 박사가 1937년에 개발한 이 약물은 이전부터 일본에서 유명한 피로 회복제로 널리 팔리고 있던 제품을 국산화한 것이었다. 히로뽕(ヒロポン)이었다. 효과는 실로 경이적이었다. 일단 복용하면 마치 초인이 되었다고 믿게 만드는 기적의 약물이었다. 뇌세포를 극단적으로 자극하여 집중력을 높이고 며칠 동안 한숨도 자지 않아도 피로를 느낄 수 없었다. 나치는 마약이 인간의 정신을 갉아먹는다면서 엄중히 금지하고 마약 중독자들을 탄압하면서도 이 약물만큼은 〈시대정신의 약die Zeitgeistdroge〉이라고 부르면서 군대는 물론이고, 전 국민에게 널리 권장했다.

이미 독일군은 폴란드 전역에서 효과를 톡톡히 보았다. 독일군이

〈미군에 코카콜라가, 소련군에 보드카가 있었다면 독일군에는 페르비틴이 있었다.〉 1887년, 루마니아 화학자 라자르 에델레아누Lazăr Edeleanu에 의해 처음 발견된 이 각성제는 게임 스타크래프트에 나오는 〈스팀팩〉에 비견될 만한 것이었다. 제2차 세계 대전 중 독일군의 필수품이었고 추축 동맹군들도 사용했다. 한 핀란드 병사는 무려 30정을 한꺼번에 먹고 소련군을 피해 일주일 동안 수면과 휴식 없이 400km를 주파하여 아군 진지로 돌아왔다고 한다. 하지만 중독성이 매우 심하고 약물의 효과가 떨어졌을 때 극도의 무기력증과 환각에 시달렸다. 독일군도 뒤늦게 후유증을 깨닫고 약물 사용을 금지했다.

동유럽의 강국인 폴란드를 제1라운드에서 녹다운시킬 수 있었던 것도 흔히 알려진 것처럼 단순히 더 많은 병력과 더 우수한 무기, 더 발전된 교리만이 아니라 이 정신 나간 각성제가 일조한 덕분이었다. 독일 논픽션 작가 노르만 올러의 『마약 중독과 전쟁의 시대』에서는 페르비틴이야말로 그동안 서방 학자들이 놓쳤던 독일 전격전의 진정한 비결이었다고 주장한다. 물론 부작용에 대한 지적도 없지 않았다. 〈약발〉이 떨어지면 마치 좀비처럼 변했기 때문이었다. 일부 병사들은 약물에 취해 통제 불능이 되기도 했다. 하지만 히틀러와 독일군 수뇌부가 보기에는 효과는 엄청나면서 부작용은 사소했다. 독일군은 서부 침공을 앞두고 3,500만 정을 준비했다. 구데리안 휘하 제1기갑사단 군수 참모였던 그라프 폰 킬만제크 대위는 사령부로부터 20만 정을 받아서 일선에 나누어 주었다. 페르비틴은 독일군에 탄약과 연료만큼이나 중요한 물품이었다.

약을 사탕처럼 빨고 잔뜩 흥분한 수십만 명의 독일군이 마치 어떤 것도 자신들을 가로막을 수 없는 양 아르덴으로 돌진했다. 하지만 아르덴은 인간의 의지만으로 극복할 수 있는 곳이 아니었다. 히틀러가 기대했던 전광석화 같은 움직임은 고사하고 대혼란에 빠졌다. 지형지물의 험준함 이외에도 도로는 수만 대의 차량이 지나가기에는 너무나 비좁았고 곳곳에서 벨기에군과 룩셈부르크군이 사전에 설치해 둔 온갖 장애물에 부딪혔다. 독일군 부대들끼리도 서로 먼저 지나가려고 끼어드는 바람에 대열이 뒤엉키면서 최악의 교통 체증이 벌어졌다. 그 뒤로도 후속 부대가 끝없이 꼬리를 물었다. 부대는 뿔뿔이 흩어져 있었고 지휘관들은 자신의 부대가 어디 있는지조차 파악할 수 없었다. 심지어 눈앞에 있는 부대가 아군인지 적군인지도 모를 정도였다.

공병들은 길을 만들기 위해 장애물을 제거하고 파괴된 교량을 복구하느라 완전히 녹초가 되었다. 가믈랭이 그토록 아르덴만큼은 신경 쓸 필요가 없다면서 마음을 놓았던 것도 이 때문이었다. 독일군이 가장 취약한 순간이었고 연합군에는 하늘이 내려 준 기회였다. 만약 연합군이 독일군의 측면을 강력하게 찌르거나 연합군 폭격기의 대규모 공습이 있었다면 아르덴은 독일군의 무덤이 되었을 것이고 제2차 세계 대전은 더 갈 것도 없이 여기서 끝났을 것이다.

하지만 그런 일은 벌어지지 않았다. 물론 연합군 정찰기들이 아르덴을 가득 메우고 꼬리에 꼬리를 문 채 남하하는 엄청난 행렬을 놓쳤던 것은 아니었다. 1950년 10월의 깊은 산속에서 그림자 없는 유령처럼 움직였던 중공군과 달리 독일군은 그야말로 북새통을 이루고 있었기 때문이었다. 아르덴에서 수많은 정체불명의 차량이 이동 중이라는 보고가 연합군 사령부로 속속 올라오기 시작했다. 그러나 가믈랭은 무시했다. 그럴 리 없다는 것이었다. 그는 처음부터 독일군의 주공이 벨기에임을 정해 놓았고 자신을 함정에 빠뜨리려는 악마의 유혹에 빠지지 않겠다는 양 귀를 꽉꽉 막은 채 어떤 얘기도 들으려고 하지 않았다. 심지어 어둠 속에서 끝없이 이어지는 불빛 행렬을 봤다는 한 조종사의 보고서는 〈착시 현상〉이라며 쓰레기통에 던져 버렸다.

가믈랭만큼이나 아르덴에 무관심하기는 벨기에군도 다를 게 없었다. 아르덴의 방비를 맡은 벨기에군은 K-전투단 산하 1개 기병 사단과 2개 쇠샤르 아르덴 사단, 약간의 공병 부대가 전부였다. 22개 사단 중 불과 3개 사단만 배치했다는 것은 그만큼 중요하지 않다는 얘기였다. 심지어 제2쇠샤르 아르덴 사단은 막 창설되어 인원도 제대로 갖추지 못했다. 비록 수적으로나 무기가 변변치 않다고 해도 이들은 겁쟁이와는 거리가 멀었다. 적어도 순순히 항복할 생각은 없었다. 고도로 훈련받은 산악 부대원들은 독일군의 침공이 시작되자 재빨리 다리를 폭파하고 터널을 무너뜨리고 도로에 깊숙한 구멍을 파거나 나무를 쓰러뜨려 장애물을 만들었다. 하지만 이들은 결사 항전 대신 적당히 시간을 끌되 희

아르덴에서 벨기에군이 설치한 장애물과 석조 벙커를 지나가는 독일군 행렬. 아르덴 곳곳에 이런 시설물이 있었다. 만약 연합군이 병력만 제대로 배치했다면 독일군은 고전을 면치 못했을 것이다. 그러나 벨기에군에게 아르덴은 굳이 죽기 살기로 지켜야 할 곳이 아니었던 반면, 프랑스군은 벨기에군이 알아서 열심히 자기 몫을 할 것이라고 여겼다. 서로의 태만함과 소통 부재가 1940년에 연합군이 패망하는 결정적인 원인이 되었다.

생을 최소화하면서 포위되기 전에 북쪽이나 남쪽으로 철수하라는 명령을 받았다. 그다음은 프랑스군이 알아서 할 문제라는 것이었다.

나중에 가믈랭은 벨기에군이 싸우지도 않고 죄다 〈증발〉해 버렸다면서 패전의 책임을 떠넘겼지만, 사실이 아닐뿐더러 협력 체계의 구축과 소통에 소홀했던 것은 서로 마찬가지였다. 프랑스 제2군 사령관 샤를 윙치제Charles Huntziger 장군은 아르덴을 보강하기 위해 예비대인 제5경기병사단을 출동시킨 것이 전부였고 이들이 도착하기도 전에 벨기에군은 냉큼 철수했다. 벨기에군이 포설해 둔 지뢰밭은 너무 오래되어 불발되거나 쓸모가 없었다. 벨기에와 프랑스는 사실상 아르덴을 내버려둔 셈이었다. 이것이 히틀러의 도박이 성공한 가장 큰 비결이었다. 그 와중에도 보당주Bodange에서는 후방에 침투한 독일 공수 부대가 전화선을 끊어 버리는 바람에 미처 철수를 전달받지 못한 몇몇 소부대가 무려 여덟 시간이나 독일군을 저지하는 바람에 한때 작전 전체가 위기에 빠지기도 했지만, 그 정도로는 사마귀가 수레 앞을 가로막은 격이었다. 만약 벨기에군 수비대 전체가 이렇게 싸웠다면 독일군은 아르덴에서 발목이 묶였을 것이고 전쟁의 결과는 완전히 바뀌었을 것이다. 하지만 행운의 여신은 독일군 편이었다.

아르덴의 울창한 삼림은 독일군에 장애물만이 아니라 훌륭한 엄폐물이 되기도 했다. 스당을 출발하여 아르덴으로 진입한 프랑스군 제5경기병사단은 벨기에군이 구축한 방어선을 향해 부지런히 이동하던 중에 구데리안의 선봉이자 최정예 부대인 독일 제1기갑사단의 기습을 받아 무너졌다. 방심하고 있던 프랑스 병사들은 독일군 전차들이 느닷없이 숲속에서 나타나 포문을 열자 혼비백산하여 사방으로 흩어졌다. 독일군 전차들은 이들을 추격하여 마구 유린했다. 기병과 장갑차로 편성된 정예 부대인 제5경기병사단은 여기서 단 한 번의 싸움으로 괴멸했다.

5월 11일 저녁 7시, 독일 제1기갑사단 산하 1개 대대가 세무아

Semois강을 건너 프랑스-벨기에 국경 도시 부용Bouillon에 접근했다. 아르덴의 종착지인 스당까지는 불과 10km 남짓이었다. 독일군은 강력한 저항을 각오했지만, 뜻밖에도 프랑스군 수비대는 한 차례 포격을 퍼붓고는 후퇴했다. 독일군의 전력을 과대평가하여 겁을 먹은 탓이었다. 행운이 넝쿨째 굴러 들어온 셈이었다. 독일군의 행운은 계속되었다. 비록 부용이 독일군의 손에 싱겁게 넘어갔지만 세무아강 방면의 프랑스군 방어선 전체가 무너진 것은 아니었다. 그런데 이날 밤 벤트 폰 비터스하임Wend von Wietersheim 소령이 지휘하는 제1 기갑사단 산하 1개 오토바이 보병 대대가 부용 북쪽으로 10km 떨어진 작은 마을인 무자이브Mouzaive를 기습하여 교량 하나를 차지하는 데 성공했다. 프랑스군은 교량을 되찾으려고 반격했지만 실패했다.

이제 세무아강을 넘어 스당으로 향하는 길이 열렸다. 게다가 방어선의 한 축이 뚫렸다고 판단한 프랑스군은 독일군에 포위될까 봐 싸우지도 않고 줄줄이 후퇴했다. 제1차 세계 대전의 낡은 선형 방어 전략을 고수했던 프랑스군은 후방에 종심이 없었기에 어느 한 곳만 돌파되어도 전선 전체가 무너진다는 공포심에 사로잡혔기 때문이었다. 독일군 입장에서는 별거 아닌 작은 다리에 지나지 않았지만, 마치 둑에 난 조그마한 구멍이 둑 전체를 붕괴시키듯 프랑스군의 방어 전략에 치명적인 균열을 만들었고 결국 프랑스군 전체를 무너뜨렸다.

다음은 스당이었다. 그 앞에는 국경을 따라 건설된 강력한 요새 지대가 있었다. 벙커들은 잘 위장되고 사격을 퍼붓기에 좋은 위치에 포진했다. 그 앞에는 지뢰가 깔려 있었다. 만약 프랑스군이 완강히 저항했다면 독일군은 쉽게 돌파할 수 없었을 것이다. 그러나 프랑스군은 독일군 전차들이 나타나자 모조리 달아났다. 반면, 라 아트렐La Hatrelle에서는 뜻밖에도 벙커 하나가 독일군 1개 여단을 무려 네 시간이나 묶어 두기도 했다. 통신이 끊어져 철수를 명령받지 못한 탓이었다. 그런 점에서 프랑스인들에게 용기가 부족한 것은 아니었다. 다른 병사들 역시 죽음으로 싸울 것을 명령받았다면 그렇게 했을 것이고 독일군은 수렁에 빠졌을 것이다.

문제는 장군들의 우유부단함과 안이함이었다. 가믈랭은 여전히 아르덴이 독일군의 주공이라는 사실을 믿으려 하지 않았다. 그의 관심은 온통 북쪽에만 쏠려 있었다. 총사령부의 분위기가 그렇다 보니 일선 지휘관들 역시 매우 소극적이었고 적당히 시늉만 하다가 물러섰다. 위기의식은 찾아볼 수 없었다. 덕분에 구데리안은 모든 사람의 예상을 깨고 자신이 호언장담했던 대로 57시간 만에 아르덴을 돌파하여 뫼즈강에 당도하는 기적을 일으켰다. 구데리안의 넘치는 에너지와 가믈랭의 무기력한 모습이 결합하지 않았다면 결단코 불가능했을 일이었다.

하지만 구데리안조차 뫼즈강을 향한 경주의 우승자는 아니었다. 그를 제치고 가장 먼저 도착한 부대는 북쪽으로 35km 간격을 두고 나란히 전진하던 제4군 산하 헤르만 호트Hermann Hoth의 제15군단이었다. 그리고 선봉을 맡은 부대가 로멜의 제7기갑사단이었다. 로멜은 원래 보병 출신으로 폴란드 전역에서는 총통경호대대Führerbegleitbatallion를 지휘하여 히틀러와 함께 사열식에 참가한 것이 전부였다. 전차 부대를 지휘하는 것은 처음인 데다 전차에 대한 이해 또한 충분하다고 말할 수 없었다. 한마디로 초짜였다. 하지만 전차에 대해서는 잘 몰라도 병사들의 신뢰를 얻고 그들의 의지를 한계까지 끌어낼 방법은 잘 알고 있었다.

로멜은 여느 동료 장군들처럼 전선과 멀리 떨어진 후방에서 지도와 전화에 의존하여 구태의연하게 지휘하는 대신, 그 옛날 알렉산드로스 대왕이나 나폴레옹이 그랬듯 직접 전차에 올라서 앞장섰다. 그의 끊임없는 독려는 이웃 부대인 제5기갑사단보다 훨씬 빠른 속도로 전진하는 데 성공했다. 벨기에 제7군단의 저항은 대수롭지 않았지만, 가믈랭의 딜 계획에 따라 프랑스 제9군이 디낭을 향해 부지런히 북상 중이었

다. 이들이 방어선을 구축하기에 충분한 시간이 있었다면 로멜은 틀림
없이 저지당했을 것이었다. 그러나 속도는 로멜이 한 수 위였다. 그는
쉬지 않고 내달리면서도 상대의 허점을 부지런히 찾았다. 전선에서 철
수하는 연합군 부대와 피란민들이 뒤섞이는 극심한 혼란 속에서 5월
12일 밤 11시, 로멜의 정찰대는 프랑스군이 내버려둔 제방을 이용해 뫼
즈강을 건넜고 첫 번째 교두보를 마련하는 데 성공했다.

구데리안이 뫼즈강 도하에 나선 것은 13일 오후 5시경이었다. 하
지만 많은 부대가 흩어졌고 특히 포병 대부분은 여전히 아르덴에서 허
우적거리고 있었다. 프랑스군은 뫼즈강 너머에 강력한 방어선을 구축
했다. 도하의 성공은 장담할 수 없었다. 그는 그토록 속도를 강조했음에
도 이번에는 말을 바꾸어 클라이스트에게 부대를 재편성할 수 있도록
도하를 24시간 늦추어 달라고 요청했다가 호된 질책을 받았다. 독일 공
군이 이들을 돕기 위해 나섰다. 2개 항공 함대(제2항공함대, 제3항공함
대) 산하 1,500여 대에 달하는 항공기가 출동했다. 개전 이래 최대 규모
였다. 어마어마한 대편대가 스당의 하늘을 까맣게 뒤덮은 채 이날 아침
부터 저녁까지 여덟 시간 동안 폭탄의 비를 쉬지 않고 쏟아 냈다. 반면,
연합군은 독일 공군보다 훨씬 많은 비행기를 가지고 있었음에도 서부
전역 내내 단 한 번도 이 같은 대규모 공중 작전을 시도한 적이 없었다.
그러나 이날의 폭격은 요란스럽기만 할 뿐 성과 자체는 썩 신통치 않았
다. 프랑스군의 실질적인 피해는 거의 없었다. 목표물은 죄다 빗나갔고
사상자는 불과 56명이었다.

문제는 직접적인 것보다 정신적인 피해였다. 스당에 배치된 프랑
스 제55보병사단은 2선급 예비 사단으로 주로 중장년층의 예비역들로
구성되었고 지난 수개월 동안 훈련 대신 참호를 파고 진지를 구축하는
데 시간을 보냈다. 전투 경험이 전혀 없는 이들로서는 여태껏 당해 본
적이 없는 폭격이었다. 특히 매서운 사이렌 소리를 내면서 내리꽂는 Ju

87 슈투카 급강하 폭격기의 공습은 얼을 빼놓았다. 완전히 혼이 나가 버린 프랑스군 병사들이 무기를 버리고 달아나면서 몇 시간 만에 사단 전체가 무너졌다. 제55보병사단의 집단 공황은 이웃한 제71보병사단은 물론이고 상급 부대인 제10군단 전체로 전파되었다. 독일군의 도하는 아직 시작되지도 않았음에도 프랑스군 병사들은 사방으로 흩어졌다. 스당의 방어 상태도 형편없었다. 그때까지도 벙커들은 건설 중이었고 지뢰 설치도 제대로 되지 않았다. 천연의 방어선인 아르덴의 울창한 삼림과 뫼즈강이 지켜 줄 것이므로 굳이 방어에 신경 쓸 필요가 없다고 여겼기 때문이었다. 결국, 프랑스군에 만연한 나태함과 무사안일주의가 독일 전격전의 신화를 실현한 최대 비결이었다.

프랑스군은 여전히 위기의식을 찾아볼 수 없었다. 쏟아지는 보고 속에서 그제야 가믈랭은 어쩌면 자신이 속았으며 독일군의 주공이 북쪽이 아닌 남쪽의 아르덴일지도 모른다고 생각하면서도 아직은 대비할 시간이 충분히 있다고 믿었다. 실제로도 그랬다. 비록 독일군이 예상보다 훨씬 빨리 뫼즈강에 도착했다고 하지만 일부에 지나지 않았고 대부분은 여전히 아르덴의 아수라장 속에서 오도 가도 못하는 형국이었다. 구데리안이 뫼즈강 도하를 시도하는 13일과 14일까지도 프랑스군에는 승리의 기회가 있었다. 사흘 동안 휴식을 취하지 못한 독일군은 한계에 직면했고 페르비틴도 슬슬 약발이 떨어질 때였다. 탄약과 연료도 바닥을 드러냈다.

만약 프랑스군이 재빨리 예비대를 투입하여 반격에 나섰다면 뫼즈강을 건넌 독일군 선두 부대는 단숨에 일망타진되어 교두보를 빼앗기고 도로 북쪽으로 밀려났을 것이다. 프랑스군에 부족한 것은 무기와 병력이 아니라 의지였다. 그 와중에도 프랑스 지휘관들은 상황을 파악하고 반격 계획을 세운다며 귀중한 시간을 쓸데없이 낭비했다. 이들은 제1차 세계 대전 때처럼 정해진 시간표대로 싸우는 일이라면 몰라도 시시

각각 변하는 상황에 대처할 능력이 없었다. 후방에서 대기 중이던 예비대가 뫼즈강으로 허둥지둥 움직였지만, 그 속도는 한없이 느렸다.

5월 14일에야 프랑스 제2군 사령관 욍치제 장군은 반격을 명령했다. 프랑스군은 여전히 사기충천했지만 굼뜬 장군들 탓에 공격을 준비하는 데 너무 많은 시간이 소요되었다. 그사이 상황이 걷잡을 수 없이 나빠지면서 시작도 해보지 못한 채 흐지부지되었다. 독일군의 움직임이 1914년과는 너무나 달랐기 때문이었다. 연합군 공군이 독일군의 뫼즈강 도하를 막기 위해 뒤늦게 스당으로 출격했지만 수백 문에 달하는 대공포의 집중 사격에 줄줄이 격추당했다. 한 번에 수백 대를 투입하여 연합군을 압도했던 독일 공군과 달리 몇 대씩 소부대로 나누어 투입했기 때문이었다. 이날 하루 동안 출격한 360대의 항공기 중 절반 가까운 167대를 잃었지만, 독일군에 아무런 타격도 주지 못했다. 그사이 구데리안은 스당을 돌파하고 서쪽으로 진격을 시작했다. 벨기에에 배치된 170만 명에 달하는 연합군 전체가 절체절명의 위기에 처하는 순간이었다. 가믈랭은 자신에게 무슨 일이 벌어졌는지 깨닫자 정신부터 무너져 내렸다.

파국이 닥치다

1940년 5월 15일 수요일 아침 7시 30분, 프랑스 총리 폴 레노에게서 걸려 온 전화는 그때까지 비몽사몽이었던 처칠의 잠을 한순간에 날려 버렸다. 레노는 울부짖듯이 영어로 외쳤다. 〈우리가 졌습니다.〉 그는 다시 말했다. 〈우리가 졌습니다. 전투에서 졌습니다.〉 아니, 전쟁은 이제 막 시작되지 않았던가. 불과 닷새 전 탄핵을 받아 불명예스럽게 물러난 체임벌린을 대신하여 영국 전시 총리로 임명된 처칠은 당혹스러운 목소

리로 물었다. 〈어떻게 그리 빨리 당할 수 있단 말이오?〉 레노는 아르덴
을 돌파한 독일군의 기갑 부대가 스당을 점령하고 파죽지세로 진격 중
이라고 말했다. 처칠이 아직 승리의 기회가 있을 거라면서 필사적으로
달랬지만 이미 이성을 잃은 레노는 〈우리는 이미 졌습니다〉라는 말만
앵무새처럼 반복했다.

바로 전날 독일군이 뫼즈강을 넘었다는 보고를 받았을 때만 해도
대수롭지 않게 여겼던 프랑스 장군들은 스당이 돌파되자 그제야 발등
에 불이 떨어진 꼴이었다. 그것도 단순히 허를 찔렸다거나 한 방 먹었다
는 정도가 아니었다. 그야말로 프랑스군 전체가 대혼란에 빠졌다. 그 순
간의 당혹감은 그동안 쏟아졌던 수많은 경고를 고집스레 무시했던 모
습이 무색했다. 프랑스군의 이인자인 알퐁스 조르주 장군은 어찌나 충
격이 컸는지 〈스당이 돌파당했다! 무너졌다고!〉라고 외치면서 울음을
터뜨렸다. 보다 못한 참모장 두망Joseph Édouard Aimé Doumenc 장군이 〈전쟁
에서는 원래 예상치 못한 일이 일어나는 법입니다〉라면서 달래야 했다.

한 세기 전 위대한 군사 학자였던 카를 폰 클라우제비츠가 『전쟁
론』에서 〈전쟁이란 불확실의 영역이며 안개에 싸여 있다〉라고 강조했
던 것처럼 어차피 계획대로 돌아가지 않는 것은 비일비재한 일이었다.
중요한 사실은 프랑스군이 결정적인 패배를 당했다고 말할 수는 없다
는 점이었다. 1914년에는 훨씬 불리한 상황에서도 독일군을 막아 내지
않았던가. 상황은 70년 전 나폴레옹 3세의 프랑스군 주력이 메스와 스
당에서 포위당해 완전히 외통수에 몰렸던 때와는 전혀 달랐다. 오히려
독일군이 너무 순조롭게 진격하자 연합군이 파놓은 함정에 빠지고 있
는 것이 아니냐면서 지레 겁을 먹고 히스테리적인 반응을 보인 쪽은 히
틀러였다. 그는 몇 번이나 일선 부대에 진격 속도를 늦추라며 닦달했다.
심지어 구데리안은 히틀러의 명령을 무시한 채 더욱 속도를 올리다가
명령 불복종을 이유로 기갑 군단장에서 잠시 쫓겨난 적도 있었다. 할더

는 5월 17일 자 일기에 〈총통은 극도의 신경과민이다. 그는 남쪽 측면을 걱정하고 있다. 그는 우리가 전쟁 전체를 망치고 있다며 분통을 터뜨리고 비명을 지르고 있다〉라고 썼다. 그만큼 위험한 도박이었고 상황에 따라서는 언제라도 쉽게 뒤집힐 수 있었다는 얘기였다.

4년 반 뒤 아르덴에서 똑같은 상황에 직면했던 연합군 총사령관 아이젠하워 장군은 당황하지 않았다. 그는 상황을 재빨리 파악한 뒤 제3군의 지휘를 맡은 패튼에게 반격을 명령했다. 패튼 역시 자신만만했다. 〈독일 놈들은 고기 분쇄기에 자기 머리를 처넣었소. 그리고 내가 손잡이를 잡고 있지〉라면서 승리를 장담했다. 바스토뉴Bastogne에서 포위된 미 제101공수사단장 대리 앤서니 매컬리프Anthony McAuliffe 준장은 항복 요구에 〈엿 먹어라!〉라면서 미군의 꺾이지 않는 투지를 보여 주었고 독일군의 공세를 끝까지 막아 내어 반격의 시간을 벌었다. 결과적으로 히틀러는 승패를 뒤엎기는커녕 자신의 최후를 몇 달 앞당긴 꼴이 되었다.

가믈랭과 그의 장군들이 보여 준 모습은 정반대였다. 제1차 세계 대전 당시의 밀고 당기는 싸움에 익숙했던 늙은 장군들은 자신들이 미처 대비하기도 전에 독일군이 전선을 돌파하여 시시각각 안쪽으로 밀고 들어온다는 말을 듣자 완전히 손을 놓아 버렸다. 굳어 버린 두뇌와 낡아 빠진 경험으로는 이런 상황을 도저히 이해할 수 없었던 이들은 그 이유가 프랑스군보다 독일군이 훨씬 더 강하기 때문이며 따라서 제아무리 발버둥 친들 이길 방법이 없다고 결론 내렸다. 그러면서 독일군의 사정이 어떠한지 알려는 노력은 없었다. 독일군 역시 필사적으로 전진하고 있었으며 프랑스군은 전세를 뒤집을 역습의 기회가 몇 번이나 있었음에도 말이다. 처음부터 끝까지 자신들이 보고 싶은 것만 보려 했던 이들은 낙관적인 예측이 빗나가자 이번에는 철저한 비관주의에 빠져 버렸고 뒤늦게나마 대책을 마련하는 대신 이미 다 끝났다면서 그저 눈물만 흘릴 뿐이었다. 총사령관 가믈랭 원수로부터 시작된 공황은 말단 병사들에게까지 전파되면서 프랑스군은 스스로 무너져 내렸다. 그 와중에 일선에서는 반격의 시도가 없지 않았지만, 지엽적인 수준에 머물렀고, 조직적이고 체계적이지 못했기에 독일군 앞에서 각개 격파를 당했다.

며칠 전만 해도 이번 전쟁에서 독일군이 프랑스 땅을 밟는 일은 결코 없을 거라며 그토록 자신만만하던 가믈랭은 이제는 상황을 터무니없이 과장하여 정치인들까지 겁에 질리도록 만들었다. 이날 저녁 가믈랭은 국방부 장관 달라디에에게 독일군이 최후 방어선을 돌파하여 파리로 접근하고 있다고 보고했다. 달라디에가 1914년처럼 즉각 반격하여 적의 진격을 막아 내라고 명령하자 자신에게 남은 것은 아무것도 없다는 말로 그를 비롯한 프랑스 전체를 절망에 빠뜨렸다. 다음 날 아침, 허둥지둥 파리로 날아온 처칠이 〈전략 예비대는 어디 있습니까?〉라고 물었을 때도 가믈랭은 〈전혀 없습니다〉라는 맥 빠진 대답으로 말문을 막아 버렸다. 처칠은 훗날 자신의 회고록에서 〈내 인생에서 가장 충격적인 순간이었다〉라고 썼다.

가믈랭은 다시 한번 반격을 요청하는 처칠을 향해 문학적인 수사를 섞어 〈수적으로 열세하고 장비에서 열세하며 전술에서 열세합니다〉라고 변명했지만, 일이 이 지경에 이른 것은 다른 누구의 책임도 아닌 그가 자초한 일이었다. 주변의 반발에도 불구하고 후방에 예비대를 남기기를 거부하고 독일군의 의중을 제대로 살피지도 않은 채 저지대 국가로 병력을 털어 넣은 것은 가믈랭 자신이었다. 특히 제7군이 안트베르펜으로 북상하면서 파리는 무방비 상태였다. 독일군의 성공은 가믈랭이 차려 준 것이나 다름없었다. 4년 전 히틀러의 첫 번째 도박이었던 라인란트 위기에서 3,000명에 불과한 독일군을 30만 명이라고 과장하여 정치인들에게 겁을 주었던 그는 마지막까지 우군의 발목을 잡았고 자기도 모르는 새 히틀러 최대의 공신이 되었다.

가장 중요한 패를 너무 빨리 상대에게 내보이는 바람에 궁지에 내몰린 가믈랭은 뒤늦게라도 판세를 뒤엎을 방법을 찾는 대신 이미 다 끝난 전쟁이라면서 무책임하게 자신의 패 전체를 던져 버렸다. 완전히 의기소침해진 그는 전선에서 수백 킬로미터 떨어진 사령부에 주저앉은 채 당혹감에 사로잡힌 장군들이 올리는 보고서 이외에는 상황이 어떻게 돌아가고 있는지 알아보려는 노력조차 하지 않았다. 일선 부대와의 소통도 없었고 직접 전선으로 나와서 사기가 떨어진 병사들을 격려하지도 않았다. 그저 자신의 선입견과 추정에만 의존하여 주먹구구식으로 대응했다. 심지어 우군 부대가 어디에 있는지, 적이 어디까지 왔는지조차 모르고 있었다.

독일군의 진격이 갈수록 확대되고 전투가 격렬해지면서 그 어느 때보다도 총사령관으로서 지도력이 절실한 순간에 가믈랭은 마치 혼자 구름 위에 앉아 전쟁을 강 건너 불구경하는 것처럼 보였다. 그의 사령부는 〈잠망경 없는 잠수함〉이라고 불릴 정도였다. 게다가 낡은 권위주의에 묶여 있던 프랑스군은 모든 권한이 총사령관 한 사람에게 집중되어 있었고 일선 지휘관들은 총사령부에서 하달된 계획과 교리에 맹목적으로 따라야 했다. 따라서 가믈랭이 아무것도 하지 않은 채 주변에 벽을 쌓고 자기만의 세계로 도피하자 군대 전체가 마비되었다. 그사이 독일군의 기갑 부대들은 서쪽으로 거침없이 진격하면서 프랑스군 방어선을 줄줄이 분쇄했다.

특히 로멜의 제7기갑사단은 그야말로 신출귀몰하여 〈유령 사단 Ghost Division〉이라는 별명까지 얻었다. 독일군 부대 중 제일 먼저 뫼즈강을 건너는 데 성공한 그는 프랑스 제9군의 방어선을 종횡무진 휘저었다. 예순두 살의 앙드레 코라프 장군이 지휘하는 프랑스 제9군은 연합군 최정예 부대 중 하나였다. 휘하에는 제5차량화사단을 비롯하여 3개 군단 8개 사단이 있었으며 병력과 장비도 정수를 갖추었다. 또한 총사령부 직속의 예비대이자 프랑스가 보유한 4개 기갑 사단 중 하나인 제1기갑사단도 증파되었다. 로멜을 격퇴하기에는 충분한 전력이었다.

그러나 프랑스군은 독일군이 도대체 어디서 어디로 가는지조차 파악하지 못하는 판국이었다. 심지어 진격하는 부대와 후퇴하는 부대가 서로 뒤엉키기도 했다. 프랑스 전차들은 독일 전차보다 훨씬 강력한 화력과 장갑을 갖추고 있었지만, 소부대로 분산 투입되었고 무전기가 없어서 조직적인 싸움이 불가능했다. 이들은 기병의 후예가 아니라 어디까지나 보병을 돕기 위한 〈움직이는 포병〉이었기 때문이었다. 설령 독일군처럼 집중적으로 운영하려고 해도 그러기 위한 지휘 통신 장비나 보급 지원 시스템이 없었기에 불가능했다. 연료가 제대로 보급되지 않아 전차 태반이 제대로 싸우지도 못하고 격파되거나 도중에 버려졌다. 전차를 뒤따라오던 프랑스 보병들 역시 등 뒤에서 독일 전차들이 느닷없이 나타나자 혼비백산하여 자신들이 포위당했다고 여긴 나머지 무기를 버리고 달아나거나 항복하면서 어느 순간 눈 녹듯이 부대 전체가 사라지기 일쑤였다. 게다가 프랑스군은 독일군처럼 무전으로 구원만 요청하면 어딘가에서 번개처럼 날아와 적진에 내리꽂는 공군의 지상 지원을 기대할 수도 없었다. 그건 비행기가 없어서가 아니라 프랑스의 방식이 아니었기 때문이었다. 이것이 독일 전격전 신화의 실체였다.

제9군의 지원을 맡은 프랑스군 제1기갑사단은 샬롱앙샹파뉴Châlons-en-Champagne를 출발하여 북쪽으로 150km 떨어진 디낭을 향해 북상했다. 5월 15일 아침, 디낭 서쪽 15km에 있는 작은 벨기에인 마을 플라비옹Flavion 인근에서 연료를 보충하던 중에 로멜의 기습을 받아 변변히 싸우지도 못하고 어이없이 전멸했다. 전차 태반이 연료를 받지 못해 움직일 수 없었기 때문이었다. 170여 대의 전차 중 36대만 달아날 수 있었다. 다음 날 저녁, 로멜은 프랑스 국경을 넘었다. 뫼즈강의 방어선은

벨기에 남부 국경 도시 보몽Beaumont에서 버려진 프랑스군 제1기갑사단 B1 bis 중전차.
연합군 최강 전차였던 이 전차는 중량 28톤에 270마력 엔진을 탑재했으며 차체에 탑재된
75mm/L17.5 곡사포와 포탑의 47mm/L32 대전차포는 모든 종류의 독일 전차를 격파할 수
있는 반면, 전면 장갑 60mm는 독일 전차의 화력으로는 관통할 수 없다는 점에서 프랑스판
티거라고 할 수 있었다. 그러나 티거와는 달리, B1 중전차는 적 전차와 싸우기 위함이
아니라 보병을 지원하기 위한 전차였고 속도가 너무 느린 데다 고장이 잦았으며 무전기가
형편없었다. 독일군은 이 전차를 노획한 뒤 대서양 방벽의 고정 포대로 사용했다.

완전히 무너졌고 거대한 구멍이 생겨났다. 독일 A집단군은 북부 프랑스 전체를 무주공산으로 휩쓸면서 대서양을 향한 진군을 시작했다.

그사이 저지대 방면의 연합군도 완전히 난장판이었다. 개전 첫날 독일 공군의 무시무시한 맹폭격을 받았던 네덜란드는 5월 14일 저녁 수도 로테르담이 또 한 번 두들겨 맞았다. 제2의 게르니카가 될까 봐 겁에 질린 네덜란드인들은 다음 날 백기를 들었다. 빌헬미나 여왕은 내각과 함께 영국으로 망명했다. 서부 전역이 시작된 지 닷새 만에 네덜란드의 전쟁은 끝났다. 네덜란드 남부의 간척 지대인 제일란트Zeeland에서 1만여 명의 네덜란드군이 프랑스군 제68보병사단과 함께 최후의 방어선을 구축했지만, 이들 역시 독일군에 포위되어 사흘 뒤 항복했다.

앞서 아뉘에서 독일 B집단군의 주력인 에리히 회프너의 제16차량화군단과 맞붙었던 르네 프리우의 기병 군단은 독일군 전차를 더 많이 격파했음에도 독일군의 전력을 과대평가한 나머지 전선 정비를 명목으로 철수에 나섰다. 독일군은 기회를 놓치지 않고 추격에 나섰다. 프랑스군은 대번에 혼란에 빠졌다. 독일 제4기갑사단은 보병 없이 전차만으로 공격에 나섰다가 많은 손실을 입으면서도 5월 15일 아뉘 남서쪽 30km 떨어진 젬블루에서 프랑스군의 방어선을 돌파하는 데 성공했다. 벨기에군이 설치한 대전차 장애물은 허술하기 짝이 없어 독일군의 전진을 늦추기에는 역부족이었다. 남쪽에서는 스당을 돌파한 A집단군이 연합군 후방으로 쇄도하고 북쪽에서는 B집단군이 압박하면서 연합군은 거대한 주머니에 갇힌 꼴이었다.

하지만 당장 파국에 직면한 것은 아니었다. 영불 연합군과 벨기에군의 전력은 그때까지 대부분 건재했다. 독일 B집단군은 쉽사리 딜 라인을 돌파하지 못했다. 구데리안의 기갑 부대가 스당을 장악한 5월 15일, 독일군은 브뤼셀 동쪽으로 30km 떨어진 루뱅을 공격했지만 버나드 몽고메리 장군이 지휘하는 영국 제3보병사단과 벨기에 제6군단의 완강한 저항 앞에 격퇴되었다. 안트베르펜에서도 벨기에 제5군단이 독일 제18군 3개 보병 사단의 공격을 성공적으로 막아 냈다. 제1차 세계 대전 당시 독일로부터 노획한 17cm 장거리 열차포는 벨기에군이 보유한 가장 강력한 중포였고 옛 주인을 향해 맹렬하게 포탄을 날렸다.

만약 가믈랭이 뒤늦게라도 자신의 실수를 만회할 요량으로 스탈린 그라드에서의 소련군처럼 벨기에의 연합군이 독일 B집단군을 붙잡아 두는 한편, 남쪽에서 대규모 예비대를 동원하여 길게 늘어선 독일 A집단군의 측면을 향해 강력한 반격에 나섰더라면 전세를 일거에 뒤집을 수도 있었을 것이다. 히틀러가 가장 두려워했던 상황이었고, 5월 16일에 파리를 방문한 처칠이 그렇게 해야 한다고 강조했던 일이기도 했다. 그러나 가믈랭은 이미 모든 의욕을 잃었다.

한때 대단한 명성을 떨쳤지만, 이제는 늙고 우유부단하며 둔감하기 짝이 없는 이 땅딸보 장군은 현실 도피를 선택했다. 가믈랭이 우왕좌왕하는 동안 반격의 시기는 늦어졌고 허둥지둥 현장으로 출동한 프랑스군 부대들은 독일군의 기습을 받아 제대로 싸워 보지도 못한 채 줄줄이 각개 격파당하면서 그나마 남은 수단마저 모조리 허공에 날려 버렸다. 하지만 벨기에도 남 탓을 할 자격은 없었다. 만약 벨기에가 영불 연합군을 일찌감치 받아들여 동부 국경을 보강했다면 이후의 역사는 분명 달라졌을 것이고 아르덴이 무방비로 돌파되는 일 또한 없었을 것이다. 벨기에는 전쟁에 말려들지 않으려 급급한 나머지 막연한 희망에만 매달려 협력을 거부함으로써 1914년에 당했던 〈벨기에의 강간〉을 또 한 번 되풀이한 꼴이 되었다. 게다가 그때보다도 더 참담하게 말이다. 이제는 나라를 잃어야 했다. 그것은 가믈랭과 벨기에의 합작품이었다.

벨기에의 연합군은 여전히 딜 라인을 단단히 지키면서 독일군의 어떤 공격도 막아 내겠다는 각오를 하고 있었다. 그러나 5월 16일 아침, 독일군의 포위망을 뚫고 남쪽으로 철수하라는 명령이 떨어졌다. 가믈랭에게는 이들을 구할 수단도, 의지도 없었기 때문이었다. 벨기에인들에게는 청천벽력과 같은 소식이었다. 영불 연합군의 도움 없이 벨기에군 단독으로 독일군을 저지하는 것은 불가능했다. 그렇다고 기갑 전력이 없고 기동성이 결여된 벨기에군이 연합군과 함께 포위망 돌파에 나설 수도 없는 노릇이었다. 벨기에군이 할 수 있는 일은 연합군이 무사히 퇴각할 수 있도록 최대한 시간을 버는 정도였다. 연합군의 사정도 나빴다. 지난 며칠 동안 쉬지 않고 벨기에까지 행군한 데다 병참선마저 끊어지면서 연료와 탄약이 부족했고 식량도 충분하지 않았다. 게다가 제공권은 독일 공군에 있었다. 등 뒤로는 독일군이 뒤쫓아 오고 머리 위에서는 독일 공군의 폭격에 시달리면서 공중 엄호와 외부 지원도 없이 자력으로 포위망 돌파에 나서라는 것은 호랑이 아가리에 스스로 머리를 들이밀라는 얘기나 다름없었다.

　　결과는 참담했다. 그때까지 잘 싸우고 있던 연합군의 사기가 한꺼번에 무너졌다. 모든 도로가 철수하는 군대와 난민들로 넘쳐 났고 아르덴 이상으로 극심한 교통 체증에 직면했다. 슈투카 폭격기들이 쉴 새 없이 날아와 폭탄의 비를 떨어뜨려 혼란을 더욱 확산시켰다. 5월 17일 벨기에 정부는 브뤼셀을 버리고 서쪽의 작은 항구 도시인 오스탕드로 철수했다. 브뤼셀은 무저항 도시로 선언되어 총 한 발 쏘지 않고 독일군의 손에 넘어갔다. 다음 날 안트베르펜이 함락되었다. 이날 밤 프랑스 제1군이 벨기에를 벗어나 프랑스로 돌아왔지만, 포위망이 풀린 것은 아니었다. 게다가 프리우 기병 군단은 독일군 포위망을 돌파할 유일한 전력이었음에도 장거리 행군으로 고장 나거나 도중에 연료가 떨어져 전차 대부분을 포기해야 했다.

18일의 항전, 52개월의 노예

5월 19일, 가믈랭은 해임되었다. 그의 한심한 모습에 참다못한 폴 레노가 쫓아낸 것이었다. 진작에 그래야 했고, 이제는 너무 늦은 조치였다. 이미 프랑스군의 절반을 날려 먹은 뒤였기 때문이었다. 그렇다고 레노가 준비한 가믈랭의 대타 또한 그리 나을 것도 없었다. 그의 전임자였으며 5년 만에 다시 그 자리를 차지한 베강 원수는 가믈랭보다 더 늙고 뇌가 굳은 구식 장군이었다. 가뜩이나 일분일초가 급한 상황에서도 관행을 내세워 일선 부대를 순시하는 게 우선이라며 가믈랭이 모처럼 준비한 반격 계획을 중단시켜 귀중한 시간만 허비했다.

그사이 독일군은 더욱 속도를 올리면서 연합군을 밀어붙였다. 다음 날 아침 독일 제2기갑사단 선봉은 영불 해협이 보이는 누아옐쉬르메르Noyelles-sur-Mer에 도착했다. 포위망이 완성되었다. 개전 열흘 만에 프랑스군은 패배에 내몰렸다. 프랑스 역사상 전례 없는 위기였다. 1914년에는 동부 전선의 러시아군이 타넨베르크에서 공세에 나서면서 프랑스를 구했지만, 이번에는 그 역할을 해줄 동맹국조차 없었다. 동유럽의 동맹국들이 하나씩 독일에 정복당하는 모습을 남의 일이라며 강 건너 불구경한 결과였다. 이제는 프랑스가 똑같이 당할 차례였다.

5월 21일 프랑스 북부에서 벌어진 아라스 전투Battle of Arras에서 영국 제1기갑여단과 프랑스 제3기갑사단 및 2개 보병 사단으로 편성된 영불 연합군이 호트의 제15차량화군단 3개 사단과 맞붙었다. 그러나 영국군과 프랑스군은 통신 불량으로 서로를 공격하여 몇 대의 프랑스 전차가 영국군의 사격으로 파괴되는 추태가 벌어지기도 했다. 독일군의 37mm 대전차포는 연합군의 중전차들에 아무런 타격을 주지 못하여 로멜조차 당황했지만 결국 독일군의 포위망을 돌파하는 데 실패했다. 연합군의 모든 희망은 사라졌다. 연합군과 벨기에군은 독일군에 쫓기면서 대서양 쪽으로 점점 밀려났다. 파국이 가까이 오면서 연합군 내부의 갈등과 불신도 격화되었다. 의기소침한 프랑스를 믿을 수 없게 된 처칠은 더는 금쪽같은 비행기를 프랑스로 보내는 것을 중단하고 영국 해군을 동원하여 자국 군대라도 탈출시켜야 한다고 결심했다.

이제 독일군을 저지할 방법은 사라졌다. 그러나 벨기에는 이대로 항복하기보다 끝까지 싸울 참이었다. 상황이 불리하다고는 해도 〈마른 전투의 기적〉이 또 한 번 일어날지도 몰랐다. 딜 라인이 무너지고 수도 브뤼셀과 안트베르펜은 함락되었으며 장비와 탄약 대부분을 잃었지만, 벨기에군은 여전히 싸우고 있었다. 12개 사단이 네덜란드 남부 제일란트의 테르뇌전Terneuzen에서 프랑스-벨기에 국경의 오데나르데Audenarde까지 이르는 80km의 전선을 지탱하면서 후퇴하는 연합군의 후방을 엄호했고 국지적이나마 과감한 반격을 시도하여 독일군을 놀라게 했다. 그러나 벨기에군은 지쳤고 한계에 직면했다. 독일은 라디오를 통해 벨기에의 항복을 권고했다. 5월 21일 이프르에서 열린 회의에서 베강 장군은 벨기에군에 1914년에 그랬던 것처럼 이제르Yser강으로 철수하여 최후 방어선을 구축할 것을 권고했다. 그러나 프랑스 제1집단군 사령관이자 벨기에 방면의 총지휘를 맡은 가스통 빌로트 장군은 회의가 끝나고 돌아오던 중 자동차 사고로 사망했다. 연합군에는 악재의 연속이었다.

이미 싸울 의지를 잃은 레오폴드 국왕과 결사 항전을 고집하는 내각의 갈등도 커졌다. 위베르 피에를로Hubert Pierlot 총리는 레오폴드 국왕에게 네덜란드 빌헬미나 여왕처럼 영국이나 프랑스로 망명할 것을 권고했다. 그러나 국왕은 거부했다. 벨기에의 싸움은 이미 끝났으며 공식적인 동맹국이 아닌 영국, 프랑스와 운명을 같이할 이유가 없다는 것이었다. 그는 자신이 벨기에를 떠난다면 다시 돌아오지 못할 것이라고 걱정하면서 벨기에의 독립과 왕조의 유지를 위해서는 남아야 한다고 믿었다. 5월 23일, 프랑스 제1군은 독일군의 포위망을 뚫기 위한 시도에 나섰지만 실패했다. 독일군은 점점 포위망을 압축했고 포위망 바깥에서 구원의 손길도 없었다. 마지노 라인에 배치된 프랑스군 30개 사단 역시 앞뒤로 포위되어 옴짝달싹 못 하는 형국이었다. 다음 날 독일 제6군 4개 사단이 리스Lys강을 넘어 벨기에 제4군단을 돌파했다. 벨기에군의 저항도 만만치 않았다. 벨기에군은 몇 번이나 반격하여 수백 명의 독일군을 포로로 잡기도 했다. 하지만 독일 공군의 맹폭을 견딜 방법은 없었다. 벨기에군이 짓밟히는 동안 영불 공군은 손가락만 빨면서 아무것도 하지 않아 벨기에인들의 분노를 샀다.

수십만 명의 연합군이 손바닥만 한 좁은 해안가로 떠밀렸다. 더는 물러날 곳도 없었다. 5월 25일, 피에를로 총리와 내각은 프랑스로 망명했다. 레오폴드 국왕은 오버스트라텐 장군과 함께 벨기에에 남아 총사령관으로서 자신의 군대와 운명을 함께하기로 했다. 그는 네덜란드나 룩셈부르크 왕실처럼 그 역시 연합군 진영으로 망명해야 한다는 내각의 권고를 끝까지 거부하고 〈나는 이곳에 남을 것이오. 연합군은 대의명분을 잃었소〉라고 대꾸했다. 어차피 연합군의 세상은 끝났으며 한 사람의 생명이라도 구하기 위해서는 히틀러의 선처에 기댈 수밖에 없다는 것이었다. 피에를로 총리는 항복은 국왕이 아니라 정부가 결정할 몫이라고 반박했지만, 국왕의 마음을 돌려놓을 수는 없었다. 독일 공군은 곳곳에서 폭격을 퍼부었다. 모든 철도가 파괴되었고, 물과 전기도 끊어졌다. 수송 수단이 부족했기에 보급품은 대부분 독일군의 손에 넘어갔다. 심지어 독일군은 벨기에 포로와 민간인들을 인간 방패로 내세워 벨기에군의 발포를 막고 사기를 떨어뜨렸다. 독일군이 최후의 일격에 나선다면 연합군은 속수무책으로 당할 처지였다.

다이너모 작전이 발동했다. 모처럼 존재감을 드러낸 영국 함대가 영불 해협을 넘어 됭케르크에 포위된 연합군의 구출에 나섰다. 850여 척에 달하는 민간인 선박들도 자국 청년들을 구하기 위해 위험을 무릅쓰고 자발적으로 참여하여 작전의 한 축을 맡았다. 또한 소수의 프랑스 구축함과 벨기에, 네덜란드 해군이 가세했다. 괴링은 공군력만으로 연합군을 괴멸시키겠다고 큰소리쳤던 것이 무색하게도 연합군의 탈출을 막는 데 실패했다. 날씨가 좋지 않았던 데다 이전과는 달리 영국 공군이 용맹스럽게 맞섰기 때문이었다. 반면, 프랑스 공군은 끝까지 무기력했다. 하물며 아직 남쪽에 남아 있던 100만 명이 넘는 프랑스군이 이들을 구하기 위해 북상하여 반격에 나서는 일도 없었다. 됭케르크의 기적은 무슨 수를 써서라도 자국의 젊은이들을 구하겠다며 직접 배를 끌고 도버 해협을 넘은 수많은 영국 국민의 용기, 그리고 병참과 휴식을 핑계로 사흘 동안 기갑 부대의 정지를 명령한 히틀러의 오판 덕분이었다.

5월 26일부터 6월 4일까지 열흘 동안 구출된 연합군은 모두 33만 8,000여 명에 달했다. 그중 영국군이 19만 2,000명, 프랑스군이 13만 9,000명이었다. 보름 전 100만 명이 넘는 병력이 저지대 국가로 위풍당당하게 진격했던 것에 비하면 1/3이 채 되지 않는 데다 그나마 소총 이외에 모든 장비를 버려야 했다는 점에서 결코 명예스럽지 못한 철수 작전이었지만 적어도 더 최악의 상황만큼은 피한 셈이었다. 히틀러에게는 유일한 오점이었다. 물론 승리감에 들뜬 그는 심각하게 받아들이기는커녕 얼마간의 연합군이 운 좋게 빠져나갔다고 한들 대수롭지 않은 일이며 오히려 영국인들에게 항복의 기회를 주기 위해 자비를 베푼 것처럼 장군들 앞에서 너스레를 떨었다. 하지만 히틀러가 간과한 게 있었다. 바로 자신이 처칠의 운명을 구했다는 사실이었다. 처칠은 패전의 희생양이 되는 대신 전시 총리로서 비로소 영국 국민을 하나로 묶는 데 성공했다. 만약 영국군이 탈출에 실패했다면 처칠은 쫓겨났을 것이며 영국의 전쟁 또한 그 순간 끝났을 것이었다. 결과적으로 두 나라의 운명을 바꾸어 놓았다는 점에서 히틀러가 범한 최악의 실책이었다.

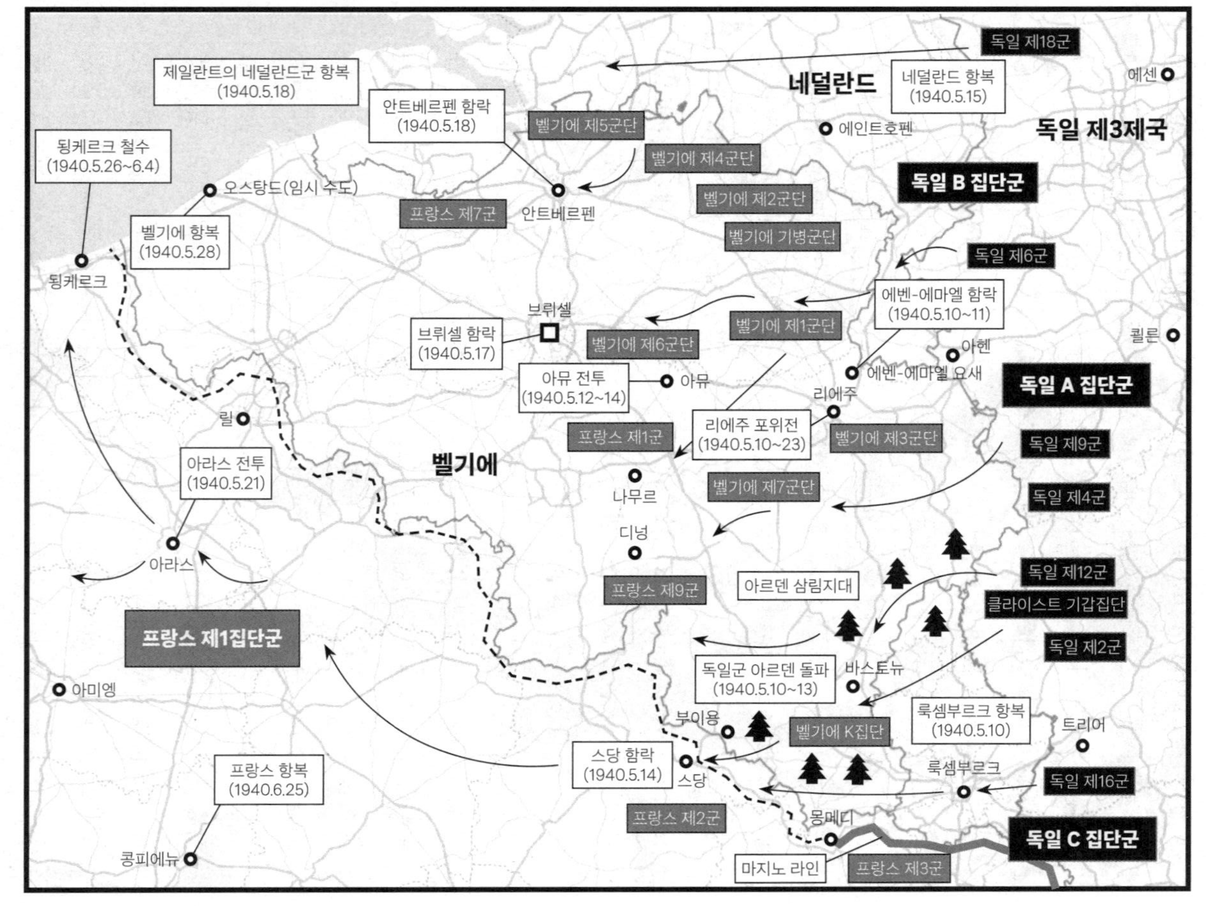

프랑스 전역 당시 저지대 방면의 양측 배치 상황과 독일군의 공세(1940. 5~6). 북부 프랑스를 전쟁터로 만들지 않겠다는 가믈랭의 강박증은 연합군이 제 발로 독일군의 함정에 뛰어들게 했다. 게다가 그 안에서 전멸할 때까지 내버려두는 만행까지 저질렀다.

그 와중에 소수의 벨기에군도 이들 사이에 끼여 철수하는 배에 오르는 행운을 얻었다. 하지만 대부분은 그대로 버려졌다. 처음부터 벨기에군의 탈출은 고려되지 않았기 때문이었다. 연합군이 바다를 통해 필사적으로 달아나는 동안 벨기에군은 최전선에서 독일군과 싸우고 있었고 철수 계획을 통보받지도 못했다. 5월 26일, 독일군은 벨기에군의 전선을 무너뜨렸다. 국왕은 더 큰 희생을 막아야 한다면서 항복을 결심했다. 됭케르크에서 철수가 한창이던 5월 27일 오후 5시, 그는 독일 제6군에 사절을 보내 휴전을 요청하면서 독일의 조건을 물었다. 조건은 없었다. 히틀러는 무조건 항복을 요구했다. 다음 날 새벽 4시, 벨기에는 항복했다. 개전 18일 만이었다. 벨기에 병사 6,000여 명이 죽고 1만 6,000여 명이 다쳤으며 나머지는 포로가 되었다.

한 달도 되지 않아 레오폴드 국왕의 뒤를 따르게 되는 폴 레노는 벨기에가 동맹국들과 논의 없이 기습 항복하여 뒤통수를 쳤다면서 분노를 터뜨렸다. 심지어 벨기에 외무 장관인 폴앙리 스파크에게 레오폴드 국왕과의 관계를 끊지 않으면 프랑스로 망명한 벨기에 난민들에 대한 모든 지원을 중단하겠다고 협박했다. 물론 벨기에에서 실패한 책임을 떠넘기기 위함일 뿐, 벨기에군이 마지막까지 용맹스럽게 싸웠으며 이들을 됭케르크에 버리고 간 쪽은 자신들이었음을 무시했다. 만약 벨기에군의 방어선이 더 빨리 무너졌다면 독일군은 연합군을 향해 쇄도했을 것이고 됭케르크의 기적도 없었을 것이다. 벨기에군은 적어도 프랑스군보다는 훌륭하게 싸웠다. 하지만 프랑스의 눈치를 봐야 하는 벨기에 망명 정부는 국왕이 제멋대로 항복을 결정했다고 선을 그었다. 영국 언론들은 〈배신자 왕〉, 〈쥐새끼 임금〉이라며 원색적인 비난을 퍼부었다. 6월 4일, 하원 연설에서 레오폴드 국왕이 사전 협의나 통보를 무시하고 자신의 군대를 항복시켜 아군을 위험에 빠뜨렸다고 혹독하게 비판했던 처칠은 나중에 전쟁이 끝난 뒤 자신이 레오폴드 국왕의 명예를

딩케르크에서 연합군이 빠져나간 직후 해안가를 가득 메우고 있는 차량과 장비들. 각종 차량 6만 3,000대, 오토바이 2만 대, 야포 2,400문, 전차 및 장갑차 475대, 소총 9만 정에 달했다. 처칠은 딩케르크 철수를 위대한 성공이라며 자화자찬했지만, 히틀러 입장에서는 다 이긴 싸움 막판에 실수로 재를 뿌렸다기보다 궁지에 내몰린 연합군이 목숨만 건져 꽁무니를 내빼면서 풍성한 선물까지 남기고 떠난 셈이었다.

딩케르크에서 연합군이 한창 달아나고 있던 6월 3일, 국왕의 명령에 따라 독일군의 포로가 되어 무기를 반납하는 벨기에 병사들. 이들 중에는 운 좋게 풀려나기도 했지만, 대부분은 프랑스군과 마찬가지로 전쟁 노예가 되어 강제 노동에 종사해야 했다.

훼손시키려 했던 것은 아니라며 말을 바꾸었다.

레오폴드 국왕은 항복했지만, 벨기에의 전쟁이 끝난 것은 아니었다. 프랑스에는 알베르 에밀 쥘 위비에Albert Emile Jules Wibier 중장이 지휘하는 8만 5,000명의 벨기에 망명 군대가 있었다. 개전 초반 벨기에 정부가 신병들을 훈련하기 위해 프랑스로 파견한 부대였다. 국왕이 항복을 선언했을 때 프랑스 남부 몽펠리에Montpelier에서 훈련을 막 시작하려는 참이었다. 프랑스는 이들에게 센강 방어에 동참할 것을 요청했다. 벨기에군 34개 대대 3만 1,000여 명이 전선으로 출동했다. 하지만 프랑스군이 붕괴하면서 벨기에군 역시 함께 괴멸했다.

벨기에의 항복을 배신이라며 비난했던 프랑스 또한 항복이 초읽기였다. 저지대 국가에서 연합군 주력을 괴멸시킨 독일군은 남진에 나섰다. 마지노 라인에는 30개 사단이 넘는 병력이 그 절반도 되지 않는 독일군에 묶여 아무것도 하지 않았다. 더 급박한 전선을 구하기 위해 병력을 빼내지도, 그렇다고 이쪽에서 치고 나가는 일도 없었다. 그 와중에도 마지노 라인이 뚫리는 일만은 용납할 수 없다는 듯 독일군이 국지적인 돌파를 시도하자 총력으로 틀어막았다. 프랑스 장군들은 프랑스가 아니라 마지노 라인의 명성을 지키기 위해 싸우는 것처럼 보였다.

6월 14일, 파리가 총 한 발 쏘지 않고 독일군의 손에 넘어갔다. 프랑스 지도부는 온천 휴양지로 알려진 남부 소도시 비시로 달아났다. 이틀 뒤 레노는 사임했고 제1차 세계 대전의 한물간 전쟁 영웅 페탱이 뒤를 이었다. 프랑스인들에게는 불행히도 그 역시 구세주가 되지는 못했다. 다른 사람들처럼 패배주의에 사로잡힌 페탱은 이미 대세가 결정 났으므로 더 싸워 봐야 소용없다는 쪽이었다. 프랑스를 통틀어 유일하게 포기하지 않은 인물은 국방 차관이었던 드골이었다. 런던으로 망명한 드골은 6월 18일 BBC 라디오를 통해 프랑스인들에게 항전을 호소했지만, 본토는 물론이고 됭케르크를 탈출하여 영국으로 철수한 프랑스군조차 귀 기울이는 사람은 거의 없었다. 그 와중에 피날레를 맡아 프랑스의 등 뒤에 칼을 꽂은 것은 무솔리니였다.

서부 전역이 시작되기 두 달여 전인 1940년 3월 18일, 알프스 브렌네르 고개에서 히틀러를 만난 무솔리니는 참전을 종용하는 히틀러에게 마지못해 승낙했다. 그러면서도 한 가지 조건을 붙였다. 독일군이 확실히 우세할 때만 개입하겠다는 것이었다. 히틀러가 영불 연합군을 쉽게 꺾을 것이라고 도무지 믿을 수 없었던 그로서는 힘든 싸움은 죄다 독일에 떠맡길 참이었다. 언제나 거들먹거리기만 할 뿐 도무지 믿음직하지 못한 동맹자였지만 히틀러는 무솔리니가 연합군의 편에 서지 않겠다고 약속한 것만으로도 흡족해했다. 그런 무솔리니가 뒤늦게 참전을 결심한 것은 나치 군대가 파리를 향해 거침없이 진격하고 벨기에가 무너졌으며 처칠이 됭케르크에서 고립된 30만 명의 영불 연합군 병사들이 탈출을 지시한 5월 26일이었다.

이날 무솔리니는 삼군 총참모장 피에트로 바돌리오와 공군 수장 이탈로 발보를 자신의 사무실로 호출한 뒤 허세 가득한 태도로 이렇게 선언했다. 〈나는 히틀러에게 편지를 보내 내 입장을 분명히 전달했소. 나는 더 이상 침묵을 지키지 않을 것이며, 6월 5일부터 영국과 프랑스에 전쟁을 선포할 것이오.〉 날벼락을 맞은 것은 두 원수였다. 바로 며칠 전만 해도 무솔리니는 전쟁에 끼어들 생각이 없음을 분명히 했기 때문이었다. 오히려 그의 속내는 히틀러가 실패하기를 은근히 기대하는 쪽이었다. 그런데 뚜껑을 열자 상황은 그야말로 뜻밖이었다. 독일군은 프랑스를 일방적으로 유린하고 있었다. 프랑스군은 어이없을 만큼 무기력했다. 무솔리니의 예상은 완전히 빗나갔다. 그는 사위이자 외무 장관인 치아노를 향해 〈저 멍청이들이 뭘 하는 거지? 왜 싸우지 않는 거야?〉라고 외쳤다. 어쨌든 멍청하게 강 건너 불구경하면서 다 차려 놓은 밥상을 치울 때까지 가만있을 생각은 없었다. 무솔리니가 보기에 지금이 끼어들 순간이었다. 프랑스는 이탈리아의 참전을 막을 요량으로 알제리와 튀니지의 식민지를 넘겨줄 의향이 있다고 제안했지만, 무솔리니는 일언지하에 거절했다. 그 정도로는 성이 차지 않는다는 이유였다.

바돌리오는 무솔리니의 전형적인 예스맨이자 그의 비위를 눈치껏 맞춤으로써 충성심에 대한 충분한 보상을 받고 있었다. 하지만 타고난 생존 본능과 위험 감지 능력만큼은 둔감하지 않았던 그는 무솔리니의 결정이 이탈리아를 파멸로 몰아넣을 것이라고 직감했다. 여느 때와 달리 인내심이 폭발한 바돌리오는 〈이건 자멸입니다!〉라고 외쳤다. 그는 무솔리니에게 〈각하께서는 우리가 아무 준비가 되어 있지 않았다는 것을 정확히 알고 계실 겁니다. 매주 확실히 보고받았으니까요〉라고 말했다. 이탈리아군은 제한적인 전쟁조차 수행할 능력이 없다는 것이 바돌리오의 판단이었다. 무솔리니의 4천왕 중 한 사람인 발보 역시 바돌리오와 똑같은 생각이었다. 그러나 욕심에 눈먼 무솔리니에게는 쇠귀에 경 읽기였다. 히틀러의 놀라운 성공을 노골적으로 시기 질투하면서도 또한 자신이 여기에 편승하여 재미 볼 수 있는 천재일우의 기회를 놓쳐선 안 된다는 조바심에 안달복달했다. 히틀러조차 뒤늦게 숟가락을 얹으려는 무솔리니의 행태를 탐탁잖게 여겼다. 무솔리니는 그를 설득하느라 선전 포고를 닷새 늦추어야 했다.

6월 10일 저녁 6시, 무솔리니는 자신의 집무실이 있는 로마 베네치아 궁전의 발코니에 서서 광장에 운집한 수많은 군중을 향해 특유의 웅변과 과장된 몸짓으로 이탈리아의 새로운 〈성전〉이 시작되었음을 알렸다. 그는 신이 났을지 몰라도 장군들은 그렇지 않은 것이 분명했다. 이탈리아 육군 참모본부는 이탈리아-프랑스 국경을 맡은 서부집단군에 전투 준비 대신 〈절대적인 방어를 유지하라〉라는 명령을 내렸다. 프랑스군이 먼저 공격하지 않는 한 이쪽에서 도발해선 안 된다는 것이었다. 전쟁을 선포하고도 싸워서는 안 된다는 황당한 지시에 병사들은

〈역사상 최초로 발포 금지 명령을 내린 선전 포고〉라고 조롱했다. 하물며 프랑스를 공격하기 위한 계획이나 준비도 없었다. 부하들은 바돌리오를 향해 무솔리니에 대한 항의의 뜻으로 자리에서 물러날 것을 권고했다. 하지만 전형적인 보신주의자인 그는 무솔리니의 정신 나간 도박에 침울해하면서도 함부로 거역했다가 자신이 손해 보는 것은 원하는 바가 아니었다. 〈내가 할 수 있는 일이 더는 없다고 생각합니다. 그리고 누가 알겠소? 무솔리니가 옳을지. 독일군은 매우 강하고 신속한 승리를 거둘 것이오.〉 정작 프랑스에 사는 100만 명이 넘는 이탈리아계 주민들은 거의 만장일치로 새로운 조국에 충성함으로써 옛 조국에 엮이지 않는 쪽을 선택했다.

무솔리니는 다 죽어 가는 프랑스에 하이에나처럼 달려들어 시체 뜯기를 해볼 속셈이었지만 일은 그리 호락호락하게 돌아가지 않았다. 연합군은 즉각 토리노와 제노바, 시칠리아를 폭격했고 이탈리아 상선들을 마구 나포했다. 이탈리아 해군은 무솔리니가 〈이탈리아의 목젖을 겨누는 비수〉라고 부르던 몰타를 공격할 엄두조차 내지 못했다. 그사이 프랑스는 독일과 항복을 논의했다. 그동안 늦장 부리다가 버스를 놓칠 격이 된 무솔리니는 〈나는 니스와 코르시카, 튀니지를 원한다〉라면서 장군들을 거듭 닦달했다. 하지만 전쟁이란 벼락치기로 할 수 있는 것이 아니었다. 6월 19일 밤, 무솔리니는 뮌헨을 찾아 히틀러를 회동했다. 바로 이틀 뒤에 콩피에뉴 숲에서 프랑스 대표단과의 휴전 협상을 앞두고 자신의 요구를 히틀러에게 단단히 못 박아 둘 속셈이었지만 돌아온 대답은 그런 무리한 요구는 오히려 회담에 방해만 될 뿐이라는 매몰찬 답변이었다. 한마디로 자기 사전에 무임승차는 없다는 얘기였다. 자존심이 구겨질 대로 구겨진 채 로마로 돌아온 무솔리니는 바돌리오를 불러 당장 공격에 나서라고 명령했다. 알프스산맥에서 계절에 맞지 않는 폭설과 폭풍이 불어닥쳤다는 보고도 그를 막기에는 역부족이었다. 6월

21일 새벽 3시, 이탈리아군은 무솔리니가 그토록 원하는 대로 영광을 향한 행진을 시작했다. 선전 포고한 지 11일이나 지난 뒤였다. 그 사이 프랑스군은 단단히 벼르고 있었다.

카이사르의 갈리아 원정 이래 거의 2,000여 년 만에 이탈리아가 다시 한번 알프스를 넘어 정복에 나서는 순간이었다. 머릿수로만 보면 무솔리니의 승리는 따놓은 것처럼 보였다. 알프스 방면에 배치된 프랑스군은 르네 올리René Olry 장군이 지휘하는 알프스군Armée des Alpes 산하 3개 산악 사단 및 1개 식민 사단, 요새 수비대를 합하여 8만 5,000명 정도에 불과한 반면, 이탈리아군은 제1군과 제4군 6개 군단 18개 보병 사단, 4개 산악 사단, 2개 저격 연대, 2개 기갑 연대, 2개 기병 연대와 기타 지원 부대를 합하여 30만 명에 달했다. 후방에는 예비대로 제7군과 포 군Army of the Po이 대기했다. 포 군은 3개 군단 3개 기병 사단, 2개 차량화 보병 사단, 2개 기갑 사단, 3개 보병 사단으로 구성된 이탈리아 유일의 기동 부대이자 최정예 부대였다. 520km에 달하는 프랑스-이탈리아 국경을 따라 프랑스가 건설한 〈알파인 라인Alpine Line〉이라 불리는 일련의 요새 라인이 있었지만, 방어력은 감히 마지노 라인에 비할 바가 아니었다. 무솔리니의 유일한 걱정거리는 자신이 발을 들이기 전에 전쟁이 끝나는 것이었다.

수령의 끝없는 닦달에 못 이긴 이탈리아군이 무거운 엉덩이를 들어 공격에 나선 것은 히틀러가 프랑스의 항복을 받기 위해 파리 교외의 콩피에뉴 숲으로 향하고 있을 때였다. 무솔리니는 휴전이 발효되기 전까지 얼마 남지 않은 시간 동안 최대한 많은 영토를 확보할 속셈이었다. 하지만 그의 오산은 알프스의 험준함과 프랑스군의 전의를 너무 얕보았다는 사실이었다. 그가 그토록 자신만만했던 이유는 단순히 수적 우세만이 아니라 프랑스군의 사기가 땅에 떨어져서 저항이 거의 없을 것으로 예상했기 때문이었다. 실제로 독일군을 맞닥뜨린 프랑스군 병사들은 번번히 싸우지도 않고 무기를 버리고 투항했다. 페탱은 프랑스군에 전투 중지를 명령했고 프랑스군의 후방에서는 독일군의 기갑 부대가 리옹을 향해 쇄도하는 중이었다. 이미 패배를 눈앞에 둔 프랑스군은 이탈리아군에 굳이 맞서기보다 후퇴하거나 백기를 들 게 틀림없어 보였다. 따라서 들뜬 기분에 알프스로 질서 정연하게 올라간 이탈리아군은 뜻밖에도 격렬한 포격과 기관총탄이 쏟아지자 당황하지 않을 수 없었다. 날씨마저 최악이었다. 여름에 걸맞지 않게 폭풍우와 눈보라가 쏟아졌다. 하늘은 무솔리니의 편이 아니었다.

6월 21일 새벽, 안개가 자욱한 가운데 8만 명의 이탈리아군은 모든 전선에 걸쳐 국경을 넘어 서쪽으로 전진을 시작했다. 하지만 이들은 쏟아지는 눈보라 속에서 한 걸음씩 나아갈 때마다 숨어 있는 프랑스군 저격병의 사격을 받아야 했다. 눈은 두껍게 쌓였고 땅은 진창이었다. 이탈리아군의 주력 전차인 L3 경전차들은 원래 알프스의 산악 지대에서 쓰기 위해 개발했음에도 엔진이 약하고 궤도가 너무 좁아 눈이 가득 쌓인 산길을 제대로 오르지 못했다. 병참 준비 또한 부실하여 탄약이 부족했고 병사들은 먹을 것조차 없었으며 부실한 군화와 잠자리 탓에 동상자가 속출했다. 장군들로부터 신통찮은 결과를 보고받은 무솔리니는 〈우리 군대가 한 발짝도 전진하지 못하고 있다. 그들은 프랑스군의 첫 번째 방어선조차 통과하지 못하고 멈추었다〉라면서 분통을 터뜨렸다. 이탈리아 해병대인 산마르코 연대가 국경에서 5km 떨어진 우브라주 카프 마르탱Ouvrage Cap Martin에 상륙하여 프랑스군 후방을 기습할 참이었지만 선박 부족과 엔진 고장, 높은 파도를 이유로 작전은 시도해 보지도 못한 채 취소되었다.

이탈리아군은 22개 사단 30만 명에 달했지만, 막상 공세에 참여한 병력은 그중 일부에 지나지 않았다. 장군들은 어차피 곧 끝날 싸움이라며 소극주의가 만연했고 병사들은 죽기로 싸우기보다 프랑스 소녀들과 사퀄 궁리에 들떠 있었다. 제대로 된 싸움이 될 리 없었다. 무솔리니의 계획은 망통Menton과 니스를 점령한 후 국경에서 180km 떨어진 프랑스 제2의 도시이자 지중해 최대의 항구 도시인 마르세유까지 진격할 속셈이었지만 어림없는 얘기였다. 심지어 제26보병사단 〈아시에타Assietta〉는 19명의 프랑스군 병사가 지키는 벙커 하나에 무려 사흘 동안 발목이 잡히기도 했다. 〈수적으로 열세하고 장비에서 열세하며 전술에서 열세해서 싸울 수 없다〉라는 가믈랭의 표현은 연합군보다 이탈리아군에 걸맞았다. 유일한 성과는 인구 2만 명의 소도시 망통을 손에 넣은 것이었다. 그것도 이탈리아군이 프랑스군을 격퇴했다기보다 휴전 체결로 프랑스군이 알아서 물러난 덕분이었다. 6월 21일부터 24일까지 이탈리아군은 최대 8km를 진격했고 알프스의 무인 지대와 몇몇 국경 마을을 차지한 것이 전부였다. 프랑스군 사상자는 200명 미만인 반면, 이탈리아군은 640명의 전사자와 부상자, 동상자, 행방불명자까지 포함하여 6,000여 명을 잃었으며 1,000명 이상이 프랑스군의 포로가 되었다.

어쨌든 무솔리니는 희망대로 협상 테이블에 앉았다. 그러나 협상에 필요한 것은 전과이지 시체가 아니었다. 고작 쓸모없는 한 뼘의 땅을 얻겠다고 자신은 물론 이탈리아 전체를 세상의 웃음거리로 만든 셈이었다. 처음부터 무솔리니가 히틀러와 손잡고 서방을 적으로 돌리는 모습을 탐탁잖게 여겼던 치아노는 6월 20일 일기에 〈나는 이미 패배한 군대를 넘어뜨리는 일만큼 수치스럽고 부도덕한 것은 없다고 생각한다〉라고 썼지만, 더 수치스러운 일은 그러고도 이기지 못했다는 사실이었다. 그나마도 이 순간이 무솔리니가 경험한 마지막 성공이었다.

6월 25일, 프랑스는 항복했다. 벨기에가 항복한 지 꼭 4주를 더 버텼을 뿐이었다. 저항 의지가 꺾일 대로 꺾인 프랑스인들은 무익한 싸움으로 과거의 악몽을 되풀이하느니 차라리 일찌감치 항복하여 승자의 관용에 매달리겠다는 생각이었지만 이는 히틀러에 대한 오산이었다. 히틀러는 오히려 경멸감을 드러내며 회담 장소를 콩피에뉴 숲으로 정했다. 제1차 세계 대전 당시 독일이 항복했던 그곳에서 프랑스의 항복을 받아 냄으로써 프랑스인들에게 굴욕감을 주겠다는 의도였다. 심지어 20여 년 전 독일 대표단이 포슈 장군의 호통 소리를 들으면서 항복 문서에 서명한 현장이자 박물관으로 쓰이던 콩피에뉴 열차를 정확히 그 자리까지 끌어내어 당시 상황을 서로 위치만 바꾸어 똑같이 재현할 정도로 자신이 얼마나 옹졸한 인간인지 입증했다. 그런 다음 열차는 베를린 브란덴부르크 개선문에 전시되었고 전쟁 말기에 무장 친위대에 의해 파괴되었다.

만약 프랑스 지도자들이 조기 항복으로 적어도 젊은 병사들의 목숨을 구할 거라고 기대했다면 성급한 속단이었다. 190만 명의 프랑스군이 포로가 되었다. 이들은 석방 대신 모조리 독일로 끌려가 전근대 시절에나 볼 법한 전쟁 노예로 취급받으면서 전쟁이 끝날 때까지 강제 노동에 종사해야 했고 열악한 여건 탓에 그중 20만 명 이상이 사망했다. 또한 독일 점령 동안 수십만 명이 처형되었다. 전쟁이 제아무리 고통스러워도 패전은 몇 배 더 고통스럽다는 사실을 망각한 대가였다. 프랑스에 남아 있던 벨기에군 역시 프랑스군과 똑같은 운명을 맞이했다. 극소수만 영국으로 탈출하여 됭케르크에서 철수한 전우들과 합류했다. 그리고 전 기병 군단장이자 퇴역 장군이었던 빅토르 반 스트리돈크 드 뷔르켈Victor van Strydonck de Burkel 중장의 지휘 아래 새로운 망명 군대의 결성에 나섰다. 벨기에의 전쟁은 아직 끝나지 않았다.

8월 12일, 3개 중대 825명으로 구성된 〈제1퓨질리어대대First Fusilier Battalion〉가 편성되었다. 얼마 뒤에는 룩셈부르크 출신들도 동참했다. 1944년 7월 27일에는 독립 벨기에 여단으로 확대되었다. 벨기에 병사들은 열흘 뒤인 8월 8일 노르망디에 상륙하여 유럽 대륙에 다시 발을 디뎠다. 이들은 네덜란드 여단과 함께 싸웠으며 9월 3일 조국의 땅을 다시 밟았다. 독일이 항복한 뒤에는 영국군과 함께 독일 점령군으로 참여하기도 했다. 또한 1,200여 명의 벨기에인들이 영국 공군에서 복무하며 2개 벨기에 비행 대대를 운영했다.

반세기 전 레오폴드 3세의 선왕이었던 레오폴드 2세가 잔혹하게 착취한 것으로 악명을 떨쳤던 식민지 콩고는 나치에 굴복한 국왕 대신 런던의 망명 정부에 충성을 맹세했다. 식민지 군은 영국군의 이탈리아령 동아프리카 해방에 동참했다. 연합군에 더 쓸모 있는 쪽은 콩고에서 생산되는 우라늄 광석이었다. 맨해튼 프로젝트에서 사용된 우라늄 대부분은 콩고가 공급했다. 그렇게 만들어진 핵무기는 히로시마와 나가사키에 떨어졌고 전쟁의 대미를 장식했다.

항복을 선택한 레오폴드 국왕은 순교자가 되어야 했다. 영국으로 망명한 벨기에 정부와 결별한 그는 끝까지 항전하기보다 순순히 항복한 대가로 관용을 기대했다. 하지만 돌아온 것은 가택 연금이었다. 1940년 11월 19일에는 히틀러를 직접 면담하여 벨기에의 독립 보장과 벨기에인 포로들의 석방을 요구했지만 거절당했다. 히틀러의 사전에는 타협이나 관용이 없었다. 레오폴드 역시 나치의 꼭두각시 노릇을 거부했다. 1944년 6월, 레오폴드는 가족들과 함께 독일로 끌려갔고 독일 동남부 히르슈슈타인Hirschstein의 오래된 요새에 감금되었다가 전쟁 말기 소련군이 가까이 오자 오스트리아 스트로블Strobl로 이송되었다. 그는 1945년 5월 독일이 패망하면서 미군에 의해 석방될 수 있었다. 하지만 국왕을 반역자로 낙인찍은 벨기에 정부는 귀국을 쉽게 허용하지 않았다. 레오폴드는 6년 동안 스위스에서 망명 생활을 보내야 했다. 오랜 논란 끝에 1950년 7월 22일, 국왕이 돌아왔을 때 벨기에는 그의 귀국을 놓고 거의 내전에 직면하기도 했다. 국왕은 스무 살의 장남 보두앵Baudouin of Belgium에게 왕위를 넘기는 조건으로 퇴위한 뒤 아마추어 학자로 자유로운 생활을 보내다가 1983년에 사망했다.

나치 치하에서 벨기에인들은 20년 전 그들의 아버지 세대가 경험했던 것 이상으로 혹독한 시간을 보내야 했다. 히틀러의 많은 점령지와 마찬가지로 벨기에는 패배자이자 노예로 취급받았다. 브뤼셀에는 독일군이 통치하는 군사 정부가 수립되었다. 얼마 전까지 장제스의 군사 고문이었던 알렉산더 폰 팔켄하우젠Alexander von Falkenhausen 중장이 통치자로 임명되었다. 20만 명이 넘는 전쟁 포로들은 석방되지 않고 독일로 끌려가서 강제 노동에 종사했다. 일부는 나중에 석방되었지만, 전쟁이 끝날 때까지도 6만 명 이상이 억류되었고 2,000여 명이 죽었다. 또한 수십만 명의 노동자들이 징용되어 독일 군수 공장에서 일했다. 독일의 수탈이 날로 가혹해지면서 벨기에인들은 극심한 기근과 인플레이션에 시달려야 했다. 점령 비용 또한 벨기에인들의 몫이었다. 벨기에는 GDP의 2/3를 약탈당했다. 게슈타포들은 벨기에 유대인 사냥에 나섰고 2만 5,000여 명이 악명 높은 집단 수용소로 끌려가 홀로코스트의 희생자가 되었다.

독일이 탄압할수록 벨기에인들의 저항도 점차 거세졌다. 1941년 8월, 폰 팔켄하우젠은 저항 세력이 독일군 1명을 살해할 때마다 벨기에인 5명이 처형될 것이라고 엄포 놓았다. 이는 다른 지역에서 50명을 학살했던 것에 비하면 훨씬 관대했지만 어쨌든 효과는 있었다. 벨기에인들은 그리스나 폴란드처럼 직접 무기를 들고 독일군에 맞서 싸우기보다는 파업과 유대인을 숨겨 주는 등 소극적인 저항에 나섰다. 특히 서유럽 폭격에 나섰다가 격추되어 벨기에로 추락한 연합군 조종사들은 벨기에인들의 위험을 무릅쓴 도움 덕분에 중립국 스페인까지 안전하게 탈출할 수 있었다. 2024년 스티븐 스필버그와 톰 행크스가 연출을 맡은 드라마 「마스터스 오브 디 에어」에서도 미군 조종사가 벨기에 저항 세력의 도움을 받아 탈출하는 장면이 나온다. 덧붙여, 팔켄하우젠은 히틀러 암살 사건에 연루되어 체포되었고 강제 수용소에 감금되었다가 미

1940년 6월 24일, 망통의 한 호텔을 점령한 이탈리아 제5보병사단 〈코세리아〉 병사들.
그나마 이탈리아군 입장에서 전투다운 전투가 벌어진 유일한 곳이었다.

1944년 9월 3일, 수도 브뤼셀에서 영국제 유니버셜 캐리어Universal Carrier 장갑차를 타고
행진하는 자유 벨기에 제1독립보병여단 병사들. 이들은 네덜란드를 거쳐 전쟁 말기에는
독일로 진입했고 쾰른과 아헨 등에서 점령군으로 주둔했다. 벨기에군이 독일에서 완전히
물러난 것은 2005년 12월 31일이었다.

군에 의해 풀려났지만, 벨기에 유대인 학살과 관련하여 전범으로 기소되어 12년 형을 받았다.

기나긴 악몽은 1944년 6월 6일 노르망디에 상륙한 연합군이 독일군의 방어선을 무너뜨리고 동쪽으로 진격하면서 끝났다. 9월 2일, 몽고메리가 지휘하는 제21집단군 영국 제2군 산하 제30군단이 벨기에 국경을 넘었다. 다음 날 브뤼셀이 해방되었다. 이날 벨기에 독립 여단도 영국군과 함께 연합군의 일원으로 당당하게 자신들의 수도에 입성했다. 9월 4일에는 안트베르펜이, 8일에는 리에주가 해방되었다. 같은 날 런던의 벨기에 망명 정부가 브뤼셀로 돌아왔다. 독일에 점령된 지 52개월 만이었다. 9월 말에는 벨기에 대부분이 해방되었다.

한동안 일사천리였던 연합군의 진격은 벽에 부딪혔다. 네덜란드를 해방하기 위한 마켓 가든 작전Operation Market Garden이 참담한 실패로 끝나면서 크리스마스 전까지 전쟁을 끝낼 수 있다는 희망은 물 건너갔다. 12월 16일에는 궁지에 내몰린 히틀러가 남은 전력을 쥐어짜서 판세를 뒤집기 위한 도박에 나섰다. 그가 선택한 곳은 아르덴이었다. 4년 반 전의 기적이 또 한 번 일어나 자신을 구할 것이라고 믿었다. 이번에는 기적이 없었다. 아이젠하워는 가믈랭이 아니었고, 미군 역시 프랑스군이 아니었기 때문이었다. 쾨니히스티거 중전차와 판터 전차로 무장한 요하임 파이퍼Joachim Peiper 전투단이 안트베르펜을 향해 내달렸지만, 결국 뫼즈강 도하에 실패했다. 그 와중에 말메디에서 100여 명의 미군 포로를 학살하여 독일군의 악명만 높였다. 독일군의 공세는 일주일 만에 멈추었고 철저히 두들겨 맞은 채 만신창이가 되어 출발 지점으로 쫓겨가야 했다. 1945년 2월 4일, 벨기에의 마지막 마을이 독일의 지배에서 해방되었다. 연합군은 3월 22일 라인강을 넘어 독일 본토로 진군했다. 5월 8일, 독일은 항복했다.

20세기에 벨기에는 한 세기 전 독립 당시 주변 강대국들로부터 약속받았던 영세 중립만 믿고 전쟁을 잊었다가 톡톡히 대가를 치러야 했다. 그것도 두 번이나 똑같은 실수를 저질렀다는 점에서 어떤 말로도 변명할 수 있는 것이 아니었다. 물론 스위스, 스웨덴처럼 중립 덕분에 전쟁을 피한 나라도 있었으니 벨기에는 그저 운이 없었다고 말할지도 모른다. 그러나 벨기에가 간과한 사실은 아무리 전쟁에 휘말리기를 원치 않아도 그걸 결정하는 쪽은 그들 자신이 아니라 강대국들이라는 점이었다. 게다가 서로 견원지간이면서 맞붙을 궁리만 하는 두 강대국 사이에 끼여 있다면 말이다. 비록 벨기에인들 입장에서 종주국이랍시고 고압적으로 대하는 프랑스의 거만한 태도가 썩 마음에 들지는 않았다고 한들 독일 치하보다 더 지독하지는 않았을 것이다.

벨기에 전문 역사학자인 조너선 엡스타인Jonathan Epstein 교수는 자신의 박사 학위 논문인 「벨기에의 딜레마: 1932~1940년까지 벨기에 국방 정책의 과정Belgium's Dilemma: The Formation of the Belgian Defense Policy, 1932-1940」에서 한 나라의 정책을 결과론적으로만 판단해서는 안 되며, 벨기에가 연합군과 거리를 두려 했던 것은 그들이 어리석어서가 아니라 히틀러에게 침공의 빌미를 주어 국가적 자살이 되지 않기 위함이었다고 옹호한다. 어쨌든 벨기에 지도자들이 판단하기에는 최상의 선택이었다는 것이다. 궁색한 변명이다. 핑계 없는 무덤 없다는 말마따나 그런 논리로는 정치인들의 어떤 실책도 비판할 수 없기 때문이다.

히틀러가 벨기에 침공을 늦춘 것은 명분이 없어서가 아니라 승리의 방법을 찾지 못한 탓이었다. 그리고 만슈타인 덕분에 그 방법을 찾았고 준비가 끝나자 망설임 없이 침공했다. 제2차 세계 대전 내내 반복된 히틀러의 방식이었다. 벨기에의 우유부단한 눈치작전은 히틀러의 성공에 일조했을뿐더러, 심지어 내부 결속에도 실패했다. 남부의 왈롱인들은 제1차 세계 대전의 혈맹인 프랑스와 손잡고 독일에 맞서기를 원했던 반면, 북부의 플란데런인들은 독일보다 프랑스를 더 증오했고 군비 증강에 격렬한 거부감을 드러내며 발목을 잡았다. 이러한 분열이 1930년대 내내 벨기에 국방 정책이 갈피를 잡지 못하고 우왕좌왕했던 가장 큰 이유였다.

전쟁이 끝나고 냉전이 시작되자 벨기에인들은 또 한 번 선택의 갈림길에 직면했다. 이들은 그다지 심적 위안이 되지 못하는 중립을 더는 고집하지 않기로 했다. 1944년 9월 5일, 런던에서 같은 더부살이 신세였던 벨기에, 네덜란드, 룩셈부르크는 세 나라의 첫머리 글자를 딴 〈베네룩스 관세 동맹〉을 맺었다. 단순히 관세 철폐만이 아니라 한배를 탄 운명 공동체이자 서로의 경계 자체를 없애겠다는 것이었다. 이것은 오늘날 유럽 연합의 모체가 되었다. 1948년 3월 17일에는 베네룩스 삼국과 프랑스, 영국이 브뤼셀 조약The Treaty of Brussels을 체결했다. 미-소 냉전이 갈수록 격화되는 와중에 동쪽의 위협에 맞서기 위한 새로운 군사 동맹이었다.

다음 해 4월 4일, 미국 워싱턴에서 12개국이 모여 북대서양 조약 기구, 즉 나토 창설에 서명했다. 연합국으로 싸웠거나 독일 치하에서 고통받았던 나라들이었다. 그중에는 벨기에, 네덜란드, 룩셈부르크도 있었다. 나토 사령부는 브뤼셀에 설치되었다. 한국 전쟁이 발발하자 네덜란드와 벨기에는 각기 1개 대대를, 룩셈부르크는 1개 소대를 파견하여 공산군과 싸웠다. 연인원 9,000여 명이 참전하여 228명이 죽고 994명이 다쳤다. 베네룩스 삼국은 오늘날에도 세계 각지에 평화 유지군을 보내 적극적으로 활동하고 있다. 2022년 2월에는 러시아가 우크라이나를 침공하자 러시아를 침략국으로 규정하고 우크라이나로의 무기와 물자 지원에 앞장섰다. 2024년 3월 3일에는 네덜란드가 우크라이나와 안보 협정을 체결했다. 히틀러의 위협을 남의 집 불구경하다가 부메랑으로 돌아왔던 과거의 실수를 되풀이하지 않으려는 의지인 셈이다.

5장

발칸의 악몽

- 그리스, 알바니아, 유고슬라비아

발칸의 악몽

치아노의 야심

1940년 10월 12일, 무솔리니는 치아노를 향해 펄펄 뛰고 있었다. 독일군이 루마니아로 진군하고 있다는 소식 때문이었다. 나흘 전 루마니아의 젊은 국왕 미하이 1세Mihai I는 히틀러와 협약을 맺고 독일군의 진주를 허락했다. 히틀러로서는 헝가리가 오랜 숙적인 루마니아를 넘보자 이들을 윽박지르는 한편 스탈린이 끼어들기 전에 선수를 친 것이지만 무솔리니가 보기에는 이유가 어떠하건 자신을 무시한 처사였다. 불과 일주일 전 브렌네르 고개에서 만났을 때 히틀러는 무솔리니에게 그동안의 승리와 앞으로의 계획을 장황하게 떠들면서도 막상 중요한 사실은 일언반구 알려 주지 않았기 때문이었다. 무솔리니는 지중해와 발칸반도가 이탈리아의 세력권이라 여겼고 그 역할이 마땅히 자기 몫이라고 믿었다. 안 그래도 히틀러에게 잔뜩 배알이 꼴려 있던 그는 이참에 실력 행사를 보여 주겠다고 결심했다. 상대는 그리스였다.

> 히틀러는 언제나 자신이 정해 놓은 사실을 나한테 들이민다.
> 이번에는 내가 그가 했던 대로 고스란히 갚아 줄 차례다. 그는
> 신문을 보고 내가 그리스를 점령했음을 알게 될 것이다. 이러
> 면 균형이 바로잡히겠지.

그것은 전략적 판단이라기보다 무솔리니 특유의 충동적이고 유아기적인 반항심에 가까웠지만, 즉흥적으로 나온 발상은 아니었다. 로마 제국의 옛 강역이었던 발칸반도를 지배하는 것은 〈제2의 카이사르〉를 꿈꾸는 무솔리니의 해묵은 숙원이었다. 그런 수령의 옆구리를 찌르며 야망을 부추기는 심복 중의 한 사람이 치아노였다. 나중에 주인을 배신하고 몰락에 가담하는 갈레아초 치아노는 무솔리니 못지않게 야심만만하면서 허영심 넘치는 인물이었다. 그는 평범한 대장장이 아들이었던 무솔리니와 달리 명문 출신의 금수저 도련님이었다. 아버지는 이탈리아 해군 제독으로 제1차 세계 대전에서 전공을 세워 백작 작위를 얻었다. 1922년 10월 무솔리니가 오합지졸 정치 깡패들을 이끌고 로마로 진군했을 때 겨우 열아홉 살이었던 치아노 또한 아버지와 함께 파시스트 행진에 앞장섰다. 이때부터 무솔리니의 눈에 든 그는 외교관으로 출세 가도를 달렸다. 나중에는 무솔리니의 장녀인 에다Edda와 결혼하여 사위이자 최측근이 되었다. 치아노는 무솔리니 치하에서 언론 조작과 선전 선동을 맡았고, 에티오피아 침공에서는 직접 폭격기의 조종간을 잡아 전쟁 영웅이 되기도 했다. 1936년에는 외무 장관에 임명되었다.

치아노는 무솔리니가 마치 목마른 자가 물을 찾는 것처럼 끝없이 새로운 정복을 원하고 있음을 잘 알고 있었다. 첫 번째가 에티오피아 침공이었다. 무솔리니는 승리했다. 두 번째는 스페인 내전 개입이었다. 그쪽에서도 승리했다. 그게 얼마나 실속 있었는지 따위는 알 바 아니었다. 무솔리니에게 중요한 것은 승리와 정복이었고 로마 제국의 부활에는 여전히 부족하다고 여겼다. 치아노는 무솔리니를 부추겨 새로운 먹잇감을 찾아 번뜩이는 그의 눈을 발칸의 약소국인 알바니아로 돌리게 했다. 면적이 2만 8,748km²에 인구 100만 명이 조금 넘는 알바니아는 가장 만만한 상대였다. 게다가 이탈리아는 알바니아를 차지한 적이 있었다. 제1차 세계 대전 때였다.

5세기 동안 오스만 제국의 지배에 시달렸던 알바니아는 1912년 독립을 쟁취했지만, 뒤이어 벌어진 발칸 전쟁과 제1차 세계 대전에서 주변 열강들의 동네북으로 전락했다. 알바니아의 초대 국왕이었던 빌헬름은 즉위한 지 반년 만에 쫓겨나 이탈리아로 망명했고 오스트리아와 불가리아가 알바니아 전토를 점령했다. 1916년에는 이탈리아군과 프랑스군이 알바니아 남부에 상륙하여 동맹군을 몰아냈다. 제1차 세계 대전이 끝난 뒤 연합국은 이탈리아에 참전의 대가로 알바니아를 내주기로 야합했다. 그러나 알바니아인들은 순순히 복종하지 않았다. 이탈리아군은 알바니아인들의 격렬한 반격과 말라리아로 궁지에 내몰렸다. 이탈리아 총리 조반니 졸리티Giovanni Giolitti는 1920년 8월 2일 티라나 조약Treaty of Tirana을 맺고 알바니아에서 손을 떼기로 했다. 알바니아는 간신히 독립을 되찾았지만, 평화가 오지는 않았다. 동유럽 신생 국가들이 그렇듯 좌파와 우파 간의 극심한 권력 투쟁이 벌어졌다. 승자는 우파 우두머리였던 아흐메드 조구Ahmed Zogu였다. 봉건지주 출신인 그는 총리에서 대통령이 되었고 1928년에는 조구 1세Zogu I라고 칭하며 옥좌에 앉았다. 하지만 그의 방식은 서구식 입헌 군주제가 아니라 철권통치였다. 게다가 자신의 권력을 강화할 요량으로 무솔리니에게 빌붙었다.

위대한 정복자를 자처하는 무솔리니에게는 애써 차지한 영토를 눈 뜨고 포기했다는 사실 자체가 나약함의 증거이자 바로잡아야 마땅한 일이었다. 그는 조구를 기르기 좋은 애완견 취급하면서 알바니아에 목줄을 채웠다. 이탈리아는 알바니아의 재정과 경제를 장악했다. 조구는 무솔리니에게서 막대한 뒷돈을 받으면서 여러 명의 첩을 두었고 인간으로서 누릴 수 있는 모든 쾌락을 마음껏 즐겼다. 그의 생활비는 알바니아 국가 세입의 2.5퍼센트에 달했다. 1927년에는 이탈리아와 군사 동맹을 맺었다. 알바니아군은 이탈리아 군사 고문단에 의해 훈련되었고 알바니아군 장교 태반은 이탈리아인이었다. 무솔리니는 알바니아에 도로와 다리, 항구를 건설했다. 알바니아를 발칸 침략의 발판으로 쓸 속셈이었다. 오래지 않아 본색을 드러낸 그는 1933년 8월 알바니아 정부의 모든 부처에 이탈리아인 고문을 둘 것과 알바니아군의 지휘권을 내놓을 것, 영국 군사 고문단을 추방할 것, 앞으로 모든 무역은 오직 이탈리아와 해야 한다고 엄포를 놓았다. 말하자면 을사늑약의 알바니아 버전이자 조구를 꼭두각시로 만들겠다는 의미였다. 이쯤 되자 조구도 더는 고분고분하지 않았다. 그는 무솔리니의 요구를 단호히 거절하고 유고슬라비아, 그리스와 무역 협정을 체결했다. 무솔리니는 함대를 보내 알바니아 최대 항구 도시인 두러스Durrës에서 무력시위를 했지만, 이번에는 영국이 가만있지 않았다. 감히 영국을 적대할 용기가 없었던 무솔리니는 당장 꼬리를 내리고 물러섰다. 뜨거운 맛을 본 그는 자신의 야심을 드러낼 때가 아님을 절감했다. 조구는 승리했다. 하지만 그리 오래가진 않았다.

이탈리아가 에티오피아를 침공하고 스페인 내전에 깊숙이 개입하여 파시스트 추종자인 프란시스코 프랑코를 열성적으로 지원하는 사이 무솔리니의 관심은 발칸에서 멀어진 것처럼 보였다. 온 유럽의 시선 또한 무솔리니가 아니라 훨씬 위험한 사나이에게 쏠렸다. 히틀러였다. 앞으로의 대세는 서방이 아니라 히틀러라고 결론 내린 무솔리니는 재빨리 서방을 〈손절〉하고 히틀러에게 붙기로 했다. 에티오피아 정복 직후인 1936년 10월 23일, 베를린을 방문한 치아노는 독일 외무 장관 콘스탄틴 폰 노이라트와 함께 양국 관계의 회복과 우호를 약속하는 독일-이탈리아 의정서에 서명했다. 무솔리니는 의기양양하게 〈앞으로 유럽 세계는 베를린-로마를 회전축으로 삼아 돌아가게 될 것〉이라고 큰소리쳤다. 〈추축〉의 결성이었다. 1년 뒤에는 독일, 이탈리아, 일본이 참여하는 반공 협정이 체결되었다. 하지만 반공은 핑계일 뿐, 이들이 진짜로 노리는 상대는 동쪽 너머에 있는 고립된 소련이 아니라 사사건건 발목을 잡는 영국, 프랑스였다.

정작 치아노는 독일에 추파를 보내는 수령의 태도를 탐탁잖게 여겼다. 그는 독일과의 동맹이 서방을 적으로 돌릴뿐더러, 이탈리아의 발칸 진출에도 득이 되지 않을 것이라고 믿었다. 독일과 소련, 서방 사이에서 이탈리아는 자기만의 길을 가야 한다는 것이 치아노의 생각이었다. 그러기 위한 제물이 알바니아였다. 치아노는 1937년 8월 25일 자신의 일기에 〈우리는 1920년처럼 물러서지 않을 것〉이라고 강조했다. 반년 뒤 히틀러가 오스트리아를 집어삼키자 치아노는 한층 고무되었다. 서방과 국제 연맹의 반응은 없었다. 스페인 내전에서는 히틀러와 무솔리니의 지원을 받는 파시스트 군대의 공세 앞에서 공화파 정부가 파멸 직전에 내몰리자 위기감을 느끼면서도 끝까지 개입을 주저했다. 1914년 사라예보 사건 때의 투지 가득한 모습과는 대조적이었다. 의기소침해진 서방 지도자들은 또 한 번 세계 대전을 벌일 각오가 없었다.

또 하나 신경 쓰이는 쪽은 발칸의 강자인 유고슬라비아였다. 그러나 이 역시 걱정거리가 아님이 분명해졌다. 어린 국왕을 대신하여 섭정으로서 유고슬라비아를 통치하는 실권자였던 파블레 카라조르제비치 Pavle Karađorđević 왕자는 젊은 시절 영국 옥스퍼드 대학교에서 공부했고 영국 국왕의 동생인 켄트 공작Duke of Kent과 절친일 만큼 친영파였다. 유고슬라비아는 주데텐란트 위기가 벌어졌을 때 거의 유일하게 독일과의 일전을 각오하고 체코슬로바키아를 편들었다. 하지만 뮌헨 회담은 서방이 얼마나 무기력하고 못 믿을 존재인지 절감케 했다. 유고슬라비아 지도부는 친서방과 친추축으로 쪼개진 채 갈팡질팡했다. 1939년 1월 19일, 치아노는 유고슬라비아 총리이자 추축파인 밀란 스토야디노비치Milan Stojadinović를 만나 양국의 우호와 함께 알바니아를 사이좋게 나누어 먹을 것을 은밀히 제안했다. 뒤늦게 그 사실을 안 파블레는 스토야디노비치가 섭정인 자신에게는 일언반구 말도 없이 자기들끼리 밀실 야합을 시도했다는 사실에 분노했다. 게다가 그는 친서방이었고 히틀러, 무솔리니를 혐오했다. 파블레가 이탈리아의 알바니아 병합을 반대한다고 선을 그으면서 두 나라의 관계는 급격하게 나빠졌다.

치아노는 무솔리니를 향해 만약 유고슬라비아가 무력으로 방해한다면 전쟁도 불사할 것을 부추겼지만 그럴 일은 없었다. 당장 집안 단속이 더 시급했던 파블레는 이웃집 일에 오지랖을 부릴 처지가 아니었다. 무솔리니의 앞길을 막을 방해물은 없었다. 물론 그렇다고 남부에서 연간 12만 톤의 석유가 나온다는 것 이외에 변변한 산업도 없고 인구 대부분은 소작농이며 이탈리아가 진작부터 목줄을 꽉 쥐고 있는 유럽의 최빈국을 손에 넣겠다고 굳이 무력까지 써야 할 값어치가 있는가는 별개의 얘기였다. 그것도 무솔리니 한 사람의 허영심을 만족시킬 요량으로 말이다.

온 유럽을 발칵 뒤집어 놓는 사건이 또 한 번 벌어졌다. 3월 15일, 히틀러는 간신히 숨통만 유지하고 있던 체코슬로바키아의 호흡기를 떼고 나머지 영토를 점령했다. 뮌헨에서 자신이 히틀러를 눌렀다며 기고만장했던 체임벌린은 뒤통수를 맞은 격이었지만 말로만 으르렁댈 뿐이었다. 서방이 종이호랑이임을 확실하게 보여 준 꼴이었다. 치아노는 무솔리니에게 지금이 행동으로 나설 때라고 종용했다. 이제 알바니아는 이탈리아의 오스트리아이면서 체코슬로바키아가 될 것이었다. 막상 결단의 순간에 직면하자 무솔리니는 우유부단해졌다. 그는 작전을 한 차례 연기했다가 3월 23일 침공을 승인했다. 군부의 반대는 없었다. 언제나 수령의 모험을 위태롭게 바라보았던 바돌리오 원수조차 알바니아 병합은 자기 뜻이라며 너스레를 떨었다. 일흔 살의 국왕만이 또 실속 없는 짓을 벌이고 있다며 투덜거렸지만, 어차피 쇠귀에 경 읽기였다. 3월 말에는 알바니아 원정 군단이 조직되었다. 제23보병사단 〈무르게 Murge〉를 비롯하여 베르살리에리 4개 연대, 척탄병 1개 연대, 1개 기갑

연대, 1개 포병 연대 등으로 구성되었으며 에리트레아 총독을 지낸 예순두 살의 노장 알프레도 구초니Alfredo Guzzoni 중장이 지휘를 맡았다.

그 와중에 스페인에서 날아온 소식은 무솔리니를 한층 고무시켰다. 프랑코가 마드리드를 점령하고 공화파 정부를 끝장냈다. 4월 1일, 스페인 내전은 추축의 승리로 끝났다. 나흘 뒤 조구에게 최후통첩이 떨어졌다. 거액의 비자금과 안락한 생활을 보장하는 조건으로 왕위에서 물러날 것과 알바니아에 이탈리아군의 주둔을 받아들이라는 것이었다. 한마디로 나라를 들어 바치라는 얘기였다. 답변 기한은 다음 날 정오까지였다. 조구는 무솔리니의 요구를 거부하고 국제 사회의 도움을 호소했지만 소용없었다. 알바니아는 고립무원이었다. 이번에도 체임벌린은 평화적인 해결을 호소하며 알맹이 없는 소리를 늘어놓았다. 무솔리니는 코웃음으로 넘겼다. 히틀러는 이탈리아의 승리가 추축 전체의 승리라며 무솔리니를 격려했고, 제1차 빈 협정 이후 추축에 줄을 선 헝가리는 만약 유고슬라비아가 개입한다면 무솔리니와 함께 싸울 것을 약속했다.

4월 7일 새벽 4시 50분, 치아노가 지켜보는 가운데 이탈리아군의 침공이 시작되었다. 원정군의 규모는 계획상으로는 10만 명에 달했다. 하지만 무솔리니가 하는 일이 언제나 그렇듯 결단은 느리고 주어진 시간은 촉박했기에 실제로는 2만 2,000여 명만 투입되었다. 여기에 야포 64문, L3 탱켓 125대, 차량 860대, 오토바이 1,200대, 자전거 5,500대가 더해졌다. 또한 이들을 지원하기 위해 2만 5,000톤급 구식 드레드노트 전함인 줄리오 체사레Giulio Cesare와 콘테 디 카부르Conte di Cavour, 중순양함 3척, 경순양함 3척, 구축함 9척, 어뢰정 14척, 수송선 9척 등 군함 60여 척과 항공기 400여 대가 동원되었다. 본대에 앞서 교두보 마련을 위한 제1진 1만 2,000여 명이 네 개 집단으로 나뉘어 알바니아의 주요 항구에 일제히 상륙했다.

알바니아 왕립 육군은 총사령관 제말 아라니타시Xhemal Aranitasi 중 장과 참모총장 구스타프 폰 미르다츠Gustav von Myrdacz 중장의 지휘 아래 보병 12개 대대와 기병 2개 중대, 공병 9개 중대로 구성되었다. 정규군 이 780명의 장교와 1만 5,000명의 병사, 예비군 2만 9,860명 등 4만 5,000여 명에 달했다. 이와 별도로 3만 명의 민병대와 4,000여 명의 국 가 헌병대가 있었다.

무기는 주로 이탈리아와 체코제를 사용했으나 중화기는커녕 기본 적인 소총조차 부족했다. 탄약은 불과 사흘 치만 가지고 있었다. 야포 는 22문(65mm 12문, 75mm 6문, 105mm 2문, 149mm 2문), 기갑 전 력은 이탈리아제 피아트 3000 경전차 3대와 L3 탱켓 6대, 란치아Lancia 장갑차 8대가 전부였다. 해군 역시 200톤급 포함 2척과 40톤급 경비정 4척이 전부였고 공군은 제1차 세계 대전 당시의 퇴물인 독일제 알바트 로스-포커Albatros-Fokker L.45 훈련용 복엽기 5대를 가지고 있을 뿐이었

1939년 4월 알바니아 침공 당시 이탈리아군 전투 서열

- **이탈리아 티라나 해외 원정 군단Tirana Overseas Expeditionary Corps**
  - 총사령관: 알프레도 구초니AlFredo Guzzoni 중장
  - 제1집단(셴진 침공 부대): 아르투로 스카티니Arturo Scattini 대령
    - 예하 부대: 베르살리에리 3개 대대, 산마르코 2개 해병 중대
  - 제2집단(두러스 침공 부대): 조반니 메세Giovanni Messe 준장
    - 예하 부대: 베르살리에리 5개 대대, 보병 1개 대대, 경전차 2개 대대, 척탄병 2개 대대, 대공포 1개 포대
  - 제3집단(블로러 침공 부대): 툴리오 베르나르디Tullio Bernardi 대령
    - 예하 부대: 베르사리엘리 2개 대대, 검은셔츠 2개 대대
  - 제4집단(사란더 침공 부대): 마리오 카라시Mario Carasi 대령
    - 예하 부대: 베르사리엘리 2개 대대, 1개 쾌속 전차 집단, 산마르코 2개 해병 중대
  - 후속 부대
    - 제23보병사단, 기병 2개 대대, 야전 중포병 2개 대대, 검은셔츠1개 대대

다. 병력과 무기의 상당수는 서류상에만 존재했다. 게다가 이탈리아로부터 봉급을 받고 이탈리아인 군사 고문에 의해 훈련받았다는 점에서 이탈리아의 용병이나 다름없는 처지였다. 하물며 알바니아군의 사정을 속속들이 아는 이탈리아군을 상대로 싸움이 될 리 없었다. 영국 군사 고문인 조슬린 퍼시Jocelyn Percy 소장이 지휘하는 국가 헌병대만 영국군에 의해 훈련받았고 이탈리아군에 대항할 준비가 되어 있었다.

함포의 엄호 아래 중무장한 이탈리아군이 상륙하자 오합지졸에 불과한 알바니아군은 변변히 싸우지도 않고 대번에 흩어져 달아났다. 이탈리아군의 앞을 가로막은 것은 정규군이 아니라 스스로 총을 들고 일어선 알바니아 국민이었다. 수도 티라나로 향하는 관문이자 알바니아 제2의 도시인 두러스를 지키기 위해 민간인과 경찰관, 국가 헌병대가 방어선을 구축했다. 숫자는 500여 명 정도였다. 이들이 가진 무기는 3정의 중기관총과 약간의 소총이 전부였고 탄약도 부족했지만, 아바즈 쿠피Abaz Kupi 소령의 지휘 아래 압도적으로 우세한 이탈리아군을 상대로 거의 하루 내내 저지했다. 알바니아 경비정 한 척은 격침되는 순간까지 용맹스럽게 싸웠다. 게다가 구초니는 조구가 평화 협상을 제안하자 로마의 지시를 기다린다는 이유로 공격을 중단하여 귀중한 시간을 낭비했다. 그는 무솔리니의 호된 질책을 받고 나서야 다시 움직였다. L3 탱킷들을 앞세우고 공격을 재개한 이탈리아군은 이날 저녁 두러스를 점령했다. 선발대가 항구를 장악하자 주력 부대인 제23보병사단을 비롯한 후속 부대들이 속속 상륙했다.

무능하고 인기 없는 폭군이었던 조구는 알바니아 국민을 향해 산악 지대에서 끝까지 항전할 것을 지시했다. 막상 자신은 수도에 남아 항전을 지휘하는 대신, 이날 오후 아내와 불과 이틀 전에 태어난 어린 아들을 데리고 그리스로 망명하는 쪽을 선택했다. 물론 중앙은행에서 미리 빼돌려 둔 거액의 금괴를 털어 가는 것도 잊지 않았다. 군주가 잽싸

프랑스제 아드리안 철모를 쓴
알바니아 왕립 근위대 병사들.
알바니아군은 제1차 세계 대전
때와 다를 바 없을 만큼 형편없었다.
인구 110만 명에 불과한 발칸의
가장 작은 나라인 데다 국왕 조구가
국가 예산을 자신의 사치와 향락에
함부로 낭비했기 때문이었다.

두러스 항구에 상륙 준비 중인 이탈리아 베르살리에리 경보병 대대 병사들. 특유의 뇌조
깃털이 달린 검은 챙 모자 대신 이탈리아 육군이 쓰는 M33 철모를 쓰고 있다. 이탈리아어로
〈특등 사수〉라는 뜻의 베르살리에리Bersaglieri 부대는 1836년에 처음 창설된 이탈리아군의
정예 부대로 무솔리니도 제1차 세계 대전 당시 복무한 적이 있었다. 제2차 세계 대전 중에는
13개 연대가 편성되어 기병 사단과 기갑 사단마다 1개 연대씩 배속되었다.

게 도주했다는 소식이 퍼지면서 사기는 땅에 떨어졌고 교도소에 갇혀 있던 죄수들은 폭동을 일으켰다. 다음 날 아침 8시 45분, 조반니 단토니Giovanni D'Antoni 대령의 기계화 부대가 티라나에 무혈입성했다. 알바니아 수비대는 싸우지 않고 항복했다. 한 시간 뒤 치아노는 비행기를 타고 티라나에 착륙했다. 파시스트 언론들은 알바니아 시민들이 거리로 나와서 이탈리아군을 열렬히 환영했다고 썼다. 4월 12일, 알바니아는 항복했고 이탈리아의 보호령이 되었다. 초대 총독은 알바니아 주재 이탈리아 대사이자 치아노의 알바니아 침공 공모자였던 프란체스코 자코모니Francesco Jacomoni였다. 조구의 정적이었던 셰프켓 베를라치Shefqet Vërlaci가 괴뢰 정권의 수반으로 임명되었다. 비토리오 에마누엘레 3세는 이탈리아 국왕과 에티오피아 황제 그리고 알바니아 국왕의 칭호를 더했다. 알바니아군은 이탈리아군에 편입되었다. 알바니아의 유전 지대는 헝가리 너지커니저Nagykanizsa 유전과 루마니아 플로이에슈티Ploiești 유전 등과 함께 추축국의 중요한 석유 공급처가 되어 전쟁 말기까지 히틀러의 전쟁 수행을 도왔다.

고작 닷새의 작전이었지만 이탈리아군의 모습은 신통치 않았다. 언제나 그렇듯 정확한 사상자 수는 숨겼다. 공식적으로는 12명의 전사자를 포함하여 100여 명 정도의 사상자를 냈다고 발표되었다. 하지만 두러스에서만 적어도 200여 명 이상이 전사한 것으로 추산되었다. 작전은 매우 졸속이었고 육해공군의 협조 결여 등 많은 문제점을 드러냈다. 무솔리니가 충동적으로 침공을 지시한 까닭이었다. 공군은 불과 이틀을 남기고 원정 계획을 통보받았으며 동원된 병사 상당수는 날벼락처럼 소집되어 훈련도 제대로 받지 못한 징집병이었다. 탱켓의 80퍼센트 이상이 전투가 아니라 야지에서 움직이는 것만으로 고장 났다. 이탈리아군의 작전 능력은 총체적인 문제점을 보여 주었다. 더 큰 문제는 그런데도 실수에서 뭔가를 배우거나 달라진 점이 전혀 없었다는 사실이

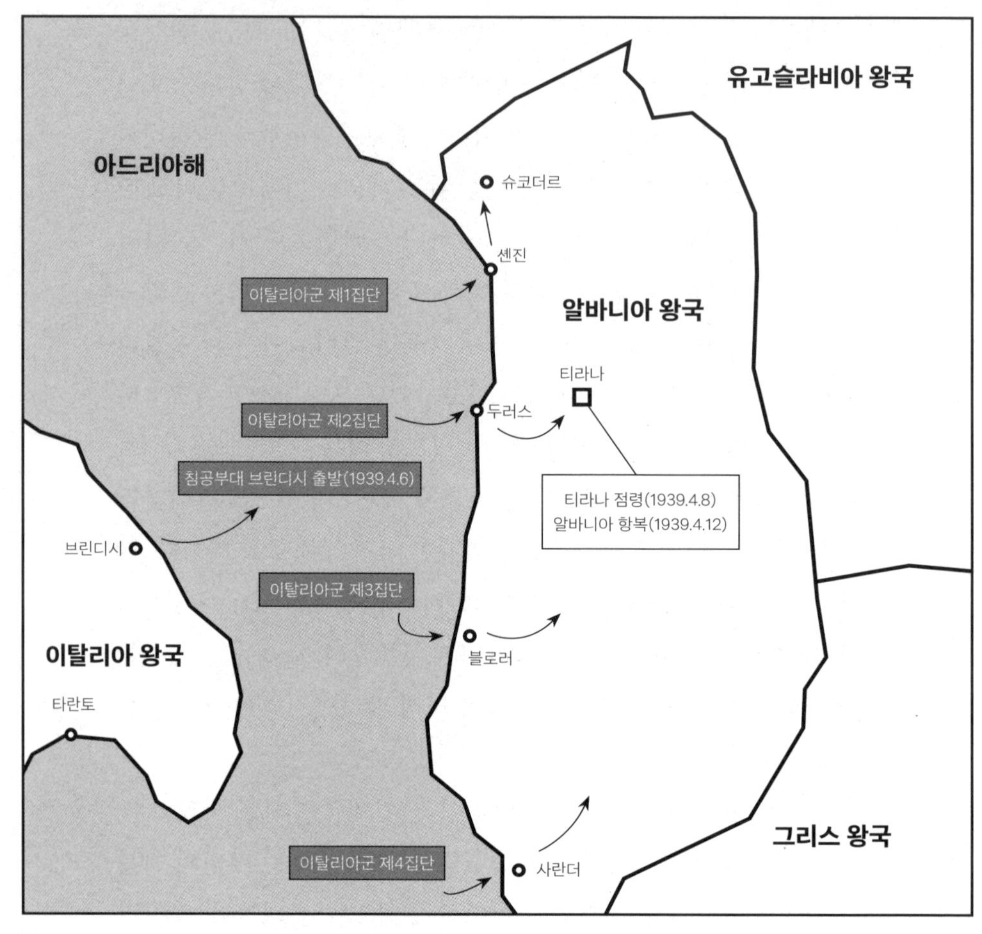

이탈리아군의 알바니아 침공 상황(1939. 4. 7~12)

었다. 그리고 이탈리아가 패망하는 순간까지 반복될 모습이기도 했다. 치아노의 친구이자 수석 보좌관이었던 필리포 안푸소Filippo Anfuso는 〈만약 알바니아군에 잘 무장된 1개 여단만 있었어도 우리를 아드리아해 너머로 도로 쫓아 버렸을 것〉이라고 술회했다.

반면, 베르사유 조약으로 10년 이상 손발이 꽁꽁 묶여 있었던 독일군은 이탈리아군 이상으로 서툴렀음에도 오스트리아와 체코슬로바키아 병합, 스페인 내전에서 많은 것을 배웠다. 이들은 잃어버린 시간을 놀라울 만큼 빠르게 되찾았다. 구데리안처럼 젊고 야심만만한 소장파 장교들은 생소한 무기였던 전차에 주목하여 상관들에게 잠재력을 입증했고 더욱 강력한 전차 개발에 나섰다. 히틀러가 기득권을 쥔 프로이센 귀족 출신 장군들을 견제할 요량으로 신진 세력을 적극적으로 기용하고 혁신을 불어넣은 덕분이기도 했다. 그럼으로써 군 출신이 아님에도 군부의 충성을 얻어 냈다. 전쟁 말기에 히틀러와 장군들의 마찰이 점점 커졌음에도 불구하고 독일이 패망하는 순간까지도 군부가 똘똘 뭉쳐서 그를 끌어내리는 데 앞장서는 일은 없었다.

그에 비하면 이탈리아군의 걸림돌은 무솔리니 자신이었다. 히틀러나 스탈린과 달리 군부를 장악하지 못했던 그는 장군들을 경쟁 상대이자 잠재적인 위협으로 취급했다. 군인으로서의 능력이 아니라 수령에 대한 충성 경쟁으로 자리를 차지한 장군들 역시 본연의 임무보다 제 주머니 채우기에만 열을 올렸다. 부패와 무능, 보신주의가 판을 치면서 개혁은 물 건너갔다. 그런데도 자신에게 필요한 것은 승리이지, 그 승리를 위한 군대가 아니라는 게 무솔리니의 발상이었다.

어쨌거나 무솔리니에게는 거침없는 시절이었다. 누구도 그를 방해하거나 알바니아를 돕겠다고 나서지 못했다. 국제 연맹은 침묵했고 히틀러는 동맹자의 성공을 축하했으며 발칸 국가들은 겁에 질린 채 두려움에 떨면서 다음 차례가 자신들이 되지 않기만 바랄 뿐이었다. 하지만 무솔리니는 여기서 만족하지 못했다. 그는 여전히 승리에 목말라했고 더 큰 승리를 원했다. 이탈리아는 그의 야망을 뒷받침할 능력이 없었다. 제1차 세계 대전 직후의 혼란과 대량 실업, 물가 폭등에 대한 대중의 불만을 이용해 권력을 잡은 무솔리니는 이탈리아의 문제점을 해결하기는커녕 자신이 전임자들보다 한층 무능하다는 사실을 입증했을 뿐이었다. 그의 집권 동안 이탈리아의 경제 성장률은 연간 1퍼센트도 채 되지 않았다. 여기에 무솔리니가 매달렸던 대외 원정은 실속은 없으면서 서구의 경제 제재를 초래하여 상황을 더욱 악화시켰다. GDP의 10퍼센트 이상이 군대에 투입되었지만, 이탈리아군을 강화하는 데에는 아무 도움이 되지 못했다. 이탈리아군은 제1차 세계 대전 때 사용한 무기를 쓰고 있었고 탱켓들이 아무짝에 쓸모없음이 입증되었음에도 신형 전차로 대체하려는 노력은 거의 없었다. 그럴 돈이 없었기 때문이었다.

1937년 육군 참모총장 겸 전쟁 차관이었던 알베르토 파리아니Alberto Pariani 대장이 에티오피아 원정을 경험 삼아 앞으로의 전쟁은 머릿수가 아니라 속도에 달려 있다면서 실시한 군대의 재편은 이탈리아군을 절름발이로 만들었다. 원래 그의 의도는 3개 보병 연대와 1개 포병 연대로 구성된 전통적인 사단 편제에서 1개 보병 연대를 빼내고 그 빈자리는 기계화 부대로 채워 넣을 참이었다. 하지만 무솔리니가 충동적으로 스페인 내전에 뛰어들면서 엉망이 되었다. 소위 〈2진수 사단binary division〉이라는 오명을 쓰게 된 이탈리아 사단들은 사단의 숫자만 늘어났을 뿐 인력은 반 토막이 났다. 게다가 가뜩이나 부족한 포병과 대공포 등 전투 지원 부대를 분산 배치함으로써 전체적인 전력은 오히려 약화했다. 1940년 6월 기준 이탈리아군은 73개 사단을 보유했지만, 그중 절반 가까운 32개 사단은 여전히 편성 중이었고 나머지 22개 사단은 서류상으로만 존재했다. 완전 편제를 갖춘 것은 19개 사단에 불과했다. 그나마 실제 전력은 다른 나라의 여단에 지나지 않았다. 군함과 항공기들도 대부분 구식이었고 양적으로도 부족했다.

　　무솔리니는 입만 열면 이탈리아가 지중해의 족쇄를 깨뜨려야 한다면서 지브롤터 해협을 넘어 인도양과 대서양 진출의 야심을 드러냈으나 영국 해군에 대한 본능적인 공포심을 가지고 있었던 이탈리아 해군은 이탈리아 연안을 벗어나려 하지 않았다. 게다가 이탈리아 해군은 현대 해상전에서 필수적인 항모가 단 한 척도 없었다. 거함거포주의를 고집한 무솔리니가 이탈리아에는 필요 없다는 이유로 항모 건조를 금지한 탓이었다. 그 대가는 나중에 호되게 치러야 했다.

　　지중해를 통과하는 영국 수송 선단은 항모의 엄호를 받은 반면, 추축국 수송 선단은 영국 폭격기들의 공격에 무방비로 당해야 했다. 항속 거리가 짧은 추축국 전투기로는 이들을 엄호하는 데 역부족인 데다 이탈리아 공군은 〈하늘을 나는 것은 모두 우리 소유〉라고 고집하면서도 막상 해군과의 협조에 소극적이었기 때문이었다. 이탈리아 해군은 항모를 앞세운 영국 해군과의 대결에서 연전연패하자 아예 싸움을 회피하고 항구에 틀어박혔다. 뒤늦게야 무솔리니는 항모 건조를 허락했지만, 자금과 자원 부족으로 전쟁이 끝날 때까지 완공하지 못했다. 제아무리 무솔리니가 허세를 부리고 자신의 위업을 떠들어도 이탈리아는 변변찮은 이류 국가였다. 무솔리니는 알바니아 정복 직후인 5월 22일 히틀러와 강철 조약Pact of Steel을 맺고 운명 공동체로서 한배에 타기로 약속하면서도 이탈리아군이 다른 열강과 싸우려면 1942년은 되어야 한다고 실토했다.

연철보다 물렀던 강철 동맹

이제는 자중해야 할 때였다. 그러나 무솔리니에게 가장 결핍된 부분이 있다면 참을성이었고 넘치는 것은 질투심이었다. 그는 알바니아를 발판 삼아 새로운 정복을 준비했다. 다음은 그리스였다. 무솔리니 옆에서는 치아노가 그리스를 가리켜 이탈리아를 충분히 존중하지 않는다면서 끊임없이 부추겼다. 이참에 본때를 보여 주어야 한다는 것이었다. 그동안 잠잠했던 이탈리아와 그리스의 관계는 알바니아 점령과 함께 급격히 악화했다. 이탈리아 수송선들은 군대와 물자를 알바니아로 실어 날랐고 그리스를 향하는 도로가 건설되기 시작했다. 파시즘 언론들은 그리스를 비난하는 선동 기사를 실었다. 그리스도 가만있지 않았다. 군대를 증강하고 국경에는 이탈리아군을 막기 위한 방어 시설을 구축했다. 발칸반도에는 긴장이 감돌았다.

1939년 8월 16일, 무솔리니는 바돌리오에게 그리스 침공을 준비하라고 지시했다. 알바니아 주둔군은 구초니 휘하 제26군단 산하 4개 보병 사단 및 제131기갑사단 〈켄타우로Centauro〉, 제3산악사단 〈줄리아Julia〉 등 6개 사단에 달했고 18개 사단으로 증강될 계획이었다. 작전명은 그리스의 첫 글자를 딴 〈긴급 작전 GEmergenza G〉였다. 상황은 일촉즉발이었지만 불리한 쪽은 그리스였다. 원래 그리스의 주적은 서쪽의 이탈리아가 아니라 동쪽의 불가리아였다. 주요 방어 시설 또한 그리스-불가리아 국경 쪽에 집중되어 있었다. 이곳에는 그리스의 독재자 이오아니스 메탁사스가 1936년부터 건설한 그리스판 마지노 라인인 〈메탁사스 라인Metaxas Line〉이라는 견고한 방어선이 있었다. 반면, 알바니아 방면의 방어는 훨씬 허술했다. 그리스군은 인공적인 방어 시설 대신 자연적인 지형지물에 의존해야 했다. 그리스 참모본부는 이탈리아가 그리스의 오랜 숙적인 불가리아와 손을 잡고 양면에서 협공한다면 도저히 막을 수 없다고 결론 내렸다. 그렇다고 서방의 도움에 기댈 수도 없는 처지였다. 당장 히틀러를 막기에도 급급했던 영국과 프랑스는 군사 동맹을 요청하는 그리스의 제안을 거부했다.

그리스를 구한 것은 뜻밖에도 히틀러였다. 보름 뒤인 9월 1일, 독일이 폴란드를 침공했다. 히틀러의 군대가 폴란드를 전광석화처럼 휩쓰는 동안 서방은 마지노 라인 뒤에서 움직이려 하지 않았지만, 무솔리니는 지레 겁을 먹었다. 강철 조약에도 불구하고 히틀러의 승리를 믿을 수 없었던 그는 성급하게 움직였다가 히틀러와 도매금으로 묶여서 좋을 일이 없다고 판단했다. 이 와중에 메탁사스가 화해의 손짓을 보내자 무솔리니는 냉큼 받아들였다. 심지어 언제 그랬냐는 듯 그리스에 이탈리아 항공기의 구매를 제안하기도 했다. 위기는 지나갔고 평화가 왔다.

무솔리니의 눈은 발칸을 떠나 서쪽으로 향했다. 1940년 5월 10일, 가짜 전쟁이 끝나고 진짜 전쟁이 시작되었다. 독일군의 움직임은 모든 사람에게 충격 그 자체였다. 연합군은 말 그대로 쓸려 나갔다. 무솔리니는 그제야 히틀러의 힘을 너무 과소평가했음을 깨달았다. 그때까지 느긋하게 남의 싸움을 구경이나 할 속셈이었던 그는 더 늦기 전에 직접 뛰어들기로 했다. 자신의 동맹자가 유럽을 혼자 집어삼키도록 내버려둘 수 없다는 이유였다. 혈맹이란 허울뿐이었고 서로 상대를 이용할 궁리만 하면서 자신은 이용당하지 않으려는 얄팍한 기회주의가 강철 조약의 실체였다. 치아노는 독일이 결코 믿을 만한 거래 상대가 아니라면서 반대했지만, 무솔리니의 고집을 꺾을 수는 없었다.

수령의 날벼락 같은 선언에 당황한 이탈리아군은 허둥지둥 알프스에 병력을 배치한다고 부산을 떨었다. 하지만 프랑스의 항복은 초읽기인 반면, 장군들은 수령이 제아무리 닦달한들 당장 움직일 수는 없다며 반발했다. 무솔리니는 히틀러에게 붙어 프랑스로부터 한 조각 뜯어낼 궁리만 할 뿐, 이 기회를 틈타 그리스나 스위스 등 좀 더 만만한 다른 주변 약소국을 공격할 생각이 없었다. 이탈리아군은 싸울 준비가 되어 있지 못했기 때문이었다. 알바니아 주둔군 사령관 카를로 겔로소 장군은 치아노에게 이탈리아군의 빈약한 실상을 지적하면서 그리스를 상대로 알바니아 때처럼 신속한 승리는 불가능하다고 토로했다.

　자신의 군대에 대한 환상이 없기는 무솔리니도 마찬가지였다. 그는 어떻게든 자기 몫을 챙겨 볼 요량으로 6월 19일 치아노와 함께 뮌헨으로 날아가 히틀러를 만났다. 언변만큼은 자신이 있었던 무솔리니는 여섯 살 연하에 정치 경험도 없고 한때 자신의 짝퉁이자 추종자로 여겼던 히틀러를 세 치 혀만으로 농락할 수 있으리라 여겼다. 그러나 뮌헨 회담에서 체임벌린이 그랬던 것처럼 그 역시 히틀러를 너무 안이하게 대했음을 뼈저리게 절감했다. 무솔리니는 알프스에서 론Rhone강에 이르는 프랑스 동남부의 광대한 영토와 코르시카, 프랑스령 튀니지, 심지어 프랑스 함대까지 원했다. 전쟁을 빨리 마무리 짓고 싶었던 히틀러는 프랑스와의 평화 협상을 깨뜨릴 수 있다는 이유로 거절했다. 그는 이탈리아가 독일과 함께 파리 교외 콩피에뉴 숲에서 열릴 회담장에 함께 앉는 것조차 불허했다. 무솔리니로서는 히틀러와 아무런 전략적 조율이나 사전 소통도 없이 그저 남의 밥상에 숟가락을 얹어 보려다 망신만 당한 셈이었다.

　치아노는 이날 일기에 히틀러가 신중하고 통찰력이 있다면서 전에 없이 존경심까지 드러냈던 반면, 무솔리니는 굴욕감을 곱씹으며 한밤중에 로마로 돌아온 후 장군들에게 분노를 터뜨렸다. 그는 바돌리오와 한바탕 싸운 끝에 총공격을 명령했다. 어쨌든 수천 명의 전사자만 있으면 다음은 협상 테이블에서 자신이 알아서 해결하겠다는 얘기였다. 6월 21일 새벽, 알프스와 리비에라Riviera 해안을 따라 이탈리아군의 공세가 시작되었다. 율리우스 카이사르가 갈리아를 정복한 이후 2,000년 만에 이탈리아가 처음으로 알프스를 넘는 순간이었다. 목표는 리옹과 마르세유였다. 그러나 카이사르와 달리 무솔리니에게 돌아온 것은 영광이 아니라 좌절감이었다. 공세의 주력이었던 구초니의 이탈리아 제4군은 프랑스군의 첫 번째 방어선조차 돌파하지 못했다. 작전은 졸속과 추태의 하모니였다. 프랑스군 사상자는 400여 명에 불과했지만, 이탈리아 군은 동상자까지 합하여 6,000여 명이 넘었다. 또한 1,000여 명 이상이 눈속에서 길을 잃고 포로가 되었다.

그 대가로 무솔리니가 얻어 낸 것은 경제적으로나 군사적으로 거의 쓸모가 없는 한 뼘의 땅과 프랑스령 지부티의 항구 이용권, 그리고 이탈리아를 세계적인 웃음거리로 만들었다는 사실이었다. 독일처럼 거액의 배상금이나 주둔 비용을 뜯어내지도, 프랑스군의 무기를 몰수하지도 못했다. 하물며 프랑스는 이탈리아의 새로운 〈레벤스라움〉이 되기는커녕, 오히려 프랑스에 거주하던 이탈리아계 주민들은 분노에 찬 프랑스인들의 분풀이 대상이 되어 박해받거나 직장에서 쫓겨나야 했다. 일부는 적성 국민으로 구금되기도 했다. 무솔리니는 〈100년을 양으로 살기보다 단 하루를 사자로 사는 쪽이 낫다〉라고 입버릇처럼 떠들었지만, 그 실체는 사자의 탈을 쓴 양이었음을 드러낸 꼴이었다. 온 세상에 이탈리아를 비꼬는 블랙 유머가 나돌았다.

한 저녁 식사에서 독일 외무 장관 리벤트로프는 처칠에게 미래에 독일이 영국과 싸운다면 이탈리아가 자기네 편에 설 거라고 자신만만하게 말했다. 그러자 처칠은 제1차 세계 대전에서 이탈리아의 저조한 실적을 거론하며 특유의 독설을 내뱉었다. 〈그래야 공평한 법입니다. 지난번 전투에서는 우리가 그들과 같은 편이었으니까요.〉

히틀러의 충실한 종복 카이텔 장군이 보고했다.
　　「총통, 이탈리아가 선전 포고했습니다!」
　　히틀러가 대답했다. 「2개 사단을 보내시오. 그들을 끝장 내기에는 충분할 거요.」

눈 덮인 알프스산맥을 힘들게 등정하는 이탈리아 알피니 산악 부대원들. 이탈리아군은
준비도 불충분했지만, 침공을 앞두고 한여름답지 않게 폭풍우와 폭설이 쏟아지면서 더욱
곤란을 겪어야 했다. 자연조차 이 탐욕스러운 사나이의 편이 아니었다는 얘기였다.

카이텔이 말했다. 「아닙니다, 총통. 그들은 적이 아니라 우리 편입니다.」

히틀러가 말했다. 「그럼 얘기가 다르지. 10개 사단을 보내시오.」

무솔리니는 자신에게 필요한 것이 수천 명의 시체와 세 치 혀가 아니라 진짜 실력임을 깨달아야 했다. 하지만 자중하고 인내하면서 내실을 다지려고 노력하는 대신 오히려 실추된 체면을 회복할 요량으로 더욱 무리수를 두면서 값어치만 떨어뜨리는 꼴이었다. 뮌헨 회담 때만 해도 히틀러의 든든한 뒷배이자 큰형님 노릇을 했다는 한물간 자부심, 경쟁자의 성공에 대한 유치한 질투심, 그리고 언제고 추축의 맹주 자리를 되찾겠다는 분별없는 욕심이 무솔리니의 눈을 흐리게 한 셈이지만 제아무리 허세를 부려도 그는 카이사르가 아니라 네로에 더 가까웠다.

프랑스 항복 직후부터 시작된 히틀러의 영국 본토 침공 계획은 무솔리니가 보기에 이번 전쟁의 마지막 단계였다. 일이 다 끝날 때까지 기다렸다가 또다시 전리품을 놓치는 실수를 되풀이하기보다 잽싸게 한발을 걸쳐야 한다고 여긴 그는 히틀러에게 이탈리아 원정군의 파견을 제안했다. 하지만 병참의 부담을 가중한다는 이유로 거절당했다. 독일 공군의 수장인 괴링 역시 이탈리아 공군은 지중해에서 영국을 상대하는 더 중요한 역할에 집중해야 한다고 강조했다. 사실 이탈리아는 그 역할조차 제대로 하지 못하고 있었다. 무솔리니가 지중해를 가리켜 〈이탈리아의 호수〉라고 불렀던 것이 무색하게도 이탈리아는 본토에서 겨우 80km 남짓 떨어져 있고 면적 250km²에 인구 25만 명이 사는 작은 섬인 영국령 몰타조차 점령할 능력이 없었다. 이 때문에 리비아로 향하는 이탈리아의 해상 병참선은 전쟁 내내 끊임없이 위협을 받았다.

무솔리니의 자존심이 또 한 번 짓밟힌 꼴이었다. 그는 분풀이로 삼을 만한 상대를 찾았다. 1년 전 침공을 포기했던 그리스였다. 치아노와 함께 옆에서 부채질한 사람은 세바스티아노 프라스카Sebastiano Visconti Prasca 장군이었다. 귀족 출신인 프라스카는 젊은 시절 이탈리아-오스만 전쟁과 제1차 세계 대전에 참전했으며 1933년에는 『전격전Guerra lampo』 이라는 책을 써서 무솔리니의 관심을 끄는 데 성공했다. 풍부한 경험을 갖춘 기계화 부대의 전문가라는 명성을 얻었지만, 구데리안과 달리 그의 실체는 허세와 출세욕으로 가득한 전형적인 무능한 정치군인이었다. 무솔리니에게 에티오피아 침공을 제안하여 무모한 정복 전쟁의 첫발을 내딛는 데 일조한 것도 그였다. 프라스카는 1940년 5월 26일, 치아노에게 추천받아 겔로소를 대신하여 알바니아 주둔군 사령관에 임명되었다. 겔로소는 프라스카보다 훨씬 유능한 장군이었지만, 무솔리니가 보기에 자신에게 덜 충성스러우며 그리스 정복에 열의가 없다고 찍혔기 때문이었다.

1940년 7월 12일, 크레타섬 북쪽의 항구 도시 키사모스Kissamos에서 이탈리아 폭격기가 영국 수송선을 공격한다는 핑계로 그리스 군함을 폭격했다. 이탈리아군의 도발이 이어지면서 발칸에 다시 긴장이 감돌았다. 8월 11일에는 알바니아인인 다우트 호기아Daut Hoggia가 알바니아-그리스 국경에서 살해되는 사건이 벌어졌다. 그는 지명 수배된 도적이었고 같은 동료들에게 살해되었음에도 무솔리니의 지시를 받은 파시스트 선전 매체들은 그리스의 알바니아인들을 위해 투쟁하는 알바니아 애국자로 둔갑시켜 그리스의 도발이라며 대대적으로 떠들었다. 다음 날인 8월 12일, 로마에서 무솔리니 주재로 그리스 침공을 논의하기 위한 회의가 열렸다. 참석자는 치아노와 자코모니, 프라스카 대장이었다. 정작 바돌리오를 비롯한 육해공군 사령관들은 모두 빠져 있었다. 이들이 기를 쓰고 반대할 것이 뻔했기 때문이었다.

치아노와 자코모니는 무솔리니가 원하는 말을 해주었다. 그리스가 손쉬운 먹잇감이라는 것이었다. 장군들은 부패했고 정부는 허약하며 군대는 형편없다는 이유였다. 프라스카는 자신이 그리스를 정복하겠다고 장담했다. 작전 개시는 8월 말이었다. 그에 앞서 이탈리아의 도발이 시작되었다. 불과 사흘 뒤 그리스 남단의 섬 티노스Tinos 앞바다에 정박 중이던 그리스 해군의 2,600톤급 구식 방호 순양함 엘리Elli가 정체불명의 어뢰에 공격받아 침몰했다. 승무원 9명이 죽고 24명이 다쳤다. 어뢰 파편은 틀림없는 이탈리아제였다. 하지만 그리스 정부는 일단 함구했다. 나중에야 엘리를 공격한 것이 이탈리아 잠수함 델피노Delfino였음이 밝혀졌다.

이번에도 히틀러가 그리스를 구했다. 남쪽의 동맹자가 갈수록 성가시고 예측 불허의 짐짝이 되고 있다고 여긴 그는 8월 17일에 베를린 주재 이탈리아 대사인 디노 알피에리Dino Alfieri를 통해 강력한 경고의 메시지를 보냈다. 자신은 발칸의 안정을 해치는 어떠한 행동도 반대한다는 것이었다. 그럴 힘이 있으면 차라리 영국에 쏟으라는 것이 히틀러의 입장이었다. 누가 추축의 맹주인지는 분명했다. 무솔리니는 히틀러의 간섭을 불쾌하게 여기면서도 감히 거역하지 못한 채 8월 22일 작전을 일단 접기로 했다. 하지만 그가 순순히 꼬리를 내린 가장 큰 이유는 더 큼직한 먹잇감을 찾았기 때문이었다. 북아프리카의 노른자위인 이집트였다.

영국 상공은 독일 공군과 영국 공군의 치열한 공중전이 한창이었다. 독일군은 영국 상륙을 준비하고 있었다. 영국의 항복은 초읽기처럼 보였다. 무솔리니는 영국이 항복하기 전에 이집트에 침을 발라 둘 요량으로 리비아 총독 그라치아니 원수에게 이집트 침공을 명령했다. 그리스는 그다음이 될 것이었다. 대경실색한 그라치아니가 준비 부족을 이유로 반대했지만, 무솔리니는 언제나처럼 막무가내였다. 그의 유일한 걱정거리는 영국군의 저항이 아니라 히틀러의 승리였다. 9월 9일, 그라치아니는 리비아 동부에 배치된 이탈리아 제10군에 진군 명령을 내렸다. 하지만 이탈리아군이 실제로 전진한 것은 9월 13일이었다. 영국군이 싸우지 않고 물러선 덕분에 이탈리아군의 초기 공세는 예상외로 순탄해 보였지만 나흘 만에 멈추어야 했다. 병참선이 한계에 직면했기 때문이었다. 그라치아니는 국경에서 100km 떨어진 시디바라니에 눌러앉아 무솔리니가 제아무리 닦달해도 충분한 보급을 받기 전에는 움직이려고 하지 않았다.

그 와중에 무솔리니는 또 다른 막간극을 벌였다. 어떻게든 영국과의 평화 협상에서 한 자리 차지하고 싶었던 그는 히틀러를 설득하여 기어이 참전을 허락받았다. 9월 10일, 이탈리아 항공 군단Corpo Aereo Italiano이 편성되었다. 3개 비행단(2개 폭격 비행단, 1개 전투 비행단)으로 구성되었고 CR.42 복엽 전투기 50대와 G.50 단엽 전투기 45대, BR.20 쌍발 폭격기 75대, Cant Z. 1007 쌍발 폭격기 5대 등 200여 대에 달했다. 이탈리아로서는 적지 않은 전력이었다. 이들은 9월 25일 벨기에로 향했지만, 시작부터 고난의 연속이었다. BR.20 쌍발 폭격기들은 브뤼셀 교외의 멜스브룩Melsbroek 비행장으로 향하던 중 악천후를 만나 5대가 추락하고 17대가 비행장을 찾지 못해 다른 곳에 착륙했다. 이탈리아 조종사들은 영국 조종사들보다 훨씬 경험이 풍부했음에도 기체가 구식이었고 속도와 화력이 빈약한 데다 무전기가 없어 영국 공군의 상대가 되지 못했다. 지중해와는 전혀 다른 기후 또한 사정을 더욱 어렵게 만들었다.

10월 24일, 최초 출격에 나섰다. BR.20 18대가 이륙했지만, 목표물은 찾지도 못하고 3대를 사고로 잃었다. 11월 11일에는 BR.20 10대가 CR.42 전투기와 G.50 전투기 42대의 호위 아래 출격했다가 악천후를 만나 돌아오는 길에 영국 공군의 허리케인 전투기의 요격을 받아 BR.20 3대와 CR.42 3대가 격추당했다. 영국 공군의 손실은 전혀 없었다. 이날 영국 공군은 이탈리아 해군의 모항인 타란토를 공습하여 3척의 주력 전함을 격침했다. 이탈리아 해군은 하루아침에 반신불수가 되었다. 작전 성공을 보고받은 처칠은 〈그들은 차라리 타란토에서 자기네 함대를 방어하는 쪽이 더 나았을 것〉이라며 비꼬았다. 무솔리니로서는 영국이 당장이라도 항복하지 않을까 설레발을 쳤던 것이 무색하게도 〈영국 전투의 날Battle of Britain Day〉이라고 불린 9월 15일의 격전 이후 독일이 영국에 승리할 가능성은 점점 사라지고 있었다. 그렇다고 히틀러가 모든 역량을 총동원하여 어떻게든 영국을 정복하겠다는 강력한 의지가 있는 것도 아니었다. 그의 관심사는 지지부진한 영국을 떠나 동쪽으로 향했다. 소련 침공이었다. 무솔리니는 이런 사정에 깜깜했다. 숟가락 얹을 궁리만 했지, 독일의 전략적 상황에는 무관심했기 때문이었다.

이미 독일 공군의 공세가 한풀 꺾인 뒤에 끼어든 이탈리아 공군은 1940년 10월 말부터 1941년 4월까지 반년의 시간 동안 1,000여 회 이상 출격하여 영국 폭격의 한 축을 맡았고 영국 전투기들과 치열한 공중전을 벌였다. 하지만 17회에 걸친 공습에서 영국 땅에 54톤의 폭탄을 떨어뜨렸다는 것 이외에 단 한 대의 영국 전투기도 격추하지 못한 채 오히려 36대의 항공기와 43명의 승무원만 잃고 소득 없이 물러나야 했다. 1941년 1월에 이탈리아 항공 군단은 대부분 철수했고, G.50 전투기 2개 중대만 남아서 벨기에 해안가의 순찰을 맡다가 4월 16일 이탈리아로 돌아갔다. 유일한 성과라면 이탈리아 조종사들이 자신의 비행기가 얼마나 시대에 뒤떨어져 있는지 깨닫는 기회가 되었다는 사실이었다. CR.42 복엽 전투기는 물론이고, 신형인 G.50 단엽 전투기조차 독일과 영국의 최신 전투기에는 상대가 되지 못했다. 이들은 귀국한 뒤 독일제 Bf 109 전투기 100대를 수입해야 한다고 건의했다. 돌아온 것은 면박이었다.

제아무리 무솔리니가 자신의 몸값을 높이려고 구차한 발버둥을 칠

수록 돌아오는 것은 굴욕감이었다. 히틀러는 겉으로는 무솔리니를 정중하게 대하는 척하면서도 더는 그를 가치 있는 동맹자로 인식하지 않았다. 다른 추축국들도 마찬가지였다. 무솔리니는 비시 프랑스의 지도자 페탱이 자신을 빼놓은 채 히틀러에게 접근하는 모습을 무력하게 지켜보았다. 그는 히틀러와 함께 프랑스의 공동 지배자가 되겠다는 야심을 접어야 했다. 10월 4일, 브렌네르 고개에서 프랑스 항복 이후 오랜만에 무솔리니를 만난 히틀러는 프랑스를 반영 진영에 끌어들여야 한다고 강조하면서 여전히 프랑스 영토에 대한 미련을 버리지 못하는 무솔리니를 향해 〈추축 진영에 도움이 되지 않는 계획은 피해야 합니다〉라고 단단히 못 박았다. 자신의 허락 없이 쓸데없는 짓을 벌이지 말라는 경고였다. 분위기는 화기애애했지만, 불화는 숨길 수 없었다.

그 와중에 벌어진 사건이 독일군의 루마니아 진주였다. 제1차 세계 대전에서 연합군의 편에서 싸웠던 루마니아는 폴란드를 비롯한 주변 동유럽 국가들이 줄줄이 나치 군대에 쓸려 나가거나 추축 진영으로 넘어가는 와중에도 거의 마지막까지 친영 국가로 남은 나라였다. 하지만 동맹국인 폴란드와 체코슬로바키아가 패망하고 든든한 뒷배였던 프랑스마저 몰락하면서 루마니아는 사면초가였다. 스탈린은 기다렸다는 듯 본색을 드러내 제1차 세계 대전에서 빼앗아 간 베사라비아와 부코비나 북부를 무력으로 강탈했다. 뒤이어 헝가리와 불가리아가 위협하여 자기 몫을 뜯어 갔다. 루마니아는 파국에 직면했고 불만에 가득 찬 국민에 의해 내란이 일어날 판국이었다. 쿠데타로 국왕을 몰아낸 이온 안토네스쿠Ion Antonescu 장군은 언제 무너질지 모르는 정권을 유지하기 위해 히틀러에게 접근했다.

히틀러는 안토네스쿠가 보호를 요청하자 기다렸다는 듯 군대를 출동시켰다. 루마니아는 독일에 귀중한 가치가 있었기 때문이었다. 루마니아는 인구의 80퍼센트가 농업에 종사하는 가난하고 낙후한 후진국이지만 유럽 최대의 산유국이기도 했다. 수도 부쿠레슈티 북쪽으로 56km 떨어진 플로이에슈티에는 대규모 유정과 정제 시설이 있었다. 연간 생산량은 1940년 기준으로 580만 톤에 달했다. 그중 약 40퍼센트가 독일로 수출되었다. 독일로서는 헝가리와 더불어 몇 안 되는 중요한 석유 공급처였다. 히틀러로서는 어영부영하다가 이 노다지를 통째로 스탈린에게 빼앗길 판국이었다. 이런 경우 먼저 움직이는 쪽이 임자였다. 10월 11일 오스트리아에 주둔한 독일군 제13차량화보병사단이 루마니아로 진군하여 수도 부쿠레슈티에 입성했다. 명목은 〈유대인 볼셰비키〉의 위협에서 루마니아를 보호하고 루마니아군의 훈련을 지원한다는 것이었다. 이 사단은 얼마 후 기갑 사단으로 개편되었다. 처음에는 2만 명 정도였으나 소련 침공 직전에 오면 50만 명에 달하는 독일군이 루마니아에 주둔했다. 저항은 없었다. 스탈린을 향한 복수심에 불타고 있던 루마니아인들은 볼셰비키 소련보다는 나치 독일이 낫다는 쪽이었다.

히틀러로서는 자중지란에 빠진 루마니아가 스탈린의 먹잇감이 되는 것을 막기 위함이었지만 말썽은 생각지도 못한 곳에서 불거져 나왔다. 다음 날에야 그 사실을 통보받은 무솔리니는 이유가 어떠하건 간에 자신을 쏙 빼놓은 채 히틀러가 루마니아와 야합했다는 사실에 격노했다. 어쨌든 한배를 탄 이상 모든 정보를 숨김없이 알려 주어야 한다는 것이 무솔리니의 생각이었다. 그는 단순히 독일군이 루마니아에 들어왔다는 사실보다도 히틀러를 향해 쌓이고 쌓인 울분을 한꺼번에 터뜨렸다. 히틀러는 영국 침공 계획이 어떻게 돌아가는지도 알려 주지 않았고, 9월 27일 일본이 추축 동맹에 가입할 때도 이탈리아를 들러리로 삼았다. 그동안 히틀러에게 이용만 당했다고 여긴 무솔리니는 그리스 정복으로 분풀이를 할 참이었다. 문제는 그동안 몇 번이나 그리스에 대한 야심을 드러냈으면서도 정작 준비는 아무것도 하지 않았다는 사실이

벨기에 멜스브룩 비행장에 주둔한 이탈리아 항공 군단. 비록 수령의 조급증 때문에 졸속으로
참전했다는 사실을 감안하더라도 그 형편없는 전과는, 1930년대 내내 훈련 대신 파시스트
선전을 위한 곡예 연습에만 열을 올렸던 이탈리아 공군의 총체적인 난맥상을 보여 주는
것이었다.

1940년 10월 11일, 부쿠레슈티에 입성하는 독일군. 무솔리니는 히틀러가 허락 없이 발칸에
발을 들였다는 이유로 노발대발했지만, 앞서 루마니아가 도와달라고 했을 때 그가 나 몰라라
했다는 점에서 억지 트집이었다. 한 나라의 통치자라기보다 암흑가 보스였던 이들은 자기
필요에 따라 상대를 이용할 궁리만 할 뿐, 신뢰와 존중이라는 개념이 없었기 때문이었다.
하지만 두 사람만이 아니라 치아노와 리벤트로프를 비롯하여 측근들 역시 서로에게
반감을 드러내기 일쑤였다는 점에서 애초에 두 나라는 함께 대업을 이루기에 상성이 맞지
않았는지도 모른다.

었다.

전해에 바돌리오가 수립한 그리스 침공 계획에 따르면, 초기 공세를 위해서는 적어도 20개 사단이 필요했다. 하지만 알바니아에 배치된 병력은 2개 군단 8개 사단(6개 보병 사단, 1개 기갑 사단, 1개 산악 사단)과 알바니아 보조 부대까지 합하여 15만 명에 불과했다. 그중에서 제131기갑사단 〈켄타우로〉는 이탈리아군 비장의 3개 기갑 사단 중 하나였다. 하지만 말이 사단이지 실제 병력은 여단 규모인 4,000여 명에 불과했고 장비 교체가 지연되면서 보유 전차는 L3/35 탱켓 163대가 전부였다. 그나마도 태반이 고장이어서 당장 실전에 투입할 수 있는 전차는 90여 대였다. 히틀러를 상대로 후련하게 앙갚음해 주겠다는 생각에 눈이 먼 무솔리니에게 알바니아의 항만 시설과 물류 인프라가 빈약하여 충분한 병력과 물자를 배치하려면 적어도 수개월 이상 걸린다는 사실 따위는 알 바 아니었다. 게다가 그는 자신이 북아프리카에서 영국을 상대로 싸우고 있으며 그라치아니에게 증원 병력을 보내 주기로 한 사실도 까맣게 잊어버렸다.

이탈리아 해군은 지중해에서 영국 해군과 싸우기에도 급급했고 공군은 이미 한풀 꺾인 영국 본토 항공전에 뒤늦게 끼어든답시고 상당한 전력을 파견했다. 심지어 무솔리니는 불과 열흘 전 이탈리아군의 동원 해제에 서명했다. 가을 추수에 총력을 기울인다는 명목으로 본토에 남아 있던 150만 명 중 절반 이상이 집으로 돌아갔다. 전시 중임에도 이렇게 결정한 이유는 당장 이탈리아 경제에 빨간불이 켜졌기 때문이었다. 바돌리오는 무솔리니가 적어도 한동안 쓸데없는 모험을 벌이지 않을 거라며 마음 놓았다. 그동안 헛스윙만 날리는 수령의 전쟁놀이에 진절머리를 내고 있던 이탈리아 국민과 병사들도 드디어 평화가 오고 있다며 기뻐했다.

그러나 상황은 하루아침에 뒤집혔다. 히틀러에게 무시당했다면서

알바니아 주둔 이탈리아군 편제(1940. 10. 28)

• **총사령관: 비스콘티 프라스카Visconti Prasca 대장**

• **제25군단: 군단장 카를로 로시Carlo Rossi 중장**

  - 제23보병사단 페라라Ferrara, 제51보병사단 시에나Siena, 제131기갑사단 켄타우로

• **제26군단: 군단장 가브리엘레 나시Gabriele Nasci 중장**

  - 제19보병사단 베네치아Venezia, 제29보병사단 피에몬테Piemonte, 제49보병사단
    파르마Parma, 제53보병사단 아레초Arezzo

• **직할 부대**

  - 제3산악사단 줄리아Julia, 2개 보병 연대, 1개 포병 연대

• **해안 집단Coastal Group**

  - 제3사르데냐 척탄병연대, 2개 기병 연대, 2개 알바니아 의용 대대

노기충천한 무솔리니는 〈만약 누가 그리스와 싸우기를 반대한다면 나는 이탈리아인이기를 그만두겠다〉라면서 으름장을 놓았다. 치아노와 자코니모, 프라스카 세 사람이 합작하여 엉터리 정보로 부지런히 무솔리니에게 바람을 불어넣은 덕분이기도 했다. 그리스군은 형편없는 데다 이탈리아군의 침공이 시작되면 그리스 북부의 알바니아인들이 반란을 일으켜 손쉽게 이길 수 있다는 게 이들의 주장이었다. 셋 중에서도 가장 열성적인 쪽은 치아노였다. 무솔리니의 열등감을 누구보다 잘 아는 그는 독일의 거만한 태도에 불만을 토로하면서 그리스 정복 따위는 2주면 끝날 거라며 경쟁심을 부추겼다. 무솔리니가 드디어 결단을 내리자 치아노는 이날 일기에 〈드디어 두체가 결단했다. 나는 이번 작전이 아주 쉽고 유익할 것으로 믿는다〉라면서 기쁨을 감추지 않았다. 일단 전쟁이 시작하면 그동안 자신이 막대한 뒷돈으로 매수해 둔 그리스 정치인들이 기꺼이 조국을 배신하고 내부에서 호응할 거라고 자신만만했

지만 예측은 빗나갔다. 그들은 돈만 챙겼을 뿐이었다. 치아노는 자신이 승리가 아니라 파멸의 문을 열었음을 오래지 않아 깨달아야 했다.

그러면 전쟁이겠구려

다음 날 무솔리니는 바돌리오와 육군 참모총장 마리오 로아타Mario Roatta 장군을 불러 그리스 공격을 준비하라고 명령했다. 자신이 여태껏 질질 끌었다고 해서 남들도 그래서는 안 된다는 것이 이 이기적인 인간의 사고방식이었다. 그가 준 시간은 겨우 2주일이었다. 10월 15일, 무솔리니 주최로 그리스 침공을 위한 회의가 열렸다. 하지만 로아타는 뒤늦게 듣고 허둥지둥 참석했고 해군과 공군은 아예 통보조차 받지 못했다. 바돌리오는 무솔리니가 갈수록 무모한 불장난을 반복하면서 이탈리아를 수렁에 몰아넣는 행태에 진절머리를 내면서 〈그는 미쳤다. 이제는 그리스를 원한다〉라고 한탄했다. 하지만 뒤에서는 온갖 불평을 늘어놓으면서도 막상 무솔리니 앞에서는 입을 다물어 보신주의자 특유의 이중성을 드러냈다. 오히려 그리스를 침공하더라도 영국이 끼어들 가능성은 거의 없을 것이라고 발언하여 무솔리니를 흡족하게 했다. 반면, 로아타는 알바니아에 충분한 병력을 보낼 때까지 3개월의 시간을 달라고 했다. 또한 에게해의 항구 도시이자 그리스 제2의 도시인 테살로니키Thessaloniki에도 2개 사단을 상륙시켜 그리스군을 교란해야 한다고 주장했다. 물론 일분일초가 아까운 무솔리니에게는 어림없는 소리였다.

가장 신난 쪽은 프라스카였다. 그는 알바니아와 그리스 접경 지대인 에피루스Epirus에 배치된 그리스군은 3만 명 정도에 불과하며 자신에게 5~6개 사단만 있으면 아테네까지 단숨에 밀고 들어갈 수 있다고 큰소리쳤다. 심지어 그는 자신이 만든 침공 계획이 〈인간이 할 수 있는 한〉

가장 완벽한 계획이라고 허세를 부렸다. 그의 머릿속에는 오직 그리스에서 멋진 승리를 거두어 원수로 승진할 기회를 잡겠다는 욕심만 있을 뿐, 나머지는 알 바 아니었다. 그리스가 이탈리아군의 침공에 맞서 동원령을 선포하고 국경의 병력을 10만 명 이상으로 늘려서 결사 항전의 각오를 다지는 중이라는 정보는 무시했다. 프라스카의 호언장담에 자신감을 얻은 무솔리니는 그 밖의 모든 부정적인 의견을 한 귀로 흘리면서 그리스 침공을 밀어붙였다.

무솔리니가 정한 공격 예정일은 10월 28일이었다. 굳이 이날로 잡은 이유는 18년 전 그가 추종자들을 이끌고 로마로 진군하여 기대하지도 않은 권력이 덩굴째 굴러 들어온 행운의 날이었기 때문이었다. 무능하면서 치적에만 혈안이 된 독재자일수록 합리적인 계산보다 비합리적인 미신에 매달리는 법이었다. 바돌리오가 히틀러에게도 알려 줘야 한다고 지적하자 무솔리니는 벌컥 화를 내면서 치아노에게 했던 말을 되풀이했다. 〈그들이 노르웨이를 공격할 때 우리에게 물어봤습니까? 그들이 언제 서쪽을 공격할지 우리 의견을 물어봤습니까? 그들은 마치 우리가 존재하지 않는 것처럼 행동했습니다. 나는 그들이 했던 대로 되갚아 줄 것입니다.〉

그라치아니에게는 영국이 끼어들지 못하도록 그리스 침공에 발맞추어 공세를 재개하여 이집트 서부의 요충지인 메르사 마트루Mersa Matruh를 점령하라는 명령이 떨어졌다. 막상 그가 요구했던 지원에 대해서는 일언반구 언급이 없었다. 1개 기갑 사단을 제공하겠다는 히틀러의 제안 역시 거절했다. 그라치아니는 여전히 충분한 증원 병력과 보급품이 오지 않는 한, 수령이 제아무리 닦달한들 한 발짝도 움직일 생각이 없었다. 무솔리니의 희망대로 돌아가지 않기는 그뿐만이 아니었다. 그는 불가리아 국왕 보리스 3세Boris Ⅲ에게 그리스를 협공하자고 제안했다. 불가리아는 그리스와 대대로 철천지원수였고 보리스 3세는 이탈리아 국왕 비토리오 에마누엘레 3세의 사위이기도 했다. 불가리아가 동쪽에서 그리스군을 묶어 준다면 일은 훨씬 수월하게 돌아갈 것이었다. 무솔리니는 당연히 받아들이리라 기대했지만, 보리스 3세는 호락호락한 인물이 아니었다. 훨씬 고단수였던 그는 현명하게도 싸울 준비가 되지 않았다는 이유로 거절했다. 한마디로 무솔리니에게 붙어 봐야 재미없다는 얘기였다. 무솔리니로서는 치명적인 계산 착오였지만 이제라도 정신 차리기는커녕 자신의 결정을 뒤집을 생각은 조금도 없었다.

애초에 무솔리니에게 그리스의 저항 따위는 안중에도 없었다. 유일한 걱정거리는 히틀러였다. 제아무리 장군들에게 으름장을 놓아도 히틀러의 말 한마디면 꼬리를 내려야 할 판국이었다. 그는 히틀러가 조간신문을 통해 무슨 일이 일어났는지 알게 만들겠다면서 큰소리쳤던 것이 무색하게도 10월 22일 독일에 넌지시 계획을 통보했다. 스페인 독재자 프랑코를 만나기 위해 서쪽으로 향하던 히틀러는 구체적인 내막까지는 몰랐지만 대경실색하여 엿새 뒤 피렌체에서 회견을 제안했다. 하필이면 무솔리니가 그리스 침공의 디데이로 정한 날이었다. 히틀러조차 이 예측 불허의 사고뭉치가 그렇게까지 충동적으로 일을 저지를 줄은 생각지 못했던 것이었다.

무솔리니와 치아노의 가장 큰 실수는 그리스를 너무 얕보았다는 사실이었다. 무솔리니보다 열두 살 위였던 그리스의 통치자 메탁사스는 조구처럼 개인의 영달에 눈이 먼 삼류 정치 모리배나 입만 산 선동꾼이 아니라 평생을 싸움터에서 보낸 진짜 전사였다. 그리스 서부 이오니아 제도의 유력 집안 출신인 그는 엘리트 장교로서 군인의 길을 선택했고 1897년 그리스-튀르키예 전쟁과 발칸 전쟁에서 활약했다. 이후 베를린 군사 대학에서 공부한 뒤 귀국하여 그리스군 현대화에 중요한 역할을 했다. 그 공으로 1915년 중장 승진과 함께 참모 차장에 임명되었다. 국왕 콘스탄티누스 1세Konstantínos I와는 친구이자 충복이었다. 제1차 세계 대전이 폭발하자 국왕과 메탁사스는 참전에 반대하고 중립을 지지했음에도 연합국의 유혹에 넘어간 친영파가 쿠데타를 일으켜 망명해야 했다. 메탁사스는 두 번이나 망명과 복귀를 반복했다.

제1차 세계 대전의 승전국이었던 그리스는 전후 동유럽의 많은 나라가 그랬듯 극심한 혼란을 겪었다. 오스만 제국이 패전과 혁명으로 무너지자 그리스는 기회를 놓치지 않고 〈메갈리 이데아Megali Idea〉*를 외치면서 튀르키예를 침공했다. 동로마 제국의 고토를 회복하고 대그리스를 실현하겠다는 야심이었다. 그리스군은 동부 트라키아와 소아시아 일부를 점령하고 이스탄불과 앙카라까지 진격할 기세였다. 하지만 갈리폴리에서 영불 연합군을 상대로 위대한 승리를 거둔 명장 무스타파 케말Mustafa Kemal의 반격으로 대패하고 쫓겨났다.

튀르키예는 공화국으로 다시 태어났고 그리스의 헛된 꿈은 허공으로 날아갔다. 게다가 인구 교환 협정에 따라 튀르키예에 살던 130만 명에 달하는 그리스계 주민들이 돌아오자 경제적 부담은 한층 심해졌다. 군부 쿠데타가 반복되고 대공황까지 겹치면서 그리스는 내전이 폭발할 판국이었다. 농촌에서는 공산주의자들이 불만에 가득한 농민들을 선동하여 빠르게 세력을 확대했다. 메탁사스는 공화정의 무능함을 비판하고 군주제 부활을 내세워 사람들의 인기를 얻는 데 성공했다. 1935년 11월 3일 영국에서 고달픈 망명 생활을 보내던 국왕 요르요스 2세 Geórgios II는 메탁사스의 지지를 얻어 왕위를 되찾았다. 메탁사스는 총리에 임명되었다.

그러나 눈앞의 상황은 그리 녹록지 않았다. 그리스 곳곳에서 시위와 총파업이 이어졌다. 메탁사스는 1936년 8월 4일 계엄령을 선언하여 의회를 해산하고 헌정을 중단시켰다. 그가 선택한 체제는 고대 민주주의를 꽃피웠던 아테네가 아니라 군국주의 사회였던 마케도니아와 스파

* 그리스어로 〈위대한 이상〉이라는 뜻이다.

르타였다. 극우 정당인 그리스국가사회주의당과 극좌 공산당을 비롯해 혼란의 주범이었던 모든 정당이 좌우를 따지지 않고 탄압 대상이었다. 노동자들의 파업도 금지되었으며 언론은 엄격한 검열을 받았다. 비록 서구식 민주주의의 요람이라는 명성이 무색하게 그리스 의회 민주주의는 뒷걸음질 쳤지만 메탁사스의 철권통치는 지난 20여 년 동안 극도로 어지러웠던 정국을 단숨에 안정시켰다. 만약 그리스에서 메탁사스라는 걸출한 지도자가 없었더라면 무솔리니와 치아노는 어렵지 않게 야망을 실현했을 것이다. 그의 존재야말로 가장 큰 계산 착오였다.

　10월 28일 새벽 3시, 아테네 주재 이탈리아 대사인 에마누엘레 그라치Emanuele Grazzi가 예고도 없이 메탁사스를 방문했다. 외교적 결례였지만 상대를 위협하기 위한 상투적인 방식이기도 했다. 그라치는 이탈리아에서 대표적인 친그리스 외교관으로 알려져 있었고 메탁사스와도 오랜 친분이 있었다. 바로 전날에는 자신의 대사관에서 메탁사스와 국왕 요르요스를 초청하여 연회를 열고 양국의 영원한 우정을 건배하기도 했다. 하지만 이 순간은 그의 인생을 통틀어 가장 고통스러운 임무를 수행해야 하는 순간이었다. 메탁사스는 감정을 드러내지 않고 부드러운 표정으로 불청객에게 안락의자에 앉을 것을 권유하며 프랑스어로 인사했다. 그리스 지도자가 이탈리아 외교관에게 프랑스어를 쓴 이유는 당시 유럽에서는 외교적인 관행이었기 때문이었다. 그라치 또한 프랑스어로 인사하면서 무솔리니의 친서를 넘겨주었다.

　두 사람의 분위기는 화기애애했지만 메탁사스가 넘겨받은 쪽지는 무뚝뚝한 언사로 가득했다. 그리스가 편파적으로 영국의 편을 들고 이탈리아를 적대하여 중립을 어겼다는 것이었다. 물론 일방적인 주장일 뿐, 구체적인 증거는 없었다. 마지막 대목은 이랬다. 자신은 이 모든 것을 더는 참을 수 없으니 그리스가 중립을 계속 보장받기를 원한다면 이탈리아군이 그리스를 자유롭게 통행할 권리와 함께 그리스 영토 내 전략적 요충지의 점령을 허용하라는 것이었다.

메탁사스의 표정은 분노와 당혹감으로 일그러졌고 손이 떨렸다. 원래 그리스는 친영 국가였다. 제1차 세계 대전에서는 연합군의 일원이었고 국왕 요르요스 2세는 1923년에 왕위에서 쫓겨난 후 10여 년 동안 런던에서 망명 생활을 보내기도 했다. 하지만 실리주의자였던 메탁사스는 서방 일변도에서 벗어나 유럽의 새로운 실세인 독일, 이탈리아에 접근했다. 그래야 그리스가 살아남을 수 있다는 판단에서였다. 1930년대 말에 오면 두 나라는 영국을 대신해 그리스의 최대 무역 상대국이 되었다. 그런 노력조차 무솔리니의 변덕 앞에서는 아무 의미 없는 시간 낭비였음을 뒤늦게 깨닫게 한 셈이었다. 메탁사스는 큰 충격을 받으면서도 오스트리아나 체코슬로바키아의 우유부단한 지도자들처럼 겁먹은 표정으로 시간을 끌지 않았다. 그는 프랑스어로 차분하지만 단호하게 말했다. 2,500년 전 선조들이 자신에게 굴복하라는 페르시아 황제 크세르크세스의 요구를 거부했던 것처럼 말이다. 〈그러면 전쟁이겠구려 Alors, c'est la guerre.〉

뜻밖의 반응에 당황한 쪽은 그라치였다. 그는 메탁사스를 달래려고 했지만 메탁사스가 도대체 이탈리아가 말하는 전략적 요충지라는 것이 어디를 말하느냐고 묻자 대꾸하지 못했다. 그라치는 본국으로부터 그 질문에 대한 아무런 답변도 듣지 못했기 때문이었다. 우물쭈물하는 그라치를 향해 메탁사스는 다시 같은 말을 되풀이했다. 나중에 그리스인들 사이에서 〈안 되오ochi!〉라는 더욱 짧고 인상적인 단어로 바뀌어 알려지게 되었고 오늘날까지도 그리스에서는 10월 28일을 〈오이 데이 Ohi Day〉로 성대하게 기념하고 있다. 그라치는 답변 시한이 새벽 6시라고 말하면서 어쩌면 그사이 메탁사스가 마음을 바꿀지 모른다고 기대했지만 어림없는 얘기였다. 메탁사스의 결심은 확고했다. 그보다도 성미 급한 무솔리니가 그때까지 기다릴 생각이 없었다. 자신이 정한 시한

이 되기도 전에 이탈리아군의 전면 침공은 시작되었다.

무솔리니의 위협 앞에서 그리스인들의 기개를 당당히 보여 준 메탁사스는 하루아침에 인기 없는 독재자에서 구국의 영웅이 되었지만, 상황은 테르모필레 협곡에서 페르시아 대군을 앞에 둔 레오니다스의 스파르타만큼이나 절망적으로 보였다. 적어도 겉으로는 다윗과 골리앗의 싸움이었다. 이탈리아 인구는 식민지를 제외하고도 4,380만 명에 달했지만, 그리스는 730만 명 남짓이었다. GDP에서는 이탈리아가 그리스의 7배였다. 군사력에서도 그리스군은 15개 사단 및 3개 여단 30만 명 정도에 불과한 반면, 이탈리아군은 73개 사단 230만 명에 달했다.

특히 해공군력에서 이탈리아는 압도적이었다. 알바니아에는 전투기 180대, 폭격기 225대를 포함하여 460대의 항공기가 배치되어 있었다. 전투기 중에서 50대만 최신 단엽 전투기인 피아트 G.50Bis였고 나머지는 CR.34와 CR.42 같은 구식 복엽기였다. 하지만 이탈리아 공군은 본국에 남아 있는 수백 대의 항공기들을 언제라도 알바니아로 증파할 수 있는 반면, 그리스 공군이 보유한 170여 대의 항공기 대부분은 쓸모없는 낡은 복엽기였다. 45대의 전투기 중에서 프랑스제 블로흐Bloch MB.150 단엽 전투기 9대만 이탈리아 전투기에 맞설 수 있었다.

그리스 해군은 전 드레드노트급 전함 1척과 장갑 순양함 1척, 경순양함 1척, 구축함 10척, 잠수함 6척, 어뢰정 13척, 기뢰 부설함 4척, 수리함 1척 등 37척의 군함과 병력 6,500명을 보유했다. 그중 현대적인 군함은 1930년대 말에 영국에서 구매한 배수량 1,300톤의 그레이하운드급Greyhound-Class 구축함 2척이 전부였다. 배수량 1만 5,000톤의 그리스 유일의 전 드레드노트 전함인 렘노스Lemnos는 노후화가 너무 심해 1937년에 퇴역한 뒤 무장 해제되어 그리스 해군의 모항인 살라미스에 정박한 채 썩어 가는 신세였다. 제1차 세계 대전 이전만 해도 에게해의 제해권을 놓고 오스만 제국과 해군력 경쟁을 벌이던 때가 언제였던가

1937년 아테네 그리스 노동청 앞에서 메탁사스(가운데). 일부 학자들은 그가 그리스
국민에게 파시스트식 경례를 강요하는 등 전체주의적인 통치를 했다는 이유로 파시즘의
추종자라고도 주장한다. 하지만 군 출신인 그는 히틀러, 무솔리니와 공통점이 거의
없을뿐더러 오히려 짝퉁 파시스트였던 요르요스 메르쿠리스George Mercouris의
그리스국가사회당은 메탁사스 통치 내내 탄압받았다. 또한 주변국을 침략하지도 않았고
홀로코스트를 저지르는 일도 없었다. 메탁사스가 추구했던 것은 정복이 아니라 안정이었다.

그리스 해군의 1만 200톤급 장갑 순양함 요르요스 아베로프Georgios Averof. 이탈리아
피사급 장갑 순양함을 기초로 건조되었으며 234mm 주포 2문과 190mm 주포 4문, 76mm
부포 8문을 탑재했다. 또한 23.5노트에 달하는 속도와 기동성으로 발칸 전쟁에서는 오스만
해군의 전함들을 농락하기도 했다. 제2차 세계 대전의 거친 풍파에서도 끝까지 살아남은 뒤
1952년에 퇴역했고 현재는 박물관으로 운영되고 있다.

싶을 만큼 쇠락했다. 경제 침체로 재정난이 심각했기 때문이었다. 영국 해군의 주력이 히틀러의 영국 상륙을 막느라 영불 해협에 못 박힌 처지에서 지중해의 패자를 자처하는 이탈리아 해군은 마음만 먹으면 그리스 해군을 간단히 쓸어버리고 에게해 앞바다에서 마음껏 활개 칠 수 있었다.

심지어 그리스군은 1930년대 초반에 훈련용으로 도입한 영국제 비커스 6T 경전차 2대를 제외하고는 단 한 대의 전차와 장갑차조차 없는 실정이었다. 유일한 기동 전력은 기병 사단 산하 1개 차량화 연대였고 165대의 트럭을 보유한 것이 전부였다. 대포는 제1차 세계 대전 당시 영불 연합군으로부터 넘겨받은 구식이었고 보병은 잡다한 낡은 소총으로 무장했다. 물론 메탁사스도 그동안 손 놓고 있었던 것만은 아니었다. 무솔리니가 알바니아를 집어삼키면서 위기가 고조되었기 때문이었다. 당장 그리스가 다음 차례가 될 수 있음을 절감한 그는 뒤늦게 그리스군의 현대화를 위해 영국, 프랑스에 접근하여 원조를 요청하고 최신 무기의 구매를 시도했다. 하지만 히틀러 때문에 당장 자기들을 무장하기도 급급했던 서방은 아무런 도움을 주지 않았다.

그렇다고 주변에 믿을 만한 우방도 없었다. 그리스는 1930년에 터키와의 원한 관계를 청산하는 데 합의했다. 1934년에는 그리스, 루마니아, 튀르키예, 유고슬라비아 네 나라가 참여하는 발칸 조약을 체결하여 상호 협력을 약속했지만, 이들 국가는 현실적으로 다른 나라에 도움을 줄 처지가 아니었다. 그나마 이탈리아와 손을 잡고 함께 침공하는 일을 막은 것만도 귀중한 성과였다. 제아무리 이탈리아군이 신통치 않다고 한들, 가난하고 낙후한 약소국에 불과한 그리스가 자력으로 이길 가능성은 없어 보였다. 메탁사스조차 개전 사흘째인 10월 30일, 한 언론 인터뷰에서 얼마나 승산이 있는지를 묻자 〈그리스는 승리를 위해 싸우는 것이 아닙니다. 영광을 위해 싸우는 것입니다. 또한 명예를 위해서요.

국가는 설사 승리의 희망이 없다고 해도 위대함을 지키기 위해 싸워야
하는 법이오〉라고 속내를 솔직하게 토로했을 정도였다.

그러나 그리스의 구세주는 무솔리니 자신이었다. 그의 쓸데없는
조급증이 전쟁을 다윗과 다윗의 싸움으로 만들었기 때문이었다. 10월
15일의 회의에 초청받지 못했던 이탈리아 해군과 공군 수뇌부는 개전
직전에야 통보받았다. 그들로서는 날벼락을 맞은 꼴이었다. 공군 참모
총장이자 이탈리아판 괴링이었던 프란체스코 프리콜리Francesco Pricolo 장
군은 부패하고 무능하면서 우유부단한 보신주의자였다. 그저 두체의
눈 밖에 나지 않는 것만이 유일한 관심사였다. 알바니아 주둔 공군 사령
관 페루초 란차 장군이 프리콜리더러 그리스 침공에서 자신들이 뭘 해
야 하는지를 묻자 그의 대답은 〈나는 아무 계획도 없소〉였다.

게다가 알바니아의 비행장들은 여건이 매우 열악하여 이탈리아 공
군은 제 능력을 발휘할 수 없었다. 이탈리아 해군 역시 지중해에서 영국
해군의 위협 때문에 주력 함대를 그리스로 출동시키기 어려운 처지였
다. 기껏해야 아드리아해의 해상 수송선을 유지하는 제한적인 임무 이
외에 태평양 전쟁에서 일본 해군처럼 압도적인 전력으로 그리스 남부
에 상륙하는 등의 적극적인 공세에 나설 계획도, 능력도 없었다. 알바니
아에 배치된 빈약한 전력으로는 그리스나 유고슬라비아의 침공을 막을
수는 있어도 이쪽에서 치고 나가는 것은 전혀 다른 얘기였다.

이탈리아군은 1935년 에티오피아를 공격했을 때보다도 불리한
조건에서 싸워야 할 판이었다. 더 중요한 사실은 그때도 이탈리아군은
고전을 면치 못했다는 점이었다. 구식 소총과 창, 방패로 무장한 에티오
피아 전사들을 상대로 이길 수 있었던 비결은 독가스였다. 하지만 무솔
리니도 아프리카라면 몰라도 같은 유럽인인 그리스인들에게 독가스 무
기를 쓸 배짱은 없었다. 그리스 침공을 위한 구체적인 작전도 없었으며,
그리스의 적수인 불가리아를 한편으로 끌어들이려는 외교적인 노력도

없었다. 게다가 이탈리아군 수뇌부의 나태함과 소극주의는 총체적이었다. 침공을 앞두고 알바니아 주둔 부대의 휴가를 금지해야 한다는 건의는 무시되었다.

심지어 날씨마저 무솔리니의 편이 아니었다. 때마침 집중 폭우가 쏟아지면서 도로를 진창으로 만들었기 때문이었다. 침공 전날 알바니아의 상황을 점검하기 위해 로마 참모본부에서 파견 나온 프란체스코 로시Francesco Rossi 중장은 악천후로 비행기를 띄울 수 없고 선박은 하역할 수 없으며 보급이 매우 어렵다면서 날씨가 좋아질 때까지 작전을 연기해야 한다고 주장했다. 그러나 무솔리니에게는 쇠귀에 경 읽기였다. 그는 자신에게 불리한 어떤 말도 들으려 하지 않았다. 침공 직전 총지휘를 맡은 프라스카를 향해 〈작전의 성공은 속도에 달려 있습니다〉라면서 가차 없고 무자비하게 적을 밀어붙이라고 강조하면서도 그러기 위한 준비에는 관심이 없었다. 〈목후이관(沐猴而冠)〉*이라는 말마따나, 삼류 선동가로서 어쩌다 권좌에 앉게 된 무솔리니는 남들 앞에서 으스대고 싶다는 유아적인 욕심은 있어도 진짜 전쟁이 어떤 것인지 따위는 이해할 수도 없었고 알 바도 아니었다.

개전 당시 그리스군은 5개 군단 14개 보병 사단 및 1개 기병 사단, 3개 여단이 있었다. 서부 마케도니아 야전군 산하 제2군단 3개 사단 및 2개 여단이 서쪽 연안과 알바니아 국경을, 제3군단 3개 사단 및 1개 여단이 유고슬라비아 국경과 인접한 마케도니아 방면을 각각 맡아서 이탈리아군의 침공에 대비했다. 또한 제4군단과 제5군단 4개 사단은 동쪽의 불가리아 국경을, 나머지 제1군단 산하 4개 보병 사단과 기병 사단은 전략 예비대로 후방에 주둔했다.

그리스군 역시 이탈리아만큼이나 전쟁 준비가 되어 있지 않았다.

* 원숭이가 머리에 관을 쓰고 우쭐댄다는 뜻으로 사마천의 『사기』 중 「항우기」에서 눈앞의 일밖에 모르는 항우의 어리석음을 비웃는 고사이다.

장비가 빈약하고 훈련도 부족했으며 병력 배치도 완료되지 않았다. 심지어 탄약도 불충분했다. 하지만 유리한 점도 있었다. 그리스 사단은 다른 나라들과 마찬가지로 3개 연대로 구성되었기에 2개 연대로 구성된 이탈리아 사단에 비해 머릿수만큼은 우세했다. 사단 수의 단순 비교는 의미가 없었다. 그리스 지휘관들은 제1차 세계 대전과 튀르키예와의 전쟁에서 싸웠기에 풍부한 실전 경험이 있었다. 그리스군 총사령관 알렉산드로스 파파고스Alexandros Papagos 대장은 허세만 가득한 프라스카보다 훨씬 유능한 인물이었다. 가장 결정적인 차이는 전쟁에 대한 태도였다. 이탈리아 병사들은 싸우기도 전에 다 이긴 양 그리스 현지 여성을 꼬실 때 쓸 요량으로 스타킹과 콘돔부터 챙겼다. 프라스카의 참모장이었던 퀴리노 아르멜리니Quirino Armellini 장군은 일선 지휘관들 사이에서 〈일단 싸움을 시작하고 그다음에 고민하면 된다〉라는 무책임함이 만연하다고 한탄했다. 그리스와의 전쟁을 잠깐의 여흥으로 여기는 이탈리아군과 달리, 그리스인들은 레오니다스와 300명의 스파르타 전사들처럼 침략자에 끝까지 맞설 의지를 불태우고 있었다.

10월 28일 새벽 5시 30분, 이탈리아군의 공격이 시작되었다. 공

그리스 서부 마케도니아 야전군 편제(1940. 10. 28)

- **군사령관 이오아니스 피트시카스Ioannis Pitsikas 중장**
- **제2군단: 군단장 디미트리오스 파파도포우로스Dimitrios Papadopoulos 중장**
  - 제1보병사단, 제8보병사단, 제9보병사단, 제3보병여단, 제5보병여단
- **제3군단: 군단장 요르요스 촐라코글루Georgios Tsolakoglou 중장**
  - 제6보병사단, 제10보병사단, 제11보병사단, 제4보병여단
- **핀두스 분견대Pindus Detachment**
  - 1개 보병 연대, 포병 대대, 대공포 대대, 공병 대대 등

격에 참여한 부대는 알바니아 주둔 8개 사단 중 제25군단 3개 보병 사단, 줄리아 산악사단, 해안 집단 등 4개 사단 5만 명 정도에 불과했다. 제26군단은 예비대로 남았다. 해안 집단 산하 제3척탄병연대와 제3기병연대가 우익을 맡아 국경에서 10km 떨어진 작은 항구 도시 이구메니차Igoumenitsa를 점령한 다음 해안가를 따라 프레베자Preveza와 코르푸Corfu섬을 향해 남하했다. 제25군단 제23보병사단과 제51보병사단, 켄타우로 기갑사단은 중앙에서 각각 이오아니나Ioannina, 필리아테스Filiates, 칼파키Kalpaki로 진격했다. 좌익에서는 줄리아 산악사단이 핀두스산맥의 요충지인 메초보Metsovo를 향해 진군했다. 그중에서도 줄리아 산악사단은 유럽 최고의 산악전 전문 부대이자 이탈리아 최강 부대 중 하나였기에 무솔리니의 기대가 컸다. 하지만 알바니아에 도착한 지 얼마 되지 않아 현지 지형에 익숙지 않았고 병력은 1만 명에 불과했다.

악천후 탓에 공군의 지원을 거의 받을 수 없었지만, 이탈리아군은 몇 대의 탱켓을 앞세우고 기세등등하게 진군했다. 이탈리아군의 방식은 제1차 세계 대전과 크게 다르지 않았다. 포병이 몇 시간 동안 포탄을 퍼부은 뒤 보병이 전진하는 식이었다. 그러나 이탈리아군의 포격은 그리스군을 제압하기에는 충분치 않았다. 오히려 그리스군의 포격을 뒤집어쓴 쪽은 공격에 나선 이탈리아 병사들이었다. 어쨌든 초기 공세는 그럭저럭 나쁘지 않은 것처럼 보였다. 국경 방어를 맡은 그리스군은 결전을 회피한 채 지연 전술을 쓰면서 남쪽으로 조금씩 후퇴했다. 프라스카는 〈그리스인들은 변변한 저항 없이 달아났으며, 심지어 식탁에 뜨거운 음식을 그대로 내버려둔 채 떠났습니다〉라고 허세가 잔뜩 들어간 보고서를 보내 무솔리니를 흡족하게 했다.

무솔리니에게 정말로 기습당한 쪽은 그리스군이 아니라 히틀러였다. 그는 스페인-프랑스 국경에 있는 작은 마을인 앙다예Hendaye의 기차역에서 스페인의 독재자 프란시스코 프랑코를 만나고 돌아오는 길이었다. 영국과의 싸움에서 도움을 얻기 위함이었다. 독일과 이탈리아의 원조 덕분에 공화파 정부를 무너뜨리고 정권을 잡은 프랑코는 은혜에 보답하기는커녕 배은망덕하게도 독일이 합당한 대가를 내놓기 전에는 추축 편에 설 수 없다고 버텼다. 영국령 지브롤터와 프랑스령 모로코, 알제리, 카메룬의 병합, 대량의 식량과 무기, 석유를 공급해야 한다는 것이었다. 협상은 결렬되었다. 히틀러조차 완전히 질린 나머지 〈그 작자와 다시 얘기하느니 차라리 이빨을 서너 개쯤 뽑는 쪽이 낫다〉라고 말했을 정도였다. 프랑코는 히틀러에게 아무것도 얻지 못했지만, 아무것도 잃지 않았다는 점에서 무솔리니보다 몇 수 위였다.

　　뒤이어 몽투아르Montoire에서 열린 비시 프랑스 지도자들과의 회견역시 썩 만족스럽지 않았다. 그는 실망감을 드러내면서 베를린으로 향하는 기차에 올랐다. 그리고 무솔리니가 그리스를 침공했다는 소식을 들었다. 이미 충분히 기분을 잡친 뒤였던 그는 철없는 동맹자의 불장난에 또 한 번 분통을 터뜨려야 했다. 〈이것은 완전히 미친 짓이다. 작고 가난한 그리스와 싸울 게 아니라, 어째서 몰타나 크레타를 공격하지 않았지? 하다못해 지중해에서 영국과의 싸움에 어느 정도 도움이라도 되었을 것인데.〉

　　히틀러가 무솔리니더러 발칸에서의 행동을 자제해 달라고 요구했던 것은 소련 침공을 준비하고 있었기 때문이었다. 그는 발칸 국가들로부터 석유와 각종 원자재를 수입하고 있었다. 또한 발칸의 안정이 깨진다면 대번에 영국이 끼어들어 독일의 아랫배를 노릴 게 불 보듯 뻔했다. 그런 자신의 계획에 무솔리니가 초를 친 격이었다. 히틀러가 완전히 지친 표정으로 피렌체에 도착하자 기다리고 있던 무솔리니는 의기양양한 표정으로 마치 그동안의 앙갚음을 하는 양 이렇게 말했다. 〈총통! 우리는 진격 중입니다. 오늘 새벽 승리의 이탈리아군은 그리스-알바니아 국경을 넘었습니다.〉 그 순간 히틀러는 놀라운 자제력을 보였다. 자신의 감정을 최대한 억누른 채 미소를 보여 주면서 자신은 무솔리니의 계획에 전적으로 지지한다고 말했다. 하지만 돌아오는 길에 히틀러는 측근들을 향해 〈그리스 침공은 돼지 똥〉이라고 원색적으로 비난했다.

일이 생각처럼 돌아가지 않음을 무솔리니가 깨닫기까지 그리 오래 걸리지 않았다. 그리스군의 저항은 미미했지만, 이탈리아군의 전진은 느리기 짝이 없었다. 탱켓들은 진흙탕에서 허우적거렸다. 이탈리아 제23보병사단은 개전 닷새째인 11월 1일에야 국경에서 겨우 7km 떨어진 코니차Konitsa를 점령했다. 모처럼 날씨가 개면서 이탈리아 폭격기들이 그리스 제2의 도시이자 주요 항구인 테살로니키를 폭격했지만, 실질적인 피해는 거의 없었다.

다음 날 칼파키에서 센타우리 기갑사단과 그리스 제8사단의 격전이 벌어졌다. 이탈리아군은 50여 대의 탱켓과 함께 맹공을 퍼부었지만, 방어선 돌파에 실패했다. 선두의 탱켓들이 그리스군의 포격으로 불덩어리가 되자 뒤따르던 전차들은 겁을 먹고 방향을 바꾸어 달아났다. 그중 몇 대는 온전한 상태로 노획되어 그리스군에 의해 사용되기도 했다. 이탈리아 오토바이 대원들은 오토바이를 버리고 도보로 도망쳤다. 이탈리아군 제47보병사단 〈바리Bari〉는 코르푸섬에 상륙할 예정이었지만 악천후로 취소되었다. 이탈리아 공군은 준비 부족으로 육군을 제대로 지원하지 못했고 오히려 그리스 공군 소속 영국제 브리스틀 블렌헤임 Bristol Blenheim IV 쌍발 폭격기들이 알바니아 코르처Korçë의 이탈리아군 비행장을 폭격하여 큰 피해를 입혔다.

무솔리니는 그리스 중서부의 항구 도시 프레베자에 상륙하여 그리스군의 후방을 위협하라고 지시했지만, 이탈리아 해군은 능력 밖이라며 거부했다. 이탈리아군은 독일군과 같은 전격전을 수행할 방법이 없었다. 이탈리아 병사들은 비와 눈을 맞으며 험준한 산속을 헤맸고 혹독한 추위와 굶주림에 고통받았다. 주로 북아프리카에서 싸웠던 이들에게 그리스의 산악 지대는 생소한 환경이었다. 싸움이 시작된 지 며칠 되지도 않아 전황은 급격히 나빠졌다.

그중에서도 최악의 재앙을 맞이한 쪽은 줄리아 사단이었다. 쏟아지는 가을비 속에서 줄리아 사단 병사들은 유럽에서 가장 험난하다는 핀두스산맥으로 진군하여 그리스 전초 기지들을 손쉽게 점령했다. 그리스군 핀두스 분견대는 2,000명 정도에 불과했고 여기저기 흩어져 있었다. 그러나 10월 30일 폭설이 쏟아지고 그리스군 제1보병사단이 증원되면서 대번에 이탈리아군의 진격은 가로막혔다. 11월 2일, 줄리아 사단은 국경에서 약 40km 떨어진 보부사Vovousa를 점령했다. 첫 번째 목표인 메초보까지 20km를 남겨 두었지만, 그리스군의 방어선을 돌파하기에는 병력과 물자가 부족했다. 게다가 주변 우군이 제대로 전진하지 못하면서 줄리아 사단은 혼자 전방으로 돌출된 형국이었고 프라스카의 사령부와는 연락마저 끊어졌다.

뒤늦게 프라스카는 코르푸 상륙 작전에 투입되려다가 취소된 제47보병사단을 증파하기로 약속했다. 하지만 이들이 전선에 도착하려면 시간이 필요했다. 프라스카는 〈그리스군은 여태껏 공격하지 않았고 앞으로도 그럴 것이다〉라며 허세를 부렸다. 그 말이 무색하게도 다음 날 새벽 그리스군의 대대적인 반격이 시작되었다. 사방에서 그리스인 특유의 전투 함성인 〈아에라Aera〉* 소리와 함께 그리스군이 물밀듯이 밀고 들어왔다. 포위된 줄리아 사단은 그리스군의 파상 공세를 견디지 못한 채 전체 병력의 절반이나 잃은 후에야 간신히 빠져나올 수 있었다. 승기를 잡은 그리스군 총사령관 파파고스 장군은 예비대로 남겨 둔 제1군단 5개 사단 전부(제2, 제3, 제4, 제5보병사단, 기병 사단)와 불가리아 방면에서 2개 사단(제13, 제17보병사단) 및 제16보병여단을 빼내 에피루스 방면으로 투입했다. 불가리아가 무솔리니의 모험에 편승하지 않겠다

* 그리스어로 바람이라는 뜻이다.

알바니아-그리스 국경의 산길을 행군하는 이탈리아 제3알피니사단 〈줄리아〉 산악 부대원들.
북부 이탈리아 국경의 험준한 알프스 산악 지대에서 활동하기 위해 1872년 10월 15일
현지 자원자들을 모아 처음 창설한 알피니 부대는 유럽에서도 역사가 가장 오래된 산악
전문 부대로서 오스만 전쟁과 제1차 세계 대전, 에티오피아 원정 등 굵직굵직한 전쟁에서
활약했다. 특히 산악 지형인 그리스는 이들이 싸우기에 최적의 장소였다. 하지만 무솔리니의
성급함과 프라스카의 졸렬한 작전으로 창설 이래 최악의 재난을 맞이해야 했다. 현재도
이탈리아군을 대표하는 정예 산악 부대로 1개 사단 및 2개 여단이 활동 중이다.

고 결정한 덕분이었다. 개전 일주일 만에 주도권은 그리스에 넘어갔다.

한 달 전만 해도 아테네를 전광석화처럼 점령하겠다고 큰소리쳤던 프라스카는 실패의 원인을 악천후 탓으로 돌리면서 더 많은 비행기와 전차, 증원 병력을 보내 달라고 요구했다. 노발대발한 무솔리니는 그의 목을 쳐서 분풀이했다. 침공 12일째인 11월 8일이었다. 무솔리니는 치아노에게 말했다. 〈누구나 자신의 인생에서 치명적인 실수 한 가지씩 저지른다. 내 실수는 프라스카를 믿었다는 것이다.〉 수령의 신임을 잃은 프라스카는 원수 지휘봉은 고사하고 군대에서 불명예스럽게 쫓겨났다. 이후 어떤 직책도 맡지 못했던 그는 이탈리아가 항복한 후 독일을 반역하려 했다는 이유로 폴란드 수용소에 끌려갔고 그곳에서 종전을 맞이했다. 분수에 맞지 않는 욕심으로 자신은 물론 군대와 국가를 파멸로 몰아넣은 대가를 톡톡히 치른 셈이었다.

그를 대신하여 지휘봉을 든 사람은 참모 차장 우발도 소두Ubaldo Soddu 장군이었다. 하지만 프라스카와 다를 바 없이 한심한 인물이었다. 젊은 시절 제1차 세계 대전에서 싸웠던 것 이외에 실전 경험이 없었다. 1930년대 내내 후방의 참모본부와 정보부에서 복무했던 그는 참모로서는 그런대로 유능했지만, 야전 지휘 경험이 매우 부족했다. 오로지 연공서열과 무솔리니에 대한 충성심으로 그 자리까지 올라온 책상물림 장군이었다. 프라스카는 소두가 실전에서 대대 이상의 부대를 지휘한 적이 없다고 혹평했다. 게다가 취미 활동으로 영화 음악을 작곡하는 데 빠져 있었다. 심지어 전투가 한창일 때에도 이 때문에 몇 시간씩 자리를 비우기 일쑤였다. 소두는 충분한 병력과 물자를 확보할 때까지 공세를 멈추고 방어로 전환하기로 했다. 처음부터 그렇게 했어야 마땅한 조치였다. 문제는 그리스군이 기다려 주지 않는다는 사실이었다.

사흘 뒤에는 더 충격적인 사건이 벌어졌다. 영국 지중해 함대가 이탈리아 최대의 군항인 타란토를 공습하여 이탈리아 해군을 하룻밤 사이 반신불수로 만든 것이었다. 1년 뒤에 벌어질 진주만 공습의 축소판이었다. 영국 해군은 항모 1척과 페어리 소드피시Fairey Swordfish 뇌격기 12대를 투입하여 그중 2대를 잃은 것이 전부였던 반면, 이탈리아 해군은 주력 전함 6척 중 3척이 무력화되었고 중순양함 1척, 구축함 2척이 손상되었다. 그중 콘테 디 카부르는 전쟁이 끝날 때까지도 전열에 복귀할 수 없을 만큼 큰 피해를 입었다. 한 줌에 불과한 구식 복엽기들에 이탈리아 해군의 심장부가 뚫린 것은 그만큼 영국 해군이 강했다거나 교묘해서가 아니라 전적으로 이탈리아 해군이 경계를 소홀히 하고 태만했던 탓이었다. 큰 충격을 받은 무솔리니는 남은 함대를 보다 북쪽의 나폴리로 철수하라고 명령했다.

물론 그렇다고 해서 흔히 알려진 것처럼 타란토 해전으로 이탈리아 해군의 기세가 당장 꺾여서 항구 속으로 숨어 버린 것은 아니었다. 불과 보름 뒤에 11월 27일 사르데냐섬 남쪽의 스파르티벤토곶 해전 Battle of Cape Spartivento에서 이탈리아 해군은 잔여 함대를 모아 영국 해군에 용감히 맞서기도 했다. 하지만 이탈리아 해군은 미드웨이 해전에서의 미 해군처럼 열세한 전력으로 극적인 활약상을 보여 주기는커녕, 초반의 우위를 제대로 써먹기도 전에 수세에 내몰리는 판국이었다. 그리스 전역에서도 끝까지 이렇다 할 활약은 없었다.

5개월 뒤에는 그리스 크레타섬 인근에서 마타판곶 해전Battle of Cape Matapan이 벌어졌다. 이탈리아 해군은 일방적으로 난타당하여 전함 1척이 대파하고 중순양함 3척과 구축함 2척이 침몰했다. 영국 해군의 피해는 거의 없었다. 승부는 제1차 세계 대전 당시 유틀란트 해전과 달리 함포가 아니라 레이더와 항공기라는 신무기에서 결판났다. 무솔리니가 그동안 등한시했던 것들이었다. 등뼈가 부러진 격이었던 이탈리아 해군은 자신감을 완전히 잃고 다시는 영국 해군에 도전할 엄두를 낼 수 없었다. 지중해를 이탈리아의 호수로 만들겠다는 무솔리니의 원대한 야심이 무색하게도 지중해에서의 주역은 독일 공군과 유보트에 넘어갔다.

독일군의 보조로 전락한 이탈리아 해군은 북아프리카에서 자신들을 대신하여 싸우는 로멜의 병참선을 지탱하는 역할을 맡았다. 전쟁을 통틀어 거의 유일하게 주목할 만한 전과는 1941년 12월 18일 이탈리아 해군 특수 작전 부대인 데치마 플로티글리아Deccima Flottiglia Mas 대원 6명이 영국 지중해 함대의 모항인 알렉산드리아에 침투하여 전함 2척을 폭파한 일이었다. 이탈리아 해군의 거함들이 무기력했던 모습과는 대조적이었다. 이 때문에 〈이탈리아 해군의 용기는 배의 크기에 반비례한다〉라는 조롱을 들어야 했다. 이탈리아 해군이 항구에서 나온 것은 무솔리니가 몰락하고 이탈리아가 항복한 뒤 독일의 마수를 피해 달아날 때였다.

그리스군, 알바니아로 가다

침공이 시작되었을 때만 해도 히틀러에게 한 방 먹였다며 얼굴에 화색이 가득했던 무솔리니는 며칠 동안 승리를 자축했다. 치아노는 바돌리오가 그리스 침공을 취소시킬 속셈으로 일부러 아무런 준비도 하지 않았다고 일러바쳤지만, 무솔리니는 관대하게 용서했다. 그러나 행복감은 오래가지 않았다. 이탈리아인들이 샴페인을 터뜨리는 동안, 그리스군은 반격을 준비하고 있었다.

그리스군의 첫 번째 공격은 이탈리아군의 침공이 시작된 지 닷새만인 11월 1일이었다. 유고슬라비아와 인접한 동쪽의 마케도니아 방면에서는 이탈리아 제26군단이 준비 부족으로 아예 공세에 나서지도 못한 채 그리스군과 대치했다. 그리스군 소부대는 데볼리Devoli강을 건넌 후 알바니아 국경에서 20km 떨어진 모라바Morava로 침투하여 이탈리아군 진지를 기습했다. 그리스군이 감히 선제공격에 나서리라고는 생각하지 못한 채 마음을 푹 놓고 있던 이탈리아군 수비대는 혼비백산했다. 자신감을 얻은 그리스 제9사단은 11월 6일부터 공세로 전환하려 했지만, 총사령관 파파고스 장군은 너무 성급하다면서 14일로 연기했다.

그 사이 이탈리아군의 공세는 폭설과 병참 부족으로 인해 완전히 가로막혔다. 제25군단은 겨우 20km를 전진한 후 칼파키에서 그리스군의 방어선을 돌파하는 데 실패했다. 그리스의 환경은 리비아와는 전혀 달랐다. 혹독한 추위 탓에 무기는 얼어붙었고 병사들은 자신의 오줌으로 꽁꽁 언 손을 녹였다. 국경 남쪽 60km 떨어진 메초보로 진격하던 제3산악사단 줄리아 1만 800명은 핀두스 산속에서 그리스 기병 사단에 포위되어 괴멸적인 타격을 입고 원래 위치로 밀려났다. 사상자는 2,500여 명에 달했다. 이탈리아군 최강 부대 중 하나인 줄리아 사단의 패주는 그때까지도 태평스러웠던 로마의 수뇌부에 엄청난 충격을 주었다. 낙관적인 분위기가 한순간에 뒤집혔다. 11월 7일, 이탈리아군 해안집단이 국경에서 40km 떨어진 작은 해안 마을 마르가리타Margarita를 점령한 것이 개전 이후 가장 깊숙이 진격한 순간이었다.

일이 제대로 돌아가지 않자 장군들은 서로에게 책임을 떠넘겼다. 그리스 공군의 저항이 거의 없었음에도 이탈리아 공군은 복잡한 행정 절차와 작전 계획의 부재로 아무런 역할도 하지 못했다. 이탈리아 폭격기들은 아테네를 비롯한 그리스 도시에 폭탄을 떨어뜨렸지만, 작전이 주먹구구식이어서 효과는 신통찮았다. 심지어 알바니아 티라나의 사령부와 본국의 브린디시Brindisi 공군 사령부 사이에 연락하기 위한 전화선조차 없어서 매번 연락관이 비행기를 타고 부지런히 오가며 명령을 전달하는 판국이었다. 무솔리니는 그제야 자신이 전쟁을 너무 얕보았으며 히틀러와의 경쟁심에 눈이 멀어 충동적으로 침공을 명령한 것을 후회했다. 그리스인들을 우습게 여기고 자신의 군대가 진격만 시작하면 알아서 무너지리라 여겼기 때문이었다.

무솔리니에게 더욱 나쁜 소식은 영국이 그리스에 발을 들이기로 했다는 사실이었다. 이탈리아군이 그리스를 침공했다는 소식을 들은 처칠은 즉각 개입을 결정했다. 〈우리는 공동의 적과 싸울 것입니다.〉 무솔리니는 침공 명분으로 그리스가 영국을 은밀하게 끌어들이고 비밀 작전을 지원했기 때문이라며 억지 주장을 늘어놓았지만, 실제로 그렇게 만든 쪽은 자신이었다. 11월 3일, 첫 번째 부대로 이집트 주둔 영국 제30비행대 소속 브리스틀 블렌하임 쌍발 폭격기 8대와 글로스터 글래디에이터 복엽 전투기 30대가 아테네 인근의 비행장에 도착했다. 비행기들은 꾸준히 지중해를 넘어 그리스에 도착했다. 사흘 뒤 영국 폭격기들은 첫 임무로 알바니아 남서부의 항구 도시 블로러Vlorë를 폭격하여 자신들이 참전했음을 알렸다.

제2산악사단 〈트리덴티나Tridentina〉와 제48보병사단 〈타로Taro〉를 비롯한 증원 병력이 알바니아로 출동했다. 하지만 연이은 재앙은 이탈리아군의 사기를 완전히 땅에 떨어뜨렸다. 무솔리니는 병력을 보충한 후 공세를 재개할 참이었지만 그조차 쉽지 않았다. 사령관의 교체와 부대 재배치로 지휘 계통이 일시적으로 마비된 데다 증원 병력 또한 계획 없이 투입되면서 혼란을 가중했다. 산속에 갇혀 추위와 굶주림에 허덕이던 이탈리아 제25군단 병사들은 그리스군이 보이기만 해도 달아나거나 투항했다. 소두는 이탈리아군이 재공세에 나서려면 적어도 한 달이 필요하다고 판단했지만 안이한 생각이었다. 그사이 먼저 움직인 쪽은 그리스였다.

개전 18일째인 11월 14일 새벽, 모든 전선에 걸쳐 그리스군의 일대 반격이 시작되었다. 그리스군 병사들은 현지 농민들의 도움을 얻어 눈을 치우고 길을 만들었다. 여성들은 포탄과 보급품을 실어 날랐다. 몇 시간 만에 이탈리아군은 무너졌다. 아무것도 모르고 전선으로 향하던 종군 기자들은 앞에서 한 떼의 이탈리아 병사들이 정신없이 뛰어오는 것을 봤다. 한 이탈리아 기자가 말했다. 〈그들은 미쳤다. 그리스인들이 오고 있다고 한다.〉 동쪽에서는 그리스 제3군단 산하 3개 사단이 알바니아 국경을 넘어 이탈리아 제26군단을 돌파했다. 다음 날에는 국경에서 15km 떨어진 모라바Morava산을 점령했다. 그리스군은 대전차 무기가 거의 없었음에도 이탈리아군의 빈약한 경전차들은 아무런 위협이 되지 못했다. 그리스 폭격기들은 알바니아의 이탈리아 비행장들을 폭격하여 다수의 비행기를 지상에서 파괴했다.

이탈리아군을 국경으로 밀어낸 그리스군은 21일 알바니아 국경을 돌파하고 국경 마을인 에르세커Ersekë를 점령했다. 전세는 역전되었다. 다음 날 알바니아 동남부의 요충지인 코르처가 함락되었다. 그리스군은 이탈리아 포로 2,000명과 135문의 대포, 300정의 기관총을 노획했다. 더욱이 코르처는 그리스를 폭격하는 이탈리아 공군의 주요 거점이기도 해서 그리스 전체가 환호했다. 서쪽에서도 제1군단과 제2군단이 공세에 나섰다. 이탈리아군 중에서 유일하게 성공적으로 진격했던 해안 집단 또한 그리스군에 포위되지 않으려고 후퇴했다. 무솔리니는 소두에게 한 발짝도 물러서지 말라고 엄명을 놓았지만 소용없었다. 그리스군이 너무 빨리 진격하면서 이탈리아 수송기들이 떨어뜨린 보급품은 그리스 병사들의 손에 들어가는 판국이었다.

무솔리니의 그리스 침공은 1년 전 스탈린의 핀란드 침공 이상으로 졸렬했다. 핀란드에서 소련군은 비록 망신당하기는 했지만 적어도 핀란드군이 소련 영토로 진격하는 일은 없었다. 다윗과 골리앗의 싸움에서 먼저 나가떨어진 쪽은 다윗이었던 핀란드였다. 스탈린은 더 많은 병력을 투입하여 기어이 핀란드를 굴복시켰다. 하지만 무솔리니에게는 그럴 힘조차 없었다. 그리스군이 반격에 나섰다는 말을 들은 무솔리니는 로마 베네치아 궁전에서 지지자들을 향해 〈나는 반복해서 자신 있게 말한다. 우리는 그리스의 등뼈를 부러뜨릴 것이다〉라고 큰소리쳤다. 그

눈으로 덮인 이피로스의 산속에서 프랑스제 스나이더 65mm M1906 산포로 이탈리아군
진지를 사격하는 그리스 포병들. 이들이 쓰고 있는 M34/39 철모가 이탈리아군의
M33 철모와 유사한 것은 그리스군이 프랑스제 구형 아드리안 철모를 대체하기 위해
이탈리아로부터 구매했기 때문이었다. 1930년대의 그리스와 이탈리아의 군사적 협력
관계를 보여 주는 셈이지만 그렇다고 무솔리니의 탐욕을 피할 수 없었다.

눈 덮인 알바니아 산속에서 폭설을 뚫고 전진하는 그리스 병사들. 이들 역시 이탈리아
병사들만큼이나 고통을 겪어야 했고 전투보다 동상으로 잃는 병사들이 더 많았다. 그러나
승리와 자신감에 가득했던 그리스 병사들은 추위조차 잊었던 반면, 패배주의에 빠진
이탈리아 병사들에게는 추위 또한 몇 배 더 고통스러울 수밖에 없었다.

러나 전선은 이제 그리스가 아니라 알바니아였고 자신이 정복하려 했던 상대에게 도리어 정복당할 처지였다. 누구도 예상치 못했던 일이었다. 보름 전만 해도 서방 언론인들, 특히 미국인들은 상황을 매우 비관하면서 그리스인들이 승리할 가능성은 전혀 없다고 주장했다.

이제 상황은 완전히 달라졌다. 그리스군은 이탈리아군의 저항보다 점점 길어지는 병참 문제와 끝없이 쏟아져 들어오는 이탈리아 포로들의 처리가 더 심각한 골칫거리였다. 포로들은 배를 타고 아테네로 수송된 뒤 그리스인들이 지켜보는 앞에서 포로 수용소까지 걸어갔다. 초췌한 모습으로 행진하는 포로들의 모습을 본 한 노파는 이렇게 말했다. 〈참으로 불쌍하구려. 저들은 전사가 아니야. 총 대신 만돌린을 들어야 했어.〉 몇 달 전 무솔리니에게 등 뒤에 칼이 꽂혔던 프랑스인들의 조롱은 더욱 신랄했다. 프랑스-이탈리아의 국경 도시 망통 근처에는 이런 팻말이 내걸렸다. 〈이곳은 프랑스 땅이다. 그리스인들, 너희들은 이탈리아인들을 쫓는답시고 여기를 넘어서는 안 된다.〉 모나코와 니스의 프랑스인들은 자신들의 유명한 혁명가인 「라 마르세예즈」를 패러디하여 이탈리아군을 비웃었다. 〈가자! 이탈리아의 아이들아! 도망칠 날이 왔도다! 우리는 알바니아에서 달아나야 한다! 우리가 그곳에서 죽고 싶지 않다면!〉

자신의 군대가 도주하고 있다는 보고를 받은 무솔리니는 군 정보부 수장 체사레 아메Cesare Ame 장군에게 소리쳤다. 〈나는 진실을 원하오. 그래야 처형대에서 몇 명의 머리를 날려 버릴 수 있으니까.〉 물론 그에게는 스탈린 같은 냉혹함조차 없었다. 이탈리아 장군 중에서 패전을 책임지고 총살당한 사람은 한 명도 없었다. 물론 희생양은 있었다. 무솔리니는 사이가 완전히 틀어진 바돌리오에게 모든 책임을 떠넘겼다. 그가 소극적으로 싸우는 바람에 일이 이 지경이 되었다는 이유였다. 바돌리오는 삼군 총참모장에서 해임되었다. 그 자리는 바돌리오의 경쟁자였던 우고 카발레로Ugo Cavallero 원수에게 넘어갔다. 겉으로는 예의 바르고 교양을 갖추었지만, 군수업자들과 결탁하여 부패하기로 이름난 장군이었다. 별명은 〈모리배 장군〉이었다.

11월 23일, 무솔리니는 한 달 전에 내렸던 동원 해제령을 마지못해 취소했다. 하지만 상황은 나아지지 않았다. 그리스군은 이탈리아군과 마찬가지로 폭설을 뚫고 진격했고 병참 문제에 허덕였지만, 한 달 전의 이탈리아군보다는 훨씬 성공적이었다. 12월 1일, 그리스군 제13사단이 알바니아 동부 오흐리드 호수 인근의 요충지 포그라데츠Pogradec를 점령하면서 알바니아의 수도 티라나조차 풍전등화였다. 포그라데츠에서 티라나까지는 80km에 불과했다. 5일에는 국경에서 30km 떨어진 델비너Delvinë가 함락되었다. 8일에는 알바니아 남부의 항구 도시 사란더Sarandë가 넘어갔다. 이곳은 무솔리니가 알바니아를 병합한 뒤 장녀이자 치아노의 아내였던 에다의 이름을 붙였던 도시이기도 했다. 22일 그리스군은 알바니아 제2의 항구 도시인 블로러에서 40km 떨어진 해안 마을인 히마레Himarë에 입성했다.

무솔리니에게는 비관적인 보고서가 꼬리를 물고 날아왔다. 메탁사스에게 허세 섞인 위협을 늘어놓으며 항복을 강요했을 때는 감히 생각지도 못한 상황이었다. 알바니아에서 쫓겨나는 것은 시간문제처럼 보였다. 소두가 협상을 주장하자 무솔리니는 노발대발했다. 〈그리스인들에게 휴전을 애걸하느니, 차라리 우리 모두 알바니아로 가서 죽는 쪽이 나을 것이오.〉 그는 여전히 허세를 부리며 30개 사단을 투입하여 그리스를 당장 정복하겠다고 큰소리쳤지만, 전쟁은 생각처럼 만만한 일이 아니었다. 추위와 굶주림, 패전의 충격으로 이탈리아군의 사기는 그 어느 때보다도 땅에 떨어졌다. 한 대대는 전체 인원의 3분의 2가 동상으로 후송되었고 1개 중대가 20명 이하로 줄어들기도 했다. 12월 말까지 동상에 걸린 병사만 해도 1만 3,000명에 달했다.

게다가 이탈리아 병사들은 굶주린 나머지 자신들이 지배하고 경멸했던 알바니아 주민들에게 먹을 것을 구걸하는 처지가 되었다. 가장 인기 있는 헛소문은 무솔리니가 국왕과 바돌리오에 의해 쫓겨났다는 얘기였다. 이런 상황에서 싸움이 될 리 없었다. 일부 부대는 그리스군이 온다는 말만 듣고도 공황 상태에 빠져 내뺐다. 일부 지역은 싸우지 않고 버려졌다. 비겁자는 총살하겠다는 협박도 소용없었다. 극심한 압박감과 스트레스를 견디지 못한 소두는 평소 취미였던 작곡에 빠져 현실 도피를 선택했다. 한 줌에 불과한 그리스 공군을 상대로도 이렇다 할 활약을 하지 못했던 이탈리아 공군은 이집트 주둔 영국 공군이 본격적으로 그리스로 출동하자 완전히 수세에 내몰리는 판국이었다. 타란토 기습 이후 위축된 이탈리아 해군이 그리스군 후방에 군대를 상륙시키거나 항공기로 공수 부대를 낙하하는 시도 역시 없었다.

일이 너무 순조롭게 돌아가자 당황한 쪽은 그리스군 총사령관 파파고스였다. 그는 이탈리아군이 변변한 저항도 없이 무질서하게 후퇴하는 모습에 자신들을 함정에 빠뜨리는 것인지도 모른다고 의심하여 일선 부대에 진격 속도를 늦추라고 지시했다. 하지만 쓸데없는 걱정이었다. 카발레로는 알바니아를 시찰한 뒤 상황의 심각성에 충격을 받았다. 〈예비 식량이 전혀 없다. 장비는 최소한이다. 털옷도 없다. 보병 탄약도 없다. 포탄은 없는 것이나 다름없다. 무기와 대포, 모든 보급품이 바닥났다. 공병용 장비도 거의 없다. 의약품도 얼마 안 된다.〉 의기소침해진 무솔리니는 크리스마스 날 로마에 눈이 쏟아지자 자조 섞인 말로 치아노를 향해 중얼거렸다. 〈이런 눈과 추위는 아주 좋다. 이로써 우리의 아무짝에도 쓸모없는 인간들과 이 평범한 민족이 개량될 것이다.〉 여태껏 그랬듯 그는 실패와 오판의 책임을 죄다 남의 탓으로 떠넘겼다.

핀란드에서는 추위 때문에 발목을 잡힌 쪽은 소련군이었지만, 알바니아에서는 아이러니하게도 그리스군이었다. 날씨는 20년 이래 최

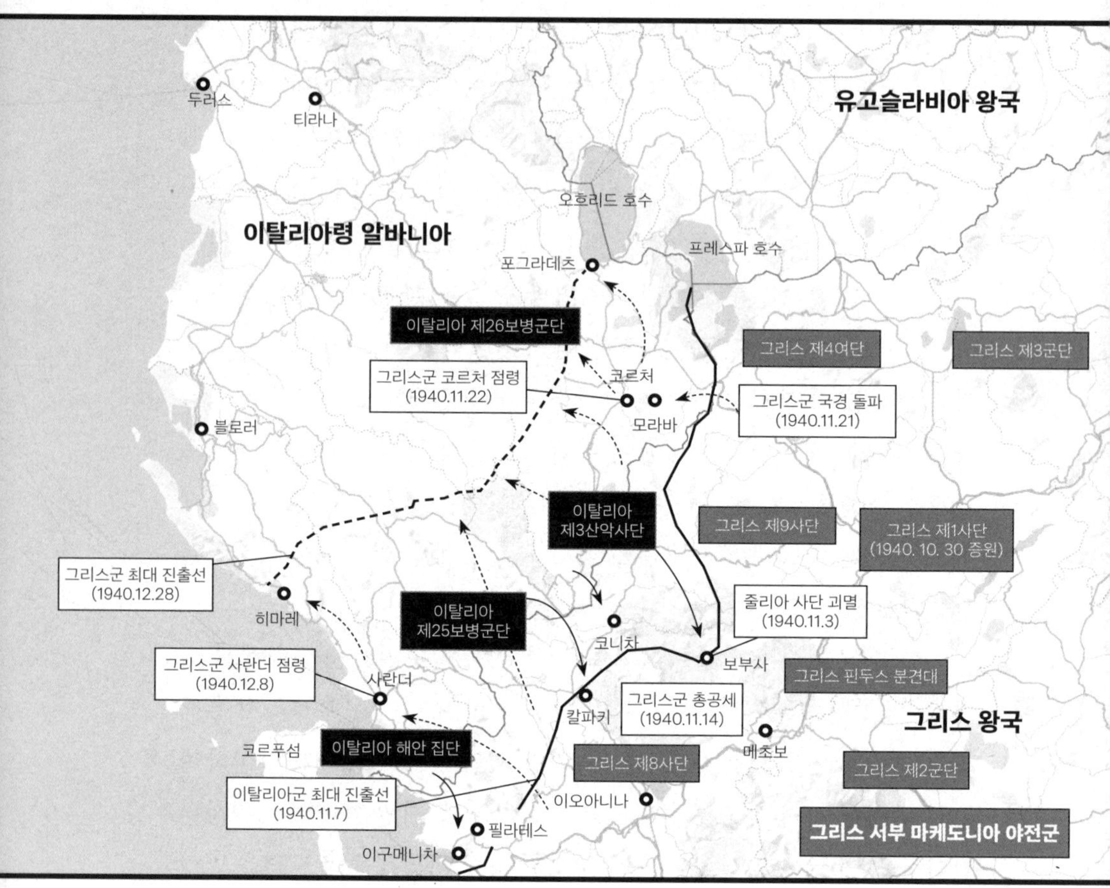

그리스 전역 초반 이탈리아군의 공세와 그리스군의 반격(1940. 10. 28~12. 28)

악이었다. 12월 28일 파파고스는 진격을 중지시켰다. 그렇다고 이탈리아군이 공세에 나설 처지도 아니었다. 이틀 뒤 소두 또한 자리에서 쫓겨났고 카발레로가 직접 지휘봉을 들었다. 전선은 잠시 교착 상태가 되었다. 병사들은 제1차 세계 대전 때처럼 참호로 들어갔다. 양쪽 모두 심각한 동상에 시달렸고 수백 명이 야전 병원에서 썩어 가는 팔과 다리를 잘라 내야 했다. 한동안 폭설과 추위 때문에 전진이 지지부진했던 그리스군은 12월 말 일시적으로 날씨가 좋아지자 다시 공격을 재개했다. 중앙부를 맡은 그리스 제2군단은 한 시간 만에 이탈리아군 3개 사단을 분쇄했다. 거듭되는 패배 소식에 안달이 난 무솔리니는 장군들을 닦달하며 공격을 강요했지만 카발레로는 아직 준비가 충분하지 않다면서 버텼다. 아드리아해를 넘어 대부대가 알바니아에 속속 도착했다. 개전 당시 8개 사단 15만 명 정도였던 알바니아 주둔 이탈리아군은 1941년 1월 초에 오면 13개 보병 사단과 4개 산악 사단, 1개 기갑 사단, 2개 베르살리에리 연대, 2개 기병 연대 등 30만 명으로 늘어났다.

그러나 무턱대고 머릿수만 늘릴 뿐인 무계획적인 증원은 가뜩이나 열악한 이탈리아군의 병참 부담만 악화시켰다. 사람만 보내고 장비와 차량, 수송용 노새 태반이 선박 부족을 이유로 이탈리아에 그대로 남겨졌다. 이탈리아 병사들은 최전선에 도착하는 동시에 물자 부족과 굶주림에 직면했다. 무기라고는 자신의 소총뿐이었다. 반면, 그리스군은 정기적으로 병력을 교대하면서 휴식을 취할 만큼 여유가 있었다. 국경 인근의 그리스 주민들은 자발적으로 병사들에게 식량과 쉼터를 제공하여 사기를 높였다. 알바니아 남부 항구도시 사란더의 확보와 영국 공군의 지원은 그리스군의 병참 부담에 숨통을 트여 주었다. 오랫동안 외세의 지배와 극심한 분열에 시달렸던 그리스인들이 이토록 하나로 뭉친 모습은 2,500년 전 자신의 선조들이 막강한 페르시아의 침공에 맞섰을 때 이후로 처음이었다. 그리고 그 일을 해낸 장본인은 다름 아닌 무솔리니였다.

　　무솔리니는 필사적이었지만 전황은 조금도 나아지지 않았다. 1941년 1월 8일부터 15일까지 알바니아 남부의 말리 이 타로니네Mali i Taronine 산악 지대에서 벌어진 전투에서 이탈리아군 제7보병사단 〈루피 디 토스카나Lupi di Toscana〉*는 이탈리아 통일 전쟁 이래 명성을 떨친 정예 부대였음에도 전선에 투입되자마자 그리스군에 포위되어 문자 그대로 녹아내렸다. 그리스인들은 〈토스카나의 늑대〉 대신 〈토스카나의 토끼Lepri di Toscana〉로 이름을 바꿔야 한다고 조롱했다. 이탈리아군은 1월 26일 타로니네의 탈환을 시도했지만 실패했다. 1941년 1월 말이 되자 그리스군은 알바니아 국경에서 80km 이상 전진했다. 이탈리아군보다 훨씬 성공적인 성과였다. 이탈리아군의 반격은 그때마다 그리스군에 격퇴되었다.

　　발등에 불이 떨어진 쪽은 알바니아만이 아니었다. 이탈리아가 발칸에 매달린 사이 12월 9일 북아프리카에서 영국군이 반격을 시작했기 때문이었다. 그라치아니가 이끄는 이탈리아 제10군은 사흘 만에 괴멸했다. 영국군은 이탈리아군을 단숨에 이집트에서 내쫓은 다음, 여세를 몰아 리비아로 진군했다. 무솔리니가 5년 전 독가스로 정복했던 동아프리카 식민지 역시 영국군의 공세로 파국에 내몰리고 있었다. 이탈리아군은 곳곳에서 연전연패하며 패주를 거듭했다. 아프리카에서 쫓겨나는 것은 시간문제였다. 무솔리니는 끝까지 남 탓이었다. 그는 치아노를 향해 일이 이 지경이 된 이유가 자신을 무책임하게 부추긴 프라스카 때문이라며 저주를 퍼부었다. 그러면서 이제는 히틀러에게 그리스와의 중재를 요청해야 한다고 말했다. 거만하기로 이름난 독일 외무 장관 리벤트로프와 사이가 몹시 나빴던 치아노는 그에게 전화를 걸어 도움을 애걸하느니 차라리 자기 머리에 총알을 박는 쪽이 낫다고 일기에 썼다. 하

* 토스카나의 늑대라는 뜻이다.

592

지만 두 사람 모두 이 난국에서 벗어나려면 좋건 싫건 독일의 도움을 받아야 한다는 사실을 인정해야 했다.

베를린 주재 이탈리아 대사 디노 알피에리가 히틀러를 찾아갔다. 히틀러는 자신의 예상 이상으로 동맹국이 처한 곤경에 큰 충격을 받은 나머지 입을 열지 못했다. 그는 이탈리아군의 보급을 돕기 위해 독일 공군의 융커스 Ju 52 수송기 49대를 알바니아로 보내겠다고 약속했다. 그러나 이탈리아 장군들은 두체가 혐오스러운 독일인들에게 손을 벌리는 모습을 오히려 아니꼽게 여겼다. 로마 주재 독일 무관인 에노 폰 린텔렌 Enno von Rintelen 장군이 현지 상황을 알아보기 위해 알바니아에 도착했을 때 이탈리아군 총사령관 카발레로 원수와 공군 참모총장 프리콜로 대장은 시큰둥한 태도였다. 자신들은 춘계 공세를 준비 중이며 이탈리아군만으로도 그리스군을 충분히 이길 수 있기에 총통의 도움은 고맙지만 필요 없다고 잘라 말했다. 린텔렌에게 보고받은 히틀러는 어이없다는 표정으로 고개를 내저으며 출병을 보류했다.

메탁사스의 죽음

그리스인들의 투지는 실로 경이로웠지만, 불행히도 운명의 여신은 그들의 편이 아니었다. 1월 29일, 메탁사스가 급작스럽게 죽었다. 그의 나이 70세였다. 공식 사인은 편도염에 의한 패혈증이었지만 딸의 증언에 따르면 몇 달 전부터 건강이 좋지 않았다고 한다. 전쟁 전만 해도 인기 없는 독재자였던 메탁사스는 테미스토클레스 이래 그리스에서 가장 위대한 지도자로 떠올랐다. 그리스인들은 그가 조국을 이탈리아에 팔아넘기지 않은 것에 열광했다. 그를 비판했던 반대파들조차 지지를 보냈다. 그리스군이 승리를 거듭하면서 메탁사스의 인기는 더욱 치솟았다.

만약 메탁사스의 결단이 아니었다면 그리스는 오스트리아와 체코슬로바키아, 루마니아가 그랬듯 외세의 위협에 굴복했을 것이었다. 그리스의 영웅적인 투쟁은 그가 있었기에 가능했다.

그리스는 제2차 세계 대전을 통틀어 침략자를 격퇴하고 역습에 나서는 데 성공한 유일한 약소 국가였다. 비록 상대가 열강 중에서 가장 시시한 나라였다고는 해도 전 세계를 놀라게 했다. 하지만 그 승리가 되레 그리스의 발목을 잡았다. 그리스는 이탈리아군을 쫓아냈을 때 독일의 중재를 얻어 전쟁을 적당히 끝냈어야 했다. 하지만 승리에 취해 알바니아로 진군했다. 알바니아인들을 이탈리아의 지배에서 해방하기 위함이 아니라 이참에 자신들의 옛 땅이라고 여기는 북부 에피루스를 먹겠다는 속셈이었다. 알바니아인들은 이탈리아인들을 위해 싸우지는 않았지만 그렇다고 그리스인들에 호응하지도 않았다. 그리고 무솔리니는 체면 때문에라도 물러설 수 없게 되었다. 이 점이 히틀러가 끼어들기 전에 재빨리 전쟁을 끝내지 못한 이유였다. 이탈리아군이 제아무리 형편없다고 한들 전쟁이 길어질수록 불리한 쪽은 그리스였다.

이미 그리스는 한계였다. 물자가 바닥나면서 그리스 전체가 기근에 직면했다. 탄약의 재고는 두 달 치에 불과했다. 가난한 농업국으로 무기 자급이 불가능한 데다 주변에 믿을 만한 동맹국조차 없는 그리스로서는 영국만이 유일한 구세주였다. 그러나 프랑스에서 비참하게 쫓겨나고 얼마 전 본토 항공전에서 간신히 승리한 영국도 남을 도울 처지는 아니었다. 영국 해군은 타란토에서 이탈리아 해군을 반신불수로 만들었다고는 하지만 그렇다고 아드리아해의 제해권을 장악하여 이탈리아군의 해상 병참선을 끊을 수는 없었다. 이들로서는 그리스보다 영불해협과 대서양에서 독일 유보트의 위협에 대항하는 것이 우선이었다. 1월 초에 열린 한 회의에서 메탁사스는 영국에 주문한 200대의 트럭을 그리스가 아니라 영국령 지브롤터로 보내졌다는, 영국 해군 찰스 터틀

Charles Turle 제독의 고백에 분통을 터뜨려야 했다. 영국 공군의 출동은 이탈리아 공군이 더 이상 그리스 하늘을 제 세상인 양 활개 치지 못하도록 막았지만, 이탈리아 공군을 제압하기에는 역부족이었다. 이탈리아 폭격기들은 종종 아테네를 비롯한 그리스의 여러 도시에 나타나 폭탄을 떨어뜨렸다. 이탈리아군이 북쪽으로 후퇴하면서 병참선은 짧아지고 병력과 장비가 꾸준히 늘어나는 반면, 그리스군은 인력과 물자 모두 한계에 직면했다.

더 심각한 위기는 히틀러가 발칸으로 눈을 돌리고 있다는 사실이었다. 그리스와 이탈리아의 전쟁은 순전히 두 나라만의 싸움이 될 수 없었다. 히틀러는 온 유럽의 정복을 꿈꾸었고 영국만 홀로 그에게 맞서고 있었다. 영국 전시 지도부는 독일의 영국 상륙을 막고 이집트와 지브롤터 방어에 모든 역량을 집중하는 쪽이 시급하다고 여겼지만, 처칠은 그렇게 생각하지 않았다. 전쟁에서 이기려면 적의 측면을 공격해야 한다는 것이 신념이었던 처칠은 그리스가 독일의 〈부드러운 아랫배〉가 될 수 있다고 믿었다. 그리스에 영국군을 배치하여 히틀러를 위협하겠다는 속셈이었다. 그러나 처칠은 끝없이 솟아나는 에너지와 결코 꺾이는 법이 없는 강철 같은 의지를 갖추었지만, 썩 현명하지는 않다는 점이 문제였다. 이 때문에 예전부터 〈매일 나오는 열 가지 아이디어 중 한 개 정도는 괜찮지만, 나머지 아홉 개는 나쁘다〉라고 혹평받았다.

처칠의 구상은 그리스로 육군을 파견하여 유럽에 새로운 전선을 구축한다는 것이었다. 그것은 무솔리니의 그리스 침공 못지않게 충동적인 발상이었다. 영국 본토에는 여유 병력이 없었기에 병력을 빼낼 수 있는 곳은 이집트였다. 하지만 북아프리카에서 다 이긴 싸움을 중도에 포기해야 할뿐더러 이집트의 방비가 취약해질 것이었다. 무엇보다 히틀러가 제 발밑에 영국군이 들어오는 꼴을 눈 뜨고 지켜볼 리 없었다. 히틀러가 가장 두려워하는 일은 그리스에서 출격하는 영국 폭격기가 독일의 가장 중요한 석유 공급원인 루마니아의 유전 지대를 폭격하여 자신의 목젖에 비수를 들이대는 것이었다. 또한 무솔리니 정권이 무너진다면 지중해와 남유럽 전체가 영국의 손에 넘어갈 수 있었다. 히틀러는 모든 일을 제쳐 두고 총력으로 막으려 할 게 분명했다. 그렇다고 해서 처칠이 독일군을 상대하기에 충분한 병력을 보낼 수 있는 처지도 아니었다. 1월 13일 아테네에서 열린 회의에서 파파고스 장군은 웨이벌 장군을 향해 만약 영국이 그리스에 개입하겠다면 적어도 9개 사단과 대규모 항공 지원이 필요하다고 주장했지만 웨이벌은 자신이 당장 내놓을 수 있는 병력은 전차 60대와 포병 1개 연대가 전부라고 털어놓았다.

메탁사스는 딜레마에 놓였다. 그는 친영주의자가 아닐뿐더러 어디까지나 무솔리니에게 맞서기 위해 영국인들에게 잠시 손을 벌리고 있었다. 하물며 남의 싸움에 휘말릴 생각은 조금도 없었다. 게다가 처칠은 결코 믿을 만한 인물이 아닌 데다, 이탈리아군이라면 몰라도 독일군을 상대하기에 영국군은 너무 약했다. 상황이 불리해지면 영국군은 노르웨이와 됭케르크에서 그러했듯, 그리스인들을 버리고 자기들만 살겠다며 달아날 것이 뻔했다. 메탁사스는 1월 17일 일기에 영국군이 그리스에 들어왔을 때의 결과를 우려하면서 〈만약 영국에 충분한 기계화 장비를 갖춘 5개 사단만 있더라도. 하지만 그들에게는 아무것도 없다〉라고 썼다. 그리스군은 거의 모든 병력을 알바니아에 투입했고 불가리아 방면은 무방비나 다름없었다. 만약 이 틈을 노려 독일군이 불가리아를 통해 침공한다면 속수무책이었다. 결론은 영국 때문에 독일을 적으로 돌려서는 안 된다는 것이었다. 다음 날 처칠에게 보내는 편지에 독일군이 침공한다면 끝까지 맞서 싸우겠지만 한 줌의 영국군으로는 독일을 자극할 뿐이어서 파병을 거부한다고 썼다.

메탁사스는 이것으로 문제가 해결되었다고 생각했지만, 처칠에게 편지를 보낸 직후 왠지 목이 아프다고 생각했다. 의사는 과로 때문이라며 쉴 것을 권유했지만 가벼운 감기쯤으로 여긴 메탁사스는 귀담아듣지 않았다. 그의 건강은 급격히 나빠졌다. 인후통은 금방 패혈증으로 이어졌고 신장이 망가졌다. 그리고 불과 열흘 뒤인 1월 28일 새벽에 서거했다. 그의 유언은 〈그리스인들에게 나의 희망을〉이었다. 메탁사스의 죽음은 그리스인들에게 엄청난 충격을 주었다. 그리스는 가장 중요한 순간에 가장 위대한 지도자를 잃었지만, 그동안 친정의 기회를 노려 왔던 젊고 야심만만한 국왕 입장에서는 눈엣가시 같은 사람이 사라진 것이기도 했다. 황태자 시절 군부 쿠데타로 아버지와 함께 쫓겨난 뒤 루마니아와 영국에서 오랜 망명 생활을 보냈던 요르요스 2세는 10년 만에 옥좌에 복귀했다. 하지만 그동안 실권자였던 메탁사스의 그림자에 가려 허수아비나 다름없는 신세였다. 국왕은 메탁사스의 빈자리에 국영 은행 총재를 지낸 알렉산드로스 코리지스Alexandros Koryzis를 임명했다. 그는 전임자에 비하면 훨씬 범용한 인물이었다.

그러나 메탁사스가 좀 더 오래 살았다고 해도 파국을 피하지는 못했을 것이다. 히틀러는 한심한 동업자의 파멸을 막기로 결심했다. 북아프리카에는 자신의 가장 유능한 장군 중 한 사람인 에르빈 로멜 중장과 2개 기갑 사단을 보냈다. 그리스 또한 내버려둘 생각이 없었다. 불가리아는 군대의 주둔을 요구하는 독일의 위협에 굴복했다. 2월 17일에는 독일의 중재 아래 튀르키예와 불가리아가 불가침 조약을 맺었다. 몇 달 전 무솔리니가 불가리아의 참전을 요구했을 때 보리스 국왕이 튀르키예의 위협을 핑계 삼아 거부했다는 점에서 사정은 완전히 달라진 셈이었다. 그리스는 더 이상 이탈리아를 상대로 알바니아 쟁탈전에 매달릴 것이 아니라 불가리아의 침공에 대비하는 데 총력을 기울여야 했다. 2월 22일, 그리스는 처칠의 집요한 요구에 마지못해 영국군의 파병을 받아들였다. 처칠은 유럽에 다시 발을 들이게 되었다고 기뻐했지만, 측근들은 〈제2의 갈리폴리〉가 되지 않을까 우려했다. 3월 1일 빌헬름 리스트Wilhelm List 원수의 독일 제12군이 다뉴브강을 넘어 불가리아에 진입했다. 불가리아에 배치된 독일군은 70만 명에 달했다. 또한 불가리아-튀르키예 국경에는 독일 2개 기갑 사단이 배치되어 튀르키예를 견제했다.

3월 4일, 그리스 제2군단은 알바니아 국경에서 약 40km 북쪽에 있는 요충지인 켈치레Këlcyrë에서 국지적 공세에 나섰다. 병력을 불가리아로 재배치하기 전에 이탈리아군의 위협을 제거하고 전선을 안정시키기 위함이었다. 줄리아 사단은 또 한 번 패주했고 1,000여 명이 포로가 되었다. 그리스군은 7일까지 몇 개의 고지를 점령했다. 무솔리니 또한 반격을 준비 중이었다. 3월이 되자 알바니아에 배치된 이탈리아군은 무려 28개 사단으로 늘어났다. 그동안 체면이 땅에 떨어질 대로 떨어진 그는 독일군이 본격적으로 끼어들기 전에 하다못해 켈치레를 탈환하여 조그만 승리라도 거두어야 한다고 안달복달했다. 장군들은 공격에 나서려면 시간이 좀 더 필요하다고 주장했지만, 막무가내인 무솔리니의 고집을 꺾을 수는 없었다.

3월 9일 새벽 4시, 무솔리니가 직접 지켜보는 가운데 이탈리아군의 야심 찬 춘계 공세가 시작되었다. 켈치레 북서쪽 10km 떨어진 트레베시네스Trebescines산에 포진한 그리스 제1사단을 향해 200여 대에 달하는 이탈리아 폭격기들이 일제히 출격하고 400문의 대포들이 불을 뿜었다. 두 시간 동안 10만 발에 달하는 포탄이 그리스 진지를 초토화했다. 이탈리아 제8군단 산하 3개 사단(제24, 제38, 제59보병사단)이 선봉을 맡고 그 뒤로 제25군단 4개 사단(제2, 제7, 제47, 제51보병사단)이 뒤따랐다. 또한 켄타우로 기갑사단이 지원했다. 그러나 그리스군의 저항은 완강했다. 정보가 새어 나가면서 단단히 대비하고 있었기 때문이었다. 이탈리아군은 보름에 걸쳐 거듭 공격했지만, 성과는 전혀 없었다. 공세는 실패했다. 이탈리아 공군이 쉴 새 없이 출격했음에도 험준한 산악 지대에 포진한 그리스군 진지에 아무런 피해도 입히지 못했다.

3월 24일, 무솔리니는 모든 공격을 중지시켰다. 이탈리아 8개 사단이 그리스 1개 사단을 이기지 못한 셈이었다. 그리스군은 5,000여 명의 사상자를 낸 반면, 이탈리아군은 1만 2,000여 명을 잃었다. 심지어 그리스 전투기가 나타나자 무솔리니는 허둥지둥 방공호에 숨는 굴욕을 당하기도 했다. 그는 알바니아를 떠나면서 소리쳤다. 〈나는 이런 상황이 혐오스럽소. 우리는 한 발짝도 나가지 못했소. 장군들은 지금까지 날 속였소. 나는 이 모든 이를 뼛속 깊이 경멸하오.〉

나흘 뒤에 벌어진 마타판곶 해전은 더욱더 치욕스러웠다. 이탈리아 해군은 영국 해군에 정신없이 얻어맞았다. 주력 전함 비토리오 베네토가 대파하고 3척의 중순양함이 침몰했으며 2,000여 명 이상이 죽고 1,000여 명이 포로가 되었다. 반면, 영국 해군은 구식 복엽 뇌격기인 페어리 알바코어Fairey Albacore 1대가 격추되고 승무원 3명이 전사한 것이 전부였다. 몇 달 전 타란토에서 이미 큰 타격을 입었던 이탈리아 해군은 영국 해군과의 대결 자체가 자살행위임을 깨달았다. 이탈리아 해군은 항구 속으로 몸을 숨겼다. 동부 지중해의 제해권은 영국에 넘어갔다. 보다 못한 히틀러는 무솔리니에게 자신이 해결할 것이니 알바니아에서 더는 일을 벌이지 말라고 요청했다. 그는 바르바로사 작전의 일정에 지장이 없도록 그리스 북부로 국한하는 제한적인 공격을 할 참이었지만 여차하면 그리스 전역의 정복도 배제하지 않을 생각이었다.

이제 독일군의 개입은 시간문제였다. 이탈리아군의 반격을 격퇴한 그리스군은 3개 사단을 빼내 불가리아 방면으로 서둘러 이동시켰다. 하지만 메탁사스 라인을 보강하려면 적어도 한 달의 시간이 필요했다. 처칠은 웨이벌에게 이집트보다 그리스 지원을 우선시하라고 명령했다. 3월 7일 영국 제1기갑여단과 뉴질랜드 제2사단, 오스트레일리아 제6사단, 팔레스타인 의용 군단 등 5만 8,000명을 이집트에서 빼내 그

아테네에서 열린 메탁사스의 성대한 장례식. 그가 없었더라면 무솔리니의 침략 앞에서
그리스는 제대로 싸우지도 못하고 몰락하여 〈제2의 알바니아〉가 되었을 것이다. 오늘날
그리스인들은 그리스 역사상 가장 위대한 지도자 중 한 사람으로 그를 기억하고 있다.

장군들과 함께 이탈리아군의 춘계 공세를 지켜보는 무솔리니. 공세에 총력을 기울인
그로서는 자신의 군대가 얼마나 형편없는지 절감하는 기회가 된 셈이었다. 그전까지만 해도
싸울 때마다 썩 신통치는 않아도 얼마간의 성과라도 얻어 냈던 무솔리니는 그리스 전역을
통해 완전히 자신감을 잃었고 다시는 히틀러에게 도전할 엄두를 내지 못했다.

리스로의 파견을 결정했다. 영국 그리스 원정군은 지휘관인 헨리 윌슨 Henry Maitland Wilson 중장의 이름 첫 자를 따서 〈W 부대W Force〉라고 불렸다. 덕분에 북아프리카의 싸움은 뒷전으로 밀려났다. 정신없이 후퇴하는 이탈리아군을 쫓아 트리폴리를 눈앞에 두었던 영국군의 전진은 멈추었고 이집트 국경으로의 후퇴를 시작했다.

처칠이 북아프리카에서의 승리를 애써 포기하고 그리스 개입을 결정한 이유는 리비아의 이탈리아군이 더 이상 위협이 되지 못하는 데다 이들을 돕기 위해 증파된 독일군 역시 한동안 수비에만 전념하라는 명령을 받았다는 사실을 울트라 암호 해독을 통해 알아냈기 때문이었다. 상식적으로 생각해도 독일군이 잘 알지도 못하는 땅에서 잘 알지도 못하는 이탈리아인들을 위해 죽기 살기로 싸울 이유가 없었다. 상대가 여느 장군이었다면 당연한 판단이었다. 문제는 그가 하필이면 로멜이라는 사실이었다. 보기 드문 적극성과 투지로 가득한 로멜은 이탈리아 장군들처럼 트리폴리에서 태평스럽게 휴양이나 즐기면서 무위도식할 인물이 아니었다. 이미 프랑스에서 영국군을 상대로 몇 번이나 승리했던 그는 리비아에 도착하자마자 얼마 안 되는 병력을 직접 이끌고 반격에 나서 처칠과 웨이벌을 경악시켰다. 독일군의 추격은 없을 거라며 방심한 채 이집트로 돌아가던 영국군은 완전히 허를 찔렸고 여지없이 대패하여 원래 위치까지 밀려났다. 앞으로 2년에 걸쳐 벌어질 로멜의 북아프리카 군단과 영국군의 대결이 시작되는 순간이었다.

그리스로서는 나쁜 소식이 또 있었다. 유고슬라비아의 파블레 섭정이 히틀러의 압박에 못 이겨 3월 25일 베를린을 방문한 뒤 헝가리, 루마니아, 불가리아에 이어 추축 동맹 가입에 동의했다는 사실이었다. 그리스의 행운은 끝나 가고 있었다. 재앙이 닥칠 순간이었다.

홧김에 얻어맞은 유고슬라비아

제1차 세계 대전 이전에만 해도 발칸의 약소국이었던 세르비아는 오스트리아 제국을 상대로 경이로운 분전을 보여 주었다. 그것은 전적으로 국왕 페타르 1세Petar I의 영웅적인 투쟁 덕분이었다. 그는 평생 파란만장한 삶을 보냈다. 몰락한 카라조르제비치 왕가의 후손으로 태어난 페타르는 탄압을 피해 프랑스로 망명했고 생시르 사관 학교를 졸업했다. 보불 전쟁에서는 자신의 용맹함을 입증하여 레지옹 도뇌르 훈장을 받았으며 독일군의 포로가 되었다가 제힘으로 탈출했다. 보스니아에서는 외세의 지배를 받는 현지 세르비아인들을 이끌고 오스만 제국과 오스트리아에 맞서 게릴라전을 펼쳤다. 이후 세르비아와 같은 남슬라브계 나라인 몬테네그로의 군주 니콜라 1세Nicholas I의 사위가 되었다. 1903년에는 폭군으로 악명을 떨쳤던 알렉산다르 1세Alexander I가 소장파 장교들의 반란으로 살해되자 오랜 망명 생활을 끝내고 돌아와 왕위에 올랐다. 페타르는 분열되고 혼란스러운 세르비아를 단결시켜 두 번의 발칸 전쟁을 승리로 이끌었다. 세르비아의 영토는 두 배로 늘어났고 발칸 최강자로 떠올랐다.

　자신감을 얻은 세르비아는 사라예보 사건이 일어나자 오스트리아에 굴복하는 대신 맞서 싸우는 쪽을 선택했다. 페타르는 직접 전선을 찾아 병사들을 격려했다. 세르비아를 만만하게 여기고 침공했던 오스트리아군은 한때 베오그라드를 점령하기도 했지만, 세르비아군의 강력한 반격을 받아 대패하여 쫓겨났다. 결국 독일군이 개입했다. 60만 명이 넘는 독일, 오스트리아, 불가리아 연합군이 삼면에서 침공하자 세르비아의 운명은 파국으로 내몰렸다. 하지만 페타르는 항복을 거부하고 총사령관 라도미르 푸트니크Radomir Putnik 원수와 함께 25만 명의 세르비아 군대와 20만 명의 민간인들을 인솔하여 남쪽으로의 기나긴 후퇴에 나섰다.

그는 일흔한 살의 고령에 앞을 제대로 볼 수 없는 몸이었음에도 적의 추격과 추위, 굶주림, 험준한 지형이라는 온갖 고난과 싸웠으며 때로는 직접 소총을 쥐고 진두에서 병사들의 사기를 높였다. 철수 과정에서 절반 이상이 희생되었지만, 알바니아를 거쳐 연합군이 기다리는 그리스까지 후퇴하는 데 성공했다. 마치 구약 성서에서 수만 명의 이스라엘 백성들을 이끌고 홍해의 기적을 일으키며 약속의 땅 가나안으로 향하던 모세를 연상케 하는 페타르 1세의 〈대후퇴Great Retreat〉는 세르비아 역사상 가장 위대한 투쟁이자 사람들에게 깊은 인상을 남겼다.

그러나 세르비아는 제1차 세계 대전에서 그 어느 나라보다도 혹독한 대가를 치러야 했다. 42만 명의 군인을 포함하여 110만 명을 잃었다. 460만 명 정도였던 전체 인구의 1/4, 성인 남성의 60퍼센트에 달하는 숫자였다. 완전히 만신창이가 된 이 작은 나라는 파리 강화 회담에서 그 희생에 맞는 보상을 얻었다. 전쟁의 발단이 된 보스니아를 비롯하여 남슬라브계 주민들이 사는 오스트리아 제국 남부 대부분이 세르비아의 영토가 되었다. 심지어 연합국의 일원이었지만 전쟁 동안 오스트리아에 점령당했던 이웃 나라 몬테네그로 역시 페타르의 예전 장인이자 프랑스에서 망명 생활 중이던 군주 니콜라의 격렬한 반대에도 불구하고 세르비아에 병합되었다. 그 대신 크로아티아의 항구 도시 리예카Rijeka를 포함하여 아드리아해 북부의 해안가와 일부 섬은 1915년 런던 밀약에 따라 이탈리아의 몫으로 주어졌다. 그 정도로는 충분하다고 여기지 않은 이탈리아인들은 분노했다. 그리고 그 불만을 이용해 정권을 잡은 사람이 무솔리니였다.

1929년 10월 3일, 유고슬라비아가 탄생했다. 세르비아어로 〈남슬라브인들의 나라〉라는 의미였다. 인구 1300만 명, 영토는 24만 7,542km²에 달했다. 열강들에 비할 수는 없어도 발칸반도에서는 루마니아 다음의 대국이었다. 또한 처음으로 가난하고 척박한 내륙의 산악 국가에서 벗어나 아드리아해의 풍요로운 해안가를 손에 넣음으로써 바다로 진출할 수 있게 되었다. 세르비아인들에게는 달콤한 독배이기도 했다. 영토 확장은 결코 공짜가 아니었다. 그곳에 사는 사람들도 딸려왔기 때문이었다. 세르비아인의 나라는 알바니아인을 포함하여 온갖 이질적인 민족의 전시장이 되었다. 1921년 6월 28일 제정된 〈비도브단 헌법Vidovdan Constitution〉은 유고슬라비아를 구성하는 3대 민족인 세르비아인과 크로아티아인, 슬로베니아인을 단일 민족으로 규정하여 적어도 명목상으로는 민족의 차별을 인정하지 않았다.

그러나 페타르의 뒤를 이은 통일왕 알렉산다르 1세는 포용과 융합 대신 세르비아인의 지배를 택했다. 다른 민족들에게 세르비아 방식에 맞추고 따르라는 얘기였다. 세르비아인들은 자기들끼리 정부와 군부의 요직을 독식하고 다른 민족을 탄압했다. 유고슬라비아는 명목상으로는 세르비아와 크로아티아, 슬로베니아 연합 왕국이지만 실제로는 전체 인구의 40퍼센트도 채 되지 않는 세르비아인들만의 나라였다. 다른 민족들이 반발하지 않을 리 없었다.

오스트리아 제국이 망한 뒤 크로아티아가 헝가리나 체코슬로바키아처럼 독립 국가를 세우는 대신, 세르비아와의 연합 왕국에 가담한 이유는 자신들의 힘만으로는 이탈리아의 침략을 막을 수 없다는 판단 때문이었다. 이탈리아군이 크로아티아의 일부인 달마티아를 침공하여 강제 병합하자 위기감을 느낀 크로아티아 지도층은 세르비아와의 통일 왕국 건설에 동의했다. 그 대신 모든 민족이 평등한 정치적 권리를 누리는 연방제를 주장했다. 덕분에 손바닥만 한 약소국에 지나지 않았던 세르비아는 광대한 영토를 손에 넣고 덩치를 몇 배나 키울 수 있었다.

그러나 지난 수백 년 동안 적대해 온 데다 문화도, 언어도, 문자도 다른 완전히 이질적인 민족들이 단순히 연합국들의 복잡한 정치적 역학 구도와 민족 지도자들의 성급한 밀실 야합만으로 제대로 된 통일 국가를 실현할 수는 없는 노릇이었다. 세르비아인들 입장에서 신생 유고슬라비아는 엄연히 세르비아 왕국을 계승한 나라였다. 크로아티아를 비롯해 새로 편입된 다른 민족들은 어디까지나 자신들이 지배해야 할 대상이지 결코 동등한 권리를 누릴 존재가 아니었다. 자신들이 획득한 새로운 영토는 제1차 세계 대전에서 오스트리아를 상대로 엄청난 희생 끝에 얻은 정당한 대가라고 여겼다. 반면, 오랫동안 오스트리아의 압제에 시달렸던 민족들로서는 세르비아라는 새로운 상전을 모실 생각이 없었다. 이들에게 유고슬라비아 편입은 세르비아에 굴복한 것이 아니라 앞으로 완전한 독립을 쟁취하기 위한 잠깐의 방편에 지나지 않았다.

민족과 종교 간의 갈등은 격화되었고 국가적 결속은 약해졌다. 알렉산다르 1세는 탄압 일변도의 방식과 철권통치를 고수했다. 왕실의 독재에 대항하는 야당 인사들과 소수 민족 지도자들은 체포되거나 암살당했다. 세르비아인들은 자신들이 몰락시킨 오스트리아 제국의 전철을 그대로 밟는 격이었다. 크로아티아와 다른 소수 민족들로서는 약속 위반이었고 지배자가 오스트리아에서 세르비아로 바뀐 것에 불과했다. 알렉산다르 1세는 뒤늦게 세르비아 우선주의(優先主義) 대신 유고슬라비아주의를 내세워 타협을 시도했지만, 실패로 끝났다. 아무 동질감도 없는 여러 민족을 억지로 통합하려는 정책은 더 큰 반발을 초래했을 뿐이었다. 그는 왕국의 분열이 갈수록 심각해지자 크로아티아와 슬로베니아를 유고슬라비아에서 독립시키는 방안까지 검토했지만, 세르비아 강경파들의 반발에 밀려 포기해야 했다. 결국 그는 1934년 프랑스 마르세유를 방문하던 중 크로아티아 민족주의자들의 사주를 받은 불가리아 출신의 암살자에게 살해되었다. 심지어 1세기가 지난 지금까지도 두 민족의 갈등과 증오심이 해소되지 못한 채 1991년에는 최악의 내전이 폭발하여 무자비한 살육이 자행되었다는 점에서 〈영토는 무조건 큰 쪽이 아름답다〉라는 케케묵은 사고가 얼마나 위험한지 보여 주는 셈이다.

그 뒤를 이어 열한 살에 불과한 페타르 2세가 즉위했다. 실권자는 선왕의 사촌이자 섭정인 파블레 대공이었다. 마흔한 살의 파블레는 서구식으로 교육받은 인물로, 온화하면서 쾌활했고 교양과 학식을 갖추었다. 유혈과 폭력의 반복이었던 세르비아 왕가 역사에서 보기 드물게 권력에 대한 야망이 없었던 그는 어린 조카의 자리를 넘보지 않았다. 알렉산다르 1세가 생전에 아들의 후견인으로 삼은 것도 이 때문이었다. 그는 비밀경찰을 비롯한 억압적인 정책을 폐지하고 세르비아와 크로아티아 두 민족의 해묵은 불화를 해소하는 데 노력했다. 서구에서는 파블레 치하의 유고슬라비아를 가리켜 〈독재자가 없는 독재 체제〉라고 평가했다. 그러나 파블레는 평화로울 때는 그런대로 유능했지만, 할아버지 페타르처럼 위기를 헤쳐 나갈 그릇은 아니었다.

파블레는 친영파였고 아내는 그리스 공주였지만, 유럽에 전운이 감돌자 영국과 독일 사이에서 중립 외교를 고수했다. 제1차 세계 대전에서 세르비아가 얼마나 혹독한 희생을 치렀는지 생생하게 기억하는 그로서는 두 번 다시 그런 전쟁에 휘말려선 안 된다고 여겼기 때문이었다. 베르사유 체제에서 동유럽의 수호자를 자처했던 영국, 프랑스는 정작 히틀러와 무솔리니의 도전에 직면하자 비굴하게 꼬리를 내리고 자신들을 지키기에 급급했다. 게다가 독일이 체코슬로바키아를 집어삼키고 알바니아가 이탈리아에 점령되면서 유고슬라비아는 남북으로 포위되었다. 파블레가 보기에 서방은 도저히 신뢰할 수 없는 존재였다. 그렇다고 전쟁 준비가 되어 있지 않은 유고슬라비아가 단독으로 독일, 이탈리아를 상대로 싸우는 것은 자살행위였다. 최선은 싸움에 휘말리지 않는 것이었다. 그는 갈수록 위협이 커지는 독일, 이탈리아와의 관계 개선에 나섰다. 1939년 6월에는 베를린을 방문하여 히틀러의 호화로운 대접을 받았다. 그는 서방의 독일 봉쇄망에 참여하지 않을 것이라고 장담

1915년 12월, 늙은 국왕의 인솔 아래 알바니아 드린Drin강을 건너 그리스로 남하하는
세르비아군. 페타르 국왕은 모스크바에서 나폴레옹이 그랬듯, 군대와 국민을 버리고 혼자
안전한 그리스로 달아날 수 있었다. 하지만 마지막까지 자신의 백성들과 동고동락하는 쪽을
택했다. 그의 영웅적인 투쟁은 2018년 「킹 페타르 1세King Petar the First」라는 영화로
제작되었고 다음 해 아카데미 시상식에 출품되기도 했다.

1939년 6월 1일, 베를린을 방문한 파블레 대공(왼쪽)과 히틀러. 히틀러는 발칸의 강자인
유고슬라비아를 끌어들이기 위해 회유했지만 실패했다. 그는 스페인 독재자 프랑코, 불가리아의
차르 보리스 3세와 더불어 히틀러를 애먹인 몇 안 되는 지도자였다.

했지만 히틀러의 종용에도 불구하고 국제 연맹에서 탈퇴하거나 독일의 영향권에 들어가기를 끝까지 거부하여 그의 부아를 샀다.

히틀러와 무솔리니를 믿을 수 없었던 파블레는 파리와 런던에도 비밀리에 접근하여 이중 외교에 나섰다. 만약 발칸에서 전쟁이 발발한다면 유고슬라비아는 연합군의 편에서 싸우겠다는 것이었다. 그러나 상황은 희망대로 돌아가지 않았다. 뜻밖에도 독일과 소련이 손을 잡아 폴란드를 나누어 먹었다. 뒤이어 벌어진 서부 전역의 결과는 프랑스의 패망이었다. 영국은 유럽에서 쫓겨났다. 대세는 완전히 기운 셈이었다. 헝가리와 불가리아, 루마니아가 줄줄이 추축 진영으로 넘어갔다. 국내에서는 잔인하기로 악명 높은 안테 파벨리치Ante Pavelić가 이끄는 크로아티아 분리주의자들이 히틀러를 등에 업고 반란을 일으킬 참이었다. 젊은 시절 페타르 국왕과 함께 독일에 맞서 투쟁했던 시절을 기억하는 세르비아 민족주의 장교들은 비굴하게 히틀러의 눈치나 보는 파블레에 불만을 품었다. 발칸에서 평화를 유지하는 나라는 유고슬라비아밖에 없었지만, 그 평화가 언제 깨질지는 누구도 알 수 없었다. 1940년 11월 6일, 파블레는 육해공군 장관으로 추축 동맹 가입에 앞장섰던 밀란 네디치Milan Nedić 장군을 쫓아냈다. 하지만 사방의 압박 속에서 전례 없는 시험대에 직면한 그의 권위는 흔들렸고 우울증에 시달렸다.

히틀러가 파블레를 회유하려고 그토록 애를 썼던 이유는 단순히 발칸의 안정보다도 제1차 세계 대전 당시 세르비아가 보여 준 놀라운 투혼 때문이었다. 그는 유고슬라비아의 군사력을 과대평가했다. 또한 헝가리, 루마니아와 더불어 유고슬라비아를 소련 침공에 끌어들일 속셈이었다. 1941년 2월 14일, 히틀러는 유고슬라비아의 추축 가입을 강요하는 최후통첩을 보냈다. 보름여 뒤 독일군이 불가리아에 들어오면서 상황은 더욱 급박했다. 3월 4일, 파블레는 오스트리아 오버잘츠베르크의 총통 별장인 베르크호프에서 히틀러를 만났다. 히틀러는 자신의 휘하에 들어오는 대가로 그리스 제2의 도시 테살로니키의 할양을 약속했다. 사면초가에 내몰린 파블레는 어떻게든 독일과 우호 조약을 맺는 선에서 중립을 유지하기를 원했지만 통하지 않았다. 그는 히틀러를 향해 국내 여론의 반발을 우려하면서 〈저로서는 당신의 제안을 받아들이고 추축 동맹에 가입했을 때 6개월 뒤에 더 이상 이 자리에 있지 못할까 두렵소〉라고 말했다.

3월 17일, 파블레는 히틀러와 다시 회견했다. 그는 이번이 마지막 기회라는 말을 들었다. 그는 내각을 소집했지만, 워낙 반발이 거세어 쉽사리 결정을 내리지 못했다. 몇몇 친영파 장관들은 사임했다. 엿새 뒤 더욱 강력한 경고장이 떨어졌다. 지금 당장 동의한다면 독일군은 유고슬라비아의 영토와 주권을 보장하겠지만, 그렇지 않으면 전쟁이었다. 파블레는 굴복했다. 3월 25일, 오스트리아 빈의 벨베데레 궁전에서 파블레와 히틀러는 유고슬라비아의 추축 동맹 가입에 서명했다. 파블레로서는 자신의 사망 선고문에 손수 서명하는 것이나 다름없었다. 나중에 히틀러는 마치 장례식장 같았다면서 불평했다. 그는 파블레를 향해 유고슬라비아의 참전이나 독일군이 유고슬라비아의 영토를 이용하는 것을 더는 요구하지 않겠다고 장담했다. 하지만 앞서 약속했던 테살로니키 할양 얘기는 일언반구 없었다. 채찍은 없지만, 당근도 없다는 것이 히틀러의 방식이었다. 유고슬라비아가 독일과 손을 잡았다는 소식에 그리스는 당황했다. 영국 외무 장관 알렉산더 캐도건Alexander Cadogan은 〈유고슬라비아는 자신들의 영혼을 악마에게 팔았다. 발칸 사람들은 죄다 쓰레기다〉라며 분통을 터뜨렸다.

그러나 가장 큰 반발이 터져 나온 쪽은 수도 베오그라드였다. 세르비아 민족주의자들은 거리로 나와 〈노예보다 무덤이 낫고, 조약보다 싸우는 게 낫다〉라고 외쳤다. 이들의 구호를 등에 업고 움직인 쪽은 군부였다. 이틀 뒤인 27일 새벽 2시, 유고슬라비아군 총참모장인 두샨 시모비치Dušan Simović 장군은 추종자들을 이끌고 쿠데타를 일으켰다. 보리보예 미르코비치Borivoje Mirković 준장을 비롯하여 세르비아 출신의 젊은 공군 장교들이 주축이 된 쿠데타군은 몇 시간 만에 베오그라드 전역을 일사천리로 장악했다. 히틀러와의 회견을 끝낸 뒤 크로아티아 북부의 자그레브Zagreb에서 피폐해진 심신을 회복하기 위해 휴양 중이던 파블레는 쿠데타 보고를 들었다. 하지만 베오그라드에 자기 가족이 남아 있다는 이유로 유혈 진압을 거부하고 그리스로 망명하는 쪽을 택했다. 이후 영연방의 하나인 남아공에 정착했다. 그로서는 권좌에서 억울하게 쫓겨났다기보다 차라리 무거운 짐을 내려놓고 홀가분해진 기분이었을 것이다.

그리스는 이웃 나라의 정변 소식에 환호했다. 쿠데타를 뒤에서 은밀하게 부추겼던 처칠은 〈유고슬라비아가 자신의 영혼을 되찾았다〉라고 칭찬했다. 그로서는 모처럼 좋은 소식이었다. 작년 6월 프랑스에서 비참하게 쫓겨나고, 뒤이어 영국 본토 항공전이 벌어질 때만 해도 절망적이었던 상황은 이제야 조금씩 안정을 찾는 것처럼 보였다. 영국군은 이집트를 침공한 이탈리아군을 분쇄했고 이탈리아령 동아프리카에서도 승리했다. 4월 6일에는 아디스아바바가 해방되었다. 그동안 영국에 의탁했던 에티오피아 황제 하일레 셀라시에는 5년 만에 자신의 왕국을 되찾았다. 그러나 처칠은 샴페인을 터뜨리기에는 너무 일렀음을 깨달아야 했다.

쿠데타에 대해 아무것도 몰랐던 페타르 2세는 환호성을 지르며 궁전 앞으로 몰려온 시위대를 보고 깜짝 놀랐다. 쿠데타 정부는 페타르 2세의 친정을 선언했다. 물론 실권은 그들에게 있었다. 이제 파블레를 대신하여 시험대에 놓인 쪽은 쿠데타의 주역이자 새로운 총리가 된 시모비치였다. 시모빅은 유고슬라비아의 추축 가입을 반대한다는 명목으로 혈기 왕성한 소장파 장교들을 부추겨 쿠데타를 일으켰지만 그렇

1941년 3월 27일, 베오그라드에서 당시 열일곱 살이었던 국왕 페타르 2세의 초상화를 들고 군부 쿠데타와 섭정의 실각을 환호하는 세르비아 민족주의 시위대. 제1차 세계 대전 당시 자신들을 짓밟은 독일에 대한 세르비아인들의 뿌리 깊은 반감을 보여 주는 셈이었다. 하지만 민족 감정만 앞세울 뿐, 세상 물정 모르는 짓이었고 앞으로 어떤 대가를 치르게 될지 상상조차 하지 못했을 것이다.

다고 독일과 손을 끊고 영국의 편에 설 만큼 용감하지는 않았다. 대안은 모스크바와 손을 잡는 것이었다. 4월 5일, 소련과 유고슬라비아는 불가침 조약을 체결했다. 히틀러와 한패인 스탈린을 유고슬라비아의 뒷배로 끌어들인다면 히틀러도 쉽사리 손을 뻗치지 못할 거라는 이른바 〈이이제이〉 전략이었다. 하지만 미처 몰랐던 사실이 있었다. 히틀러는 스탈린을 동맹으로 여기기는커녕 끝장낼 준비를 하고 있었다.

몇 년에 걸쳐 부지런히 정성을 들인 끝에 간신히 유고슬라비아를 길들였다고 안심했던 히틀러는 난데없는 쿠데타 소식에 완전히 폭발했다. 〈나는 그게 농담인 줄 알았다.〉 그는 더는 인내심을 발휘하지 않기로 결심했다. 총통 훈령 제25호가 하달되었다. 독일과 이탈리아, 헝가리가 삼면에서 한꺼번에 유고슬라비아를 침공하여 정복한다는 것이었다. 원래 5월 15일에 시작될 예정이었던 바르바로사 작전은 유고슬라비아 정복 이후로 연기되었다. 이참에 발칸의 골칫거리를 한꺼번에 정리하겠다는 것이었지만 그야말로 충동적인 결정이었다. 나중에 히틀러는 이 결정을 두고두고 후회하게 될 것이었다. 세르비아인들 역시 자신들이 얼마나 위험한 불장난을 저질렀는지 금방 깨달았다. 이들은 손바닥 뒤집듯 자신들이 끌어내린 파블레의 친독 정책을 그대로 유지하겠다고 선언했다. 유고슬라비아 외무 장관 몸칠로 닌치치Momčilo Ninčić는 독일 대사를 급히 불러다 자초지종을 설명하면서 이번 쿠데타는 국내 문제일 뿐, 결단코 독일을 적대하기 위함이 아니며 추축 동맹 가입을 번복하는 일은 없을 것이라고 장담했다.

하지만 그 정도로는 히틀러의 분노를 피할 수 없었다. 세르비아인들은 뒤늦게 히틀러의 비위를 맞춘답시며 귀중한 시간을 낭비하느니 차라리 국론을 하나로 모으고 결사 항전을 준비하는 쪽이 현명했을 것이다. 4월 2일, 독일 대사관에 철수 명령이 내렸다. 다음 날 총통 훈령 제26호가 하달되면서 침공은 초읽기가 되었다. 유고슬라비아는 사방이 포위된 데다 국난을 앞에 두고 정부와 군대도 두 쪽으로 나뉘었다. 쿠데타를 지지하는 세르비아계 친영파와 파블레를 지지하는 크로아티아-슬로베니아계의 친독파가 대립했다. 신정부 지도자들은 독일군의 침공 직전까지도 일전을 벌일지, 굴복할지를 놓고 결론을 내리지 못한 채 자기들끼리 싸웠다. 무엇보다도 이들에게는 페타르와 같은 위대한 군주가 없었다. 상황은 1914년보다 불리했다.

히틀러의 움직임은 어느 때보다도 신속했다. 3월 29일, 빈에서 첫 번째 작전 회의가 열렸다. 쿠데타가 일어난 지 사흘째였다. 작전 참모 차장이자 2년 뒤 스탈린그라드의 패장으로 유명해지는 프리드리히 파울루스Friedrich Paulus 소장은 히틀러와 장군들에게 유고슬라비아와 그리스 침공 계획을 설명했다. 침공은 세 방향에서 시작될 예정이었다. 북쪽에서는 독일 제2군과 헝가리 제3군, 이탈리아 제2군이, 동쪽에서는 루마니아와 불가리아에서 독일 제12군과 제1기갑집단이, 남쪽에서는 알바니아 방면에서 이탈리아 제9군이 각각 침공하여 유고슬라비아를 단숨에 포위 섬멸할 참이었다. 병력은 독일군 3개 군 7개 군단 20개 사단 33만 7,000명, 야포 1,500문, 전차 875대, 항공기 800대에 달했으며, 이탈리아군 2개 군 8개 군단 22개 사단 30만 명, 항공기 660대, 헝가리군 1개 군 4개 군단 14개 여단 8만 명, 항공기 500대가 가세했다. 명목상 중립국이었던 루마니아와 불가리아는 직접 참전하지는 않되 길을 빌려주기로 했다. 넉 달 전 유고슬라비아와 불가침 조약을 체결했던 헝가리 총리 팔 텔레키Pál Teleki는 섭정 호르티 제독에게 히틀러의 침략 전쟁에 편승해선 안 된다고 호소했지만, 영토 보상을 약속받은 수령이 참전을 강행하자 분노한 나머지 자살했다. 그는 유서에 〈우리는 스스로 악당들과 손을 잡았다. 우리는 시체 도둑이 될 것이다! 나는 당신들을 막지 못했다. 나는 죄인이다〉라면서 눈앞의 이익에 멀어 신의를 저버린 호르티에 대한 불만과 자신의 무력감을 토로했다.

유고슬라비아 침공 당시 추축군 전투 서열(1941. 4. 6)

- **독일 제2군(오스트리아, 헝가리 방면) 사령관 막시밀리안 폰 바익스Maximilian von Weichs 상급대장**

  - 제46차량화군단: 제8기갑사단, 제14기갑사단, 제16차량화보병사단

  - 제49산악군단: 제1산악사단, 제79보병사단, 제538국경경비사단

  - 제51보병군단: 제101경보병사단, 제132보병사단, 제183보병사단

  - 제52보병군단: 제125보병사단

- **독일 제12군(루마니아, 불가리아 방면) 사령관 빌헬름 리스트Wilhelm List 원수**

  - 제40차량화군단: 제9기갑사단, 제73보병사단, 총통경호여단LSSAH

  - 제41차량화군단: 제2SS차량화보병사단, 그로스도이칠란드 차량화보병연대

- **독일 제1기갑집단(불가리아 방면) 사령관 폰 클라이스트Paul Ludwig Ewald von Kleist 상급대장**

  - 제14차량화군단: 제5기갑사단, 제11기갑사단, 제294보병사단, 제4산악사단, 제60차량화보병사단

- **이탈리아 알바니아 최고 사령부: 사령관 우고 카발레로Ugo Cavallero 원수**

  - 제14군단: 제4알피니사단, 제38보병사단

  - 제17군단: 제18보병사단, 제32보병사단, 제131기갑사단, 디아몬티 검은셔츠집단

- **이탈리아 제2군(북부 이탈리아 방면) 사령관 비토리오 암브로시오Vittorio Ambrosio 대장**

  - 쾌속군단: 제1기병사단, 제2기병사단, 제3기병사단

  - 제5군단: 제15보병사단, 제57보병사단, 국경 경비대

  - 제6군단: 제12보병사단, 제20보병사단, 제26보병사단

  - 제11군단: 제3보병사단, 제13보병사단, 제14보병사단, 제3산악집단

  - 차량화군단: 제9보병사단, 제52보병사단, 제133기갑사단

- **이탈리아 제7군(남부 알바니아 방면) 사령관 카를로 겔로소Carlo Geloso 대장**

  - 제4군단: 제5알피니사단, 제22보병사단

  - 제8군단: 제47보병사단, 제51보병사단, 제59보병사단

- 제25군단: 제2보병사단, 제7보병사단, 제11보병사단, 제23보병사단, 제37보병사단, 제56보병사단, 제58보병사단, 제3알피니사단

- 특별 군단: 제6보병사단, 제33보병사단

• **이탈리아 제9군(북부 알바니아 방면) 사령관 알레산드로 피르치오 비롤리 Alessandro Pirzio Biroli 대장**

- 제3군단: 제19보병사단, 제36보병사단, 제48보병사단

- 제26군단: 제2알피니사단, 제29보병사단, 제49보병사단

- 리브라즈드 군구Librazhd Sector: 제24보병사단, 제41보병사단, 제53보병사단

• **헝가리 제3군(서남부 헝가리 방면) 사령관 고론디노바크 엘레메르Gorondy-Novák Elemér 중장**

- 기동 군단: 제1차량화여단, 제2차량화여단, 제1기병여단

- 제1군단: 제1보병여단, 제13보병여단, 제15보병여단

- 제4군단: 제2보병여단, 제10보병여단, 제12보병여단

- 제5군단: 제14보병여단, 제19보병여단, 제2기병여단

- 직할 부대: 제9보병여단, 제11보병여단, 제1공수대대

유고슬라비아는 겉보기에는 만만찮은 적수였다. 병력은 3개 집단군 7개 군 33개 사단(29개 보병 사단, 3개 기병 사단, 1개 산악 사단), 35개 독립 연대 등 예비군을 포함하여 147만 명에 달했다. 또한 야포 4,000문, 대전차포 800문, 대공포 250문, 전차 110대(2개 전차 대대)를 보유했다. 전차의 절반은 제1차 세계 대전의 퇴물인 프랑스제 르노 FT-17 경전차이고 나머지는 르노 R-35 경전차와 체코제 스코다 S-1 경전차였다. 공군에 해당하는 육군 항공대는 1,800여 명의 장교를 포함하여 3만 명의 병력과 4개 항공 여단 22개 폭격기 편대, 19개 전투기 편대, 7개 정찰기 편대로 구성되었고 항공기 460대를 보유했다. 그중 주력 전투기는 1930년대 말에 수입한 독일제 Bf 109E 70여 대와 영국 제 허리케인 50여 대였다. 또한 독일제 Do 17 경폭격기 70여 대, 영국

제 브리스틀 블렌하임-I 폭격기 60여 대, 이탈리아제 SM.79 K 폭격기 40여 대 등을 보유했다. 이와 별도로 해군 항공대에서 70여 대의 항공기를 보유했다.

해군은 다른 발칸 국가들과 마찬가지로 매우 빈약했다. 가장 큰 군함은 1925년에 독일에서 구입한 3,000톤급 방호 순양함 달마치야Dalmacija였다. 하지만 노후화가 심하고 시대에 뒤떨어져 훈련용으로 사용되었다. 주력함은 1930년대에 영국에서 구매한 2,400톤급 구축함 두브로브니크Dubrovnik와 3척의 프랑스제 1,600톤급 베오그라드급 구축함(베오그라드, 류블랴나, 자그레브)였다. 또한 영국과 프랑스에서 수입한 연안용 잠수함 4척, 어뢰정 10척, 독일제 기뢰 부설함 7척, 강상용 순찰정 4척 등을 보유했고 병력은 7,000명이었다.

그러나 유고슬라비아군은 싸울 준비가 전혀 되어 있지 않았다. 현대화가 늦어지면서 장비는 대부분 구식이었고 특히 대전차 무기가 빈약했다. 병력 태반이 훈련을 전혀 받지 못한 신병인 데다, 비축 물자도 매우 부족했다. 게다가 히틀러를 자극할까 두려웠던 시모비치 장군은 독일군이 침공하기 직전인 4월 3일까지도 총동원령의 선포를 늦추었다. 이 때문에 실제 동원된 병력은 100만 명이 채 되지 않았다. 그중 최일선 병력은 전체의 1/3인 11개 사단에 불과했다.

무엇보다 큰 문제는 극심한 민족 갈등과 내부 분열이었다. 심지어 세르비아인들과 크로아티아인들은 말이 한 나라이지, 독일군보다 서로를 주적으로 여기는 판국이었다. 제1차 세계 대전에서 세르비아가 보여 준 놀라운 투쟁의 가장 큰 비결은 단일 민족이라는 결속력 때문이었다. 그러나 상황이 달라졌다. 유고슬라비아는 이전 시대의 오스트리아를 연상케 할 만큼 온갖 민족의 잡탕이나 다름없었다. 1,600만 명 정도인 유고슬라비아 인구에서 40퍼센트가량인 650만 명만 세르비아인이었다. 크로아티아인이 전체의 23퍼센트인 370만 명, 슬로베니아인이

유고슬라비아군 전투 서열(1941. 4. 6)

- **총사령관: 국왕 페타르 2세Petar II**

- **총참모장: 두샨 시모비치Dušan Simović 대장**

- **제1집단군(슬로베니아, 크로아티아) 사령관 밀로라드 페트로비치Milorad Petrović 대장**

  - 제4군: 제27보병사단, 제40보병사단, 제42보병사단, 제127보병연대, 제81기병연대

  - 제7군: 제32보병사단, 제38보병사단, 제1산악사단, 1개 보병 여단

  - 직할 부대: 제1기병사단, 1개 차량화 중포 연대, 1개 포병 연대, 6개 국경 경비 대대,
    제4항공정찰집단

- **제2집단군(세르비아 북부) 사령관 밀루틴 네디치Milutin Nedić 대장**

  - 제1군: 제7보병사단, 제3기병사단, 2개 보병 여단

  - 제2군: 제10보병사단, 제17보병사단, 제30보병사단, 제76기병연대

  - 직할 부대: 1개 포병 연대, 1개 방공포 대대, 제1항공정찰집단

- **제3집단군(마케도니아) 사령관 밀란 네디치Milan Nedić 대장**

  - 제3군: 제13보병사단, 제15보병사단, 제25보병사단, 제31보병사단, 1개 기병 여단

  - 제3지역군: 제5보병사단, 제20보병사단, 제46보병사단, 1개 보병 여단

  - 직할 부대: 제22보병사단, 1개 포병 연대, 1개 방공포 대대, 8개 국경 경비 대대,
    제5항공정찰집단

- **독립 제5군(세르비아 남부) 사령관 블라디미르 추카바츠Vladimir Cukavac 대장**

  - 제8보병사단, 제9보병사단, 제34보병사단, 제50보병사단, 제2기병사단, 2개 차량화
    중포 연대, 1개 방공포 대대, 2개 국경 경비 대대,제2항공정찰집단

- **독립 제6군(베오그라드, 전략 예비대) 사령관 디미트리예 지브코비치Dimitrije
  Živković 대장**

  - 제3보병사단, 제49보병사단, 5개 보병 여단, 2개 기병 연대, 1개 방공포 대대,
    제7항공정찰집단

- **해안방어사령부(아드리아해 연안) 사령관 지브코 스타니사빌예비치Živko
  Stanisaviljević 대장**

  - 제12보병사단, 2개 보병 여단, 1개 중포 연대, 1개 방공포 대대, 해안항공정찰중대

- **총사령부 직속**

  - 제1보병사단, 제33보병사단, 제44보병사단, 제47보병사단, 근위사단, 4개 보병 연대,
    2개 차량화 공병 연대, 2개 전차 대대, 2개 차량화 중포 연대, 15개 포병 대대 등

유고슬라비아 공군의 Bf 109E 전투기. 유고슬라비아는 공군력의 현대화를 위해 1939년 8월부터 1940년 말까지 독일로부터 73대의 Bf 109E 전투기를 수입했다. 스위스 다음으로 많은 숫자였다. 히틀러가 유고슬라비아를 자기편으로 만들려고 얼마나 노력을 기울였는지 보여 주는 셈이었다. 하지만 쿠데타 소식은 그의 인내심을 한 방에 날려 버렸다. 유고슬라비아군의 Bf 109 전투기는 독일 공군과 싸우다 모조리 파괴되거나 노획되었다.

150만 명, 마케도니아인이 90만 명, 알바니아인이 80만 명, 무슬림이 80만 명, 헝가리인이 40만 명, 독일인이 25만 명, 몬테네그로인이 40만 명, 그 밖의 민족이 40만 명에 달했다. 신정부 수장이 된 시모비치는 독일에 맞서기 위해 크로아티아를 비롯한 소수 민족들의 협력을 호소했다. 크로아티아 지도자들은 4월 3일 시모비치 정부에 합류하여 협력을 장담했지만 일주일도 안 되어 무산되었다. 히틀러가 유고슬라비아를 분열시킬 요량으로 크로아티아인들에게 독립을 약속했기 때문이었다. 그가 벌을 내릴 상대는 어디까지나 세르비아라는 것이었다. 유고슬라비아 제2의 세력을 자랑하는 크로아티아인들은 히틀러의 회유에 넘어가 독일에 붙었다.

한편 독일로서도 유고슬라비아 정복은 결코 간단한 일이 아니었다. 그동안 소련 침공을 위한 준비에 총력을 기울이고 있던 독일군에게 히틀러의 충동적인 유고슬라비아 침공 명령은 무솔리니의 그리스 침공만큼이나 날벼락이었다. 그때까지 유고슬라비아를 침공하는 시나리오를 진지하게 고려한 적조차 없었기 때문이었다. 독일군의 가장 큰 난관은 얼마나 신속하게 유고슬라비아를 점령함으로써 바르바로사 작전의 일정에 차질을 최소화하는 것이었다. 군사력이 형편없는 유고슬라비아가 제아무리 완강하게 저항한들 독일군의 상대가 될 리는 없지만, 유고슬라비아는 지형이 복잡하고 산과 하천이 많아서 공격에 불리하고 방어에는 유리했다.

유고슬라비아가 제1차 세계 대전 때처럼 끝까지 싸우는 쪽을 선택하고 영국, 그리스군과 협력하여 조직적으로 지연전을 펼친다면 자칫 수렁에 빠져 장기전이 될 수 있었다. 그렇게 되면 바르바로사 작전은 시작도 해보기 전에 엉망이 될 것이었다. 그런 점에서 히틀러의 유고슬라비아 침공은 그야말로 무모한 도박이자 불필요한 작전이었다. 전쟁보다는 차라리 외교로 달래는 쪽이 나았지만, 그동안의 승리와 자신의 행운을 과신한 히틀러는 장군들의 우려를 일축했다. 그는 폴란드와 프랑스에서 그랬듯 이번에도 눈부신 전격전으로 단숨에 승리를 거둘 생각이었다.

게다가 이번에도 행운의 여신은 히틀러 편이었다. 시모비치는 일부 국토를 포기하고 방어에 유리한 지점으로 후퇴하는 대신, 예전에 폴란드가 그랬던 것처럼 3,000km에 달하는 국경선을 따라 병력을 얇고 넓게 분산 배치하는 실수를 저질렀다. 쉰아홉 살의 시모비치는 젊은 시절 발칸 전쟁과 제1차 세계 대전에서 활약했던 전쟁 영웅이자 유능한 군인으로 평가받았지만, 하필 상대가 독일군이라는 점이 불행이었다. 게다가 총동원이 늦어지면서 후방에는 충분한 예비대가 없는 반면, 국경이 너무 길다 보니 한 곳만 뚫려도 속수무책이었다. 특히 독일 공군의 무자비한 전략 폭격을 막을 방공망이 매우 빈약했다. 세르비아 출신 병사들은 죽기로 싸울 준비가 되었지만 다른 민족 출신 병사들은 오히려 독일군을 환영할 태세였다. 싸움이 제대로 될 리 없었다.

1941년 4월 6일 오전 6시, 독일 국민계몽선전부 장관 괴벨스는 유고슬라비아에 대한 선전 포고를 선언했다. 한 시간도 되지 않아 베오그라드 상공에 독일 제4항공함대 소속 폭격기 300여 대가 모습을 드러냈다. 제일 먼저 적의 수도를 무차별 폭격하여 사기를 떨어뜨리는 것이 독일군의 상투적인 방식이었다. 비록 영국 본토 항공전에서 독일 공군은 폴란드와 프랑스에서 활약한 수많은 베테랑 조종사를 잃었다고는 하지만, 방공망이 허술한 유고슬라비아를 제압하는 데에는 아무런 문제가 없었다. Bf 109 전투기의 엄호 아래 Ju 84 슈투카 급강하 폭격기와 He-111 하인켈 중형 폭격기, Do 17 도르니에 중형 폭격기로 구성된 독일군의 대편대는 한 시간 반에 걸쳐 주요 정부 청사를 비롯한 도시 중심부에 폭탄의 비를 쏟아 냈다. 첫날에만 300톤의 폭탄과 소이탄이 도시를 완전히 불바다로 만들었고 4,000여 명의 민간인이 죽었다. 미래 전쟁은 폭격만으로 끝낼 수 있다고 단언했던 줄리오 두에 장군의 〈전략 폭격론〉은 강력한 방공망과 대피 수단을 갖춘 열강에는 어림없는 얘기였지만 그렇지 못한 약소국에는 확실히 먹혔다.

독일 공군이 주요 비행장을 휩쓸면서 유고슬라비아 공군의 태반은 제대로 출격하지도 못하고 격파되었다. 그 와중에도 Bf 109 전투기 몇 대가 출격하여 요격에 나서면서 같은 Bf 109 전투기들끼리 공중전을 벌이는 보기 드문 진풍경이 벌어지기도 했다. 유고슬라비아 공군은 용감하게 독일 공군에 도전하여 독일 폭격기 몇 대를 격추했다. 일부 학자는 독일 공군이 10~40대의 항공기를 잃은 것으로 추산한다. 하지만 용기만으로는 세계 최강을 자랑하는 독일 공군의 상대가 될 수 없었다. 대부분 추풍낙엽처럼 격추당했다. 심지어 Bf 109에 탑승한 유고슬라비아 조종사들은 어느 쪽이 우리 편인지 구분할 방법이 없었던 아군 대공포의 공격에도 시달려야 했다. 유고슬라비아 공군력은 며칠 만에 괴멸했다. 게다가 총사령부와 야전 부대를 연결하는 통신 수단이 모두 파괴되면서 유고슬라비아군은 대혼란에 빠졌고 군대 전체가 사실상 마비되었다. 지난 전쟁에서 자신들의 용맹함을 만천하에 보여 주었다며 자부하던 세르비아인들이 이전 시대와는 완전히 달라진 현대전의 위력을 처음으로 맛보는 순간이었다.

지상에서도 추축군의 침공이 시작되었다. 이 침공에 붙은 작전명은 〈마리타Operation Marita〉였다. 유고슬라비아는 물론이고, 겁 없이 영국 편에 선 그리스까지 한꺼번에 벌을 내릴 참이었다. 히틀러로서는 단순히 말 안 듣는 발칸 사람들에게 주먹맛을 보여 주는 것만이 아니었다. 영국 본토 항공전에서 자신에게 한 방 먹인 만만찮은 호적수이자 유럽으로 돌아올 기회만 호시탐탐 노리는 처칠에 대한 응징이기도 했다. 만약 그리스에서 영국군이 발을 들인다면 처칠은 노르웨이와 됭케르크 철수 이후 또 한 번의 재앙을 맛보게 될 것이며 북아프리카에서 무솔리니의 군대를 상대로 시시한 승리를 거두고 우쭐대는 영국인들의 희

독일군의 폭격으로 무너진 호텔 모스크바Hotel Moskva. 1908년 제정 러시아에 투자받아
건설되었고 오늘날까지도 베오그라드의 대표적인 랜드마크 중 하나다. 독일이 베오그라드를
점령한 뒤에는 게슈타포 사령부로 사용되기도 했다.

망을 꺾어 버릴 것이다. 히틀러는 장군들에게 기세등등하게 선언했다. 〈우리는 발칸의 지긋지긋한 종기를 철저히 태워 없앨 것이다.〉

그러나 유고슬라비아만큼이나 추축군도 충분한 준비가 되어 있지 않기는 마찬가지였다. 오스트리아와 체코, 프랑스에서 안락한 시간을 보내던 부대들은 갑작스러운 출동을 명령받고 허둥지둥 전선으로 이동했다. 그러나 빈약한 도로와 눈이 녹지 않은 험준한 산악 지형 때문에 이동이 늦어지면서 개전한 지 며칠이 지난 뒤에도 공격에 나서지 못한 경우가 태반이었다. 제49산악군단 산하 제1산악사단은 4월 4일 출동을 명령받고 오스트리아-유고 국경의 클라겐푸르트Klagenfurt로 향했지만, 수송 수단 부족으로 9일까지도 공격 위치에 도착하지 못했다. 모든 병력이 집결한 것은 침공이 시작된 지 열흘 뒤인 15일이었다. 독일군이 이 정도이니 이탈리아나 헝가리의 사정은 말할 것도 없었다. 그나마 히틀러가 무솔리니보다 유리한 점은 총통의 분별없는 행동을 보완할 수 있는 우수한 장군들과 현대화된 군대, 세계 최강의 공군, 무엇보다도 유고슬라비아에는 메탁사스 같은 단호한 지도자가 없었다는 사실이었다.

추축군 중에서 제일 먼저 국경을 넘은 것은 불가리아에서 그리스 침공을 준비 중이던 독일 제12군이었다. 베오그라드가 한창 독일 폭격기들의 불벼락을 받고 있을 때, 제40차량화군단은 마케도니아로 진격하여 개전 당일 마케도니아의 중심지이자 교통의 요지인 스코페Skopje를 점령했다. 독일 공군의 폭격과 전차 부대 앞에서 유고슬라비아 제3군은 변변히 싸우지도 못하고 무너졌다. 이틀 뒤인 4월 8일, 독일군의 주력 중 하나인 제1기갑집단 산하 4개 사단은 베오그라드를 향해 북상을 시작했다. 악천후와 험준한 지형에도 불구하고 역전의 병사들로 구성된 제1기갑사단은 유고슬라비아 제5군의 완강한 저항을 단숨에 돌파했다. 다음 날에는 세르비아 남부 도시 니시Niš를 점령했다. 유고슬라비아군은 모라바Morava강 북쪽으로 후퇴하여 수도 남쪽에 새로운 방어선을 구축하려 했지만, 독일군은 그럴 틈조차 주지 않았다. 유고슬라비아군은 현대 기동전이 얼마나 무서우며, 기동성이 부족한 구식 군대는 기계화 부대의 상대가 될 수 없음을 비로소 절감했다. 독일 기갑 부대 앞에서 유고슬라비아군의 무력한 저항은 마치 한 세기 전 미 기병대 앞에서 토끼몰이를 당하던 인디언들과 다를 바 없었다.

베오그라드 남쪽 100km 떨어진 파라친Paraćin에서 유고슬라비아 제5군은 완전히 분쇄되었다. 5,000명 이상이 포로가 되었다. 베오그라드로 향하는 길이 열렸다. 4월 10일에는 루마니아에서 출동한 독일 제41차량화군단이 50km를 단숨에 주파한 뒤, 다음 날 베오그라드 동쪽 교외의 판체보Pancevo에 당도했다. 북쪽의 오스트리아 방면에서는 독일 제2군 산하 제46차량화군단이 드라바Drava강을 건너 크로아티아를 침공했다. 유고슬라비아 제4군 소속의 크로아티아 병사들이 반란을 일으켜 독일군에 가세하면서 상황은 더욱 나빠졌다. 덕분에 독일군은 무주공산이나 다름없이 진격했다. 이날 저녁 선봉 부대인 제8기갑사단은 크로아티아 동쪽의 요충지인 오시예크Osijek를 점령한 뒤 베오그라드로 향했다. 같은 날 크로아티아 수도 자그레브는 제46차량화군단의 우익을 맡은 제51보병군단의 손에 넘어갔다. 크로아티아는 독립을 선언했고 안테 파벨리치가 이끄는 괴뢰 정권이 수립되었다. 그가 가장 먼저 한 일은 오랜 증오의 대상이었던 세르비아인들에 대한 무차별 보복이었다.

독일군이 유고슬라비아를 신나게 휩쓰는 동안, 이탈리아군과 헝가리군도 움직였다. 4월 7일부터 슬로베니아 국경 일대에서 국지적인 공격을 반복했던 이탈리아 제2군은 4월 11일 본격적으로 공세에 나섰고 슬로베니아 수도 류블랴나Ljubljana를 점령했다. 차량화 군단 산하 제133기갑사단 리토리오와 제52보병사단 토리노는 아드리아해를 따라 전진하여 4월 12일 항구 도시 센Senj을, 다음 날 오토차츠Otočac을 점령했다. 이들은 유고슬라비아군의 저항을 거의 받지 않은 채 이레 동안

유고슬라비아의 산악 지대를 통과하는 독일 장갑차와 독일군의 포로가 된 유고슬라비아 병사들(왼쪽). 독일군의 유고슬라비아 침공은 만만한 일이 아니었다. 악천후로 가뜩이나 빈약한 도로가 진흙탕이 되면서 전차와 차량은 제대로 기동할 수 없었다. 게다가 유고슬라비아군이 철수하면서 도로와 다리를 폭파하여 어려움은 한층 가중되었다. 그러나 독일군은 자신들이 유럽을 제패했다는 자신감이 있었고 어떤 어려움도 적극적으로 극복해 나갔다. 이 점이 독일군의 최대 강점이자 다른 군대가 따를 수 없는 것이었다.

750km를 진격했고, 유고슬라비아가 항복하는 17일 크로아티아 남단의 항구 도시 두브로브니크를 점령하여 알바니아에서 북상 중이던 이탈리아군과 만났다. 연전연패만 하던 이탈리아군으로서는 모처럼 만의 승리였다. 헝가리 제3군이 유고슬라비아로 진군한 것은 이탈리아보다 하루 늦은 4월 12일이었다. 이미 독일군이 유고슬라비아군을 결딴낸 뒤였기에 저항은 거의 없었다. 헝가리군으로서는 전투보다 히틀러에게 약속받은 땅을 접수하는 것에 지나지 않았고 다뉴브강 북쪽의 옛 영토를 되찾은 후 전진을 멈추었다.

유고슬라비아군 전체가 무너지는 판국이었지만, 그 와중에도 반격의 시도가 없지 않았다. 남부 전선을 맡은 유고슬라비아 제3군은 4월 7일 이탈리아령 알바니아로 진격했다. 1915년 페타르의 위대한 후퇴 때와 마찬가지로 그리스로 퇴각하기 위한 통로를 확보하기 위함이었다. 알바니아 주둔 이탈리아군은 대부분 알바니아 남부에서 그리스군과 대치 중인 데다 유고슬라비아군이 먼저 치고 나오리라고는 전혀 예상하지 못했다. 그리스 공군의 엄호 아래 유고슬라비아군 제15보병사단은 이탈리아군 제17군단을 돌파하는 데 성공했고 국경에서 20km 떨어진 슈코더르Shkodër로 진격했다. 이 전쟁을 통틀어 유고슬라비아군이 거둔 유일한 승리였다. 무솔리니로서는 또 한 번 망신을 당한 꼴이었다. 그러나 유고슬라비아군은 곧 진격을 멈추어야 했다. 이탈리아군의 반격 때문이 아니라 독일군이 파죽지세로 남하하면서 이들의 등 뒤를 위협했기 때문이었다. 4월 11일 급히 북쪽으로 수송된 이탈리아 제131기갑사단 켄타우로는 유고슬라비아군을 격퇴한 다음 유고슬라비아 남부로 진격했다. 그리고 포드고리차Podgorica와 체티네Cetinje를 공략한 뒤 16일 몬테네그로의 항구 도시 코토르Kotor를 점령했다.

개전 6일째인 4월 11일, 베오그라드는 포위되었다. 동쪽에서는 독일 제41차량화군단이, 서쪽에서는 제46차량화군단이, 남쪽에서는 제

1기갑집단과 제14차량화군단이 유고슬라비아의 심장부를 향해 빠르게 접근 중이었다. 유고슬라비아군은 미처 방어선을 구축할 틈조차 없이 곳곳에서 분쇄되었다. 20년 전의 영웅적인 투쟁은 찾아볼 수 없었다. 그중에서도 베오그라드의 함락은 한 편의 희곡이었다. 4월 12일 저녁 5시, 제41차량화군단 산하 제2SS차량화보병사단 소속 오토바이 대대장이었던 프리츠 클링겐베르크Fritz Paul Heinrich Otto Klingenberg SS 대위는 6명의 부하를 데리고 정찰 목적으로 다뉴브강을 건넌 후 대담하게도 베오그라드 시내로 걸어서 들어갔다. 도중에 유고슬라비아군 병사들과 마주쳤지만 이미 전의를 상실한 이들은 싸우는 대신 무기를 버리고 투항했고 나중에는 포로로 잡은 병사만 1,000여 명에 달했다.

내친김에 베오그라드의 정복자가 되기로 결심한 그는 유고슬라비아 국방부 건물을 차지하고 독일 대사관에 나치 깃발을 내건 다음, 베오그라드 시장을 찾아가 투항을 요구했다. 베오그라드 시장은 이미 도시가 독일군의 손에 넘어갔다고 지레 겁을 먹고 그대로 백기를 들었다. 아무리 사기가 땅에 떨어졌다고 하지만 경무장한 7명의 군인이 총 한 발 쏘지 않고 협박 몇 마디로 인구 1,600만 명을 가진 나라의 수도를 점령했으니, 400여 년 전 스페인 정복자 코르테세가 몇몇 부하들과 함께 아스테카 왕국의 수도 테노치티틀란을 기습하여 황제 몬테수마를 포로로 잡은 일화조차 무색할 정도였다. 클링겐베르크는 그 공으로 히틀러로부터 기사십자 철십자 훈장을 수여받았다.

유고슬라비아군 수뇌부는 세르비아 남부의 산악 지대에서 마지막 항전을 준비했다. 그러나 크로아티아 병사들과 우스타샤 민병대가 반란을 일으켜 세르비아 장교들에게 총부리를 돌리면서 어제의 제 편끼리 싸우는 등 그야말로 자중지란이었다. 베오그라드를 무혈점령한 독일군은 숨 돌릴 틈도 없이 방향을 남쪽으로 돌려 마지막 단계에 나섰다. 히틀러로서는 가장 중요한 바르바로사 작전에 영향을 받지 않으려면 발칸에 발목이 잡혀서는 안 되기 때문이었다. 제52보병군단과 제46차량화군단은 양쪽에서 남하하여 4월 15일 사라예보를 점령했다. 유고슬라비아 제2군은 항복했다. 이로써 그리스로 물러날 길조차 막힌 셈이었다. 유고슬라비아 정부는 독일에 조건부 항복을 시도했지만 실패했다. 히틀러의 대답은 오직 무조건 항복만 있다는 것이었다. 4월 17일, 유고슬라비아는 항복 문서에 조인했다. 전쟁이 시작된 지 12일 만이었다. 왕실과 정부 각료들은 그 직전에 탈출했다. 독일에 점령된 많은 나라가 그랬듯, 이들의 선택은 유럽의 마지막 피난처였던 영국이었고 그리스를 거쳐 6월 21일 런던에 도착했다.

독일군의 사상자는 전사자 151명을 포함하여 558명에 불과했다. 100만 명에 달하는 유고슬라비아 군대를 정복한 것치고는 믿을 수 없을 만큼 적었다. 이탈리아군의 사상자는 좀 더 많았다. 전사자 800여 명, 부상자 2,500여 명에 달했다. 헝가리군은 350여 명을 잃었다. 유고슬라비아군의 사상자는 분명하지 않았고 30만 명이 포로가 되었다. 그리스로 달아난 병사는 1,000여 명에 불과했다. 또한 70여 대의 항공기가 그리스 북부 파라미티아Paramitia 비행장으로 탈출했지만, 이탈리아 공군의 폭격으로 대부분 파괴되었다. 10여 대만 그리스 함락 후 이집트로 피신하여 영국 공군과 함께 싸웠다. 그 밖에 몇 척의 어뢰정과 해군 항공대의 수상 비행기들이 독일군을 피해 남쪽으로 탈출했다. 기대 이상으로 싱겁게 끝나자 기고만장해진 히틀러는 측근들에게 자신이 주먹을 쳐들기만 해도 한 방이면 끝이라고 너스레를 떨었다. 히틀러, 무솔리니만큼이나 발칸에 발을 들이기를 원했던 스탈린은 감히 끼어들 엄두조차 내지 못했다.

하지만 히틀러는 세르비아인들이 쉽게 굴복하는 민족이 아니며, 발칸에서의 진짜 싸움은 이제부터라는 사실을 알지 못했다. 보스니아 주둔 유고슬라비아 제2군 부참모장이었던 드라자 미하일로비치Draža

Mihailović 대령은 항복을 거부하고 산속으로 들어가 세르비아인들을 규합했다. 그리고 추축군과 크로아티아인들에 맞서기 위한 저항군을 조직했다. 그의 군대는 얼마 지나지 않아 10만 명까지 늘어났다. 런던에서 망명 정부를 세운 페타르 2세는 그를 대장으로 승진시키고 유고슬라비아 국방부 장관에 임명했다. 미하일로비치 이외에도 유고슬라비아군 장교들이 각지에서 저항 운동에 나섰다. 서구 언론들은 이들을 〈체트니크Chetnik〉라고 불렀다.

얼마 후 체트니크와는 별개로 또 다른 강력한 저항 세력이 등장했다. 유고슬라비아 파르티잔이었다. 지도자는 유고슬라비아 공산당 서기장이었던 요시프 브로즈Josip Broz였다. 나중에 그는 본명보다 〈티토Tito〉라는 가명으로 더 잘 알려지게 된다. 점령 초반에만 해도 자신들의 영도자인 스탈린이 히틀러와 동맹이라는 이유로 침묵을 지켰던 공산주의자들은 독일이 소련을 침공하고 스탈린이 유럽 전역의 공산주의자들에게 성전을 지시하자 비로소 행동에 나섰다. 아프간에서 소련군이 그랬듯 추축군 역시 항공기와 기계화 부대를 운용하기 어려운 험준한 산악 지대에서 숨바꼭질하면서 치고 빠지는 게릴라들을 상대로 고전을 면치 못했다. 그러나 국왕에게 충성을 맹세한 체트니크와는 달리, 티토의 파르티잔은 이참에 왕정을 끝장내고 자신들의 세상을 열기를 원했다. 오래지 않아 저항군들은 외세와 싸우는 일보다 오히려 자기들끼리 패권 다툼을 벌이는 데 더 혈안이 되었다. 추악하고 잔혹한 내전에서 최후의 승자는 티토였다.

파르테온 신전의 하켄크로이츠

유고슬라비아에서 반독 쿠데타가 일어났다는 소식을 처음 들었을 때 그리스인들은 든든한 동맹국이자 방패막이를 얻었다면서 한껏 고무되었다. 그러나 희망은 금방 깨졌다. 전광석화 같은 독일군에 의해 유고슬라비아는 순식간에 쓸려 나갔다. 그리스인들은 삼국이 힘을 모아서 험준한 산악 지형을 이용하여 독일군을 수렁에 빠뜨린다면 승산이 있을 것이라고 기대했지만 시간 벌이조차 되지 못한 셈이었다. 상황은 최악이었다. 그리스는 거의 모든 병력을 알바니아에 집중한 데다 물자가 바닥나고 남은 예비 병력도 없었다. 이탈리아군을 상대하기에도 급급한 판국에 독일군이 침공한다면 잠시도 버티지 못할 판국이었다. 이제 믿을 구석은 영국군이었다.

그리스인들을 구한다기보다 그들을 발판 삼아 유럽 복귀를 꿈꾸고 있던 처칠은 메탁사스가 죽자마자 그리스 지도자들을 어르고 달래어 허락을 얻은 다음, 이집트에서 빼낸 병력을 지중해 너머로 부지런히 보내고 있었다. 작전명은 러스터 작전Operation Lustre이었다. 한 달 전인 3월 2일, 영국 원정군 제1진이 아테네 교외의 항구인 피레우스Piraeus에 당도한 것을 시작으로 영국군의 대부대가 속속 상륙했다. 독일군의 침공이 시작되었을 때 그리스에 배치된 영국군은 해공군까지 합하여 6만 2,000여 명에 달했다. 그리스는 베를린을 자극하지 않을 요량으로 영국군의 상륙을 숨기려고 노력했지만, 아테네의 독일 외교관들 눈을 피할 수는 없었다. 심지어 항구와 가까웠던 독일 영사관 건물 앞에는 영국군 군수품이 보란 듯이 쌓여 있었다.

원정군의 주축은 거칠고 용맹스럽기로 이름난 앤잭* 2개 사단과 영국군 1개 기갑 여단이었다. 모두 이집트에서 이탈리아군을 상대로 승리를 거둔 역전의 부대였다. 원정군 총사령관은 예순 살의 노장인 헨리 윌슨 중장이었다. 몹시 뚱뚱하면서 벗어진 대머리와 콧수염이 특징이었던 그는 이집트 주둔 영국군 사령관이자 영국군 최고의 전술가 중 한

* ANZAC. 호주-뉴질랜드 군단Australian and New Zealand Army Corps의 약자이다.

사람이었다. 얼마 전에는 그라치아니가 지휘하는 이탈리아군의 공세를 성공적으로 막아 낸 다음, 컴퍼스 작전을 지휘하여 수적으로 훨씬 우세했던 이탈리아군을 단숨에 분쇄하고 트리폴리 코앞까지 밀어붙이는 대승을 거두었다. 처칠로서는 할 수 있는 선에서 최상의 전력을 그리스에 제공한 셈이었다. 그러나 상대는 독일군이었다. 제아무리 불굴의 의지를 앞세워 최선의 방어는 공격이라고 고집한들 압도적인 힘을 가진 히틀러에게 도전하기에는 너무 성급했음을 절감해야 했다.

그리스군 총사령관 파파고스 장군은 독일군을 막으려면 적어도 영국군 9개 사단이 필요하며 2~3개 사단으로는 아무 도움도 되지 않는다고 주장했지만, 영국에는 능력 밖의 얘기였다. 영국 육군의 실상은 여전히 형편없었다. 됭케르크에서 영국군은 목숨만 건져 돌아왔고 모든 무기와 장비를 프랑스에 버리고 와야 했다. 뒤이어 영국 본토 항공전에서는 독일 공군의 공세를 막기 위해 한정된 자원을 전투기 생산에 집중했다. 간신히 승리는 거두었지만, 전차와 대포 생산의 우선순위는 뒷전으로 밀려날 수밖에 없었다. 독일 유보트들은 지중해와 대서양을 누비면서 영국 해상 수송선에 막대한 타격을 입히고 있었다. 그리스에 상륙한 영국군은 2.5개 사단 6만 명에 불과했다. 그리스군 또한 대부분 알바니아에서 이탈리아군과 대치하느라 불가리아 방면에 배치된 병력은 6만 5,000명 정도였다. 그중 전투 병력은 3만 5,000명에 불과했다.

반면, 그리스 침공 작전에 동원된 독일군은 5개 기갑 사단을 포함해 15개 사단 68만 명에 달했다. 전차에서는 영국군이 176대, 독일군이 1,200대, 대포에서는 영국군이 430문, 독일군이 1,100문, 대공포에서는 영국군이 230문, 독일군은 1,550문, 항공기에서는 영국군과 그리스군을 합해도 200여 대에 불과하지만, 독일 공군은 700여 대에 달했다. 그야말로 압도적인 격차였다. 나중에 처칠은 〈자신들의 가치를 증명해 보인 그리스인들을 돕는 것 이외에 우리에게는 어떤 선택지도 없었다〉

그리스-영국군 전투 서열(1941. 4. 6)

- **그리스군 총사령관: 알렉산드로스 파파고스Alexandros Papagos 대장**

- **동부 마케도니아 군관구: 불가리아 방면**

  - 사령관: 콘스탄티노스 바코풀로스Konstantinos Bakopoulos 중장

  - 예하 부대: 제7보병사단, 제14보병사단, 제18보병사단, 제19차량화사단, 2개 독립 여단, 메탁사스 라인 요새 수비대

- **중부 마케도니아 군관구: 유고슬라비아 방면**

  - 사령관: 이오아니스 코툴라스Ioannis Kotoulas 중장

  - 예하 부대: 제12보병사단, 제20보병사단

- **서부 마케도니아 군관구: 알바니아-유고슬라비아 방면**

  - 사령관: 요르요스 촐라코글루Georgios Tsolakoglou 중장
  - 예하 부대
  - 제3군단: 제9보병사단, 제10보병사단, 제15보병사단
  - 직할 부대: 제4보병사단, 제11보병사단, 제13보병사단, 제16보병사단, 제17보병사단
  - 예비대: 제21보병여단

- **에피루스 군관구: 아드리아해-알바니아 서부 방면**

  - 사령관: 이오아니스 피트시카스Ioannis Pitsikas 중장
  - 예하 부대
  - 제1군단: 제2보병사단, 제3보병사단, 제8보병사단
  - 제2군단: 제1보병사단, 기병사단, 제5보병여단

- **총사령부 직할 부대**

  - 제5보병사단, 제6보병사단, 해안연대

- **그리스군 병력**

  - 20개 보병 사단, 1개 기병 사단, 4개 여단 43만 명

- **영국 그리스 원정군W Force 사령관 헨리 마이틀랜드 윌슨Sir Henry Maitland Wilson 중장**

  - 예하 부대: 제2뉴질랜드사단, 제6오스트레일리아사단, 영국 제1기갑여단, 2개 포병 연대, 2개 방공포 연대

1941년 4월 초, 그리스 북부 산악 지대에 배치된 제6오스트레일리아사단 병사들.
북아프리카에서 이탈리아군을 혼쭐내며 트리폴리로 신나게 진군하던 이들은 처칠의 명령에
따라 그리스에서 새로운 전쟁을 경험하게 되었다. 모처럼의 승리로 자신감에 가득했던
이들은 독일군을 혼쭐내겠다면서 기세등등했지만, 이번 상대는 이탈리아군 따위와는 차원이
다르다는 것을 절감했다. 사단 전체가 그리스에서 괴멸했고 극소수만 탈출했다.

라고 그리스 개입이 부득이했다고 변명했지만, 결과적으로 히틀러에게 또 한 번 눈부신 승리를 안겨 주고 갈리폴리와 됭케르크의 악몽을 재현한 꼴이 되었다.

영국군은 최일선으로 나오는 대신, 할리아크몬Haliacmon강을 따라 그리스 중부에 배치되었다. 그리스인들은 그 옛날 페르시아에 굴복하기를 거부했던 선조들처럼 히틀러에게 끝까지 맞서 싸우기로 결심했다. 하지만 이들에게 그 옛날 고작 300명으로 페르시아의 대군에 맞섰던 레오디나스의 용기가 있었을지는 몰라도, 고향을 버리고 함대와 함께 유리한 지점으로 물러나 반격의 기회를 노렸던 테미스토클레스의 현명함은 없었다. 유고슬라비아군이 그리 쉽게 무너지리라 예상하지 않았던 파파고스 장군은 그동안 많은 희생을 치르면서 어렵게 차지한 알바니아의 점령지에 대한 미련을 버리지 못하고 철수를 거부했다. 오히려 유고슬라비아군과 그리스군이 남북으로 협공한다면 알바니아에서 이탈리아군을 완전히 몰아내고 승리를 거둘 수 있을 거라고 낙관했다. 그런 다음에 알바니아의 병력을 돌려 독일군에 대항할 참이었다. 그

그리스 침공 독일군 전투 서열(1941. 4. 6)

- **독일 제12군(루마니아, 불가리아 방면) 사령관 빌헬름 리스트Wilhelm List 원수**
  - 제40차량화군단: 제9기갑사단, 제73보병사단, 총통경호여단LSSAH
  - 제18산악군단: 제2기갑사단, 제5산악사단, 제6산악사단, 제72보병사단, 제125보병사단
  - 제38보병군단: 제50보병사단, 제164보병사단

- **독일 제1기갑집단(불가리아 방면) 사령관 폰 클라이스트Paul Ludwig Ewald von Kleist 상급대장**
  - 제14차량화군단: 제5기갑사단, 제11기갑사단, 제294보병사단, 제4산악사단, 제60차량화보병사단

동안의 승리에 자만한 그리스인들이 얼마나 현실 감각이 없었으며, 독일군의 힘이 어느 정도인지, 유고슬라비아군의 내부 사정이 어떠한지 전혀 몰랐음을 보여 주는 셈이었다.

1941년 1월부터 독일군이 그리스 침공을 준비하고 있다는 사실이 분명했음에도 알바니아에서 이탈리아군을 추격하는 데 정신이 팔렸던 그리스군은 아무런 대비도 하지 않았다. 불가리아 국경에는 그리스군이 자랑하는 〈메탁사스 라인〉이 구축되어 있었지만, 알바니아 방면으로 상당한 전력을 빼내면서 방어선이 취약해졌다. 무엇보다 유고슬라비아 방면은 사실상 무방비나 다름없었다. 유고슬라비아는 그리스의 오랜 우방이었고 이쪽에서 공격받을 일은 없다고 마음 놓았기 때문이었다. 가장 취약한 쪽은 유고슬라비아와 불가리아, 그리스 국경이 맞닥뜨리는 케르키니Kerkini산맥이었다. 만약 독일군이 이곳을 통해 침공한다면 메탁사스 라인은 물론이고 그리스 북부 전체가 포위될 판국이었다. 영국군은 파파고스에게 해발 3,000m의 올림포스산을 중심으로 방어에 유리한 중부 지역으로 철수하여 수도 아테네와 남부의 펠로폰네소스반도를 지키는 데 집중할 것을 제안했다. 하지만 싸우지 않고 영토를 포기할 수 없다는 이유로 거부당했다. 이 와중에 유고슬라비아가 하루아침에 무너지자 그리스군의 방어선에는 거대한 구멍이 뚫렸다.

무솔리니에게는 끝까지 자존심 상하는 일이었지만, 유고슬라비아에서와 마찬가지로 그리스의 정복자가 될 쪽은 지난 반년 동안 그리스군과 피 터지게 싸웠던 이탈리아군이 아니라 독일군이었다. 알바니아 남부에서 그리스군과 대치 중인 이탈리아군은 카를로 겔로소 대장이 지휘하는 제11군 산하 7개 군단 21개 사단에 달했고 그리스군 15개 사단보다 훨씬 우세했다. 하지만 여전히 공세로 나서기에는 역부족이었다. 보름 전 야심 찬 춘계 공세에서 무솔리니의 질타에도 불구하고 단 한 발짝도 전진하지 못한 채 물러났던 이탈리아군은 재공세에 나서는

메탁사스 라인의 대전차 장애물. 그리스의 주적인 불가리아의 위협에 대비하여 1936년부터 1940년까지 1억 드라크마를 투자하여 건설한 메탁사스 라인은 불가리아 국경 서쪽 끝의 케르키니부터 동쪽의 코모티니Komotini까지 155km에 달했으며 21개의 독립된 요새로 구성되었다. 코모티니 북동쪽 85km 떨어진 오르메니오Ormenio까지 연장할 생각이었지만 예산 부족과 제2차 세계 대전의 발발로 중단되었다. 메탁사스는 1,000km가 넘는 국경 전체를 요새화하기를 원했지만 그리스의 능력으로는 어림없는 얘기였다.

대신 전선을 유지하면서 그리스군 주력의 발목을 붙잡아 두는 데 만족해야 했다.

독일군의 그리스 침공은 유고슬라비아와 동시에 시작되었다. 4월 6일 새벽 5시, 코리지스 총리는 불청객의 급작스러운 방문을 받았다. 독일 대사 빅토어 추 에르바흐쇤베르크Viktor zu Erbach-Schönberg였다. 쇤베르크는 반년 전 이탈리아 대사가 메탁사스 앞에서 했던 말을 그대로 되풀이했다. 그는 그리스가 중립을 위반하고 영국과 작당하여 제3제국의 위신과 인내심을 시험했으므로 더는 용납할 수 없다는 얘기를 주절주절 늘어놓았다. 물론 그리스는 그때까지 독일에 총 한 발 쏜 적 없었지만, 히틀러에게 그런 사실은 중요하지 않았다. 자신의 허락 없이 영국군을 집 안에 들였다는 사실 자체가 대역죄였다. 따라서 이제부터 그리스에서 영국군을 몰아낼 것이므로 그리스인들 또한 적극적으로 협조하든가, 아니면 영국인들과 함께 파멸의 길을 걷든가 오직 양자택일만 있다는 것이었다. 생전의 메탁사스는 현명하게도 히틀러에게 구실을 주지 않을 요량으로 처칠의 달콤한 꼬임에 끝까지 넘어가지 않았지만, 그가 죽자마자 후임자들은 영국군을 냉큼 받아들였다. 이제 그 결정의 대가를 치러야 할 때였다. 그러나 그리스인들에게는 불행하게도 평범한 관료에 불과했던 코리지스는 메탁사스처럼 상대의 위협에 기죽지 않고 한판 붙자고 할 만큼 배짱 있는 인물과는 거리가 멀었다.

몇 시간 뒤 베오그라드가 분노에 찬 히틀러에 의해 불바다가 되었다는 소식이 들어오자 그리스 지도부는 겁에 질렸다. 자신들의 수도도 똑같은 운명에 처하지 않을까 걱정했지만, 다행스럽게도 아테네는 폭격 대상이 아니었다. 독일 공군의 목표는 도시가 아니라 항구였다. 독일 폭격기들은 영국군을 차단하기 위해 테살로니키를 비롯한 그리스 주요 항구에 기뢰를 살포하고 항만 시설과 수송선들을 폭격했다. 지상에서는 독일 제40차량화군단이 유고슬라비아 남부로 진격하여 북부 마케도니아의 중심지 스코페를 점령하고 알바니아를 향해 서진했다. 또한 제73보병사단은 4월 8일 그리스 국경에서 50km 떨어진 교통의 요지인 프릴레프Prilep를 장악했다. 개전 사흘 만에 유고슬라비아와 그리스 사이의 연결이 완전히 끊어졌을뿐더러, 알바니아에서 이탈리아군과 싸우고 있던 유고슬라비아군과 그리스군의 측면이 노출되었다.

한편 유고슬라비아 제3군 5개 사단은 후방의 위협을 제거하고 그리스와의 통로를 확보할 요량으로 과감하게 이탈리아령 알바니아 북부를 침공했다. 그리스군 또한 이에 호응하여 4월 8일, 제9사단과 제13사단이 알바니아 최대 항구인 두러스를 향한 공세에 나섰다. 유고슬라비아군은 만만한 이탈리아군을 상대로 승리를 거두었지만, 등 뒤에서 독일 제9기갑사단이 접근하자 이틀 만에 물러나야 했다. 이탈리아군은 즉각 반격으로 전환했고 후퇴하는 유고슬라비아군의 추격에 나섰다. 사기가 떨어진 유고슬라비아군은 무너졌다. 3만 명이 이탈리아군의 포로가 되었다. 유고슬라비아-그리스 전역을 통틀어 연합군의 유일한 반격은 실패했다.

같은 시간 불가리아 방면에서도 독일군의 침공이 시작되었다. 프란츠 뵈메Franz Böhme 대장의 독일 제18산악군단 5개 사단이 국경을 넘어 테살로니키를 향해 진격했다. 이들은 그리스판 마지노 라인인 메탁사스 라인에 맞닥뜨렸다. 그중에서도 방어의 핵심인 루펠 요새Fort Roupel는 철근과 콘크리트로 구축된 견고한 요새와 지하 벙커로 구성되었고 75mm 대포 7문, 35mm 대전차포 5문, 81mm 박격포 12문이 포진했다. 1,000여 명의 수비대는 결사 항전을 다졌다. 독일 제5산악사단이 공격에 나섰지만, 공군의 엄호에도 불구하고 많은 사상자만 낸 채 격퇴되었다. 그리스군의 사상자는 56명에 불과한 반면, 독일군은 300명 이상을 잃었다.

그러나 메탁사스가 심혈을 기울여 건설한 메탁사스 라인도 독일군을 막기에는 역부족이었다. 방어선에 배치된 그리스군은 3개 사단에 불과했고 필요한 병력의 1/3에 지나지 않았다. 다음 날 독일군은 재차 공격에 나서 메탁사스 라인 일부를 점령하고 통로를 여는 데 성공했다. 무방비나 다름없는 그리스군 후방으로 향하는 길이 열렸다. 게다가 유고슬라비아가 무너지면서 독일군은 메탁사스 라인을 돌파하기 위해 정면 공격을 고집할 필요가 없었다. 독일 제40차량화군단 산하 제2기갑사단은 그리스 국경에서 15km 떨어진 마케도니아 남부의 소도시 스트루미차Strumica를 점령한 다음, 거의 아무런 저항도 받지 않고 그리스로 쇄도했다.

독일군을 저지하기 위해 그리스 유일의 기동 부대인 제19차량화사단이 출동했다. 그러나 말이 사단이지 인원수는 2,000여 명에 불과했고 장비는 영국제 4톤짜리 유니버스 캐리어 수송용 장갑차와 낡은 비커스 경전차가 전부였다. 이들은 슈투카의 엄호를 받는 독일 전차들을 만나자마자 간단히 분쇄되었다. 4월 9일 아침 테살로니키가 독일군의 손에 넘어갔다. 동부 마케도니아 군관구 전체가 포위되었다. 루펠 요새를 비롯하여 메탁사스 라인의 그리스군 병사들은 여전히 테르모필레 전투에서 레오니다스와 300명의 스파르타 전사들처럼 용맹스럽게 싸우면서 독일군을 저지했지만 싸울 의지를 먼저 잃은 쪽은 장군들이었다.

파파고스는 바코풀로스 장군에게 〈끝까지 저항하되, 저항할 수단이 바닥났을 때만 항복을 허용한다〉라는 애매한 지시를 내렸다. 바코풀로스 장군은 항복해도 좋다는 말로 받아들였고 독일군과 협상에 나섰다. 다음 날 메탁사스 라인 전체가 항복했다. 포로가 된 그리스군은 6만 명에 달했다. 그러나 독일군은 유고슬라비아나 프랑스에서와 달리, 그리스인들의 분투에 대해서는 경의를 숨기지 않았다. 프란츠 뵈메 장군은 테살로니키에서 투항한 바코풀로스를 향해 〈나는 그리스군의 투지와 영웅심을 들어 보았소. 하지만 나는 당신의 병사들이 보여 준 용기를 상상하지 못했소. 그들은 훌륭하게 싸웠소〉라면서 극찬했다.

메탁사스 라인은 겨우 사흘 만에 무너졌다. 이탈리아군을 수렁에 빠뜨렸던 유럽 제일의 험준한 산악 지형도 독일군에는 아무런 장애가 되지 못했다. 그리스군은 유고슬라비아군처럼 자기편끼리 총부리를 겨누거나 반란을 일으키는 등 막장이 되지는 않았지만, 독일군에 대한 공포심과 패배주의가 만연했다. 그리스 장군들은 전광석화처럼 밀고 들어오는 독일군의 맹렬한 기동전에 경악했고 자신들이 맞설 수 없음을 깨닫자 대번에 전의를 잃었다. 요란한 소리와 함께 슈투카 급강하 폭격기가 날아와 폭탄을 내리꽂을 때마다 그리스 병사들은 혼비백산했다. 이탈리아군을 상대로 한 발짝도 물러서지 않던 용기는 온데간데없었다. 영국군 또한 속수무책이었다. 파파고스는 윌슨 장군에게 기갑 부대와 영국 공군의 출동을 요청했지만, 영국군의 준비는 불충분했고 독일군의 진격이 너무 빠르다 보니 윌슨은 아무것도 할 수 없었다.

메탁사스 라인이 무너지고 동부 마케도니아 군관구 전체가 항복하면서 그리스 내륙으로 가는 길이 열렸다. 이제는 아테네도 풍전등화였다. 무솔리니의 군대를 걷어차면서 알바니아로 진군할 때만 해도 기세등등하던 그리스인들은 그제야 정신이 번쩍 들었다. 독일군은 이탈리아군과는 차원이 다른 상대였다. 상황은 절망적이었다. 레오니다스와 테미스토클레스가 무덤에서 되살아난다 해도 이 위기를 해결할 방법은 없었다. 파파고스는 4월 12일에야 알바니아의 그리스군에 퇴각 명령을 내렸지만 너무 늦은 조치였다. 독일군은 이미 그리스군 후방으로 맹렬하게 돌진하고 있었다. 그리스군의 주력은 여전히 알바니아에 묶여 있었고 후퇴 명령이 너무 늦게 내려졌기에 후방에는 변변한 병력이나 방어선이라고 할 만한 것이 전혀 없었다.

그렇다고 한 줌에 불과한 영국군이 독일군을 저지하리라 기대하기도 어려웠다. 영국 제1기갑여단이 출동했지만, 그리스 북부 클레이디

Kleidi에서 독일 제40차량화군단에 여지없이 박살 났다. 그리스 지도부는 탈출을 논의했다. 그리스판 됭케르크의 기적이 필요했다. 하지만 그리스 해군은 살라미스 해전에서 페르시아 함대를 격파한 테미스토클레스의 해군이 아니었다. 가지고 있는 건 몇 척의 구식 군함이 전부였다. 게다가 하늘은 이미 독일-이탈리아 공군이 장악했다. 독일 제40차량화군단은 메탁사스 라인을 넘어 남쪽으로 내달렸다. 그 옆에서는 제18산악군단과 제1기갑집단이 서로 뒤질세라 경쟁하면서 파죽지세로 남하 중이었다.

4월 14일, 독일 제9기갑사단이 올림포스산 서북쪽 60km 떨어진 코자니Kozani를 점령했다. 윌슨 장군은 어영부영하다가 퇴로가 막히기 전에 남쪽의 테르모필레까지 물러날 것을 결정했다. 2,500년 전 레오니다스와 300명의 스파르타 전사들이 페르시아 대군을 상대로 장렬한 최후를 맞이한 것으로 유명한 이곳은 아테네로 향하는 교통의 요지이자 지형이 매우 좁고 험준하여 〈그리스의 문경새재〉라고 할 만한 방어의 요충지였다. 후위는 제4뉴질랜드여단과 제5뉴질랜드여단, 제16오스트레일리아여단이 맡았다. 이들은 올림포스산과 세르비아Servia 고개에서 강력한 방어선을 구축하고 독일 제9기갑사단의 추격을 저지하며 시간을 벌었다. 그사이 영국군 주력 부대는 후퇴를 시작했다. 앤잭 병사들은 사흘에 걸쳐 독일군을 막아 냈지만, 4월 15일 알바니아 남부의 요충지인 코르처가 함락되었다. 알바니아의 그리스군 전체가 포위될 판이었다. 측면을 위협받은 영국군도 올림포스의 방어선을 버리고 패주의 물결에 동참해야 했다.

4월 17일, 유고슬라비아가 항복했다는 소식에 절망한 코리지스는 다음 날 자살했다. 이 난국은 평범한 관료에 불과한 그가 감당하기에는 너무나 과중했다. 파파고스 역시 싸울 의지를 잃었다. 패배주의에 사로잡힌 장군들은 항복을 떠들었다. 그리스가 버틸 수 있었던 것은 전적으로 메탁사스라는 강력한 지도자 덕분이었다. 그의 죽음과 함께 그리스의 운명 또한 끝난 셈이었다. 병사들 역시 전의를 잃었고 독일군과 마주치면 그대로 무기를 버리고 투항했다. 이전의 투지는 찾아볼 수 없었다. 그리스군과 영국군 사이의 소통 역시 엉망이었다. 그리스군은 영국군이 어디서 무엇을 하는지조차 제대로 알지 못했다. 파파고스는 윌슨이 자신과 아무런 사전 상의 없이 영국군만 빠져나갈 준비를 하고 있다면서 분노했다. 그리스인들이 처음부터 우려했던 대로 영국인들은 상황이 불리해지자 자기들이 살 길부터 찾는 쪽을 선택했다. 이탈리아군에 첫 승리를 거두었던 메초보에서 그리스 제13보병사단과 기병사단은 히틀러의 광신적인 추종자인 요제프 디트리히Josef ⊠Sepp⊠ Dietrich가 지휘하는 총통경호여단에 무너졌다.

4월 20일, 서부 마케도니아 군관구와 에피루스 군관구가 항복했다. 그리스군 15개 사단 20만 명이 포로가 되면서 그리스 북부 전선이 와해되었다. 뒤늦게 그리스가 자신을 빼놓고 독일군과 협상 중이라는 얘기를 들은 무솔리니는 분통을 터뜨리며 카발레로 장군에게 총공격을 명령했다. 하지만 그리스군도 독일군이라면 몰라도 이탈리아군에 굴복할 생각은 없었다. 이탈리아군은 끝까지 한 발짝도 전진할 수 없었다. 히틀러는 이 무력하고 한심한 파트너에게 보기 드물게 연민을 베풀어 조금이나마 체면을 살려 주기로 했다. 덕분에 그리스의 반발에도 불구하고 4월 23일 그리스군 항복식에 이탈리아도 한 자리 차지할 수 있었다.

그 대신 히틀러는 그리스 병사들을 끌고 가서 로마에서 성대한 개선식을 하겠다는 무솔리니의 요구를 일축했다. 그리스 병사들은 포로수용소가 아닌 집으로 돌아갔다. 장교들은 무기 소지를 허용받았다. 독일군 병사들은 이탈리아군이 그리스 병사들을 포로로 잡지 못하도록 자신들의 차량에 태워 그리스까지 안전하게 수송하기도 했다. 히틀러

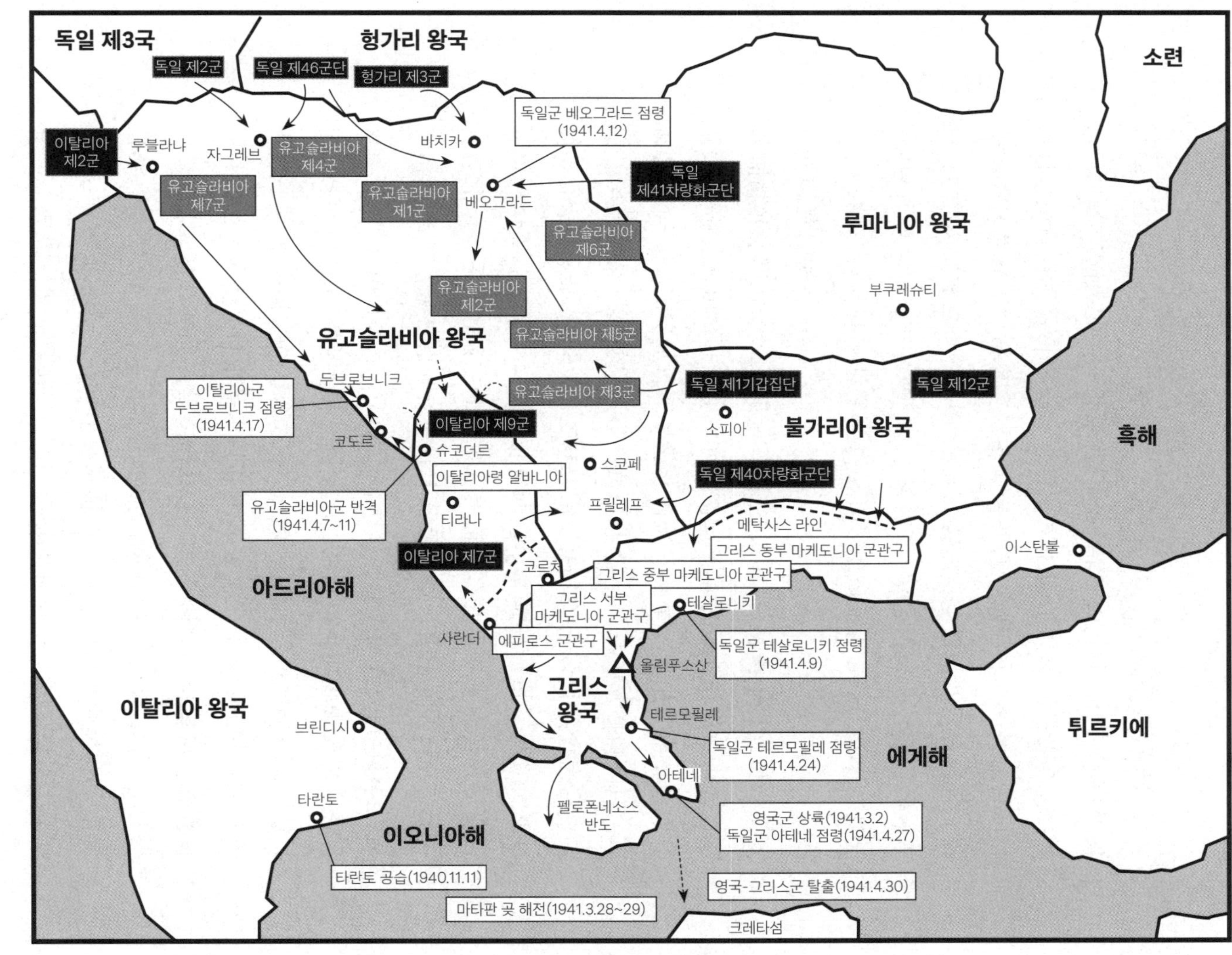

유고슬라비아-그리스 전역에서 추축군의 진격과 주요 전투(1941. 4. 6~4. 30)

로서는 보기 드문 관용이었다. 그리스인들은 어느 민족보다 용감하게 싸웠으므로 마땅히 그만한 대접을 받을 자격이 있다는 것이었다. 물론 저항의 칼끝이 독일군에 향했을 때는 〈얄짤〉없었지만 말이다.

아직 싸움이 끝난 것은 아니었다. 그리스의 패망이 초읽기인 상황에서 영국군은 필사의 탈출에 나섰지만, 독일군의 추격이 워낙 빨라 곳곳에서 쉴 새 없이 난타당했다. 독일군은 됭케르크 때처럼 어물거리지 않았다. 4월 21일, 영국군의 주된 퇴각로였던 그리스 중부의 항구 도시 볼로스Volos가 함락되었다. 영국군이 빠져나갈 길은 남쪽뿐이었다. 4월 24일, 테르모필레 고개에서 마지막 항전이 벌어졌다. 레오니다스와 스파르타 병사들이 용맹스러운 최후를 맞이했던 장소에서 독일군 전차 부대를 가로막은 쪽은 그리스인들이 아니라 앤잭 군단의 제19오스트레일리아여단과 제6뉴질랜드여단 병사들이었다. 앤잭 병사들은 하루내내 치열한 전투를 벌인 끝에 후퇴했다. 웨이벌 장군이 급히 아테네로 왔다. 그는 파파고스에게 영국군이 남아서 계속 싸우기를 원하는지 물었다. 동맹국을 버렸다는 비난을 피하기 위한 핑곗거리였다. 파파고스는 대답하지 않았다. 웨이벌은 그리스가 영국군의 철수에 동의한 것으로 받아들였다.

그리스 전역에서 탈출 행렬이 이어졌다. 4월 23일, 아테네 북쪽 30km 떨어진 오로포스Oropos 항구에서 1만 톤급 구식 장갑 순양함 게오르기오스 아베로프Georgios Averof를 비롯한 그리스 함대가 젊은 국왕과 정부 각료들을 태우고 마지막 저항 거점이 될 크레타섬으로 향했다. 머리 위에서는 독일 공군의 슈투카 폭격기들이 쉴 새 없이 떠돌면서 폭탄을 떨어뜨렸다. 파파고스는 함께 달아나지 않고 자신의 군대와 운명을 함께하기로 하고 아테네에 남았다. 그는 더 이상의 희생을 막는다는 명목으로 도시를 저항 없이 독일군에 내주었다.

윌슨은 영국군 잔여 병력을 크레타와 펠로폰네소스반도로 철수시키는 한편, 펠로폰네소스반도로 들어가는 유일한 입구인 코린트Corinth 운하의 다리를 폭파하려고 했다. 하지만 독일군이 한발 빨랐다. 4월 26일, 800여 명의 독일 공수 대원들이 낙하하여 다리를 장악했다. 퇴로가 차단된 900여 명의 영국군과 1,500여 명의 그리스군이 포로가 되었다. 총통경호여단은 펠로폰네소스반도로 돌진했고 영국 제1기갑여단장 해럴드 채링턴Harold Charrington 준장을 비롯하여 탈출 선박을 놓친 불운한 영국군 2,000여 명을 포로로 잡았다. 그리스 남부 나플리오Nafplio에서는 네덜란드 해군의 1만 1,500톤급 수송선 슬라마트Slamat가 500여 명의 영국군을 태우고 항구를 빠져나오던 중 독일 공군의 폭격으로 침몰했다. 생존자는 8명이었다.

4월 27일 새벽, 독일 제2산악사단 선두 부대가 아테네에 입성했다. 그리스인들의 상징인 아크로폴리스의 파르테논 신전에 나치 깃발이 내걸렸다. 히틀러는 그리스인들의 자존심을 건드리지 않겠다면서 모든 행사를 금지하고 조용히 들어갈 것을 지시했지만 무솔리니의 반발에 부딪혔다. 연이은 실패로 위신이 땅에 떨어진 그로서는 이탈리아 국민에게 뭐라도 성과를 보여 줄 필요가 있었기 때문이었다. 이번에도 굴복한 쪽은 히틀러였다. 이탈리아군은 싸움은 몰라도 화려한 개선식만큼은 로마 제국 시절에 못지않았다. 하지만 마지막까지 허세만 부리는 이탈리아인들에게 돌아온 것은 아테네 시민들의 경멸 어린 시선이었다. 니컬러스 케이지 주연의 2001년 전쟁 영화 「코렐리의 만돌린」에서는 그리스 서부 케팔로니아섬을 점령한 이탈리아 제33보병사단〈아퀴Acqui〉 병사들을 향해 현지 주민들이 냉소와 함께 자신들은 독일군이라면 몰라도 이탈리아군에는 항복하지 않겠다고 버티자 부랴부랴 독일군을 데리고 오는 장면이 나온다.

그리스판 됭케르크는 1년 전보다 훨씬 불리했지만 이번에도 대부분의 영국군이 빠져나갈 수 있었다. 6만 2,562명 중 80퍼센트 이상

1941년 4월 27일, 아테네 아크로폴리스 파르테논 신전에 하켄크로이츠 깃발을 다는 독일군.
그리스인들로서는 1944년 10월 독일군이 소련군의 공세에 밀려 철수하고 영국군이 상륙할
때까지 3년 6개월에 걸친 길고도 혹독한 시간의 시작이었다.

인 5만 명이 탈출했다. 3,000여 명이 죽고 8,000여 명은 포로가 되었다. 5,000여 명 정도의 손실을 주장했던 처칠의 예상보다는 훨씬 많았지만, 제공권이 독일 공군에 있었다는 점에서 운이 없었다면 자칫 더 큰 재앙을 당할 수도 있었다. 하지만 됭케르크에서 그랬듯 영국군은 거의 모든 장비와 대포, 차량을 버리고 몸만 겨우 빠져나갈 수 있었다. 물론 그리스군 역시 버려졌다. 해군을 제외하고 극소수만 영국군과 함께 탈출했다.

남은 것은 크레타였다. 방어 태세는 허술했고 수비대는 그리스에서 철수한 영국군 3만 명과 그리스군 1만 명이 전부였다. 하지만 이번에는 사정이 달랐다. 지중해가 영국 해군의 손아귀에 있는 한, 독일군이 바다를 넘어 크레타를 침공하기란 쉽지 않아 보였다. 영국이 크레타를 계속 쥘 수 있다면 몰타와 마찬가지로 추축을 위협하는 비수로 만들 수 있었다. 특히 크레타에서 출격하는 폭격기들은 독일 최대의 석유 공급로인 루마니아 유전을 위협할 것이었다. 히틀러가 가장 우려하는 일이었다. 처칠은 제국 총참모장 존 딜John Dill 원수에게 〈우리 병력이 불충분하다는 이유로 크레타를 잃는 것은 범죄가 될 것이오〉라면서 크레타 철수를 거부했다.

독일 최고 사령부OKW는 크레타섬 침공을 강력하게 반대했다. 자칫 여기에서 발목을 잡힌다면 다 이긴 싸움에 재를 뿌리는 것은 물론이고 이미 한 차례 연기된 소련 침공 일정에 악영향을 줄 수 있었다. 그러나 히틀러는 적어도 무솔리니보다는 냉철했다. 기왕 칼을 뽑은 이상 크레타섬을 내버려두고 멈춘다면 처칠은 몰타보다 33배나 더 큰 이 섬을 난공불락의 요새로 만들 것이고 독일군에 훨씬 큰 대가를 치르도록 만들 게 분명했다. 그는 이참에 대담한 작전을 시도하기로 결심했다. 바다가 아닌 하늘로의 침공이었다. 4월 25일, 히틀러는 크레타 공략을 지시했다. 침공의 선봉은 독일 제11공수군단이 맡았다.

크레타섬의 혈전

그리스 전역에서 처칠과 히틀러의 마지막 승부는 크레타섬이었다. 물론 압도적으로 우세한 쪽은 히틀러였지만 여태껏 그랬듯 자신이 자랑하는 전차 부대로 크레타섬을 쓸어버릴 수는 없었다. 그리스 본토와 크레타 사이에는 폭 160km에 달하는 바다가 가로막고 있었기 때문이었다. 그리고 영국 지중해 함대가 철통같이 지키고 있었다. 그 절반도 되지 않는 영불 해협조차 건너지 못하는 독일 해군은 물론이고 타란토 해전과 마타판곶 해전에서 반신불수가 된 채 거북이처럼 등딱지 속에 몸을 숨긴 이탈리아 해군에 뭔가를 기대할 수도 없는 노릇이었다.

고대 그리스 문화의 발상지인 크레타섬은 면적이 $8,450km^2$에 달하며, 동부 지중해에서 가장 큰 섬이었다. 당시 인구는 60만 명에 달했다. 전략적 가치는 이탈리아 남단의 작은 섬이자 영국이 무솔리니의 목에 들이댄 비수인 몰타에 비할 바 아니었다. 만약 처칠이 이 섬을 불침항모로 만들어 지중해 함대와 폭격기 부대를 주둔시킨다면 독일이 애써 점령한 발칸반도 전체가 위협받는 것은 물론이고, 히틀러의 야심만만한 소련 침공 작전에도 심각한 지장을 초래할 것이 뻔했다. 그러나 영국 해군의 봉쇄망을 뚫고 바다로 침공하기란 쉽지 않았다. 대안이 필요했다. 히틀러가 생각해 낸 것은 하늘이었다. 막강한 독일 공군의 엄호 아래 〈하늘의 사냥꾼〉 공수 부대가 강하하여 비행장을 비롯한 섬의 주요 지역을 장악하고 교두보를 마련하면 영국 해군도 더 이상 방해할 수 없을 것이며 그때 주력 부대가 바다를 통해 상륙한다는 것이었다.

공수 부대 투입은 이번이 처음은 아니었다. 히틀러는 폴란드와 노르웨이, 네덜란드 침공, 프랑스 전역 등 주요 작전마다 공수 부대를 써먹었다. 대표적인 작전 중 하나가 벨기에의 〈작은 마지노 요새〉인 에벤-에마엘 요새의 공략이었다. 스물네 살의 젊은 중위였던 루돌프 비트치히는 85명의 공수 부대만으로 요새에 강하하여 10배나 많은 수비 대를 무력화하고 하루 만에 점령했다. 네덜란드에서도 수도 암스테르 담 주변에 낙하한 공수 부대가 주요 다리와 비행장, 수로를 신속하게 장 악하여 네덜란드군이 제방을 폭파하기 전에 독일 기갑 부대가 들어오 도록 길을 열었다.

하지만 장점만큼이나 단점도 분명했다. 수송기들은 방어력이 매 우 취약했기에 도중에 적 전투기를 만나거나 대공포 사격에 노출되면 추풍낙엽처럼 격추되기 일쑤였다. 또한 공수 부대는 무기가 빈약한 데 다 적 후방에 낙하하기 때문에 우군이 재빨리 도착하지 않는다면 적진 한가운데 고립되어 전차와 중화기로 반격하는 적군에 속수무책일 수밖 에 없었다. 네덜란드 작전 동안 1,200여 명의 공수 부대원들이 네덜란 드군의 포로가 되었고 모두 영국으로 보내졌다. 공수 작전은 겉으로는 화려하지만, 위험이 크고 대가가 비쌌다.

히틀러에게는 2개의 공수 사단이 있었다. 제7강하엽병사단7th Flieger Division과 제22공중강습사단22th Luftlande Division이었다. 폴란드 전역 이래 수많은 전투에서 활약했던 최정예 부대였다. 또한 이들을 적진으 로 실어 나를 수백 대의 Ju 52 수송기, 현지의 제공권을 장악하고 근접 항공 지원으로 적군의 반격을 분쇄할 세계 최강의 공군력도 있었다. 전 쟁 이전에는 베스트셀러 항공기로서 민간여객기로도 활용되었던 융커 스 Ju 52 3발 다목적 수송기는 속도는 느리지만 신뢰성이 높았고 한 번 에 완전 무장한 공수 대원 12명을 수송할 수 있었다. 독일 공수 부대는 베르사유 조약의 제약 때문에 소련이나 이탈리아, 미국 등 다른 열강들 에 비하여 한발 늦게 탄생했지만, 오히려 실전에서 제일 먼저 존재감을 드러냈다. 미국은 제1차 세계 대전에서 공수 작전을 기획한 바 있었고 이탈리아와 프랑스는 세계 최초로 공수 부대를 편성했음에도 군내의 보수적인 분위기와 장군들의 무관심 탓에 독일보다 뒤처졌다.

    독일 공수 부대의 수장은 제11공수군단장 쿠르트 슈투덴트Kurt Student 대장이었다. 제1차 세계 대전에서 6대의 적기를 격추한 에이스 조종사이기도 했던 그는 패전 이후 축소된 바이마르 공화국군에 남은 몇 안 되는 공군 전문가였다. 독일과 소련의 협력이 파기되기 직전인 1935년 소련에 파견된 슈투덴트는 키예프에서 소련군의 대규모 공수 훈련을 보고 깊은 감명을 받았다. 그는 공수 부대를 활용한 새로운 미래 전쟁의 양상을 깨달았다. 본국으로 돌아온 후 상부를 설득하여 공수 훈련 학교를 설립했고 새로운 엘리트 부대로서 공수 부대를 창설하여 〈독일 엘리트 공수 부대의 아버지father of Germany's elite parachute〉라는 별명을 얻었다.

    영국군이 크레타섬으로 내몰리자 야심만만한 슈투덴트는 드디어 공수 부대가 전장의 주역으로 나설 기회가 왔다고 생각했다. 그는 공군 참모총장 플리거 한스 예쇼네크Flieger Hans Jeschonnek 장군에게 공수 작전만으로 크레타섬을 정복해 보이겠다고 장담했고 공군 수장 괴링을 거쳐 히틀러의 귀에까지 들어갔다. 유별나리만큼 상식에서 벗어난 기발한 방식을 좋아하는 히틀러도 크게 기뻐했다. 지금까지 공수 부대를 써먹은 적은 있지만 어디까지나 소부대에 의한 제한적인 침투 임무였고 침공의 주축을 맡은 적은 없었다. 공수 부대가 크레타를 성공적으로 점령한다면 언젠가 있을 영국 침공 작전에서도 써먹을 것이며 전쟁의 양상 자체를 바꾸어 놓을지도 몰랐다. 4월 25일, 히틀러의 승인이 떨어졌다. 독일 최초의 사단급 공수 작전이자 그들에게는 영광 대신 무덤으로 끝나게 될 작전명은 〈메르쿠르Operation Merkur〉였다.

    슈투덴트가 그토록 자신만만했던 이유는 크레타섬의 방어 태세가 매우 허술하다고 오판했기 때문이었다. 독일 정보부 수장이자 히틀러 반대파이기도 했던 빌헬름 카나리스 제독은 크레타 수비대가 그리스 본토에서 무기와 장비를 죄다 내버리고 목숨만 건져서 탈출한 패잔병들의 무리이며 1개 포병 연대와 2개 보병 연대 5,000여 명을 넘지 않을 것이라고 보고했다. 현지 주민들 또한 독일군에 매우 우호적이며 침공이 시작되면 무기를 들고 봉기하여 영국군을 공격할 것이라고 주장했다. 카나리스의 보고서는 완전히 엉터리였다. 수비대는 그보다 거의 10배나 많은 4만 2,500명에 달했다. 철수 과정에서 많은 장비를 상실했다고 하지만 다수의 대공포와 80문의 야포, 마틸다-2 중전차 9대, 6호 비커스 경전차 16대도 있었다. 중화기가 없는 공수 부대로서는 가장 두려운 천적이었다. 물론 주민들도 영국이 아니라 독일에 적대적이었다. 잘못된 정보를 근거로 잘못된 작전을 세웠으니 재난을 피할 수 없는 것은 당연했다.

작전은 처음부터 어그러졌다. 슈투덴트는 원래 자신이 자랑하는 2개 공수 사단 모두 동원할 생각이었다. 하지만 1만 6,000명에 달하는 정예 부대인 제22공중강습사단은 아테네에서 800km나 떨어진 루마니아의 플로이에슈티 유전을 지키고 있었다. 그는 이들을 당장 남쪽으로 데려오기가 불가능하다는 것을 깨달았다. 독일군의 수송 수단은 죄다 바르바로사 작전을 위한 병력과 물자 수송에 사용되고 있었다. 제22공중강습사단을 대신할 부대는 그리스 작전에 투입된 제5산악사단이었다. 하지만 제5산악사단은 산악전 전문 부대이지 공수 부대가 아니었다. 공수 훈련을 받은 사람은 거의 없었다. 항공기도 턱없이 부족했다. 이 작전을 위해 500대의 수송기와 100대의 글라이더가 동원되었지만, 그 정도로는 2만 명이 넘는 병력을 한 번에 수송할 수 없었다. 덧붙여, 꼭 3년 뒤 벌어지는 노르망디 상륙 작전에서 연합군은 공수 작전을 위해 그보다 두 배 이상 많은 C-47 스카이트레인Skytrain 수송기를 투입하여 독일군을 압도했다.

설사 독일군에 충분한 수송기가 있다고 한들, 그리스 남부의 빈약한 비행장만으로는 그만한 숫자를 수용할 수 없었다. 결국 공수 부대를 몇 번에 나누어 조금씩 수송해야 한다는 얘기였다. 가장 중요한 기습 효과를 상실할 수밖에 없었다. 무엇보다도 이 정도의 대규모 공수 작전 자체가 독일군으로서는 처음이라는 점에서 그 어느 때보다 신중하고 철저한 준비가 필요했다. 하지만 언제나 그렇듯 히틀러는 현실적인 난관을 죄다 무시한 채 자신의 욕심만 내세워 일정을 촉박하게 서두르기에 급급했고 작전은 졸속으로 진행될 수밖에 없었다. 이 점이 노르망디에서 훨씬 규모가 큰 공수 작전을 성공시켰던 아이젠하워의 연합군과 결정적으로 달랐다.

또 한 가지 문제점은 크레타 침공은 전적으로 독일군의 작전이었고 이탈리아군의 지원은 거의 없었다는 사실이었다. 히틀러와 무솔리니는 말로만 강철 같은 연대를 강조했을 뿐, 서로를 경쟁 상대로 여기고 협력에는 소극적이었기 때문이었다. 타란토 해전과 마타판 해전 이후 위축된 이탈리아 해군은 몇 척의 어뢰정이 출동한 것이 전부였다. 이탈리아군 공수 부대의 출동도 없었다. 이탈리아는 독일보다 훨씬 빨리 공수 부대를 편성한 나라였음에도 막상 개전 당시 공수 부대는 1개 연대가 전부였다. 그나마도 제2차 세계 대전을 통틀어 공수 작전을 펼친 경우는 손에 꼽을 정도였다. 그리스 전역 중에는 크레타 침공 직전인 4월 30일 케팔로니아섬을 점령하면서 1개 공수 중대를 투입하여 소규모 공수 작전을 펼친 것이 전부였다. 이탈리아는 1941년 9월에야 첫 번째 공수 사단인 〈폴고레Folgore〉를 편성했지만, 북아프리카에서 일반 보병 부대로 운영되었고 전쟁이 끝나는 순간까지 진정한 하늘의 사냥꾼이 될 기회는 없었다.

크레타섬은 동서로 260km에 달하는 반면, 폭은 좁았다. 또한 평야가 적고 산과 협곡이 많아 방어는 유리하고 공격은 불리했다. 섬의 한가운데에는 크레타의 지붕이자 제우스가 태어났다는 해발 2,456m의 이다Ida산이 있었다. 슈투덴트의 목표는 섬에 흩어져 있는 세 개의 비행장이었다. 그리스 본토에서 가장 가까운 섬 서북쪽 해안가의 말레메Maleme 비행장, 섬 중북부 해안가의 레팀논Rethymnon 비행장, 섬 동북부 해안가의 헤라클리온Heraklion 비행장이었다. 그중 레팀논 비행장은 활주로가 아직 건설 중이었다. 처음에 슈투덴트는 3개 비행장에 동시 낙하하여 한꺼번에 점령할 생각이었다. 그동안의 경험을 통해 공수 작전은 여러 장소에 동시다발적으로 강하하여 공격에 나서야만 적군을 최대한 혼란에 빠뜨릴 수 있다는 이유였다. 반면, 제4항공함대 사령관 알렉산더 뢰르Alexander Löhr 장군은 병력 집중의 원칙을 들어서 말레메 공격에 총력을 기울여야 한다고 주장했다.

게다가 독일군의 관심사는 크레타 따위가 아니라 당장 한 달여 뒤로 닥친 바르바로사 작전이었다. 이 때문에 그리스 전역에 투입되었던 제4항공함대의 주력이 소련 국경으로 이동하고 제8공수군단만 남았다. 그나마도 보급의 우선순위마저 밀리면서 탄약과 연료가 부족했다. 광범위한 지역에 분산된 공수 부대를 지원하면서 수비대를 제압하기에는 역부족이었다. 공수 부대와 항공 부대의 입장이 평행선을 달리자 괴링이 끼어들었다. 하지만 현대전에 대해 아무런 이해가 없는 그의 중재는 오히려 역효과만 났다. 괴링의 절충안은 부대를 둘로 나누고 첫 번째 부대가 말레메를 급습한 다음, 두 번째 부대가 레팀논과 헤라클리온을 공격한다는 것이었다. 결과적으로 병력은 병력대로 분산하고 기습 효과마저 없앤 셈이었다. 더욱이 섬 구석구석을 항공 정찰했음에도 공격군보다 두 배나 많은 수비대가 있을 거라고는 생각하지 못했다.

가장 큰 문제는 수송기의 부족이었다. 슈투덴트는 제5산악사단 대부분을 공수가 아닌 해상으로 이동하는 데 동의해야 했다. 그만큼 병력은 한층 분산되었고 주변 해역을 영국 해군이 장악하고 있다는 점에서 위험은 훨씬 컸다. 지중해에는 독일 해군이 없어서 전적으로 수송 선단의 호위는 이탈리아 해군에 의존해야 했지만, 이들에게 이탈리아 해군은 도저히 믿을 수 있는 존재가 아니었다. 제5산악사단장 율리우스 링겔Julius Ringel 장군은 〈자살적인 모험〉이라면서 〈이건 미친 짓이다. 장교들과 병사들은 하나같이 바다로 가는 위험을 무릅쓰느니 차라리 크레타로 날아가는 쪽이 낫다고 입을 모았다〉라고 한탄했다.

그나마 히틀러에게는 다행스럽게도 실수는 그의 전유물이 아니었다. 크레타섬 전투의 특징은 영국과 독일 모두 정보에서 실패했다는 점이었다. 독일 정보부가 크레타섬의 영국군을 과소평가했던 것처럼, 영국 정보부 역시 독일군의 침공을 오판했다. 영국 정보부에는 독일 정보부가 누릴 수 없었던 이점이 하나 있었다. 독일군의 암호를 해독할 수 있다는 사실이었다. 더욱이 크레타섬 전투를 주도한 쪽이 독일군 내에서도 유독 보안에 취약했던 독일 공군이었기에 영국 정보부는 독일군의 침공 준비와 침공 일자가 5월 20일이라는 사실까지 정확히 알아냈다. 하지만 여기에는 간과해서 안 될 함정이 있었다. 코드명 〈울트라〉로 유명한 영국군의 암호 해독은 독일군의 행동을 낱낱이 파악하여 연합군의 승리에 크게 기여한 것으로 알려져 있으며 베네딕트 컴버배치 주연의 2015년 영화 「이미테이션」을 비롯하여 마치 한 편의 신화처럼 포장되었다. 그러나 현실은 그리 단순하지 않았다. 암호 해독이 언제나 만능은 아니었기 때문이다.

제2뉴질랜드사단장이자 크레타섬의 지휘를 맡은 버나드 프레이버그Bernard Freyberg 소장은 젊은 시절 갈리폴리 상륙 작전에 참여했으며 최전선에서 싸우다가 몇 번이나 중상을 입었을 만큼 매우 용맹스러운 군인이었다. 하지만 시대에 뒤떨어진 구식 장군이기도 했다. 1940년의 서부 전선에서 싸워 본 경험이 없었던 그는 독일군이 공수 작전을 준비하고 있다는 사실을 알고 있었지만 주된 침공은 공중이 아니라 해상이라고 결론 내렸다. 제1차 세계 대전의 관념에서는 그것이 상식이었다. 따라서 주력 부대인 제5뉴질랜드여단을 해안가에 묶어 두었다. 정작 비행장의 방비는 허술했다. 하지만 단순히 그의 판단 실수로만 돌릴 수는 없었다. 왜냐하면 프레이버그가 크레타섬에 도착한 지 얼마 되지 않아 현지 사정을 제대로 몰랐기 때문이었다.

그는 크레타의 지형이 험준하여 대부대의 상륙이 어렵고 독일군에 상륙용 주정(舟艇)이 없어서 그리스 어민들로부터 어선을 급히 징발 중이라는 사실을 알지 못했다. 어선으로는 전차와 중화기를 실어 나를 수 없을뿐더러, 크레타섬 주변의 제해권은 영국 해군에 있었다. 독일 공군이 영국 해군을 확실히 제압하거나, 아니면 하늘로 침공하는 수밖에 없었다. 영국군이 정말로 지켜야 할 쪽은 해안가가 아니라 비행장이었다. 하지만 영국 해군은 이런 사실을 알면서도 육군에는 전달하지 않았다. 질시와 경쟁으로 악명 높은 일본 육해군처럼 사이가 나빠서라기보다 영국군의 지휘 계통이 통일되지 않아 정보 공유가 제대로 되지 못했기 때문이었다.

독일군은 처음부터 지휘 계통을 일원화하여 슈투덴트 장군의 명령 아래 모든 부대가 일사불란하게 움직였던 반면, 명목상 크레타섬의 최고 지휘관인 프레이버그는 해군과 공군, 대공포 부대에 아무런 명령을 내릴 수 없었다. 수비대는 오합지졸이었고 숫자는 4만 명에 달했지만 대부분 패잔병이었다. 그나마 로멜을 막기 위해 전투 부대 태반을 이집트로 보내는 바람에 크레타에는 운전사와 취사병 등 비전투 요원이 대부분이었고 쓸 만한 병력은 얼마 되지 않았다.

심지어 영국 공군이 크레타섬에서 철수하면서 말레메 비행장에 남기고 간 수백 명의 정비병들은 할 일이 없어지자 섬에서 휴양할 기회라 여겼고 육군과 함께 방어선 구축에 투입되기를 거부했다. 그렇다고 프레이버그가 이들을 강제로 전선으로 끌어내거나 작전에 방해가 되지 않는 곳으로 쫓아 버릴 권한도 없었다. 독일 공군의 공습으로 보급 물자를 제대로 보낼 수 없었기에 탄약과 식량도 매우 부족했다. 대포의 상당

수는 이탈리아군으로부터 노획한 것이라 제대로 작동하지 않았다. 그리스 병사들 태반은 소총조차 가지고 있지 못했다. 무전기의 부족으로 사령부와 일선 부대를 연결하는 주요 통신 수단은 전화선이었지만 폭격으로 대부분 끊어졌다. 크레타 전투는 독일군만큼이나 영국군에도 최악의 싸움이었다.

5월 3일부터 제1차 세계 대전에서 명성을 떨친 〈붉은 남작〉의 사촌 동생으로 유명한 볼프람 폰 리히트호펜Wolfram von Richthofen 장군의 제8공수군단 산하 폭격기들이 크레타섬으로 부지런히 날아와 비행장과 항구에 정박한 영국 군함들에 폭탄의 비를 퍼부었다. 공수 부대의 침공 전에 영국 해공군을 크레타에서 쫓아내기 위함이었다. 한 줌에 불과한 크레타 주둔 영국 공군은 괴멸했고 영국 해군 역시 1만 톤급 중순양함 요크HMS. York가 침몰하는 등 큰 손실을 입었지만 수비대는 여전히 건재한 채 독일군의 침공을 기다렸다. 5월 20일 새벽, 독일 폭격기 편대들이 또 한 번 크레타섬으로 날아와 한바탕 폭격했다. 오전 8시 말레메 비행장 상공에는 Ju 52 수송기의 대편대가 하늘을 뒤덮었다. 선발대인 오이겐 마인들Eugen Meindl 소장이 지휘하는 공중강습폭풍연대Luftlande-Sturm-Regiment의 침공이었다.

폭염과 먼지구름 속에서 독일 수송기들은 낙하산을 멘 독일 공수 부대원들을 끝없이 토해 내는 한편, 하부에 매달려 있던 DFS 230 무동력 글라이더들을 일제히 출격시켰다. 에벤-에마엘 요새 공략과 뒷날 무솔리니 구출 작전 등에서 활약하여 명성을 떨치는 이 글라이더는 9명의 대원 또는 최대 1.2톤의 화물을 탑재할 수 있어 독일 공수 부대가 자랑하는 주요 강습 수단이었다. 글라이더들이 비행장 주변과 활주로에 빠르게 내려앉자 그 안에서 공수 대원들이 MP-40 기관 단총을 갈기면서 뛰쳐나왔다. 폭격이 지나간 뒤 태평스럽게 아침 식사를 준비 중이던 영국군 병사들은 혼비백산했다. 곧 있으면 수평선 저편에서 독일군을 실은 수송 선단이 나타날 것이라며 온 신경을 집중하고 있던 프레이버 그는 완전히 허를 찔린 꼴이었다.

영국군의 대공포들이 불을 뿜기 시작했다. 영국군 병사들은 모든 화기를 총동원하여 사격을 퍼부었다. 하늘은 새하얀 낙하산과 글라이더, 그리고 이들을 향해 쏟아지는 포탄과 기관총탄의 포연으로 가득했다. 대공포 진지 위로 공수 부대를 낙하하는 일이 얼마나 위험한지는 분명했다. 수송기가 대공 포탄을 맞고 불덩어리가 될 때마다 무수한 인간의 시신들이 함께 떨어졌다. 간신히 탈출하여 낙하산을 펼친다 해도 낙하산에 불이 붙어 추락하기 일쑤였다. 운 좋게 땅에 무사히 내린 경우에도 몸에 지닌 무기라고는 권총과 수류탄 2개, 칼이 전부였다. 소총과 다른 무기는 컨테이너 상자에 담겨 따로 낙하했다. 그것을 찾기 전에는 맨주먹이나 다름없었다. 영국군에 발각되면 저항도 못 해본 채 그 자리에서 사살당하기 일쑤였다.

게다가 독일 수송기들이 떨어뜨린 무기 상자의 상당수는 독일군이 아니라 영국군과 그리스군의 손에 넘어갔다. 글라이더들 역시 태반이 격추되거나 바닥에 부딪혀 박살이 났고 활주로에 착륙하면서 영국군의 박격포 세례를 당했다. 공중강습폭풍연대 제3대대는 600여 명 중 400여 명을 잃었다. 한 중대는 126명 중 무려 112명이 죽었을 정도였다. 서른여섯 살의 노련한 대대장 오토 셰르버Otto Scherber 소령은 전사했고 연대장 오이겐 마인들 대령은 중상을 입은 채 겨우 영국군의 손에서 빠져나왔다. 비행장 방어를 맡은 제23뉴질랜드대대의 한 마오리족 병사는 마치 오리 사냥 같았다면서 〈우리는 소총으로 미친 듯이 쏘아 댔고 살아서 착지할 수 있었던 놈은 별로 없었다〉라고 회고했다.

이날 오후에는 독일군의 두 번째 부대가 크레타섬에 들이닥쳤다. 제2공수연대 2개 대대 1,700여 명이 섬 중부의 레팀논 비행장을, 제1공수연대 및 제2공수연대 1개 대대 등 3,000여 명이 섬 동부의 헤라클리온 비행장을 각각 강습했다. 이곳에는 영국군 제14여단과 오스트레일리아군 제2대대, 그리스군 3개 대대가 지키고 있었다. 이들은 이미 독일군의 침공 소식을 전해 듣고 만반의 대비를 한 채 무방비로 내려오는 독일 공수 대원들을 사냥했다. 크레타섬 전체를 통틀어 영국-그리스군은 5,000여 명에 불과하고, 두 비행장에는 극소수의 수비대만 있다고 믿었던 독일군은 모습을 드러내자마자 말 그대로 불벼락을 뒤집어써야 했다. 괴링의 분별없는 간섭으로 가뜩이나 부족한 병력을 나누어 세 곳의 비행장에 축차 투입한 것은 치명적인 실수였다.

크레타섬 주민들이 독일군을 보면 쌍수를 들고 환영할 것이라는 독일 정보부의 예측 역시 빗나갔다. 거칠고 호전적인 현지 농민들은 예전에 오스만 군대에 맞섰던 것처럼 칼과 도끼, 곤봉, 엽총 따위를 들고 비무장이나 다름없는 독일 공수 대원들을 덮쳤다. 동료들이 민간인들에게 잔혹하게 살해되었다는 사실이 뒤늦게 알려지자 격분한 슈투덴트 장군은 무자비한 보복과 살육을 지시했다. 크레타 전투 동안 2,000여 명의 민간인이 학살되었다. 침공 첫날 독일 제7강하엽병사단은 1만여 명이 투입되어 40퍼센트에 달하는 손실을 입었다. 항공기의 피해도 컸다. 영국 공군이 출격하지 않았음에도 500여 대의 수송기를 포함하여 1,100대의 항공기 중 대공포에 맞아 284대가 격추되고 125대가 피격되었다. 일부 수송기는 귀환 도중 그리스 비행장의 열악함 때문에 활주로에서 미끄러져 부서지기도 했다. 독일 공군과 공수 부대로서는 전에 없는 악몽이었다. 그런데도 단 한 곳의 비행장도 점령하지 못했다. 작전은 실패한 것처럼 보였다.

독일 공수 대원들에게는 최악의 하루였다. 만약 프레이버그가 신속하게 대응했다면 독일군을 괴멸하는 것은 어려운 일이 아니었다. 하지만 독일군의 폭격으로 통신 수단이 파괴되면서 전황을 알 수 없었던 그는 바다로 오는 적만 신경 썼고 비행장 주변에 소홀했다. 영국-그리

말레메 비행장 주변에서 경계 중인 40mm 보포스 대공포와 오스트레일리아군 병사들.
뉴질랜드군 사단장이었던 버나드 프레이버그 소장은 크레타섬에 남은 지휘관 중에서
최선임자라는 이유로 크레타섬 방어 책임자에 임명되었지만 실제로 그가 지휘권을 행사할
수 있는 병력은 뉴질랜드 부대에 불과했다. 오스트레일리아군을 비롯한 나머지에 대해서는
협력을 요청해야 했지만 극심한 혼란 속에서 무시되기 일쑤였다. 영국군이 수적 우세와
유리한 이점에도 불구하고 크레타섬을 내주어야 했던 가장 큰 이유는 복잡한 지휘 계통과
우군 부대끼리의 비협조였다.

헤라클리온 비행장에서 포로가 된 독일 공수 대원들. 독일군의 침공에 분노한 크레타섬
주민들이 이들을 잔인하게 살해하고 시신까지 훼손하는 일이 벌어지자 경악한 영국군이
이들을 보호했을 정도였다. 일부 포로들은 이집트로 끌려갔지만, 대부분은 독일군이
크레타섬을 점령하면서 해방되었다.

스군 병사들은 용감하게 싸웠지만, 지휘 계통의 극심한 혼란 탓에 조직적으로 저항할 수 없었다. 크레타섬의 두 번째 도시이자 말레메 서쪽 10km 떨어진 하니아Chania 인근 해안가에서 독일군이 강하하는 모습을 발견한 영국군 지휘관은 해안포로 분쇄하려 했지만, 해안포는 지상의 목표를 겨냥할 수 없었다. 오직 해상의 표적만 공격할 수 있도록 포신이 고정되어 있었기 때문이었다. 착륙 과정에서 예상을 뛰어넘는 거센 포격을 뒤집어써야 했던 독일 공수 대원들은 엄청난 손실에도 불구하고 당황하지 않았다. 풍부한 경험과 숙련된 병사들답게 재빨리 안전지대를 확보하고 흩어진 생존자들을 모으는 한편, 우왕좌왕하는 영국군을 조금씩 밀어붙였다.

결정적인 사건이 벌어졌다. 말레메 비행장의 방어를 맡은 제22뉴질랜드대대 650여 명의 마오리족 병사들은 만 하루 동안 독일군의 공격을 격퇴하면서 활주로를 지켜 냈다. 하지만 대대장 레슬리 앤드루Leslie Andrew 중령은 주변 부대와의 통신이 끊어지고 독일군이 계속해서 몰려오자 이미 비행장의 함락이 초읽기이며 자신의 부대가 포위되었다고 지레 겁을 먹었다. 그는 여단장 제임스 하게스트James Hargest 준장에게 제23뉴질랜드대대의 증원을 요청했지만 제23뉴질랜드대대 역시 독일군을 막기에 바쁘다는 이유로 거절당했다. 그러나 제23뉴질랜드대대는 전투 중이 아니었다. 워낙 극심한 혼란과 통신 두절 탓에 상황을 오판했기 때문이었다. 그렇다고 다른 병력을 보내 주지도 않았다. 앤드루는 남은 병력을 모아 반격을 시도했지만 실패하자 상황이 절망적이라 생각하고 간신히 통신이 연결된 여단장에게 당장 증원 병력을 보낼 수 없으면 비행장에서 철수하겠다고 건의했다. 여단장의 대꾸는 〈그래야 한다면 그렇게 하라〉는 것이었다. 제22뉴질랜드대대는 야음을 이용해 후방으로 철수했다.

영국군에는 최악의 실수였고, 궁지에 내몰려 있던 독일군에는 천우신조였다. 그때까지 제22뉴질랜드대대는 여전히 건재했고 107고지를 비롯하여 방어 거점을 단단히 지키고 있었다. 사상자 역시 얼마 되지 않았다. 충분한 증원 병력만 있다면 말레메 비행장을 향한 독일군의 공격을 끝까지 격퇴하여 크레타섬을 방어하는 데 성공했을 것이었다. 앤드루가 비겁했다기보다 프레이버그를 비롯한 지휘부 전체의 오판과 혼란 때문이었다. 또한 처칠은 정치적으로나 전략적인 이유를 앞세워 크레타섬을 쥐고 있기를 원했지만, 그리스 본토에서 독일군에 호되게 당하고 목숨만 건져 돌아온 영국군 지휘관들은 패배주의가 가득했다. 이들은 크레타섬 전투를 이집트로 철수하기 위한 시간 벌이쯤으로 여겼기에 굳이 여기서 죽기로 싸우다가 뼈를 묻을 생각이 없었다. 말레메 비행장 주변에서 고립된 채 더 이상 버티지 못할 것이라 여기며 낙담하고 있던 독일군은 영국군이 스스로 물러났다는 사실을 알고 재빨리 비행장을 장악했다.

아테네의 사령부에서 전전긍긍하고 있던 슈투 뜻밖에도 말레메 비행장을 점령했다는 보고에 비로소 화색이 돌았다. 승기를 잡았다고 판단한 그는 즉각 증원 병력의 출동을 명령했다. 〈오늘 밤만 견뎌 낼 수 있다면…… 내일 우리는 뭔가 할 수 있을 것이다. 비록 의심과 거리낌이 많지만, 승부는 말레메 비행장에 달려 있다.〉 날이 새자마자 사단장 율리우스 링겔 장군과 제5산악사단 2개 연대 5,000여 명이 수송기에 올라 크레타섬으로 향했다. 여전히 영국군의 대공 포화는 거셌고 다수의 수송기가 착륙 과정에서 불덩어리가 되었지만, 독일군의 착륙을 저지하기에는 역부족이었다. 불타는 수송기에서 뛰쳐나온 산악 대원들은 노획한 불도저로 활주로에서 불타고 있는 수송기의 잔해를 재빨리 치우고 다음 비행기가 내려올 수 있게 길을 열었다. 하필이면 그리스 섬 본토에 가장 근접하여 독일군이 접근하기 쉬운 말레메 비행장을 어이없이 빼앗긴 것은 영국군 최대의 실책이었다. 병력과 무기가 빠르게 증원되면서 말레메 비행장은 독일군의 강력한 교두보로 바뀌었다. 그런데도 하게스트 준장은 아무것도 하지 않았고 당장 반격해야 한다는 앤드루 중령의 건의를 무시했다. 뒤늦게야 이 사실을 안 프레이버그는 21일 밤 말레메 비행장 탈환을 명령했다. 그러나 당장 현장에 투입할 예비대가 없었던 그는 여기저기서 병력을 빼내 모으느라 시간이 너무 많이 걸렸다. 다음 날 새벽 3시 30분에야 3개 대대가 공격에 나섰지만, 그 사이 강력한 방어선을 구축한 독일군을 밀어내는 데 실패했다. 나중에 프레이버그와 하게스트는 말레메 함락의 책임을 서로에게 떠넘겼다.

이와는 반대로 해상 침공은 완전히 재앙으로 끝났다. 여전히 제해권이 영국 해군에 있었기 때문이었다. 이 점이 노르망디 상륙 작전 당시의 연합군과 결정적인 차이였다. 카를 쉬스터Karl Schüster 제독이 지휘하는 70여 척의 독일 수송 선단은 선발대인 독일 제5산악사단 제85연대 1개 대대와 사단 중화기를 싣고 크레타섬 동쪽의 헤라클리온 비행장을 향해 출항했다. 대부분 현지 주민들에게 징발한 어선과 모터보트로 구성된 수송 선단은 속도가 매우 느리고 적의 공격에 취약하기 짝이 없었다. 더욱이 낮에는 독일 공군의 호위를 받더라도 비행기가 뜰 수 없는 밤에는 이탈리아 해군에 의존해야 했는데, 어차피 자신들의 일이 아니라고 여겼던 이탈리아 해군은 마지못해 2척의 소형 구축함과 어뢰정을 제공한 것이 전부였다. 암호 해독을 통해 독일 수송 선단이 출동했음을 안 영국 해군은 즉각 크레타 주변 해역으로 출동했다. 독일 해군만큼이나 영국 해군 또한 함부로 행동할 수 없기는 마찬가지였다. 제해권과는 정반대로 제공권은 독일 공군에 있었기 때문이었다. 영국 해군은 밤에만 움직일 수 있었다.

독일 수송 선단은 영국 해군이 출동했다는 정보를 듣고 말레메 비행장으로 방향을 바꾸었지만 21일 밤 10시 말레메에서 불과 30km를 남겨 놓고 영국 해군과 마주쳤다. 경순양함 3척과 구축함 4척으로 구성된 영국 해군 앞에서 무방비의 수송선들은 밥이나 다름없었다. 호송을 맡은 이탈리아 군함들이 저항의 시늉을 하는 동안 독일 수송 선단은 정신없이 내뺐다. 인명 손실은 크지 않았지만 많은 장비를 잃었다. 결국 상륙을 취소하고 돌아와야 했다. 영국 해군의 대가도 컸다. 날이 새자 대번에 독일 공군이 날아와 무서운 보복을 했고 순양함 2척과 구축함 1척이 침몰했다. 영국 해군은 크레타섬 주변에서 물러났다. 이로써 승부는 결정 난 셈이었다.

침공 사흘째가 되자 영국군은 수세에 내몰렸다. 주도권을 장악한 독일군의 공세에 사기가 떨어진 영국군은 밀려났다. 융커스 수송기들은 영국군의 격렬한 대공 포화를 뒤집어쓰면서도 그대로 활주로에 강행 착륙하여 증원 병력과 물자를 끝없이 토해 냈다. 말레메 비행장에서 불과 15km 떨어진 하니아의 영국군 사령부에서도 저 멀리서 쉴 새 없이 활주로에 오르내리기를 반복하는 독일 수송기들의 모습이 보였다. 프레이버그는 자신을 대신하여 제2뉴질랜드사단의 지휘를 맡은 에드워드 퍼틱Edward Puttick 준장에게 재차 비행장 탈환을 지시했지만 이미 도리가 없다고 여긴 퍼틱은 철수를 건의했다.

프레이버그 역시 싸울 의지가 없기는 마찬가지였다. 여전히 수적으로는 영국군이 월등히 우세했지만, 끝없이 날아오는 독일 수송기의 모습이 이들을 완전히 위축시켰기 때문이었다. 게다가 제공권이 독일군에 있다 보니 반격을 위해 병력을 집결시키는 것도 불가능했다. 바다에서 영국 해군이 크레타로 오던 독일 수송 선단의 태반을 수장시켰다는 소식도 사기를 끌어올릴 수는 없었다. 독일군이 비행기로 병력과 대포, 중화기까지 빠르게 증원하고 있었기 때문이었다. 반면 영국군은 독일 공군의 폭격으로 보급선이 차단되면서 탄약마저 바닥났다. 침공 닷새째인 5월 24일, 프레이버그는 자신의 일기에 부하들이 더 이상 독일 공군의 공습에 버틸 수 없을 것이며 이대로 포로가 되거나 달아나는 것

이외에는 선택의 여지가 없다고 썼다.

낙하 초반에만 해도 오리 사냥당하는 신세가 되어 거의 일망타진당할 뻔했던 독일 공수 대원들은 이제부터는 자신들이 되갚아 줄 차례라고 여겼다. 제7강하엽병사단장 빌헬름 쥐스만Wilhelm Süssmann 장군과 참모진은 강하 첫날 글라이더가 격추되어 몰살했지만, 다음 날 크레타섬에 무사히 도착한 제5산악사단장 율리우스 링겔 장군이 총지휘를 맡았다. 첫날에만 침공 병력의 40퍼센트를 잃고 지옥도에서 겨우 살아남은 독일군은 링겔의 지휘 아래 크레타섬의 주도인 헤라클리온을 향해 거침없이 진격에 나섰다. 독일군 최정예 부대답게 공수 대원들에게는 험준한 지형과 40도 가까이 올라가는 더위도 아무런 장애가 되지 않았다.

뉴질랜드군의 마오리족 병사들과 그리스 병사들이 곳곳에서 지연전을 펼치면서 시간을 끌었지만, 악에 받친 독일군을 막기에는 역부족이었다. 5월 25일, 하니아로 향하는 길목인 갈라타스Galatas 마을에서 뉴질랜드 제18보병대대와 기병대대는 압도적인 독일군의 공격에 직면했다. 제3공수연대와 제100산악연대로 혼성 편성된 독일군은 맹포격을 퍼부은 후 뉴질랜드군 진지로 돌격했다. 하늘에서는 슈투카 급강하 폭격기들이 폭탄을 떨어뜨렸다. 뉴질랜드군은 수백 명에 불과했고 중화기는 6정의 기관총과 몇 문의 박격포가 전부였다. 첫 번째 공격은 막아냈지만 결국 독일군의 맹공 앞에서 완전히 무너져 백기를 들었다.

프레이버그는 크레타에서 탈출해야 한다고 결심했지만, 아직 영국군의 사기가 무너지거나 무기를 버리고 대량 투항하는 상황은 아니었다. 제10뉴질랜드 여단장 하워드 키펜버거Howard Kippenberger 준장은 갈라타스를 되찾지 않으면 영국군 전체가 끝장이라 여기고 제23뉴질랜드대대에 마을의 탈환을 명령했다. 저녁 8시, 제23뉴질랜드대대 200여 명이 반격에 나섰다. 마을 주변에서 숨어 있다가 우군의 모습을

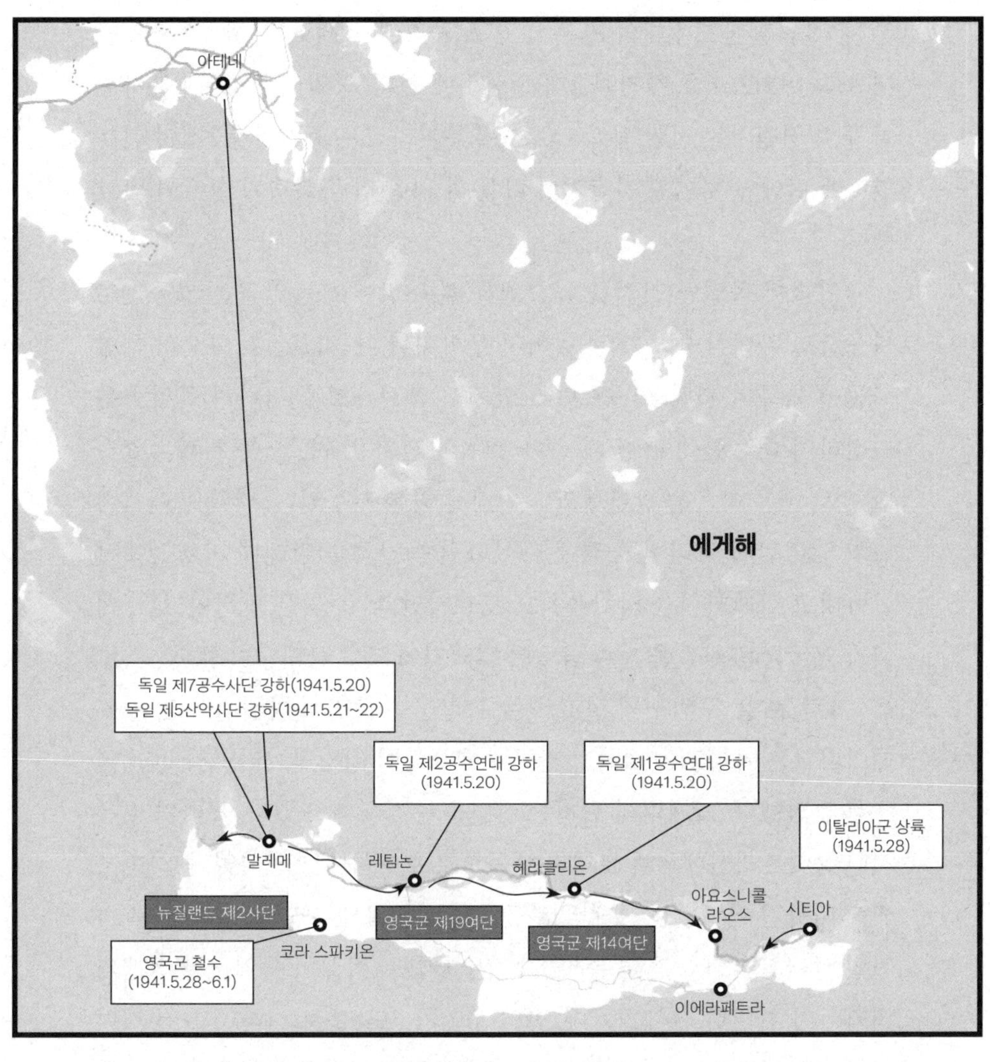

크레타 전투에서 독일군의 공세와 주요 전투(1941. 5. 20~6. 1)

본 제18뉴질랜드대대의 잔존 병력도 공격에 가세했다. 제3후사르연대 소속 비커스 4호 경전차 2대가 선두에 섰다. 중량이 4.8톤에 불과한 이 구식 경전차는 전면 장갑 14mm에 무기라고는 중기관총 2정이 전부였기에 말이 전차이지 장갑차와 다를 바 없을 만큼 화력과 장갑이 빈약했다.

이들이 독일군 진지를 급습했을 때 뜻밖에도 독일군은 그동안의 싸움으로 완전히 녹초가 된 나머지 무방비나 다름없었다. 마오리족 병사들이 특유의 괴성을 지르며 코앞에서 총검으로 돌격하자 독일군은 기겁하여 대혼란에 빠진 채 달아났다. 경전차 2대는 모두 격파되었지만, 영국군은 마을을 탈환했고 모처럼 승리를 거두었다. 만약 프레이버그가 일찌감치 이러한 공격에 나섰다면 독일군을 말레메 비행장에서 몰아내고 크레타섬을 지켰을지도 모르지만, 너무 늦은 반격이었다. 게다가 영국군은 마을을 지킬 능력이 없었기에 도로 물러나야 했다.

5월 26일, 꾸역꾸역 밀고 오는 독일군을 보면서 자신감을 잃은 프레이버그는 카이로의 웨이벌 장군에게 상황이 절망적이라면서 전면 철수를 건의했다. 크레타의 위기는 런던을 충격에 빠뜨렸다. 게다가 같은 시간 북아프리카에서는 로멜의 맹공으로 토브룩이 포위되었다. 사면초가에 내몰린 웨이벌은 크레타로 구원 병력을 보낼 수도 없었다. 외무 차관인 알렉산더 캐도건 경은 5월 27일 일기에 〈확실히 독일군은 전쟁의 대가이며 위대한 전사들이다. 만약 우리가 그들을 이긴다면 그건 기적이나 다름없을 것이다〉라고 썼다. 영국군에 있어서 독일군은 불패의 존재이자 정면으로는 도저히 이길 수 없는 상대였다. 처칠은 철수를 허락했다. 25년 전 갈리폴리 철수를 연상케 하는 뼈저린 실패였고 지난 1년 동안 노르웨이와 됭케르크, 그리스에 이어 네 번째 필사의 탈출이었다. 영국군은 섬 남쪽에 있는 작은 어촌 항구인 코라 스파키온Chora Sfakion으로 철수를 시작했다. 그곳에서 수송선을 타고 이집트로 빠져나가기 위함이었다. 그때까지 크레타섬에 머무르고 있던 국왕 요르요스 2세와 그리스 지도부 역시 철수 행렬에 동참했다. 탈출을 돕기 위해 800명의 코만도스 분견대가 파견되었다.

하지만 섬 여기저기에 흩어져 있던 영국군 상당수는 통신 두절과 독일 공군의 폭격 때문에 고립되었다. 슈투카 폭격기들은 쉴 새 없이 폭탄을 퍼부으며 막대한 손실을 입혔다. 게다가 영국 해군의 후퇴로 크레타섬의 봉쇄가 풀리면서 독일 수송 선단은 기다렸다는 듯 제5산악사단 잔여 병력과 전차, 중화기를 실어 날랐다. 5월 27일, 하니아가 함락되었다. 독일군은 동쪽과 남쪽으로 영국군을 밀어붙였다. 뒤늦게 이탈리아군도 가세했다. 자신이 시작한 그리스 전쟁에 완전히 흥미를 잃은 채 크레타섬 전투를 강 건너 불구경하던 무솔리니는 독일이 이탈리아군의 파견을 요청하자 뒤늦게 1개 여단을 보냈다. 제50보병사단 〈레지나Regina〉 산하 3,000명의 이탈리아군은 5월 28일 저녁 섬 동쪽에 있는 시티아Sitia에 상륙했다. 이들은 서쪽으로 진군을 시작했지만, 전투는 거의 끝나 있었기에 별다른 저항 없이 투항하는 영국군과 그리스군을 포로로 잡으면서 서남쪽 40km 떨어진 이에라페트라Ierapetra에서 독일군과 합류했다.

5월 30일에는 레팀논 비행장에서 이언 캠벨Ian R. Campbell 대령이 지휘하는 오스트레일리아군 제2대대 900여 명이 독일군에 항복했다. 이들은 지난 열흘 동안 독일 제2공수연대를 상대로 한 발짝도 물러서지 않은 채 저지하여 700여 명을 사살하고 연대장 알프레트 슈투름Alfred Sturm 대령을 비롯한 500여 명을 포로로 잡았다. 하지만 활약은 여기까지였고 전원 포로가 되었다. 레팀논에서 동쪽으로 60km 떨어진 헤라클리온의 수비대는 좀 더 운이 좋았다. 브라이언 허버트 채플Brian Herbert Chappel 준장의 제14보병여단 4,000여 명은 5월 28일 밤 3척의 경순양함과 6척의 구축함에 나누어 타고 항구를 빠져나왔다. 그러나 몇 시간 뒤

시티아에서 브레다 M37 기관총으로 경계 중인 이탈리아군 병사들. 그야말로 뒷북
참전이었고 지난 7개월에 걸친 쓸데없는 모험의 종지부를 찍는 순간이었다. 그리스 전역에서
독일군의 압도적인 힘을 절감한 무솔리니는 히틀러에 두 번 다시 도전하지 못했다.

날이 새자 독일 공군의 표적이 되어 난타당했다. 1,800톤급 호위 구축함 헤어워드Hereward가 침몰하고 경순양함 디도Dido와 오리온Orion도 대파되었다. 100여 명이 죽고 600여 명은 이탈리아 어뢰정에 구조되어 포로가 되었다. 나머지는 지옥에서 겨우 벗어나 29일 저녁 알렉산드리아에 당도했다. 레팀논과 같은 날인 5월 30일, 헤라클리온은 독일군의 손에 넘어갔다.

됭케르크나 그리스 본토를 탈출했을 때보다 결과는 훨씬 나빴다. 5월 31일까지 크레타섬에서 탈출한 영국군은 3만 2,000여 명 중 절반도 채 되지 않는 1만 3,000여 명에 불과했다. 그 밖에 5,000여 명의 그리스군이 철수 선단에 올랐다. 후위를 맡았던 코만도스 대원들도 대부분 죽거나 포로가 되었고 170여 명만 탈출에 합류할 수 있었다. 게다가 독일 공군의 공습에 밤낮없이 시달리던 영국 해군은 6월 1일 구조 작전을 중단하고 크레타섬 주변 해역을 떠났다. 배에 오르지 못해 코라 스파키온에 잔류 중이던 5,000여 명의 영국군은 모조리 독일군의 포로가 되었다. 섬 주민들 역시 그대로 버려진 채 독일군에 자신들의 운명을 맡겨야 했다.

5월 20일부터 6월 1일까지 13일 동안 벌어진 크레타섬 전투에서 양쪽 모두 큰 대가를 치렀다. 영국-그리스군은 4만 2,000여 명 중 1,700여 명의 전사자를 포함하여 7,000여 명의 사상자를 냈고 1만 7,000여 명이 포로가 되었다. 57퍼센트의 손실이었다. 또한 2만 3,000톤급 항공 모함 포미더블HMS Formidable과 전함 워스파이트HMS Warspite, 배럼HMS Barham이 독일 공군의 공습으로 대파되는 등 많은 군함이 침몰하거나 손상을 입으면서 영국 지중해 함대는 반신불수나 다름없었다. 타란토와 마타판곶의 승리로 지중해의 제해권을 장악했던 것이 무색했다. 독일군은 2만 2,000여 명 중 거의 25퍼센트에 달하는 5,400여 명의 사상자를 냈다. 특히 제7강하엽병사단은 사단장을 포함하여 무려 47퍼센트가 죽거나 다쳤다. 수송기 손실은 더 컸다. 502대가 투입되어 그중 54퍼센트에 달하는 271대가 격추되거나 파손되었으며 300여 명의 승무원을 잃었다. 격전에서 살아남은 제2공수연대의 한 병사는 〈우리의 승리는 승리가 아니었다〉라고 썼다.

물론 공수 부대의 희생이 적다고 할 수는 없었지만 뒤이어 벌어질 독소 전쟁에서 독일군이 입게 될 손실에 비한다면 결코 재난이라고 할 정도는 아니었다. 문제는 히틀러였다. 히틀러는 전쟁 내내 무모한 도박에 매달렸음에도 정작 도박에는 언제나 그만한 위험이 따른다는 사실은 이해하지 못했다. 슈투덴트가 공수 부대에 의한 야심 찬 침공 계획을 내놓았을 때만 해도 〈이것이야말로 미래 전쟁의 방식〉이라며 열광했던 그는 뜻밖에도 단 한 번의 작전에 금쪽같은 공수 부대의 절반을 잃었다는 보고에 충격을 받았다. 모스크바와 스탈린그라드에서 눈 하나 깜짝하지 않고 수많은 병사를 사지로 내몬 히틀러답지 않은 소심함이었다. 그리고 슈투덴트에게 앞으로 이러한 공수 작전은 다시는 없을 것이며 공수 부대를 보병 부대로 활용하겠다고 못 박았다. 〈장군도 공수 부대의 시대가 끝났다는 사실을 알고 있을 것이오. 공수 부대의 무기는 기습에 달려 있으며, 그 기습이 더는 불가능하오.〉 슈투덴트는 크레타 전투가 〈독일 공수 부대의 무덤〉이 되었다고 한탄했지만, 그 무덤을 만든 장본인은 영국군이 아니라 히틀러였다.

물론 상처투성이 승리자보다 더 고통스러운 쪽은 패배자였다. 처칠은 히틀러와의 대결에서 또 한 번 완패했다. 더욱 뼈저린 사실은 원래라면 1941년에 끝낼 수 있었던 북아프리카 전쟁이 가장 중요한 순간에 귀중한 전력을 빼냄으로써 거의 다 이긴 싸움에 코 빠뜨린 격이 되었다는 점이었다. 로멜은 기회를 놓치지 않고 반격으로 전환하여 영국군을 이집트로 몰아냈다. 일부는 토브룩에서 포위되었다. 크레타 철수 보름 뒤인 6월 15일에는 로멜을 서쪽으로 밀어내려는 영국군의 야심 찬 〈배

틀액스Battleaxe〉 작전이 사흘 만에 분쇄되었다. 처칠의 체면은 땅에 떨어졌고 사방에서 비난이 쏟아지면서 최악의 정치적 위기에 내몰렸다. 제국 총참모장 앨런 브룩Alan Brooke 원수는 그리스 개입이 〈명백한 전략적 어리석음〉이었다고 단언했다.

네로조차 될 수 없었던 어릿광대

허영심 가득한 치아노와 줏대 없는 무솔리니가 합작하여 쏘아 올린 작은 공은 처칠과 히틀러의 대결로 확대되어 7개월 만에 추축의 완승으로 끝났다. 그리스와 더불어 애꿎은 유고슬라비아까지 덤으로 파멸한 꼴이었고 뒤늦게 구세주처럼 행세하면서 뛰어든 영국군은 여지없이 분쇄되어 지중해 너머로 되돌아가야 했다. 무솔리니는 원하는 대로 그리스의 정복자가 되었다. 하지만 그 승리는 결코 자신의 힘이 아니라 전적으로 히틀러 덕분에 얻어 낸 것이었다.

처음에 15만 명 남짓한 병력으로 전쟁을 시작했던 이탈리아군은 거의 60만 명을 투입해야 했다. 무솔리니로서는 북아프리카의 싸움조차 뒷전으로 미뤄 두고 총력을 기울인 셈이었다. 그런데도 독일군의 개입이 아니었다면 알바니아에서 그리스군을 밀어내는 일조차 장담할 수 없었을 만큼 이탈리아군은 궁지에 내몰렸다. 1940년 10월 28일부터 크레타에서 마지막 그리스군이 항복하는 1941년 6월 1일까지 벌어진 싸움에서 이탈리아군은 1만 9,755명의 전사자를 포함하여 부상자, 동상자, 병상자, 행방불명자까지 무려 15만 명이 넘는 손실을 입었다. 또한 그리스 공군이 매우 빈약했음에도 불구하고 이탈리아 공군은 79대의 항공기가 격추되고 400여 대 이상이 파손되었다. 그리스와 싸우는 동안 벌어진 타란토 공습과 마타판곶 해전은 이탈리아 해군의 등

뼈를 부러뜨렸다. 그에 비해 그리스군의 손실은 훨씬 적었다. 그리스군
은 1만 3,000명이 전사하고 4만여 명이 다쳤다. 독일군은 2만 명 정도
의 사상자를 냈다. 상당수는 크레타에서의 손실이었다. 영국군의 손실
은 전사자 900여 명, 부상자 1,200여 명에 1만 4,000여 명이 포로가 되
었다.

히틀러가 고대 그리스 문명을 숭배하고 이탈리아에 맞선 그리스
인들의 용기를 찬사했다고 해서 그리스인들의 처우가 관대하지는 않았
다. 그의 관대함은 딱 거기까지였다. 그리스는 여러 개로 쪼개졌고 독일
과 이탈리아, 불가리아가 한 조각씩 나눠 가졌다. 불가리아는 직접 참전
하지는 않았으나 길을 빌려준 보상으로 1919년에 그리스에 빼앗겼던
동부 마케도니아와 트라키아 1만 km²의 땅을 얻었다. 겉보기에 가장 큰
몫을 차지한 쪽은 이탈리아였다. 하지만 주로 가난하고 쓸모없는 농촌
이었다. 승리의 전리품이라기보다 후방 치안을 동맹군에 떠맡김으로써
소련 침공을 앞둔 부담을 최소화하기 위함이었다.

아테네를 비롯한 알짜배기는 독일 차지였다. 히틀러는 그리스를
벨기에나 폴란드처럼 직접 통치하는 대신 고분고분하게 복종할 괴뢰
정권을 세웠다. 수장은 서부 마케도니아 군관구 사령관이었던 촐라코
글루 장군이었다. 그는 이탈리아군을 상대로 그리스군의 용맹함을 보
여 주었지만, 독일군에 의해 퇴로가 차단되면서 4월 20일 항복했다. 며
칠 뒤 촐라코글루는 히틀러에게 충성을 맹세하는 편지를 보내 스스로
매국노가 되는 길을 선택했다. 괴뢰 정부의 각료들은 대부분 그와 함께
독일군에 투항한 그리스 장군들로 채워졌다. 물론 모두 매국노의 길을
선택한 것은 아니었다. 파파고스는 협력을 거부했고 독일 다하우Dachau
수용소로 끌려가 전쟁이 끝날 때까지 그곳에서 고통스러운 시간을 보
냈다.

물론 히틀러의 심기를 건드린 유고슬라비아는 더 가혹한 대접을

받아야 했다. 유고슬라비아 역시 그리스와 마찬가지로 여러 조각으로 쪼개졌다. 유고슬라비아 북부의 슬로베니아 일부와 세르비아는 독일의 직접 지배에 들어갔다. 초대 총독에는 제1항공군단 사령관이었던 헬무트 푀르스터Helmuth Förster 공군 대장이 임명되었다. 무솔리니는 그리스에서보다는 좀 더 실속 있었다. 그의 몫은 슬로베니아 대부분과 코소보, 몬테네그로 그리고 아드리아해에 인접한 해안가와 여러 섬이었다. 헝가리는 세르비아 북부 일부를 차지했고, 불가리아는 북부 마케도니아 전체와 세르비아 동부 일부를 얻었다. 크로아티아는 명목상 독립을 쟁취했지만 실제로는 독일, 이탈리아의 공동 지배를 받는 괴뢰 국가였다. 군주는 이탈리아령 동아프리카에서 영국군의 포로가 된 아오스타 공작의 동생인 아이모네 왕자Prince Aimone였다. 허울뿐인 왕위를 탐탁잖게 여겼던 그는 마지못해 그 자리를 넘겨받고 토미슬라브 2세Tomislav II라고 칭했지만 실제로 부임하지는 않았다. 크로아티아의 실질적인 지배자는 안테 파벨리치였다. 보스니아 출신의 크로아티아 극우주의자였던 그는 히틀러, 무솔리니를 흉내 내어 자신을 〈포글라브니크Poglavnik〉*라고 칭했다. 파벨리치의 통치는 전형적인 공포 정치였다. 그동안 당했던 것을 고스란히 앙갚음하듯 세르비아인들을 상대로 테러와 학살, 추방을 자행했다. 또한 나치의 인종 말살 정책에 따라 유대인 사냥에 나섰다. 크로아티아 전역에는 수십여 개의 강제 수용소가 있었고 100만 명이 넘는 세르비아인과 유대인이 살해되었다.

　　무솔리니에게 그리스 원정은 두고두고 후회할 실수였다. 얻은 것은 적고 잃은 것은 너무 컸다. 그리스에 매달리는 동안 북아프리카 전역은 영국군의 반격에 직면했다. 비록 처칠이 그리스로 병력을 보내기 위해 도중에 진격을 중단시킨 덕분에 이탈리아는 1911년 이래 30년 동안 경영한 리비아 식민지에서 완전히 쫓겨나는 일만은 면했지만 그렇다고

* 크로아티아어로 영도자라는 뜻이다.

한번 꺾인 전의를 되찾지는 못했다. 북아프리카의 싸움은 독일이 대신 맡아야 했다. 확실히 파국에 직면한 쪽은 이탈리아령 동아프리카였다. 국왕의 사촌인 아오스타 공작이 지휘하는 30만 명의 이탈리아군은 영국군에 포위되어 1941년 5월 18일 항복했다. 에티오피아와 소말리아, 에리트레아에 이르는 175만 km²의 광대한 영토가 영국에 넘어갔다. 이탈리아는 뿌리부터 흔들리는 판국이었다.

무엇보다도 무솔리니 스스로 자신감을 잃었다. 그가 그토록 애썼음에도 수개월 동안 한 발짝도 나아갈 수 없었던 그리스군을 상대로 히틀러는 3주 만에 일방적으로 쓸어버렸다. 그야말로 힘의 차이를 확실하게 증명한 셈이었다. 무솔리니는 완전히 기가 죽은 나머지, 와신상담은 커녕 다시는 히틀러와 경쟁하겠다는 엄두조차 내지 못했다. 지난 20년 동안 그토록 떠들었던 로마 제국 부활의 목소리는 쏙 들어갔다. 반대로 히틀러 입장에서 무솔리니의 가치는 더욱 하찮아졌다. 히틀러에게 발칸 전역은 처음부터 계획한 것이 아니라 무솔리니의 쓸데없는 불장난 때문이었다. 그는 이 때문에 1년 전부터 준비해 왔던 소련 침공을 5주나 늦추어야 했다. 최종적으로 정해진 날짜는 6월 22일이었다. 나폴레옹이 러시아 원정을 시작한 날에서 이틀밖에 차이 나지 않았다. 나폴레옹이 어떤 결말을 맞이했는지 잘 아는 그로서는 불길한 징조였다.

그나마 나폴레옹이 모스크바의 크렘린 궁전에 발을 들여 보기라도 했다면 독일군은 모스크바를 코앞에 두고 겨울을 맞아 엄청난 한파 속에서 강렬한 일격을 맞고 밀려나야 했다. 『제3제국사*The Rise and Fall of the Third Reich*』의 저자 윌리엄 샤이러William Lawrence Shirer는 할더를 비롯한 독일 장군들의 말을 빌려 〈최후의 승리를 거두는 데 3~4주가 부족했다〉라면서 발칸 침공이 바르바로사 작전 실패와 히틀러 몰락에 결정적이었다고 주장하는 반면, 미국의 저명한 군사 학자이자 독소 전쟁 권위자인 데이비드 글랜츠David M. Glantz는 『스탈린그라드 이전: 바르바로사, 히틀러의 러시아 침공 1941 *Before Stalingrad: Barbarossa, Hitler's Invasion of Russia 1941*』
에서 오히려 발칸 덕분에 스탈린을 방심시켜 초반 기습에 성공할 수 있
었다고 말한다.

　　물론 앞으로 히틀러가 동부 전선에서 저지르는 수많은 전략적 오
판과 실책을 생각하면 소련 침공 실패를 단순히 발칸 전역 탓으로 돌리
기에는 여전히 첨예한 논란거리다. 바르바로사 작전 초반 독일군이 거
둔 경이로운 승리는 글랜츠의 주장처럼 단순히 기습 효과만이 아니라
1941년의 소련군이 1914년의 제정 러시아군 이상으로 졸렬하고 형편
없었기 때문이었다. 스탈린이 지난 수년 동안 광기의 숙청으로 소련군
지도부를 박살 낸 덕분이었다. 하지만 그러한 승리조차 히틀러가 날린
5주의 금쪽같은 시간을 보충하기에는 러시아가 너무 광활했고 독일에
서 모스크바까지는 너무 멀었다. 하물며 독일에 있어 그리스, 유고슬라
비아 전역은 한낱 잠깐의 막간극이 아니었다. 발칸에 투입된 독일군은
북아프리카로 보냈던 로멜의 소부대에 비할 수 없을 만큼 대규모였다.
사상자는 그리 크지 않았지만 험준한 지형 탓에 대량의 차량이 손실되
면서 동부 전선에서 독일군의 빈약한 병참 부담을 악화하는 데 일조한
것도 사실이었다.

　　그러나 한 가지만은 분명했다. 이름만 거창할 뿐, 처음부터 시원찮
았던 강철 동맹은 이제 녹슨 주철처럼 바스러지고 있다는 점이었다. 전
쟁 말기에 자신이 소련을 정복하지 못한 것이 죄다 무솔리니 때문이라
며 저주를 퍼부을 참인 히틀러는 바르바로사 작전을 앞두고 핀란드를
비롯한 다른 동맹국에는 협조를 구하면서도 이 쓸모없는 파트너에게는
일언반구 알리지 않았다. 물론 무솔리니도 나름대로 이런저런 루트를
통해 어느 정도 짐작은 했지만, 정식으로 통보받았을 때는 이미 300만
명이 넘는 거대한 추축군이 소련으로 진군을 시작한 뒤였다.

　　이날 새벽 3시, 위대한 철혈 총리 비스마르크의 손자이자 로마 주

재 독일 대사 보좌관인 오토 폰 비스마르크Otto Christian Archibald von Bismarck
가 치아노를 급히 방문했다. 히틀러의 편지를 전달받은 치아노는 리치
오네Riccione에 있는 무솔리니의 별장으로 전화를 걸어 장인을 깨웠다.
독일군이 독소 불가침 조약을 깨고 소련을 전면 침공했다는 보고였다.
무솔리니로서는 독일군의 소련 침공이 결코 놀라운 일은 아니었지만,
히틀러가 자신에게 그 사실을 알려 주는 방식에는 불쾌감을 감추지 않
았다. 〈한밤중에는 나도 내 하인들을 귀찮게 하지 않는다. 하지만 독일
인들은 최소한의 배려도 없이 나를 침대에서 끌어낸다.〉 그는 투덜거리
면서도 머릿속으로는 뭔가 떡고물을 얻을 기회가 되지 않을까 주판을
두들겼다. 히틀러는 편지에 이탈리아의 도움은 필요 없다고 못을 박았
지만, 무솔리니는 언제나 그렇듯 자기 마음대로 행동할 참이었다. 나흘
뒤 이탈리아 북부의 베로나Verona에서 긴급회의가 열렸다. 동부 전선 파
병을 논의하기 위함이었다. 그것도 이탈리아군의 최정예 부대로 동방
원정군을 구성할 속셈이었다. 〈이 사단들은 병력과 장비 면에서 독일군
보다도 뛰어날 것이오.〉 심지어 아직 출동이 결정된 것도 아님에도 원
정군 사령관에 기계화 군단장인 프란체스코 징갈레스Francesco Zingales 중
장을 잠정적으로 내정했다. 수령의 과도한 의욕에 치아노를 비롯해 참
모들은 하나같이 경악했고 그동안 수많은 실패와 재앙을 초래했던 조
급증이 또다시 도진 것을 우려했다.

　　이탈리아에는 더 시급한 전선이 있었다. 북아프리카였다. 이탈리
아군이 리비아에서 쫓겨나지 않은 것은 히틀러가 보내 준 구원 부대 덕
분이었다. 로멜이 이끄는 독일 2개 기갑 사단은 영국군을 이집트 국경
으로 밀어냈다. 하지만 영국군이 이대로 순순히 물러날 리는 없었다. 시
칠리아와 트리폴리 한가운데 자리 잡은 채 추축국의 해상 병참선을 위
협하는 영국령 몰타 또한 이탈리아군이 하루빨리 제거해야 할 목표였
다. 이런 와중에 수천 킬로미터나 떨어진 낯선 동부 전선에서 새로운 싸

움에 뛰어들겠다는 것은 어떤 이익도 없을뿐더러 병참의 어려움을 무시한 판단이었다. 하지만 무솔리니는 언제나 그렇듯 요지부동이었다. 그가 보기에 독소 전쟁은 어차피 몇 달 안에 독일의 승리로 끝날 일이었고 자신이 히틀러의 개선식에서 한 자리를 차지하려면 그럴싸한 공헌이 필요하다고 여겼다. 더욱이 생색내기로 발만 담그는 정도가 아니라 다른 동맹국에 손색없을 만큼 상당한 병력을 파견하여 그중 적어도 수천 명은 죽어 줘야 했다.

결심을 내린 무솔리니는 히틀러에게 편지를 보내 자신의 이탈리아군은 볼셰비키를 상대로 싸울 때 가장 뛰어나다고 주장하면서 파병을 제안했다. 이탈리아의 사정을 잘 아는 히틀러는 무솔리니의 제안을 썩 달가워하지 않으면서도 마지못해 6월 30일 참전을 허락했다. 원정군은 1개 군단 3개 사단 및 1개 비행단, 흑해에서 활동할 해군 부대까지 포함하여 6만 2,000여 명에 달했다. 이탈리아 원정군은 보병 부대와 차량화 부대의 혼성 부대였고 수송 수단이 부족했으며 특히 대전차 무기와 대공 무기가 매우 빈약했다. 기갑 전력은 3.5톤의 L3 탱켓 60대가 전부였다. 47mm/32 M35 대전차포는 구식 경전차라면 몰라도 소련이 자랑하는 T-34나 KV-1 같은 괴물 중전차에는 이빨도 먹히지 않았다. 그렇지만 무솔리니가 내놓을 수 있는 최상의 전력이었다. 차라리 동부 전선이 아니라 북아프리카로 보냈다면 훨씬 큰 도움이 되었을 것이었다. 진갈레스가 수송 수단과 전차가 부족하다는 사실을 깨닫고 기갑 부대의 증파를 요청했지만, 무솔리니는 장군들이 자신에게 요구할 수 있는 것은 오직 훈장뿐이라고 대꾸했다. 심지어 그가 갑자기 병에 걸리자 나을 때까지 기다리는 대신 조반니 메세Giovanni Messe로 교체했다.

7월 11일, 이탈리아 원정군은 기차에 올라 머나먼 동쪽으로 향했다. 그리고 헝가리와 루마니아를 거쳐 닷새 뒤에는 소련 국경을 넘었다. 그들로서는 한 번도 발을 들인 적이 없는 미지의 세상이었다. 선두 부대는 제9반차량화보병사단 〈파수비오Pasubio〉였다. 뒤이어 제3쾌속사단 〈프린시페 아메데오 아오스타 공작Principe Amedeo Duca d'Aosta〉과 제52반차량화보병사단 〈토리노Torino〉가 뒤따랐다. 쾌속 사단Divisione Celere은 기병 사단에 베르살리에리 저격 연대와 L3 탱켓 1개 대대를 추가한 반기계화 사단이고, 반차량화 사단은 일반 보병 사단에 수송 부대만 차량화한 부대였다. 그만큼 사단 전체의 기동성은 떨어질 수밖에 없었다. 충분한 차량을 확보하기에는 이탈리아가 너무나 가난한 나라였기 때문이었다.

차량이 부족했던 탓에 이탈리아군 보병들은 최전선까지 도보로 1,000km 이상을 행군하는 등 엄청난 어려움에 직면했다. 비록 무솔리니의 헛된 욕심에 떠밀렸다고는 하지만 이들은 스페인 내전이나 북아프리카, 그리스에서 망신당한 여느 이탈리아군과는 달랐다. 자신들이 조국을 대신하여 반공 성전에 나섰다는 강한 자부심으로 무장했고 사기도 매우 높았다. 진정한 고대 로마 제국의 후예다운 이탈리아 최고의 전사들이었다. 심지어 전투 능력에서 독일 일반 보병 사단보다 우수하다고 평가받았을 정도였다. 8월 11일 파수비오 사단은 베사라비아에서 소련군의 후퇴를 막기 위해 드네스트르Dnestr강과 부그Bug강을 차단하는 역할을 맡았다. 이탈리아군은 나흘 동안 400km를 주파하는 일대 기동전을 펼쳤다. 소련군을 포위 섬멸하지는 못했지만 큰 손실을 입히고 독일군의 작전에 공헌하여 데뷔전을 성공적으로 마쳤다.

모처럼 날아온 승리 소식에 무솔리니는 기쁨을 감추지 못한 나머지 직접 러시아까지 날아와 병사들을 치하했다. 9월 30일에는 토리노 사단이 중부 우크라이나 페트리코프카Petrikowka에서 소련군 제47기갑사단을 포위 섬멸했다. 이탈리아군의 사상자는 전사자 87명, 부상 190명, 실종 14명에 불과한 반면, 소련군은 포로만 1만 명이 넘었다. 제2차 세계 대전에 발을 담근 이래 매번 망신만 당하던 이탈리아군이 처음으로 보여 준 쾌거였다.

10월 20일에는 이탈리아 원정군과 독일 제49산악군단이 협력하여 동부 우크라이나 최대의 공업 도시인 스탈리노Stalino*를 점령하고 소련군 수비대를 섬멸했다. 11월 2일에는 파수비오 사단이 스탈리노 북쪽으로 30km 떨어진 인구 12만 명의 도시 고를로프카Gorlovka를 점령했다. 파수비오 사단 산하 제80보병연대는 소련군 3개 사단에 포위되기도 했지만 6일 동안 소련군의 공격을 막아 냈다. 증원 부대가 도착하자 소련군은 후퇴했다. 북쪽에서는 모스크바를 코앞에 두고 독일군이 소련군의 반격에 대패하여 100km나 서쪽으로 밀려났지만 이탈리아군은 연전연승을 거두며 순조롭게 동쪽으로 진격했다. 12월 말에는 우크라이나와 러시아를 나누는 경계인 미우스Mius강에 도착했다.

그러나 남부 전선에서도 소련군의 공세가 시작되었다. 12월 26일, 소련군 6개 사단이 독일-이탈리아군의 방어선을 돌파하고 제3쾌속사단을 포위했다. 이탈리아군은 한때 위기에 처했지만, 토리노 사단은 독일 제318보병연대와 협력하여 수적으로 훨씬 우세한 소련군을 격파하고 제3쾌속사단을 구했다. 이탈리아군은 전사자 168명, 부상자 715명, 실종자 207명 등 1,000여 명을 잃었고 소련군은 2,000여 명의 사상자를 내고 1,200여 명이 포로가 되었다. 또한 76mm 대포 24문을 비롯해 대량의 무기와 차량을 노획했다. 이른바 〈크리스마스 전투Christmas Day Battle〉는 제2차 세계 대전을 통틀어 이탈리아군이 거둔 최고의 승리 중 하나였다. 개전 이후 반년 동안 이탈리아 원정군의 손실은 전체 병력의 10퍼센트가 조금 넘는 8,700여 명을 잃었다.

동부 전선의 경이로운 성과는 스탈린의 대숙청 여파로 소련군이 오합지졸로 전락한 탓도 있었지만, 원정군 사령관이었던 메세의 뛰어난 역량 덕분이었다. 나중에 북아프리카에서 로멜을 대신하게 되는 메세는 굼뜨고 부패하기로 악명 높은 이탈리아 장군 중에서도 보기 드문

* 지금의 도네츠크다.

러시아 전선에서 베르살리에리 경보병 연대 병사들을 사열하는 메세 장군. 기동전의
대가이자 〈이탈리아의 로멜〉이라고 불렸던 그는 이탈리아군도 누가 어떻게 지휘하는가에
따라 얼마든지 달라질 수 있음을 보여 주었다. 북아프리카에서는 히틀러에게 쫓겨난
로멜을 대신하여 북아프리카 기갑군을 지휘하지만, 중과부적으로 항복했다. 이탈리아 항복
이후에는 이탈리아 공동 교전군 총사령관으로 연합군 휘하에서 독일군과 싸웠다.

명장이었다. 기갑전의 달인이었던 그는 빈약한 기갑 전력과 수송 수단에도 불구하고 기동전을 구사했고 전차 대신 기병 연대를 적극적으로 활용하여 소련군의 반격을 격퇴했다. 이러한 모습은 무솔리니의 닦달에 마지못해 싸우는 시늉만 하는 다른 전선의 이탈리아군 부대에서는 찾아볼 수 없는 것이었다. 이탈리아군의 문제점은 단순히 무기의 빈약함만이 전부가 아니라는 얘기였다. 카발레로 원수는 보병이 하루에 두 배를 행군함으로써 육군의 기계화 부족을 해결했다고 너스레를 떨었다. 해군은 실종된 2척의 영국 잠수함을 자신들이 격침했다고 보고하면서 전과를 1만 톤에서 3만 톤으로 바꿔치기했다. 무솔리니는 이집트에서 영국군의 포로가 된 이탈리아군의 해맑은 얼굴이 나온 사진을 보고 〈우리 병사들은 포로가 되고 싶어서 안달이다. 그편이 자신들에게 더 낫다고 여긴다면 우리가 어떻게 그들을 붙잡아 둘 수 있겠는가〉라며 한탄했다.

온 나라가 좌절과 우울감에 사로잡힌 상황에서 러시아에서의 승리 소식은 이탈리아인들을 열광시켰다. 땅에 떨어졌던 무솔리니의 지지도조차 잠시나마 올라갔다. 적어도 러시아에서는 거짓말과 날조로 패배를 숨길 필요가 없었다. 1942년 4월 29일, 오스트리아 잘츠부르크에서 무솔리니를 만난 히틀러는 이탈리아군이 아주 잘하고 있다며 전에 없이 칭찬했다. 그 말에 어린아이처럼 우쭐해진 무솔리니는 실속 없는 사업에 적당히 발을 뺄 궁리 대신 카발레로에게 무려 20개 사단을 보내라고 지시했다. 메세가 러시아의 매우 열악한 여건과 병참 문제를 들어 반대했지만 소용없었다. 원정군은 1개 군단에서 1개 야전군으로 확대되었고 3개 군단 10개 사단 23만 5,000명, 야포 988문, 박격포 420문, 말 2만 5,000마리, 차량 1만 7,000대, 오토바이 4,470대에 달했다. 어이없게도 승리의 주역이었던 메세는 얼마 후 본국으로 송환되어 북아프리카에 보내졌다. 너무 많은 승리를 거두었기에 상관들에게 질투의 대상이 된 것이 죄였다. 그 자리는 북아프리카에서 로멜의 허울뿐인 상관이었던 이탈로 가리볼디 원수가 차지했다. 메세에 비하면 지극히 범용하면서 내세울 전공은 없는 변변찮은 인물이었다.

병력은 늘어났지만, 사정이 좋아진 것은 아니었다. 무솔리니는 이들이 알아서 자신에게 승리의 소식을 안겨다 주기만 바랄 뿐, 지원에는 인색했다. 겨울이 닥쳤을 때 많은 병사가 하복과 가죽으로 된 군화를 신고 있었고 동상자가 급격히 늘어났다. 하지만 겨울용 부츠를 보내 달라는 요구는 무시당했다. 설령 보내려 해도 이탈리아의 능력으로는 수천 킬로미터 떨어진 곳까지 물자를 수송할 방법이 없었다. 가뜩이나 빈약한 러시아 남부의 철도 사정과 독일군의 비협조는 상황을 더욱 악화시켰다. 독일군은 자신들의 보급에만 신경 쓸 뿐, 동맹군의 어려운 사정 따위는 알 바 아니라는 식이었다. 아무 도움도 주지 않으면서 동맹군들이 자기네 눈높이에 맞추지 못한다는 이유로 질타하여 반감과 분노를

이탈리아 원정군(제8군) 전투 서열(1942. 8)

- **총사령관: 이탈로 가리볼디Italo Gariboldi 원수**

- **제2군단: 군단장 조반니 장히에리Giovanni Zanghieri 중장**
  - 예하 부대: 제2보병사단, 제3보병사단, 제5보병사단

- **제35군단: 군단장 조반니 메세Giovanni Messe 중장**
  → 프란체스코 징갈레스Francesco Zingales 중장(1942.11.1. 교체)
  - 예하 부대: 제3기병사단, 제9보병사단, 제52보병사단

- **알피니군단: 군단장 가브리엘레 나시Gabriele Nasci 중장**
  - 예하 부대: 제2알피니사단, 제3알피니사단, 제4알피니사단

- **직할 부대**
  - 제156보병사단, 2개 기병 연대, 크로아티아 의용 대대, 2개 포병 연대, 1개 기포병 연대, 1개 대공포 연대, 제71항공집단(2개 정찰기 중대, 4개 전투기 중대)

사는 게 독일군의 오만함이었다.

　여기에는 독일군의 뿌리 깊은 인종 차별주의 탓도 있었지만, 히틀러가 동맹국들을 독일을 위한 총알받이로만 여길 뿐 소통에는 아무런 관심도 없었기 때문이었다. 연합국은 연합참모회의Combined Chiefs of Staff Committee, CCS라는 상설 기구를 두고 공동의 이익과 승리를 목표로 각국 군 수뇌부가 정기적으로 만나 전쟁 수행에서의 주요 사안을 논의하고 정보 공유와 전략 조율, 자원의 배분 등 소통과 협력에 노력을 아끼지 않았다. 하지만 추축국은 끝까지 이런 조직을 만들지 않았다. 어쩌다 열리는 추축국 수뇌부의 회담조차 히틀러의 알맹이 없는 장황한 연설과 일방적인 요구, 기만과 허세로 채워졌다. 독일과 동맹국들 사이에 가로막힌 불신의 벽, 작전상의 혼선, 자원 낭비는 추축국이 패배하는 주요 원인이 되었다. 따라서 전세가 불리해지자 추축 동맹국들은 기꺼이 어제의 상전을 향해 총부리를 돌렸다.

　무솔리니가 증파한 부대 중에는 이탈리아가 자랑하는 3개 산악 사단으로 구성된 알피니군단도 있었다. 히틀러가 모스크바 대신 석유 확보를 위해 캅카스산맥으로 진군할 계획이었기 때문이었다. 막상 이들이 향한 곳은 엉뚱하게도 돈Don강의 평야 지대였다. 독일 제6군이 스탈린그라드 전투에 집중하는 동안 헝가리, 루마니아군과 함께 독일군의 측면을 지키라는 것이었다. 알피니군단은 산악전에서는 세계 최고 수준이었지만 대전차 무기가 전혀 없다는 점에서 소련 기갑 부대는 그야말로 천적이었다. 독일군이 전략적 판단 능력이 얼마나 부족하며 동맹군을 머릿수 채우기용으로 여겼다는 사실을 보여 주는 셈이었다. 히틀러는 스탈린그라드를 지키기에도 급급한 소련군이 감히 역습에 나서리라고는 꿈에도 생각하지 않았지만, 예상은 완전히 빗나갔다. 독일군이 스탈린그라드에서 발목이 잡힌 사이 11월 19일 소련군의 대대적인 공세가 시작되었다. 나흘 만에 루마니아군이 괴멸하고 독일 제6군은 포위되었다. 다음은 이탈리아군 차례였다. 12월 16일, 소련 최강 부대 중 하나인 제1근위군이 이탈리아군을 덮쳤다. 이탈리아군 병사들은 혹독한 추위와 굶주림에 허덕이면서 사기가 땅에 떨어진 데다 전차에 맞설 무기가 없었다. 따라서 수백 대의 전차들이 얼어붙은 돈강을 넘어오자 당장 위기에 직면했다.

최악의 상황이었지만 2년 전 북아프리카에서 똑같은 상황에 직면했던 그라치아니의 군대처럼 금방 무기를 버리고 무기력하게 백기를 드는 추태를 부리지는 않았다. 이탈리아 제2군단과 제38군단은 압도적인 열세에도 2주나 버텼다. 알피니군단 역시 용맹하게 싸웠지만, 좌익을 맡은 헝가리군이 먼저 무너졌다. 이 때문에 퇴로가 막히자 차량이 없는 병사들은 탈출하기 위해 도보로 달아나야 했다. 영하 40도의 혹독한 추위 속에서 태반이 죽거나 포로가 되었지만 그나마 군단 전체가 괴멸하는 비극만은 피했다. 추축군의 비참한 퇴각은 1812년 나폴레옹 군대의 대탈출을 연상케 했다. 그 와중에도 알프스산맥의 추위에 익숙했던 알피니 병사들만은 끝까지 붕괴되지 않은 채 격렬한 전투 끝에 소련군의 포위망을 돌파했다. 돈강에서 최후까지 버틴 부대였다. 이들이 탈출에 성공한 1943년 1월 26일, 모스크바 방송은 〈러시아에서 아직 파괴되지 않은 추축군 부대는 알피니군단밖에 없다〉라고 선언했다.

2월 2일, 스탈린그라드에 포위된 독일 제6군이 항복했다. 추축군 전체의 손실은 100만 명에 달했다. 이탈리아군도 절반에 달하는 11만 4,000여 명을 잃었다. 이탈리아 원정군은 만신창이였다. 그런 와중에도 독일군의 거들먹거리는 태도는 여전했다. 이탈리아군의 손실이 얼마나 되느냐고 묻는 치아노를 향해 한 독일 장교는 〈그들의 손실은 전혀 없소. 죄다 달아나고 있으니까요〉라고 비꼬았다. 스탈린그라드의 재난은 전적으로 히틀러와 독일군 수뇌부의 오판과 방심에서 비롯되었음에도 모든 책임은 동맹국들의 무능으로 돌려졌다. 무솔리니는 그제야 히틀러에 대한 환상에서 깨어났다. 그는 잔여 병력을 모두 러시아에서 철수하라고 명령했다. 하지만 무솔리니의 운명을 결정한 쪽은 러시아가 아니라 그동안 내버려두었던 북아프리카였다.

히틀러와 무솔리니가 동부 전선에 하릴없이 매달리는 동안, 북아프리카에서는 로멜이 얼마 안 되는 독일군과 머릿수만 많을 뿐 아무런 의욕도 없는 이탈리아군을 채찍질하면서 오직 개인적인 능력에만 기대어 영국군을 밀어내며 동쪽으로 진군하고 있었다. 손쉽게 끝날 것으로 보였던 소련과의 싸움이 추축의 거의 모든 자원을 무한정 빨아들이면서 북아프리카 전역은 뒷전으로 밀려났기 때문이었다. 그러면서도 카이로를 넘어 중동까지 진격해야 한다는 압박감은 동부 전선 못지않다는 점이 로멜의 딜레마였다. 동부 전선에서 거대한 소련군과 싸우고 있던 독일 장군들은 그가 고작 2~3개 사단을 지휘하는 주제에 총통의 과도한 총애를 받고 있다며 비아냥거렸지만, 전략적으로 본다면 그는 사실상 혼자서 영국군 전체와 싸우고 있었다. 영국군의 내노라하는 같은 명장들조차 로멜의 신출귀몰한 공격 앞에서 줄줄이 패배하는 치욕을 겪었다. 영국군은 로멜을 상대하느라 거의 2년 동안 북아프리카에 붙잡혀 있어야 했다. 덕분에 히틀러는 적어도 로멜이 건재한 동안에는 등 뒤를 걱정할 필요 없이 대소 전쟁에 전념할 수 있었다. 누가 그 역할을 대신했어도 로멜보다 더 나은 성과를 거둘 수 없음은 분명했다. 만약 로멜이 훨씬 소극적인 인물이었고 어차피 남의 싸움이라며 처음 받은 명령대로 리비아를 지키는 데에만 급급했다면 처칠은 아무런 위협이 되지 않는 그를 굳이 북아프리카에서 쫓아내려고 애쓰지 않았을 것이다. 오히려 로멜을 아예 없는 셈치고 유럽 본토 침공을 서둘렀을 것이었다.

그러나 로멜의 승리는 전술적으로는 대단했어도 지엽적이고 한시적이었으며 전쟁의 향방을 바꿀 수는 없었다. 그가 작전에서 치명적인 실수를 저질렀거나 역량이 부족해서가 아니라 독일의 전쟁 수행에 원칙이 없었기 때문이었다. 히틀러는 이탈리아가 북아프리카에서 쫓겨나면 자신에게도 좋을 게 없다는 막연한 이유로 발을 들이기는 했지만, 현지 상황이 어떠하며 독일의 전쟁에 북아프리카의 중요성이 어느 정도인지, 전략적 우선순위를 어떻게 설정할지, 자신이 어디서 어디까지 얼마만큼 감당해야 하는지 따위의 구체적인 고민은 아무것도 하지 않았다. 매번 주먹구구식으로 일을 벌인다는 점에서는 무솔리니와 공통점이 있었다. 히틀러가 1925년에 『나의 투쟁』을 썼을 때부터 유일하게 초지일관한 게 있다면 러시아 정복에 대한 야망뿐이었다.

로멜의 권한과 책무도 모호하기 짝이 없었다. 육군 참모총장 프란츠 할더를 비롯한 상관들은 그가 개인적인 공명심에만 눈이 멀어 병참을 고려하지 않은 채 무리하게 진격하고 있다며 시기 어린 비난을 퍼부으면서도 그렇다고 더 나은 대안을 제시하지 못했다. 이들이 감당하기에는 전쟁의 판세가 너무 커졌기 때문이었다. 해결책은 로멜에게 무제한의 재량권을 부여하되 그에 따른 책임도 모조리 떠넘기는 것이었다. 한마디로 알아서 하라는 얘기였다.

하물며 로멜의 활약 덕분에 급한 불을 끈 무솔리니는 전열을 정비하고 자신들의 싸움을 다시 시작하는 대신 오히려 더욱 타성에 젖어 뻔뻔하게도 독일이 대신 싸워 달라는 속내를 숨기지 않았다. 그러면서도 지원은 뒷전이었다. 이탈리아와 아무 상관도 없는 동부 전선에 귀중한 병력과 물자를 아낌없이 보내는 것과는 대조적이었다. 막상 로멜이 카이로를 눈앞에 두자 성대한 개선식을 열겠다는 욕심으로 자신이 탈 백마부터 보내 모든 사람의 조롱거리가 되기도 했다. 2002년 이탈리아 전쟁 영화인 「엘 알라메인: 사선에서 El Alamein: The Line of Fire」에서는 극심한 보급난과 굶주림으로 잔뜩 격앙된 이탈리아 병사들이 처벌을 각오하고 무솔리니가 보낸 백마를 잡아먹어 분풀이하는 장면이 나온다. 그러나 백마를 타고 카이로에 당당히 입성하겠다는 무솔리니의 야망은 실현되지 못했다. 병력과 물자에서 한계에 직면한 로멜은 카이로를 200여 킬로미터 앞두고 엘 알라메인에서 벌어진 전투에서 완패하여 리비아로 후퇴해야 했다. 그것은 지난 2년 동안 끝없이 되풀이했던 일진일퇴의 싸움과는 달랐다. 등 뒤에 새로운 적이 나타났기 때문이었다. 아이젠하워가 지휘하는 10만 명의 영미 연합군이 알제리에 상륙했다. 지난 2년 동안 무관심으로 일관했던 히틀러는 이미 때가 늦었다는 로멜의 주장을 묵살하고 뒤늦게 대규모 병력과 물자를 북아프리카로 보냈다. 그러나 스탈린그라드의 재앙을 또 한 번 재현했을 뿐이었다. 1943년 5월 13일, 튀니지에서 포위된 추축군 전체가 항복했다.

히틀러는 몰라도 무솔리니에게 북아프리카의 패배는 러시아 원정의 실패에 비할 바가 아니었다. 거듭된 악재로 점점 궁지에 내몰리던 그는 스탈린그라드 패배 직후인 1943년 2월 6일, 대대적인 내각 개편에 착수했다. 치아노를 비롯해 무능하고 부패하여 지탄받았던 자들이 대거 해임되었다. 참모총장인 카발레로 역시 파면되어 비토리오 암브로시오Vittorio Ambrosio 장군으로 교체되었다. 그럼으로써 여론을 달래고 분위기를 쇄신할 속셈이었지만 너무 늦었을뿐더러, 진짜 문제는 다른 누구도 아닌 무솔리니 자신임을 망각한 셈이었다.

5월 16일에는 로마가 처음으로 폭격당했다. 이탈리아인들은 그제야 전쟁이 더 이상 멀리 있지 않으며 자신들의 코앞까지 닥쳤음을 깨달았다. 하지만 실제로 그를 끌어내린 쪽은 분노한 민중의 횃불이나 쿠데타를 일으킨 군대의 총칼이 아니라 지난 20여 년 동안 무솔리니 곁에서 아첨을 늘어놓으며 단물을 빨아먹었던 파시스트 지도자들과 장군들 그리고 늙은 국왕이었다. 심지어 배신자 중에는 사위이자 오랜 충복이었던 치아노도 있었다. 그동안 충성을 다했음에도 하루아침에 토사구팽되었다고 여긴 이들은 이를 갈면서 복수를 준비했다. 국왕과 다른 파시스트 지도자들도 인간의 추한 본성을 드러냈다. 연합군의 이탈리아 상류이 눈앞에 닥치는 상황에서 다 같이 죽기보다는 협상해야 하며 그러려면 제물이 필요하다는 것이었다. 일이 이 지경이 된 책임을 죄다 무솔리니 한 사람에게 떠넘기고 연합군과 거래하여 자신들은 면죄부를 받겠다는 속셈이었다. 지금까지 무솔리니가 그랬다는 점에서 자업자득이기도 했다.

무솔리니 같은 독재자가 자기 신변의 위기를 깨닫지 못할 리는 없었다. 그러나 완전히 지쳐 있었고 심한 우울증에 시달리고 있었으며 건강도 엉망이었다. 그동안 국민 앞에서 사자처럼 군림했지만 모든 것이 허세일 뿐, 막상 가면이 벗겨지자 감추어진 실체가 고스란히 드러났다. 그동안 자신이 저질러 놓은 결과에 잔뜩 겁먹고 어쩔 줄 몰라 하는 평범하고 소심한 늙은이였다. 사면초가에 몰린 무솔리니는 아무것도 하지 않은 채 현실 도피했다. 연합군과 맞서 끝까지 싸우려는 의지도 없었고 그렇다고 히틀러를 감히 배신하고 협상을 시도할 용기도 없었다.

그러나 제아무리 현실을 외면한들 상황은 파국을 향해 치닫고 있었다. 7월 10일, 연합군이 시칠리아를 침공했다. 이날 무솔리니가 북부 이탈리아의 전원 마을 펠트레Feltre에서 히틀러와 회담하는 동안 로마는 무려 500대가 넘는 연합군 폭격기로 쑥대밭이 되었다. 7월 24일 저녁 5시, 무솔리니는 땅에 떨어진 권력을 다잡을 요량으로 오랫동안 열지 않았던 파시스트 대평의회를 소집했다. 결과적으로 지난 수개월 동안 기회만 엿보고 있던 음모자들에게 자신을 끌어내릴 최고의 무대를 손수 만들어 준 꼴이었다. 심지어 경호원도 데려 가지 않았다. 그는 어쩌면 카이사르와 같은 순교자가 되기를 원했을지도 모르지만, 그런 극적인 장면은 없었다.

평의회 의장이자 젊은 시절부터 무솔리니의 오랜 동맹자였던 디노 그란디Dino Grandi는 다른 의원들을 선동하면서 모든 권력을 국왕에게 돌려줄 것을 주장했다. 만약 히틀러였다면 그 자리에서 이들을 모조리 체포한 후 무자비하게 보복했을 것이다. 하지만 무솔리니는 투표에 부쳤다. 결과는 찬성 19표, 반대가 8표였다. 찬성표에는 치아노도 있었다. 무솔리니는 여전히 반격할 수 있었지만, 끝까지 아무것도 하지 않았다. 다음 날에는 아무 일도 없었던 양 평상시처럼 업무를 보았다. 무솔리니의 무기력함은 그의 반응을 살피던 음모자들마저 놀라게 했다.

아내 라켈레Rachele의 경고를 무시하고 저녁에 국왕을 만나러 간 무솔리니는 앙숙인 바돌리오를 새로운 총리에 임명한다는 말을 듣자 순순히 받아들였다. 그는 이제야 홀가분하게 모두 내려놓고 조용히 살 수 있다고 여겼겠지만, 원하는 대로 되지는 않았다. 로마에서 100km 떨어진 휴양지 캄포 임페라토레Campo Imperatore에 감금된 채 닥쳐올 운명을 기다리는 처지가 되었다. 1930년대 두체를 찬양하기 위해 건설된 이 호텔은 이제 그의 감옥이 되었다. 무솔리니는 카이사르는커녕, 치욕을 당하지 않으려고 자살했던 네로조차 되지 못한 셈이었다.

그가 22년이나 파시스트들의 지지를 받으며 철권통치를 했다는 점에서 내전을 촉발할 수도 있었지만 정권 교체는 의외로 순탄했다. 무솔리니에게 충성하던 파시스트 단체들은 침묵했고 자신들의 수령을 구출하려는 시도조차 없었다. 지난 수년 동안 실책만 거듭했던 무솔리니였지만, 그리스 신화에서 트로이 왕 프리아모스Priamos를 향해 트로이는 멸망할 것이라고 했던 카산드라 공주의 불길한 예언처럼 한 가지만은 맞아떨어졌다. 뒤늦게 자기들만 살겠다고 탈출을 시도한들 히틀러가 놔두지 않을 거라는 것이었다. 그 와중에 국왕과 바돌리오는 연합군과 흥정을 위해 귀중한 시간을 낭비했다. 자신들의 권좌를 보장할 것은 물론이고 연합군이 점령한 이탈리아 식민지를 모두 돌려줄 것과 이탈리아에서 연합군은 철수해야 한다는 것이었다. 연합군에는 어림없는 소리였다. 아이젠하워는 로마에 3개 공수 사단을 포함하여 15개 사단을 투입하여 독일군의 보복에서 자신들을 지켜 달라는 바돌리오의 요구도 일축했다. 이탈리아군 수뇌부는 히틀러가 어떻게 나올지 전전긍긍하면서도 그에게 빌미를 줄까 봐 지레 겁먹은 나머지 프랑스와 발칸에 흩어져 있는 100만 명이 넘는 이탈리아군을 불러 모으지도 않았다.

동부 전선에 집중하느라 동맹자가 어떤 처지에 놓였는지 몰랐던 히틀러는 뒤늦게야 개입했다. 제1SS기갑사단을 비롯하여 독일군의 정예 부대들이 티거 중전차를 앞세우고 줄줄이 이탈리아로 들어왔다. 9월 8일 저녁 6시 30분, 라디오에서 이탈리아의 항복을 알리는 아이젠하워의 연설이 흘러나왔다. 그러나 이탈리아인들이 드디어 지긋지긋한 전쟁이 끝났다면서 기뻐하기에는 아직 일렀다. 독일군은 즉각 움직였고 유럽 전역에서 이탈리아군의 무장 해제에 나섰다. 사방에서 지시를 내려 달라는 요청이 쏟아지는 가운데, 국왕과 바돌리오, 군 수뇌부는 비겁하게도 국민과 군대를 버리고 제일 먼저 로마를 탈출하여 연합군 진영에 숨었다. 로마는 사흘 만에 함락되었다. 이탈리아군 일부는 연합군과 한편이 되어 독일군을 향해 총부리를 돌려 저항했고 일부는 독일군 편에 남는 쪽을 선택했다. 그러나 200만 명이 넘는 이탈리아군 대부분은 무기를 버리고 집으로 돌아가거나 순한 양처럼 독일군의 포로가 되었다. 100만 명 이상이 독일로 끌려가 전쟁 노예로서 전쟁이 끝날 때까지 강제 노동에 투입되었다.

40여 일째 감금되어 전전긍긍하던 무솔리니를 죽음에서 구해 낸 것은 그의 추종자들이 아니라 독일군이었다. 9월 12일, 오토 슈코르체니Otto Skorzeny 소령이 지휘하는 친위대 특수 부대가 호텔을 급습했다. 전투는 없었다. 슈코르체니와 동행한 로마 경찰국장 페르난도 솔레티Fernando Soleti 장군 덕분이었다. 슈코르체니는 이탈리아 장군이 작전에 참여한다면 이탈리아군의 사기를 떨어뜨려 작전이 좀 더 순조로우리라 기대했다. 효과는 그 이상이었다. 200여 명이 넘는 이탈리아 경비병들은 솔레티 장군이 무기를 버리라고 소리치자 총 한 발 쏘지 않고 잽싸게

코르시카 북부 비굴리아Biguglia에서 독일군이 버리고 간 기갑 차량의 잔해. 1943년
9월 8일부터 10월 4일까지 이탈리아 제7군단 4개 사단 8만 명은 나폴레옹의 고향
아작시오Ajaccio에 상륙한 자유 프랑스군 제4모로코사단 6,000명과 함께 독일 SS기갑여단
〈SS제국지도자Reichführer-SS〉와 사르데냐에서 철수한 제90척탄병사단 등 독일군 3만
2,000명을 상대로 싸워 격퇴했다. 이탈리아군은 600명이 죽고 2,000여 명이 다쳤으며
독일군은 700여 명의 사상자와 함께 200여 명이 포로가 되었다. 코르시카 전투는 제2차 세계
대전 중 이탈리아군이 독일군과 정면으로 싸워서 승리를 거둔 희귀한 사례였다.

항복했다. 무솔리니는 독일로 가서 히틀러를 만났고, 이탈리아 사회주의 공화국이라는 꼭두각시 정권의 수장으로 임명되었다. 그것은 독일판 만주국이었다. 장인의 실각에 앞장섰던 치아노는 아내 에다의 설득으로 가족들과 함께 독일로 망명했다. 하지만 히틀러의 분노를 피할 수 없었던 그는 반역죄로 체포된 다른 배신자들과 함께 처형되었다. 에다가 울면서 아버지에게 구명을 호소했지만, 이미 그에게는 배신자들의 처분을 결정할 힘조차 없었다.

가뜩이나 우울증과 신경 쇠약에 시달리던 무솔리니는 자신의 처량한 신세를 깨닫자 한층 의기소침해졌다. 일부 측근들은 그가 자살하지 않을까 우려할 정도였다. 물론 그럴 용기도 없었다. 그는 마지막까지 우유부단했고 죽음 대신 남은 삶을 안전한 곳에서 구차하게 보내기를 원했다. 전쟁 말기 연합군이 가까이 오자 무솔리니는 수도를 밀라노로 옮겼다. 여차하면 스위스로 튈 생각이었다. 1945년 4월 말, 이탈리아 북부 전역에서 공산주의자들이 봉기했다. 그동안 거들먹거리던 파시스트 당원들은 성난 노동자들과 파르티잔 게릴라들에 붙들려 처형당했다.

무솔리니는 병력을 모아서 최후의 항전을 할 수도, 협상할 의지도 없었다. 스위스를 거쳐 프랑코가 통치하는 스페인으로 달아나기로 결심한 그는 4월 25일 정부와 군대의 해산을 명령한 다음, 소수의 측근과 서른세 살의 애인 클라라 페타치Clara Petacci를 데리고 스위스 국경으로 향했다. 이들은 도중에 독일로 철수하는 200여 명의 독일 고사포 부대도 만났다. 그러나 국경을 앞두고 파르티잔에 포위되자 독일군과 검은 셔츠 호위병들은 총 한 발 쏘지 않고 무솔리니와 파시스트 거물들을 넘긴 다음 자신들은 달아났다. 무솔리니는 목숨만은 부지할 수 있으리라 믿었지만, 다음 날 클라라와 함께 줄리노Giulino라는 시골 마을에서 총살당했다. 클라라의 오빠를 비롯해 무솔리니를 뒷배 삼아 권세를 누리던

처형된 다음 날 아침 밀라노 로레토 광장Piazzale Loreto의 한 주유소 건물에 매달린 무솔리니와 클라라, 파시스트 지도자들의 시신. 이곳은 무솔리니 통치 기간 동안 수많은 반파시스트 운동가들이 처형당한 악명 높은 장소였다. 무솔리니를 처형한 것은 자신들의 존재감을 만천하에 알릴 속셈이었던 공산주의자들이었다. 하지만 이 때문에 이탈리아에서 전범 재판은 독일, 일본과는 달리 흐지부지되어 아예 열리는 일조차 없었다.

다른 지도자들도 함께 처형되었다.

　20여 년 전 극렬 추종자들 덕분에 어쩌다 권좌에 앉았을 때만 해도 자신의 말로가 이렇게 되리라고는 꿈에도 몰랐을 것이다. 한낱 선동가이자 소인배였던 그는 사람들 위에 군림할 줄은 알아도 그 권력에는 반드시 책임이 뒤따른다는 사실을 망각했다. 통치 내내 신처럼 행세했던 무솔리니는 마지막 순간에야 자신이 누구보다 무력한 인간임을 깨달았을 것이다.

피에 젖은 땅, 발칸

제2차 세계 대전 중 프랑스의 〈레지스탕스La Résistance 활동은 전쟁이 끝난 뒤 서방 세계에서 한 편의 신화로 포장되었다. 할리우드에서는 르네 클라망 감독의 1966년 고전 영화「파리는 불타고 있는가?」를 비롯하여 상투적인 영화 소재로 써먹었다. 물론 사실 그대로 재현하기보다는 관객들 입맛에 맞추어 멜로와 허구를 적당히 섞어서 낭만적으로 묘사했지만 말이다. 그러나 독일군 입장에서 진정한 악몽은 그쪽이 아니었다. 폴란드 그리고 발칸이었다.

　나치의 지배가 시작되자 발칸 국가들은 암흑시대가 열렸음을 금방 깨달았다. 나치즘의 인종 분류에 따라 열등 민족에 속하는 알바니아, 세르비아는 말할 것도 없고 유럽 헬레니즘 문화의 뿌리로 여겨지는 그리스도 예외는 아니었다. 원래 히틀러는 젊은 시절부터 고대 그리스인들이 게르만 민족의 조상이라고 굳게 믿었다. 무솔리니가 그리스를 침공했다는 얘기를 들었을 때는 어이없게도 동맹자가 아니라 그리스인들의 승리를 은근히 응원했을 정도였다. 무솔리니를 돕기 위해 뒤늦게 개 결정하면서도 심복이자 나치 이론가로 악명 높은 알프레트 로젠베르크를 향해 〈그리스인들과 싸우는 것이 참으로 유감스럽다〉라고 한탄했다.

그렇다고 해서 패배자인 그리스인들에게 그 존경심에 맞는 대우를 하는 것은 히틀러에게는 별개의 얘기였다. 로젠베르크를 비롯한 일부 나치 이론가들은 순혈을 유지했던 고대 그리스인들과 중세 이후 오스만 제국의 지배로 〈발칸화〉된 현대 그리스인을 구분해야 한다고 주장하기도 했다. 독일 병사들은 〈게르만의 순결성〉을 지켜야 한다는 이유로 그리스 여성들과 사귀는 것을 금지당했다. 또한 나치에 정복당한 다른 유럽 국가들처럼 그리스인들 역시 거액의 주둔 비용을 비롯하여 전쟁 내내 끝없는 수탈과 압제에 시달려야 했다. 나치 군대는 그리스에서 식량과 물자는 물론 말 그대로 영혼까지 탈탈 털어 갔다. 그리스 경제는 사실상 마비되었다. 게다가 영국 해군의 지중해 봉쇄는 원래부터 식량 수입국이었던 그리스의 상황을 더욱 악화시켰다.

몇 달도 되지 않아 그리스 역사상 전례 없는 〈대기근Great Famine〉이 불어닥쳤다. 겨울 동안 수도 아테네에서만 매일 수백 명이 굶어 죽었다. 괴뢰 정권의 수장인 촐라코글루 장군이 히틀러에게 식량 지원을 호소했지만 아무 도움도 받지 못했다. 히틀러에게는 독일인들을 먹여 살리는 것 이외에 어떤 것도 관심이 없었기 때문이었다. 뒤늦게 처칠이 인도적인 차원에서 해상 봉쇄를 완화하고 중립국 튀르키예와 스웨덴, 국제 적십자사가 지원의 손길을 내밀면서 어느 정도 숨통이 트였다. 나치 점령 기간 30만 명이 영양실조로 아사한 것으로 추정되었다. 나치 이상으로 야만적이었던 쪽은 불가리아였다. 불가리아가 병합한 동부 마케도니아 1만 km²는 30년 전인 제1차 발칸 전쟁에서 잠시 차지했다가 몇 달 뒤 제2차 발칸 전쟁의 패배로 그리스에 빼앗긴 땅이었다. 불가리아는 철천지원수인 그리스인들을 뿌리 뽑을 요량으로 대량 학살과 추방, 인종 청소에 나섰고 그리스어 사용을 엄격히 금지했다. 또한 그리스인들의 재산과 땅을 빼앗아 자국에서 온 정착민들에게 나누어 주었다. 그리스인들은 노예로 전락했다.

폭정은 당연히 저항으로 이어졌다. 1941년 9월 28일, 그리스 북부에서 불가리아에 맞서 첫 번째 대규모 봉기가 일어났다. 불가리아군은 독일군의 지원을 받아 무자비한 보복과 살육에 나섰고 1만 5,000여 명이 살해되었다. 하지만 이것은 시작일 뿐이었다. 그리스인들은 쉽게 굴복하지 않았다. 오히려 분노에 불을 붙인 꼴이었다. 그리스 대부분은 아프간처럼 험준한 산악 지대였고 바다를 통해 연합군의 지원을 받을 수 있었다. 게릴라전을 펼치기에는 최적의 환경이었다. 무엇보다도 이들에게는 오스만의 지배를 받던 시절부터 외세에 맞서 싸운 투쟁의 역사가 있었다. 곳곳에서 저항군이 조직되었다. 발칸에서 저항 운동의 특징은 공산주의 국가가 아니었음에도 좌파가 우파보다 훨씬 강력했다는 점이다. 그리스 최대 저항 세력은 좌파인 민족해방전선EAM이었다. 전쟁 말기에는 그리스 전체 인구의 거의 1/4인 180만 명이 참여했을 정도였다.

지도자는 요르요스 시안토스Georgios Siantos였다. 그는 젊은 시절 담배 농장의 노동자였고 발칸 전쟁과 제1차 세계 대전에서 부사관으로 복무했다. 전쟁이 끝난 뒤 공산주의 운동에 뛰어든 그는 메탁사스 정권에서 몇 번이나 수감 생활을 보내야 했다. 시안토스는 그리스가 독일에 점령되자 감옥에서 탈출한 뒤, 악명 높은 남부 독일의 다하우 강제 수용소로 끌려간 그리스 공산당 지도자 니코스 자카리아디스Nikos Zachariadis를 대신하여 점령군에 맞서는 저항 운동을 지휘했다. 열세 살이나 어린 자카리아디스가 소련 국제 레닌 학교 출신의 엘리트라는 사실만 내세워 고압적이고 권위적이었던 것과 달리, 유고슬라비아의 유명한 파르티잔 지도자인 티토보다 두 살 위였던 시안토스는 내세울 만한 학식은 없지만, 연륜이 있고 성격이 온화하면서 겸손하여 주변의 인망을 얻었다. 동료들은 친근감을 섞어 그를 〈테이오스Theios〉*라고 불렀다. 민족해방전선 휘하에는 무장 조직으로 그리스인민해방군ELAS이 있었다. 병력은 5만 명에서 8만 5,000여 명 정도로 추산되었다. 총사령관은 좌파 언론인 출신의 아리스 벨루키오티스Aris Velouchiotis였다. 무솔리니의 침략에 맞서 알바니아 전선에서 졸병으로 복무한 것 이외에 군사적 경력이 전혀 없었지만 뛰어난 조직가였던 그는 인근의 산적들을 모아서 첫 번째 게릴라 부대를 만들었다. 게릴라들의 숫자는 빠르게 늘어났다. 상당수는 알바니아 전선에서 이탈리아군과의 싸움으로 전투 경험을 쌓은 귀향병들이었다. 이들은 철도를 파괴하여 병력과 물자 수송을 막고 고립된 전초 기지를 기습하여 악몽을 선사했다.

좌파 진영에 민족해방전선이 있다면 우파 진영에는 그리스군 예비역 장교 출신인 나폴레옹 제르바스Napoleon Zervas 대령이 지휘하는 민족민주그리스연맹EDES이 있었다. 제르바스 대령은 발칸 전쟁과 제1차 세계 대전에서 활약했지만 1935년 3월 군주제 부활과 국왕 요르요스 2세의 복귀를 반대하는 공화주의 장교들의 반란에 참여했다가 실패하여 군에서 쫓겨난 인물이었다. 그의 진영에는 다양한 이념을 가진 사람들이 참여했다. 유일한 공통점은 반공이라는 사실뿐이었다. 제르바스 또한 처음에는 나라를 버리고 탈출한 국왕을 비난하고 공화제를 내세웠지만, 영국의 압박에 못 이겨 무기와 자금을 지원받는 대가로 국왕과 망명 정부에 복종을 맹세했다. 민족민주그리스연맹의 무장 조직은 그리스게릴라국가집단EOEA이었다. 하지만 병력은 최대 1만 4,000여 명 정도로 좌파에 비하면 세력이 훨씬 작았다. 그 밖에도 제르바스와 함께 1935년 쿠데타에 참여했던 디미트리오스 프사로스Dimitrios Psarros 예비역 준장이 이끄는 국가와사회해방운동EKKA을 비롯하여 다양한 저항 세력이 점령군에 맞서 싸웠다. 또한 이집트와 팔레스타인에는 영국

* 그리스어로 삼촌이라는 뜻이다.

군과 함께 탈출했던 수천 명의 그리스 망명 군대가 있었다. 망명 직후인 1941년 6월 제1그리스여단이 창설되었고 1년 뒤에는 2개 여단으로 늘어났다. 제1그리스여단은 영국 제50사단에 편입되어 제2차 엘 알라메인 전투에서도 싸웠다.

다 같이 힘이 미약했던 초반에는 좌우를 떠나 영국 중동군 사령부의 지휘 아래 협력했다. 게릴라들에게도 가장 만만한 상대는 역시 이탈리아군이었다. 대표적인 작전이 1942년 11월 25일의 할링 작전Operation Harling이었다. 이날 밤 그리스인민해방군 86명과 그리스게릴라국가집단 52명, 영국 특수 부대원 12명으로 구성된 150명의 연합 부대가 그리스 중부의 고르고포타모스강Gorgopotamos River에 놓인 철도 교량을 폭파하고 이탈리아군과 교전을 벌였다. 비록 소규모 전투였고 쌍방의 사상자는 얼마 되지 않았으며 파괴된 다리 또한 이탈리아군에 의해 얼마 후 복구되었지만 모처럼의 승리는 저항군의 사기를 크게 올려놓았다.

1943년 3월에는 그리스 서부 마케도니아의 산악 지대에서 그리스인민해방군이 우파 계열의 저항군과 함께 이탈리아 수송 부대를 매복 공격했다. 우군을 구하기 위해 허둥지둥 출동한 이탈리아군 역시 포위되었다. 게릴라들의 손실은 10여 명에 불과한 반면, 이탈리아군은 200여 명이 죽거나 다치고 560명이 포로가 되었다. 또한 대량의 무기와 물자가 노획되었다. 그리스 저항군의 공세는 갈수록 거세졌고 이탈리아군은 곳곳에서 패주했다. 1943년 여름이 되자 이탈리아군은 수적으로 훨씬 열세한 데다 무장도 형편없는 게릴라들을 상대로 몇몇 주요 도시와 철도 주변만 겨우 확보할 수 있었다. 사기는 완전히 땅에 떨어졌고 기강도 형편없었다. 독일 장교들은 이탈리아군이 전투보다 그리스 여성들과 사귀는 일에만 관심이 있다고 불평했다.

그러나 좌우파의 협력은 오래가지 않았다. 유고슬라비아에서 체트니크와 티토가 이끄는 인민해방군이 서로에게 총부리를 겨누었듯,

그리스인들 역시 동포들끼리 싸우기 시작했다. 결정적인 이유는 스탈린그라드와 엘 알라메인에서 독일이 패배했기 때문이었다. 이들이 보기에 나치의 몰락은 시간문제였다. 이제부터 중요한 문제는 침략자를 어떻게 몰아낼지가 아니라 그다음에 누가 그리스의 새로운 주인이 될지였다. 하늘에 두 해가 없듯, 양 진영의 타협은 불가능했다. 증오와 불신감이 너무 컸기 때문이었다. 저항군은 자기 계파가 아니면 죄다 반역자라는 식으로 서로를 적대했다. 국지적 충돌은 점차 전면 내전으로 확대되었다. 그리스만 아니라 발칸 전체가 우파 게릴라와 좌파 파르티잔, 점령군이라는 삼파전의 아수라장이 되었다. 심지어 중동의 그리스 망명 군대에서도 공산주의자들이 반란을 일으켰다가 영국군에 의해 진압되었다.

그러나 우세한 쪽은 우파가 아니라 좌파였다. 봉건지주와 군 간부 출신 등 대개 기득권 계층에 속했던 우파 지도자들은 그저 전쟁 이전으로 돌리는 것이 투쟁 목적의 전부일 뿐, 이념과 구심점이 불분명하여 자기들끼리도 파벌 싸움에 여념이 없었기 때문이다. 우파 저항군의 수장 중 한 사람인 제르바스는 게릴라전을 한다면서도 부하들만 산으로 내보내고 자신은 후방에 남아 안락한 생활을 누렸다. 반면, 시안토스를 비롯한 좌파 저항군 지도자들은 산속에서 일반 병사들과 동고동락했고 왜 싸우는지에 대한 목표가 분명했다. 결속력이 훨씬 강할 수밖에 없었다. 또한 인구 대다수를 차지하는 가난한 농민들에게 전쟁이 끝난 뒤 토지 개혁과 소작료 인하, 악습 철폐, 여성 해방과 같은 더 나은 삶을 당근으로 내밀어 그들의 열성적인 지지를 얻었다. 그게 얼마나 진실성이 있었건 우매한 민중에게는 분명 귀가 솔깃한 목소리였다.

하지만 우파가 수세에 몰린 것은 단순히 좌파보다 무능하거나 현실에 안주했기 때문만은 아니었다. 점령지에서의 저항이 날로 거세지자 히틀러는 보복을 지시했다. 저항군이 독일군 한 명을 살해할 때마다 주민 100명을 처형하고, 독일군 한 명이 다칠 때마다 주민 50명을 처형하라는 것이었다. 이것은 분명 효과가 있었다. 우파 저항군은 자신들 때문에 죄 없는 동포들이 집단 학살당하는 모습을 보면서 양심의 가책을 받았고 활동이 크게 위축되었다. 훨씬 단호하고 무자비한 쪽은 좌파였다. 이들은 독일군의 위협 따위에 아랑곳하지 않았다. 오히려 독일군에 협조한 동포들에게 똑같이 갚아 주어 공포를 각인시켰다. 양쪽의 싸움에 끼인 주민들은 이러나저러나 죽을 수밖에 없는 처지였고 많은 사람이 어차피 처형당하느니 제 발로 공산주의자들 편에 서는 쪽을 택했다. 예전에만 해도 감히 기를 펼 수 없었던 공산주의자들에게 자기네 세상을 실현할 절호의 기회를 만들어 준 장본인은 아이러니하게도 히틀러였던 셈이었다.

이 와중에 발칸의 상황을 더욱 복잡하게 만드는 사건이 벌어졌다. 1943년 9월 8일, 이탈리아의 항복이었다. 발칸반도에 배치된 이탈리아군은 3개 군 30개 사단 50만 명에 달했다. 그중 유고슬라비아에 제2군 14개 사단이, 알바니아에 제9군 6개 사단이, 그리스 본토와 크레타, 도데카네스 제도 등지에 제11군 10개 사단이 주둔하고 있었다. 만약 끝까지 저항했다면 동부 전선에 발이 묶인 독일군으로서는 고전을 면치 못했겠지만, 본토나 프랑스에서와 마찬가지로 발칸의 이탈리아군 역시 대부분 싸우지 않고 항복하는 쪽을 선택했다. 여기저기 흩어져 고립된 처지인 데다 본국과의 연락은 끊어졌고 집에 돌아갈 날만 기다리던 병사들은 막강한 독일군과 싸울 용기가 없었다. 지휘관들은 독일군과 타협하여 부하들의 목숨을 구하는 쪽을 택했다.

그러나 수치스러운 포로가 되기를 거부하고 끝까지 싸운 경우도 적지 않았다. 로도스섬에서 이탈리아군 제6보병사단과 제50보병사단 3만 4,000명이 독일 로도스 돌격 사단Sturm-Division Rhodos 8,000여 명과 사흘 동안 싸운 끝에 항복했다. 에게해 도데카네스 제도의 레로스Leros

섬과 코스Kos섬에서는 이탈리아군이 영국군의 지원을 받아 독일군에 맞섰지만 결국 포위되어 항복했고 영국군 또한 5,000여 명 이상이 포로가 되었다. 크레타섬에서는 제51보병사단장 안젤리코 카르타Angelico Carta 장군이 소수의 참모만 데리고 이집트로 탈출했고 나머지는 독일군에 투항했다. 저항의 대가는 무자비했다. 격앙된 히틀러는 배신자들을 전쟁 포로가 아닌 반역자로 취급하라고 명령했다. 전쟁 초반 이탈리아 함대를 이끌고 지중해에서 영국 함대에 맞서 명성을 떨친 이니고 캄파오니Inigo Campioni 제독을 비롯하여 여러 명의 장군과 수천 명의 이탈리아군 포로들이 집단 처형되었다. 코르푸에서는 4,500명의 이탈리아군 수비대가 500여 명의 독일군을 제압하여 작은 승리를 거두기도 했지만, 곧 독일군이 증파되면서 항복했다. 루이지 루시냐니Luigi Lusignani 대령을 비롯한 지휘부는 처형되었다.

가장 유명한 사건은 케팔로니아섬의 학살이었다. 제33보병사단은 독일군의 항복 요구를 거부하고 선제공격에 나섰고 400명의 독일군을 포로로 잡기도 했다. 그러나 승리는 잠시였다. 독일 제1산악사단이 증파되고 탄약마저 떨어지자 9월 22일 항복했다. 이탈리아군 1,300명과 독일군 300명이 전사했다. 독일군은 투항한 사단장 안토니오 간딘Antonio Gandin 장군을 비롯하여 400명의 장교와 5,000여 명의 이탈리아군 병사를 무차별 학살했다. 3,000여 명의 포로는 육지로 송환되던 중 수송선이 기뢰와 접촉하여 침몰하면서 몰살당했다. 이 사건은 나중에 영화로도 만들어졌다. 그중에는 부대 전체가 독일군을 피해 산으로 들어가서 게릴라가 된 사례도 있었다. 제1알피니사단 〈타우리넨세Taurinense〉는 티토에게 항복한 뒤 의용 파르티잔 사단 〈가리발디Garibaldi〉로 이름을 바꾸었다. 제24보병사단 또한 그리스인민해방군에 투항한 뒤 핀두스산맥에서 현지 저항군과 함께 전쟁이 끝날 때까지 독일군에 맞서 싸웠다. 11월 말까지 50만 명의 이탈리아군 중 3만 명은 독일군에 합류하고 2만 명이 게릴라가 되었으며 5만 7,000여 명은 탈출하여 각자 제 살길을 찾아 떠났다. 나머지는 독일군의 포로로 끌려갔다.

이탈리아군이 공중 분해된 덕분에 게릴라들은 막대한 양의 무기를 손에 넣었다. 나쁜 소식도 있었다. 앞으로는 물렁한 이탈리아군이 아니라 독일군을 상대해야 한다는 사실이었다. 이전부터 추축의 〈부드러운 아랫배〉를 노리는 처칠이 발칸으로 침공할지 모른다고 겁을 냈던 히틀러는 독일 제1산악사단을 비롯하여 대규모 부대를 증파했다. 1944년 초까지 발칸 전역에서 토벌과 학살이 자행되었다. 1944년 5월 25일에는 뢰셀스프룽 작전Operation Rösselsprung이 발동했다. 유고슬라비아에서 가장 골치 아픈 저항군 지도자인 티토를 제거하기 위해 독일 제500SS 공수대대 870여 명이 그의 사령부를 덮쳤다. 하지만 티토는 재빨리 빠져나갔고 오히려 저항군의 함정에 빠져 괴멸에 가까운 타격을 입었다. 작전은 완벽한 실패였다.

게다가 독일군은 게릴라 따위에 신경 쓸 겨를이 없었다. 동부 전선의 상황이 급격히 나빠졌기 때문이었다. 서방의 막대한 물적 지원 아래 소련군은 거침없이 독일군을 서쪽으로 밀어냈다. 좌우파의 싸움도 격화되었다. 양쪽은 힘을 합하여 독일군을 몰아내는 대신 거꾸로 독일군과 비밀 협정을 맺고 서로를 공격하는 데 혈안이 되었다. 그리스 저항군은 1944년 2월 29일 협정을 맺어 서로의 영역을 침범하지 않을 것과 공존에 합의했음에도 약속은 금방 깨졌다. 두 달도 채 되지 않은 4월 17일, 그리스인민해방군이 우파 저항군의 하나인 국가와사회해방운동을 습격하여 수장인 디미트리오스 프사로스 장군을 처형했다. 발칸 전체가 내전 상태였다.

1944년 6월 6일, 영미 연합군이 노르망디에 상륙했다. 보름 뒤에는 동부 전선에서 사상 최대의 공세가 시작되었다. 일주일 만에 독일 중부집단군 전체가 지리멸렬했다. 독일군은 러시아에서 완전히 쫓겨났다. 전세는 역전되었다. 이제 독일 본토가 싸움터였다. 히틀러에게 줄을 섰던 발칸 국가들도 발등에 불이 떨어졌다. 8월 23일, 루마니아는 독재자 이온 안토네스쿠 장군을 체포하고 소련과 평화 협정을 맺은 다음 독일에 총부리를 돌렸다. 9월 9일, 불가리아가 그 뒤를 따라 소련 편으로 갈아탔다. 이제는 발칸이 문제가 아니었다. 히틀러는 F집단군 사령관이자 발칸 방면을 맡은 폰 바익스 원수를 베를린으로 불러 전면 철수를 지시했다. 10월 12일, 그리스의 모든 독일군이 유고슬라비아로 물러났다. 이틀 뒤 영국군이 그리스에 상륙했다. 10월 18일에는 그리스 망명 정부가 아테네로 돌아왔다. 아크로폴리스 파르테논 신전에는 나치 깃발이 끌어 내려지고 그리스 국기가 다시 휘날렸다. 3년 반 만이었다.

독일군은 유고슬라비아를 통해 북쪽으로 철수에 나섰지만, 곳곳에서 게릴라들의 습격에 시달렸다. 게다가 등 뒤에서는 거대한 소련군과 어제의 동맹군들이 사정없이 밀어붙였다. 머리 위로는 소련군과 영미 연합군의 폭격기들이 폭탄의 비를 퍼부었다. 10월 20일, 베오그라드가 소련군에 의해 해방되었다. 11월 28일에는 공산 게릴라들이 알바니아 수도 티라나에 입성했다. 발칸에서 나치의 시대는 끝났다. 하지만 발칸 사람들은 소련군이 결코 해방군이 아님을 이내 절감해야 했다. 기강이 형편없었던 소련군은 가는 곳마다 강간과 약탈을 일삼아 공포의 대상이 되었다. 엄정한 군기를 보여 주는 서방 연합군과는 그야말로 대조적이었다.

유고슬라비아 공산당 지도자 중 한 사람인 밀로반 질라스Milovan Djilas가 모스크바를 방문하여 불만을 토로하자 스탈린의 대답은 적반하장이었다. 〈소련군을 그따위로 모욕한 사람은 질라스 당신 말고는 없습니다. 그들은 당신들을 위해 피를 흘린 것이 아닙니다. 당신들은 피와 불과 죽음으로 수천 킬로미터를 가로질러 온 병사들이 여자들과 재미를 즐기거나 약간의 사소한 행동을 하는 것 정도도 이해하지 못합니까?〉 폴란드인들이 바르샤바 봉기를 일으킨 것이나, 체코인들이 자신들의 힘으로 독일군을 쫓아내고 서방 연합군을 끌어들이기 위해 헛된 노력을 했던 것도 소련군이 그만큼 경멸과 기피, 두려움의 대상이었기 때문이었다.

어차피 발칸의 운명을 결정하는 것은 당사자들의 몫이 아니라 강대국들의 밀실 야합이었다. 대영 제국 최후의 식민주의자라고 할 수 있는 처칠은 전쟁이 끝난 뒤에도 지중해에서 영국의 지위를 유지할 속셈으로 1944년 10월 9일 모스크바를 방문하여 서로 경멸의 대상이었던 스탈린과 은밀한 흥정에 나섰다. 이대로라면 발칸은 물론이고 동유럽 전체가 소련에 넘어갈 판국이었기 때문이었다. 두 사람만 있는 자리에서 처칠은 자신의 제안을 적은 쪽지를 스탈린에게 넘겼다. 여기에는 발칸과 동유럽에서 서로의 세력을 나타나는 퍼센트가 적혀 있었다. 소련은 루마니아에서 90퍼센트, 불가리아에서 75퍼센트를 가졌다. 영국은 그리스에서 90퍼센트를 가졌다. 헝가리와 유고슬라비아는 반반이었다. 스탈린은 묵묵히 체크 표시만 하고 되돌려주었다. 스탈린의 묵언 동의를 얻었다고 여긴 처칠은 남들이 알아서 좋을 게 없다면서 그 자리에서 증거를 불태우려 했지만, 스탈린은 남겨 두자고 대꾸했고 현재 영국 국립 공식 기록 보존소에 있다.

처칠과 스탈린의 〈퍼센트 합의Percentages agreement〉는 뮌헨 회담 이후 약소국의 운명을 강대국들이 좌지우지한 또 한 번의 추악한 거래였다. 스탈린은 마음만 먹으면 발칸 전체를 삼킬 수 있었음에도 일단 처칠의 제안을 받아들였다. 과욕은 화근임을 안다는 점에서 그는 적어도 히틀러보다 한 수 위였다. 그 대신 합의를 얼마나 존중할지는 자신이 아니라 서방이 하기 나름에 달려 있다는 것이 그의 생각이었다. 헝가리는 소련의 지배를 벗어나지 못했지만, 유고슬라비아에서는 티토가 최후 승자가 되었다. 군사적 능력만이 아니라 탁월한 정치적 수완을 겸비한 티토는 공산주의자임에도 런던 망명 정부와 우파 저항군의 수장인 미하일로비치 대령을 제치고 서방의 지지를 얻는 데 성공했기 때문이었다. 반면, 체트니크는 나치보다 티토에 더 큰 증오심을 품은 나머지 암암리에 독일군과 협력하여 명분을 잃었다. 전쟁 초반에만 해도 체트니크보다 열세했던 티토는 주도권을 쥐자 국내의 적들을 향해 지금이라도 충성하면 관용을 베풀겠다고 호기롭게 선언했다. 누가 앞으로 이 나라의 주인인지 분명히 보여 준 셈이었다.

국왕 페타르 2세조차 국민을 향해 티토의 파르티잔에 입대하라고 호소했다. 그럼으로써 자신의 귀국에 티토의 협력을 얻을 수 있으리라 기대했지만 어림없는 소리였다. 티토는 굳이 자기 머리 위에 상전을 둘 생각이 없었다. 페타르 2세는 전쟁이 끝나자마자 폐위를 통보받았다. 그리고 죽는 날까지 고국으로 돌아가지 못한 채 미국에서 우울한 망명 생활을 보내다 1970년 간경화로 사망했다. 체트니크는 티토와의 싸움에서 완패했다. 일부는 이탈리아와 오스트리아로 달아났지만 대부분 포로가 되었다. 영국군은 체트니크 대원들을 무장 해제하고 티토에게 넘겼다. 미하일로비치는 몇몇 추종자를 데리고 탈출하던 중에 붙들려 반역죄로 처형되었다.

남의 도움 없이 제힘으로 유고슬라비아를 평정한 티토는 스탈린의 꼭두각시 노릇을 거부했다. 뒤늦게야 스탈린은 티토를 제 손바닥 위에 놓을 수 없음을 깨닫고 그를 제거하려 했지만 실패했다. 오히려 티토는 배짱 두둑하게 스탈린을 향하여 〈또다시 나에게 암살자를 보낸다면 다음에는 내가 모스크바로 암살자를 보낼 것이며, 두 번 보내는 일은 필요 없을 것입니다〉라고 엄포 놓았다. 티토는 공산권 지도자들을 통틀어 스탈린이 굴복시키지 못한 유일한 인물이었다. 그는 냉전 내내 〈비동맹〉을 내세워 서방과 소련 사이에서 줄타기하며 이익을 챙겼다.

무솔리니가 알바니아를 침공했을 때 국가 금고만 들고 제일 먼저 튀었던 조구 1세 역시 제 나라로 돌아가지 못했다. 그는 가족들과 함께 해외를 떠돌면서 호사스러운 생활을 누렸고 1961년 65세의 나이로 사망했다. 알바니아는 프랑스 유학파 출신 게릴라 지도자인 엔베르 호자 Enver Hoxha의 손에 넘어갔다. 〈알바니아의 김일성〉인 호자는 처음에는 티토와 협력 관계였지만 나중에 그와 결별했고, 스탈린의 충복 노릇을 하면서 1985년에 사망할 때까지 40년 동안 스탈린이나 마오쩌둥, 김일성에 비견될 만한 폭정과 자기 우상화에 열을 올렸다. 그전에도 가난하고 낙후했던 알바니아는 호자의 통치 기간 내내 외부 세계와 단절된 채 북한식 자력갱생에 매달렸다. 알바니아의 시곗바늘은 호자가 죽고 냉전이 끝난 뒤에야 다시 돌아가기 시작했다.

유고슬라비아와 알바니아에서 공산주의자들이 우파를 손쉽게 압도했다면 그리스는 어느 쪽도 쉽사리 굴복하지 않은 채 외세까지 끼어들면서 처절하고 피비린내 나는 내전을 겪어야 했다. 독일군의 그리스 철수가 초읽기였던 1944년 9월 26일, 이탈리아 남부 카세르타Caserta에서 영국의 중재 아래 그리스 좌우파 대표들이 한자리에 모여 런던 망명 정부를 정통 정부로 인정할 것과 영국 중동군 참모장 로널드 스코비 Ronald Scobie 중장의 지휘를 받을 것, 내전 중지, 무장 해제, 연립 정부의 구성에 합의했다. 한 달도 되지 않아 독일군이 물러나고 망명 정부가 귀환하면서 그리스의 전쟁은 끝났다. 괴뢰 정부 수장 촐라코글루를 비롯한 반역자들은 모조리 체포되어 처형되거나 감옥에서 죽었다. 드디어 평화의 시대가 열리는 것처럼 보였다.

하지만 불신은 너무나 컸고 권력은 나누어 가질 수 있는 것이 아니었다. 특히 우파 정권 시절 혹독한 탄압을 받았던 공산주의자들에게 무력은 자신들을 보호하는 원천이자 권력의 기반이었기에 모처럼 손에 넣은 것을 순순히 내놓을 리 없었다. 그리스 대부분은 공산 게릴라들이 장악하고 있었다. 수적으로도 5만 명에 달하여 고작 1만 명에 불과한 우파 정부군보다 월등히 우세했다. 한번 붙어 볼 만하다고 여기는 것도 당연했다. 저항군의 영웅이자 온건파였던 시안토스는 전쟁이 끝난 뒤 복귀한 자카리아디스에게 권력 투쟁에서 패배하여 모든 영향력을 잃었고 2년 뒤 심장 마비로 사망했다. 12월 1일 총리 요르요스 파판드레우Georgios Papandreou와 스코비 장군이 모든 게릴라 군대를 향해 열흘 내 해산할 것을 명령했다. 결과는 내전 폭발이었다. 전쟁이 시작되자마자 공산군은 아테네 대부분을 장악하고 우파 정부군을 궁지로 몰았다.

물론 처칠은 그리스의 운명을 그리스인들에게 맡겨 놓을 생각이 없었다. 그는 직접 개입을 결정하고 이탈리아에서 병력을 대거 증파했다. 1944년 말에 8만 명으로 늘어난 영국군은 공산 게릴라들을 아테네 주변에서 몰아내는 한편, 사기가 형편없고 오합지졸에 불과한 우파 정부군을 다시 훈련했다. 종전 한 달을 남기고 친소 유화주의를 이끌던 루스벨트가 서거하자 소련과의 전시 동맹 또한 사실상 끝장났다. 1946년 3월 5일, 처칠은 미국 웨스트민스터 대학교에서 행한 〈철의 장막Iron Curtain〉 연설에서 소련이 서방을 배제한 채 동유럽을 자신의 세력권으로 삼는다고 비난을 퍼부었지만, 소련을 배제하고 장막을 친 것은 서방도 마찬가지였다. 서로의 묵인 아래 세력권 굳히기가 시작되었다. 서방은 그리스 내전을 마치 서방 세계 전체의 운명을 건 성전으로 여겼고, 스탈린은 폴란드와 헝가리를 장악하되 그리스에서는 손을 뗐다.

공산 게릴라들은 종주국인 소련의 버림을 받았음에도 산악 지대를 근거지로 삼아 격렬하게 저항했다. 영국이 갈수록 불어나는 전비를 감당하지 못하자 미국이 대신 나섰다. 1947년 3월 12일, 트루먼 대통령은 소련의 위협에서 자유세계를 지킨다는 명목으로 그리스, 튀르키예에 대한 4억 달러의 대규모 군사 원조를 결정했다. 미국이 소련의 세력권을 건드리지는 않겠지만 반대로 소련 역시 미국의 세력권을 넘보지 말라는 의미였다. 그리스는 그런 미국의 의지를 보여 주기 위한 첫 번째

1944년 10월 12일, 파르테논 신전에서 기나긴 독일군의 지배가 끝났음을 축하하는 그리스인들. 하지만 그 뒤에 기다리는 것은 평화와 안정이 아니라 왕당파와 공산주의자의 내전이라는 더 큰 시련이었다.

1944년 12월 18일, 아테네 시가지에서 미제 셔먼 전차를 앞세우고 공산군 건물을 소탕하는 영국군 병사들. 그리스 내전은 지구 반대편 중국에서 벌어지던 국공 내전의 축소판이었지만 결과는 정반대였다. 그리스 우파 정부가 장제스 정권보다 더 유능해서라기보다 그리스 공산당이 더 무능했고 무엇보다도 미국의 전략에서 그리스가 중국보다 더 중요하다고 여긴 트루먼 행정부가 그리스 우파를 확실히 밀어 준 덕분이었다. 하지만 중국의 상실은 한국 전쟁과 베트남 전쟁으로 이어지면서 미국으로서는 훨씬 큰 대가를 치르게 된다.

시험대가 되었다. 250명에 달하는 미군 고문단이 그리스로 파견되어 우파 정부군의 작전을 지휘했다. 고문단장은 패튼 휘하에서 용맹을 떨쳤으며 몇 년 뒤 한국 전쟁에서 미 제8군을 지휘하게 되는 제임스 밴 플리트James Van Fleet 소장이었다.

승리만이 전부였던 그의 유일한 원칙은 〈좋은 공산주의자는 죽은 공산주의자〉였다. 그보다 복잡한 차원은 그의 머리로 이해할 수 없을 뿐더러 이해할 생각도 없었다. 밴 플리트의 지휘 아래 우파 정부군은 대대적인 토벌과 함께 게릴라들을 고립시킬 요량으로 마을 주민들을 강제 이주시키고 협력 용의자들을 집단 처형하거나 마구잡이로 체포했다. 나치의 행태를 자국민에게 되풀이한 격이었다. 1949년 1월에는 무솔리니를 상대로 승리한 전쟁 영웅 파파고스 장군이 정부군 총사령관을 맡았다. 독일에 항복한 뒤 강제 수용소에서 기나긴 시간을 보냈던 그는 전쟁 말기 미군에 의해 풀려난 후 한동안 군을 떠났고 뒤늦게 복직하여 공산군 토벌의 지휘봉을 들었다. 군의 원로인 파파고스의 등장은 그동안 중구난방이었던 정부군의 작전과 지휘 계통을 비로소 하나로 묶었고 미군의 지원 아래 내전에 종지부를 찍기 위한 본격적인 공세에 나섰다.

게다가 공산당 지도부의 가장 큰 실수는 게릴라 전술을 포기하고 재래식 참호전을 선택했다는 점이었다. 미국의 막대한 원조를 받는 우파 정부군을 상대로 참호전을 벌이는 건 자살행위였다. 1949년 7월에는 유일한 후원자였던 티토마저 등을 돌렸다. 스탈린과의 관계가 나빠지면서 굳이 서방과 대립각을 세울 이유가 없는 데다 그리스 공산당 수장 자카리아디스가 스탈린의 열렬한 추종자였기 때문이었다. 자카리아디스는 스탈린과 티토가 대립하자 총사령관인 마르코스 바페이아디스Markos Vafeiadis를 비롯한 친티토파 간부들을 대거 숙청하여 상황을 더욱 악화시켰다.

자카리아디스는 마오쩌둥이나 호찌민, 티토에 비해 그릇이 훨씬 보잘것없으면서 군사적으로는 무지했다. 그리스 공산당에는 불행이었지만 우파에는 행운이었다. 정부군의 토벌에 쫓겨 파멸에 내몰린 그는 8월 29일 얼마 안 되는 잔여 병력을 이끌고 알바니아로 후퇴했다가 이후 소련으로 망명했다. 10월 16일, 남은 공산군은 항복했다. 소련에서 패배자들을 기다리는 운명도 밝지는 않았다. 자카리아디스는 시베리아로 추방되어 비참한 유형 생활을 보내다 1973년에 자살했다. 4년에 걸친 그리스 내전은 우파의 승리로 끝났지만, 결코 지울 수 없는 상처를 남겼다. 그리스 전역이 폐허가 되었고 10만 명 이상이 사망했다. 총성이 멈추었지만, 안정은 오지 않았다. 정치는 불안정했다. 문민정부의 무능함을 핑계로 미국의 묵인 아래 소장파 장교들이 쿠데타를 일으켜 권력을 장악하고 무자비한 백색 테러를 자행했다. 서구 민주주의의 요람이라는 말이 무색하게 말이다. 악몽은 1974년 군부 독재가 종식되면서 비로소 끝났다.

게다가 그리스 내전은 아무 상관도 없는 지구 반대편 세상에까지 불똥을 튀겼다. 남한이었다. 일본의 지배에서 벗어난 직후에만 해도 미군을 해방군이라며 환영했던 남한은 미군정의 무능함과 트루먼 행정부의 일본 우선 방침으로 경제가 마비되면서 극심한 물자 부족과 식량난에 허덕였다. 1년도 되지 않아 남한 전역에서 분노 가득한 민중의 반미 시위가 연달아 벌어졌다. 당황한 미군정은 불만의 원인을 자신들이 뭘 잘못해서가 아니라 소련의 조종을 받는 공산주의자들의 선동 탓으로 돌렸다. 이들이 보기에 남한은 제2의 그리스였다. 미국의 권위에 도전한 대가를 보여 줄 본보기가 필요했다. 한반도 남쪽 외딴섬인 제주도였다.

1948년 4월 3일, 제주도 남로당원들이 경찰서를 습격했다. 반란을 일으킨 공산주의자들은 한 줌에 불과했지만, 미군정은 30만 명에 달하는 제주도민 전체를 〈적화의 동조자〉로 규정했다. 반란이 일어난 섬에 산다는 것 자체가 죄악이라는 논리였다. 미군의 지휘 아래 그리스에서 써먹었던 방식이 고스란히 되풀이되었다. 제주도가 그리스와 어떻게 다른지는 중요하지 않았다. 제주도는 남한의 〈킬링 필드〉가 되어 광기의 피바다가 섬 전체를 휩쓸었다. 섬 인구의 1/10에 달하는 3만 명이 희생되었다. 영광스러워야 마땅할 대한민국 정부 수립을 4개월 앞두고 벌어진 이 사건은 우리 현대사의 오점으로 남았다. 따지고 보면 무솔리니의 헛된 욕심에서 비롯된 일이 돌고 돌아서 머나먼 극동에 있는 우리에게까지 여파가 미쳤으니 이런 것이 〈브라질에서 나비가 날갯짓하면 미국에서는 폭풍이 불어닥치더라〉는 역사의 나비 효과가 아닐까 싶다.

6장

동유럽의 파편들

- 오스트리아, 체코슬로바키아, 폴란드, 헝가리, 루마니아, 불가리아

헝가리, 갈가리 찢기다

〈커다란 태피스트리에 그려진 마리 드 메디시스*가 쓴웃음을 지으며 내려다보는 방 안에서 오스트리아-헝가리 제국의 운명은 결정되었다. 그들은 트란실바니아에서 시작했다. 앙드레 타르디외André Tardieu**와 로버트 랜싱Robert Lansing*** 사이에서 마치 테니스공을 주고받듯 거친 언사가 몇 마디 오간 뒤 헝가리는 남부를 잃었다. 그다음은 체코슬로바키아였다. 열린 창문 사이로 파리들이 드나드는 동안 헝가리는 북부와 동부를 잃었다. 그러고 나서 유고슬라비아 국경이었다. 위원회의 보고서는 수정 없이 채택되었다. 그런 다음 차와 마카롱이 나왔다.〉

1920년 5월 8일, 서른네 살의 영국 외교부 직원이자 파리 강화 회의 영국 대표단 일원이었던 해럴드 니콜슨 경Sir Harold George Nicolson은 테이블 위에서 강대국들에 의해 한 나라의 운명이 어떻게 찢겨 나가는지를 이렇게 묘사했다. 몇 년 뒤 나치당의 수령이 된 히틀러는 베르사유 체제의 가혹함을 들먹이면서 패전 이후 극심한 생활고에 허덕이는 독일인들의 불만을 선동했지만 정말로 가혹했던 쪽은 독일이 아니라 그의 조국인 오스트리아였다. 승전국들이 보기에 오스트리아는 약소국

---

* Marie de Medicis. 17세기 프랑스 국왕인 앙리 4세의 왕후이자 루이13세의 모후이다.
** 파리강화회담 프랑스 대표.
*** 파리강화회담 미국 대표.

세르비아를 상대로 벌인 소란 때문에 유럽 전체를 전쟁의 불길에 몰아넣은 원흉이었다. 일벌백계를 받아야 마땅했다. 한 세기 전 유럽의 당당한 주도국 중 하나였고, 2년 전만 해도 인구 5,000만 명에 러시아 다음으로 거대했던 제국은 조각조각 해체되어 인구 650만 명, 면적 8만 4,000km²라는 그리스보다도 변변찮은 삼류 약소국으로 전락했다.

더 억울한 쪽은 헝가리였다. 6월 4일 루이 14세가 애첩인 망테농 후작 부인Madame de Maintenon을 위해 세웠다는 베르사유 별궁 중 하나인 그랑 트리아농Grand Trianon 궁전에서 트리아농 조약이 체결되었다. 헝가리 남동부 트란실바니아 10만 km²는 10세기 때부터 무려 1,000년 동안 헝가리가 통치했으나, 주민의 절반 이상이 루마니아어를 쓴다는 이유로 루마니아에 주어졌다. 그러나 루마니아계 주민이 280만 명에 달한다고 해도 헝가리계 주민 또한 165만 명에 달한다는 사실은 무시되었다. 슬로바키아와 카르파티아 루테니아Carpathian Ruthenia 6만 2,000km²는 체코슬로바키아의 몫이었다. 크로아티아, 슬로베니아를 비롯한 남서쪽의 영토 6만 3,000km²는 유고슬라비아에 편입되었다. 심지어 서쪽의 부르겐란트Burgenland 3,680km²는 전체 주민의 2/3가 독일계라는 이유로 같은 패전국이자 오랜 종주국이었던 오스트리아에 넘어갔다.

전쟁 이전 오스트리아 제국의 일원으로서 인구 2,000만 명, 면적 32만 km²에 달했던 헝가리 왕국은 영토 70퍼센트, 인구 64퍼센트, 산업 73퍼센트, 철도 62퍼센트, 철광석 83퍼센트를 빼앗기고 인구 760만 명, 면적 9만 3,079km²의 약소국으로 쪼그라들었다. 나머지 330만 명의 헝가리인들은 얼마 전까지 자신들이 지배하던 땅에서 소수 민족으로 전락했다. 그중 수십만 명이 보복을 피해 난민으로 헝가리에 쏟아져 들어오면서 혼란에 한층 도를 더했다. 더 큰 문제는 제국의 해체와 함께 독립한 나라들이 사이좋게 협력하는 대신 증오심을 드러내며 서로를 단절했다는 사실이었다.

합스부르크 제국이 남긴 근대 산업 대부분을 차지한 체코슬로바키아는 단숨에 중부 유럽 제일의 공업 대국으로 발돋움했다. 헝가리에 남은 것은 수도 부다페스트를 제외하고는 가난하고 낙후한 농촌이었다. 제국 시절의 자유 시장은 사라졌고 농산물에는 높은 관세가 부과되었다. 패전의 충격에다 경제적 장벽으로 유통이 막히면서 경제는 마비되고 실업자가 늘어났으며 물가는 폭등하고 재정은 파산 지경이었다. 1년 전 루마니아와의 싸움에서 참패하여 부다페스트가 함락되고 대량의 산업 설비, 철도와 차량 절반, 가축 30퍼센트, 수레 3만 5,000대분의 식량과 사료를 약탈당한 것은 사정을 더욱 악화시켰다. 경제적 어려움은 정치적 혼란으로 이어졌다. 1918년 10월 28일, 〈아스터 혁명Aster Revolution〉을 일으켜 2세기에 걸친 오스트리아의 압제에서 벗어났다고 여긴 헝가리인들로서는 같은 합스부르크 제국의 일원이었던 체코슬로바키아는 물론이고 가장 큰 원죄가 있는 독일과 비교해도 형평성이 맞지 않다며 분노를 터뜨렸다.

그러나 연합국이 보기에 헝가리는 피해자는커녕 독일, 오스트리아와 한패거리였다. 헝가리인들은 60여 년 전 프로이센과의 전쟁에서 참패한 오스트리아를 상대로 독립 투쟁 대신 황제 프란츠 요제프 1세와 타협하여 오스트리아-헝가리 연합 왕국을 세웠다. 피지배자에서 지배자의 일원이 된 이들은 제국 내 다른 소수 민족들을 탄압하여 원성을 샀다. 헝가리는 압제자였다. 프랑스 전시 총리로 연합국을 승리로 이끈 클레망소는 1920년 1월 7일 파리 강화 회의에 참석한 헝가리 대표단을 향해 협상은 없다면서 매몰차게 선을 그었다. 헝가리 대표단이 자기들의 죄는 황제의 명령에 따라 용감하게 싸운 게 전부라고 항변했지만, 씨알도 먹히지 않았다.

황제의 조언자였으며 헝가리 대표단을 이끄는 아포니 알베르트

부다페스트를 순찰 중인 루마니아군. 1년 전 동맹군의 공세 앞에 무릎 꿇었던 루마니아는 연합군이 승리하고 헝가리에서 공산 혁명이 일어나자 프랑스의 지원을 받아 주변국들과 함께 침공했다. 루마니아군은 헝가리 볼셰비키 군대를 격파하고 1919년 8월 3일 부다페스트를 점령하여 소비에트 정권을 무너뜨렸지만, 영국의 압박으로 다음 해 2월 25일 철수했다. 물론 빈손으로 떠난 것이 아니라 점령 지역에서 영혼까지 탈탈 털어 갔다.

Apponyi Albert 백작은 1월 16일 연설에서 헝가리가 어느 패전국보다도 가혹한 처벌을 받고 있으며 연합국의 요구는 국가적 자살을 강요하는 것이라고 주장했다. 그는 윌슨 대통령의 민족 자결 원칙을 내세워 민주적인 투표를 통해 헝가리인들이 직접 선택할 수 있는 권리를 호소했지만, 돌아온 것은 면박이었다. 프랑스 대표단은 1914년 사라예보 사건이 일어났을 때 그가 헝가리 의회에서 〈드디어 때가 왔다!〉라며 앞장서서 전쟁을 지지하고 세르비아의 영토를 탐내어 오명을 남겼음을 지적했다. 뒤늦게 와서 〈피해자 코스프레〉는 어불성설이라는 얘기였다. 헝가리가 아포니를 파리로 보낸 것부터 실수였다. 그는 헝가리인들 사이에서는 존경받았지만, 연합국에는 거만한 헝가리 우월주의자라면서 기피 대상이었기 때문이었다. 관용과 동정의 목소리는 없었다. 그동안 헝가리가 오스트리아의 위세만 믿고 얼마나 거드름을 부려 연합국의 인심을 잃었는지 보여 주는 셈이었다.

연합국으로서는 인과응보였지만 인간은 자기가 남에게 당한 것만 기억하는 법이고, 헝가리는 자성 대신 복수심에 불탔다. 노쇠한 오스트리아와 달리, 지난 30여 년 동안 유럽에서 가장 역동적인 세계 중 하나였던 이 마자르족의 나라는 이대로 주저앉기에는 에너지가 지나치게 충만했다. 전쟁 때의 고통과 60만 명 이상이 전사했다는 기억 따위는 금방 사라졌다. 트리아농 조약이 체결되었을 때 헝가리인들이 애도한 쪽은 전쟁에서 희생된 자국 젊은이들이 아니라 패전으로 찢겨 나간 자존심이었다. 헝가리 의회는 〈성 이슈트반 왕관Holy Crown of St. István*의 나라〉가 왕국의 영토를 완전히 되찾을 때까지 모든 공공 기관이 조기를 게양할 것을 결정했다. 학교에서는 여전히 구왕국 시절의 지도로 지리를 가르쳤고 아이들은 하루에 두 번씩 〈나는 헝가리의 부활이 하나님의 영원한 진리임을 믿는다〉라고 외쳐야 했다. 헝가리인들에게 트리아농 조약

* 헝가리 창업 군주였던 성 이슈트반 1세의 왕관을 말하며 국권의 상징한다.

은 승자들의 부당한 횡포였고, 절치부심하여 언제고 반드시 바로잡아야 할 숙제였다. 분노의 화살은 엉뚱하게도 애꿎은 유대인에게 향했다. 패전이 공산주의자들과 결탁하여 외세에 나라를 팔아먹은 유대인들 탓이라면서 온갖 차별과 학대가 쏟아졌다.

오스트리아와 헝가리가 응당한 대가를 치르면서 그 자리에는 몇 개의 새로운 나라들이 탄생했다. 그것은 정의 실현이나 문제 해결이 아니라 새로운 분쟁의 불씨를 뿌린 격이었다. 말만 민족 자결주의일 뿐, 어느 땅이 누구에게 속할지는 그곳에 사는 사람들이 아니라 전적으로 승자들의 밀실 야합에 따라 결정되었기 때문이었다. 전쟁에서 연합국과 동맹국 중 줄을 어디로 대었느냐에 따라 나라마다 운명이 엇갈렸다. 오스만 제국은 오스트리아-헝가리처럼 해체되어 광대한 영토를 잃은 것은 물론, 한 세기 전만 해도 자신들이 머슴으로 부렸던 그리스인들에게 정복당할 처지가 되었다. 오스만 제국의 본토인 아나톨리아Anatolia를 침공한 그리스군은 한때 중심부인 앙카라까지 밀고 들어왔지만, 갈리폴리의 영웅 무스타파 케말 장군이 총사령관을 맡아 침략군을 간신히 몰아냈다. 그는 술탄을 폐위하고 공화국을 세웠다. 오스만 제국은 원래 유럽 전쟁에 끼어들 생각이 없었음에도 때마침 영국에서 구매한 2척의 드레드노트 전함을 해군 장관 처칠이 멋대로 강탈한 것에 분노하여 독일 편에 서게 되었다는 점에서 이런 처벌은 억울하기 이를 데 없었을 것이다. 또 다른 패전국인 불가리아 역시 서부 트라키아를 비롯한 1만 1,000km²의 영토를 그리스와 유고슬라비아에 넘겨야 했다.

최대 수혜자는 루마니아와 유고슬라비아였다. 발칸의 소국이지만 자신보다 10배나 큰 오스트리아를 상대로 경이로운 투쟁을 보여 주었던 세르비아는 독일, 불가리아, 오스트리아의 삼면 공격으로 패퇴하면서도 굴복을 거부하고 국왕 페타르 1세의 영도 아래 알바니아를 거쳐 그리스로 후퇴한 뒤 끝까지 항전했다. 1918년 9월 15일, 그리스 북부에서 세르비아군은 연합군과 함께 바르다르 공세Vardar offensive에 나서 불가리아군의 방어선을 무너뜨렸다. 9월 29일, 불가리아는 항복했다. 이미 흔들리고 있던 동맹국 진영에는 결정타였다. 독일 황제 빌헬름 2세는 〈치욕스럽다! 고작 6만 2,000명의 세르비아인들이 전쟁의 운명을 결정하다니!〉라고 한탄했다. 그 뒤 한 달 보름도 되지 않아 전쟁이 끝났다는 점에서 제1차 세계 대전은 세르비아로 인해 시작하여 세르비아가 끝낸 셈이었다. 전쟁의 발단이었던 사라예보를 비롯한 오스트리아 제국 남부 전체가 세르비아에 주어졌다. 1914년 당시 영토 8만 7,780km², 인구 460만 명의 내륙국이었던 세르비아는 크로아티아와 슬로베니아, 몬테네그로를 병합하고 아드리아 연해까지 손에 넣어 영토 24만 7,542km², 인구 1,200만 명이라는, 발칸에서 루마니아 다음의 대국이 되었다. 새로운 나라의 이름은 유고슬라비아였다. 세르비아어로 〈남슬라브인의 땅〉이라는 뜻이었다.

세르비아와는 정반대로 남의 승리에 운 좋게 숟가락을 얹은 쪽은 루마니아였다. 독일 호엔촐레른 왕가의 일원이었던 루마니아는 전쟁이 시작되자 중립을 지키면서 어느 편에 설지를 놓고 부지런히 저울질했다. 뒤늦게 헝가리령 트란실바니아의 할양과 대규모 군사 원조를 약속받자 냉큼 연합국 진영에 붙어 1916년 8월 17일 동맹국에 선전 포고했다. 하지만 결과는 참담했다. 전쟁 준비가 거의 되어 있지 않았던 루마니아군은 오스트리아는 물론이고 독일, 불가리아, 오스만 군대에 포위 공격받아 단숨에 분쇄되었다. 12월 6일에는 수도 부쿠레슈티가 함락되었다.

전쟁 이전 영국군 군사 고문으로 루마니아군의 훈련을 감독했던 크리스토퍼 톰슨Christopher Thomson 중령이 루마니아가 연합국에 도움이 아니라 짐짝이 될 것이라던 예언은 맞아떨어졌다. 정치인들이 한 귀로 흘린 덕분에 그는 루마니아 유전이 독일 손에 넘어가지 않도록 폭파하는 반갑지 않은 일까지 수행해야 했다. 연합군은 루마니아의 붕괴를 막기 위해 막대한 물자를 지원했지만, 러시아마저 혁명으로 나가떨어지자 사기가 땅에 떨어지고 궁지에 내몰리면서 1918년 5월 7일 부쿠레슈티 조약Treaty of Bucharest을 맺고 항복했다. 루마니아는 제1차 세계 대전 중 연합국을 통틀어 유일하게 패망한 나라라는 망신을 당했다. 그들로서는 다행스럽게도 반년 뒤 전쟁은 연합국의 승리로 끝났다. 치욕은 없었던 일이 되었고 막대한 보상도 받았다. 루마니아는 헝가리로부터 트란실바니아와 부코비나를 뜯어냈다. 러시아의 혼란을 이용해 베사라비아*도 집어삼켰다. 면적은 13만 7,903km²에서 29만 5,049km²로, 인구는 790만 명에서 2000만 명으로 늘어났다. 꿈에 그리던 〈대루마니아Greater Romania〉의 실현이었다.

신생 독립국이었던 체코슬로바키아와 폴란드 역시 독립 과정에서 영토를 조금이라도 더 차지하기 위해 혈안이 되었다. 〈영토의 크기와 인구가 국력의 척도〉라는 전근대 시절의 케케묵은 사고에 갇혀 있던 위정자들이야 넓어진 국토에 잠시 행복감에 취했을지 몰라도 환상은 금방 깨졌다. 그것은 독이 든 성배이자 시한폭탄이었다. 무주공산의 황무지가 아니라 서로 언어도 다르고 문화와 정서도 다르며 어떤 동질감도 찾을 수 없는 불만 가득한 사람들이 뒤섞여 사는 땅이었다. 국경은 승자들의 사정에 따라 멋대로 그어졌고 당사자들에게는 어떤 선택의 여지도 주어지지 않았다. 연합국의 고민거리는 동유럽 신생 국가들을 독일, 소련을 감시하는 경비견으로 어떻게 써먹을까이지, 그곳 주민들의 권리가 아니었기 때문이었다. 고만고만한 소국이 난립하는 쪽보다는 제법 덩치 있는 몇 개의 나라로 재편해야 쓸모 있다는 이유에서였다.

덕분에 윌슨 대통령이 제창한 민족 자결주의에 따라 극소수만 자

---

* 지금의 몰도바를 말한다.

신들의 나라를 실현하는 행운을 누렸다. 슬로바키아인, 우크라이나인, 크로아티아인 등 나머지는 2등 국민으로 여전히 억압당해야 했다. 또한 주종의 관계가 역전되면서 어제의 압제자가 오늘은 지배받는 신세가 되었다. 남부 티롤South Tyrol*은 중세 시절부터 오스트리아 영토였고 독일어를 쓰는 주민이 절대다수임에도 이탈리아에 전리품으로 주어졌다. 한 세기가 지난 지금까지도 오스트리아 귀속을 놓고 뜨거운 감자로 남아 있다. 자치나 분리를 요구하는 목소리는 엄중하게 탄압당했다. 1918년 11월 2일, 헝가리 남부에서는 일부 소수 민족들이 독립을 선언하고 바나트 공화국Banat Republic을 세웠지만 3개월 만에 세르비아 군대에 진압당하여 유고슬라비아 일부가 되었다. 1919년 3월 4일에는 주데텐란트 카단Kadaň이라는 작은 마을에서 체코슬로바키아의 지배를 거부하는 독일계 주민들을 향해 체코군이 무차별 발포하여 8명의 어린아이를 포함하여 25명이 죽고 수십 명이 다치는 참사가 벌어지기도 했다. 동유럽의 탄생은 민족 자결은커녕 유혈과 탄압, 강대국들의 야합이 만들어 낸 결과물이었다.

프린스턴 대학교 정치학 교수 출신으로 전형적인 책상물림 학자였던 우드로 윌슨은 유럽의 식민주의에 대한 반감에서 자신의 고상한 신념을 내걸었을 뿐, 막연한 이상 이외에 현지 상황이 얼마나 복잡한지도 몰랐고 관심도 없었다. 하물며 다른 연합국을 설득할 구체적인 방안이나 의지도 없었다. 정작 자신은 남부 출신답게 철저한 인종 차별주의자였고 노예를 해방한 링컨에 비판적이었으며 임기 동안 카리브해의 나라들을 보호국으로 삼아 지배하는 등 미국 백인 사회의 위선적인 모습을 보여 주었다. 백인과 동등한 권리를 요구하는 흑인들을 향해서는 자신의 민족 자결주의가 미국 내 비백인 인종들에게는 해당되지 않는다면서 일축했다. 이 때문에 2020년 프린스턴 대학교는 오랜 논란 끝에

* 지금의 이탈리아 볼차노Bolzano를 말한다.

대학 내에서 그의 이름을 모두 지우기로 했다. 윌슨은 속 빈 강정이나 다름없는 말 몇 마디로 세계 평화에 이바지했다며 1919년에 노벨 평화상까지 수상했지만, 그의 우유부단한 태도는 동맹국들의 불신을 샀을 뿐이었다. 게다가 독립의 기대감으로 고무되었던 아시아와 아프리카 식민지 주민들은 크게 실망하고 더 큰 분노로 이어지면서 곳곳에서 폭동과 유혈 사태가 벌어졌다. 결과적으로 세상에 해만 끼친 꼴이었다.

부다페스트에서는 패전의 혼란을 기회 삼아 쿤 벨러Kun Béla가 이끄는 헝가리 공산당이 혁명을 일으켜 1919년 3월 2일 소비에트 정권을 수립했다. 루마니아는 체코슬로바키아, 유고슬라비아와 함께 삼면에서 헝가리를 침공했다. 쿤은 국민을 향해 침략자를 물리칠 것과 잃어버린 영토의 회복을 외치면서 노동자들과 구왕국군 출신 병사들을 규합하여 볼세비키 군대를 조직하고 반격에 나섰다. 헝가리 공산군은 한때 슬로바키아 대부분을 점령했지만, 연합국의 개입으로 물러나야 했다. 군대의 사기는 땅에 떨어진 데다 1년 전의 굴욕을 되갚겠다며 악에 받친 루마니아군에 역전패당했다. 수도는 함락되고 소비에트 정권은 무너졌다. 쿤은 소련으로 달아났다. 1920년 2월, 평화 협정 체결로 루마니아군이 철수한 뒤 헝가리 의회는 다른 패전국이나 체코슬로바키아, 폴란드처럼 공화정을 선택하는 대신 군주제의 부활을 선언했다.

헝가리의 아이러니한 점은 왕국이지만 왕이 없다는 사실이었다. 물론 왕관의 주인은 있었다. 오스트리아 제국의 마지막 황제였던 카를 1세였다. 프란츠 요제프 황제의 종손자이자 사라예보에서 암살당한 프란츠 페르디난트의 조카이기도 한 그는 헝가리 국왕 카로이 4세Károly IV 이기도 했다. 오스트리아가 항복했을 때 카를 1세는 제위에서 물러나기를 거부했다. 하지만 새로이 탄생한 오스트리아는 독일과 마찬가지로 군주제 대신 공화정을 선언했다. 황제를 포함한 모든 황실 일가와 귀족들은 외국으로 추방되었고 귀국을 금지당했다. 만약 돌아오겠다면 어떤 특권도 없는 평민의 신분으로만 가능했다. 카를 1세는 이를 거부하고 스위스로 망명했다. 재산도 몰수당하여 빈털터리나 다름없었다. 이 와중에 헝가리에서 군주제를 부활했다는 소식은 고무될 일이었다. 그러나 그 자리는 다른 사람이 가로챘다. 오스트리아 제국의 해군 제독이자 전쟁 영웅이었던 호르티 미클로시Vitéz Nagybányai Horthy Miklós 중장이었다.

호르티 제독은 하급 귀족 집안에서 태어났다. 그의 아버지는 헝가리 의회 상원 의원이자 부다페스트 동쪽 120km 떨어진 켄데레시Kenderes에서 약 6km²의 영지를 가진 소영주였다. 그는 열네 살에 아드리아해의 항구 도시 리예카에 있는 왕립 해군 사관 학교에 들어가 해군의 길을 시작했다. 제1차 세계 대전이 일어났을 때는 8,500톤급 전 드레드노트 전함 합스부르크SMS Habsbug의 함장이었다. 1917년 5월 15일, 아드리아해에서 벌어진 오트란토 해협 전투Battle of Strait of Otranto에서 그는 연합군의 해상 봉쇄를 돌파하기 위해 순양함 4척, 구축함 4척, 잠수함 3척으로 구성된 소함대를 이끌고 수적으로 두 배나 우세한 이탈리아-영국-프랑스 연합 함대를 기습하여 자신은 중상을 입으면서도 대승을 거두어 명성을 떨쳤다. 카를 1세는 그를 오스트리아 해군 총사령관으로 임명했다. 그는 전임자들이나 독일 해군 제독들처럼 정면 대결을 회피하고 전력 보존에만 매달리는 대신 열세한 전력으로 용맹하게 싸웠다. 하지만 전쟁이 동맹군의 패배로 끝나면서 결국 연합군에 항복했다.

전쟁이 끝난 뒤 부다페스트가 공산주의자들의 손에 들어가고 우파들은 남부의 소도시 세게드Szeged에서 반혁명 정부를 세우면서 헝가리는 두 쪽으로 쪼개졌다. 호르티는 우파 군대인 헝가리 국민군의 총사령관이 되었다. 병력은 2만 5,000여 명에 달했다. 헝가리판 적백 내전은 러시아와 달리 연합군의 지원을 받은 우파의 승리였다. 볼셰비키 정권이 무너지자 호르티는 국민군을 이끌고 부다페스트에 입성했다. 그의 묵인 아래 무자비한 백색 테러가 자행되었다. 수천 명의 유대인, 소작 농, 노동자 들이 공산주의에 부역했다는 혐의로 살해되었다.

1920년 3월 1일, 헝가리 왕국의 부활이 선언되었다. 하지만 옥좌에 앉을 군주가 없었다. 연합국의 입장이 워낙 강경한 탓이었다. 특히 합스부르크 왕가를 철천지원수로 여겼던 유고슬라비아와 체코슬로바키아는 카를 1세가 돌아오면 전쟁도 불사하겠다는 식이었다. 헝가리 의회는 합스부르크 혈통이 아닌 사람을 섭정Kormányzó으로 뽑아 국왕의 임시 대리자로서 옥좌를 잠시 맡기기로 했다. 1526년 모하치 전투Battle of Mohács에서 폴란드 혈통인 러요시 2세Lajos II가 술레이만 대제Suleiman the Magnificent의 오스만군에 대패하여 전사하면서 왕위가 매형인 페르디난트 1세Ferdinand I에게 넘어간 뒤, 지난 400여 년 동안 헝가리 왕위는 언제나 합스부르크 가문의 차지였다. 물론 예외도 없지 않았다. 15세기 용병 대장 출신의 장군으로 오스만군을 무찔렀던 후녀디 야노시Hunyadi János, 그리고 하급 귀족이었지만 1848년 오스트리아에 맞서 헝가리 독립 전쟁을 일으켰던 코슈트 러요시Kossuth Lajos였다. 하나같이 헝가리의 위대한 영웅들이자 왕관을 쓰기에 충분한 자격을 지닌 인물들이었다.

섭정 후보로 지목된 사람은 두 사람이었다. 호르티와 아포니 백작이었다. 결과는 처음부터 뻔했다. 호르티를 지지하는 국민군 장교들이 의회 건물을 감시하는 가운데 투표가 진행되었기 때문이었다. 예상대로 호르티는 압승을 거두었다. 하지만 놀랍게도 그는 처음에 섭정 자리를 거절했다. 아무 실권도 없는 빛 좋은 개살구에 불과하다는 이유였다. 그렇다고 헝가리인들에게 더 나은 대안도 없었다. 전쟁 영웅이었고 소박하면서 사교적이며 교양을 갖추고 외국어에 능통했다. 귀족답게 궁중 문화에도 익숙한 세련된 인물이었다. 독실한 가톨릭 신도로서 가정생활은 깨끗했고 이렇다 할 가십거리도 없었으며 외모와 풍채도 훌륭했다. 심지어 연합국조차 존경할 정도였다. 의회는 타협에 나섰다. 호르

1919년 11월 16일, 부다페스트에 입성한 호르티. 합스부르크 시절의 헝가리군이 패전과 함께 모두 해산하면서 그가 이끄는 국민군은 신생 헝가리 왕국군으로 재편되었다.

티의 승리였다. 그는 군대 총사령관이자 총리와 내각을 임명하고 법률을 발의할 수 있었으며 의회를 소집하거나 해산할 수 있는 특권까지 부여받았다. 군주가 아니면서도 전제 군주에 맞먹는 절대 권력자가 된 셈이었다.

그렇다고 해도 호르티의 자리가 시한부이며 원주인이 있다는 사실에는 변함이 없었다. 이참에 자신의 정당한 권리를 돌려받기로 결심한 카를 1세는 옛 신하인 호르티에게 은밀히 접근했다. 영국 왕실처럼 군림하되 더는 통치하지 않는 조건으로 복위에 협조해 달라는 것이었다. 호르티는 아직 때가 아니며 자중할 것을 충고했지만 소용없었다. 카를 1세는 말로 해결되지 않자 힘으로 옥좌를 되찾기로 결심했다. 소수의 추종자를 규합하여 반란을 일으켰지만 간단히 진압되었다. 그는 체포되어 왕비와 함께 포르투갈 마데이라Madeira 제도로 추방되었다. 그곳에서 궁핍하게 살다가 폐렴에 걸려 1922년 서른다섯 살의 나이로 한 많은 삶을 마쳤다.

독일 황제 빌헬름 2세가 네덜란드로 망명한 뒤 1941년에 사망하는 순간까지 두 번 다시 고향 땅을 밟지 못했다는 점에서 카를 1세가 성급하게 구는 대신 때를 기다렸다고 한들 합스부르크 제국 부활에 성공했을지는 쉽게 말할 수 없을 것이다. 분명한 점은 호르티의 골칫거리 하나가 해결되었다는 사실이었다. 카를 1세에게는 후계자인 오토Otto가 있었지만 열 살에 불과했다. 호르티는 합스부르크 사람이 옥좌에 앉는 것을 금지하는 법령에 재빨리 서명하여 기왕 차지한 옥좌를 나중에라도 다른 사람에게 내줄 생각이 없음을 분명히 했다. 덧붙여 합스부르크 제국의 마지막 황태자가 된 오토는 성인이 된 후 헝가리의 왕관을 되찾겠답시고 호르티와 다투는 대신 오스트리아의 자유를 위해 나치 저항 운동에 앞장섰다. 오스트리아 하급 공무원의 아들로 원래라면 오토의 신민이었을 히틀러는 옛 황실 사람들을 무자비하게 탄압했다. 오스트리아에서 합스부르크 가문의 영향력을 여전히 무시할 수 없었기 때문이었다. 제2차 세계 대전 중에는 미국으로 건너가 오스트리아-헝가리를 연합한 〈다뉴브 연방〉을 제안하여 처칠의 지지를 얻었으나, 루스벨트와 스탈린의 비협조로 성사되지 못했다. 1961년 왕위 포기를 공식 선언한 그는 5년 뒤 고국으로 돌아왔다. 오토 폰 합스부르크는 20여 년 동안 유럽 의회 의원을 지내면서 냉전 종식을 위해 투쟁했고 2011년 아흔여덟 살의 나이로 사망했다. 가문의 전통에 따라 유체는 오스트리아 빈의 황실 묘지에, 심장은 헝가리 펀논헐머Pannonhalma의 수도원에 묻혀 있다.

카를 1세의 죽음으로 호르티는 왕 없는 왕국의, 군주 아닌 군주가 되었다. 그러나 그가 물려받은 왕국은 장밋빛 앞날과는 거리가 한참 멀었다. 제1차 세계 대전에서의 참패, 루마니아의 점령, 그리고 호르티가 즉위한 지 불과 3개월 뒤에 체결된 트리아농 조약은 이 오랜 역사를 자랑하는 왕국의 자존심을 산산조각 냈다. 체코슬로바키아와 달리 전범국으로 규정된 헝가리는 영토와 인구가 1/3 토막이 났을뿐더러 엄격한 군축을 강요받았다. 징병제는 폐지되었고 상비군은 3만 5,000명으로 제한되었다. 105mm가 넘는 중포의 보유는 금지되었다. 박격포는 140문만 보유할 수 있었다. 독일과 마찬가지로 전차와 폭격기, 대공포 또한 보유할 수 없게 되었고 100여 대의 항공기와 220개의 항공 엔진을 모두 폐기해야 했다. 게다가 바다로 나가는 모든 길이 막히면서 위풍당당했던 제국 시절의 해군은 다뉴브강을 순찰하는 변변찮은 소함대로 전락했다.

1922년 5월 11일, 헝가리 전역은 7개 군구로 나뉘어 각 군구마다 1개 혼성 여단이 배치되었다. 이와 별도로 2개 기병 여단, 3개 공병 대대가 있었다. 하지만 헝가리는 중부 유럽에서 가장 약한 나라였다. 오랜 숙적인 루마니아, 유고슬라비아, 체코슬로바키아는 프랑스를 뒷배로 삼아 〈소협상Little Entente〉을 결성하고 반헝가리 동맹을 맺어 헝가리가 조금이라도 빌미를 제공하면 언제라도 침공할 태세였다. 헝가리는 오합지졸에 무기와 장비도 빈약한 9개 여단만으로 60개 사단이 넘는 세 나라 연합군을 상대해야 할 판국이었다. 총리 베틀렌 이슈트반Bethlen István은 트리아농 조약을 완화하려고 애를 썼지만 실패하여 헝가리인들을 좌절시켰다.

패전의 충격과 베르사유 체제의 제재 탓에 헝가리군의 전력은 형편없었지만 그렇다고 아예 손을 놓고 있지만은 않았다. 독일 바이마르 공화국군이 그랬듯 이들 역시 감시를 피해 다음 전쟁을 준비했다. 항공 우편을 배달한다는 명목으로 제1차 세계 대전 당시 연합군의 전투기였던 이탈리아제 안살도 A.300과 영국제 브리스틀 F.2B 복좌형 복엽기, 독일제 포커 D-VII 등 여러 대의 항공기를 구매했다. 1928년 12월 16일, 헝가리 왕국 공군이 비공식적으로 창설되었다. 다음 해에는 신무기였던 기갑 전력의 확보를 위해 영국 비커스사로부터 크로슬리 M1929The 29M Crossley 장갑차 1대와 비커스 M192929M Vickers 장갑차 2대를 구입했다. 그러나 성능이 기대보다 신통치 않은 데다 숫자도 부족했기에 이탈리아에서 피아트 2F 트럭 12대를 구매한 다음 기관총과 강철 철판을 덧대어 훈련용으로 사용했다. 또한 당시 베스트셀러 전차였던 영국제 카든 로이드 탱켓 4대와 르노 FT-17 경전차의 이탈리아 라이선스판인 피아트 3000 5대, 독일제 LK-Ⅱ 경전차 14대를 도입해 1개 경전차 중대를 편성했다. 중세 시대 유럽 평야를 누비며 용맹을 떨쳤던 마자르족 기병 〈후사르Hussar〉의 부활인 셈이었다.

피아트 3000 경전차(맨 앞줄)와 LK-Ⅱ 경전차(두 번째 줄)를 사열하는 헝가리군 경전차 중대. 제1차 세계 대전 당시 독일은 중전차인 A7V와 경전차인 LK-Ⅱ를 개발했다. LK-Ⅱ는 전쟁 말기인 1918년 6월에 개발되었고 다임러 65마력 엔진을 장착했으며 중량 8.75톤, 전면 장갑 14mm, 최고 속력 18km/h, 57mm 보병포를 탑재하여 연합군의 FT-17 경전차를 모든 면에서 능가했으나 너무 늦게 등장하여 실전에는 투입되지 못했다.

전쟁으로 가는 길

시간이 흐르고 평화가 이어지면서 징벌은 점차 완화되었다. 헝가리는 국제 사회의 고립에서 벗어나기 위해 주변국과의 관계 개선에 나서는 한편, 1922년 9월 18일 국제 연맹에 가입했다. 패전국 중에서는 오스트리아, 불가리아 다음이었고 독일보다 4년 먼저였다. 트리아농 조약은 독일과 마찬가지로 헝가리에도 거액의 배상금 지불을 규정했지만 어려운 재정 형편을 고려하여 흐지부지되었다.

1925년 10월에는 견원지간인 그리스와 불가리아가 맞붙는 일이 벌어졌다. 〈페트리치 사건Incident at Petrich〉 또는 〈유기견 전쟁War of the Stray Dog〉이다. 그리스군 소유 군견 한 마리가 멋대로 국경을 넘자 그리스 병사가 이를 쫓아왔는데 불가리아군이 개와 함께 병사를 사살했다. 그리스군은 이를 꼬투리 잡아 무력 침공했다. 뇌이쉬르센 조약Treaty of Neuilly-sur-Seine에 따라 상비군이 2만 명으로 묶인 불가리아로서는 상대가 될 리 없었다. 하지만 그리스는 제1차 세계 대전의 승전국 지위만 믿고 주변 패전국들에 행패를 부리면서 국제 사회에서 발칸의 〈깡패 국가〉로 낙인찍힌 신세였다. 그리스군은 산악 지대에서 불가리아군의 저항으로 발목이 잡힌 데다 국제 연맹의 압박으로 열흘 만에 물러나야 했다. 게다가 적지 않은 배상금까지 내놓는 망신만 당했다. 1927년 패전국들의 무장 해제를 위한 연합국 통제위원회the allied control commission가 해산했다. 독일은 2월 28일, 헝가리는 3월 31일, 불가리아는 6월 1일 연합국 감시에서 자유의 몸이 되었다. 4월 5일에는 연합국의 한 축인 이탈리아와 우호 조약을 맺었다. 전후 황금기가 열리면서 경제 사정도 조금씩 나아지는 것처럼 보였다.

그러나 평화와 안정의 시간은 길지 않았다. 1929년 10월 24일, 〈검은 목요일〉에서 시작된 미국발 대공황의 광풍이 전 세계를 휩쓸었다. 1931년 9월 18일 극동에서 일어난 만주 사변, 뒤이어 벌어진 상하이 사변의 폭발은 국가 간 갈등을 대화로 해결하여 전쟁 없는 세상을 만들겠다던 베르사유 체제의 한계를 드러냈다. 국제 연맹은 허수아비였고 세계 질서의 수호자를 자처하던 영국과 프랑스는 더 이상 국제 분쟁을 해결할 능력이 없었다. 이 틈을 타서 유럽 각국에서는 반공과 질서를 명목으로 전체주의 세력이 의회 민주주의를 누르고 권력을 잡았다.

대표적인 인물이 히틀러였다. 오스트리아 출신의 외국인이면서도 위대한 게르만족의 부활을 내걸어 독일 국민을 사로잡은 그는 기껏해야 반년도 못 버틸 거라는 주변 예상을 뒤엎고 총리로 임명된 지 불과한 달 만에 독일에서 민주주의 실험을 완전히 끝장냈다. 변변한 배경도, 내세울 경력도 없다는 이유로 〈보헤미아 상병Böhmischer Gefreiter〉이라고 부르면서 깔보던 사람들로서는 한 방 먹은 격이었다. 사실 히틀러는 보헤미아(체코)가 아니라 오스트리아 출신이었지만 말이다. 집권 3년 차인 1935년 3월 16일에는 독일의 재무장을 전격 선언하여 베르사유 체제에 정면 도전했다. 패전국이라는 멍에에서 벗어나 연합국이 정한 제약에 얽매이지 않겠다는 것이었다.

하지만 히틀러보다도 한발 먼저 재무장에 나선 쪽은 헝가리였다. 세계 대공황은 부유한 산업 국가보다 헝가리처럼 가난한 농업 국가에 더욱 고통스러웠다. 수출길이 막히면서 농산물 가격이 절반 이하로 폭락했기 때문이었다. 공장과 농장들 태반이 문을 닫거나 경영난에 허덕이면서 노동자들의 급여 또한 절반으로 줄어들었고 실업률은 폭등했다. 극심한 생활고로 국민의 불만이 고조되는 가운데 호르티는 1932년 10월 6일 국방부 장관이자 극우주의자인 굄뵈시 줄러Gömbös Gyula를 신임 총리에 임명했다. 에너지 충만하고 야심만만한 성격의 그는 취임 직후인 10월 24일 군부에 재무장 계획을 지시했다. 〈엘뢰드 계획Elöd Plan〉은 6년 동안 헝가리의 군사력을 21개 보병 사단으로 확장하고 무기와 장비를 현대화한다는 내용이었다.

괴뵈시의 롤 모델은 이탈리아의 파시스트 수령인 무솔리니였다. 무솔리니의 주가가 한창 오를 때였다. 그는 현란한 말솜씨로 대중을 일사불란하게 움직이면서 거창한 목표 아래 전방위적인 국가 개혁 프로그램을 주도했다. 나중에 죄다 실속 없고 빛 좋은 개살구였음이 드러나게 되지만 적어도 당시에는 많은 사람에게 깊은 인상을 남겼다. 괴뵈시는 헝가리가 강해져서 잃은 영토를 되찾으려면 서방이 아니라 독일, 이탈리아에 붙어야 한다고 굳게 믿었다. 그는 취임 한 달 뒤 로마를 찾아 무솔리니와 우정을 다졌다. 그리고 〈소협상〉에 맞서기 위한 〈축Axis〉으로서 이탈리아, 오스트리아, 헝가리가 과거의 원한을 내려놓고 손잡을 것을 제안했다. 이것은 몇 년 뒤 무솔리니와 히틀러에 의해 독일-이탈리아 추축으로 확장된다.

허영심 많은 무솔리니는 괴뵈시가 자신을 한껏 추켜세우자 대번에 우쭐해져서 든든한 뒷배 노릇을 장담했다. 1933년 6월에는 베를린을 방문하여 얼마 전 새로운 총리로 취임한 히틀러를 만났다. 괴뵈시로서는 실망스럽게도 히틀러는 양국의 무역을 확대하는 것 이외에 아무것도 약속하지 않았다. 그는 독일과 오스트리아를 한 나라로 만드는 것이 신이 자신에게 내린 과업이라 믿고 있었다. 하물며 오스트리아와 손을 잡자는 제안을 받아들일 리가 없었다. 그렇지만 독일은 오래지 않아 이탈리아와 함께 헝가리의 가장 중요한 경제적 파트너가 되었다. 다음 해 3월 17일, 괴뵈시는 오스트리아의 파시스트 지도자인 엥겔베르트 돌푸스까지 끌어들여 로마에서 이탈리아, 오스트리아, 헝가리 삼국이 연합하는 〈로마 협정Rome Protocols〉을 체결했다.

그러나 불과 4개월 뒤 충격적인 사건이 벌어졌다. 7월 25일, 오스트리아 나치당원들이 돌푸스의 관저를 기습하여 그를 무참하게 살해했다. 그 뒤에는 돌푸스를 눈엣가시로 여기는 히틀러의 사주가 있었다. 괴

로마 협정 체결 다음 날인 1934년 3월 18일, 로마 토르 디 퀸토Tor Di Quinto에서 경마 대회를 관람하면서 우정을 다지는 돌푸스(앞줄 맨 왼쪽)와 무솔리니(앞줄 왼쪽 두 번째), 굄뵈시(앞줄 왼쪽 세 번째). 무솔리니의 열렬한 추종자였던 굄뵈시는 얼마 지나지 않아 사람들로부터 〈곰볼리니Gombolini〉라는 별명을 얻었다.

뵈시보다 여섯 살 아래이면서 키가 152cm에 불과한 돌푸스는 〈작은 메테르니히〉라는 별명대로 한 세기 이전 나폴레옹 전쟁이 끝난 뒤 오스트리아의 리즈 시절을 실현한 대재상 메테르니히에 비견될 만큼 단호하면서 배포 두둑한 지도자였다.

가난한 농부 집안에서 태어난 그는 처음에 성직자의 길을 가려 했고 제1차 세계 대전이 발발하자 군대에 자원했으나, 신장이 너무 작다는 이유로 거절당했다. 하지만 끈질기게 매달려 결국 졸병으로 입대했고 나중에는 중위까지 승진했다. 전쟁이 끝난 후 농민 협회에서 일하면서 자연스레 정치권에 발을 들이게 된 돌푸스는 1931년 농림부 장관에 임명되었고 다음 해에는 총리가 되었다. 그의 나이 불과 서른아홉 살이었다. 대공황의 여파로 정치 경제적인 혼란이 갈수록 악화하고 극우 세력과 공산주의자들이 충돌하는 가운데, 1933년 3월 7일 돌푸스는 계엄령을 선포하고 독재자가 되었다. 그는 무솔리니를 흉내 내어 자신이 이끄는 파시스트 정당인 조국전선Fatherland Front을 제외한 모든 정당을 해산시켰다. 1934년 2월 12일, 내전이 폭발했다. 2만 명에 달하는 공산주의자들이 오스트리아의 주요 도시에서 무장봉기하여 정부 청사를 공격했다. 돌푸스는 군대를 동원하여 불과 나흘 만에 분쇄했다. 300여 명 이상이 죽었다.

공산당의 도전은 이렇게 끝났지만, 돌푸스에게는 훨씬 무서운 적수가 있었다. 히틀러였다. 히틀러는 공공연히 오스트리아를 넘보고 있었다. 돌푸스는 히틀러에게 굴복하기를 거부하고 나치를 공산당과 동격으로 탄압했다. 그를 자신의 야망을 가로막는 가장 큰 장애물로 여긴 히틀러는 수를 썼다. 돌푸스에게 쫓겨나 뮌헨에서 망명 중이던 오스트리아 나치당 수장인 테오도르 하비흐트Theodor Habicht에게 히틀러의 비밀 지령이 떨어졌다. 하비히트의 휘하에도 히틀러의 친위대를 흉내 내어 조직한 사설 군대가 있었다. 오스트리아 제89친위연대 150여 명은 정부군 복장으로 위장하고 돌푸스의 총리 관저로 밀고 들어갔다. 이들은 관저 경비를 맡은 일부 경찰관들이 내통한 덕분에 거의 저항을 받지 않았다. 돌푸스는 사전 경고를 받았음에도 한 귀로 흘리고 경계를 강화하지 않은 대가를 자기 목숨으로 치러야 했다. 그는 각료들과 회의하던 중 난입한 폭도들에 의해 두 발의 총알을 맞고 그 자리에서 사망했다. 어이없는 죽음이었다. 이와 함께 오스트리아 전역에서 나치 추종자들이 들고일어나 국가 전복에 나섰다.

이제 히틀러가 움직일 차례였다. 그러나 행동에 나서기도 전에 꼬리를 내려야 했다. 뜻밖에도 무솔리니가 히틀러의 앞을 가로막았기 때문이었다. 로마 협약 체결로 오스트리아와 헝가리의 큰형님 노릇을 하던 그는 느닷없이 빈에서 날아온 소식을 듣고 격분했다. 지난 수백 년 동안 이탈리아를 지배했고 이제는 무력한 약소국으로 전락한 두 나라가 자청하여 자신의 보호 아래 들어온 것은 엄청난 자부심이었다. 게다가 불과 한 달 전인 6월 14일, 베네치아에서 처음으로 히틀러를 만난 그는 오스트리아를 넘보지 말라고 단단히 일러 둔 터였다. 완전히 바보가 되었다고 여긴 무솔리니는 전쟁조차 불사할 태세였다. 때마침 돌푸스의 가족들은 무솔리니에게 초청받아 북부 이탈리아 휴양 도시 리치오네에서 휴가를 보내는 중이었다. 그는 돌푸스의 미망인을 찾아가 직접 조의를 전달하고 눈물을 흘리면서 복수를 다짐했다. 이탈리아군 4개 사단이 국경으로 출동했다. 유고슬라비아도 군대를 동원하고 있었다. 상황은 오스트리아 황태자의 암살로 제1차 세계 대전을 촉발했던 제2의 사라예보 사건이 될 판국이었다.

판세가 불리함을 깨달은 히틀러는 재빨리 이번 사건이 자신과 상관없는 일이라고 발뺌했다. 그의 말만 믿고 일을 벌인 오스트리아 나치들은 〈손절〉당했다. 오스트리아군은 즉각 진압에 나섰다. 엿새 만에 반란은 끝났다. 300여 명이 죽고 500명 이상이 다쳤으며 4,000여 명이 체포되었다. 오스트리아 나치당은 일망타진되었다. 독일로 도망치려 했던 이들은 입국을 거절당했다. 구오스트리아군 부사관 출신으로 돌푸스를 살해한 오토 플라네타Otto Planetta를 비롯한 나치 단원 13명은 처형되었다. 하비히트는 한동안 몸을 숨겨야 했고 오스트리아 친위대장이자 반란을 총지휘한 프리돌린 글라스Fridolin Glass는 체코슬로바키아로 달아났다. 돌푸스가 죽은 뒤 권력을 장악하려 했던 안톤 린텔렌Anton Rintelen은 자살을 시도했다가 실패한 후 체포되어 종신형을 선고받았다. 돌푸스의 장례식에는 무려 50만 명의 시민이 모여서 추모했다. 오스트리아 전체 인구의 1/10에 해당하는 숫자였다. 오스트리아인들은 히틀러를 따를 생각이 없다는 얘기였다. 히틀러로서는 성급함의 대가를 톡톡히 치른 셈이었지만 그래도 절반의 성공은 거두었다. 어쨌든 돌푸스는 제거했기 때문이었다. 만약 그를 죽이지 못했다면 오스트리아가 독일에 병합되는 일은 없었을 것이고, 세계 정복으로 향하는 히틀러의 야심은 첫 번째 관문에서 막혀 버렸을 것이다. 물론 제2차 세계 대전이 일어나는 일도 없었을 것이다.

　　교육부 장관이었던 쿠르트 슈슈니크Kurt Schuschnigg가 새로운 총리가 되었다. 그는 돌푸스와 달리 명문 엘리트 출신으로 대대로 군인 집안이었다. 아버지는 합스부르크 제국의 장군이었지만 자신은 변호사의 길을 걸었다. 제1차 세계 대전에서는 이탈리아군의 포로가 된 적도 있었다. 어쩌다 권좌에 앉은 슈슈니크는 전임자의 정책을 그대로 유지했지만, 돌푸스에 비하면 훨씬 〈물렁〉했다. 교활하기 짝이 없는 히틀러의 집요함 앞에서 오스트리아의 독립을 지키는 일은 그에게 너무나 막중한 부담이었다. 게다가 오스트리아의 보호자를 자처하던 무솔리니는 영국, 프랑스만큼이나 변덕스럽고 이기적이며 신뢰할 수 없는 존재임이 금방 드러났다.

　　이탈리아의 미래가 북쪽과 서쪽이 아니라 남쪽과 동쪽에 있다고 선언한 그는 새로운 식민지 확보를 위해 1935년 10월 아프리카 유일의 독립 국가인 에티오피아를 침공했다. 회원국 간 무력 분쟁을 금지한 국제 연맹 규약 위반이었다. 그러나 10년 전 페트리치 사건 때와는 달리 국제 연맹은 무력하기 짝이 없었다. 무솔리니는 국제 연맹을 가리켜 〈참새들이 짹짹댈 때는 확실히 움직이지만, 독수리가 내려올 때는 아무 짝에도 쓸모가 없다〉라면서 비웃었다. 무솔리니의 말은 반은 맞고 반은 틀렸다. 국제 연맹은 참새들의 싸움에서도 존재감 없기는 마찬가지였다. 1932년 남미의 볼리비아가 파라과이를 침공한 〈차코 전쟁Chaco War〉에서 파라과이의 재소에도 불구하고 국제 연맹은 아무런 조치도 하지 않았다. 하물며 무솔리니가 에티오피아에 독가스를 뿌리며 무자비하게 짓밟는 동안 끝까지 수수방관했다. 전쟁이 끝나고도 1년 뒤에야 국제 연맹은 이탈리아를 비난하는 결의문을 채택했고 무솔리니는 코웃음 치면서 탈퇴했다.

영국, 프랑스의 시늉뿐인 경제 제재 또한 무솔리니의 콧대만 한층 높여 놓았다. 그 와중에 히틀러가 라인란트 비무장 지대를 점령하는 사건이 벌어졌다. 독일군은 경무장한 3,000여 명에 불과했고 프랑스군은 마음만 먹으면 간단히 쓸어버린 다음 베를린까지 진격하여 히틀러 정권을 엎어 버릴 수 있었음에도 지레 겁을 먹고 물러섰다. 히틀러의 포커페이스에 휘말린 탓이었다. 깊은 인상을 받은 무솔리니는 히틀러라는 인간을 다시 보게 되었고 주변 반대에도 불구하고 그에게 자신의 운을 걸어 보기로 했다. 1936년 11월 1일, 로마-베를린 추축 동맹이 결성되었다.

두 협잡꾼의 밀착이 당장 동유럽 국가들의 위기감으로 이어진 것은 아니지만, 이들 역시 어느 쪽에 줄을 대야 할지 고민하지 않을 수 없었다. 너도나도 독일에 추파를 던졌다. 서방이 더는 방패막이가 되지 못한다고 여겼기 때문이었다. 베르사유 체제의 족쇄가 깨지면서 각자도

생의 시대가 열렸다. 겨우 자리 잡아 가던 서구식 민주주의는 후퇴하고 히틀러와 무솔리니를 숭배하는 파시스트 정치 깡패들이 기승을 부렸다. 헝가리에서는 예비역 소령 출신인 살러시 페렌츠Szálasi Ferenc가 이끄는 극우 단체인 〈국민의지당National Will Party〉이 등장하여 빠르게 세를 불려 갔다. 나중에 〈화살십자당Arrow Cross Party〉으로 이름을 바꾸게 된다. 특히 어릴 때부터 트리아농 조약에 대한 복수심을 뼛속 깊이 각인받았던 헝가리의 젊은 세대들에게 거만한 서방의 아성에 겁 없이 도전하여 베르사유 체제를 흔들고 있는 히틀러는 우상이었다. 심지어 서방에서도 추종자들이 생겨났다. 미국에는 〈은색 군단Silver Legion of America〉, 영국에는 〈파시스트 연합British Union of Fascists〉, 프랑스에는 〈프랑스 인민당〉이 있었다.

1936년 7월 17일 폭발한 스페인 내전은 극우파와 극좌파 간의 절멸 전쟁이자 강대국들의 대리전쟁이기도 했다. 전쟁을 향한 기계가 움직이기 시작했다. 헝가리는 지난 십수 년 동안 옥죄었던 트리아농 조약의 제약에서 벗어나 다시 싸울 수 있는 군대를 만들기 위해 독일, 이탈리아에서 최신 무기를 사들였다. 1934년부터 1936년까지 이탈리아에서 CV.33 탱켓 150대와 피아트 L2s 장갑차 12대를 도입했다. 헝가리가 처음으로 대량 구입한 기갑 차량이었다. 하지만 트랙터에 기관총을 올렸을 뿐인 이 소형 전차는 가격만 저렴할 뿐 장갑과 화력이 너무 빈약하여 식민지에서 반군 게릴라를 상대하는 일이라면 몰라도 현대전에서는 쓸모가 없었다.

이 때문에 다음 해 새로운 주력 전차 도입에 나섰다. 후보로는 독일 제1호 경전차와 스웨덴제 스트리스방Stridsvagn L-60 경전차, 그리고 헝가리 최대의 군수 회사인 만프레드 바이스Manfréd Weiss의 천재 기술자인 스트라우슬러 미클로시Straussler Miklós가 제작한 스트라우슬러 V-4 경전차가 경합했다. 승자는 스트리스방 L-60이었다. 헝가리군은 스웨덴에서 이 전차의 라이선스를 구매한 후 톨디-138M Toldi I 경전차라는 이름 으로 직접 생산했다. 스트라우슬러는 전차 경합에서는 졌지만, 장갑차 에서는 승리했다. 옛 헝가리 영웅의 이름을 따서 〈처버39M Csaba〉라는 이름이 붙었다. 하지만 그는 얼마 후 조국이 나치와 손을 잡자 반발하여 영국으로 망명했고 연합군을 위해 재능을 발휘했다. 그가 미제 M4 셔면 전차를 개조한 DD 수륙 양용 전차는 노르망디 상륙 작전에서 크게 활약하게 된다.

기갑 전력만이 아니라 공군력도 확충했다. 이탈리아제 CR.32 복엽 전투기 76대, 독일제 융커스 Ju 86 쌍발 폭격기 66대, 하인켈 He 46 단엽 정찰기 46대, He 70 단발 경폭격기 18대 등 200여 대가 넘는 신형 항공기가 도입되면서 전력이 비약적으로 강화되었다. 하지만 경제난과 열악한 재정 탓에 헝가리의 군사력은 1938년까지도 7개 혼성 여단과 1개 기병 사단, 2개 기계화 여단, 1개 항공 여단 등 8만 5,000명에 불과 했다. 〈소협상(루마니아, 체코슬로바키아, 유고슬라비아 연합)〉에 비하 면 압도적인 열세였다. 군비 증강의 속도는 느렸고 무기와 장비 대부분 이 제1차 세계 대전 때의 구식이었다. 헝가리는 여전히 약하고 가난한 나라이면서 고립무원의 처지였다. 로마 협약의 체결과 독일, 이탈리아 와의 우호적인 분위기에도 불구하고 과연 이 야심만만하고 음흉한 독 재자들의 진짜 속내가 무엇인지는 아무도 장담할 수 없었다. 하물며 언 제든 빼앗긴 영토를 되찾고 대헝가리를 실현한다는 것은 한낱 잠꼬대 일 뿐이었다.

1938년 3월 5일, 헝가리군 수뇌부는 본격적인 재무장에 착수했다. 〈후버Huba〉 계획은 앞서 엘뢰드 계획을 기반으로 트리아농 조약이 금지 한 징병제의 부활과 함께 평시 10만 7,000명, 전시에는 3개 군 7개 군단 25개 보병 사단 및 1개 기병 사단, 2개 기갑 사단, 1개 산악 여단, 2개 항 공 여단 등 25만 명까지 늘리겠다는 것이었다. 완료 시기는 1943년이

1940년 9월 루마니아 트란실바니아로 진격하는 톨디-I. 중량 8.5톤, 전면 장갑 13mm, 160마력 엔진, 스위스제 졸로투른Solothurn 20mm 대전차 소총을 탑재했다. 성능은 V-4 경전차나 체코제 LT-35 경전차보다 뒤떨어졌지만 당장 전차 확보가 급했던 헝가리군은 이쪽을 선택했다. 1938년에 80대를 시작으로 1942년까지 202대가 생산되었다. 헝가리는 이탈리아를 빼고 독일 동맹국 중에서는 유일하게 전차를 생산한 나라가 되었다.

었다. 하지만 헝가리인들은 자신들이 그동안 너무나 태만했음을 절감
해야 했다. 유럽에서는 이미 전쟁의 먹구름이 드리우고 있었기 때문이
었다. 3월 13일, 히틀러가 오스트리아를 전격 병합한 것이었다.

오스트리아, 체코 먹히다

1938년 2월 12일, 히틀러는 슈슈니크를 독일 남부 바이에른 잘츠부
르크에 있는 자신의 별장인 베르크호프로 불러들였다. 돌푸스가 암살
된 지 3년 7개월 만이었다. 그동안 슈슈니크는 히틀러를 달래려고 헛
된 애를 썼다. 체포된 오스트리아 나치 단원들을 석방했고, 부총리이
자 강경파로 나치 반란 진압에 앞장섰던 에른스트 슈타르헴베르크Ernst
Starhemberg를 해임했다. 전임자와 마찬가지로 무솔리니와도 좋은 관계를
유지했다. 하지만 소용없는 짓이었다. 슈슈니크가 뭘 잘못해서가 아니
라 히틀러에겐 오스트리아가 절실했기 때문이었다.

상황은 심각했다. 국민에게 장밋빛 미래를 제시하여 나치가 권력
을 잡은 지 5년, 결과는 무계획적이고 방만한 운용으로 파산에 내몰린
독일 경제였다. 자금이 바닥나면서 위대한 독일의 부활은커녕 남은 것
마저 무너질 판국이었다. 마지막 수단은 그 옛날 야만의 시대에 자신들
의 조상들이 그랬던 것처럼 더 약한 상대에게서 빼앗는 것이었다. 이것
이 그가 세계 정복을 향해 폭주하고 결국에는 파멸할 수밖에 없었던 이
유였다. 가장 만만한 먹잇감은 오스트리아였다. 우선 시빗거리를 만들
기 위해 슈슈니크가 받아들이기 어려운 요구 사항을 내놓았다. 오스트
리아 나치당을 합법화할 것과 내각에 나치 인사를 포함하라는 것이었
다. 오스트리아를 독일의 보호국으로 만들기 위한 첫 번째 순서였다. 슈
슈니크는 내정 간섭이라며 단호히 거부했다.

히틀러는 아직도 분위기 파악 못 하는 슈슈니크를 직접 불러다 단단히 버릇을 고쳐 놓기로 결심했다. 장황하지만 에둘러 말하는 법이 없는 그는 직설적으로 엄포를 놓았다. 〈내가 단 한 마디만 하면 당신네 나라의 그 우스꽝스러운 군대는 순식간에 산산조각 날 것입니다. 당신은 설마 반 시간이라도 저지할 수 있다고 믿고 있지는 않겠지요? 나는 그러한 운명으로부터 오스트리아를 구하고 싶은 생각뿐입니다.〉 그러면서 지금이라도 자기 말을 들으면 오스트리아의 독립만은 보장하겠다는 것이었다. 히틀러 특유의 위압적인 말은 상대가 주눅 들게 만들기에 충분했다. 일전이냐, 백기냐 양자택일에 놓인 슈슈니크의 머릿속에 떠오른 것은 히틀러의 허풍 가득한 말마따나 정말로 독일군이 그만큼 강한가보다 자국의 군사력이 얼마나 약한가였다.

그것만은 분명했다. 1919년 생제르맹 조약Treaty of Saint-Germain-en-Laye은 오스트리아의 군사력을 헝가리보다도 적은 3만 명으로 억제했다. 돌푸스가 암살되고 독일의 위협에 직면한 슈슈니크는 집권 직후부터 군비 증강에 애썼다. 1938년 2월 당시 오스트리아군은 7개 보병 사단 및 1개 쾌속 사단Schnelle Division, 1개 보병 여단 등 10만 명 정도였다. 그중 쾌속 사단은 오스트리아 유일의 기갑 부대로서 휘하에 1개 기계화 보병 여단(4개 대대)과 1개 기병 여단(2개 연대), 1개 포병 연대, 1개 장갑 연대 등으로 구성되었다. 총인원은 7,599명, 다임러 ADGZ 중장갑차 12대, 이탈리아제 피아트 안살도 탱켓 72대, 말 1,094두, 차량 851대, 오토바이 820대, 경기관총 184정, 중기관총 191정, 기관 단총 428정, 20mm 대공포 8문, 20mm 대전차포 18문, 47mm 경야포 24문, 50mm 경야포 8문, 100mm 곡사포 8문을 보유했다.

공군력으로는 2개 비행 연대Fliegerregiment가 있었다. 예하 부대로 6개 전투기 중대, 2개 폭격기 중대, 5개 훈련 중대로 구성되었다. 이탈리아제 피아트 CR.20/32 복엽 전투기를 비롯해 브레다 Ba.28 전투기,

하인켈 He 51 전투기, 포케불프 FW 58 훈련기, 카파로니 Ca.133 폭격기, 융커스 F13 수송기, 안살도 A.120 정찰기 등 독일, 이탈리아제 항공기 80여 대를 보유했다. 오스트리아의 군사력은 1934년에 비하면 분명 나아졌다. 그렇다고 재무장을 선언한 독일군의 맞상대가 될 거라고 기대할 수는 없는 노릇이었다. 각 사단은 정원의 절반인 8,000명 정도였고 무기와 장비는 턱없이 부족했으며 장교와 병사들의 자질과 훈련 수준 또한 매우 낮았다. 물론 독일군의 실상도 히틀러가 떠드는 것과는 큰 차이가 있었지만, 독일군보다는 자신의 군대에 대해 더 잘 알고 있던 슈슈니크는 굴복하지 않을 수 없었다. 잔뜩 풀이 죽은 모습으로 돌아온 그는 대통령이자 명목상의 국가 원수인 빌헬름 미클라스Wilhelm Miklas와 의논한 후 요구를 받아들이기로 했다. 2월 18일, 오스트리아 나치당 수장이자 히틀러의 충실한 하수인인 아르투어 자이스잉크바르트Arthur Seyss-Inquart가 내무 장관에 임명되었다.

이때만 해도 히틀러는 슈슈니크 앞에서 큰소리쳤던 것이 무색하게도 군부에서 준비 부족을 이유로 오스트리아 침공을 완강히 반대했기에 일단은 이 정도 선에서 멈출 생각이었다. 그런데 며칠 되지도 않아 사정은 달라졌다. 히틀러의 뒷배만 믿고 권력을 넘보는 자이스잉크바르트의 거센 도전과 나치당의 준동에 직면한 슈슈니크는 최후 수단으로 독일과의 합병을 놓고 국민 투표를 제안했다. 국민들에게 자신의 재신임을 요구한 것이었다. 히틀러는 격분했고 투표를 내버려두지 않겠다고 엄포 놓았다. 바꾸어 말하면 오스트리아인들 대다수는 이웃 나라의 권좌를 운 좋게 차지한 자국 출신의 행운아에게 그리 호의적이지 않다는 얘기였다. 국민 투표는 히틀러의 뜻대로 되기는커녕 오히려 오스트리아인들을 하나로 결속시키고 저항 의지를 높여서 다시는 외세가 이 나라를 넘보지 못하게 만들 것이었다. 슈슈니크가 순순히 물러서지 않자, 투표 이틀을 남긴 3월 11일 히틀러의 최후통첩이 떨어졌다. 백기

투항 아니면 전쟁이었다.

오스트리아는 고립무원이었다. 서방은 개입을 거부했다. 그동안 이탈리아-오스트리아-헝가리 연합에 앞장섰던 헝가리 총리 굄뵈시는 신장암으로 죽었고, 오스트리아보다도 군사력이 변변찮은 헝가리가 할 수 있는 일은 아무것도 없었다. 4년 전과는 달리 무솔리니도 히틀러의 편이었다. 오스트리아 병합을 허락해 달라는 히틀러의 공손한 요청에 무솔리니는 뜻대로 하라면서 기분 좋게 승낙했다. 히틀러는 이 은혜를 끝까지 잊지 않겠다면서 고마워했다. 무솔리니는 또 한 번 히틀러 앞에서 거들먹거릴 수 있었다는 것에 만족스러워했지만 2년도 되지 않아 서로의 위치가 완전히 뒤집힐 거라곤 꿈에도 생각하지 못했을 것이다.

다음 날 아침 독일 제8군이 오스트리아 국경을 넘었다. 슈슈니크는 저항을 금지했다. 이날 오후 히틀러도 차에 올라 4,000여 명에 달하는 총통 경호대의 엄중한 호위 아래 오스트리아로 향했다. 겁에 질린 오스트리아인들 눈에는 독일군의 행진이 위압적이고 인상적이었겠지만 실제로는 오스트리아군 못지않게 전투태세가 빈약하기 짝이 없었다. 동원된 경전차 태반은 도착하기도 전에 퍼져 버렸다. 나중에 스위스인들이 그랬듯, 슈슈니크가 알프스의 험준한 산악 지대를 천연 요새로 삼아 죽기로 싸울 각오를 보여 주었다면 히틀러도 쉽게 건드리지 못했을 것이다. 오스트리아인들에게 부족했던 것은 무기와 병력이 아니라 끝까지 나라를 지키겠다는 지도자의 의지였다.

옛 조국에 의기양양하게 금의환향한 히틀러는 기대 이상의 열렬한 환영을 받았다. 그것이 연출된 것이건 아니건 어쨌든 크게 고무된 그는 처음에 자이스잉크바르트를 꼭두각시로 하는 위성국으로 만들 생각이었지만 생각을 바꾸어 자신이 직접 통치하기로 했다. 4월 10일, 엄중한 감시 아래 독일과 오스트리아 전역에서 투표가 실시되었다. 처음부터 결론이 정해진 요식 행위였다. 독일군이 지켜보는 가운데 공개 투표

1936년 봄, 빈에서 열린 오스트리아군 열병식에 참여한 슈타이어Steyr ADGZ 중장갑차. 오스트리아가 제작한 유일한 기갑 차량으로 52대가 제작되었다. 오스트리아 병합 뒤 나치 친위대에서 치안용으로 사용하기도 했다. 특징은 차체 전방과 후방 양쪽에서 운전할 수 있다는 점이었다. 중량 12톤, 150마력 엔진을 탑재하고 70km/h로 달릴 수 있었으며 승무원 6명, 전면 장갑 11mm, 20mm 기관포 1문과 7.92mm 기관총 3정을 탑재했다.

1938년 3월 15일, 빈에 입성하는 히틀러와 독일군 부대. 그중 상당수는 군용이 아니라 민간에서 급히 징발한 차량에 타고 있었다. 재무장을 선언한 지 3년이 지났음에도 재정적 어려움 때문에 지지부진한 탓이었다. 그런데도 서방 지도자들은 자신들이 만들어 낸 허상에 속아 넘어가 독일군의 전력을 터무니없이 과대평가했고 지레 싸우기를 포기했다.

로 진행되었다. 유대인과 집시는 투표에 참여할 권리조차 없었다. 결과
는 독일인 99.08퍼센트, 오스트리아인 99.7퍼센트 찬성이었다. 신성 로
마 제국의 후예이자 합스부르크 가문의 위세가 하늘을 찔렀던 이 나라
는 공화국이 된 지 20년도 되지 않아 〈오스트마르크Ostmark〉라는 독일의
한 주로 전락했다. 자이스잉크바르트는 주지사에 만족해야 했다. 나중
에 그는 네덜란드 총독이 되어 유대인 학살로 악명을 떨쳤고 독일이 패
망한 뒤 전범으로 처형된다. 슈슈니크는 싸움을 포기한 대가를 단단히
치렀다. 그를 비롯해 많은 오스트리아 지도자가 히틀러를 속 타게 한 죄
로 줄줄이 체포되었고 나치가 반역자들을 가둔 다하우 강제 수용소에
서 연합군에 의해 해방될 때까지 길고도 고통스러운 시간을 보내야 했
다. 독일에 굴복하기를 거부했던 슈타르헴베르크는 나치의 추격을 피
해 스위스로 탈출했다. 나중에 서부 전역이 시작되자 프랑스군에 자원
입대하여 독일군과 싸웠고 1955년에 조국으로 돌아왔다.

군대도 독일군에 흡수되었다. 오스트리아군 8개 사단 및 1개 여단
은 독일군 2개 보병 사단(제44, 45보병사단) 및 2개 산악 사단(제2, 제
3산악사단), 제4경사단(이후 제9기갑사단으로 개칭)으로 재편되었다.
참모총장인 알프레트 얀자Alfred Jansa 중장을 비롯해 일부 고위 장교가 끝
까지 나치에 충성을 거부하여 독일 강제 수용소로 끌려가긴 했지만, 대
부분은 현실을 받아들였다. 전쟁 동안 오스트리아군은 상급대장 3명,
대장 19명, 중장 41명을 배출했다. 그중에는 독일군의 원수에 오른 사
람도 있었다. 에두아르트 폰 뵘에르몰리Eduard von Böhm-Ermolli였다. 합스
부르크 제국 시절의 원로인 그는 이미 80대의 노인으로 일찌감치 퇴역
했지만, 히틀러는 상징적인 우대 차원에서 1940년 10월 31일 원수 봉
을 하사했다.

그 외에도 많은 오스트리아인이 독일군에서 독일인들과 함께 복
무하면서 나치가 패망하는 순간까지 싸웠다. 전쟁 동안 80만 명이 독일

국방군으로, 15만 명이 무장 친위대로 복무했다. 전체 인구의 10퍼센트가 넘는 숫자였다. 그중 26만 1,000명이 전사했다. 그러나 결코 간과해선 안 될 사실은 이들이 독일 군복을 입고 독일식으로 훈련받았다고 해도 겉모습만 바뀌었을 뿐, 진정한 독일군은 아니었다는 점이다. 훈련 수준은 매우 낮았고 소수 광신자를 제외하고 히틀러에 대한 충성심이나 전의는 찾아볼 수 없었다. 연합군의 포로가 된 오스트리아 병사들은 자신들이 독일인이 아니라 오스트리아인이라고 주장했다. 일제 강점기에 자신의 의지와 상관없이 강제로 끌려가 일본군으로 싸워야 했던 우리와 같은 처지였다고 하겠다.

독일의 오스트리아 병합은 베르사유 조약 위반이었다. 승자들은 자신들의 동의 없이 두 나라가 하나로 되는 것을 엄격히 금지했다. 그러나 막상 일이 터졌을 때 영국, 프랑스는 이번에도 외면했다. 영국 총리이자 나중에 영국 역사상 가장 우둔한 실패자로 낙인찍히는 체임벌린은 자신들이 할 수 있는 일은 없다고 못 박았다. 서방만이 아니었다. 옆집 불구경하면서 대수롭지 않게 여기기는 동유럽 약소국들도 마찬가지였다. 헝가리만 겁에 질렸다. 당장이라도 히틀러의 군대가 여세를 몰아 부다페스트까지 들이닥칠 것처럼 보였다. 호르티는 국민을 안심시키기 위해 〈안슐루스Anschluss〉*는 헝가리와 무관하며 국경은 안전하다고 직접 선언해야 했다. 그의 말대로 쓸데없는 걱정이었다. 히틀러는 가난뱅이 헝가리 따위에는 관심 없었다. 그에게는 더 부유한 나라가 필요했다. 합스부르크 제국의 알짜배기 유산을 물려받은 체코슬로바키아였다. 영토는 작지만, 유럽 7대 경제 대국이며 군사력도 오스트리아와는 비교가 되지 않는 강적이었다. 게다가 프랑스, 소련과 동맹을 맺었고 〈소협상〉의 일원이었다. 자칫 온 유럽을 적으로 돌려 모든 것을 잃을 수도 있었다. 하지만 연이어 〈잭팟〉을 터뜨린 히틀러는 이참에 자신의 행운과 서

* 독일어로 〈병합〉이라는 뜻이다.

방의 인내심이 어디까지인지 시험해 볼 참이었다.

독일군이 오스트리아로 처음 진군을 시작했을 때 히틀러는 베를린 주재 체코 대사인 보이테흐 마스티니Vojtěch Mastný를 향해 어디까지나 독일인들의 집안 문제일 뿐, 당신들이 걱정할 일은 아무것도 없다고 호언장담했다. 그러나 막상 제 욕심을 채우자마자 언제 그랬냐는 듯 4월 21일에 다음 목표인 체코슬로바키아 침공 계획을 세우라고 군부에 명령했다. 결코 충동적인 결정은 아니었다. 그는 반년 전인 지난해 11월 5일에 열린 나치 수뇌부 회의에서 오스트리아와 더불어 체코슬로바키아까지 병합하기로 정해 놓았다. 꺼져 가는 독일 경제에 불을 지피고 재무장에 필요한 자금을 충분히 확보하려면 오스트리아만으로는 부족하다고 결론 내렸기 때문이었다. 체코슬로바키아야말로 진정한 노다지이자 히틀러의 모든 골칫거리를 해결해 줄 것이었다. 물론 침략에는 구실이 필요했다. 히틀러는 체코슬로바키아의 아킬레스건을 건드리기로 했다.

이 나라의 가장 큰 약점은 다민족 국가라는 사실이었다. 오스트리아가 패망했을 때 체코 지도자들은 윌슨의 민족 자결주의를 내세워 독립을 쟁취하면서도 같은 땅에서 함께 사는 다른 민족의 자결권은 인정하기를 거부했다. 파리 강화 회의에서는 연합국을 상대로 로비하여 체코인들이 살지 않는 영토까지 마구잡이로 요구했고 요구의 상당 부분이 받아들여졌다. 덕분에 체코슬로바키아는 온갖 인종의 잡탕 국가가 되었다. 1300만 명의 인구 중 절반 정도인 650만 명만 체코인이었고 슬로바키아인 200만 명, 독일인 330만 명, 헝가리인 70만 명, 루테니아인 50만 명, 그 밖에도 폴란드인, 우크라이나인, 유대인 등 다양한 소수 민족이 있었다.

베르사유 조약에서 한 치의 땅이라도 더 차지할 요량으로 혈안이었던 체코 지도자들은 정작 국민 통합에는 실패했다. 공화국에 편입된 소수 민족들에게 동등한 권리 대신 자신들이 지배자 노릇을 하겠다는 구태의연한 태도를 버리지 못했기 때문이었다. 정부와 군부의 요직은 체코인들이 독식했고 경제적인 기득권을 누렸다. 슬로바키아인들은 언어와 문화에서 체코인들과 많은 차이가 있었음에도 하나의 민족으로 묶였지만 실제로는 온갖 차별을 받았다. 차별 철폐와 자치권을 요구하는 목소리는 억압당했다. 불만이 나오지 않을 수 없었다. 체코인들의 오만함은 내부 결속을 해쳤을뿐더러, 주변국들과의 마찰을 자초했다. 체코계 다음으로 많은 독일계 주민은 90퍼센트 이상이 독일-오스트리아 국경과 마주한 외곽 지대의 주데텐란트에 모여 살고 있었다. 이들은 자치권 확대를 놓고 체코 정부와 갈등을 빚고 있었다. 그렇다고 아예 분리 독립을 요구하거나 내전이 일어날 정도는 아니었지만, 히틀러에게는 시빗거리로 충분했다.

오스트리아에 자이스잉크바르트가 있다면 주데텐란트에는 콘라트 헨라인Konrad Henlein이라는 쓸 만한 끄나풀이 있었다. 제1차 세계대전 당시 오스트리아군 참전 군인이자 운동 클럽을 운영했던 그는 1933년 10월 나치를 추종하는 주데텐 독일당Sudeten German Party을 조직했다. 주데텐 독일당은 프라하의 독일 대사관을 통해 매달 거액의 자금을 은밀하게 지원받으면서 세력을 빠르게 불려 나가 오래지 않아 주데텐란트에서 가장 유력한 정당이 되었다. 헨라인은 영국에서도 강연했고 체코슬로바키아가 〈가짜 민주주의 국가〉이며 주데텐란트의 독일계를 포함한 소수 민족들이 부당하게 대접받고 있다고 선동하여 영국인들의 동정심을 얻는 데 성공했다. 그러면서도 독일과의 유착 의혹을 철저히 부정했던 그는 히틀러가 오스트리아를 점령한 직후인 3월 28일 베를린으로 소환되어 총통의 비밀 지령을 받았다. 체코 정부와의 갈등을 한층 고조시켜 불만과 혼란을 조장하라는 것이었다. 히틀러는 핍박받는 국경 너머 독일인들의 구세주 노릇을 하면서 체코슬로바키아를 통째로 집어삼킬 속셈이었다.

상황은 히틀러가 짜놓은 시나리오대로 돌아갔다. 주데텐 독일당은 나치 운동의 합법화와 더불어 주데텐란트를 사실상 중앙 정부로부터 분리된 국가 속의 국가로 인정할 것을 요구했다. 체코가 아니라 어느 나라라도 받아들일 수 없는 요구였다. 하지만 나치 선전 매체들의 선동에 넘어간 국제 사회는 오히려 체코 정부를 비난하면서 양보를 강요했다. 이들의 눈에는 체코 정부야말로 민주주의의 탈을 쓴 사악한 압제자였고 주데텐란트 독일인들은 압제에 고통받는 불쌍한 사람들이었다. 주데텐란트만이 아니었다. 그동안 참고 있던 체코슬로바키아의 다른 소수 민족들도 똑같은 권리를 요구하며 들고일어났다. 체코슬로바키아는 내전이 폭발할 판국이었다. 히틀러가 노린 대로였다. 이제는 자신이 나설 차례였다. 그는 나치당 연설에서 뻔뻔하게도 체코슬로바키아가 주데텐란트 독일인들에 대한 억압을 당장 중단하고 누구도 침범할 수 없는 자결권을 부여해야 한다고 엄포를 놓았다. 5월 30일, 그는 자신의 첫 번째 정복 전쟁에 착수하기 위한 문서에 서명했다. 작전명은 〈녹색 작전Case Green〉이었다. 결행 시기는 10월 이전이었다.

히틀러는 헝가리와 폴란드를 한패거리로 끌어들일 참이었다. 두 나라는 독립 때부터 영토 문제를 놓고 체코슬로바키아에 원한이 있었기 때문이었다. 또한 체코슬로바키아의 국경 요새와 병력 대부분은 독일의 침공을 대비하여 주데텐란트에 집중되었고 다른 지역은 취약했다. 그러나 매사 기대처럼 돌아가지는 않았다. 8월 22일, 독일 신형 중순양함 프린츠 오이겐Prinz Eugen의 진수식에 참석하기 위해 해군 도시 킬 군항을 친선 방문한 호르티는 히틀러의 열렬한 환대와 회유에도 불구하고 꼬임에 호락호락 넘어가지 않았다. 헝가리는 아직 싸울 준비가 되지 않았다는 이유였다. 히틀러와 독대한 자리에서 그는 양국이 함께 체코슬로바키아를 침공하자는 제안에 이렇게 대꾸했다. 〈물론 기쁘지만 우리는 유감스럽게도 군대가 없고 군대가 없으면 전쟁을 할 수 없습니다.〉 그보다도 형가리인들로서는 지난 대전에서 독일에 섣불리 편승했다가 호되게 데었던 악몽이 여전히 생생했다. 하물며 떡고물을 조금 얻어먹어 보겠답시고 근본도 모르는 〈상병〉 출신 야바위꾼의 정신 나간 도박에 자신들의 운명을 다시 걸 수는 없는 노릇이었기 때문이었다. 폴란드 역시 신중한 태도였고 체코슬로바키아와의 분쟁에서 중립을 선언했다.

9월 12일에는 히틀러의 지령을 받은 헨라인이 〈주데텐 독일인 자유 군단Sudetendeutsches Freikorps〉이라는 정치 깡패들을 동원하여 폭동을 일으켰다. 군경과의 무력 충돌로 쌍방 합해 300여 명 이상이 죽거나 다쳤다. 히틀러는 동원령을 선포했다. 체코슬로바키아를 비롯한 다른 나라들 역시 군대를 동원했다. 상황은 일촉즉발이었고 당장이라도 전쟁이 터질 것처럼 보였다. 겁에 질린 독일 장군들은 여차하면 쿠데타를 일으킬 참이었지만 놀랍게도 마지막 순간에 물러선 쪽은 히틀러가 아니라 서방과 체코슬로바키아였다. 영국이 히틀러를 편든 덕분이었다.

평화의 중재자 노릇을 하면서 끼어든 체임벌린은 체코 정부를 향해 주데텐란트를 히틀러에게 당장 넘기라고 윽박질렀다. 주데텐 독일인들은 실제로는 독일인이 아니라 오스트리아인이고, 이들의 요구는 어디까지나 자치권이지 독일과의 합병이 아니며, 무엇보다도 히틀러가 남의 영토를 놓고 가타부타할 권리가 없다는 점은 알 바 아니었다. 그가 보기에는 무모한 불장난으로 유럽의 평화를 위협하는 쪽은 히틀러가 아니라 프랑스와 체코슬로바키아였다. 애초에 체코슬로바키아가 이 땅을 쥐고 있다는 사실 자체가 말썽의 소지이자 자신의 심기를 불편하게 만드는 일이었다. 체임벌린의 가장 큰 실수는 상황을 제대로 알아보지도 않은 채 편견에만 사로잡혀 우방국이 아니라 독일에 유리하게 결론 내림으로써 본의 아니게 히틀러의 은인이 된 것이다.

　　물론 프랑스는 체임벌린의 생각에 동의하지는 않았지만, 영국 없이 독일과 맞붙을 자신이 없었다. 체코슬로바키아 역시 프랑스 없이는 맞붙을 자신이 없었다. 체코슬로바키아의 또 다른 동맹국인 소련은 지원을 약속했지만, 두 나라 사이에 버티고 있는 폴란드, 루마니아가 소련군에 길을 열어 줄 가능성이 없다는 점이 문제였다. 게다가 소련 자신도 독일을 상대로 전쟁을 벌일 처지가 아니었다. 스탈린이 군부를 상대로 대숙청의 칼날을 휘두르는 데 여념이 없었기 때문이었다. 소협상 일원인 루마니아, 유고슬라비아는 경제적인 이유로 독일을 적대할 수 없었다. 히틀러의 포커페이스는 또 한 번 먹혀들었다. 성공 비결은 도박판에서 남들은 죄다 나쁜 패를 받았는데 자신만 좋은 패를 가져서가 아니라 다 같이 쥐고 있는 패가 나쁘다는 사실을 혼자만 알고 있었기 때문이었다. 이런 경우 시치미 뚝 떼고 끝까지 버티는 쪽이 승자였다.

　　9월 30일, 뮌헨 협정이 체결되었다. 서방은 주데텐란트를 히틀러에게 넘겨주었다. 체코슬로바키아에는 어떤 보상이나 대가도 없었다. 그곳에 살던 75만 명의 체코인 주민들은 빈털터리로 쫓겨나야 했다. 버림받은 셈이자 자국 문제를 외세에 기대어 해결하려 했던 결과였다. 체코슬로바키아 대통령이었던 베네시는 사임을 선언한 뒤 배신감과 굴욕감을 곱씹으며 영국으로 달아났고 런던에서 망명 정부를 수립했다. 나중에 전쟁이 끝나고 해방된 조국에서 대통령으로 재취임한 그는 주데텐란트를 되찾자마자 두 번 다시 이 문제로 발목 잡히는 일이 없도록 철저히 해결했다. 수백만 명의 독일인을 모조리 국경 밖으로 쫓아낸 것이었다. 물론 먼 훗날의 일이었다. 뮌헨 협정의 여파는 서구 지도자들이 안이하게 생각했던 것 이상이었다. 슬로바키아인들을 비롯한 소수 민족들은 너도나도 체코인들의 지배를 거부하고 자치를 선언하면서 체코슬로바키아 전체가 공중 분해될 판국이었다. 전 대법원장이자 저명한 변호사였던 에밀 하하가 새로운 대통령이 되었지만, 이런 전대미문의 상황을 감당하기에는 너무나 유약한 인물이었다.

눈치만 보던 주변 승냥이 떼들이 히틀러의 묵인 아래 뒤늦게 시체 뜯기에 나섰다. 10월 2일 브와디스와프 보르트노프스키Władysław Bortnowski 소장이 지휘하는 폴란드군이 국경을 넘어 이전부터 노리던 체코 동부의 체스키테신 지방을 점령했다. 또한 슬로바키아를 상대로도 얼마간의 영토를 뜯어냈다. 폴란드로서는 고토 회복일지 몰라도 슬로바키아인에게는 부당한 강탈이자 치욕이었다. 사흘 뒤에는 헝가리가 움직였다. 극우 단체인 〈롱요시 군단Rongyos Gárda〉 500여 명이 국경을 멋대로 넘어간 뒤 슬로바키아 동부 루테니아의 보르자바Borzava 철도역을 공격하여 근무자를 살해했다. 이들은 철수 대신 인근 숲속에서 태평스레 죽치고 있다가 체코군의 기습을 받아 한 방에 괴멸했다. 80여 명이 죽고 400여 명이 포로가 되었다. 먼저 도발한 쪽은 헝가리였지만 어차피 시시비비를 따지는 일은 의미가 없었다.

헝가리 정부는 히틀러의 수법을 그대로 써먹었다. 루테니아 내 헝가리인 지역에서 체코군은 물러나야 한다는 것이었다. 궁지에 몰린 체코슬로바키아는 히틀러, 무솔리니에게 중재를 호소했다. 히틀러는 이제야 숟가락을 얹어 보려는 헝가리에 불쾌감을 감추지 않으면서도 적당히 몫을 챙겨 주기로 했다. 11월 2일 오스트리아 벨베데레 궁전에서 제1차 빈 협정이 체결되었다. 헝가리는 남부 슬로바키아와 루테니아 일부 등 1만 1,882km²에 달하는 영토를 차지했고 100만 명의 인구가 새로이 편입되었다. 20여 년 전 트리아농 조약의 치욕을 처음으로 갚은 셈이었다. 물론 히틀러가 그랬듯, 헝가리 또한 이 정도에 만족하지 못했다.

11월 11일, 호르티는 백마를 타고 슬로바키아 남부의 도시 코시체Košice에 당당하게 입성했다. 기쁨에 들뜬 헝가리인들은 너도나도 다음은 트란실바니아라고 외쳤다. 오랫동안 잊고 있던 대헝가리의 환상

1938년 10월 2일, 체스키테신에 입성하는 폴란드군. 중세 시대에 폴란드가 지배한
적이 있으며 주민의 30퍼센트가량이 폴란드어를 쓴다는 이유였다. 호전적이면서 독일,
소련만큼이나 탐욕스러운 이 군부 독재 국가는 히틀러의 야망에 편승하여 이웃 나라의
몰락에 일조함으로써 900km²의 땅과 26만 명의 새로운 주민을 얻었다. 하지만 그 대가는
훨씬 컸다. 서방의 불신과 국제 사회의 비난은 물론이고 결과적으로 제 발등을 찍은
꼴이 되었다. 설마하니 히틀러의 다음 칼끝이 자신들에게 향할 줄은 미처 생각지 못했기
때문이었다.

이 되살아났다. 체코인들이 자신들을 압제했다고 주장했던 헝가리인
들은 슬로바키아인들을 똑같이 압제했다. 헝가리어가 공식 언어가 되
었고 슬로바키아어를 금지하여 분노를 샀다. 뮌헨 협정에서 반년 뒤인
1939년 3월 15일, 히틀러는 다 죽어 가는 체코슬로바키아의 마지막 숨
통을 끊었다. 체코는 보헤미아-모라바 보호령이라는 이름으로 독일 제
3제국의 직할령으로 전락했고 전 외무 장관이었던 콘스탄틴 폰 노이라
트가 총독이 되었다. 하지만 실권은 악명 높은 게슈타포의 수장이자 유
대인 절멸의 총지휘자인 라인하르트 하이드리히Reinhard Heydrich에게 있
었다. 파시스트 지도자인 요제프 티소Jozef Tiso가 통치하는 슬로바키아는
히틀러에 충성하는 조건으로 체코에서 분리되어 명목상이나마 독립을
인정받았다.

　이번에는 헝가리도 기회를 놓칠세라 잽싸게 움직였다. 히틀러가
체코 침공을 명령하기 하루 전날인 3월 14일, 헝가리군의 공세가 한
발 먼저 시작되었다. 목표는 슬로바키아 동쪽 끝의 자치 공화국 루테
니아였다. 전해에 마무리하지 못한 정복을 완성하겠다는 것이었다. 면
적 1만 3,352km²에 인구 80만 명의 소국인 루테니아는 부랴부랴 체코
슬로바키아에서 분리 독립을 선언하고 카르파토-우크라이나Carpatho-
Ukraine 공화국을 세웠다. 하지만 히틀러는 이미 루테니아를 헝가리의 몫
으로 인정했다. 헝가리 원정군은 솜바텔리 페렌츠Szombathelyi Ferenc 중장
을 총사령관으로 1개 보병 연대와 2개 기병 연대, 3개 자전거 보병 대
대, 1개 차량화 대대, 2개 국경 경비 대대, 1개 포병 대대, 2개 장갑 열
차, 비정규군까지 합하여 2만 명에 달했다. 또한 CV.33 탱켓 7개 중대
와 피아트 3000 경전차 1개 소대 등 50여 대의 경전차가 침공의 선봉에
섰다.

　체코슬로바키아 동부집단군 사령관 레프 프르할라Lev Prchala 장군
은 싸우지 않고 물러났고 신생 루테니아군은 5,000여 명에 불과했다.

수도 후스트Khust에서 격전이 벌어졌다. 쌍방은 각기 200여 명이 넘는 사상자를 냈다. 일부 루테니아군은 폴란드 국경까지 후퇴했지만, 폴란드군에 의해 강제로 무장 해제된 후 수백 명이 학살당했다. 3월 18일, 루테니아는 항복했다. 헝가리는 여세를 몰아 닷새 뒤 동부 슬로바키아를 침공했다. 슬로바키아-헝가리 전쟁이 시작되었다. 루테니아에서와 달리 많은 슬로바키아군 병사가 체코군에서 탈영하여 결사 항전을 벌일 태세였다. 헝가리 공군의 융커스 Ju 86 쌍발 폭격기 10대가 출격하여 슬로바키아 비행장을 폭격했고 슬로바키아 공군의 B-534 복엽 전투기들도 헝가리군 대열을 기총 사격하여 많은 손실을 입혔다. 그러나 히틀러는 자신의 허락 없이 헝가리가 폭주하는 것을 용납하지 않았다. 본격적인 전투가 벌어지기 직전, 독일군이 끼어들자 헝가리군도 물러서야 했다. 3월 31일, 양국은 히틀러의 중재로 평화 조약을 맺었다. 헝가리는 1,697km^{2}를 할양받는 것으로 만족했다. 짧은 전쟁이었지만 그 와중에도 800여 명 이상이 죽거나 다쳤다. 대부분이 애꿎은 민간인들이었다. 진짜 재앙은 그 이후였다. 헝가리는 새로 편입한 땅에서 우크라이나인들을 상대로 대량 학살을 자행했다. 2만 5,000명이 살해되고 8만 명 이상이 소련으로 추방되었다.

폴란드 패망

히틀러는 드디어 본색을 드러냈다. 서방이 충격과 공포로 어쩔 줄 몰라 하는 동안 그는 거침없이 전진하면서 주변국들을 잠식하고 영토를 확장했다. 지난 20여 년 동안 베르사유 체제가 지탱했던 유럽의 판도는 완전히 뒤집혔다. 국경선은 하루가 멀다 하며 바뀌고 있었다. 체임벌린은 오스트리아와 체코슬로바키아 정도면 히틀러의 허기를 채우기에 충분하리라 여겼지만 오산이었다. 히틀러는 여전히 만족스럽지 않았다. 체코슬로바키아를 채 소화하기도 전에 그는 숨 돌릴 틈도 없이 다음 희생양을 찾았다. 어제까지 같은 편이었던 폴란드 차례였다. 히틀러는 독일 본토와 동프로이센을 연결하는 단치히 회랑을 내놓으라고 했다. 독일인들이 많이 살고 있다는 것이 이유였다. 체코슬로바키아를 상대로 써먹었던 방법을 되풀이하는 격이었다. 이번이 정말로 마지막 요구라는 말도 똑같았다. 폴란드로서는 어림없는 소리였다. 바다로 나갈 수 있는 유일한 길일뿐더러, 그렇다고 히틀러가 합리적인 보상을 제시하는 것도 아니었다. 서방은 이번에도 남의 땅을 내줄 준비가 되어 있었지만, 히틀러의 요구에 굴복했던 체코슬로바키아가 어떤 운명을 맞이했는지 뻔히 아는 폴란드는 싸워 보지도 않고 망하느니 끝까지 싸우겠다는 쪽이었다.

물론 폴란드의 반응은 히틀러가 이미 예상한 바였다. 그는 더 이상 허세가 아니라 진짜 실력을 보여 주기로 결심했다. 상황은 1년 전과는 전혀 달랐다. 체코슬로바키아가 멸망하면서 폴란드는 삼면이 포위당한 신세였다. 폴란드군은 싸울 준비가 되지 않았던 반면, 독일군은 체코제 최신 장비를 대거 손에 넣은 덕분에 훨씬 강해졌다. 8월 23일에는 모스크바에서 독소 불가침 조약이 체결되어 서방을 충격에 빠뜨렸다. 더욱 치명적인 사실은 따로 있었다. 스탈린은 히틀러와 단순히 불가침만이 아니라 동유럽을 양분한다는 이면 계약까지 맺었다. 첫 번째 제물이 폴란드가 될 참이었다. 8월 31일, 총통 명령 제1호가 하달되었다.

다음 날 66개 사단 150만 명에 달하는 독일군의 전면 침공이 시작되었다. 아직은 서방이 무서웠던 헝가리와 이탈리아는 잽싸게 발을 뺐지만, 슬로바키아는 전해의 치욕을 갚을 요량으로 독일에 가세했다. 페르디난트 차틀로시Ferdinand Čatloš 중장이 지휘하는 베르놀라크 야전군 Field Army Bernolák이 편성되었다. 병력은 3개 보병 사단 5만 1,306명에 달했다. 또한 16만 명에 달하는 예비군이 동원되었다. 슬로바키아군은 독일 남부집단군 산하 빌헬름 리스트 상급대장의 제14군에 편입되었다. 하지만 준비 부족으로 실제로는 제1보병사단만 출동했고 국경에서 30km를 전진한 다음 일주일 뒤 멈추었다. 짧은 전쟁이었지만 슬로바키아군은 37명이 전사하고 114명이 다쳤다.

사면초가의 상황에서도 폴란드 병사들의 용기만큼은 의심할 여지가 없었다. 그중에서도 폴란드군 최고의 엘리트 부대인 기병 부대는 자신들이 그 옛날 역사상 최강의 기병대 중 하나이자 유럽 벌판을 종횡무진 누비며 적들에게 공포를 뿌렸던 윙드 후사르의 후예임을 확실하게 증명했다. 오랫동안 서구 세계에서는 이들이 마치 풍차와 싸웠던 돈키호테처럼 창을 들고 독일 전차들을 향해 〈닥돌〉했다가 학살당했다는 황당무계한 에피소드가 도시 전설처럼 전해져 왔다. 폴란드 기병들이 독일 전차가 종이로 만든 가짜라고 착각하여 이런 무모한 짓을 벌였다는 것이다. 대표적으로 폴란드 전역에서 독일 기갑 부대를 지휘했던 구데리안 장군은 자신의 저서인 『전차 지휘관*Panzer leader*』에서 〈폴란드 기병들은 우리 전차의 성능에 무지하여 창과 칼로 돌격했다〉라고 주장하여 오랫동안 사람들에게 편견을 각인하는 데 일조했다. 문제는 어디까지나 〈카더라〉일 뿐, 이들이 자기 눈으로 직접 본 것은 아니었다는 사실이다. 진실은 크림 전쟁에서 카디건 백작이 지휘한 영국 경기병 연대의 그 유명한 자살 돌격과는 거리가 멀었다.

개전 첫날인 9월 1일 단치히* 서남쪽 100km 떨어진 크로얀티 Krojanty에서 폴란드 제18포메라니안기병연대는 독일 제20차량화사단 예하 부대인 제76보병연대를 향해 공격에 나섰다. 공터에서 경계를 소홀히 한 채 쉬고 있는 800여 명의 독일 보병을 발견한 폴란드군은 2개 중대 250여 명이 기병 돌격하여 단숨에 분쇄하고 공터를 점령했다. 승

* 지금의 그단스크이다.

리의 기쁨도 잠시였고 그 직후 독일군의 Sd Kfz 221/231 장갑차들이 나타나 기관총을 난사했다. 연대장 카지미에시 마스탈레시Kazimierz Mastalerz 대령이 전사한 것을 비롯해 폴란드군은 70여 명이 죽거나 다쳤다. 하지만 독일 전차 앞에서 무자비하게 학살당한 것이 아니라 대오를 유지한 채 조직적으로 후퇴하는 데 성공했다. 독일군의 손실은 20여 명 정도에 불과했지만, 폴란드군의 과감한 반격에 놀란 나머지 제20차량화사단 전체가 후퇴를 고려했을 정도였다. 즉 폴란드 기병대는 전차나 장갑차가 아니라 무방비로 앉아 있던 보병에게 돌격했고 작은 승리를 거두었다. 또한 이들이 가지고 있는 Wz.35 대전차 소총은 300m 거리에서 15mm 강철판을 관통하여 거의 모든 독일 기갑 차량을 격파할 수 있었다. 그 밖에 몇 대의 TKS 탱켓도 있었다. 느닷없이 독일 장갑차들을 만나지 않았다면 더 훌륭한 싸움을 벌였을 것이었다.

싸움 자체는 대수롭지 않았고 전황에 어떤 영향도 주지 않았지만 엉뚱한 일로 유명해졌다. 다음 날 인드로 몬타넬리Indro Montanelli라는 이탈리아인 종군 기자가 다른 독일 기자들과 함께 독일군이 제공한 메르세데스 벤츠를 타고 현장에 도착했다. 그는 독일 병사들로부터 전날 전투에서 폴란드 기병들이 독일 장갑차를 향해 착검 돌격했다는 얘기를 들었고 그들의 시신과 말을 정리하는 광경을 볼 수 있었다. 몬타넬리는 이탈리아 일간지인 『코리에레 델라 세라Corriere della Sera』에 〈Cavalli contro autoblindo(장갑차에 맞서는 말들)〉라는 제목의 기사를 썼다. 기사는 폴란드인을 멍청하거나 무모하다고 깎아내리는 내용과는 거리가 멀었다. 오히려 폴란드군의 기병 돌격을 매우 서사적으로 묘사했고 그들의 용맹함을 높이 평가했다. 〈말들의 사나운 돌격은 독일군의 포격을 막기 위해 시작되었고 사선을 향해 돌진했다. 혼란과 무질서, 피비린내 나는 엉킴 속에서 말들의 이어지는 물결은 워털루의 도랑과 투우장, 참치로 들끓는 그물을 연상케 한다. 포격으로 솟구친 먼지와 흙이 가라

앉자 기수 없는 말과 말이 없는 기수가 메마른 황무지를 배회하는 모습을 볼 수 있었다.〉 물론 사실이라기보다 주변에서 대충 주워들은 얘기와 작가적 상상력을 적당히 섞어 가공한 창작일 뿐이었다.

원래 몬타넬리는 나치의 추종자이기는커녕 무솔리니에 반대하는 반파시스트 인사였다. 스페인 내전에서는 파시스트 군대의 위대한 활약상을 기사화하는 데 협조하기를 거부했다는 이유로 찍혀 이탈리아에서 추방되었다. 나중에는 저항 단체에 가입했다가 게슈타포에 체포되어 사형 선고를 받기도 했지만, 총살 직전 운 좋게 스위스로 탈출했다. 2000년에는 국제신문편집자협회International Press Institute에서 선정한 50명의 세계 언론 자유 영웅 중 한 사람으로 뽑히기도 했다. 하지만 그도 자신이 쓴 기사가 독일군에 의해 각색되어 두고두고 폴란드 기병의 용맹을 웃음거리로 만드는 데 쓰일 줄은 생각하지 못했을 것이다. 9월 13일, 독일 군사 잡지『국방군Die Wehrmacht』은 폴란드 선전 매체들이 독일 기갑 차량들의 장갑을 은박지처럼 얇다고 주장하는 바람에 폴란드 병사들을 우스꽝스러운 공격으로 내몰았다고 썼다.

하지만 〈폴란드판 돈키호테〉의 신화를 만들어 낸 장본인은 따로 있었다. 미국의 저명한 특파원이자 역사 저술가로 세계적인 명성을 얻게 되는 윌리엄 샤이러였다. 9월 18일, 단치히 회랑을 방문한 그는 독일군의 선전물만 읽고 자신의 일기에 〈폴란드 기병 사단이 수백 대의 독일 전차를 향해 돌격하여 전멸했다더라〉라고 썼다. 터무니없는 과장이었지만 20여 년 뒤『제3제국사』를 쓸 때도 확인 없이 그대로 옮겨 적었다. 〈전차에 맞서는 말들! 전차의 기다란 포에 맞서는 기병대의 긴 창! 용감하고 영웅적이면서 대단히 어리석었던 그들은 독일군의 맹습 앞에서 단숨에 제압당했다.〉 심지어 스탈린조차 카틴 숲에서 3만 명의 폴란드 장교를 무참히 학살하면서 이들을 가리켜 부하들을 개죽음으로 내몰았던 자들이라고 매도했다. 막상 제2차 세계 대전을 통틀어 정말로

폴란드 기병들의 야전 기동 훈련 모습. 이들은 중세 기사처럼 고색창연한 창과 검이 아니라
대전차 소총과 보포스 37mm 대전차포, 탱켓 같은 현대적인 무기로 무장한 정예 부대였다.
하지만 독일군이 만들어 낸 가짜 뉴스와 서방의 뿌리 깊은 인종적 편견 때문에 수십 년 동안
어리석은 군대의 대명사라는 오명을 뒤집어써야 했다.

독일군 전차를 향해 돌격하여 전멸당한 쪽은 폴란드 기병이 아니라 독소 전쟁 초반 스탈린의 등쌀과 무능한 소련 장교들의 강요에 내몰린 몽골 기병들이었다.

폴란드군은 적어도 몇 달 뒤 벌어지는 서부 전역의 프랑스군보다는 훨씬 영웅적으로 싸웠다. 그러나 전차와 항공기라는 신무기를 이용한 독일군의 새로운 전술 앞에서 인간의 용기 따위는 무용지물이었다. 독일 군사학자 카를 하인츠 프리저Karl Heinz Frieser의 명저인 『전격전의 전설』에서는 독일 전격전이 나치의 프로파간다에 의해 상당 부분 과장되었다고 주장했지만, 현실에서 그것을 직접 맞닥뜨렸던 사람들에게는 결코 허상이 아니었다. 독일군은 20년 만에 처음 싸우는 군대라고는 도저히 믿을 수 없을 만큼 조직적이고 체계적이었으며 만만찮은 강적으로 여겨졌던 폴란드군의 방어선을 일방적으로 유린했다. 특히 괴링이 건설한 새로운 독일 공군은 쉴 새 없이 폴란드의 하늘을 날아다니면서 반격을 시도하는 폴란드군을 철저히 분쇄하여 현대전에서 공군의 위력이 어떤 것인지 확실하게 보여 주었다.

폴란드 지도부의 구태의연하고 우유부단한 태도는 상황을 히틀러에게 더욱 유리하게 만들었다. 위대한 전쟁 영웅이자 국부인 유제프 피우수트스키 원수가 죽은 뒤 구심점을 잃고 분열된 폴란드는 히틀러를 자극할 수 있다는 서방의 압력에 못 이겨 동원령을 늦추었다. 그러면서도 한 치의 땅도 내줄 수 없다는 이유로 가뜩이나 부족한 병력은 넓은 국경선을 따라 분산 배치되어 독일군의 최초 공격에 취약하게 만들었다. 그렇다고 프랑스의 마지노 라인과 같은 철벽의 요새가 국경을 단단히 지키는 것도 아니었다. 폴란드는 가난한 나라였기 때문이었다. 소련에 대한 비타협적인 태도는 스탈린이 히틀러와 결탁하게 만들어 폴란드를 고립시켰다. 언제나 주변국들의 위협에 놓여 있던 폴란드군은 고도로 훈련되어 있었고 높은 사기와 함께 독일군 못지않은 우수한 무기도 있었지만, 재정난으로 충분한 수량을 확보할 수 없었다. 개전 직전에야 영국제 허리케인 전투기 10대를 포함하여 200여 대가 넘는 최신 항공기를 서방에 주문했지만, 시간이 촉박하여 전쟁이 끝날 때까지 단 한 대도 도착하지 못했다.

히틀러의 전쟁 명분이었던 단치히는 첫날 함락되었다. 90퍼센트 이상이 독일계였던 단치히 주민들은 독일군이 오자 쌍수를 들고 환영했다. 그 와중에도 폴란드군 수비대는 완강하게 저항했다. 특히 단치히 우체국은 압도적인 독일군을 상대로 열다섯 시간이나 버티기도 했다. 나중에 귄터 그라스의 소설『양철북』의 무대가 된다. 물론 히틀러는 여기서 멈추지 않았다. 그는 폴란드 전체를 원했다. 독일군이 폴란드 서부를 전광석화처럼 휩쓰는 가운데 결정타는 스탈린이 날렸다. 9월 17일, 소련군 80만 명이 무방비나 다름없는 폴란드 동부를 침공했다. 폴란드로서는 사형 선고였다. 폴란드군 국경수비대는 루블린 동쪽 100km 떨어진 샤츠크Szack*에서 수적으로 3배나 우세한 소련군 제52소총사단을 기습하여 작은 승리를 거두기도 했지만, 그 정도로는 소련군의 전진을 막기에 역부족이었다. 9월 28일, 수도 바르샤바는 포위된 채 독일 공군의 맹폭격을 받은 뒤에 항복했다. 10월 6일, 폴란드 남부에서 벌어진 코츠크 전투battle of Kock를 마지막으로 폴란드는 패망했다. 폴란드는 양분되어 독일과 소련이 각각 절반씩 나누어 가졌다. 슬로바키아 또한 폴란드가 빼앗아 간 영토를 되찾았다.

하지만 폴란드인들은 끝까지 항복을 거부했다. 12만 명에 달하는 폴란드군 잔여 부대는 마지막 남은 우방인 남쪽의 루마니아를 통해 연합국 진영으로 탈출했다. 이들은 서부 폴란드군으로 재편되어 1940년 5월 프랑스 전역부터 영국 본토 항공전, 북아프리카, 이탈리아, 마켓가든 작전 등 나치가 패망하는 순간까지 연합군의 일원으로 거의 모든 전

* 지금의 우크라이나 샤츠크Shatsk이다.

투에서 싸우게 된다. 숫자는 최대 25만 명에 달했다. 망명 군대 중에서는 가장 규모가 컸다. 독일이 항복한 뒤에는 서방 연합군과 함께 독일 점령의 한 축을 맡기도 했다. 일부는 지하로 숨어들어 국내군Home Army을 조직하고 나치 치하에서 저항 운동을 계속했다. 그리스나 유고슬라비아의 공산주의 파르티잔과는 달리 폴란드 저항 세력은 우파가 주축이었고 소련이 히틀러와 한편이 되어 침략했다는 사실을 잊지 않았다. 2년 뒤 독소 전쟁이 발발하자 스탈린은 폴란드에서 잡아들인 수만 명의 포로를 석방하여 친소 괴뢰군을 만들려고 했지만, 대부분 탈출하여 서방 진영으로 넘어가는 쪽을 택했다. 소수만 끝까지 남아서 소련의 통제를 받는 폴란드 인민군에 가담했다.

1943년 2월에는 서부 러시아 스몰렌스크 인근에서 폴란드 장교들을 대량 학살한 〈카틴 숲 학살 사건〉이 까발려지면서 폴란드와 소련의 관계는 최악으로 치달았다. 소련에 대한 불신감을 버릴 수 없었던 폴란드인들은 전쟁 말기 소련군이 독일군을 밀어내고 폴란드로 진격하자 1944년 8월 1일 바르샤바 봉기를 일으켰다. 소련에 의한 해방을 거부하고 자신들의 손으로 조국을 되찾기 위함이었지만 결과는 최악이었다. 현실 감각을 잃은 히틀러의 아집 탓이었다. 히틀러는 폴란드를 소련과의 완충 지대로 활용할 수 있었음에도 눈앞의 분노를 참지 못한 나머지 소련군을 막는 데 써야 할 병력을 바르샤바에 투입했다. 전투는 전례없이 치열했다. 폴란드인들은 스탈린그라드에서 소련군이 그랬던 것처럼 건물들을 요새 삼아 완강히 저항했다.

사생결단인 것은 독일군도 마찬가지였다. 심지어 인류 역사상 최강의 대포라 불리는 구경 800mm의 구스타프 열차포까지 동원되었다. 무장 친위대 중에서도 가장 난폭하기로 악명 높은 디를레방어 여단Dirlewanger Brigade도 투입되었다. 범죄자와 주정뱅이, 인간 말종으로 구성된 이 부대는 전투에서는 거의 쓸모가 없어도 후방에서 민간인을 상대로 만행을 저지르는 일만큼은 타의 추종을 불허했다. 한 병원에서는 밤새도록 간호사들을 강간한 다음 거리 한복판에 알몸으로 목매달았다. 그 와중에도 스탈린은 서방과 폴란드 망명 정부의 비난에 눈 하나 깜짝하지 않고 강 건너 불구경하면서 마지막까지 두 적이 서로 죽고 죽이는 것을 즐겼다.

10월 2일, 폴란드인들은 항복했다. 히틀러는 폐허로 변한 도시를 다시 손에 넣었지만, 한낱 에너지 낭비일 뿐이었다. 최후의 승자는 스탈린이었다. 봉기가 끝나자마자 소련군은 기다렸다는 듯 공세를 재개했다. 1945년 1월 17일, 소련군은 바르샤바에 입성했다. 완전히 만신창이가 되어 소련에 저항할 힘이 남아 있지 않았던 폴란드 국내군은 새로운 지배자를 순순히 받아들여야 했다. 소련군과 함께 들어온 스탈린의 악명 높은 비밀경찰 NKVD는 그때까지 살아남은 저항 세력을 철저하게 소탕하여 남은 화근을 완전히 없앴다. 폴란드를 해방할 유일한 방법은 강대국들끼리의 거래였다. 그러나 대소 유화론자였던 루스벨트는 전쟁 중에 연합국의 결속을 깨뜨릴 수 있다는 이유로 덮어 버렸다. 바꾸어 말하면 이제 와서 자신이 뭐라고 한들 스탈린은 폴란드에서 절대로 손을 뗄 생각이 없다는 사실을 알고 있었다는 얘기였다.

알타와 포츠담 회담에서도 서방과 스탈린 사이에서 폴란드는 여전히 〈뜨거운 감자〉였다. 하지만 칼자루를 쥔 쪽은 스탈린이었다. 더 불리한 처지에서도 서방에 숙이기를 거부했던 그가 승리를 눈앞에 두고 물러설 리는 없었다. 폴란드는 연합국의 일원이자 승전국임에도 패전국처럼 영토를 강탈당하는 수모를 겪어야 했다. 1939년 9월, 소련군에 점령당했던 동부 폴란드는 서쪽과의 완충 지대를 확보한다는 이유로 다시 소련에 편입되었다. 그 대신 동프로이센이 보상으로 주어졌다. 폴란드의 영토는 38만 6,000km²에서 31만 2,000km²로 줄어들었다. 남한 면적의 70퍼센트에 맞먹는 영토를 강탈당한 셈이었다. 물론 폴란드는 가난한 동부 폴란드 대신 더 발달한 공업 지대와 새로운 해안가를 얻었다는 점에서 손익을 따지는 게 쉽지 않지만, 분명한 사실은 스탈린의 일방적인 결정이지 폴란드인들이 원했거나 합의를 거친 결과가 아니라는 점이었다.

골수 반공주의자이자 전쟁 내내 두 거인 사이에서 자신의 왜소함을 절감해야 했던 처칠은 루스벨트가 죽고 독일이 항복한 뒤에야 폴란드 문제를 거론했다. 그는 여차하면 소련과 한판 붙을 각오로 〈언싱커블 작전Operation Unthinkable〉을 세우기도 했다. 서방과 소련의 경계였던 엘베강에서 47개 사단으로 공세에 나서 폴란드를 비롯한 동유럽 전체를 소련의 지배에서 해방하겠다는 것이었다. 그러나 겨우 평화를 얻어 낸 서방 사람들로서는 뮌헨 회담 당시 체임벌린의 말마따나 자기와 상관없는 멀리 떨어진 나라의 사람들을 위해 새로운 전쟁을 시작한다는 것은 어림없는 얘기였다. 처칠은 포츠담 회담 중에 열린 총선에서 어이없이 참패하여 물러나야 했다. 후임자는 좌파 노동당 당수였던 클레멘트 애틀리였다. 그는 1930년대 내내 히틀러의 위협에 맞서기 위한 군비 증강과 징병제를 강력히 반대하여 영국의 발목을 잡은 인물이었다. 이제는 스탈린을 상대로 평화주의를 내세울 참이었다.

소련에 대한 서방의 환상은 스탈린이 히틀러만큼이나 타협 불가능한 상대임이 분명해진 뒤에야 끝났다. 하지만 루스벨트의 뒤를 이은 트루먼 역시 소련의 세력권에 들어간 폴란드를 해방하겠답시고 무모한 일전을 벌일 생각은 없었다. 그 대신 각자의 영역을 단단히 지키는 쪽을 택했다. 서로의 세력 균형을 유지하면서 소련의 팽창을 저지한다는 〈트루먼 독트린〉은 냉전 내내 미국의 원칙이 되었다. 조국을 되찾기 위해 엄청난 대가를 치렀던 폴란드인들에게는 결코 반갑잖은 결말이었다. 폴란드의 악몽은 동유럽에서 소련의 지배가 막을 내리고 공산 체제가 무너지는 1989년에야 끝날 수 있었다. 히틀러가 침공한 지 꼭 반세기 뒤의 일이었다.

히틀러에 운명을 걸다

독일 국민에게 약속했던 대로 베르사유 체제의 피조물들을 하나씩 제거한 히틀러는 뒤이어 그 체제를 만들어 낸 창조주까지 분쇄했다. 폴란드 전역부터 9개월에 걸쳐 연합국 수뇌부가 모아 둔 역사상 가장 거대한 군대는 훗날 처칠의 표현대로 독일군이 거대한 낫으로 나락을 베듯한 방에 무참히 날려 버렸다. 연합군은 머릿수만 많을 뿐 실속 없는 오합지졸이었기 때문이었다. 야전에서 기동 훈련 대신 땅을 파고 방어 진지를 구축하는 데 수개월의 귀한 시간을 허비했던 프랑스군 병사들은 독일군의 〈전격전〉 앞에 변변히 싸워 보지도 못한 채 추풍낙엽처럼 무너졌다. 6월 14일, 파리가 함락되었다. 바르샤바와 같은 영웅적인 투쟁은 찾아볼 수 없었다.

좌절한 프랑스인들은 끝까지 싸우는 대신 재빨리 히틀러의 관용에 매달리는 쪽을 선택했다. 6월 22일, 콩피에뉴 숲에서 휴전 협정이 체결되었다. 프랑스인들의 기대는 완전히 빗나갔다. 관용은커녕 베르사유 조약에서 독일이 당했던 것보다 훨씬 가혹했다. 1918년의 프랑스와는 달리 혼자 힘으로 승리한 독일은 동맹국의 눈치를 볼 필요가 없었기 때문이었다. 프랑스의 2/3는 독일이 직접 지배했고 나머지 1/3은 독일의 보호국으로 전락했다. 거액의 배상금이 부과되었고 100만 명이 넘는 프랑스군 포로들은 석방되는 대신 전쟁 노예가 되어 독일로 끌려갔다. 영국군은 노예 신세를 면했지만, 목숨만 건져서 도버 해협 너머로 쫓겨났다. 족쇄에서 풀려난 쪽은 독일만이 아니었다. 더 이상 서방의 눈치를 볼 필요가 없게 된 다른 패전국들 역시 기다렸다는 듯 과거의 승자에게 이빨을 드러냈다. 입장은 서로 바뀌었고 이제 되갚아 줄 때였다.

서방의 몰락으로 날벼락을 맞은 나라 중에는 루마니아도 있었다. 1년 전 독소 불가침 조약을 맺었을 때 히틀러는 소련이 루마니아에 빼앗긴 제정 러시아 시절의 영토를 되찾는 데 동의했다. 하지만 폴란드 전역이 시작될 때만 해도 루마니아는 걱정하지 않았다. 폴란드는 1921년부터 루마니아의 든든한 동맹국이었고, 영국과 프랑스가 재빨리 독일에 선전 포고했기 때문이었다. 이번에도 연합군이 마땅히 이길 것이라고 굳게 믿었다. 친영파 정치인이자 총리였던 아르만드 컬리네스쿠Armand Călinescu는 〈전쟁이 시작되면 우리는 영국과 함께할 것이다. 왜냐하면 그곳에 승리가 있고, 또한 그것이 모든 국민의 희망이기 때문이다〉라고 선언했다. 루마니아는 독일로 향하는 물자 수송을 늦추는 한편, 폴란드에 자신들도 함께 싸우겠다고 제안했지만 거절당했다. 남의 도움이 필요 없어서가 아니라 루마니아가 끼어들어 전쟁을 확대하기보다 차라리 중립으로 남는 쪽이 피난처이자 후방 기지로 활용할 수 있다는 이유였다. 특히 흑해 연안의 항구 도시인 콘스탄차Constanța는 서방의 지원을 얻기 위한 통로가 될 것이었다.

폴란드와 루마니아의 예상은 빗나갔다. 서방은 싸울 준비가 되지 않았다는 핑계로 마지노 라인에 숨어 폴란드가 패망하는 모습을 끝까지 모르는 척했다. 하지만 루마니아는 끝까지 폴란드의 편에 남았다. 10만 명이 넘는 폴란드 병사들과 2만 5,000여 명의 민간인은 〈루마니아 교두보Romanian Bridgehead〉를 통해 남쪽으로 탈출하여 나치의 포로가 되는 운명을 피할 수 있었다. 8만 2,000kg에 달하는 폴란드 정부의 금 역시 루마니아로 운송되었다. 루마니아 정부는 독일의 위협에도 불구하고 그중 일부를 수송선에 실어 루마니아 해군의 호위 아래 콘스탄차에서 프랑스로 안전하게 옮겼고 폴란드 망명 정부의 중요한 자금으로 활용했다. 나머지 금은 안전하게 보관되어 전쟁이 끝난 뒤인 1947년에 폴란드로 반환되었다. 한 뼘의 영토를 놓고 서로를 철천지원수처럼 대하기 일쑤인 동유럽에서는 보기 드물게 훈훈한 모습이었다.

비록 의리는 지켰다지만 루마니아는 그야말로 내우외환이었다.

국내에서는 독일의 지원을 받는 극우 파시스트 단체인 철위단Iron Guard
이 왕정을 뒤엎고 권력을 차지할 기회만 노리면서 혼란을 더욱 부추기
고 있었다. 폴란드가 무자비하게 짓밟히고 있던 9월 21일 컬리네스쿠
총리는 철위단에 암살당했다. 그 뒤에는 히틀러의 지시를 받은 게슈타
포의 개입이 있었다. 하지만 나치 선전 매체들은 뻔뻔하게도 암살 배후
에 영국과 폴란드가 있다고 떠들었다. 루마니아가 연합군에 협조하기
를 거부하고 중립을 유지한 보복이라는 것이었다. 한 달도 되지 않아 유
일한 우방인 폴란드가 패망하면서 상황은 더욱 나빠졌다. 루마니아는
사방이 적이었다. 서쪽은 헝가리가, 북쪽과 동쪽은 소련이, 남쪽은 불가
리아가 있었다. 어느 쪽이건 불구대천의 원수였다. 지켜야 할 방어선은
3,000km에 달했다. 20여 년 전 분별없이 영토를 무한 확장했던 것이
부메랑으로 돌아왔다.

당장 프랑스가 패망하자마자 기다렸다는 듯 스탈린이 루마니아로
눈을 돌렸다. 6월 26일 밤 10시, 루마니아에 최후통첩이 떨어졌다. 루
마니아 동부 지역의 베사라비아와 북부 부코비나를 내놓으라는 것이었
다. 베사라비아는 몰라도 부코비나는 원래 헝가리의 일부였고 역사적
으로도 러시아와는 무관했다. 그러나 스탈린은 루마니아가 지난 22년
동안 베사라비아를 불법 점거하면서 소련에 막대한 손실을 입힌 데 대
한 〈작은 보상minor reparation〉이라며 억지를 부렸다.

소련군의 루마니아 침공은 핀란드 침공처럼 즉흥적인 결정이 아니
라 이미 몇 달 전부터 치밀하게 진행된 일이었다. 6월 말에 오면 국경에
배치된 소련군은 남부 전선군 산하 43개 보병 사단, 3개 기계화 보병 사
단, 10개 기병 사단, 11개 전차 여단, 3개 공수 여단, 34개 포병 연대 등
가공할 전력이었다. 그리고 이 거대한 군대를 지휘하는 사람이 다름 아
닌 게오르기 주코프였다. 몇 달 전 핀란드에서 소련군이 수렁에 빠져 죽
을 쑤었던 것과 달리, 그는 할힌골 전투에서 일본군의 코를 납작하게 눌

렸던 젊은 명장이었다.

여기에 맞서는 루마니아군은 니콜라에 터터라누Nicolae Tătăranu 장군이 지휘하는 시레트 집단군Army Group Siret* 산하 20개 보병 사단, 3개 기병 사단, 1개 산악 여단이었다. 루마니아는 독일이 폴란드를 침공한 직후 총동원령을 선포하고 병력을 크게 늘렸지만 대부분 변변한 훈련도 받지 못한 오합지졸이었고 무기와 장비는 제1차 세계 대전 때와 다를 바 없었으며 숫자 또한 턱없이 부족했다. 시기적으로도 기계화 부대를 운용하기에 최적의 때인 초여름이었다. 핀란드와 같은 기적을 일으킬 가능성은 전혀 없었다. 상대 또한 최악이었다. 주코프는 스탈린의 무능한 아첨꾼이자 겨울 전쟁에서 소련군의 악몽을 초래했던 보로실로프와는 전혀 달랐다. 20세기 최고의 장군 중 한 사람으로 손꼽히는 그는 철저하게 준비했고 병력에서 루마니아군을 3배 이상 압도했다. 루마니아군 수뇌부는 〈만약 우리가 공격받는다면 단호하게 맞서 싸울 것임을 러시아인들이 분명히 깨닫게 될 것〉이라면서 결사 항전의 의지를 다졌지만, 현실적으로 뭘 어떻게 하더라도 압도적인 전력 차이를 극복하고 소련군을 막아 낼 가능성이 없음은 불 보듯 뻔했다.

소련 외무위원장 몰로토프는 24시간 안에 답변할 것과 루마니아가 소련의 요구를 거부하면 침공이 시작될 것이라고 엄포를 놓았다. 협상 시도는 실패했다. 국왕 카롤 2세Carol II가 이탈리아와 독일 대사에게 도움을 호소했지만 소용없었다. 루마니아 정부가 항전이냐 후퇴냐를 놓고 논의 중이던 6월 28일 새벽 2시, 소련군의 침공이 시작되었다. 국왕과 내각은 굴복을 결정했다. 오전 9시, 총참모부는 루마니아군의 철수를 명령했다. 국경에는 루마니아가 소련의 침공에 대비하여 건설한 대규모 요새 지대가 있었지만 싸우지 않고 포기했다. 일선 부대에는 어떤 저항과 도발도 금지되었고 소련군과의 접촉을 피해 서쪽으로 후퇴

* 시레트는 루마니아와 우크라이나 사이를 흐르는 강 이름이다.

하라는 지시가 떨어졌다. 갑작스러운 명령에 베사라비아와 부코비나의 루마니아군은 대혼란에 빠졌다. 아무런 경고를 받지 못한 민간인들 역시 피란할 준비가 되어 있지 못했고 사실상 버림받았다.

소련군의 모습은 겨울 전쟁 때와는 전혀 달랐다. 소련군 전차들이 빠르게 접근하면서 도시들은 공황 상태에 빠졌다. 후방에서는 소련군 공수 부대가 낙하하여 혼란을 더했다. 원래부터 오합지졸이었던 루마니아군의 군기는 완전히 무너졌다. 일부 병사들은 술에 취해 상점을 마구 약탈한 다음 달아나기도 했다. 소련군은 선전 전단을 뿌리고 확성기로 루마니아군의 탈영을 부추겼다. 많은 현지 출신 병사가 무기를 버리고 탈영하여 집으로 돌아가거나 소련군에 투항했다. 기차역은 피란민으로 가득했다. 지난 수개월 동안 소련군이 침공을 준비하고 있음을 뻔히 알면서도 아무 대책 없이 시간만 허비했다는 점에서 카롤 2세가 얼마나 무능하고 우유부단한 인물인지 보여 주는 셈이었다. 그러나 모든 책임은 엉뚱하게도 유대인들 탓으로 돌려졌다. 현지 유대인들이 소련 공산주의에 동조하여 의도적으로 혼란을 조장했다는 것이었다. 이는 유대인에 대한 증오심과 함께 대대적인 유대인 탄압으로 이어졌다.

제때 명령받지 못한 루마니아 국경수비대와 소련군 사이에 사소한 충돌이 없지는 않았지만 그렇다고 전투가 벌어지거나 유혈 사태는 없었다. 소련군은 순조롭게 루마니아 영토를 접수해 나갔다. 그러나 스탈린은 여기에 만족하지 못했다. 고삐 풀린 소련군은 자신들이 정한 새로운 국경선까지 무시하고 계속해서 밀고 들어왔다. 6월 29일 오전 4시에는 헤르차Hertsa 지방을 침공했다. 현지 수비를 맡은 루마니아 장교는 소련군이 무단으로 국경을 넘었다고 여겨 경고하기 위해 소련군에 접근했다가 사살당했다. 제2차 세계 대전에서 전사한 첫 루마니아인이었다. 헤르차 지방은 루마니아의 오랜 영토였다. 소련군은 루마니아가 항의하자 〈아마도 군사적인 실수인 모양〉이라면서도 순순히 물러나는 대

1939년 9월 말, TKS 탱켓과 함께 루마니아 교두보로 후퇴한 폴란드 기병 정찰 대원들.
9월 17일 소련의 침공은 독일군을 막기에도 급급했던 폴란드에 비수를 꽂았다. 폴란드군
총사령관 에드바르트 리츠시미그위Edward Rydz-Śmigły 원수는 대세가 결정되었으며 더 이상
저항이 무의미하다고 여겨 전군에 탈출을 명령했다. 그의 결단 덕분에 많은 병사가 독일과
소련군의 추격을 피해 연합군 진영으로 빠져나와 계속 싸울 수 있었다.

1940년 6월 28일, 베사라비아로 진군 중인 소련군의 T-26 경전차(선두)와 BA-3 장갑차
부대. 겨울 전쟁 때의 우왕좌왕하는 모습과는 대조적으로 소련군은 속전속결로 새로운
점령지를 접수했다. 지휘관이 무능한 보로실로프가 아니라 주코프였기 때문이었다. 누가
지휘하는가에 따라 소련군은 완전히 달라질 수 있다는 얘기였다. 하지만 히틀러는 겨울 전쟁
때의 소련군만 기억하고 독소 전쟁을 일으킴으로써 큰 대가를 치러야 했다.

신 뻔뻔하게 그대로 눌러앉았다. 오늘날까지도 우크라이나령으로 남아 있다. 베사라비아의 2/3는 소련의 새로운 공화국인 몰도바 공화국으로 탄생했고 나머지는 우크라이나에 흡수되었다.

소련군은 침공 일주일 만인 7월 4일까지 루마니아 동부의 점령을 끝냈다. 소련이 병합한 영토는 루마니아 전체의 1/6에 해당하는 5만 762km²에 달했다. 378만 명이 소련의 통치 아래 들어갔다. 20만 명의 루마니아인들이 공산주의를 피해 서쪽으로 피란했지만 반대로 루마니아의 반유대주의 탄압을 받았던 14만 명에 달하는 유대인들은 동쪽의 소련 점령 지역으로 넘어갔다. 그 과정에서 소련군과 루마니아군의 무자비한 보복이 자행되어 수천 명의 난민이 살해되었다. 프루트강을 따라 소련과 루마니아의 새로운 국경이 그어졌다. 극심한 혼란 속에서 6만 2,000여 명에 달하는 루마니아군이 탈영하거나 실종되었으며 7만 정의 소총과 1,000정의 기관 단총, 277정의 기관총, 147문의 대포, 탄약 등 대량의 무기가 버려졌다.

굴욕은 여기서 끝이 아니었다. 얼마 뒤 이번에는 이웃의 위기를 기회로 여긴 헝가리와 불가리아가 루마니아를 핍박하여 영토 뜯기에 나섰다. 불가리아는 2년 전인 1938년 7월 31일 루마니아, 유고슬라비아, 그리스와 살로니카 협정Salonika Agreement을 맺어 서로의 해묵은 원한을 내려놓고 독일, 이탈리아에 대항하는 공동 전선을 구축하기로 합의했다는 점에서 뒤통수를 친 격이었다. 루마니아는 이번에도 백기를 들었다. 8월 30일 제2차 빈 협정Second Vienna Award이 체결되었다. 헝가리는 북부 트란실바니아 4만 3,000km²와 260만 명을 되찾았다. 불가리아 역시 남부 도브루자Dobruja 6,921km²와 42만 5,000명의 인구를 얻었다. 두 나라는 패전의 설욕을 한 반면, 루마니아는 두 달 만에 영토와 인구의 1/3을 잃었다. 더욱이 국경에 건설했던 요새 지대와 대량의 무기, 장비가 모조리 적의 손에 넘어가면서 루마니아는 그야말로 발가벗겨진 것이나 다름없었다. 카롤 2세의 권위는 완전히 땅에 떨어졌다. 성난 국민이 거리로 쏟아져 나와 그동안 자신들의 혈세로 샀다는 비행기와 무기는 죄다 어디에 있느냐며 분통을 터뜨렸다. 철위단도 제 세상을 만난 듯 활개를 치고 다녔다. 더 큰 문제는 국왕 카롤 2세가 이러한 전대미문의 국난을 극복할 만한 그릇과는 거리가 멀다는 사실이었다.

무능한 아버지와 바람둥이 어머니 사이에서 태어나 응석받이로 자란 그는 〈플레이보이 왕자〉라는 별명처럼 신분에 맞는 책임감이나 자제력은 찾아볼 수 없었다. 오직 자신의 욕망에만 충실한 방탕아였다. 온갖 사치와 향락을 즐겼으며 걸핏하면 사고를 쳐서 국민을 실망시키고 왕실의 권위를 떨어뜨렸다. 스무 살이 되자 프로이센 근위 연대에 들어가 잠시 복무했지만 제 버릇을 못 버린 채 군법을 어기고 무단 탈영하는 등 내내 말썽을 부렸다. 나중에는 유대인 출신의 이혼녀와 불륜이 나면서 국민에게 지탄받았다. 1925년 스스로 왕위 계승을 포기한다고 선언한 뒤 아내와 가족을 내팽개치고 애인과 함께 프랑스로 달아났다.

얼마 지나지 않아 선왕이 죽고, 왕세손이자 자신의 어린 아들인 미하이 1세가 불과 여섯 살의 나이로 왕위에 올랐다. 뻔뻔하게도 카롤 2세는 왕위 계승권을 요구하면서 5년 만에 루마니아로 되돌아왔다. 그리고 쿠데타로 어린 아들을 밀어내고 그 자리를 냉큼 차지했다. 그는 뒤늦게라도 정신을 차리고 국민의 신망을 얻으려고 노력하는 대신, 오히려 의회를 해산하고 전제 정치를 강화하여 한층 분노를 자아냈다. 미국 위스콘신 대학교 역사 교수이며 유럽 파시즘 연구가인 스탠리 페인 Stanley G. Payne은 카롤 2세를 가리켜 〈20세기 유럽을 통틀어 가장 냉소적이고 부패했으며 권력에 굶주린 군주로서 옥좌를 부끄럽게 만든 인물〉로 평가했다.

성난 국민의 손에 쫓겨날 판이 된 그는 이 난국을 해결할 사람을 찾았다. 군부의 원로이며 국방부 장관과 총참모장을 지낸 이온 안토네스쿠 장군이었다. 그는 3년 전 친구이자 철위단 수장이었던 코르넬리우 젤레아 코드레아누Corneliu Zelea Codreanu가 반역죄로 처형당하자 이에 반발하여 자리에서 물러났다. 한 달 전에는 국왕을 비판했다는 이유로 가택 연금에 처해졌다. 충신은커녕 철천지원수나 다름없었다. 국왕은 독배인 줄 알면서도 9월 5일 그를 총리로 기용했다. 하지만 다음 날 안토네스쿠는 쿠데타를 일으켜 카롤 2세를 국외로 추방함으로써 앙갚음했다. 카롤 2세 또한 순순히 쫓겨나지 않았다. 멕시코로 망명하기 전, 국고 대부분을 재빨리 자신의 스위스 비밀 계좌로 옮겨 루마니아를 거의 빈털터리로 만들었다.

카롤 2세의 장남이자 열아홉 살이었던 미하이 1세는 옥좌를 되찾았지만, 안토네스쿠의 꼭두각시일 뿐이었다. 안토네스쿠는 자신을 〈콘두커토르Conducător〉라고 칭했다. 루마니아어로 〈지도자〉 또는 〈수령〉이라는 뜻이었다. 히틀러를 칭하는 〈퓌러Führer〉나 무솔리니의 〈두체〉를 그대로 흉내 낸 셈이었다. 이 권위적인 호칭은 냉전 말기 루마니아의 철권통치자였던 니콜라에 차우셰스쿠Nicolae Ceauşescu가 또 한 번 써먹는다. 모든 정당이 해산되고 국왕을 끌어내리는 데 협조한 철위단만이 유일한 합법 정당으로 인정받았다. 철위단 수장인 호리아 시마Horia Sima는 부총리로 임명되었다. 한때 발칸반도에서는 그런대로 안정적으로 정착되었다고 평가받았던 루마니아의 입헌 민주주의는 이로써 완전히 끝장났다.

안토네스쿠는 원래 친독주의자도, 나치즘의 신봉자도 아니었다. 하지만 루마니아가 살아남고 언제 무너질지 모르는 정권을 유지하려면 이제라도 히틀러에게 그동안 독일을 적대한 것에 대한 자비를 비는 길밖에 없다고 결론 내렸다. 이미 루마니아는 프랑스가 패망하자마자 7월 1일 동맹국인 영국을 〈손절〉하고 독일이 유럽의 새로운 질서임을 인정했다. 또한 독일과 경제 조약을 맺고 자국의 석유 이권을 넘겨주었다.

하지만 그 정도로 히틀러의 용서를 받았다고 할 수는 없었다. 어영부영하다가는 철광석 확보를 이유로 노르웨이를 침공했던 히틀러가 똑같은 이유로 루마니아를 치지 말라는 보장이 없었다. 독일이 소련과 함께 협공한다면 루마니아는 잠깐도 버티지 못할 판국이었다. 하지만 그가 겁내는 진짜 위협은 따로 있었다. 철위단이었다.

〈대천사 미카엘 군단Legion of the Archangel Michael〉이라는 이름으로 1927년에 처음 등장한 이 정치 조직은 말 그대로 루마니아판 탈레반이었다. 농민과 젊은 학생들을 주축으로 파시즘을 추종하면서도 특유의 종교적인 광신주의가 결합하여 히틀러의 나치 집단 이상으로 폭력적이고 잔혹하며 비타협적이었다. 게다가 그동안 자신들을 탄압했던 국왕을 쫓아내면서 더욱 기세등등해졌다. 무소불위의 권력을 휘두르고 무분별한 테러와 암살을 저질러 루마니아를 한층 혼란에 빠뜨렸다. 전 총리이자 저명한 역사 교수였던 니콜라에 이오르가Nicolae Iorga가 암살당하고 수십 명의 정치인, 고위 관료들이 예전 국왕과 함께 철위단을 탄압했다는 이유로 무참하게 희생되었다. 유대인들 역시 보복의 대상이었다. 심지어 짐승을 도축하듯 산 채로 가죽을 벗긴 다음 갈고리에 매달아 전시하기도 했다. 그중에는 다섯 살 난 소녀도 있었다.

안토네스쿠는 철위단의 명예 사령관이기도 했지만, 양자의 동맹 관계는 아슬아슬했다. 철위단은 전국의 당원이 30만 명에 달했다. 또한 나치 돌격대와 같은 준군사 조직으로서 소총과 기관총, 장갑차 등으로 무장하여 안토네스쿠로서도 쉽사리 손댈 수 없는 상대였다. 야심 가득한 호리아 시마는 안토네스쿠의 자리를 호시탐탐 노렸다. 자칫하면 자신이 쫓아낸 국왕처럼 철위단의 쿠데타로 쫓겨날지 모를 판국이었다. 안토네스쿠의 묘안은 히틀러에게 SOS를 요청하는 것이었다. 히틀러 역시 루마니아를 완전히 파멸시킬 생각은 없었다. 루마니아는 헝가리와 더불어 독일의 가장 중요한 석유 공급처였기 때문이었다. 썩 마음에

들지는 않아도 석유의 안정적인 확보를 위해서는 루마니아의 협조가 필요했다. 게다가 그의 관심사는 루마니아 정복 따위가 아니었다. 히틀러는 이미 새로운 전쟁을 준비 중이었다. 소련 침공이었다.

히틀러와 스탈린의 관계는 진작부터 삐걱대고 있었다. 두 사람은 서로의 가치를 높이 평가하면서도 함께하기에는 어느 쪽이건 너무 탐욕스러웠기 때문이었다. 히틀러는 프랑스에 승리한 직후 할더 육군 참모총장에게 소련 침공 계획을 지시했다. 제18군 참모장인 에리히 마르크스Erich Marcks 장군이 수립한 〈동방 작전Operation Draft East〉은 북극해의 항구 도시 아르한겔스크Arkhangel'sk에서 시작하여 러시아 중부의 고리키Gor'kii*와 돈강 하류의 로스토프Rostov를 거쳐 카스피해에 있는 아스트라한Astrakhan에 이르기까지 서부 러시아 전체를 점령한다는 것이었다. 모스크바를 비롯한 인구 밀집 지대와 산업 시설, 캅카스의 유전 지대 등 소련의 거의 모든 것을 망라했다. 광활한 러시아 동부는 독일군의 능력 밖이라는 이유로 제외되었지만, 히틀러 입장에서는 고려할 필요조차 없었을 것이다. 공간만 넓을 뿐 쓸모없는 황무지였기 때문이었다. 히틀러가 원하는 것은 동부가 아니라 서부에 있었다. 정복에 필요한 기간은 2개월에서 4개월이면 충분할 것이었다.

그렇다고 당장 소련을 침공하겠다는 의미는 아니었다. 그러나 루마니아를 침공한 스탈린이 베사라비아만 아니라 부코비나까지 멋대로 뜯어낸 것은 히틀러를 격분시켰다. 히틀러가 보기에 스탈린은 발칸 전체를 탐내고 있었다. 결코 묵과할 수 없는 일이었다. 이미 스탈린은 폴란드를 시작으로 핀란드와 발트 3국, 루마니아에 이르기까지 74만 1,000km²나 영토를 늘렸지만, 여전히 만족하지 못했다. 히틀러는 자신이 너무 많이 양보했다고 여겼다. 11월 12일에는 소련 외무인민위원장 몰로토프가 베를린을 방문하여 추축 가입을 논의했다. 히틀러는 소련

* 지금의 니즈니노브고로드Nizhni Novgorod를 말한다.

이 동유럽 대신 제정 러시아 시절 영국과 첨예한 〈그레이트 게임The Great game〉을 벌였던 중앙아시아와 인도 쪽으로 눈을 돌리기를 원했지만, 스탈린은 더 많은 걸 원했다. 협상은 결렬되었다. 12월 18일, 히틀러는 총통 명령 21호를 하달했다. 소련을 치는 것이었다. 작전명은 바르바로사였다. 12세기 신성 로마 제국의 황제이자 제3차 십자군 전쟁을 지휘했던 프리드리히 1세의 별명을 딴 것이었다. 스탈린 역시 자신과 같은 부류인 히틀러를 믿지 못하기는 마찬가지였다. 동유럽에서 조금이라도 더 많은 땅을 차지하려고 욕심을 부린 것도 히틀러의 공격에 대비해야 한다는 특유의 공포심과 강박증 때문이었다. 그게 도리어 화근이 된 셈이었다.

안 그래도 소련 침공에 앞서 발칸을 정리할 속셈이었던 히틀러는 안토네스쿠가 먼저 머리를 숙이고 들어오자 쌍수를 들어 환영했다. 처칠이 발칸을 노리고 있었기 때문이었다. 기왕이면 적보다는 말이 통하는 친구 쪽이 나은 것은 히틀러도 마찬가지였다. 양자는 손을 잡았다. 9월 19일, 히틀러는 루마니아에 군사 고문단을 보내 달라는 안토네스쿠의 요청을 받아들였다. 물론 서로의 꿍꿍이는 달랐다. 안토네스쿠는 이참에 독일의 힘을 빌려 철위단을 숙청하고, 히틀러는 그 대가로 루마니아를 소련 침공의 발판으로 쓸 참이었다. 헝가리는 자국 영토를 밟지 않는 조건으로 루마니아로 향하는 독일군 열차의 통과를 허락했다. 그 외에도 6,000여 명이 넘는 독일군이 민간인 자격으로 헝가리 영토를 통과했다.

10월 10일, 독일군 선두 부대가 루마니아 국경을 넘어 다음 날 수도 부쿠레슈티에 입성했다. 명목은 루마니아군의 훈련과 플로이에슈티 유전 지대의 방어였다. 그 뒤에도 독일군은 속속 루마니아로 증파되었다. 3개월 뒤인 다음 해 1월 말에 오면 제12군 산하 제41차량화군단 및 공군 요원을 포함하여 17만 명에 달했다. 또한 에릭오스카어 한센Erick-

Oskar Hansen 기병대장이 이끄는 수백 명의 독일 군사 고문단은 루마니아 군의 훈련을 맡았다. 독일군은 루마니아를 넘어 남쪽의 불가리아에도 진입했다. 제12군 산하 제40차량화군단과 제1기갑집단, 제8항공함대 라는 막강한 전력이었다.

1941년 1월 14일, 안토네스쿠는 드디어 오랜 골칫거리인 철위단 숙청에 나섰다. 철위단 간부들은 모두 쫓겨났고 철위단 사무실은 폐쇄 되었다. 하루아침에 토사구팽당한 철위단도 가만히 당하고만 있지 않 았다. 21일 3,000여 명에 달하는 철위단이 부쿠레슈티에서 무장봉기했 다. 이들은 경찰청과 방송국을 점령하고 거리를 행진하면서 세를 과시 했다. 또한 수백 명의 유대인이 잔혹하게 학살당했다. 안토네스쿠는 즉 각 군대를 출동시켰다. 그때까지도 히틀러와 안토네스쿠 사이의 밀약 을 알지 못했던 철위단은 독일이 자기네 편이라고 믿었지만 오산이었 다. 부쿠레슈티에 주둔한 독일군은 루마니아군과 함께 반란 진압에 나 섰다. 치열한 시가전 끝에 사흘 만에 철위단은 철저히 분쇄되었다. 수 백 명이 죽고 8,000여 명이 체포되었다. 호리아 시마를 비롯한 철위단 지도자들은 목숨만 겨우 부지하여 독일과 불가리아로 달아났다. 2월 12일, 영국은 루마니아가 완전히 독일 편으로 돌아섰다는 이유로 국교 를 단절했다. 이틀 뒤 안토네스쿠는 루마니아를 〈국가 사회주의의 나라 National and Social State〉라고 선언했다.

히틀러는 이른바 〈유럽의 화약고〉이자 지난 대전의 방아쇠였던 발 칸을 거의 총 한 발 쏘는 일 없이 빠르게 복속해 나갔다. 발칸 국가들은 속속 나치의 깃발 아래 무릎 꿇었다. 1940년 9월 27일 헝가리를 시작 으로, 11월 23일에는 루마니아가, 다음 해 3월 1일에는 불가리아가 추 축의 일원이 되는 데 동의했다. 그러자 엉뚱하게도 무솔리니가 발끈하 고 나섰다. 이전부터 동맹자의 성공을 시샘하면서 질투심을 불태우던 그는 히틀러가 발칸에 손을 뻗치자 그곳은 자기 밥그릇이라고 주장하면서 충동적으로 그리스를 침공했다. 무솔리니의 경솔한 불장난은 발칸 전역을 벌집으로 만들었다. 게다가 승리는커녕 그리스군의 거센 반격으로 역전패당하는 망신을 당했다. 처칠은 이 기회를 놓칠세라 그리스로 폭격기를 보내고 발칸에 발을 들일 준비에 나섰다. 히틀러가 가장 우려했던 일이었다. 이제는 철없는 사고뭉치의 뒤치다꺼리까지 맡아야 했다. 기왕 일을 벌이는 김에 그동안 신경을 건드리던 유고슬라비아도 한꺼번에 밀어 버릴 참이었다. 소련 침공이라는 대사업을 앞두고 골칫거리의 싹을 죄다 잘라 버리겠다는 것이었다.

히틀러의 결정은 무솔리니만큼 충동적이었지만 적어도 준비에 소홀하지는 않았다. 더욱이 무솔리니에게 불만 가득하면서 마지못해 움직이는 이탈리아 장군들과 반대로 독일 장군들은 지난 수년 동안 총통이 보여 준 놀라운 성공을 경외하면서 또 한 번 승리를 거둘 자신감으로 가득했다. 히틀러는 폴란드, 프랑스에서와 달리 이번에는 동맹국들도 끌어들였다. 단순한 총알받이로서가 아니라 섭섭지 않게 그만한 몫도 챙겨 줄 참이었다. 그에게 발칸 전역은 야만스러운 동방을 상대로 20세기 반공 십자군 전쟁이 될 바르바로사 작전의 예행연습이기도 했기 때문이었다. 물론 이 동맹군들이 실질적으로 얼마나 도움이 될지는 별개의 얘기였지만 말이다.

4월 6일 새벽 7시, 루마니아와 오스트리아 등지에서 일제히 출격한 300여 대의 독일 폭격기들이 베오그라드를 쑥대밭으로 만든 것을 시작으로 삼면에서 유고슬라비아 침공이 시작되었다. 공세의 주축은 독일군이지만 이탈리아와 헝가리도 가세했다. 불가리아와 루마니아는 길을 빌려주었다. 그 와중에 헝가리에서 작은 소동이 있었다. 총리였던 텔레키의 자살이었다. 헝가리의 대표적인 반나치 지도자였던 그는 영국과 독일 사이에서 필사적인 줄타기 외교를 유지하며 헝가리의 주권을 지키려고 애썼다. 독일이 폴란드를 침공했을 때는 폴란드 남부를 차단하기 위해 길을 빌려달라는 히틀러의 요구를 단호하게 거절했다. 체코슬로바키아와 달리 헝가리와 폴란드는 서로를 형제로 여길 만큼 가까웠기 때문이었다. 또한 길을 빌린다는 핑계로 헝가리를 집어삼키려는 히틀러의 속내가 뻔했다. 텔레키는 요구를 받아들인다면 〈헝가리에서 혁명이 일어날 것〉이라고 말하면서 히틀러가 내미는 어떤 유혹에도 흔들리지 않았다.

텔레키의 묵인 아래 헝가리는 루마니아와 더불어 폴란드의 탈출로가 되어 수만 명의 폴란드군과 10만 명이 넘는 난민들이 서방으로 빠져나갔다. 배짱 두둑하게도 독일의 항의는 무시했다. 부다페스트의 폴란드 대사관은 폴란드가 망한 후에도 1년 반이나 유지되었다. 히틀러의 압박에 소련과 마지못해 국교를 맺었지만, 겨울 전쟁이 발발하자 소련이 아니라 핀란드에 물자와 의용군을 보냈다. 텔레키는 히틀러를 극도로 혐오했고, 나치 독일과 손을 잡는다면 헝가리의 미래는 없다고 예견했다. 독일이 압도적인 물량을 가진 서방을 이길 수는 없다는 것이었다. 추축 가입도 끝까지 저항했다. 핀란드나 루마니아, 불가리아 등의 추축국들과 달리 독일군은 그의 허락 없이는 헝가리에 한 발짝도 발을 들일 수 없었다. 히틀러로서는 눈엣가시였다.

그러나 서방마저 패망하면서 사면초가에 몰린 텔레키는 극도의 중압감에 시달렸다. 그는 여전히 히틀러에게 굴복하기를 거부했지만 그렇다고 함부로 비위를 잘못 건드렸다가는 더 큰 화를 불러올 판국이었다. 그는 마찬가지로 히틀러를 혐오하는 이탈리아 외무 장관 치아노에게 브리지 게임을 할 줄 아느냐고 물어보면서 〈우리가 함께 다하우 정치범 수용소에 들어갈 때를 대비해야 합니다〉라는 농담을 던지기도 했다. 심지어 히틀러가 쳐들어올지 모른다는 편집광적인 공포에 사로잡힌 나머지 호르티와 의논하여 은밀히 영국으로의 망명 정부 수립을 준비했다. 1940년 12월 12일에는 발칸의 마지막 중립국인 유고슬라비아와 불가침 조약에 서명했다.

그러나 유고슬라비아는 히틀러의 사냥감이 될 운명을 피할 수 없었다. 호르티는 히틀러가 유고슬라비아 정복에 협조하면 원하는 대로 영토를 주겠다고 통 크게 제안하자 덜컥 받아들였다. 텔레키는 격렬하게 반발했지만, 대세를 바꿀 수 없음을 깨달았다. 극도의 우울증과 무력함에 사로잡힌 그는 권총으로 자기 머리를 쏘았다. 그나마 헝가리에서 히틀러에 맞설 기개를 가진 유일한 지도자가 사라진 셈이었고, 더는 헝가리가 독일의 주구로 전락하는 것을 막을 수 없었다. 그의 자살에 충격을 받은 호르티는 잠시 작전을 중단하라고 지시했지만, 그것도 잠깐이었다. 신임 총리가 된 바르도시 라슬로Bárdossy László는 훨씬 고분고분했다. 나중에 독일이 패망한 뒤 나치 부역자로 낙인찍혀 처형당하게 된다. 그는 취임 직후 유고슬라비아와의 불가침 조약을 깨뜨리고 무력 침공을 지시했다. 독일군이 헝가리를 통과할 권리 또한 허락했다.

우여곡절 끝에 4월 11일 고론디노바크 엘레메르Gorondy-Novák Elemér 중장이 지휘하는 헝가리 제3군 8만 명에 달하는 병력이 국경을 넘었다. 이미 독일군의 무자비한 공세 앞에서 유고슬라비아군은 지리멸렬한 뒤였기에 이렇다 할 전투는 없었다. 때때로 세르비아인 민병대들이 산발적인 게릴라전으로 헝가리군을 성가시게 군 것이 전부였다. 그나마 유일하게 주목할 만한 작전은 헝가리 공수 부대의 투입이었다. 결과는 썩 신통치 않았다. 침공 다음 날인 12일 오후, 헝가리 제1공수대대 제1중대 200여 명은 국경 남쪽 60km 떨어진 세르비아 브르바스Vrbas 인근의 프란츠 요제프 운하에 놓인 교량을 점령하기 위해 출동했다. 남하 중인 헝가리 기동 군단이 다뉴브강을 넘기 위해서는 반드시 확보해야 할 다리였다. 공수 대원들은 둘로 나뉘었다. 그중 첫 번째 제대는 부다페스트 서쪽 100km 떨어진 베스프렘Veszprém 비행장에서 이탈리아제 SM.75 마르수피알레Marsupiale 3발 수송기 4대에 올랐다. 그러나 수송기 한 대

SM.75 수송기에 탑승하는 헝가리 공수 대원들. 헝가리는 1930년대부터 공수 부대에 관심을 가졌고, 1940년 8월 31일 제1공수 대대를 편성했다. 3개 중대 410명 정도였다. 비록 헝가리의 열악한 여건 탓으로 실제 공수 작전은 단 한 번밖에 수행할 수 없었지만, 독일군도 인정할 만큼 뛰어난 정예 부대였다. 전쟁 말기에는 헝가리 최강 부대인 센트 라슬로 보병 사단Szent László Division에 편입되어 부다페스트 공방전에서 활약했다.

가 이륙하던 중 갑자기 폭발하면서 공수대대장 아르파드 베르털런Árpád Bertalan 소령을 비롯하여 승무원과 공수 대원 20명이 몰살하는 참사가 벌어졌다. 나머지 대원들에 의해 교량 확보는 성공했지만, 두 번째 제대의 출동은 중단되었다. 제2차 세계 대전을 통틀어 헝가리군의 처음이자 마지막 공수 작전이었다. 전쟁이 끝날 때까지 더는 시도되지 않았다.

4월 13일에는 기동 군단 산하 2개 차량화 여단이 다뉴브강을 건너 북부 크로아티아 국경 도시인 빈코브치Vinkovci와 부코바르Vukovar를 점령했다. 4월 17일, 유고슬라비아는 항복했다. 개전 12일 만이었다. 다음 날 총성은 멈추었다. 짧은 전쟁이었지만 헝가리군은 126명이 전사하고 241명이 다쳤다. 또한 3,000여 명의 현지 유대인들이 헝가리군에 의해 학살당했다. 물론 히틀러의 호언장담과 달리 호르티는 원하는 것을 다 차지할 수는 없었다. 1918년에 세르비아에 빼앗겼던 보이보디나Vojvodina의 2만 1,614km² 중에서 바치카Bačka와 바나트Banat, 여기에 북부 크로아티아의 손바닥만 한 영토를 더하여 1만 1,475km²의 영토와 115만 명의 인구를 얻었다. 나머지는 총통의 몫이었다. 어쨌거나 헝가리의 면적은 17만 2,000km²에 달했다. 제1차 빈 협정 이전과 비교하면 거의 두 배로 늘어났다. 히틀러가 독일의 괴뢰로 삼은 크로아티아와 슬로바키아를 제외하고 트리아농 조약으로 잃었던 영토 대부분을 되찾은 셈이었다.

발칸 최강자를 단숨에 끝장낸 히틀러는 여세를 몰아 그리스로 진격했다. 그리스를 돕기 위해 영국군이 상륙했지만, 압도적인 독일군 앞에서 함께 쓸려 나갔다. 4월 23일, 그리스는 항복 문서에 서명했다. 유고슬라비아보다 불과 엿새를 더 버텼을 뿐이었다. 불가리아는 헝가리와 달리 직접 싸움에 뛰어들지는 않았지만, 길을 빌려준 보상을 두둑이 챙겼다. 유고슬라비아와 그리스가 항복하자마자 군대를 보내 20년 전에 빼앗겼던 영토를 접수했다. 발칸마저 정리되면서 유럽 전체가 나치

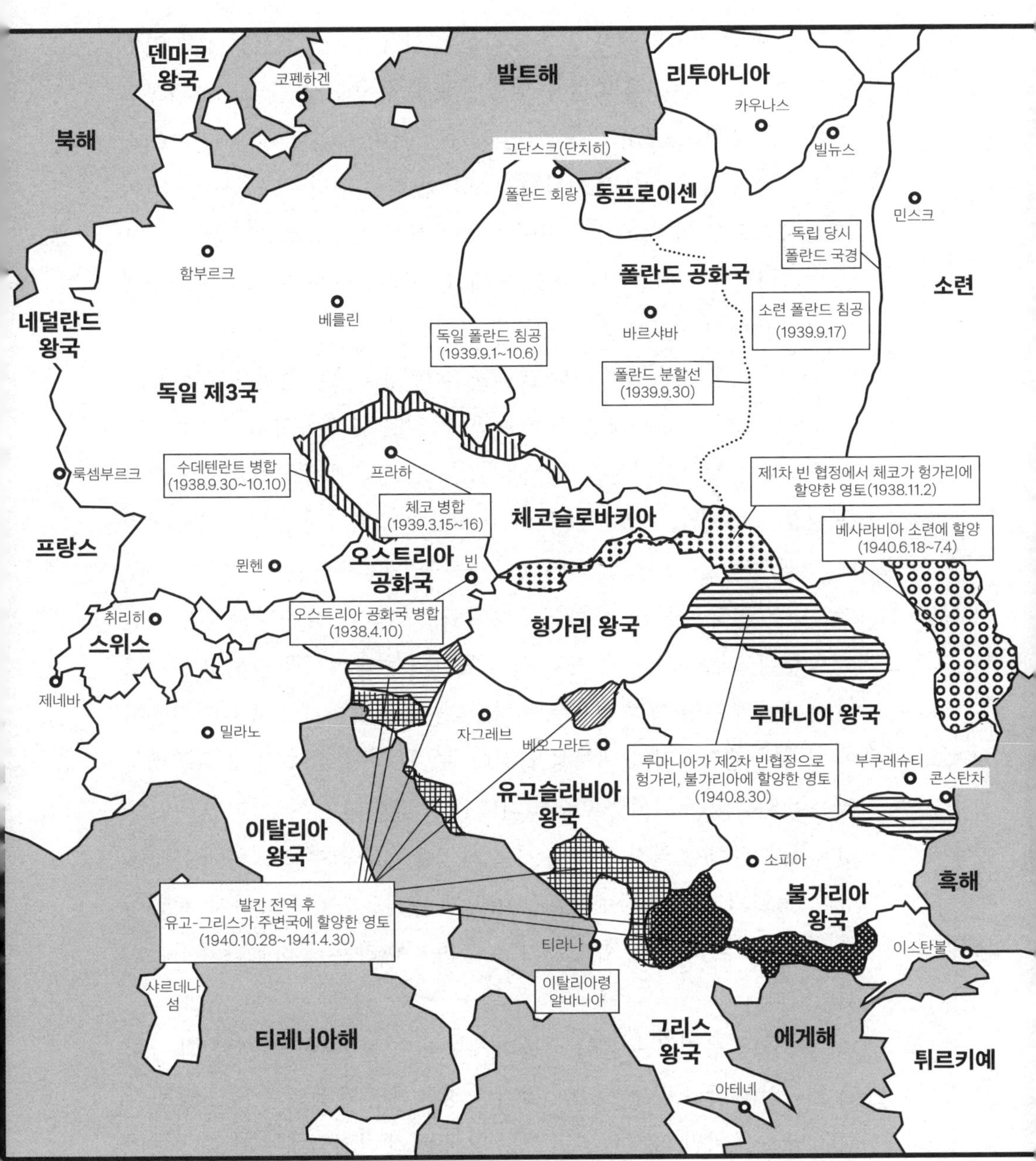

제2차 세계 대전 초반 동유럽의 영토 변경과 주요 사건(1938. 4~1941. 4)

의 깃발 아래 통일되었다. 오스트리아 병합을 시작으로 3년 만의 일이었다. 히틀러의 마수를 피할 수 있었던 몇몇 운 좋은 중립국을 제외하고 유럽에는 오직 두 부류만 남았다. 하나는 이미 독일에 먹힌 나라였고, 또 하나는 먹히지 않으려고 사냥개 노릇을 하는 나라였다. 양쪽 진영이 서로 자기편을 더 많이 끌어들이려고 경쟁적으로 물밑 교섭과 추파를 던지고 자신의 의지에 따라 어느 쪽에 붙을지 고를 수 있었던 1914년과는 전혀 달랐다.

설령 히틀러의 편에 섰다고 해도 앞서 정복당한 폴란드나 프랑스, 네덜란드보다 대접이 조금 더 나을 뿐, 독일을 위해 봉사하는 머슴으로 착취당하는 처지이기는 다를 바 없었다. 히틀러에게 동맹국이란 한배를 탄 친구는커녕, 주종 관계의 새로운 형태에 지나지 않았기 때문이었다. 명목상 중립국이었던 덴마크는 농산물을, 핀란드는 니켈과 목재를, 스웨덴은 철광석을 상납했다. 루마니아의 식량과 석유 대부분은 독일로 향했다. 이탈리아와 헝가리 역시 독일인들의 식탁을 값싸고 푸짐하게 만들어 주는 소작농 신세로 전락했다. 많은 노동자가 독일로 징용되어 열악한 환경에서 노예처럼 일했다. 루마니아를 비롯한 모든 동맹국에는 독일군이 배치되었고 독일의 통제를 받아야 했다. 그러면서도 동맹국들에 절실한 최신 무기나 기술 제공에는 한없이 인색하여 분노를 샀다. 독일의 승리에 동맹국들을 어떻게 써먹을까가 중요하지, 독일이 동맹국들을 위해 뭘 할 수 있는가는 알 바 아니라는 게 히틀러의 사고방식이었다.

이제 온 유럽을 통틀어 히틀러가 손대지 못한 나라는 서쪽의 영국과 동쪽의 대국 소련뿐이었다. 막강한 영국 해군의 봉쇄를 뚫고 영불 해협을 넘을 준비가 되지 않았던 그는 영국을 맨 마지막에 손봐 줄 참이었다. 우선은 소련이었다. 그가 보기에는 지금이 소련 정복에 나설 최적의 시기였다. 스탈린이 대숙청으로 소련군 지휘부를 초토화했기 때문이었다. 독일 정보부는 소련 인민의 불만이 폭발 직전이며 툭 건드리기만 해도 체제가 와해될 거라고 보고했다. 극우 국가와 극좌 국가가 한편이 되었다는, 세상에서 가장 기묘한 밀월 관계의 종지부를 찍을 때였다. 히틀러는 나폴레옹조차 실패했던 이 거대한 나라를 단숨에 정복하기 위해 독일의 거의 모든 것을 쏟아 넣기로 했다. 침공 규모는 1년 전 서부 전역을 훨씬 능가했다. 사냥개들도 끌어내어 반공 십자군의 일원으로 채워 넣을 참이었다. 작전 개시일은 1941년 6월 22일이었다. 나폴레옹의 러시아 원정과는 불과 이틀 차이였다. 그럼으로써 히틀러는 자신이 나폴레옹을 뛰어넘었음을 만천하에 보여 줄 속셈이었겠지만 두 가지에서 치명적인 오산이 있었다. 소련의 광활한 공간은 그가 생각했던 것보다도 훨씬 넓었고, 스탈린의 소련은 알렉산드르 1세의 제정 러시아보다 훨씬 강한 적수였다는 사실이었다. 오산에 대한 대가는 추축 전체의 파멸로 치르게 될 참이었다.

헝가리 원정군 결성

동맹국들이 히틀러의 야심 찬 동방 원정을 통보받은 것은 작전이 시작되기 직전이었다. 언제나 남의 형편을 고려하는 법이 없는 히틀러가 스탈린의 귀에 들어갈 수 있다는 이유로 거의 마지막까지 숨겼기 때문이었다. 아무 준비가 되지 않았던 이들로서는 당혹감을 감추지 못했다. 물론 자다가 침대에서 끌려 나와 자신도 모르는 사이 새로운 전쟁이 시작되었음을 사후 통보받았던 무솔리니의 굴욕에 비할 수는 없을 것이었다. 어쨌거나 총통의 엄명에 따라 유럽 각지에서 의용군이 구름처럼 몰려들었다. 독일 괴뢰국인 슬로바키아와 크로아티아 이외에도 북부에서는 핀란드가 겨울 전쟁을 설욕하겠다면서 카렐리아 지협으로 진군했

다. 스페인의 콧대 높은 독재자 프랑코는 〈청색 사단Blue Division〉이라는
이름의 1개 사단을 보냈다. 뒤늦게 소식을 들은 무솔리니도 부랴부랴
1개 군단을 파견했다. 히틀러가 붙인 〈바르바로사 작전〉이라는 말마따
나 1,000여 년 전 신성 로마 제국 황제 〈바르바로사〉 프리드리히의 깃
발 아래 동방의 이교도들을 정벌하겠다며 전 유럽에서 모여든 십자군
을 재현한 셈이었다. 막상 황제는 원정 도중에 어이없는 사고로 사망했
고 십자군 또한 붕괴했다는 점에서 그다지 행운이 붙은 이름이라고 말
하기는 어려웠지만 말이다. 하지만 히틀러와 독일 장군들은 그 엄청난
위용에 의기양양하면서 또 한 번 번개 같은 승리를 보여 주겠다고 자신
만만했다. 히틀러는 이렇게 말했다. 〈우리가 문을 박차고 들어가기만
하면 저들의 썩어 빠진 체제는 통째로 무너져 내릴 겁니다.〉
　　히틀러의 거대한 십자군이 동진을 시작했을 때 발칸 국가로서 헝
가리와 루마니아도 있었다. 서로 숙적 관계인 두 나라의 꿍꿍이는 달랐
다. 헝가리는 처음에 참전을 주저했다. 군대는 재무장을 막 시작한 참이
었다. 병력은 3개 군 9개 보병 군단 및 1개 기동 군단, 1개 대공포 군단,
1개 항공 여단 등 45만 명에 달했지만, 장비와 훈련 상태가 형편없었다.
헝가리의 숙적은 남쪽의 루마니아였다. 소련과는 굳이 싸워야 할 원한
관계나 명분이 없었다. 전해에 가입한 추축 조약은 어디까지나 독일이
선제공격을 당했을 때만 참전할 의무가 있었다. 따라서 그리 얻을 것도
없는 원정에 억지로 발을 들이느니 국경을 단단히 지키되, 스페인처럼
소수의 의용 부대를 파견하는 쪽이 현명했다. 하지만 장군들은 이 기회
에 총통의 비위를 맞추는 것이 살길이라며 경고했다. 루마니아 때문이
었다. 1년 전과 달리 이제 히틀러에 더 가까워진 쪽은 헝가리가 아니라
루마니아였다. 만약 추축의 의무를 다하지 않는다는 이유로 그의 눈 밖
에 나기라도 하면 애써 되찾은 북부 트란실바니아를 루마니아에 돌려
주라고 강요할지도 몰랐다.

고민을 해결해 준 쪽은 소련이었다. 바르바로사 작전이 시작된 지 나흘 뒤인 6월 26일 오후 1시, 동쪽에서 정체불명의 쌍발 폭격기 3대가 날아와 헝가리 동부 카사Kassa*와 문카치Munkács**를 공습했다. 37명이 죽고 283명이 다쳤다. 비행기는 폴란드제 PZL.37 쌍발 폭격기였고 동체에는 소련군 마크가 그려져 있었다. 헝가리 정부는 현장을 조사한 결과, 소련제 폭탄의 파편이 발견되었다고 발표했다. 소련은 발뺌했다. 헝가리를 적으로 돌릴 이유가 없다는 것이었다. 나중에 일부 러시아 학자들은 독일이 헝가리를 전쟁에 끌어들일 요량으로 자신들이 폭격한 뒤 소련군의 소행으로 위장했다는 음모론을 제기하기도 했지만, 이를 입증할 근거는 없었다.

호르티는 즉각 보복을 지시했다. 다음 날 헝가리는 열광적인 분위기 속에서 소련에 선전 포고했다. 특히 독일군의 경이로운 승리를 추종하던 젊은 장교들이 환호했다. 헝가리 폭격기들은 스타니슬라보프Stanislavov***를 비롯한 서부 우크라이나 도시와 기차역들을 폭격했다. 원정군으로 카르파티안 집단Carpathian Group이 편성되었다. 지휘관은 앞서 루테니아 정복에서 활약한 솜바텔리 페렌츠 소장이었다. 2개 군단(제8군단, 기동 군단) 5개 여단과 지원 부대를 포함해 병력 9만 3,000명, 말 2만 1,000마리, 마차 3,300대, 차량 5,800대를 보유했다. 그중 기동 군단은 헝가리제 38M 톨디 경전차 81대와 이탈리아제 L3 탱켓 60대, 처버 장갑차 3개 중대를 갖춘 헝가리 유일의 기계화 부대였다.

그러나 헝가리군은 워낙 단기간에 군대를 늘리다 보니 머릿수는 상당했지만, 훈련과 장비 상태는 매우 부실했다. 특히 광활한 소련 평야에서 기동전에 필수적인 수송 차량과 소련군의 대규모 전차 부대를 상

* 지금의 슬로바키아 코시체를 말한다.
** 지금의 우크라이나 무카체보Mukachevo를 말한다.
*** 지금의 이바노프란키우스크Ivano-Frankivsk를 말한다.

대하기 위한 대전차 무기가 턱없이 부족했다. 소형 트랙터에 기관총을 탑재한 게 전부인 탱켓은 실전에서 아무짝에도 쓸모가 없었을뿐더러, 스웨덴제 L-60 경전차를 라이선스한 M38 톨디-1 경전차 역시 주포는 20mm 대전차 소총이었고 최대 장갑은 20mm에 불과했다. 탱켓이나 장갑차보다 조금 나은 수준이었다. 이런 물건으로 소련군 중전차와 싸우는 것은 자살행위였다. 아이러니하게도 1939년 루테니아 점령 당시 노획한 2대의 체코제 LT-35 경전차가 헝가리군이 보유한 최강 전차였다. 차량의 태반은 전쟁에 어울리지 않게 화장품이나 술 따위의 광고가 그려진 민간용이었다. 기병 여단의 군마들 역시 1/3만 기병용이었고 나머지는 농장에서 급히 징발한 짐말이었기에 러시아의 혹독한 환경 속에서 장거리 행군을 견디기에는 적합하지 않았다. 도저히 싸울 형편은 아니었지만 그렇다고 히틀러를 거역하자니 심기를 건드려 어렵게 얻어 낸 영토를 도로 토해 내야 할까 봐 눈치를 보지 않을 수 없는 처지였다.

헝가리 참모본부는 전군에서 쓸 만한 무기와 장비를 모조리 긁어모아서 카르파티안 집단에 몰아 주었지만 이조차 필요 수량의 80퍼센트에 불과했다. 참모총장 베르트 헨리크Werth Henrik 대장은 기동 군단장 미클로스 장군에게 헝가리의 빈약한 공업력으로는 기갑 차량을 보충하

헝가리 카르파티안 집단 전투 서열(1941. 6. 27)

• 집단군 사령관 및 제8군단장: 솜바텔리 페렌츠Szombathelyi Ference 소장

- 예하 부대: 제1산악사단, 제8국경경비여단

• 기동 군단: 군단장 미클로시 벨러Miklós Béla 소장

- 예하 부대: 제1차량화여단, 제2차량화여단, 제1기병여단, 3개 포병 대대, 2개 자전거 대대, 1개 통신 대대

기 어렵다는 이유로 최대한 아껴서 사용해야 한다고 강조했다. 그렇다고 독일의 지원을 기대할 수도 없었다. 히틀러는 동맹군의 사정 따위는 아랑곳하지 않고 알아서 문제를 해결하기만 요구했다.

6월 28일, 카르파티안 집단은 국경을 넘어 우크라이나 갈리치아Galicia 지방을 침공했다. 바르바로사 작전이 시작된 지 엿새 만이었다. 헝가리의 전쟁이 드디어 시작되는 순간이었다. 북쪽에서는 제8군단 산하 제8국경여단이 독일 제17군의 측면을 맡아 공세에 나섰다. 중앙에는 제1산악여단이, 남쪽은 기동 군단 산하 제2차량화여단과 제1기병여단이 각각 진격했다. 제1차량화여단은 군단 예비로 남았다. 상대는 소련군 제12군 산하 8개 사단 5만 6,000명이었다.

소련의 입장에서 독일의 침공은 처음부터 예고된 것이나 다름없었다. 그건 숨길 수 있는 것이 아니었다. 사방에서 수많은 경고와 징후가 쏟아져 들어왔다. 발칸에 배치된 독일군은 영국의 상륙에 대비하기 위함이라기에는 지나치게 많았다. 어떻게 보더라도 소련을 노리고 있었다. 처칠조차 히틀러의 유고슬라비아 침공이 코앞에 닥친 1941년 4월 3일, 스탈린에게 직접 편지를 보내 〈독일이 소련으로 군대를 집결시키고 있다는 확실한 증거가 있다〉면서 경고의 메시지를 보냈다.

문제는 스탈린이었다. 그는 모든 경고를 무시했다. 히틀러를 신뢰해서가 아니라 1941년 여름에는 전쟁이 일어나지 않을 것이라고 확신했기 때문이었다. 최고 존엄인 스탈린이 그렇게 못 박은 이상 누구도 반대하거나 거역할 수 없었다. 심지어 처칠이 몇 번이나 경고했음에도 귀를 꽉꽉 막은 채 특유의 의심병을 히틀러가 아니라 처칠에게 향하면서 고집스레 아무 말도 들으려 하지 않았다.

오판의 대가는 어차피 스탈린과 그의 주변을 둘러싸고 기생충처럼 단물을 빠는 몇몇 아첨꾼이 아니라 소련 인민 전체가 알아서 짊어질 몫이었다. 나중에 전쟁이 끝나자 수천만 명의 희생을 통해 얻어 낸 승리의 월계관은 스탈린 한 사람의 독차지였고 그가 저질렀던 수많은 흑역사는 인민들의 집단 망각을 강요했다. 이것이 소련 체제의 부조리함이자 80여 년 뒤 푸틴이 스탈린을 모델로 삼아 통치하는 오늘날 러시아의 모습이기도 하다.

스탈린이 어떤 대비도 금지했기에 전쟁이 시작되었을 때 소련군은 날벼락을 맞은 꼴이었다. 독일군은 국경 일대에서 무방비나 다름없는 소련군을 쓸어버렸다. 개전 나흘 만인 6월 26일, 벨라루스의 수도인 민스크가 함락되었다. 퇴로가 차단된 소련군 수십만 명이 붙잡혔다. 소련 서부전선군 사령관 드미트리 파블로프 원수는 참모들과 함께 패전의 책임을 뒤집어쓰고 처형되었다. 독일군의 맹렬한 공격 앞에서 소련군은 곳곳에서 지리멸렬하는 판국이었다. 하지만 소련군은 1년 전의 프랑스군처럼 집단 공황에 빠져 스스로 무너지거나 싸우기를 포기하지는 않았다. 이들이 프랑스인들보다 더 용감하거나 죽음을 두려워하지 않았다기보다 뒤늦게 정신 차린 스탈린이 철수와 항복을 용납하지 않겠다고 엄포를 놓았기 때문이었다.

그는 자신의 실수를 스스로가 아닌 다른 사람의 피로 만회하기로 결심했다. 〈강철의 대원수〉가 대숙청을 통해 얻어 낸 성과가 있다면 자신이 얼마나 무자비하고 냉혹한 존재인지 인민들의 뼛속 깊이 각인시켰다는 점이었다. 적군보다 수령이 더 무서웠던 소련 병사들은 항복 대신 끝까지 싸우는 쪽을 선택했다. 특히 독일군보다 한발 늦게 출동한 헝가리군은 시작부터 고전했다. 기동 군단은 전쟁 초반의 충격에서 벗어난 소련군 보병들의 격렬한 저항에 부딪혀 많은 전차를 잃어야 했다. 헝가리와 우크라이나를 가로지르는 카르파티아산맥의 험준한 지형지물은 전차와 같은 중장비를 기동하기에 적합하지 않았을뿐더러, 폭우가 연이어 쏟아지면서 땅은 진흙탕에, 개울은 급류로 바뀌었다. 나흘 동안 기동 군단의 진격은 10km에 불과했다.

오히려 순조롭게 진격하는 쪽은 제8군단의 보병 여단들이었다. 제
1산악여단은 7월 5일 잘레체지키Zaleszezyki에 도착했으며 제8국경여단
또한 7월 7일 북쪽의 트루스테Tluste*를 점령했다. 선봉을 맡은 자전거
대대원들은 차량이 기동하기 어려운 진흙탕을 신속하게 통과한 다음
소련군의 후방을 급습하여 방어선을 무너뜨렸다. 한발 늦게 잘레체지
키에 당도한 기동군단 산하 제2차량화여단은 같은 날 드네스트르Dnestr
강을 건넜다. 제1차량화여단 또한 드네스트르강을 넘어 7월 8일 트루
스테에 도착했다. 우크라이나 서부 갈리치아 전체가 헝가리의 수중에
넘어왔다. 6월 28일부터 7월 8일까지 11일 동안 헝가리군은 소련 영내
로 약 100km를 진격했다. 물론 전쟁은 이제 시작되었을 뿐이었다. 7월
9일, 카르파티안 집단은 해체되었다. 제8군단은 후방에 남아 점령지의
치안과 통신선의 확보를 맡았고, 기동 군단은 독일 남부집단군 산하 제
17군에 배속되어 동쪽으로 더욱 깊숙이 전진했다.

그러나 형편없는 도로 사정과 연일 쏟아지는 폭우로 진격은 여전
히 쉽지 않았다. 차량 태반이 고장으로 퍼졌고 기병 여단 산하의 말들은
병으로 쓰러졌다. 헝가리군은 휴식과 정비가 필요했지만, 전황을 낙관
했던 독일군 사령부는 멈추기를 허용하지 않았다. 그 와중에 웃지 못할
촌극이 벌어졌다. 7월 29일, 우크라이나 남부의 소도시 베르샤드Bershad
가 함락되었다. 소련군 수비대가 싸우지 않고 후퇴하면서 전투는 없었
지만, 헝가리군은 엉뚱한 상대와 싸울 뻔했다. 남쪽에서 북상 중이던 루
마니아군이었다. 명목상으로는 한배를 탄 신세였지만 실제로는 소련
이상의 철천지원수였다. 뒤늦게 이 사실을 안 히틀러는 이들이 서로 총
질을 시작하기 전에 얼마 전 가세한 이탈리아 원정 군단을 재빨리 그 사
이에 완충제로 집어넣어 서로를 떼어 냈다. 히틀러 입장에서는 이탈리
아군이 유일하게 쓸모 있었던 순간이었을 것이다.

* 지금의 우크라이나 토브스테Tovste를 말한다.

우크라이나의 진창길을 달리는 헝가리군의 38M 보톤드Botond 6륜 트럭. 산악 지형에서의 기동성에 중점을 두었고 1938년부터 생산되었다. 개전 직전까지 1,400여 대가 생산되어 헝가리군 주력 수송 차량이 되었다. 적재 중량은 1.5톤이었으며 70마력 엔진을 탑재하고 최고 속도 60km/h, 최대 380km를 달릴 수 있었다.

1941년 8월에는 우크라이나 수도 키예프 남쪽 200km 떨어진 요충지인 우만Uman 포위전의 한 축을 맡았다. 헝가리군은 독일군 제17군, 슬로바키아 원정 군단과 함께 소련 4개 군 20개 사단을 포위 섬멸하는 데 일조했다. 8월 8일, 소련군은 항복했다. 30만 명에 달하는 소련군 중 10만 명이 죽거나 다쳤다. 또한 10만 명이 포로가 되었으며 300여 대의 전차를 잃었다. 소련 서남부전선군 전체가 지리멸렬했다. 키예프로 향하는 문이 열렸다. 다음 목표는 흑해 최대의 항구 도시 오데사 동쪽 100km 떨어진 니콜라예프Nikolayev였다. 헝가리 기동 군단은 독일 제48차량화군단과 함께 공략에 나섰다. 소련군의 저항은 완강했다. 헝가리군은 연료도 부족했고 독일군과의 통신이 원만하지 못하여 상호 협력이 제대로 되지 못했다.

8월 13일, 제1차량화여단은 보병과 포병의 지원을 받는 소련군 기갑 부대의 반격으로 격퇴당했다. 헝가리군의 첫 기갑전은 완패로 끝났다. 다음 날 헝가리군은 재차 공세에 나섰다. 독일 제48차량화군단도 가세하면서 소련군은 도시를 버리고 동쪽으로 탈출했다. 8월 16일, 니콜라예프는 함락되었다. 8월 25일, 우크라이나 중부를 관통하는 드네프르Dnieper강에 당도했다. 하지만 헝가리군의 희생은 비약적으로 늘어나고 있었다. 8월 말까지 두 달 동안 헝가리 기동 군단은 전사자 458명을 포함해 2,000여 명을 잃었고 장비 손실은 50~80퍼센트에 달했다. 소련군에 비할 수는 없어도 가난한 헝가리로서는 보충하기 어려웠다. 게다가 가을장마가 시작되자 길은 진창으로 변했다. 러시아의 악명 높은 〈라스푸티차Rasputitsa〉는 추축군 전체를 여태껏 경험한 적 없는 곤경과 수렁에 빠뜨렸다. 수많은 차량이 진흙탕에서 허우적거렸다.

처음부터 울며 겨자 먹기였던 헝가리 지도부는 슬슬 발을 뺄 때가 되었다고 판단했다. 이만하면 체면치레는 충분히 했다는 것이었다. 호르티는 서방 국가들이 소련에 원조를 시작했다는 사실을 우려하면서 괜히 끼어들었다고 후회했다. 반면, 참모총장이자 친독파인 베르트 장군은 오히려 더 많은 병력을 파병하여 독일군이 소련에 최후 일격을 가하는 데 힘을 보태야 한다고 주장했다. 호르티는 9월 6일 베르트를 해임하고 그 자리에 원정군 사령관이었던 솜바텔리 장군을 임명했다. 나치를 경멸했던 솜바텔리 장군은 소련에서 손을 떼야 한다는 데 찬성했다. 몸소 동부 전선의 상황을 경험한 그는 히틀러가 떠드는 것 같은 승리를 믿지 못했다. 실제로 소련은 여전히 무너질 기미가 없었다. 7월 초만 해도 〈우리는 2주 만에 승리했다〉라고 자신만만하던 독일 육군 참모총장 할더 장군은 8월 11일 일기에 좌절감을 솔직히 드러냈다. 〈우리가 러시아라는 거인을 과소평가했음이 분명해지고 있다. 나는 개전 당시 적군을 200개 사단으로 예상했지만, 지금까지 드러난 것만 360개 사단이 넘는다. 우리가 12개 사단을 파괴하면 새로운 12개 사단이 투입된다. 아군은 지나치게 넓은 전선에 얇게 분산되어 적의 공격에 취약해지고 있다. 마치 바다에 떠다니는 난파선의 파편처럼 전선을 여기저기 떠돌고 있다.〉

헝가리로서는 더 큰 재앙을 맞이하기 전에 빠져나가야 했지만, 칼자루를 쥔 쪽은 헝가리가 아니라 독일이었다. 가뜩이나 머릿수가 부족한 판국에 이들만 빠져나가는 것을 용납할 리 없었다. 게다가 독일군이 보기에 헝가리는 여러 추축 동맹국 중에서도 기여도가 가장 낮았다. 헝가리 원정군은 3개 여단으로 구성된 1개 군단 2만 5,000명에 불과했던 반면, 헝가리의 숙적인 루마니아는 무려 2개 야전군(제3군, 제4군) 32만 명을 동부 전선에 투입했다. 심지어 슬로바키아조차 2개 사단 및 1개 여단 4만 5,000여 명을 제공했다. 할더는 동부 전선에서 철수하겠다는 헝가리의 요구를 일축했다.

9월 9일, 동프로이센 라스텐부르크Rastenburg에 있는 히틀러의 아지트인 볼프스샨체Wolfsschanze에서 회의가 열렸다. 솜바텔리 장군은 헝가리 기동 군단이 장비 대부분을 잃었기에 더는 싸울 여력이 없으며 헝가리의 빈약한 능력으로는 손실된 장비를 보충하거나 다른 부대로 교체하기 어렵다고 주장했다. 러시아에 억지로 남겨 두느니 전선에서 물러난 뒤 발칸에서 새로운 임무를 맡는 쪽이 낫다는 것이었다. 히틀러와 할더는 헝가리가 처한 현실을 인정하면서도 한 번 예외를 허용하면 다른 동맹국들도 똑같이 행동하지 않을까 우려했다. 말로는 볼셰비키의 위협에서 유럽을 지키기 위한 반공 성전이었지만 추축 동맹국들이 마지못해 싸우고 있음을 히틀러 스스로 인정한 셈이었다. 절충안이 나왔다. 기동 군단은 최일선에서 물러나되, 그 대신 점령지 치안에 종사할 4개 보병 여단을 제공해야 했다.

가장 먼저 제1기병여단이 철수를 시작했다. 3개월 만의 귀향이었다. 기동 군단은 재편되었다. 차량과 장비, 인력 부족으로 대대는 중대로 축소되었고 남은 전차들은 한데 모아서 제3기갑정찰대대가 편성되었다. 9월 26일에는 키예프에서 사상 최대의 포위전이 벌어졌다. 소련 서남부전선군 70만 명 중 60만 명이 죽거나 포로가 되었다. 어지간한 나라의 군대 전체와 맞먹는 숫자가 괴멸한 셈이었다. 독일 남부집단군의 남쪽 측면을 맡은 헝가리군은 드네프르강에서 소련군 3개 사단의 공세를 막아 냈고 키예프의 승리에 기여하여 독일군의 찬사를 받았다.

하지만 독일군의 손실 또한 날로 늘어났고 진격은 점점 느려졌다. 게다가 러시아의 겨울은 빨랐다. 10월 12일, 헝가리군은 드네프르강을 넘어 동쪽으로 향했다. 혹독한 날씨와 형편없는 도로 사정, 빈약한 병참에도 불구하고 10월 28일에는 우크라이나 동부의 도네츠Donets강에 도착했지만 여기까지가 한계였다. 밤에는 영하 18도까지 떨어졌다. 군단장 미클로시 장군은 부다페스트로 날아가 원정군의 철수를 재차 요구했다. 독일도 헝가리군이 그동안 용맹스럽게 싸웠으며 더 이상 남아 있을 이유가 없다는 사실에 동의했다. 11월 10일, 헝가리 원정군은 귀

러시아 평원에서 엄폐 중인 헝가리 기동 군단 병사들. 핀란드나 다른 추축군이 제1차 세계
대전 시절의 구식 독일 철모를 독자 개량하여 사용한 것과 달리 헝가리군의 M38 철모는
독일군이 사용하는 M35 철모를 라이선스 생산한 것이다. 제1차 세계 대전 당시 오스트리아-
헝가리군 역시 독일군 철모를 구매하여 썼다는 점에서 자신들의 전통을 지킨 셈이기도 했다.
물론 철모만 같을 뿐, 나머지 복장에서는 독일군과 확연히 차별화되었다.

향길에 올랐다. 마지막 헝가리 병사가 러시아를 떠난 것은 다음 해 1월 5일이었다.

1941년 6월 28일부터 11월 10일까지 4개월 보름 동안 헝가리 원정군은 1,800km를 진격했다. 소련군 1만 7,000여 명 이상을 포로로 잡았고 50여 대의 전차와 65문의 대포를 노획했다. 비록 장비는 빈약했고 극심한 병참난과 연료 부족에도 불구하고 헝가리 최강 부대답게 우수한 규율과 용맹함으로 난관을 극복한 덕분이었다. 대가도 만만치 않았다. 헝가리군은 8,000여 명의 사상자와 탱켓 전부, 톨디 경전차의 80퍼센트, 처버 장갑차의 90퍼센트를 잃었다. 결코 메울 수 없는 손실이었다. 히틀러는 11월 27일 베를린을 방문한 헝가리 총리 바르도시에게 헝가리군이 아주 잘 싸웠다면서 치하했다. 호르티에게는 특별히 황금으로 제작한 철십자 훈장을 수여했다. 그러나 히틀러는 재정비를 위한 잠깐의 휴식을 준 것일 뿐, 헝가리가 이대로 손 털고 나가도록 내버려둘 생각이 없었다. 동부 전선의 전황이 급격히 나빠지고 있었기 때문이었다. 그제야 호르티와 헝가리 지도부는 자신들이 빠져나갈 수 없는 올가미에 걸렸음을 깨달았다.

루마니아도 출동하다

헝가리가 주변 눈치 보면서 억지로 끌려 나왔다면 반대로 아예 국운을 걸다시피 한 쪽은 루마니아였다. 안토네스쿠의 충동적인 결정 때문이었다. 루마니아도 헝가리만큼 전쟁에 끼어들 처지가 아니었다. 전해에 영토 태반을 빼앗기면서 인구와 경제적 손실은 물론이고 군사적으로도 엄청난 타격을 입었다. 게다가 1940년 말의 겨울과 다음 해 봄은 루마니아인들에게 그 어느 때보다 혹독했다. 폭우로 인한 홍수와 추운 날씨로 전에 없는 흉작이었기 때문이었다. 극심한 식량난과 경제 불황 속에서 병사들은 직접 밭을 갈고 씨앗을 뿌렸으며 가족들이 굶주린다는 이유로 탈영자가 늘어났다. 무엇보다 루마니아군은 시대에 뒤떨어진 낙후한 군대였다. 병사들은 강제로 징집된 무지한 농민들이었고 장교들은 전문성이 떨어졌다. 무기와 장비는 구식이었다. 당장이라도 소련군이 프루트강을 넘어서 남은 영토까지 넘볼까 봐 전전긍긍하는 판국에 잃어버린 영토를 되찾겠답시고 이쪽에서 치고 나간다는 것은 언감생심이었다.

그러나 1941년 5월 말에 와서 독일군의 동태가 심상치 않음을 깨달았다. 소련과 인접한 서부 몰다비아Western Moldavia에 배치된 독일 제11군이 공격 준비에 한창이었기 때문이었다. 6월 12일, 베를린을 방문한 안토네스쿠는 히틀러로부터 바르바로사 작전의 협조를 요구받았다. 히틀러는 루마니아가 참전한다면 소련에 빼앗긴 영토는 물론이고 드네프르강 서쪽의 광대한 우크라이나 영토까지 주겠다고 미끼를 내밀었다. 안토네스쿠는 덥석 물었다. 잔뜩 고무된 그는 루마니아가 언제쯤 전쟁에 합류할 수 있는지 묻는 히틀러의 질문에 자신의 군대가 당장 출동하여 독일군과 함께할 거라고 호언장담했다.

그러나 국운이 걸린 일임에도 떡고물을 얻어먹을 꿈에만 부푼 나머지, 루마니아군의 상황이 어떠하며 과연 참전이 루마니아에 얼마나 이득이 될지 제대로 따져 보지 않았다. 심지어 러시아에서 어떻게 싸울지를 놓고 다른 참모들과의 의논도 없었다. 히틀러에게 아첨하느라 졸속 결정한 대가는 톡톡히 치르게 될 것이었다. 더욱이 동맹국들을 신뢰하지 않았던 히틀러는 비밀 유지를 핑계로 그 이상 아무것도 알려 주지 않았다. 루마니아가 침공 날짜를 통보받은 것은 나흘을 남긴 6월 18일이었다.

탐욕스러운 수령이 집안 사정을 생각하지도 않고 일을 저지른 것

1941년 6월 12일, 뮌헨에서 히틀러(왼쪽)를 처음으로 만난 안토네스쿠(오른쪽). 안토네스쿠는
히틀러의 유창한 언변에 매료되어 총력을 기울여 돕겠다고 약속했다. 뒤늦게야 자신과
루마니아의 운명을 히틀러가 벌이는 도박판에 판돈으로 내주었음을 깨달았지만, 호르티와
달리 손 털고 나올 기회를 찾는 대신 파멸을 향해 마지막까지 고집스레 내달리는 쪽을
선택했다.

은 이탈리아와 마찬가지였지만 군부의 반응은 정반대였다. 장군들은 안토네스쿠의 무모함에 반발하는 대신 오히려 열광했다. 제4군 사령관 니콜라에 치우페르커Nicolae Ciupercă 장군은 〈하느님과 독일이라는 막강한 동맹국의 힘을 빌려 1940년의 수치스러운 오점을 지울 기회〉라고 주장했다. 특히 유대인들에게 되갚아 줄 때였다. 루마니아에서 유대인은 전체 인구에서 4퍼센트에 지나지 않았지만, 유대인을 향한 루마니아인들의 유별난 증오심은 나치조차 능가했다. 자신들이 이런 고난을 겪게 된 것은 죄다 유대인 탓이라는 식이었다. 물론 근거 없는 화풀이였지만, 수개월 전 소련군이 베사라비아와 북부 부코비나를 침공했을 때 유대인들이 앞잡이 노릇을 했다고 믿었던 장군들은 이참에 소련에 빌붙은 배신자들에게 철저히 복수해 주겠다면서 기세등등했다. 헝가리나 다른 추축 동맹국들이 히틀러의 눈치를 보면서 마지못해 생색만 내는 것과는 대조적이었다.

원정군이 신속하게 편성되었다. 안토네스쿠가 직접 총사령관을 맡은 〈안토네스쿠 집단군Army Group Antonescu〉은 독일과 루마니아 혼성 부대로 편성되었다. 당시 루마니아군은 3개 군(제1군, 제3군, 제4군) 34개 사단(18개 보병 사단, 6개 기병 사단, 6개 예비 사단, 1개 요새 사단, 1개 기갑 사단, 1개 변경 사단Frontier Division, 1개 근위 사단) 및 상비군 21만 2,000명, 예비군 47만 4,000명을 합하여 68만 6,000명에 달했다. 그중 절반 가까운 2개 군(제3군, 제4군) 15개 사단 및 9개 여단 등 32만 5,000명이 출동할 참이었다. 독일 다음으로 많은 병력이었다. 여기에 독일 제11군 산하 5개 사단 13만 5,000명이 가세했다. 항공 지원을 위해 독일 제4항공함대 산하 항공기 420대와 루마니아 왕립 공군의 항공 그룹Gruparea Aeriană de Luptă 항공기 600여 대가 투입되었으며 흑해에서 활동할 해군력으로 몇 척의 소형 포함이 있었다.

그중 루마니아 제3군이 북부 전선을, 독일 제11군이 중부 전선

루마니아 안토네스쿠 집단군 전투 서열(1941. 6. 22)

- **루마니아 제3군: 사령관 페트레 두미트레스쿠Petre Dumitrescu 중장**

  - 산악군단: 제7보병사단, 제1산악여단, 제2산악여단, 제4산악여단

  - 기병군단: 제6보병사단, 제5기병여단, 제8기병여단

- **루마니아 제4군: 사령관 니콜라에 치우페르커Nicolae Ciupercă 중장**

  - 제3군단: 근위 사단, 제15보병사단, 제35예비사단

  - 제5군단: 제1변경사단, 제21보병사단

  - 제11군단: 제1요새여단, 제2요새여단

- **루마니아 제2군단(집단군 직속)**

  - 제9보병사단, 제10보병사단, 제11보병사단, 제7기병여단

- **독일 제11군: 사령관 오이겐 리터 폰 쇼베르트Eugen Ritter von Schobert 상급대장**

  - 제11군단: 제76독일보병사단, 제239독일보병사단, 제1루마니아기갑사단,
    제6루마니아기병여단

  - 제30군단: 198독일보병사단, 제8루마니아보병사단, 제13루마니아보병사단,
    제14루마니아보병사단

을, 루마니아 제4군과 제2군단이 남부 전선을 각각 맡았다. 루마니아 제1군은 예비대로 본토에 남았다. 가장 큰 문제는 다른 추축 동맹군과 마찬가지로 루마니아 역시 기갑 전력과 대전차 전력이 매우 빈약하다는 사실이었다. 독일 제11군에는 단 한 개의 기갑 사단도 없을뿐더러, 루마니아군 유일의 기갑 부대인 제1기갑사단은 서류상 201대의 전차가 있었지만 실제로 써먹을 수 있는 전차는 절반에 불과했다. 그나마도 시대에 뒤떨어지고 노후화된 체코제 LT-35 경전차와 프랑스제 르노 R-35 경전차가 전부였다. 37mm 대전차포를 탑재하고 장갑이 30~40mm에 불과한 이 전차들은 3호 전차 초기 형과 비슷했다. 비

록 소련군이 보유한 전차들 역시 대부분 크게 다를 바 없기는 했지만, T-34와 같은 신형 전차들을 만난다면 그야말로 속수무책이 될 것이 뻔했다.

워낙 졸속 참전이었기에 루마니아군이 공세에 나선 것은 7월 2일 밤이었다. 헝가리보다도 늦은 셈이었다. 안토네스쿠는 〈병사들이여! 나는 명령한다. 프루트강을 넘어라!〉라고 선언했다. 작전명은 〈뮌헨 Operation München〉이었다. 루마니아군 제3군은 북부 부코비나로, 독일 제11군과 루마니아 제4군, 루마니아 제2군단이 각각 서쪽과 남쪽에서 베사라비아로 진격했다. 독일-루마니아군은 소련군 최일선을 무너뜨리고 프루트강 동안에 교두보를 마련했다. 소련군도 보복했다. 소련 폭격기들이 부쿠레슈티를 비롯해 루마니아 주요 도시에 폭탄을 떨어뜨렸다. 6월 26일에는 9,000톤급 중순양함 보로실로프를 비롯한 소련 흑해함대와 폭격기가 루마니아의 항구 도시 콘스탄차를 습격하여 항만 시설과 연료 탱크, 창고를 파괴했다.

처음으로 전략 폭격을 경험한 루마니아인들은 이번에도 유대인들 탓으로 돌렸다. 유대인들이 붉은 천을 펼쳐서 소련 폭격기들을 목표물로 유도한다는 헛소문이 퍼졌다. 심지어 루마니아군 대공포에서 발사하는 붉은 예광탄조차 유대인 스파이들이 소련 조종사들에게 보내는 신호라고 믿었다. 공포와 집단 광기가 지배하면서 곳곳에서 유대인들이 공격받거나 집단 학살을 당했다. 심지어 민간인을 보호해야 할 군대와 경찰조차 학살극에 앞장섰다. 루마니아 제2의 도시이자 유대인이 많이 사는 이아시Iaşi에서는 무려 1만 3,000여 명이 살해되었을 정도였다.

독일-루마니아군에 맞서는 소련군은 이반 튤레네프Ivan Tyulenev 상장이 지휘하는 소련 남부전선군 산하 3개 군(제9군, 제12군, 제18군) 36만 5,000명 정도였다. 또한 전차 700대, 항공기 1,750대를 보유한 만만찮은 전력이었다. 소련군의 저항은 거셌다. 다른 전선과 마찬가지로

1941년 7월 3일, 소련에 빼앗긴 베사라비아를 되찾기 위해 프루트강을 도하 중인
루마니아군. 다른 추축 동맹국이 기껏해야 사단에서 군단을 파견하는 선에서 체면치레할
참이었던 반면, 이참에 한몫 단단히 챙길 속셈이었던 루마니아는 그야말로 총력을 기울였다.
하지만 지도자들은 신이 났을지 몰라도, 병사들의 사기는 이탈리아군만큼 낮았다.

이들 역시 처음에는 당황했지만, 재빨리 전열을 정비한 뒤 과감하게 반격했고 일시적이나마 추축군을 서쪽으로 밀어내기도 했다. 반면, 안토네스쿠와 장군들의 의욕만 앞섰던 루마니아군은 공격에 나설 준비가 전혀 되어 있지 못했다. 대전차 무기와 대공포는 매우 빈약했고 현대적인 대포도 없었다. 보병들은 항공기와 전차, 포병의 지원 없이 제1차 세계 대전 때와 마찬가지로 자신의 소총에만 의지한 채 소련군 진지를 향해 〈닥돌〉해야 했다. 훈련을 제대로 받지 못한 병사들은 규율이 형편없었고 전투보다 오히려 약탈과 유대인들에게 보복하는 데 열을 올렸다. 무방비나 다름없었던 수송 행렬은 소련 폭격기들의 훌륭한 표적이 되기 일쑤였다.

루마니아군을 궁지에서 구해 낸 쪽은 독일군이었다. 어영부영하는 루마니아군과 달리 독일 제11군은 소련군 방어선을 사정없이 뚫고 들어감으로써 유럽을 제패한 군대임을 보여 주었다. 7월 5일, 루마니아군의 최정예 부대 중 하나인 산악 군단 산하 브너토레 데 문테Vânători de munte 대대가 북부 부코비나의 중심지인 체르니우치Chernivtsi를 점령했다. 7월 16일에는 처절한 격전 끝에 루마니아 제1기갑사단이 베사라비아의 수도인 키시너우Chişinău에 입성했다. 개전 34일 만인 7월 26일 베사라비아 전역이 추축군의 손에 넘어왔다. 대가는 컸다. 소련군의 사상자는 1만 8,000여 명인 반면, 루마니아군은 4,112명의 전사자를 포함하여 2만 2,000여 명을 잃었다.

소련군은 많은 사상자를 냈지만, 그럭저럭 전투력을 유지한 채 드네스트르강을 넘어 우크라이나로 후퇴했다. 같은 시간 북쪽에서 독일 기갑 부대들의 전격전 앞에서 재앙적인 참패를 거듭하고 있던 모습과는 대조적이었다. 어쨌거나 루마니아로서는 이만하면 원래의 목적을 달성한 셈이었다. 그러나 핀란드인들과 달리 안토네스쿠는 멈출 생각이 없었다. 더 많은 것을 원했던 그는 국왕과 국방부 장관 이오시프 이

아코비치Iosif Iacobici 장군의 반대에도 불구하고 독단적으로 우크라이나 진격을 명령했다. 첫 번째 목표는 소련에서 일곱 번째로 큰 도시이자 흑해 연안의 유서 깊은 항구 도시 오데사였다.

안토네스쿠가 그토록 동방 원정에 적극적이었던 이유는 정권 유지를 위해 어떻게든 히틀러에게 충성심을 입증해야 한다는 정치적인 이유도 있었지만, 히틀러의 광신적인 반유대주의와 반공주의에서 같은 생각이었기 때문이었다. 안토네스쿠는 이번 전쟁이 슬라브인들과 유대인들을 절멸하기 위한 게르만과 라틴 민족의 공동 성전이라고 믿었다. 실제로 히틀러와 안토네스쿠는 서로 이용해 먹을 궁리만 하는 추축 지도자들치고는 유별나게 가까웠다. 히틀러는 안토네스쿠를 자신이 진정으로 신뢰하는 몇 안 되는 동맹국 지도자라며 극찬했다. 미국 역사학자 거하드 와인버그Gerhard Weinberg는 안토네스쿠를 가리켜 〈무솔리니를 제외하고 히틀러를 만난 어떤 지도자도 그토록 끊임없이 호의적인 발언을 들은 사람은 없었다〉라고 평가했다.

8월 6일, 독일군이 점령한 우크라이나 베르디치프Berdychiv에서 히틀러를 만난 안토네스쿠는 철십자 훈장을 수여받았다. 다음 날 루마니아 제4군은 드네스트르강을 넘어 오데사로 진격했다. 북쪽에서는 한발 앞서 드네프르강을 넘은 독일 제11군을 뒤따라 루마니아 제3군이 후퇴하는 소련군을 추격 중이었다.

소련 최대 군항 중 하나인 오데사는 완전히 요새화되었고 대규모 군수 공장이 있었다. 수비대는 소련 독립해안군 3만 4,000여 명에 불과했지만, 독일 제11군이 오데사를 내버려둔 덕분에 베사라비아에서 퇴각한 소련 제9군의 잔존 부대가 무사히 합류하면서 소련군의 방어선은 대폭 보강되었다. 흑해 함대는 크림반도에서 증원 병력을 오데사로 수송했다. 수비대는 8만 6,000여 명으로 늘어났다. 스탈린은 오데사의 사수를 명령했다. 그렇지만 루마니아군은 손쉽게 오데사를 점령할 수 있다고 판단했다. 루마니아 제4군은 수적으로 소련군보다 두 배나 더 많았고 대포는 세 배에 달했다. 또한 독일 제11군 소속이었던 루마니아 제1기갑사단이 8월 10일 소련군의 전초 방어선을 돌파한 다음 오데사를 우회하여 13일에는 흑해에 도착함으로써 오데사의 퇴로를 차단했다. 오데사는 포위되었다. 루마니아 공군은 오데사 상공의 제공권을 장악하고 소련군 진지와 수송선을 쉴 새 없이 폭격했다.

그러나 스탈린의 엄명을 받은 소련군은 한 발짝도 물러서지 않았다. 오데사에 배치된 기갑 전력은 구식 경전차인 T-26, BT 경전차 등 70여 대에 불과했고 그나마도 전투 초반 오데사 외곽에서 대부분 파괴되자 현지 노동자들은 〈니 전차Ni Tank〉라는 급조 전차를 만들었다. 러시아어로 〈허세용for fright〉이라는 뜻의 약자에서 따온 이 전차는 파괴된 전차 차체나 트랙터에 철판을 달고 기관총이나 대전차 포, 심지어 파이프로 가짜 대포를 달기도 했다. 정확한 숫자는 분명치 않지만 50~70대가 제작되었다. 조잡하기 짝이 없는 간이 무기이긴 하지만, 요란한 소리로 대전차 무기가 빈약한 루마니아군 보병들을 때때로 혼비백산하게 만들기도 했다. 그중에는 루마니아군이 오데사 시내로 들어왔을 때를 대비하여 전철을 개조한 장갑 열차도 있었다.

루마니아군이 보유한 대포는 제1차 세계 대전 당시에 사용했던 75mm 야포였고 철근과 콘크리트로 만들어진 견고한 요새 벽에는 아무런 효과도 없었다. 더욱이 제대로 훈련받지 못한 루마니아 포병들은 명중률이 형편없었다. 항공 지원 역시 독일 제4항공함대가 독일 제11군을 지원하는 데 투입되면서 루마니아 공군만으로는 역부족이었다. 항공과 포병의 도움을 얻을 수 없었던 루마니아 보병들은 밀집 대형으로 돌격했다가 소련군의 포격과 기관총 앞에서 엄청난 사상자를 내고 격퇴되었다. 루마니아군은 차량이 거의 없었기에 한 세기 이전과 다를 바 없이 소와 말을 이용한 수레로 물자를 실어 날라야 했다. 때마침 폭우로 드네스트르강에 임시로 건설한 다리의 태반이 떠내려가면서 병참 사정은 더욱 나빠졌고 식량과 탄약 부족에 허덕였다.

8월 18일, 루마니아군의 총공격이 시작되었다. 하지만 포병의 미숙한 지원 때문에 일주일 만에 중단되었다. 8월 28일, 독일군의 지원 아래 재개된 두 번째 공세는 한때 8,000여 명을 포로로 잡는 등 방어선을 돌파할 것처럼 보였지만, 소련군이 증원되면서 또 한 번 실패했다. 한 달 동안 루마니아군의 사상자는 3만 1,500여 명에 달했다. 루마니아군은 수렁에 빠진 꼴이었다. 이번에도 작전 실패는 애꿎은 유대인들 탓으로 돌렸다. 오데사 주변 마을에서 유대인들이 색출되어 수십 명이 학살당했다. 하지만 히틀러와 독일 최고 사령부는 루마니아군이 케케묵은 제1차 세계 대전 식 전술을 고집하기 때문이라고 결론 내렸다. 무능하고 구태의연한 루마니아군 지휘관들은 병사들에게 소련군 진지의 정면을 향해 집단 자살이나 다름없는 돌격을 강요하여 희생을 자초했다. 일부 병사들은 겁쟁이라는 이유로 총살당하거나 중노동 형에 처해졌다.

8월 30일, 독일과 루마니아는 티기나 협정Tighina Agreement을 체결했다. 루마니아는 독일의 러시아 침공에 협조한 대가로 드네프르강 서쪽의 광대한 우크라이나 영토를 식민지로 얻었다. 히틀러로부터 푸짐한 선물 보따리를 받은 셈인 안토네스쿠는 자신의 위신을 걸고 무슨 수를 써서라도 오데사를 공략해야 할 판이었다. 그는 국방부 장관 이아코비치 장군을 제4군 사령관에 임명하고 국방부 장관은 자신이 직접 겸임했다. 그는 병사들을 향해 이렇게 선언했다. 〈오데사 입구까지 우리는 한 발짝밖에 남지 않았다.…… 그러니 최후의 노력을 다하라!〉

뒤늦게 독일군도 가세했다. 루마니아군의 오데사 공격을 돕기 위해 보병 연대와 전투 공병 연대pioneer regiment, 2개 포병 연대로 구성된 분견대가 파견되었다. 9월 11일 세 번째 공격이 시작되었다. 하지만 포탄이 바닥나는 바람에 이번에도 실패로 끝났다. 가장 큰 문제는 보급이었다. 제4군은 17개 보병 사단 및 1개 기갑 사단 등 34만 명에 달하여 소련군을 압도했지만, 일선에 투입된 병력은 절반 정도에 불과했다. 9월 21일에는 소련군이 반격했다. 루마니아군의 우익을 맡은 제5군단을 향해 소련군 2개 소총 사단이 공격에 나서고 해병 연대가 상륙했다. 소련 해군 공수 대원들은 루마니아군 후방에 낙하하여 혼란에 빠뜨리기도 했다. 루마니아군은 1,300여 명의 사상자를 내고 포병 진지를 빼앗긴 채 9km나 후퇴하면서 궁지에 몰렸다.

그러나 100여 대에 달하는 루마니아-이탈리아 연합 공군이 대대적으로 출격하여 소련군의 진지를 맹폭격했다. 위기는 지나갔다. 10월 4일 소련군은 후퇴했지만, 기세가 꺾인 루마니아군은 일단 수세로 전환하여 독일군의 증원을 기다리기로 했다. 독일군이 직접 나서지 않는 한, 루마니아군만으로는 도저히 오데사를 점령할 수 없음이 분명했다. 그러나 행운이 따랐다. 독일 제11군과 루마니아 제3군이 크림반도로 진격하면서 소련 최고 사령부Stavka가 오데사의 포기를 결정했기 때문이었다. 소련군은 루마니아군의 눈을 피해 잔존 수비대를 해상으로 무사히 크림반도까지 철수시켰다.

10월 16일, 오데사는 루마니아군의 손에 넘어왔다. 하지만 상처 투성이 승리였다. 소련군은 4만 1,000여 명을 잃은 반면, 루마니아군의 사상자는 두 배가 넘는 9만 2,500명에 달했다. 특히 루마니아군의 유일한 기동 전력이었던 제1기갑사단은 20퍼센트의 전차만 남았다. 루마니아로 복귀하여 1년 가까이 훈련과 재편성에 나서야 했다. 오데사에 입성한 루마니아군은 제일 먼저 유대인 색출에 나섰다. 수백 명의 유대인이 〈공산주의 테러리스트〉라는 죄목으로 처형되었다. 루마니아군이 점령한 지역에서 수십만 명에 달하는 유대인이 강제 수용소로 끌려갔다. 10월 22일에는 오데사 점령군 사령부에 폭탄 테러가 일어나면서 루마니아 제10보병사단장 이오안 글로고제아누Ioan Glogojeanu 장군을 비롯해 수십 명의 독일, 루마니아 장교들이 죽거나 다쳤다. 이 또한 유대인 탓으로 돌려져 집단 처형이 자행되었다.

세바스토폴의 혈전

루마니아 제4군이 오데사에서 발목이 잡힌 사이, 루마니아 제3군은 독일 제11군의 좌익을 맡아 동쪽으로 진군했다. 이들은 일일 15km의 속도로 뜨거운 태양과 흙먼지가 휘날리는 우크라이나의 초원 지대를 터벅터벅 걸으며 오데사를 우회하여 8월 26일에는 드네프르강에 당도했다. 9월 12일, 비행기 추락 사고로 사망한 쇼베르트 장군을 대신하여 만슈타인이 새로운 독일 제11군 사령관이 되었다. 크림반도 공략을 명령받은 그는 소련 제51군의 방어선을 돌파했다. 10월 28일, 크림반도의 입구인 페레코프Perekop가 점령되었다. 독일군은 크림반도를 휩쓸면서 소련 최대의 요새 도시이자 흑해 함대의 모항인 세바스토폴을 포위했다. 이틀 뒤인 10월 30일 세바스토폴 공격이 시작되었다. 11월 6일, 루마니아 해군의 650톤급 잠수함 델피눌NMS Delfinul이 크림반도 남단 얄타 인근 해역에서 2,000톤급 소련 수송선 한 척을 격침했다. 열흘 뒤에는 크림반도 동쪽 끝의 케르치Kerch를 점령하여 본토와의 통로를 끊었다. 한 세기 전 크림 전쟁 당시 유명한 격전장이었던 세바스토폴을 놓고 또 한 번 치열한 싸움이 벌어질 참이었다.

그러나 1년 전 프랑스를 한 방에 격멸했던 낫질 작전의 입안자이자 독일군 최고의 두뇌라고 일컫는 만슈타인조차 이 난공불락 도시를 공략하는 일은 만만찮은 일이었다. 세바스토폴에는 흑해 함대와 독립 해안군 등 11만 8,000명에 달하는 소련군이 견고한 방어선을 구축하고 있었다. 게다가 3겹의 방어선과 전함의 주포에 맞먹는 305mm 3연장포 2문을 포함해 각종 야포 600문과 박격포 2,000문이 배치되어 오데사를 능가하는 철벽의 방어력을 자랑했다. 반면, 독일군은 그동안 쉬지 않고 싸운 터라 손실이 누적되었고 병사들은 지쳐 있었다. 무엇보다도 전차와 중포가 크게 부족했다. 바다에서는 배수량 2만 5,000톤급 드레드노트 전함 세바스토폴을 비롯한 소련 흑해 함대가 독일군을 향해 무서운 포격을 퍼부었다. 소련군의 저항과 병참 한계, 화력 부족으로 20일 만인 11월 21일 만슈타인은 2,000여 명을 잃고 일단 공격을 중단했다.

병력이 부족했던 그는 루마니아 제3군을 투입하기로 했다. 그때까지 상관들로부터 이번이 진짜 마지막이라는 말을 귀가 따갑게 들었던 루마니아 병사들은 폭발했고 집단 항명이 벌어졌다. 병사들은 장교들을 향해 〈집으로! 집으로! 집으로!〉라고 외쳤다. 제3군 사령관 두미트레스쿠 장군은 불운한 병사 몇 명을 명령 불복종으로 체포한 뒤 군법 회의에 회부하여 소란을 억눌렀다. 그 대신 화풀이 대상은 애꿎은 소련 민간인들과 유대인들의 몫이었다. 마구잡이식 학살과 약탈이 자행되었다. 루마니아 병사들의 잔혹성은 나치 친위대원들조차 혀를 내두를 정도였다.

1941년 12월 17일 새벽 6시, 만슈타인은 세바스토폴을 향한 두 번째 공격에 나섰다. 하지만 이번에도 썩 신통치 않았다. 루마니아 제3군 이외에도 독일 제54군단 4개 사단이 크림반도로 증원되었지만, 병력은 1개 사단도 안 되는 1만 5,000여 명에 불과했다. 또한 소련군의 반격에 대비하여 크림반도 동쪽 끝단의 케르치에 제46보병사단과 2개 루마니아 산악 여단을 배치하면서 가뜩이나 부족한 병력은 한층 분산되었다. 제30군단과 루마니아 제1산악여단이 남쪽에서, 제54군단이 북쪽에서 각각 공세에 나서 치열한 전투 끝에 외곽 방어선 일부를 무너뜨렸지만 더는 전진할 수 없었다. 게다가 12월 25일에는 소련군이 반격했

다. 드미트리 코즐로프Dmitry Kozlov 상장의 트랜스캅카스 전선군 산하 소
련 제224소총사단과 제302소총사단, 제83해병여단이 야음을 틈타 케
르치 해협을 넘어서 크림반도 동쪽 끝에 상륙했다. 나흘 뒤에는 소련군
제44군 전체가 크림반도 남쪽의 항구 도시 페오도시아Feodosia의 탈환에
나섰다. 전황은 대번에 악화했다. 만슈타인 최대의 위기였다.

　　케르치 해협의 수비를 맡은 독일 제52군단장 한스 폰 스포네크Hans
Graf von Sponeck 장군은 만슈타인의 철퇴 불가 명령을 무시하고 12월 29일
제46보병사단을 퇴각시켰다. 제46보병사단은 눈보라를 뚫고 120km
를 후퇴해야 했고 많은 차량이 버려졌다. 루마니아 제4산악여단과 제
8기병여단이 반격에 나섰지만, 이들만으로는 소련군을 몰아내기에 역
부족이었다. 크림반도 북쪽에서는 소련 공수 부대 1개 중대 250명이 낙
하했다. 1942년 1월 1일에는 소련 제51군이 추가 상륙했다. 크림반도
에서 600km나 떨어진 부쿠레슈티에서 보고받은 안토네스쿠는 편집광
적인 공포에 사로잡힌 나머지, 현지 유대인들이 소련군에 호응할 수 있
다는 이유로 루마니아 제3군에 〈오데사의 모든 유대인 놈은 즉각 추방
되어야 한다〉라고 엄명을 내렸다. 케르치 주변에서만 수천 명의 유대인
들이 집단 학살당했다.

　　케르치 상륙 작전은 소련군으로서는 최초의 대규모 상륙 작전이었
지만 성공적이지는 못했다. 소련군은 상륙 작전 경험이 전혀 없는 데다
상륙용 주정이 턱없이 부족하여 노르망디에서 서방 연합군처럼 대부대
를 한꺼번에 상륙시키는 것이 아니라 소부대를 여러 곳으로 찔끔찔끔
투입하다 보니 추축군의 방어선을 돌파할 수 없었다. 공수 부대 또한 숫
자가 너무 적었고 사방으로 흩어지면서 쉽게 격퇴되었다. 날씨마저 소
련군의 편이 아니었다. 대전차 무기가 빈약했던 루마니아군은 전차를
앞세운 소련군을 바다로 밀어낼 수는 없었지만, 독일군 증원 부대가 도
착할 때까지 시간을 벌었다. 루마니아 산악 군단장 게오르게 아브라메

스쿠Gheorghe Avramescu 장군은 루마니아 병사들을 향해 〈크림반도의 방어
는 우리 국경을 지키는 것이요, 우리 가족이 먹을 것을 마련하기 위해
일하는 들판을 지키는 것이요, 우리 아이를 지키고 재난과 불길에서 조
국을 지키는 것이다〉라고 강조했다. 루마니아 병사들은 자신들이 나치
만큼이나 소련에서 온갖 만행을 저질렀으며 만약 이 전쟁에서 패배한
다면 자기 가족들이 소련군에 의해 똑같은 짓을 당하게 되리라는 것을
잘 알고 있었다. 그것이 이들에게는 죽기로 싸워야 하는 이유였다.

만슈타인은 스포네크를 해임하고 제52군단의 철수를 중지하는 한
편, 세바스토폴 포위에 투입된 독일 제30군단을 급히 동쪽으로 돌렸다.
빈자리는 루마니아 산악 군단에 의해 메워졌다. 루마니아군은 세바스
토폴에서 역공으로 전환한 소련군을 저지하여 만슈타인이 케르치에 집
중하는 데 기여했다. 추축 공군은 제공권을 장악하고 소련군 수송 선단
에 큰 타격을 입혔다. 1942년 1월 2일, 소련군의 공세가 멈췄다. 소련
군은 3만 2,000명의 사상자 및 실종, 포로를 포함하여 4만 2,000여 명
을 잃었다. 1월 15일에는 만슈타인의 반격이 시작되었다. 다음 날 소련
군은 케르치와 세바스토폴 사이에 있는 크림반도 남단의 작은 항구 도
시인 수다크Sudak에 1개 소총 연대로 상륙을 시도했지만 2,000여 명이
죽고 900여 명이 포로가 된 채 격퇴되었다.

1월 말에는 소련군 제47군이 얼어붙은 해협을 넘어 증원되었다.
소련군은 10만 명으로 늘어났고 소련 제44군과 제47군, 제51군이 크
림 전선군으로 편성되어 코즐로프가 총지휘를 맡았다. 2월 27일, 소련
제51군이 대포 230문의 엄호 아래 공세에 나섰다. 하지만 수적으로 월
등히 우세했음에도 추축군의 방어선을 돌파할 수 없었다. 코즐로프는
3월과 4월 내내 맹목에 가까운 공격을 거듭했지만, 매번 실패로 끝났
다. 추축군의 사상자는 2만 4,000여 명에 불과한 반면, 소련군 사상자
는 30만 명에 달했고 병력의 40퍼센트, 전차의 절반 이상을 잃었다. 만

슈타인의 경이로운 방어전은 같은 시간 북쪽으로 1,300km 떨어진 르제프Rzhev에서 소련군의 압도적인 공격을 끝까지 막아 내고 동부 전선을 안정시켜 〈총통의 소방수〉라는 별명을 얻은 발터 모델 장군의 활약에 견줄 만했다. 하지만 그로서도 소련군을 크림반도에서 완전히 몰아내고 세바스토폴을 점령하기에는 역부족이었다. 전투는 한동안 교착 상태가 되었다.

5월이 되면서 주도권은 추축군으로 기울었다. 독일 제4항공함대는 소련 흑해 함대와 수송 선단을 폭격하여 괴멸적인 타격을 입히며 병참선을 차단했다. 또한 폴란드와 프랑스에서 명성을 떨친 볼프람 폰 리히트호펜 남작이 지휘하는 제8항공군단이 증파되었다. 크림반도에 투입된 추축 공군의 항공기는 800여 대가 넘었다. 이제는 케르치를 포기해야 할 때였다. 하지만 스탈린은 여전히 철퇴 불가만을 외쳤다. 5월 8일, 만슈타인은 〈야생 칠면조 사냥 작전Operation Bustard Hunt〉을 발동했다. 독일 제22기갑사단이 소련 제44군을 돌파한 다음 제51군을 포위했다. 사흘 뒤 제51군 전체가 항복했다. 5월 15일, 추축군은 케르치에 입성했다. 소련군은 그제야 필사적인 탈출에 나섰지만 대부분 포로가 되었다. 5월 20일, 케르치반도 전역이 추축군의 손에 넘어왔다. 루마니아 병사들은 독일 SS 대원들과 함께 주변을 뒤지며 숨어 있는 소련군 잔당들을 소탕하고 유대인들을 처형했다. 소련군은 17만 명이 포로가 되고 1,100문의 대포와 250대의 전차가 노획되었다. 재앙이나 다름없는 참패였다. 코즐로프는 패전의 책임을 뒤집어쓰고 소장으로 강등되었고 후방으로 쫓겨났다. 그는 그나마 운이 좋았다. 몇 달 전이었다면 스탈린은 광기를 부리며 실패자들을 총살대에 세웠을 것이다.

한편 크림반도 북쪽에서는 5월 12일 소련 남부전선군이 우크라이나 제2의 도시인 하리코프 탈환에 나섰다. 루마니아 제3군은 소련군의 공세를 저지하는 한편, 독일 제17군이 소련군 포위망을 뚫고 서쪽으로 후퇴하는 것을 엄호했다. 5월 17일 독일 제1기갑군과 루마니아 제3군은 반격에 나섰다. 소련군은 큰 손실을 입고 격퇴되었다. 추축군은 불과 2만 명을 잃은 반면, 소련군은 24만 명과 전차 1,200대, 대포 2,600문을 잃었다. 북쪽 전선이 안정되자 만슈타인은 세바스토폴로 다시 눈을 돌렸다. 독일 제4항공함대 항공기 600여 대와 600문의 대포가 집결했다. 그중에는 인류 역사상 가장 큰 대포로 이름을 떨치는 800mm 구스타프 열차포와 600mm 카를 자주 박격포Mörser Karl와 같은 괴물 대포도 있었다. 케르치에서 소련군이 전멸했다는 소식이 전해지면서 세바스토폴 수비대의 사기는 땅에 떨어졌고 탈영병들이 꼬리에 꼬리를 물고 발생했다. 독일 공군과 포병들이 6월 2일부터 세바스토폴을 향해 맹폭격을 퍼부었다. 워낙 많은 포탄이 떨어지면서 세바스토폴의 하늘은 흙먼지와 폭연으로 대낮에도 해가 보이지 않을 정도였다. 구스타프 열차포와 카를 자주 박격포도 포문을 열었지만, 소리만 요란할 뿐 생각만큼 쓸모는 없었다. 워낙 반동이 크다 보니 포탄이 죄다 목표물에서 빗나갔기 때문이었다. 카를 자주포에서 발사한 한 발만 소련군이 자랑하는 305mm 막심 고리키 요새포 중 하나를 명중시켰다.

6월 7일 아침, 추축군의 총공세가 시작되었다. 독일 제30군단이 남쪽을, 루마니아 제4산악사단을 포함한 제54군단이 북쪽을, 루마니아 산악 군단(제1산악사단, 제18산악사단)이 중앙을 각각 맡았다. 루마니아 병사들은 폐타이어에 폭발물과 수류탄을 넣은 급조 폭발물을 만들어 소련군 진지로 굴려 보내기도 했다. 추축군은 소련군의 일부 방어선을 뚫고 2km를 진격했지만, 탄약이 떨어지면서 더 이상 전진할 수 없었다. 소련군도 결사적이었고 때때로 반격을 시도하기도 했다. 소련 흑해 함대는 봉쇄를 뚫고 수천 명의 증원 병력과 물자를 수송했다. 6월 13일, 독일 제22보병사단이 방어선의 한 축인 스탈린 요새Fort Stalin를 점령했다. 독일 제30군단은 소련군 제109소총사단과 제388소총사단을 점점

1942년 5월, 케르치의 루마니아군을 방문한 안토네스쿠 원수(앞줄 맨 왼쪽). 그는
무솔리니와 더불어 히틀러의 동방 원정에 가장 열성적이었던 추축 지도자였다. 차이가
있다면 무솔리니는 히틀러가 굳이 원치 않는데도 자신의 군대를 억지로 떠넘겼고,
안토네스쿠는 히틀러가 기대했던 것 이상으로 정성을 다해 싸워서 그를 흡족하게 만들었다는
점이었다.

해안가로 밀어붙였다. 루마니아 제18산악사단은 소련군 제386소총사단을 격파했다. 이제는 세바스토폴 함락도 초읽기였다.

6월 18일, 추축군은 두 번째 총공세에 나섰다. 격전 끝에 소련군의 북쪽 전선이 무너졌다. 6월 26일, 세바스토폴의 마지막 방어선이 돌파되었다. 세바스토폴 방위 사령관 이반 페트로프Ivan Petrov와 흑해 함대 사령관 필리프 옥티아브르스키Filipp Oktyabrskiy는 독일군이 도시로 들어오기 직전 비행기를 타고 탈출했다. 7월 4일, 세바스토폴은 함락되었다. 8개월하고도 나흘 만의 승리였다. 소련군은 20만 명을 잃었다. 히틀러는 승리했다. 하지만 상처투성이 승리였다. 그보다도 치명적인 사실은 독일 제11군이 완전히 만신창이가 되면서 그가 야심만만하게 계획한 더 중요한 공세에 참여할 수 없게 되었다는 점이었다. 이것은 나중에 치명적인 대가로 돌아오게 된다. 루마니아 제3군은 세바스토폴에서 전사자 1,500여 명을 포함하여 9,000여 명을 잃었다. 승전보를 들은 안토네스쿠가 내린 첫 번째 명령은 새로운 점령지에서 유대인들을 모조리 청소하라는 것이었다. 힘겨운 승리를 거둔 루마니아 병사들은 이제야 가족들 품으로 돌아갈 때라고 믿었지만 또 한 번 기대는 빗나갔다. 히틀러는 여전히 멈출 생각이 없었다. 루마니아군의 다음 종착지는 크림반도에서 동쪽으로 1,000km 떨어진 볼가강이었다.

배신당한 희망

독일군이 추위와 싸우면서 모스크바를 향해 힘겹게 한 발짝씩 나아가던 1941년 11월 말에만 해도 추축 동맹국 병사들은 나치 선전 매체들이 떠드는 말을 철석같이 믿고 위대한 승리가 코앞이며 오래지 않아 전쟁이 끝나고 집으로 돌아가게 될 거라는 희망에 부풀어 있었다. 루마니아 수도 부쿠레슈티에서는 11월 8일 오데사 함락을 축하하는 대대적인 승전식이 열렸다. 안토네스쿠는 자신의 지지를 묻는 국민 투표에서 99퍼센트가 넘는 345만 표를 얻었다. 반대표는 68표에 불과했다. 11월 21일에는 루마니아 제3군과 독일 제54군단이 돈강 하류의 요충지인 로스토프를 점령하여 4개월에 걸친 동방 원정이 일단락되는 것처럼 보였다. 북쪽에서는 독일군이 〈타이푼 작전Operation Typhoon〉을 발동하고 소련 정복의 마지막 단계에 돌입했다.

그러나 승리의 월계관을 기대하기에는 한참 일렀다. 소련은 독일이 여태껏 상대했던 적들과는 전혀 달랐다. 300만 명 이상을 잃었음에도 무너지기는커녕 오히려 점점 강해지고 있었다. 엿새 뒤인 11월 27일, 안톤 로파틴Anton Ivanovich Lopatin 중장의 소련 제37군이 로스토프 탈환에 나섰다. 독일군은 한계였다. 혹독한 추위로 모든 전차와 차량이 얼어붙었고 동상자가 늘어났다. 독일 남부집단군 사령관 룬트슈테트 Karl von Rundstedt 원수는 히틀러에게 후퇴를 건의했다가 제일 먼저 목이 달아났다. 발터 폰 라이헤나우Walter von Reichenau 원수가 후임자가 되었지만 뾰족한 수가 없기는 마찬가지였다. 히틀러를 겨우 설득한 그는 12월 2일 로스토프를 버리고 서쪽 60km 떨어진 타간로그Taganrog로 퇴각하여 미우스강에서 새로운 방어선을 구축했다. 독일군으로서는 폴란드 정복 이래 첫 퇴각이었다.

이것은 시작일 뿐이었다. 장군들은 후퇴할 때라고 아우성을 질렀다. 하지만 히틀러는 요지부동이었다. 그가 보기에는 모스크바까지는 불과 한 발짝 남았을 뿐이었다. 여기서 물러난다면 27년 전 승리를 코앞에서 놓친 마른 전투의 악몽을 재현하는 꼴이 될 것이었다. 기온이 영하 30도 이하로 내려가는 가운데, 최후의 여력을 짜낸 공세가 시작되었다. 12월 2일, 에리히 회프너 상급대장의 제4기갑군 산하 제258보병사단 정찰 대대가 모스크바 교외의 작은 마을 힘키Khimki까지 진출했다. 크렘린까지는 불과 20km였다. 이들은 볼가강 위에 걸린 다리를 점령했고 쌍안경으로 저 너머에 크렘린 궁전의 첨탑이 보인다고 보고했다. 독소 전쟁을 통틀어 독일군이 모스크바에 가장 가까이 간 순간이었다. 히틀러는 드디어 이겼다고 생각했지만, 소련군이 반격하면서 하루도 되지 않아 격퇴되었다. 12월 5일, 독일군의 모든 공세가 멈추었다. 다음 날은 제2차 세계 대전의 가장 중요한 전환점이 될 순간이었다. 영하 40도의 맹추위 속에서 소련군의 총반격이 시작되었다. 스탈린은 아껴 두었던 예비대를 모조리 투입했다. 소련군의 전력은 흔히 알려진 것처럼 독일군을 압도할 정도로 우세하지는 않았지만, 극심한 피로와 굶주림에 시달리던 독일군은 여지없이 얻어맞고 단숨에 100km 이상 밀려났다.

　더 큰 문제는 심리적인 충격이었다. 독일군의 불패 신화는 끝장났다. 도저히 이런 상황을 이해할 수 없었던 장군들은 집단 공황에 빠졌고 소련을 이길 수 없다면서 패배주의가 만연했다. 분을 참지 못한 히틀러는 그동안 자신이 총애했던 장군들의 목을 줄줄이 날리고 공개적인 망신을 주었다. 하지만 스탈린이 그랬듯 두려움을 심어 주는 대신, 반감과 앙심만 샀을 뿐이었다. 결국 나중에는 일부 장교들의 쿠데타 음모로 이어지면서 독일의 패망에 일조하게 된다.

　독일군이 생각지도 못한 소련군의 반격으로 정신없이 밀려나고 히틀러가 장군들에게 화풀이하는 동안, 지구 반대편에서는 전쟁의 또 다른 전환점이 될 사건이 있었다. 12월 7일, 일본 함대가 진주만의 미 함대를 공격하면서 태평양 전쟁이 시작된 것이다. 진주만 기습은 미국만큼이나 히틀러에게도 충격을 주었다. 그동안 히틀러가 일본더러 미국을 공격하라며 뒤에서 부추기기는 했지만, 일본은 구체적인 계획이나 일정을 놓고 어떤 정보도 공유하지 않았기 때문이었다. 하지만 바르바로사 작전을 일본에 알리지 않은 것은 히틀러 역시 마찬가지였다는 점에서 비난할 수도 없는 처지였다. 중요한 사실은 히틀러와 추축 진영의 운명을 바꾸어 놓았다는 점이었다.

　　나흘 뒤인 11일 오후 3시, 히틀러는 미국을 향해 선전 포고했다. 여태껏 선전 포고 없이 상대의 등에 칼을 꽂는 기습 공격을 선호했던 그답지 않은 짓일뿐더러 지극히 불필요한 결정이었다. 추축 조약에 따르면, 독일은 일본이 공격당했을 때만 끼어들 의무가 있었다. 태평양 전쟁은 일본이 결정한 싸움이었고 독일과는 무관했다. 더욱이 자신이 그동안 성공할 수 있었던 비결이 적을 이간질하여 힘을 합하지 못하도록 분열시키고 한 번에 하나의 적만 상대했던 덕분임을 망각한 꼴이었다. 어쨌거나 유럽 참전의 명분을 찾고 있던 루스벨트의 고민거리를 히틀러가 해결해 주었다. 독일은 영국과 소련 그리고 미국까지 상대해야 했다.

　　독일의 뒤를 이어 같은 날 무솔리니가, 다음 날에는 루마니아가, 12월 13일에는 헝가리와 불가리아가 차례로 미국에 선전 포고했다. 핀란드를 제외하고 추축 전체가 서방을 적으로 돌렸다. 영국 역시 추축 동맹국들에 선전 포고했다. 의외로 루스벨트는 추축에 선전 포고하면서 헝가리, 루마니아, 불가리아는 제외했다. 히틀러에게 억지로 강요당했을 뿐 자기 의지 없이 흔들리는 갈대에 지나지 않는다는 이유였다. 전 세계는 추축과 반추축이라는 두 개의 진영으로 쪼개졌다. 그전까지만 해도 추축 동맹국들의 전쟁은 소련에만 국한되었고 독일이 소련을 끝장내면 자신들의 전쟁 또한 끝날 것으로 여겼다. 하지만 앞으로는 히틀러가 전 세계를 상대로 이기는 데 운명을 걸어야 한다는 얘기였다. 추축 동맹국들로서는 결코 반갑잖은 상황이었다.

　　그렇다고 추축이 이길 기회가 완전히 사라졌다고 할 수는 없었다. 비록 독일군이 모스크바에서 한 방 먹기는 했지만 나폴레옹 군대처럼 파괴되지는 않았다. 뒤이어 벌어진 소련군의 모든 공세는 참담한 실패로 끝났다. 히틀러만큼이나 군사적 아마추어였던 스탈린이 장군들의 반대를 무릅쓰고 조급증을 부린 탓이었다. 1942년의 봄은 추축군보다

1941년 12월 11일, 제국 의사당 맞은편 크롤 오페라하우스Kroll opera house의 중앙 홀에서
장황한 연설과 함께 대미 선전 포고를 선언하는 히틀러. 8년 전인 1933년에 의사당 건물이
방화 사건으로 훼손된 뒤 히틀러는 의사당을 복구하는 대신 집권 내내 이곳에서 자신의
추종자들을 모아서 형식적인 의회를 열었다. 전쟁 말기 베를린 전투에서 완전히 폐허가
되었고 1951년 동독 정부에 의해 해체되어 현재는 공원이 되었다.

소련군에 더 잔혹했다. 여름이 되자 전선이 안정되었다고 판단한 히틀러는 새로운 공세를 준비했다. 작전명은 〈청색 작전Case Blue〉이었다. 문제는 1942년의 독일군이 전해에 비해 훨씬 약해졌다는 사실이었다.

바르바로사 작전에서 독일군은 사기가 왕성한 153개 사단을 동원할 수 있었다. 하지만 이제는 불과 58개 사단만 싸울 수 있었다. 이번에는 모스크바가 아니라 러시아 남부의 캅카스가 목표였다. 유럽과 아시아를 나누는 경계로도 여겨지는 이곳에는 풍부한 천연자원과 함께 세계 최대 유전 지대가 있었다. 특히 아제르바이잔의 수도인 바쿠 유전은 연간 2,400만 톤의 석유를 생산했다. 히틀러로서는 독일에 가장 절실한 석유 확보에 총력을 쏟겠다는 의미였지만 바꿔 말하면 소련을 정복할 힘이 없음을 인정한 셈이었다. 1년 전 흑해에서 발트해까지 1,800km에 이르는 모든 전선에 걸쳐 침공했던 바르바로사 작전에 비하면 규모가 대폭 축소되었다.

하지만 이조차 피폐해진 독일의 역량 밖이었고 지나치게 야심적이었으며 소련을 과소평가했음을 나중에 뼈저리게 절감하게 될 것이었다. 소련은 독일군보다 몇 배에 달하는 손실과 광대한 영토를 빼앗겼음에도 경이로운 회복 속도로 동부 전선에 더 많은 병력과 무기를 배치하여 독일군의 공세에 대비했다. 서방의 막대한 물적 지원과 함께 스탈린에게는 총알받이로 쓸 젊은이들이 히틀러보다 훨씬 많았던 덕분도 있었지만, 그보다도 독일이 전쟁할 준비가 되어 있지 못했기 때문이었다. 대중을 선동하는 능력은 있어도 한 나라의 경영이 어떤 것인지 이해하지 못했던 히틀러는 인력과 자원을 무계획적이고 마구잡이로 낭비했다. 그의 전쟁은 매번 요행만 믿고 주먹구구로 벌이는 식이었다. 히틀러만이 아니라 다른 나치 지도자들 역시 무능하기는 다를 바 없었다. 독일의 전시 경제는 미국이나 소련, 영국에 비하면 총체적인 난맥상이었다. 그나마 천재적인 조직가였던 알베르트 슈페어가 1942년 2월 8일 군수

부 장관에 취임한 뒤 대대적인 개혁에 착수했지만, 너무 늦은 조치였고 성과가 나타났을 때는 이미 패전 직전이었다.

당장 머릿수가 부족했던 히틀러는 빈자리를 추축 동맹군으로 채우기로 했다. 헝가리만 해도 5개 보병 군단 및 1개 기동 군단, 1개 산악 여단, 점령지의 치안 유지를 위한 7개 여단을 요구받았다. 헝가리가 도저히 감당할 수 없는 규모였다. 인력보다도 장비가 턱없이 부족했다. 호르티는 히틀러에게 친서를 보내 헝가리의 곤란한 처지를 설명했지만, 히틀러는 막무가내였다. 그렇다고 총통의 심기를 건드릴까 거부할 수도 없었다. 루마니아는 좀 더 협조적이었다. 안토네스쿠는 독일군이 무기와 장비를 제공하는 조건으로 10개 사단을 약속했다. 이아코비치 장군이 8개 사단 이상은 무리라면서 강력하게 반발했다가 자기 목만 날아갔다. 한때 추축의 큰형님에서 이제는 변변찮은 존재로 전락한 무솔리니 또한 히틀러의 비위를 맞출 요량으로 이탈리아 원정군의 규모를 1개 군단 3개 사단에서 3개 군단 10개 사단으로 늘렸다. 정작 제 발등에 떨어진 불이었던 북아프리카는 완전히 뒷전이 된 채 로멜에게 죄다 책임을 떠넘겼다.

1942년 2월 17일, 헝가리군은 동방 원정을 위해 대대적인 개편 작업에 착수했다. 27개 보병 여단이 〈경사단Light Divion〉으로 격상되었다. 그러나 이름만 바뀌었을 뿐 편제와 인원수, 장비에서는 아무런 변화가 없었다. 유럽 군대에서 1개 사단은 통상 3~4개 연대로 구성되었지만, 헝가리 경사단은 2개 연대였고 인원수는 9,000여 명으로 독일 보병 사단의 절반에 불과했다. 화력과 장비도 매우 빈약했다. 특히 소련 중전차를 상대할 대전차 무기는 거의 없었다. 헝가리 참모본부는 동부 전선의 경험으로 기동 군단을 제1기갑군단으로 이름을 바꾸고 2개 기갑 사단 및 1개 기계화 기병 사단으로 확장할 것을 결정했다. 이를 위해 투란 중형 전차 191대, 톨디 경전차 204대, 님로드 대공 자주포 36대, 처버 장갑차 54대가 필요했지만, 금쪽같은 전차 대부분을 잃은 데다 당장 보충할 수도 없었다. 게다가 톨디 경전차는 아무짝에도 쓸모가 없었다. 스코다사에서 제작한 신형 투란 중형 전차는 좀 더 나았지만 막 생산을 시작한 데다 여전히 화력이 빈약하여 소련의 T-34나 KV-1과 같은 괴물 전차를 상대하기에 역부족이었다.

헝가리는 독일의 주력 전차인 4호 전차의 라이선스 생산을 원했지만 거부당했다. 그 대신 동부 전선에 참전하는 대가로 177대에 달하는 전차를 넘겨받았다. 인색하기 짝이 없는 히틀러로서는 모처럼 통 큰 원조였지만 대부분 프랑스에서 노획했거나 도태된 구식 전차였다. 그중 소련 전차를 상대할 수 있는 것은 75mm 장포신 주포를 탑재한 4호 전차 F2 10대가 전부였다. 그나마 톨디와 탱켓 같은 꼬마 전차들을 끌고 다니던 시절에 비하면 경이적인 발전인 셈이었다. 3월 24일, 헝가리 최초의 기갑 사단인 제1기갑야전사단이 편성되었다. 예하 부대로 1개 기갑 연대(2개 대대)와 1개 기계화 연대(3개 대대)를 주축으로 기갑 정찰 대대, 2개 자주화 포병 대대, 2개 대공포 대대, 통신 대대, 차량화 전투 공병 대대, 수송 대대 등으로 구성되었으며 체코제 38(t) 경전차 104대, 4호 전차 F형 22대, 톨디 경전차 6대, 1호 전차 6대를 보유했다.

러시아 파병을 위해 선발된 부대는 3개 야전군 중에서 헝가리 제2군이었다. 3개 보병 군단(제3군단, 제4군단, 제7군단) 9개 경사단 및 제1기갑야전사단으로 편성되었고 병력은 20만 9,000명에 달했다. 또한 산도르 언드라시Sándor András 대령이 지휘하는 제1항공집단The 1st Air Force Group도 출동했다. 제1항공집단은 수송기 중대, 전투기 중대, 폭격기 중대, 정찰기 중대 각 2개씩 도합 4개 중대로 편성되었으며 항공기 96대와 병력 5,500명이었다. 얼마 후 제2항공야전여단The 2. Air Force Field Brigade으로 개칭되었다. 항공기는 Ju 86, Do 17, HE 111, RE.2000과 같은 대부분 독일과 이탈리아에서 도입한 기체였으며 이탈리아 RE.2000

전투기의 라이선스를 구매하여 직접 생산한 헤여Heja 1/2 전투기도 운용했다.

원정군 총사령관에는 호르티의 개인적인 친구이기도 했던 야니 구스타브Jány Gusztáv 대장이 임명되었다. 그러나 인원수는 늘어났지만, 질적으로는 오히려 저하되었다. 지난해와는 달리 가장 잘 훈련되고 경험이 풍부한 군인들은 배제되었고 중년의 예비군과 갓 징집된 신병들로 채워 넣었다. 원정군 대부분은 전쟁 경험이 전혀 없는 신참 부대였다. 싸움은 고사하고 낯선 환경에서 1,000km 이상을 행군하여 목적지까지 무사히 도착할 수 있을지조차 장담할 수 없었다. 게다가 헝가리는 대규모 원정군의 파병과 동시에 루마니아의 위협에 대비하여 국경 지대에 배치된 제1군단과 제6군단, 제9군단의 전력 또한 대폭 증강했다. 명색이 한배를 탄 운명 공동체임에도 언제 등 뒤에 칼을 맞을까 봐 경계를 늦추지 못하는 것이 추축의 딜레마였다.

헝가리 제2군은 1942년 4월 17일 헝가리에서 출발한 뒤 전해와

헝가리 제2군 전투 서열(1942. 4)

- **총사령관: 야니 구스타브Jány Gusztáv 대장**

- **제3군단: 군단장 라코브스키 기오르기Rakovsky Gyorgy 중장**
  - 예하 부대: 제6경사단, 제7경사단, 제9경사단

- **제4군단: 군단장 처터이 러요시Csatay Lajos 중장**
  - 예하 부대: 제10경사단, 제12경사단, 제13경사단

- **제7군단: 군단장 에르뇌 지메시Ernő Gyimesi 중장**
  - 예하 부대: 제19경사단, 제20경사단, 제23경사단

- **직할 부대**
  - 제1기갑야전사단, 제2항공야전여단

같은 길을 따라 전진했다. 쾌청한 날씨 덕분에 초기 진격은 그런대로 순탄했다. 6월 28일에는 청색 작전이 정식으로 발동했다. 독일군은 제4기갑군이 모스크바와 키예프를 연결하는 돈강의 요충지인 보로네시 Voronezh 공략에 나섰다. 소련군 주력 부대를 모스크바 방어에 묶어 두기 위한 양동 작전이었다. 7월 9일에는 독일 남부집단군이 둘로 나뉘었다. 빌헬름 리스트 장군이 지휘하는 A집단군과 막시밀리안 폰 바익스 장군의 B집단군이었다. 우익 부대이자 공세의 주력인 A집단군은 7월 23일 돈강 하류의 도시 로스토프를 두 번째로 점령한 다음 돈강을 넘어서 캅카스산맥으로 향했다. 좌익 부대이자 조공을 맡은 B집단군은 A집단군 북쪽에서 돈강을 따라 볼가강을 향해 남하했다.

추축군이 파죽지세로 진격할 수 있었던 비결은 그만큼 히틀러가 철저히 준비해서가 아니라 스탈린이 오판한 덕분이었다. 그는 히틀러가 이번에도 소련의 심장부를 노릴 것이라 굳게 믿고 주력 부대를 모스크바 주변에 배치했다. 막상 남부 러시아는 거의 무방비나 다름없었다. 심지어 독일군의 공세가 시작되기 직전인 6월 19일, 한 독일 장교가 탄 연락기가 격추되어 청색 작전 전체가 담긴 계획서를 손에 넣었음에도 자신을 속이려는 음모라면서 무시했다. 그는 히틀러와 마찬가지로 장군들의 말을 듣지 않고 자기 생각이 무조건 옳다는 아집을 버리지 못했다. 앞서 하리코프를 탈환하겠다는 무리한 욕심은 참담한 실패로 끝났고 남부 전선의 전력은 한층 약화했다. 하지만 스탈린에게는 히틀러가 누릴 수 없는 결정적인 이점이 있었다. 그가 어떤 치명적인 실수를 저질러도 만회하기에 충분한 병력과 자원이 있다는 사실이었다.

반면, 독일군은 전해의 손실을 여전히 회복하지 못했다. 여기에 세바스토폴 공략에서 만신창이가 된 제11군이 A집단군에서 빠지면서 독일군의 사정은 더욱 나빠졌다. 그런데도 캅카스의 석유 확보에만 혈안이 된 히틀러는 작전을 축소하는 대신 부족한 머릿수를 추축 동맹군으로 채워 넣었다. 동맹군의 사정 따위는 알 바 아니었다. 연료와 탄약도 부족했고 무엇보다도 후방에는 예비 병력이 거의 없었다. 만약 소련군의 공세로 방어선이 한 곳이라도 뚫린다면 그야말로 1941년 겨울에 겪었던 것 이상의 위기에 직면할 판국이었다. 무모하기 짝이 없었지만, 히틀러는 지금까지 매번 그랬듯 이번에도 자신의 행운을 믿고 도박을 벌일 속셈이었다.

헝가리군의 선봉 부대인 제3군단은 7월 1일 소련군의 방어선을 돌파한 뒤 쿠르스크 동남쪽 100km 떨어진 스타리오스콜Staryi Oskol을 점령했다. 7월 7일에는 돈강에 도착하여 독일 제19기갑사단과 교대했다. 사흘 뒤에는 헝가리 제2군 본대가 당도했다. 헝가리군은 북쪽의 독일 제2군과 남쪽의 이탈리아 제8군, 독일 제6군 사이에서 돈강의 방어를 맡았다. 하지만 3개월 동안 쉬지 않고 1,000km 이상의 장거리를 행군한 병사들은 완전히 녹초가 되었고 현지 적응 훈련할 시간조차 없이 전투에 투입되었다. 보급품은 물론이고 대포와 같은 중화기들은 후방에 뒤처졌다. 가뜩이나 빈약한 남부 러시아 철도망을 독일군이 독차지한 탓이었다. 가장 치명적인 문제는 히틀러가 헝가리군에 230km에 달하는 전선을 맡기면서도 이들에게는 소련군의 대규모 기갑 부대를 상대할 무기가 없다는 사실을 무시했다는 점이었다.

헝가리만 아니라 이탈리아, 루마니아 등 다른 추축 동맹군들도 사정은 마찬가지였다. 루마니아군 제4군에는 루마니아 유일의 기갑 사단인 제1기갑사단이 있었으나 보유 차량은 체코제 35(t), 르노 R-35와 같은 구식 경전차 150여 대가 전부였고 고장과 노후화로 태반이 사용 불능이었다. 이탈리아 제8군은 수적으로 23만 명에 달했지만, 기갑 전력은 1개 대대(제67기갑대대)에 불과했다. 전차는 탱켓과 L6/40 경전차 60대, 세모벤테 L40 47/32 돌격포 20대가 전부였고 장갑과 화력이 빈약하여 정찰에만 쓸모가 있었다. 이들이 보유한 47mm 대전차포는 시대에 뒤떨어져 소련제 신형 전차들의 중장갑 앞에서는 씨알도 먹히지 않았다. 추축 동맹군을 통틀어 독일군으로부터 넘겨받은 4호 전차 10여 대와 소련군으로부터 노획한 T-34, KV-1 등 한 줌의 전차만이 소련군 전차를 상대할 유일한 전력이었다. 히틀러와 독일군 수뇌부도 이 사실을 우려하면서도 별다른 조치는 없었다. 당장 독일군도 제 코가 석 자였기 때문이었다.

게다가 헝가리군이 방어선을 견고하게 구축하기 전에 소련군의 공세가 시작되었다. 소련군은 돈강을 넘어 세 곳의 교두보를 되찾았다. 교두보의 폭은 30~50km에 달했다. 캅카스로 진격 중인 독일군에는 중대한 위협이었다. 7월 18일, 헝가리군의 소탕이 시작되었다. 헝가리 제3군단 제7경사단은 제1기갑야전사단 산하 1개 기갑 대대 및 1개 대공 자주포 대대, 1개 차량화 소총 대대의 지원 아래 보로네시 남쪽 60km 떨어진 우리프Uryv에서 소련 제24기갑군단을 공격했다. 소련군은 구닥다리인 T-60 경전차 외에도 T-34/76과 KV-1 중전차 등 100여 대가 넘는 전차를 보유했고 미국에서 원조받은 스튜어트 경전차도 있었다. 헝가리군은 독일군으로부터 넘겨받은 4호 전차를 이용해 아무런 손실 없이 소련 전차 21대를 격파했다. 님로드 대공 자주포는 소련 보병들을 무자비하게 학살했다. 헝가리군은 우리프를 점령했지만, 이틀 뒤 소련군의 반격으로 다시 밀려났다. 독일이 탄약을 재공급하지 않아 탄약이 바닥났기 때문이었다.

8월 7일에는 헝가리 제1기갑야전사단과 제12경사단이 우리프 남쪽 15km 떨어진 코로토야크Korotoyak의 소련군 교두보 제거에 나섰다. 양측은 일진일퇴를 거듭했다. 헝가리군은 체코 38(t) 경전차 38대, 4호 전차 2대, 톨디 경전차 2대를 잃었다. 8월 15일, 헝가리 제10경사단과 제13경사단이 재차 공격에 나섰지만 소련군을 몰아내는 데 실패했다. 결국 독일 제336보병사단이 투입되어 교두보를 제거했다. 9월 3일에

헝가리군이 노획한 미제 M-3 스튜어트 경전차. 헝가리군은 우리프에서 4대의 스튜어트 경전차를 노획하여 3대를 동부 전선에서 사용했고 1대는 본국에 연구용으로 보냈다. 처칠과 루스벨트는 동맹군에 무한한 희생만 강요했던 히틀러와 달리 아무 조건 없이 소련에 대량의 원조를 제공하여 소련이 상실한 막대한 무기의 일부를 메울 수 있게 했다. 하지만 스탈린은 감사 대신 서방제 무기가 소련의 환경에 맞지 않다면서 끝없이 불평을 늘어놓았다.

는 또 다른 교두보인 카로티야크Karotyak를 점령했다. 9월 9일, 헝가리군은 제1기갑야전사단 외에 4개 경사단을 동원하여 우리프를 향한 재공격에 나섰다. 총력을 기울인 셈이었지만 소련군의 저항은 여전히 완강했다. 9월 16일, 헝가리군은 물러났다. 손실은 어마어마했다. 남은 전차는 4호 전차 F1 2대와 체코제 38(t) 12대에 불과했다. 독일군은 사실상 괴멸한 헝가리군의 기갑 전력을 보강하기 위해 2호 전차 F형 8대와 3호 전차 M형 10대, 4호 전차 F2 10대, 3호 돌격포 10대 등 58대에 달하는 전차를 급히 전달했다. 9월에도 3호 전차 10대와 4호 전차 F2 10대를 추가로 인도받았다. 전선은 잠시 소강상태가 되었다. 스탈린과 히틀러의 관심이 동쪽의 공업 도시 스탈린그라드에 집중되었기 때문이었다. 헝가리군은 돈강 일대에서 방어 태세를 강화하는 한편, 겨울 준비에 착수했다.

헝가리군의 사상자는 1942년 4월부터 9월까지 5개월 동안 3만 1,000여 명에 달했다. 전체 20만 명 중 15퍼센트에 달하는 손실이었고 처음 예상을 훨씬 뛰어넘었다. 그중에는 호르티의 장남이자 부섭정이었던 호르티 이슈트반Horthy István도 있었다. 그는 전투기 조종사로서 러시아 전선으로 향했고 8월 20일 헤여 전투기를 타고 출격했다가 기체 결함으로 추락했다. 하지만 독일에 의해 제거되었다는 소문도 무성했다. 자기 눈으로 동부 전선의 실상을 목격한 그가 군대를 철수해야 한다고 주장했기 때문이었다. 자신의 후계자가 죽었다는 사실은 고령의 호르티에게는 큰 비극이었고 충격으로 그 자리에서 실신했다.

히틀러의 야심에 편승한 대가는 이제 시작일 뿐이었다. 1942년 10월, 12개 보충 대대 1만 2,000여 명이 헝가리에서 출발하여 전선으로 향했지만, 변변한 훈련도 받지 못했고 무기도 부족했다. 가장 큰 문제는 철도의 극심한 과부하였다. 소련 철도는 독일 열차들과 맞지 않아 물자를 수송하려면 소련으로 들어갈 때마다 매번 옮겨 실어야 했고 병

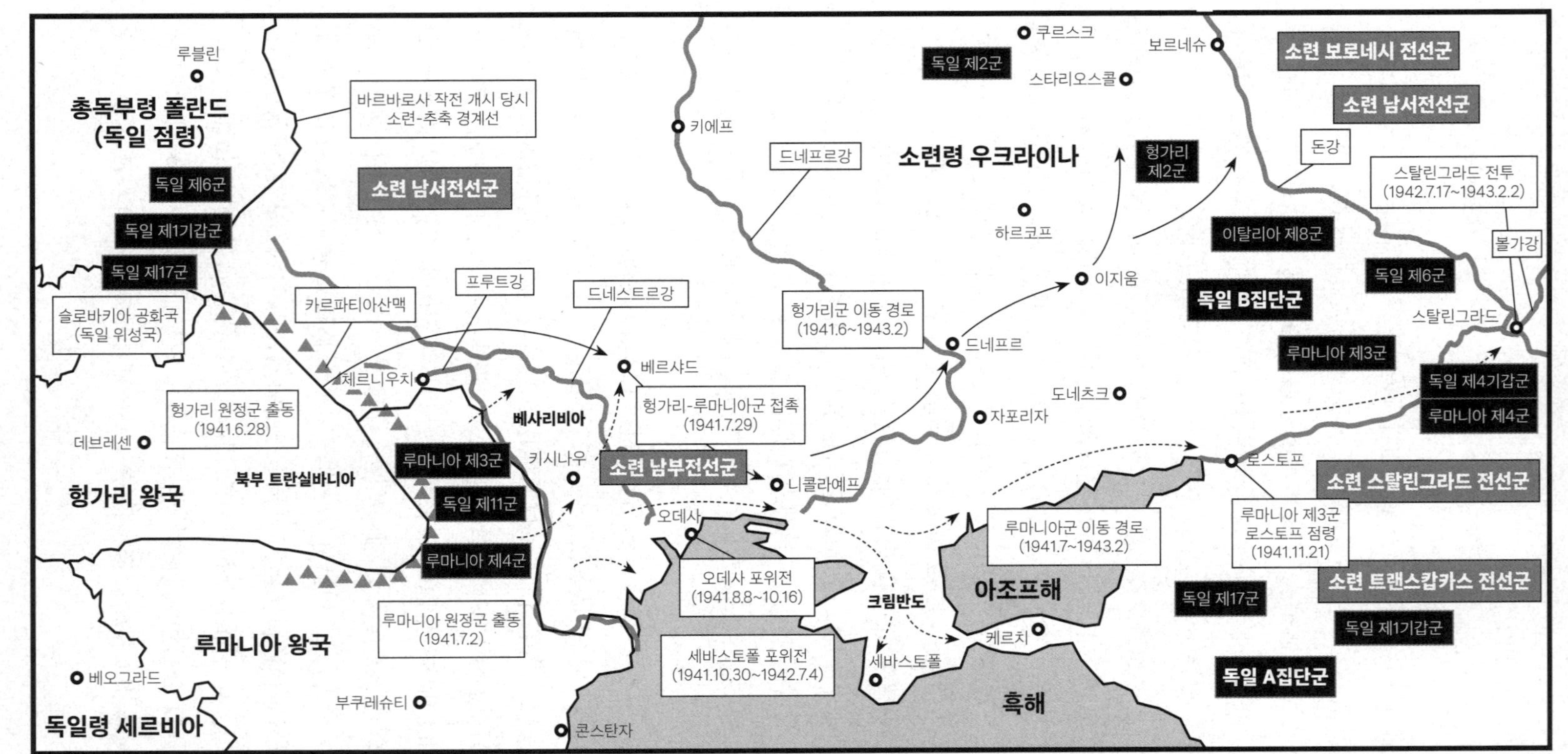

바르바로사 작전부터 스탈린그라드 전투까지 헝가리-루마니아군의 이동 경로 및 주요 전투(1941.6~1943.2)

참의 효율성은 한층 떨어졌다. 독일군보다 추축 동맹군들의 고통이 더 컸다. 철도 시스템을 장악한 독일군이 보급의 우선순위를 좌지우지했기 때문이었다.

헝가리 제2군 사령관 야니 장군은 독일군에 이 문제를 강력히 제기하여 한 번에 250톤의 물자를 수송할 수 있는 1개 수송 부대를 얻었다. 하지만 독일군이 넘겨준 트럭들은 상태가 너무 나빠서 실제 수송 능력은 절반도 되지 않았다. 소련 파르티잔의 활동은 갈수록 활발해졌고 헝가리에서 보내는 물자의 태반이 현지에 도착하지 못했다. 기온이 떨어지고 전황이 불리해지면서 보급 사정은 더욱 나빠졌다. 매일 수백 마리의 말이 추위와 사료 부족으로 죽어 나가자 모든 말을 후방으로 보냈다. 수송의 80퍼센트를 마차에 의존하는 헝가리군은 사실상 운송 수단을 잃은 것이나 다름없었다. 얼마 안 되는 차량 역시 부품과 연료 부족으로 가동률은 절반 이하였다. 심지어 동복은커녕 하복조차 부족했다. 이 때문에 후방으로 이송되는 부상자들은 입고 있던 하복을 반납해야 했다. 더 큰 문제는 이 옷을 전선으로 보낼 방법이 없어 창고에 쌓아 두어야 했다는 사실이었다. 독일군이 우세했던 1942년 여름에는 큰 문제가 되지 않았지만, 겨울이 오자 당장 심각한 애로에 직면했다. 수많은 병사가 추위와 동상으로 고통당했다. 참모총장 솜바텔리 장군은 10월 초 직접 돈강의 전선을 돌아본 후 현지 상황의 열악함에 큰 충격을 받았다. 그는 귀국하는 길에 B집단군 사령부를 방문하여 이전에 약속했던 무기와 물자를 달라고 요구했지만, 아무 소용 없었다. 당장 독일군부터 제 코가 석 자였기 때문이었다.

진정한 악몽은 이제부터였다. 히틀러가 스탈린그라드에 매달리는 동안 11월 19일 소련군의 거대한 역습이 시작되었다. 〈우라누스 작전 Operation Uranus〉이었다.

돈강으로

청색 작전이 시작되었을 때 루마니아군의 처지는 추축 동맹군 중에서도 최악이었다. 오데사와 세바스토폴에서 너무 큰 희생을 치른 결과였다. 전쟁은 길어졌고 사기는 땅에 떨어졌다. 전쟁에 지친 많은 병사가 자해하거나 탈영했고 일부는 산적이 되기도 했다. 탈영병들의 태반은 붙잡히더라도 처벌 대신 일선으로 다시 보내졌다. 병력이 부족했기 때문이었다. 루마니아군 보병 사단들은 9개 보병 대대에서 6개 보병 대대로 30퍼센트나 줄었다. 특히 절실한 쪽은 소련군 전차를 상대할 기갑 전력의 보강이었다. 하지만 독일군은 자국산 최신 장비 대신 도태된 장비나 프랑스와 폴란드, 체코 등지에서 노획한 장비만 제공했다. 1942년 10월에야 루마니아는 20대의 독일제 전차를 처음으로 얻었다. 10대는 3호 전차 N형으로 75mm 단포신을 탑재했으며, 나머지 10대는 75mm 장포신을 탑재한 4호 전차 G형이었다. 루마니아 제1기갑사단이 보유한 전차는 개전 이전의 201대에서 146대로 줄어들었지만 20대의 독일 전차를 제외하고는 동부 전선에서 아무 쓸모가 없는 체코제 35(t) 경전차였다. 그나마도 T-34 전차를 맞상대할 수 있는 것은 4호 전차 G형 10대뿐이었다. 독일의 비협조 속에서 노획한 T-34와 4호 전차를 참고하여 독자적인 전차 제작을 시도했지만, 자재와 기술력 부족으로 끝까지 실현되지 못했다.

루마니아 제4군의 선봉을 맡은 제6군단은 제4기갑군과 함께 도네츠강을 넘어서 돈강으로 진군했다. 루마니아 제3군의 기병 사단들도 캅카스산맥을 향해 내달렸다. 추축군의 진격은 순탄한 것처럼 보였지만 금방 어려움에 직면했다. 소련군의 저항보다도 병참 때문이었다. 작전을 시작한 지 2주 만에 독일군은 연료가 바닥났다. 독일 공군은 Ju 52 중형 수송기 300대를 투입하여 필사적으로 연료를 실어 날랐다. 하지만 그 정도로는 어림도 없었다. 추축군은 여전히 전진하고 있었지만, 속도는 점점 느려졌다. 1942년 8월 23일, 독일군의 선봉인 제14기갑군단이 돈강과 볼가강의 교차점에 있는 공업 도시 스탈린그라드에 도착했다. 같은 날 루마니아 제6군단도 볼가강에 도착했다. 청색 작전이 시작된 지 두 달 만이었다. 스탈린의 오판과 기계화 부대가 기동하기에 최적의 환경이었음에도 독일군의 전진 속도는 1년 전에 비하면 훨씬 형편없었다. 연료가 부족한 탓이었다. 남부 러시아는 철도망이 매우 빈약하여 150만 명에 달하는 거대한 추축군의 병참을 단 하나의 철도만으로 지탱해야 했기 때문이었다.

무엇보다도 소련군의 모습은 과거와 달라졌다. 청색 작전 초반에만 해도 스탈린은 자신의 예측이 또다시 빗나가자 편집광적인 광기를 터뜨리면서 〈227호 명령order 227〉을 지시하고 후퇴하는 자는 모두 처형하겠다고 날뛰었지만, 곧 이성을 되찾았다. 그는 이전처럼 체면에만 구애되어 맹목적인 후퇴 불가를 고집하는 대신, 순순히 장군들의 조언을 받아들이기로 했다. 무엇보다도 소련군에는 1년 전만 해도 상상할 수 없었던 이점이 있었다. 미국이 제공한 대량의 차량이었다. 소련군은 처음으로 기동성에서 독일군을 능가했고 포위되기 전에 재빨리 후퇴하여 새로운 방어선을 구축할 수 있었다. 독일군은 도보로 소련군을 쫓아야 했다. 바르바로사 작전 초반 민스크와 스몰렌스크, 키예프에서 수십만 명의 소련군을 한꺼번에 포위 섬멸하고 독일 기갑 부대가 최후의 승리를 향해 파죽지세로 내달리던 모습은 더는 찾아볼 수 없었다.

반면, 히틀러는 스탈린과 거꾸로 갔다. 장군들을 불신하게 된 히틀러는 모든 것을 직접 통제하겠다고 나섰다. 만약 장군들이 조금이라도 말을 듣지 않으면 사정없이 목을 날렸다. 지난 4년 내내 히틀러와 애매한 관계를 유지했던 할더는 소련군의 숫자가 총통이 예상하는 것보다 훨씬 많다고 주장했다가 쫓겨났다. 하지만 히틀러의 분별없는 간섭은

1942년 9월, 미제 도지Dodge 트럭을 타고 이동 중인 소련군. 루스벨트는 무기 대여법으로
40만 대가 넘는 차량과 고품질 휘발유를 제공하여 소련군이 가장 취약한 기동성을 강화했다.
덕분에 청색 작전 초반 스탈린의 오판에도 불구하고 소련군은 1년 전처럼 대규모 포위
섬멸당하는 재앙을 피했고 스탈린그라드에서 반격의 기회를 잡을 수 있었다. 많은 서방
학자들은 스탈린그라드의 승리에 경외감을 드러냈지만 투입된 병력의 거대함만 보았을 뿐
소련군을 그렇게 바꾸어 놓은 서방의 기여를 과소평가한 것이기도 했다.

득보다는 해가 되었다. 그는 독일군의 역량은 고려하지 않은 채 너무 많은 것을 해내라고 강요했다. 가뜩이나 부족한 병력은 광범위하게 분산되었다. 공세의 핵심인 제1기갑군과 제4기갑군은 진격 과정에서 끝없는 소모전에 휘말려 전차의 태반을 잃었고 연료는 바닥났다. 이 때문에 프리드리히 파울루스의 제6군은 기갑 부대의 엄호 없이 보병 부대만으로 스탈린그라드로 진격해야 했다.

제정 러시아 시절 차리친Tsaritsyn이라 불렸고 스탈린이 적백 내전 중 자신이 이 도시를 지키는 데 기여했다는 이유로 1925년 자기 이름을 붙인 스탈린그라드는 남부 러시아에서 가장 크고 발달한 도시 중 하나이자 교통의 요지였다. 전술적으로만 본다면 캅카스로 진격하는A집단군의 측면을 보호하기 위해 손에 넣을 필요가 있는 것도 사실이었다. 그러나 전략적으로는 어디까지나 진짜 목적인 캅카스의 유전으로 향하기 위한 부차적인 목표에 지나지 않았다. 물론 점령하면 좋지만 그렇다고 엄청난 희생과 시간을 쏟아 부어야 할 만큼 중요한 가치가 있다고 할 정도는 아니었다. 제1기갑군 사령관이었던 파울 폰 클라이스트 장군은 훗날 〈처음에 스탈린그라드는 우리에게 지도상의 지명에 지나지 않았다〉라고 회고했다. 하지만 히틀러는 도시의 가치보다 도시에 붙은 이름에 주목했다. 야심만만하게 시작한 청색 작전이 처음 기대만큼 신통치 않은 상황에서 그로서는 뭐가 되었든 간에 당장 남들에게 과시할 만한 성과가 필요했다. 스탈린의 이름을 딴 도시를 점령하는 것은 군사적으로는 어쨌든 정치적으로 엄청난 상징성이 있음은 틀림없었다. 즉 하필이면 스탈린그라드라는 도시가 그곳에 있었다는 사실이 히틀러의 눈길을 사로잡았고 그의 운명을 결정한 셈이었다.

아내가 루마니아인이었던 제6군 사령관 프리드리히 파울루스 상급대장은 치밀함과 성실함으로 정평이 난 인물이었다. 그는 얼마 전까지 독일군 참모 차장을 지냈고 바르바로사 작전의 수립에도 참여했다.

한때 상관이었던 구데리안은 그를 가리켜 〈대단히 영리하고 성실하며 매우 열심히 일하고 독창적이면서 유능했다〉라고 평가했다. 그러나 참모와 훈련 등 후방 임무에서는 잔뼈가 굵었지만, 젊은 시절 제1차 세계 대전에서 초급 장교로 프랑스 전선에 복무했던 것 이외에 야전에서 대부대를 지휘한 경험이 전혀 없다는 것이 가장 큰 허점이었다. 한마디로 유능한 참모이지만 범용한 지휘관이었다. 히틀러의 명령을 기계적으로 수행할 뿐, 로멜이나 만슈타인, 구데리안이 지닌 용맹함과 결단력, 단호함은 찾아볼 수 없었다.

스탈린그라드 수비를 맡은 소련 제62군 사령관 바실리 추이코프 상장은 모든 면에서 대조적이었다. 파울루스보다 열 살 아래인 추이코프는 바르바로사 작전 초반 스탈린의 명령에 마지못해 복종하여 부하들을 무익하게 몰살시키던 여느 소련 장군들과는 달랐다. 냉혹하고 불같은 성격의 소유자였으며 적백 내전부터 폴란드 침공, 겨울 전쟁 등 수많은 싸움에서 지휘 경험이 풍부한 전형적인 야전형 장군이었다. 그는 중일 전쟁이 한창이던 중국으로 파견되어 한동안 장제스의 고문을 맡았고 만신창이가 된 중국군을 재편하여 장기 항전의 토대를 마련하는 데 크게 기여했다. 이후 일소 중립 조약 체결과 독소 전쟁의 발발로 스탈린이 중국에서 소련인들의 철수를 결정하면서 1942년 3월 귀국했다. 추이코프는 스탈린그라드에 도착하자마자 제일 먼저 〈우리는 도시를 지키든지, 그렇지 않으면 죽을 것이다〉라고 엄포를 놓았다.

상황은 결코 유리하지 않았다. 소련군은 패배주의가 가득했다. 제62군 예하 사단장들은 볼가강 변에 사령부를 두고 여차하면 달아날 기세였다. 심지어 추이코프의 참모 중에도 이런저런 핑계를 대고 도시 바깥으로 도망쳤을 정도였다. 이대로 독일군이 밀고 들어온다면 잠시도 못 버틸 판국이었다. 추이코프는 전임자들처럼 안전한 곳에 자리 잡는 대신, 도시 한복판에 사령부를 설치했다. 그는 스탈린의 〈227호 명령〉

을 내세워 나태하고 소극적인 장군들과 정치 장교들을 체포한 뒤 그 자리에서 총살했다. 효과는 즉각 드러났다. 무너지던 질서가 빠르게 회복되었다. 소련군 병사들은 비겁자로 몰려 총살당하느니 영웅이 되는 쪽을 선택했다.

독일 제6군이 스탈린그라드 외곽에 도착했을 때 도시는 독일 공군의 맹폭격으로 폐허가 되어 있었다. 도시 주변에 배치된 소련군은 그동안의 전투로 이미 너무 많은 손실을 입었다. 게다가 스탈린그라드는 오데사나 세바스토폴처럼 철근과 콘크리트로 된 벙커와 대구경 중포가 지키는 요새 도시도 아니었고 후방에서 대규모 증원의 가능성도 없었다. 파울루스가 도시를 손에 넣기란 식은 죽 먹기처럼 보였다. 남쪽에서는 카스피해로 진군 중이던 제4기갑군이 파울루스를 지원하기 위해 북쪽으로 방향을 바꾸었다. 9월 2일, 제4기갑군은 도시 남쪽에 당도하여 스탈린그라드 포위망을 완성했다. 소련군 제24군과 제66군이 독일군을 밀어내기 위해서 반격을 시도했지만 겨우 몇 시간 만에 분쇄되었다. 독일 공군의 폭격기들은 볼가강을 통해 증원 병력과 물자를 싣고 스탈린그라드로 향하던 소련군의 수송선들을 쉴 새 없이 침몰시켰다.

그러나 오래지 않아 독일군은 스탈린그라드가 지금까지 경험했던 어느 요새 도시보다도 난공불락임을 절감해야 했다. 한 발짝도 물러서지 말라는 추이코프의 명령에 따라 소련군 병사들은 폐허가 된 건물과 거리에 숨어서 완강하게 저항하며 독일군을 괴롭혔다. 독일 전차들은 시가전에서 거의 힘을 쓰지 못했다. 독일 공군의 폭격과 중포의 사격조차 소련군을 제압하기에는 역부족이었다. 물론 소련군의 손실은 독일군 이상이었지만, 방어선이 무너지면 금방 사기가 무너져 무기를 버리고 집단 항복하거나 제 한 목숨 살자며 사방으로 흩어지던 이전과는 천양지차였다. 소련군은 독일 공군의 폭격에도 불구하고 여전히 볼가강을 통해 병참선을 유지하면서 적지 않은 병력과 물자를 스탈린그라드로 꾸준히 보냈다. 독일 공군의 능력으로는 폭이 1km가 넘는 볼가강을 확실히 차단하기에 역부족이었기 때문이었다.

레닌그라드에서는 불필요한 소모전에 휘말릴 수 있다는 이유로 포위하되 공격하지 말라고 명령했던 히틀러는 이번에는 수단과 방법을 가리지 말고 무조건 도시를 점령하라고 고집을 부렸다. 스탈린의 체면을 실추시키기 위함이었다. 게다가 파울루스는 결코 창의적이거나 상상력이 풍부한 장군이 아니었다. 그는 총통의 명령에 복종해야 한다는 이유로 정면 공격만을 반복하면서 제6군의 전력을 소모했다. 스탈린그라드는 블랙홀처럼 독일군과 소련군 양쪽의 인명과 물자를 무한정 빨아들였다. 독일군 대부분이 스탈린그라드에 묶였지만, 히틀러에게는 그 빈자리를 메우기 충분한 예비 전력이 없었다. 그 몫은 전적으로 추축 동맹군에 떠넘겨졌다.

그동안 추축 동맹군들은 일부 정예 부대를 제외하고는 주로 독일군 후방에서 병참선 유지와 파르티잔 토벌에 종사했지만, 이제는 최전선에서 소련군과 직접 대치할 처지였다. 1942년 10월, 루마니아 제3군은 돈강에 도착하여 남쪽의 독일 제6군과 북쪽의 이탈리아 제8군 사이에 포진했다. 4개 군단 및 8개 보병 사단, 2개 기병 사단, 4개 차량화 중포 연대 등 17만 명에 달했다. 얼마 뒤에는 루마니아 제1기갑사단과 독일 제22기갑사단이 증원되었다. 남쪽에서는 루마니아 제4군이 독일 제4기갑군과 함께 스탈린그라드 포위망의 한 축을 맡았다. 병력은 2개 군단 5개 보병 사단 및 2개 기병 사단 8만 2,000명 정도였다. 그 밖에도 루마니아군은 드네스트르강 동쪽에서 오데사와 흑해, 크림반도, 아조프해 연안에 걸쳐 길게 늘어서 있었다. 하지만 소련군 파르티잔의 끝없는 습격과 폭격에 시달리며 돈강까지 수백 킬로미터의 황량한 초원을 도보로 와야 했던 루마니아군 병사들은 지칠 대로 지쳐 있었다. 각 부대 인원수는 정원보다 훨씬 적었으며 일부 사단은 정원의 절반도 채 되지

1942년 10월, 스탈린그라드 근처에서 순찰 중인 루마니아 병사들. 독특한 형상의 철모는 네덜란드제 M34 철모를 라이선스 생산한 M39다. 핀란드나 헝가리, 불가리아 등 다른 추축 동맹군이 독일제 슈탈헬름을 변형한 철모를 사용했던 반면, 루마니아는 서방제를 고집했다. 냉전 시절에도 소련제 철모 대신 M39를 개량한 M73 철모를 사용했다.

않았다. 여기에 병참난은 독일군 이상이었다.

가장 큰 문제는 대전차 무기의 부족이었다. 돈강에 도착한 후 독일 제75mm Pak 97/38 대전차포가 루마니아군에 공급되었다. 이 신형 대전차포는 500m 거리에서 82mm의 강철판을 관통하여 소련군 중전차들을 격파하기에 충분했다. 각 사단마다 6문씩 배치되었지만, 그 정도로는 소련군이 자랑하는 기갑 웨이브를 막기에는 턱없이 부족했다. 루마니아군을 엄호하기 위한 독일군의 전력도 빈약했다. 독일 제22기갑사단은 원래 2선급 부대였고 그나마도 돈강으로 진격하는 과정에서 전차 대부분을 상실했기에 실제 운용 가능한 전력은 장갑과 화력이 빈약한 체코제 38(t) 경전차 30대가 전부였다. 루마니아 제1기갑사단의 형

스탈린그라드 전투 당시 루마니아군의 전투 서열(1942. 11)

- **제3군: 군사령관 페트레 두미트레스쿠Petre Dumitrescu 대장**
  - 제1군단: 군단장 테오도르 요네스쿠Teodor Jonesku 중장
    - 예하 부대: 제7보병사단, 제11보병사단
  - 제2군단: 군단장 니콜라에 더스컬레스쿠Nicolae Dăscălescu 중장
    - 예하 부대: 제9보병사단, 제14보병사단, 제7기병사단
  - 제4군단: 군단장 콘스탄틴 서너테스쿠Constantin Sănătescu 중장
    - 예하 부대: 제13보병사단, 제15보병사단, 제1기병사단
  - 제5군단: 군단장 아우렐리안 손Aurelian Son 중장
    - 예하 부대: 제5보병사단, 제6보병사단
  - 군 예비: 제1기갑사단, 독일 제22기갑사단

- **제4군: 군사령관 콘스탄틴 콘스탄티네스쿠클랍스Constantin Constantinescu-Claps 중장**
  - 제6군단: 군단장 코르넬리우 드라갈리나Corneliu Dragalina 중장
    - 예하 부대: 제1보병사단, 제2보병사단, 제18보병사단, 제20보병사단
  - 제7군단: 군단장 플로레아 미트러네스쿠Florea Mitrănescu 중장
    - 예하 부대: 제4보병사단, 제5기병사단, 제8기병사단

편 역시 다를 바 없었다.

추축 동맹군은 자신들의 의지와 상관없이 너무 적은 전력으로 너무 넓은 전선을 떠맡아야 했다. 그러면서도 식량과 탄약의 보급에서는 독일군의 차별 대우를 받아야 했다. 식량 배급은 나날이 줄었고 본국의 가족들이 보내는 우편물은 제대로 도착하지 않았다. 탄약도 점점 바닥났다. 굶주림에 허덕이던 많은 추축 동맹군 병사들이 먹을 것을 찾아 주변을 배회했지만, 스탈린그라드 주변은 메마른 초원이었다. 게다가 철수하는 소련군이 모두 불태운 터라 약탈할 만한 것도 없었다. 방어선 구축 또한 인력과 자재 부족으로 제대로 실행되지 못했다. 소련군 공세가 시작되기 직전인 11월 9일, 루마니아군 제6군단을 시찰한 한 장교는 전방에 대전차 장애물이 거의 없으며 지뢰와 참호는 30퍼센트만 진행되었고 콘크리트 대피소 또한 매우 부족하다고 지적했다. 추축 동맹군들은 히틀러의 무관심 속에 무방비 상태로 내팽개쳐진 셈이었다. 스탈린그라드 전투가 벌어지는 동안, 돈강 주변에서는 소련군의 국지적 공세가 반복되었다. 그때마다 추축 동맹군은 빈약한 무기로 격퇴했지만, 손실은 누적되었고 방어선은 취약해졌다.

10월 말이 되자 3개월에 걸친 스탈린그라드 전투의 끝이 드디어 보이는 것 같았다. 독일군은 도시의 90퍼센트를 차지했다. 소련군 생존자들은 볼가강 서안의 일부 교두보와 몇몇 공장 지대에 내몰린 채 절망적인 저항을 벌였다. 문제는 그사이 캅카스 방면의 전황이 벽에 부딪혔다는 사실이었다. 그로즈니Grozny로 진격하던 독일 제1기갑군과 루마니아 산악 군단은 소련군의 방어선에 가로막혔다. 루마니아 제3산악사단은 전멸에 가까운 타격을 입었다. 11월 5일, A집단군은 그로즈니 서쪽 120km 떨어진 알라기르Alagir까지 전진했지만 여기까지가 한계였다. 게다가 A집단군이 남쪽으로 깊숙이 진격할수록 스탈린그라드에서 발목이 잡힌 B집단군과의 간격이 점점 벌어졌다. 지칠 대로 지치고 예비 병력이 바닥난 독일군에는 이 틈을 메울 여력이 없었다.

히틀러는 하다못해 스탈린의 이름이 붙은 도시를 점령하여 실추된 체면을 조금이나마 만회할 속셈이었다. 그런 아집이 자기도 모르는 사이 함정에 빠지게 된 이유였다. 그는 스탈린그라드를 놓고 서로 한 발짝도 물러서지 않고 힘겨루기를 벌이기는 마찬가지라고 여겼지만 엄청난 착각이었다. 스탈린은 그보다 한 수 앞을 내다보고 있었다. 독일군이 승리는 시간문제라며 샴페인부터 터뜨리는 동안, 돈강 동쪽에서 거대한 반격을 준비 중이었다. 그것도 단순히 스탈린그라드에서 독일군을 쫓아내는 것만이 아니라 아예 남부 러시아에서 추축군 전체를 박살 낼 참이었다. 소련군의 규모는 병력 110만 명, 전차 800여 대, 각종 야포 1만 3,400문, 항공기 1,000대에 달했다. 이만한 병력이 집결하는데도 정작 독일군은 자신들 등 뒤에서 무슨 일이 일어나고 있는지 전혀 깨닫지 못했다. 모스크바 주변에 몰려 있는 소련군 주력 부대가 남쪽으로 움직이는 모습이 없었기 때문이었다. 히틀러는 스탈린그라드와 캅카스에서 독일군의 공세를 막기에도 급급한 소련군에 감히 역공세에 나설 병력이 남아 있을 리 없다고 결론 내렸다.

총통의 꼭두각시로 전락한 독일군 최고 사령부는 물론이고, 현지 총책임자인 B집단군의 폰 바익스 장군이나 제6군 사령관 파울루스도 히틀러의 명령에 맹목적으로 복종하여 모든 병력과 자원을 스탈린그라드에 쏟아 넣을 뿐, 그 밖의 일에 대해서는 알 바 아니라는 식이었다. 파울루스는 항공 정찰을 통해 소련군이 루마니아군에 대한 공격을 준비 중이라는 경고를 받았지만 무시했다. 일어나서 안 되는 일은 굳이 생각할 필요도 없다는 태도였다. 훗날 이들은 모든 잘못을 히틀러에게 떠넘겼지만, 스탈린그라드의 재앙은 독일군 수뇌부 전체의 작품이었다.

독일군의 아킬레스건은 추축 동맹군이었다. 추축 동맹군은 B집단군의 측면을 맡아 돈강에서 카스피해에 이르는 광대한 지역에 흩어진 채 제각기 수백 킬로미터에 달하는 전선을 책임지고 있었다. 루마니아 제3군만 해도 140km을, 제4군은 무려 270km의 전선을 방어해야 했다. 헝가리 제2군과 이탈리아 제8군도 각기 200km 이상의 전선을 맡았다. 하나같이 부담은 막중한 반면, 병력은 부족하고 장비가 매우 빈약했다. 사기도 땅에 떨어져 있었다. 제1기갑군 사령관 클라이스트를 비롯한 일부 장군들이 위험성을 지적했지만, 히틀러는 요지부동이었다. 자신이 보기에는 〈너무 쉬운 임무〉라는 것이었다. 그보다도 이들을 전선에서 뺀다면 청색 작전 자체를 포기해야 할 판국이었다. 독일군의 전력이 너무 약해진 탓이었다. B집단군을 통틀어 예비 부대는 2개 기갑 사단과 1개 차량화 보병 사단으로 구성된 제48기갑군단이 전부였지만 전차의 태반은 가동 불능이었다. 독일 제6군은 3개월에 걸친 스탈린그라드 전투로 완전히 만신창이였다. 제4기갑군 역시 이름만 기갑군일 뿐 루마니아군의 라두 코르네Radu Korne 대령이 지휘하는 여단 규모의 독일-루마니아 혼성 기동 분견대를 제외하고 단 한 개의 기갑 사단도 없었다.

독일군은 너무 넓은 전선에 흩어져 있었고 스탈린그라드에 집중하느라 돈강의 방어선을 강화하는 것을 소홀히 했다. 돈강 서안에는 여전히 일부 교두보가 소련군 수중에 남아 추축군의 측면을 위협했지만 그대로 방치되었다. 하지만 병력을 보충하기는커녕, 제1SS기갑사단 〈총통 경호 친위대 아돌프 히틀러Leibstandarte Adolf Hitler〉를 비롯한 정예 기갑 사단들은 혹시라도 모를 서방 연합군의 프랑스 상륙에 대비한다는 이유로 서쪽으로 이동했다. 독일군 전체에 남은 전략 예비대가 전혀 없다 보니 다른 전선을 보강하기 위해 병력을 빼내려면 동부 전선밖에 없었기 때문이었다. 히틀러와 독일군 수뇌부의 전쟁 수행은 그야말로 주먹구구식에 총체적인 난맥상이었다. 애초에 실력보다 요행을 믿고 시작한 전쟁이 결국 밑천을 드러낸 셈이었다.

소련군의 준비도 그리 완벽하지는 않았다. 독일 공군의 폭격과 차량 부족으로 많은 부대의 이동이 지연되었기 때문이었다. 소련군 총사령부는 작전 일정을 늦추었음에도 공세가 시작되는 순간까지도 병력 배치가 완료되지 않았다. 동복과 동계 장비도 부족했다. 공세의 한 축을 맡은 제4기계화 군단장 바실리 볼스키Vasily Volsky 상장은 스탈린에게 직접 편지를 보내 준비 불충분으로 작전이 실패할 거라고 주장했다가 패배주의라면서 엄중하게 경고받기도 했다. 그러나 결정적인 차이가 있다면 독일군이 소련군에 대해 아무것도 몰랐던 반면, 소련군은 추축군의 사정을 낱낱이 알고 있다는 점이었다. 무엇보다도 독일군에는 소련군에 없는 치명적인 약점이 있었다. 추축 동맹군의 존재였다. 주코프는 이들이 〈독일군에 비해 무기가 형편없고 경험도 부족하며 심지어 방어선조차 매우 비효율적이다〉라고 결론 내렸다. 엄청난 소모전으로 이어질 게 뻔한 독일군과 정면 대결하는 대신 훨씬 만만한 추축 동맹군을 돌파한 뒤 독일군의 후방으로 단숨에 진출할 속셈이었다. 첫 번째 목표는 루마니아 제3군이었다.

11월 19일 새벽 5시 30분, 영하 20도의 매서운 추위와 눈보라 속에서 3,500문에 달하는 소련군 포문이 일제히 불을 뿜었다. 모든 전선에 걸쳐 어마어마한 포격이 쏟아졌다. 소련군 대공세가 막을 여는 순간이었다. 한 시간 뒤 소련군 보병들이 수백여 대의 전차를 앞세우고 진군을 시작했다. 소련군의 전력은 니콜라이 바투틴Nikolai Vatutin이 지휘하는 남서전선군 산하 4개 군(제1근위군, 제5전차군, 제21군, 제65군) 18개 소총 사단 및 6개 기병 사단, 8개 전차 여단, 2개 차량화 여단 병력 33만 9,000명, 전차 728대, 야포 6,000문에 달했다. 그중 소련 제5전차군이 루마니아 제3군의 중앙인 제2군단을, 소련 제21군이 제2군단의 우익을 맡은 제4군단을 각각 덮쳤다. 여기에 맞서는 루마니아 제3군은 소련군의 절반도 되지 않는 15만 2,000여 명에 불과했다. 화력은 비교조차 되지 않았다. 특히 중장갑을 자랑하는 소련군의 KV 전차와 T-34 전차 앞에서 루마니아군의 37mm 대전차포와 47mm 대전차포는 아무짝에도 쓸모가 없었다.

그 와중에도 루마니아군 병사들은 소련 전차에 맞서 수류탄과 화염병으로 용맹스럽게 싸웠고 첫 번째 공격을 막아 냈다. 하지만 소련군이 더 많은 전차를 투입하자 더 이상 버티지 못하고 무너져 내렸다. 소련군 전차들은 루마니아군 보병들을 마구 짓밟으며 제1선을 돌파한 뒤, 후방으로 내달렸다. 제2군단은 무너졌고 제4군단은 둘로 쪼개졌다. 루마니아 제15보병사단이 투입되었지만, 소련군을 밀어내고 방어선을 틀어막기에는 어림없었다. 공세 첫날 소련군은 루마니아군 방어선에 두 개의 거대한 돌파구를 만들었다. 2만 7,000여 명이 포로로 잡혔다. 루마니아 제3군 전체가 무너질 위기였다. 다음 날 독일 제22기갑사단과 루마니아 제1기갑사단이 출동했다. 하지만 두 사단이 보유한 전차는 죄다 체코제 구식 경전차였고 연료와 탄약도 부족했다. 그조차도 관리 소홀로 상당수가 가동 불능이었다. 제22기갑사단에 남은 전차는 T-34 전차 앞에서 아무 쓸모도 없는 체코제 38(t) 경전차 30여 대가 전부였다. 그동안 그토록 우쭐대면서 동맹군을 무시했던 독일군은 소련 제5전차군의 공세 앞에서 대번에 쓸려 나갔고 소수의 생존자만 후방으로 탈출했다. 루마니아 제1기갑사단은 더욱 구식인 체코제 35(t) 경전차 84대를 보유했음에도 좀 더 잘 싸웠다. 20일부터 22일까지 소련 전차 130여 대를 격파하고 35대를 잃었다. 하지만 연료와 탄약이 바닥나면서 전차 대부분을 버리고 후퇴해야 했다.

같은 시간, 남쪽의 루마니아 제4군 또한 소련군의 공세에 직면했다. 스탈린그라드 전선군 산하 소련 제51군과 제57군이 루마니아 제6군단을 향해 진격했다. 루마니아군은 단숨에 분쇄되었고 곳곳에서 고립된 채 절망적인 저항을 하거나 항복했다. 스탈린의 질책을 받았던 볼

스키의 소련 제4기계화 군단은 루마니아군의 얇은 전선을 단숨에 돌파한 다음 북서쪽으로 방향을 바꾸어 스탈린그라드 서쪽 70km 거리에 있는 칼라치Kalach로 향했다. 또한 소련 제4기병군단은 측면의 위협을 제거하기 위해 남서쪽으로 진격했다. 제4기갑군 산하 유일한 기동 부대인 코르네 분견대가 반격에 나섰지만, 대전차 무기가 부족해 물러나야 했다. 공세 시작 이틀 만에 루마니아 제3군과 제4군은 전력 대부분을 잃었다. 루마니아군의 후방은 무방비였고 전선에서 간신히 목숨을 부지하고 도망쳐 온 패잔병으로 넘쳐 났다. 전황이 급격히 악화하는 와중에 루마니아군은 후퇴를 원했지만, 결정권을 가진 쪽은 독일군이었다. 당장 제 발등에 불이 떨어진 독일군은 루마니아군에 도움을 약속하는 대신, 어떤 일이 있어도 한 발짝도 물러서지 말 것과 마지막까지 싸우라는 말만 반복했다. 독일 공군 역시 소련군을 저지하는 데 아무것도 하지 못했다. 그저 구원군이 곧 도착할 것이라는 팸플릿만 병사들 머리 위에 뿌렸다.

루마니아 제3군은 4만 명에 달하는 패잔병들을 긁어모아서 미하일 라스커르Mihail Lascăr 소장이 지휘하는 〈라스커르 집단군Lascăr Group〉이라는 임시 부대를 편성하고 돈강에서 방어선을 구축했다. 라스커르 집단군은 소련군의 항복 제안을 거부한 후 끝까지 싸우다 식량과 탄약이 떨어졌고 결국 포위 섬멸했다. 라스커르 장군은 포로가 되었다. 공세 나흘째인 11월 23일, 칼라치에서 소련 남서부전선군과 스탈린그라드 전선군이 서로 만났다. 거대한 포위망이 완성되는 순간이었다. 독일군은 속수무책이었다. 스탈린그라드로 후퇴한 루마니아 제20보병사단을 포함해 독일 제6군과 제4기갑군 일부 등 30만 명의 추축군이 동서로 50km, 남북으로 40km의 좁은 지역에 갇혔다. 포위망에 갇히지 않은 추축군 병사들도 소련군을 피해 돈강을 넘어 달아나느라 여념이 없었다. 퇴각로에는 수많은 무기와 차량, 대포가 잔뜩 버려져 있었다. 부

소련군의 포로가 된 루마니아 병사들. 히틀러는 스탈린그라드의 패배가 추축 동맹군들이 제대로 싸우지 않은 탓이라며 길길이 날뛰었지만, 머릿수를 메우기에만 급급하여 능력 밖의 무리한 임무를 떠맡긴 것은 히틀러 자신이었다. 또한 소련군의 기갑 부대에 대응할 수단이 없다는 것도 예견된 일이었다. 스탈린그라드는 단순한 패배를 넘어 그동안 히틀러만 믿고 수십만 명의 병사를 보낸 추축 동맹국들에 총통의 민낯을 뼈저리게 깨닫게 했다.

상병들은 전우들에게 밟히거나 길가에 버려졌고 돈강의 빙판을 걸어서 건너다가 얼음이 깨지는 바람에 익사한 사람도 많았다. 보급품 창고는 굶주린 병사들에게 약탈당했다.

히틀러는 2,000km나 멀리 떨어진 독일 남부 바이에른 베르히테스가덴Berchtesgaden의 별장에서 아첨꾼들과 여유로운 시간을 만끽하고 있었다. 그는 1년 전에 그러했듯 이번에도 후퇴를 거부했다. B집단군은 독일 제6군의 후퇴를 엄호할 능력이 없는 데다, 차량과 연료가 부족한 독일 제6군이 섣불리 후퇴하다가 소련 기갑 부대에 따라잡혀 더 큰 재앙을 초래할 수 있다는 이유였다. 그 대신 스탈린그라드에서 포위된 추축군에 수송기로 물자를 보급하고 봄이 올 때까지 어떻게든 버티다 보면 소련군이 먼저 한계에 직면하여 물러나지 않겠냐는 것이었다.

한때 유능했지만, 이제는 약물 중독자이자 허세꾼으로 전락한 공군 수장 괴링은 이번에도 히틀러 앞에서 자기만 믿으라며 큰소리쳤다. 문제는 미 공군이라면 몰라도 독일 공군에는 30만 명을 순전히 항공 수송만으로 먹여 살릴 능력이 없다는 점이었다. 덧붙여, 6년 뒤 스탈린은 스탈린그라드에서 그랬던 것처럼 서부 베를린을 봉쇄하고 물자를 차단하여 서방을 굴복시키려고 했다. 트루먼은 순순히 물러서는 대신 항공 수송으로 버틸 것을 명령했다. 서부 베를린에는 스탈린그라드에서 포위된 추축군의 7배가 넘는 220만 명의 민간인이 살고 있었다. 하지만 미 공군은 독일 공군과 차원이 다른 물량으로 1년에 걸친 포위전을 끝까지 견뎌 냈다. 베를린 봉쇄는 스탈린에게 서방의 실력을 톡톡히 증명했고 두 번 다시 정면 도전할 엄두를 내지 못하게 만들었다. 그 대신 하수인을 시켜 자신의 실추된 체면 회복에 나선 것이 한국 전쟁이었다.

그동안 이런 상황에 대비하여 아무것도 하지 않았던 파울루스는 후퇴가 살길이라고 생각하면서도 감히 총통을 거역할 용기가 없었다. 그렇다고 다른 대안을 찾거나 북아프리카에서 로멜이 보여 준 것처럼 과감한 반격으로 새로운 돌파구를 마련하지도 못했다. 그는 부관인 빌 헬름 아담Wilhelm Adam 대령에게 〈히틀러의 허락 없이는 어떤 집단군의 사령관도 마을 하나, 심지어 참호 하나조차 포기할 수 있는 권리가 없 네〉라고 한탄하면서 마치 자기 책임이 아닌 양 다른 사람이 기적을 일 으켜 주기만을 바랐다. 그러나 기적은 없었다. 소련군은 포위망을 한층 강화하는 한편, 두 번째 공세를 준비했다. B집단군의 남은 전력을 격파 하기 위함이었다.

악몽의 겨울

스탈린그라드에서 루마니아군의 상황은 최악이었다. 오데사나 세바스 토폴 공략 때와는 완전히 달라졌다. 루마니아군에 부족한 것은 용기가 아니라 소련군 전차에 맞설 무기였다. 그런데도 루마니아군 참모총장 일레 슈테플레아Ilie Şteflea 장군은 제3군 사령관 두미트레스쿠 장군에게 패배주의를 뿌리 뽑고 독일의 압도적인 힘은 무너지지 않는다는 신념 을 굳건히 해야 한다고 강조했다. 현지 사정을 전혀 알지 못하는 루마니 아 지도자들은 이번에도 독일군이 소련군을 격퇴하고 상황을 역전시킬 거라고 굳게 믿었다. 어차피 소련에서 나치 못지않게 잔혹한 전쟁 범죄 를 저질러 왔던 이들로서는 독일의 승리에 자신들의 운명을 걸 수밖에 없는 처지였다.

　물론 히틀러도 이대로 당하고 있을 생각은 없었다. 반격 계획이 준 비되었다. 〈겨울 폭풍 작전Operation Winter Storm〉이었다. 새로이 〈돈 집단 군Army group Don〉이 편성되었다. 구원의 역할은 만슈타인이 맡았다. 그 는 얼마 전 레닌그라드에서 소련군의 공세를 성공적으로 막아 냈다. 독 안에 든 쥐 꼴이 된 파울루스에겐 후퇴는 있을 수 없으며 무조건 버텨야 한다는 총통의 엄명이 떨어졌다. 히틀러로서는 사정이 좀 나빠졌다고 해서 그동안 엄청난 희생을 치른 끝에 손에 거의 들어온 승리를 간단히 포기할 수 없었다. 만슈타인 역시 히틀러에게 제6군의 후퇴를 반대하고 자신이 갈 때까지 파울루스가 버텨야 한다고 주장했다. 독일군 최고의 전략가라는 그조차 심각성을 제대로 깨닫지 못했다는 얘기였다. 일부 장군들이 도시를 버리고 서쪽으로 퇴각하여 새로운 방어선을 구축해야 한다고 충고했지만 소용없었다. 스탈린그라드 남쪽의 A집단군은 북상하여 스탈린그라드 구원에 동참하는 대신, 캅카스를 향한 남진을 계속하라는 지시를 받았다. 독일 제6군 북쪽 측면을 맡은 이탈리아군과 헝가리군을 보강하는 조치도 없었다. 히틀러와 독일군 수뇌부가 상황을 얼마나 낙관하고 자신들의 능력을 과신했는지 보여 주는 셈이었다.

만슈타인은 꼭 2년 뒤 아르덴 공세에서 바스토뉴에 포위된 제101공수사단을 구출하는 패튼의 역할을 맡은 셈이었다. 하지만 그의 부대는 패튼의 제3군보다 훨씬 약했고 독일 제6군을 포위한 소련군은 월등히 강했다. 돈 집단군의 전력은 히틀러가 장담하는 것과는 거리가 멀었다. 소련군과 달리 독일군에는 후방에 남은 전략 예비대가 거의 없었기 때문이었다. 만슈타인에게는 여기저기서 긁어모은 4개 기갑 사단과 새로 편성된 3개 공군 야전 사단을 포함해 11개 사단이 주어졌다. 그중 카를아돌프 홀리트Karl-Adolf Hollidt 장군의 〈홀리트 임시 파견군〉은 스탈린그라드 서쪽의 치르Chir강*에서 소련 제5기갑군의 공세를 막아 내기에도 급급했다. 또한 A집단군에서 급히 빼낸 제57기갑군단은 2개 루마니아 기병 사단과 실질적인 전력이 1개 대대에도 미치지 못하는 제23기갑사단이 전부였다. 뒤늦게 증원된 제17기갑사단 역시 사정은 다를 바 없었다. 더욱이 1944년의 아르덴에서는 제공권이 연합군의 수중에 있었지만 1942년의 스탈린그라드에서는 소련군이 하늘을 장악했

* 돈강의 남쪽 지류를 말한다.

다. 괴링이 출동시킨 수송기들은 숫자도 부족했지만, 태반이 소련 전투기에 격추당했다.

괴링의 욕심과 나치 독일이 제2차 세계 대전에서 얼마나 방만하게 인력을 낭비했는지를 보여 주는 대표적인 사례인 공군 야전 사단 Luftwaffe Field Division은 이름만 거창할 뿐, 정예로 이름난 공수 사단과는 거리가 멀었다. 지휘관들은 대부분 전투 경험이 없었고 무기는 빈약한 데다 훈련도 부족했다. 비행장 경비라면 몰라도 야전에서는 아무 쓸모가 없었다. 그 밖의 부대들 역시 수송 수단 부족으로 태반이 제때 도착하지 못했다. 그나마 쓸 만한 전력은 프랑스에서 도착한 제6기갑사단이었다. 1년 전 모스크바 전투에서 괴멸적인 타격을 입은 후 재건된 제6기갑사단은 신형 전차와 돌격포 160여 대를 보유하여 강력한 전력을 자랑했지만, 부대원 대부분이 신병이었다. 만슈타인은 썩 신뢰하기 어려운 제6기갑사단과 베테랑이지만 불과 20여 대의 낡은 전차밖에 남지 않은 제23기갑사단만으로 막강한 소련군의 포위를 뚫기 위한 공격에 나서야 했다.

루마니아군 총사령부는 스탈린그라드 주변에 남아 있는 루마니아군 잔여 부대들을 규합하여 방어선을 재건하고 만슈타인의 구원군이 도착할 때까지 소련군을 붙잡아 두라고 명령했다. 하지만 루마니아군은 이미 병력의 절반을 잃었다. 개전 이래 지난 1년 반 동안 입은 손실을 모두 합한 것보다도 훨씬 많았다. 루마니아 제3군은 스탈린그라드 서쪽의 돈강과 치르강 사이에서 새로운 방어선을 구축했다. 병력은 8만 3,000명이었다. 그중 전투 병력은 3만 6,000여 명에 불과했다. 루마니아 제4군 또한 스탈린그라드 남서쪽 100km 떨어진 코텔니코보 Kotelnikovo에서 방어선을 구축했다. 하지만 병력은 3만 9,000명 정도였고 1/3만 싸울 수 있었다. 대부분 지치고 굶주렸으며 겁에 질려 있었다. 남은 대전차 무기는 거의 없었다.

소련군의 공세는 계속되었다. 11월 26일 루마니아군은 코텔니코보로 진격하는 소련군을 격퇴했지만, 다음 날 소련군이 재차 공격하여 루마니아 제6군단을 돌파했다. 루마니아 제6군단은 괴멸적인 타격을 입고 30km나 밀려났다. 제1보병사단과 제2보병사단, 제18보병사단은 병력의 80퍼센트 이상을 잃었다. 12월 7일에는 소련군 제5기갑군 산하 제1전차군단이 치르강을 넘어 루마니아 제3군과 홀리트 임시 파견군을 공격했다. 홀리트 분견대 산하 제11기갑사단이 필사적으로 소련군을 저지했지만 뒤이어 제5기계화군단이 증원되어 공격에 가세하자 치르강에서 완전히 밀려났다. 만슈타인은 본격적인 싸움을 시작하기도 전에 반격의 한 축을 잃은 셈이었다.

만슈타인은 자신의 참모장을 파울루스에게 보내 구출 작전이 시작된다는 사실을 알리고 제6군도 공세로 전환하여 소련군을 양면에서 협공할 것을 요구했다. 그러나 칼라치의 함락으로 병참선이 완전히 끊어진 제6군에는 이미 그만한 능력이 남아 있지 않았다. 게다가 파울루스는 사전에 정해진 계획에 따라 움직이는 일이라면 몰라도 일분일초가 급박한 상황에서 임기응변을 발휘하거나 대담하게 상대의 허를 찌르고 적극적으로 위기를 돌파할 만한 인물이 아니었다. 그렇다 보니 스탈린그라드에 갇힌 추축군 병사들은 〈버텨야 해. 만슈타인이 우리를 꺼내줄 거야〉라는 말만 기적의 주문처럼 중얼거리면서 구원군이 오기만을 기다렸다. 나중에 만슈타인은 자신이 직접 스탈린그라드에 들어가 파울루스를 독려하지 않은 것을 후회했다.

12월 12일, 스탈린그라드를 향한 만슈타인의 진격이 시작되었다. 원래는 신형 중전차인 티거로 무장한 제503중전차대대가 공세의 선봉에 설 예정이었다. 3개월 전 레닌그라드 전투에서 처음 등장한 뒤 제2차 세계 대전 내내 서부와 동부를 막론하고 연합군에 악몽을 선사한 티거 중전차는 화력과 방어력에서 거의 모든 연합군 전차를 압도하는 괴물이었다. 하지만 수송 지연으로 결국 참여하지 못했다. 비록 빈약한 병력과 불충분한 준비에도 불구하고 초기 진격은 꽤 성공적이었다. 제4기갑군 사령관 헤르만 호트의 진두지휘 아래 스탈린그라드 남서쪽에서 제6기갑사단과 제23기갑사단은 소련 제51군의 후방을 급습하여 제302소총사단을 분쇄하고 다수의 소련 포병을 포로로 잡았다. 소련군도 독일군이 이렇게 빨리 반격에 나설 줄 몰랐기 때문이었다. 제23기갑사단의 우익에서는 루마니아 포페스쿠 기병 집단Popescu Cavalry Group이 공격에 가세했다. 추축군은 첫날 60km를 전진했다. 아직 희망은 있었다.

그러나 상황은 곧 바뀌었다. 소련 제4기계화군단이 만슈타인의 앞을 가로막았다. 베르흐네쿰스키Verkhne-Kumskiy에서 격전이 벌어졌다. 독일 제6기갑사단은 소련군을 밀어내는 데 성공했지만, 독일군 역시 많은 전차를 잃었다. 그중 태반은 수리 불능으로 버려졌다. 게다가 소련군에는 얼마든지 예비 병력이 있었다. 제2근위군이 증파되었다. 5개 소총군단과 제1개 기계화 보병 군단으로 구성된 제2근위군은 병력이 9만 명에 달했고 소련 최강 부대 중 하나였다.

더욱 충격적인 일이 벌어졌다. 독일군이 눈보라와 소련군의 저항을 뚫고 스탈린그라드를 향해 힘겹게 나아가는 동안, 12월 16일 소련군이 강력한 공세를 또 한 방 날렸다. 우라누스 작전의 두 번째 단계인 〈리틀 새턴 작전Operation Little Saturn〉이었다. 소련 제1근위군과 제3근위군이 돈강을 넘어 루마니아 제3군 북쪽을 맡은 이탈리아 제8군을 덮쳤다. 이탈리아군은 루마니아군보다는 좀 더 오랫동안 버텼다. 특히 제3보병사단 라벤나Ravenna와 제5보병사단 코세리아Cosseria는 소련군 15개 사단을 상대로 수적으로 9:1의 열세에도 불구하고 열흘이나 저지했다. 하지만 루마니아군과 마찬가지로 대전차 무기가 빈약했던 이들로서는 파도처럼 밀려오는 소련 전차 부대 앞에서 2주 만에 무너졌다. 이탈리아군 기갑 집단을 지휘했던 파울로 타르나시Paulo Tarnassi 준장은 소련군의 공습을 받아 전사했다. 13만 명 중에서 4만 5,000명만 추위와 굶주림, 소련 군의 추격과 싸우면서 겨우 포위망을 벗어나 서쪽으로 탈출했다.

돈 집단군은 스탈린그라드로의 진격은 고사하고 자신들이 포위당할 판이 되었다. 만슈타인은 제17기갑사단을 증원받았지만, 전투에 당장 투입할 수 있는 전차는 30여 대에 불과했다. 12월 19일, 제6기갑사단 선봉은 제6군에서 불과 48km 떨어진 곳까지 나아갔다. 그러나 연료와 탄약이 부족한 데다 한 줌밖에 남지 않은 전차만으로는 소련군의 포위망을 더 이상 돌파할 수 없었다. 북쪽에서는 이탈리아군을 돌파한 소련 제3근위군이 루마니아 제3군의 잔여 병력을 덮쳤다. 루마니아 제1군단과 독일 제62보병사단은 괴멸했다. 일부 루마니아군은 무조건 진지를 사수하라는 독일군의 명령을 무시하고 서쪽으로 탈출에 나섰다. 희망은 완전히 사라졌다.

남은 방법은 독일 제6군이 스스로 포위망을 뚫고 나오는 것뿐이었다. 만슈타인은 참모를 파울루스에게 보내 구원 작전이 실패했음을 알리고 탈출을 종용했지만 돌아온 반응은 시큰둥했다. 모든 책임을 히틀러 탓으로 떠넘기면서 총통의 명령 없이 자신이 할 수 있는 일은 없다는 것이었다. 게다가 제6군에는 30km를 움직일 연료밖에 남지 않았기에 공군이 더 많은 연료를 공급해야 한다고 주장했다. 그동안 스탈린그라드의 한 백화점에 자리 잡고 하릴없이 시간만 보냈던 그는 만슈타인의 공격에 호응하여 소련군을 협공하기는커녕, 하다못해 제6군의 일부라도 구하려는 어떤 노력도 하지 않았다. 히틀러 역시 제6군의 후퇴를 끝까지 거부했다. 어차피 이 시점에서 제6군의 탈출은 이미 불가능할뿐더러, B집단군은 물론이고 남부 전선 전체가 무너질 판국이었기 때문이었다. 그렇다고 대안도 없었던 그는 제6군을 버리는 말로 쓰기로 결심했다.

공세 시작 12일 만인 12월 23일, 만슈타인은 작전 중지를 명령했다. 파울루스를 구하기는커녕 자신들도 같은 운명이 되지 않으려면 물러나야 할 때였다. 그제야 히틀러도 발등에 불이 떨어졌음을 절감했다. 12월 28일, 캅카스로 진군하는 A집단군에도 퇴각 명령이 떨어졌다. 그나마 B집단군과는 달리 소련군에 포위되기 전에 재빨리 움직였다. 돈집단군에 편입된 제1기갑군은 제4기갑군과 함께 돈강을 넘어 북쪽으로 후퇴했다. 남쪽 아래에 있던 제17군은 타만반도Taman Peninsula를 통해 서쪽의 크림반도로 달아났다. 루마니아 기병 군단과 산악 군단이 소련군의 공세를 저지하면서 독일군의 퇴각로를 끝까지 엄호했다.

반면, 스탈린그라드의 상황은 전혀 나아지지 않았다. 소련군은 돈집단군의 양익을 휩쓸었다. 루마니아 제4군은 완전히 무너졌다. 12월 29일, 코텔니코보가 함락되었다. 잔여 병력은 서쪽으로 후퇴했지만 스탈린그라드 포위망 안에는 1만 2,600명의 루마니아군이 갇혀 있었다. 이들은 독일군과 함께 스탈린그라드 방어의 한 축을 맡아 용맹스럽게 싸웠음에도 식량과 보급품 배급에서 심한 차별을 받았다. 굶주린 병사들은 죽은 말의 고기를 베어 먹었다. 게다가 독일 수송기들이 줄줄이 격추당하고 물자 공급이 줄어들면서 아사에 내몰렸다.

파울루스와 함께 있던 루마니아군 제20보병사단장 니콜라에 터터라누 장군은 비행기에 올라 포위망 바깥으로 겨우 탈출했다. 부쿠레슈티로 돌아온 그는 안토네스쿠에게 파울루스가 자신을 보냈다고 주장하면서 포위망에 갇힌 아군의 상황이 얼마나 절망적인지를 알리며, 그들을 구하기 위해 스탈린그라드로 수송기를 보낼 것을 호소했다. 하지만 돌아온 것은 수령의 분노였다. 안토네스쿠는 터터라누가 병사들을 버리고 자기만 살겠다고 탈출하여 루마니아군의 명예를 더럽혔다고 사정없이 질책했다. 그리고 당장 스탈린그라드로 돌아가거나 아니면 군법재판에 회부하겠다고 으름장을 놓았다. 물론 터터라누는 후자를 선택했지만 정말로 처벌받지는 않았다.

마지막으로 남은 전력은 헝가리 제2군이었다. 헝가리군은 1942년 8월부터 약 반년 동안 돈강의 수비를 맡아 방어 진지를 구축했지만, 여전히 미비하기 짝이 없었다. 자재와 인력이 부족했기 때문이었다. 겨울이 오자 물자는 한층 궁핍해졌다. 포탄도 부족하여 포병은 하루에 3~5발 이상 사격할 수 없었다. 사료 부족으로 탄약을 끄는 마차가 전선에서 150km나 떨어진 곳에 있었기 때문이었다. 헝가리제 포탄은 철로 되어 있었기에 금방 포신에 걸려 고장 나기 일쑤였다. 유일하게 믿을 거라고는 돈강이었다. 폭은 100~400m에 달했지만, 문제는 수위가 얕다는 점이었다. 소련군은 돈강 서안에 두 곳의 교두보를 쥐고 있었고 겨울이 오면서 얼어붙은 강을 아무런 방해 없이 건널 수 있었다. 헝가리군은 소련군과 직접 마주 보는 최일선 진지의 일부만을 요새화했을 뿐, 이곳이 돌파되었을 때 물러나 새로운 방어선으로 쓸 후방 참호가 없었다. 그런데도 히틀러는 12월 25일 호르티에게 보낸 전보에 헝가리 원정군이 어떤 대가를 치르더라도 전선에서 버텨야 하며 한 치의 후퇴도 허용하지 않겠다고 엄포를 놓았다. 그는 이번 시련 또한 잠깐일 뿐이며 결국에는 추축군이 소련군을 물리치고 승리할 것임을 강조했다.

헝가리 제2군을 통틀어 기동력을 갖춘 유일한 예비대는 제1기갑야전사단이었다. 체코제 38(t) 경전차 41대와 4호 전차 F1 8대, 4호 전차 F2 8대, 톨디 경전차 9대 등 66대의 전차를 보유했다. 원래 제1기갑야전사단은 헝가리 전선 중앙 뒤쪽에서 대기했다. 하지만 1942년 10월, B집단군 사령부는 소련군의 침투를 막는다는 명목으로 헝가리 제2군과 이탈리아 제8군의 연결 고리로 이동하라고 명령했다. 제2군 사령관 야니 장군은 혹독한 추위 속에서 전차를 예열하는 데 많은 시간이 소요되기 때문에 적의 공격에 노출될 수 있는 최전방에 배치하는 것은 재난을 초래할 수 있다며 반발했다. 하지만 독일군에는 쇠귀에 경 읽기였다.

소련군의 물결이 이탈리아군을 한창 휩쓸고 있던 1943년 1월, 히틀러는 뒤늦게 헝가리 제2군을 보강하기 위한 기동 부대로서 크라머 군단을 편성했다. 지휘관은 로멜 휘하에서 용맹을 떨쳤던 기갑 전문가인 한스 크라머Hans Cramer 중장이었다. 휘하에는 헝가리 제1기갑야전사단과 제26보병사단, 제168보병사단, 제559기갑엽병대대, 제190돌격포대대, 제700기갑대대로 구성되었으며 병력 3만 명, 체코제 38(t) 경전차 110대, 4호 전차 22대, 3호 돌격포 32대 등을 보유했다. 그러나 전차 대부분은 화력이 매우 빈약한 37mm 전차포를 달고 있었다. 소련의 T-34나 KV-1/2와 같은 중장갑을 두른 대형 전차들 앞에서는 무용지물이었다. 그런데도 히틀러는 헝가리군을 향해 그저 기다리라거나 〈최후의 한 사람까지 방어선을 지켜야 한다〉 따위의 구호만을 외칠 뿐이었다. 게다가 1943년 1월 9일, B집단군 사령부는 헝가리군에 전황 정보를 매일이 아니라 4~5일에 한 번씩만 제공하겠다고 통보했다. 그 이유에 대한 설명은 없었다.

돈강에서 헝가리 제2군은 각 6개 대대로 구성된 9개 경사단으로 200km가 넘는 광범위한 공간을 방어해야 했다. 각 사단의 담당 구역은 20~30km에 달했지만, 무기와 인력은 턱없이 부족했다. 중기관총은 200m마다 1정씩, 박격포와 대전차포는 600m마다 1문씩, 곡사포 포대는 2.2km마다 1개씩이었다. 독일군과 헝가리군은 소련군의 교두보를 매일같이 정찰하면서 이들의 동태를 살폈고 소련군 탈영병들의 증언을 통해 대규모 부대가 집결해 있다는 사실을 확인했다. 하지만 히틀러와 B집단군은 이 사실을 무시했다. 독일군의 관심사는 캅카스에서 A집단군이 무사히 철수할 때까지 스탈린그라드 방면의 소련군이 남하하지 않도록 발목을 붙잡아 두는 것이지 동맹군이 어찌 되건 따위는 알 바 아니었다. 헝가리군 또한 자신들이 맡은 구역은 그런대로 평온을 유지했기에 은근히 마음을 놓고 있었다. 하지만 오래가지 않았다. 1월 12일,

소련군의 오스트로고즈스크-로소한스크 작전Ostrogozhsk-Rossoshansk Operation이 시작되었다. 필리프 골리코프Filipp Golikov 상장이 지휘하는 보로네시 전선군Voronezh Front 산하 4개 군(제38, 제40, 제60, 제69군)과 제3전차군이 돈강의 교두보를 통해 도강한 뒤 마지막 남은 걸림돌인 헝가리 제2군과 이탈리아 제8군의 잔여 부대인 알피니군단 제거에 나섰다. 모두 합해 700대가 넘는 전차였고 그중 절반 이상이 KV 중전차와 T-34였다.

알피니군단은 이탈리아군 중에서는 엘리트로 손꼽히는 정예였지만 기동성이 없는 보병 부대였다. 게다가 캅카스의 험준한 산악 지대라면 몰라도 영하 수십 도의 혹독한 강추위가 몰아치는 허허벌판에서 소련 중전차를 상대하는 일은 최악의 임무였다. 이탈리아군이 보유한 47mm/32 M35 대전차포는 관통력이 500m 거리에서 43mm, 100mm 거리에서 58mm에 불과했다. 전면 장갑 65mm의 T-34/76 전차를 코앞에서 사격한다고 해도 격파가 불가능했다. 하물며 〈가도의 괴물〉이라 불리며 전면 장갑이 100mm가 넘는 KV 전차 앞에서는 집단 자살이나 다름없었다. 따라서 여태껏 겪어 본 적 없는 소련군의 거대한 전차 물결 앞에서 속수무책이었다.

헝가리군도 같은 처지였다. 이날 아침 9시, 소련 제40군은 한 시간에 걸쳐 준비 포격을 한 후 오스트로고즈스크와 로소시Rossoš 방면의 헝가리군 최일선을 향해 공세를 시작했다. 전차를 앞세운 소련 보병의 물결은 세 시간 만에 헝가리군 제7경사단을 돌파했다. 야니 장군은 소련군의 주 공세가 시작되었다고 판단하고 B집단군에 크라머 군단의 출동을 요구했다. 하지만 B집단군은 양동 작전에 지나지 않는다면서 무시했다. 헝가리군 스스로 방법을 찾아야 했다. 야니 장군은 4개 연대로 구성된 헝가리 제3군단 예비대에 반격을 지시했지만, 이들은 기동성이 빈약한 보병이어서 병력을 집결시키는 데에도 상당한 시간이 걸렸다.

이날 하루가 끝날 무렵, 소련군은 헝가리 제3군단과 제4군단 사이에 깊이 3km, 폭 6km의 돌파구를 형성했다. 소련군의 공세는 다음 날에도 계속되었다. 그제야 독일군 제700기갑대대가 출동했다. 하지만 구닥다리의 체코제 38(t) 경전차가 전부였던 이들은 소련군 기갑 부대와 격전을 벌인 끝에 전멸했다. 60대의 체코제 38(t) 경전차 중 4대만 살아남았다. 헝가리군 제7경사단과 제20경사단은 산산조각 났고 제4군단 예비대도 사실상 괴멸했다. 영하 45도의 혹독한 날씨 속에서 헝가리군의 무기는 고장 나기 일쑤였다. 헝가리군과 함께 싸웠던 독일군 제168보병사단 제429연대장은 보고서에 〈헝가리군은 매우 용감하게 싸웠다. 패배의 원인은 얼어붙은 날씨와 대전차 무기의 부족 때문이었다〉라고 썼다. 공세 3일째가 되자 소련군은 30km를 진격했고 돌파구의 폭은 60km에 달했다. 점점 더 많은 소련군이 돈강을 넘어 한층 공세를 강화했다. 소련군 제18소총군단은 헝가리 제12경사단을 분쇄했다. 독일 제168보병사단도 위기에 처했다. 남쪽에서는 소련군 제3전차군이 독일 제24기갑군단을 공격하여 40km를 진격했다.

공세 나흘째인 1월 16일, 헝가리 제10경사단과 제13경사단, 독일 제168보병사단의 잔존 부대는 오스트로고즈스크에서 포위되었다. 그제야 B집단군은 예비대인 크라머 군단을 출동시켰다. 크라머 군단은 일시적으로 소련군을 밀어내는 것처럼 보였지만, 그사이 소련군이 헝가리 제13경사단을 괴멸시키면서 측면이 열렸다. 크라머 장군은 후퇴를 명령했다. 소련군 제12전차군단이 헝가리 제7군단 후방으로 침투하면서 제7군단 전체가 위기에 직면했다. 이탈리아 알피니군단 또한 괴멸 직전이었다. 1월 18일, 헝가리군은 완전히 무너지면서 곳곳에서 포위당했다. 방어선에 300km에 달하는 거대한 구멍이 열렸다. 장교들은 달아나는 병사들을 즉결 처형하기도 했지만, 후퇴의 물결을 막을 수는 없었다. 소련군은 5만 2,000명을 포로로 붙잡았고 전차 170대와 야포

1,700문, 기관총 2,800정, 차량 6,000대 등을 파괴하거나 노획했다.

1월 20일, 소련군 제3전차군과 제17소총군단은 헝가리군의 잔존 병력을 전멸시켰다. 나흘 뒤 독일군 수뇌부는 비로소 헝가리군의 철수를 허락하면서도 재난의 책임을 죄다 그들 탓으로 돌려 더욱 반감을 샀다. 그때까지 소련군에 괴멸하지 않은 추축 동맹군은 모두 크라머 군단에 편입되었다. 헝가리 제2군 또한 해체되어 독일군의 지휘를 받았다. 제1기갑야전사단이 소련군 제15전차군단을 저지하는 사이, 추축군은 서쪽으로의 필사적인 탈출에 나섰다. 다음 날 오스트로고즈스크가 함락되었고 후위를 맡고 있던 독일군 제26보병사단은 괴멸했다.

1월 24일, 소련군은 공세의 마지막 단계인 〈보로네시-카스토르노예 공세Voronezh–Kastornoye operation〉에 착수했다. 소련군 제40군과 제60군은 북쪽의 독일 제2군 쪽으로 방향을 바꾸었다. 제3전차군과 독립 제6근위기병군단은 오스트로고즈스크와 로소시 사이의 추축군 잔당들을 소탕했다. 크라머 군단은 서쪽의 노비오스콜Novyi Oskol을 향해 필사적으로 달아났다. 독일 제2군 또한 1월 25일 보로네시를 버리고 탈출했다. 제88보병사단이 돈강의 철교를 폭파한 뒤 후퇴했다. 같은 날 헝가리 제1기갑야전사단의 잔존 부대가 노비오스콜에 도착했다.

남은 전력은 체코제 38(t) 경전차 11대와 님로드 자주포 3문, 경야포 2문에 불과했다. 돈강 주변의 추축군 부대는 거의 섬멸되었다. 새로운 방어선은 돈강 서쪽 100km 떨어진 오스콜Oskol강에 구축되었다. 크라머 군단은 독일 제2군에 편입되었다. 노비오스콜 수비는 헝가리 제1기갑야전사단과 불과 400여 명으로 줄어든 독일 제168보병사단이 맡았다. 스타리오스콜Staryy Oskol에는 독일 제26보병사단이 배치되었다. 추축군 잔존 부대는 격렬하게 저항했지만, 1월 29일 노비오스콜이 함락되었다. 남은 생존자들은 서쪽 50km 떨어진 코로차Korocha로 후퇴했다.

스탈린그라드 함락도 초읽기였다. 만슈타인이 후퇴한 뒤 제6군은 추위와 굶주림에 허덕이면서도 필사적으로 저항했다. 이들이 끝까지 소련군을 묶어 둔 덕분에 A집단군과 B집단군, 돈 집단군의 잔여 병력이 서쪽으로 탈출했고 더 큰 재난을 피할 수 있었다. 하지만 정작 자신들의 운명은 구할 수 없었다. 히틀러 또한 더 이상 제6군을 구하려고 시도하지 않았다. 제6군은 버려졌다. 절망에 사로잡힌 파울루스는 1월 24일 히틀러에게 남은 부하들의 목숨이라도 구할 요량으로 항복을 요청했다. 하지만 히틀러는〈항복은 불가하다. 제6군은 마지막 한 사람, 최후의 한 발까지 진지를 지켜야 한다〉라면서 일언지하에 거부했다. 그 대신 파울루스를 원수로 승진시켰다. 히틀러로서는 원수 승진이 파울루스의 마지막 투지를 불러일으키리라고 기대했지만, 오히려 그의 분노를 자극했을 뿐이었다. 그동안 총통에 그토록 충성한 대가가 이런 말로였다고 여긴 그는 1월 31일 소련군이 방어선을 뚫고 자신의 사령부로 접근하자 별다른 저항 없이 투항했다. 2월 2일, 잔여 추축군이 모두 항복했다. 그때까지 살아남은 9만 1,000여 명의 독일군과 3,000여 명의 루마니아군은 포로가 되어 머나먼 시베리아의 유형지로 끌려갔다.

제 발로 소련군의 포로가 된 파울루스는 함께 항복한 제4군단장 막스 페퍼Max Pfeffer 중장에게〈나는 이 보헤미안 상병(히틀러) 따위를 위해 자살할 생각이 없네〉라고 비아냥거렸다. 히틀러는 히틀러대로 책임을 통감하거나 자성하기는커녕, 소련군의 선전 방송을 통해 그가 자살 대신 항복했다는 소식을 듣자 배신감에 치를 떨면서〈평화로울 때의 독일은 매년 1만 8,000여 명에서 2만 명이 그처럼 절박한 상황에 있지 않은데도 잘만 자살을 선택했다. 그곳에는 5만~6만 명에 달하는 자기 병사들이 마지막까지 용감하게 싸우면서 죽어 가는 것을 손 놓고 지켜보는 자가 있다. 어떻게 스스로 볼셰비키에게 항복할 수 있단 말인가!〉라며 울부짖었다.

한편 스탈린그라드 전투가 한창이던 11월 25일, 모스크바 서쪽 르제프에서도 소련군의 대규모 공세가 있었다. 주코프는 〈마르스 작전 Operation Mars〉을 발동하고 70만 명의 병력과 전차 1,800여 대를 동원했다. 그동안 몇 번이나 실패했던 르제프를 이번에야말로 탈환하여 모스크바를 위협하는 눈엣가시를 제거할 속셈이었지만 결과는 스탈린그라드와 정반대였다. 소련군은 발터 모델의 제9군을 상대로 괴멸적인 타격을 입고 한 달 만에 물러나야 했다. 독일군 최고의 전술가 중 한 사람이자 방어전의 달인인 모델은 파울루스처럼 가만히 앉아서 기적이 일어나기만을 바라지 않았다. 미리 소련군의 공세를 예측하고 철저히 준비한 그는 부족한 전력을 적재적소에 활용하여 가장 위급한 전선부터 틀어막으며 소련군의 공세를 막아 내는 능동적인 대처로 르제프를 지켜냈다. 독일군의 손실은 4만 명에 불과한 반면, 소련군은 전체 병력의 절반에 가까운 33만 명과 80퍼센트의 전차를 잃었다. 독소 전쟁을 통틀어 소련군 최악의 패배 중 하나였다. 소련군은 르제프를 가리켜 〈고기 분쇄기Meat Grinder〉라고 불렀다. 스탈린은 독일군이 여전히 만만찮은 적수이며 일조일석에 이 전쟁을 끝낼 수 없음을 절감해야 했다.

그러나 모델의 활약조차 스탈린그라드와 청색 작전의 실패를 만회하기에는 역부족이었다. 스탈린그라드에서 추축군의 손실은 60만 명이 넘었다. 청색 작전이 시작되는 1942년 여름까지 합하면 100만 명에 달했다. 특히 추축 동맹군의 손실은 회복 불가였다. 루마니아군은 15만 8,000명을 잃었다. 탈출한 병력은 7만여 명에 불과했다. 헝가리 제2군은 22만 8,000명 중 16만 명을, 이탈리아 제8군은 23만 5,000명 중 11만 4,000여 명을 각각 잃었다. 특히 독일 제100예거사단에 소속되어 있던 크로아티아 의용 군단(제369보충연대) 3,000명은 문자 그대로 전멸했다.

물론 스탈린그라드의 패배가 독일군에 충격적이라고 해도 전쟁 초

스탈린그라드에서 포로가 되어 시베리아로 기약 없이 끌려가는 헝가리 병사들. 1941년 1월 12일부터 2주 동안 헝가리군은 5만여 명 이상이 죽고 7만여 명이 포로가 되었다. 또한 5만 명에 달하던 비무장 노무자들 역시 불과 6,000여 명만 살아 돌아갈 수 있었다. 추축 동맹국 중에서도 가장 희생이 컸다. 늙은 정치인들과 장군들이 왕국 재건이라는 탐욕에 눈이 멀어 나치와 손을 잡은 대가를 어린 병사들이 혹독하게 치른 셈이었다.

반 소련군이 당했던 재앙에 비할 수는 없을 것이다. 소련군은 키예프에 서만 70만 명 이상을 잃었다. 스탈린그라드에서도 소련군 사상자는 추축군 전체의 손실을 능가하는 113만 명에 달했다. 또한 4,000대의 전차와 1만 5,000문의 대포, 2,800대의 항공기를 잃었다. 스탈린은 싸움에서 이겼지만, 상처투성이의 승리였다. 문제는 양쪽의 체급이 너무 다르다는 점이었다. 독일군은 이 한 번의 패배만으로도 동부 전선 전체가 흔들리는 판국이었다. 소련은 얼마든지 손실을 메울 수 있었지만 독일은 그렇지 못했다. 앞으로 서방의 대소 원조가 본격화되면서 격차는 더욱 벌어지게 될 참이었다.

더욱이 독일로서는 단순히 1개 야전군을 잃은 것이 손실 전부가 아니었다. 진짜 충격은 심리적인 데 있었다. 전쟁 자체가 밀리기 시작했으며 승리의 희망이 사라지고 있다는 사실이었다. 저 멀리 남쪽에서 날아온 소식은 히틀러와 독일 장군들을 또 한 번 망연자실하게 했다. 카이로를 눈앞에 두고 있던 로멜의 북아프리카 군단이 엘 알라메인 전투에서 버나드 로 몽고메리의 영국군 제8군에 무너진 것이었다. 이로써 지난 2년 동안 수많은 신화를 쌓아 올렸던 북아프리카의 싸움은 독일의 패배로 종지부를 찍은 셈이었다. 서쪽에서는 아이젠하워가 이끄는 10만 명의 연합군이 프랑스령 북아프리카에 상륙했다. 추축의 운명이 기울고 있다는 얘기였다.

전세 역전되다

추축으로서는 1942년의 겨울이 어느 때보다도 혹독했지만 그렇다고 당장 파국에 직면한 것은 아니었다. 북쪽에서는 독일 제9군을 상대로 벌어진 르제프 포위전에서 철저하게 완패한 쪽은 소련군이었다. 캅카스로 향하던 A집단군 역시 리스트 원수를 대신해 지휘봉을 잡은 클라이스트 장군은 〈기동의 대가〉라는 별명답게 소련군의 추격을 피해 아조프해를 넘어 병력 대부분을 무사히 크림반도로 철수시키는 데 성공했다. 일부는 타만반도에 남아 여전히 강력한 교두보를 유지하며 소련군을 위협했다. 그는 그 공으로 히틀러에게 원수 봉을 하사받았다. 스탈린그라드에서 파울루스가 항복한 직후에 스탈린은 승리의 여세를 몰아 남부 러시아에서 독일군을 끝장낼 요량으로 〈별 작전Operation Star〉과 〈질주 작전Operation Gallop〉을 발동했다. 그러나 무능한 바익스 장군을 대신해 지휘봉을 든 만슈타인은 소련군을 깊숙이 끌어들인 다음 우크라이나 동부의 요충지인 하리코프에서 괴멸적인 타격을 입혔다. 독일군의 사상자는 1만 명에 불과한 반면, 소련군은 8만 명이 넘었다. 1943년 봄이 되자 독일과 소련 양쪽 모두 기진맥진하면서 동부 전선은 잠시 소강 상태가 되었다.

　문제는 추축의 균열이 본격화되고 있다는 사실이었다. 스탈린그라드에서 독일군 이상으로 쓴맛을 본 쪽은 추축 동맹군이었다. 그때까지 히틀러가 이길 것으로만 믿고 자신들의 운명을 맡겼던 이들로서는 완전히 배신당한 꼴이었다. 게다가 후퇴 과정에서 독일군이 동맹군의 차량과 식량을 빼앗아 자기들만 먼저 달아나거나 스탈린그라드에서 함께 포위된 동맹군 병사들에게 식량 공급을 거부하고 독차지했다는 소식이 알려지면서 분노는 한층 커졌다. 독일군이 도주로를 독차지하는 바람에 많은 동맹군 병사가 달아나지 못한 채 남겨졌다. 하지만 히틀러와 독일 장군들은 땅에 떨어진 신뢰를 회복하는 대신 동맹군 탓으로 떠넘기고 고압적인 태도로 일관하여 골은 한층 깊어졌다. 특히 소련군의 공세를 맨 먼저 맞닥뜨렸던 루마니아군에 비난이 집중되었다.

　B집단군 사령관이었던 바익스 장군은 뻔뻔하게도 제6군의 괴멸은 루마니아군이 측면을 제대로 지키지 못한 탓이라고 주장했다. 또한

루마니아 지휘관들이 자신의 명령을 따르지 않았으며 죄다 영국 첩자들이라고 매도했다. 그는 루마니아군을 무장 해제할 것과 공세 첫날 무너진 루마니아군 제14보병사단의 지휘관들을 군법 회의에 회부해야 한다고 목소리를 높였다. 분기탱천한 독일군 병사들은 같은 기차에 탄 루마니아 병사들을 겁쟁이라고 부르면서 쫓아내기도 했다. 정작 자신들이 수많은 경고를 한 귀로 흘렸으며 그나마 루마니아군의 분투로 많은 독일군이 사지에서 빠져나갔다는 사실은 무시했다. 만슈타인이 스탈린그라드 가까이라도 갈 수 있었던 것 또한 루마니아 제4군이 시간을 벌어 준 덕분이었다. 히틀러의 맹우였던 안토네스쿠조차 부당한 비난에 발끈했다. 그는 히틀러에게 독일군 수뇌부가 루마니아군의 패배를 방치했다고 불만을 드러냈다. 독일과 루마니아의 관계가 파국으로 치달으면서 누군가 대신 제물이 되어야 했다. 히틀러는 제48기갑군단장 페르디난트 하임Ferdinand Heim 중장을 강제 퇴역시켰다. 그는 나중에 자신이 모든 책임을 뒤집어쓰기에 가장 만만한 희생양이었다고 토로했다.

그동안 히틀러의 최면에 걸려 있던 추축 동맹국 지도자들은 그제야 정신이 번쩍 들면서 자신들이 무슨 짓을 저질렀는지 깨달았다. 머나먼 러시아 땅에서 쓰러진 수십만 명의 병사들은 조국을 지키기 위해서가 아니라 히틀러가 벌인 정신 나간 모험의 희생자들이었다. 동부 전선에서 돌아온 병사들을 한동안 격리하여 국민의 눈과 귀를 가리려고 애썼지만 소용없었다. 패전 소식은 금방 퍼졌고 온 나라가 들끓었다. 가장 먼저 철수를 결정한 사람은 무솔리니였다. 발칸과 북아프리카에서 당한 망신을 동부 전선에서 만회하려다 본전도 못 찾은 꼴이었던 그는 2월 28일 모든 원정군의 귀환을 지시했다. 헝가리도 발을 빼기로 했다. 3월 30일, 헝가리 최고 국방위원회Supreme Defense Council는 원정군 철수에 히틀러의 동의를 얻어 냈다. 러시아의 지옥에서 빠져나온 생존자들은

5월 말까지 모두 귀환했다. 제8군단(제22경사단, 제23경사단, 제124경사단) 4만 명만 중부 우크라이나에서 파르티잔 토벌을 위해 잔류했다.

이탈리아, 헝가리와 달리 루마니아군은 동부 전선에 남았다. 타만 반도에는 8만 명에 달하는 루마니아군이 독일 제17군과 함께 〈쿠반 교두보Kuban bridgehead〉의 방어를 맡았고 3만 명은 크림반도에 주둔했다. 그러나 사기는 완전히 땅에 떨어졌다. 일선 부대에서는 온갖 유언비어가 떠돌았다. 폐위된 카롤 2세가 소련에서 비밀 망명 중이라느니,* 독일군이 루마니아 병사들을 노예처럼 부린다느니, 안토네스쿠가 숙청되었다는 따위의 얘기였다. 산악 군단장 아브라메스쿠 장군은 병사들이 더 이상 군인처럼 행동하지 않으며 장교들에게 경례하지 않는다고 보고했다. 루마니아군은 극심한 물자난에 허덕였고 굶주린 병사들은 약탈을 일삼았다. 미하이 1세는 국민과 병사들을 격려하기 위해 〈이 전쟁은 침략당한 땅을 해방하기 위한 정의로운 싸움〉이라고 호소했다. 안토네스쿠는 히틀러와 면담한 자리에서 루마니아군의 기여를 강조하면서 (루마니아의 숙적인) 헝가리가 더 많은 병력을 동부 전선으로 보내야 한다고 주장했다. 히틀러는 격앙된 동맹자를 달래기 위해 무기와 경제 원조를 약속했다.

그로서는 흔들리는 추축을 어떻게든 다잡아 반전의 기회로 삼을 속셈이었지만 너무 늦었다. 1943년은 전쟁의 운명을 결정했다. 그런데도 승리의 가능성이 남아 있다고 믿은 히틀러는 봄이 오자 새로운 공세를 준비했다. 〈치타델 작전Operation Citadel〉이었다. 하지만 더 이상 소련 정복도, 캅카스의 석유 확보도 아니었다. 제한된 공세로 주도권을 되찾고 독일군이 아직 지지 않았음을 동맹국들에 확실히 보여 주겠다는 훨씬 〈소박한〉 목표였다. 스탈린그라드의 충격적인 패배로 허세 가득한 히틀러조차 자신감이 줄어들었다는 얘기였다. 결전 장소는 얼마 전 대

* 실제로는 멕시코에 있었다.

승을 거둔 하리코프 북쪽 200km 떨어진 요충지인 쿠르스크였다. 그는 과거의 실수를 반복하지 않으려고 나름 신중하게 준비했다. 하지만 신중한 것은 상대방도 마찬가지였다. 그동안 자기 감만 믿었다가 몇 번이나 허를 찔렸던 스탈린은 이번에는 철저한 사전 조사로 히틀러가 어디를 노리는지 정확히 파악하고 쿠르스크 주변에 강력한 방어선을 구축했다. 히틀러가 더 많은 병력과 전차를 모으겠답시고 늦출수록 소련군은 그 이상으로 강력해졌다.

7월 5일, 드디어 독일군의 공세가 시작되었다. 병력 78만 명, 전차 3,000대, 야포 9,500문, 항공기 2,000대에 달했다. 그중에는 신형 괴물 전차인 티거 211대와 판터 259대도 있었다. 하나같이 독일의 최정예 부대였고 허약하기 짝이 없는 동맹군들에 측면을 떠맡겨 약점을 드러내지도 않았다. 또한 만슈타인과 발터 모델 등 소련군에 몇 번이나 뼈저린 패배를 안겨다 준 독일 최고의 장군들이 지휘봉을 들었다. 히틀러로서는 자신이 할 수 있는 모든 수를 쓴 셈이었다. 하지만 쿠르스크를 방어하는 소련군은 더욱 가공할 전력이었다. 병력 190만 명, 전차 5,000대, 야포 2만 5,000문, 항공기 3,000대 등 독일군을 거의 두 배나 압도했다. 질적으로도 소련군은 더 이상 1941년의 머릿수만 많은 오합지졸이 아니라 싸움에 익숙한 무서운 강적이 되었다.

승산은 처음부터 없었다. 독일군의 공세는 시작하자마자 엄청난 벽에 직면했다. 모델의 공세는 사흘 만에 끝났다. 그는 더 이상 무익한 작전에 매달려 귀중한 전력을 낭비하기보다 소련군의 역습에 대비하기 위해 재빨리 방어로 전환했다. 만슈타인 역시 소련군을 돌파하지 못했다. 7월 12일, 프로호로프카Prokhorovka에서 도합 1,000대의 전차들이 맞붙었다. 쌍방은 서로를 난타했고 양쪽 모두 기진맥진했다. 독일군은 소련군에 훨씬 많은 손실을 입혔지만, 쿠르스크를 점령할 수는 없었다. 작전은 실패했다. 게다가 위기는 다른 곳에서도 터져 나왔다.

쿠르스크 남동쪽 약 90km 떨어진 프로호로프카 전투에서 파괴된 독일제 티거 중전차. 독일 제2SS기갑군단 전차 300여 대와 소련 제5근위전차군 전차 600여 대가 맞붙은 독소전 최대의 기갑전에서 독일군은 수적으로 2배나 많은 소련군 전차를 상대로 괴멸적인 타격을 입힘으로써 누가 지상 최강자인지 입증했다. 하지만 그런 분투조차 소련군의 압도적인 수적 우위와 끝을 알 수 없는 회복력 앞에서는 아무런 의미가 없었다.

영미 연합군이 시칠리아에 상륙했다는 보고가 들어왔다. 무솔리니는 자기 안마당을 지킬 능력도 없었다. 히틀러로서는 맹우가 망하는 꼴을 내버려둘 수 없었다. 그랬다가는 추축 전체가 와해될 판국이었다. 그는 당장 작전 취소를 결정하고 이탈리아로 병력을 이동시켰다. 독소 전쟁의 주도권이 드디어 소련군으로 넘어가는 순간이었다. 독일군의 전진이 멈추자마자 쿠르스크 북쪽에서 소련군의 일대 반격이 시작되었다. 〈쿠투조프 작전Operation Kutuzov〉이었다. 병력 130만 명, 전차 2,400대, 야포 2만 6,000문, 항공기 3,000대에 달했다. 히틀러가 치타델 작전을 위해 수개월 동안 그토록 고심하여 모은 독일군조차 무색하게 만드는 규모였다. 힘의 격차는 명확했다. 이제 스탈린은 베를린을 향한, 멈추지 않을 경주에 나설 차례였다.

쿠르스크 전역이 끝난 지 불과 한 달도 되지 않아 독일의 패색이 점점 분명해졌다. 발터 모델이 무너지는 전선을 필사적으로 틀어막으며 〈총통의 소방수〉라는 별명을 입증했지만, 제아무리 그가 종횡무진 활약해도 대세를 바꾸기에는 역부족이었다. 8월 초 독일군은 쿠르스크 주변에서 완전히 밀려났고, 23일에는 지난 2년 동안 네 번에 걸친 공방전이 벌어졌던 하리코프가 소련군의 손에 넘어갔다. 캅카스의 마지막 교두보인 타만반도도 풍전등화였다. 남북 120km, 동서 60km 정도인 이곳에는 수개월 전 크림반도로 철수하는 A집단군의 후위를 맡았던 독일 제17군이 주둔했다. 병력은 루마니아 5개 사단(제10, 제19보병사단, 제1, 제4산악사단, 제9기병사단)을 포함해 4개 군단 14개 사단 43만 명에 달했다. 9월 15일, 소련 북부 캅카스 전선군의 공세에 직면했다. 히틀러는 마지못해 타만반도의 포기를 승인했다. 소련군은 추축군의 퇴각로를 차단하고 포위 섬멸할 속셈이었지만 독일-루마니아군은 그동안 구축한 6겹의 두꺼운 방어선을 이용하여 지연전을 펼치면서 재빨리 탈출에 나섰다. 10월 9일까지 독일군 17만 7,000명과 루마니아군 5만 명, 러시아 투항병 2만 5,000명 등 25만 명에 달하는 추축군이 장비 대부분과 함께 케르치 해협을 넘어 크림반도로 철수하는 데 성공했다.

하지만 루마니아군은 완전히 지쳐 있었고 손실 보충은 거의 없었다. 병사들은 다 해어진 군복을 입고 군화도 제대로 신지 못한 채 맨발로 행군하기도 했다. 타만반도에서 무사히 빠져나왔다고 안심할 수는 없었다. 크림반도의 방어 태세는 허술하기 짝이 없는 데다 북쪽에서 육지와 연결하는 페레코프의 좁은 협곡을 제외하고 사방이 바다인 터라 물러설 곳이 없었다. 만약 소련군이 크림반도를 침공한다면 퇴로가 차단되어 제2의 스탈린그라드가 벌어질 판이었다. 사기는 땅에 떨어졌고 소련군의 포로가 될까 봐 겁을 먹고 탈영하는 병사들이 꼬리를 물었다.

소련군은 여전히 멈추지 않았고 한번 밀리기 시작한 독일군을 쉴 새 없이 몰아붙였다. 9월 21일, 제3전차군이 우크라이나 중부를 관통하는 드네프르강을 넘어 교두보를 마련했다. 10월 28일에는 일주일에 걸친 전투 끝에 아조프해의 항구 도시인 멜리토폴Melitopol이 함락되었다. 크림반도로 향하는 길이 열렸다. 11월 1일, 소련 제4우크라이나 전선군 산하 제18군이 흑해 함대의 엄호 아래 케르치 해협을 넘어 크림반도 동부의 엘티겐Eltigen을 침공했다. 이틀 뒤에는 크림반도 북쪽의 예니칼레Yenikale에도 소련 제56군이 상륙했다. 루마니아 7개 사단을 포함하여 20만 명에 달하는 추축군이 크림반도에 갇혔다. 12월 6일, 루마니아군이 반격에 나섰다. 독일 공군의 엄호 아래 루마니아 제6기병사단과 제3산악사단이 엘티겐에서 소련군을 격파하고 교두보를 탈환했다. 소련군 1,200명이 죽고 1,570명이 포로로 잡혔다. 루마니아군의 손실은 900여 명에 불과했다. 작은 승리를 거두었지만, 소련군을 몰아내기에는 역부족이었다.

독일 제17군 사령관 에르빈 예네케Erwin Jaenecke 상급대장은 더 큰 파국이 닥치기 전에 해상 철수를 건의했다. 히틀러는 일언지하에 거부

했다. 크림반도가 넘어가면 루마니아의 유전 지대가 폭격당할 수 있다
는 이유였다. 그는 안토네스쿠에게 크림반도를 반드시 지켜 내겠다고
장담했지만 부질없는 허세였다. 독일군에게는 그럴 능력이 없었다. 게
다가 소련군은 꾸준히 증강되어 추축군을 한층 압박했다. 라디오에서
는 소련 선전 매체가 추축국 병사들에게 관대한 처우를 약속하면서 탈
영과 항복을 종용했다. 물론 이들도 제 발로 소련군에 투항할 만큼 어리
석지는 않았다. 소련군의 포로가 된다는 게 어떤 의미인지 잘 알고 있었
기 때문이었다.

히틀러, 본색을 드러내다

1944년 초가 되자 크림반도만이 아니라 동부 전선 전체가 비상이었다.
그 와중에도 히틀러는 서방 연합군의 대서양 침공을 대비해야 한다는
강박증에 사로잡힌 나머지, 전해 11월 3일 〈총통 명령 51호〉를 하달하
여 새로운 병력과 물자를 죄다 서부 전선으로 보내라고 지시했다. 그는
볼셰비즘의 공포를 그토록 강조했던 것이 무색하게도 서쪽만 지킬 수
있으면 동쪽을 죄다 잃어도 상관없다고 강조했지만 당장 발등에 불이
떨어진 곳은 서쪽이 아니라 동쪽이었다.

　　1944년 1월 3일, 소련 제1우크라이나 전선군은 옛 폴란드 국경에
당도했다. 27일에는 레닌그라드가 해방되었다. 872일에 걸친 역사상
가장 길고 가장 잔혹했던 포위전의 끝이었다. 남부 러시아에서는 더 큰
공세가 시작되었다. 스탈린은 〈드네프르-카르파티아 공세〉를 발동하
고 우크라이나에서 추축군을 몰아낼 것을 명령했다. 병력 240만 명과
전차 2,000대, 야포 2만 8,000문, 항공기 2,600대에 달하는 거대한 군
대가 절반도 되지 않는 추축군을 사정없이 밀어붙였다. 히틀러가 제아

무리 철퇴 불가를 외치고 장군들의 목을 날린들 독일군은 러시아 전역에서 쫓겨나고 있었다. 이제 루마니아와 헝가리에 전쟁의 불길이 밀어닥치는 것도 시간문제였다.

그제야 추축 동맹국들은 자신들이 줄을 단단히 잘못 섰다는 사실을 절감했다. 스탈린그라드 패배 직후 안토네스쿠는 히틀러에게 연합국과 강화해야 한다고 주장했지만 거부당하자 독자적으로 살길을 찾아나섰다. 부총리인 미하이 안토네스쿠Mihai Antonescu는 무솔리니와 호르티에게 삼국이 함께 추축 조약을 탈퇴할 것과 서방 연합군과의 강화를 제안했다. 또한 중립국인 튀르키예와 스웨덴, 스위스를 통해 영국, 미국과의 접촉에 나섰다. 그러나 히틀러가 얼마나 무서운지 잘 알고 있는 무솔리니와 호르티는 우물쭈물했다. 서방 역시 루마니아가 정말로 전쟁을 끝내기를 원한다면 스탈린과 직접 논의하라고 떠넘겼다. 스탈린은 1940년 6월의 국경을 받아들일 것과 거액의 전쟁 배상금을 요구했다. 즉 소련이 앞서 빼앗았던 베사라비아와 북부 부코비나를 도로 토해 내라는 것이었다. 그 대신 빈 조약으로 헝가리가 강탈한 북부 트란실바니아는 루마니아의 영토로 인정해 주겠다고 약속했다. 소련과의 협상은 결렬되었다.

물론 히틀러는 침몰하는 배에서 독일을 버리고 자기들만 살자고 뛰어내리도록 내버려둘 생각이 추호도 없었다. 이탈리아에서 쿠데타가 일어나 무솔리니가 쫓겨나고 서방 연합군과 협상을 시도하자 히틀러는 즉각 무자비한 응징에 나섰다. 독일군은 로마를 비롯한 이탈리아 전역을 신속하게 장악했다. 미처 달아나지 못한 지도자들은 체포되어 처형되었고 100만 명이 넘는 이탈리아군이 무장 해제되어 강제 수용소로 보내졌다. 이탈리아인들은 독일의 친구에서 노예로 전락하여 전쟁이 끝나는 순간까지 혹독한 시간을 보내야 했다. 히틀러는 배신의 결과를 톡톡히 보여 준 셈이지만 그렇다고 발등에 불이 떨어진 추축 동맹국들의 동요를 막을 수는 없었다.

　　당장 시급한 것은 당장이라도 들이닥칠 판국인 소련군을 어떻게 막을지였다. 청색 작전 당시 헝가리는 히틀러의 요구에 따라 동부 전선에 122개 보병 대대와 110개 포병 중대, 15개 기병 중대, 1개 기갑 사단을 파견했다. 무기와 장비 또한 동부 전선에 우선 보내졌다. 하지만 헝가리 제2군의 괴멸은 그야말로 재앙이었다. 1943년 1월부터 2월 초까지 한 달여 동안 상실한 물자만도 소총 11만 정, 기관총 6,400정, 대전차포 460문, 야포 380문, 대공포 110문, 트럭 1,000여 대, 전차와 장갑차 190대, 말 5만 6,000두, 마차 1만 6,000대에 달했다. 중장비의 손실은 90퍼센트에 달했고 남은 전차는 톨디 경전차 3대를 포함해 6대에 불과했다. 또한 말의 85퍼센트를 잃었으며 차량은 민간과 군용을 합하여 절반 이상을 잃었다. 본국에는 아직 제1군과 제3군이 건재했지만 모두 합해 32개 보병 대대와 85개 포병 중대에 불과했고 소총조차 부족하여 훈련도 제대로 하지 못하는 형편이었다. 많은 부대가 서류상으로만 존재했다. 헝가리로서는 단순히 3개 야전군 중에서 1개 야전군을 잃었다기보다 사실상 군대 전체가 와해한 것이나 다름없었다.

　　헝가리군 총참모부는 1943년 10월 1일 후버 계획을 폐기하고 새로운 병력 증강 계획으로 사볼치 계획Szabolcs Plan을 수립했다. 그때까지 우크라이나에서 치안 임무를 수행 중인 모든 부대를 본국으로 소환하고 군대를 현대전에 걸맞게 재편성하겠다는 내용이었다. 2개 연대로 구성된 경사단은 3개 연대로 구성된 정규 사단으로 확대되었다. 각 연대는 3개 보병 대대와 1개 포병 대대로 구성되어 평시 3,800명, 전시 4,900명이었다. 1개 정규 사단의 인원은 1만 6,000여 명에 달했다. 하지만 인력과 장비 부족으로 계획은 제대로 진척되지 못했다. 우크라이나 주둔군을 귀환시키는 일 또한 독일의 반대에 부딪혔다. 귀환은커녕, 히틀러의 강요로 더 많은 병력을 동쪽으로 보내야 할 판국이었다.

1943년 말 우크라이나 서부와 중부에는 제7군단 4개 사단이, 벨라루스 남부와 우크라이나 북서부에는 제8군단 5개 사단이 주둔했다.

헝가리는 최대 100만 명을 동원할 계획이었지만 그중 40만 명에 게만 소총이라도 겨우 지급할 수 있었다. 게다가 가난한 농업 국가인 헝가리는 무작정 농민들을 징집했다가는 소련군이 침공하기 전에 경제가 무너질 판이었다. 그렇다고 연합국들처럼 미국이라는 부유한 친구가 있는 것도 아니었다. 당장 제 코가 석 자인 독일은 도움이 되기는커녕 거꾸로 동맹국들의 물자와 자원을 무한정 빨아들였다. 그것도 공동의 전쟁이라는 이유로 대금은 전쟁에서 승리한 뒤 갚겠다는 식이었다. 헝가리는 자신들이 생산하는 소화기 태반을 독일에 상납해야 했다. 그중 다누비아Danuvia 기관 단총은 동부 전선의 혹독한 환경에서도 고장이 적고 견고하면서 강력한 화력으로 독일군도 호평했다. 독일은 헝가리에 대전차포와 기관총, 대공포와 같은 중화기의 보급을 약속했지만 실제로는 거의 지키지 않았다. 헝가리군이 보유한 대전차포는 47mm, 50mm와 같은 소구경의 구식이었고 소련군 중전차 앞에서는 무용지물이나 다름없었다.

대전차포의 부족과 더불어 또 다른 문제는 차량 부족이었다. 돈강에서 대부분의 군용 차량을 상실한 헝가리는 독일에 2만 마리의 말과 트럭을 바꾸자고 제안했지만 거절당했다. 독일은 1941년에 헝가리로부터 주문받은 차량 3,000대의 인도를 미루었고 심지어 헝가리가 이탈리아에서 주문한 1,000대의 차량 중 절반을 강제로 압수했다. 헝가리는 스코다사에 1,100대, 르노사에 800대의 차량을 주문하고 대금까지 미리 넘겼음에도 이 역시 단 한 대도 넘겨받을 수 없었다.

심지어 헝가리군은 그나마 가지고 있는 차량조차 제대로 운용할 수 없는 형편이었다. 타이어와 예비 부품이 부족하고 연료가 바닥났기 때문이었다. 이 때문에 황소를 이용해 대구경 중포를 견인해야 했다.

원래 헝가리는 추축 동맹국을 통틀어 루마니아와 더불어 석유를 생산
할 수 있는 몇 안 되는 나라였음에도 독일에 모조리 빼앗긴 탓이었다.
1941년만 해도 독일 공급량은 전체 생산량에서 20퍼센트에 지나지 않
았지만 1944년에 오면 헝가리가 생산하는 양보다 더 많은 석유를 독일
로 보내야 했다. 정작 헝가리군은 연료를 거의 공급받을 수 없었다.

　1944년 2월, 헝가리군은 2개 군(제1군, 제3군) 9개 군단 8개 보병
사단, 7개 예비 사단, 1개 경사단, 1개 기갑 사단, 1개 기병 사단 등 18개
사단 및 2개 산악 여단 45만 명을 보유했다. 36만 명은 헝가리 본국에,
9만 명이 폴란드와 우크라이나에 주둔했다. 하지만 연합군의 폭격기들
이 헝가리까지 날아오면서 엄청난 타격을 입혔다. 경제는 마비되고 공
장이 멈추면서 무기를 생산할 수 없었다. 게다가 군대의 머릿수는 늘어
났지만, 훈련에 필요한 장비와 경험 있는 교관 부족으로 병사들은 기초
훈련을 조금 받았을 뿐이었다. 헝가리군의 상황은 총제적 난국이었다.

　루마니아도 사정은 마찬가지였다. 1944년 2월 8일, 안토네스쿠
는 총동원령을 선포했다. 15세 이상의 남자들은 의무적으로 입대해야
했다. 루마니아군의 병력은 120만 명까지 늘어났다. 하지만 대부분 훈
련을 받지 못한 신병이었고 기동성은 결여되었으며 무기도 형편없었
다. 특히 소련 전차를 상대할 대전차 무기가 거의 없었다. 그나마 스탈
린그라드에서 한 번 괴멸했던 루마니아 제1기갑사단은 독일이 제공한
120여 대의 4호 전차와 소련제 노획 전차를 개조한 TACAM T-60 자
주포 34대로 재건되었다. 덕분에 체코제 경전차가 주축이었던 이전보
다 훨씬 강력한 전력을 자랑했지만, 이들만으로 압도적인 소련군을 막
을 수는 없는 노릇이었다.

　그사이 동쪽에서는 소련군이 점점 가까이 오고 있었다. 더 이상 전
쟁은 멀리 떨어진 우크라이나 초원에서 벌어지는 일이 아니었다. 만약
이대로 소련군이 덮친다면 기다리는 운명은 파국이었다. 히틀러가 제

제2차 세계 대전 중 헝가리군의 최강 전차였던 즈리니-IIZrinyi II 43M 돌격포. 가난한
농업국임에도 상당한 기술력을 가지고 있던 헝가리는 이탈리아를 제외하고 추축 동맹국
중에서 유일한 전차 생산국이었다. 3호 돌격포와 마더 돌격포를 참고하여 차체는 투란 중형
전차를 이용했고 260마력 엔진과 105mm 유탄포를 탑재했으며 전면 장갑은 75mm에
달했다. 우수한 성능을 자랑했지만, 연합군의 폭격으로 생산 설비가 파괴되어 72대만
양산되었다. 〈헝가리판 티거〉인 타스 M44도 제작했으나 양산에 이르지는 못했다.

아무리 큰소리친들 독일군은 아무런 버팀목이 되지 못할 게 뻔했다. 좋건 싫건 늦기 전에 스탈린에게 매달려 선처를 애걸하는 것만이 유일한 살길이었다. 문제는 히틀러의 눈을 피할 수 있느냐였다. 미수로 끝난 이탈리아 배신 이후 히틀러의 히스테리는 한층 더해졌다. 일단 한배를 탄 이상 도중 하선은 어떤 이유로도 용납할 수 없으며 죽더라도 다 같이 죽어야 한다는 것이 1년 뒤 자살하는 순간까지 보여 준 광기 어린 아집이었다. 특히 헝가리, 루마니아에는 독일이 싸우는 데 필요한 석유가 있었기에 포기할 수 없었다. 크로아티아에서 유대인 청소로 악명을 떨친 무장 친위대 장교이자 부다페스트 주재 독일 무관으로 호르티의 감시역을 맡고 있던 에드문트 베센마이어Edmund Veesenmayer 대령은 1943년 12월 보고서에서 호르티가 배신할 가능성이 있다면서 히틀러의 의심을 부추겼다. 호르티의 가장 큰 실수는 오랜 측근이자 헝가리 비밀경찰의 수장인 허인 페테르Hain Péter가 사실은 게슈타포의 끄나풀이었으며 뒷돈을 받고 정보를 넘기고 있음을 깨닫지 못했다는 사실이었다.

독일 국방군 총사령부는 진작부터 헝가리의 배신에 대비하여 〈마르가레테 작전Operation Margarethe〉을 수립했다. 헝가리의 방위를 돕는다는 명목으로 군대를 진입시켜 주요 도시와 군사 시설을 무력으로 점령하고 호르티 정권을 친독 인사로 교체한다는 계획이었다. 루마니아에 대해서도 마찬가지로 〈마르가레테-II 작전Operation Margarethe II〉이 세워졌다. 헝가리가 비밀리에 서방 측과 접촉을 시도한다는 정보가 들어오자 히틀러는 1944년 3월 12일 마르가레테 작전의 발동을 은밀히 지시했다. 국경에는 독일군이 집결하고 있었지만, 헝가리는 아무런 낌새도 눈치채지 못했다. 앞으로의 대책을 논의한다는 명분으로 섭정 호르티와 헝가리 주요 지도자들이 오스트리아 잘츠부르크 클레스하임 궁전 Palace of Klessheim으로 초청받았을 때도 의심하지 않았다. 이들은 순진하게도 히틀러가 동부 전선에서 헝가리군의 철수에 동의할 거라고 믿었다.

그러나 3월 18일 아침, 히틀러는 그야말로 냉랭했다. 그는 헝가리가 전쟁에서 이탈하는 것을 용납하지 않을 것이며, 헝가리에 독일군을 무제한으로 주둔할 권리와 모든 헝가리군을 동부 전선으로 보낼 것, 각료들을 친독 인사로 교체할 것을 요구했다. 만약 협조하지 않으면 호르티를 투옥하고 루마니아, 슬로바키아, 크로아티아가 헝가리를 점령할 거라고 엄포를 놓았다. 헝가리가 가장 두려워하는 일이었다. 하지만 호르티도 쉽사리 굴복하지 않았다. 진작부터 히틀러에 대한 신뢰를 잃어버린 그는 그동안 참았던 분노를 한꺼번에 토해 냈다.

> 우리 헝가리인들은 이미 이 피비린내 나는 전쟁에서 10만 명을 잃었소. 남은 병사들에게는 싸울 무기도 없소. 우리는 당신들을 더는 돕지 않을 거요. 이제 다 끝났소. 우리는 볼셰비키의 위협을 막기 위해 최선을 다하고 있으며 발칸반도를 지키는 데 할애할 병력은 없소.

나중에 호르티는 〈만약 그 순간 나한테 총이 있다면 그 악당에게 쏘았을 것〉이라고 회고했다. 격앙된 그는 자리를 박차고 나갔지만, 주변의 설득으로 히틀러의 요구를 받아들이기로 했다. 그렇지 않으면 이탈리아처럼 독일군에 직접 지배당하는 처지가 될 판국이었기 때문이었다. 그가 돌아오는 기차에 오른 지 몇 시간 뒤인 3월 19일 새벽, 독일군이 움직였다. 남서쪽의 슬로베니아에서는 후베르트 란츠Hubert Lanz가 지휘하는 제22산악군단이, 남쪽의 크로아티아에서는 한스 데너Hans Dehner의 제64군단이, 서쪽의 오스트리아에서는 발터 크뤼거Walter Krüger의 제53예비기갑군단이, 북쪽의 폴란드 남부에서는 오스빈 그롤리히Oswin Grolig의 제73군단이 각각 국경을 넘어 헝가리로 진군했다. 동원 병력은 4개 군단 8개 사단에 달했다. 중전차를 앞세운 독일군 앞에서 헝가리군은 저항을 포기했다. 독일군이 그렇게 빨리 행동에 나설 줄은 몰랐던 호르티는 이날 오전 11시 부다페스트역에 도착했을 때 헝가리군이 아니라 독일군 의장대가 대오를 맞추고 자신을 맞이하는 모습을 보고 대경실색했다.

헝가리는 총 한 번 쏘아 보지 못하고 당당한 독립국에서 독일의 종속국으로 전락했다. 호르티는 섭정 자리는 지켰지만, 모든 수족이 잘려 나갔다. 각료들과 군 수뇌부는 독일의 충복들로 교체되었다. 독일과 손을 끊고 서방과의 강화를 주장했던 총리 칼러이 미클로시Kállay Miklós는 자리에서 물러났고 베를린 주재 대사였던 스토여이 되메Sztójay Döme가 새로운 총리가 되었다. 참모총장 솜바텔리 장군은 자택에 연금되었다가 얼마 후 강제 퇴역했다. 그 자리에는 뵈뢰시 야노시Vörös János 대장이 임명되었다. 제12군 참모장이었던 한스 폰 그라이펜베르크Hans von Greiffenberg 대장이 헝가리 주둔 독일군 사령관이 되어 헝가리군의 지휘권까지 장악했다. 베센마이어는 소장으로 승진하면서 부다페스트 주재 독일 전권 대사가 되었다. 헝가리 경찰 총수에는 오토 빙켈만Otto Winkelmann 무장 친위대 대장이 임명되었다.

헝가리에 주둔한 독일군은 5만 3,000명에 달했다. 게슈타포는 전쟁을 반대하거나 독일에 반항적이라고 간주한 헝가리의 지도자급 인사들을 모조리 체포했다. 3,000여 명에 달했다. 물론 가장 큰 피해자는 유대인들이었다. 그때까지만 해도 헝가리는 유럽 전역을 통틀어 그나마 유대인들의 몇 안 남은 안식처였지만 이젠 더 이상 안전한 곳이 아니었다. 베센마이어와 빙켈만의 주도로 전국에서 대대적인 유대인 청소가 자행되었다. 전쟁 말기까지 55만 명의 헝가리 유대인이 강제 노동자로 끌려가거나 죽음의 아우슈비츠 수용소로 향하여 대부분 돌아오지 못했다.

드디어 본색을 드러낸 독일은 헝가리의 산업과 식량, 자원을 탈탈 털어 갔다. 또한 17세 이상 독일계 헝가리 청년들은 모두 강제로 무장 친위대에 입대해야 했다. 독일 점령 직후인 4월 29일, 첫 번째 헝가리계 의용 부대인 제22SS기병사단 〈웅가른Ungarn〉*이 창설되었다. 1944년 10월 1일에는 두 번째 부대인 제31SS보병사단(부대명 없음)에 뒤이어 12월 말까지 제25SS보병사단 〈후녀디Hunyadi〉와 제26SS보병사단 〈홍가리아Hungaria〉가 추가되면서 총 4개 사단에 달했다. 그 밖에 연대 및 대대 규모의 독립 의용 부대도 있었다. 이들은 독일제 무기로 무장했고 독일 장교들에 의해 독일식 교리로 훈련받았다. 또한 헝가리군이 아니라 엄연한 독일군으로서 히틀러에게 충성할 것을 강요받았다. 전쟁이 끝날 때까지 12만 2,000여 명의 헝가리인이 독일 무장 친위대에서 복무하면서 소련군과 싸웠다. 헝가리의 대우는 사실상 반노예나 다름없었지만, 그나마 이탈리아나 프랑스, 폴란드와 같은 패전국보다는 나았다. 호르티가 명목상이나마 섭정 자리를 지키고 있었기 때문이었다. 권좌에서 물러나기를 단호히 거부한 그는 자신의 성에서 은둔한 채 헝가리인으로서 아직 기개가 남아 있는 사람들을 불러 모았다. 기회를 보아 히틀러에게 되갚아 줄 속셈이었다.

추축 붕괴

호르티가 히틀러를 거역하려다가 무자비한 철퇴를 맞는 모습을 본 안토네스쿠는 다음 차례가 루마니아가 될 수 있음을 절감했다. 그는 나흘 뒤 히틀러를 면담하여 루마니아가 배신하는 일은 결단코 없을 것이라고 맹세했다. 1944년 4월 5일, A집단군은 남부 우크라이나 집단군으로 개편되었고 루마니아의 방어를 맡았다. 또한 독일 제6군과 제8군이 루

* 나중에 마리아 테레지아Maria Theresia로 개칭되었다.

마니아 각지에 배치되었다. 소련군을 막는 동시에 루마니아의 배신을 감시하기 위함이었다.

스탈린그라드에서 괴멸한 후 한 달 만에 재건된 제6군은 루마니아 제3군 사령관인 두미트레스쿠 장군이 지휘하는 두미트레스쿠 집단군Army Group Dumitrescu에 편입되어 루마니아 남부의 방어를 맡았다. 제2차 세계 대전을 통틀어 독일군이 추축 동맹군의 지휘를 받은 보기 드문 사례였다. 수도 부쿠레슈티를 포함한 루마니아 남부는 독일 제6군과 루마니아 제3군이, 북부에는 독일 제8군과 루마니아 제4군이 배치되었다. 그중 독일 제6군은 독일군만으로 구성되었고, 제8군은 독일과 루마니아 혼성 부대였다. 하지만 하나같이 장비의 태반을 상실한 데다 신병이 대부분이었다.

루마니아의 상황은 나날이 급박해졌다. 독일군이 러시아에서 밀려나는 속도는 3년 전 처음 발을 들였을 때만큼이나 빨랐다. 1944년의 소련군은 1941년과는 천양지차였다. 단순히 소련군이 전투에 더 단련되어서가 아니라 루스벨트 행정부가 무기 대여법으로 제공한 막대한 양의 원조 물자로 무장한 덕분이었다. 서방제 무기는 러시아의 거친 환경에 맞지 않다는 이유로 썩 좋은 평을 받지 못했지만, 신뢰성 좋은 서방제 차량은 소련군의 발이 되었고 서방제 고성능 야전 무전기와 전화기는 소련군의 귀가 되었다. 대량의 트럭과 기관차는 소련군의 병참 문제를 해소했다. 독일군이 감히 꿈꾸지 못한 이점이었다.

루마니아 국경 50km 떨어진 우크라이나 동부의 카메네츠포돌스키Kamenets-Podolsky에서는 주코프가 지휘하는 제1우크라이나 전선군이 서쪽으로 후퇴하던 20만 명이 넘는 독일 제1기갑군과 헝가리 제7군단을 포위했다. 만슈타인은 독일 제1기갑군 대부분을 탈출시켰지만, 거의 모든 장비를 잃었을뿐더러 방어선은 한층 취약해졌다. 3월 28일, 드네스트르강이 돌파되면서 북부 부코비나가 침공당했다. 이제는 루마니아 본토가 싸움터였다. 4월 10일에는 오데사가 하루 내내 싸운 끝에 함락되었다.

다음 날 소련 제4우크라이나 전선군 산하 제2근위군과 제51군이 페레코프 협곡을 넘어 크림반도로 남하했다. 루마니아 산악 군단이 옛 소련군 진지를 이용하여 저항하는 동안, 독일 제17군은 세바스토폴로 후퇴했다. 그러나 만슈타인이 8개월이나 걸려 점령한 세바스토폴은 예전의 강력한 요새 도시가 아니었다. 병력은 부족했고 방어 시설은 보강되지 않았다. 히틀러는 여전히 고집스레 철수를 허락하지 않았지만, 이미 대세가 결정 났다고 판단한 독일 제17군 사령관 에르빈 예네케 장군은 은밀히 철수를 지시했다. 달아날 길은 바다밖에 없었다.

이들을 구하기 위해 루마니아 해군이 나섰다. 독일판 됭케르크나 다름없는 해상 철수가 한 달에 걸쳐 벌어졌다. 흑해의 제공권과 제해권은 소련에 있었고 루마니아 수송선들은 소련군의 폭격과 소련 잠수함의 공격에 시달렸다. 소련 폭격기들은 루마니아 동부의 항구 도시 콘스탄차를 맹폭격했다. 5월 10일에는 두 척의 수송선이 격침되어 1만 명이 한꺼번에 몰살당하기도 했다. 이날 표도르 톨부힌Fyodor Tolbukhin이 지휘하는 제4우크라이나 전선군이 세바스토폴을 탈환했다. 만슈타인은 이 도시를 차지하는 데 무려 8개월하고 4일이 걸렸지만, 소련군이 되찾는 데 닷새면 충분했다.

그나마 루마니아 해군의 목숨 건 활약으로 전체 병력의 반수인 11만 명 이상이 콘스탄차로 빠져나갔다. 일부는 비행기로 탈출했다. 5월 12일, 크림반도 전역이 소련군의 손에 넘어갔다. 하지만 미처 후퇴하지 못한 3만 명의 추축군 병사들이 소련군에 붙잡혔다. 10만 명 이상이 죽거나 다쳤고 거의 모든 중장비를 상실했다. 뒤늦게 이 사실을 안 히틀러는 마지못해 철수를 용인하면서도 예네케에게 크림반도 상실의 책임을 물어 군법 회의에 회부했다. 진상 조사를 맡은 구데리안은 지휘권을 박탈하는 선에서 적당히 덮어 버렸다.

4월 4일에는 수도 부쿠레슈티와 플로이에슈티 유전 지대에 미군 폭격기들의 대편대가 나타나 불벼락을 내렸다. 추축 진영의 석유 생산을 철저히 파괴하기 위한 연합군의 본격적인 전략 폭격이 시작된 것이었다. 이런 폭격을 여태껏 겪어 본 적이 없는 루마니아인들은 충격에 빠졌다. 4월 10일, 동쪽에서는 소련 제3우크라이나 전선군이 드네스트르강을 건너 중부 베사라비아를 침공했다. 북쪽에서도 제2우크라이나 전선군이 독일 제8군과 루마니아 제4군을 밀어내고 북부 베사라비아로 진군하는 한편, 일부는 프루트강을 넘어서 루마니아의 심장부를 향해 남하했다. 4월 12일에는 소련 제2전차군이 프루트강 서안의 요충지인 이아시를 점령했다.

안토네스쿠는 〈10.523호 명령Order No. 10.523〉을 하달했다. 탈영병과 비겁자, 약탈자, 자해자, 명령 불복종자를 즉결 처형하라는 내용이었다. 하지만 루마니아 병사들은 이념이나 수령의 강요가 아니라 자기 가족을 지키기 위해 싸웠다. 소련군이 지나가는 곳마다 강간과 약탈을 일삼았기 때문이었다. 당장이라도 소련군이 부쿠레슈티까지 밀고 들어올 것처럼 보였지만, 루마니아로서는 다행히도 소련군 역시 지칠 대로 지쳐 있었다. 또한 루마니아군의 결사적인 저항과 병참 한계로 더 이상 전진할 수 없었다. 루마니아 제3군은 소련 제3우크라이나 전선군을 드네스트르강 동쪽으로 다시 밀어냈다. 전선은 잠시 소강상태가 되었다.

5월 30일에는 독일 제8군이 소련 제2우크라이나 전선군을 프루트강 동쪽으로 밀어내고 이아시를 탈환하기 위해 반격에 나섰다. 독일군은 1,500여 명의 포로를 획득했지만, 소련군의 완강한 저항과 미군 폭격기들이 독일군 병참선을 폭격하면서 나흘 만에 공세는 실패했다. 양쪽은 모두 만신창이였다. 그나마 루마니아는 숨 돌릴 기회를 얻었다. 스탈린의 눈이 북쪽으로 옮겨 간 덕분이었다.

바르바로사 작전 꼭 3년째인 1944년 6월 22일, 소련군의 바그라티온 작전이 시작되었다. 병력 250만 명, 전차 6,000대, 야포 4만 5,000문, 항공기 8,000대라는 가공할 전력이었다. 보름 전 〈사상 최대의 상륙 작전〉이라는 노르망디 상륙 작전에 동원된 30만 명의 서방 연합군 따위는 초라할 정도였다. 독일 중부집단군은 일주일도 안 되어 무너져 내렸다. 공세 열흘 만인 7월 3일 벨라루스의 수도 민스크가, 13일에는 리투아니아 수도 빌뉴스가 함락되었다. 러시아에서 독일군을 몰아낸 소련군은 폴란드와 동프로이센으로 진군했다. 7월 20일에는 베를린에서 충격적인 사건이 벌어졌다. 일부 독일 장교들이 히틀러 암살을 시도하고 쿠데타를 일으켰다. 암살은 실패했고 반란은 몇 시간 만에 진압되었지만 추축은 자중지란이었다.

독일 본토마저 풍전등화가 되자 독일군 총사령부는 루마니아에 배치된 기갑 부대를 대거 빼내야 했다. 6월에만 해도 루마니아에는 9개에 달하는 독일군 기갑 사단이 주둔했지만, 8월이 되자 제13기갑사단과 제10기갑척탄병사단만 남았다. 그 밖에는 4호 전차와 3호 돌격포 80대로 무장한 루마니아 제1기갑사단이 전부였다. 안토네스쿠는 히틀러에게 추축군이 방어에 유리한 지점까지 후퇴해야 한다고 충고했지만, 히틀러는 한 발짝도 물러서는 일은 용납할 수 없다고 고집부렸다. 그는 바그라티온 작전에 그렇게 많은 병력을 투입한 소련군이 남부에서 새로운 공세에 나설 수는 없을 거라고 낙관했지만 오산이었다.

8월 20일, 소련 제2우크라이나 전선군과 제3우크라이나 전선군이 루마니아를 향해 총공세에 나섰다. 병력 130만 명, 야포 1만 8,000문, 전차 2,000대, 항공기 2,200대가 물밀듯이 밀고 들어왔다. 이날 이아시 서쪽 25km 떨어진 포두 일로아이에이_Podu Iloaiei_에서 루마니아 제1기갑사단은 전차 30대를 잃고 두 배가 넘는 소련군 전차를 격파했지만, 이들의 분투만으로는 소련군을 저지하기에 역부족이었다. 이틀 만에 추축군의 방어선이 무너졌다. 소련군은 독일-루마니아군 전체를 포위했다. 포위를 면한 일부 부대는 다뉴브강을 넘어 불가리아로 후퇴했다. 루마니아의 파멸은 초읽기였다.

안토네스쿠는 여전히 히틀러와 함께 끝까지 싸우겠다는 쪽이었다. 그러나 등 뒤에는 그를 끌어내리고 전쟁을 끝내기 위한 음모가 진행되고 있었다. 음모의 중심에는 그동안 안토네스쿠가 자신의 고분고분한 꼭두각시로만 여겼던 스물세 살의 젊은 국왕 미하이 1세가 있었다. 원래 쿠데타는 8월 26일에 일으킬 예정이었다. 그러나 안토네스쿠는 그 전에 국왕을 면담한 후 자신의 새로운 전선 사령부로 떠나기로 했다. 만약 여기서 그를 놓친다면 쿠데타는 불가능했다. 미하이 1세는 결단을 내렸다. 8월 23일, 국왕은 안토네스쿠를 불러들여 연합군과의 휴전을 제안했다. 안토네스쿠는 단칼에 거절했다. 그는 우선 히틀러의 동의를 얻어야 하며 소련이 루마니아를 무력 점령하지 않을 것을 서방이 보장해야 한다고 말했다. 물론 어림없는 소리였다.

국왕은 독일이 변변한 중화기도 주지 않으면서 루마니아를 거대한 소련군 앞에 먹잇감으로 던져 줄 생각이라며 안토네스쿠를 몰아붙였다. 〈만약 그렇게 된다면 우리가 할 수 있는 일은 더 이상 없습니다.〉 그리고 국왕이 자리에서 일어섰다. 이것이 신호였다. 옆방에서 기다리고 있던 4명의 루마니아 군인들이 들어와 안토네스쿠를 체포했다. 그제야 자신이 함정이 빠졌음을 깨달은 안토네스쿠는 〈내일이면 너희는 죄다 처형될 것이다!〉라고 외치면서 자신을 붙잡은 대위의 얼굴에 침을 뱉었지만 소용없었다. 그는 온갖 추태를 부리며 밖으로 끌려 나가 무솔리니처럼 감금되었다. 신임 총리에는 국방부 장관 콘스탄틴 서너테스쿠 Constantin Sănătescu가 임명되었다. 루마니아 공산당을 포함한 반안토네스쿠 정당들의 연립 정권이 수립되었다.

꼭 1년 전 로마에서 벌어진 상황이 되풀이된 격이었다. 그러나 차이가 있다면 이탈리아 국왕 비토리오 에마누엘레 3세는 미하이보다 쉰두 살이나 많았음에도 무능하고 유약하기 짝이 없었던 반면, 미하이는 군주로서의 용기와 담력을 갖춘 만만찮은 인물이라는 사실이었다. 공모자들조차 수도에서 독일군이 눈을 시퍼렇게 뜨고 있는데 국왕이 성급하게 일을 저질렀다면서 겁에 질렸다. 하지만 미하이는 우물쭈물하다가 독일군에 붙들릴 생각이 없었다. 안토네스쿠의 측근들은 모두 체포되었다. 수도 경비 사령관인 이오시프 테오도레스쿠Iosif Teodorescu 장군은 재빨리 부쿠레슈티를 봉쇄했다. 뒤늦게 쿠데타 사실을 안 제3군 사령관 두미트레스쿠를 비롯한 일선 지휘관들은 국왕에게 충성을 맹세하고 그의 명령에 따라 싸우겠다고 입을 모았다.

밤 10시 30분, 국왕은 라디오에서 루마니아 전역에 안토네스쿠가 실각했으며 루마니아가 살길은 추축 진영을 탈퇴하고 연합국과 강화하는 수밖에 없다고 선언했다. 그는 독일 대사인 만프레트 폰 킬링거Manfred Freiherr von Killinger에게 독일군이 루마니아에서 순순히 물러날 것을 제안했지만 거절당했다. 생각지도 못한 뒤통수를 맞은 히틀러는 분노를 터뜨리면서도 이탈리아에서와 마찬가지로 번개같이 루마니아 배신자들을 응징하겠다고 다짐했다. 안토네스쿠를 구해 내는 임무는 무솔리니를 극적으로 구출하여 〈유럽에서 가장 위험한 사나이the most dangerous man in Europe〉라는 별명으로 유명해진 독일 특수 부대장 오토 슈코르체니 소령이 맡았다. 하지만 이번에는 일이 그렇게 쉽게 돌아가지 않았다.

독일 공군이 부쿠레슈티를 폭격하자 루마니아는 8월 25일 독일에 선전 포고했다. 상황은 이탈리아보다 불리했다. 스탈린은 궁지에 몰린 루마니아를 이참에 더욱 압박하여 더 많은 것을 얻어 낼 속셈이었다. 그는 루마니아의 휴전 제안을 거부하고 공격의 고삐를 늦추지 않았다. 13만 명이 넘는 루마니아군이 포로가 되었고 휴전 협정이 체결된 뒤에

1944년 8월 24일, 부쿠레슈티에서 루마니아군의 포로가 되어 끌려가는 독일 장교들.
루마니아인들의 용기와 결단은 1년 전 이탈리아가 보여 준 추태와는 대조적이었지만
불행히도 이들의 운명은 자신들의 의지가 아닌 강대국들에 의해 결정되었다. 스탈린은
일찌감치 서방과 야합하여 그리스를 제외한 발칸 전역을 소련의 세력권으로 인정받았기
때문이었다.

도 석방되지 못한 채 시베리아로 끌려갔다. 소련군과 독일군, 루마니아 군이 삼파전을 벌이는 판국이었다. 하지만 적어도 루마니아 지도자들은 싸우지도 않고 자기들만 살겠다며 달아났던 이탈리아 지도자들처럼 비겁한 겁쟁이는 아니었다. 수도에 주둔한 독일군의 모든 통신이 끊어졌고 루마니아군의 포로가 되었다. 반대로 포로 수용소에서 억류 중이던 연합군 포로들은 석방되었다. 이 사실을 안 연합군은 이들을 구출하기 위해 〈재회 작전Operation Reunion〉을 발동했다. 8월 26일, 200여 대에 달하는 B-24 폭격기들이 부쿠레슈티 외곽의 독일군을 폭격하여 큰 피해를 입혔다.

부쿠레슈티 북쪽 교외의 바네아사Baneasa 비행장과 오토페니Otopeni 비행장에서는 루마니아 제4공수대대 800여 명이 독일 최정예 특수 부대인 브란덴부르크 특공대Brandenburger special forces와 치열한 전투 끝에 격퇴하고 150명을 포로로 잡았다. 루마니아 공수 대대는 20명이 죽고 60명이 다쳤다. 부쿠레슈티로 진격하던 독일군은 루마니아군의 완강한 저항으로 더 이상 전진할 수 없었다. 오히려 소련군과 루마니아군에 포위되어 8월 28일 항복했다. 8월 31일, 소련 제3우크라이나 전선군이 부쿠레슈티에 입성했다. 이날 루마니아 공군의 엄호 아래 미군 수송기들이 부쿠레슈티의 비행장에 착륙했다. 1,162명의 포로가 구출되어 이탈리아로 수송되었다. 전쟁 동안 루마니아군과 미군이 독일군에 함께 맞서 싸운 유일한 사례였다.

안토네스쿠를 구출하려는 히틀러의 시도 역시 실패했다. 슈코르체니조차 그가 어디에 감금되었는지 도무지 알아낼 수 없었기 때문이었다. 루마니아인들은 무솔리니를 경비가 허술한 외딴 산장에 방치했다가 독일 특수 부대원들에게 빼앗겼던 이탈리아인들의 멍청한 짓을 되풀이하지 않았다. 안토네스쿠는 부쿠레슈티 중심가의 한 저택에 엄중한 감시 아래 감금되었다가 소련군이 수도에 들어오자 넘겨졌다. 유럽에서 가장 위험한 사나이도 이번만큼은 도리가 없었다.

　루마니아 최대 유전 지대인 플로이에슈티에는 2만 5,000명에 달하는 독일군이 주둔했지만, 루마니아군 4만 명에 포위되어 항복했다. 불과 2,000여 명만 헝가리로 달아났다. 8월 23일부터 31일까지 곳곳에서 독일군과 루마니아군 사이에 충돌이 벌어졌다. 여기에 소련군까지 가세하자 독일군은 속수무책이었다. 독일 제6군은 퇴로가 차단되어 스탈린그라드 이후 또 한 번 괴멸하는 수모를 겪었다. 5,000여 명의 독일군이 죽고 5만 6,000여 명이 루마니아군의 포로가 되었다. 루마니아의 배신은 히틀러에게는 그야말로 허를 찔린 꼴이었을뿐더러, 손실 또한 이탈리아의 항복에 비할 바가 아니었다. 발칸 전선 전체가 무너지는 것은 물론이고 플로이에슈티 유전을 잃었으며 도합 28만 6,000명이 죽거나 포로가 되었다. 심지어 일부 학자들은 제2차 세계 대전 종전을 6개월 이상 앞당겼다고 평가하기도 한다. 9월 12일, 모스크바에서 소련과 루마니아의 휴전 협정이 체결되었다. 물론 스탈린에게 관용은 없었다. 베사라비아와 북부 부코비나는 도로 소련에 뜯겨야 했고 그곳에 배치된 17만 명의 루마니아군은 강제로 무장 해제된 뒤 쫓겨나거나 포로 수용소로 끌려갔다. 또한 소련군의 통제를 받으면서 독일과의 전쟁에 병력과 물자를 아낌없이 제공해야 했다. 물론 거액의 배상금은 별도였다. 그 대신 루마니아는 연합국의 일원으로서 영원한 숙적 헝가리를 상대로 그동안 쌓이고 쌓인 분풀이를 할 참이었다.

　히틀러에게 더욱 충격적인 일은 배신이 루마니아 하나만이 아니었다는 사실이었다. 이미 9월 5일, 핀란드가 소련과 평화 협정을 맺고 독일에 총부리를 돌렸다. 다음은 불가리아였다. 불가리아는 추축 동맹국의 일원이면서도 러시아에 끝까지 발을 들이지 않은 유일한 나라였다. 히틀러의 등쌀에도 불구하고 국왕 보리스 3세가 흔들리지 않고 꿋꿋이 버틴 덕분이었다.

20세기 초반에만 해도 〈발칸의 프로이센〉이라 불리며 어느 나라보다도 호전적이었던 불가리아는 발칸 전쟁과 제1차 세계 대전에 뛰어들었다가 혹독한 대가를 치러야 했다. 황태자 시절 영토 확장에 눈이 먼 선왕 페르디난드 1세가 초래한 결과를 누구보다도 잘 알고 있던 그는 두 번 다시 분에 넘치는 탐욕을 부리지 않기로 했다. 불가리아가 군대를 움직인 것은 유고슬라비아와 그리스에서 독일로부터 약속받은 땅을 접수할 때였다. 이미 싸움이 끝난 뒤였기에 전투는 없었다. 보리스 3세는 〈그자와 다시 말을 섞느니 차라리 이빨을 서너 개 뽑겠다〉라고 했던 스페인의 독재자 프랑코와 더불어 히틀러 입장에서 가장 다루기 어려웠던 추축 지도자였다.

게다가 불가리아의 주적은 국경을 마주한 튀르키예와 그리스, 세르비아였다. 반면, 흑해 너머 러시아에는 아무런 원한도 없었다. 증오심은커녕, 한 세기 전 오스만 제국의 압제에서 불가리아인들을 해방한 구세주가 러시아였다. 설령 러시아의 도움이 순수한 의도만은 아니었다고 해도 말이다. 뿌리가 같은 슬라브계였기에 두 나라는 언어와 문화에서도 가까웠다. 군부는 제1차 세계 대전 당시 함께 싸웠던 독일군의 전투력을 우러러보면서 경외감을 품었지만, 대다수 불가리아인은 독일보다는 러시아에 정서적인 친밀감을 느꼈다. 나치가 추축 동맹국들에 강요한 반유대주의 정책 또한 불가리아에서는 인기가 없었다. 이 점이 옆동네 라틴계의 루마니아와 다른 점이자 온갖 소국과 민족들이 얽혀 있는 발칸의 복잡한 사정을 보여 주는 것이었다.

오늘날에도 루마니아가 반러의 선봉에 선 반면, 불가리아는 여러 발칸 국가 중에서도 가장 대표적인 친러 나라다. 보리스 3세는 종종 불만 어린 목소리로 독일과 소련 사이에 끼인 채 매번 양쪽의 눈치를 봐야 하는 자신의 처지를 이렇게 한탄했다. 〈내 군대는 친독일이고 내 아내는 이탈리아인이며, 내 국민은 친러시아다. 이 나라에서 친불가리아인

은 오직 나밖에 없다.〉 불가리아는 1941년 3월 1일 추축 조약에 서명했
다. 어디까지나 독일의 압박에 못 이긴 선택이었다. 그렇게 하지 않았다
면 불가리아는 유고슬라비아와 똑같은 운명을 맞이했을 것이었다. 그
렇다고 히틀러를 위해 침략 전쟁의 들러리가 되기를 자청할 생각은 추
호도 없었다. 또한 이때만 해도 독일과 소련은 우방이었기에 소련을 적
대하게 되리라고는 감히 생각하지 못했다.

히틀러 역시 헝가리와 루마니아, 핀란드에는 자신의 계획을 알리
고 협조를 요구하면서도 친소 국가인 불가리아만큼은 억지로 끌어들이
지 않았다. 독소 전쟁의 발발은 그때까지 아무것도 모르고 있던 불가리
아를 그야말로 충격과 혼란에 빠뜨렸다. 그렇다고 뒤늦게 끼어드는 유
혹에 빠지는 대신 중립을 지키기로 했다. 소련 폭격기들이 불가리아 도
시에 폭탄을 떨어뜨리고 소련군 특공대들이 침투하거나 흑해에서 양국
해군이 충돌하는 일이 벌어졌을 때도 불가리아의 태도는 바뀌지 않았
다. 8개월 뒤 일본이 진주만을 기습하자 불가리아 또한 다른 추축국들
과 함께 미국과 영국에 선전 포고했다. 하지만 소련만큼은 끝까지 우호
관계를 유지했다. 소피아는 추축국을 통틀어 독일과 소련 대사관이 공
존하는 유일한 도시로 남았다. 독일군은 하다못해 불가리아가 겉으로
는 중립을 지키더라도 스페인처럼 소수의 의용군이라도 파견하여 최소
한의 충성심을 입증하기를 요구했지만, 보리스 3세는 단호히 거절했다.
자신의 오합지졸 군대는 러시아에서 아무 도움도 되지 않을뿐더러, 차
라리 후방에 남아 추축의 부드러운 아랫배를 노리는 영국과 예측 불허
의 튀르키예를 견제하는 데 집중해야 한다고 히틀러를 설득했다.

바르바로사 작전 초반에만 해도 히틀러는 불가리아의 양다리에 그
다지 개의치 않았다. 오히려 보리스 3세를 가리켜 〈매우 총명한 인물〉
이라며 〈만약 1918년에 그와 같은 인물이 독일에 단 한 명만 있었어도
전쟁에 지지 않았을 것〉이라고 극찬했다. 보리스 3세를 탐탁잖게 여겼

던 괴벨스조차 직접 대화한 후 〈그는 진정한 신의 사절이다〉라고 말했다. 보리스 3세는 호르티와 안토네스쿠처럼 국민의 피가 아니라 자신의 매력으로 독일 지도자들에게 호감을 얻어 냈고 가만히 앉아서 실속을 챙겼다.

히틀러는 불가리아군의 강화를 위해 원조를 아끼지 않았다. 1943년 2월에는 3호 돌격포 20문과 4호 전차 G/H형 12대, Sd.Kfz 222/223 장갑차 20대를 제공했다. 그중에서도 4호 전차는 강력한 75mm 장포신 주포를 탑재한 최신 모델이었다. 1943년 한 해 동안 독일이 제공한 전차는 4호 전차 87대와 체코제 38(t) 경전차 10대, 프랑스제 호치키스 H39 경전차 19대, 3호 돌격포 55대, 장갑차 28대에 달했다. 그 밖에도 Bf 109 전투기 200여 대, 프랑스제 D.520 전투기 100여 대, 88mm 대공포 66문을 비롯하여 대량의 무기를 넘겨주었다. 당장 전차 1대, 전투기 1대가 아쉬웠던 독일로서는 통 큰 원조였고 다른 추축 동맹국들이 동부 전선에서 수십만 명의 피를 흘리고도 누릴 수 없었던 특혜였다. 그만큼 보리스 3세는 히틀러가 불가리아를 독일의 가장 중요한 동맹국으로 여기도록 만들었다는 얘기였다.

그러나 전쟁이 길어지고 전세가 악화하면서 두 사람의 관계 또한 점차 나빠졌다. 히틀러는 명색이 추축의 일원이면서 독일에 빌붙어 단물만 빨아먹을 뿐, 아무런 도움도 되지 않는 불가리아의 〈얌체짓〉을 언제까지고 내버려둘 만큼 너그러운 인물이 아니었기 때문이었다. 보리스 3세는 독일의 전쟁을 거의 돕지 않았고 소련과 단교하지 않았으며 유대인 박해에서도 소극적이었다. 수천 명의 유대인이 죽음의 수용소로 향하는 대신 불가리아를 통해 팔레스타인으로 탈출했다. 게다가 스탈린그라드와 북아프리카에서 들려온 소식은 불가리아인들에게 큰 충격을 주었다. 독일은 전쟁에서 지고 있었다. 히틀러가 제아무리 참전을 종용한들 보리스 3세로서는 뻔히 승산 없는 싸움에 베팅할 리 없었다.

불가리아군의 독일제 4호 전차 G형. 불가리아는 보리스 3세의 현명한 줄타기 덕분에 여느 발칸 국가들과 달리 거의 마지막 순간까지 전쟁을 피할 수 있었다. 히틀러는 불가리아에 많은 무기를 넘겨주었지만, 그 무기는 연합군이 아니라 독일군과 싸울 때 사용되었다. 언제나 자신을 위해 남을 이용할 궁리만 하던 그가 거꾸로 이용당한 꼴이었다.

불가리아 내 나치 추종자들은 국왕이 독일에 진심으로 충성하는 게 아니라며 부지런히 이간질하여 히틀러의 의심을 한층 부추겼다.

8월 14일, 볼프스샨체에서 열린 회의에서 두 사람은 정면충돌했다. 보리스 3세는 유대인 탄압에 더욱 열성적으로 협조할 것과 동부 전선에 군대를 보내라는 요구를 일언지하에 거부하여 총통의 분노를 샀다. 그는 불과 보름 뒤인 8월 28일 오후 4시 갑자기 서거했다. 나이 마흔아홉 살이었다. 공식적인 사인은 심장 마비였지만 국왕의 독일인 주치의를 비롯해 측근들과 불가리아 국민들은 국왕이 히틀러에 의해 독살당했다며 분노했다. 그는 그전까지 너무 건강했고 볼프스샨체에서 돌아온 다음 날에는 휴양 차 발칸반도에서 가장 높다는 무살라Musala산을 등반했기 때문이었다. 미국의 한 언론사는 분을 참지 못한 히틀러가 국왕을 때리려 하자 보리스 3세는 놀란 나머지 그 자리에서 졸도했고 그것이 사망 원인이 되었다는 기사를 싣기도 했다.

보리스 3세의 뒤를 이어서 여섯 살이었던 시메온 2세Simeon II가 새로운 국왕으로 옥좌에 앉았다. 하지만 너무 어렸기에 숙부인 키릴 왕자Prince Kiril와 총리 보그단 필로프Bogdan Filov, 국방부 장관 니콜라 미호프Nikola Mihov 중장으로 구성된 삼인 섭정 회의가 국정을 맡았다. 그동안 나치에 협력적이었던 이들조차 파국이 가까워지고 있음을 절감하지 않을 수 없었다. 소련은 갈수록 서진의 속도를 올렸고 서방 연합군은 추축의 도시들을 밤낮으로 폭격했다. 1943년 여름만 해도 연합군 폭격기들의 목표물은 루마니아의 플로이에슈티 유전에 집중되었고 불가리아가 직접 공격받는 일은 거의 없었다. 그러나 가을이 되자 상황은 달라졌다.

연합군 수뇌부는 불가리아를 추축에서 이탈시키려면 단단히 본때를 보여 주어야 한다고 결론 내렸다. 11월 14일, B-25 쌍발 폭격기 91대가 소피아 상공을 뒤덮고 폭탄의 비를 쏟아 냈다. 51명이 죽고 128명이 다쳤다. 불가리아가 처음 당한 전략 폭격이었다. 이것은 시작일 뿐이었다. 연합군 폭격기들은 끊임없이 날아와서 불가리아 도시들을 파괴했다. 1944년 3월 30일에는 450대의 폭격기와 150대의 전투기가 소이탄으로 소피아 시가지를 완전히 불바다로 만들었다. 독일이 당하는 것에 비할 바는 아니라도 불가리아 국민의 사기는 땅에 떨어졌다. 미호프 장군은 〈폭격기는 곡식을 쪼아 먹을 수는 있어도 땅을 차지할 수 없는 새와 같다〉라면서 연합군의 폭격에 굴복하지 않겠다고 큰소리쳤지만, 재앙이 닥치고 있음을 숨길 수는 없었다.

이제는 전쟁에서 빠져나와야 할 때였다. 문제는 과연 빠져나올 수 있을지였다. 1918년에 불가리아의 항복을 시작으로 동맹국 전체의 붕괴로 이어졌던 것을 기억하는 히틀러는 연합국과의 단독 강화를 시도한 이탈리아와 헝가리에 무자비하게 철퇴를 휘둘러 본보기로 삼았다. 불가리아는 진작부터 중립국인 스위스와 튀르키예를 통해 연합국과 은밀하게 협상을 타진하고 있었지만, 히틀러가 조금이라도 낌새를 눈치챈다면 결단코 내버려둘 리 없었다. 독일군은 즉각 소피아를 비롯한 불가리아 전역을 점령하고 배신자들을 모조리 체포한 뒤 다하우 강제 수용소로 보낼 것이 불 보듯 뻔했다. 불가리아는 독일군과 소련군의 각축장이 되어 국토 전체가 폐허가 될 것이었다. 불가리아가 가장 두려워하는 상황이었다. 그렇다고 소련군이 올 때까지 기다릴 수도 없었다. 그것은 공산주의자들에게 정권을 넘겨야 한다는 얘기였다. 불가리아는 친러 정서와 별개로 반공 국가였고 스탈린 체제를 두려워했다. 만약 소련군이 이 나라를 점령한다면 그동안 탄압의 대상이었던 공산주의자들은 우파들에게 복수의 칼을 뽑을 게 분명했다.

스탈린의 지배를 피할 유일한 방안은 소련군이 오기 전에 서방 연합군이 발칸에 상륙하는 것이었다. 불가리아는 영토와 주권을 보전하는 조건으로 평화 조약을 맺고 연합군과 함께 독일군을 쫓아낼 수 있었다. 서방과의 협상에 가장 적극적인 사람은 튀르키예 주재 대사였던 니콜라 발라바노프Nikola Balabanov였다. 하지만 불가리아 지도부는 독일과 연합국 사이에서 우물쭈물하면서 결단을 주저했다. 히틀러의 보복만이 아니라 연합국이 불가리아의 무조건 항복을 요구했기 때문이었다. 그리스와 유고슬라비아에서 되찾은 옛 영토를 포기해야 한다는 의미였다. 필로프는 이탈리아처럼 불명예스러운 선택으로 경멸당하느니 파멸하더라도 추축에 끝까지 남아서 명예를 지켜야 한다고 주장했다. 미호프는 여전히 독일의 승리를 확신했다. 여느 추축 동맹국들과 달리 전쟁에 직접 발을 들이지 않은 이들로서는 히틀러가 질 거라는 사실을 믿으려 하지 않았고 더 늦기 전에 편을 갈아타야 한다는 절박감이 없었다. 낙담한 발라바노프는 아직도 미련에 사로잡혀 현실 감각을 잃은 동료들을 향해 기적을 꿈꾸고 있다며 한탄했다.

1944년 여름에 오면 불가리아 지도자들도 비로소 발등에 불 떨어진 꼴이었다. 우크라이나에서 추축을 몰아낸 소련군은 여세를 몰아 루마니아를 침공했다. 다뉴브강을 넘어 불가리아까지 밀고 들어오는 것도 초읽기였다. 불가리아는 패전 이후 거의 20여 년 동안 전쟁다운 전쟁을 겪지 않은 데다 군사력에서도 추축국 중에서 최약체였다. 불가리아군은 4개 군 22개 보병 사단 및 4개 기병 여단, 1개 기갑 여단, 1개 산악 사단 등 45만 5,000여 명에 달했다. 그중 7개 사단 이상이 유고슬라비아와 그리스에 주둔하면서 파르티잔 토벌과 독일군의 병참선을 지키는 역할을 맡았다. 하지만 장비는 노후화되고 훈련은 매우 빈약했다. 게다가 곳곳에서 소련의 지원을 받는 공산주의자들이 반란을 일으켜 국내 정세도 몹시 불안정했다. 소련군이 침공하면 잠시도 버티지 못할 판국이었다. 6월 1일, 섭정 회의는 이반 바그랴노프Ivan Bagryanov를 새로운 총리에 임명했다. 외교관 출신으로 선대 국왕 보리스 3세의 친구였던 그는 친독 일색이었던 전임자와 달리 독일과 서방 양쪽에 친분이 있었고 국민 사이에서도 인기가 높았다.

전례 없는 위기 속에서 바그랴노프의 역할은 막중했다. 그는 히틀러의 부아를 사지 않으면서 매끄럽게 전쟁에서 빠져나올 방법을 찾아야 했다. 그러기 위해서는 수세에 내몰린 독일군이 제 발로 불가리아에서 떠날 때를 맞추어 추축에서 연합으로 갈아타야 한다는 얘기였다. 너무 빨리 행동하면 독일군이 가만있지 않을 것이고 너무 늦으면 소련군의 점령을 피하지 못할 것이었다. 그는 6월 20일부터 연합국과의 접촉에 나섰지만, 결과는 썩 신통치 못했다.

연합국은 불가리아가 당장 추축에서 탈퇴할 것을 요구했고 영토 문제에서도 확답을 주지 않았다. 그 대신 불가리아의 독립을 보장하고, 특히 연합군이 불가리아를 점령했을 때 철천지원수인 그리스와 유고슬라비아 군대가 참여하는 일은 없을 것이라고 약속했다. 바그랴노프는 연합군의 조건이 여전히 가혹하다고 믿었다. 협상은 결렬되었다. 그 때까지도 히틀러는 자신의 등 뒤에서 불가리아가 배신을 준비하고 있다고는 전혀 의심하지 않았다. 추축 진영을 통틀어 불가리아는 두 번의 대전 모두 독일 편에 선 유일한 동맹국이었기 때문이었다. 다른 나라들이라면 몰라도 불가리아만큼은 이번에도 끝까지 의리를 지킬 것이라고 굳게 믿었다. 바그랴노프가 식량 부족을 내세워 독일로 향하는 식량 수송을 중단하고 소련을 자극할 수 있다는 이유로 독일군의 불가리아 철도와 항구 이용을 대폭 제한했음에도 히틀러는 여전히 신뢰를 잃지 않았다.

바그랴노프는 연합국을 설득할 시간이 있다고 여겼지만, 8월이 되자 상황은 급박해졌다. 소련군의 맹공으로 루마니아군의 방어선이 무너졌기 때문이었다. 1944년 말이나 어쩌면 1945년 여름까지도 소련군의 공세를 저지할 거라며 낙관했던 불가리아군 수뇌부의 예상은 완전히 빗나갔다. 게다가 8월 23일 부쿠레슈티의 쿠데타는 누구도 예상치 못했던 일이었다. 히틀러는 루마니아의 배신을 진압하는 데 실패했다.

루마니아는 독일에 선전 포고했다. 소련군은 거의 아무런 저항을 받지 않고 다뉴브강을 넘어서 불가리아 국경으로 쇄도했다. 소련군을 막아 줄 최후의 방파제가 사라진 셈이었다. 이날 바그랴노프는 불가리아의 추축 탈퇴를 선언했다.

불가리아에 주둔한 모든 독일군에게는 8월 31일까지 떠날 것을 요구하면서 한시라도 빨리 철수시킬 요량으로 8,000여 대에 달하는 수송용 화차를 넘겨주기까지 했다. 히틀러는 루마니아에 뒤이어 불가리아마저 등을 돌리자 큰 충격을 받았다. 물론 헝가리와 루마니아에서 그랬듯, 불가리아의 배신을 대비한 계획도 없지 않았다. 〈훈데손 작전 Operation Hundessohn〉이었다. 프레드리히빌헬름 보크Friedrich-Wilhelm Bock 소장이 지휘하는 제4SS경찰기갑척탄병사단을 동원하여 소피아를 점령하고 꼭두각시 정권을 세운다는 것이었다. 그러나 1개 사단만으로는 도저히 불가능한 임무였다. 그만큼 불가리아의 배신은 히틀러에게 상정 밖이었다는 얘기였다. 게다가 발칸 따위에 언제까지고 매달릴 때가 아니었다. 소련군이 동프로이센을 침공하면서 당장 독일 본토가 풍전등화인 판국이었다. 바그랴노프는 독일군과 협상하여 평화적인 철수에 합의했다. 당장 히틀러의 불벼락이 떨어질까 봐 겁에 질렸던 불가리아는 기적적으로 전쟁의 화마를 피하는 것처럼 보였다. 그러나 세상일이란 그리 순조롭게 풀리지 않는 법이었다.

그때까지 불가리아는 소련에 선전 포고한 적도 없었고 총 한 발 쏜적도 없었다. 이들의 유일한 죄는 하필이면 소련군이 지나는 길에 있다는 사실이었다. 이참에 발칸 전체를 집어삼킬 속셈이었던 스탈린이 불가리아만 내버려둘 리 없었다. 9월 7일, 소련은 불가리아에 선전 포고했다. 다음 날 소련군이 국경을 넘었다. 소피아에서는 공산주의자들에게 선동된 노동자들이 무장봉기하는 등 불가리아 전체가 무정부 상태였다. 9월 9일 새벽 친소 장교들이 쿠데타를 일으켜 조국전선Fatherland

독일을 대신하여 새로운 상전이 된 소련군과 불가리아군 병사들의 우정을 과시하는 선전용
사진. 불가리아군이 쓰고 있는 M36 철모는 피탄율을 높이기 위해 정수리 부분이 닭 벗
형상이기에 얼핏 보면 프랑스제 아드리안 철모와도 유사해 보이지만 제1차 세계 대전에서
사용했던 독일제 구형 M1916 슈탈헬름 철모를 독자적으로 개량한 모델이다.

Front이 이끄는 좌파 정부를 수립했다. 조국전선은 공산주의자들 이외에도 다양한 정파가 반파시스트의 기치 아래 뭉친 연합 정당이었다. 어린 국왕과 3인의 섭정을 비롯한 나치 협력자들은 모조리 체포되었다. 조국전선의 수장인 키몬 게오르기에프Kimon Georgiev 장군이 신임 총리가 되었다. 그는 1923년과 1934년에 두 번이나 쿠데타를 주도하여 〈쿠데타 전문가〉라는 별명을 얻은 인물이었다. 이날 저녁 불가리아는 소련에 무조건 항복할 것과 소련군의 통제 아래 독일군과 싸우기로 합의했다. 이제는 불가리아도 독일의 적이었다.

발칸 전역에서 독일군과 불가리아군이 충돌했다. 불가리아군은 자국에서 철수하는 독일군을 무장 해제했다. 독일군 또한 그리스와 마케도니아에서 철수하는 불가리아군을 무장 해제했다. 9월 28일에는 불가리아 제1군과 제2군, 제4군이 그리스에서 철수하는 독일군의 퇴로를 막기 위해 소련 제3우크라이나 전선군과 함께 유고슬라비아로 진격했다. 스탈린은 어제의 추축 동맹군들을 독일과의 싸움에 〈인간 방패〉로 내세워 그동안 소련을 적대한 죗값을 톡톡히 치르게 할 참이었다. 그동안 무늬만 추축이었던 불가리아로서는 이제부터가 진짜 싸움이었다.

판처 파우스트 작전

독일의 패색이 짙어지면서 추축 전체가 무너지고 있었다. 추축 동맹국들은 줄줄이 연합국으로 갈아탄 뒤 총부리를 어제의 우군에 들이댔다. 1918년에는 결코 볼 수 없었던 광경이었다. 단순히 스탈린의 강요나 승자에 편승하기 위함이 아니라 그동안 동맹국들을 하찮게 여겼던 나치 정권의 오만과 독선이 부메랑으로 돌아온 것이기도 했다. 그 와중에 배신의 기회조차 놓친 나라가 있었다. 헝가리였다. 호르티는 총통의 불같은 광기를 최대한 건드리지 않으면서 명예롭게 전쟁에서 빠져나올 속셈이었지만 그 신중함이 도리어 독이 된 격이었다.

동부 전선의 악화에도 불구하고 그때까지 헝가리는 전쟁과 어느 정도 거리를 두고 있었고 여느 동맹국들과 달리 전시 체제 전환과 총동원령을 내리지도 않았다. 이제부터는 자신들을 위해서가 아니라 독일을 위한 총알받이로서 소련군과의 싸움에 내몰리게 되었다. 마르가레테 작전 열흘 뒤인 3월 29일, 독일군 총사령부는 싸울 수 있는 모든 헝가리군을 동부 전선에 투입할 것을 결정했다. 하지만 돈강에서 입은 재앙과 같은 손실을 회복하지 못한 헝가리군은 제1군 산하 8개 사단 및 2개 산악 여단 9만 명 정도만 그런대로 전투력을 갖추고 있었다. 이들은 발터 모델의 북부 우크라이나 집단군에 편입되어 동부 국경으로 출동했다. 헝가리군 사이마다 독일군 사단들이 배치되었다. 언제 배신할지 모르는 헝가리군을 감시하겠다는 의도가 뻔했다.

4월 17일, 오스토비치 페렌츠Osztovics Ferenc 대령이 지휘하는 헝가리 제2기갑사단은 동부 갈리치아Eastern Galicia에서 국지적 공세에 나섰다. 휘하에는 38M 톨디 경전차 84대, 40M 투란 I 전차 120대, 41M 투란-II 전차 55대, 님로드 대공 자주포 42대, 처버 장갑차 14대 등 315대에 달하는 각종 기갑 차량을 보유했다. 하나같이 화력과 장갑이 빈약한 구식 경전차였다. 그런데도 월등히 우세한 소련군 기갑 부대를 상대로 나드보르나Nadvorna*와 델리아틴Deliatyn을 탈환하는 승리를 거두었다. 헝가리군은 22대의 기갑 차량을 잃었지만, 그 대가로 소련 전차 27대(T-34 26대, 셔먼 1대)를 격파했다.

본국에는 제2군과 제3군이 남아 있었지만, 휘하 부대는 하나같이 급조된 2선급 사단이었고 병사들 대부분은 중장년의 예비역들이었다. 소총과 야포 또한 제1차 세계 대전 당시에 사용된 구식이었으며 차량

* 우크라이나의 나드비르나Nadvirna를 말한다.

과 대전차 전력은 아예 없었다. 헝가리 공장들이 독일군의 통제 아래 독일을 위한 전쟁 물자 생산을 우선하면서 헝가리군의 사정은 더욱 궁핍해졌다. 가장 시급한 것은 소련제 전차를 상대할 무기였다. 헝가리 기술자들은 독일제 KwK 40 75mm 장포신 주포를 탑재한 투란 Ⅲ 중전차와 즈리니-I 돌격포를 제작했지만, 우수한 성능에도 불구하고 자재 부족과 독일의 비협조로 양산할 수 없었다. 심지어 독일제 판터 중형 전차의 라이선스 생산을 요청했지만, 독일이 설계도를 넘기는 대가로 터무니없는 금액을 요구하는 바람에 결렬되었다.

그나마 독일군 총사령부는 5월 4일 헝가리에 독일제 전차의 판매를 다시 허용했다. 헝가리군의 활약에 깊은 인상을 받은 발터 모델이 히틀러에게 직접 요청한 덕분이었다. 헝가리는 3호 전차 N형 12대, 4호 전차 H형 50대, 판터 전차 G형 5대, 티거-Ⅰ 중전차 10대, 3호 돌격포 50대를 넘겨받았다. 개전 이래 최대 규모의 원조였다. 그중 4호 전차는 원래 핀란드에 판매될 예정이었으나 핀란드가 소련과 평화 협정을 시도하자 격분한 히틀러는 헝가리에 넘기라고 지시했다.

헝가리군 전체를 통틀어 유일한 기동 전력은 2개 기갑 사단과 제1기병사단이었다. 제1기갑사단은 돈강에서 전멸한 뒤 헝가리 제3군에 소속되어 부다페스트 북쪽 40km 떨어진 에스테르곰Esztergom에서 재편성된 뒤 휴식 중이었다. 제2기갑사단은 독일 전차들과 함께 신형 즈리니 돌격포도 도착하면서 전력이 비약적으로 강화되었지만, 여전히 상당수는 톨디와 투란이었다. 제1기병사단〈후사르Hussar〉역시 2개 기갑 정찰 대대(38M 톨디 경전차 25대, 40M 투란 Ⅰ 중형 전차 54대, 41M 투란 Ⅱ 중형 전차 11대, 님로드 대공 자주포 4대, 처버 장갑차 26대)가 기계화 전력의 전부였다. 호르티는 후사르 사단을 제1군의 예비대로 남겨 두기를 원했지만, 독일군은 약속을 깨고 북쪽 전선을 틀어막는 데 써먹었다. 후사르 사단은 7월 11일 독일 제1기병군단에 편입되어 독일 중부집단군의 비스와Wisła강 철수 엄호에 나섰다. 전차 대부분을 상실하면서도 훌륭한 지연전을 펼치며 싸웠고 이들의 활약상은 독일 육군 참모총장이자 기갑총감인 구데리안조차 높이 평가했을 정도였다. 8월 22일에는 제4SS기갑군단에 배속되어 바르샤바에서 벌어진 폴란드 국내군의 무장봉기 진압에도 투입되었고 9월 23일에야 헝가리로 돌아왔다.

하지만 금쪽같은 정예 부대가 독일군의 지휘를 받으며 남의 집 불 끄느라 정신없는 동안 비상에 걸린 쪽은 헝가리 본토였다. 헝가리와 우크라이나 국경을 따라 형성된 카르파티아산맥은 헝가리에는 천연의 방어선이자 유럽인들에게는 동서양을 나누는 거대한 지리적 장벽으로 여겨져 왔다. 특히 겨울에는 폭설이 쏟아져 교통과 통신이 끊어지기 일쑤였다. 헝가리는 소련의 공격에 대비하여 이곳에 지난 수년 동안 3겹의 강력한 방어선을 구축했다. 첫 번째가 후녀디 라인Hunyadi Line, 두 번째가 센트 라슬로 라인Szent László Line, 세 번째가 아르파드 라인Arpad Line이었다. 수많은 참호와 요새가 해발 1,000m가 넘는 험준한 산봉우리를 따라 늘어서 있었다. 하지만 빈약한 인력과 자원 때문에 〈동부의 마지노 라인〉이라기에는 부족했다. 게다가 소련군은 마음만 먹으면 카르파티아산맥을 우회하여 북쪽의 슬로바키아에서 남하하거나 남쪽의 헝가리-루마니아 국경 지대의 평야를 통해서도 침입할 수 있었다.

7월 13일, 소련군의 〈르보프-산도미에시 공세Lvov-Sandomierz Offensive〉가 시작되었다. 주코프와 함께 소련 최고의 장군 중 한 사람인 이반 코네프Ivan Konev 장군이 지휘하는 소련 제1우크라이나 전선군이 우크라이나 서부 르보프에서 북부 우크라이나 집단군을 공격했다. 병력 100만 명, 전차 2,000대, 야포 1만 6,000문, 항공기 3,000대에 달했다. 전력에서 절반도 되지 않았던 독일군은 대번에 궁지에 몰렸다. 7월 22일에는 헝가리군 전선이 소련군의 공세에 직면했다. 다음 날 헝가리

검은 제복을 입은 독일 전차병들과 함께 티거 I 중전차의 훈련을 받는 헝가리
전차병들(왼쪽). 역사상 가장 유명한 전차 중 하나이자 브래드 피트 주연의 2014년 전쟁
영화 「퓨리Fury」에서 인상적인 모습을 보여 준 티거 중전차는 화력과 기동성, 방어력을
모두 갖추고 있어 서방과 소련을 막론하고 악몽의 대상이었다. 헝가리는 추축 동맹국
중에서 유일하게 티거 중전차를 공급받았으며 정확한 수량은 불분명하나 대략 10~15대를
운용했다. 루마니아는 독일에 선전 포고 후 2대의 티거를 노획하여 사용했다.

제2기갑사단은 제16보병사단과 함께 티거 4대를 포함한 39대의 전차로 과감한 반격에 나섰다. 헝가리의 호랑이들에게는 데뷔전이기도 했다. 우크라이나 남서부의 나드보르나야Nadvornaya*에서 티거 전차 1대가 이동 중이던 소련 제1448자주포연대를 기습하여 소련 전차 8대와 야포, 수송 트럭 여러 대를 격파하는 승리를 거두었다. 물론 한 줌의 티거 전차만으로 전황을 바꿀 수는 없었다. 헝가리 제2기갑사단은 7월 말까지 10대의 티거 중 7대를 잃었다. 대부분 전투에서 파괴된 것이 아니라 탄약과 연료 부족으로 버려졌다. 7월 27일, 헝가리 제1군은 후녀디 라인으로 후퇴했다.

8월 5일에는 예비군의 총동원령이 선포되었다. 헝가리군은 100만 명까지 늘어났다. 소련군이 헝가리군 제18예비사단을 포위하고 방어선 일부를 점령했지만, 제25보병사단이 반격하여 8월 8일 소련군을 격퇴했다. 전선은 일시적이나마 안정되는 것처럼 보였다. 그러나 남쪽에서 뜻밖의 충격적인 소식이 날아왔다. 루마니아의 독재자 안토네스쿠의 실각이었다. 루마니아는 추축에 선전 포고했다. 며칠 뒤에는 불가리아도 그 뒤를 따랐다. 그리스에서 철수하던 독일군의 퇴로가 차단되었고 수천 명의 독일군이 어제의 우군에 의해 붙들려 소련군에 넘겨졌다. 8월 30일에는 플로이에슈티 유전이 소련군의 손에 넘어갔다. 가뜩이나 연료 부족에 허덕이던 히틀러에게는 무엇보다 뼈아픈 손실이었다. 소련과 강화 협정을 체결한 루마니아군은 소련군의 첨병 노릇을 하면서 새로운 전쟁에 나섰다. 목표는 4년 전 헝가리에 빼앗긴 북부 트란실바니아의 탈환이었다. 루마니아 제1군과 제4군이 소련 제2우크라이나 전선군과 함께 진군에 나섰다.

헝가리군도 루마니아군만큼 잔뜩 벼르고 있었다. 영원한 숙적이자 1919년에 한바탕 붙었던 두 나라로서는 25년 만의 재대결이었다.

* 지금의 나드비르나를 말한다.

1944년 9월 소련-루마니아군 전투 서열

- **루마니아 제1군: 군사령관 니콜라에 마치치Nicolae Macici 중장**

  - 제4군단: 제2보병사단, 제4보병사단

  - 제7군단: 제9기병사단, 제19보병사단

- **루마니아 제4군: 군사령관 게오르게 아브라메스쿠Gheorghe Avramescu 대장**

  - 산악군단: 제1산악사단, 제3보병사단, 제6보병사단

  - 제2군단: 제8기병사단, 제20보병사단

  - 제6군단: 제7보병사단, 제9보병사단, 제21보병사단

  - 군 예비: 제1기병사단, 제11보병사단, 장갑집단(제1기갑사단의 잔여 부대)

- **소련 제27군: 군사령관 세르게이 트로피멘코Sergei Trofimenko 중장**

  - 군 예비: 제11포병사단, 제27근위전차여단, 루마니아 제2산악사단, 루마니아
    제3산악사단, 루마니아 제18보병사단, 루마니아 제1의용보병사단 <투도르
    블라디미레스쿠Tudor Vladimirescu>

- **소련 제6근위전차군: 군사령관 안드레이 크라브첸코Andrei Kravchenko 소장**

  - 루마니아 기병 군단: 루마니아 제1기병교도사단, 루마니아 제1보병교도사단

헝가리군 수뇌부는 선제공격에 나서기로 결심했다. 루마니아 침공은 스탈린그라드에서 괴멸적인 타격을 입고 재편성 중이던 헝가리 제2군(제2군단, 제9군단)이 맡았다. 제9군단이 루마니아령 트란실바니아를 점령하고 제2군단이 수도 부쿠레슈티를 향해 진격할 계획이었다. 선봉은 헝가리 제2기갑사단이었다. 9월 5일, 공세가 시작되었다. 처음에는 그런대로 성공적이었다. 루마니아군은 소련군에 입은 상처를 회복하지 못했다. 첫날 헝가리군은 30km를 전진하여 제2군단 제9보병사단이 투르다Turda를 점령했다. 티거와 판터 전차를 앞세운 제2기갑사단은 투르다 남쪽 25km 떨어진 마로슬루다스Marosludas*를 점령한 후 이틀 뒤 트

* 지금의 루두스Ludus를 말한다.

르너베니Târnăveni에 도착했다.

헝가리 제3군도 국경을 넘었다. 선봉은 헝가리 제1기갑사단이었다. 보유 전차는 투란 중형 전차 21대와 톨디 경전차 25대, 님로드 대공 자주포 36대 등 소련 중전차 앞에서 아무짝에 쓸모없는 구닥다리 헝가리제 기갑 차량 80여 대가 전부였다. 그 대신 독일제 3호 돌격포 18대로 무장한 제7돌격포대대가 지원했다. 제1기갑사단은 9월 13일 서부 헝가리-루마니아 국경의 아라드Arad를 점령했다. 다음 날 헝가리 제1기갑사단과 제6예비사단이 포병과 전차의 엄호 아래 아라드 동쪽 20km 떨어진 퍼울리슈Păuliş를 공격했다. 루마니아군 수비대는 부사관 생도들을 포함하여 1,800여 명과 몇 문의 대전차포에 불과했다. 하지만 루마니아군은 10배나 우세한 헝가리군을 상대로 한 발짝도 물러서지 않았다. 게다가 소련 제53군이 증원되면서 닷새 만인 9월 19일 격퇴되었다. 루마니아군의 손실은 370여 명에 불과한 반면, 헝가리군은 1,300여 명과 20여 대의 전차를 잃었다. 루마니아로서는 그야말로 극적인 승리였기에 차우셰스쿠 시절인 1975년에 「누구도 지나갈 수 없다No Trespassing」라는 전쟁 영화로 제작되기도 했다.

헝가리군의 공세는 소련군을 잠시 놀라게 했지만, 전세를 바꿀 수는 없었다. 뒤이어 루마니아군의 반격이 시작되었다. 9월 14일, 소련 제27군과 루마니아 제4군이 투르다 탈환에 나섰고 헝가리 제2기갑사단과 제25보병사단을 상대로 거의 한 달 동안 일진일퇴 끝에 10월 8일 점령하는 데 성공했다. 뒤늦게 독일 제23기갑사단이 증파되었지만 많은 사상자만 내고 격퇴되었다. 9월 20일에는 아라드를 탈환했다. 9월 25일, 루마니아에서 추축군의 세력은 완전히 쫓겨났다. 10월 11일에는 북부 트란실바니아의 중심지인 클루지나포카Cluj-Napoca가 함락되었다. 루마니아는 북부 트란실바니아를 되찾았다. 양국의 재대결은 헝가리군의 완패였다.

다음은 헝가리가 당할 차례였다. 만슈타인을 대신하여 독일 남부 우크라이나 집단군(남부집단군) 사령관에 임명된 요하네스 프리스너 Johannes Friessner 상급대장은 후퇴를 요청했지만, 히틀러는 고집을 부리면서 오히려 반격을 명령했다. 그러나 소련군이 한발 먼저 움직였다. 10월 6일 새벽 4시, 소련 제2우크라이나 전선군 산하 제46군과 루마니아 제1군이 아라드에서 국경을 넘어 헝가리 동남부를 침공했다. 같은 시간 퍼울리슈 북쪽 100km 떨어진 국경 도시 오라데아Oradea에서도 소련 제53군과 제6근위전차군이 진격을 시작했다. 목표는 헝가리 제2의 도시 데브레첸Debrecen이었다. 소련군 70만 명, 루마니아군 16만 7,000명과 전차 800대, 야포 1만 문, 항공기 1,200대에 비해 추축군은 독일 제6군 24만 명, 헝가리 제2군과 제3군 19만 명, 전차 300대, 야포 3,500문, 항공기 700대에 불과했다. 2~3배의 압도적인 열세였다.

소련군의 선봉인 플리예프 기병 기계화 집단Cavalry Mechanized Group Pliyev은 공세 세 시간 만에 헝가리 제3군을 돌파했다. 헝가리 제8군단은 300여 대의 소련 전차들에 완전히 유린당했다. 최후 방어선인 아르파드 라인마저 무너지면서 헝가리 본토로 향하는 길이 열렸다. 오라데아에서는 소련 제6근위전차군이 독일 제3기갑군단에 발목이 잡혔다. 하지만 플리예프 기병 기계화 집단이 헝가리 동부를 무주공산으로 휩쓰는 한편, 10월 10일 티서Tisza강을 건너 교두보를 마련했다. 게다가 크림반도를 점령한 소련 제4우크라이나 전선군까지 헝가리로 증원되면서 상황은 더욱 악화되었다. 10월 14일 오라데아가 함락되었고, 20일에는 소련 제27군 산하 루마니아군이 데브레첸에 입성했다. 이틀 뒤 플리예프 기병 기계화 집단이 헝가리 동북부의 요충지인 니레지하저Nyíregyháza를 점령하면서 독일 제8군 전체가 포위되었다. 절체절명의 순간이었다. 독일군은 반격했다. 제23기갑사단은 티거 Ⅱ 중전차로 무장한 제503중기갑대대를 투입하여 나흘 만인 26일 니레지하저를 탈환했다.

1944년 10월 초 독일-헝가리군의 전투 서열

- **헝가리 제1군: 미클로시 벨러Miklós Béla 대장**
  - 제3군단: 제2산악여단, 제6보병사단
  - 제5군단: 제13보병사단, 제1산악여단 일부
  - 제6군단: 제16보병사단, 제24보병사단, 제1산악여단 일부
  - 군 예비: 제10보병사단

- **헝가리 제2군: 베레스 러요시Veress Lajos 대장**
  - 독일 제17군단: 제9국경경비여단, 독일 제8엽병사단
  - 독일 제24군단: 독일 제3산악사단, 독일 제46보병사단, 독일 제4산악사단, 독일 제8SS의용기병사단 <플로리안 가이어Florian Geyer>
  - 제2군단: 제9보충사단, 제25보병사단, 독일 제15보병사단
  - 제9군단: 제27경사단
  - 핀타 집단Finta Group: 제7보충사단, 제1보충여단, 제2보충여단
  - 군 예비: 제2기갑사단, 제10돌격포대대, 제25돌격포대대

- **헝가리 제3군: 헤슬레니 요제프Heszlényi József 대장**
  - 제7군단: 제4보충사단, 제12예비사단
  - 제8군단: 제20보병사단, 제8보충사단, 제23예비사단
  - 제5군구: 제4SS기갑척탄병사단
  - 군 예비: 제1기갑사단, 제1보충기병여단, 후사르 기병사단, 제8돌격포대대

덕분에 퇴로가 열린 독일 제8군은 간신히 전멸을 면하고 서쪽으로 탈출했다. 전선은 잠시나마 소강상태가 되었지만, 헝가리는 영토의 1/3이 넘어갔다. 부다페스트에 소련군이 닥치는 것도 시간문제였다.

파국이 닥치고 있었다. 호르티는 헝가리가 사는 길은 소련과 강화하는 방법밖에 없다고 판단했다. 지난 3월 이후 숨죽이고 있던 그는 히틀러의 모든 신경이 소련군을 막는 데 쏠린 틈을 이용해 권력 회복을 시

도했다. 7월 초에는 헝가리를 제멋대로 뒤집고 다니던 게슈타포의 유대인 체포를 중단시키고 군대를 동원하여 유대인을 실은 열차를 되돌려 보냈다. 추축 동맹국을 통틀어 무력으로 나치의 유대인 이송을 막은 유일한 사례였다. 호르티는 다른 헝가리인들과 마찬가지로 결코 유대인에게 우호적이지는 않았지만 그렇다고 히틀러나 안토네스쿠처럼 광기 어린 홀로코스트의 지지자도 아니었기 때문이었다. 비록 그사이 40만 명이 넘는 유대인이 죽음의 수용소로 끌려갔다고 해도 헝가리에는 아직도 10만 명 이상이 남아 있었다. 이들은 호르티가 건재한 동안은 목숨을 부지할 수 있었다. 7월 16일에는 스토여이 내각의 교체를 시도했다. 이 사실을 안 베센마이어는 즉각 총통에게 보고했다. 히틀러는 분노를 터뜨렸고 호르티를 향해 경고했다. 물론 호르티도 순순히 물러설 생각이 없었다. 그는 반격을 준비했다.

8월 1일, 베레그피 카롤리Beregfy Károly 장군을 제1군 사령관에서 해임하고 미클로시 벨러 장군을 임명했다. 친나치로 이름난 베레그피와 달리 미클로시는 헝가리 민족주의자이자 유능한 장군으로, 독일인들에게도 신뢰와 존경을 받았다. 8월 29일, 호르티는 스토여이를 총리에서 전격 해임하여 히틀러를 향한 첫 번째 쿠데타에 성공했다. 신임 총리는 전 제1군 사령관이었던 러커토시 게저Lakatos Géza 장군이었다. 독일로서도 그야말로 기습적인 조치였다. 호르티와 러커토시는 여전히 독일 편에 남아서 싸우겠다고 장담했지만 이미 이탈리아인들에게 똑같은 소리를 들었던 히틀러가 헝가리인들의 말을 순순히 믿을 리는 없었다.

헝가리보다 앞서 배신의 본보기가 된 쪽은 슬로바키아였다. 같은 날 슬로바키아 중부에 있는 반스카비스트리차Banská Bystrica 반독 봉기가 일어났다. 1만 8,000명의 파르티잔 외에 슬로바키아 정규군도 참여하여 봉기군은 8만 명에 달했다. 또한 슬로바키아에 억류된 유대인과 연합군 포로들도 탈출하여 가세했다. 바르샤바 봉기에서는 스탈린 눈치만 봤던 서방 연합군도 항공기로 군수품과 OSS 요원을 지원했다. 하지만 히틀러는 무장 친위대를 포함해 8개 사단과 슬로바키아 괴뢰군을 투입하여 무자비하게 진압했다. 10월 27일, 반스카비스트리차가 함락되면서 슬로바키아 봉기는 실패로 끝났다. 살아남은 자들은 산속에 들어가 투쟁했다.

9월이 되자 상황은 더욱 급박해졌다. 루마니아와 불가리아, 핀란드가 줄줄이 추축에서 이탈했다. 이제 독일 편에 남은 것은 헝가리밖에 없었다. 9월 10일 오후 6시, 호르티는 군주 회의를 열고 소련과의 강화를 논의했다. 하지만 1919년의 혁명을 기억하고 있던 장관들은 독일군만큼이나 볼셰비키를 두려워했다. 국방 장관 처터이 러요시Csatay Lajos 장군은 당장 소련군을 막는 것이 급선무이며 히틀러에게 도움을 요청해야 한다고 주장했다. 호르티는 받아들였다. 가장 치명적인 실수였다. 나중에 러커토시는 〈이것이 우리의 운명을 결정했다〉라고 한탄했다. 소련군을 막느라 잠시 잊고 있던 히틀러의 눈은 다시 헝가리로 향했다. 헤르만 브라이트Hermann Breith 기갑 대장이 이끄는 독일 제3기갑군단이 출동했다. 제1기갑사단과 제23기갑사단, 펠트헤른할레 기갑척병단사단 Panzergrenadier Division Feldherrnhalle, 헝가리인 출신으로 구성된 제22SS의용기병사단이라는 막강한 전력이었다. 이들의 목적은 소련군의 공격에서 헝가리를 지키기 위함이 아니라 이참에 호르티를 완전히 끝장내겠다는 것이었다.

헝가리 지도부는 여전히 독일군과 소련군 사이에서 갈팡질팡했다. 이들은 언제 히틀러의 귀에 들어가 무시무시한 광기의 칼날을 휘두를까 전전긍긍했다. 연합군과 협상하여 전쟁을 끝내야 한다는 섭정의 생각에 동의하는 사람들은 극소수였다. 아무도 믿을 수 없었던 호르티는 실낱같은 희망을 품고 이탈리아 주둔 연합군 총사령관인 헨리 윌슨 원수와 은밀하게 접촉을 시도했다. 하지만 냉담한 반응만 돌아왔을 뿐이었다. 이제 헝가리의 운명은 좋건 싫건 스탈린에 달려 있다는 얘기였다. 소련을 극도로 불신했던 그로서는 결단코 받아들이고 싶지 않은 결과였다. 소련과의 협상은 지치 라도메르Zichy Ladomér 백작이 맡았다. 그는 슬로바키아 파르티잔의 도움을 받아 소련군과 접촉한 뒤 헝가리가 협상을 원하고 있음을 알렸다. 9월 24일, 헝가리 협상단을 모스크바로 보내라는 스탈린의 허락이 떨어졌다.

10월 1일, 헝가리군 국가헌병총감 파라고 가보르Faragho Gábor 대장이 모스크바로 향했다. 그는 독소 전쟁이 발발하기 1년 전 모스크바 주재 헝가리 대사를 지냈기에 러시아어에 능통했고 스탈린과도 개인적인 친분이 있었다. 손에는 스탈린을 향해 비굴하리만큼 평화를 애걸하는 호르티의 친서가 들려 있었다. 〈러시아 국민에게 진정으로 깊은 친밀감을 가진 이 불행한 나라를 제발 살려 주시오.〉 헝가리의 요구는 즉각적인 전투 중지와 함께 헝가리에 주둔한 독일군의 안전한 철수를 보장할 것, 헝가리를 소련군과 서방 연합군이 공동으로 점령한다는 것이었다. 헝가리로서는 어떻게든 소련의 지배만큼은 피할 속셈이었지만 어림없는 소리였다. 소련 외무 장관 몰로토프는 헝가리가 독일에 선전 포고하고 소련군과 함께 싸워야 한다고 요구했다. 물론 히틀러의 분노에 찬 응징을 불러올 것이 명백했다. 협상은 한동안 지지부진했고 거의 결렬될 뻔했다. 하지만 소련군이 부다페스트 코앞까지 진격하자 더 이상 선택의 여지가 없었다. 헝가리 협상단은 독일군과 싸울 수 있도록 헝가리군을 재배치할 시간을 달라고 했다. 그렇지 않으면 독일의 보복에 속수무책으로 당할 것이었다. 헝가리 측이 요구한 시한은 10월 20일이었다. 몰로토프는 10월 16일 오전 8시로 못 박았다. 칼자루를 쥔 쪽은 소련이었다. 본국에서 보고받은 호르티는 받아들이지 않을 수 없었다. 10월 11일 오후 7시, 정전 협정이 체결되었다.

그러나 때는 늦었다. 만약 호르티가 이대로 히틀러의 손아귀에서 빠져나갈 수 있다고 여겼다면 오산이었다. 그는 시간을 너무 질질 끌었을뿐더러, 지지 세력을 제대로 결집하지도 못했고 부다페스트의 경비를 강화하지도 않았다. 독일군은 물론이고 지난 3월 이후 친나치 장군들이 장악한 군부 역시 신뢰할 수 없는 처지였다. 호르티에게 충성하는 장군은 두 명의 야전군 사령관을 비롯하여 극히 일부에 지나지 않았다. 게다가 헝가리군의 지휘권은 독일군의 손에 있었기에 그가 움직일 수 있는 병력은 부더성(城)을 지키는 300명 남짓한 자신의 경호 부대가 사실상 전부였다. 그런데도 그는 노동자들에게 무기를 나누어 주고 독일군에 맞설 준비를 해야 한다는 건의를 거부했다. 뒤늦게야 자기 신변을 보호할 요량으로 헝가리군 최정예 부대인 공수 대대를 수도로 소환할 것을 명령했지만 소련군과 한창 싸우고 있던 이들은 제때 도착하지 못했다. 이탈리아인들의 실패에서 배운 게 아무것도 없다는 얘기였다.

히틀러는 일흔여섯 살의 물정 모르는 섭정보다 훨씬 고단수였다. 그는 헝가리를 놓아줄 생각이 없었다. 헝가리마저 빠져나가면 독일은 혼자가 될뿐더러 발칸에서 싸우고 있는 100만 명의 독일군 전체가 포위될 판국이었다. 게다가 헝가리 서부의 너지커니저는 추축에 남은 마지막 유전 지대로서 독일이 계속 싸우기 위해 무슨 수를 써서라도 반드시 쥐고 있어야 했다. 진작부터 호르티가 뭘 꾸미고 있는지 낱낱이 알고 있던 히틀러는 그가 협상단을 모스크바에 보내기도 전인 9월 25일, 〈판처파우스트 작전Operation Panzerfaust〉을 지시했다. 명령이 떨어짐과 함께 헝가리 전역을 신속히 제압할 것과 호르티의 사령부가 있는 부더성을 점령하고 호르티 일당을 체포하라는 것이었다. 얼마 전 바르샤바 봉기를 무자비하게 진압한 에리히 폰 뎀 바흐첼레프스키Erich Julius Eberhard von dem Bach-Zelewski SS 대장이 총지휘를 맡았다.

부더성 점령의 역할은 특수전의 달인 오토 슈코르체니 SS 소령의 제600SS강하엽병대대가 맡았다. 그는 1년 전 이탈리아에서 몰락한 독재자 무솔리니를 무사히 구출하여 유럽 전역에 명성을 떨쳤다. 또한 7월 20일에는 슈타우펜베르크Claus von Stauffenberg 대령을 비롯한 반히틀러 장교들이 히틀러 암살 미수와 베를린 점령을 시도하자 신속하게 제압함으로써 조기에 반란을 차단하는 공을 세워 한층 더 히틀러의 신임을 받고 있었다. 탁월한 용맹함과 과단함, 히틀러에 대한 광적인 충성심으로 무장한 슈코르체니는 자타가 공인하는 유럽에서 가장 위험한 사나이였다.

> 우리가 내려 준 결정 덕분에 헝가리는 1920년 트리아농 조약으로 빼앗긴 트란실바니아 영토에서 가장 큰 부분을 돌려받았지. 그 친구들은 4만 5,000km²의 땅과 238만 명의 인구를 얻었어. 헝가리 섭정 호르티는 지난 4월 16일에 자기 입으로 〈이 폭풍을 이기고 승리할 때까지 우리는 독일군의 편에 서서 싸울 것입니다〉라고 말했던 것을 잊은 모양이야. 오직 우리를 배신하고 엄숙한 약속을 어길 생각을 하는 놈만 그런 식으로 말하지. 나는 헝가리가 꾸미는 짓을 결단코 용서할 수 없어. 지금도 우리 병사들이 자기네 헝가리를 위해 싸우고 있는데 말이야!

히틀러는 손을 부들부들 떨면서 심복들에게 분노를 쏟아 냈다. 석 달 전에 있었던 독일 참모 장교들의 암살 미수 사건은 그를 한층 더 인간 불신과 광기로 몰아넣었다. 부다페스트에 은밀히 잠입한 슈코르체니는 특수 부대원들과 함께 작전을 준비했다. 병력은 500여 명이었다. 첫 번째 목표는 호르티의 둘째 아들이자 부섭정인 호르티 미클로시 주니어Horthy Miklós Jr.였다. 미클로시는 아버지를 대신하여 연합군과의 접촉을 지휘하고 있었다. 슈코르체니는 부더성 공격에 앞서 그를 납치하여 호르티와의 협상에 써먹기로 했다. 작전명은 미클로시의 이름과 비슷한 디즈니 만화 캐릭터에서 따온 〈미키 마우스 작전Operation Mickey Mouse〉이었다.

10월 6일에는 헝가리에서 총독 행세 중인 오토 빙켈만이 보고서를 올렸다. 그는 호르티가 모스크바에 밀사를 보내 협상 중이지만 파시스트 정당인 화살십자당을 중심으로 주전파들의 영향력이 매우 크고 헝가리군 수뇌부 또한 대부분 독일을 지지하여 소련과 끝까지 싸우자는 쪽이라고 보고했다. 설령 호르티가 헝가리군에 독일군을 향해 총부리를 돌릴 것을 지시해도 일선 부대들은 거의 따르지 않을 것이라는 얘기였다. 이미 최전선에서는 헝가리와 소련이 정전 협상에 합의했다는 소문이 퍼지면서 헝가리 병사들의 탈주가 꼬리를 물었다. 10월 13일, 히틀러는 구데리안에게 작전 발동을 하달했다. 만약 호르티가 헝가리의 항복을 선언하고 헝가리군의 전선 이탈을 지시한다면 그 명령을 즉각 취소할 것과 독일군의 지시에 불복종하는 헝가리 부대를 무력으로 응징하라고 명령했다. 또한 헝가리에 새로운 친독 정권을 수립하기 위해 루돌프 란Rudolf Rahn이 부다페스트로 파견되었다. 외교관이자 골수 나치 당원인 그는 1년 전 이탈리아 북부에서 무솔리니를 도와 이탈리아 사회주의 공화국이라는 괴뢰 정권을 세우는 데 지대한 공을 세웠던 인물이었다. 작전 개시는 10월 15일 오전 10시였다.

슈코르체니는 부다페스트 시내에 있는 다뉴브 항만국 청사 안에서 미클로시가 티토 측 요원과 접선키로 했다는 정보를 알아냈다. 호르티는 아들에게 안전을 이유로 부더성 밖으로 나가지 말라고 지시했지만 무시했다. 아버지의 말을 한 귀로 흘린 대가는 컸다. 이날 아침 부하들과 함께 근처에서 미리 기다리고 있던 슈코르체니는 미클로시가 건물에 들어가자 즉각 행동에 나섰다. 치열한 총격전이 벌어졌다. 슈코르체니는 우선 경호원들을 사살한 뒤 건물 안에 들어가 미클로시를 체포했다. 그리고 양탄자에 둘둘 말아 트럭에 실은 다음, 비행장으로 가서 대기 중이던 비행기에 싣고 그대로 빈으로 보냈다. 주변을 경비 중이던 헝가리군 병사들은 그 광경을 보면서도 겁을 먹고 감히 대적할 생각조차 하지 못했다. 대낮에 자국 수도 한복판에서 납치당한 미클로시는 다하우 강제 수용소에 갇혀 전쟁이 끝날 때까지 나치 간수들에게 혹독한 대접을 받아야 했다. 1945년 4월에는 티롤로 이송되었다가 5월 5일 그곳을 점령한 미군에 의해 석방되었다. 하지만 소련군이 지배하는 고국으로 다시는 돌아가지 못한 채 아버지와 함께 포르투갈에서 망명 생활을 보내다 냉전이 끝난 직후인 1993년에 여든여섯 살의 나이로 죽었다.

미클로시를 인질로 삼는 데 성공한 슈코르체니의 다음 목표는 호르티가 있는 부더성이었다. 다뉴브강 북쪽 강변의 깎아지른 절벽 위에 세워진 부더성은 〈언덕의 성채Castle Hill〉라고도 불렸다. 1242년 헝가리 군주 베라 4세에 의해 처음 축성된 이래 지난 600여 년 동안 헝가리 군주의 은신처였다. 또한 헝가리의 오랜 흥망성쇠를 보여 주는 곳이기도 했다. 16세기에는 오스만군에 함락되었고 1686년에는 기독교 연합군이 오스만군을 격파하고 부더성을 탈환했으나, 성의 태반이 파괴되었다. 또한 헝가리는 오스만 대신 오스트리아 합스부르크 왕가의 지배를 받게 되었다. 18세기 중엽에는 위대한 여제 마리아 테레지아에 의해 부더성은 화려한 모습으로 다시 태어났다. 호르티는 이곳에서 군림하며 지난 20여 년 동안 헝가리를 지배했다. 하지만 이제는 더 이상 헝가리의 철권통치자가 아니라 부더성의 주인에 지나지 않았다.

오전 11시, 부더성에서 각료들과 장군들을 불러 모아 섭정 회의를 연 그는 아들이 독일군에 납치되었음을 알고 큰 충격을 받았다. 하지만 금방 정신을 차리고 이대로 거사를 강행키로 했다. 그동안 상전 행세하던 독일인들에게는 헝가리가 전쟁에서 이탈할 것임을 통보했다. 오후 2시, 헝가리 국영 라디오 방송국에서는 호르티의 연설문이 전국을 향해 흘러나왔다.

현재 독일 제국이 전쟁에서 이미 졌다는 것은 제정신이 박힌 자라면 누구나 알고 있는 사실이다. 예전에 독일의 위대한 정치가 비스마르크가 〈어떤 나라도 동맹의 제단 위에서 희생되어야 할 의무는 없다〉라고 말했던 것처럼 자국의 운명을 책임진 모든 정부는 합리적인 결정을 내릴 수 있어야 한다. (중략) 나는 우리가 가담한 동맹이 군사적 도움을 주기는커녕, 결국에는 헝가리가 가장 중요하게 여기는 국가적 보물인 자유와 독립까지 강탈하려는 데 맞서 우리의 명예를 지킬 것을 결정했다. 나는 독일 제국의 대리자에게 우리의 적과 군사적 정전을 맺고 모든 전투 행위를 중지할 것을 통보했다.

제1군 사령관 미클로시 장군과 제2군 사령관 베레스 장군은 호르티의 지시에 따라 전군에 전투 중지 명령을 하달했다. 만약 독일군이 방해한다면 무력 대응을 불사하라고 지시했다. 하지만 그보다 먼저 발 빠르게 움직이는 쪽은 우왕좌왕하는 헝가리군이 아니라 악에 받친 독일군이었다. 제22SS의용기병사단과 독일군 제503중전차대대가 출동했다. 부다페스트는 물샐틈없이 포위되었다. 시내로 들어가는 주요 길목과 다리마다 독일군의 위압감 넘치는 티거 중전차들이 배치되어 헝가리군의 이동을 막았다. 부다페스트 주변에 배치된 독일군 병력은 2만 5,000명에 달했다. 이탈리아에서 그랬듯, 헝가리군이 조금이라도 반항한다면 단숨에 분쇄할 기세였다.

참모총장 뵈뢰시 장군은 일선 부대에 섭정의 명령을 무시하고 계속 싸울 것을 지시했다. 라디오를 통해 호르티의 연설을 들은 헝가리 장교들 역시 무기를 내려놓고 소련군에 투항하라는 섭정의 지시에 복종

1944년 10월 15일, 부더성 인근 요제프 대공 궁전 앞을 행진하는 제503중전차대대 소속
티거 Ⅱ 중전차와 독일군 행렬. 호르티의 우유부단함 탓에 빠져나갈 기회를 잃은 헝가리는
전쟁 말기에 가장 혹독한 대가를 치러야 했다. 특히 유럽의 수도 중에서도 가장 낭만적이고
활기 넘친다는 평가를 받았던 부다페스트는 뒤이어 벌어진 독일군과 소련군의 싸움으로
바르샤바와 더불어 가장 철저히 파괴된 도시 중 하나가 되었다.

하기를 거부했다. 이들로서는 독일보다 소련이 더 증오스러운 상대였기 때문이었다. 그렇다고 분기탱천한 헝가리 국민이 스스로 거리로 쏟아져 나와 독일군에 맞서 저항하는 일도 없었다. 호르티의 계산은 완전히 빗나간 셈이었다. 상황이 불리하다고 여긴 미클로시 장군은 몇몇 참모와 함께 소련 진영으로 달아났고, 베레스 장군은 독일군에 체포되었다. 부다페스트의 경비를 맡은 제1군단장 아그텔레키 벨러Aggteleky Béla 중장 역시 구금당했다. 남은 것은 호르티가 있는 부더성이었다. 하지만 독일군도 부더성 공략만큼은 만만치 않았다. 부더성에는 투란 전차와 중포, 대공포의 엄호를 받는 수백 명의 헝가리군이 배치되어 있었다. 본격적인 전투가 벌어진다면 독일군도 상당한 대가를 치러야 할 판이었다.

이번에도 슈코르체니가 나섰다. 그는 부하들과 함께 티거 II 중전차 4대를 끌고 가서 부더성을 포위했다. 제22SS의용기병사단 소속의 헝가리인 부대원들도 가세했다. 허세와 기만의 달인인 그는 섣불리 공격에 나서는 대신 티거 전차를 앞세워 무력시위하면서 항복을 종용했다. 만약 섭정이 말을 듣지 않으면 아들을 처형하겠다는 말도 덧붙였다. 무시무시한 티거 II의 등장은 헝가리군 수비대의 전의를 위축시키기에 충분했다. 양측은 한동안 대치했지만, 측근들은 호르티에게 안전을 보장받는 조건으로 퇴위할 것을 권고했다. 호르티는 단호히 거부하면서 권총을 꺼내 들며 죽기로 싸우겠다고 말했다. 물론 대세를 돌이킬 수는 없었다. 다음 날 새벽 5시 총공격이 시작될 거라는 최후통첩이 떨어졌고 호르티는 굴복했다. 그는 기다리고 있던 베센마이어와 함께 나갔다. 뒤이어 독일군의 부더성 진입이 시작되었다. 일부 헝가리 병사들이 저항을 시도하면서 사소한 총격전이 벌어지기도 했지만, 전투는 30분도 채 되지 않아 싱겁게 끝났다. 양측 사상자는 독일군 전사 4명, 부상 8명이었고 헝가리군 전사 3명, 부상 15명이었다.

나치 친위대 사령부로 끌려간 뒤에도 호르티는 한동안 버텼지만 결국 아들의 목숨을 구하기 위함이라는 명목으로 퇴위에 동의했다. 그나마 히틀러는 전 동맹자에게 마지막 예우만은 차려 주었다. 호르티는 아들이 있는 다하우 대신 뉘렌베르크 남쪽 60km 떨어진 히르슈베르크 성Hirschberg Castle에 감금되었다. 그는 전쟁이 끝날 때까지 가족들과 함께 그럭저럭 안락한 시간을 보낼 수 있었다. 정권은 극우 파시스트 정당인 화살십자당의 당수이자 히틀러의 열렬한 추종자인 살러시 페렌츠 백작에게 넘어갔다. 살러시가 제일 먼저 한 일은 그때까지 살아남았던 헝가리 유대인의 대청소였다. 다뉴브강은 총살당한 유대인들의 피로 붉게 물들었다. 소련과의 정전 협정도 당연히 없던 일이 되었다. 부다페스트에는 독일 제22SS의용기병사단과 제109기갑여단, 제110기갑여단이 배치되어 오래지 않아 들이닥칠 소련군에 맞설 준비를 했다. 헝가리는 이제 좋건 싫건 히틀러와 끝까지 운명을 함께해야 할 처지였다.

부다페스트 포위전

히틀러는 헝가리의 배신을 막았지만, 소련군의 공세를 막을 수는 없었다. 부다페스트에서 호르티와 독일군의 막간극이 벌어지는 동안 소련군은 쉬지 않고 사방에서 헝가리를 옥죄었다. 독일 남부집단군과 헝가리군 전체를 가두기 위한 거대한 포위망이 만들어지는 중이었다. 북쪽에서는 소련 제1우크라이나 전선군과 제4우크라이나 전선군이 카르파티아산맥을 넘어 헝가리 북부와 슬로바키아를 침공했다. 남쪽에서는 소련 제3우크라이나 전선군과 루마니아 제1군이 추축군을 쉴 새 없이 밀어내면서 북상 중이었다. 호르티가 실각한 지 닷새 뒤인 20일에는 19세기 루마니아 독립 지도자의 이름을 딴 제1의용보병사단 〈투도르 블라디미레스쿠〉병사들이 부다페스트 동남쪽 220km 떨어진 헝가리 제2의 도시 데브레첸을 점령했다. 헝가리 동부 전체가 무너졌다. 10월 29일, 소련 제2우크라이나 전선군은 부다페스트를 향한 진군을 시작했다. 사흘 뒤인 11월 1일, 제2우크라이나 전선군의 선봉인 제46군과 제18전차군단이 부다페스트 남쪽의 케치케메트Kecskemét를 점령했다. 이곳에서 부다페스트까지는 불과 70km였다.

독일 남부집단군 사령관 요하네스 프리스너 원수는 오토 뵐러Otto Wöhler 장군의 지휘 아래 헝가리 제1군과 독일 제8군으로 뵐러 군 집단을 편성한 뒤 반격하여 소련 제4우크라이나 전선군의 진격을 잠시나마 저지했다. 추축군은 질서 정연하게 티서강 서쪽으로 퇴각했다. 한 달여 동안 추축군은 5만 3,000여 명의 사상자와 전차 200여 대를 잃었다. 특히 헝가리군의 손실은 재앙이나 다름없었다. 헝가리 제1군은 철수 과정에서 큰 손실을 입었다. 데브레첸에서 괴멸적인 타격을 입은 헝가리 제2군은 해체되어 아예 편제에서 삭제되었다. 헝가리 제3군 역시 많은 희생을 치른 끝에 독일 제6군과 통합되어 프레터피코 군 집단Armeegruppe Fretter-Pico의 일부가 되었다. 비록 소련군과 루마니아군의 손실은 추축군의 두 배가 넘었다고 해도 소련군은 여전히 여력이 있는 반면, 추축군은 불가능했다. 헝가리는 16세기 술레이만 대제의 오스만 군대가 침공한 이래 공전의 위기였다. 국왕이 전사하고 수도 부더가 적군에 무참히 짓밟혔던 모하치 전투의 악몽이 다시 덮치고 있었다.

수도 부다페스트를 지키기 위해 전선에서 후퇴한 추축군 잔존 부대들이 속속 모여들었다. 다뉴브강을 사이에 두고 서쪽의 부더와 동쪽의 페슈트를 합하여 부다페스트라고 불리는 이 도시는 로마 제국 시절까지 거슬러 올라가는 유럽에서 가장 오래된 도시 중 하나이자 헝가리 최대의 도시이며 오늘날 유럽에서 아홉 번째로 큰 도시다. 당시 인구는 170만 명에 달했고 주민 대부분이 피란했지만, 포위전이 시작되는

12월에도 여전히 80만 명 정도가 남아 있었다. 또한 군수 산업 대부분과 헝가리 산업의 2/3가 집중되어 있었다. 부다페스트 공장들은 전차, 항공기 부품, 대포 등 전쟁 물자와 연간 100만 톤에 달하는 보크사이트를 생산하여 독일로 수송했다. 히틀러로서는 너지커니저 유전과 더불어 반드시 쥐고 있어야 할 곳이었다.

부다페스트 전면에는 독일 제3기갑군단이 배치되었다. 동부 전선에서 온갖 만행을 저질러 악명을 떨쳤던 제8SS기병사단과 얼마 전 호르티를 끝장내는 데 일조했던 제22SS의용기병사단도 제3기갑군단에 가세하여 최후의 방어선을 구축하고 마지막 싸움을 준비했다. 그 와중에도 부다페스트를 향한 포위망이 시시각각 좁혀지고 있었다. 11월 4일, 소련군은 케치케메트 서북쪽 50km 떨어진 솔노크Szolnok를 점령했다. 헝가리 제25보병사단은 무너졌다. 11월 7일에는 부다페스트에서 20km 떨어진 곳까지 진출했다. 독일-헝가리군은 모든 전선에서 밀려났다.

제2우크라이나 전선군이 부다페스트 동쪽을 압박하는 동안, 남쪽에서는 11월 27일 제3우크라이나 전선군이 다뉴브강을 넘어 너지커니저 유전으로 진격했다. 또한 일부 부대는 우회하여 부다페스트 서쪽으로 향했다. 소련군은 부다페스트를 세 방향에서 포위했다. 같은 날 소련군 선봉 부대가 부다페스트 남쪽 교외까지 진출하여 체펠Csepel섬 공격에 나섰다가 헝가리 후사르 기병사단의 맹렬한 반격으로 격퇴되었다. 하지만 파국을 잠시 늦추었을 뿐이었다. 추축군의 방어선은 허술하기 짝이 없었다. 참호는 물이 가득했고 소련군 전차를 저지할 대전차포와 지뢰도 없었으며 거의 모든 전차를 잃었다. 독일 제13기갑사단에는 불과 2대의 전차만 남았다. 제24기갑사단에는 단 한 대의 전차도 없었다. 헝가리군 제2기갑사단은 님로드 대공 자주포 7대와 처버 장갑차 3대, 투란 II 전차 5대, 4호 전차 2대 등 17대가 전부였다.

12월 14일 부다페스트 북쪽 65km 떨어진 이폴리사그Ipolyság*가 함락되었다. 제2기갑사단은 4호 전차 H형 2대와 투란 Ⅱ 전차 5대만 남고 괴멸했다.

게다가 헝가리군의 사기는 완전히 땅에 떨어졌다. 판처파우스트 작전으로 헝가리가 독일의 위성국으로 전락한 뒤에도 헝가리군은 여전히 건재한 채 10월과 11월 내내 독일군과 함께 소련군에 맞서 싸웠다. 하지만 12월이 되자 드디어 한계에 직면했다. 전선 곳곳에서 헝가리 병사들은 수십 명, 수백 명씩 무리를 지어 무기를 버리고 소련군에 투항하거나 집으로 향했다. 독일군 지휘관들은 더는 헝가리군에 싸울 의지를 기대할 수 없음을 깨달았다. 그 와중에도 화살십자당의 극우 민병대 대원들은 부다페스트를 휘젓고 다니면서 약탈을 일삼고 탈영병들을 반역자라며 처형하면서도 자신들이 소련군을 막겠다고 최전선에 나서는 일은 없었다. 독일 남부집단군 역시 전투력이 남아 있지 않기는 마찬가지였다. 압도적인 소련군을 막을 가능성은 없었다. 히틀러에 의해 괴뢰 정권의 수반으로 추대된 살러시는 돌아가는 상황이 불리함을 깨닫고는 12월 9일 국민과 군대를 버리고 부다페스트를 잽싸게 탈출하여 헝가리-오스트리아 국경 도시 솜버트헤이Szombathely로 달아남으로써 기회주의자의 전형을 보여 주었다.

이대로 헝가리가 무너진다면 다음 차례는 독일 남부였다. 그런데도 히틀러는 헝가리로 증원군은커녕 오히려 병력과 물자를 동부 전선에서 대거 빼내 서쪽으로 보내고 있었다. 어차피 이판사판이었던 그로서는 파국을 잠시 늦추어 보겠다고 아등바등하느니 차라리 한 장의 카드에 마지막 판돈을 걸고 회심의 역전승을 노려 보겠다는 것이었다. 그가 지목한 반격 장소는 벨기에 남부의 아르덴 삼림 지대였다. 4년 전 독일군 기갑 부대들은 이곳에서 연합군의 허를 찌르고 프랑스를 단숨에

* 지금의 슬로바키아 샤히Šahy를 말한다.

끝장내어 승리를 거두었다. 그때의 기적을 재현하겠다는 속셈이었다.

12월 16일 새벽 5시 30분, 거센 눈발이 쏟아지는 가운데 서부 전선에서 총력을 쥐어짠 독일군의 공세가 시작되었다. 나중에 〈아르덴 공세〉 또는 〈벌지 전투〉로 유명해질 히틀러의 마지막 도박이었다. 비록 독일이 궁지에 몰렸다곤 하지만 3개 군 20개 사단 병력 40만 명, 전차 1,400대, 야포 4,200문이라는 만만찮은 전력이었다. 90분에 걸쳐 격렬한 포격이 연합군 진지를 완전히 쑥대밭으로 만들었다. 그런 다음 무적을 자랑하는 티거 II 중전차 부대가 선두에 서서 앞을 가로막는 모든 적을 깔아뭉갤 기세로 내달렸다. 연합군 후방에는 독일의 신무기인 V2 로켓이 쏟아졌다. 크리스마스를 앞두고 방심하고 있던 미군은 그야말로 날벼락이었다. 게다가 이곳의 연합군은 대부분 2선급 부대였다. 겁에 질린 신병들은 무기를 버리고 달아나거나 포로가 되었다. 히틀러의 도박은 모두의 우려를 깨고 또 한 번 성공하는 것처럼 보였다.

그러나 1940년과는 결정적인 차이가 두 가지 있었다. 우선 이번에는 제공권을 쥔 쪽이 독일군이 아니라 연합군이었다. 독일 전차들은 공군의 지원을 받기는커녕 연합군의 폭격을 피하기 위해 밤에만 움직여야 했다. 더욱 치명적인 사실은 미군은 프랑스군이 아니라는 점이었다. 연합군 총사령관 아이젠하워는 프랑스군 총사령관 가믈랭 장군보다 열여덟 살이나 어렸지만, 가믈랭처럼 겁에 질려 현실 도피하는 대신 침착하게 장군들을 모아서 대책을 논의했다. 맹장으로 이름난 제3군 사령관 패튼은 독일군이 제 발로 죽으러 나온 것이라며 자신이 숨통을 끊어 놓겠다고 호언장담했다. 혼란은 금방 진정되었다. 미군 병사들은 자리를 지키면서 끝까지 싸웠다. 기적은 없었다. 4년 전 독일 기갑 부대들은 사흘 만에 뫼즈강을 넘어 프랑스군 후방으로 쇄도하여 연합군을 경악시켰다. 하지만 사정은 달라졌다. 미군의 저항과 연료 부족, 폭격 앞에서 끝까지 뫼즈강에 도착하지 못한 채 공세가 격퇴되면서 왔던 길을 되돌아가야 했다.

히틀러가 가망 없는 도박에 매달려 남은 판돈마저 날리는 동안 빨간불이 켜진 쪽은 동부 전선이었다. 겨울이 닥치면서 기온이 급격히 떨어졌지만, 소련군의 전진은 멈추지 않았다. 발트해를 휩쓸고 폴란드를 점령했으며 동프로이센을 침공했다. 베를린도 풍전등화였다. 독일군은 곳곳에서 쓸려 나갔다. 히틀러가 아르덴에 투입한 병력으로 소련군을 막는 데 썼다고 한들 3년 전 겨울 모스크바 전투에서 소련군이 보여 준 것처럼 극적인 승리를 거둘 수는 없었을 것이다. 하지만 소련군이 1812년의 나폴레옹 군대나 1941년의 독일군이 직면했던 어려움을 극복할 수 있었던 가장 큰 비결은 러시아인들이 다른 민족보다 추위에 더 강하게 진화해서도, 독일군이 소련군보다 용기가 부족해서도, 하물며 스탈린이 히틀러보다 더 뛰어난 전략가이기 때문도 아니었다. 서방이 넘겨준 수십만 대의 차량과 막대한 양의 고품질 연료 덕분이었다.

물론 소련의 승리가 소련 인민들이 흘린 피와 희생, 인내심에 있었음은 누구도 부정할 수 없다. 남베트남과 최근 아프간, 이라크의 예를 보더라도 제아무리 미국이 퍼주어도 스스로 싸울 의지가 없으면 무용지물이기 때문이다. 하지만 그 반대도 마찬가지다. 만약 서방의 원조가 없었다면 히틀러의 군대가 병참 문제로 포기해야 했던 베를린-모스크바 레이스를 소련군 또한 똑같은 이유로 실현하지 못했을 것이다. 소련군은 독일군을 서쪽으로 밀어내기는 했겠지만 결국 한계에 직면하여 서부 러시아나 잘해야 동유럽 어딘가에서 멈추어야 했을 것이다. 양측은 만신창이가 된 채 지루한 소모전을 반복하거나 제1차 세계 대전의 참호전을 재현했을 것이다. 그사이 베를린에 먼저 입성하여 나치 정권을 끝장낸 쪽은 영미 연합군이었을 것이 분명하다.

전쟁 내내 서방을 향해 끊임없이 아쉬운 소리를 늘어놓았던 소련 지도자들은 막상 전쟁이 끝나자 자신들에게 불편한 사실을 깡그리 잊기로 했다. 어느 순간 서방의 원조는 소련 전체 생산량의 4퍼센트에 불과했다는 것이 공식 노선으로 정해지고(냉전 분위기에서 나온 일방적인 주장일 뿐, 충분한 연구나 합의의 결과는 아니었다), 소련 관변 학자들은 자기네 승리에서 어떻게든 서방 기여분을 축소하려고 안간힘을 썼다. 한마디로 서방의 도움 따위가 없었어도 충분히 이길 자신이 있었다는 것이다. 여기에 〈러시아 강철 롤러〉에 환상을 품었던 서방의 일부 친러 학자들까지 성급하게 부화뇌동하면서 수십 년이 지난 지금도 첨예한 논란거리다.

이것은 학술보다 정치의 영역이라는 점에서 쉽사리 결론을 낼 수도 없을뿐더러, 어느 쪽이 옳고 그름을 떠나 본질을 호도하는 것이다. 누구도 제집에 난 불을 끄기 위해 옆집에서 소방 호스를 빌려 놓고 불 다 끈 뒤에 호스 성능이 시원찮았다느니, 그거 없어도 우리 힘으로 끌 수 있다느니 따위의 뻔뻔한 소리를 늘어놓지는 않을 것이다. 애초에 이런 논쟁이 벌어진다는 사실 자체가 러시아인들의 주장처럼 서방의 원조가 무시할 수준이 아니었음을 보여 주는 증거이기도 하다. 더욱이 자존심 강한 스탈린이 아무리 궁지에 몰렸다고 한들 서방이 내미는 손길을 덥석 잡은 것은 소련 인민의 피를 조금이라도 덜 흘리기 위한 도덕적 책임감 때문이 아니라 그렇게 하지 않고서는 이 전쟁에서 히틀러를 도저히 이길 수 없다고 판단했다는 얘기였다. 그 시절 소련은 지구에서 가장 폐쇄적인 세계였고 서방에 대한 뿌리 깊은 불신감을 품고 있었으며 스탈린은 인민의 목숨보다 체제 유지를 훨씬 중요하게 여기는 냉혹한 독재자였다는 점에서 말이다.

또 한 가지 간과해서 안 되는 사실은 제2차 세계 대전 당시 미국, 영국, 소련을 뭉뚱그려 〈연합국〉이라고 부르지만, 미국과 소련은 어디까지나 공동의 적과 싸운다는 것이지 어떤 공식적인 동맹 관계도 아니었다는 점이다. 미국은 소련에 대한 아무런 의무도 없었으며 스페인 내전과 한국 전쟁에서 스탈린이 그랬듯 남의 급박한 처지를 악용하여 무기 장사를 할 수 있었다. 만약 루스벨트가 아니라 트럼프였다면 이자까지 두둑이 받아 내어 자본주의자의 근성을 뼈저리게 깨닫게 해주었겠지만 말이다. 스탈린 입장에서는 서방에 부채 의식을 가질 필요가 없다는 점에서 차라리 그쪽이 마음 편했을지도 모르지만, 미국은 막대한 물자를 거의 아무 대가 없이 내놓았다. 심지어 소련까지 배달하는 역할도 미국인들이 북해의 거친 파도와 싸우고 사방에서 우글대는 독일 유보트의 위협을 무릅쓰면서 도맡아야 했다. 히틀러의 침략만큼이나 내부 혁명을 두려워했던 스탈린은 러시아인들이 풍요로운 바깥세상을 보고 오는 것을 탐탁잖게 여겼기 때문이었다.

상환 조건도 소련에 훨씬 유리했다. 능력이 되면 현물과 바꾸되 나머지는 전쟁이 끝난 뒤 남은 것을 되돌려주거나 저리의 이자와 수십 년의 상환 기간 동안 갚으면 그만이었다. 게다가 그 가격조차 사실상 상징적인 수준이나 다름없는 헐값이었다는 점에서 미국이 일방적으로 손해 보는 거래였다. 하지만 그조차 스탈린은 전쟁 중에는 물론이고 나중에라도 갚으려고 애쓰기보다 서방이 돈으로 소련 인민의 피를 샀다는 뻔뻔한 논리로 입을 싹 닦았다. 냉전 시절 소련 지도자들은 전쟁 동안 자신들의 거대한 무기 생산량을 자랑하면서 서방의 원조는 한낱 새 발의 피에 불과했다고 폄훼했지만 그렇다고 서방을 위해 자신들의 무기를 제공한 적은 없었다. 언제나 소련은 도움을 받는 쪽이지 돕는 쪽이 아니었기 때문이었다. 그런 점에서 문제는 서방에 대한 열등감을 감추기에 급급해 시대착오적인 국수주의에 벗어나지 못하는 러시아인들의 옹졸함에 있지, 전시 동맹으로서 그들을 성심껏 도왔던 서방의 선의를 깎아내릴 일은 아닐 것이다.

12월 18일, 스탈린은 어떤 대가를 치르더라도 부다페스트를 점령하라는 명령을 내렸다. 제2우크라이나 전선군이 북쪽과 동쪽에서,

제3우크라이나 전선군이 남쪽과 서쪽에서 추축군을 밀어붙이며 압박했다. 23일, 부다페스트 남서쪽 60km 떨어진 세케슈페헤르바르Székesfehérvár가 함락되었다. 독일 제3기갑군단은 무너졌다. 잔존 부대는 부다페스트로 철수했다. 추축군 방어선은 여기저기 구멍이 뚫렸다. 특히 세케슈페헤르바르와 부다페스트 사이에 있는 벌렌체Valence 호수 주변으로 18km에 걸친 거대한 틈새가 생겼다. 소련군은 제2기계화군단과 제18 소총군단 산하 7개 소총 사단을 투입하여 틈새를 한층 넓혀 나갔다.

구데리안은 히틀러에게 아르덴 공세를 중지하고 서부 전선에 투입된 병력을 부다페스트로 돌릴 것을 건의했다. 하지만 서부에 대한 미련을 버리지 못한 히틀러는 요지부동이었다. 그 대신 폴란드 남부에 있던 제4SS기갑군단(제3SS기갑사단, 제5SS기갑사단)과 제96보병사단, 제711보병사단이 부다페스트 방면으로 급파되었다. 12월 26일 저녁 소련 제46군과 제53군, 제7근위군, 루마니아 제7군단 28만 명이 부다페스트를 물샐틈없이 포위했다. 카를 페퍼빌덴브루흐Karl Pfeffer-Wildenbruch SS 대장이 지휘하는 독일 제9SS산악군단 3만 3,000명과 헝가리 제1군단 3만 7,000명, 미처 피란하지 못한 80만 명의 민간인들이 갇혔다. 2개 기갑 사단을 포함해 9개 사단에 달하는 전력이었지만 여기저기서 긁어모은 패잔병 무리에 지나지 않았다.

다음 날에는 부다페스트 도심지 남쪽에 있는 페리헤지Ferihegy 비행장이 함락되면서 외부와의 연결이 완전히 끊어졌다. 히틀러는 부다페스트를 요새 도시로 선언하고 〈최후의 한 사람까지 싸울 것〉을 명령했지만, 문제는 도시가 포위되면서 병참을 유지할 수 없다는 점이었다. 적어도 70톤의 탄약을 포함해 일일 평균 400여 톤의 물자를 공수할 수 있어야 했다. 추축군의 빈약한 항공력으로는 어림없는 일이었다. 추축군은 글라이더를 이용해 물자를 공수하려는 시도에 나섰지만, 소련군의 격렬한 대공포 사격으로 실패했다. 소련군의 눈을 피할 수 있는 야음을 틈타 부다페스트를 관통하는 다뉴브강을 이용해 때때로 약간의 물자를 전달하는 것이 전부였다. 부다페스트의 상황은 2년 전 스탈린그라드에서 포위된 독일 제6군과 다를 바 없었다.

12월 28일, 소련군은 라디오와 확성기로 포로의 인도적 대우를 약속하면서 도시의 항복을 권고했다. 하지만 히틀러의 명령이 아니어도 소련군의 포로가 되는 것이 무엇을 의미하는지 모르는 사람은 없었다. 다음 날 아침 항복 권유를 위해 제3우크라이나 전선군에서 파견한 소련군 사절단이 독일군 사령부를 방문했지만 빌덴부르흐는 단호하게 항복을 거부했다. 사절단은 돌아오던 중 독일군의 사격으로 한 사람이 죽고 나머지는 구사일생으로 돌아왔다. 제2우크라이나 전선군이 보낸 사절단 역시 독일군 진영으로 가던 중 집중 사격을 받고 되돌아와야 했다.

12월 30일, 독일 남부집단군은 〈콘라트 작전Operation Konrad〉을 발동하여 부다페스트 구원을 위한 반격을 시도했다. 폴란드에서 출동한 제4SS기갑군단과 제96보병사단, 제711보병사단은 부다페스트 남쪽 20km 떨어진 다뉴브강 남쪽에서 소련 제18소총군단과 제1기계화군단을 공격했다. 부다페스트 서쪽에서도 제3기갑군단(제3기갑사단, 제6기갑사단)이 공세에 나섰다. 독일군은 기갑 부대로 부다페스트의 포위망을 돌파할 생각이었지만 험난한 지형지물과 소련군의 거센 저항에 부딪혔다. 제3기갑군단 선봉 부대는 부다페스트 서쪽 30km에 있는 비츠케Bicske 외곽까지 진격했지만 결국 주저앉았다. 1945년 1월 6일, 제3기갑군단의 돌파 작전은 실패로 끝났다. 같은 날 북쪽에서는 소련군 제6근위전차군단이 체코-헝가리 국경 도시이자 교통의 요충지인 코마롬Komárom을 공격했다. 이곳이 함락된다면 독일로서는 헝가리로 들어오는 통로를 잃는 셈이었기에 전략 예비대인 제20기갑사단을 재빨리 투입하여 소련군의 공세를 간신히 막아 냈다. 남쪽에서 올라오던 독일

파괴된 세체니 다리와 그 뒤로 폐허가 된 부더성. 19세기 헝가리의 자유주의 정치인이자
〈가장 위대한 헝가리인〉으로 불리는 이슈트반 세체니István Széchenyi의 이름을 딴 이
현수교는 영국 건축가 윌리엄 T. 클라크William Tierney Clark가 1849년에 건설했으며
길이는 375m, 폭 14.8m에 달했다. 전후 복구되어 1949년에 재개통했다.

제4SS기갑군단의 공세 역시 1월 12일 소련군의 저지선에 가로막히면서 더 이상 진격할 수 없었다.

부다페스트에서도 치열한 전투가 한창이었다. 소련군은 다뉴브강 동안의 페슈트에 모든 공격력을 집중했다. 시가지에서는 스탈린그라드에서 소련군이 그랬듯, 추축군 병사들은 건물 잔해 사이에 숨어 소련군 병사들을 저격하여 많은 손실을 입혔다. 하지만 물자 부족으로 점점 한계에 직면했다. 1월 17일, 히틀러는 부다페스트를 구성하는 두 개의 도심지 중 동쪽의 페슈트를 버리고 부더에 집결할 것을 지시했다. 헝가리군의 반발에도 불구하고 독일군은 두 도심지를 연결하는 다리들을 모두 폭파했다. 그중에는 1849년에 건설되어 100년의 역사와 유럽에서 가장 아름다운 건축물 중 하나로 꼽히는 세체니 다리Széchenyi Chain Bridge 도 있었다.

다뉴브강 서안의 부더는 지형이 평탄한 페슈트와 달리 방어에 유리한 언덕이었기에 전투는 한층 처절했다. 소련-루마니아군은 맹렬한 포격을 퍼부으며 포위망을 조금씩 압축해 나갔다. 1월 18일, 벌러톤Balaton 호수 북동쪽에서 헤르만 브라이트 기갑 대장이 이끄는 브라이트 기갑 집단Panzergruppe Breith이 재차 공세에 나섰다. 독일군 전차들은 최후의 여력을 짜내어 소련군을 밀어붙이고 1월 20일 부다페스트 남쪽 60km 떨어진 세케슈페헤르바르를 탈환했다. 1월 26일 저녁에는 제1기갑사단이 부다페스트에서 16km 떨어진 곳까지 진출했지만 여기까지가 한계였다. 독일군의 공세는 지난 수개월 동안 소련군이 경험한 것 중에서 가장 격렬했다. 하지만 열흘에 걸친 쉴 새 없는 전투와 손실로 독일군의 전투력은 완전히 바닥을 드러냈다. 제1기갑사단 산하 2개 보병 연대에는 각각 100여 명이 남았다. 제23기갑사단은 불과 5대의 전차가, 제3SS기갑사단과 제5SS기갑사단 역시 각각 9대의 전차가 남은 게 전부였다. 제509중전차대대에는 티거 중전차 5대만 남았다. 부다페스트를 구하기 위한 마지막 시도마저 실패했다. 2월 6일, 히틀러는 잔여 병력을 너지커니저 유전을 지키고 소련군의 빈으로의 진격을 막는 데 쓸 것을 명령했다.

헝가리군의 사기는 한층 떨어졌다. 독일을 위해 싸워 본들 소용없다고 생각한 헝가리 병사들은 무기를 버리고 각자 살길을 찾아 나섰다. 헝가리군의 탈주가 꼬리를 물자 독일군 지휘관 중에서는 헝가리군 부대를 강제로 무장 해제한 다음 잡역부로 부리기도 했다. 상황이 절망으로 치달으면서 서로에 대한 불신감과 증오심은 한층 깊어졌다.

이 와중에 소련은 12월 22일 데브레첸에서 헝가리 제1군 사령관이었던 미클로시 벨러 대장을 수반으로 하는 〈헝가리 임시 국민 정부〉라는 새로운 괴뢰 정권을 세웠다. 그는 앞서 호르티의 반독 쿠데타에 호응하여 소련과의 정전을 지시했다가 독일군을 피해 소련군 진영으로 달아났다. 모스크바에서 스탈린을 만난 뒤 헝가리로 돌아와 친소 괴뢰 정권의 수장으로 옹립되었다. 헝가리는 솜버트헤이로 달아난 살러시의 파시스트 정권과 데브레첸의 친소 정권으로 쪼개져 서로 자신들이 정통이라고 주장했다. 어차피 어느 쪽이건 실권이 없기는 마찬가지였지만 히틀러를 등에 업은 살러시 정권의 운명이 얼마 남지 않았다는 사실만큼은 분명했다. 소련군의 포로가 되었거나 투항한 헝가리 병사들은 소련군에 의해 〈부더 의용연대Buda Volunteer Regiment〉라는 이름으로 재편성되었고 소련 제23소총군단 산하에서 부다페스트 포위전에 투입되어 어제의 전우들에게 총부리를 겨누었다. 독일군과 싸우다가 전사한 헝가리군 병사는 900여 명에 달했다.

히틀러는 여전히 부다페스트를 포기하거나 추축군의 후퇴를 허용할 수 없다고 고집을 부렸다. 하지만 더는 싸울 수 없다고 판단한 페퍼빌덴브루흐는 히틀러의 명령을 무시하고 도시를 빠져나가기로 결심했다. 2월 11일 밤, 2만 8,000여 명의 독일-헝가리군과 수천 명의 민간인이 짙은 안개를 이용해 북서쪽으로 포위망 돌파에 나섰다. 그러나 미리 기다리고 있던 소련군은 집중 포격으로 이들을 무자비하게 쓸어버렸다. 무사히 탈출에 성공한 병력은 785명에 불과했다. 나머지는 모두 죽거나 붙들렸다. 페퍼빌덴브루흐와 헝가리 제1군단장 이반 힌디Iván Hindy 장군 역시 포로가 되었다. 부더성도 함락되었다. 이틀 뒤 부다페스트 전역이 소련군의 손에 넘어갔다. 12월 28일부터 2월 13일까지 50여 일에 걸친 부다페스트 포위전에서 독일군 3만 명, 헝가리군 9,000명이 죽고 4만 명이 포로가 되었다. 또한 4만여 명의 민간인이 죽었으며 도시의 80퍼센트가 파괴되었다. 소련군의 손실도 전사자 8만 명, 부상자 24만 명에 달했다. 양측 사상자는 42만 명에 달했다. 스탈린그라드 전투와 더불어 제2차 세계 대전 중 가장 치열한 시가전 중 하나였다. 부다페스트가 함락된 뒤 3만여 명의 독일계 헝가리인들이 강제 노역을 위해 소련으로 끌려갔다. 전쟁이 끝날 때까지 소련에 끌려간 헝가리인은 50만 명에 달했다.

부다페스트는 함락되었지만, 헝가리의 전쟁은 아직 끝나지 않았다. 아르덴 공세에서 실패한 히틀러는 뒤늦게 동부 전선으로 눈을 다시 돌렸다. 이번에는 소련군을 상대로 또 한 번 도박을 벌이겠다는 것이었다. 더 이상 수중에는 도박에 걸 판돈조차 남지 않았음에도 말이다. 독일군의 마지막 반격이 될 〈봄의 새싹 작전Operation Spring Awakening〉이었다.

봄의 새싹 작전

눈 덮인 아르덴에서 미군의 반격 앞에 독일군이 무너지고 있던 1945년 1월 12일, 소련군은 나치의 심장부를 향한 총공세를 시작했다. 비스툴라-오데르 공세Vistula–Oder offensive였다. 병력은 제1벨라루스 전선군과 제1우크라이나 전선군 산하 163개 사단 220만 명, 전차 및 자주포 7,000대, 야포 3만 문, 카튜샤 다연장 로켓포 2,200문, 항공기 5,000대라는 가공할 전력이었다. 원래는 1월 20일에 시작할 예정이었지만 이참에 서방 지도자들에게 생색을 낼 속셈이었던 스탈린은 아르덴에서 위기에 빠진 서방 연합군을 구한다는 명목으로 작전을 앞당기라고 엄명을 놓았다. 그는 베를린이라는 도시 하나를 점령하기 위해 투입한 소련군이 바르바로사 작전에서의 독일군 전체를 압도한다면서 의기양양했다. 서쪽에서도 독일군의 공세를 격퇴한 영미 연합군은 공세로 전환하여 라인강을 건널 준비를 했다. 천년 제국을 꿈꾼다던 독일 제3제국의 운명은 게르만 신화에 나오는 〈라그나뢰크Ragnarök〉*를 눈앞에 두고 있었다.

거대한 소련군이 독일 본토로 물밀듯이 몰려온다는 말을 들은 히틀러는 그제야 마지못해 아르덴 공세의 중단에 동의하고 병력을 빼내라고 지시했다. 하지만 베를린을 향해 진군하는 소련군을 틀어막기 위해서가 아니었다. 그는 새로운 공세를 지시했다. 장소는 헝가리 서부의 벌러톤 호수였다. 독일의 합성 석유 공장들이 연합군의 폭격으로 죄다 파괴된 상황에서 헝가리 너지커니저 유전마저 빼앗긴다면 전차는 움직일 수 없고 항공기는 날 수 없어 그 순간 전쟁에서 진다는 이유였다. 누구의 눈으로 보더라도 이미 결판이 난 싸움이었음에도 히틀러만 애써 외면하고 있었다. 병력과 물자가 바닥난 독일군은 설령 소련군을 잠시 밀어낸다고 한들 전세를 바꾸기에는 어림없었다. 구데리안은 소련군의 선봉이 이미 베를린 동쪽 65km까지 접근한 상황에서 남은 전력을 수도 방어에 투입하기를 원했지만, 히틀러는 끝까지 요지부동이었다.

공세의 주력은 아르덴에서 후퇴한 제프 디트리히Sepp Dietrich SS기갑상급대장의 제6SS기갑군이었다. 또한 유고 방면에서 철수 중인 제

* 고대 노르드어로 〈신들의 황혼〉이라는 뜻으로 세상의 종말을 의미한다.

2기갑군과 E집단군이 북상하여 제6SS기갑군과 함께 소련군을 다뉴브 강으로 밀어내어 부다페스트를 탈환하고 너지커니저 유전을 확보한다는 계획이었다. 병력은 독일군과 헝가리군 25개 사단 30만 명에 전차 및 돌격포 1,800여 대에 달했다. 전장의 왕자라 불리는 티거 II 중전차도 대거 포함되어 있었다. 그중 제6SS기갑군은 전력이 보충되면서 900여 대의 전차와 돌격포를 보유했다. 독일에 남은 마지막 기갑 전력이었지만 실제로 움직일 수 있는 전차는 600여 대에 불과했다.

제프 디트리히는 히틀러의 심복이자 나치의 광적인 추종자였으며 부하들에게는 〈파파 제프〉라고 불릴 만큼 애정과 존경의 대상이기도 했다. 그러나 제1차 세계 대전 당시 부사관으로 복무한 것이 군 경력의 전부였던 그는 용감하기는 했지만, 정식 군사 교육을 받은 적이 없었다. 하물며 소부대의 지휘라면 몰라도 탁월한 전술가로서 대부대를 지휘할 만한 그릇은 아니었다. 어쨌거나 공장에서 갓 생산된 신형 중전차로 무장하고 말쑥한 제복을 입은 병사들로 가득한 제6기갑군의 위용은 만신창이가 되어 싸우고 있던 다른 독일군 부대나 헝가리인들에게는 깊은 인상을 주었다. 진흙투성이의 패잔병들과는 전혀 대조적인 이들의 모습은 나치 제국이 아직 죽지 않았음을 증명하는 것처럼 보였다.

주 공세에 앞서 일종의 양동 작전으로 2월 17일부터 〈남풍 작전 Operation Southwind〉이 실시되었다. 부다페스트 북쪽 에스테르곰에서 독일 제8군 산하 2개 기갑 사단(제1, 12SS기갑사단)과 3개 보병 사단(제44, 제46, 제211보병사단)이 소련 제7근위군을 공격했다. 소련군에는 그야말로 뜻밖의 일격이었다. 제508중전차대대의 티거 II 전차 44대를 포함해 282대에 달하는 독일군 전차들이 소련군 교두보를 분쇄하고 소련군을 동쪽으로 밀어냈다. 2월 17일부터 24일까지 일주일에 걸친 전투에서 소련 제7근위군은 8,000여 명의 사상자를 내고 전차 54대, 야포 460문을 잃었다. 독일군 또한 6,500여 명의 사상자와 130대의 전차를 잃었지만 파손된 전차 대부분은 회수한 후 수리했다. 독일군의 측면 위협은 일시적이나마 제거되었다.

3월 6일, 독일 제6군과 제6SS기갑군, 헝가리 제3군은 티거 Ⅱ 중전 차를 앞세우고 벌러톤 호수 동쪽에서 공세를 시작했다. 독일군 최후 반 격이 될 작전이었다. 공세의 주력인 제6SS기갑군의 첫 번째 목표는 샤 르비즈 운하Sárviz Canal를 넘어 체펠섬 남쪽 두너푈드바르Dunaföldvár의 점 령이었다. 독일 제6군과 헝가리 제3군은 세케슈페헤르바르 남동쪽으 로 진격했다. 다뉴브강 서안의 소련군을 포위 섬멸하여 너지커니저 유 전의 안전을 확보하겠다는 계획이었다. 벌러톤 호수 남쪽에서는 독일 제2기갑군이 커포스바르Kaposvár로 진격했고 E집단군 산하 4개 사단 또 한 헝가리 남부 공업 도시 페치Pécs를 향해 북상했다. 지난 2년 동안 연 전연패를 거듭하고 독일 본토의 공업 지대가 서방 연합군의 맹폭격으 로 초토화되었음에도 여전히 이만한 반격에 나설 힘이 남아 있다는 사 실 자체가 경이로운 일이었다. 하지만 승패를 뒤집기에는 역부족이었 다. 게다가 소련군은 헝가리 서쪽에 독일군 기갑 부대가 집결하고 있다 는 사실을 일찌감치 포착하고 있었다. 독일 기갑 부대의 무서움을 잘 알 고 있던 제3우크라이나 전선군 사령관 톨부힌 상장은 엄청난 희생을 초 래할 정면 승부 대신 쿠르스크 전역의 경험을 되살리기로 했다. 소련군 은 벌러톤 호수 주변으로 길이 83km에 걸친 강력한 방어선을 구축하여 대량의 지뢰를 포설하고 대전차포와 야포를 조밀하게 배치했다. 종심 의 깊이는 30km에 달했다. 또한 병참선 확보를 위해 다뉴브강에 임시 가교를 설치하여 군수품과 연료를 실어 날랐다.

독일군은 벌러톤 호수 방면의 소련군이 취약하여 공격이 손쉬울 것이라고 예상했다. 하지만 진격은 처음부터 난관에 부딪혔다. 화창한 날씨로 눈이 녹으면서 도로가 진흙탕이 되었기 때문이었다. 티거 Ⅱ를 비롯한 독일이 자랑하는 중전차들은 제대로 기동할 수 없었다. 현지 지형을 모를 리 없는 헝가리인들이 처음부터 경고했지만, 히틀러를 비롯한 독일 수뇌부가 무시한 탓이었다. 〈샤르비즈〉라는 이름 자체가 헝가리어로 〈진흙〉이라는 의미였다. 게다가 독일군의 반격을 대비하고 있던 소련군의 저항은 매서웠다. 대전차포들은 독일 전차들에 큰 피해를 입혔다. 선봉을 맡은 제504중전차대대의 티거 II는 제대로 움직일 수도 없었다. 뻘밭으로 변한 도로가 50톤이 넘는 티거 II의 중량을 지탱하지 못했기 때문이었다. 이 때문에 공격의 주축은 보병이 맡아야 했다. 제6SS기갑군은 이틀 동안 고작 6km를 전진할 수 있었다.

3월 9일, 제2SS기갑군단은 제26군 산하 제135소총군단의 방어선을 돌파했고, 11일에는 제1SS기갑군단이 운하를 건넜다. 하지만 탄약과 연료가 점점 바닥을 드러내면서 진격은 한층 어려워졌다. 소련 제3우크라이나 전선군은 독일군의 전진을 막기 위해 모든 예비대를 투입했고 방어선은 점점 강화되었다. 전선 뒤쪽에 있던 제9근위군과 제6근위전차군도 증원되었다. 소련군에는 끝없는 예비대가 있었지만, 독일군은 그렇지 못했다. 상황은 아르덴의 재현이었다. 공격 시작 10일째인 15일까지도 독일군은 겨우 10~12km를 진격했고 다뉴브강에 도달하는 데 실패했다. 반면, 사상자는 1만 5,000여 명에 달했다. 제6SS기갑군은 595대의 전차 중 겨우 185대만 싸울 수 있었다. 히틀러는 헝가리에서의 공세가 베를린을 향한 소련군의 압박을 완화할 것이라고 기대했지만 헝가리로 증파된 소련군은 겨우 2개 전차 여단에 불과했다. 소련군 입장에서는 독일의 공세 따위는 헝가리에 있는 병력만으로도 요리할 수 있다는 얘기였다.

히틀러는 여전히 이길 수 있다면서 오기를 부렸지만 이미 한계였다. 주도권은 소련군에 넘어갔다. 3월 16일, 소련군의 반격이 시작되었다. 북쪽에서는 다뉴브강을 따라 제2우크라이나 전선군이 서쪽으로 진격했고 남쪽에서는 제3우크라이나 전선군이 벌러톤 호수로 진격했다.

세케슈페헤르바르 인근에서 소련군의 사격으로 파괴되어 버려진 독일 제503중전차대대
소속 티거 Ⅱ 중전차. 중량 70톤, 티거보다 한층 강력한 화력과 더욱 두꺼운 중장갑을 갖춰
당대 최강이자, 연합군에는 괴물이라고 불리며 공포를 떨쳤던 이 전차의 무참한 잔해는
파멸로 내몰리는 독일 제국의 말로를 상징하는 장면이기도 하다.

제46군은 제2근위기계화군단을 앞세워 벌렌체 호수 북쪽에서 헝가리 제3군을 공격했다. 수백 대의 전차가 몰려오자 헝가리군은 여지없이 무너졌다. 독일 제6군도 밀려났다. 독일 제6SS기갑군 북쪽 측면이 열리면서 남부집단군 전체가 위기에 빠졌다. 3월 19일, 소련군은 독일군이 지난 13일 동안 필사적으로 점령했던 모든 지역을 단 사흘 만에 되찾았다. 힘의 격차는 너무나 컸다. 3월 21일, 벌렌체 호수와 벌러톤 호수 사이에 있는 요충지인 세케슈페베르하르가 함락되었다. 독일 제6SS기갑군의 퇴로가 차단되어 포위 섬멸당할 처지였다. 승패는 결정되었다. 독일군은 퇴각을 시작했다. 진흙탕 속에서 옴짝달싹할 수 없게 된 수많은 전차와 차량이 버려졌고 공포에 휩싸인 병사들은 정신없이 달아났다. 헝가리 제3군은 다뉴브강 북쪽으로 밀려났다. 제6SS기갑군의 퇴로를 차단하기 위해 제4근위군과 제9근위군은 공격을 한층 강화했고, 제6근위전차군이 400여 대가 넘는 전차로 가세했다. 히틀러의 모든 희망이 사라지는 순간이었다.

　　남부집단군은 남은 전력이라도 구해야 할 판이었다. 남쪽의 제2기갑군도 애써 확보한 교두보를 버리고 다리를 파괴한 후 서쪽으로 퇴각했다. 독일군이 진흙탕과 싸우면서 잘 구축된 소련군의 진지를 어렵사리 뚫고 들어가야 했던 것과 달리 소련군의 진격은 파죽지세였다. 3월 27일, 소련군 선견대가 세케슈페베르하르 서쪽 50km 떨어진 터폴카푀Tapolcafö를 점령했다. 같은 날 헝가리-오스트리아 국경 도시인 죄르Györ가 함락되었다. 제6군과 제6SS기갑군은 제6근위전차군의 공격을 막지 못하고 뒤로 밀려났다. 독일군의 손실은 엄청났다. 디트리히는 이렇게 농담을 던졌다. 〈이제야 제6SS기갑군의 이름에 걸맞게 되었다. 수중에 단 6대의 전차만 남았으니 말이다.〉 기대가 배신당한 히틀러는 무장 친위대 병사들에게 친위대 완장을 찰 자격이 없으니 죄다 떼라고 윽박질렀지만, 디트리히는 무시했다. 20여 년 동안 히틀러를 향해 누구보다도

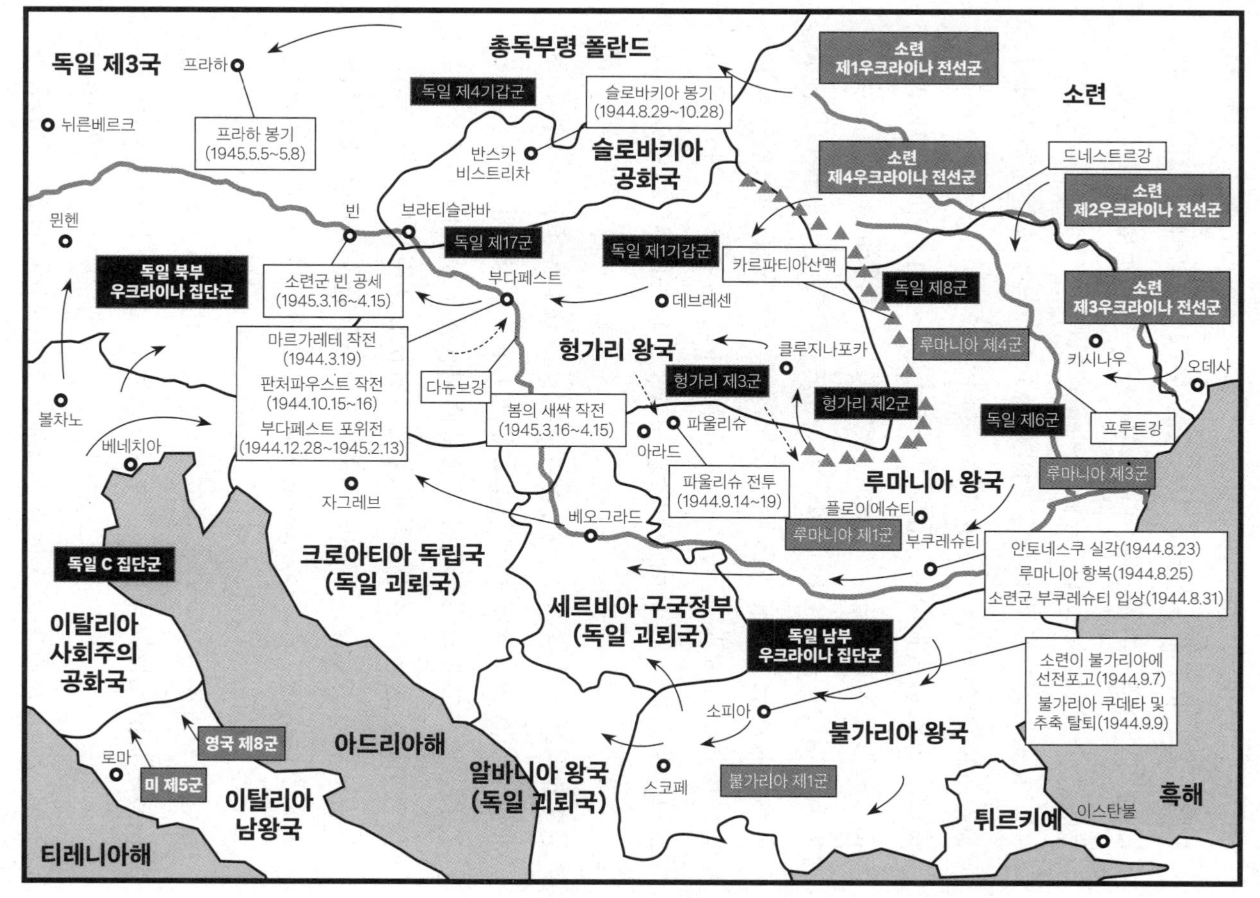

1944~1945년 동유럽에서 소련군의 진격 상황과 주요 전투

광신적인 충성을 바쳤던 그도 이제는 총통의 변덕에 진절머리가 난 것이었다.

아르덴 공세와 봄의 새싹 작전은 독일에 남은 마지막 저항 능력마저 허공으로 날려 버린 꼴이었다. 3월 29일 살러시 괴뢰 정부가 있는 솜버트헤이가 함락되었다. 이번에도 살러시는 혼자만 살겠답시고 오스트리아 빈으로 달아났다. 헝가리의 화살십자당 정권은 5개월 만에 공중분해되었다. 국방부 장관이자 참모총장인 베레그퍼 카롤리 장군과 헝가리군 수뇌부, 괴뢰 정권의 각료들은 독일 남부의 작은 마을 메텐Metten으로 피신했다. 하지만 이곳에는 변변한 통신망이 없었으므로 전선의 상황을 알거나 일선 부대에 명령을 내릴 방법이 없었다. 지휘 계통은 마비되어 심지어 어느 부대가 어디에 있는지, 재집결할 방법이 있는지조차 알 수 없었다.

3월 31일, 소련군이 오스트리아 국경을 넘었다. 이제는 히틀러도 다 끝났다는 사실을 인정해야 했다. 그는 남부집단군에 오스트리아로의 철수를 명령했다. 남쪽의 제2기갑군 역시 소련군 제57군이 독일군 방어선의 틈새를 뚫고 들어오면서 패주했다. 어제의 우군이었지만 이제는 적이 된 불가리아 제1군단 6개 사단도 소련군과 함께 독일군을 밀어붙였다. 이틀 뒤 너지커니저 유전이 소련군의 손에 넘어갔다. 그리고 이틀 뒤 추축군은 헝가리에서 완전히 쫓겨났다. 헝가리군은 독일군의 철수 행렬에 휩쓸려 여기저기 흩어졌다. 헝가리군 잔존 부대는 세 그룹으로 쪼개졌다. 제1군(제16보병사단, 제24보병사단, 제3보충사단)은 북쪽의 체코로 퇴각했다. 제3군 산하 제8군단(후사르 기병사단, 제2기갑사단, 제1산악여단, 제23예비사단)은 서쪽의 오스트리아로 후퇴했다. 제2군단(제20보병사단, 제25보병사단, 센트 라슬로 사단)은 남쪽의 유고와 오스트리아 국경 지대로 밀려났다. 소련군을 피해 피란길에 오른 수많은 난민도 함께였다.

　　같은 시간 3월 24일, 라인강 동안에서는 처칠이 지켜보는 가운데 서방 연합군의 대규모 공수 부대가 낙하했다. 본격적인 독일 본토 침공을 알리는 〈플런더 작전Operation Plunder〉의 일부였다. 영국 제2군과 미 제9군 등 128만 명에 달하는 서방 연합군이 몽고메리의 지휘 아래 라인강을 돌파하고 북부 독일 평야로 홍수처럼 밀려들었다. 이들에 맞서는 독일군 H집단군은 겨우 8만 명 남짓이었다. 남쪽에서는 오마 브래들리Omar Bradley가 지휘하는 제12집단군이 맹장 조지 S. 패튼의 제3군을 선봉으로 앞세우고 라인강을 넘었다. 방어전의 귀재라고 불리는 발터 모델조차 속수무책이었다. 그의 B집단군은 루르에서 포위되었다. 독일군은 지리멸렬하고 있었다.

　　4월 9일에는 동프로이센의 수도 쾨니히스베르크가 함락되었다. 동부에서 독일의 방어선은 완전히 무너졌다. 베를린으로 향하는 마지막 관문이 열렸다. 남쪽에서도 전쟁의 불길이 헝가리를 넘어 오스트리아와 체코슬로바키아에 옮겨붙었다. 소련군의 일각에는 불가리아와 루마니아도 있었다. 불가리아 제1군 7개 사단 13만 명은 소련 제2우크라이나 전선군과 함께 오스트리아 동부를 침공했고 빈으로 진격했다. 루마니아 제2기갑연대 2,000여 명도 빈 공략 작전에 참여했다. 또한 24만 8,000명에 달하는 루마니아 제1군, 제4군은 소련 제2우크라이나 전선군과 함께 북상하여 체코슬로바키아를 향해 진군했다. 3월 26일, 루마니아 제4군은 슬로바키아 중부 도시 반스카비스트리차를 점령했다. 4월 4일, 슬로바키아의 수도 브라티슬라바Bratislava가 함락되었다. 4월 13일, 루마니아 제1군과 소련 제53군은 모라바강을 넘어 체코를 침공했다. 독일군은 소련-루마니아군의 공세를 막기에 역부족이었다.

　　히틀러는 베를린의 벙커 깊숙한 곳에 숨어 최후의 1인까지 싸워야 한다며 닦달했지만, 승부는 이미 끝난 것이나 다름없었다. 이제는 이기고 지느냐가 아니었다. 얼마나 버티면서 복수의 칼날을 갈고 있는 소련군을 피해 서방 연합군 진영으로 단 한 사람이라도 더 탈출시키느냐의 싸움이었다. 문제는 서방 연합군과 소련군 중에서 어느 쪽이 더 빨리오느냐였다. 헝가리군 수뇌부는 전략적 상황과 양쪽의 진격 속도를 볼때 서방 연합군보다 소련군이 다뉴브강에 먼저 당도할 것이 틀림없다고 결론 내렸다. 바꾸어 말해 소련군의 포로가 되지 않으려면 최대한 서쪽을 향해 달아나야 했다. 더는 군사적 철수가 아닌 생존을 위한 필사의탈출이었다. 살러시를 대신해 괴뢰 정부의 수장이 된 베레그피 장군은4월 8일 다음과 같이 명령했다.

　　　- 모든 헝가리 부대와 민간인들은 현재의 위치를 떠나 미군이 도착할 것으로 예상되는 독일 남부의 뮌헨으로 집결할 것
　　　- 독일에서 훈련 중인 제25SS의용사단 〈후녀디〉와 제26SS의용사단 〈홍가리아〉는 독일 남부집단군과 합류하여 소련군과의 싸움에 참여할 것
　　　- 서방 연합군에 대한 어떤 적대 행위도 금지할 것

헝가리의 적은 어디까지나 소련이지 서방이 아니라는 얘기였다. 지난3년 동안 소련에서 온갖 만행을 일삼았던 나치 독일은 인과응보라고 쳐도 헝가리를 비롯한 대부분의 동유럽 국가들은 원래부터 반러 정서가강했다. 불가리아만 예외였다. 게다가 민주주의 진영인 서방 연합군은점령지에서도 비교적 규율을 잘 지키면서 질서 회복에 노력한 반면, 소련군은 가는 곳마다 당한 대로 되갚아 준다는 핑계로 만행과 약탈을 일삼았다. 이들은 빼앗을 수 있는 것이라면 뭐든 빼앗았다. 남자에게는 결혼반지를, 여자에게는 목걸이를 약탈했으며 길가에 널브러진 시체에서 부츠를 벗겨 내기도 했다. 야만성과 형편없는 규율은 20세기 군대가아니라 그 옛날 훈족과 몽골족을 연상케 할 정도였다. 스탈린 또한 굳이

이런 이미지를 바꾸려고 노력하지 않았다. 오히려 사기를 핑계로 병사들의 만행을 묵인하거나 소련이 전쟁에서 입은 피해를 조금이라도 만회하겠다는 듯 점령 지역에서 산업 시설과 문화 예술품에 대한 조직적인 약탈을 지시하기도 했다. 주코프를 비롯한 장군들 역시 스탈린의 묵인 아래 자기 몫을 단단히 챙겼다.

동유럽에서 소련군이 얼마나 인기 없는 존재인지는 체코슬로바키아에서 또 한 번 입증되었다. 5월 5일, 체코슬로바키아 수도 프라하에서 대규모 봉기가 일어났다. 소련군이 들어오기 전에 독일군을 쫓아내고 미군을 먼저 입성시키려는 마지막 시도였다. 수개월 전 히틀러의 무자비한 응징으로 끝난 바르샤바 봉기와 달리, 체코인들은 독일군을 프라하에서 철수시키는 데 성공했다. 소련 포로 출신들로 구성된 독일 괴뢰 군대인 자유 러시아군 1만 8,000명도 체코인들에게 가세했다. 독일군으로서는 체코인들과 싸울 때가 아니었다. 짧은 전투 끝에 다음 날 체코인들과 평화 협정을 맺고 도시에서 물러났다. 체코슬로바키아는 나치의 지배에서 벗어났다. 주데텐란트 사건 이후 6년 반 만이었다. 수도를 해방한 체코인들은 서쪽에서 접근 중인 패튼의 제3군을 프라하로 맞아들이려고 애썼지만 무의미한 시도였다. 얄타 회담에서 스탈린은 서방 지도자들과 서로의 세력권을 합의했다. 체코슬로바키아는 소련의 몫이었다. 아이젠하워는 패튼더러 체코슬로바키아에서 물러날 것을 지시했다. 5월 9일 이반 코네프가 지휘하는 소련 제1우크라이나 전선군 산하 제3근위전차군과 제4근위전차군은 밤새도록 80km를 무주공산으로 달린 끝에 프라하에 입성했다. 체코슬로바키아의 마지막 희망이 사라지는 순간이었다.

철의 장막 뒤에서

1945년 4월 30일, 히틀러가 자살했다. 이틀 전 무솔리니는 스위스로 달아나던 중 국경 근처에서 공산 게릴라들 손에 붙들려 처형당한 후 시체가 거리에 매달리는 굴욕을 당했다. 히틀러는 베를린의 벙커 속에서 광기를 부리면서도 최후까지 실낱같은 희망을 품고 기적이 일어나기를 바랐지만, 마지막 반격마저 실패했다는 얘기를 듣는 순간 자포자기했다. 자신도 무솔리니처럼 될까 두려웠던 히틀러는 애인과 함께 권총으로 목숨을 끊었다. 다음 날 제국 의사당이 함락되었다. 베를린 방위 사령관 헬무트 바이틀링Helmuth Weidling 대장은 항복했다.

새로운 총통은 유보트 부대의 수장이었던 되니츠 제독이었다. 히틀러 전기 작가인 이언 커쇼의 말마따나 그는 직업 군인이 아니라 괴링, 힘러에 비견되는 나치의 광신자였고 그게 히틀러가 자신의 후계자로 삼은 이유였지만 적어도 망상 환자는 아니었다. 되니츠 제독은 무모한 오기를 부리는 대신 항복을 위해 서방 연합군과의 접촉에 나섰다. 독일인들이 소련군의 손아귀에서 단 한 사람이라도 더 많이 벗어나 서방 연합군에 투항할 수 있도록 최대한 시간을 벌 속셈이었다. 하지만 전쟁을 하루라도 빨리 끝내길 원했던 서방 연합군은 되니츠에게 당장 항복할 것을 요구했다. 5월 7일, 독일은 항복을 선언했다. 전쟁은 끝났다.

다음은 전후 처리였다. 헝가리 화살십자당의 당수이자 패전 마지막 5개월 동안 히틀러의 꼭두각시 노릇을 했던 살러시 페런츠, 국방 장관 베레그피 카롤리, 내무 장관 버여너 가보르Gabor Vajna 등 괴뢰 정권의 지도자들은 미군에 투항했지만 소련군에 넘겨졌다. 그리고 공산 정권이 장악한 헝가리 법정에서 사형을 판결받고 다음 해 3월 12일 한꺼번에 교수형에 처해졌다. 앞서 히르슈베르크성에 감금되었던 섭정 호르티는 1945년 5월 1일 미군에 의해 해방되었다. 이후 뉘렌베르크로 옮겨진 뒤 12월 17일 석방되었고 가족들과 만날 수 있었다. 호르티는 전쟁 내내 헝가리의 최고 실권자로서 나치에 편승하여 국가에 엄청난 재앙을 초래한 원흉이었다. 하지만 서방 연합군은 고령이라는 이유로 전범으로 기소하는 대신 면죄부를 부여했다. 뉘렌베르크 전범 재판에서는 헝가리 유대인 학살을 주도한 베센마이어에 대한 증인으로 출석했다. 1950년 가족들과 함께 포르투갈로 망명하여 그곳에서 유유자적한 삶을 보내다가 1957년 포르투갈 남쪽 끝 아름다운 해안 마을 에스토릴Estoril에서 88세의 나이로 죽었다. 그는 그나마 다른 추축 지도자들에 비하면 벌을 받지 않고 천수를 누렸다는 점에서 행운아였다.

루마니아의 철권독재자이자 히틀러의 가장 충실한 맹우 노릇을 했던 안토네스쿠는 전쟁이 끝난 뒤 소련의 악명 높은 정치범 수용소인 루반카 교도소로 끌려갔다. 얼마 후 루마니아로 송환되어 뉘렌베르크가 아닌 국내 법정에서 유대인 홀로코스트를 주도한 죄목으로 전범으로 기소되어 사형을 선고받았다. 그는 총살형을 요구했고 1946년 6월 1일 다른 전범들과 함께 처형되었다. 자신을 꼭두각시 취급하던 안토네스쿠를 끌어내린 놀라운 용기를 보여 준 미하이 1세는 루마니아가 소련의 지배에 들어가면서 이번에는 친소 괴뢰 정권의 꼭두각시가 되어야 했다. 국왕은 망명을 거부하고 옥좌를 지키려고 애썼다. 하지만 1947년 12월 30일, 총리이자 소련의 끄나풀이었던 페트루 그로자Petru Groza가 친소 군대를 동원하여 왕궁을 포위하고 하야를 강요하자 굴복하지 않을 수 없었다. 나흘 뒤 그는 모든 재산을 몰수당한 채 루마니아에서 추방되어 스위스로 망명했다. 미하이 1세가 고국 땅을 다시 밟을 수 있었던 것은 냉전이 끝난 뒤인 1992년이었다. 독재 정권이 무너지고 다시 민주화된 루마니아는 전 국왕의 귀환을 환영했다. 부쿠레슈티의 옛 왕궁에서 살던 그는 2017년에 아흔여섯 살의 나이로 사망했다.

무늬만 추축이었던 불가리아 역시 철퇴를 맞았다. 쿠데타를 일으켜 정권을 잡은 조국전선은 세 명의 섭정을 비롯하여 우파 지도자들을 나치의 부역자라면서 1945년 2월 1일 한꺼번에 총살했다. 하지만 조국전선의 수장이자 민족주의자인 키몬 게오르기에프도 승자는 아니었다. 얼마 되지 않아 소련을 등에 업은 공산주의자들에게 권력을 내주어야 했다. 쿠데타가 일어났을 때 불과 일곱 살이었던 국왕 시메온 2세는 당장 쫓겨나지는 않았지만, 어차피 시간문제였다. 1946년 9월 15일, 소련군의 감시 아래 군주제 폐지를 놓고 불가리아 전역에서 국민 투표가 실시되었다. 결과는 95.6퍼센트의 찬성이었다. 폐위된 국왕과 왕실은 그나마 빈털터리로 쫓겨나는 대신 먹고살 만큼의 재산을 가져가는 것을 허락받았고 이집트를 거쳐 추축의 마지막 지도자인 프랑코가 통치하는 스페인으로 망명했다. 냉전이 끝난 뒤 1996년 시메온 2세는 고국으로 돌아왔다. 소련군에 의해 쫓겨난 지 꼭 50년 만이었다. 그는 정계에 뛰어들었고, 2001년부터 2005년까지 불가리아 총리를 역임했다. 폐위된 군주이면서 공화국의 총리가 된 보기 드문 사례였다.

4년의 전쟁에서 헝가리는 군인과 민간인(유대인 제외)을 합해 66만 9,000여 명이 죽었다. 2,000만 명이 사망한 소련에 비하면 한 줌에 불과할지 몰라도 인구 1,470만 명에 불과한 작은 나라에는 결코 작은 희생이 아니었다. 또한 47만 명에 달하는 헝가리 병사들이 소련군의 포로가 되었다. 그중에는 머나먼 유틀란트반도의 덴마크에 배치된 헝가리군도 있었다. 4개 보충 연대(제90, 제91, 제92, 제93보충연대) 및 제82보충연대 1개 대대 등 1만 2,000여 명에 달했다. 이들은 전쟁 말기 헝가리가 싸움터가 되자 신병 훈련 차 덴마크로 보내졌다. 하지만 현지 독일군 지휘관들이 훈련 대신 강제 노역과 허드렛일에 투입하는 등 사실상 전쟁 포로로 취급하자 분노했다. 독일의 항복이 초읽기였던 1945년 4월 22일에는 코펜하겐에서 제82보충연대 소속의 헝가리 병사들이 덴마크 저항군과 함께 반란을 일으켜 독일군과 시가전을 벌이

유틀란트반도 북쪽 끝의 예링Hjørring에서 종전을 맞이한 헝가리 제82보충연대 병사들. 이들은 자신들을 노예 취급하는 독일군에 맞서 반란을 일으켰고 덴마크가 서방 연합군에 의해 해방되자 소련군의 포로가 될 운명을 피했다고 기뻐했지만 오산이었다.

기도 했다.

독일과 덴마크, 체코, 오스트리아 등 유럽 각지에 흩어져 있던 헝가리 병사들은 관용을 기대하면서 소련군 대신 서방 연합군의 포로가 되려고 애를 썼지만, 어차피 누구에게 투항했건 종착지는 머나먼 시베리아였다. 얄타 밀약에 따라 동부 전선에서 싸운 추축군 병사들은 이유 여하를 막론하고 모두 소련군의 차지였기 때문이었다. 루마니아 폭샤니Focşani에는 헝가리군 포로들을 수용하는 대규모 수용소가 설치되었다. 매일 2,000여 명이 넘는 헝가리군 포로들이 이곳에서 기차에 실려 소련으로 보내졌다. 하지만 많은 포로가 소련으로 가기도 전에 폭샤니의 열악한 수용소 안에서 전염병과 영양실조로 죽었다.

소련은 1946년부터 포로들을 단계적으로 헝가리로 돌려보내기 시작했다. 하지만 이들의 입을 통해 소련의 실정이 알려지자 1948년 12월 이후 일방적으로 송환을 중단했다. 전체 포로의 절반도 되지 않는 21만 1,000명만 고향에 돌아올 수 있었다. 나머지는 어떻게 되었는지 알려지지 않았다. 그렇다고 친소 공산당이 장악한 헝가리 정부 역시 굳이 이들의 생사를 문의하거나 송환에 노력하지 않았다. 혹독한 포로 생활을 견디고 어렵게 고향에 돌아온 사람들 역시 폐인이나 다름없었고 약 10만 명이 후유증으로 사망했다. 물론 헝가리에서 가장 큰 피해자는 유대인이었다. 전쟁 이전 헝가리에는 82만 5,000명의 유대인이 있었다. 하지만 판처파우스트 작전으로 헝가리를 점령한 독일군과 화살십자당이 대대적인 사냥에 나서면서 많은 유대인이 즉결 처형되거나 아우슈비츠 수용소로 끌려갔다. 전쟁이 끝났을 때 1/3이 채 되지 않는 26만 명만 살아남았다. 죽은 유대인은 45만 명에서 60만 명에 달할 것으로 추산되었다.

거의 막판에 히틀러를 손절하고 연합군으로 갈아탄 루마니아는 1944년 8월 23일부터 유럽에서 총성이 멈추는 1945년 5월 12일까지

약 9개월 동안 53만 8,000명이 소련군의 지휘 아래 추축군과 싸웠으며 67,495명의 전사자를 포함하여 16만 9,000여 명이 죽거나 다쳤다. 독일군 휘하에서 3년 2개월 동안 60만 명의 사상자를 냈던 것과 비교하더라도 그 못지않은 희생을 치른 셈이었다. 루마니아군은 프라하와 빈에 이르는 1,700km를 진군했으며 20개의 산을 넘고 12개의 강을 건넜다. 체코슬로바키아와 헝가리, 오스트리아에서 점령한 영토는 한반도 전체에 맞먹는 20만 km²에 달했고 추축군 15개 사단을 격파했다. 루마니아군은 4대 열강을 제외하고 연합군과 추축군 어느 편에서든 가장 용맹스럽게 싸웠고 가장 많은 활약을 했으며 가장 많은 피를 흘렸다. 하지만 어느 쪽에서도 이들의 희생이 정당하게 평가받는 일은 없었다. 전쟁 막판에 와서 소련군의 강요로 싸움에 뛰어든 불가리아는 2만 명 정도를 잃었다. 비록 전쟁의 불길을 완전히 피할 수는 없었어도 여느 추축국들에 비할 바는 아니었을 것이다.

1947년 2월 10일, 연합국과 독일, 일본을 제외한 나머지 패전국들 사이에서 파리 강화 조약Paris Peace Treaties이 체결되었다. 패전의 대가는 가혹했다. 이탈리아는 모든 식민지를 포기함은 물론이고 3억 6,000만 달러의 배상금을 소련과 유고슬라비아, 그리스, 에티오피아, 알바니아에 지불해야 했다. 헝가리와 불가리아 역시 주변국들로부터 약탈한 영토를 돌려주어야 했다. 루마니아는 그나마 헝가리에 빼앗긴 북부 트란실바니아를 되찾았지만, 소련과 불가리아에 넘어간 땅은 끝까지 되찾을 수 없었다. 거액의 배상금도 뒤따랐다. 핀란드와 헝가리, 루마니아는 각각 3억 달러를, 불가리아는 7000만 달러를 승전국들에 내놓아야 했다.

가깝지만 먼 나라인 세 왕국이 추축의 일원이 되어야 했던 이유는 제각기였다. 물론 서로를 진정한 동맹국으로 여기지도 않았을 것이다. 하지만 결말은 똑같았다. 1944년 10월, 모스크바를 방문한 처칠은 스탈린이 동유럽을 혼자 집어삼키지 못하도록 〈페이퍼 협정〉을 맺고 서로의 영향력을 정하여 동서 진영의 완충 지대로 삼으려 했다. 하지만 막상 전쟁이 끝나자 동유럽 전체가 소련의 지배에 들어갔다. 처음에는 공산주의자만 아니라 다양한 정파가 참여하는 연립 정권에서 시작했지만, 점차 스탈린 체제를 모방하는 친소 괴뢰 정권으로 바뀌었다. 소련에 복종하지 않거나 걸림돌로 여겨진 자들은 모조리 숙청되었다.

유럽 대륙은 두 개의 세상으로 쪼개졌다. 소련이 지배한 동유럽에는 거대한 철의 장막이 드리워졌다. 누구도 허락 없이 장막 안으로 들어갈 수도, 나올 수도 없었다. 그리스와 유고슬라비아 등 몇몇 나라만이 예외였다. 전쟁 말기에 연합군과 소련군이 반쪽씩 점령한 오스트리아는 독일처럼 분단의 운명을 겪을 수도 있었지만 1955년 영세 중립국을 조건으로 족쇄에서 풀려났다. 서유럽 국가들은 미국의 마셜 플랜에 의해 막대한 원조를 누렸고 재빨리 전후 부흥에 나선 반면, 스탈린 치하에 들어간 동유럽 국가들은 오히려 소련을 위해 자신들이 가진 얼마 안 되는 것조차 빼앗겼다. 소련군의 수탈과 횡포에 반발하는 봉기는 그때마다 무자비한 응징을 받았다.

동유럽의 공산화는 전적으로 스탈린이 인위적으로 만들어 낸 결과물이었다. 당사자들에게 어떤 체제를 고를지 선택권 따위는 애초에 없었기 때문이었다. 동유럽 국가들이 하나같이 전통적으로 반공 성향이 강했다는 점에서, 이러한 강제가 없었다면 공산화되는 일은 없었을 것이다. 인기 없는 친소 정권들을 억지로 지탱하는 것은 오직 동유럽 전역에 주둔하는 수백만 명의 소련군 덕분이었다. 하지만 소련으로서도 이들을 통치하기가 결코 만만한 일은 아니었다. 시간이 지나면서 동유럽에서도 점차 전쟁의 상처가 사라지고 소련식 사회주의 구호 아래에서 전후 부흥이 진행되었지만, 서유럽의 눈부신 발전에 비하면 보잘것없었다. 불만은 고조되었다. 심지어 공산주의 지도자들조차 소련의 간섭에서 벗어나기를 원했다. 1956년에는 부다페스트에서 소련에 반대하는 대규모 봉기가 일어났다. 스탈린의 후계자였던 흐루쇼프는 15만 명의 병력과 1,000대의 탱크를 헝가리로 보내 무자비하게 진압했다. 반소 지도자들은 처형당했다. 폴란드와 체코슬로바키아에서도 반소 시위가 뒤따랐지만, 마찬가지로 소련군에 의해 사정없이 짓밟혔다.

어떻게든 자유를 찾아 발버둥 치는 나라가 있는가 하면 거꾸로 가기도 했다. 루마니아에서는 니콜라에 차우셰스쿠라는 스탈린과 안토네스쿠를 롤 모델로 삼은 철권 독재자가 등장했다. 가난한 농민의 아들이자 구두공 출신의 노동자였던 그는 내세울 학식도 경륜도 없었지만, 특유의 정치적 수완과 시류를 운 좋게 편승한 덕분에 권력의 정점에 오를 수 있었다. 하지만 그의 통치는 안토네스쿠 이상으로 막장이었고 동유럽 지도자 중에서도 독보적으로 무능했다. 15년의 통치 기간 동안 루마니아는 거대한 감옥이었다. 모든 국민은 일거수일투족을 감시받았고 수십만 명이 정치범으로 끌려가 그중 10만 명이 죽었다. 경제가 마비되면서 배급은 줄어들었으며 물가는 폭등하고 전기는 걸핏하면 끊어졌다. 국민은 굶고 있었지만, 외화를 벌어야 한다는 이유로 막대한 식량을 외국에 수출했다. 심지어 소련과의 관계도 나빠졌다. 그는 자신의 우상 숭배에만 열을 올렸다. 악몽은 1989년 12월 22일, 성난 국민이 그를 공개 총살하면서 끝났다.

친소 공산 정권들은 하나같이 국민의 지지를 얻어 자력으로 일어서는 대신 소련이 제공하는 막대한 경제 원조에 기생하면서 간신히 연명했다. 바꾸어 말하면 소련의 힘이 다하는 순간, 위성 국가들 역시 끝장이라는 얘기였다. 1980년대가 되자 현실로 닥쳤다. 끝없는 군비 경쟁과 방만한 경제 운영, 늙고 둔감한 지도자들, 무능한 관료들이 장악한 소련 체제는 더 이상 어쩔 수 없을 만큼 뿌리부터 흔들리고 있었다. 1985년 새로운 서기장이 된 고르바초프는 어떻게든 소련을 끌고 갈 요량으로 〈페레스트로이카〉*를 선언하여 통제와 억압을 완화하고 자유와 민주를 허용하기로 했다. 그러나 그에게는 의욕은 있되, 그것을 이끌 지도력이 없었다는 점이 불운이었다. 기다렸다는 듯 그동안 억눌려 있던 분노가 한꺼번에 터져 나왔다. 혁명이 시작되었다. 폴란드에서 시작된 민주화 바람은 동유럽 전역으로 확산했다. 고르바초프가 소련군의 개입을 거부하면서 버팀목을 잃은 공산 정권은 줄줄이 무너지고 그 자리에는 국민의 선택을 받은 민주 정권이 들어섰다. 소련조차 파멸의 운명을 피할 수 없었다. 1991년 12월 26일, 소련은 해체되었다. 처음부터 시작하지 않았으면 좋았을 레닌의 공산주의 실험도 끝났다.

동유럽 국가들은 온 유럽을 하나로 만들어 세계 제국을 실현하겠다는 히틀러와 스탈린의 헛된 야심에 휘말려 거의 한 세기 동안 혹독한 대가를 치러야 했다. 이제 그들은 새로운 통합 운동에 참여하고 있다. 그것도 훨씬 평화적이면서 민주적인 방법으로 말이다. 유럽 연합이다.

* 러시아어로 〈재건〉이라는 뜻이다.

참고 문헌

A. J. P. 테일러,『준비되지 않은 전쟁, 제2차 세계대전의 기원』, 유영수 옮김(페이퍼로드, 2020)

노르만 올러,『마약 중독과 전쟁의 시대』, 박종대 옮김(열린책들, 2022)

데이비드 레이놀즈,『정상회담』, 이종인 옮김(책과함께, 2009)

로버트 알란 다우티,『전격전, 프랑스 패망과 거짓 신화의 시작』, 나동욱 옮김(황금알, 2012)

리처드 오버리,『피와 폐허』, 이재만 옮김(책과함께, 2024)

애덤 투즈,『대격변』, 조행복 옮김(아카넷, 2020)

윌리엄 L 샤이러,『제3제국사』, 이재만 옮김(책과함께, 2023)

제프리 메가기,『히틀러 최고사령부 1933~1945』, 김홍래 옮김(플래닛미디어, 2022)

존 코넬리,『동유럽사』, 허승철 옮김(책과함께, 2023)

존 키컨,『2차세계대전사』, 류한수 옮김(청어람미디어, 2016)

카를하인츠 프리저,『전격전의 전설』, 진중근 옮김(일조각, 2007)

칼 되니츠,『10년 20일』, 안병구 옮김(삼신각, 1995)

타임-라이프 북스,『라이프 제2차 세계대전』, 한국일보 타임-라이프 편집부 옮김(한국일보 타임-라이프, 1981)

티머시 스나이더,『피에 젖은 땅』, 함규진 옮김(글항아리, 2021)

허호준,『그리스와 제주, 비극의 역사와 그 후』, (도서출판선인, 2014)

Albert Palazzo, *The Battle of Crete*, ReadHowYouWant, 2017.

Anthony Dix, The Norway Campaign and the Rise of Churchill 1940, Pen and Sword, 2014.

Bastian Matteo Scianna, The Italian War on the Eastern Front, 1941 – 1943, Springer Nature, 2019.

Bernd Jürgen Fischer, *Albania at war 1939 – 1945*, Purdue University Press, 1999.

Bob Carruthers, *Hitler's Wartime Orders: The Complete Führer Directives, 1939 – 1945*, Grub Street Publishers, 2018.

Clayton Donnell, *The Battle for the Maginot Line 1940*, Pen and Sword, 2017.

Cloutier Patrick Cloutier, *Mussolini's War in the East 1941 – 1943: The CSIR and ARMIR on the Russian Front*, Independently Published, 2021.

David Nicolle, The Italian Invasion of Abyssinia 1935 – 36, Bloomsbury Publishin, 2012.

Deborah S. Cornelius, *Hungary in World War II, Caught in the Cauldron*, Fordham University Press, 2011.

Dénes Bernád, Charles K. Kliment, *Magyar Warriors*, Helion and Company, 2015.

Emanuele Sica, *Mussolini's Army in the French Riviera*, University of Illinois Press, 2015.

G. Bruce Strang, *Collision of Empires: Italy's Invasion of Ethiopia and its International Impact*, Routledge, 2016.

Graham Rhys-Jones, *Churchill and the Norway Campaign 1940*, Pen and Sword, 2008.

Harry Plevy, *Norway 1940: Chronicle of a Chaotic Campaign*, Fonthill Media, 2017.

James Burgwyn, *Mussolini Warlord: Failed Dreams of Empire, 1940-1943*, Enigma Books, 2012.

Jean-Michel Veranneman De Watervliet, *Belgium in the Second World War*, Pen and Sword, 2014.

Jean-Michel Veranneman, *Belgium in the Second World War*, Pen and Sword, 2014.

Jeff Pearce, *Prevail: The Inspiring Story of Ethiopia's Victory over Mussolini's Invasion, 1935-1941*, Simon and Schuster, 2017.

Jerry Murland, *Battle for the Escaut 1940*, Pen and Sword, 2016.

John Carr, *The Defence and Fall of Greece, 1940-41*, Pen and Sword, 2013.

Jonathan A Epstein, *Belgium's Dilemma - The Formation of the Belgian Defense Policy 1932-1940*, Brill Academic Pub, 2014.

Kaarel Piirimäe, *Roosevelt, Churchill, and the Baltic Question: Allied Relations during the Second World War*, Palgrave Macmillan, 2014.

Karl-Heinz Frieser, *Germany and the Second World War. Volume VIII, The Eastern Front 1943-1944*, Oxford University Press, 2017.

Krisztián Ungváry, The Siege of Budapest: One Hundred Days in World War II, I.B. Tauris, 2006.

Mark Axworthy, The Romanian Army of World War 2, Osprey, 1991.

Marshall Lee Miller, *Bulgaria during the Second World War*, Stanford University Press, 1975.

Nigel Thomas&Dusan Babac, Yugoslav Armies 1941-45, Bloomsbury Publishing, 2022.

Nigel Thomas & Laszlo Szabo, The Royal Hungarian Army in World War II, Bloomsbury Publishing, 2012.

Nigel Thomas, Carlos Caballero Jurado, *Germany's Eastern Front Allies (2): Baltic Forces*, Bloomsbury Publishing, 2012.

Nigel Thomas, *Hitler's Blitzkrieg Enemies 1940: Denmark, Norway, Netherlands & Belgium*, Osprey, 2014.

Péter Mujzer, *Hungarian Soldier vs Soviet Soldier – Eastern Front 1941*, Bloomsbury Publishing, 2021.

Philip Morgan, *The Fall of Mussolini: Italy, the Italians, and the Second World War*, OUP Oxford, 2008.

Phoebus Athanassiou, *Armies of the Greek–Italian War 1940–41*, Bloomsbury Publishing, 2017.

Pier Paolo Battistelli, *The Balkans 1940–41*, Bloomsbury Publishing, 2021.

Prit Buttar, *Between Giants – The Battle for the Baltics in World War II*, Bloomsbury Publishing, 2015.

Vesa Nenye, Peter Munter, Toni Wirtanen, Chris Birks, *Finland at War*, Bloomsbury Publishing, 2015.

추천사

전쟁사를 쓰는 것은 지난한 작업이다. 전쟁에 스며들어 있는 혼란과 무질서, 잔인한 폭력을 헤집어 가면서 질서를 찾아내고 인과 관계를 밝혀내며 때로는 가려져 있던 진리를 발견하여 설명하여야 하기 때문이다. 심지어 전쟁사 연구자는 내면에서 일어나는 감정적인 격랑에 시달리기도 한다. 이들은 인간성이 파괴되고 사람의 가치가 사라지는 사진 한 장에 오열하고 믿을 수 없는 인간의 폭력을 목격하고는 절망에 빠지기도 한다. 그러면서도 전쟁사 연구가 매력적인 이유는 전쟁에서 이따금 진실이 승리하고 좋은 평화가 오며, 최소한 필요한 교훈을 우리 사회에 줄 수 있기 때문이다.

권성욱 선생님은 따뜻한 인간미를 지닌 전쟁사 연구자이다. 오랫동안 인류의 아픈 전쟁을 들여다보고 신음했던 생채기를 마음의 구석구석에 안고 있으면서도, 멈추지 않고 연구를 계속하여 전쟁터에서 진리가 승리하는 반짝이는 순간을 찾아내고 상실된 인간성이 회복되는 기적을 발견하며 환호하기 때문이다. 선생님의 역작을 탐독하노라면 극한 폭력의 현장 속에서 의연히 전쟁의 진실을 설명하고 인간성을 발견해 가는 따뜻한 목소리를 듣게 된다. 선생님의 전쟁 이야기는 전쟁의 폭, 깊이, 넓이 그리고 맥락이 절묘하게 조화를 이루고 있다. 큰 전쟁의 이야기를 국가적인 정책, 전략, 작전, 전투, 정치·사회적인 측면에서 그리고 인간의 이야기까지 체계적으로 엮은 선생님의 전쟁사는 읽는 이를 끝없이 빠져들게 만든다.

한국 사회의 많은 독자를 매료시켜 왔던 선생님의 전쟁사는 열정과 초인적인 노력의 결과이다. 직장 생활을 병행하면서 많은 자료를 수집하고, 읽고, 분석하며 심지어 해당하는 언어를 학습했던 노력은 학교나 연구기관에 종사하는, 연구를 업으로 삼는 연구자를 숙연하게 만든다. 선생님의 이러한 노력의 결과로 독자는 중요한 전쟁사를 우리의 관점으로 읽을 수 있는 특전을 누리고 있다.

이 책은 그간 권성욱 선생님이 전쟁사를 저술하며 느꼈을 아픔과 희열, 그리고 추구해 왔을 따뜻한 인간성의 회복이 모티브가 되어 탄생하였다. 직접 전쟁을 일으키고 주도하였던 강대국과 달리 침략을 당한 국가, 휘말린 국가들은 더 많은 아픔과 상실을 겪었고 원하지 않은 상태로 전쟁을 끝낸 경우가 많았다. 더욱이 이러한 국가들은 전쟁사 저술의 대상에서조차 벗어나 있었다. 이러한 측면에서 선생님의 연구는 강대국 중심의 전쟁사 연구를 벗어나 소중한 연구 대상을 발굴한 의미를 지니고 있다. 선생님은 2차 대전에 휘말렸던 국가들이 전쟁을 시작하게 된 과정과 경과 그리고 결과를 전체적인 제2차 세계대전의 맥락 속에서 치밀하게 설명하고 있다. 특히 그동안 잘 알려져 있던 전쟁의 큰 흐름 속에서 가려져 있던 에티오피아와 유럽의 작은 국가들이 치렀던 전쟁을 자세히 조명하면서 이들이 겪었던 어려움과 아픔을 다양한 관점과 국면을 통해 가감 없이 그려내었다. 이 책에서 느껴지는 선생님의 메시지는 분명하다. 전쟁에서 비켜나갈 수 있기를 바라지 말고 전쟁에 잘 대비하고 침략자에게 분연히 맞서라는 것이다. 한국 사회에 선생님의 생생한 목소리가 잘 전달되기를 기대하며 추천사를 마친다.

국방대학교 교수, 한국전쟁학회 회장

손경호

찾아보기

약소국의 제2차 세계 대전사

발행일 2026년 2월 5일 초판 1쇄

지은이 권성욱
발행인 홍예빈
발행처 주식회사 열린책들

경기도 파주시 문발로 253 파주출판도시
전화 031-955-4000 팩스 031-955-4004
홈페이지 www.openbooks.co.kr 이메일 humanity@openbooks.co.kr